Klaus Hengesbach, Peter Hille, Fritz Koch
Dr. Jürgen Lehberger, Detlef Müser, Georg Pyzalla
Walter Quadflieg, Werner Schilke, Johannes Schmidt

Prüftechnik, Qualitätsmanagement 

Fertigungstechnik 

Berufsfeld Metall Industriemechanik

Werkstofftechnik 

Grund- und Fachwissen

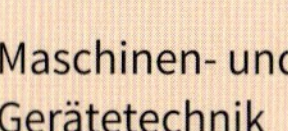

8. Auflage

Maschinen- und Gerätetechnik 

Instandhaltung – Wartungstechnik 

Grundlagen der CNC-Technik 

Steuerungs- und Regelungstechnik 

Elektrotechnik 

Bestellnummer 55401

Lernsituationen 

Die in diesem Werk aufgeführten Internetadressen sind auf dem Stand zum Zeitpunkt der Drucklegung. Die ständige Aktualität der Adressen kann vonseiten des Verlages nicht gewährleistet werden. Darüber hinaus übernimmt der Verlag keine Verantwortung für die Inhalte dieser Seiten.

service@bv-1.de
www.bildungsverlag1.de

Bildungsverlag EINS GmbH
Ettore-Bugatti-Straße 6-14, 51149 Köln

ISBN 978-3-427-**55401**-1

westermann *GRUPPE*

Vorwort zur 8. Auflage

In der vorliegenden 8. Auflage liegt der Schwerpunkt der Überarbeitung des gesamten Lehrbuches in der Neugestaltung der Lerninhalte mit deutlichem Herausheben einzelner Komponenten, wie u.a. bei den Beispielen, Tabellen und Merksätzen. Ferner wurde das Bildmaterial den neuesten Entwicklungen angepasst. Fachlich sind vor allem die Themenbereiche Fertigungstechnik und Steuerungstechnik in Hinblick auf neue Normen überarbeitet worden.
Zum besseren Verständnis dynamischer Abläufe, die durch Text und Abbildungen nur begrenzt darstellbar sind, wurden an den entsprechenden Themen Kurzvideos hinterlegt, die durch QR-Codes abrufbar sind.

Hinweise für den Benutzer dieses Buches

Das Lernpaket **„Berufswissen Metall – Industriemechanik“** besteht aus zwei Büchern für den Lernenden:

- dem hier vorliegenden Lehrbuch „Industriemechanik – Grund und Fachwissen“ (Bestellnr. 55401, 8. Auflage)
- und dem Aufgabenbuch mit dem Titel „Aufgabensammlung Industriemechanik“ (Bestellnr. 55404, 8. Auflage).

sowie Lösungen für den Lehrer.

Im vorliegenden Lehrbuch wird der Unterrichtsstoff für das 1. bis 4. Ausbildungsjahr für industrielle Metallberufe behandelt.
Jeder Themenbereich wird mit einer Handlungsstruktur eingeleitet, die den Umgang mit dem dargebotenen Lernstoff thematisiert.
Die zu einem Themenbereich gehörenden Buchseiten sind durch ein Symbol am rechten Buchrand gekennzeichnet.
Unter den Seiten stehen in blauer Schrift Verweise zu den Übungsaufgaben, die den jeweiligen Lehrbuchseiten in der „Aufgabensammlung Industriemechanik“ (Bestellnummer 55404) zugeordnet sind.
Mathematische Inhalte innerhalb der einzelnen Kapitel sind im Inhaltsverzeichnis mit dem Buchstaben M gekennzeichnet

Kurzvideos sind über den jeweiligen **QR-Code**, der neben dem Text abgebildet ist, direkt aufrufbar. Über den Link www.westermann.de/links/55401 können die im Buch vorhandenen Videos und zusätzliche nicht im Buch enthaltene Videos aufgerufen werden.

Am Ende des Lehrbuches sind **Lernsituationen** eingefügt. Diese können eingesetzt werden

- zu Beginn einer Unterrichtsreihe als motivierende Problemstellung. Die Lösung der Aufgabe kann dann schrittweise entsprechend dem Unterrichtsfortschritt erfolgen;
- am Ende einer Unterrichtsreihe, um die Lerninhalte zu wiederholen und projektartig anzuwenden.

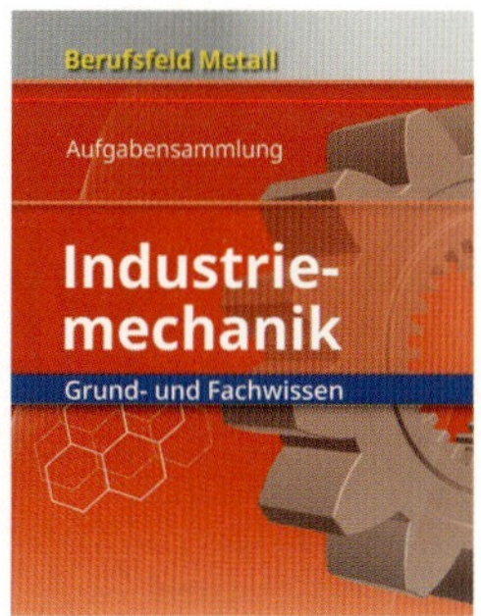

Zum vorliegenden Lehrbuch erhalten Sie unter der Bestellnummer 55404 die **„Aufgabensammlung Industriemechanik“.**
Die Aufgabensammlung enthält Fragen, Aufgaben, Lernsituationen sowie einen Anhang mit fächerübergreifenden mathematischen Übungen.
Der Aufgabenband ist gegliedert und gekennzeichnet wie das Lehrbuch.
Zum leichteren Auffinden der Übungsaufgaben, z.B. Übungsaufgabe 1/1; **1/2**, sind diese auf jeder Seite des Lehrbuches mit der jeweiligen Aufgabennummer aufgeführt. Bei der Nummerierung der Aufgaben gibt die Ziffer vor dem Schrägstrich die Kapitelnummer innerhalb des Themenbereiches an. Die folgende Ziffer ist die fortlaufende Aufgabennummer.

Die **Lösungen zum Aufgabenbuch** erhalten Sie unter folgenden Formaten:

- Download, Bestellnummer 55405
- Print, Bestellnummer 55406,

Die **Lösungsbeispiele** zu den Lernsituationen aus dem Lehrbuch erhalten Sie als Download unter der Bestellnummer 55402

Inhaltsverzeichnis

Prüftechnik, Qualitätsmanagement

Fertigungstechnik

Werkstofftechnik

Maschinen- und Gerätetechnik

Instandhaltung – Wartungstechnik

Grundlagen der CNC-Technik

Steuerungstechnik

Elektrotechnik

Lernsituationen

HANDLUNGSFELD: Bauteile prüfen

Problemstellung

Prüfauftrag

Prüfauftrag
Bohrungsabstand prüfen

Zeichnung

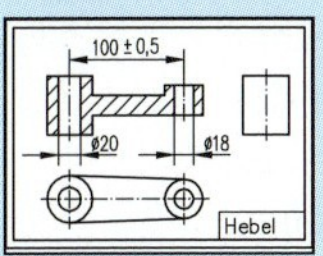

Werkstück

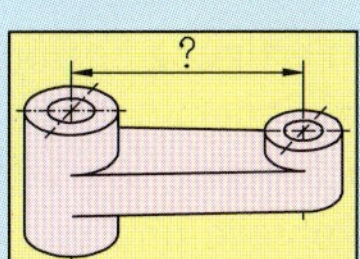

Analysieren

Auftrag und Zeichnungen auswerten nach
- zu prüfenden Eigenschaften (Form, Maße, Oberfläche ...)
- Toleranzen
- gefordertem Ergebnis
- (Bedingung erfüllt/Bedingung nicht erfüllt)

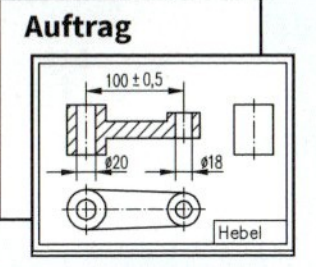

Ergebnisse
Entscheidung für
- Messen oder Lehren
- subjektives oder objektives Prüfen
- Umfang der Prüfung

Planen

Überlegungen zu
- Prüfgerät (Art, Größe, Genauigkeit, Handhabung ...)
- Prüfaufbau (Positionierung von Werkstück und Messgerät ...)
- Durchführung der Prüfung (Abfolge der Prüfungen ...)
- Ergebnisdokumentation

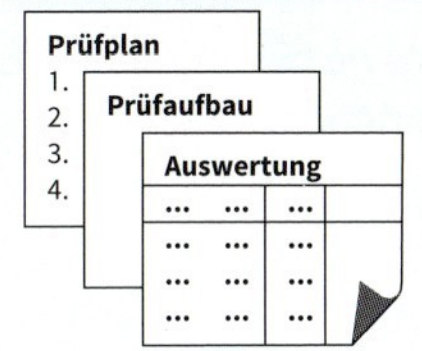

Ergebnisse
- Prüfplan (Prüfmethode)
- Plan der Prüfeinrichtung
- Dokumentations- und Auswerteformular

Prüfung dürchführen

Prüfstück einrichten

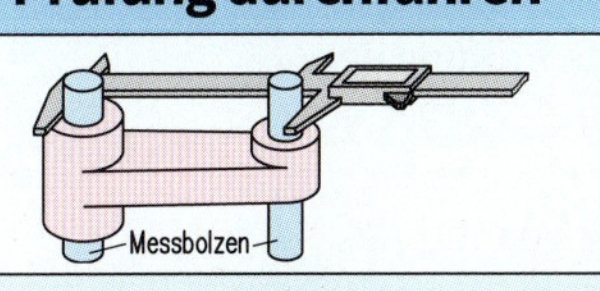

Prüfen
(Umgebungsbedingungen beachten)

Prüfergebnis und Umgebungsbedingungen aufzeichnen

Auswerten

- Soll-Ist-Vergleich durchführen
- Statistische Auswertung vornehmen

$$L = \frac{\text{Außenmaß} + \text{Innenmaß}}{2}$$

$$L = \frac{119{,}2\ \text{mm} + 80{,}4\ \text{mm}}{2};\quad L = 99{,}8\ \text{mm}$$

- Ergebnis beurteilen (z. B. gut, Nacharbeit, Ausschuss)
- Fehler analysieren
- Fehlerbehebung vorschlagen

1 Grundbegriffe der Prüftechnik

1.1 Bedeutung des Prüfens in der Fertigung

Bei der Konstruktion von Werkstücken werden die Maße, der Werkstoff, die Oberflächenbeschaffenheit u. a. festgelegt. Der Arbeitsablauf wird organisiert und dokumentiert, eine hinreichende Anzahl von Kontrollen wird zugeordnet. Die Prüfung erfolgt durch:

- Eingangskontrolle,
- Zwischenkontrolle,
- Endkontrolle.

Beispiele für die Prüfung von Maßen an einer Welle im Rahmen des Fertigungsprozesses

Vor der Fertigung beginnen die Prüfungen der Rohteile mit der Kontrolle der Rohmaße und der Untersuchung der Werkstoffe. Damit werden zu kleine Rohteile und unbrauchbare Materialien schon vor Beginn der Fertigung ausgeschieden.

Während der Fertigung finden wiederholt Prüfungen am Werkstück statt, um Teile mit Fehlern aus dem Fertigungsprozess auszusondern. Dadurch werden Fertigungskosten eingespart.

Nach der Fertigung wird das Erzeugnis geprüft. Es wird festgestellt, ob die vorgeschriebenen Bedingungen, die sogenannten *Sollwerte des Prüfgegenstands* – wie Maße, Oberflächengüte, Festigkeit, Farbe u. a. –, mit hinreichender Genauigkeit eingehalten wurden.

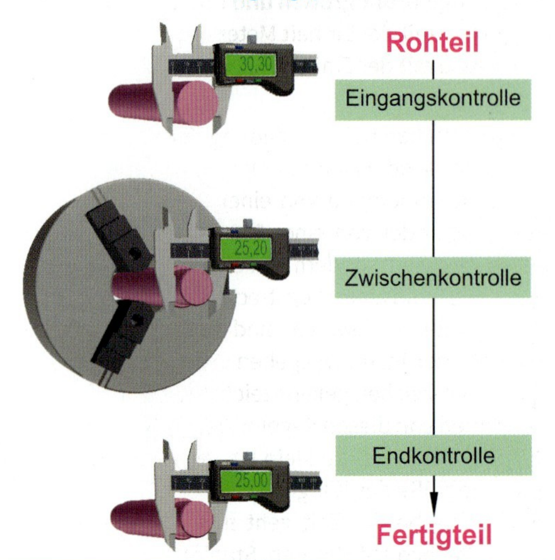

! Prüfen (DIN 1319) heißt feststellen, ob eine bestimmte Größe des Prüfgegenstands – also z. B. die Länge eines Werkstücks – die vorgeschriebenen Bedingungen erfüllt.

1.2 Subjektives und objektives Prüfen

Prüfen erfolgt mit den Sinnen und durch Prüfgeräte. Prüfungen durch Sinneswahrnehmung sind vom Prüfer abhängig. Sie werden subjektive Prüfungen genannt. Eine solche subjektive Prüfung ist z.B. die mit den Fingern durchgeführte Prüfung der Rauheit einer Werkstückoberfläche.

Prüfungen mit Prüfgeräten erlauben genaue Aussagen, z.B. mittels Zahlenwert oder der Vorgabe von Grenzwerten über auftretende Abweichungen von vorgeschriebenen Werten. Solche Prüfungen werden als objektive Prüfungen bezeichnet. Mit einem Oberflächenprüfgerät kann man z.B. die Rauheit einer Werkstückoberfläche objektiv prüfen.

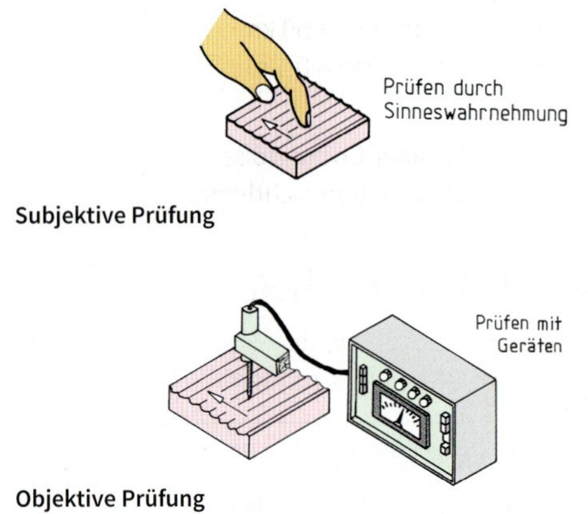

Subjektives Prüfen ist das Prüfen durch Sinneswahrnehmung
Objektives Prüfen ist das Prüfen mit Geräten, die Zahlenwerte liefern oder Grenzwerte vorgeben

Übungsaufgabe 1/1

1.3 Grundgrößen (Basisgrößen) und ihre Einheiten (Basiseinheiten)

Grundlage des objektiven Prüfens sind die im internationalen Einheitensystem (SI-System) festgelegten physikalischen Grundgrößen und ihre Einheiten.
Folgende wichtige Grundgrößen sind genormt:

- Länge,
- Masse,
- Zeit und
- Stromstärke.

Grundgröße	Einheiten der Grundgröße	
	Name	Zeichen
Länge	Meter	*m*
Masse	Kilogramm	*kg*
Zeit	Sekunde	*s*
Stromstärke	Ampere	*A*

! **Wichtige Grundgrößen und ihre Einheiten sind:**
- Länge mit der Einheit Meter,
- Masse mit der Einheit Kilogramm,
- Zeit mit der Einheit Sekunde,
- Stromstärke mit der Einheit Ampere.

Häufig entstehen bei Verwendung der Basiseinheiten sehr große oder kleine Zahlenwerte. Es wird zum Beispiel kaum jemand von einer 0,0001 m dicken Rasierklinge oder von einer 50000 m langen Wegstrecke sprechen, sondern von einer 0,1 mm dicken Rasierklinge und einer Wegstrecke von 50 km.
Im metrischen Maßsystem sind deshalb mögliche Vielfache oder Teile vorgegeben und durch Vorsatzsilben oder -zeichen gekennzeichnet.
Ausnahmen von diesen Regeln: Weil Gramm als Basiseinheit der Masse zu klein ist, wurde als Einheit der Grundgröße das Kilogramm gewählt.
Bei der Angabe der Zeit geht man aus Tradition beim Vielfachen auf Minuten, Stunden usw.

	Faktor		Vorsatz-	
	Bedeutung	Zehnerpotenz	silbe	zeichen
Vielfache ↑	Tausendfache	10^3	Kilo	*k*
	Hundertfache	10^2	Hekto	*h*
	Zehnfache	10^1	Deka	*da*
	Basiseinheit	**$10^0 = 1$**		
Teile ↓	Zehntel	10^{-1}	Dezi	*d*
	Hundertstel	10^{-2}	Zenti	*c*
	Tausendstel	10^{-3}	Milli	*m*
	Millionstel	10^{-6}	Mikro	*µ*

Durch die Wahl von Teilen oder Vielfachen von Einheiten werden Maßangaben anschaulicher.

Die Angabe einer Grundgröße erfolgt stets durch Zahlenwert und Einheit. Soweit eine Einheit nicht verbindlich vorgeschrieben ist, soll sie so gewählt werden, dass kleine und übersichtliche Zahlenwerte entstehen.

Beispiele für die Angaben und Umrechnungen von Größen

$50\,000 \text{ m} = 50 \cdot 10^3 \text{ m} = 50 \text{ km}$

$0{,}0001 \text{ m} = 0{,}1 \cdot 10^{-3} \text{ m} = 0{,}1 \text{ mm}$

$0{,}05 \text{ kg} = 0{,}05 \cdot 10^3 \text{ g} = 50 \text{ g}$

$6\,000 \text{ ms} = 6\,000 \cdot 10^{-3} \text{ s} = 6 \text{ s} = 0{,}1 \text{ min}$

! Die Angabe einer Grundgröße erfolgt stets durch Zahlenwert und Einheit. Die Einheit soll so gewählt werden, dass ein übersichtlicher Zahlenwert entsteht.

1.4 Formelzeichen

Durch Formelzeichen werden Grundgrößen übersichtlich in Kurzschreibweise dargestellt. Die verschiedenen Bedeutungen einer Grundgröße drückt man durch unterschiedliche Formelzeichen aus.

Beispiele für Formelzeichen und ihre Bedeutung

Grundgröße	Formelzeichen und ihre spezielle Bedeutung		Einheit
Länge	*l* Länge *b* Breite *h* Höhe	*d* Durchmesser *r* Radius *s* Wegstrecke	Meter

1.5 Prüfverfahren: Messen und Lehren

Das Prüfen von Längen, Winkeln, Formen u.a. kann grundsätzlich durch zwei unterschiedliche Verfahren erfolgen: durch Messen oder durch Lehren.

Messen	Lehren
Beim Messen wird die zu prüfende Größe mit der auf dem Messgerät festgelegten Maßeinheit verglichen. Der **Messwert** ist ein Zahlenwert mal der zugehörigen Maßeinheit. Durch Messen wird der Zahlenwert der Prüfgröße ermittelt. Der Zahlenwert der Prüfgröße wird **Istmaß** genannt.	Beim Lehren vergleicht man die zu prüfende Größe mit einer nicht veränderbaren Maß- oder Formverkörperung – der **Lehre**. Hierbei wird festgestellt, ob Abweichungen von Sollwert oder vorgeschriebenen Grenzen vorliegen. Der Zahlenwert der Abweichung wird nicht ermittelt.

Beispiel für Messen

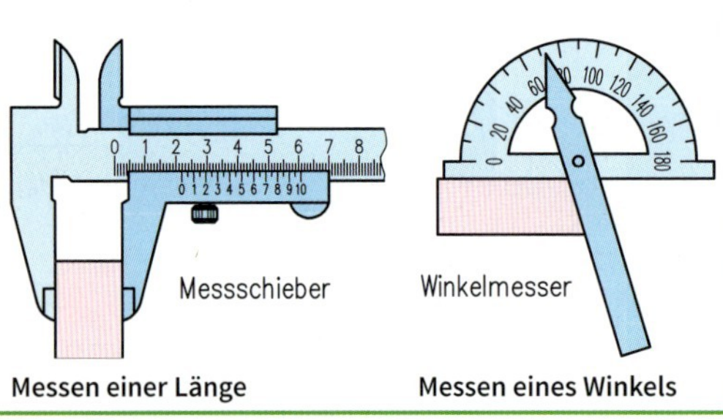

Messen einer Länge

Messen eines Winkels

Beispiel für Lehren

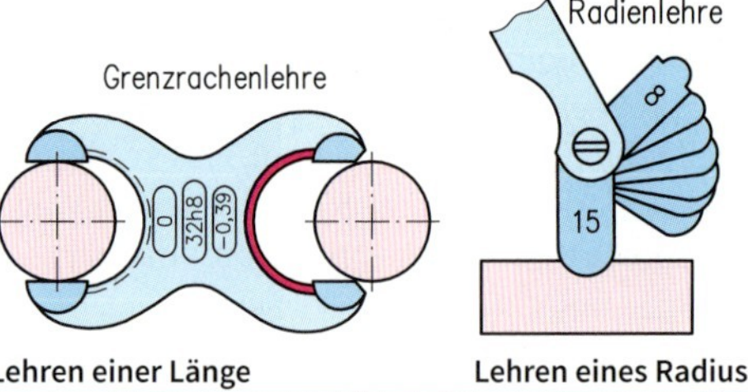

Lehren einer Länge

Lehren eines Radius

> **!** Messen ist ein Prüfen, bei dem das Istmaß einer Messgröße als Zahlenwert ermittelt wird.
> Lehren ist ein Prüfen, bei dem festgestellt wird, ob eine Messgröße mit einer Maß- oder Formverkörperung übereinstimmt.

2 Prüfen von Längen

2.1 Maßsysteme und Einheiten

Die international festgelegte und gesetzlich vorgeschriebene Einheit für die Länge ist das Meter (Einheitenzeichen: m). Man nennt dieses System auch **metrisches Maßsystem**.

Neben dem Meter als gesetzlicher Einheit für die Länge sind dezimale Teile und dezimale Vielfache des Meters zugelassen. Festgelegte Vorsilben geben dabei das dezimale Vielfache oder den dezimalen Teil des Meters an. In der Metallverarbeitung werden Maße in der Regel in Millimeter angegeben. Bei sehr genauen Maßangaben benutzt man auch die Einheit Mikrometer.

Vom Meter abgeleitete Längeneinheiten

$1000 \cdot 1\ \text{m} = 1000\ \text{m}$		= 1 km	**Kilo**meter
$1 \cdot 1\ \text{m} =$	1 m	= 1 m	Meter
$\frac{1}{10} \cdot 1\ \text{m} =$	0,1 m	= 1 dm	**Dezi**meter
$\frac{1}{100} \cdot 1\ \text{m} =$	0,01 m	= 1 cm	**Zenti**meter
$\frac{1}{1000} \cdot 1\ \text{m} =$	0,001 m	= 1 mm	**Milli**meter
$\frac{1}{1000000} \cdot 1\ \text{m} =$	0,000001 m	= 1 µm	**Mikro**meter

> Die Basiseinheit der Länge ist das Meter.
> In der Metalltechnik werden Längemaße in Millimeter angegeben.

In einigen Ländern wird noch die Einheit Zoll für die Längenmessung benutzt – **Zollmaßsystem.** Auch in Deutschland ist diese Einheit bei Rohrgewinden und teilweise im Fahrzeugbau noch üblich.
Für die Umrechnung gilt:

> **!** 1 Zoll = 1" = 25,400 mm

Übungsaufgaben 1/4 bis 1/6 und 2/1 bis 2/6

2.2 Höchstmaß – Mindestmaß – Toleranz

Werkstücke können in der Fertigung nie genau mit dem in der Zeichnung angegebenen Maß, dem **Nennmaß** N, hergestellt werden. Daher werden je nach Anforderung mehr oder weniger große Abweichungen vom Nennmaß zugelassen. Das größte zulässige Maß des Werkstückes ist das Höchstmaß G_o. Das kleinste zulässige Maß ist das **Mindestmaß** G_u. Der Unterschied zwischen Höchst- und Mindestmaß wird als **Toleranz** T bezeichnet.

Die obere zulässige Abweichung vom Nennmaß ist das **obere Abmaß** *ES*[1, 2] bei Bohrungen, (*es* bei Wellen).
Die untere zulässige Abweichung ist das **untere Abmaß** *EI*[1, 3] bei Bohrungen, (*ei* bei Wellen).

Die Größe der Toleranz richtet sich nach dem Verwendungszweck.

Der Außendurchmesser eines Wasserrohres kann mit größerer Toleranz gefertigt werden, weil die Funktion dadurch nicht beeinträchtigt wird.

Die Zapfen einer Kurbelwelle müssen hingegen mit kleinerer Toleranz gefertigt werden, weil sonst eine einwandfreie Montage und ein ruhiger Lauf nicht gewährleistet sind.

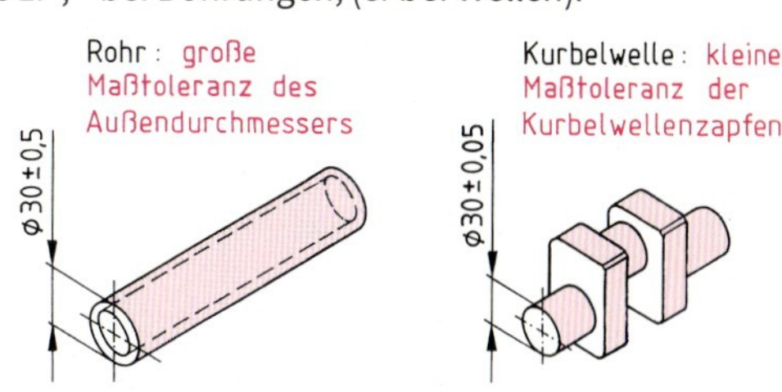

Auswahl der Toleranz nach dem Verwendungszweck

> **!** Damit Werkstücke wirtschaftlich gefertigt werden können, gilt der Grundsatz:
> „Toleranzen so groß wie möglich und nur so klein wie notwendig wählen."

Beispiel für die Grenzen der zulässigen Abweichungen vom Nennmaß

Zeichnung mit **Nennmaß** und **Grenzabmaßen**

Werkstück mit **Mindestmaß**

Werkstück mit **Höchstmaß**

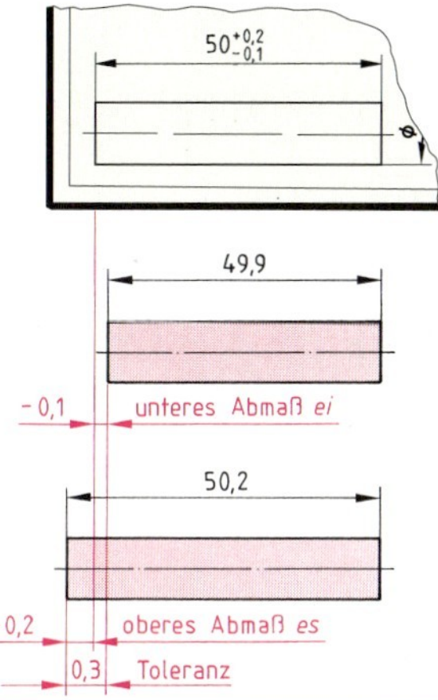

Nennmaß N:
$N = 50$ mm

Grenzabmaße:
$es = +0{,}2$ mm
$ei = -0{,}1$ mm

Mindestmaß G_u:
$G_u = N + ei$
$G_u = 50\text{ mm} + (-0{,}1\text{ mm}) = \mathbf{49{,}9\text{ mm}}$

Höchstmaß G_o:
$G_o = N + es$
$G_o = 50\text{ mm} + (+0{,}2\text{ mm}) = \mathbf{50{,}2\text{ mm}}$

Toleranz T:
$T = G_o - G_u$
$T = 50{,}2\text{ mm} - 49{,}9\text{ mm} = \mathbf{0{,}3\text{ mm}}$

> **!**
> Bohrungen: Höchstmaß $G_o = N + ES$; Mindestmaß $G_u = N + EI$; Toleranz $T = G_o - G_u$
> Wellen: Höchstmaß $G_o = N + es$; Mindestmaß $G_u = N + ei$; Toleranz $T = G_o - G_u$

Grenzabmaße für Längenmaße (Allgemeintoleranzen nach DIN ISO 2768)

Toleranzklasse	Grenzabmaße in mm für Nennmaßbereich in mm							
	0,5 bis 3	über 3 bis 6	über 6 bis 30	über 30 bis 120	über 120 bis 400	über 400 bis 1 000	über 1 000 bis 2 000	über 2 000 bis 4 000
f (fein)	± 0,05	± 0,05	± 0,1	± 0,15	± 0,2	± 0,3	± 0,5	–
m (mittel)	± 0,1	± 0,1	± 0,2	± 0,3	± 0,5	± 0,8	± 1,2	± 2
c (grob)	± 0,2	± 0,3	± 0,5	± 0,8	± 1,2	± 2	± 3	± 4
v (sehr grob)	–	± 0,5	± 1	± 1,5	± 2,5	± 4	± 6	± 8

1 *E*, *e* von franz. écart = Abmaß; 2 *S*, *s* von franz. superior = oberes; 3 *I*, *i* von franz. inferieur = unteres

Übungsaufgaben 2/7; 2/8; 2/9

2.3 Begriffe der Längenmesstechnik

Begriffe zum Messvorgang

Um den Messvorgang beschreiben zu können, ist es notwendig, einige Begriffe der Meßtechnik zu kennen.

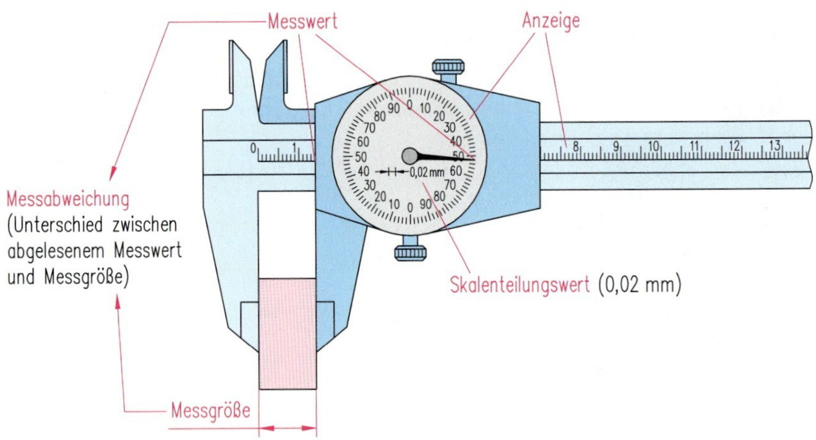

Begriffe der Messtechnik

Begriffe	Erläuterungen
Anzeige	**analog** Skaleneinteilungswert (1 mm) Nonius Bei einem analogen Messgerät wird der Messwert durch Ablesen einer Markierung auf einer Hauptskala ermittelt. Die Ablesegenauigkeit kann durch eine Zusatzskala, wie z. B. durch den Nonius beim Messschieber, verfeinert werden. **digital** Schrittwert (0,01 mm) 21.80 Bei einer digitalen Messanzeige wird der Messwert als Ziffernwert angezeigt, wobei die Genauigkeit vom Schrittwert des Messgerätes abhängig ist. Die Anzeige ist die vom Messgerät ausgegebene Information über die Größe des Messwertes. Sie kann optisch – in analoger oder digitaler Form – vermittelt werden.
Messwert	Der Messwert ist das Ergebnis des Vergleichs zwischen der Messgröße und der auf dem Messgerät festgelegten Maßeinheit. **Messwert = Zahlenwert · Maßeinheit**
Messgröße	Die Messgröße ist die zu messende Größe an einem Werkstück.
Skalenteilungswert bzw. Schrittwert	Der Skalenteilungswert bzw. Schrittwert entspricht der Differenz zweier benachbarter Teilungsmarken auf einer Strichskala bzw. einem Ziffernschritt auf einer Ziffernskala.
Messabweichung	Eine Messabweichung ist die Differenz zwischen dem gemessenen Wert (Messwert) und dem tatsächlichen Wert (Messgröße).
Bezugstemperatur	Die Bezugstemperatur ist die Temperatur, bei der Messgeräte genau anzeigen. Sie beträgt 20 °C. Sie muss für Messzeuge und Werkstücke eingehalten werden.

Übungsaufgaben 2/10; 2/11

2.4 Direkte Längenmessung

2.4.1 Messen mit Messschiebern

Mit dem Messschieber können Außen-, Innen- und Tiefenmessungen durchgeführt werden. Durch eine Ablesehilfe, den **Nonius**, kann man Messwerte auf 1/10 mm Genauigkeit ablesen.

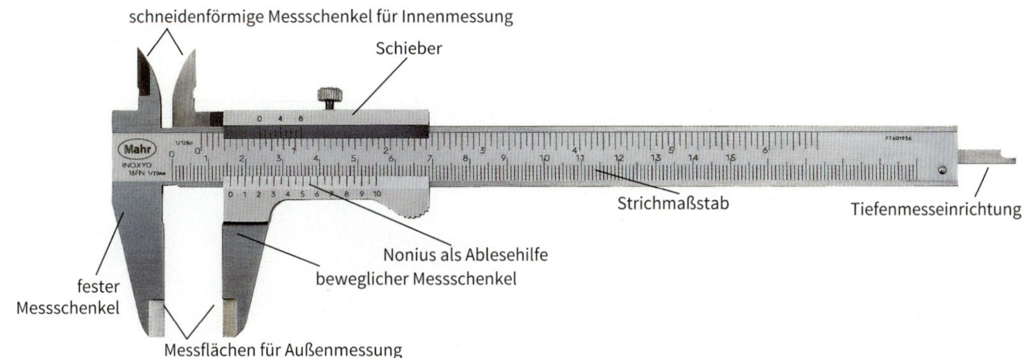

Messschieber

Der Zehntel-Nonius ist im einfachsten Falle 9 mm lang und in zehn gleiche Abschnitte geteilt. Der Abstand zweier Striche auf der Noniusskala ist daher 9 mm : 10 = 0,9 mm. Damit ist ein Skalenteil auf dem Nonius um 0,1 mm kleiner als auf dem Strichmaßstab.

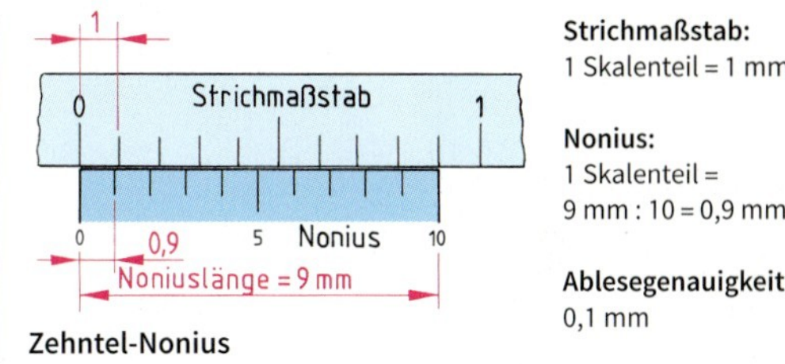

Zehntel-Nonius

Strichmaßstab:
1 Skalenteil = 1 mm

Nonius:
1 Skalenteil =
9 mm : 10 = 0,9 mm

Ablesegenauigkeit:
0,1 mm

Beispiel für das Ablesen eines Maßes

Wird der Messschieber mehr als einen Millimeter geöffnet, so erhält man den Ablesewert aus der Addition der ganzen und der zehntel Millimeter.

Ablesewert = 4 mm + 0,7 mm = **4,7 mm**

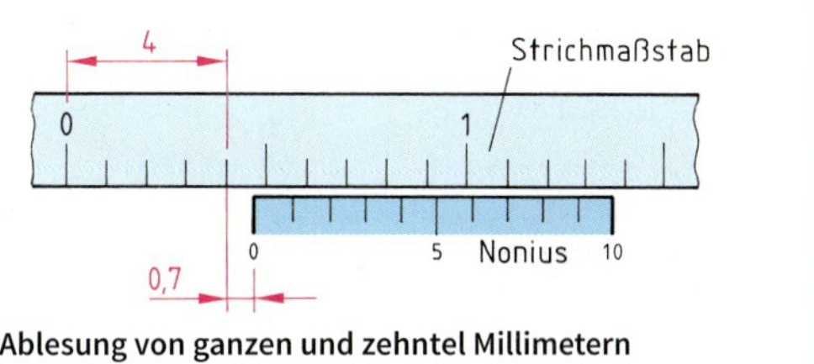

Ablesung von ganzen und zehntel Millimetern

Da die Striche beim 9 mm langen Nonius sehr dicht beeinander liegen, wird bei vielen Messschiebern der Nonius zur Erhöhung der Ablesesicherheit auf 19 oder 29 mm Länge gestreckt.

! Für das Arbeiten mit dem Messschieber ergeben sich aus den Beispielen folgende Ableseregeln:

- Ganze Millimeter werden auf dem Strichmaßstab links vom Nullstrich des Nonius abgelesen.
- Die zehntel Millimeter werden an dem Teilstrich des Nonius abgelesen, der mit einem Strich des Strichmaßstabs übereinstimmt.

1. Tiefenmessschieber

Der Tiefenmessschieber dient zum Messen der Tiefen von Nuten und Ausarbeitungen sowie zum Messen von Längen stufenförmig abgesetzter Werkstücke.

Zur Auflage auf das Werkstück ist der Messschenkel des Schiebers beidseitig als sogenannte Messbrücke ausgeführt. In ihr wird der Strichmaßstab verschoben. Die Messflächen von Brücke und Strichmaß liegen bei der Nullstellung in einer Ebene.

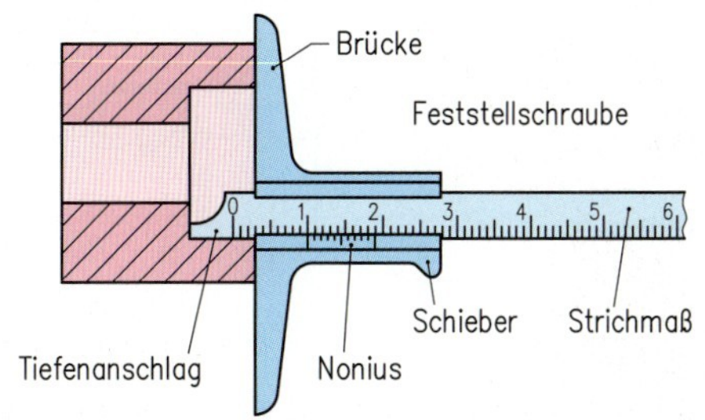

Messen mit einem Tiefenmessschieber

2. Messschieber mit Rundskala

Messschieber mit Rundskala besitzen statt des Nonius eine Messuhr. Bei diesen Messschiebern werden auf dem Strichmaßstab die ganzen Millimeter und auf der Messuhr die Bruchteile der Millimeter abgelesen. Je nach Ausführung der Messuhr beträgt die Ablesegenauigkeit ein Zehntel- bis ein Hundertstelmillimeter.

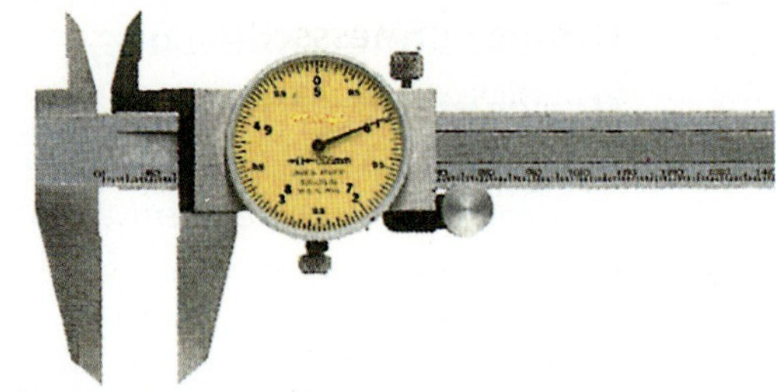

Messschieber mit Rundskala

3. Digital anzeigende Messschieber

Digital anzeigende Messschieber zeigen auf einer LCD-Anzeige (Flüssigkristallanzeige) den Messwert unmittelbar an. Dadurch werden Ablesefehler weitgehend ausgeschlossen. Diese Messschieber erleichtern auch die Durchführung von Unterschiedsmessungen, da die Nullstellung beliebig einstellbar ist.

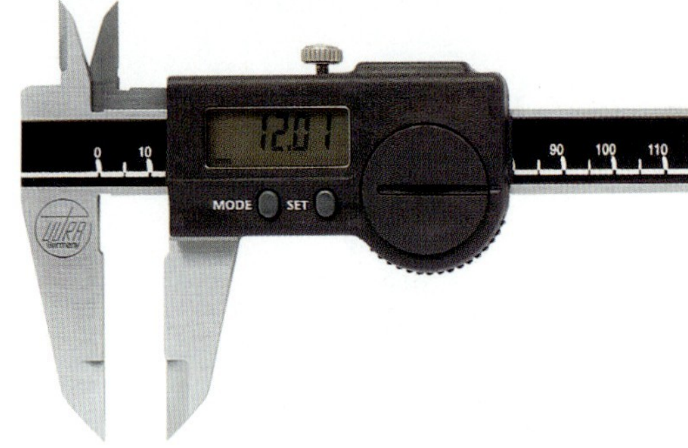

Messschieber mit digitaler Anzeige

Beispiele für die Vereinfachung von Messungen durch Nullstellen

Messaufgabe	Durchführung der Messung		
Abmaße messen 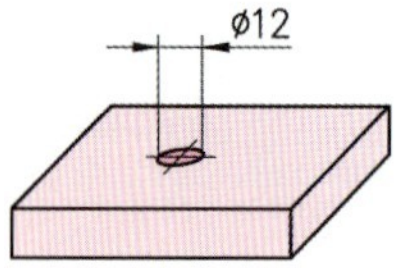 ø12	Nennmaß einstellen → 12.00 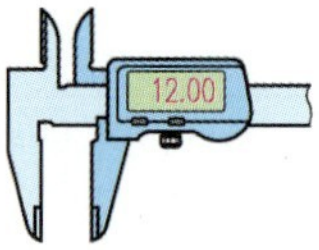	Nullstellen → 0.00 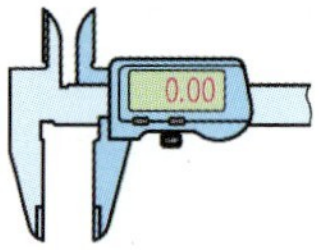	Messen Anzeige der ø-Abweichung 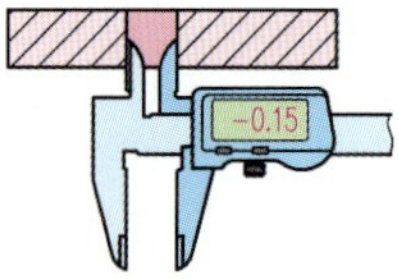 -0.15
Mittenabstand messen $d_1 = 15$ $d_2 = 25$ 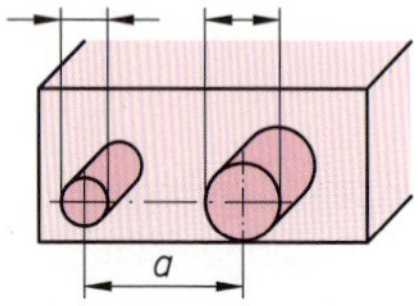 a	$(d_1 + d_2)/2$ einstellen → $(15 + 25)/2 = 20$ 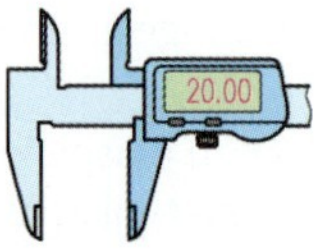 20.00	Nullstellen → 0.00 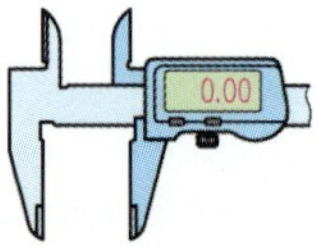	Messen Anzeige von „a“ 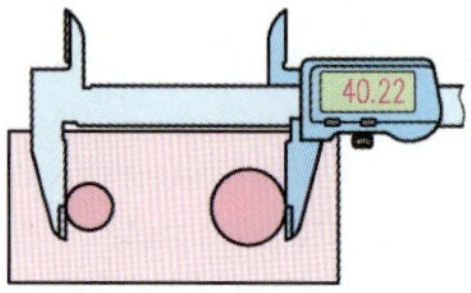 40.22
Bodendicke messen x 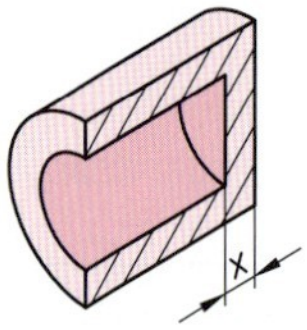	Maß der Hülsentiefe → einstellen 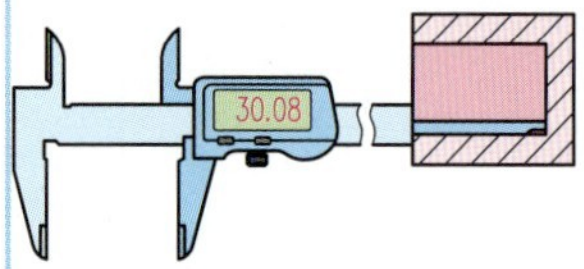 30.08	Nullstellen → 0.00 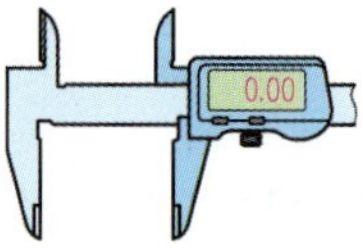	Messen Anzeige von „x“ 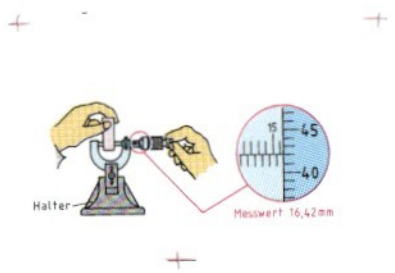

! Mit digital anzeigenden Messschiebern können Maßunterschiede durch Voreinstellung von Hilfsmaßen und anschließendes Nullstellen unmittelbar gemessen werden.

Übungsaufgaben 2/16 bis 2/19

2.4.2 Messen mit Messschrauben

Für Längenmessungen mit einer Ablesegenauigkeit von 0,01 mm werden Messschrauben benutzt. Bei Messschrauben wird mithilfe eines Gewindes die Längenmessung durchgeführt. Die Gewindesteigung stellt die Maßverkörperung dar. Je nach Ausführung sind Außen-, Innen- oder Tiefenmessungen möglich.

1. Messprinzip

Bei Messschrauben wird das Maß durch den Abstand zwischen zwei Messflächen verkörpert. Dieser Abstand kann durch Hinein- oder Herausdrehen einer Gewindespindel aus einer Mutter verändert werden.

Beispiel für den Aufbau einer Messschraube

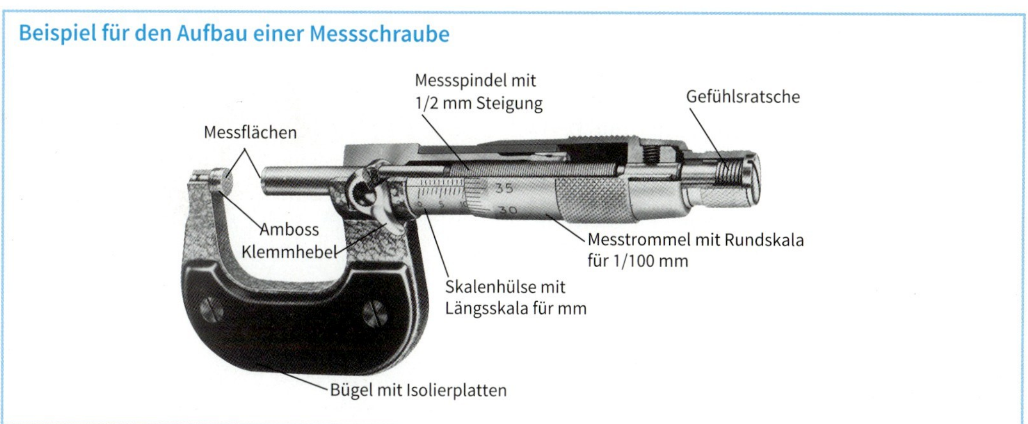

Die Steigung des Messspindelgewindes beträgt meist 0,5 mm. Eine Umdrehung dieser Messtrommel bewirkt daher eine Längsverschiebung der Messspindel von 0,5 mm. Um diese Verschiebung der Messspindel anzuzeigen, sind auf der Längsskala der Skalenhülse unterhalb des durchgehenden Längsstrichs Teilstriche aufgebracht, welche die halben Millimeter markieren.

Bei Messspindeln mit einer Steigung von 0,5 mm ist der Umfang der Messtrommel in 50 gleiche Skalenteile aufgeteilt. Öffnet man die Außenmessschraube um einen Skalenteil der Messtrommel, so bewegen sich Messtrommel mit Messspindel in Achsrichtung um 1/50 von 0,5 mm weiter. 1/50 von 0,5 mm sind 0,01 mm.

Beim Ablesen des Messwertes bestimmt man zunächst auf der Skalenhülse die ganzen und halben Millimeter. Hinzu kommen die Hundertstelmillimeter, die auf der Messtrommel angezeigt werden.

Messwert: 16,0 mm + 0,42 mm = **16,42 mm**

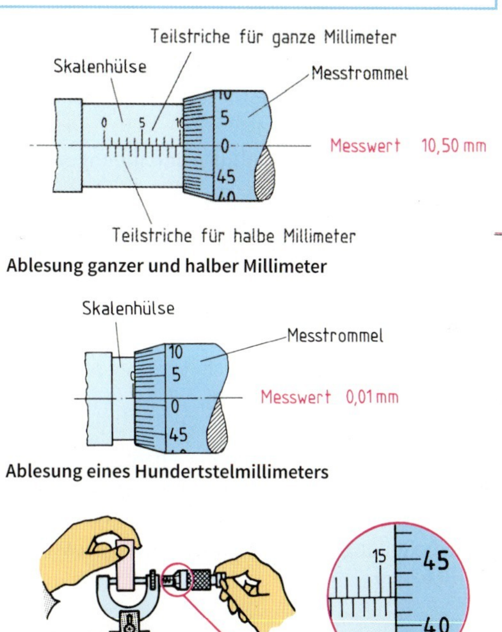

Ablesung ganzer und halber Millimeter

Ablesung eines Hundertstelmillimeters

Messen mit der Bügelmessschraube

> **!** Für das Arbeiten mit Messschrauben ergeben sich folgende Ableseregeln:
> - Ganze und halbe Millimeter werden auf der Skalenhülse abgelesen.
> - Die hundertstel Millimeter werden auf der Messtrommel abgelesen.
> - Beide Ableseergebnisse werden addiert und ergeben den Messwert.

Übungsaufgaben 2/20 bis 2/23

2. Messschrauben für Innenmessungen

Für Innenmessungen verwendet man Innenmessschrauben.

Die einfachste Bauform besteht aus:

- Haltegriff mit feststehendem Messbolzen und Innengewinde,
- Messtrommel mit Messspindel und Außengewinde.

Beim Messen von Bohrungsdurchmessern ist darauf zu achten, dass Innenmessschrauben genau durch den Bohrungsmittelpunkt und außerdem senkrecht zur Bohrungsachse gehalten werden.

Einfacher und genauer können Bohrungsdurchmesser mit einer **Innenmessschraube mit Dreipunktauflage** gemessen werden. Die drei um 120° versetzten Messbolzen werden beim Drehen der Messtrommel gleichmäßig in radialer Richtung bewegt. Beim Anliegen der Messbolzen auf der Bohrungswand befindet sich die Messgeräteachse an der Messstelle genau in der Bohrungsmitte. Während des Messvorgangs ist darauf zu achten, dass die Messgeräteachse und die Bohrungsachse übereinstimmen.

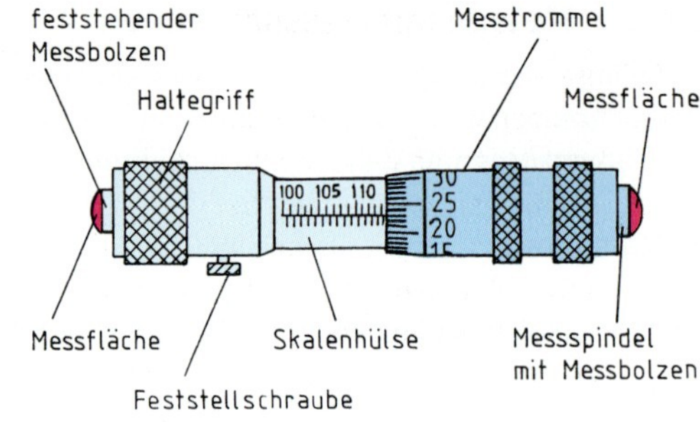

Innenmessschraube

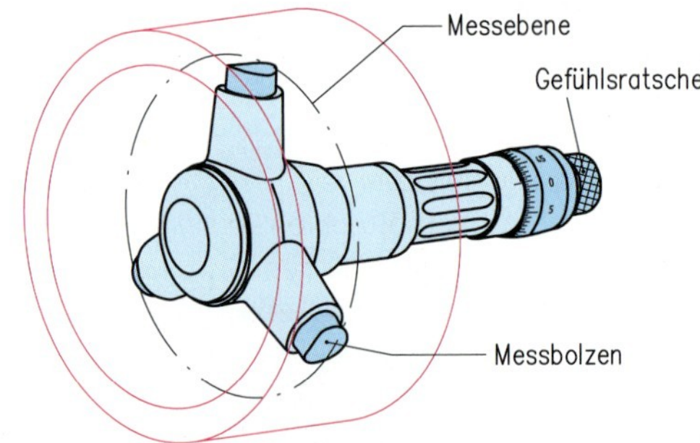

Messen mit einer Innenmessschraube mit Dreipunktauflage

3. Messschrauben für Tiefenmessungen

Genaue Tiefenmessungen werden mit Tiefenmessschrauben vorgenommen.

Sie bestehen aus folgenden Teilen:

- Messbrücke mit Skalenhülse und Innengewinde,
- Messspindel mit Messbolzen, Messtrommel, Außengewinde und Gefühlsratsche.

Bei der Tiefenmessschraube steigen die Zahlen der Skalenhülse von oben nach unten an.

Der Messbereich kann durch verschieden lange Messbolzen verändert werden.

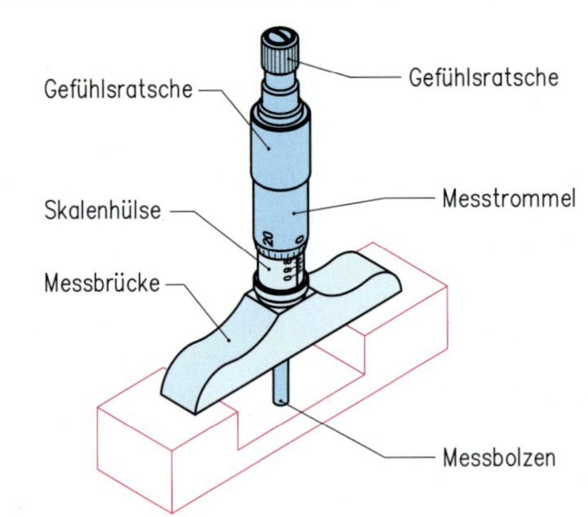

Messen mit einer Tiefenmessschraube

4. Messschrauben mit digitaler Anzeige

Fehler beim Ablesen des Messwertes werden auch bei Messschrauben durch digitale Anzeige erheblich verringert. Häufig sind diese Messschrauben neben der Digitalanzeige noch mit einer Skalen- und einer Messtrommelteilung ausgerüstet, damit der Messwert zur Sicherheit auch in herkömmlicher Weise ermittelt werden kann.

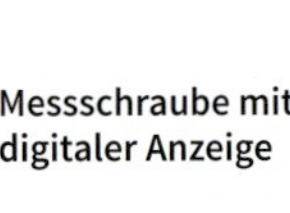

Messschraube mit digitaler Anzeige

Übungsaufgaben 2/24; 2/25; 2/26

2.4.3 Messen mit Messuhren und Feinzeigern

1. Aufbau

Maßdifferenzen von 1/100 mm und geringer sind mit Messuhren feststellbar. **Messuhren** sind Längenmessgeräte, bei denen der Weg des Messbolzens über ein geeignetes System auf einen Zeiger übertragen wird, wobei sich der Zeiger um mindestens 360° vor einem runden Skalenblatt bewegt.

Feinzeiger sind Längenmesszeuge, in denen der Winkelausschlag des Zeigers nur über einen Teilbereich eines Vollkreises geht. Feinzeiger weisen sehr hohe Genauigkeit auf, haben aber wegen ihres Aufbaues nur einen begrenzten Messbereich. Die Übersetzung, das Verhältnis von Zeigerausschlag zum Weg des Messbolzens, kann bis 1 000 : 1 betragen. Die Übersetzung kann auf verschiedene Weise bewirkt werden, z. B. durch Hebelsysteme, Hebel-Zahnrad-Systeme oder Kombinationen von mechanischen und optischen Einrichtungen.

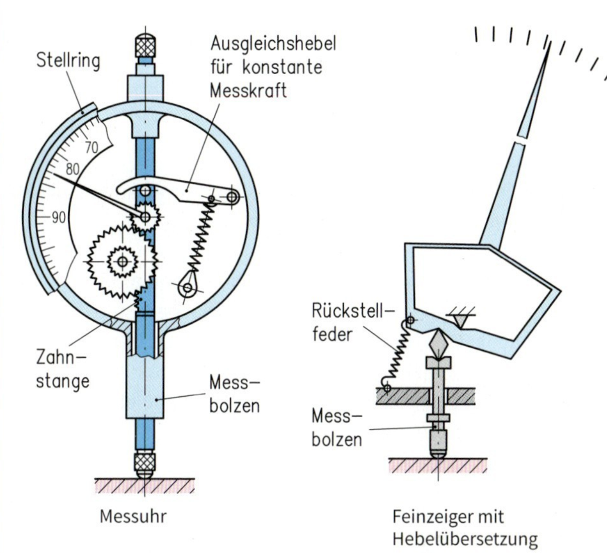

Aufbau von Messuhr und Feinzeiger

> **!** Messuhren zeigen ganze und 1/100 Millimeter an. Der Zeigerausschlag ist mindestens 360°. Feinzeiger haben einen sehr begrenzten Messbereich. Er liegt unter 1 mm. Sie zeigen nur hundertstel oder tausendstel Millimeter an.

In digital anzeigenden Messuhren wird der Messwert nicht mechanisch, sondern durch Veränderung elektrischer Größen ermittelt.

Messuhren mit digitaler Anzeige erlauben höhere Ablesegenauigkeit als solche mit Skalenanzeige. Die Messunsicherheit beträgt aber ± 1 Schrittwert und ist damit größer als bei analog anzeigenden Messuhren.

2. Einsatz von Messuhren zur Ermittlung von Istmaßen

Werden Messuhren zur Ermittlung von Istmaßen eingesetzt, so muss die Nullstellung durch Endmaße festgelegt werden. Das Istmaß ergibt sich aus dem eingestellten Maß plus der Maßdifferenz, welche die Messuhr anzeigt (Unterschiedsmessung). Bei der Einrichtung ist darauf zu achten, dass die Nullstellung der Messuhr so vorgenommen wird, dass positive und negative Abweichungen erfasst werden können.

Einrichtung einer digital anzeigenden Messuhr mit einem Endmaß

> **!** Zur Ermittlung von Istmaßen wird die Nullstellung der Messuhr durch Endmaße festgelegt und eine Unterschiedsmessung durchgeführt.

Übungsaufgaben 2/27; 2/28; 2/29

2.4.4 Messen mit Endmaßen

Maßverkörperungen, die ein bestimmtes Maß durch den Abstand zweier Endflächen darstellen, werden Endmaße genannt. Die Messflächen von Endmaßen können eben, zylindrisch oder kugelig sein. Endmaße sind aus Stahl, Hartmetall oder Keramik gefertigt.

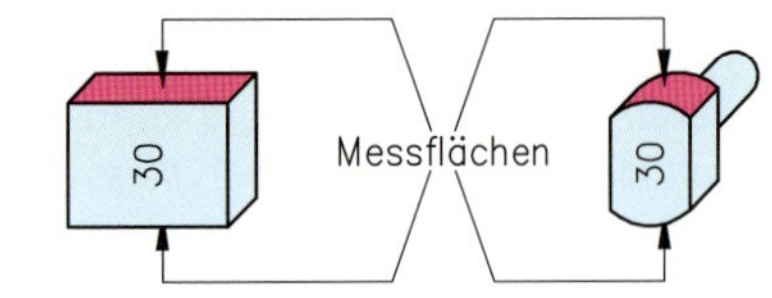

Messflächen an Endmaßen

Endmaße sind sehr genaue Maßverkörperungen, die Maße werden durch den Abstand zweier Messflächen dargestellt.

Endmaße dürfen nur im gesäuberten Zustand aneinander geschoben werden. Die Messflächen sind so eben, dass sie ohne äußeren Kraftaufwand infolge Adhäsion aneinander haften. Durch das Anschieben mehrerer Endmaßblöcke können beliebige Maße zusammengestellt werden.

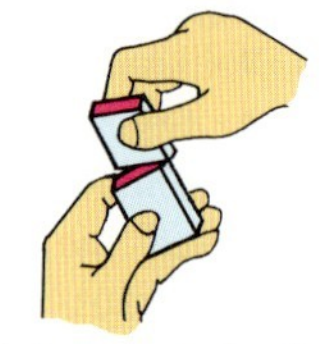

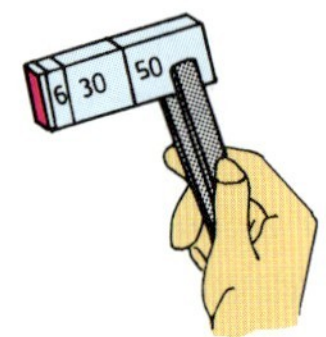

Anschieben von Endmaßen

Endmaßsätze werden mit einer Vielzahl sinnvoll gestufter Einzelendmaße angeboten. Ein Endmaßnormalsatz besteht aus Endmaßen mit fünf unterschiedlichen Maßbildungsreihen. Jede Reihe hat neun Maßblöcke. Innerhalb der Reihe ist die Stufung gleich; so beträgt z. B. in der Reihe 2 die Stufung von Endmaß zu Endmaß 0,01 mm.

Maßbildungsreihe	Stufung innerhalb der Reihe	Größe der Endmaße
Reihe 1	0,001 mm	1,001 mm bis 1,009 mm
Reihe 2	0,01 mm	1,01 mm bis 1,09 mm
Reihe 3	0,1 mm	1,1 mm bis 1,9 mm
Reihe 4	1 mm	1 mm bis 9 mm
Reihe 5	10 mm	10 mm bis 90 mm

Endmaße kann man in vier *Genauigkeitsgraden* von 0 bis III erhalten. Sätze mit dem Genauigkeitsgrad 0 haben dabei die höchste Genauigkeit.

Beim Zusammensetzen der Endmaße zu einem bestimmten Maß beginnt man zweckmäßigerweise mit der niedrigsten erforderlichen Maßbildungsreihe.

Beispiel für das Zusammenstellen von Endmaßen zur Maßverkörperung 76,452 mm

Maßbildung			
	Reihe 1	**1,002**	mm
	Reihe 2	**1,05**	mm
	Reihe 3	**1,4**	mm
	Reihe 4	**3**	mm
	Reihe 5	**70**	mm
	Kontrolle	**76,452**	mm

Endmaße werden für verschiedene Aufgaben verwendet:
- Prüfen von anzeigenden Messgeräten,
- Prüfen von Lehren,
- Messen von Werkstücken,
- Einstellen von anzeigenden Messgeräten,
- Einstellen von Anreißspitzen,
- Einstellen von Werkzeugmaschinen.

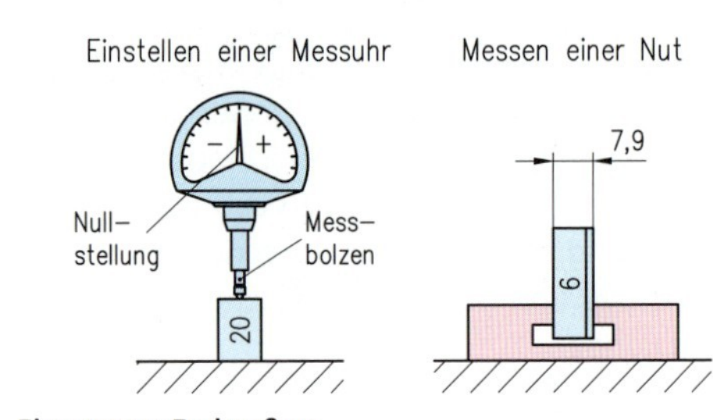

Einsatz von Endmaßen

Endmaße werden für Messungen mit Ablesegenauigkeiten bis zu 0,001 mm eingesetzt.

Übungsaufgaben 2/30; 2/31

2.5 Indirekte Längenmessung

Bei der indirekten Längenmessung wird die Länge aus einer anderen physikalischen Größe abgeleitet. Zur indirekten Längenmessung benötigt man stets Messsysteme, welche die Länge aufnehmen, umwandeln, verarbeiten und anzeigen.

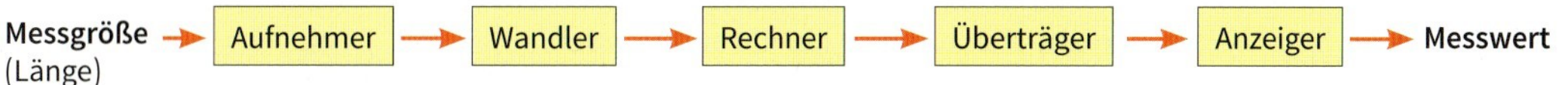

2.5.1 Pneumatische Längenmessung

Pneumatische Längenmessung eignet sich besonders für die Feinstmessung in der Serienfertigung. Da der Messbereich pneumatischer Längenmessgeräte sehr klein ist, werden diese Messgeräte nur zur Unterschiedsmessung benutzt.

Das Messen mit pneumatischen Messgeräten hat die folgenden Vorteile:

- Es wird nahezu berührungslos gemessen, damit werden Kratzspuren und Abnutzung von Messwertaufnehmern vermieden.
- Die ausströmende Luft hält die Messstelle von Verunreinigungen (z. B. Öl) frei.
- Es wird eine hohe Messgenauigkeit (bis zu ± 0,2 µm) erreicht.

Die Verfahren pneumatischer Längenmessung beruhen darauf, dass Änderungen an der Ausströmöffnung in einem Druckluftstrom Druck- und Geschwindigkeitsänderungen hervorrufen. Daraus ergeben sich als Messmethode für die Längenmessung am Werkstück zwei Verfahren, das **Durchflussmessverfahren** und das **Differenzdruckmessverfahren**.

1. Unterscheidung der Messverfahren

Längenmessung nach dem Durchflussmessverfahren

Säulenmessgerät
Messdüse
Schwebekörper
kegliger Messzylinder
Werkstück
$p \approx 0{,}8$ bar

Die Durchflussmessung wird mit Säulenmessgeräten durchgeführt. Säulenmessgeräte werden bevorzugt für gleichzeitige Messungen an mehreren Messstellen an einem Werkstück eingesetzt.

Längenmessung nach dem Differenzdruckmessverfahren

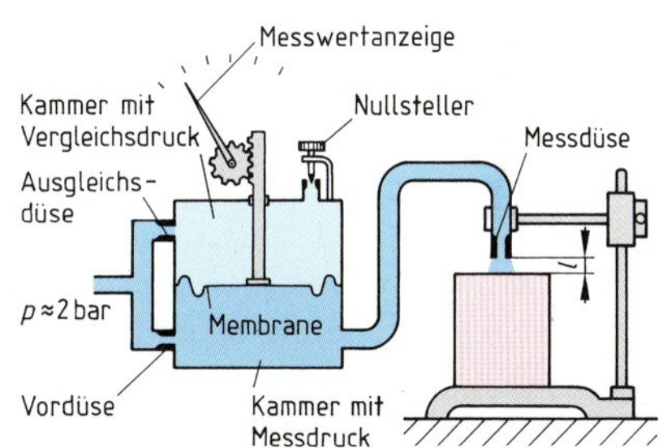

Pneumatische Längenmessung nach dem Differenzdruckverfahren geschieht meist mit Zeigergeräten. Das Differenzdruckverfahren setzt man ein, wenn höherer Messdruck und größerer Messbereich (bis 0,2 mm) gefordert sind.

> **!** Bei der pneumatischen Längenmessung wird die Länge durch eine Druckdifferenz oder ein durchfließendes Volumen erfasst.
> - Das Durchflussmessverfahren wendet man bei Serienmessung und bei gleichzeitiger Messung an mehreren Messstellen an.
> - Das Differenzdruckmessverfahren wird angewendet, wenn größere Messbereiche und höhere Mess-drücke gefordert sind.

Übungsaufgaben 2/32; 2/33

2. Auswahl der Messgrößenaufnehmer

Wegen der kleinen Messbereiche bei den pneumatischen Messgeräten sind für die verschiedenen Messungen unterschiedliche Messgrößenaufnehmer erforderlich.

Bis zu einer Rautiefe von 3 µm kann berührungslos gemessen werden. Bei größeren Rautiefen wählt man mechanisch berührende Taster.

Beispiele für berührungslose und mechanisch berührende Taster

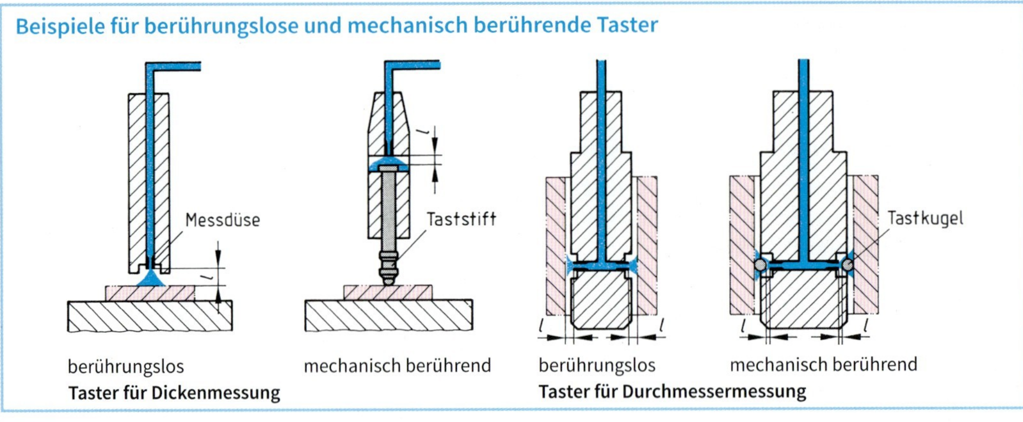

Taster für Dickenmessung **Taster für Durchmessermessung**

> ! Entsprechend der Oberflächenrauheit wählt man bis 3 µm Rauheit berührungslose Taster, über 3 µm Rauheit mechanisch berührende Taster.

2.5.2 Elektrische Längenmessung

Längen beziehungsweise Längenänderungen können durch elektrische Messwertumformer in elektrische Größen wie Strom, Spannung, Widerstand überführt werden. Die aufgenommenen elektrischen Größen können durch Schaltungen wesentlich verstärkt werden, sodass eine hohe Empfindlichkeit gegeben ist.

Zur Umwandlung der Längenänderung in elektrische Größen werden wegen ihrer geringen Baugröße vorwiegend induktive Taster verwendet. Diese Taster verkörpern einen kleinen Transformator mit einer Primär- und zwei Sekundärwicklungen. Die Sekundärwicklungen sind so geschaltet, dass im Ausgang die Spannung Null ist. Der Taststift ist mit einem Eisenkern verbunden. Bei einer Verschiebung des Taststiftes steigt die Spannung in einer Sekundärwicklung, während sie in der anderen abnimmt. Aus der Spannungsdifferenz wird dann der Messwert ermittelt und angezeigt.

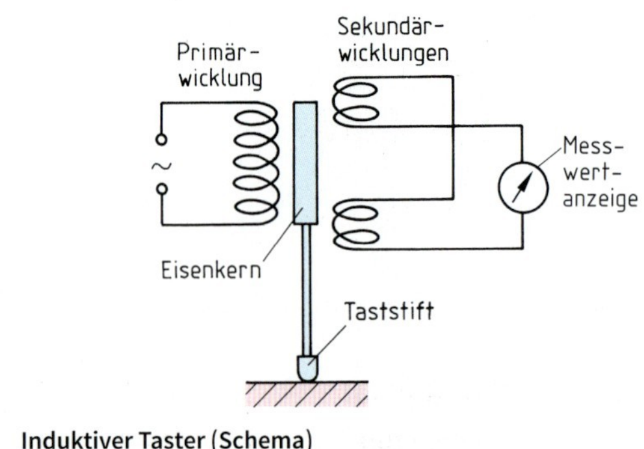

Induktiver Taster (Schema)

Die Vorteile der induktiven Längenmessung sind

- großer Messbereich (im Gegensatz zur pneumatischen Längenmessung),
- hohe Messgenauigkeit, z. B. ± 1 µm bei 1 mm Messbereich, ± 0,02 µm bei 3 mm Messbereich,
- einfache Weiterleitung und Verarbeitung der Messwerte in Datenverarbeitungsanlagen.

> ! Induktive Messtaster formen Längenänderungen in Spannungsänderungen um.

In seltenen Fällen werden auch **kapazitive Messtaster** eingesetzt. In diesen bewirkt eine Längenänderung eine Verschiebung des Abstandes zwischen Kondensatorplatten. Die dabei auftretende Kapazitätsänderung wird zur Ermittlung des Messwertes genutzt. Wegen ihrer großen Bauweise werden kapazitive Taster weniger verwendet.

Größere Längen misst man durch Abtasten von Strichgittern (siehe *„Kapitel Grundlagen der CNC-Technik“*) mit Fotozellen.

2.6 Lehren

Durch Lehren wird festgestellt, ob bestimmte Längen, Winkel oder Profile eines Werkstückes erreicht worden sind. Ein Messwert wird nicht ermittelt.

2.6.1 Formlehren

Mithilfe von Formlehren wird festgestellt, ob eine bestimmte geforderte Form, ein Radius oder ein Profil dem Sollzustand entspricht.

Beispiele für für Formlehren

Radienlehre | **Schleiflehre für Bohrer**

! Formlehren verkörpern die Sollkontur.

2.6.2 Maßlehren

Maßlehren dienen zur Überprüfung von Maßen. Man kann mit Maßlehren nur die Grenzen feststellen, zwischen denen ein Maß liegt. Passt zum Beispiel die Nadel einer Düsenlehre mit 1,25 mm Durchmesser in eine Bohrung und die Nadel mit 1,30 mm Durchmesser nicht, so liegt das Maß der Bohrung zwischen 1,25 mm und 1,30 mm Durchmesser.

Beispiele für Maßlehren

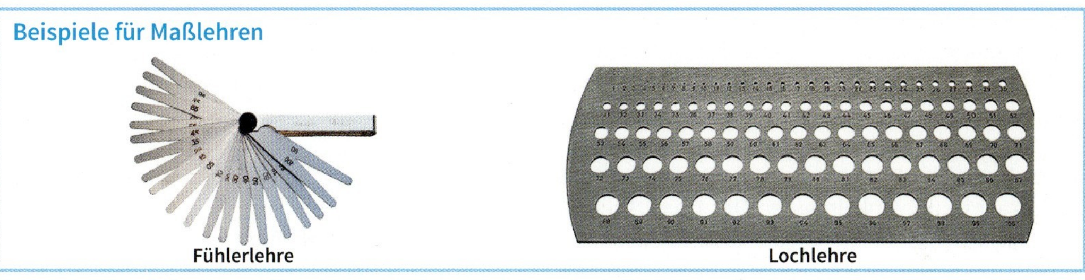

Fühlerlehre | **Lochlehre**

! Maßlehren dienen zur Überprüfung von Maßen.

2.6.3 Grenzlehren

Grenzlehren dienen zum Feststellen, ob die vorgeschriebenen Grenzmaße am Werkstück eingehalten sind. Die Grenzlehre hat deshalb zwei feste Maße: das Höchstmaß und das Mindestmaß.
Grenzrachenlehren dienen zum Lehren von Wellen, Grenzlehrdorne zum Lehren von Bohrungen.

Beispiele für Grenzlehren

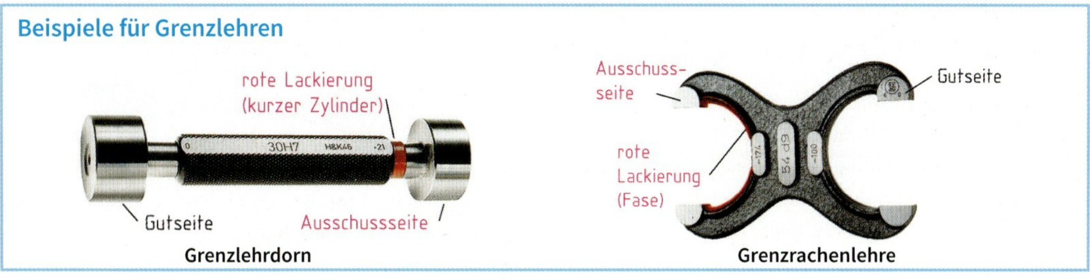

Grenzlehrdorn | **Grenzrachenlehre**

! Grenzlehren verkörpern das Höchst- und Mindestmaß.

3 Prüfen von Winkeln

Die Konturen eine Werkstückes werden durch Kombination unterschiedlicher Konturelemente erzeugt. Diese Konturelemente werden durch Flächen begrenzt, die häufig in unterschiedlichen Winkeln zueinander stehen. Beim Prüfen von Winkeln wird die Einhaltung der vorgegebenen Winkelmaße überprüft. Die Einheit für den Winkel ist der Grad.

Der Vollkreis hat einen Winkel von 360°.
Der Winkel von 1° wird unterteilt in 60 Minuten oder 3600 Sekunden.

Vollkreis	=	360°
1 Grad	=	60 Minuten; 1° = 60'
1 Minute	=	60 Sekunden; 1' = 60"
1° = 60'	=	**3 600"**

Winkeleinheiten

! Die Einheit für Winkel ist ein Grad (1°). Der Vollkreiswinkel beträgt 360°.

3.1 Messen von Winkeln

1. **Messen mit Winkelmessern**
   - **Einfacher Winkelmesser**

Der einfache Winkelmesser hat einen festen Messschenkel mit einer Kreisskala in Gradeinteilung von 0 bis 180°. Ein beweglicher Messschenkel schwenkt um den Kreismittelpunkt. Der Zeiger am beweglichen Messschenkel dient zur Anzeige des Winkels auf der Kreisskala. Der angezeigte Wert entspricht nicht in jedem Fall der Winkelgröße am Werkstück. Die Größe des gemessenen Winkels wird entweder sofort abgelesen, oder sie muss berechnet werden.

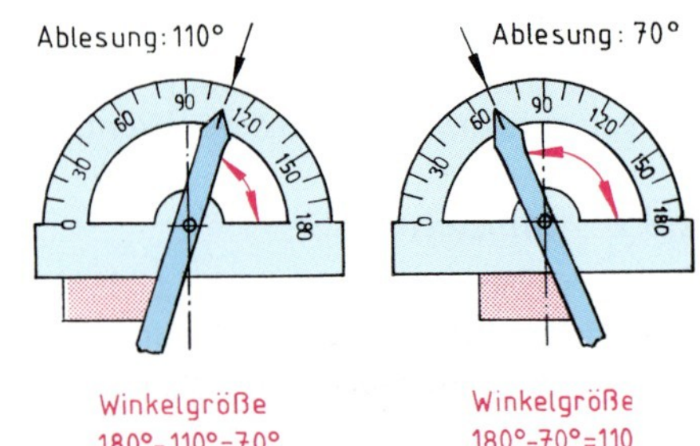

Einfacher Winkelmesser mit Ablesebeispielen

! Einfache Winkelmesser haben einen Messbereich von 0 bis 180°. Die Ablesegenauigkeit beträgt 1°.

   - **Universalwinkelmesser**

Der Universalwinkelmesser ist vielseitiger verwendbar als der einfache Winkelmesser. Der Universalwinkelmesser hat zwei feste Schenkel, die unter einem Winkel von 90° zueinander stehen. Ein weiterer Schenkel ist um eine Vollkreisskala schwenkbar.

Die Vollkreisskala ist in 4 mal 90° eingeteilt. Sie bildet mit den beiden festen Schenkeln eine starre Einheit. Mit dem beweglichen Schenkel verbunden ist eine Nebenskala. Sie besteht aus je einem Nonius rechts und links vom Nullstrich.

Jeder Nonius ist in zwölf Teile aufgeteilt und erstreckt sich auf 23°. Der Winkel zwischen zwei Teilstrichen auf dem Nonius ist daher 23°/12 = 1°55'. Die Ablesegenauigkeit beträgt 5'.

Das Ablesen erfordert eine Zusammenfassung der Werte von Hauptskala und Nonius. Der Winkelnonius muss von der Null zweiseitig vorhanden sein. Daher ist zu beachten, dass Hauptskala und Nonius **stets** in gleicher Richtung abgelesen werden.

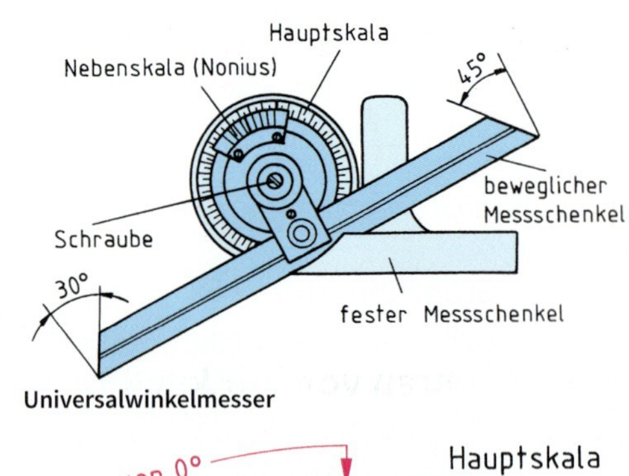

Universalwinkelmesser

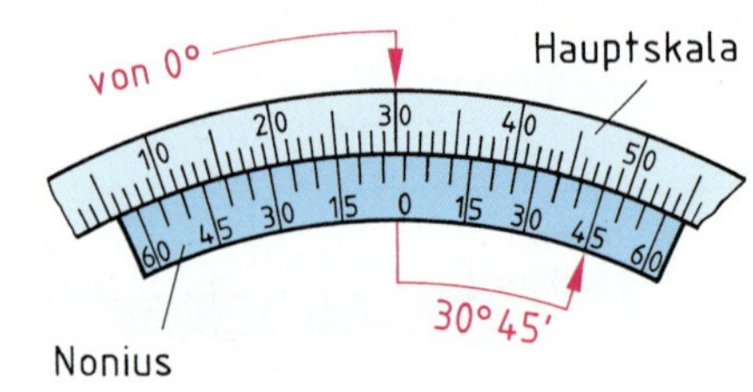

Ermittlung der Winkelgröße

! Universalwinkelmesser haben einen Messbereich von 0 bis 360°. Die Ablesegenauigkeit beträgt 5'. Nonius und Hauptskala müssen stets in gleicher Richtung abgelesen werden.

Übungsaufgaben 3/1 bis 3/6

2. Messen mit Winkelendmaßen

Winkelendmaße sind sehr genaue Maßverkörperungen von Winkeln. Die geneigte Stellung zweier Messflächen zueinander verkörpert den einzelnen Winkel. Die Größe des Winkels ist seitlich auf dem Endmaß aufgetragen. Zusätzlich trägt jedes Winkelendmaß am dünneren Ende das Minuszeichen und am dickeren Ende das Pluszeichen. Durch Zusammensetzen von Winkelendmaßen können sie zum Messen von Winkeln verwendet werden.

Winkelendmaße werden ähnlich den Parallelendmaßen in Sätzen geliefert. Ein solcher Satz enthält z. B. 14 Winkelendmaße in drei Maßbildungsreihen für Grade, Minuten und Sekunden. Mit diesem Satz kann jeder Winkel zwischen 0 und 90° in Stufen von 10" dargestellt werden.

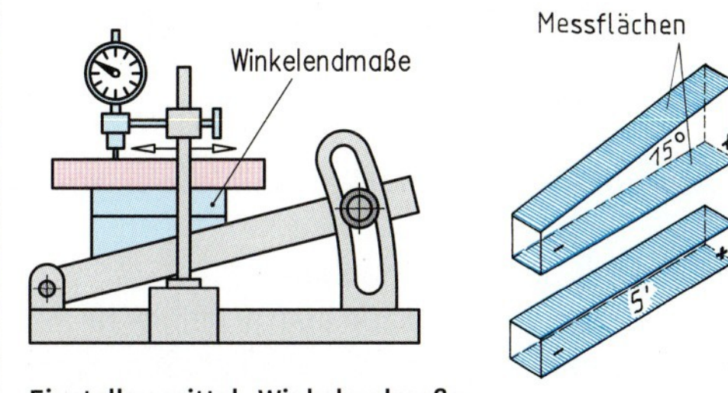

Einstellen mittels Winkelendmaßen

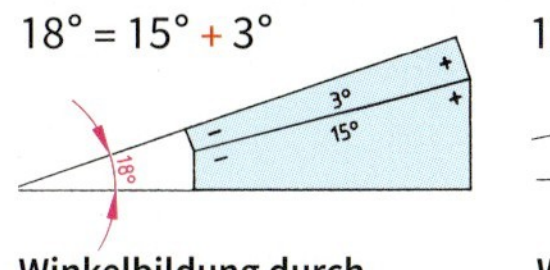

Winkelbildung durch Addition

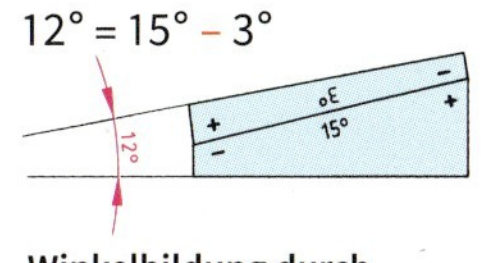

Winkelbildung durch Subtraktion

Das Winkelmaß wird durch ein Endmaß oder durch die Kombination mehrerer Winkelendmaße gebildet. Ein Winkel ergibt sich bei einer Kombination durch Addition oder Subtraktion der Einzelwinkel.
Winkelendmaße werden für Messungen mit Ablesegenauigkeiten bis zu 10“ eingesetzt.

3. Messen mit dem Sinuslineal

Mithilfe des Sinuslineals können Winkel durch Endmaßkombinationen zusammengestellt werden. Das Sinuslineal ist eine parallel geschliffene Platte, an der zwei Zylinder im Abstand L befestigt sind. Durch Unterlegen von Endmaßen wird der Winkel eingestellt. Es gilt die mathematische Beziehung:

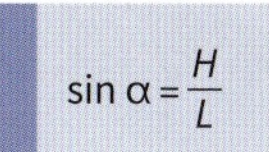

$$\sin \alpha = \frac{H}{L}$$

α Winkel
H Höhe der Endmaße
L Länge des Sinuslineals

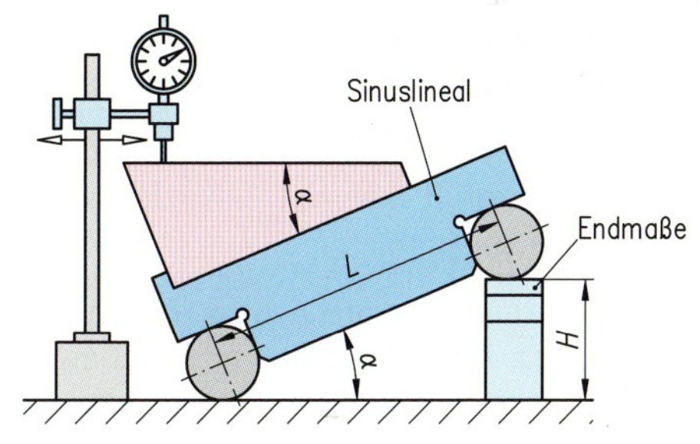

Messen mit dem Sinuslineal

Durch den Einsatz von Parallelendmaßen kann mit dem Sinuslineal ein Winkel sehr genau bestimmt werden. Den Winkel berechnet man aus der Höhe der Endmaße und der Länge des Sinuslineals mithilfe der Sinusfunktion.

3.2 Lehren von Winkeln

Winkel werden auch mit Lehren geprüft. Dies sind meistens feste Winkel, die einen bestimmten Winkel verkörpern. Zum Prüfen wird die Winkellehre mit ihren Prüfflächen an das Werkstück angelegt. Tritt ein Lichtspalt zwischen Prüfgegenstand und Lehre auf, so weicht der vorhandene Winkel vom geforderten Winkel ab. Der Istwert des Winkels wird dabei nicht festgestellt.

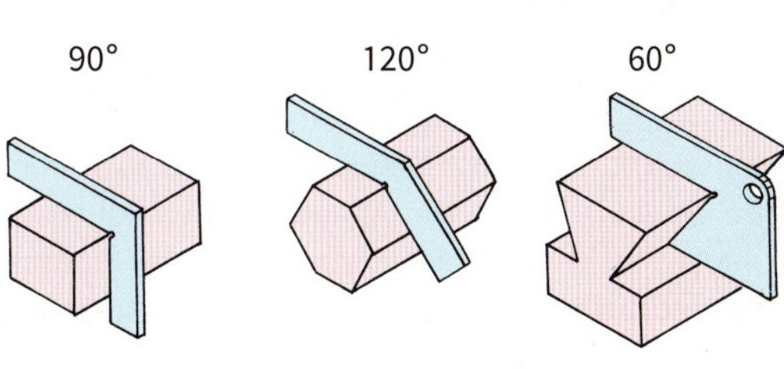

Prüfen mit festen Winkeln

Beim Prüfen von Winkeln mit Lehren kann der Zahlenwert einer Abweichung nicht festgestellt werden.

4 Prüfen von Gewinden

4.1 Lehren von Gewinden

Mit Gewindelehren lassen sich Gewinde in einem Arbeitsgang überprüfen.

1. Prüfen mit Gewindeschablonen
Mit Gewindeschablonen kann man auf einfache Art durch Lichtspaltverfahren die Profilgrößen eines Gewindes feststellen. Dabei vergleicht man in einem Vorgang Steigung, Gewindetiefe und Flankenwinkel von Lehre und Prüfgegenstand miteinander.

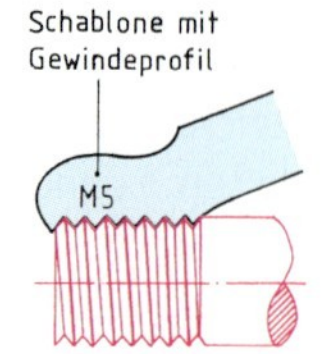

Prüfen mit Gewindeschablonen

Satz Gewindeschablonen

> **!** Mit Gewindeschablonen prüft man das Profil eines Gewindes.

2. Prüfen mit Gewindegrenzlehren
Zum Lehren von Innengewinden dienen **Gewindegrenzlehrdorne**. Die Gutseite des Lehrdorns hat das volle Gewindeprofil mit mehreren Gewindegängen. Die Gutseite muss sich in das zu prüfende Gewinde einschrauben lassen. Die Ausschussseite des Lehrdorns hat verkürzte Flanken und nur wenige Gewindegänge. Die Ausschussseite darf sich nicht einschrauben lassen.

Außengewinde prüft man mit Gewindelehrringen oder Grenzrollenlehren.

Gewindelehrringe entsprechen in ihrem Gewindeaufbau und ihrer Handhabung den Gewindegrenzlehrdornen. Für die Gut- und Ausschusslehrung gibt es jedoch getrennte Lehrringe. Da die Gutlehrringe durch das häufige Einschrauben stark verschleißen, verwendet man Lehrringe vorwiegend zum Prüfen von kurzen Außengewinden.

Längere Außengewinde prüft man mit **Grenzrollenlehren**. Grenzrollenlehren für Gewinde sind wie Rachenlehren aufgebaut. Im gleichen Rachen ist je ein Rollenpaar für die Gutlehrung und für die Ausschusslehrung angeordnet. Das vordere Rollenpaar hat mehrere Gewindegänge des vollen Profils. Diese Rollen stellen die Gutseite der Lehre dar und müssen durch ihr Eigengewicht über das zu prüfende Gewinde rollen. Die Abnutzung der Rollen ist dabei sehr gering. Das hintere Rollenpaar hat nur wenige nicht voll ausgebildete Gewindegänge und dient zur Ausschusslehrung. Dieses Rollenpaar darf sich nicht über das zu prüfende Gewinde bewegen lassen.

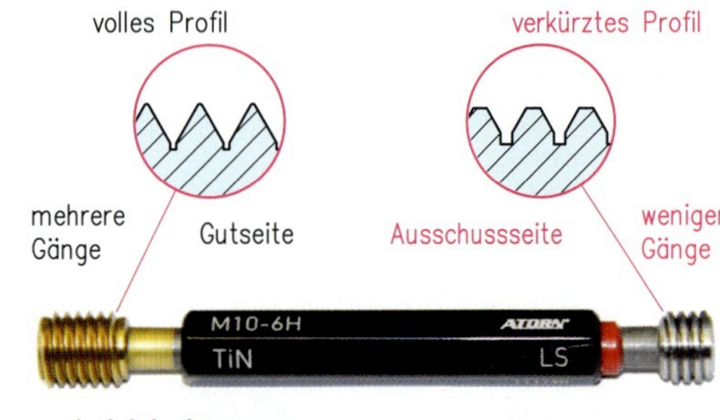

Gewindelehrdorn

Ausschusslehrring

Gutlehrring

Gewindelehrringe

Gewinderollenlehre

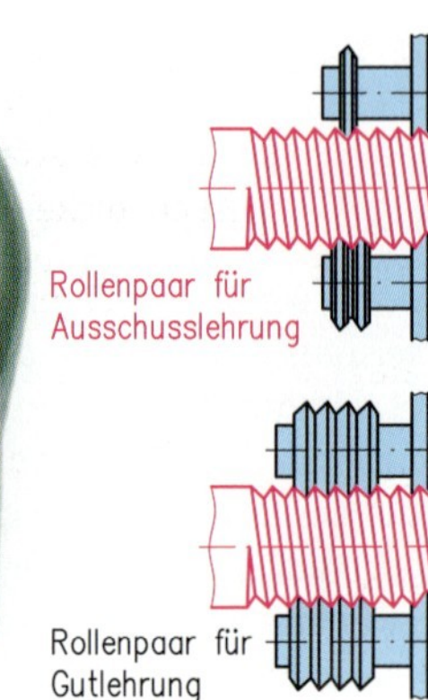

> **!** Mit Gewindegrenzlehren überprüft man die Funktionsfähigkeit eines Gewindes.

4.2 Messen von Gewinden

1. Messgrößen am Gewinde

Der Flankendurchmesser, die Steigung und der Flankenwinkel in seiner Größe und Lage zur Achse sind entscheidend für die Genauigkeit eines Gewindes. Durch die geometrische Zuordnung dieser drei Größen ist das Gewinde bestimmt. Sie werden mit unterschiedlichen Messgeräten gemessen.

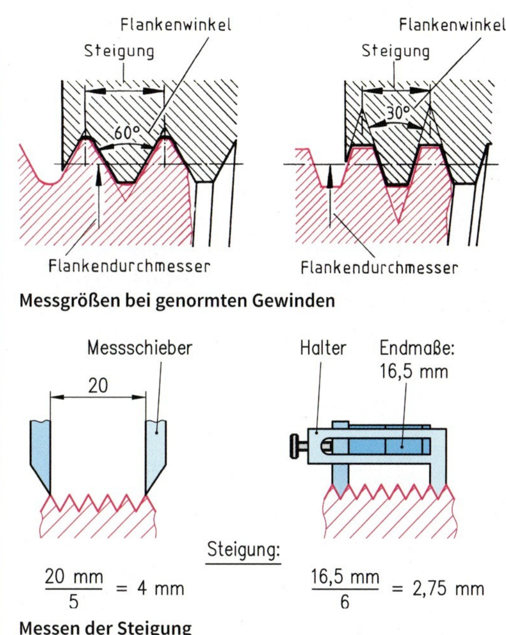

Messgrößen bei genormten Gewinden

2. Messen der Steigung

Das einfachste Gerät zum Messen der Gewindesteigung ist der Messschieber. Man ermittelt die Steigung, indem man den Abstand mehrerer Gewindegänge mit den Messspitzen misst und den Messwert durch die Anzahl der Gewindegänge teilt.

Durch Steigungsschnäbel mit eingeschobenen Endmaßen ergeben sich genauere Messwerte. Auch bei diesem Verfahren ist der Messwert ein Vielfaches der Steigung.

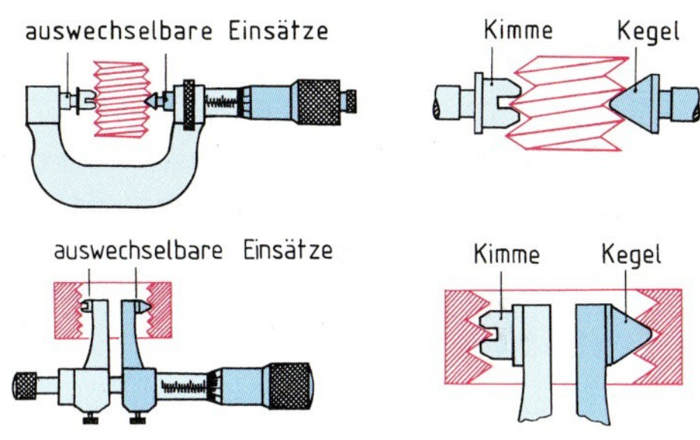

Messen der Steigung

> **!** Die Steigung bestimmt man bei eingängigen Gewinden aus dem Abstand mehrerer Gewindegänge.

3. Messen des Flankendurchmessers

Der Flankendurchmesser kann bei Innen- und Außengewinden mit Messschrauben gemessen werden, die mit besonderen Einsätzen versehen sind. Diese Einsätze bezeichnet man als Kegel und Kimme. Sie sind beweglich, damit sie sich beim Prüfen in Richtung der Steigung einstellen können. Kegel und Kimme müssen der jeweiligen Gewindesteigung entsprechen.

auswechselbare Einsätze

Kimme Kegel

auswechselbare Einsätze

Kimme Kegel

Messen des Flankendurchmessers mit Kegel und Kimme

Ein sehr genaues Messverfahren zur Bestimmung des Flankendurchmessers bei Außengewinden ist das Dreidraht-Messverfahren. Dabei verwendet man drei gleich dicke Messdrähte. Zwei Drähte werden in benachbarte Gewindelücken, der dritte in die gegenüberliegene Lücke des Gewindes eingelegt. Mit einer Messschraube ermittelt man den Abstand zwischen den Drähten. Der entsprechende Flankendurchmesser wird unter Berücksichtigung der Drahtdurchmesser errechnet oder Tabellen entnommen.

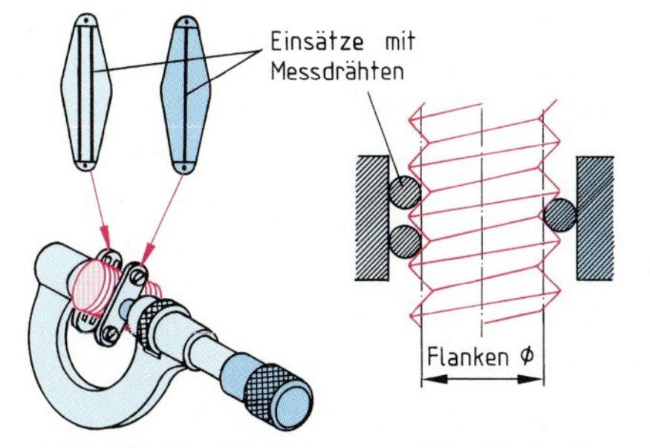

Messen des Flankendurchmessers mit Dreidraht-Messverfahren.

> **!** Den Flankendurchmesser bestimmt man mithilfe von Messschrauben aus dem Maß, das sich mit ins Gewinde eingelegten Kegeln oder Drähten ergibt.

5 Prüfen der Rauheit von Oberflächen

Die Gestaltabweichungen der Werkstückoberflächen von ihrer Idealform ergeben sich aus den Bedingungen der Fertigung und der Werkstoffbeschaffenheit. Die Güte der Werkstückoberfläche ist beim Urformen und Umformen von der formgebenden Oberfläche und bei spanender Bearbeitung vom Verfahren und von den Schnittbedingungen abhängig.

Messgeräte zur Prüfung der Gestaltabweichungen von Werkstückoberflächen tasten diese ab, zeichnen über einen Diagrammschreiber stark vergrößerte Oberflächenprofile auf und errechnen verschiedenartige Kenngrößen.

Die Richtung der Oberflächenabtastung ist frei wählbar, bei spanender Bearbeitung prüft man meist quer zur Bearbeitungsrichtung.

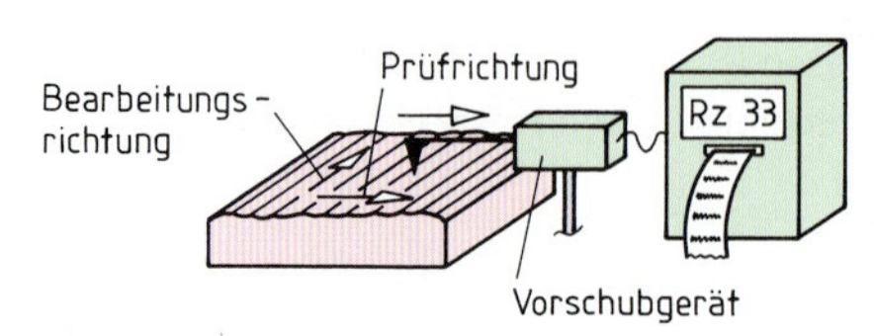

Rauheitsprüfung (Schema)

5.1 Oberflächenkenngrößen

Bei der Oberflächenprüfung erfasst man Gestaltabweichungen unterschiedlicher Größenordnung. Man unterscheidet in der 1. Ordnung **Formabweichungen**, in der 2. Ordnung **Welligkeit** und ab der 3. Ordnung **Rauheit**. Die Oberflächenprüfgeräte erlauben es, durch computerunterstützte Auswertung charakteristische Profilmerkmale heraus zu filtern.

Formabweichungen ermittelt man mithilfe von Messmaschinen, wogegen man die Welligkeit und Rauheit mit Tastschnittgeräten erfasst.

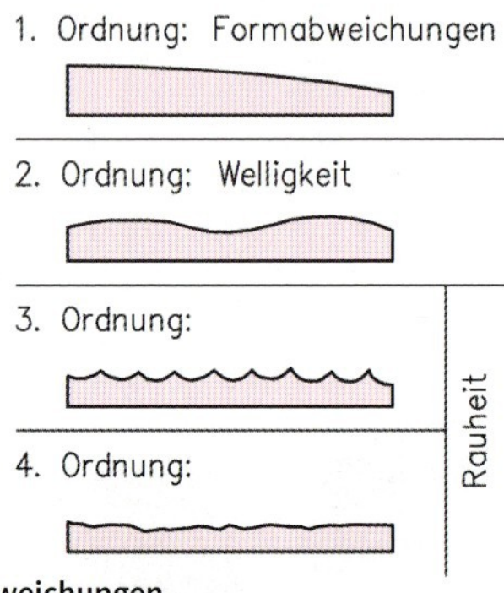

Gestaltabweichungen

Zur Darstellung des Rauheitsprofils werden die langwelligen Profilanteile durch entsprechende Filter unterdrückt. Durch eine solche Vorgehensweise erhält man eine stark vergrößerte Darstellung der mikroskopisch kleinen Unebenheiten der Werkstückoberfläche. Diese Oberflächenrauheit beeinflusst das Aussehen, das Verschleißverhalten und die Haftung von Beschichtungen.

Wichtige Kenngrößen sind die Rauheitskenngrößen *Rz* und *Ra*.

5.1.1 Rauheitskenngröße *Rz*

Zur Bestimmung des *Rz*-Wertes unterteilt man im Regelfall die Auswertelänge l in fünf gleiche Einzelmessstrecken l_e. Innerhalb jeder Einzelmessstrecke misst man den Abstand zwischen der höchsten und tiefsten Profilspitze. Diesen Abstand bezeichnet man als Einzelrautiefe Z. Den Mittelwert aus **fünf** aufeinander folgenden Einzelrautiefen Z_1 bis Z_5 bezeichnet man als Rauheitskenngröße *Rz*.

Man berechnet den *Rz*-Wert nach der Formel:

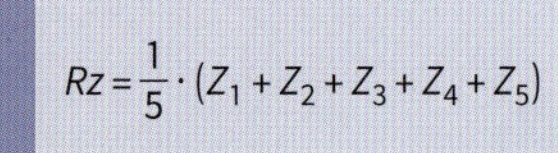

$$Rz = \frac{1}{5} \cdot (Z_1 + Z_2 + Z_3 + Z_4 + Z_5)$$

Bei der Angabe der Oberflächenbeschaffenheit wird in Deutschland die Rauheitskenngröße Rz bevorzugt verwendet.

Beispiel für die Berechnung des *Rz*-Wertes

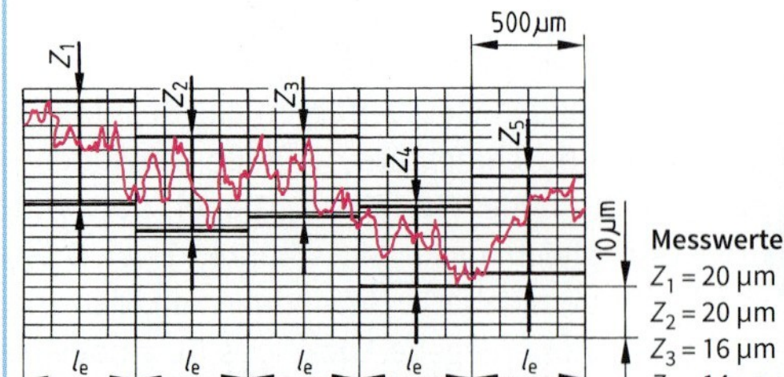

Rauheitsprofil mit Einzelrautiefe

$$Rz = \frac{1}{5} \cdot (20\ \mu m + 20\ \mu m + 16\ \mu m + 14\ \mu m + 21\ \mu m)$$

$Rz =$ **18 µm**

! Die Rauheitskenngröße *Rz* ist das arithmetische Mittel der Einzelrautiefen von fünf aufeinander folgenden Messstrecken.

Übungsaufgaben 5/1; 5/2

5.1.2 Rauheitskenngröße *Ra*

Den *Ra*-Wert kann man sich als Höhe eines Rechteckes vorstellen, dessen Grundseite die Auswertelänge ist. Dieses Rechteck muss flächengleich mit der unregelmäßigen Fläche zwischen Rauheitsprofil und Mittellinie sein. Damit stellt die Höhe des Rechtecks einen Mittelwert aller Profilabstände von der Mittellinie dar. Der errechnete *Ra*-Wert wird in Mikrometer angegeben.

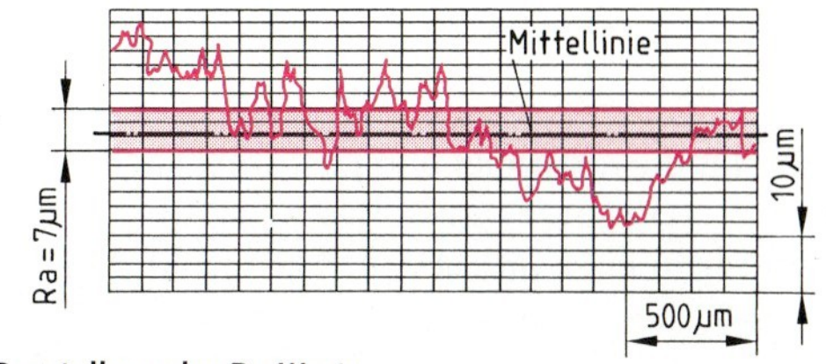

Darstellung des Ra-Wertes

Der Rauheitskenngröße *Ra* ist der Mittelwert aller Abweichungen des Rauheitsprofils von der Mittellinie.

5.2 Verfahren zur Prüfung der Rauheit

5.2.1 Prüfen mit Tastschnittgeräten

Bei Tastschnittgeräten tastet eine Diamantspitze mechanisch das Oberflächenprofil auf einer einstellbaren Messstrecke ab. Die entstehenden Höhenbewegungen der Tastspitze werden in elektrische Signale umgeformt und auf einen Rechner übertragen. Die Messstrecke und die Höhenbewegung können ggf. von einem Profilschreiber mit unterschiedlichen Vergrößerungen aufgezeichnet werden.

Beispiel für die Prüfung der Rauheit der Dichtfläche eines Zylinders

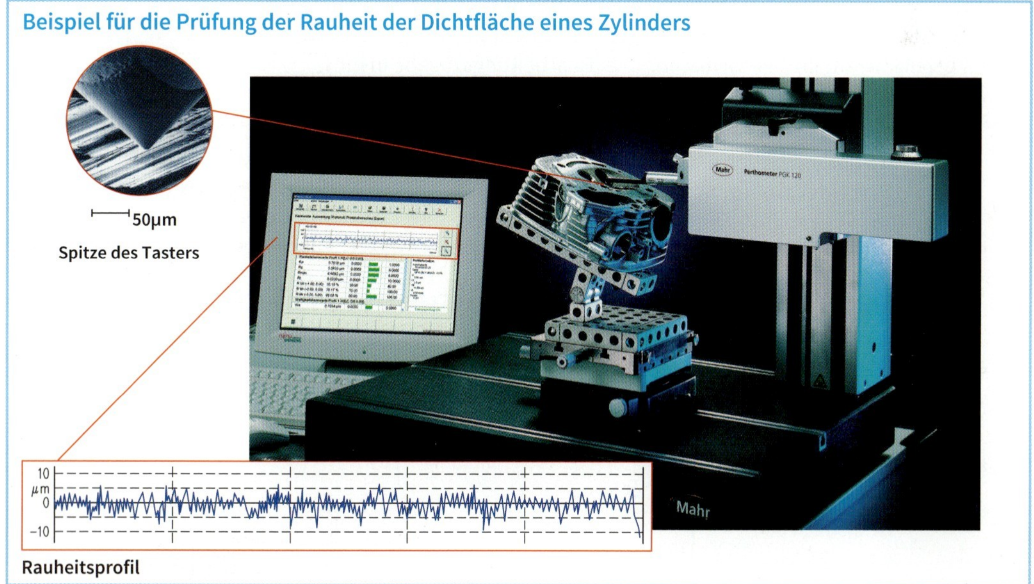

Spitze des Tasters

Rauheitsprofil

5.2.2 Prüfen durch Vergleich mit Oberflächenmustern

Jedes Fertigungsverfahren führt zu typischen Oberflächen. Zur Beurteilung der Oberflächenbeschaffenheit werden für die wichtigsten Fertigungsverfahren entsprechende Oberflächenmuster geliefert.

Durch abwechselndes Abtasten der Werkstückoberflächen und des Oberflächenmusters mit der Fingerkuppe kann die Oberflächenbeschaffenheit recht genau bestimmt werden. Dieser Vergleich zweier Oberflächen zählt zu den subjektiven Prüfverfahren, da das Ergebnis vom Feingefühl des Prüfers abhängig ist.

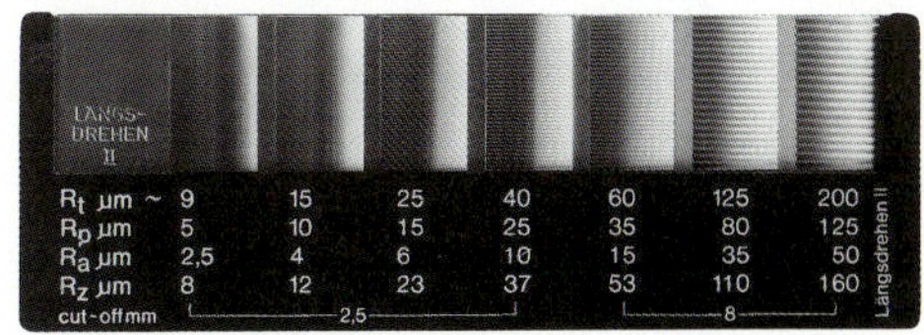

Oberflächenmuster für Drehteile

Übungsaufgabe 5/3

5.3 Angabe der Oberflächenbeschaffenheit in Zeichnungen

Wenn die Funktionstauglichkeit eines Werkstückes von der Oberflächenrauheit abhängt, wird diese in die Zeichnung eingetragen.

Werte für die Kennzeichnung der Oberflächenbeschaffenheit

Oberflächenbeschaffenheit nach alter Norm	**Oberflächenangaben** nach DIN ISO 1302							
	Rz in µm				*Ra* in µm			
	R 1	R 2	R 3	R 4	R 1	R 2	R 3	R 4
geschruppt Riefen fühlbar und mit bloßem Auge sichtbar	160	100	63	25	25	12,5	6,3	3,2
geschlichtet Riefen mit bloßem Auge noch sichtbar	40	25	16	10	6,3	3,2	1,6	0,8
fein geschlichtet Riefen mit bloßem Auge nicht mehr sichtbar	16	6,3	4	2,5	1,6	0,8	0,4	0,2
feinst geschlichtet	–	1	1	0,4	–	0,1	0,1	0,025

R 2 ist zu bevorzugen

Die Rauheitskenngrößen werden durch Symbole nach DIN ISO 1302 mit den Größenangaben in Zeichnungen eingetragen. Jede Rauheitskenngröße hat einen festgelegten Platz am Symbol.

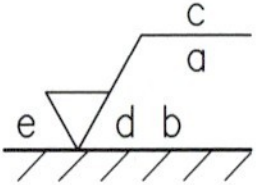

Lage der Oberflächenangaben am Symbol

a Rauheitskenngrößen *Ra, Rz* in µm bzw. *Rt*
b zweite Anforderung an die Oberflächenbeschaffenheit (wie a)
c Fertigungsverfahren, Oberflächenbehandlung
d Rillenrichtung
e Bearbeitungszugabe in mm

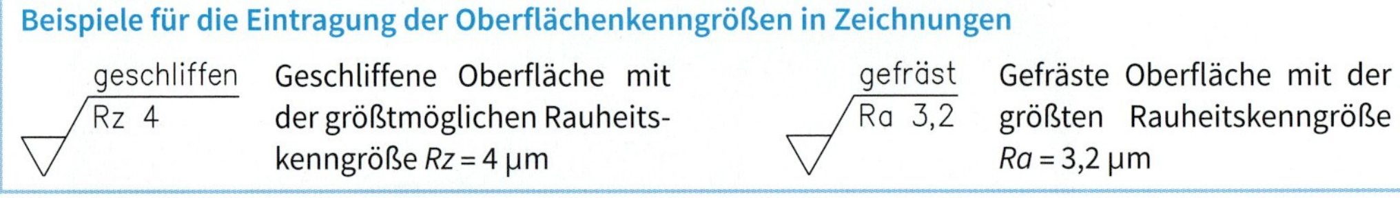
Beispiele für die Eintragung der Oberflächenkenngrößen in Zeichnungen

geschliffen
Rz 4

Geschliffene Oberfläche mit der größtmöglichen Rauheitskenngröße *Rz* = 4 µm

gefräst
Ra 3,2

Gefräste Oberfläche mit der größten Rauheitskenngröße *Ra* = 3,2 µm

5.4 Fertigungsverfahren und Oberflächenbeschaffenheit

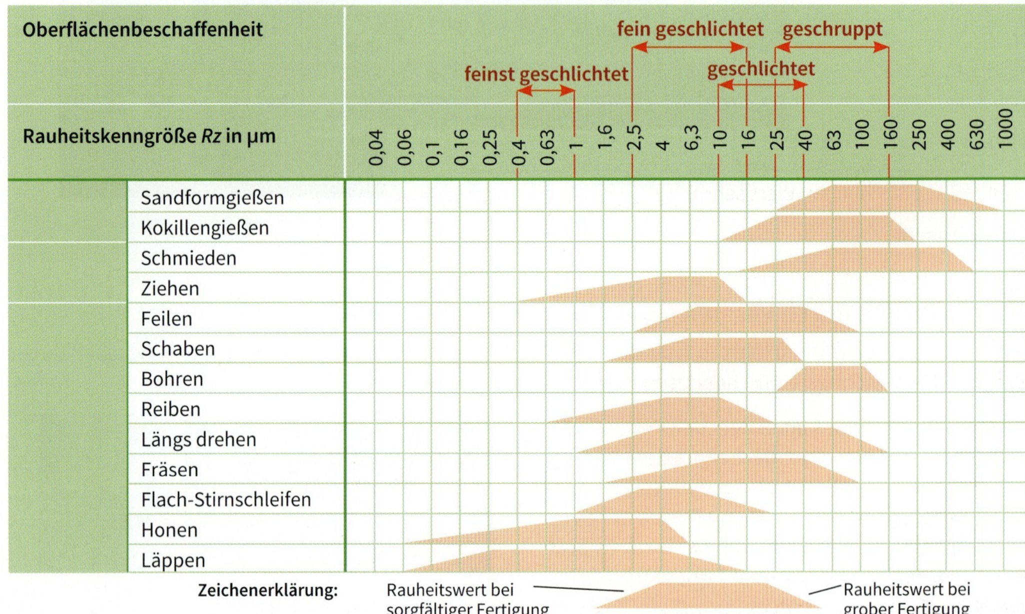

6 Messabweichungen

6.1 Größe der Messabweichung

Die Abweichung des Prüfergebnisses von der tatsächlichen Größe des zu prüfenden Gegenstandes nennt man Prüf- oder Messabweichung.

Beispiel für eine Messabweichung

gemessener Wert	–	tatsächlicher Wert	=	Messabweichung
20,1 mm	–	20,076	=	+ 0,024 mm

! Messabweichung = gemessener Wert – tatsächlicher Wert

6.2 Arten von Messabweichungen

1. Systematische Messabweichung

Bestimmte Messabweichungen treten regelmäßig auf. Misst man z. B. mit einer Messschraube, die im Gewinde ein Spiel von 1/100 mm aufweist, so weicht der Messwert stets um 1/100 mm vom tatsächlichen Wert ab. Diese Messabweichung tritt bei jeder Messung mit dieser Messschraube auf, sie wird daher als **systematische Messabweichung** bezeichnet. Man kann sie also bei jeder Messung berücksichtigen.

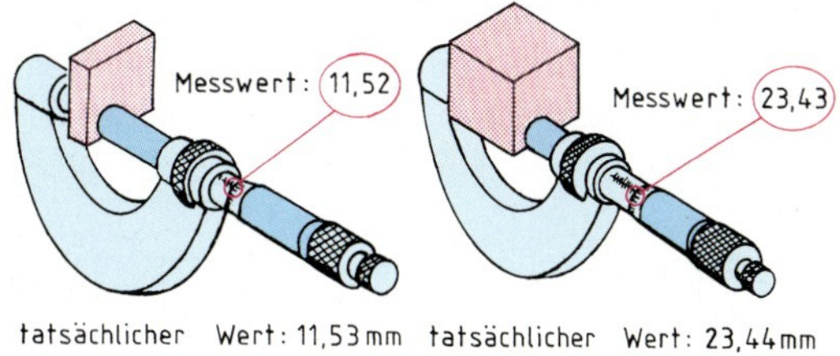

Systematische Messabweichung durch Gewindespiel

- Messabweichungen, die regelmäßig auftreten, bezeichnet man als systematische Messabweichungen.
- Systematische Messabweichungen können beim Prüfen berücksichtigt werden.

2. Zufällige Messabweichung

Andere Abweichungen treten unregelmäßig auf. Presst man z. B. die Messschenkel eines Messschiebers unterschiedlich stark an das Werkstück an, so ergeben sich Abweichungen, die bei jeder Messung anders sind. Man bezeichnet sie als **zufällige Messabweichungen**. Solche Abweichungen kann man beim Prüfen nicht berücksichtigen.

Zufällige Abweichungen versucht man dadurch auszugleichen, dass man mehrere Messungen am gleichen Werkstück durchführt und aus ihnen einen Mittelwert errechnet. Der Mittelwert kommt dann dem tatsächlichen Wert sehr nahe.

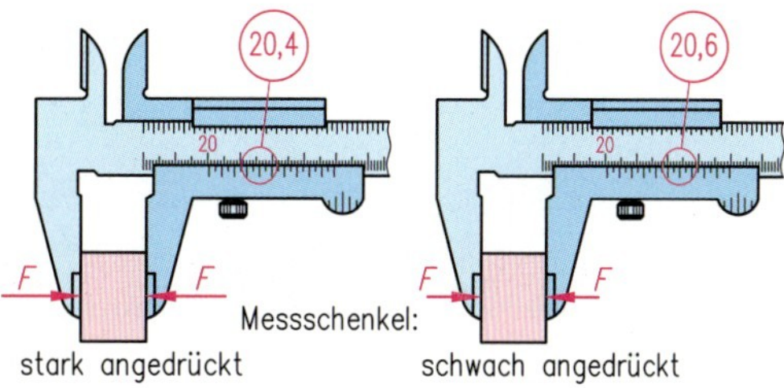

Zufällige Abweichung durch unterschiedliche Anpresskraft

1. Messung 20,4 mm
2. Messung 20,5 mm
3. Messung 20,5 mm
4. Messung 20,6 mm

} Mittelwert 20,5 mm

Bildung eines Mittelwertes

- Messabweichungen, die unregelmäßig auftreten, bezeichnet man als zufällige Messabweichungen.
- Zufällige Messabweichungen können beim Prüfen nicht berücksichtigt werden.

6.3 Ursachen von Messabweichungen

1. Unvollkommenheit am Prüfgegenstand

Form und Oberfläche des Prüfgegenstandes können ebenfalls zu Messabweichungen führen. Wird z. B. ein nicht paralleles oder unrundes Werkstück nur an einer Stelle gemessen, führt dies zu einer Messabweichung. Ebenso verursacht eine ungenügende Qualität der Oberfläche Messabweichungen.

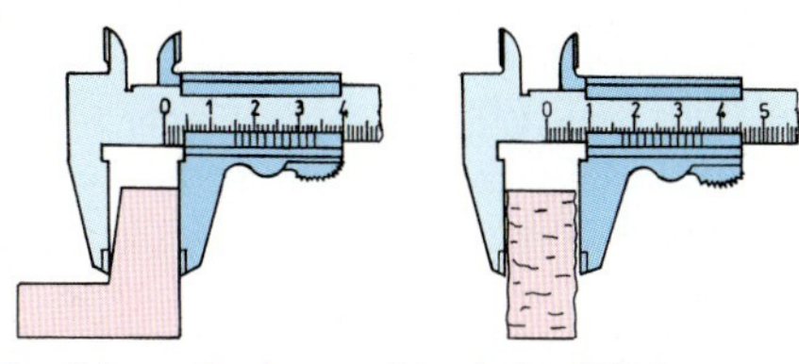

Messabweichung durch ungenügende Qualität des Prüfgegenstandes in Form der Oberfläche

Übungsaufgaben 6/1; 6/2

2. Unvollkommenheiten bei Messgeräten und Lehren

Prüfmittel, deren Messflächen durch Gebrauch abgenutzt oder gar beschädigt sind, führen zu ständig wiederkehrenden Abweichungen. Deshalb müssen Prüfgeräte von Zeit zu Zeit auf ihre Genauigkeit überprüft werden. So prüft man z. B. Messschrauben und Grenzrachenlehren mit Endmaßen.

Die Genauigkeit von Messschiebern überprüft man, indem die Messflächen der beiden Messschenkel leicht zusammengedrückt werden. In geschlossener Stellung müssen Nullstrich des Schiebers und Nullstrich des Strichmaßstabes übereinstimmen. Mit dem Lichtspaltverfahren kann man erkennen, ob sich die Messflächen auf der ganzen Länge berühren.

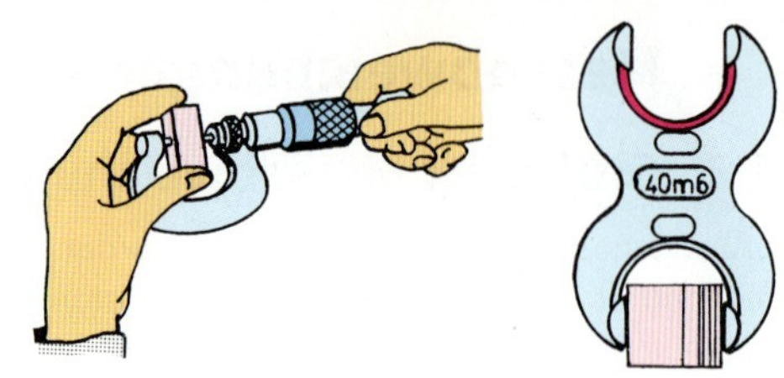

Überprüfung von Messschraube und Grenzrachenlehre

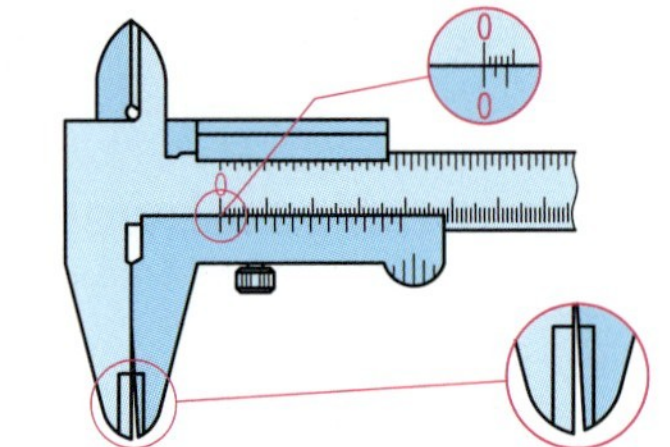

Überprüfung eines abgenutzten Messschiebers

> **!** Ungenaue Prüfgeräte verursachen systematische Messabweichungen. Daher muss die Genauigkeit der Prüfmittel ständig überprüft werden.

3. Unvollkommenheit in den Umweltbedingungen

Die Bezugstemperatur für genaue Messungen beträgt 20 °C. Zu hohe oder tiefe Temperaturen verändern die Längen an Werkstücken und an Prüfmitteln. Das Nichteinhalten der Bezugstemperatur führt zu Messabweichungen. Diese Abweichungen sind bei gleichen Bedingungen stets regelmäßig.

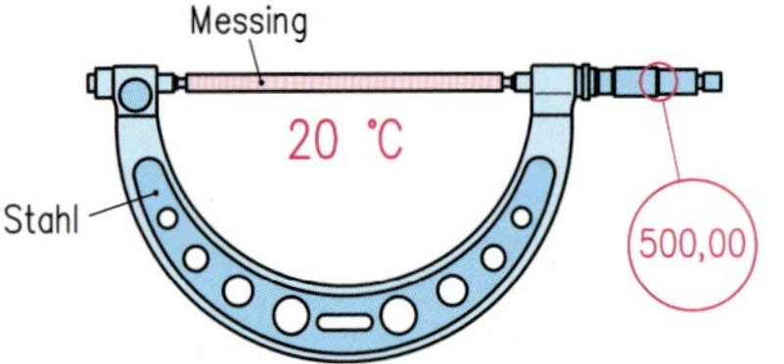

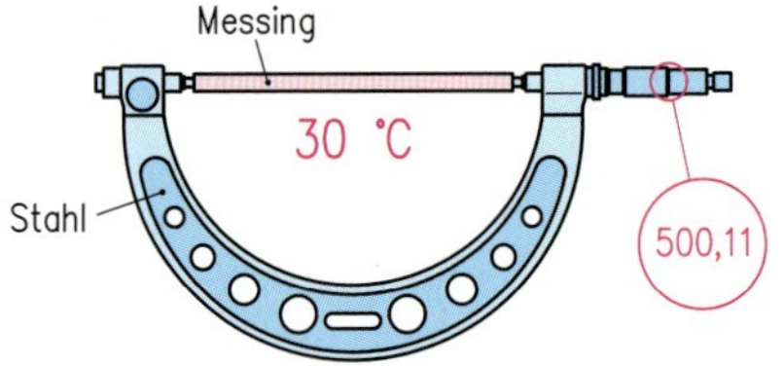

Messabweichungen durch Nichteinhalten der Bezugstemperatur

> **!** Abweichungen des Werkstücks oder des Prüfmittels von der festgelegten Bezugstemperatur von 20 °C verursachen Messabweichungen.

4. Persönliche Fehler des Prüfers

Ein häufiger Fehler des Prüfers besteht darin, dass beim Ablesen von Strichmaßen und Zeigerinstrumenten die Blickrichtung nicht senkrecht zur Stricheinteilung ist. Die Maßebene am Werkstück und die Teilungsebene am Messinstrument liegen in einem Abstand parallel zueinander.

Der Abstand der Skala des Strichmaßes vom Werkstück oder der Abstand des Zeigers von der Skala führen durch das schräge Aufblicken zu einem mehr oder weniger großen Ablesefehler. Blickt man senkrecht auf anzeigende Prüfgeräte, vermeidet man diesen Fehler.

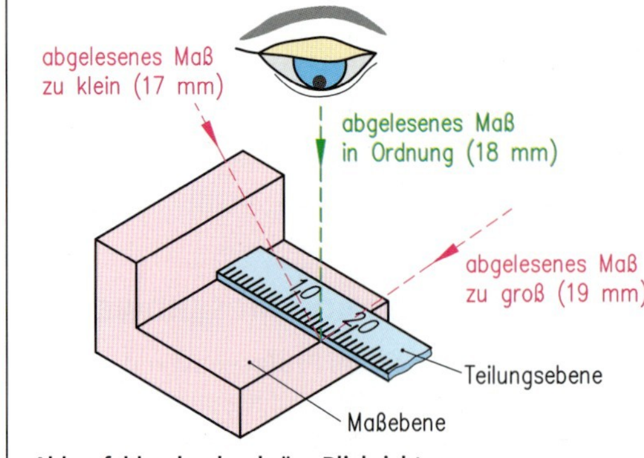

Ablesefehler durch schräge Blickrichtung

> **!** Persönliche Fehler des Prüfenden können durch gezielte Messübungen weitgehend verringert werden.

7 Auswahl von Prüfverfahren und Prüfgeräten

Messen wendet man zur Ermittlung von Istmaßen an, z. B. Messen eines Bohrerdurchmessers mit dem Messschieber. Messen ist notwendig, wenn Maße protokolliert werden müssen.
Lehren wendet man an, wenn festgestellt werden soll, ob eine Form oder ein Maß innerhalb festgelegter Grenzen liegt, z. B. Prüfen der Rechtwinkligkeit zweier Flächen mit dem Flachwinkel.
Nach der Entscheidung, ob Messen oder Lehren, wird das entsprechende Prüfgerät ausgewählt. Die Prüfbedingungen erfordern bestimmte Merkmale des Prüfgerätes:

- Die Prüfgröße bestimmt die Art des Prüfgerätes, z. B. verwendet man für Winkelmessungen Winkelmesser.
- Die Größe des zu prüfenden Maßes bestimmt den Arbeitsbereich des Prüfgerätes, z. B. misst man eine Gebäudelänge mit dem Bandmaß.
- Die geforderte Messgenauigkeit bestimmt die Ablesegenauigkeit des Messgerätes, z. B. erfordert die Prüfung des Maßes 30 ± 0,05 mm eine Messschraube, Messuhr, o.Ä.
- Die Anzahl der zu prüfenden Teile bestimmt die besonderen Merkmale des Prüfgerätes, z. B. setzt man zur Kurbelwellenprüfung in der Autoindustrie automatisierte Prüfeinrichtungen ein.
- Die Qualifikation des Prüfers bestimmt die Handhabung und Art der Ablesung, z. B. setzt man bei geringer Qualifikation des Prüfers bei Serienprüfungen Lehren mit akustischer Anzeige von Toleranzüberschreitungen ein.
- Die Arbeitsbedingungen bestimmen die Unempfindlichkeit des Prüfgerätes, z. B. werden Messungen an umlaufenden Teilen am günstigsten berührungslos durchgeführt.

Beispiele für die Auswahl von Prüfgeräten, Prüfverfahren und Hilfsmitteln

Situation	ausgewählte Prüfverfahren	Begründung der Entscheidung
In einer Werkstatt sind Stahlprofile von 350 bis 1910 mm Länge für eine Schweißkonstruktion zu messen.		Die Messung kann mit einem Rollmaß oder einem Gliedermaßstab vorgenommen werden. Der Messbereich von 2 m ist erforderlich, die Ablesegenauigkeit von 1 mm ist ausreichend.
An 20 Bolzen Ø 50 x 160 soll an einem Ende jeweils ein Zapfen mit Ø 30 und 40 mm Länge gedreht werden, Maßtoleranz 0,1 mm.	30,07	Die Messung des Zapfendurchmessers und der Zapfenlänge wird mit einem Messschieber mit Tiefenmesseinrichtung vorgenommen. Mess-bereich und Ablesegenauigkeit erfüllen die Anforderungen.
In einem Brenner ist wahrscheinlich eine falsche Düse eingesetzt worden. Die Bohrung der Düse ist zu prüfen.	0,5	Die Prüfung mit der Fühlerlehre ist einfach und sicher. Eine Prüfung mit einer kegligen Lochlehre würde nur den Durchmesser am Düsenaustritt erfassen.
Eine Exzenterscheibe soll 5 ± 0,5 mm außermittig sein. Es sind 50 Scheiben zu prüfen.		Trotz der großen Toleranz ist die Prüfung mit einer Messuhr sinnvoll, weil nach einmaliger Einstellung der Messuhr die Exzentrizität jeweils mit einer Umdrehung der Werkstücke geprüft werden kann.
Der Abstand einer Gewindebohrung von einer Passbohrung soll 100 ± 0,2 mm betragen. Das Maß ist zu prüfen.	Meßbolzen; eingeschraubter Bolzen	Die große Toleranz erlaubt die Messung mit dem Messschieber. Der Einsatz von Messbolzen ermöglicht eine genauere Erfassung des Maßes als die Messung über die Gewindespitzen.

Die Wahl der Hilfsmittel, z. B. Spannzeuge, Unterlagen, richtet sich nach ähnlichen Gesichtspunkten wie die Auswahl der Prüfverfahren.
Zum wirtschaftlichen Prüfen ist der kleinstmögliche Aufwand anzustreben.

Übungsaufgabe 7/1

8 Passungen und Prüfen von Passmaßen

8.1 Bedeutung der Passungen

Wie Bauteile zueinander passen sollen, ergibt sich aus der gewünschten Funktion und wird in Zeichnungen durch besondere Maßangaben festgehalten.

Die Normung von Maßen für den Zusammenbau ermöglicht den Austauschbau und die Arbeitsteilung. Damit werden Herstellungskosten in der Massenfertigung gesenkt.

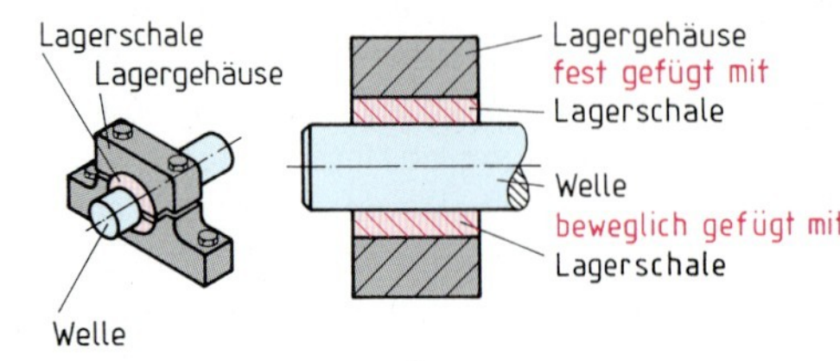

Fest und beweglich gefügte Bauteile

! Die Normung von Zusammenbaumaßen erlaubt Austauschbau und Massenfertigung.

8.2 Begriffe und Maße bei Passungen

1. Passflächen

Beim Zusammenpassen zweier Bauteile wird ein Außenteil mit einem Innenteil gepaart. Die Berührungsflächen zwischen den Teilen nennt man **Passflächen.** Bei kreisförmigen Passflächen bezeichnet man das Außenteil als „Bohrung" und das Innenteil als „Welle".

Sind die Passflächen der Paarungsteile eben, so spricht man von einer Passung zwischen zwei Paaren paralleler Passflächen.

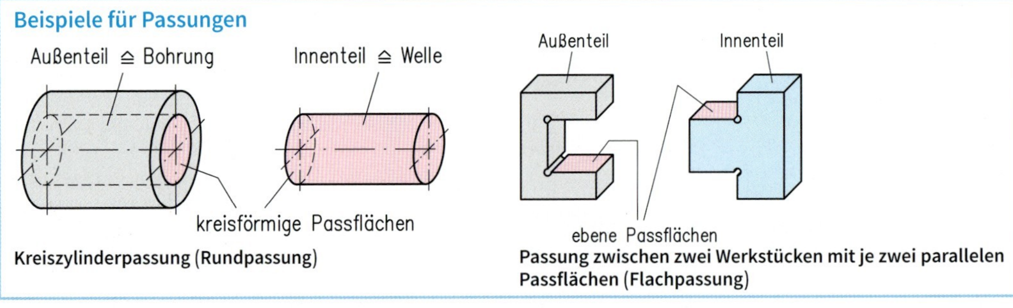

Kreiszylinderpassung (Rundpassung)

Passung zwischen zwei Werkstücken mit je zwei parallelen Passflächen (Flachpassung)

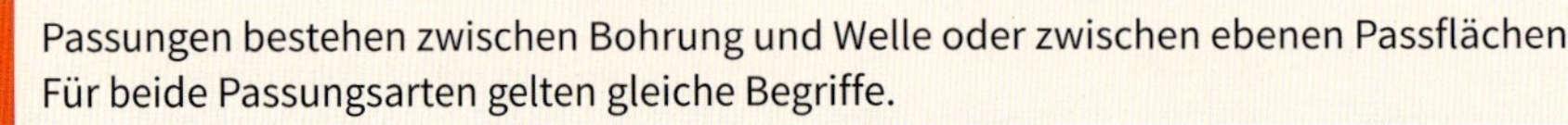

! Passungen bestehen zwischen Bohrung und Welle oder zwischen ebenen Passflächen.
Für beide Passungsarten gelten gleiche Begriffe.

2. Höchstmaß und Mindestmaß

Aus dem Nennmaß, das für gefügte Teile gleich ist, und den Abmaßen ergeben sich die übrigen Maße.

gewählte Maßbuchstaben		genormte Maßbuchstaben	
N	Nennmaß	ES	Oberes Abmaß (Bohrung)
G_o	Höchstmaß	EI	Unteres Abmaß (Bohrung)
G_u	Mindestmaß	es	Oberes Abmaß (Welle)
T	Maßtoleranz	ei	Unteres Abmaß (Welle)

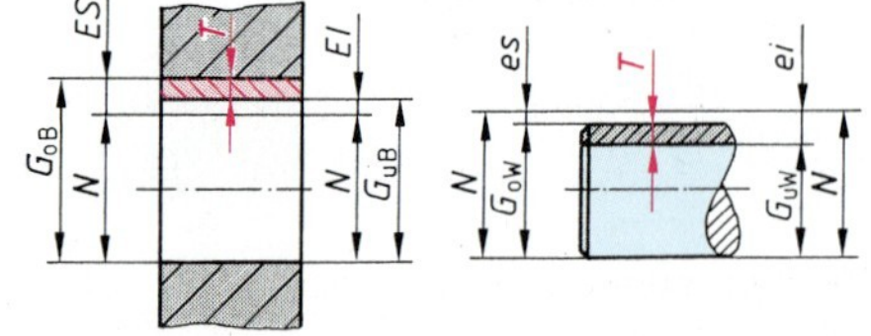

Höchstmaß und Mindestmaß

! **Bohrung**

Höchstmaß = Nennmaß + oberes Abmaß

$G_{oB} = N + ES$

Mindestmaß = Nennmaß + unteres Abmaß

$G_{uB} = N + EI$

Welle

Höchstmaß = Nennmaß + oberes Abmaß

$G_{oW} = N + es$

Mindestmaß = Nennmaß + unteres Abmaß

$G_{uW} = N + ei$

Übungsaufgaben 8/1 bis 8/4

3. Maßtoleranz

Der Unterschied zwischen Höchstmaß und Mindestmaß bzw. zwischen oberem und unterem Abmaß wird **Maßtoleranz** genannt. Die Toleranz ist stets ein positiver Betrag, da das Höchstmaß immer größer als das Mindestmaß ist.

> **!** Maßtoleranz = Höchstmaß – Mindestmaß
> $T = G_o - G_u$
> oder
> Maßtoleranz = Oberes Abmaß – Unteres Abmaß
> $T_B = ES - EI$ für Bohrungen
> $T_W = es - ei$ für Wellen

– **Nulllinie**

Die Grenzabmaße einer Passungsangabe beziehen sich auf das Nennmaß. Das Nennmaß dient als Bezugsgröße. In bildlichen Darstellungen von Grenzabmaßen benutzt man eine Begrenzungslinie des Nennmaßes als Bezugslinie. Diese Linie wird **Nulllinie** genannt.

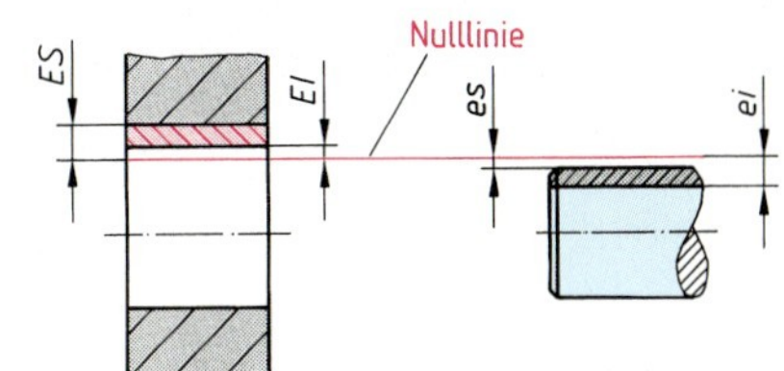

Nulllinie als Bezugslinie

– **Toleranzfeld**

Bei der Darstellung der Grenzabmaße wählt man einen entsprechenden Vergrößerungsmaßstab. Für das obere und untere Abmaß zeichnet man in einem entsprechenden Abstand parallele Linien zur Nulllinie. Der Abstand zwischen diesen beiden Linien entspricht der Größe der Maßtoleranz.

Das Abmaß, das der Nulllinie am nächsten liegt, wird üblicherweise als **Grundabmaß** bezeichnet. Durch das Grundabmaß wird die Lage des Toleranzfeldes zur Nulllinie festgelegt. Als Toleranzfeld wird der Bereich bezeichnet, den die Linien für das Höchstmaß und Mindestmaß begrenzen.

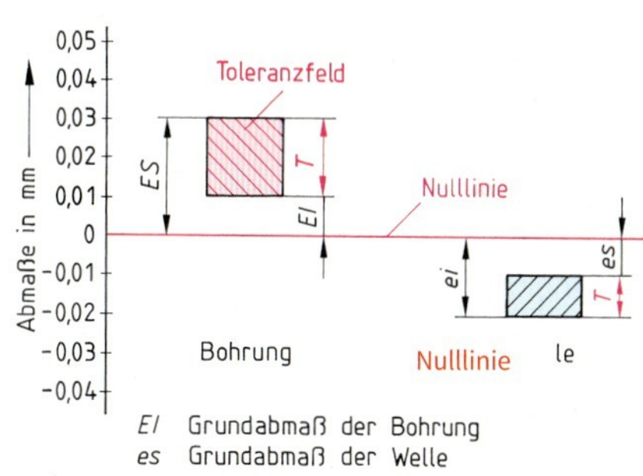

Lage von Toleranzfeldern zur Nulllinie

> **!** Das Toleranzfeld ist das Feld zwischen zwei Linien, die das Höchstmaß und Mindestmaß darstellen.

8.3 ISO-Normen für Maß- und Passungsangaben

Ein toleriertes Maß wird nach ISO-Norm verschlüsselt angegeben. Es setzt sich aus dem Nennmaß und der geforderten **Toleranzklasse** zusammen. Die Bezeichnung der Toleranzklasse besteht aus:

- einem Buchstaben für das **Grundabmaß** und
- der Zahl des **Grundtoleranzgrades**.

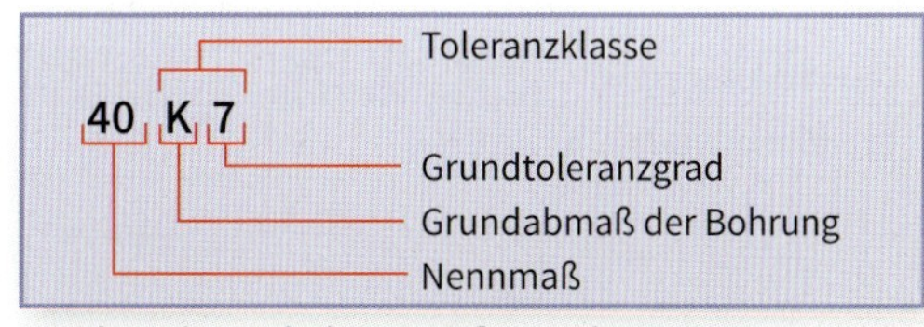

Angaben eines tolerierten Maßes nach ISO-Norm

Mithilfe von Tabellen für Grenzabmaße können die Toleranzklassen entschlüsselt werden. So sind z. B. für das Maß 40 K7 das obere Abmaß mit + 0,007 mm und das untere Abmaß mit – 0,018 mm festgelegt.

Tabellenauszug für Grenzabmaße (*ES*, *EI* bzw. *es*, *ei*) nach DIN ISO 286

Nennmaßbereich über ... bis ... mm	Bohrungen Grenzabmaße in µm (= 0,001 mm)									Wellen Grenzabmaße in µm				
	S 7	R 7	N 7	M 7	K 7	J 7	H 7	G 7	F 7	s 6	r 6	n 6	m 6	k 6
30 ... 50	– 34	– 25	– 8	0	+ 7	+ 14	+ 25	+ 34	+ 50	+ 59	+ 50	+ 33	+ 25	+ 18
	– 59	– 50	– 33	– 25	– 18	– 11	0	+ 9	+ 25	+ 43	+ 34	+ 17	+ 9	+ 2

1. Lage von Grundabmaßen

Die Buchstaben geben verschlüsselt die Lage der Grundabmaße zur Nulllinie an. Dabei kennzeichnen die Buchstaben den Abstand zwischen der Nulllinie und den Grundabmaßen.

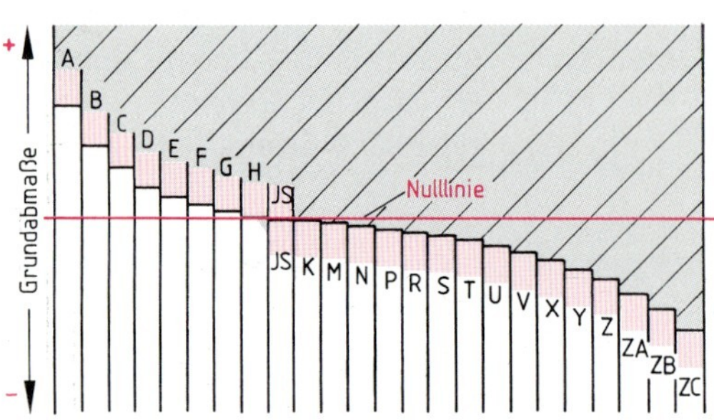

Lage der Grundabmaße für Bohrungen

Grund-
toleranzgrad
Grundabmaß
Grundabmaße
Nulllinie
a b c d e f g h js js k m n p r s t u v x y z za zb zc

Lage der Grundabmaße für Wellen

Grundabmaße für **Bohrungen** haben große Buchstaben von **A bis Z**. Grundabmaße für **Wellen** werden mit kleinen Buchstaben von **a bis z** gekennzeichnet. Um Verwechslungen mit Zahlen zu vermeiden, werden die Buchstaben I, L, O, Q, W in der großen und kleinen Schreibweise nicht benutzt. Zur Vergrößerung des Toleranzbereiches wurden die Z-Toleranzen um die Toleranzfelder ZA, ZB, ZC bzw. za, zb, zc erweitert.

> **!** ISO-Passmaße kennzeichnen die Lage des Grundabmaßes zur Nulllinie durch Buchstaben:
> - große Buchstaben für Bohrungstoleranzen,
> - kleine Buchstaben für Wellentoleranzen.

2. Grundtoleranzgrade und Grundtoleranzen

In den Kurzzeichen für die Toleranzklassen nach ISO stehen hinter den Buchstaben Zahlen. Diese Zahlen geben den Grundtoleranzgrad an. Der Grundtoleranzgrad und das Nennmaß bestimmen den Wert der Grundtoleranz. Es stehen 20 Grundtoleranzgrade zur Verfügung, die mit den Buchstaben IT und einer Zahl gekennzeichnet werden (z. B. IT 9). Im Zusammenhang mit einem Grundabmaß entfallen die Buchstaben IT (z. B. h 9 statt IT 9). Die Zahl allein wird als Toleranzgrad bezeichnet.

– Grundtoleranzen in Mikrometer für den Nennmaßbereich von 30 bis 50 mm

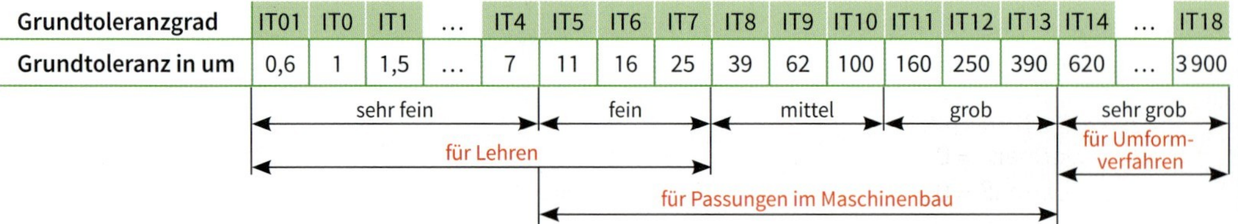

Grundtoleranzgrad	IT01	IT0	IT1	…	IT4	IT5	IT6	IT7	IT8	IT9	IT10	IT11	IT12	IT13	IT14	…	IT18
Grundtoleranz in µm	0,6	1	1,5	…	7	11	16	25	39	62	100	160	250	390	620	…	3900

Bei gleichem Toleranzgrad vergrößert sich die Grundtoleranz mit größer werdendem Nennmaß. Jedoch erhält nicht jedes Nennmaß eine andere Grundtoleranzgröße. Man teilt die Nennmaße bis 500 mm in Bereiche mit jeweils gleicher Toleranz ein.

Grundtoleranzgröße in Abhängigkeit vom Nennmaß

Nennmaßbereich	Toleranz bei Toleranzgrad 7
über 6 bis 10 mm	15 µm
über 10 bis 18 mm	18 µm
über 18 bis 30 mm	21 µm

> **!** Der Grundtoleranzgrad wird entsprechend der Verwendung gewählt.
> Bei gleichem Toleranzgrad wächst die Toleranz mit dem Nennmaß.

8.4 Einteilung der Passungen

Beim Fügen durch Zusammenpassen werden zwei Bauteile gepaart. Dabei bestimmen die Istmaße der Einzelteile, ob die Bauteile fest oder lose zusammengepasst sind.
Die Passung (gewählter Maßbuchstabe = P) ist die Differenz zwischen dem Maß der Innenpassfläche (Bohrung) und dem Maß der Außenpassfläche (Welle) vor der Paarung.

! Passung = Maß der Innenpassflächen – Maß der Außenpassflächen

1. Spielpassung

Die Passung, bei der beim Fügen von Bohrung und Welle immer ein Spiel entsteht, wird als Spielpassung bezeichnet.

Höchstspiel P_{So} entsteht, wenn eine Bohrung mit Höchstmaß und eine Welle mit Mindestmaß gefügt werden.

Mindestspiel P_{Su} tritt bei einer Bohrung mit Mindestmaß und einer Welle mit Höchstmaß auf.

Höchstspiel: P_{So} = 40,016 mm – 39,980 mm = 0,036 mm
Mindestspiel: P_{Su} = 40,000 mm – 39,991 mm = 0,009 mm

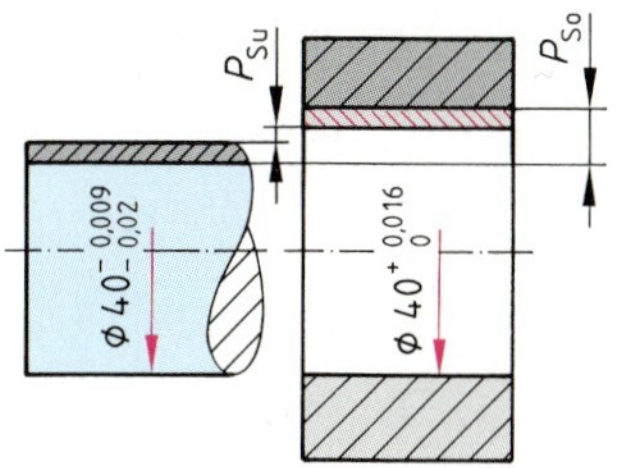

Spielpassung

! Bei einer Spielpassung ist das Höchstmaß der Welle kleiner/gleich dem Mindestmaß der Bohrung.
Höchstspiel = Bohrung mit Höchstmaß – Welle mit Mindestmaß $P_{So} = G_{oB} - G_{uW}$
Mindestspiel = Bohrung mit Mindestmaß – Welle mit Höchstmaß $P_{Su} = G_{uB} - G_{oW}$

2. Übermaßpassung

Die Passung, bei der beim Fügen von Bohrung und Welle immer ein Übermaß entsteht, wird als Übermaßpassung bezeichnet.

Höchstübermaß $P_{Üo}$ entsteht, wenn eine Bohrung mit Mindestmaß und eine Welle mit Höchstmaß gefügt werden.

Mindestübermaß $P_{Üu}$ tritt bei einer Bohrung mit Höchstmaß und einer Welle mit Mindestmaß auf.

Höchstübermaß: $P_{Üo}$ = 40,000 mm – 40,059 mm = – 0,059 mm
Mindestübermaß: $P_{Üu}$ = 40,016 mm – 40,048 mm = – 0,032 mm

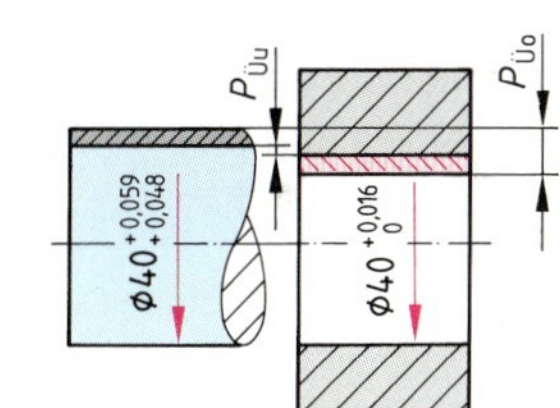

Übermaßpassung

Bei einer Übermaßpassung ist das Mindestmaß der Welle größer als das Höchstmaß der Bohrung.
Höchstübermaß = Bohrung mit Mindestmaß – Welle mit Höchstmaß
Mindestübermaß = Bohrung mit Höchstmaß – Welle mit Mindestmaß.

3. Übergangspassung

Die Passung, bei der beim Fügen von Bohrung und Welle entweder ein Spiel oder ein Übermaß entsteht, wird als Übergangspassung bezeichnet. Ob ein Spiel oder ein Übermaß entsteht, hängt vom Istmaß der Bohrung und der Welle ab.

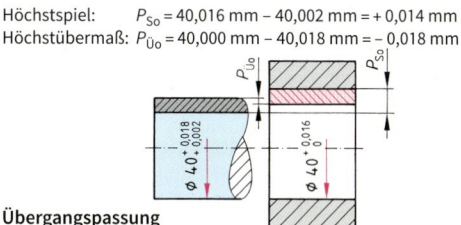

Höchstspiel: P_{So} = 40,016 mm – 40,002 mm = + 0,014 mm
Höchstübermaß: $P_{Üo}$ = 40,000 mm – 40,018 mm = – 0,018 mm

Übergangspassung

Je nach Istmaß von Bohrung und Welle kann sich bei einer Übergangspassung nach dem Fügen der beiden Teile sowohl ein Spiel als auch ein Übermaß ergeben.

8.5 Passungssysteme

ISO-Passungsnormen nach DIN ISO 286 bieten viele Möglichkeiten, gewünschte Paarungen auszuwählen. Um die Zahl der benötigten Werkzeuge und Prüfmittel gering zu halten, beschränkt man sich auf eine Auswahl von Passungen. Dabei wird zwischen den beiden Auswahlsysteme Einheitsbohrung und Einheitswelle unterschieden.

1. Passungssystem Einheitsbohrung

Bei der Auswahl von Passungen hat man sich darauf beschränkt, dass die **Bohrungen** stets das **Grundabmaß H** erhalten, d. h., das Mindestmaß der Bohrung ist gleich dem Nennmaß. Die gewünschte Passung erreicht man durch die Auswahl geeigneter Grundabmaße für die Welle.

Anwendung findet das System Einheitsbohrung im Maschinen-, Kraftfahrzeug- und Elektromaschinenbau, weil dort Wellen mit Absätzen und verschiedenen Durchmessern eingebaut werden.

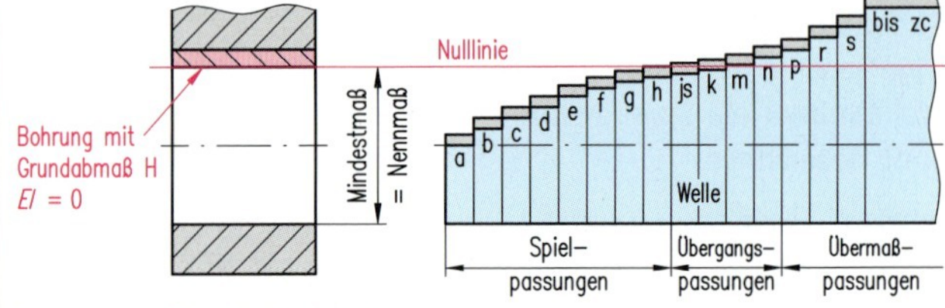

Passungssystem Einheitsbohrung

> **!** Beim Passungssystem Einheitsbohrung hat die Bohrung immer das Grundabmaß H. Gewünschte Passungen erreicht man durch die Auswahl von Grundabmaßen für die Welle.

2. Passungssystem Einheitswelle

Bei der Auswahl von Passungen hat man sich darauf beschränkt, dass die **Wellen** stets das **Grundabmaß h erhalten**, das Höchstmaß der Welle ist gleich dem Nennmaß. Die gewünschte Passung erreicht man durch die Auswahl Grundabmaße für die Bohrung.

Angewendet wird das Passungssystem Einheitswelle dort, wo man gezogene oder geschliffene Wellen ohne wesentliche Nacharbeit einsetzt. Das Passungssystem Einheitswelle wird bevorzugt in der Feinmechanik sowie im Textil- und Landmaschinenbau angewandt.

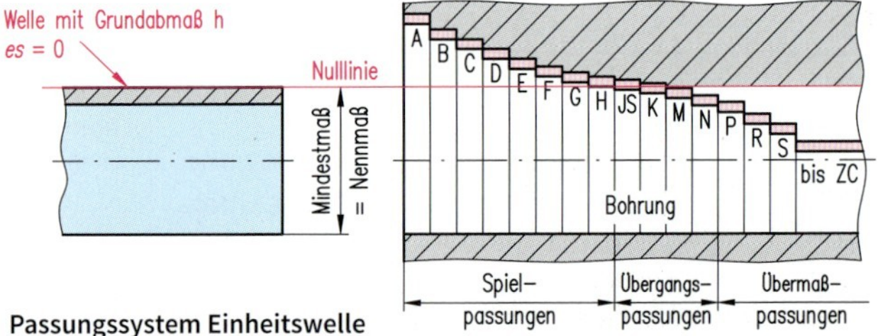

Passungssystem Einheitswelle

> **!** Bei Einheitswellen ist das Höchstmaß der Wellen gleich dem Nennmaß. Beim Passungssystem Einheitswelle paart man Wellen mit der Toleranzlage h mit Bohrungen unterschiedlicher Toleranzlagen.

8.6 Passungsnormen

1. Passungssystem Einheitsbohrung (Auszug)

Nennmaßbereich mm	Reihe I (Grenzabmaße in µm)									Reihe II (Grenzabmaße in µm)								
	H7	r6	n6	h6	f7	H8	x8/u8[1])	h9	f7	H7	s6	m6	k6	j6	g6	H8	e8	d9
über 6 bis 10	+15 0	+28 +19	+19 +10	0 −9	−13 −28	+22 0	+56 +34	0 −36	−13 −28	+15 0	+32 +23	+15 +6	+10 +1	+7 −2	−5 −14	+22 0	−25 −47	−40 −76
über 10 bis 14 über 14 bis 18	+18 0	+34 +23	+23 +12	0 −11	−16 −34	+27 0	+67 +40 +72 +45	0 +43	−16 −34	+18 0	+39 +28	+18 +7	+12 +1	+8 −3	−6 −17	+27 0	−32 −59	−50 −93

2. Passungssystem Einheitswelle (Auszug)

Nennmaßbereich mm	Reihe I (Grenzabmaße in µm)									Reihe II (Grenzabmaße in µm)									
	h6	H7	F8	h9	H8	F8	E9	D10	C11	h11	D10	C11	h6	G7	h9	H11	h11	H11	A11
über 6 bis 10	0 −9	+15 0	+35 +13	0 −36	+22 0	+35 +13	+61 +25	+98 +40	+170 +80	0 −90	+98 +40	+170 +80	0 −9	+20 +5	0 −36	+90 0	0 −90	+90 0	+370 +280
über 10 bis 18	0 −11	+18 0	+43 +16	0 −43	+27 0	+43 +16	+75 +32	+120 +50	+205 +95	0 −110	+120 +50	+205 +95	0 −11	+24 +6	0 −43	+110 0	0 −110	+110 0	+400 +290

Übungsaufgaben 8/12 bis 8/17

8.7 Auswahl von Passungen

Die Auswahl von Passungen geschieht entsprechend der Funktion der Bauteile. Es haben sich dabei bestimmte Passungen als vorteilhaft erwiesen.

Beispiele für häufig gewählte Passungen

	Einheitsbohrung	Einheitswelle	Eigenschaft	Anwendungsbeispiele
Spielpassung	H7/h6; H8/h9	H7/h6; H8/h9	noch gleitfähig durch Handkraft	Führungen an Werkzeugmaschinen
	H8/f7	F8/h6	geringes Spiel, leicht verschiebbar	Gleitlager, Kolben, Schieberäder
		C11/h9	großes Spiel	Baumaschinen
Übermaßpassung	H7/n6		fügbar mit geringer Presskraft, Verdrehsicherung nötig	Zahnräder, Lagerbuchsen, Kupplungen
	H7/m6		Fügen und Lösen möglich, Verdrehsicherung nötig	Passstifte, Kugellagerringe
Übermaßpassung	H8/x8; H8/n8		fügbar mit sehr großer Presskraft, schrumpfbar	Kurbeln auf Wellen, Laufringe auf Radkörpern
	H7/r6		fügbar mit großer Presskraft	Buchsen in Radnaben, Lagerbuchsen

Für einen bestimmten Fall wählt man aus diesen Kombinationen nach folgenden Schritten eine geeignete Passung aus:

Schritt	Entscheidungskriterien	Ergebnis
1. Auswahl des Passungssystems	Anwendungsgebiet	Passungssystem
2. Festlegung der Lage der Grundabmaße	Passungssystem Verwendungszweck	Grundabmaße
3. Bestimmungen der Grundtoleranzgrade	Nennmaß Anwendungsgebiet	Grundtoleranzgrade (Grundtoleranzen)
4. Angabe der tolerierten Maße	Einzelteile	tolerierte Maße
5. Angabe der Passung	Zusammenbau	Passungsangabe

Beispiel für die Auswahl und Darstellung einer Passung

Aufgabe

Eine Buchse soll in ein Gehäuse gefügt werden. Die Verbindung muss ohne zusätzliche Sicherung gegen axiales Verschieben oder Verdrehen auskommen. Zu bestimmen ist die für diesen Einsatz notwendige Passung. Das Nennmaß beträgt Ø 40 mm.

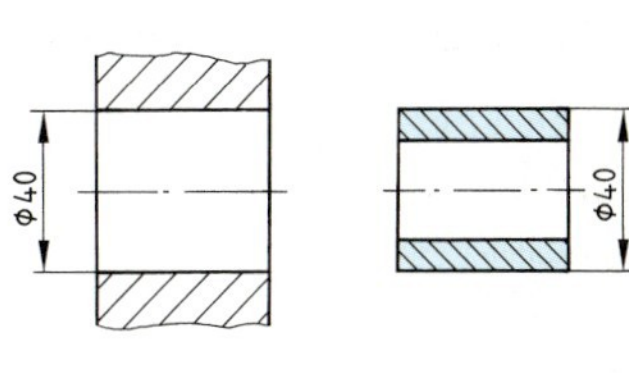

Lösung

1. Schritt	Auswahl des Passungssystems	**Entscheidung** →	Einheitsbohrung	
2. Schritt	Festlegung der Lage der Grundabmaße	**Entscheidung** →	Gehäuse *H*	Buchse *r*
3. Schritt	Bestimmung der Grundtoleranzgrade	**Entscheidung** →	Gehäuse IT7 (25 µm)	Buchse IT6 (16 µm)
4. Schritt	Angabe der tolerierten Maße	**Angabe** →	Gehäuse Ø 40 H7	Buchse Ø 40 r6
5. Schritt	Angabe der Passung	**Angabe** →	Ø 40 H7/r6	

Übungsaufgaben 8/18; 8/19

8.8 Lehren von Passmaßen

In der Fertigung ist nur zu prüfen, ob das Istmaß innerhalb des Höchst- und Mindestmaßes liegt. Aus diesem Grunde müssen nur die Grenzmaße überprüft werden. Dies geschieht sehr einfach durch Prüfen mit Grenzlehren.

1. Grenzlehren für Innenmaße

Innnemaße werden mit Grenzlehrdornen geprüft. Dabei sind meist die Gutlehre und die Ausschusslehre zu einem Prüfgerät vereinigt.

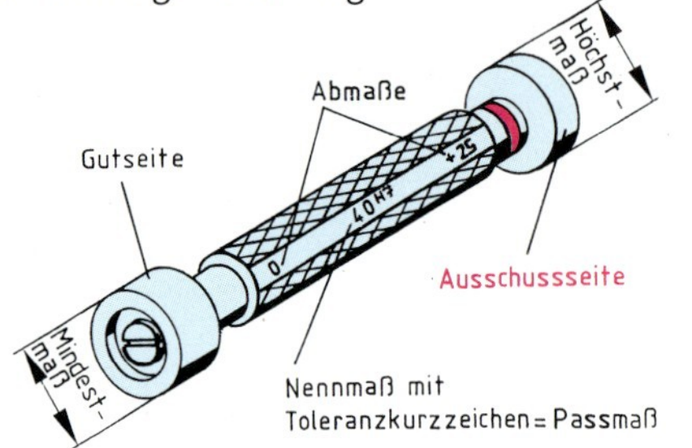

Grenzlehrdorn

Lehre mit Mindestmaß muss in die Bohrung passen

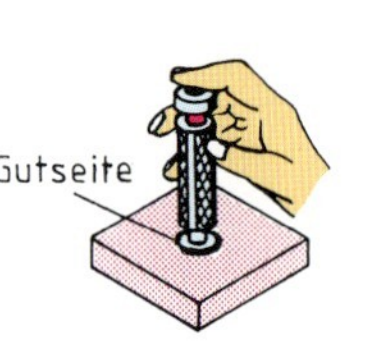

Lehre mit Höchstmaß darf nicht in die Bohrung passen

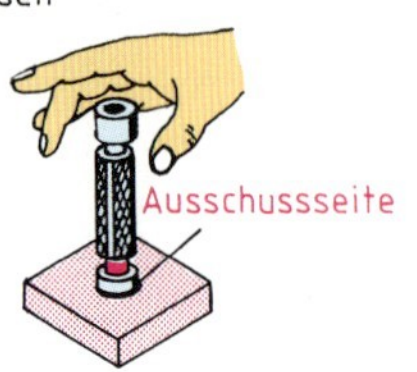

Prüfen mit Grenzlehrdorn

Mit der Gutseite des Lehrdorns wird ermittelt, ob die Bohrung nicht zu klein ist. Die Gutseite verkörpert das Mindestmaß. Sie muss in die Bohrung eingeführt werden können.
Mit der Ausschussseite des Lehrdornes wird geprüft, ob die Bohrung nicht zu groß ist. Die Ausschussseite verkörpert das Höchstmaß. Sie darf nicht in die Bohrung passen, andernfalls ist die Bohrung zu groß. Das Werkstück ist Ausschuss. Die Ausschusslehrdorne haben verkürzte Messzylinder und rote Farbmarkierungen.

Die Gutseite des Grenzlehrdorns verkörpert das Mindestmaß, die Ausschussseite das Höchstmaß.
Kennzeichnung der Ausschussseite: Kurzer Prüfzylinder und rote Markierung.

2. Grenzlehren für Außenmaße

Außenmaße, z. B. von Wellen, werden mit Grenzrachenlehren überprüft. Auch Grenzrachenlehren vereinigen meist eine Gutlehre und eine Ausschusslehre zu einem Prüfgerät.

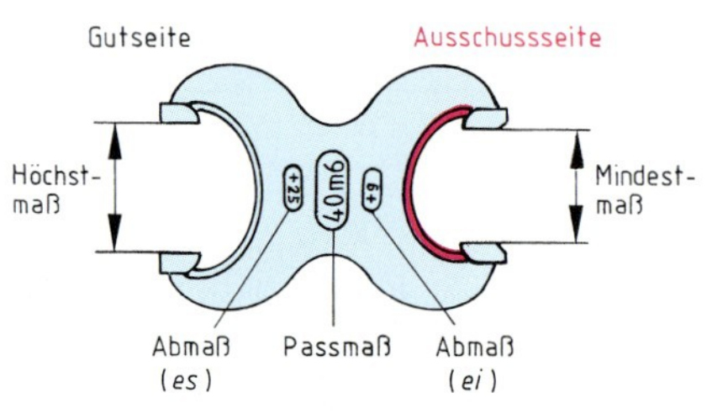

Grenzrachenlehre

Lehre mit Höchstmaß muss über die Welle passen
Lehre mit Mindestmaß darf nicht über die Welle passen

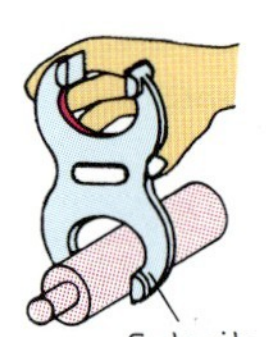

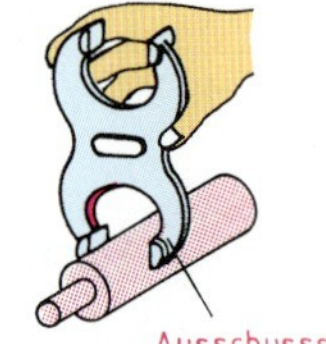

Prüfen mit Grenzrachenlehre

Mit der Gutseite der Rachenlehre wird festgestellt, ob die Welle nicht zu groß ist. Die Gutseite der Rachenlehre verkörpert das Höchstmaß. Die Gutseite muss durch Eigengewicht über die Welle gleiten.
Mit der Ausschussseite der Rachenlehre wird geprüft, ob die Welle nicht zu klein ist. Die Ausschussseite verkörpert das Mindestmaß. Sie darf nicht über die Welle gehen, sonst ist die Welle zu dünn. Das Werkstück ist Ausschuss. Die Ausschussseiten von Grenzrachenlehren haben Abschrägungen des Messrachens und eine rote Farbmarkierung im Rachen.

Die Gutseite der Grenzrachenlehre verkörpert Höchstmaß und die Ausschussseite Mindestmaß.
Kennzeichnung der Ausschussseite: Angefaste Prüfflächen und rote Markierung.

Übungsaufgaben 8/20; 8/21

9 Form- und Lagetoleranzen und ihre Prüfung

Jedes Werkstück besteht aus vielen einzelnen Grundkörpern – z. B. Zylinder, Kegel, Prisma –, die entsprechend der angestrebten Funktion zusammengesetzt sind. Jeder Grundkörper beinhaltet Elemente wie Flächen, Achsen, Kanten u. a. Das Werkstück wird durch die Abmessungen der Grundkörper und die Lage der Grundkörper und deren Elemente zueinander exakt beschrieben.

Beispiel für für die Zusammensetzung eines Werkstückes aus Grundkörpern

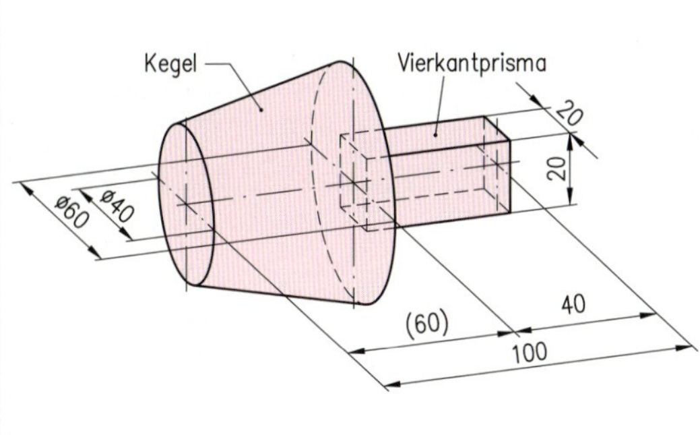

Maße der Grundkörper
Kantenlängenmaße, Durchmessermaße

Form der Grundkörper
Kegelstumpf mit Mantelfläche, Stirnflächen und Achse; Vierkantprisma mit Flächen, Kanten, Mittelachse

Lage der Grundkörper zueinander
Mitten von Kegelstumpf und Vierkantprisma liegen auf einer Achse; Flächen des Vierkantprismas liegen rechtwinklig bzw. parallel zueinander

Es ist weder möglich noch wirtschaftlich, maßlich genaue und geometrisch ideale Körper herzustellen und aneinander zu reihen. Darum weichen alle Werkstücke vom Idealzustand in den Maßen der Grundkörper, in der Form der Grundkörper und in der Lage der Grundkörper ab.

Um die Funktion und die Austauschbarkeit von Werkstücken und Baugruppen zu gewährleisten, müssen darum die zulässigen Abweichungen vom Idealzustand angegeben werden. Neben den Maßtoleranzen benötigt man darum auch Formtoleranzen und Lagetoleranzen.

> **!** Formtoleranzen beschreiben die zulässige Abweichung eines Grundkörpers des Werkstücks von seiner geometrischen Idealform.
> Lagetoleranzen beschreiben die zulässige Abweichung von Grundkörpern oder deren Elemente in ihrer Lage zueinander.

9.1 Toleranzzone

Zur Beurteilung von Form- und Lageabweichungen benötigt man die Beschreibung der zulässigen Abweichung von der Idealform. Man nennt den Bereich, innerhalb dem alle Punkte der tolerierten Form oder Lage liegen müssen, die Toleranzzone.

Beispiel für eine Toleranzzone

Die tolerierte Achse des Kurbelzapfens muss innerhalb eines Zylinders von 0,05 mm Durchmesser liegen, der parallel zur Bezugsachse A–B (Achse der Kurbelwelle) liegt

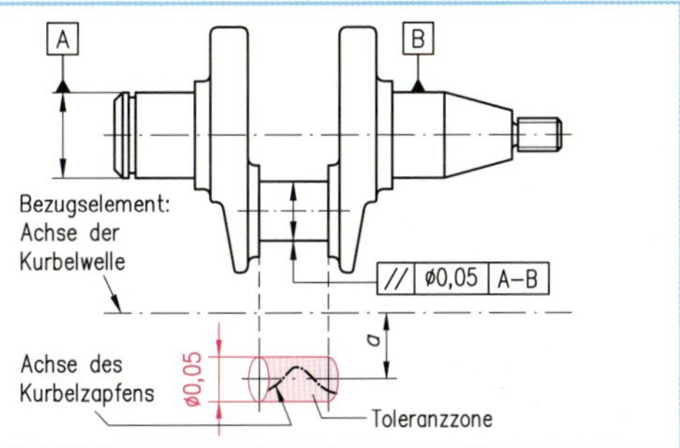

> **!** Die Toleranzzone gibt den Raum oder die Fläche an, in der alle Punkte des tolerierten Elementes liegen müssen.

9.2 Formtoleranzen

Formtoleranzen beschreiben die zulässigen Abweichungen eines Grundkörpers des Werkstückes von seiner geometrisch idealen Form.

In der technischen Zeichnung enthält die Eintragung einer Formtoleranz folgende Angaben:

- Symbol für die tolerierte Eigenschaft
- Hinweispfeil auf das tolerierte Element
- Maßangabe für die Größe der Toleranzzone (Toleranzwert *t*)

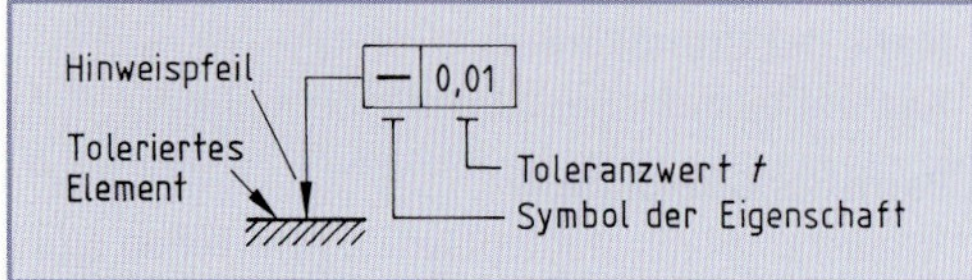

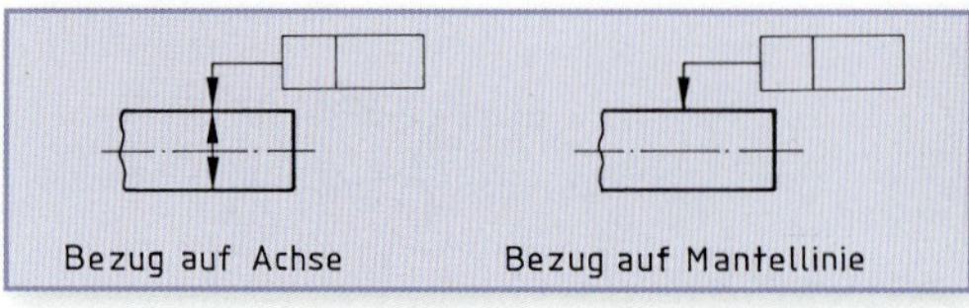

Formtoleranzen nach DIN ISO 1101 (Auszug)

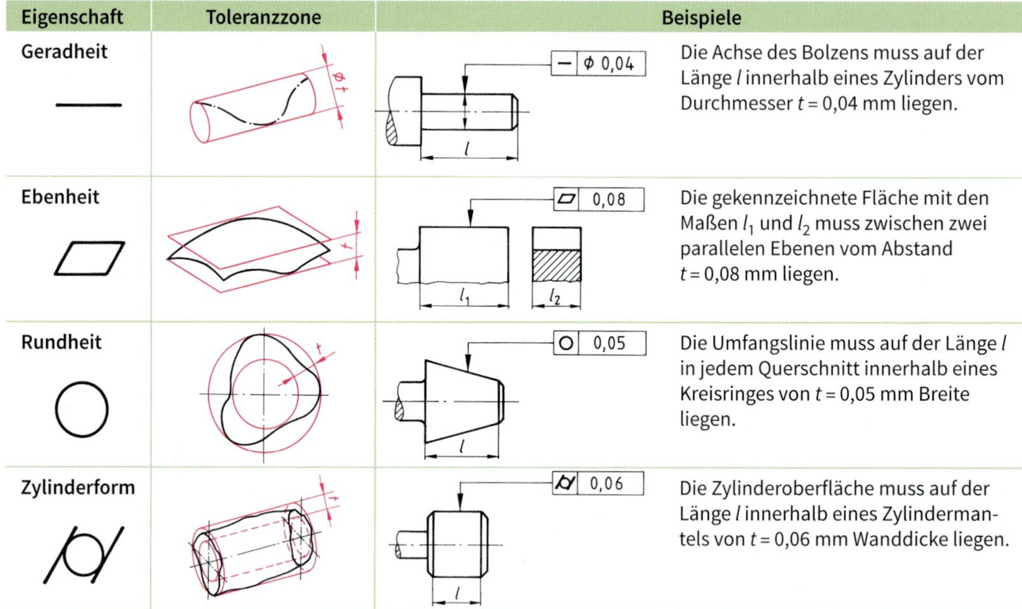

Eigenschaft	Toleranzzone	Beispiele
Geradheit		Die Achse des Bolzens muss auf der Länge *l* innerhalb eines Zylinders vom Durchmesser *t* = 0,04 mm liegen.
Ebenheit		Die gekennzeichnete Fläche mit den Maßen l_1 und l_2 muss zwischen zwei parallelen Ebenen vom Abstand *t* = 0,08 mm liegen.
Rundheit		Die Umfangslinie muss auf der Länge *l* in jedem Querschnitt innerhalb eines Kreisringes von *t* = 0,05 mm Breite liegen.
Zylinderform		Die Zylinderoberfläche muss auf der Länge *l* innerhalb eines Zylindermantels von *t* = 0,06 mm Wanddicke liegen.

9.3 Lagetoleranzen

Lagetoleranzen beschreiben die zulässigen Abweichungen von Elementen eines Bauteiles zueinander. Dabei ist es notwendig, ein Element zum Bezugselement zu erklären. Als Bezugselement wird das Element gewählt, welches bei der Funktion des Bauteiles von besonderer Bedeutung ist. In der Zeichnung ist das Bezugselement durch das Bezugsdreieck und den Bezugsbuchstaben besonders gekennzeichnet.

In der technischen Zeichnung enthält die Eintragung einer Lagetoleranz folgende Angaben:

- Symbol für die tolerierte Eigenschaft,
- Maßangabe für die Größe der Toleranzzone (Toleranzwert *t*)
- Bezugsbuchstabe für die Kennzeichnung des Bezugselementes,
- Hinweispfeil an das tolerierte Element.

Bei den Lagetoleranzen unterscheidet man Richtungs-, Lauf- und Ortstoleranzen.

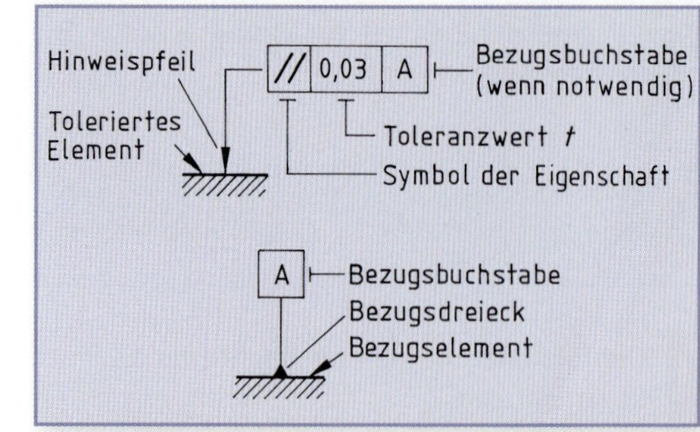

Übungsaufgaben 9/1; 9/2; 9/3

Lagetoleranzen nach DIN ISO 1101

	Eigenschaft	Toleranzzone	Beispiele
Richtungstoleranzen	Parallelität //		 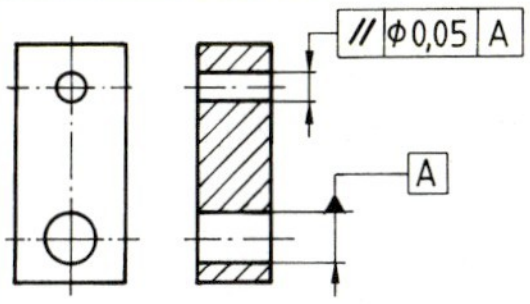 Die tolerierte Achse der kleinen Bohrung muss innerhalb eines zur Bezugsachse parallel liegenden Zylinders vom Durchmesser $t = 0{,}05$ mm liegen.
			 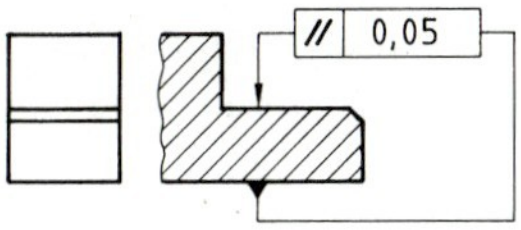 Die tolerierte Fläche muss zwischen zwei zur Bezugsfläche parallelen Ebenen liegen. Abstand $t = 0{,}05$ mm.
	Rechtwinkligkeit ⊥		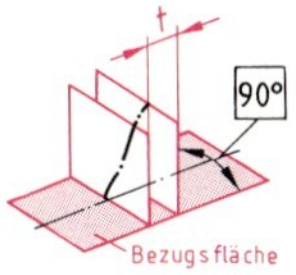 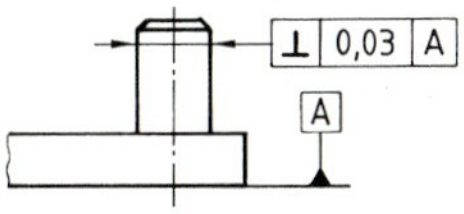 Die tolerierte Achse muss innerhalb von zwei parallelen Ebenen im Abstand $t = 0{,}03$ mm liegen. Die Ebenen stehen rechtwinklig zur Bezugsfläche.
	Neigung ∠		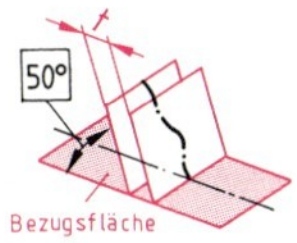 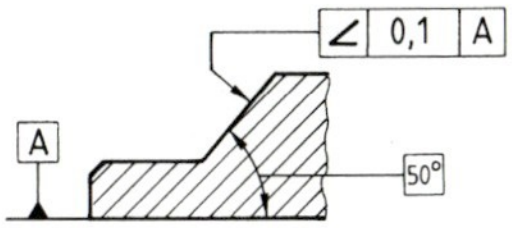 Die tolerierte Fläche muss zwischen zwei parallelen Ebenen (Winkel 50°) im Abstand von $t = 0{,}1$ mm liegen.
Lauftoleranzen	Planlauf ↗		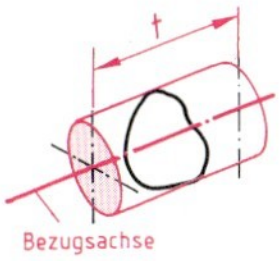 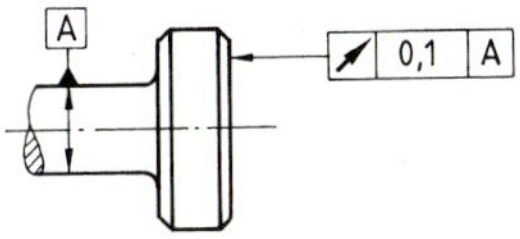 Die Planlaufabweichung, bezogen auf die gekennzeichnete Achse A, darf $t = 0{,}10$ mm nicht überschreiten.
	Rundlauf ↗		 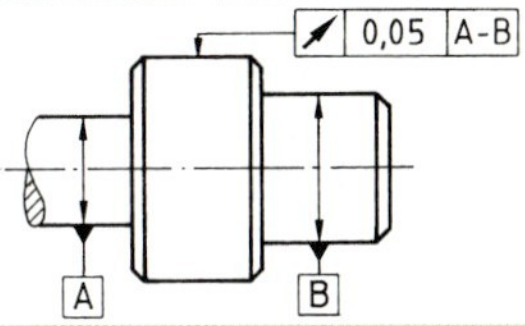 Die Rundlaufabweichung, bezogen auf die Achse A-B, darf $t = 0{,}05$ mm nicht überschreiten.
Ortstoleranzen	Position ⌖		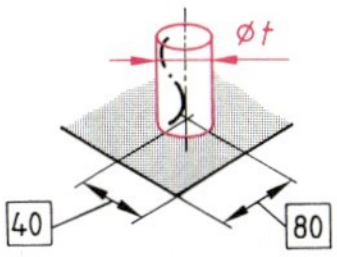 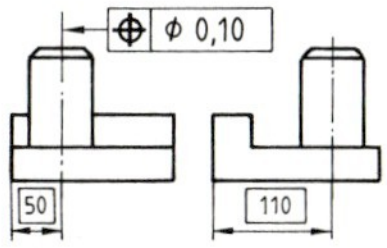 Die Achse des Bolzens muss innerhalb eines Zylinders von $t = 0{,}10$ mm Durchmesser liegen.
	Symmetrie ⌯		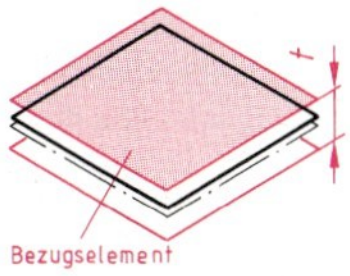 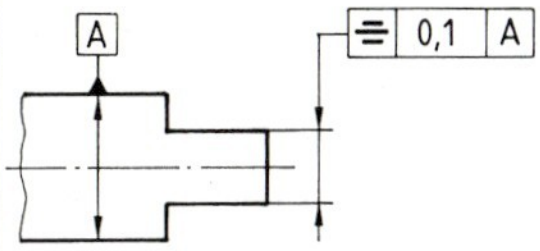 Die Mittelebene des Ansatzes muss zwischen zwei parallelen Ebenen liegen, die $t = 0{,}1$ mm Abstand haben und parallel zur Bezugsebene liegen.
	Koaxialität Konzentrizität ◎		 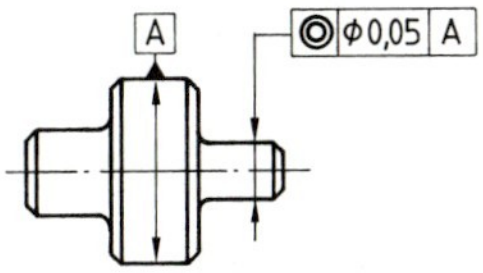 Die Achse des tolerierten Zapfens muss innerhalb eines Zylinders von $t = 0{,}05$ mm liegen. Dieser Zylinder muss mit der Achse des mit A gekennzeichneten Elements fluchten.

9.4 Messen von Form- und Lageabweichungen

9.4.1 Symbolische Darstellung von Prüfeinrichtungen

Das Messen von Form und Lage ist aufwendiger als das Messen von Längen. Meist müssen zum Prüfen von Form und Lage Messgeräte und Hilfsmittel zum Positionieren zu einer Messeinrichtung kombiniert werden. Zur Verdeutlichung des Aufbaus solcher Einrichtungen verwendet man Symbole.

Grafische Symbole in der Längenprüftechnik nach DIN 2258 (Auszug)

Symbol	Erklärung	Symbol	Erklärung	Symbol	Erklärung
	Messstelle		Sinuslineal		geradlinige Verschiebung in definierter Schrittweite
	Messständer mit anzeigendem Längenmessgerät (Messuhr)	E	Parallelendmaß(e)		schrittweise Verschiebung in beliebige Positionen in einer Ebene
	Prüfplatte		Prüfprisma		schrittweise Drehung in beliebige Winkellagen
	Anschlag		geradlinige Verschiebung		genau eine Umdrehung
	Auflager fest bzw. höhenverstellbar		schrittweise geradlinige Verschiebung in beliebige Positionen		Rundtisch kippbar

9.4.2 Messverfahren zum Messen von Form- und Lageabweichungen

Die Messung von Form- und Lageabweichungen bezieht sich stets auf ein angemessen genaues **Hilfsbezugselement**, wie z. B. eine Prüfplatte, einen Prüfdorn.

Der Messvorgang bei der Messung von Form- und Lageabweichung erfolgt in mehreren Schritten:
1. Ausrichten des Prüflings, **2.** Messungen, **3.** Auswertung der Messungen.

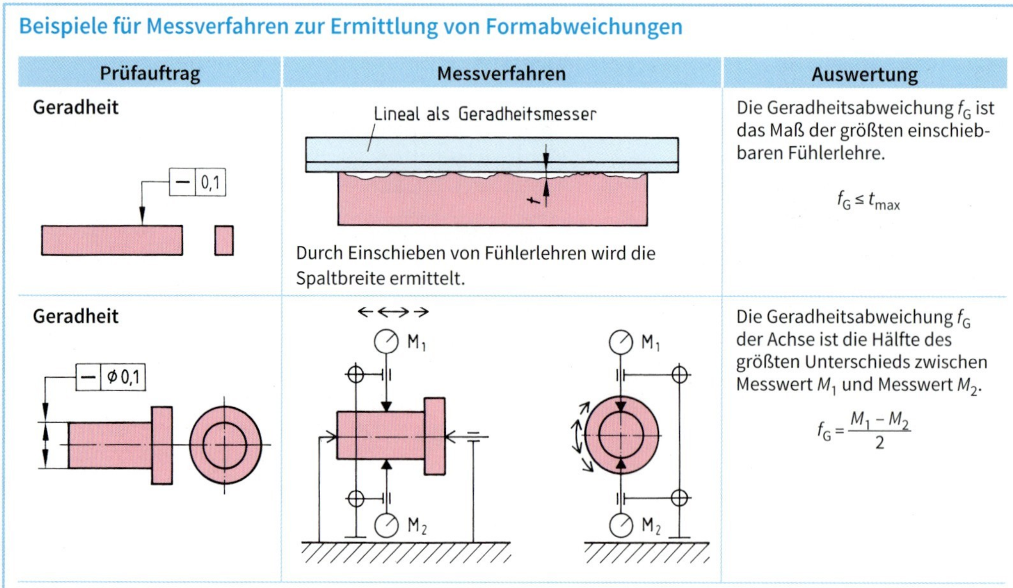

Beispiele für Messverfahren zur Ermittlung von Formabweichungen

Prüfauftrag	Messverfahren	Auswertung
Geradheit (— 0,1)	Lineal als Geradheitsmesser. Durch Einschieben von Fühlerlehren wird die Spaltbreite ermittelt.	Die Geradheitsabweichung f_G ist das Maß der größten einschiebbaren Fühlerlehre. $f_G \leq t_{max}$
Geradheit (— ⌀0,1)	M_1, M_2	Die Geradheitsabweichung f_G der Achse ist die Hälfte des größten Unterschieds zwischen Messwert M_1 und Messwert M_2. $f_G = \frac{M_1 - M_2}{2}$

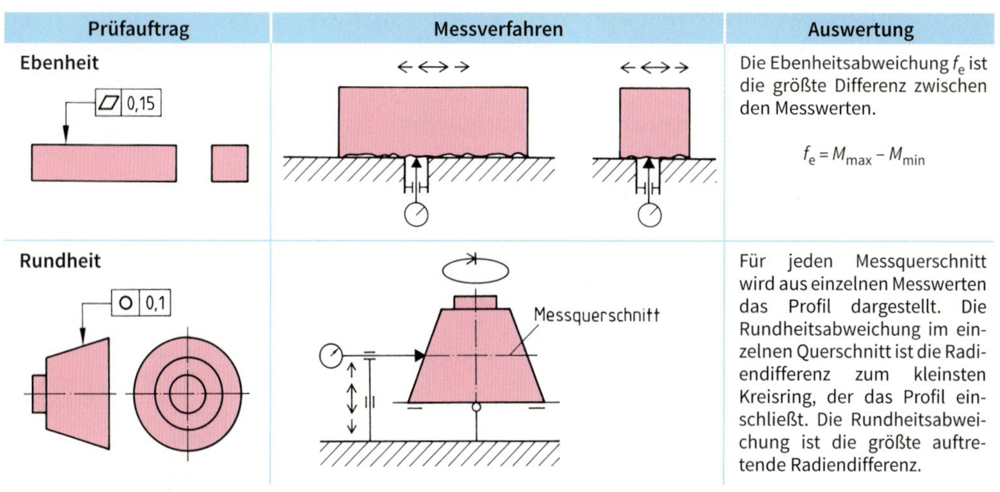

Prüfauftrag	Messverfahren	Auswertung
Ebenheit		Die Ebenheitsabweichung f_e ist die größte Differenz zwischen den Messwerten. $f_e = M_{max} - M_{min}$
Rundheit	Messquerschnitt	Für jeden Messquerschnitt wird aus einzelnen Messwerten das Profil dargestellt. Die Rundheitsabweichung im einzelnen Querschnitt ist die Radiendifferenz zum kleinsten Kreisring, der das Profil einschließt. Die Rundheitsabweichung ist die größte auftretende Radiendifferenz.

Beispiele für Messverfahren zur Ermittlung von Lageabweichungen

Prüfauftrag	Messverfahren	Auswertung
Parallelität 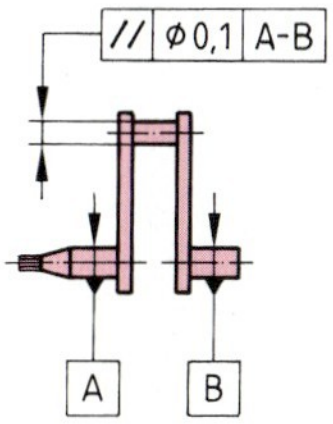 // ⌀0,1 A-B A B	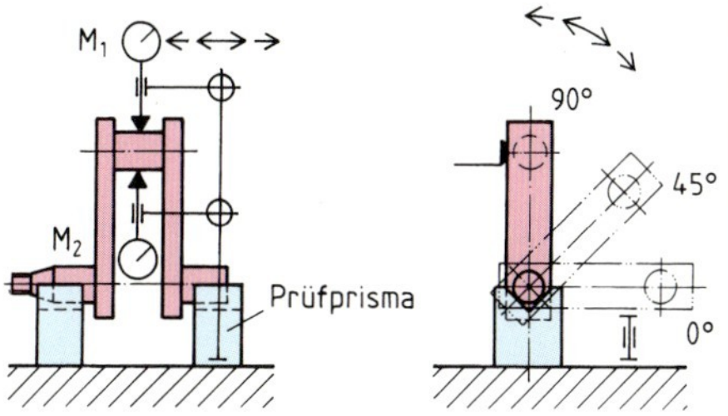 M_1 M_2 Prüfprisma 90° 45° 0°	Die Parallelitätsabweichung f_P in einer Winkellage ist die halbe Differenz der Messwerte M_1 und M_2. $f_P = \frac{M_1 - M_2}{2}$ Die Parallelitätsabweichung des Werkstücks ist der größte der in den einzelnen Winkellagen ermittelte Wert der Abweichung.
Rechtwinkligkeit 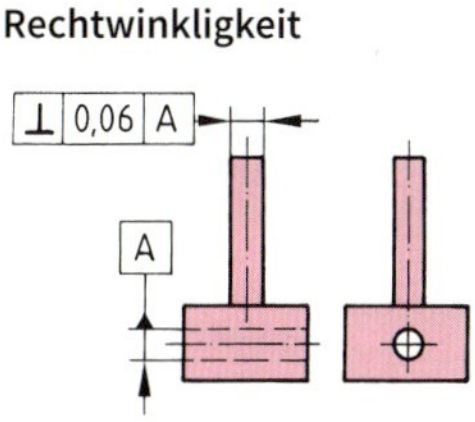 ⊥ 0,06 A A	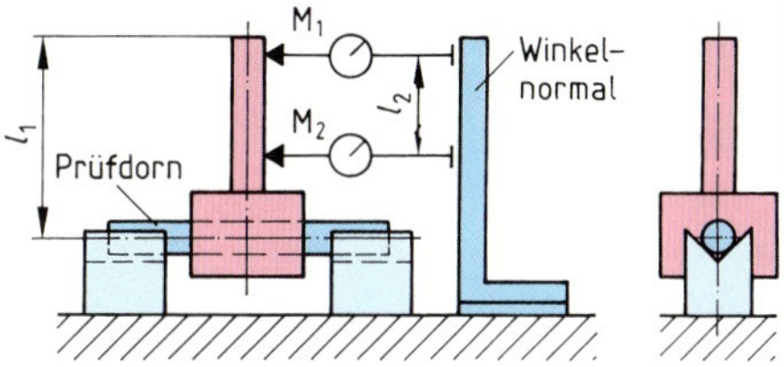 M_1 M_2 l_1 l_2 Prüfdorn Winkelnormal	Die Rechtwinkligkeitsabweichung f_R wird aus der Differenz der Messwerte M_1 und M_2 und dem Verhältnis l_1/l_2 berechnet. $f_R = (M_1 - M_2) \cdot \frac{l_1}{l_2}$
Rundlauf 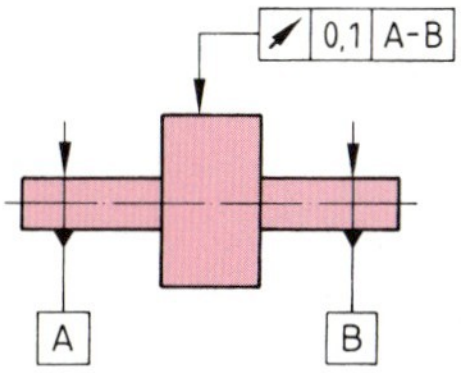 ↗ 0,1 A-B A B	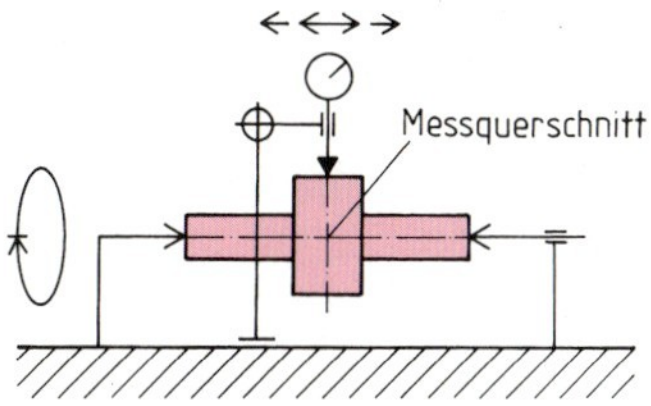 Messquerschnitt	Die Rundlaufabweichung f_L ist die Differenz zwischen der größten und kleinsten Anzeige bei einer Umdrehung. $f_L = M_{max} - M_{min}$
Planlauf 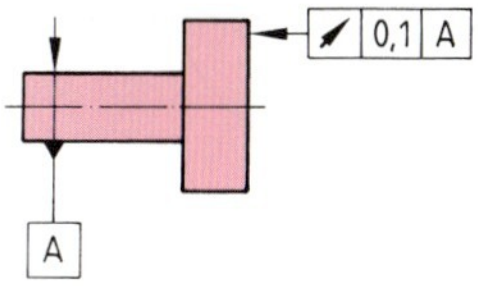 ↗ 0,1 A A	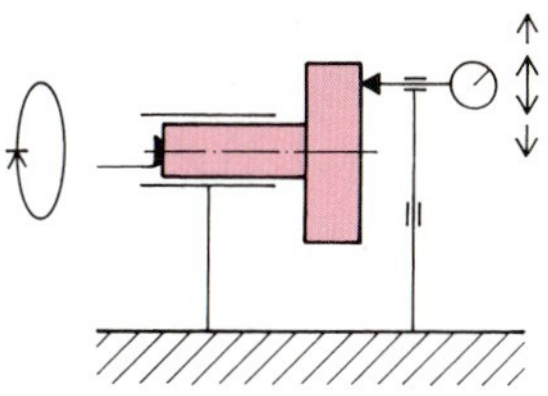	Die Planlaufabweichung f_L ist die Differenz zwischen der größten und kleinsten Anzeige bei einer Umdrehung. $f_L = M_{max} - M_{min}$ Bei einer Prüfung ist der größte Radius zu wählen.

1. Messvorrichtungen zur Bestimmung von Abweichungen

In der Serienfertigung lassen sich Form- und Lageabweichungen mit speziellen Messvorrichtungen schnell und einfach feststellen.

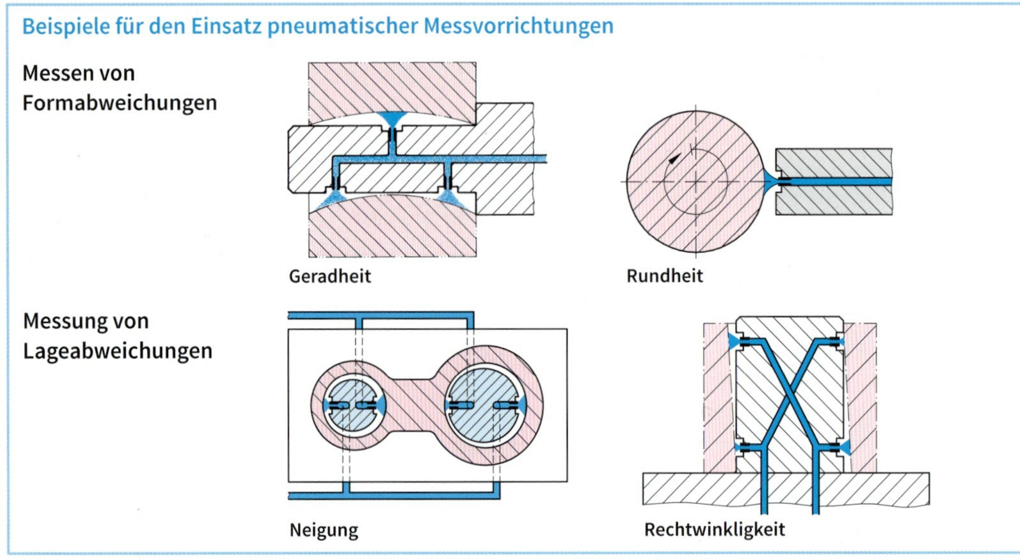

2. Messungen von Formabweichungen mit Profilprojektoren

Profilprojektoren vergrößern die Konturen aufgelegter Werkstücke und bilden sie in genauem Maßstab auf einem Bildschirm ab. Die meisten dieser Geräte vergrößern bis zum 100-fachen.

Die Glasbildschirme enthalten Zentrierlinien und die Werkzeugauflagen sind dreh- und verschiebbar, sodass die Werkstücke präzise ausgerichtet werden können.

Skalen und Musterkonturen können eingeblendet werden und erlauben so das Ausmessen von Längen, Radien, Kurvenverläufen und Winkeln.

Optische Schneidwinkelmessgeräte sind kleine Profilprojektoren mit 5- bis 10-facher Vergrößerung. Sie erlauben die Kontrolle von Werkzeugschneiden und die Messung von Werkzeugwinkeln.

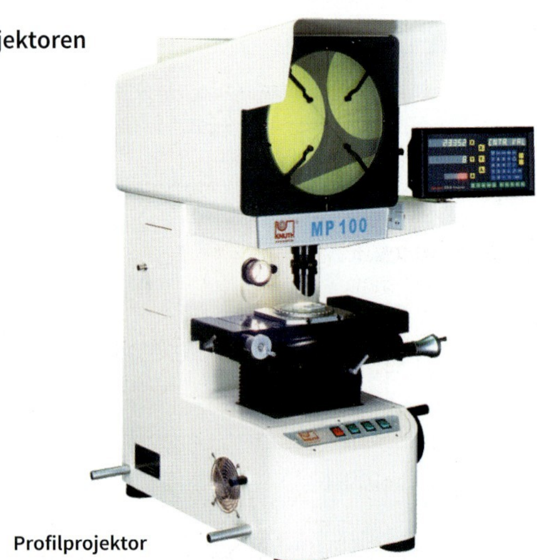

Profilprojektor

Beispiele für Projektionsbilder eines optischen Schneidwinkelmessgeräts

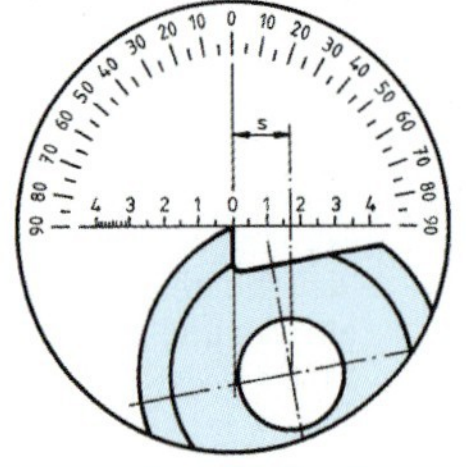

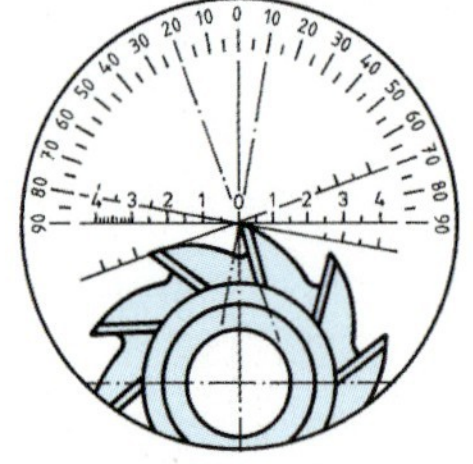

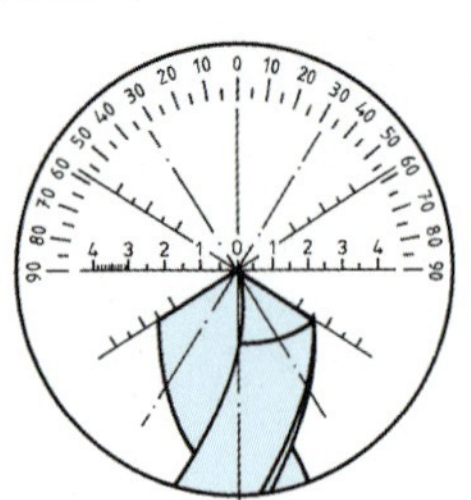

> **!** Profilprojektoren erzeugen vergrößerte Bilder des Werkstückprofils. Dies kann durch eingeblendete Skalen ausgemessen werden.

Übungsaufgabe 9/8

10 Messmaschinen

10.1 Digitale Höhenmessung

Für Messungen in einer Koordinatenrichtung werden digitale Höhenmessgeräte eingesetzt. Mit ihnen werden Höhen, Durchmesser und Abstände gemessen. Aus den ermittelten Maßen können Mitten, die Abweichungen von parallelen Flächen sowie die Geradheit von Oberflächen berechnet werden.
Die gewonnenen Daten können über Computer weiterverarbeitet und ausgewertet werden.

Beispiel für ein Höhenmessgerät

Messfunktionen

Fläche antasten oben unten

Bohrung antasten oben unten

  **Welle antasten oben unten**

Nut messen (Mitte und Breite)

 **Steg messen** (Mitte und Breite)

 **Bohrung messen** (Mitte und Durchmesser)

 **Welle messen** (Mitte und Durchmesser)

Berechnungsfunktionen

 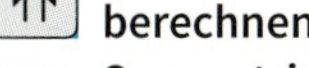 **Abstand zwischen zwei Messwerten berechnen**

 **Symmetrie zwischen zwei Messwerten berechnen**

AUTO 01 **Automatisch Nullpunkt setzen**

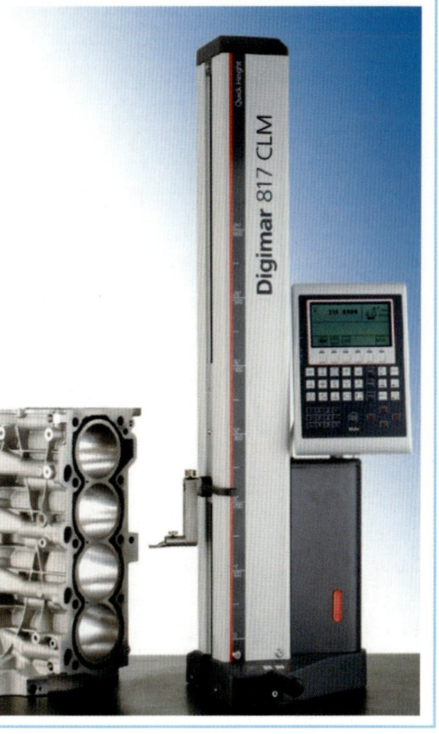

Anwendungsbeispiel

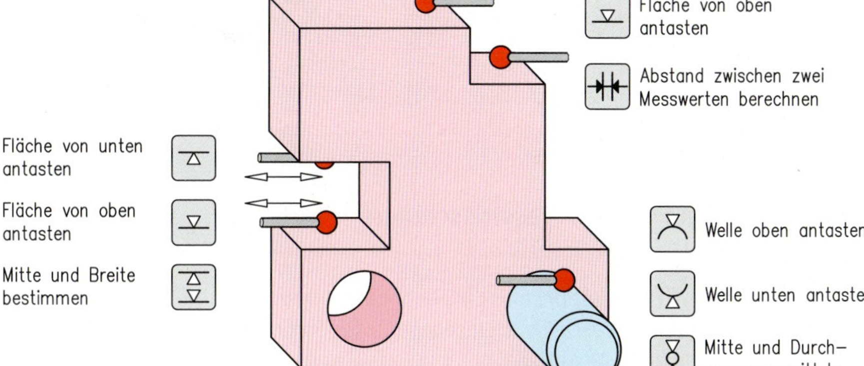

10.2 Numerisch gesteuerte Messmaschinen

Die Überprüfung von Werkstücken mit sehr kleinen Maß-, Form- und Lagetoleranzen ist mit herkömmlichen Prüfmitteln, wie z. B. Messschiebern, Messschrauben oder Grenzrachenlehren, sehr zeitaufwendig. Sehr viel schneller und genauer kann die Überprüfung solcher Werkstücke auf Messmaschinen erfolgen. Sämtliche Messaufgaben können dabei mit einem Gerät – der Messmaschine – gelöst werden.
Moderne Messmaschinen sind CNC-gesteuert.

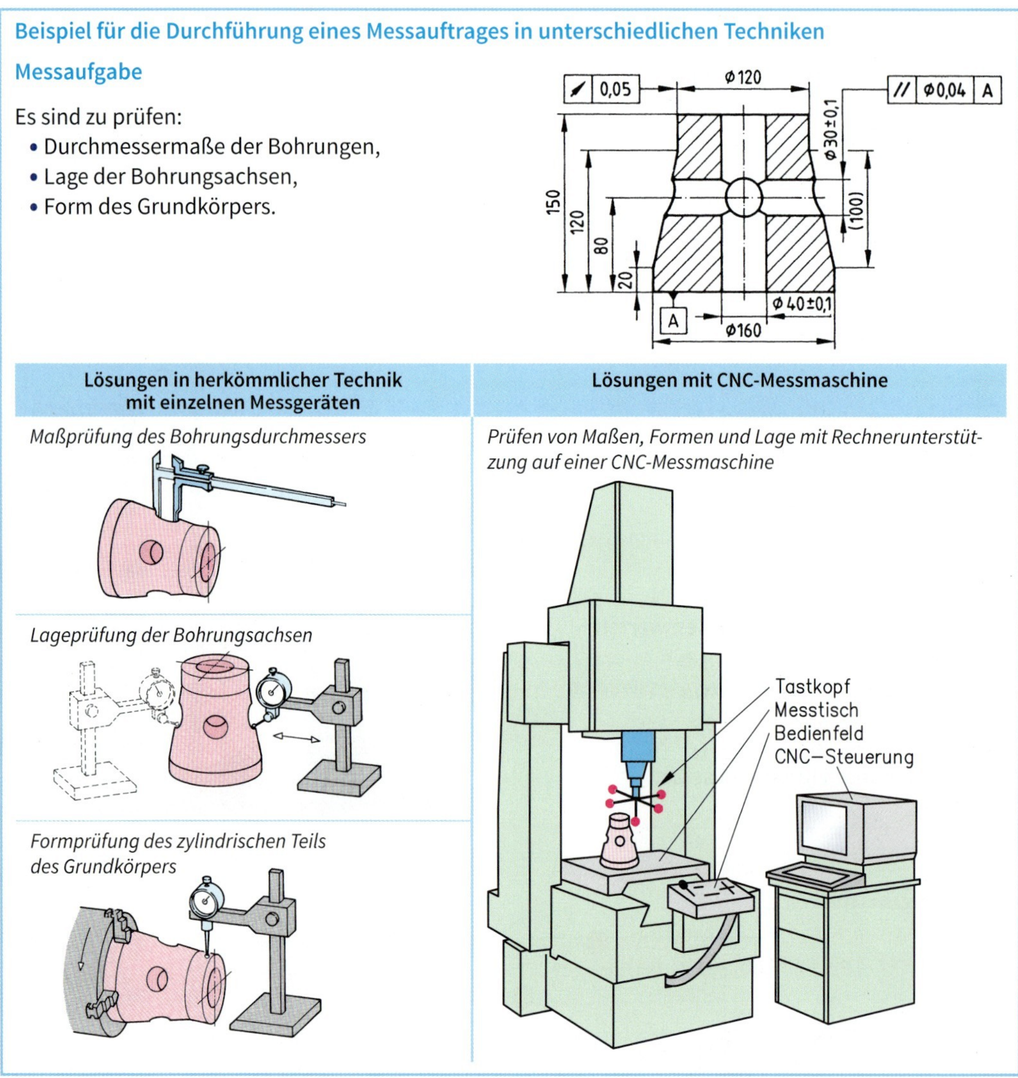

Beispiel für die Durchführung eines Messauftrages in unterschiedlichen Techniken
Messaufgabe
Es sind zu prüfen:
• Durchmessermaße der Bohrungen,
• Lage der Bohrungsachsen,
• Form des Grundkörpers.
0,05
Ø120
// Ø0,04 A
Ø30±0,1
150
120
80
20
(100)
Ø40±0,1
A
Ø160
Lösungen in herkömmlicher Technik mit einzelnen Messgeräten
Lösungen mit CNC-Messmaschine
Maßprüfung des Bohrungsdurchmessers
Prüfen von Maßen, Formen und Lage mit Rechnerunterstützung auf einer CNC-Messmaschine
Lageprüfung der Bohrungsachsen
Tastkopf
Messtisch
Bedienfeld
CNC–Steuerung
Formprüfung des zylindrischen Teils des Grundkörpers

10.2.1 Aufbau und Funktion von CNC-Messmaschinen

1. Baueinheiten einer CNC-Messmaschine

CNC-Messmaschinen ähneln in ihrem Aufbau sehr stark CNC-Bohr- und -Fräsmaschinen.
Das zu prüfende Werkstück wird auf den *Maschinentisch* gespannt. Ein *Portal* oder ein *Ausleger* trägt die Messeinrichtung. Der Messtaster im *Tastkopf* wird ähnlich einem Fräswerkzeug relativ zum Werkstück in allen drei Achsen bewegt. Vom *Bedienfeld* aus können alle Bewegungen manuell gesteuert werden. Über die *CNC-Steuerung* können die Messvorgänge automatisiert werden.

Übungsaufgabe 10/2

2. Koordinatensysteme

Für die Messung auf Messmaschinen sind drei Koordinatensysteme von Bedeutung:

- Das rechtwinklige **Koordinatensystem der Messmaschine** hat seinen Ursprung im Maschinennullpunkt. Die X- und Y-Achsen liegen auf der Oberfläche des Messtisches und die Z-Achse steht senkrecht dazu.
- Das rechtwinklige **Koordinatensystem des Tastsystems** hat seinen Ursprung im Mittelpunkt des Bezugstasters. Die Koordinatenachsen des Tastsystems verlaufen parallel zu den Maschinenkoordinatenachsen.
- Das rechtwinklige **Koordinatensystem des Werkstücks** hat seinen Ursprung in einem markanten Werkstückpunkt. Die Koordinatenachsen verlaufen parallel zu den Maschinenkoordinaten der Messmaschine.

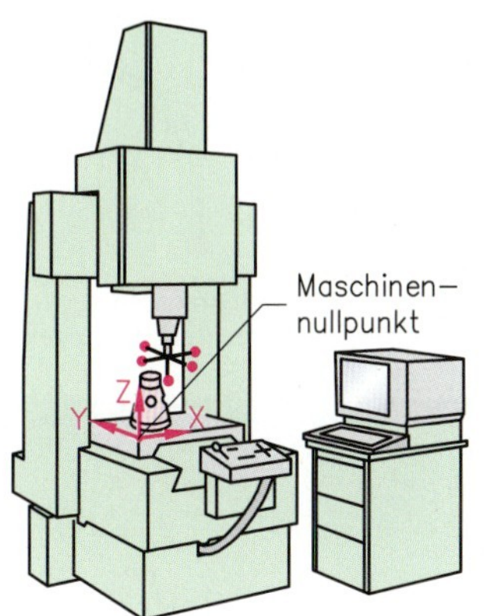

Koordinatensystem und Maschinennullpunkt einer Messmaschine

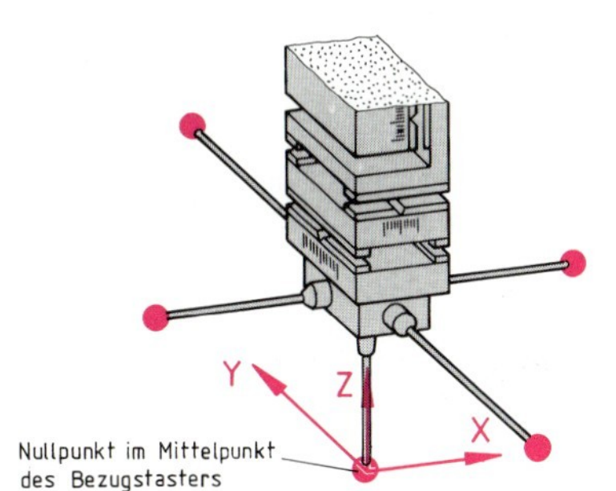

Koordinatensystem und Nullpunkt eines Tastkopfes

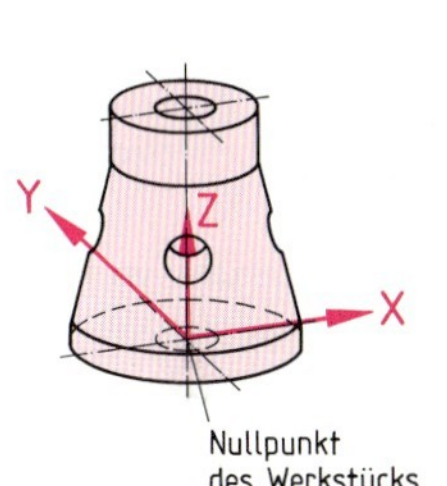

Koordinatensystem und Nullpunkt eines Werkstücks

3. Statische und dynamische Messwerterfassung

Bei der Messwerterfassung unterscheidet man zwei Verfahren:

- Bei **statischer Messwerterfassung** wird der Messwert bei Stillstand der Messmaschine und in Nullstellung des Tastsystems aufgenommen.
- Bei **dynamischer Messwerterfassung** wird der Messwert während der Bewegung aus den Messwerten von Maschinen- und Tastermesssystem errechnet.
  Die kontinuierliche Aufnahme einer Vielzahl an Messpunkten innerhalb einer kurzen Zeit nennt man Scannen. Dazu führt die CNC-Messmaschine den Taster kontinuierlich und zeilenweise über die zu messende Oberfläche des Werkstücks. Gleichzeitig speichert der Rechner entweder in einem vorgegebenen Zeittakt oder in Abhängigkeit von der Messstrecke alle Messwerte.
  Die Messwerte lassen sich entweder als Messprotokoll auswerten oder von geeigneten Programmen direkt zum Fräsen einer gleichen Oberfläche verwenden.

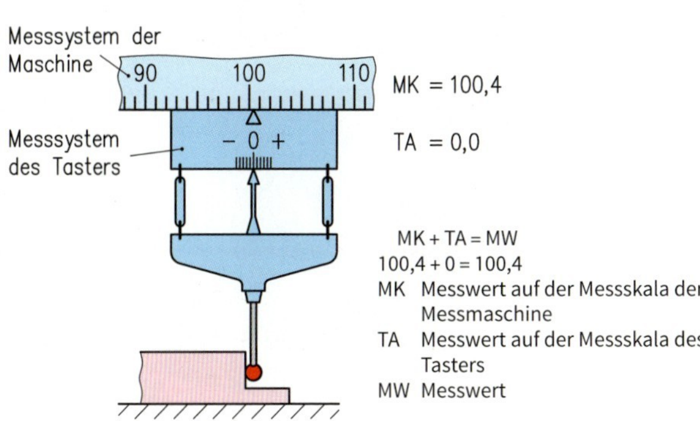

Statische Messwerterfassung (Schema)

90 100 110

MK = 100,3

− 0 +

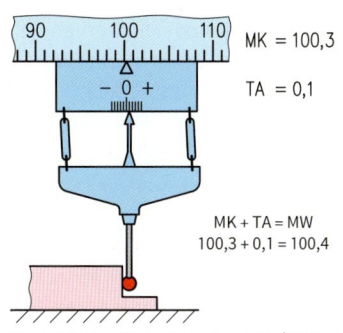

TA = 0,1

MK + TA = MW

100,3 + 0,1 = 100,4

Dynamische Messwerterfassung (Schema)

10.2.2 Messtaster und ihre Kalibrierung

1. Aufbau von Messtastern

Messtaster bestehen aus der *Einspannvorrichtung* und den eingesetzten *Taststiften*. Der Taststift trägt an seinem Ende das *Tastelement*. Als Tastelemente verwendet man meist Kugeln aus Rubin, für Sonderzwecke auch Kegel oder Zylinder. Ferner werden Kombinationen verschiedener Messtaster eingesetzt.
Die Auswahl der Taststifte für einen Messtaster soll so erfolgen, dass alle Messvorgänge an einem Werkstück möglichst ohne Lageveränderung des Werkstückes und ohne Wechsel der Taststifte vorgenommen werden können.

Beispiele für Taststifte und Taststiftkombinationen

Normaleinsatz	Zur schnellen Ermittlung von Bohrungsmitten (geringe Genauigkeit)	Zum Messen von Ringnuten	Zum allseitigen Messen	Zum Innenmessen waagerechter Bohrungen

2. Kalibrierung von Messtastern

Eine Voraussetzung für genaue Messungen ist die Feststellung von Ungenauigkeiten, die ihre Ursache im Tastsystem oder den Messkräften haben.
Die häufigsten Fehlerquellen sind:
Abweichungen der Messtaster von Sollmaßen und -formen,
Durchbiegung der Messtasterarme aufgrund der Einwirkung von Messkräften.
Um diese Fehler auszugleichen, stellt man mithilfe eines hochgenauen **Kugelnormals** die Messfehler unter verschiedenen Messbedingungen fest.
Die festgestellten Abweichungen werden beim Messen mithilfe von Software verrechnet. Durch die Erfassung und Berücksichtigung der Abweichungen von den Idealwerten wird das Messsystem geeicht. Diesen Vorgang nennt man Kalibrieren.

Kalibrieren eines Messtasters

Das Kalibrieren der Messtasters ist ein Eichen mit hochgenauen Kugelnormalen.

10.2.3 Steuerung von Messabläufen

Messungen an Einzelteilen und Kleinserien erfolgen meist über *manuelle* Steuerung. Bei Großserien werden *NC-Programme zur Steuerung* der Messmaschinen eingesetzt. Messmaschinen werden vom Bedienfeld aus mit einem oder zwei Steuerhebeln sowie Tasten manuell gesteuert:

- Die zu verfahrende Richtung wird entweder über Tasten oder über die Auslenkungsrichtung eines Steuerhebels eingegeben.
- Die Geschwindigkeit der Tasterbewegung wird über Drehknopf oder über die Auslenkungsgröße eines Steuerhebels beeinflusst.

Sobald ein Messpunkt angefahren ist und die Maschine den Messwert erfasst hat, wird durch Tastendruck dieser Messwert automatisch an den Speicher übergeben.
Für eine manuelle Steuerung von Messmaschinen sind keine Programmierkenntnisse erforderlich.

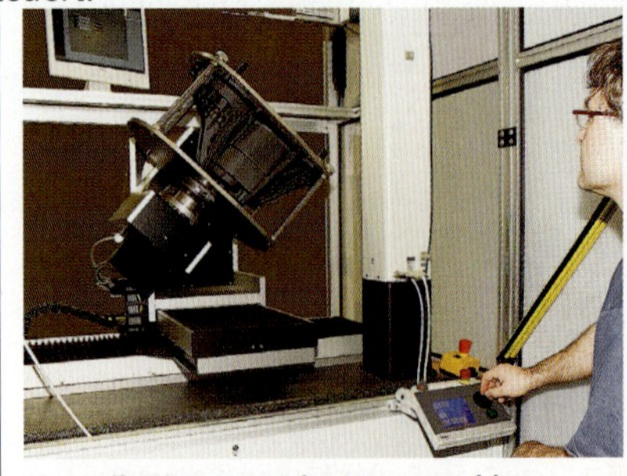
Manuelle Steuerung der Messmaschine

Übungsaufgabe 10/5

11 Qualitätsmanagement

11.1 Einleitung

Von jedem Produkt, das ein Kunde kauft und von jeder Arbeit, die zu verrichten ist, wird **Qualität** verlangt. Was der Einzelne unter Qualität versteht, ist schwer genau zu beschreiben – man spürt fehlende Qualität erst, wenn Mängel erkennbar werden. Qualität kann man in Abwandlung der etwas komplizierten DIN-Definition etwa so beschreiben:

> „Ein Produkt oder eine Arbeit besitzen Qualität, wenn sie in Hinblick auf ihre Eignung festgelegte und vorausgesetzte Erfordernisse erfüllen.“

Unter dem Begriff **Qualitätsmanagement** werden darum alle Maßnahmen verstanden, die im Laufe einer Produktentstehung und -anwendung auf allen Ebenen zu treffen sind, damit ein Produkt entsteht, dass alle vorausgesetzten Erfordernisse erfüllt. Qualitätsmanagement hat also den gesamten Lebensweg eines Produktes im Blick.

Beispiel für den Lebensweg eines Produktes

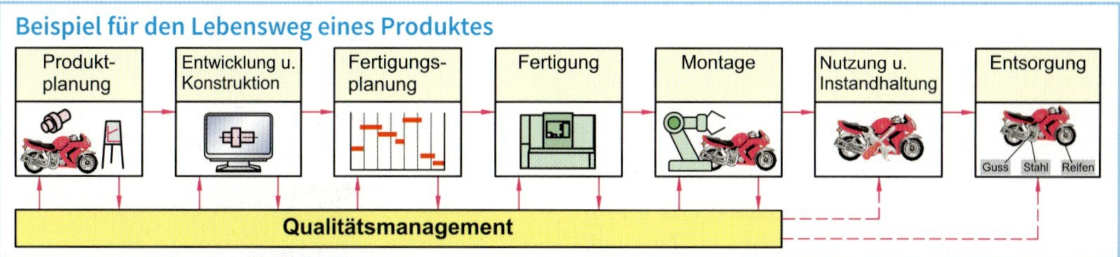

Das Qualitätsmanagement ist demnach etwas ganz anderes als eine reine Endkontrolle, in der die Qualität eines Produktes erst vor der Auslieferung bzw. Weitergabe geprüft wird. Qualitätsmanagement handelt gemäß dem Grundsatz: „Qualität ist zu erzeugen – nicht zu erprüfen.“

! Unter Qualitätsmanagement versteht man alle Maßnahmen im Laufe von Produktentstehung, Anwendung und Recycling, die notwendig sind, um Produkte zu erzeugen, welche die vorausgesetzten Erfordernisse erfüllen.

Dem Qualitätsmanagement kommt eine besondere Bedeutung in der Phase der Planung und Entwicklung zu, denn 75% der Fehler eines Produktes entstehen dort. Sie werden aber häufig erst im Laufe der Fertigung oder beim Einsatz erkannt und verursachen dann extreme Kosten zur Fehlerbeseitigung. Es gilt für die Kosten etwa die *Zehnerregel*. Sie besagt, dass die Kosten zur Beseitigung eines Fehlers aus der Stufe zuvor in der folgenden etwa das Zehnfache an Kosten verursacht.

Beispiel für die Zehnerregel der Fehlerkosten

Bei der Planung eines Motorrades wurde an einer Mutter die Sicherung vergessen.

Hätte man bei der Planung daran gedacht und dies notiert, wäre der zeitliche Aufwand eine halbe Minute gewesen, die 1,00 EUR gekostet hätte.

Wäre der Fehler bei der Zeichnungserstellung aufgefallen, hätte das Einarbeiten in die Zeichnung etwa 5 Minuten gedauert und damit 10,00 EUR gekostet, usw.

Eine Rückrufaktion wegen fehlender Schraubensicherung würde um 100 000,00 EUR Kosten verursachen.

Die Fehlerbeseitigung kostet bei einer Entdeckung in der jeweils nächsten Verarbeitungsstufe etwa das Zehnfache (Zehnerregel der Fehlerkosten).

Vielfach hatte man vor intensivem Einsatz von Qualitätsmanagement die Vorstellung, dass die Produktion für die Menge zuständig ist und allein die Endkontrolle für Qualität. Diese Einstellung hat erhebliche Nachteile:

- Ausschussteile werden nicht am Ort der Entstehung erkannt. Sie durchwandern die gesamte weitere Produktion, bis sie schließlich in der Endkontrolle auffallen. Fachleute nennen dieses „Schrottveredelung“.
- In der Endkontrolle fallen Produkte mit unterschiedlichsten Fehlern an. Darum ist die Wahrscheinlichkeit, dass alle Fehler entdeckt werden geringer als bei ständig überwachter Produktion. Eine heute von Großabnehmern, wie z. B. der Automobilindustrie, verlangte „Null-Fehler-Zulieferung“ ist darum beim Zulieferer nicht mehr allein durch eine Endkontrolle, sondern nur noch mit einem geeigneten Qualitätsmanagement zu erzielen.

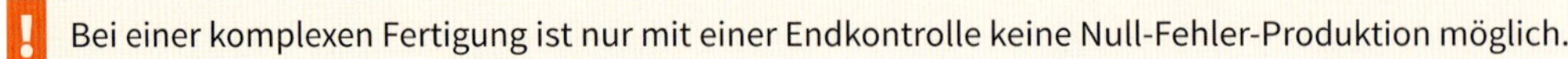
! Bei einer komplexen Fertigung ist nur mit einer Endkontrolle keine Null-Fehler-Produktion möglich.

11.2 Einflussgrößen auf Qualität

Qualität entsteht durch funktionsgerechtes Zusammenwirken unterschiedlicher Faktoren, die man merkwirksam unter den „7 M“ zusammenfasst: **M**ensch, **M**ethode, **M**aschine, **M**aterial, **M**itwelt, **M**anagement und **M**essbarkeit. Am wichtigsten ist hier der **Mensch.** Er muss Qualität planen und erzeugen. Er muss an jeder Stelle der Produktentstehung den gesamten Ablauf, besonders aber die an seiner Tätigkeit anschließende Stufe im Auge haben. Dazu benötigt er

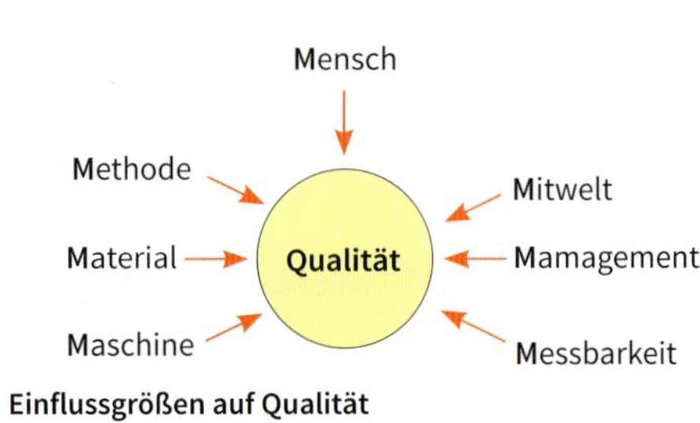

Einflussgrößen auf Qualität

- technisches Fachwissen,
- Kenntnis von Qualitätssicherungsmethoden,
- Bereitschaft und Fähigkeit, sein Wissen anzuwenden und
- Innovationsbereitschaft und Kreativität.

Die **Methoden** zur Erzeugung und Sicherung von Qualität müssen in jeder Stufe der Produktentstehung sinnvoll ausgewählt und eingesetzt werden.

Die **Maschinen** stehen für alle Fertigungs-, Handhabungs- und Prüfmittel. Sie müssen fähig sein, Qualität zu erzeugen.

Das **Material,** dies sind alle Werk- und Hilfsstoffe, Vorprodukte und Komponenten, die meist von Zulieferern dem Prozess zugeführt werden, muss der geforderten Produktqualität entsprechen.

Die **Mitwelt** (Umwelt), wird nicht nur in Form des richtig ausgestatteten Arbeitsplatzes gesehen, sondern meint das gesamte betriebliche Sozialgefüge, das Qualität und Qaulitätsbewusstsein bestimmt.

Das **Management** mit seinem Führungsstil, z. B. seinem Umgang mit Mitarbeitervorschlägen, seiner Offenheit in der Entscheidungsfindung und seiner Bewertung von Mitarbeiterleistungen, trägt wesentlich zur Qualität bei.

Die **Messbarkeit** von Eigenschaften ist entscheidend für die Beurteilung von Qualität. Mit Messbarkeit sind nicht nur die physikalisch und chemisch erfassbaren Größen eines Produktes angesprochen, sondern auch alle zahlenmäßig erfassbaren Merkmale des Produktes und der Produktentstehung.

! Qualität entsteht nur durch richtiges Zusammenwirken von Mensch, Methode, Maschine, Material, Mitwelt, Management und Messbarkeit.

Zur Unterstützung der systematischen Fehlerquellensuche verwendet man das *Fischgräten-Diagramm* **(Ishikawa-Diagramm).** Man trägt in diesem Diagramm die Einflüsse der sogenannten „7M“ der Qualitätssicherung ein.

Je nach Bedarf können diese 7M auf 5M reduziert werden. Falls Fehlerzuordnungen bei der Aufstellung eines Diagrammes strittig sind, z. B. ob eine Fehlerquelle der Methode oder dem Mensch zuzuordnen ist, kann willkürlich zugeordnet werden. Wichtig ist jedoch, dass die Fehlerquelle aufgelistet wird.

Übungsaufgaben 11/3; 11/4

Beispiel für die Auflistung der Fehlerquellen beim Drehen einer gestuften Welle

An die Welle werden Anforderungen hinsichtlich ihrer Maße und Form sowie an die Lage der Zylinder zueinander gestellt. Die an der Produktion Beteiligten haben Stichworte zu möglichen Fehlerquellen zusammengetragen und den bedarfsgerecht gewählten Faktoren zugeordnet.

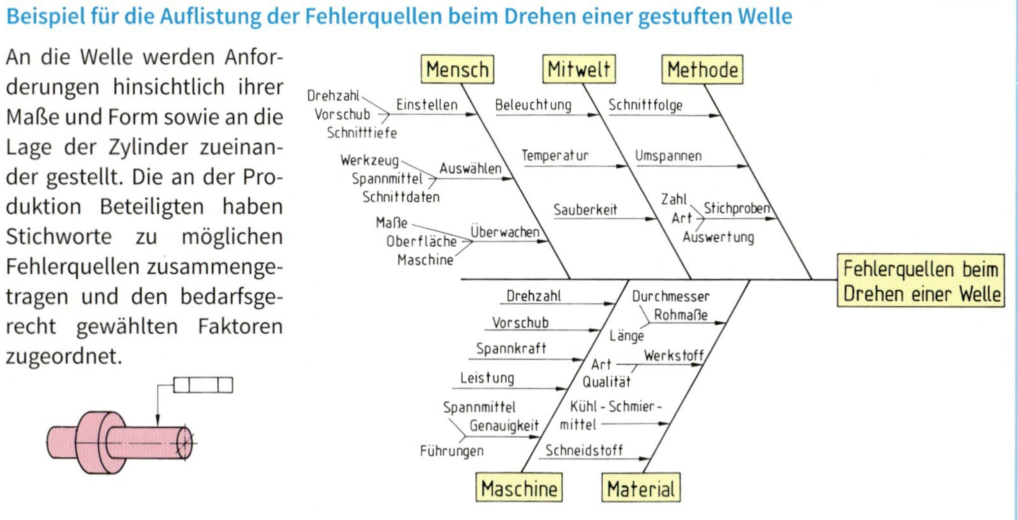

11.3 Qualitätssicherungsnormen

Die Norm DIN EN ISO 9000 erläutert die Grundbegriffe des Qualitätsmanagements (QM) und erklärt wichtige Begriffe.
DIN EN ISO 9001 ist für den Fachmann im Betrieb die bedeutendste QM-Norm. In ihr wird das Qualitätsmanagement als eine Art Regelkreis verstanden, in den die Kundenforderungen als Eingangsgröße eingehen und die Kundenzufriedenheit das geforderte Ergebnis darstellt.

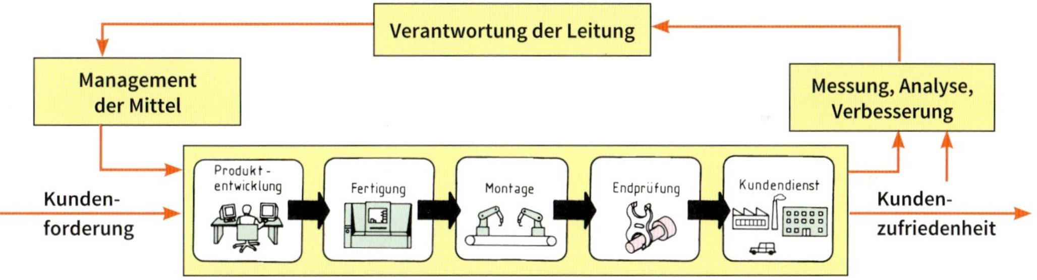

Die **Verantwortung der Leitung** besteht für die Festlegung der Qualitätsziele, der Befugnisse der Einzelnen, der Qualitätsplanung und der Bewertungsmaßstäbe für das Qualitätsmanagement.

Das **Management der Mittel** befasst sich mit der Auswahl und Förderung geeigneter Personen, der Auswahl und Zurverfügungstellung geeigneter Einrichtungen und der Schaffung einer die Qualität fördernder Arbeitsumgebung.

Die **Produktionsrealisierung** stellt den Kern des Prozesses dar. Das Qualitätsmanagement verlangt die Erzeugung, Prüfung, Sicherung und Dokumentation in jeder Stufe des Erzeugungsprozesses. Damit wird die Rückverfolgung von Teilen und Leistungen möglich. Gleichzeitig wird ein geeignetes Prüfmittelmanagement erwartet.

Die **Messung, Analyse und Verbesserung** hat in erster Linie auf die Kundenzufriedenheit zu schauen. Um diese zu gewährleisten, muss hier die Überwachung des gesamten Prozesses und der Teilprozesse geplant, kontrolliert und analysiert werden, sodass ein kontinuierlicher Verbesserungsprozess möglich wird.
DIN EN ISO 9004 ist ein Leitfaden zur Verwirklichung und Nutzung eines QM-Systems.

11.4 Qualitätssicherung in der Produktplanung

Vor einer Produktionsabsicht steht eine Marktanalyse, bei der zunächst einmal festgestellt werden muss, ob ein Produkt überhaupt auf dem Markt abzusetzen ist, welche Größenordnung die Produktion wahrscheinlich haben muss und in welchem Bereich sich der Preis bewegen darf.
Nach der Entscheidung für ein Produkt folgt die Planung. In der ersten Phase sucht man unter verschiedenen Fragestellungen nach Planungsgrundlagen.

In Gesprächsrunden (Workshops) mit etwa sechs bis acht Kunden und den Entwicklern der eigenen Firma werden die Anforderungen an das Produkt geklärt:

- *technische und funktionelle Anforderungen* (z. B. physikalische, chemische und technologische Eigenschaften, Handhabung, Wartung),
- *Kundenanforderungen* (z. B. Aussehen, Zubehör, Garantiezeit),
- *sicherheits- und umwelttechnische Anforderungen* (z. B. Handhabungssicherheit, Recyclebarkeit).

In Gesprächsrunden mit Mitgliedern aller beteiligten Betriebsabteilungen und des Projektteams werden die betrieblichen Anforderungen und die Qualitätssicherungsmaßnahmen geklärt.

- Betriebliche Anforderungen
  - Gestaltung des Produkts entsprechend dem Kundenwunsch (z. B. Vorentscheidung für Form, Farbe und Abmessungen),
  - Maschinen- und Anlagenbedarf (z. B. Art der Maschinen, Fähigkeiten der Maschinen),
  - Personalbedarf (z. B. Anzahl, Qualifikation),
  - Zeitbedarf (z. B. Maschinenbelegung),
  - Zulieferungen (z. B. notwendige Qualität der Vorprodukte).

- Qualitätssicherungsmaßnahmen
  - Organisation der Qualitätssicherung (z. B. Verantwortlichkeit),
  - Einsatzstellen von Qualitätssicherungsmaßnahmen,
  - Methoden der Qualitätssicherung,
  - Nachweise der Qualitätssicherungsmaßnahmen,
  - Vorschriften für Zulieferer.

! In der Planungsphase werden die Kundenwünsche und die Möglichkeiten ihrer Umsetzung geklärt.

11.5 Qualitätssicherung in der Entwicklung und Konstruktion

In der Phase der Entwicklung und Konstruktion ist die Möglichkeit zur Vermeidung späterer Fertigungsprobleme und Produktmängel besonders hoch und der dazu notwendige Aufwand noch sehr gering.
Unter den verschiedenen Methoden des Qualitätsmanagements in dieser Phase wird besonders häufig die *Fehler-Möglichkeits- und Einflussanalyse* (**FMEA**) angewendet. Sie wird nach der Fertigstellung der Konstruktionsunterlagen durchgeführt.

Aufgaben einer Konstruktions-FMEA sind es,

- mögliche Produktfehler bei der Produktentwicklung aufzudecken,
- Maßnahmen zum Vermeiden möglicher Fehler aufzuzeigen,
- die Verantwortlichkeit für die Durchführung qualitätssichernder Maßnahmen festzulegen und
- das vorliegende Erfahrungswissen über Einflüsse auf Qualität zu sammeln, zu systematisieren und für zukünftige Aufgaben bereitzuhalten.

Übungsaufgabe 11/7

Ziel der Konstruktions-FMEA ist ein konstruktiv einwandfreier Entwurf, der keine Fehlermöglichkeiten enthält und zu einem einwandfreien Produkt führen kann. Ihre Aufstellung geschieht in Teamarbeit zwischen Konstruktionsabteilung und Mitgliedern der Planungs-, Fertigungs- und Montageabteilung, um alle Fehlermöglichkeiten zu erfassen.

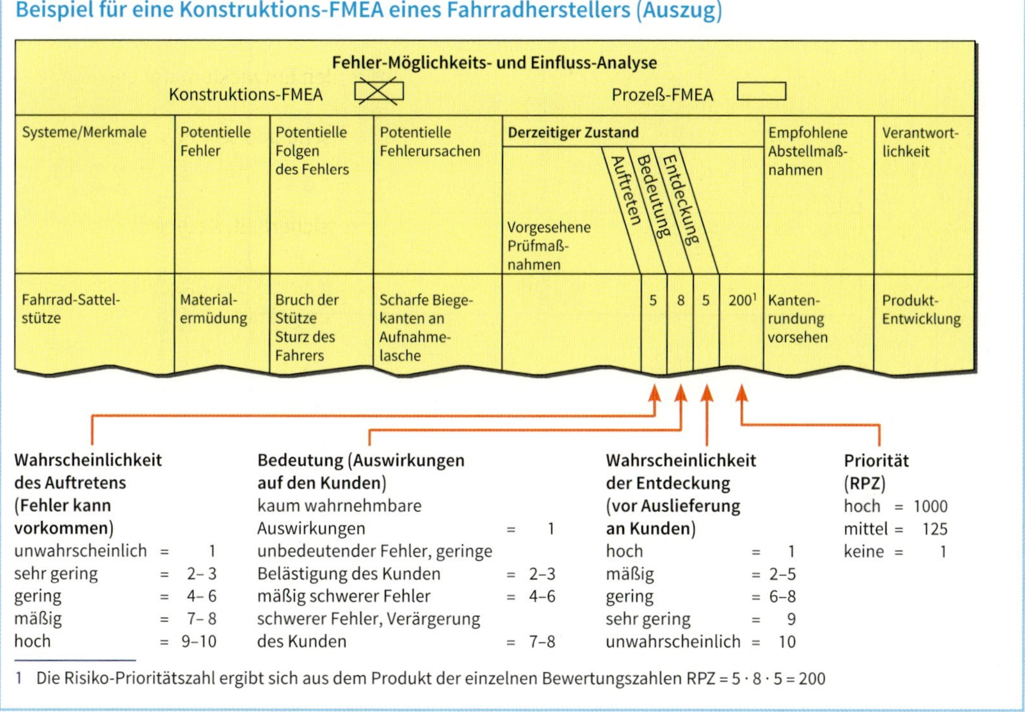

Beispiel für eine Konstruktions-FMEA eines Fahrradherstellers (Auszug)

Fehler-Möglichkeits- und Einfluss-Analyse

Konstruktions-FMEA [X] Prozeß-FMEA [ ]

Systeme/Merkmale	Potentielle Fehler	Potentielle Folgen des Fehlers	Potentielle Fehlerursachen	Derzeitiger Zustand: Vorgesehene Prüfmaßnahmen	Auftreten	Bedeutung	Entdeckung		Empfohlene Abstellmaßnahmen	Verantwortlichkeit
Fahrrad-Sattelstütze	Materialermüdung	Bruch der Stütze Sturz des Fahrers	Scharfe Biegekanten an Aufnahmelasche		5	8	5	200[1]	Kantenrundung vorsehen	Produkt-Entwicklung

Wahrscheinlichkeit des Auftretens (Fehler kann vorkommen)

unwahrscheinlich	=	1
sehr gering	=	2–3
gering	=	4–6
mäßig	=	7–8
hoch	=	9–10

Bedeutung (Auswirkungen auf den Kunden)

kaum wahrnehmbare Auswirkungen	=	1
unbedeutender Fehler, geringe Belästigung des Kunden	=	2–3
mäßig schwerer Fehler	=	4–6
schwerer Fehler, Verärgerung des Kunden	=	7–8

Wahrscheinlichkeit der Entdeckung (vor Auslieferung an Kunden)

hoch	=	1
mäßig	=	2–5
gering	=	6–8
sehr gering	=	9
unwahrscheinlich	=	10

Priorität (RPZ)

hoch	=	1000
mittel	=	125
keine	=	1

1 Die Risiko-Prioritätszahl ergibt sich aus dem Produkt der einzelnen Bewertungszahlen RPZ = 5 · 8 · 5 = 200

11.6 Qualitätssicherung in der Prozessplanung

11.6.1 Fertigungsplanung

In der Phase der Prozessplanung stehen für einen Betrieb sowohl die eigene Fertigung als auch die Beschaffung von Fremdprodukten im Vordergrund.

Fertigungsplanung befasst sich mit

- Auswahl geeigneter Maschinen, Anlagen, Werkzeugen, Transportmitteln u. a.,
- Festlegung von Einstelldaten,
- Bereitstellung von Werk- und Hilfsstoffen,
- Einsatzplanung geeigneter Fachleute,
- Zeitplanung.

Mithilfe einer Prozess-FMEA (Fehler-Möglichkeits- und Einflussanalyse), die in ähnlicher Weise wie die Konstruktions-FMEA aufgestellt wird, können mögliche Fehlerquellen bei der Herstellung und Montage aufgedeckt, hinsichtlich ihres Risikos bewertet und Maßnahmen zur Fehlervermeidung erarbeitet werden. An einer Prozess-FMEA werden neben den Mitgliedern der Arbeitsvorbereitung und der Qualitätssicherung meist auch einige der später zuständigen Facharbeiter beteiligt.

Mithilfe von Prozess-Fehler-Möglichkeits- und Einflussanalysen sollen vorbeugend Prozessfehler erkannt und vermieden werden.

Übungsaufgabe 11/8

Beispiel für eine Prozess-FMEA

Fehler-Möglichkeits- und Einfluss-Analyse (Prozess-FMEA)

Teile- oder Prozess-Name/Nr.	Linke Vordertür, 93 BB 20215AA	Betroffene Lieferanten und Werke		Erstellt durch	Müller, NY/FN-2311
Konstruktions-Fertigungs-Verantwortung	Karosserieentwicklung/Gruppenstab BAO	Modell/Jahr/Typ	PKW, 2004, 4türig, Stufenheck	FMEA-Datum (Orig.)	06.02.2002 (geänd.)
Andere betroffene Bereiche	Qualität, Produktion, Instandhaltung	Konstruktions-Freigabe-Datum	01.09.2001	Produktions-Serienbeginn	15.08.2003

Prozess-Beschreibung / Prozess-Zweck	Möglicher Fehler	Mögliche Folge(n) des Fehlers	Bedeutung	V	Mögliche Ursache(n) des Fehlers	Auftreten	Prozesssicherungs-Methoden	Entdeckung	RPZ	Empfohlene Abstell-Maßnahme(n)	Verantwortl. Bereich/Ing. + Termin	Durchgeführte Maßnahme(n)	Bedeutung	Auftreten	Entdeckung	RPZ
Einbringen von Wachs in den Tür-Innenbereich mit manuell geführtem Sprühkopf	Unzureichender Wachsfilm auf der vorgesehenen Fläche, zu dünn und nicht im vorgesehenen Bereich	Verkürzte Lebensdauer der Tür führt zu: • Schlechtem Aussehen wegen Durchrostung • Wassereintritt • Beeinträchtigung der Funktion der Türinnenteile	7		• Manuell geführter Sprühkopf nicht tief genug eingeführt	8	Sichtprüfung jede Std 1 mal pro Schicht Dickenmessung (Messgerät)	5	280	• Hinzufügen eines Tiefenanschlags Automatische Sprüheinrichtung	Fabr.-Technik NY/FN-2311 III/90	– Anschlag hinzu – Erprobung am Band ist erfolgt – Abgelehnt wegen der Vielfalt der Türen	7	2	5	70
Tür-Innenbereich mit Mindestwachsschicht versehen zum Schutz gegen Korrosion					• Sprühköpfe verstopfen, weil: – Viskosität zu hoch – Temperatur zu tief – Sprühdruck zu klein	5	Prüfung des Sprühkopfs bei Schichtbeginn und nach Unterbrechung und zusätzlich vorbeugende Instandhaltung	3	105	• Testprogramm (DOE) mit Variation – Viskosität – Temperatur – Druck	Fabr.-Technik NY/FN-2311 IX/90	Temperatur und Druck sind festgelegt und Kontrolleinrichtungen installiert worden Prozess ist fähig $c_{pk} = 1,60$				
					• Sprühkopf wird beschädigt beim Einführen in Tür	2	Vorbeugendes Instandhaltungs-Programm	2	28	Keine						
					• Nicht ausreichende Sprühzeit	8	Arbeitsanweisung und Stichprobenprüfung (10 Türen/Schicht) auf ausreichenden Film an den kritischen Stellen	7	392	• Installieren einer zeitgesteuerten Sprüheinrichtung (ECO-Timer)	Werktechnik NY/FN-34 X/90	Zeitgesteuerte Prüfeinrichtung ist installiert. Bei Beachtung von – Beginn des Sprühens – Ende des Sprühens – Regelkarten zeigen $c_{pK} = 2,05$	7	1	7	49

Bedeutung (Auswirkungen auf den Kunden)

kaum wahrnehmbare Auswirkungen	=	1
unbedeutender Fehler, geringe Belästigung des Kunden	=	2–3
mäßig schwerer Fehler	=	4–6
schwerer Fehler, Verärgerung des Kunden	=	7–8
äußerst schwerwiegender Fehler	=	9–10

Wahrscheinlichkeit des Auftretens (Fehler kann vorkommen)

unwahrscheinlich	=	1
sehr gering	=	2–3
gering	=	4–6
mäßig	=	7–8
hoch	=	9–10

Wahrscheinlichkeit der Entdeckung (vor Auslieferung an Kunden)

hoch	=	1
mäßig	=	2–5
gering	=	6–8
sehr gering	=	9
unwahrscheinlich	=	10

Priorität (RPZ)

hoch	=	1000
mittel	=	125
keine	=	1

Im Rahmen der Fertigung beeinflussen Einstelldaten von Maschinen und Apparaten, z. B. Schnittgeschwindigkeiten, Vorschübe, häufig wesentlich die Qualität des Produktes. Darum kommt der Auswahl dieser Daten entscheidende Bedeutung zu. Meist werden die Daten Empfehlungen der Maschinen-, Werkzeug- oder Werkstoffherstellern entnommen. Die Einhaltung dieser Daten garantiert nicht immer genügende Produktqualität und optimale Fertigungsbedingungen. Darum sind bei der Produktion höherer Stückzahlen Versuchsreihen durchzuführen, in denen die wichtigsten Einflussgrößen zu erfassen sind. Vielfach ist die Erfahrung von Facharbeitern am Arbeitsplatz eine besonders wichtige Quelle für optimale Einstellwerte.

! Wichtige Voraussetzung für Qualitätssicherung ist die Auswahl und spätere Einhaltung der Einstelldaten für Maschinen und Apparate.

Das Qualitätsmanagement gewinnt im Zusammenhang mit der Beschaffung fremdgefertigter Bauteile und Baugruppen zunehmend größere Bedeutung, da

- die Betriebe aufgrund des Kostendruckes nicht mehr alle Teile selbst fertigen, sondern sie von Spezialisten zuliefern lassen und
- die Betriebe ihre Lagerhaltung und die damit verbundene Kapitalbindung zurückschrauben, indem sie gerade rechtzeitige Lieferung – *just in time* – verlangen. Dies erfordert die Null-Fehler-Lieferung seitens des Zulieferers.

Viele Großabnehmer, z. B. die Automobilindustrie, fordern von Ihren Zulieferern Nachweise über ihr Qualitätssicherungssystem. Diese werden durch sogenannte **Audits** erbracht (Auditor = Revisor).
In diesen Audits untersuchen Spezialisten von Prüfinstitutionen (z. B. TÜV) alle Bestandteile des betrieblichen Qualitätssicherungssystems und bewerten diese.
Im Falle der erfolgreichen Untersuchung durch eine unabhängige Prüfinstitution werden zeitlich begrenzte Zertifikate vergeben. Eine solche Zertifizierung wird häufig von Großabnehmern zur Bedingung einer Auftragserteilung gemacht.

! Firmen erbringen Nachweise für ein geeignetes Qualitätssicherungssystem, indem sie sich von unabhängigen Institutionen überprüfen und bewerten lassen (Auditierung).

11.6.2 Prüfplanung

Die Planung der Prüfvorgänge im Rahmen der Fertigung bezieht sich auf das Produkt, die einzusetzenden Betriebsmittel (Maschinen, Werkzeuge, Vorrichtungen u. a.) sowie die zu verwendenden Prüfmittel.

Aufgaben der Prüfplanung sind

- Festlegung der zu prüfenden Merkmale und ihrer Grenzwerte,
- Beschreibung der Prüfmethode,
- Auswahl der Prüfmittel,
- Einordnung der Prüfungen in den Produktionsprozess,
- Bestimmung des Prüfumfangs (z. B. Stichprobe, 100 %-Prüfung),
- Festlegung der Art der Auswertung (z. B. gut – schlecht, zahlenmäßige Messwerterfassung, statistische Auswertung)
- Festlegung der Konsequenzen der Auswertung (z. B. Ausschuss, Nacharbeit),
- Festlegung der Prüfmittelüberwachung,
- Bestimmung der Form der Dokumentation und der Datenverwaltung,
- Festlegung der Prüfer und der Verantwortlichkeit.

Prüfungen in der Fertigung bedeuten erhöhten Aufwand. Darum versucht man einerseits die Zahl der Prüfungen zu minimieren, andererseits die Prüfungen so zu legen, dass möglichst keine fehlerhaften Werkstücke in die folgende Fertigungsstufe gelangen.

Übungsaufgabe 11/10

Vorrangig ist darum die Prüfung von Werkstücken durch den Facharbeiter unmittelbar am Arbeitsplatz. Viele der Prüfungen am Arbeitsplatz sind ohne Hilfsmittel durchführbar, wie

- optische Prüfung auf sichtbare Fehler, z. B. Kratzer, Risse, Riefen,
- Prüfungen durch Tasten, z. B. auf Grate in Bohrungen bei Kunststoffgehäusen, auf lockere Teile bei der Montage,
- Prüfungen durch Hören, z. B. Abhören von Schleifgeräuschen oder von klappernden Teilen nach der Montage.

Beispiel für einen Prüfplan an einem Arbeitsplatz (Rasenmähermontage)

Arbeitsplatz Messermontage

Vorprüfung

- Durch Rütteln am Motorgehäuse ① ist die Motorbefestigung zu prüfen – bei lockerem Motor Gerät zur Nacharbeit geben.
- Durch Drehen und seitliches Bewegen der Welle ② sind Spiel und Leichtgängigkeit zu prüfen – bei Spiel oder schwer drehbarer Welle Gerät zur Nacharbeit geben.

Montageanweisung

1. Lüfterrad ③ mit Schaufel zum Gehäuse hin

Prüfung nach der Montage

- Sichtprüfung der Messerlage – die Abschrägung der Schneide muss zum Gehäuse weisen – andernfalls demontieren und neu montieren.
- Messer mit Holzstab zwei Umdrehungen drehen – bei Schleifgeräuschen Gerät zur Nachbearbeitung aussortieren.

Häufig ist bei diesen Prüfungen mithilfe der Sinne auch ein Trend zur Fehlerentstehung festzustellen, der es erlaubt, schon vor dem Auftreten eines Fehlers in den Prozess einzugreifen. So erkennt ein geübter Facharbeiter das Stumpfwerden eines Bohrers bei der Serienfertigung am Bohrgeräusch und an der Form der Späne.

Besonders in der mechanischen Fertigung geschieht das Prüfen am Arbeitsplatz mit entsprechenden Prüfgeräten. Dies können sein:

- einfache mechanische Prüfmittel, mit denen nur eine Eigenschaft zu prüfen ist, z. B. Grenzlehrdorne für Bohrungsdurchmesser,
- komplexe Prüfmittel, die gleichzeitig mehrere Eigenschaften erfassen, z. B. Lehren zum Prüfen von Kurbelwellen.

Numerisch gesteuerte Messmaschinen, die entsprechend einem vorgegebenen Programm Prüfungen vornehmen, werden meist als selbstständige Arbeitsplätze in den Fertigungsprozess eingebunden.

Laborprüfungen, z. B. chemische Analysen, Werkstoffprüfungen, bedingen entweder hohe Totzeiten, in denen die Produktion bis zum Eintreffen des Laborergebnisses ruht, oder sind mit dem Risiko der Weiterverarbeitung von Ausschuss verbunden, wenn ohne Abwarten des Prüfergebnisses weitergearbeitet wird.

Die Kontrolle des Produktes durch den Facharbeiter am Arbeitsplatz kann die Weiterverarbeitung von fehlerhaften Werkstücken nach plötzlich auftretenden Fehlern verhindern.

11.7 Qualitätssicherung in der Fertigung

In der Serienfertigung sind Maßnahmen zur Qualitätssicherung besonders wichtig, damit die Neigung zum Auftreten von Fehlern schon in Ansätzen erkannt wird und Fehler so vermieden werden. Trotzdem sind Fehler möglich und wahrscheinlich.
Fehler entstehen in der Serienfertigung an der Einzelmaschine und Anlage sowie in deren Zusammenwirken im Fertigungsablauf.

11.7.1 Maschinenfähigkeit

Mithilfe der Statistik hat man im Bereich der Serienfertigung festgelegt, dass eine Fertigung eben noch als geeignet gilt, wenn bei 1 000 gefertigten Teilen 3 Teile fehlerhaft sind, d. h. nicht mehr innerhalb der vorgegebenen Toleranzen liegen.
Zur Feststellung der Maschinenfähigkeit einer Maschine wird eine Serie von nacheinander gefertigten Werkstücken untersucht, die

- aus einer Charge stammen,
- auf der betriebswarmen Maschine,
- mit einem Werkzeug und
- ohne Störeinflüsse gefertigt wurden.

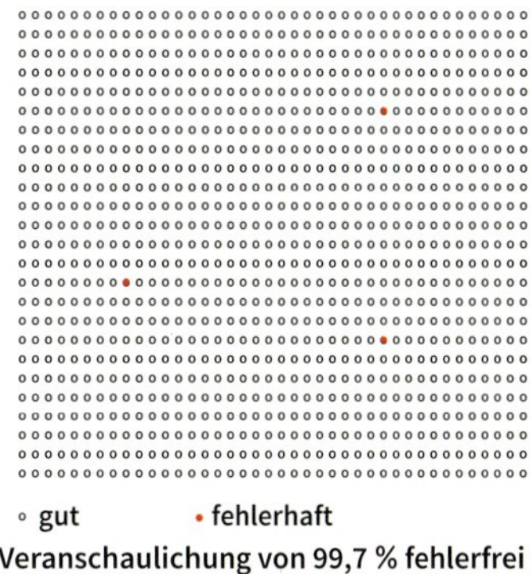

Veranschaulichung von 99,7 % fehlerfrei

In Maschinenfähigkeitsuntersuchungen stellt man fest, ob eine Maschine unter gleichbleibenden Bedingungen fähig ist, 99,7 % aller Teile innerhalb der vorgegebenen Toleranzen zu fertigen.

11.7.2 Prozessüberwachung

1. Kontrollkarten

Im laufenden Fertigungsprozess müssen alle Arbeitsgänge überwacht werden, damit Abwanderungstendenzen von Messgrößen (Trends) erkannt werden und Gegenmaßnahmen eingeleitet werden können. Zur Untersuchung solcher Trends kann man alle Werkstücke überprüfen. Da dieses meist sehr aufwendig ist, werden häufig nur **Stichproben** geprüft. Solche Stichproben können in regelmäßigen zeitlichen Abständen, z. B. stündlich, oder nach bestimmten Stückzahlen, z. B. aus jeweils 500 gefertigten Teilen, genommen werden. Die Zahlenwerte aus diesen Prüfungen zeigen wenig anschaulich den Verlauf der Messgröße. Darum versucht man durch grafische Darstellungen die Übersichtlichkeit zu verbessern. Die einfachste Darstellungsform geschieht in **Kontrollkarten,** die die Grenzwerte und die Stichprobennahme kennzeichnen. Ferner sind in den Karten Änderungen im Prozess vermerkt.

Beispiel für eine einfache Kontrollkarte

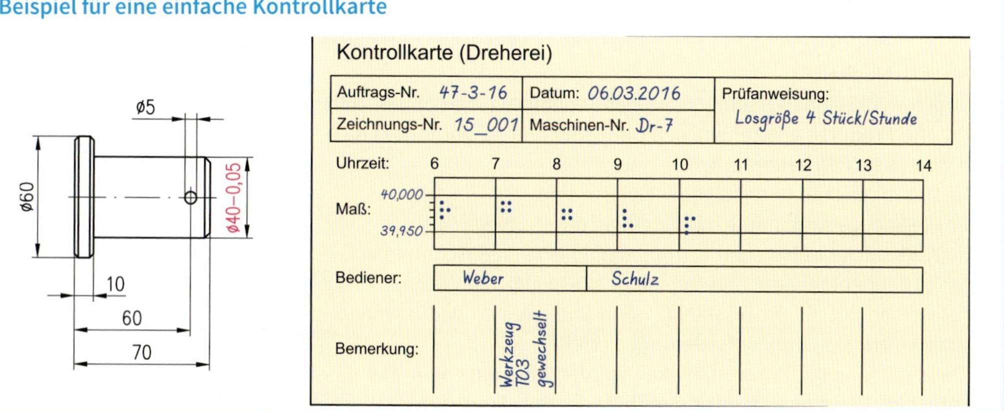

In einfachen Kontrollkarten werden die Ergebnisse von Prüfungen dargestellt. Als Grenzwerte dienen die vorgegebenen Toleranzen.

2. Qualitätsregelkarten

Für Prozesse, die eine Nullfehlerproduktion erbringen sollen, genügen solche einfachen Kontrollkarten nicht mehr:

- Bei geringer Stichprobenzahl ist mit hoher Wahrscheinlichkeit schon fehlerhaft gefertigt worden, wenn die Stichprobenwerte dicht an den Toleranzgrenzen liegen.
- Bei mehreren Einflussgrößen, z. B. bei häufigem Umspannen, Werkzeugwechseln, Bedienerwechseln, ist die Wahrscheinlichkeit, dass Fehler auftreten erheblich größer als bei Fehlen dieser Einflüsse.

Aus diesen Gründen berechnen Statistiker **Eingriffsgrenzen.** Diese sind kleiner als die Toleranzgrenzen. Sie dürfen nicht überschritten werden. Davor stehen **Warngrenzen,** bei deren Erreichen der Prozess genauer beobachtet werden muss. Man nennt Karten, die statistisch abgesicherte Warn- und Eingriffsgrenzen enthalten, **Qualitätsregelkarten.**

Beispiel für das Arbeiten mit einer Qualitätsregelkarte

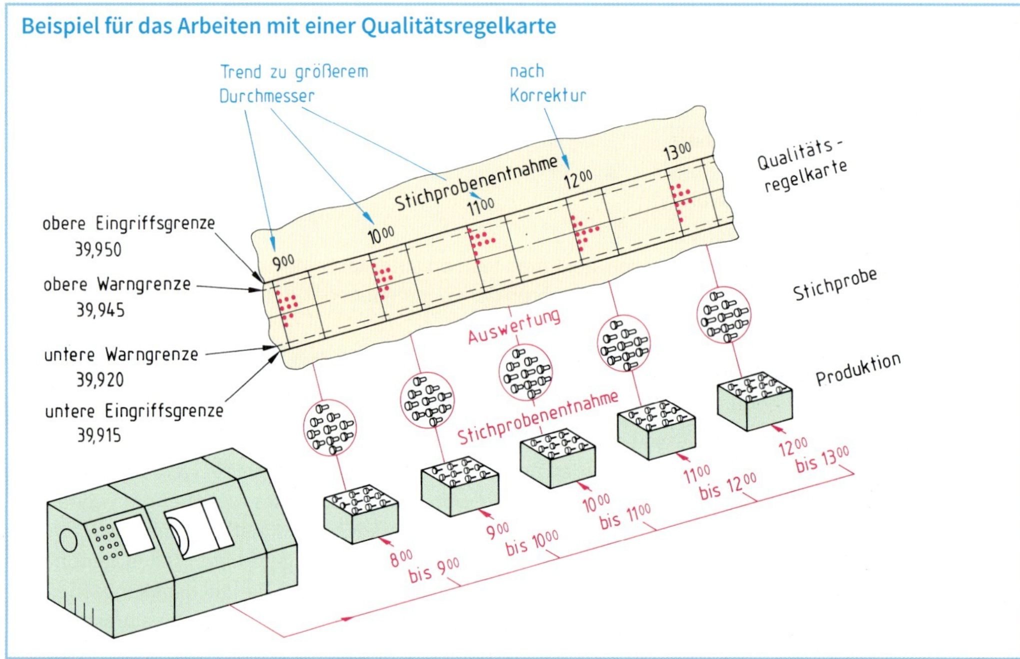

! Qualitätsregelkarten enthalten statistisch ermittelte Eingriffsgrenzen und Warngrenzen. Die Eingriffsgrenzen sind kleiner als die Grenzen, die durch Toleranzen vorgegeben sind.

3. Prozessfähigkeit

Unter den wechselnden Bedingungen der Serienfertigung können auf Maschinen, die eigentlich fähig sind, fehlerhafte Produkte entstehen, weil die Bedingungen unter denen sie gefertigt wurden, schwanken. Dies kann viele Ursachen haben, z. B.:

- die Maschine kann unterschiedlich warm sein,
- die Werkzeuge sind maßlich geringfügig unterschiedlich,
- die Werkstücke weisen gering unterschiedliche Eigenschaften auf,
- die Maschinenbediener arbeiten nicht alle in gleicher Weise.

Eine Maschine gilt als prozessfähig, wenn unter realen Bedingungen mindestens 99,7 % aller gefertigten Werkstücke die gestellten Anforderungen erfüllen.

Zur Untersuchung der Prozessfähigkeit werden über eine oder mehrere Schichten mindestens 20 Stichproben zu je fünf Teilen gemessen und mithilfe der Regelkarte und statistischen Methoden ausgewertet.

! Eine Maschine ist prozessfähig, wenn sie unter realen Bedingungen 99,7 % aller Werkstücke im Rahmen der festgelegten Grenzen fertigen kann.

Übungsaufgabe 11/13

4. Qualitätsregelkreis

Prüfungen mit Regelkarten können unmittelbar nach einzelnen Fertigungsstufen eingesetzt werden und sie erlauben nahezu sofortiges Reagieren. Damit wird der **Qualitätsregelkreis** innerhalb einer Fertigungsstufe geschlossen.

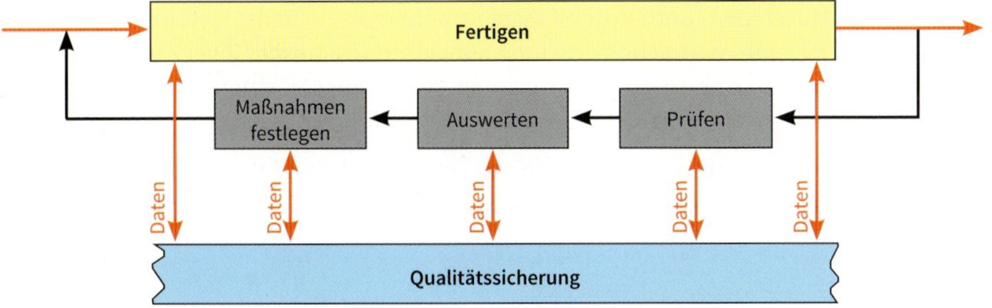

Qualitätsregelkreis

> ! Prüfungen führen nur dann zu Qualität, wenn sie ausgewertet werden und das Ergebnis der Auswertung die weitere Produktion positiv beeinflusst (Qualitätsregelkreis).

11.7.3 Fehlerdatenerfassung

Nur mit optimal eingestellten Maschinen und Anlagen ist ein einwandfreies Produkt zu erzeugen. Es ist deshalb für eine Wiederholung der Produktion und die Beurteilung von auftretenden Fehlern wichtig, alle Prozess- und Maschinendaten zu erfassen und zu dokumentieren, damit die Einstellungen, die sich als günstig erwiesen haben, wiederholbar sind.

Weiterhin kann eine systematische Fehlererfassung zusammen mit einer Auflistung getroffener Maßnahmen und deren Erfolgsquote zu einer Erleichterung der Entscheidungen beim erneuten Auftreten eines Fehlers beitragen. Eine einfache Regel sagt, dass 80 % aller Fehler nur durch 20 % aller möglichen Fehlerursachen hervorgerufen werden.

Beispiel für für eine Fehlerdatenanalyse

In einer Fertigung tritt plötzlich der Fehler auf, dass Klebenähte erst nach 4,5 Minuten aushärten. Dies ist der Fehler E0045. In der Liste, in der Maßnahmen zur Beseitigung des Fehlers E0045 aufgeführt sind, findet man, dass bisher 17-mal die Maßnahme M0066, 28-mal die Maßnahme M0064 und 3-mal die Maßnahme M0063 geholfen hat. Man sollte also in diesem Fall die Maßnahme M0064 (Härteranteil um 0,1 % erhöhen) in Betracht ziehen, um den Fehler zunächst zu beseitigen.

Ereignis/Fehlerkatalog

Nr.	Ereignis/Fehler
E001	Kleberausf
E0044	Aushärtezeit zu kurz (unter 3 min)
E0045	Aushärtezeit zu lang (über 4 min)
E0036	Kleber zu dünnflüssig
E0047	Kleber zu dickflüssig

Maßnahmenkatalog

Nr.	Maßnahme
M001	Zuführdüse 0,5
M0063	Raumtemp. auf 22 °C setzen
M0064	Härteranteil um 0,1 % höher
M0065	Härteranteil um 0,1 % senken
M0066	Harz wechseln
M0067	Beschleuniger auf 0,5 % setzen

bisherige Maßnahmen

bisherige Maßnahmen

bisherige Maßnahmen bei Ereignis E0045

	𝍸 III	
𝍸 II	𝍸 𝍸	
𝍸 𝍸	𝍸 𝍸	III
M0066	M0064	M0063

> ! 80 % aller Fehler werden durch nur 20 % aller möglichen Fehlerursachen hervorgerufen. Darum ist eine systematische Fehlererfassung Voraussetzung für eine schnelle und umfassende Fehlerbeseitigung.

Übungsaufgabe 11/14

11.8 Statistische Auswertung von Messungen zur Untersuchung der Maschinen- und der Prozessfähigkeit

11.8.1 Feststellen der Normalverteilung

Zur Untersuchung von Maschinen- und Prozessfähigkeit stellt man zunächst fest, ob die bei einer Untersuchung gemessenen Werte eine natürliche Verteilung aufweisen. Zu diesem Zweck werden am zu untersuchenden Produkt stichprobenartig Messungen durchgeführt und die Messwerte (x_1, x_2 usw.) in einer Liste erfasst. Diese Liste nennt man auch die **Urliste**.

Für jede Stichprobe kann ein **Mittelwert** (x) errechnet werden, der ebenfalls in die Liste eingetragen wird. Ebenso kann für die gesamte Liste der Mittelwert bestimmt werden.

$$\bar{x} = \frac{x_1 + x_2 + x_3 + \ldots}{n}$$

$\bar{x}$ Mittelwert
$x_1, x_2 \ldots$ Messwerte
n Zahl der Messwerte

Beispiel für eine Urliste mit Mittelwerten

Auf einer Drehmaschine werden Bolzen gedreht. Das Zeichnungsmaß ist $9^{-0{,}035}_{-0{,}070}$. Es wurden aus der Produktion zehn Stichproben genommen. Bei jeder Stichprobe wurden fünf Bolzen an der jeweils gleichen Stelle gemessen. Die Maschinenfähigkeit ist nachzuweisen.

	Stichproben									
Messwerte	**1**	**2**	**3**	**4**	**5**	**6**	**7**	**8**	**9**	**10**
x_1	8,953	8,958	8,951	8,953	8,952	8,957	8,953	8,950	8,953	8,951
x_2	8,955	8,954	8,957	8,947	8,954	8,954	8,951	8,955	8,959	8,954
x_3	8,950	8,953	8,951	8,956	8,948	8,953	8,955	8,953	8,950	8,953
x_4	8,952	8,951	8,954	8,953	8,954	8,950	8,952	8,954	8,953	8,955
x_5	8,952	8,953	8,951	8,955	8,957	8,955	8,950	8,954	8,952	8,950
$\bar{x}$	8,952	8,954	8,955	8,953	8,953	8,954	8,952	8,955	8,953	8,953
	Mittelwert aller Messungen 8,9529									

Die bei der Stichprobe aufgenommenen Werte geben noch keinen Überblick darüber, wie dicht die gemessenen Werte beieinander liegen und wie die Mehrzahl der Werte um das geforderte Maß herum liegen. Um dies näher zu erfassen, bildet man Klassen, in welche die Werte eingeordnet werden. Die Zahl der Klassen (k) errechnet man dann näherungsweise aus der Quadratwurzel der Zahl der Messungen (n).

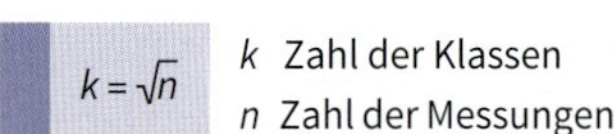

Die Größe der einzelnen Klassen ermittelt man aus dem Abstand zwischen größtem und kleinstem aufgenommenem Messwert. Dieser Abstand wird durch die Zahl der Klassen geteilt, um die Klassenbreite zu erhalten. Bei der Klassenzahl rundet man auf sinnvolle Werte auf oder ab. Bei der Klassenbreite wird aufgerundet, damit alle Werte in den Klassen enthalten sind.

Beispiel für die Berechnung der Klassenzahl und der Klassenbreite

Es wurden 50 Messungen durchgeführt. Es ergibt sich die Klassenzahl von $\sqrt{50} = 7{,}07$ gerundet 7. In diese sieben Klassen sind die Messwerte einzugliedern.

	Stichproben									
Messwerte	**1**	**2**	**3**	**4**	**5**	**6**	**7**	**8**	**9**	**10**
x_1	8,953	8,958	8,951	8,953	8,952	8,957	8,953	8,950	8,953	8,951
x_2	8,955	8,954	8,957	8,947	8,954	8,954	8,951	8,955	8,959	8,954
x_3	8,950	8,953	8,951	8,956	8,948	8,953	8,955	8,953	8,950	8,953
x_4	8,952	8,951	8,954	8,953	8,954	8,950	8,952	8,954	8,953	8,955
x_5	8,952	8,953	8,951	8,955	8,957	8,955	8,950	8,954	8,952	8,950
$\bar{x}$	8,952	8,954	8,955	8,953	8,953	8,954	8,952	8,953	8,953	8,953

kleinster gemessener Wert (8,947) — größter gemessener Wert (8,959)

Der größte gemessene Wert ist 8,959 mm in der Stichprobe 9, der kleinste 8,947 mm in der Stichprobe 4. Der Abstand zwischen größtem und kleinstem Wert ist 8,959 mm–8,947 mm = 0,012 mm.
Verteilt man diesen Abstand von 0,012 mm auf sieben Klassen, so ergibt sich eine Klassenbreite von 0,012 mm/7 = 0,0017 mm, aufgerundet 0,002 mm.

Nach Festlegung der Klassen können die aufgenommenen Messwerte den einzelnen Klassen zugeordnet werden. Zweckmäßig geschieht dies in einer Strichliste.
Das Ergebnis lässt sich auch gut in einem Balkendiagramm darstellen. Wenn man im **Balkendiagramm** die Mitten der einzelnen Balken verbindet, erhält man die **Verteilungskurve**.

Beispiel für die Darstellung von Messwerten in Strichliste, Balkendiagramm und Verteilungskurve

Klasse von … bis …	Strichliste	Balkendiagramm	Verteilungskurve
8,946 bis 8,948	//		
über 8,948 bis 8,950	//////		
über 8,950 bis 8.952	///////////		
über 8,952 bis 8,954	///////////////////		
über 8,954 bis 8,956	///////		
über 8,956 bis 8,958	////		
über 8.958 bis 8,960	/		

In der Urliste sind die Messwerte in der Reihenfolge ihrer Ermittlung aufgeführt.
Zur Darstellung der Verteilung werden die Messwerte entsprechend ihrer Größe in Klassen eingeordnet. Die Verteilung der Messwerte auf die einzelnen Klassen kann in Strichlisten, Balkendiagrammen oder Verteilungskurven veranschaulicht werden.

Der Verlauf der Verteilungskurve erlaubt eine Bewertung der Messergebnisse. Eine ideale Verteilung liegt vor, wenn die Verteilungskurve die Form einer Glocke hat. Eine Fertigung ist statistisch optimal in Ordnung, wenn

- die Mitte der Glockenkurve in der Mitte des Toleranzfeldes liegt und
- der Größt- und der Kleinstwert noch genügend Abstand zu den Toleranzgrenzen haben.

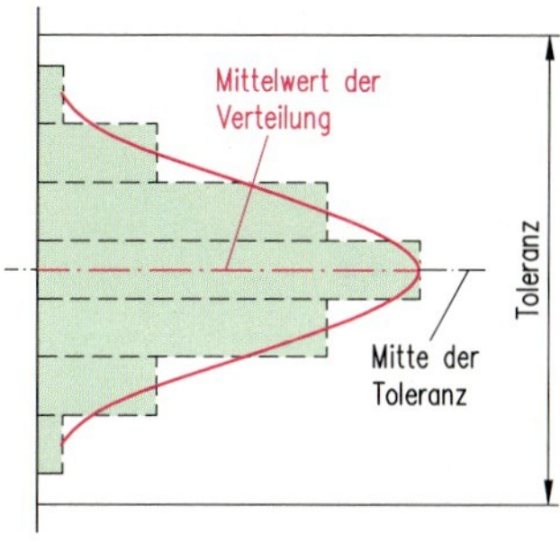

11.8.2 Berechnung der Fähigkeitsindices (Maschinen- und Prozessfähigkeit)

Die Fähigkeitsindices (Maschinenfähigkeitsindex c_m und Prozessfähigkeitsindex c_p) beschreiben mit einer Verhältniszahl, wie viel „Spiel“ der Teil der Normalverteilungskurve, in dem 99,7 % aller Messwerte enthalten sind, zu den Toleranzgrenzen hat. Bei einem Index von 1 grenzt dieser Teil der Kurve an die Toleranzgrenze. Als sicher gilt eine Produktion, wenn zu beiden Seiten der Kurve noch entsprechender Abstand besteht und ein Index von 1,33 vorliegt.

Zur Berechnung der Fähigkeitsindices geht man so vor: Zunächst wird zu jeder Stichprobe aus dem Größt- und Kleinstmaß die **Spannweite** (R) errechnet und aus diesen Werten eine **mittlere Spannweite** ($\overline{R}$) ermittelt.

$$R = x_{max} - x_{min}$$

R Spannweite
x_{max} größter Messwert der Stichprobe
x_{min} kleinster Messwert der Stichprobe

$$\overline{R} = \frac{R_1 + R_2 + \ldots + R_n}{n}$$

$\overline{R}$ mittlere Spannweite
R_1; R_2 Spannwerte der Stichproben
n Zahl der Stichproben

Beispiel für die Ermittlung der mittleren Spannweite von Stichproben

Messwerte	Stichproben 1	2	3	4	5	6	7	8	9	10
x_1	8,953	8,958	8,951	8,953	8,952	8,957	8,953	8,950	8,953	8,951
x_2	8,955	8,954	8,957	8,947	8,954	8,954	8,951	8,955	8,959	8,954
x_3	8,950	8,953	8,951	8,956	8,948	8,953	8,955	8,953	8,950	8,953
x_4	8,952	8,951	8,954	8,953	8,954	8,950	8,952	8,954	8,953	8,955
x_5	8,952	8,953	8,951	8,955	8,947	8,955	8,950	8,954	8,952	8,950
$\bar{x}$	8,952	8,954	8,955	8,953	8,951	8,954	8,952	8,953	8,953	8,953
R	0,005	0,007	0,006	0,009	0,007	0,007	0,005	0,002	0,009	0,005
	Mittelwert aller Messungen 8,9529 mm							mittlere Spannweite aller Stichproben $\bar{R}$ = 7,2 µm		

XXX kleinster Wert der Stichprobe (x_{min})

XXX größter Wert der Stichprobe (x_{max})

Berechnung der Spannweite für Stichprobe 1:

$R_1 = x_{max} - x_{min}$

R_1 = 8,955 mm – 8,950 mm = 0,005 mm

R_1 = 5 µm

Berechnung der mittleren Spannweite $\bar{R}$

$\bar{R} = (R_1 + R_2 + \ldots + R_n)/n$

$\bar{R}$ = (5 + 7 + 6 + 9 + 7 + 7 + 5 +12 + 9 + 5) µm/10

$\bar{R}$ = 7,2 µm

Mithilfe eines Tabellenwertes, der von der Zahl der Messungen innerhalb einer Stichprobe abhängig ist, wird aus der mittleren Spannweite die geschätzte Standardabweichung ($\hat{\sigma}$) berechnet. Die Standardabweichung ist ein wichtiges statistisches Maß.

Zahl der Messungen je Stichprobe	Faktor d_2
2	1,128
3	1,693
4	2,059
5	2,326
.	.
.	.
10	3,078

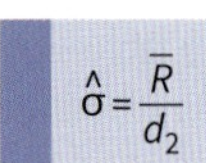

$\hat{\sigma}$ geschätzte Standardabweichung

$\bar{R}$ mittlere Spannweite

d_2 Faktor (s. Tabelle)

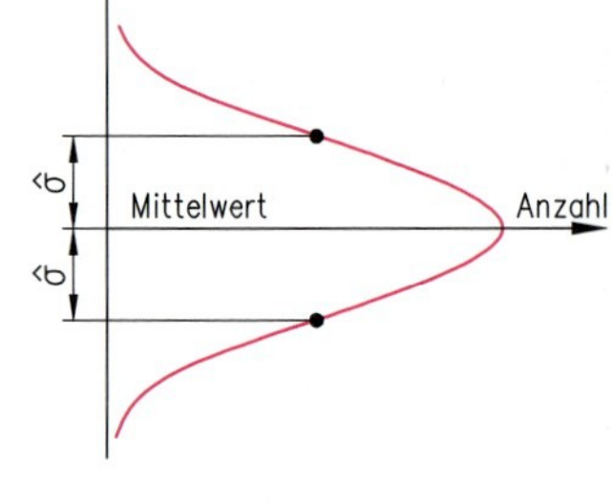

Innerhalb der einfachen Standardabweichung nach oben und unten vom Mittelwert liegen mit statistischer Sicherheit 68,3 % aller Messwerte, innerhalb der dreifachen Standardabweichung nach oben und unten liegen 99,7 % der Messwerte.

Beispiel für die Berechnung der Standardabweichung und ihre statistische Bedeutung

$\hat{\sigma} = \frac{\bar{R}}{d_2}$ 5 Messungen je Stichprobe: d_2 = 2,326 $\hat{\sigma} = \frac{7{,}2\ \mu m}{2{,}326} = 3{,}09\ \mu m$

Im Bereich vom Mittelwert ± Standardabweichung liegen statistisch 68,3 % aller Messwerte.
68,3 % aller Messwerte der untersuchten Bolzen liegen im Bereich von 8,9592 ± 0,00309 mm.

Bereich vom Mittelwert ± 3 · Standardabweichung liegen statistisch 99,7 % aller Messwerte.
99,7 % aller Messwerte der untersuchten Bolzen liegen im Bereich von 8,9592 ± 0,00972 mm.

Wenn die Spanne von ± 3$\hat{\sigma}$ innerhalb der Toleranzgrenzen liegt, so werden wahrscheinlich 99,7 % aller Teile in Ordnung sein. Um zu zeigen, in welchem Verhältnis die Toleranzgrenzen zur Spanne ± 3$\hat{\sigma}$ stehen, hat man Fähigkeitsindices formuliert. Das Verhältnis der Toleranz zur Spanne ± 3$\hat{\sigma}$ ist der Fähigkeitsindex.

Maschinenfähigkeitsindex

$$c_m = \frac{T}{2 \cdot 3 \cdot \hat{\sigma}}$$

c_m Maschinenfähigkeitsindex
T Toleranz
$\hat{\sigma}$ geschätzte Standardabweichung

Prozessfähigkeitsindex

$$c_p = \frac{T}{2 \cdot 3 \cdot \hat{\sigma}}$$

c_p Prozessfähigkeitsindex
T Toleranz
$\hat{\sigma}$ geschätzte Standardabweichung

Wenn die Grenzen der Toleranz mit der Spanne $\pm 3\hat{\sigma}$ zusammenfallen, beträgt der Fähigkeitsindex 1. Damit noch genügende Sicherheit bleibt, ist festgelegt, dass eine Maschine bzw. ein Prozess fähig ist, wenn er einen Fähigkeitsindex von $c \leq 1{,}33$ aufweist.

Beispiel für die Berechnung des Fähigkeitsindex und den Nachweis der Maschinenfähigkeit

Auf einer Drehmaschine wurden Bolzen gedreht. Das Zeichnungsmaß ist $9\,^{-0{,}035}_{-0{,}070}$. Die Toleranz beträgt damit 0,035 mm bzw. 35 µm.
Es wurden aus der Produktion stichprobenartig 50 Bolzen an der jeweils gleichen Stelle gemessen. Die Auswertung ergab eine Standardabweichung von $\sigma = 2{,}92$ µm.

$$c_m = \frac{T}{2 \cdot 3 \cdot \hat{\sigma}} = \underline{\underline{3{,}09\ \mu m}} \qquad c_m = \frac{35\ \mu m}{2 \cdot 3 \cdot 2{,}92\ \mu m} = \underline{\underline{3{,}09\ \mu m}}$$

Die Maschine ist fähig, da der Maschinenfähigkeitsindex über 1,33 liegt.

! Die Maschinenfähigkeit ist bei $c_m \geq 1{,}33$ gegeben.
Die Prozessfähigkeit ist bei $c_p \geq 1{,}33$ gegeben.

11.8.3 Berechnung von kritischen Fähigkeitsindices

Die Fähigkeitsindices c_m und c_p sagen lediglich aus, dass der Bereich, in dem 99,7 % der Messwerte liegen, innerhalb der vorgegebenen Toleranz ein genügendes „Spiel" hat. Dieses „Spiel" ist ungleichmäßig verteilt, wenn der Mittelwert der Toleranz nicht auch der Mittelwert der Messungen ist.
Falls die Mittelwerte der Toleranz und der Mittelwert der Messungen auseinander liegen, ermittelt man den entsprechenden Fähigkeitsindex aus dem kleinsten Abstand des Mittelwertes der Messergebnisse zur Grenze der vorgegebenen Toleranz z_{krit}. Zur Unterscheidung bezeichnet man die so ermittelten Fähigkeitsindices als kritische Fähigkeitsindices und kennzeichnet sie mit c_{mk} bzw. c_{pk}.

Beispiel für die Lage normalverteilter Messergebnisse innerhalb der Toleranzt

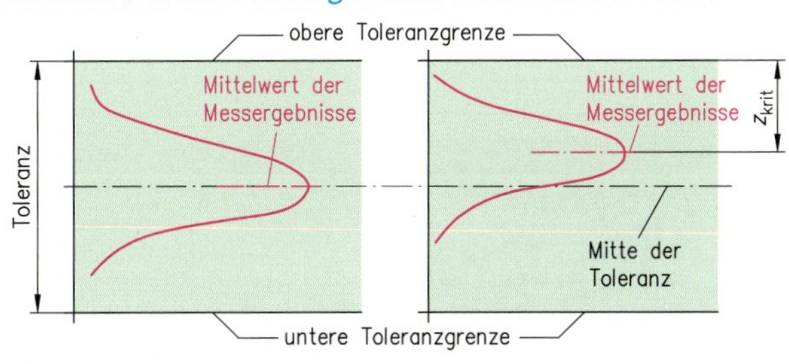

$$c_{mk} = \frac{z_{krit}}{3 \cdot \hat{\sigma}}$$

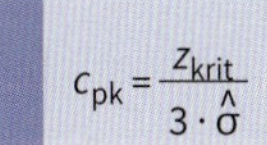

$$c_{pk} = \frac{z_{krit}}{3 \cdot \hat{\sigma}}$$

c_{mk} kritische Maschinenfähigkeit
c_{pk} kritische Prozessfähigkeit
z_{krit} kleinster Abstand des Mittelwertes der Messergebnisse von der Toleranzgrenze
$\hat{\sigma}$ geschätzte Standardabweichung

! Falls die Mitte der Toleranz nicht mit dem Mittelwert der Messergebnisse übereinstimmt, gilt für den Fähigkeitsnachweis:
Maschinen- und Prozessfähigkeit sind gegeben, wenn c_{mk} bzw. $c_{pk} > 1.33$ sind.

Fertigungstechnik

HANDLUNGSFELD: Werkstücke fertigen

Problemstellung

Auftrag

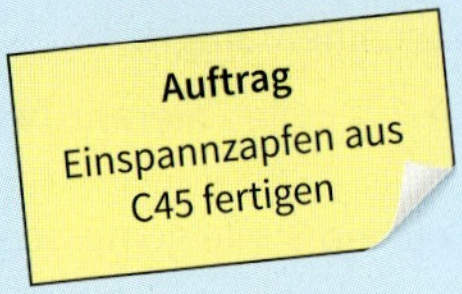

Auftrag
Einspannzapfen aus C45 fertigen

Zeichnung

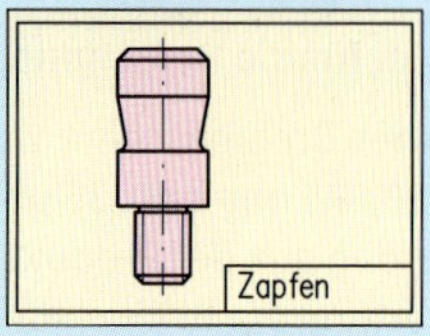

Zapfen

Analysieren

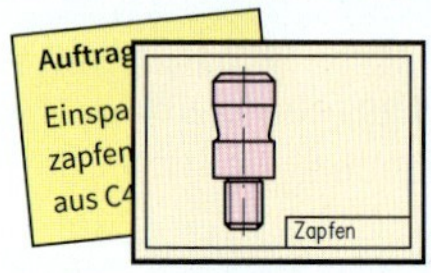

Vorgaben
- Werkstück (Form, Maße, Oberfläche, Toleranzen)
- Werkstoff
- Stückzahl
- Termine

Ergebnisse
- Fertigungsverfahren (Maschine)
- Abfolge der Fertigung
- Rohteil (Form, Maße)

Fertilgung planen
(für das jeweilie Verfahren)

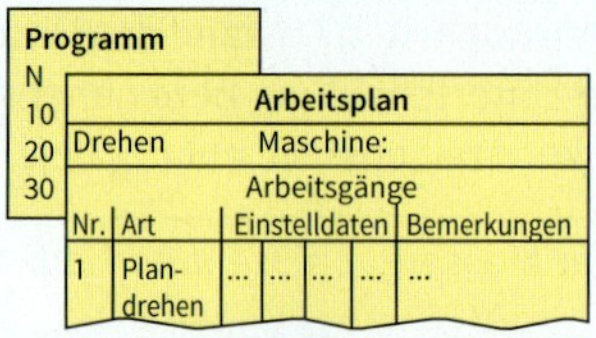

Entscheidungen hinsichtlich Werkzeug
- Schneidstoff
- Werkzeugtyp
- Schneidenwinkel
- Einspannung
- Prüfung (Schneidhaltigkeit, Standzeit)

Programm
N
10
20
30

Arbeitsplan							
Drehen		Maschine:					
Arbeitsgänge							
Nr.	Art	Einstelldaten				Bemerkungen	
1	Plan-drehen	...	...	...	...	...	

Entscheidung hinsichtlich Maschine
- Art der Maschine
- Technologiedaten (Umdrehungsfrequenz, Vorschub ...)
- Verfahrbewegungen
- Einspannung
- Werkzeugeinsatz

Fertigen

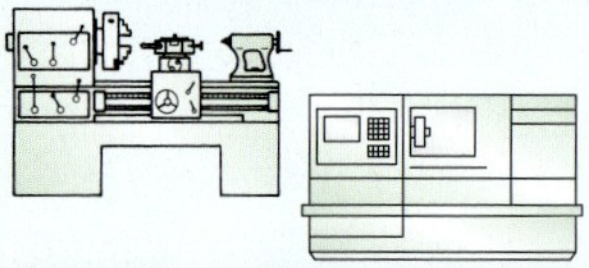

- Einstellen bzw. Eingeben von Technologiedaten
- Einrichten der Werkstücke (Positionieren, Spannen, ggf. Stützen)
- Einrichten der Werkzeuge
- Bereitstellen von Hilfsstoffen

- Fertigung starten und Überwachen
- Zwischenkontrollen durchführen
- Sicherheitsvorschriften beachten

Qualitätskontrolle durchführen

Kontrolle der
- Maße
- Form
- Oberfläche

- Entscheidung über Verwendbarkeit (gut, Nacharbeit, Ausschuss)
- Fehleranalyse

1 Einteilung der Fertigungsverfahren

Bei der Fertigung von Maschinen, Geräten und Gebrauchsgütern werden viele unterschiedliche Verfahren angewendet. Fertigungsverfahren sind nach DIN 8580 in sechs Hauptgruppen eingeteilt:

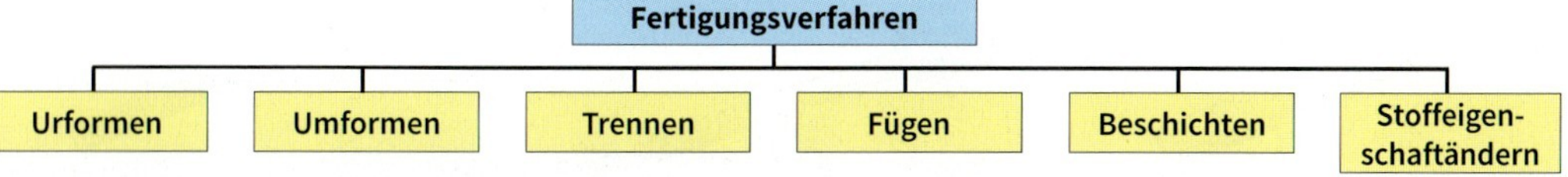

Beispiele für die Fertigungsverfahren bei der Herstellung eines Schraubstockes

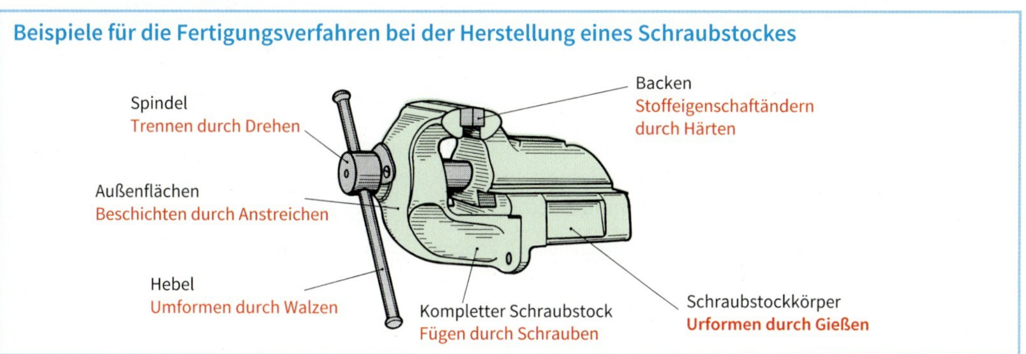

1. Urformen

Alle Fertigungsverfahren, in denen aus formlosem Stoff ein Werkstück hergestellt wird, bezeichnet man als Urformverfahren. In diesen Verfahren wird der Zusammenhalt der Stoffteilchen geschaffen.

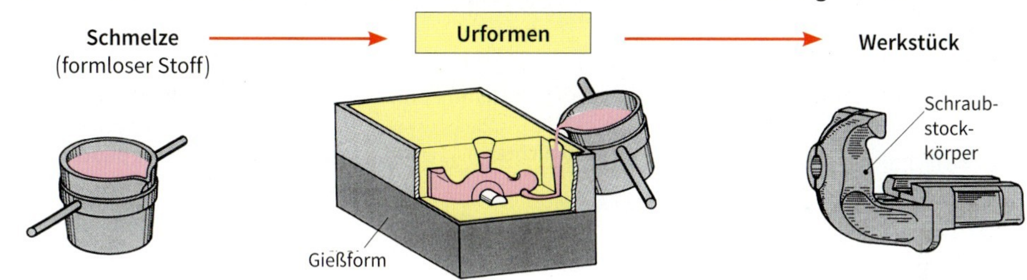

Urformen durch Gießen

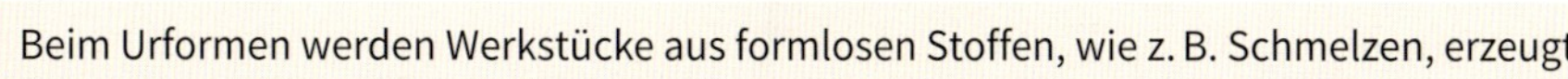

Beim Urformen werden Werkstücke aus formlosen Stoffen, wie z. B. Schmelzen, erzeugt.

2. Umformen

Man nennt alle Fertigungsverfahren, in denen Werkstücke aus festen Rohteilen durch bleibende Formänderung erzeugt werden, Umformverfahren. Das Volumen des Rohteils ist gleich dem Volumen des Fertigteils.

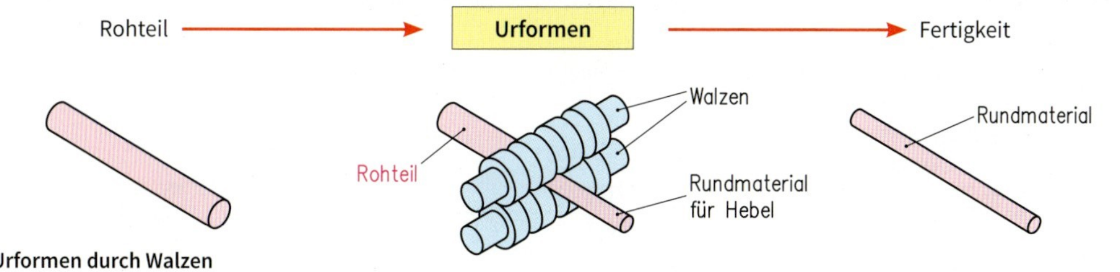

Urformen durch Walzen

Beim Umformen wird die Form eines festen Rohteiles bleibend verändert, ohne dass Werkstoffteilchen abgetrennt werden.

3. Trennen

Alle Verfahren, in denen die Form eines Werkstücks durch die Aufhebung des Werkstoffzusammenhalts an der Bearbeitungsstelle geändert wird, nennt man Trennverfahren.

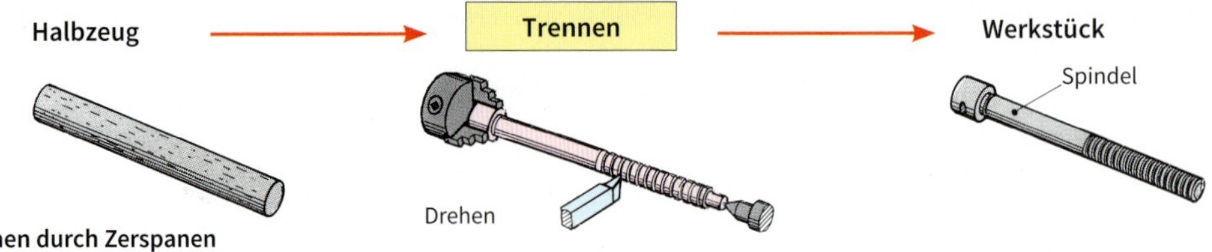

Trennen durch Zerspanen

> **!** Beim Trennen werden Werkstücke meist durch Zerteilen von Rohteilen oder durch Abtrennen von Spänen gefertigt.

4. Stoffeigenschaft ändern

Beim Härten der Schraubstockbacken werden Kohlenstoffatome im Stahl umgelagert. Dadurch werden die Eigenschaften des Stahls geändert. Alle Verfahren, in denen die Eigenschaften von Werkstoffen geändert werden, bezeichnet man als Stoffeigenschaftändern.

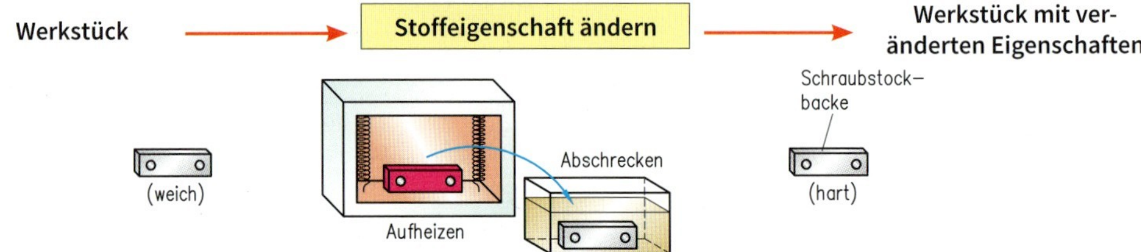

> **!** Beim Stoffeigenschaftändern erhalten Werkstücke veränderte Stoffeigenschaften.

5. Beschichten

Alle Verfahren, in denen man auf Oberflächen von Werkstücken Schichten aufträgt, bezeichnet man als Beschichtungsverfahren.

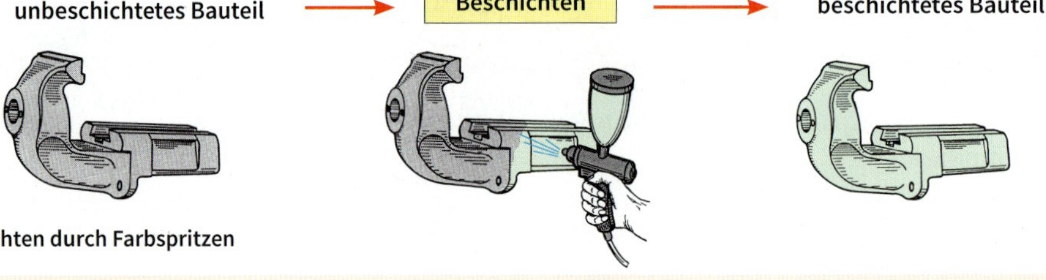

Beschichten durch Farbspritzen

> **!** Beim Beschichten wird auf Werkstücke eine fest haftende Schicht aus anderen Stoffen aufgetragen.

6. Fügen

Alle Fertigungsverfahren, bei denen aus Einzelteilen größere Baueinheiten zusammengebaut oder verbunden werden, bezeichnet man als Fügeverfahren.

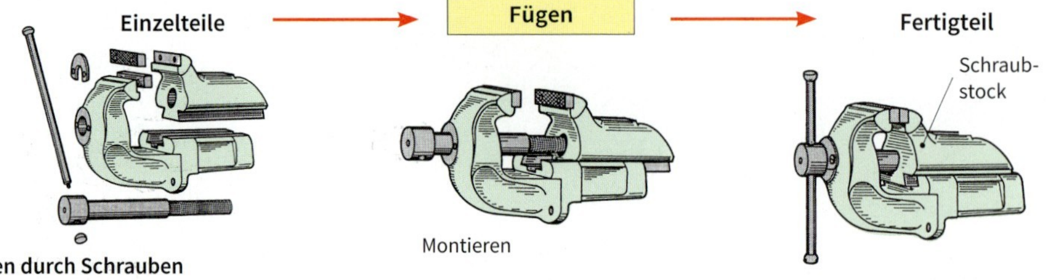

Fügen durch Schrauben

> **!** Beim Fügen werden Werkstücke miteinander verbunden.

2 Vorbereitende Arbeiten zur Fertigung von Werkstücken

Zur Vorbereitung bestimmter Fertigungsschritte werden Bohrungsmitten und Werkstückkonturen gemäß der Zeichnungsangaben auf die Rohteile übertragen. Die Rohteile werden dazu entsprechend angerissen und mit Körnungen versehen. Damit die Risslinie deutlich sichtbar wird, bestreicht man die Werkstückoberfläche z. B. mit Schlämmkreide. Leichtmetalle oder glatte Metalloberflächen kann man mit farbigen Anrießlack besprühen, blanke Stahlflächen lassen sich mit Kupfersulfat (Kupfervitriol) verkupfern.

Beispiele zur Vorbereitung von Fertigungsschritten durch Anreißen und Körnen

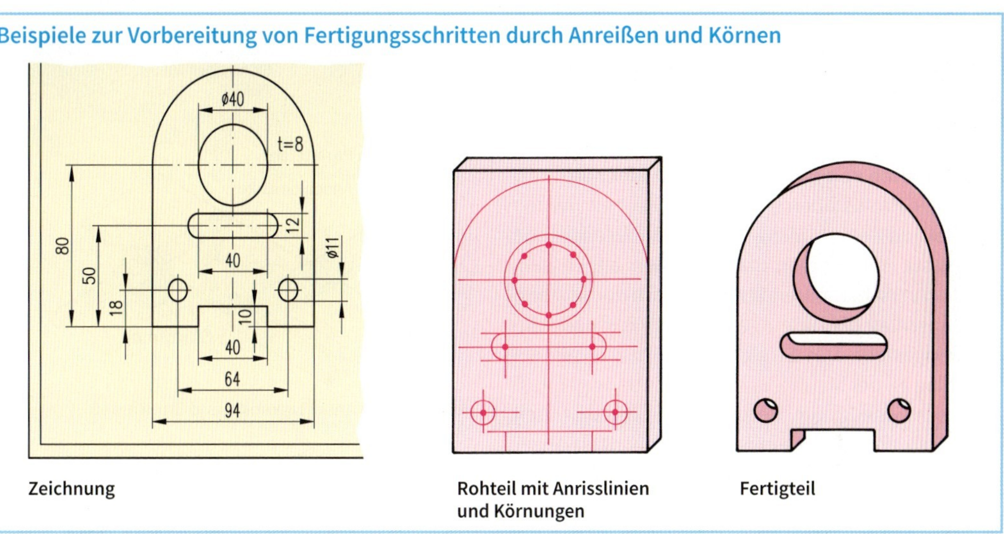

Zeichnung **Rohteil mit Anrisslinien und Körnungen** **Fertigteil**

2.1 Anreißen

1. Maßbezugsebenen

Das Übertragen der Maße auf das Rohteil erfolgt von zwei oder drei Ebenen aus. Diese Ebenen bezeichnet man als **Maßbezugsebenen**. Zweckmäßigerweise werden äußere Flächen als Maßbezugsebenen gewählt. Meist werden diese Flächen vor dem Anreißen so bearbeitet, dass sie eben und winklig sind. Bei symmetrischen Werkstücken legt man auch Maßbezugsebenen in die Werkstückmitte.

2. Anreißwerkzeuge

Beim Anreißen werden mit Reißnadeln Risslinien auf den Werkstücken erzeugt. Dazu verwendet man meist gehärtete Stahlreißnadeln bzw. Reißnadeln mit Hartmetallspitzen. Die genannten Reißnadeln sind härter als das Werkstück und ritzen die Werkstückoberfläche ein. Manchmal sind solche Einkerbungen unerwünscht, weil sie das Aussehen und die Festigkeit eines Bauteils beeinträchtigen. Zur Vermeidung von Beschädigungen der Werkstückoberfläche verwendet man auch Messingreißnadeln oder Bleistifte.

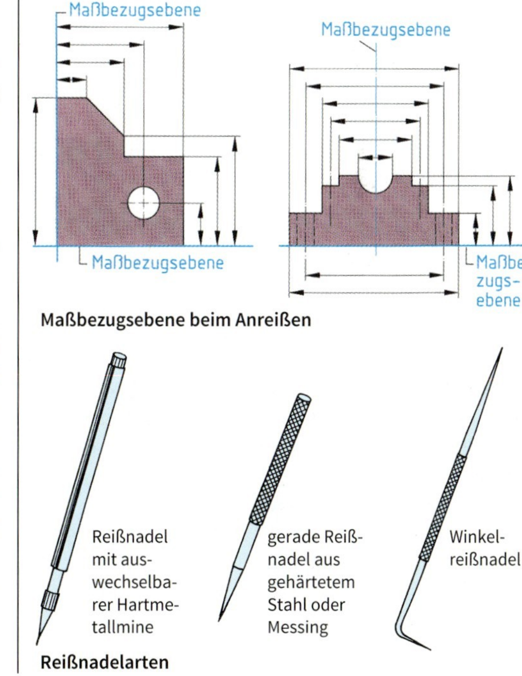

Maßbezugsebene beim Anreißen

Reißnadelarten

Anreißwerkzeuge sind so auszuwählen, dass möglichst keine Beschädigung der Randschicht eintritt, durch die Festigkeit und Aussehen beeinträchtigt werden.

3. Anreißverfahren

– Anreißen von Parallelrissen auf der Anreißplatte

Beim Anreißen auf der Anreißplatte werden Linien, die parallel zur Plattenoberfläche verlaufen, mit Parallelreißern ausgeführt.
Parallelreißer eignen sich besonders für Anreißarbeiten, bei denen mehrere Parallelrisse zu einer Bezugsebene auszuführen sind. Das Werkstück liegt mit einer Bezugsebene auf der Anreißplatte auf, das Abstandsmaß zur Bezugsebene wird am Parallelreißer eingestellt. An modernen Geräten wird die Einstellung digital angezeigt.

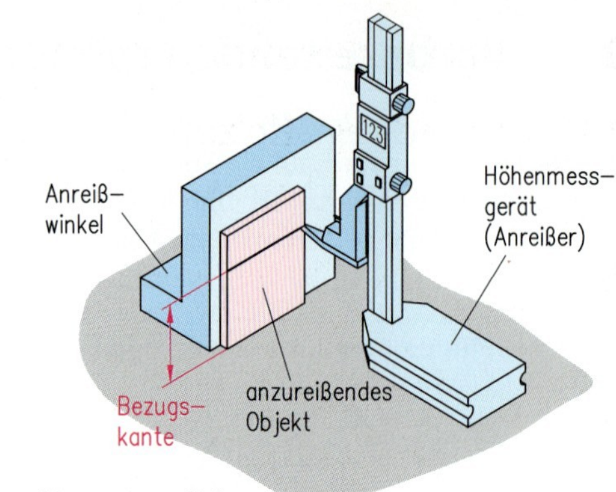

Anreißen von Parallelen

– Anreißen von Profilstäben und Blechen

An langen Profilstäben und großen Blechen werden parallel zu einer Werkstückkante verlaufende Längsrisse mithilfe von Streichmaßen angerissen. Auf dem verschiebbaren Stabmaß wird der Abstand vom Anschlag bis zur eingespannten Reißnadel direkt eingestellt. Das Streichmaß wird mit seinem Anschlag an der Maßbezugsebene eintlang geführt. Die rechtwinklig zur Bezugsebene verlaufenden Risse werden mithilfe eines Anschlagwinkels angerissen, nachdem z. B. mit einem Stahlmaß ein Bezugspunkt angetragen wurde.

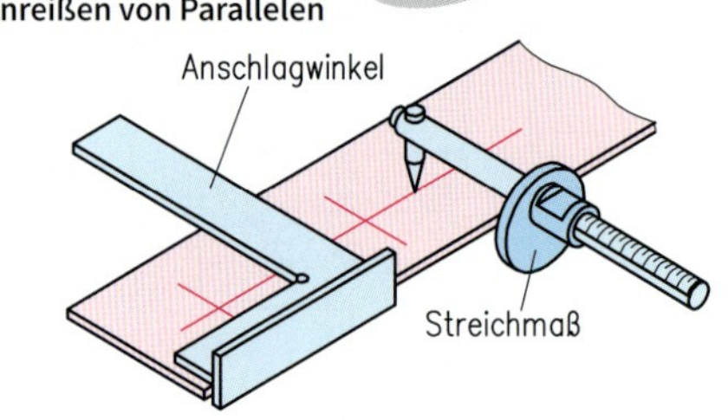

Anreißen mit Anschlagwinkel und Streichmaß

– Anreißen von Gehrungsschnitten

Für die Fertigung von Schrägschnitten oder Ausklinkungen an Profilen müssen Risse erzeugt werden, die nicht rechtwinklig zur Längsrichtung des Werkstücks verlaufen. Dazu können feste Anschlagwinkel – wie z. B. der abgebildete Gehrungswinkel von 135° oder verstellbare Winkelmesser – verwendet werden. Je nach Lage einer 45°-Risslinie am Profilende benötigt man einen Gehrungswinkel von 135° oder 45°.

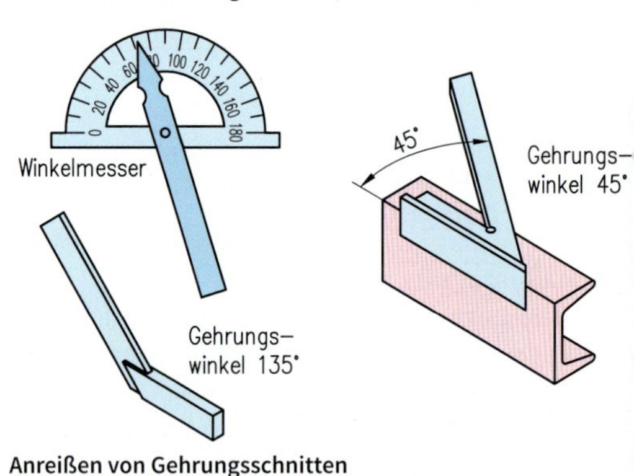

Anreißen von Gehrungsschnitten

Parallelrisse zu Längskanten erzeugt man mit einem Streichmaß. Querrisse und Schrägrisse erzeugt man mithilfe von festen Anschlagwinkeln oder Winkelmessern.

2.2 Körnen

Die beim Anreißen auf dem Werkstück erzeugten Risslinien werden meist durch Körnen ergänzt, um Bohrern und Zirkelspitzen eine sichere Führung zu geben.
Körner werden aus Werkzeugstahl hergestellt. Die Spitze ist gehärtet, sie hat einen Winkel von 60°. Beim Körnen werden durch Hammerschläge auf den Körnerkopf kleine kegelförmige Vertiefungen in die Werkstückoberfläche geschlagen. Beim Ansetzen des Körners wird er so geneigt, dass man einen freien Blick auf Risslinienkreuz und Körnerspitze hat. Beim Schlag muss der Körner senkrecht gehalten werden, da sonst die Spitze verläuft.

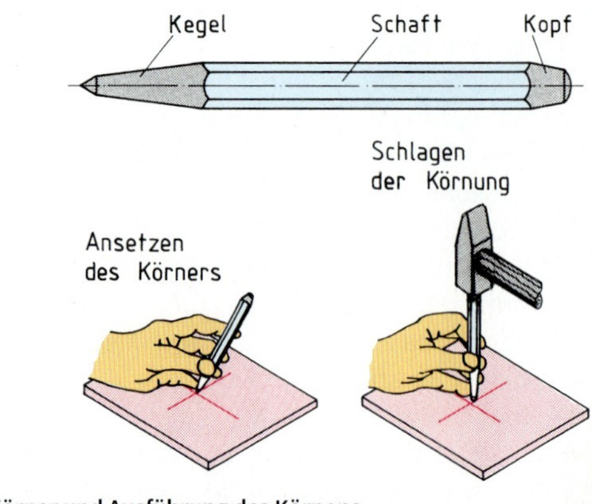

Körner und Ausführung des Körnens

Übungsaufgaben 2/3 bis 2/8

3 Verfahren des Trennens

3.1 Grundbegriffe zum Zerteilen und Spanen

Zur Herstellung von Maschinen, Werkzeugen und Vorrichtungen sind viele Einzelteile erforderlich. Aus wirtschaftlichen Gründen werden sie möglichst durch spanlose Fertigungsverfahren, wie z. B. Gießen, Schmieden und Walzen, so vorgearbeitet, dass nur geringe Werkstoffanteile durch Zerteilen und Spanen abgetrennt werden müssen. Die zum Trennen notwendigen Werkzeuge können von Hand oder mit Maschinenantrieb betätigt werden. Durch spanabhebene Bearbeitung können hohe Zerspanleistungen, große Form- und Maßgenauigkeiten und gute Oberflächenbeschaffenheiten erzielt werden.

Beispiele für die Verfahren des Spanens zur Fertigung einer Schraubzwinge

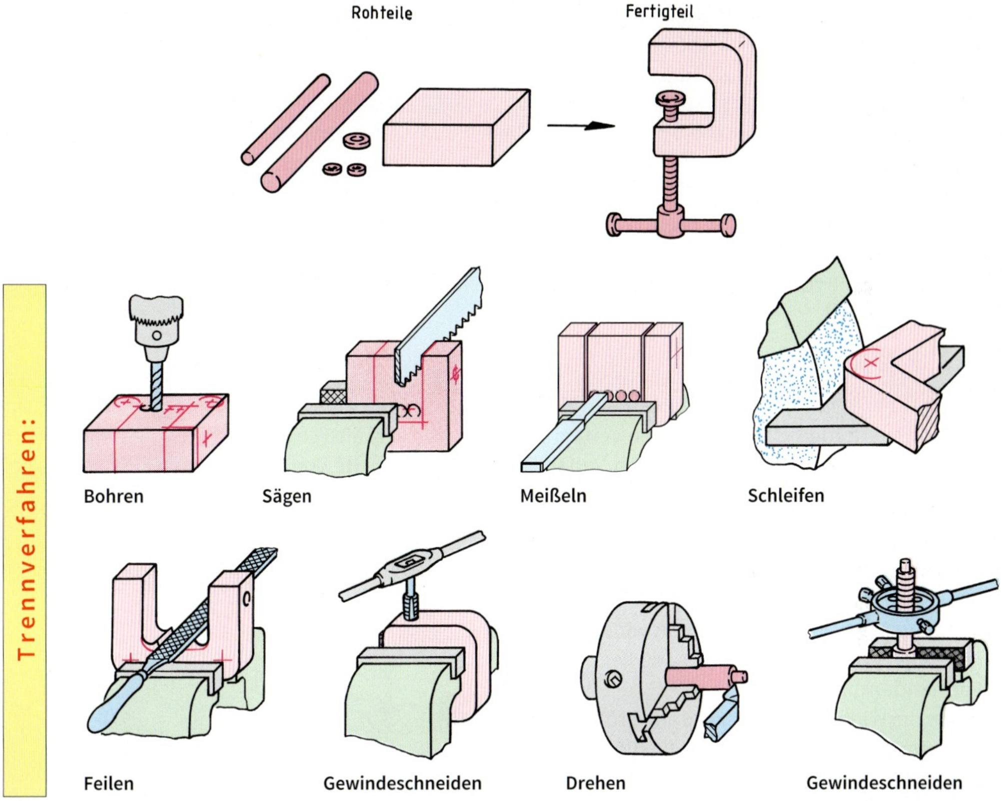

Rohteile

Fertigteil

Trennverfahren:

Bohren

Sägen

Meißeln

Schleifen

Feilen

Gewindeschneiden

Drehen

Gewindeschneiden

Beim Spanen trennen keilförmige Schneiden schichtweise den überschüssigen Werkstoff in Form von Spänen ab. Der Zusammenhalt der Werkstoffteilchen muss durch das eindringende Werkzeug überwunden werden. Die dazu erforderliche **Schnittkraft** F_c kann durch Muskel- oder Maschinenkraft aufgebracht werden.

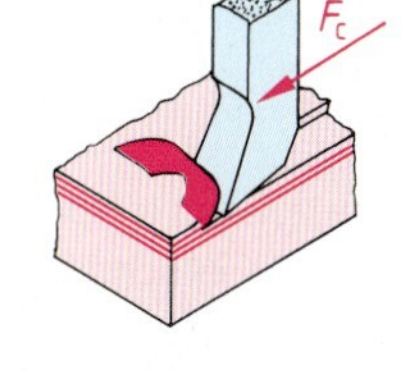

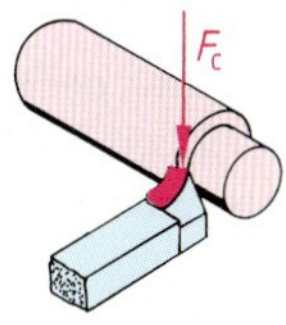

Kraftwirkung beim Spanen

> **!** Spanen ist ein Abtrennen von Werkstoffteilchen (Spänen) unter Einwirkung äußerer Kräfte mithilfe von keilförmigen Werkzeugschneiden. Die Spanabnahme erfolgt durch die Schnittbewegung zwischen Werkzeugschneide und Werkstück.

3.2 Keil als Werkzeugschneide

Zum Zerteilen und Spanen benötigt man Werkzeuge mit keilförmigen Schneiden. Die Werkzeuge können nur eine Schneide haben wie der Meißel oder mehrere Schneiden tragen wie der Bohrer oder das Sägeblatt. Sind die Schneiden eines Werkzeugs in ihrer Form und Lage genau bestimmt, dann spricht man von **geometrisch bestimmten Schneiden**. Haben die Schneiden alle unterschiedliche Formen, wie z. B. die Körner einer Schleifscheibe, so spricht man von **geometrisch unbestimmten Schneiden**.

Beispiele für Schneidenzahl und Schneidenform bei Werkzeugen zum Zerteilen und Spanen

Verfahren	Meißeln	Bohren	Sägen	Schleifen
Schema				
Anzahl der Schneiden	eine	zwei	mehrere	viele
Form und Lage der Schneide	bestimmt	bestimmt	bestimmt	unbestimmt

Alle Werkzeuge zum Zerteilen und Spanen haben keilförmige Schneiden.

3.3 Kraft

Damit Werkzeuge mit ihren Schneiden beim Zerteilen und Spanen auf Rohteile Wirkungen erzielen, sind immer Kräfte erforderlich. Bei manchen Verfahren werden diese Kräfte von Menschen aufgebracht (**Fertigungsverfahren von Hand**), bei anderen Verfahren wirken die Kräfte von Maschinen auf Werkzeuge ein (**maschinelle Fertigungsverfahren**).

1. Kraftwirkungen

Kräfte sind nicht sichtbar, man erkennt sie nur an den Auswirkungen.

- Durch die Wirkung der Muskelkraft wird z. B. Flachmaterial gebogen. Kräfte bewirken **Formänderungen**.
- Durch die Wirkung der Muskelkraft wird z. B. ein Hammer aus der Ruhe in eine schnelle Bewegung versetzt. Kräfte bewirken Bewegungsänderungen.

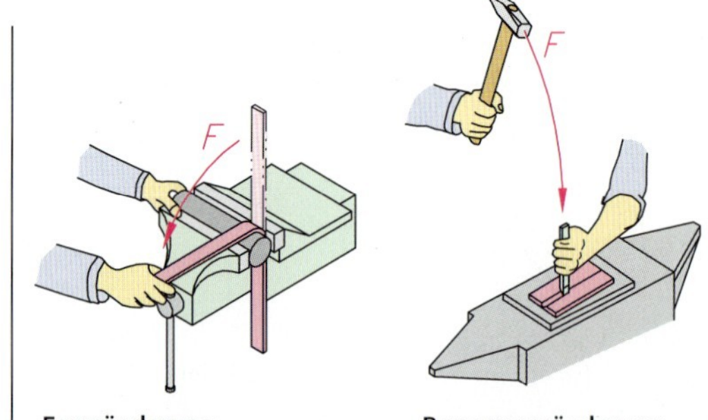

Formänderung **Bewegungsänderung**

Kräfte können die Form oder den Bewegungszustand von Körpern ändern.

2. Maßeinheit der Kraft

Die **Maßeinheit der Kraft** ist das Newton N (sprich: njutn). Auf einen Körper mit der Masse $m = 1$ kg wirkt am 45. Breitengrad in Meereshöhe eine Gewichtskraft von $F_G = 9{,}81$ N.

Für die Technik ist in vielen Fällen bei der Gewichtskraftberechnung eine etwa 2%ige Ungenauigkeit von untergeordneter Bedeutung, sodass für die Masse m = 1 kg auf der Erdoberfläche näherungsweise eine Gewichtskraft von $F_G = 10$ N angenommen werden kann.

Auf einen Körper mit der Masse $m = 1$ kg wirkt am 45. Breitengrad in Meereshöhe eine Gewichtskraft von $F_G = 9{,}81$ N (näherungsweise $F_G = 10$ N).

Übungsaufgaben 3/2 bis 3/7

3.3.1 Kräftezerlegung am Keil

Wirkt eine Kraft auf einen Keil, so wird sie in Seitenkräfte zerlegt, die senkrecht auf den Wangen des Keiles stehen. Im Versuch kann man die Größe der Seitenkräfte messen.
Die Größe der Seitenkräfte kann zeichnerisch mithilfe des Kräfteparallelogrammes ermittelt werden.
Eine Änderung des Keilwinkels bewirkt auch eine Änderung der Seitenkräfte.

Beispiele für die Änderung der Seitenkräfte bei gleicher Kraft $F = 10$ N, aber unterschiedlichen Keilwinkeln β_0

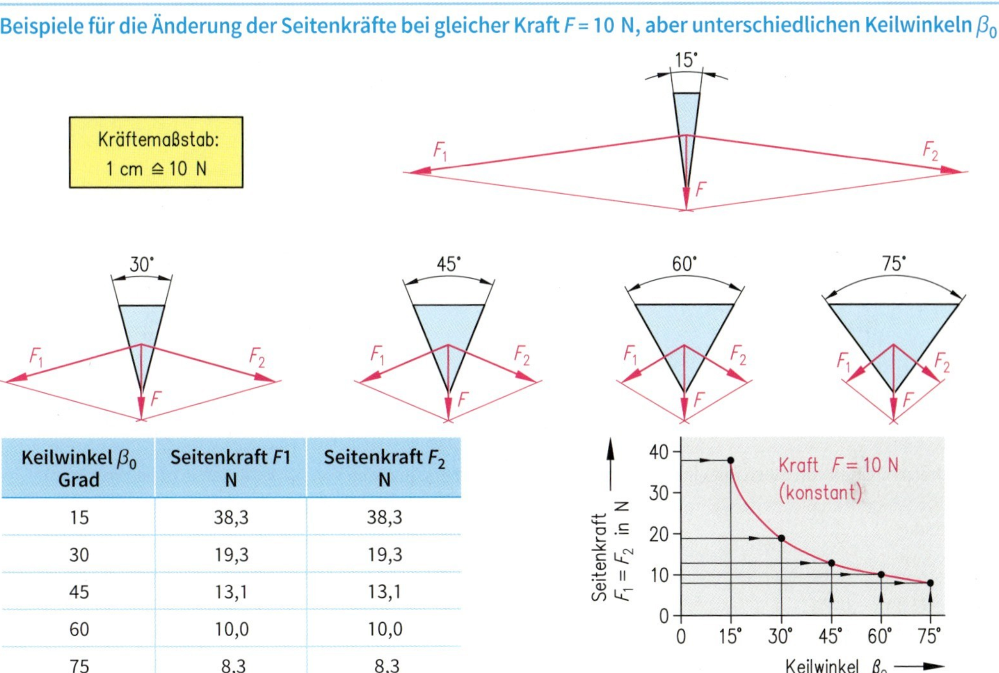

Keilwinkel β_0 Grad	Seitenkraft $F1$ N	Seitenkraft F_2 N
15	38,3	38,3
30	19,3	19,3
45	13,1	13,1
60	10,0	10,0
75	8,3	8,3

! Bei gleichem Kraftaufwand erzielt man
- bei kleinen Keilwinkeln große Seitenkräfte,
- bei großen Keilwinkeln kleine Seitenkräfte.

3.3.2 Keilwinkel zur Bearbeitung unterschiedlicher Werkstoffe

Die Festlegung eines geeigneten Keilwinkels wird durch widersprüchliche Gesichtspunkte problematisch:
- Geringer Kraftaufwand erfordert einen kleinen Keilwinkel.
- Große Schneidenstabilität und große Schneidhaltigkeit erfordern einen großen Keilwinkel.

Es kann daher nur ein Kompromiss bei der Festlegung der Keilwinkelgröße geschlossen werden. Nur weiche Werkstoffe erlauben die Verwendung eines kleinen Keilwinkels. Harte Werkstoffe erfordern wegen der hohen Schneidenbeanspruchung einen großen Keilwinkel.

Gebräuchliche Keilwinkel

Keilwinkel	Werkstoff
15°	Holz, Blei
30°	Aluminium, Kupfer
60°	Stahl mittlerer Festigkeit, Messing
75°	Stahl hoher Festigkeit

Die angegebenen Keilwinkel sind mittlere Werte für Werkzeuge zum Zerteilen. Da auch der Ablauf eines Fertigungsverfahrens Einfluss auf den Keilwinkel hat, können weitere Angaben nur bei den Verfahren gemacht werden.

! Für die Wahl des Keilwinkels gilt:
- harter Werkstoff → großer Keilwinkel
- weicher Werkstoff → kleiner Keilwinkel.
- Keilwinkel β_0 so klein wie möglich, aber so groß wie nötig.

Übungsaufgaben 3/8 bis 3/13

3.4 Zerteilen durch Scherschneiden

3.4.1 Scherschneiden

Zerteilt man Halbzeuge zwischen zwei Schneiden, die sich aneinander vorbei bewegen, so spricht man von Scherschneiden.

Beispiele für das Scherschneiden

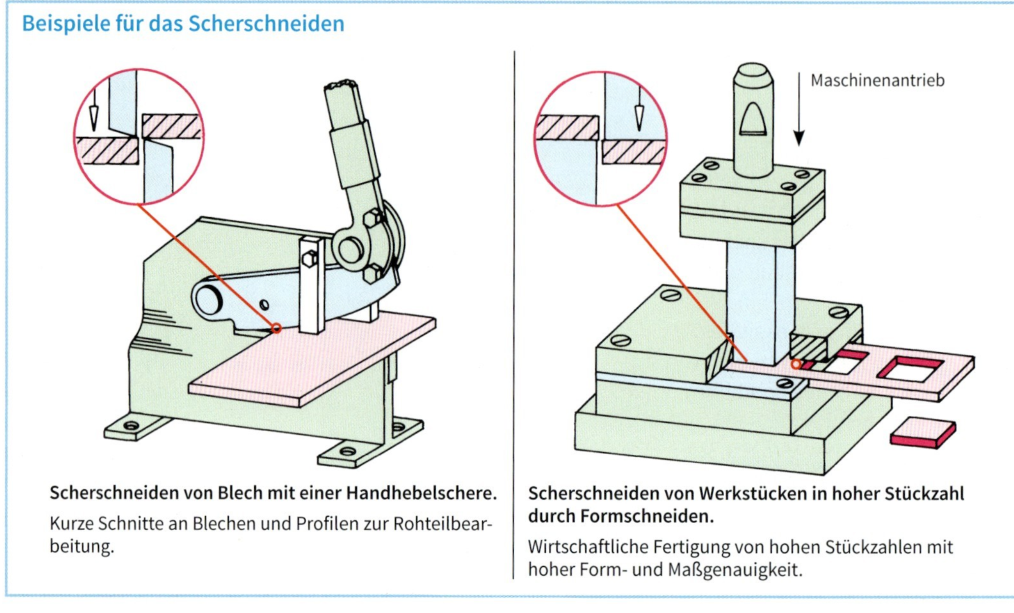

Scherschneiden von Blech mit einer Handhebelschere.
Kurze Schnitte an Blechen und Profilen zur Rohteilbearbeitung.

Scherschneiden von Werkstücken in hoher Stückzahl durch Formschneiden.
Wirtschaftliche Fertigung von hohen Stückzahlen mit hoher Form- und Maßgenauigkeit.

3.4.2 Ablauf des Scherschneidens

1. Schervorgang

Beim Zerteilen durch Scherschneiden bewegen sich zwei Schneiden aneinander vorbei und verschieben Werkstoffteilchen bis zur vollständigen Trennung gegeneinander.

Vorgang des Scherschneidens

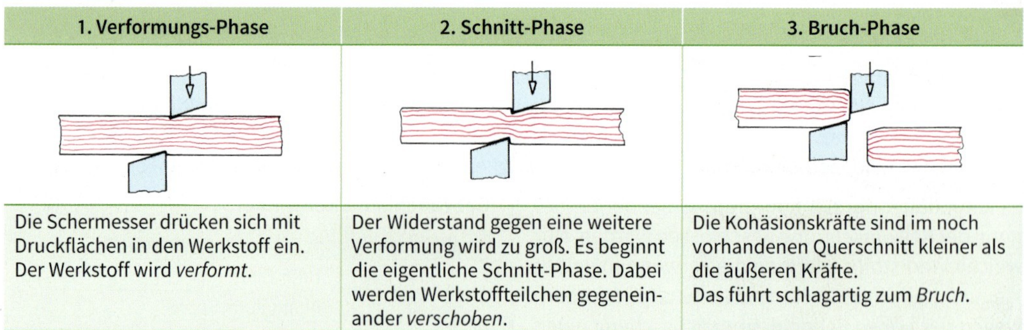

1. Verformungs-Phase	2. Schnitt-Phase	3. Bruch-Phase
Die Schermesser drücken sich mit Druckflächen in den Werkstoff ein. Der Werkstoff wird *verformt*.	Der Widerstand gegen eine weitere Verformung wird zu groß. Es beginnt die eigentliche Schnitt-Phase. Dabei werden Werkstoffteilchen gegeneinander *verschoben*.	Die Kohäsionskräfte sind im noch vorhandenen Querschnitt kleiner als die äußeren Kräfte. Das führt schlagartig zum *Bruch*.

Um eine Werkstofftrennung zu begünstigen, erhalten die Schermesser die dargestellte Form. Die Druckfläche wird um einen Winkel von etwa 5° geneigt. Dadurch dringt die Innenkante des Schermessers als Schneide in den Werkstoff ein. Damit die beiden inneren Seitenflächen der Schermesser nicht unnötig Reibung verursachen, wird ein Freiwinkel α_0 von 1,5° bis 3° angeschliffen. Für den Keilwinkel ergeben sich somit Werte von 82° bis 83,5°.

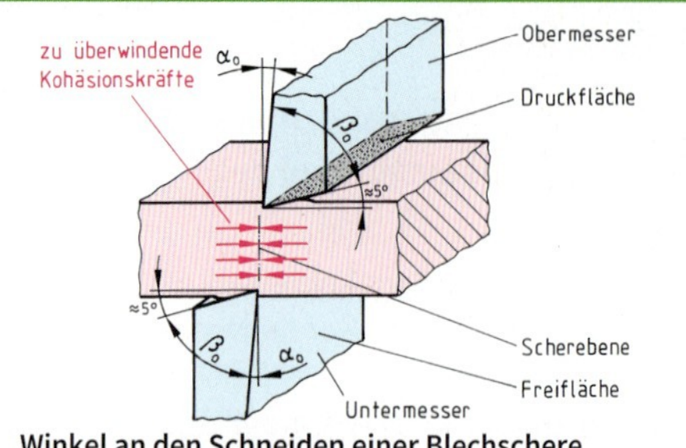

Winkel an den Schneiden einer Blechschere

Übungsaufgabe 3/14

Die Trennfläche zeigt die drei Bereiche *Verformung*, *Schnittfläche* und *Bruchfläche*. Der Anteil der drei Bereiche wird durch die Sprödigkeit des Werkstoffes beeinflusst. Bei spröden Werkstoffen wird der Anteil der Bruchfläche größer und der Anteil der Schnittfläche kleiner.

Trennfläche beim Scherschneiden

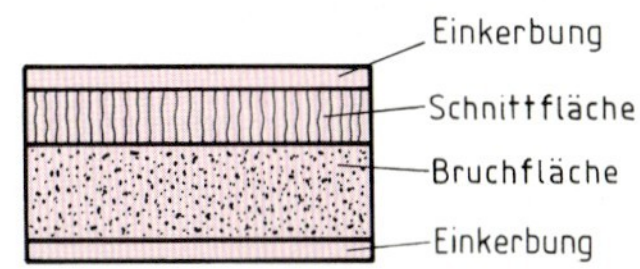

Beim Scherschneiden erfolgt die Trennung durch zwei Schneiden, welche die Werkstoffteilchen gegeneinander verschieben. Die Trennfläche zeigt Einkerbung, Schnittfläche und Bruchfläche.

2. Schneidspalt

Die Schermesser müssen so geführt werden, dass zwischen den beiden Schneiden ein geringer Abstand vorhanden ist. Diesen Abstand nennt man Schneidspalt. Die Größe des Schneidspalts ist von der Werkstückdicke abhängig. Mit zunehmender Werkstückdicke nimmt die Größe des Schneidspalts zu.

- Ein zu enger Schneidspalt verursacht Reibung zwischen den Messern. Eine starke Abnutzung ist die Folge. Ein gegenseitiges Aufsetzen der Schermesser muss vermieden werden.
- Ein zu großer Schneidspalt führt zur Gradbildung am Werkstück.

Bei Maschinenscheren wird der Schneidspalt in Abhängigkeit von der Blechdicke eingestellt.

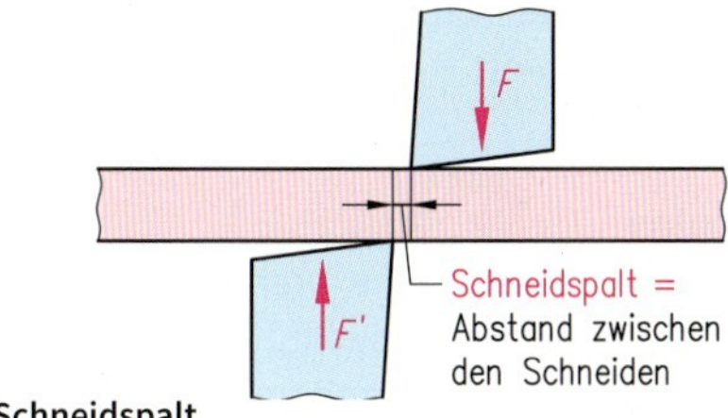

Schneidspalt

Der Abstand zwischen den Schneiden wird Schneidspalt genannt. Der Schneidspalt soll möglichst klein sein. Mit zunehmender Werkstoffdicke wird er größer eingestellt.

3.4.3 Scherenarten

3. Handblechscheren

Alle Handblechscheren arbeiten nach dem Prinzip des kreuzenden Schnittes. Die beiden Schermesser bewegen sich um einen Drehpunkt und dringen allmählich in den Werkstoff ein. Als Folge des kreuzenden Schnittes sind die Schnittteile stark gekrümmt. Da die Handkraft des Menschen begrenzt ist, bestimmen Dicke und Festigkeit des Werkstoffes die Anwendungsmöglichkeit der Handblechscheren. Bei Handscheren versucht man einen zu großen Schneidspalt zu verhindern, indem man die Messer unter Vorspannung setzt.

Durchlaufschere mit zusätzlicher Hebelübersetzung	Figurenschere mit zusätzlicher Hebelübersetzung	Elektro-Handblechschere
Anwendung: Für durchlaufende gerade Schnitte	*Anwendung:* Für kurze gerade und gebogene Schnitte	*Anwendung:* Für gerade und gebogene Schnitte an Blechen bis 2 mm Dicke

Bei Handscheren wir der Schneidspalt durch Vorspannung verringert.

2. Handhebelschere

Die mehrfache Hebelübersetzung der Handhebelschere vervielfacht die aufgewandte Muskelkraft und erlaubt somit das Trennen größerer Querschnitte. Mit der Handhebelschere können Schnitte bis etwa 200 mm Länge ohne Nachschieben ausgeführt werden. Bewegt sich das Obermesser um einen Drehpunkt, so erreicht man mit einer bogenförmigen Schneide einen gleich bleibenden Öffnungswinkel zwischen den Schermessern.

Die Messerführung der Handhebelschere führt zu einem kreuzenden Schnitt. Dabei wird der unter dem Obermesser liegende Teil gekrümmt. Je dünner das Blech, desto stärker die Krümmung.

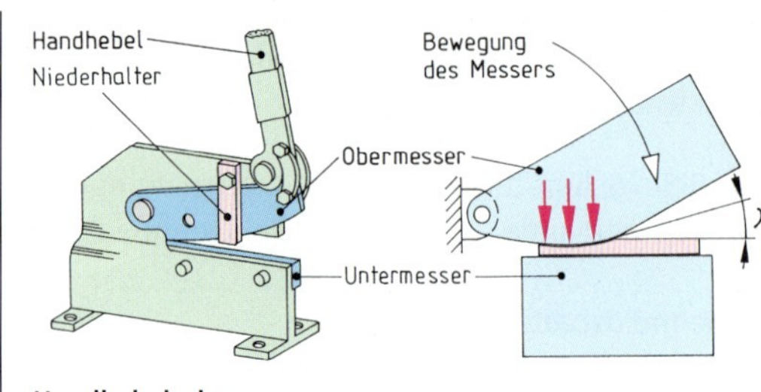

Handhebelschere

Handhebelscheren vervielfachen die Muskelkraft durch Hebelübersetzung und arbeiten mit kreuzendem Schnitt.

3. Niederhalter

Die Scherkräfte erzeugen eine Drehwirkung, welche das Blech zu kippen versucht. Diese Drehwirkung wird mit größer werdendem Schneidspalt und durch stumpfe Schneiden noch beträchtlich verstärkt. Wird der Abstand zwischen den Schneiden so groß wie die Blechdicke, kann es zu einem Einklemmen oder Abkanten kommen.

Die Funktion des Niederhalters kommt nur voll zur Wirkung, wenn er auf die Blechdicke eingestellt wird.

An Handhebel- und Tafelscheren und an maschinell angetriebenen Scheren verhindern **Niederhalter** das Kippen.

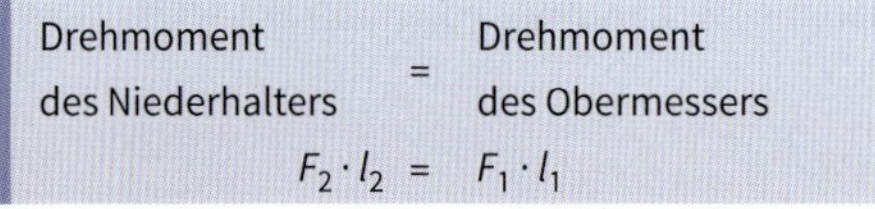

Drehmoment des Niederhalters = Drehmoment des Obermessers

$$F_2 \cdot l_2 = F_1 \cdot l_1$$

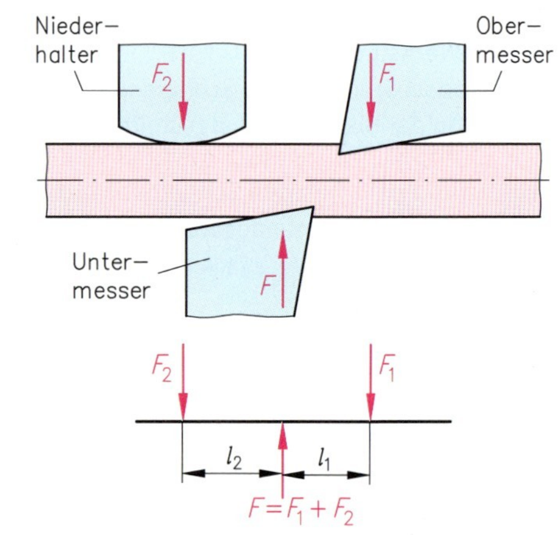

Wirkung des Niederhalters

Der Niederhalter verhindert eine Werkstückdrehung, indem er der Drehwirkung der Schermesser ein gleich großes Drehmoment entgegensetzt.

Hinweise zum Einsatz von Scheren

- Scharfkantige Blechteile sind eine Verletzungsgefahr. Besonders beim Transportieren großer Blechtafeln sind Lederhandschuhe zu tragen oder besondere Traghaken zu benutzen.
- Handblechscheren sind so aufzubewahren, dass eine Verletzungsgefahr ausgeschlossen ist.
- Der Schneidspalt bei Handblechscheren ist durch Anziehen der Gelenkschraube möglichst klein einzustellen.
- Niederhalter an Handhebelscheren sind auf Blechdicke einzustellen.
- Lange Betätigungshebel an Handhebelscheren sind nach Benutzung gegen Herabfallen zu sichern.

Übungsaufgaben 3/17; 3/18

4 Spanen von Hand und mit einfachen Maschinen

Der Schneidkeil dringt parallel zur Werkstückoberfläche in das Werkstück ein. An der vorderen Keilfläche bildet sich ein Span, der an dieser **„Spanfläche“** des Schneidkeils hochgeschoben wird. Dabei können bei weichen Werkstoffen folgende **Phasen** der Spanbildung unterschieden werden:

- Stauchen des Werkstoffs,
- Scheren des Werkstoffs,
- Hochgleiten des Werkstoffs.

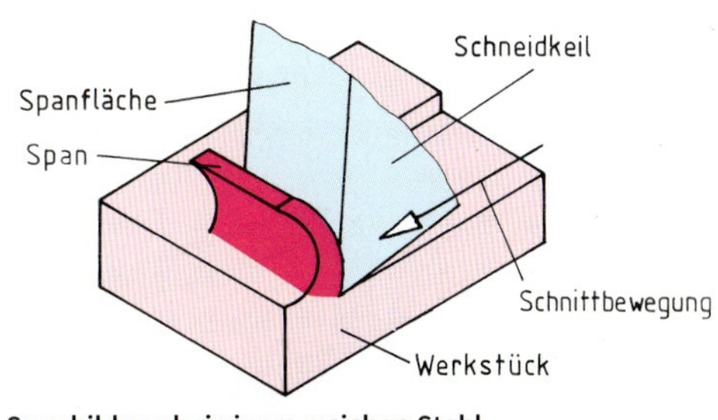

Spanbildung bei einem weichen Stahl

1. Winkel an der Werkzeugschneide

Die Spanbildung wird wesentlich vom Schneidkeil und seiner Stellung zum Werkstück beeinflusst.

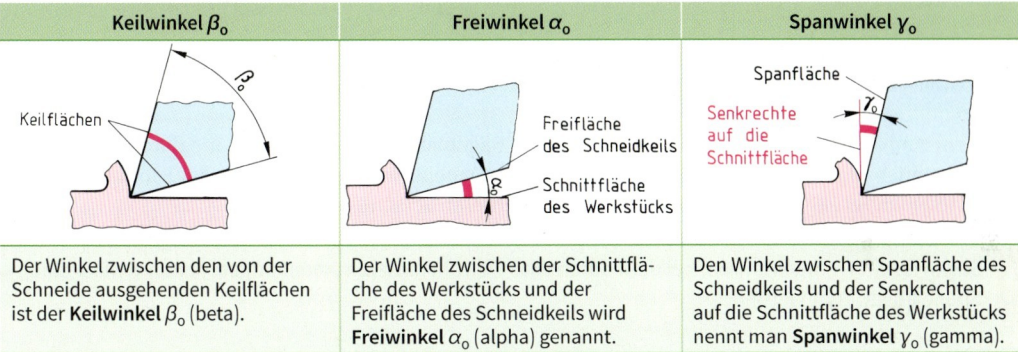

Keilwinkel β_o	Freiwinkel α_o	Spanwinkel γ_o
Keilflächen; β_o	Freifläche des Schneidkeils; Schnittfläche des Werkstücks; α_o	Spanfläche; Senkrechte auf die Schnittfläche; γ_o
Der Winkel zwischen den von der Schneide ausgehenden Keilflächen ist der **Keilwinkel** β_o (beta).	Der Winkel zwischen der Schnittfläche des Werkstücks und der Freifläche des Schneidkeils wird **Freiwinkel** α_o (alpha) genannt.	Den Winkel zwischen Spanfläche des Schneidkeils und der Senkrechten auf die Schnittfläche des Werkstücks nennt man **Spanwinkel** γ_o (gamma).

Die Größe von Keil- und Spanwinkel wird hauptsächlich entsprechend dem zu bearbeitenden Werkstoff festgelegt. Der Freiwinkel bleibt bei allen Werkstoffen nahezu unverändert.

Durch die Festlegung der Winkel ergibt sich:

$$\text{Freiwinkel} + \text{Keilwinkel} + \text{Spanwinkel} = 90°$$
$$\alpha_o + \beta_o + \gamma_o = 90°$$

Die Winkel einer Werkzeugschneide werden so ausgewählt, dass die Schneide möglichst lange hält, man spricht dann von einer langen Standzeit des Werkzeugs.

2. Schnittbewegung

Bei der Spanabnahme findet eine Bewegung zwischen Werkzeug und Werkstück statt. Bei spanenden Fertigungsverfahren von Hand führt das Werkzeug diese **Schnittbewegung** aus.
Bei maschineller Fertigung kann die Schnittbewegung durch das Werkzeug oder das Werkstück erfolgen.

Beispiele für Schnittbewegungen

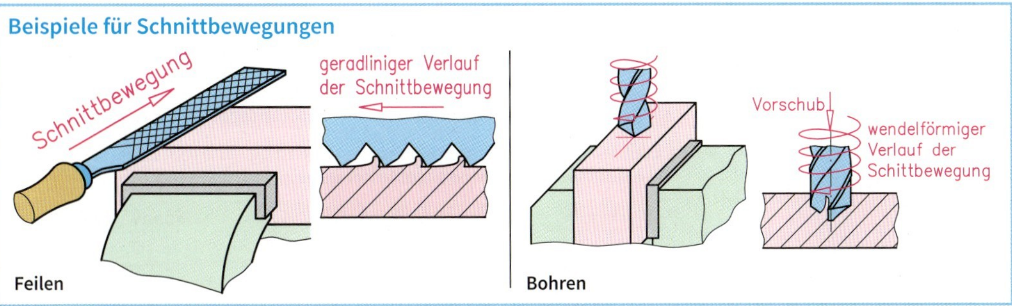

> **!** Spanen ist ein Abtrennen von Werkstoffteilchen (Spänen) unter Einwirkung äußerer Kräfte mithilfe von keilförmigen Werkzeugschneiden. Die Spanabnahme erfolgt durch die Schnittbewegung zwischen Werkzeugschneide und Werkstück.

4.1 Sägen

Profilstäbe und Rohre werden häufig auf Roh- oder Fertiglänge gesägt. Das Trennverfahren Sägen wird vorwiegend dann angewandt, wenn eine ebene Schnittfläche ohne Verformung des Werkstücks verlangt wird.

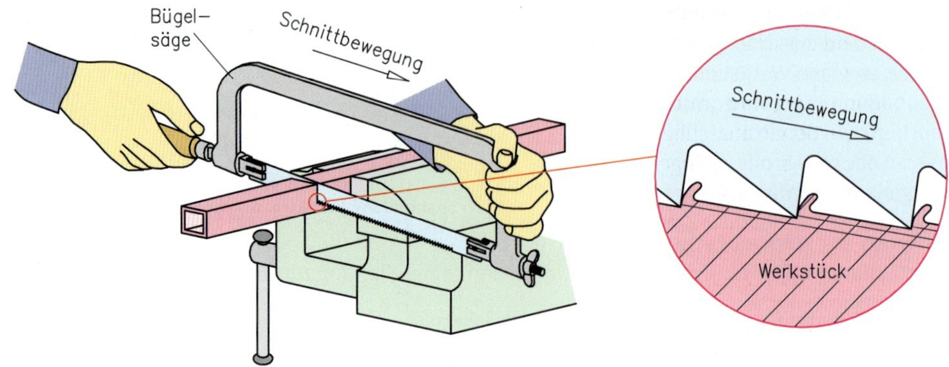

Ablängen mit der Handbügelsäge

Von dem zum Trennen verwendeten Werkzeug, dem Sägeblatt, werden kleine Späne durch eine Vielzahl hintereinander angeordneter Schneidkeile abgetrennt. Dabei wird der Werkstoff in der Schnittfuge durch die hintereinander liegenden Zähne gleichzeitig in mehreren Schichten zerspant.

Sägen ist ein Trennverfahren, bei dem durch eine Vielzahl hintereinander angeordneter Keile kleine Späne abgetrennt werden.

1. Schneidenwinkel

Die Winkel am Schneidkeil werden möglichst entsprechend der Werkstoffestigkeit gewählt, um mit geringem Kraftaufwand und geringem Werkzeugverschleiß große Trennleistung zu erreichen.

Schneidenwinkel an Sägeblättern

gerade Sägeblätter		Kreissägeblätter
Handsägeblatt	**Maschinensägeblatt**	**Zahnsegment für Kreissägeblatt**
Wegen des vielseitigen Einsatzes sind die Schneidenwinkel unabhängig vom Werkstoff bei allen Handsägeblättern gleich. Freiwinkel $\alpha_o = 40°$ Keilwinkel $\beta_o = 50°$ Spanwinkel $\gamma_o = 0°$	Zum Trennen bestimmter Werkstoffe werden die günstigsten Schneidenwinkel ausgewählt. Für **Kreissägeblätter** gilt:	

Werkstoff	Freiwinkel α_o	Spanwinkel γ_o
Stahl	8°	15°–18°
Messing	8°	10°–12°
Kupfer	10°	22°–25°

Alle Handsägeblätter haben gleiche Schneidenwinkel. Die Auswahl des Schneidenwinkels eines Maschinensägeblattes richet sich nach dem zu sägenden Werkstoff.

Übungsaufgabe 4/3

2. Zahnteilung

In Betrieben, in denen Halbzeuge mit geringen Wandstärken aus unterschiedlichen Werkstoffen von Hand gesägt werden, benutzt man Sägeblätter mit „Allround-Zahnung". Sie haben 24 Zähne pro Zoll. Der Abstand zwischen benachbarten Zähnen beträgt daher $\frac{25{,}4\ \text{mm}}{24}$ = 1,06 mm. Eine **Zahnteilung** dieser Größenordnung wird **„mittel"** genannt.

In Werkstätten, in denen ausschließlich Vollmaterialien aus Werkstoffen mit geringer Festigkeit, wie z.B. Aluminium, Kupfer u.ä., gesägt werden, benutzt man Sägeblätter mit der Zahnteilung **„grob"**. Die Zahnlücken sind groß und können die anfallenden Sägespäne besser aufnehmen.

Für das Sägen von Blechen, Blechprofilen und dünnwandigen Rohren benutzt man Sägeblätter mit der Zahnteilung **„fein"**. Durch den geringen Abstand sind beim Sägen stets mehrere Zähne im Einsatz. Das Sägeblatt hakt darum nicht und es brechen keine Zähne aus.

Im Interesse einer hohen Wirkungsweise des Sägeblattes ist in Abhängigkeit von der Festigkeit des zu sägenden Werkstoffs möglichst eine grobe Zahnteilung zu wählen, jedoch sollten mindestens drei Zähne im Einsatz sein.

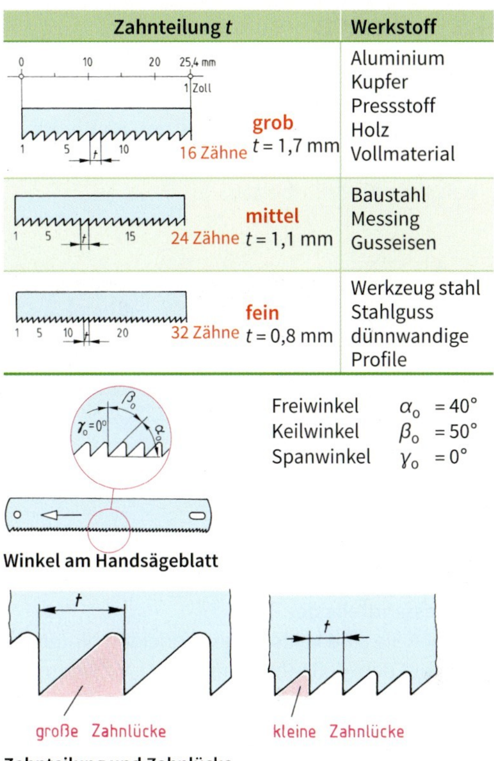

Zahnteilung t	Werkstoff
grob, 16 Zähne, t = 1,7 mm	Aluminium, Kupfer, Pressstoff, Holz, Vollmaterial
mittel, 24 Zähne, t = 1,1 mm	Baustahl, Messing, Gusseisen
fein, 32 Zähne, t = 0,8 mm	Werkzeug stahl, Stahlguss, dünnwandige Profile

Winkel am Handsägeblatt

Zahnteilung und Zahnlücke

Die Zahnteilung bei Sägen ist der Abstand zweier benachbarter Zähne. Zur Kennzeichnung von Sägeblättern wird meist die Zähnezahl angegeben, die sich auf einem Zoll der Sägeblattlänge befindet.

3. Freischnitt

Beim Sägen muss die Schnittfuge a breiter sein als die Sägeblattdicke b, um ein Klemmen des Sägeblattes zu verhindern. Die Sägeblätter werden deshalb so gestaltet, dass sie sich seitlich selbst freischneiden und damit die unerwünschte Reibung herabgesetzt wird. Die Verbreiterung der Schnittfuge heißt Freischnitt.

Erzeugen des Freischnitts

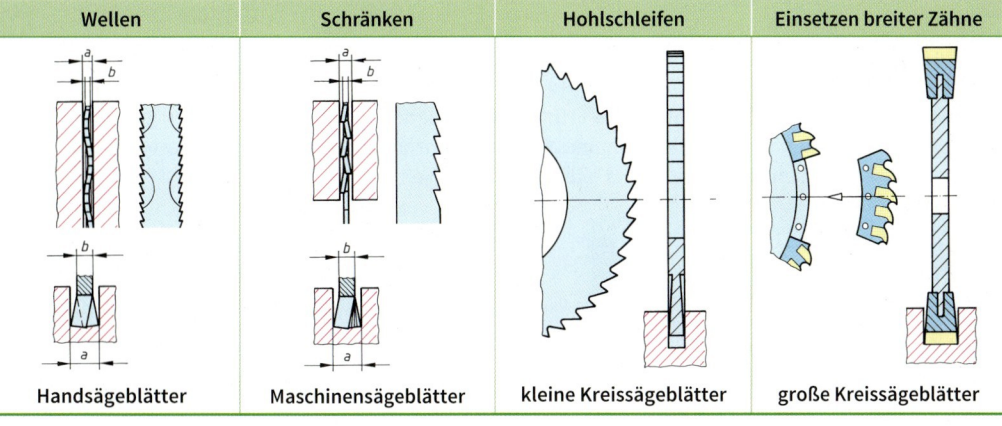

Wellen	Schränken	Hohlschleifen	Einsetzen breiter Zähne
Handsägeblätter	Maschinensägeblätter	kleine Kreissägeblätter	große Kreissägeblätter

Ein Sägeblatt schneidet frei, wenn die Schnittfuge breiter als die Sägeblattdicke ist.

4.2 Feilen

Bei der Herstellung von Werkstücken in Einzelfertigung ist es vielfach günstiger, vorgearbeitete Rohteile durch Feilen fertigzustellen, als Maschinen einzusetzen. Häufig durchzuführende Arbeiten mit Feilen sind das Entgraten und das Einpassen von Bauteilen.

Beispiele für Feilarbeiten

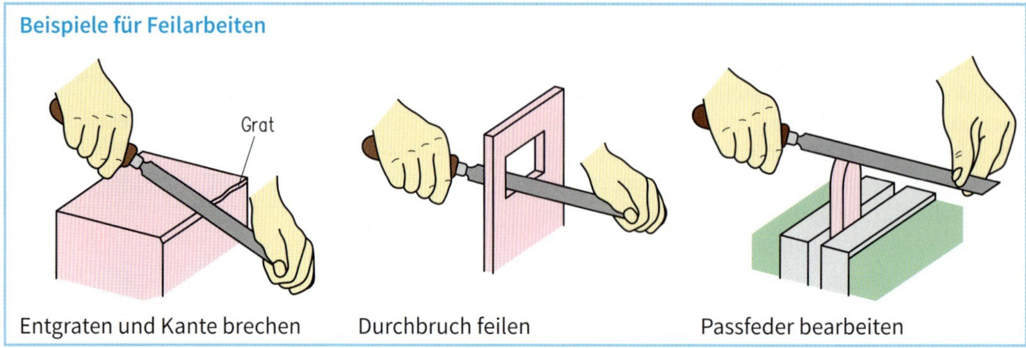

Entgraten und Kante brechen — Durchbruch feilen — Passfeder bearbeiten

4.2.1 Bestandteile der Feile und Feilenformen

– **Bestandteile der Feile**

Bei der Feile sind keilförmige Schneiden hintereinander auf dem **Feilenblatt** angeordnet. Das ausgeschmiedete spitze Ende der Feile nennt man **Angel**. Die Angel muss stramm in einen Griff, dem sogenannten **Feilenheft**, eingetrieben werden, damit man gefahrlos mit der Feile arbeiten kann.

– **Feilenformen**

Für Feilarbeiten gibt es eine Vielzahl von Feilenquerschnitten. Jede Feilenform ist genormt.
Bei Werkstattfeilen werden bestimmte Querschnittsformen angeboten, bei anderen Feilenarten gibt es entsprechende Feilenformen, z.B. Löffelfeilen, gebogene Feilen.

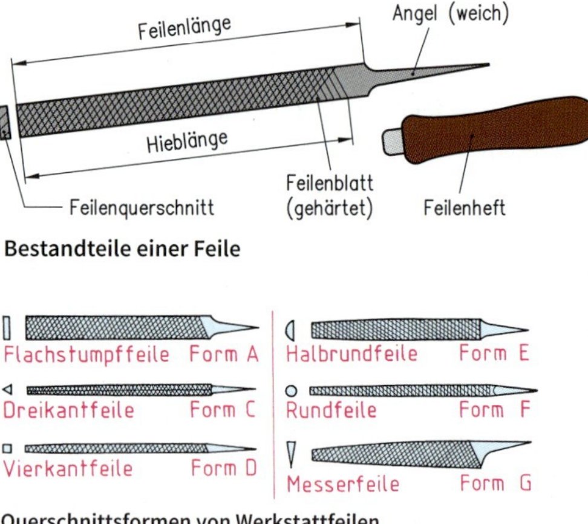

Bestandteile einer Feile

Querschnittsformen von Werkstattfeilen

> **!** Die Feilenform wird entsprechend dem zu bearbeitenden Profil ausgewählt.

4.2.2 Gehauene Feilen

Gehauene Feilen haben negative Spanwinkel und damit schabende Wirkung. Durch den großen Keilwinkel haben gehauene Feilen eine stabile Schneide an den Feilenzähnen. Darum können harte Werkstoffe, wie z.B. Stahl oder Gußeisen, mit gehauenen Feilen bearbeitet werden.

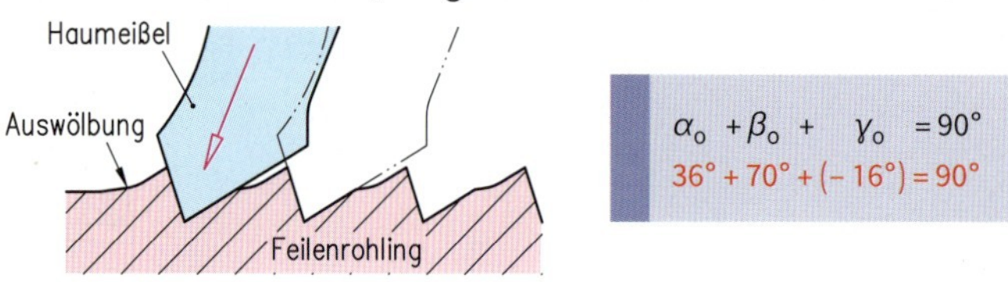

$$\alpha_0 + \beta_0 + \gamma_0 = 90°$$
$$36° + 70° + (-16°) = 90°$$

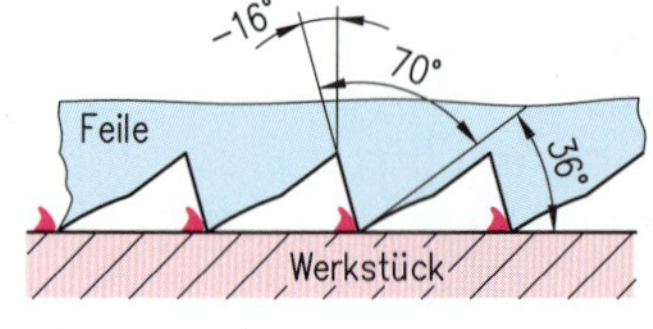

Hauen einer Feile

Winkel einer gehauenen Feile

Feilenzähne, Hiebe genannt, entstehen durch das Einschlagen des Haumeißels in den Feilenrohling. Man spricht von **Einhiebfeilen,** wenn die Hiebe nur in einer Richtung eingeschlagen wurden.

Die meist verwendeten Feilen sind Feilen mit **Kreuzhieb**. Bei diesen Feilen hat der erste Hieb, der Unterhieb, meist eine größere Teilung als der Oberhieb. Durch unterschiedliche Hiebteilungen und unterschiedliche Winkel, unter denen der Hieb erfolgte, stehen die Zähne nicht genau hintereinander sondern ein wenig versetzt. Diesen seitlichen Versatz bezeichnet man als **Schnürung**. Durch die Schnürung wird beim Feilen eine Riefenbildung vermieden.

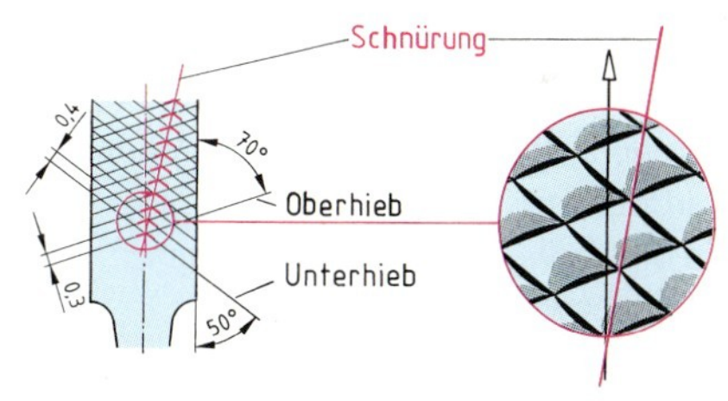

Anordnung von Ober- und Unterhieb bei Kreuzhiebfeilen

> **!** Gehauene Feilen haben Schnittwinkel über 90° und damit schabende Wirkung. Man bearbeitet mit ihnen harte Werkstoffe, z.B. Stahl oder Gusseisen.
> Durch Schnürung vermeidet man Riefenbildung an den durch Feilen bearbeiteten Oberflächen.

Entsprechend der Normung kennzeichnet man Feilen mit Hiebnummern von 0 (grob) bis 6 (sehr fein). Die Zahl der Hiebe je cm in Zusammenhang mit der Hieblänge bestimmt die Hiebnummer.

Beispiel für den Zusammenhang zwischen Hieblänge und Hiebnummer

Hieblänge	Hieb 1	Hieb 2	Hieb 3	Hieb 4
	Hiebzahl je cm			
150 mm	13	18	23	28
200 mm	10	15	20	24
250 mm	8	13	17	21
300 mm	7	11	15	19

Hiebnummern und Hiebzahlen

Hiebnummer	Hiebzahl je cm lange Feilen	kurze Feilen	Übliche Hiebbezeichnung	Erreichbare Oberflächengüter
0	4,5 ...	10	Grob	**Geschruppt:** Riefen fühlbar und mit bloßem Auge sichtbar
1	5,3 ...	16	Bastard	
2	10 ...	25	Halbschlicht	**Geschlichtet:** Riefen mit bloßem Auge noch sichtbar
3	14 ...	35	Schlicht	
4	25 ...	50	Doppelschlicht	**Fein geschlichtet:** Riefen mit bloßem Auge nicht mehr sichtbar
5	40 ...	71	Feinschlicht	

4.2.3 Gefräste Feilen

Gefräste Feilen haben positive Spanwinkel und damit schneidende Wirkung. Sie werden vorwiegend zum Zerspanen von Kunststoffen und weichen Metallen, z. B. Aluminium eingesetzt

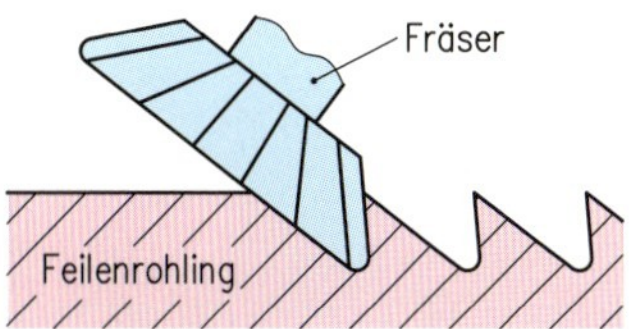

Fräsen einer Feile

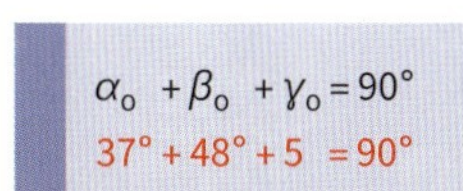

$$\alpha_o + \beta_o + \gamma_o = 90°$$
$$37° + 48° + 5 = 90°$$

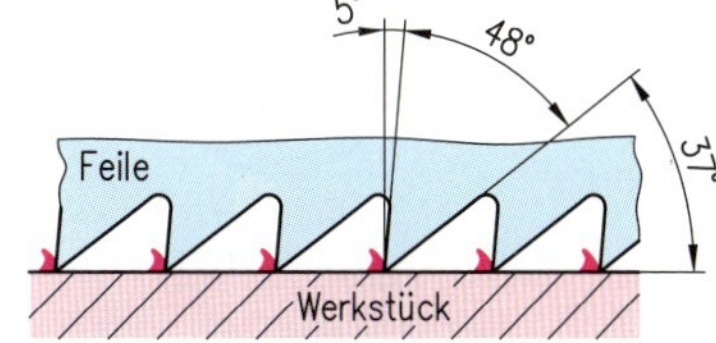

Winkel an einer gefrästen Feile

Damit sich bei einer gefrästen Feile die Späne nicht stauen sondern zur Seite ablaufen, fräst man die Zähne schräg zur Längsachse der Feile oder (seltener) bogenförmig.
Darüber hinaus vermeidet man das Stauen der Späne, indem man feine Späne durch **Spanbrechernuten** in den Feilenzähnen erzeugt. Das Abtrennen feiner Späne führt auch zu besserer Oberflächengüte der bearbeiteten Flächen.

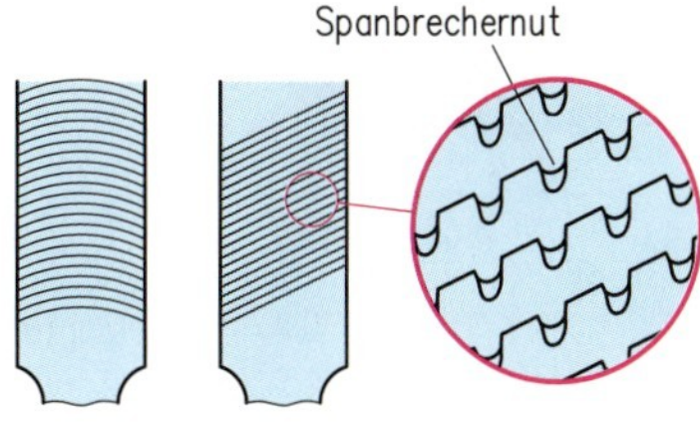

Spanbrechernuten an gefräster Feile

> **!** Gefräste Feilen haben Schnittwinkel unter 90° und damit schneidende Wirkung. Man bearbeitet mit ihnen weiche Werkstoffe, z. B. Aluminium oder Kunststoffe.

4.3 Bohren

Ein Bohrer trennt während der Drehbewegung Späne ab, wenn gleichzeitig eine geradlinige Bewegung in Werkstückrichtung erfolgt.

- Die Drehbewegung des Bohrers nennt man **Schnittbewegung**.
- Die zur Spanabnahme notwendige geradlinige Bewegung des Bohrers wird **Vorschubbewegung** genannt.

Die Überlagerung der Bewegungen ergibt eine wendelförmige Bewegung der Schneidecken.

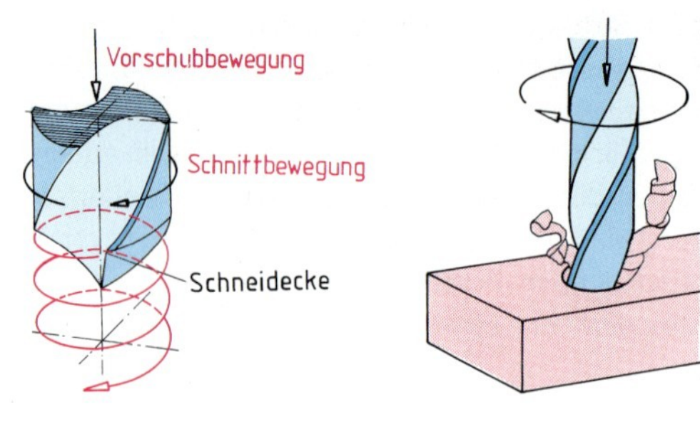

Wendelförmige Bohrbewegung

Die Spanabnahme beim Bohren erfolgt durch das Zusammenwirken einer kreisförmigen Schnittbewegung und einer geradlinigen Vorschubbewegung.

4.3.1 Spiralbohrer

1. Aufbau und Winkel

Spiralbohrer sind die am häufigsten verwendeten Bohrwerkzeuge. Der spiralförmige Schneidteil endet in einem zylindrischen oder kegeligen Einspannteil. Die Spitze der Schneidseite wird von den Bohrerschneiden gebildet.

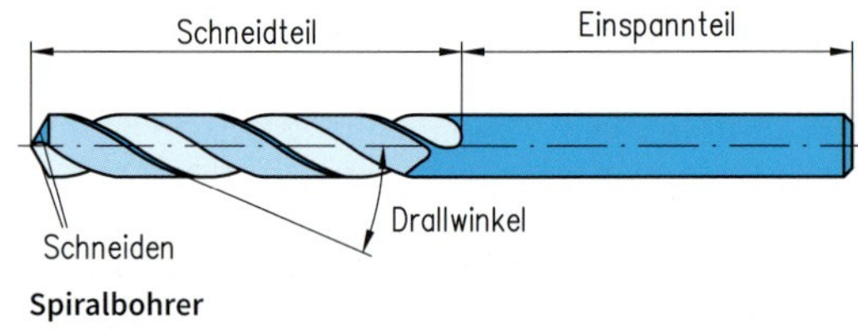

Spiralbohrer

Im Schneidteil des Bohrers befinden sich zwei gegenüberliegende, wendelförmig aufsteigende **Spannuten**. Der Winkel zwischen Spannut und Bohrerachse wird **Drallwinkel** genannt. Er entspricht dem **Spanwinkel** γ_o des Schneidkeils am Bohrer. Die beiden **Hauptschneiden** schließen den **Spitzenwinkel** σ von meist 118° ein. Die beiden Freiflächen sind um den **Freiwinkel** α_o geneigt.
Weil sich die Winkel von außen nach innen verändern, wie bei der Steigung einer Wendeltreppe, spricht man von den außen gemessenen Winkeln von Seitenwinkeln, z. B. vom Seitenspanwinkel.

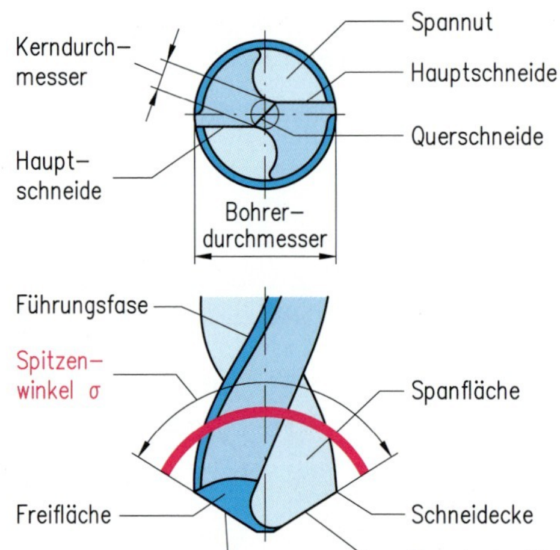

Benennungen und Winkel am Spiralbohrer

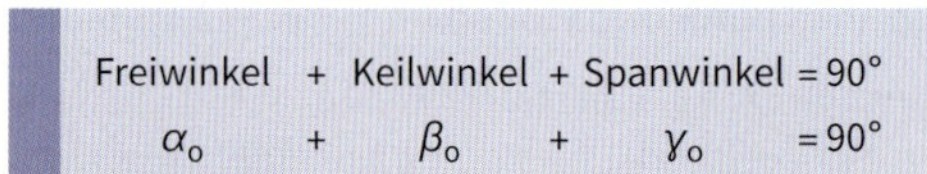

Freiwinkel + Keilwinkel + Spanwinkel = 90°

$$\alpha_o + \beta_o + \gamma_o = 90°$$

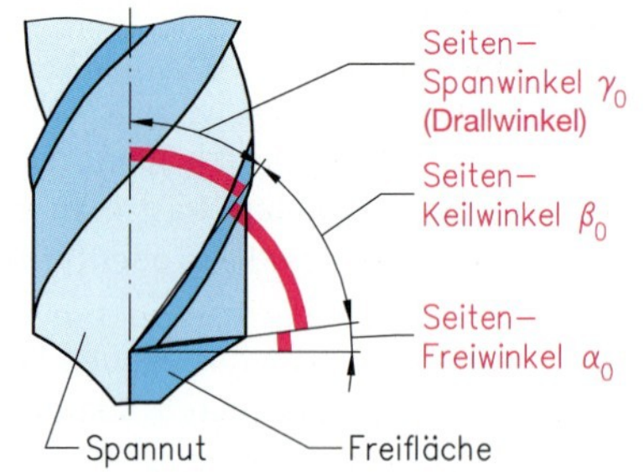

Winkel an den Bohrerschneiden

Beim Spiralbohrer bestimmt der Drallwinkel den Spanwinkel. Der Hinterschliff ergibt den Freiwinkel. Durch beide Winkel wird der Keilwinkel festgelegt. Die Bohrerfase dient der Führung.

Übungsaufgaben 4/12; 4/13

2. Spiralbohrertypen

Zur Bearbeitung von Werkstoffen mit unterschiedlicher Festigkeit stehen verschiedene Spiralbohrertypen zur Verfügung. Danach gibt es den Grundtyp N für Werkstoffe mittlerer Festigkeit und die Typen W und H für weiche bzw. härtere Werkstoffe. Bedingt durch den unterschiedlichen Drall ergibt sich z. B. beim Typ H aus einem kleinen Drallwinkel ein großer Keilwinkel mit großer Schneidenstabilität.

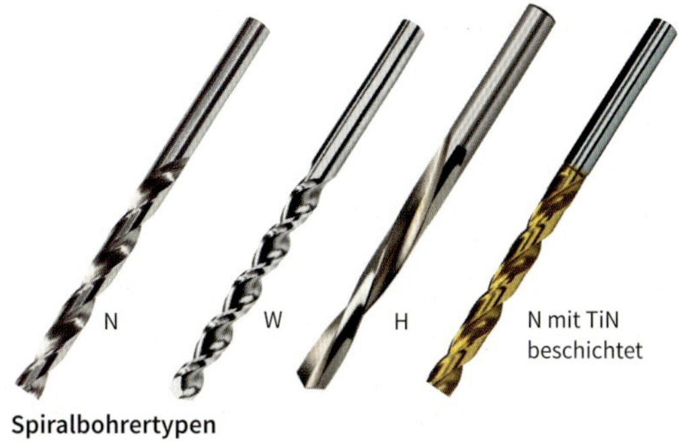

Spiralbohrertypen

Alle Bohrertypen werden auch mit einer Titannitrid-Beschichtung (TiN) geliefert, welche bei höheren Schnittgeschwindigkeiten eine längere Einsatzzeit (Standzeit) erlaubt. Für besonders harte Einsatzbedingungen bei der Bearbeitung hoch legierter Stähle stehen verstärkte Ausführungen mit Sonderanschliffen oder Hartmetallbohrer bereit.

3. Einspannen von Bohrern

Die Mitnahme des Bohrers erfolgt bei allen Einspannverfahren durch Reibung.

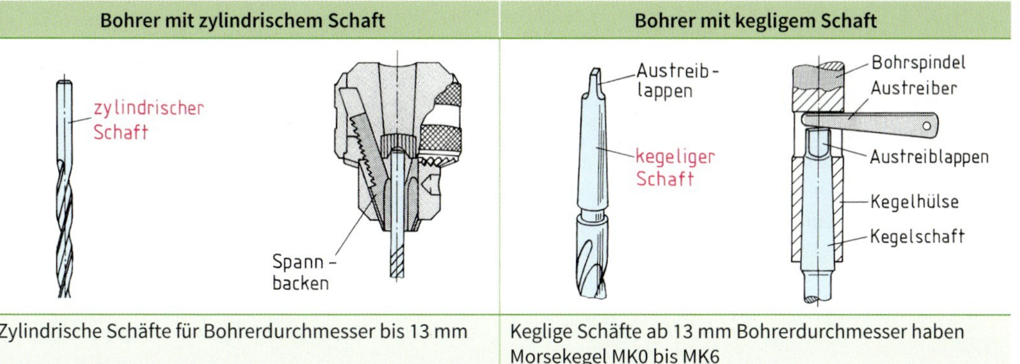

Bohrer mit zylindrischem Schaft	Bohrer mit kegligem Schaft
Zylindrische Schäfte für Bohrerdurchmesser bis 13 mm	Keglige Schäfte ab 13 mm Bohrerdurchmesser haben Morsekegel MK0 bis MK6

4.3.2 Bohrmaschinen

Unterschiedliche Werkstücke mit Bohrungen, die sich in der Größe, Lage und Genauigkeit unterscheiden, erfordern den Einsatz verschiedenartiger Bohrmaschinen. So unterschiedlich die Konstruktionen der Bohrmaschine sind, so führen sie alle die für den Bohrvorgang notwendigen Bewegungen aus.

Häufig werden Säulenbohrmaschinen in Handwerks- und Industriebetrieben eingesetzt. Sie bestehen aus einer Grundplatte, Rundsäule, Werkstücktisch und der Antriebseinheit im Bohrmaschinenkopf. Der Werkstücktisch ist um die Rundsäule schwenkbar und höhenverstellbar, er dient zum Aufspannen der Werkstücke. Der Antrieb der Bohrspindel kann mit einer Verstellung der Umdrehungsfrequenzen in Stufen oder stufenlos erfolgen. Produktionsmaschinen werden serienmäßig mit stufenloser Umdrehungsfrequenzregelung und digitaler Anzeige von Umdrehungsfrequenz und Bohrtiefe ausgestattet. Als Sonderausstattung sind Gewindeschneid- und Vorschubeinrichtungen im Einsatz.

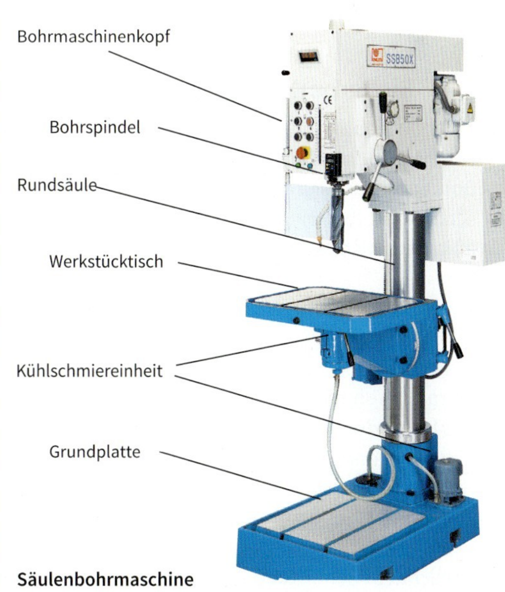

Säulenbohrmaschine

4.3.3 Spannen der Werkstücke beim Bohren

Kleine Werkstücke werden in einen Maschinenschraubstock eingespannt. Der Maschinenschraubstock eignet sich zum Spannen von Werkstücken mit parallelen Anlageflächen.
Prismatische Ausarbeitungen in den Spannbacken ermöglichen ein genaues Spannen der Werkstücke in waagerechter und senkrechter Richtung.

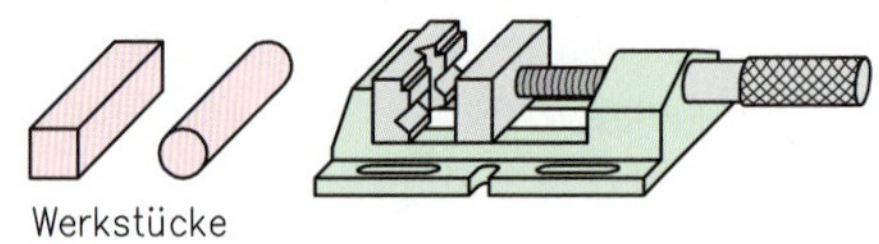

Maschinenschraubstock für Bohrmaschinen

Große Werkstücke werden mit Spannelementen direkt auf dem Bohrtisch befestigt. Spannelemente gibt es in vielgestaltigen Ausführungsformen. Ein Werkstück kann z.B. mithilfe von Spanneisen, Spannschrauben und Schraubbock gegen Parallelanschläge gespannt werden. Bei Durchgangslöchern muss durch Zwischenlagen ein Auslauf für die Bohrspitze geschaffen werden.

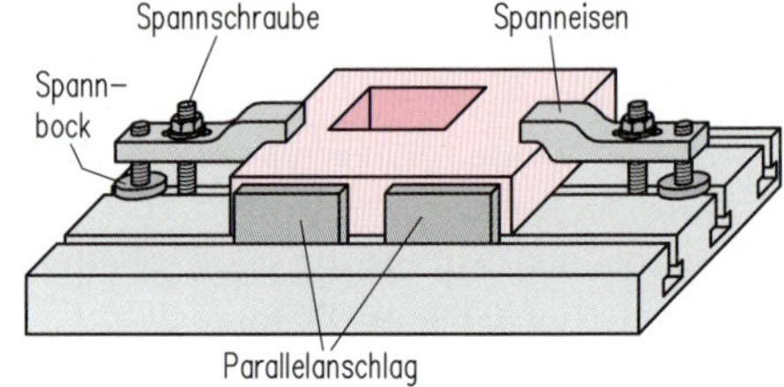

Aufspannen von Werkstücken mit Spannelementen

Eine große Zahl von gleichen Werkstücken wird zum Bohren in Bohrvorrichtungen gespannt. Die Spannkraft kann dabei mechanisch, hydraulisch oder pneumatisch aufgebracht werden. Jedes Werkstück wird so in der gleichen Lage festgespannt. Außerdem wird der Bohrer durch gehärtete Bohrbuchsen so genau geführt, dass die Lage der Bohrungen an allen Werkstücken übereinstimmt.

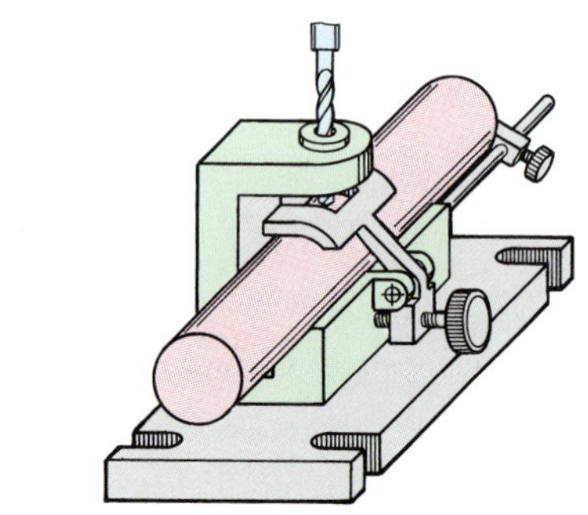

Bohrvorrichtung für zylindrische Werkstücke

> **!** Durch Spannzeuge und Spannvorrichtungen erreicht man:
> - ein schnelles und genaues Spannen der Werkstücke und
> - eine Verringerung der Unfallgefahren

4.3.4 Sicherheitshinweise zum Bohren

- Vor Inbetriebnahme Maschine auf Betriebssicherheit überprüfen.
- Bohrer zentrisch und fest einspannen. Spannschlüssel sofort wieder entfernen und sicher ablegen – nicht an Kette oder Schnur befestigen.
- Werkstück ausrichten und so sicher einspannen, dass es gegen Mit- und Hochreißen gesichert ist.
- Beim Bohren dünner Werkstücke Unterlagen aus Holz oder Kunststoff verwenden.
- Eng anliegende Ärmel tragen, bei langen Haaren Haarnetz benutzen, bei spröden Werkstoffen Schutzbrille tragen.
- Laufende Arbeitsspindel nach Abschalten der Maschine nicht mit der Hand abbremsen.
- Vorsicht vor Schnittverletzungen infolge Gratbildung.

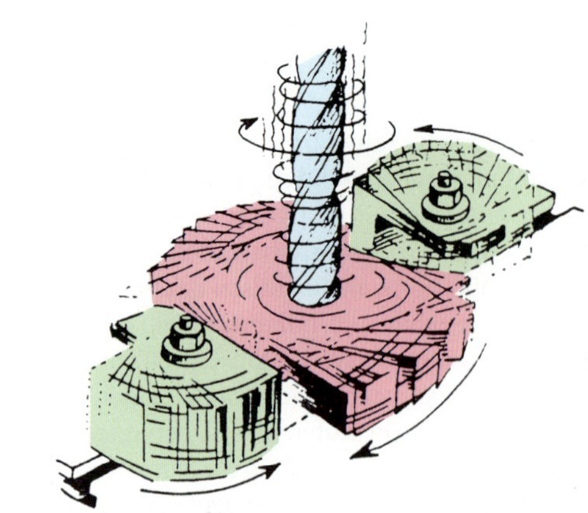

Werkstücke sicher spannen

Übungsaufgabe 4/16

4.3.5 Berechnung von Schnittdaten zum Bohren

Die Geschwindigkeit, mit der der Trennvorgang erfolgt, wird **Schnittgeschwindigkeit** v_c genannt.
Der Bohrer führt eine kreisförmige Schnittbewegung aus. Die höchste Schnittgeschwindigkeit hat der Bohrer an der Schneidecke. Deshalb werden Schnittgeschwindigkeitsberechnungen für diesen Punkt ausgeführt.
Aus der Schnittgeschwindigkeit, die aus Tabellen zu entnehmen ist, kann die einzustellende Umdrehungsfrequenz errechnet werden.

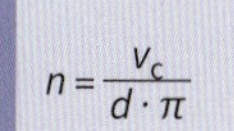

$$n = \frac{v_c}{d \cdot \pi}$$

n Umdrehungsfrequenz
v_c Schnittgeschwindigkeit
d Bohrerdurchmesser

Die **zulässige Schnittgeschwindigkeit** ist von der Zerspanungseignung des Werkstücks und von der Warmstandfestigkeit der Bohrerschneide abhängig. Mit abnehmender Zerspanungseignung steigt der Widerstand gegen den Trennvorgang und damit auch die Erwärmung an den Schneiden. Durch Zugabe eines geeigneten Kühlschmiermittels wird die Zerspanungswärme von den Werkzeugschneiden schneller abgeführt. Dadurch kann mit einer höheren Schnittgeschwindigkeit gebohrt werden.

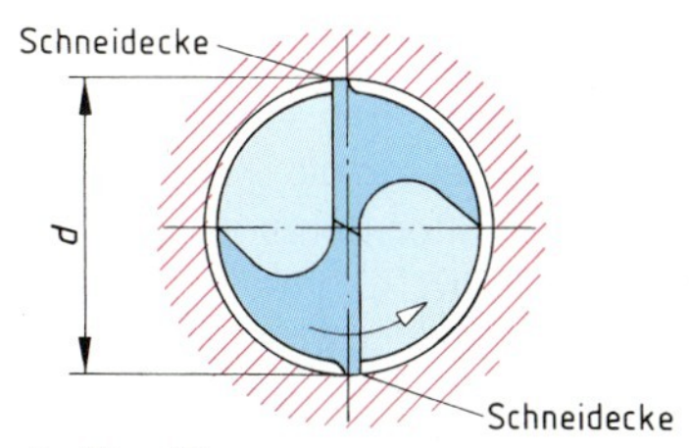

Bohrer im Eingriff

Richtwerte für Schnittgeschwindigkeiten für HSS-Bohrer

Werkstoffe des Werkstücks (R_m)	Schnittgeschwindig keit in m/min		Kühlschmiermittel
	unbeschictet	mit TiN-beschichtet	
Leichtmetalle langspannend	90	–	trocken, Bohrölemulsion
Messing	30–50	50–60	trocken, Bohrölemulsion
Gusseisen bis 260 N/mm²	25–35	35–45	trocken, Bohrölemulsion
Stahl bis 700 N/mm²	25–35	30–45	Bohrölemulsion

Die zulässige Schnittgeschwindigkeit wird unter Berücksichtigung der Werkstoffe vom Werkstück und vom Werkzeug Tabellen entnommen. Bei gewählter Schnittgeschwindigkeit und vorgegebenem Bohrerdurchmesser kann man die einzustellende Umdrehungsfrequenz rechnerisch bestimmen.

Beispiel für die Berechnung der Umdrehungsfrequenz

Aufgabe

In Baustahl sind mit unbeschichteten HSS-Bohrern zwei Löcher von 3 mm und 8 mm Durchmesser zu bohren.
Die jeweils maximal einzustellende Umdrehungsfrequenz ist zu berechnen.

Lösung

$$n = \frac{v_c}{d \cdot \pi} \qquad v_c = 30\,\text{m/min}$$

$$n_1 = \frac{30\,000\,\text{mm}}{3\,\text{mm} \cdot 3{,}14 \cdot \text{min}} = \mathbf{3\,184\,1/min}$$

$$n_2 = \frac{30\,000\,\text{mm}}{8\,\text{mm} \cdot 3{,}14 \cdot \text{min}} = \mathbf{1\,194\,1/min}$$

! Die Schnittgeschwindigkeit wird ausgewählt nach:
- der Zerspanungseignung des Werkstückwerkstoffs,
- der Warmstandfestigkeit des Bohrers,
- der Verwendung eines Kühlmittels.

Hinweise zum fachgerechten Bohren

- Bohrungen über 12 mm mit einem kleineren Bohrer (etwa 4 mm Durchmesser) vorbohren. Dadurch ist die Querschneide des größeren Bohrers nicht im Eingriff.
- Werte für zulässige Schnittgeschwindigkeit und Vorschub dem Tabellenbuch entnehmen. Für die ausgewählten Bohrer die zulässige Umdrehungsfrequenz an der Maschine einstellen.
- Bohrer mit Kühlemulsionen kühlen, um Schneidhaltigkeit zu erhalten.

Übungsaufgaben 4/17 bis 4/20

4.4 Entgraten und Senken

Beim Entgraten und Senken arbeitet man im Vergleich zum Bohren mit etwas geringeren Schnittgeschwindigkeiten und halb so großen Vorschüben.

- Durch Entgraten werden die scharfkantigen Grate von Bohrungen entfernt.
- Durch Senken erhalten Bohrungen die Form zur Aufnahme von Verbindungselementen wie Senkschrauben und Niete.

1. Entgraten

Durch Entgraten werden scharfkantige Bohrungen gratfrei gemacht, damit sie einwandfreie Anlageflächen erhalten und Schnittverletzungen vermieden werden. Zum Entgraten verwendet man Handentgrater oder Kegelsenker mit einem Spitzenwinkel von 90°. Für das Senken auf der Rückseite der Bohrungen mit dem gleichen Werkzeug wie auf der Vorderseite setzt man spezielle Rückwärtssenker ein, z. B. Entgratgabeln.

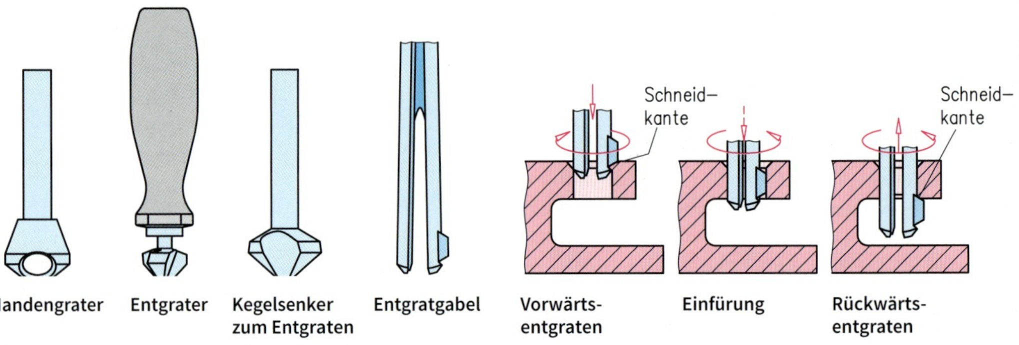

> **!** Zum Entgraten verwendet man Entgratungssenker mit einen Spitzenwinkel von 90°. Entgratungssenker sind Kegelsenker mit einer Schneide und einem Querloch zur Spanabfuhr oder mehrschneidige Senker. Der Eintritt- und Austrittgrat wird mit Rückwärtssenkern in einem Arbeitsgang entgratet.

2. Senken

Zur Aufnahme der Köpfe von Senkschrauben und Senknieten sowie zylindrischen Schraubenköpfen werden Ansenkungen benötigt. Die Köpfe von Senkschrauben haben einen Kegelwinkel von 90°, Senkniete von 75° und Linsenkopfniete 120°. Zur Herstellung der Senkungen müssen entsprechende Senkwerkzeuge verwendet werden.

Zum zylindrischen Einsenken setzt man Flachsenker mit Führungszapfen ein, damit die Senkungen zentrisch ausgeführt werden. Für das Senken auf unzugänglichen Rückseiten werden Rückwärtssenker verwendet.

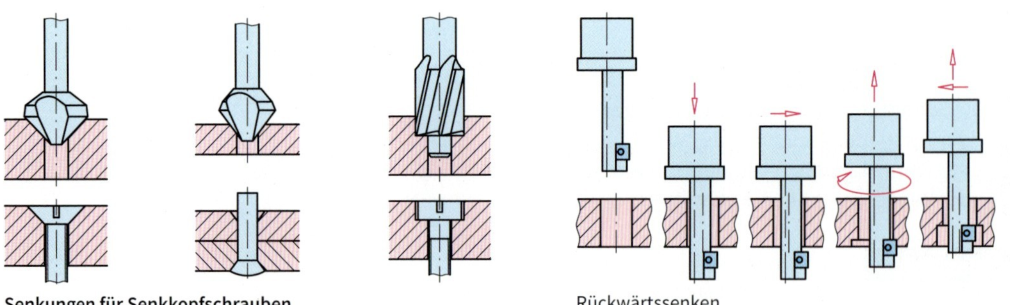

> **!** Zum kegeligen Senken von Bohrungen verwendet man für Senkschrauben Kegelsenker mit 90° Spitzenwinkel. Für Senknieten benutzt man Kegelsenker mit 75° Spitzenwinkel.
> Zum zylindrischen Senken für zylindrische Schraubenköpfe verwendet man Flachsenker mit Führungszapfen.

4.5 Gewindeschneiden

4.5.1 Aufbau und Maße von Gewinden

1. Gewinde und Schraubenlinie

Bei der Gewindeherstellung wird entlang der Schraubenlinie eine fortlaufende Rille in das Werkstück eingearbeitet. Die Gewinderillen mit dem dazwischen verbliebenen Werkstoff werden Gewindeprofil genannt.

Schrauben haben ein dreieckiges Gewindeprofil, es wird normgerecht als Spitzgewinde bezeichnet.

- Arbeitet man das Gewindeprofil in die Mantelfläche eines Bolzens ein, so erhält man **Außengewinde**.
- Arbeitet man das Gewindeprofil in die Mantelfläche einer Bohrung ein, so erhält man **Innengewinde**.

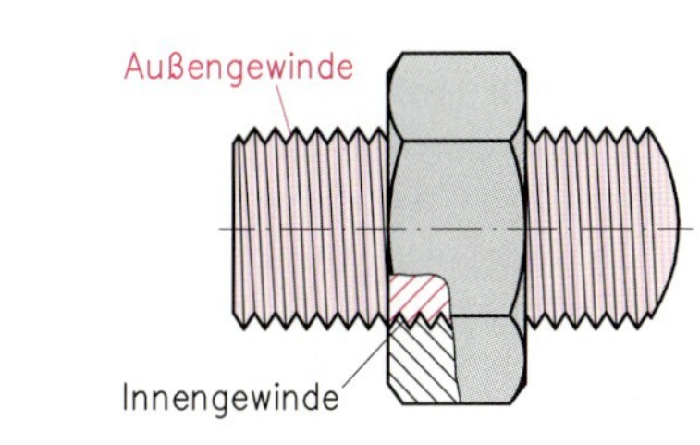

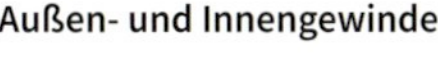

Außen- und Innengewinde

Die Abwicklung des Zylindermantels zwischen Grundfläche des Zylinders bis zur Schraubenlinie ergibt ein rechtwinkliges Dreieck. Die Höhe des Dreiecks ist gleich dem Anstieg bei einer Umdrehung und wird beim Gewinde Steigung genannt. Aus Steigung und Umfang des zylindrischen Körpers ergibt sich der Verlauf der Schraubenlinie.

Das rechtwinklige Dreieck aus Umfang, Steigung und Schraubenlinie wird Steigungsdreieck genannt.

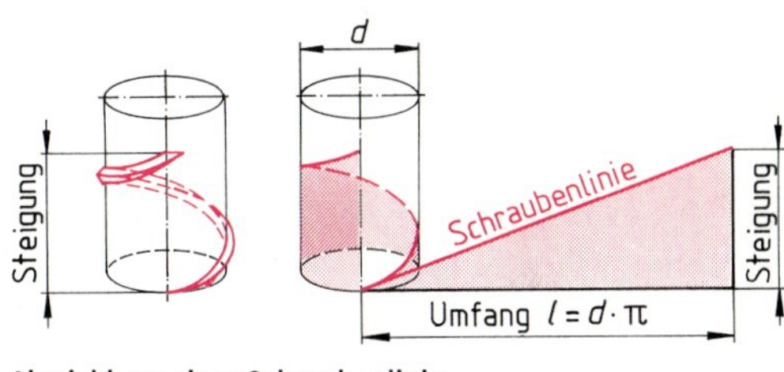

Abwicklung einer Schraubenlinie

2. Gewindemaße des metrischen ISO-Gewindes

Bauteile mit Gewinden müssen austauschbar sein. Aus diesem Grund sind Gewinde in allen Einzelheiten genormt. Am häufigsten wird das metrische ISO-Regelgewinde verwendet. Seine Maße sind in DIN 13 festgelegt. Man benennt die

- Maße des Außengewindes mit **kleinen** Buchstaben,
- Maße des Innengewindes mit **großen** Buchstaben.

– **Nenndurchmesser** (*D* **und** *d*)

Der Nenndurchmesser ist der äußere Gewindedurchmesser.

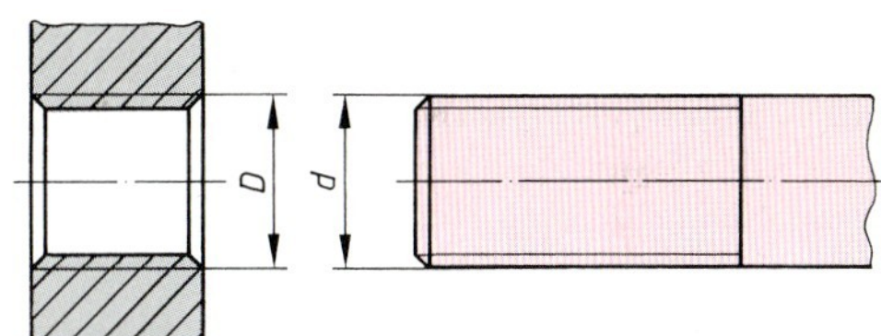

Gewinde-Nenndurchmesser

– **Kerndurchmesser** (D_1 **und** d_3)

Bei Außengewinden wird der Durchmesser des noch vorhandenen Restquerschnittes als Kerndurchmesser bezeichnet. Beim Innengewinde entspricht der Kerndurchmesser etwa dem Durchmesser des herzustellenden Bohrloches.

– **Steigung** (*P*)

Die Steigung ist bei eingängigen Gewinden der Abstand von Gewindegang zu Gewindegang.

– **Flankenwinkel**

Als Flankenwinkel bezeichnet man den Winkel zwischen den Gewindeflanken. Er beträgt bei metrischen ISO-Regelgewinden 60°.

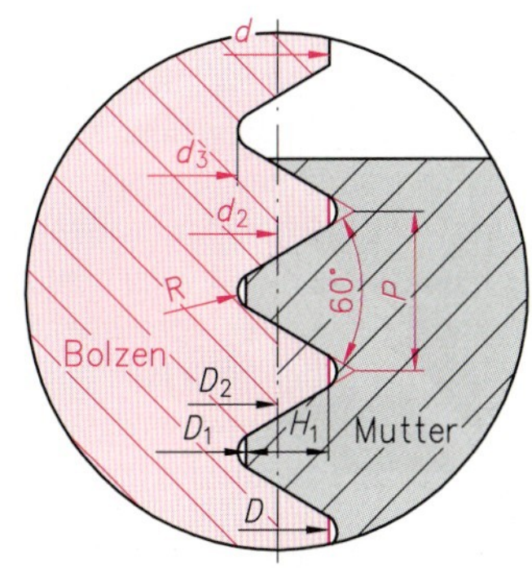

Metrisches ISO-Regelgewinde

4.5.2 Herstellen von Innengewinden mit Handgewindebohrern

Zum Innengewindeschneiden muss zunächst gebohrt werden. Wegen der Aufwulstung des Werkstoffes beim Schneiden des Gewindes muss der Bohrerdurchmesser geringfügig größer als der Kerndurchmesser des Gewindes gewählt werden. Nach dem Bohren werden die Bohrungen mit einem Kegelsenker von 90° auf den Nenndurchmesser des Gewindes angesenkt. Hierdurch wird der Anschnitt erleichtert und man erhält ein gratfreies Gewindeloch. Die nutzbare Gewindelänge muss so groß sein, dass die Gewindegänge bei Belastung nicht ausreißen. Bei gleichem Werkstoff von Schraube und Mutter genügt als Gewindelänge das 0,8-Fache des Gewindedurchmessers.

Gewindelänge *l* bei Werkstoffen mit gleicher Festigkeit von Bolzen und Mutter

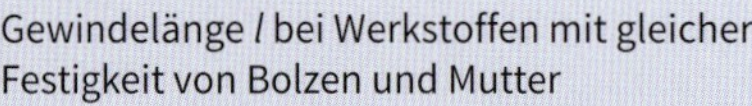

$$l_{\text{mindestens}} = 0{,}8 \cdot D$$
$$l_{\text{höchstens}} = 1{,}5 \cdot D$$

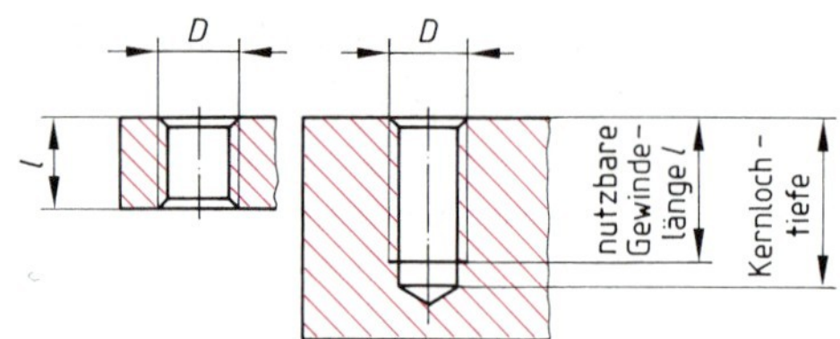

Durchgangs- und Grundlochgewinde

Bohrerdurchmesser für Gewindekernlöcher

Gewinde	Kerndurchmesser D_1 (min)	Kernlochbohrer-Ø
M 5	4,134 mm	4,2 mm
M 6	4,917 mm	5,0 mm
M 8	6,647 mm	6,8 mm
M 10	8,376 mm	8,5 mm
M 12	10,106 mm	10,2 mm
M 24	20,752 mm	21,0 mm

! Bei Gewindebohrungen soll die Gewindetiefe nach dem Gewindedurchmesser festgelegt werden: Gewindelänge ungefähr gleich Gewindedurchmesser.

1. Gewindebohrersatz

Die beim Gewindeschneiden anfallende Spanmenge kann meist nicht in einem Arbeitsgang mit einem Werkzeug abgetrennt werden. Dabei wäre eine große Schnittkraft erforderlich; die Gewindebohrer würden brechen. Deshalb wird das Gewindeprofil meist mit einem **Gewindebohrersatz** aus **Vor-, Mittel- und Fertigschneider** hergestellt. Die Trennarbeit verteilt sich auf 3 Werkzeuge mit unterschiedlichen Spananteilen.

Gewindebohrer sind mit einem kegeligen Anschnitt versehen. So wird das Einführen des Werkzeuges in das Bohrloch ermöglicht. Die ersten Schneiden eines Gewindebohrers müssen das Gewindeprofil allmählich in den Werkstoff einarbeiten. Da die Schneiden des Anschnittes fast allein die Zerspanarbeit übernehmen, bewirkt der kegelförmige Anschnitt auch eine Verteilung der Spanabnahme auf die Schneiden des Anschnittteils. Die nachfolgenden Schneiden sind kaum an der Spanabnahme beteiligt.

Zerspananteile beim Gewindebohrer-Satz

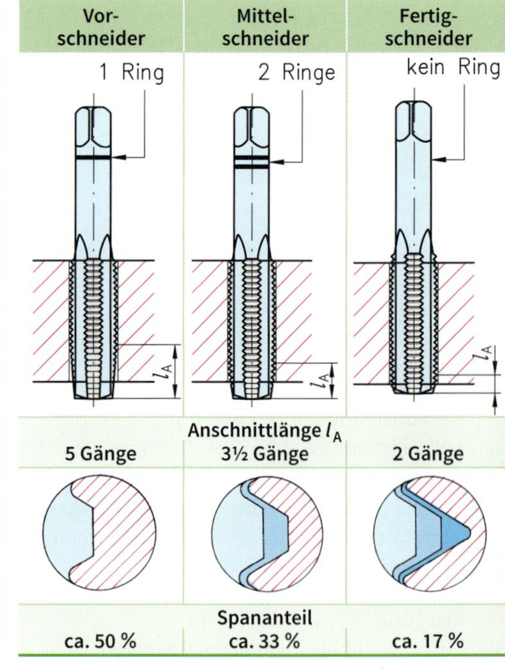

Vor-, Mittel- und Fertigschneider haben unterschiedliche Anschnittlängen und verschieden ausgestaltete Gewindeprofile. Der Vorschneider hat den längsten Anschnitt, aber noch kein vollständiges Gewindeprofil. Bei Mittel- und Fertigschneider wird der Anschnitt jeweils kürzer, das Gewindeprofil nähert sich der Endform. Dadurch wird die Spanabnahme auf alle drei Gewindebohrer verteilt.

! Bei einem Gewindebohrersatz wird
- vom Vorschneider ein großer Anteil der Späne abgetragen,
- vom Fertigschneider das vollständige Gewindeprofil geschnitten.

Übungsaufgaben 4/26; 4/27

2. Einschneider

Beim Schneiden von Durchgangsgewinden und Gewindetiefen bis 1,5 · *d* kann das Gewinde in einem Arbeitsgang mit einem **Einschneider** gefertigt werden. Die drei Bereiche Vor-, Nach- und Fertigschneiden werden mit einem einzigen Werkzeug ausgeführt. Wegen des langen Anschnitts eignen sich Einschneider nicht zum Gewindeschneiden von Grundlöchern.

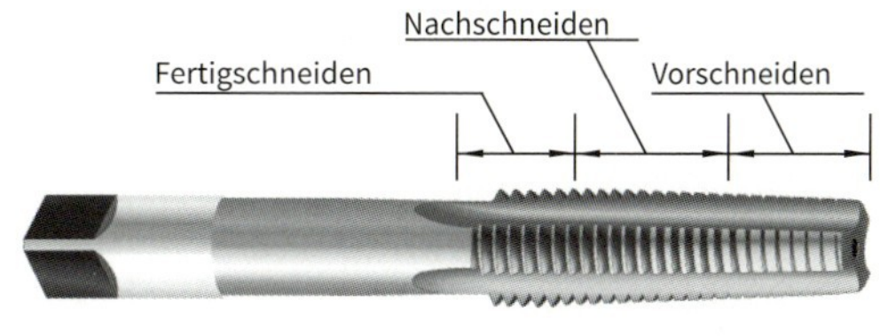

Einschneider

! Einschneider eignen sich für Durchgangsgewindebohrungen bis $l < 1{,}5 \cdot d$.

3. Spanwinkel am Gewindebohrer

Gewindebohrer sind mehrschnittige Werkzeuge, die mit keilförmigen Schneiden das Gewindeprofil aus dem Werkstoff herausarbeiten.

Der Schneidvorgang wird am stärksten von der Größe des **Spanwinkels** beeinflusst. Die Wahl des geeigneten Spanwinkels richtet sich nach der Festigkeit und dem Zerspanverhalten des zu bearbeitenden Werkstoffes.

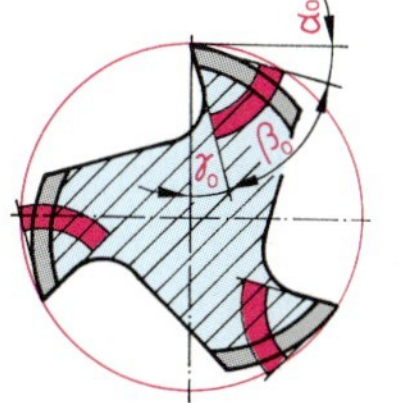

Winkel am Schneidkeil

Werkstoff	Spanwinkel γ_o
Aluminium	20° bis 25°
Baustahl	10° bis 15°
Gusseisen	4° bis 6°

! Gewindebohrer für weiche Werkstoffe haben große Spanwinkel.

4. Herstellen von Innengewinden

Gewindebohrer müssen stets fluchtend zur Bohrlochachse angesetzt und eingedreht werden. Vor allem beim Anschneiden muss die rechtwinklige Stellung des Gewindebohrers mehrfach mit einem Flach- oder Anschlagwinkel geprüft werden. Die erforderliche Schnittkraft wird von Hand aufgebracht, durch die Hebelwirkung des Windeisens verstärkt und auf das Werkzeug übertragen.

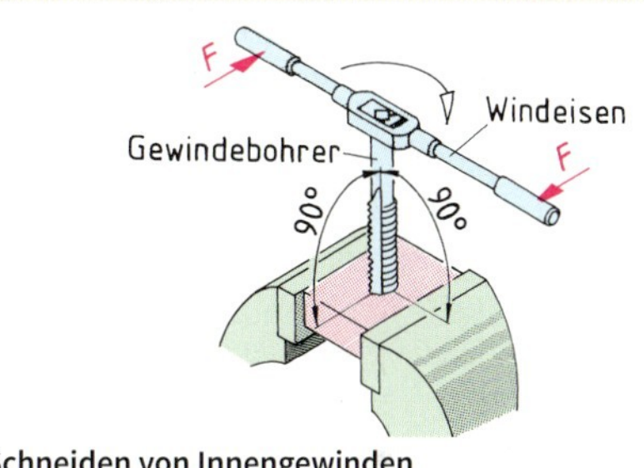

Schneiden von Innengewinden

4.5.3 Herstellen von Außengewinden mit Schneideisen

Außengewinde werden auf Bolzen geschnitten. Da fast immer ein Umformen des Werkstoffes erfolgt, werden bei Stahl die Bolzendurchmesser etwa um 1/10 der Steigung kleiner vorgefertigt als der spätere Außendurchmesser des Gewindes. Zum leichteren Anschneiden wird der Anfang des Bolzens 45° angefast. Die Anfasung muss mindestens bis zum Kerndurchmesser reichen.

Als Werkzeuge zum Gewindeschneiden von Hand werden **Schneideisen** verwendet. Kleine Gewinde werden mit geschlossenen Schneideisen geschnitten. Bei geschlitzten Schneideisen kann der Gewindedurchmesser geringfügig verändert werden.

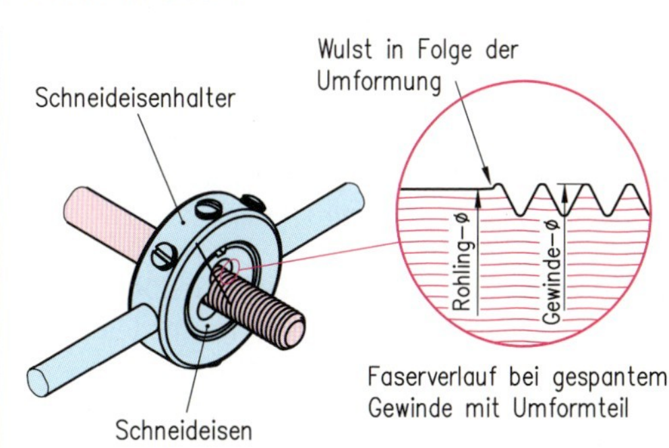

Schneiden von Außengewinden

! Für Außengewinde in Stahlbolzen gilt:
- Vordrehen des Bolzendurchmessers um 1/10 der Steigung kleiner.
- Anfasen im Winkel von 45° bis auf den Kerndurchmesser.

Außengewinde werden mit Schneideisen oder mit Schneidkluppen geschnitten.

Übungsaufgaben 4/28 bis 4/31

4.6 Reiben

Beim Fügen von Bauteilen sind häufig Bohrungen mit geringer Maßtoleranz, hoher Formgenauigkeit und hoher Oberflächengüte zur Aufnahme von Stiften, Bolzen und Passschrauben herzustellen. Dies geschieht durch Reiben mit Reibahlen.

1. Reibvorgang

Die Bohrungen müssen um die Bearbeitungszugabe kleiner vorgebohrt werden. Die Bearbeitungszugabe ist vom Durchmesser der verlangten Bohrung abhängig.
Mit der Reibahle trägt man kleinste Spänchen aus der Bohrung ab und bekommt dadurch eine hohe Oberflächengüte. Dies wird erreicht durch eine Vielzahl von Schneiden, bei denen der Spanwinkel so gewählt ist, dass eine vorwiegend schabende Wirkung erzielt wird.
Die Oberflächengüte kann durch Verwendung geeigneter Schmiermittel merklich verbessert werden. Beim Reiben ist die Schmierwirkung wichtiger als das Kühlen. Daher erzielt man bei Verwendung eines Schneidöls bessere Oberflächen als mit einer Schneidölemulsion.
Die Schnittgeschwindigkeit beim Reiben soll aus Erfahrung wesentlich kleiner als beim Bohren sein.

Bearbeitungszugaben zum Reiben

Bohrungs-durchmesser	bis 5 mm	5–10 mm	10–20 mm	über 20 mm
Bearbeitungs-zugabe	0,1 mm	0,1–0,2 mm	0,2–0,3 mm	0,3–0,5 mm

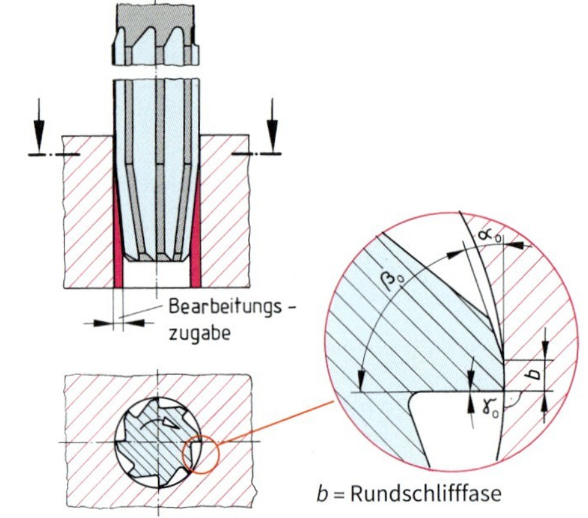

Spanabnahme beim Reiben

> **!** Beim Reiben erzielt man die hohe Oberflächengüte:
> - durch Werkzeuge mit mehreren Schneiden,
> - durch Schneidkeile mit schabender Wirkung,
> - durch Zugabe von Schmiermittel,
> - durch niedrige Schnittgeschwindigkeit.

2. Reibwerkzeuge

Reibahlen werden mit gerader Schneidenzahl und ungleicher Teilung gefertigt. Auf dem Umfang liegen sich jeweils zwei Schneiden gegenüber. Dadurch kann der Durchmesser der Reibahle mit Messgeräten wie Messschieber oder Bügelmessschraube genau gemessen werden.
Die ungleiche Schneidenteilung bewirkt den Bruch der Späne an stets anderer Stelle. Dadurch entstehen beim Reiben keine *Rattermarken*.

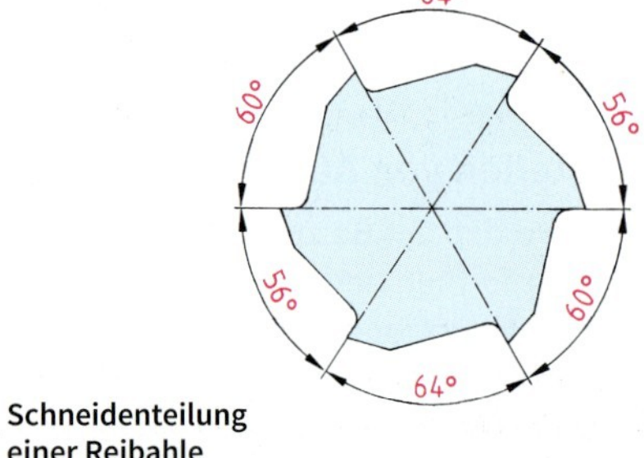

Schneidenteilung einer Reibahle

> Reibahlen haben eine gerade Schneidenzahl und ungleiche Zahnteilung. Durch die ungleiche Teilung werden Rattermarken vermieden.

Beim Reiben von Bohrungen, die in Längsrichtung durch Nuten unterbrochen sind, benötigt man Reibahlen, deren Schneiden wendelförmig verlaufen. Solche drallgenuteten Reibahlen überbrücken eine Längsnut, da eine drallgenutete Schneide nicht achsparallel im Eingriff ist. Drallgenutete Reibahlen verhindern Rattermarken und erzeugen auch bei unterbrochenen Bohrungen hohe Oberflächengüte und große Formgenauigkeit.

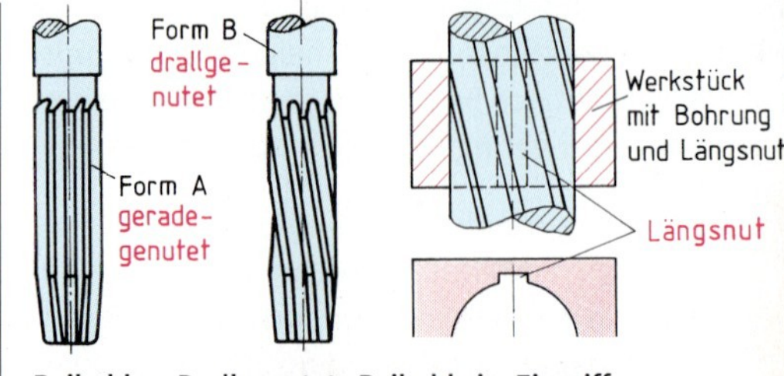

Reibahlen **Drallgenutete Reibahle im Eingriff**

Übungsaufgaben 4/32 bis 4/35

3. Auswahl von Reibahlen

Maschinelles Reiben ist dem Reiben von Hand vorzuziehen. Aufgrund der besseren Führung der Reibahlen sowie der gleichmäßigeren Schnittbedingungen ergeben sich kürzere Fertigungszeiten, höhere Form- und Lagegenauigkeit sowie höhere Oberflächengüte. Maschinenreibahlen sind leicht von Handreibahlen zu unterscheiden:

Handreibahlen erkennt man am längeren Anschnitt zur Führung und dem Vierkant zum Einspannen in das Windeisen.

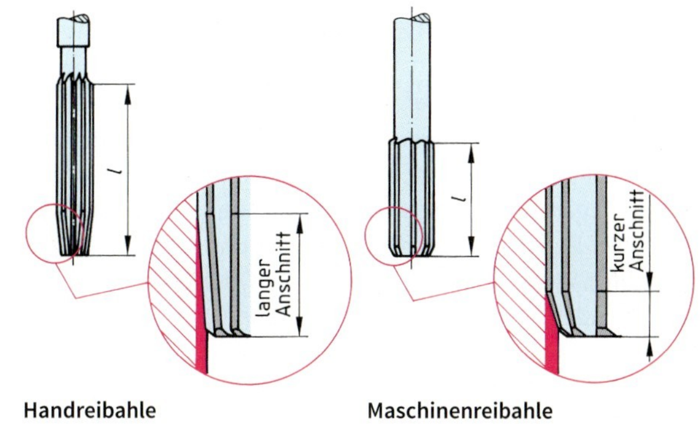

Handreibahle   Maschinenreibahle

Maschinenreibahlen haben kurzen Anschnitt und zylindrische Einspannenden bzw. Morsekegel.

Je nach Form der Bohrung wählt man gerade, kegelige oder speziell geformte Reibahlen aus.

- **Geradgenutete Reibahlen** wählt man für nicht unterbrochene Bohrungen.
- **Drallgenutete Reibahlen** verwendet man für Bohrungen mit Unterbrechungen.
- Reibahlen mit Rechtsdrall werden beim Reiben in die Bohrung gezogen – die Späne aber nach oben abgeführt. Reibahlen mit Linksdrall werden nicht in die Bohrung gezogen, fördern aber Späne nach unten.
- **Verstellbare Reibahlen** haben eingesetzte Messer, die in Grenzen nachstellbar sind. Sie werden für große Durchmesseränderungen verwendet. Für Passarbeiten können sie verstellt und nachgeschliffen werden.
- **Spreizbare Reibahlen** werden für Korrektur- und Einpassarbeiten gewählt. Bei ihnen wird über Spreizung durch einen Kegel eine geringe Durchmesserzunahme erzeugt.

Beispiele für verstellbare und spreizbare Reibahlen

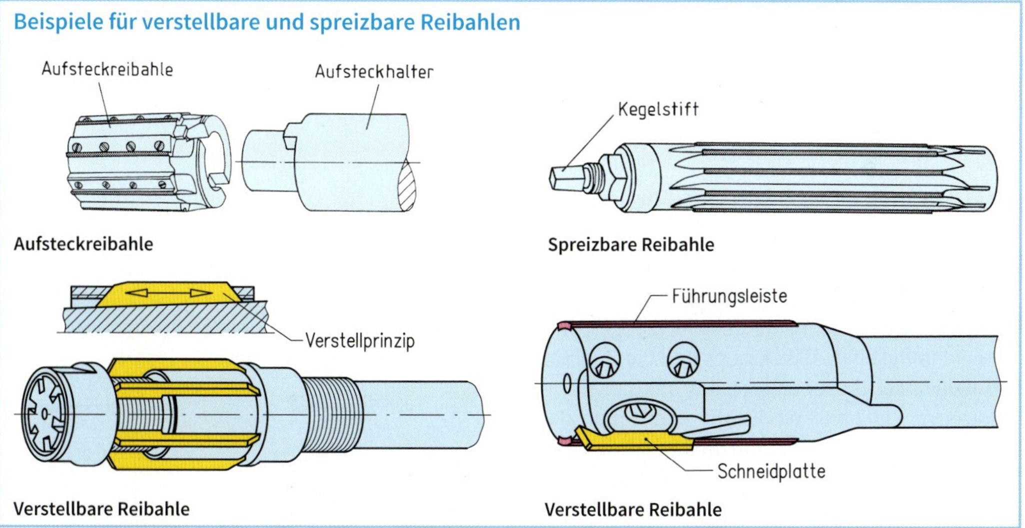

Aufsteckreibahle

Spreizbare Reibahle

Verstellbare Reibahle

Verstellbare Reibahle

> **!** Hand- und Maschinenreibahlen gibt es in fester und verstellbarer Ausführung. Zu den verstellbaren Reibahlen gehören:
> - spreizbare Reibahlen mit wenigen Zehntelmillimetern Verstellbereich,
> - verstellbare Reibahlen mit mehreren Millimetern Verstellbereich und
> - Einschneidenreibahlen, deren Verstellbereich innerhalb eines Toleranzfeldes liegt.

5 Grundlagen zur Fertigung mit Dreh-, Fräs- und Schleifmaschinen

5.1 Technologische Grundbegriffe

Zur maschinellen, spanenden Fertigung eines Werkstückes muss der Mechaniker von der Zeichnung ausgehend eine geeignete Maschine sowie Werkzeuge, Spann- und Hilfsmittel auswählen und die zur Fertigung notwendigen Bewegungen von Werkzeug und Werkstück ermitteln und einstellen. Bei richtiger Eingabe dieser Größen in der Fertigungsprozess und fachgerechter Durchführung der Arbeit soll ein maß- und formgerechtes Werkstück mit geforderter Oberflächenbeschaffenheit bei möglichst geringen Herstellkosten und geringer Umweltbelastung entstehen.

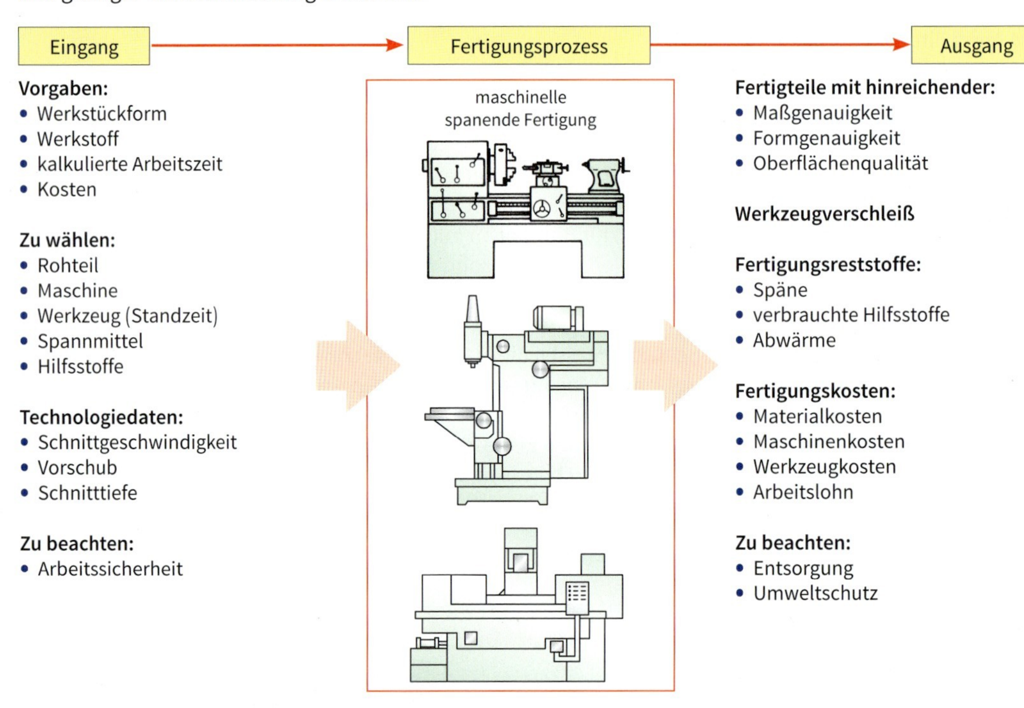

5.1.1 Eingangsgrößen des Fertigungsprozess

1. Schneidengeometrie

Alle Werkzeuge zur Dreh- und Fräsenbearbeitung haben als Gemeinsamkeiten in der Schneidengeometrie den Freiwinkel, den Keilwinkel und den Spanwinkel.

Die Winkel an der Schneide des Werkzeuges sind entscheidend für die Kräfte bei der Zerspanung, für die Schneidhaltigkeit des Werkzeugs und die Qualität der Oberfläche des Werkstückes.

Der **Keilwinkel** β_0 beeinflusst die Haltbarkeit des Werkzeugs. Für harte Werkstoffe wählt man deshalb größere Keilwinkel als für weiche Werkstoffe.

Der **Freiwinkel** α_0 vermindert die Reibung zwischen Werkstück und Werkzeug. Er vermindert dadurch die Wärmeentwicklung am Werkzeug.

Der **Spanwinkel** γ_0 beeinflusst die Spanbildung und damit die Oberflächenbeschaffenheit des Werkstückes.

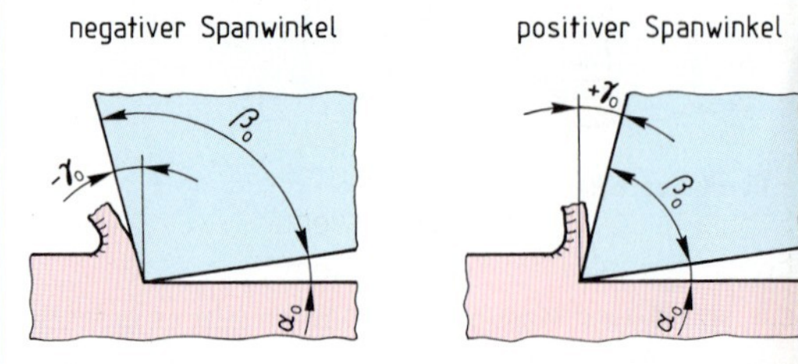

Winkel an der Werkzeugschneide

Die Winkel an der Werkzeugschneide sind hauptsächlich von der Festigkeit des zu bearbeitenden Werkstoffs abhängig.

Übungsaufgaben 5/1; 5/2

2. Technologische Daten

– Werkzeug- und Werkstückbewegungen

Beim Spanen auf Werkzeugmaschinen werden die zur Spanabnahme notwendigen Bewegungen weitgehend von der Maschine ausgeführt.

Die Spanabnahme ist von der Schnittbewegung, der Vorschubbewegung und der Zustellbewegung abhängig.

Beispiele für das Zusammenwirken der verschiedenen Bewegungen bei der Spanabnahme

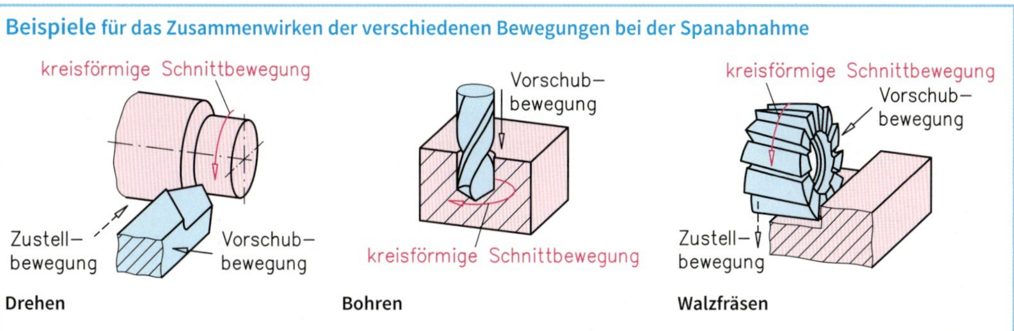

> **!** Die Spanabnahme beim Drehen, Bohren, Fräsen und Schleifen erfolgt jeweils durch das Zusammenwirken einer kreisförmigen Schnittbewegung und einer geradlinigen Vorschubbewegung.

– Schnittgeschwindigkeit

Die **Schnittgeschwindigkeit** wird entsprechend dem Fertigungsverfahren, dem Werkstoff des Werkstückes und dem Schneidenwerkstoff meist nach Angaben des Werkzeugherstellers gewählt.

Allgemein kann man feststellen, dass hohe Schnittgeschwindigkeiten gute Oberflächenbeschaffenheit, kurze Fertigungszeiten, aber auch geringere Standzeiten der Werkzeuge zur Folge haben.

> **!** Die Schnittgeschwindigkeit wird für einen bestimmten Fertigungsvorgang entsprechend den Werkstoffen von Werkstück und Werkzeug gewählt.

– Vorschub

Der **Vorschub** f ist der Weg, den das Werkzeug bei einer Umdrehung oder einem Hub in der Vorschubrichtung zurücklegt. Der Vorschub wird in Millimeter angegeben.

Bei Fräsern und anderen mehrschneidigen Werkzeugen wird häufig der Vorschub je Zahn f_z angegeben. Beim Drehen ergibt ein großer Vorschub einen großen Rillenabstand und eine geringe Oberflächenbeschaffenheit.

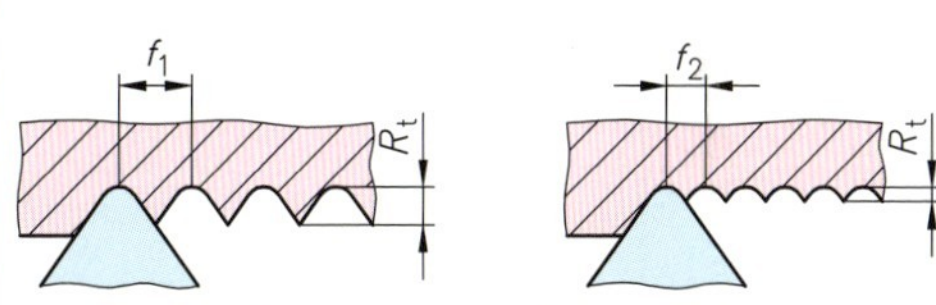

Vorschub und Oberflächenbeschaffenheit bei gleichem Schneidenradius

> **!** Der Vorschub ist der Werkzeugweg, der je Umdrehung oder Hub in Vorschubrichtung zurückgelegt wird. Großer Vorschub ergibt meist geringe Oberflächenbeschaffenheit.

– Schnitttiefe

Die **Schnitttiefe** a_p ist der Betrag, um den die Schneide durch die Zustellbewegung in Eingriff gebracht wird. Zusammen mit dem Vorschub ergibt sie den **Spanungsquerschnitt** S.

> Spanungsquerschnitt = Schnitttiefe · Vorschub
>
> $S = a_p \cdot f$

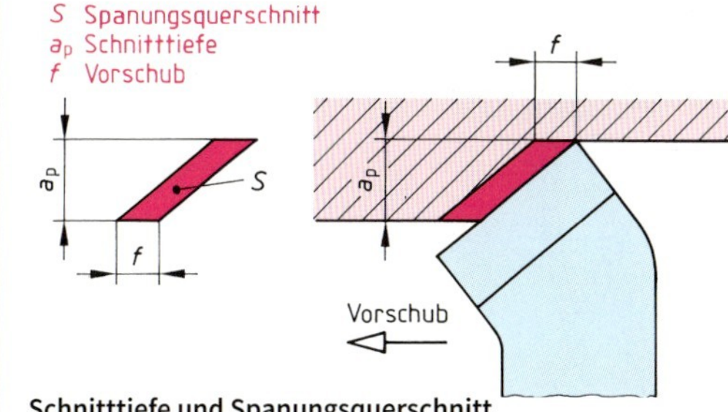

Schnitttiefe und Spanungsquerschnitt

5.1.2 Bestimmungsgrößen des Fertigungsprozesses

1. Maßgenauigkeit

Die Maßgenauigkeit der durch Spanen hergestellten Werkstücke hängt von vielen Faktoren ab.
Die Sorgfalt, mit welcher der Fachmann Einstellungen vornimmt und Maßkontrollen durchführt und auswertet, bestimmt wesentlich das Ergebnis. Sehr wichtig sind auch die Qualität der Maschine, sowie die Werkzeuge und die Umweltbedingungen.

2. Oberflächenbeschaffenheit

Das Produkt, welches durch Spanen hergestellt wird, soll möglichst gute Oberflächenbeschaffenheit aufweisen. Die Oberflächenbeschaffenheit wird verbessert durch:

- größeren Spanwinkel,
- größeren Schneidenradius,
- höhere Schnittgeschwindigkeit,
- geringeren Vorschub,
- Einsatz von Kühlschmiermitteln.

3. Spanarten und Spanformen

Späne können aus mehr oder weniger zusammenhängenden Spanteilchen bestehen. Aus dem Zusammenwirken verschiedener Einflussgrößen, wie z. B. Spanwinkel und Werkstoff, ergeben sich unterschiedliche Späne.

– Spanarten

Spanarten	Spanbildung	Schnittbedingungen	Auswirkungen
Fließspan langer zusammenhängender Span	(γ_0) • geringe Werkstoffstauchung • kein voreilender Riss • schnelle Folge kleinster Schervorgänge • Spanteilchen bleiben zusammenhängend	• großer Spanwinkel • zäher Werkstoff • hohe Schnittgeschwindigkeit	• glatte saubere Oberfläche • kleine Schnittkraft • lange Späne behindern den Arbeitsvorgang
Scherspan Stücke noch zusammenhängender Spanteilchen mit vielen Scherrissen	(γ_0) • stärkere Werkstoffstauchung • kurzer voreilender Riss • einzelne unregelmäßige Schervorgänge • Spanteilchen bleiben nur teilweise zusammenhängend	• kleiner bis mittlerer Spanwinkel • zähe und leicht spröde Werkstoffe • mittlere Schnittgeschwindigkeit	• nicht so glatte Werkstückoberfläche mit unregelmäßigem Aussehen • kurzer bröckliger Span behindert den Arbeitsvorgang nicht • nur wenig größere Schnittkraft
Reißspan sehr kurzer unregelmäßiger Span	($\gamma_0 = 0°$) • geringe Werkstoffstauchung • bei spröden Werkstoffen • voreilender Riss, der auch in die Werkstückoberfläche eindringt • wenige unregelmäßige Schervorgänge	• kleiner Spanwinkel • vorwiegend bei spröden Werkstof fen • niedrige Schnittgeschwindigkeit	• raue Werkstückoberfläche • große Schnittkraft • kurzer Span behindert den Arbeitsvorgang nicht

– Spanformen

Je nach eingestellten technologischen Bedingungen treten unterschiedliche Spanformen auf.
Der sich ergebende Span soll so kurz sein, dass eine Behinderung der Maschinenbedienung, Störungen des Fertigablaufs sowie eine Beschädigung von Arbeitsfläche und Werkzeug nicht auftreten.
Kurze Schraubenspäne, Schraubenbruchspäne und Sprialbruchspäne sind besonders günstig.

Bandspan	Wirrspan	Schraubenspan	Schraubenbruchspan	Spiralbruchspan
		lang	kurz	
ungünstige Spanformen			günstige Spanformen	

Übungsaufgaben 5/7; 5/8

5.2 Schneidstoffe für maschinelles Spanen

5.2.1 Schnellarbeitsstähle

Schnellarbeitsstähle sind hochlegierte Werkzeugstähle, die kurz HSS-Stähle genannt werden. Sie besitzen hohe Zähigkeit und Biegefestigkeit. Sie sind daher wenig empfindlich gegen wechselnde Schnittkräfte und sehr widerstandsfähig gegen Ausbröckeln der Schneide. Die Warmstandfestigkeit sinkt jedoch oberhalb 600 °C stark ab, wodurch die Schnittleistungen begrenzt werden.

HSS-Stähle enthalten als Legierungselemente Chrom (Cr), Wolfram (W), Molybdän (Mo), Vanadium (V) und Kobalt (Co). Diese Legierungselemente bilden als Härteträger Karbide. Der Karbidanteil der HSS-Stähle liegt nach der Wärmebehandlung bei etwa 20 %.

Zur Erreichung höchster Härte werden Schnellarbeitsstähle von möglichst hohen Temperaturen aus gehärtet und anschließend bei etwa 500 °C angelassen.

Im Kurznamen von Schnellarbeitsstählen gibt man hinter den Buchstaben **HS** die Prozentangaben von W, Mo, V und Co in der vorliegenden Reihenfolge an. Die Prozentzahlen werden durch Bindestriche getrennt. Der Kohlenstoffanteil liegt zwischen 0,8 und 1,5 %, der Chromgehalt bei etwa 4 %. Beide Elemente werden im Kurznamen nicht genannt.

Karbide in einem Schnellarbeitsstahl (V = 1000)

Beispiele für Schnellarbeitsstähle

Kurzzeichen W-Mo-V-Co	Werkstoff-nummer	Zusammensetzung in %						Verwendung	Härte nach Anlassen HRC
		C	Cr	W	Mo	V	Co		
HS 6-5-2-5	1.3243	0,92	4,15	6,35	4,95	1,85	4,75	Drehmeißel, Bohrer, Fräser	64 bis 66
HS 10-4-3-10	1.3207	1,3	4,2	10,5	3,8	3,2	10,5	Drehmeißel, Fräser	65 bis 68

Aus den hochlegierten Schnellarbeitsstählen werden spanabnehmende Standardwerkzeuge (z. B. Bohrer, Reibahlen, Nutenfräser) sowie profilgebende Sonderwerkzeuge (z. B. Profilfräser, Profildrehmeißel, Verzahnungswerkzeuge) gefertigt.

Zur Verbesserung von Oberflächenhärte, zur Erhöhung des Verschleißwiderstands und zur Verringerung der Neigung zur Bildung von Aufbauschneiden werden HSS-Stähle häufig beschichtet. Vorwiegend wird zur Beschichtung das goldfarbene Titannitrid eingesetzt.

Durch den Einsatz der Beschichtung wird die Standzeit der Werkzeuge gegenüber dem unbeschichteten Werkzeug erheblich erhöht und die Oberflächengüte der bearbeiteten Werkstücke verbesssert.

Beschichtete Fräswerkzeuge aus HSS

! Schnellarbeitsstähle sind hochlegierte Werkzeugstähle mit hoher Zähigkeit, hoher Biegefestigkeit, jedoch geringer Wärmestandfestigkeit oberhalb 600 °C.

5.2.2 Hartmetalle

Hartmetalle sind Sinterwerkstoffe aus sehr harten Karbiden und Nitriden mit Kobalt, Nickel und anderen Metallen als Bindemittel.

Hartmetalle aus überwiegend Wolframkarbid mit Kobalt als Bindemittel sind die klassischen Hartmetalle und werden meist verwendet. Sie werden mit dem Kürzel HW gekennzeichnet.

Hartmetalle auf der Basis von Wolframkarbid (HW) sind gute Wärmeleiter und dehnen sich bei Erwärmung geringfügig aus. Als Folge dieser Eigenschaften haben sie eine hohe Beständigkeit gegen schnelle Temperaturwechsel.

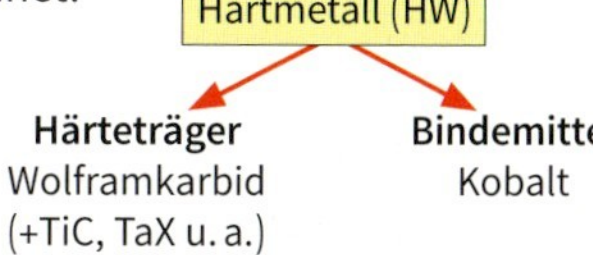

Übungsaufgaben 5/9; 5/10

Hartmetalle auf der Basis von wolframarmen Mischkarbiden, Nitriden und Karbonitriden werden auch als **Cermets** (Ceramics + metals) bezeichnet und mit dem Kürzel HT gekennzeichnet.
Cermets besitzen wegen der erheblich geringeren Dichte der Härteträger nur etwa 50 % der Dichte von Hartmetallen auf Wolframbasis (HW). Sie sind zudem härter und verschleißfester. Da Cermets erst bei höheren Temperaturen oxidieren, erlauben sie als Schneidstoff erheblich höhere Schnittgeschwindigkeiten als Hartmetalle HW.
Durch mehrlagige, dünne Beschichtungen mit Hartstoffen aus Titannitrid, Titankarbid, Titankarbonat oder Aluminiumoxid wird die Verschleißfestigkeit von Hartmetallen verbessert. So werden höhere Schnittwerte erzielt, wobei die Biegefestigkeit nicht verringert wird. Beschichtete Hartmetalle werden mit HC gekennzeichnet.
Kleinere Werkzeuge wie Bohrer werden aus Vollhartmetall hergestellt. Meist werden Hartmetalle in Form von Schneidplatten mit unterschiedlichen Befestigungsmechanismen in Schneidenträger eingesetzt.

Cermets (HT)

Härteträger
Härteträger und Nitride von Ti, Ta, Nb, Mo, W

Bindemittel
Ni, Co, Mo

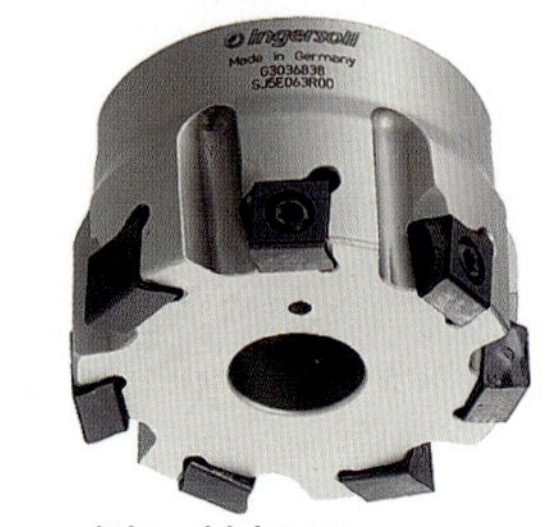

Fräser mit beschichteten Wendeschneidplatten

Die Eignung der Hartmetalle zum Zerspanen bestimmter Werkstoffe wird durch einen Buchstaben und eine Zahl gekennzeichnet. Dabei gibt der Buchstabe an, für welche Art von Werkstoffen die jeweilige Hartmetallsorte geeignet ist. Die Zahl steht für die Zähigkeit: Je höher die Zahl, desto zäher ist die Sorte.

Hauptgruppe Kennfarbe	Anwendungsgruppe Art der Bearbeitung		Eigenschaften	Schnittbedingungen	Werkstoff der Werkstücke
P blau	P01 P10 P15 P20 P25 P30 P40 P50	Feindrehen Schlichten Gewindedrehen Vordrehen Schruppen	↑ zunehmende Verschleißfestigkeit ↓ zunehmende Zähigkeit	↑ zunehmende Schnittgeschwindigkeit ↓ zunehmender Vorschub	**Lang spanende Werkstoffe** • Baustahl • hochlegierte Stähle • Stahlguss • Temperguss
M gelb	M10 M20 M30 M40	Schlichten Bearbeitung auf Automaten			**Lang- oder kurzspanende Werkstoffe** • Automatenstahl • Gusseisen mit Kugelgrafit
K rot	K01 K10 K20 K30 K40	Feinbearbeitung Vordrehen Schruppen			**Kurzspanende Werkstoffe** • Vergütungsstahl • gehärteter Stahl • Gusseisen mit Lamellengrafit • Kunststoffe
N hell grün	N01 N05 N10 N20 N30	Feinbearbeitung Schlichten Schruppen			**Nichteisenmetalle** • Aluminium, Al-Legierungen • Kupfer, Cu-Legierungen
S braun	S01 S10 S20 S30	Feinbearbeitung Schlichten Schruppen			**Titan- und Ti-Legierungen** • Warmarbeitsstähle
H grau	H01 H10 H20 H30	Feinbearbeitung Schlichten Schruppen			**Harte und gehärtete Eisenwerkstoffe** • Gehärteter Stahl • Gehärtetes Gusseisen • Hartguss

! Hartmetalle auf Wolframkarbidbasis (HW) haben hohe Temperaturwechselbeständigkeit und Wärmeleitfähigkeit. Hartmetalle (HT), Cermets, enthalten Karbide und Nitride von Titan und Tantal. Cermets sind härter und verschleißfester als Hartmetalle auf Wolframkarbidbasis.

Übungsaufgabe 5/11

5.2.3 Keramische Schneidstoffe

Keramische Schneidstoffe sind Sinterwerkstoffe, welche eine hohe Temperaturbeständigkeit besitzen und daher hohe Schnittgeschwindigkeiten zulassen. Bei den keramischen Schneidstoffen unterscheidet man:

- Oxidkeramik aus Aluminiumoxid (Al_2O_3), Kennbuchstabe CA;
- Mischkeramik aus Aluminiumoxid mit weiteren Metallverbindungen (MgO; Cr_2O_3; TiC), Kennbuchstabe CM;
- Nitridkeramik aus Siliziumnitrid (Si_3N_4), Kennbuchstabe CN;
- Verbundwerkstoff aus polykristallinem kubischen Bornitrid (PKB) mit keramischer Bindung.

Oxidkeramiken sind verschleißfest, jedoch stoßempfindlich. Sie erfordern einen schwingungs- und stoßfreien Einsatz bei nur kleinen Spanungsquerschnitten.

Nitridkeramik behält bis 1200 °C ihre Schneidhaltigkeit. Sie hat hervorragende Temperaturwechselbeständigkeit und Schlagzähigkeit, sodass sie zum Spanen bei unterbrochenem Schnitt bei Gusseisen und Stählen eingesetzt wird.

Polykristallines kubisches Bornitrid behält bis 2000 °C seine Schneidhaltigkeit und ist reaktionsträge gegenüber Legierungselementen der zu bearbeitenden Werkstoffe. Es wird zur Bearbeitung harter Eisenwerkstoffe verwendet.

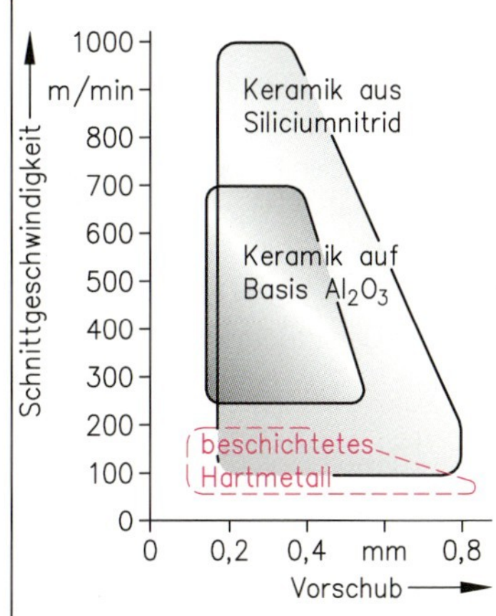

Schnittbedingungen beim Einsatz keramischer Werkstoffe

Keramische Schneidstoffe ermöglichen bei kleinen Spanungsquerschnitten eine Spanabnahme mit sehr hohen Schnittgeschwindigkeiten. Die Standzeit ist wegen der hohen Warmstandfestigkeit groß.

5.3 Normung von Wendeschneidplatten

Die in DIN 4987 erhaltenen Festlegungen gelten für Wendeschneidplatten aus Hartmetall und Schneidkeramik. Die Bezeichnung wird aus einer Kombination von Buchstaben und Zahlen gebildet, wobei jede Stelle dieser Kombination eine bestimmte Aussage beinhaltet.

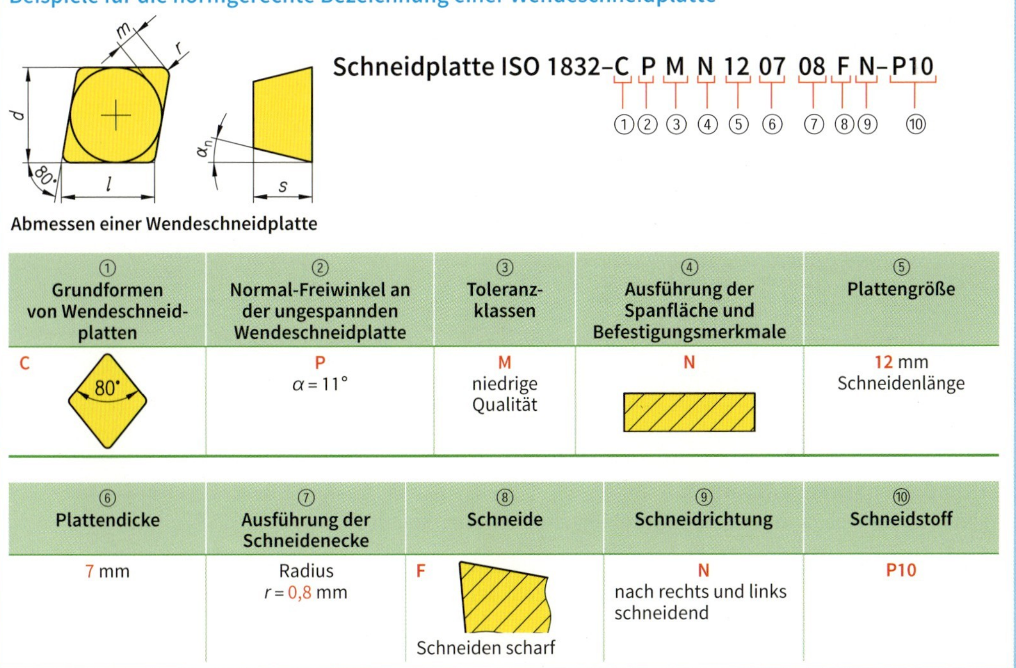

Abmessen einer Wendeschneidplatte

① Grundformen von Wendeschneidplatten	② Normal-Freiwinkel an der ungespannden Wendeschneidplatte	③ Toleranzklassen	④ Ausführung der Spanfläche und Befestigungsmerkmale	⑤ Plattengröße
C 80°	P $\alpha = 11°$	M niedrige Qualität	N	12 mm Schneidenlänge

⑥ Plattendicke	⑦ Ausführung der Schneidenecke	⑧ Schneide	⑨ Schneidrichtung	⑩ Schneidstoff
7 mm	Radius $r = 0{,}8$ mm	F Schneiden scharf	N nach rechts und links schneidend	P10

6 Fertigen durch Drehen mit mechanisch gesteuerten Werkzeugmaschinen

6.1 Leit- und Zugspindel-Drehmaschine

Bei Leit- und Zugspindel-Drehmaschinen werden alle Bewegungen vom Antriebsmotor erzeugt, über Getriebe verändert und vom Bediener über Hebel und Kurbeln mechanisch ausgelöst. Die Überwachung erfolgt durch den Bediener.

Der Vorschub wird vom Vorschubgetriebe über zwei verschiedene Spindeln auf den Bettschlitten übertragen. Dies geschieht

- beim Längs- und Querdrehen über eine Zugspindel (Profilspindel),
- beim Gewindedrehen über eine Leitspindel (Gewindespindel).

Eine solche Maschine wird daher Leit- und Zugspindel-Drehmaschine genannt.

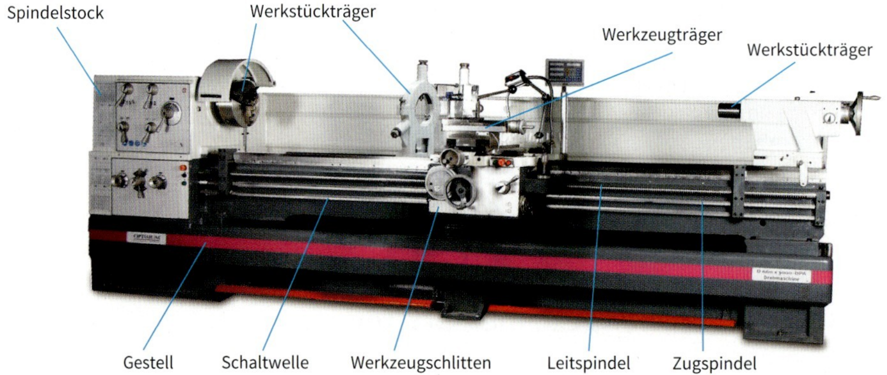

Leit- und Zugspindel-Drehmaschine

Die Einsatzmöglichkeiten einer Drehmaschine ergeben sich aus den folgenden Kenngrößen:

– **Spitzenweite**

Dies ist der maximale Abstand zwischen der Zentrierspitze in der Spindel und der Zentrierspitze im Reitstock. Die Spitzenweite bestimmt in etwa die größtmögliche Werkstücklänge.

– **Spitzenhöhe**

Dies ist der Abstand zwischen Drehachse und Maschinenbett. Der maximale Drehdurchmesser ist stets etwas größer als die doppelte Spitzenhöhe.

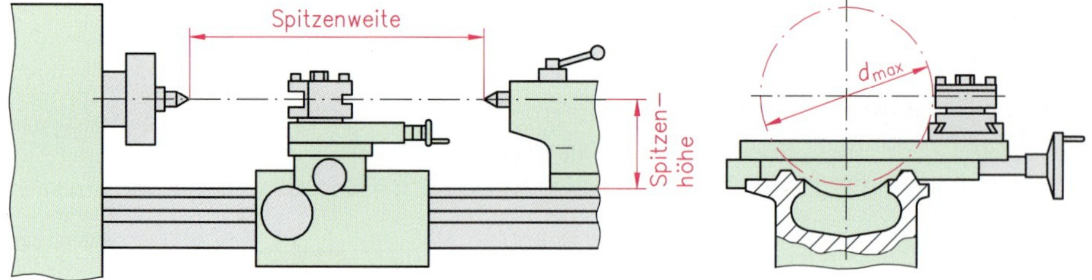

Kenngrößen einer Drehmaschine

– **Umdrehungsfrequenzbereich**

Er gibt die niedrigste und höchste Umdrehungsfrequenz der Spindel an.

– **Vorschubbereich**

Er gibt die einzustellenden Vorschübe und die Anzahl der Stufungen an.

– **Antriebsleistung**

Die Antriebsleistung bestimmt wesentlich die größtmögliche Zerspanungsleistung der Maschine.

Übungsaufgabe 6/1

6.1.1 Energiefluss an einer Leit- und Zugspindel-Drehmaschine

Vom Motor wird die Energie meist schwingungsarm über ein Riemengetriebe auf ein mehrstufiges Hauptgetriebe und von dort über das Vorgelege auf die Arbeitsspindel übertragen.
Das Vorschubgetriebe erhält bei einer Leit- und Zugspindeldrehmaschine seinen Antrieb immer von der Arbeitsspindel. Der eingestellte Vorschub bezieht sich daher jeweils auf eine Umdrehung der Arbeitsspindel.

Schema des Energieflusses an einer Leit- und Zugspindel-Drehmaschine

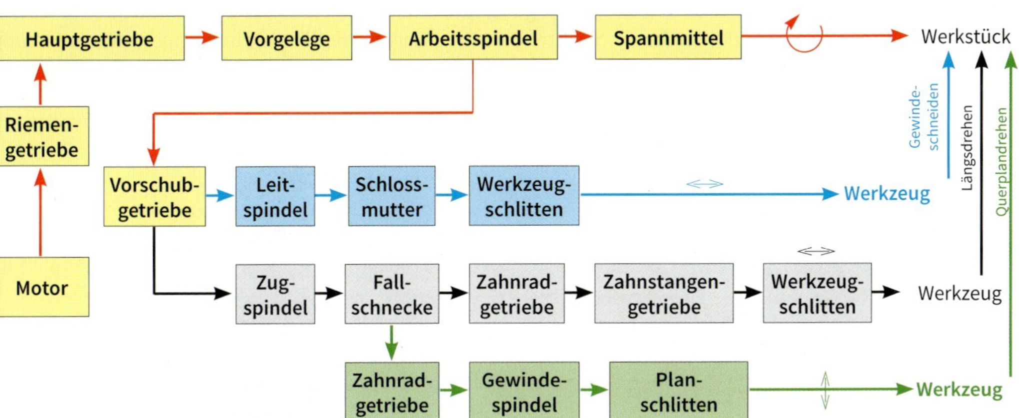

> **!** Das Vorschubgetriebe einer Drehmaschine wird von der Arbeitsspindel aus angetrieben und ermöglicht die Einstellung einer großen Anzahl von Vorschüben.

6.1.2 Baugruppen des Werkzeugschlittens

Der in der Längsführung des Maschinenbetts verschiebbare Werkzeugschlitten besteht aus den im Bild benannten Baugruppen:
Der **Bettschlitten** wird in Prismenführungen auf dem Drehmaschinenbett geführt. Der Bettschlitten wird von Hand mithilfe des großen Handrads bewegt. Mit dem Handrad dreht sich ein Zahnrad, welches in eine Zahnstange an der Unterseite des Maschinenbetts eingreift.
Der **Planschlitten** wird in einer Schwalbenschwanzführung rechtwinklig zum Drehmaschinenbett auf dem Bettschlitten bewegt. Der Antrieb kann von Hand über eine Kurbel erfolgen. Die Größe der Zustellung des Werkzeugs kann mithilfe einer Skala des Planschlittens von Hand exakt eingestellt werden.

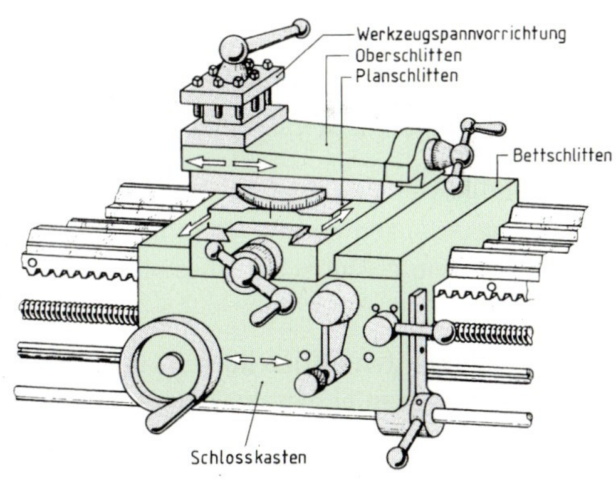

Baugruppen des Werkzeugschlittens

Auf dem Planschlitten befindet sich der schwenkbare **Oberschlitten**. Für die meisten Dreharbeiten ist er so eingestellt, dass er eine Verstellung in Richtung des Maschinenbetts ermöglicht. Der Oberschlitten kann meist nur von Hand betätigt werden. Der Verstellweg des Oberschlittens ist mithilfe einer Skala einstellbar.
Der **Schlosskasten** ist fest mit dem Bettschlitten verbunden und enthält ein Getriebe, das Schlosskastengetriebe und Bedienungselemente für die Vorschubantriebe.

> **!** Der Werkzeugschlitten besteht aus Bettschlitten, Planschlitten und Oberschlitten mit Werkzeugträger sowie dem Schlosskasten mit Getriebe.

6.1.3 Antriebe des Werkzeugschlittens

1. Werkzeugschlittenantrieb über die Zugspindel

Über die Zugspindel wird im Schlosskastengetriebe die Vorschubbewegung für den Längs- und Quervorschub erzeugt.

Die Drehbewegung der Zugspindel wird über ein **Zahnradpaar** auf eine **Schnecke** übertragen. Die Schnecke ist schwenkbar gelagert. Beim Drehen gegen einen Anschlag oder bei Überlastung schaltet sie selbstständig den Vorschub ab. Das geschieht, indem sie durch eine Schwenkbewegung außer Eingriff „fällt". Sie wird daher als Fallschnecke bezeichnet. Die Drehbewegung der Schnecke wirkt über ein Schneckenrad weiter auf das Zahnradpaar einer schwenkbaren Schere. Diese kann von einer Nullstellung aus wahlweise zum Längs- oder Quervorschub geschwenkt werden.

Beispiele für die Erzeugung der Längs- und des Quervorschubes

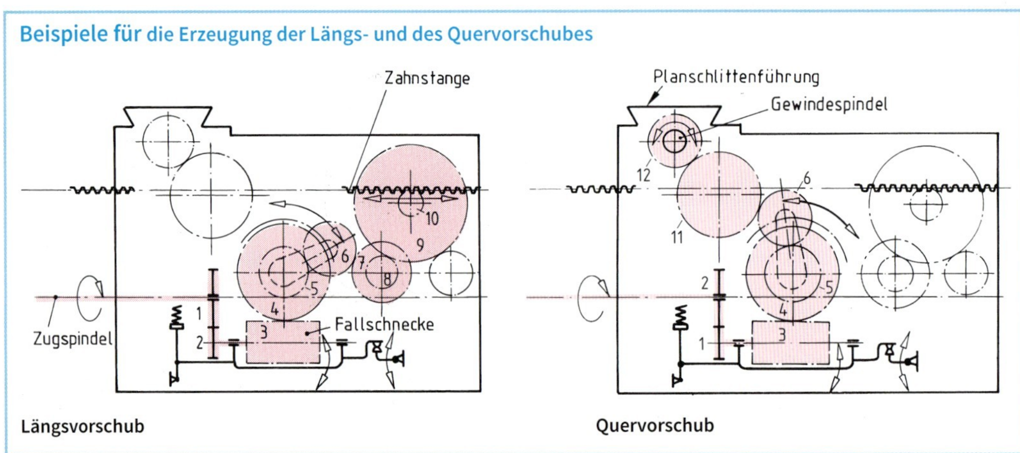

Längsvorschub Quervorschub

- Beim **Längsvorschub** wird von den Zahnrädern der Schere die Drehbewegung über weitere Zahnradpaare auf ein Zahnstangengetriebe übertragen. Die Zahnstange ist fest mit dem Maschinenbett verbunden.
- Beim **Quervorschub** wird von den Zahnrädern der Schere die Drehbewegung über weitere Zahnradpaare auf die Gewindespindel des Planschlittens übertragen.

! Für Längsrund- und Querplandreharbeiten erfolgt der Vorschubantrieb über die Zugspindel auf das Schlosskastengetriebe mit Fallschnecke. Beim Heranfahren gegen einen Anschlag wird der Vorschubantrieb durch die Fallschnecke abgeschaltet.

2. Werkzeugschlittenantrieb über die Leitspindel

Zum Gewindedrehen erfolgt der Antrieb des Bettschlittens über die Leitspindel. Die Leitspindel bewegt den Bettschlitten über eine Mutter am Schlosskasten. Diese Schlossmutter ist geteilt und kann geöffnet werden. Nur in geschlossenem Zustand wird die Vorschubbewegung von der Leitspindel auf den Bettschlitten übertragen. Dabei sind alle Getriebeteile im Schlosskasten außer Eingriff. Die Drehbewegung der Leitspindel bewirkt eine Schlittenverstellung, indem sich das Trapezgewinde der Spindel durch die geschlossene Mutter am Werkzeugschlitten schraubt.

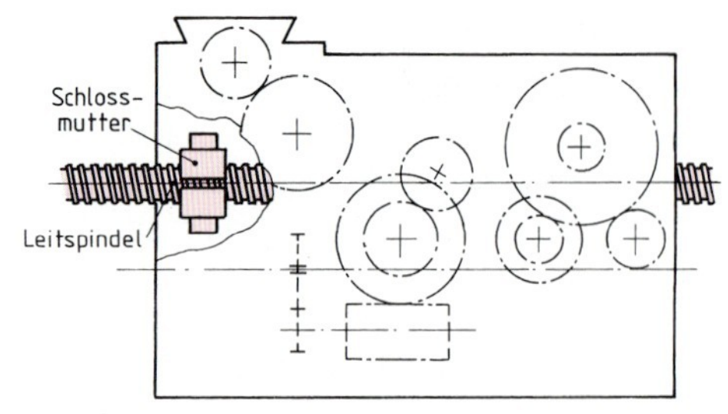

Werkzeugschlittenantrieb über die Leitspindel

! Zum Gewindedrehen erfolgt der Vorschubantrieb über Leitspindel und Schlossmutter.

Übungsaufgaben 6/4 bis 6/8

6.2 Einteilung und Benennung der Drehverfahren

Die Einteilung und Benennung der Drehverfahren wird nach mehreren Unterscheidungsmerkmalen vorgenommen.

Als vorrangiges Unterscheidungsmerkmal und wichtigster Bestandteil der Benennung ist die Form der erzeugten Fläche in der DIN-Norm aufgeführt. Hinzu kommt noch die Unterscheidung, wie die Werkstückform erzeugt wurde.

1. Einteilung nach der Form der erzeugten Fläche am Werkstück

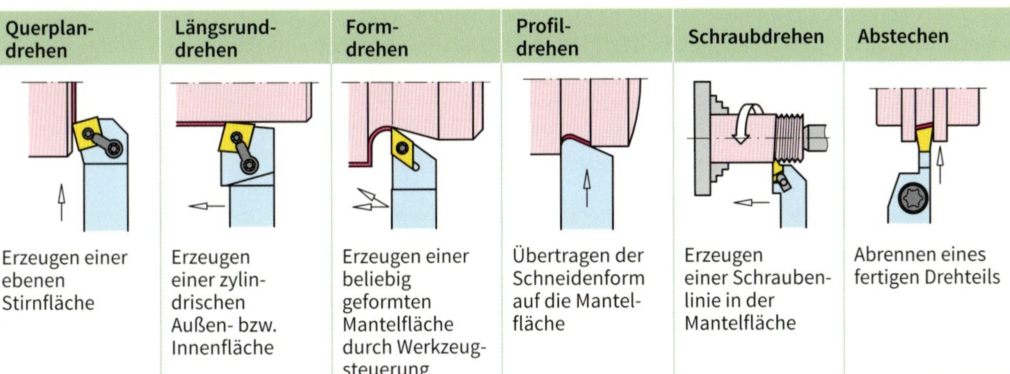

Querplandrehen	Längsrunddrehen	Formdrehen	Profildrehen	Schraubdrehen	Abstechen
Erzeugen einer ebenen Stirnfläche	Erzeugen einer zylindrischen Außen- bzw. Innenfläche	Erzeugen einer beliebig geformten Mantelfläche durch Werkzeugsteuerung	Übertragen der Schneidenform auf die Mantelfläche	Erzeugen einer Schraubenlinie in der Mantelfläche	Abrennen eines fertigen Drehteils

2. Einteilung nach der Richtung der Vorschubbewegung zur Drehachse

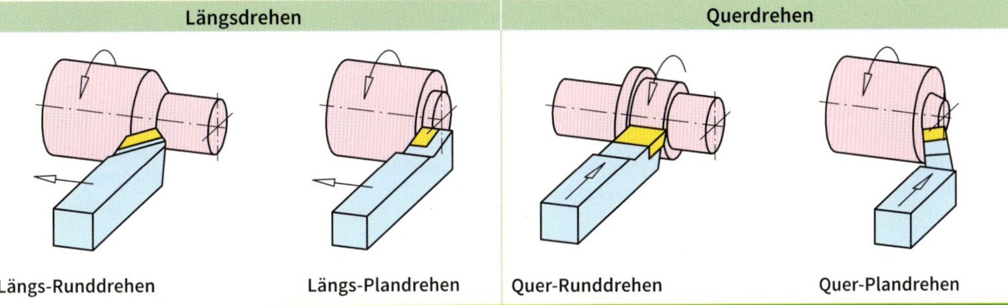

Längsdrehen		Querdrehen	
Längs-Runddrehen	Längs-Plandrehen	Quer-Runddrehen	Quer-Plandrehen

3. Einteilung nach der Lage der bearbeiteten Fläche am Werkstück

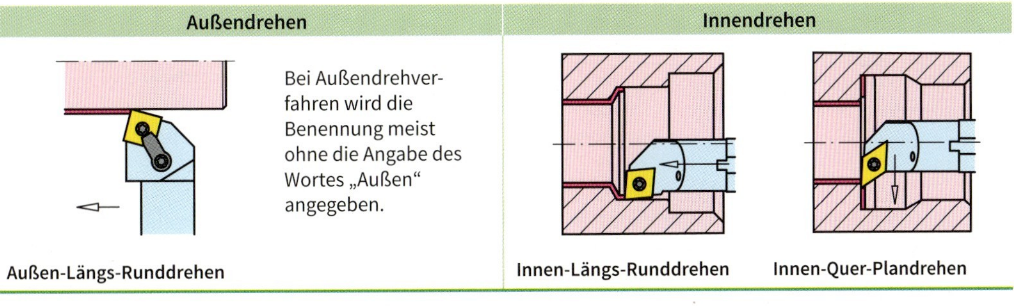

Außendrehen		Innendrehen	
Außen-Längs-Runddrehen	Bei Außendrehverfahren wird die Benennung meist ohne die Angabe des Wortes „Außen“ angegeben.	Innen-Längs-Runddrehen	Innen-Quer-Plandrehen

!

- Drehverfahren werden hauptsächlich nach der Form der bearbeiteten Fläche benannt.
- Als weiteres Merkmal wird bei Rund-, Plan- und Profildrehverfahren die Richtung der Vorschubbewegung mit Längs- bzw. Plan- vorangestellt.
- Bei Dreharbeiten innerhalb des Werkstücks wird das Wort Innen- der gesamten Benennung vorangestellt.

Übungsaufgabe 6/9

6.3 Drehwerkzeuge

6.3.1 Drehmeißelgeometrie

1. Werkzeugbezugssystem

Die Winkel am Drehmeißel sind vom Hersteller zu fertigen und bei jeder Nacharbeit einzuhalten und zu überprüfen. Um die räumliche Lage des Schneidkeils genau bestimmen zu können, ist ein genormtes Werkzeugbezugssystem festgelegt. Dieses wird aus drei zueinander rechtwinklig angeordneten Bezugsebenen gebildet. Die Lage der Bezugsebenen ist von der Schnittrichtung und der Lage der Hauptschneide abhängig.
Die Einordnung des Drehmeißels in das Bezugssystem wird so vorgenommen, dass man den Drehmeißel mit seiner Auflagefläche parallel zur Werkzeugbezugsebene anordnet und ihn so weit dreht, dass die Hauptschneide die Werkzeugschneidenebene berührt. Dabei legt man den Ursprung des Werkzeugbezugssystems in einen beliebigen Punkt der Hauptschneide.

Lage der Ebenen für das Werkzeugbezugssystem (nach DIN 6581)

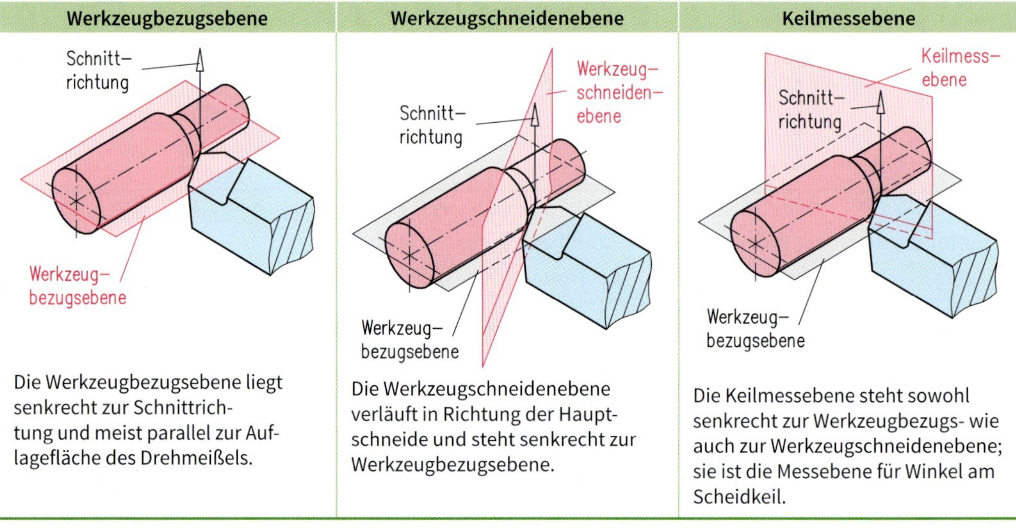

Werkzeugbezugsebene	Werkzeugschneidenebene	Keilmessebene
Die Werkzeugbezugsebene liegt senkrecht zur Schnittrichtung und meist parallel zur Auflagefläche des Drehmeißels.	Die Werkzeugschneidenebene verläuft in Richtung der Hauptschneide und steht senkrecht zur Werkzeugbezugsebene.	Die Keilmessebene steht sowohl senkrecht zur Werkzeugbezugs- wie auch zur Werkzeugschneidenebene; sie ist die Messebene für Winkel am Scheidkeil.

2. Winkel an der Meißelschneide

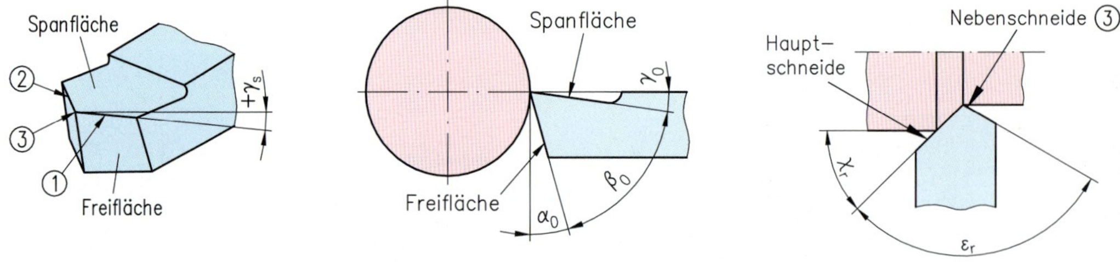

①	Hauptschneide:	Sie übernimmt hauptsächlich die Spanabnahme, sie weist in Vorschubrichtung.
②	Nebenschneide:	Sie ist geringfügig an der Spanabnahme mit beteiligt.
③	Schneidenecke:	Sie ist meist mit Schneidenradius abgerundet.
β_o	Keilwinkel:	Winkel zwischen Spanfläche und Freifläche.
γ_o	Spanwinkel:	Winkel zwischen der Spanfläche und einer waagerechten Bezugsfläche.
α_o	Freiwinkel:	Winkel zwischen Freifläche und einer senkrechten Bezugsfläche.
ε_r	Eckenwinkel:	Winkel zwischen der Hauptschneide und der Nebenschneide.
$\varkappa_r$	Einstellwinkel:	Winkel zwischen der Hauptschneide und der Vorschubrichtung.
λ_s	Neigungswinkel:	Winkel zwischen Hauptschneide und einer waagerechten Bezugsebene.

Übungsaufgaben 6/10; 6/11; 6/12

6.3.2 Einfluss der Winkel am Drehmeißel

1. Einfluss des Spanwinkels γ_o

Große Spanwinkel ergeben günstige Schnittkräfte und daher geringe Schneidenbelastungen. Deshalb können hohe Zerspanleistungen mit großen Spanwinkeln erreicht werden. Eine Vergrößerung ergibt jedoch eine Schwächung des Schneidkeils. Daher sind große Spanwinkel nur bei weichen und zähen Werkstoffen möglich. Bei Verkleinerung des Spanwinkels erhöht sich die Schneidenbelastung, die Zerspanleistung sinkt. Die Stabilität des Schneidkeils nimmt mit kleinerem Spanwinkel zu, sodass die Gefahr von Schneidenausbrüchen absinkt. Kleine oder negative Spanwinkel verwendet man für harte und spröde Werkstoffe und bei unterbrochenem Schnitt.

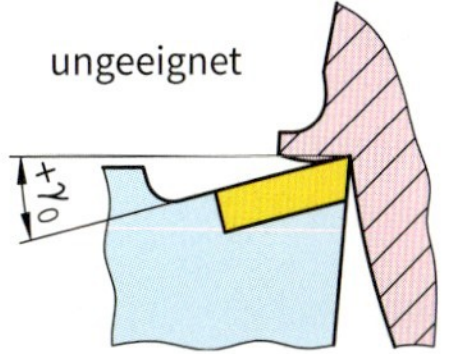

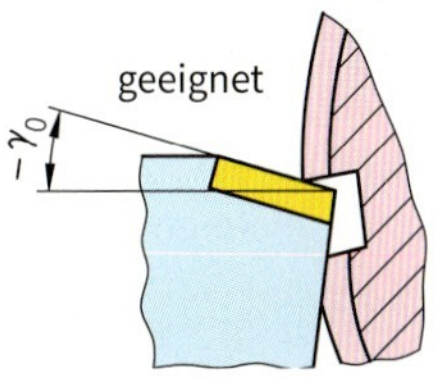

Eignung der Schneide bei unterbrochenem Schnitt

Werkstoff des Werkstücks	Spanwinkel λ_o bei SS-Stahl	Spanwinkel λ_o bei Hartmetall
Messing, hartes Gusseisen	0° bis 8°	0° bis 5°
hochfeste Stähle, Stahlguss	12° bis 15°	10° bis 12°
Stahl mit R_m bis 700 N/mm², weiches Gusseisen	15° bis 20°	14° bis 18°
Al und Al-Legierungen	20° bis 40°	30° bis 35°

Richtwerte für den Spanwinkel bei nicht unterbrochenem Schnitt

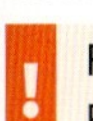

Für weiche, zähe Werkstoffe wählt man große Spanwinkel.
Für harte, spröde Werkstoffe wählt man kleine Spanwinkel.

2. Einfluss des Freiwinkels α_o

Eine Vergrößerung des Freiwinkels bewirkt eine Verringerung der Reibung zwischen Werkzeug und Werkstück. Dadurch wird jedoch nur eine unbedeutende Erhöhung der Standzeit des Meißels erreicht. Man wählt Freiwinkel zwischen 3° und 12°. Für härtere Werkstoffe verwendet man die kleineren Freiwinkel.

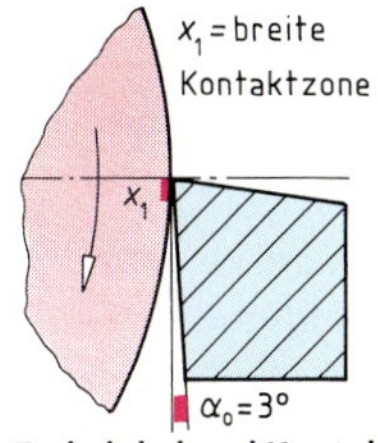

Freiwinkel und Kontaktzone

! Veränderungen des Freiwinkels beeinflussen die Zerspanungsbedingungen kaum.

3. Einfluss des Einstellwinkels $\varkappa_r$

Der Einstellwinkel hat Einfluss auf die Länge des im Eingriff befindlichen Teils der Hauptschneide. Bei gleichem Vorschub und gleicher Schnitttiefe ist bei allen Einstellwinkeln der Spanungsquerschnitt gleich groß. Mit kleinerem Einstellwinkel vergrößert sich das Schneidenstück, das die Spanabnahme vornimmt. Bei langen im Eingriff befindlichen Schneiden verteilt sich die Belastung, zudem wird die entstehende Wärme besser abgeführt. Daher wählt man für Schruppbearbeitungen kleine Einstellwinkel.

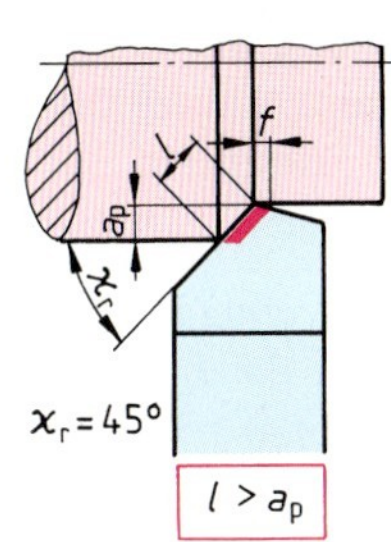

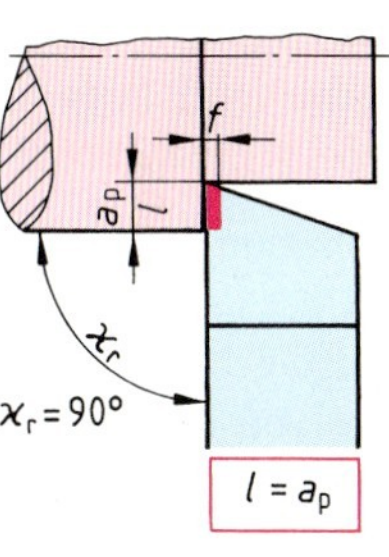

Einstellwinkel und Eingriffslänge

Die Gefahr der Durchbiegung beim Drehen langer, dünner Wellen wird bei einem großen Einstellwinkel verringert, weil dadurch die Kraft quer zur Drehachse, Passivkraft F_p, verringert wird.

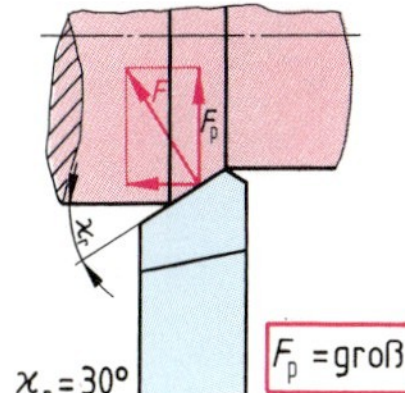

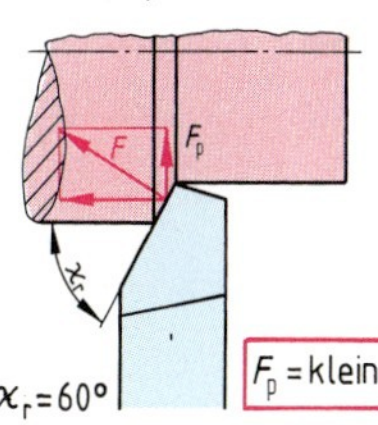

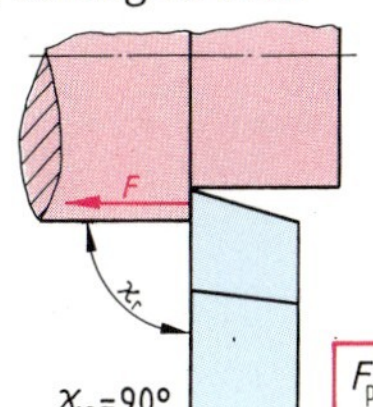

Einstellwinkel und Passivkraft

Zur Schruppbearbeitung wählt man kleine Einstellwinkel.
Zum Drehen von langen, dünnen Wellen wählt man den Einstellwinkel $\varkappa_r = 90°$.

Übungsaufgaben 6/13; 6/14

4. Einfluss des Neigungswinkels λ_s

Ein Neigungswinkel wird als positiv bezeichnet, wenn die Hauptschneide von der Schneidenecke aus nach hinten abfällt. Der Neigungswinkel ist negativ, wenn die Hauptschneide von der Schneidenecke aus nach hinten ansteigt. Meist wird mit $\lambda_s = 0°$ oder mit kleinem positiven Neigungswinkel gedreht.

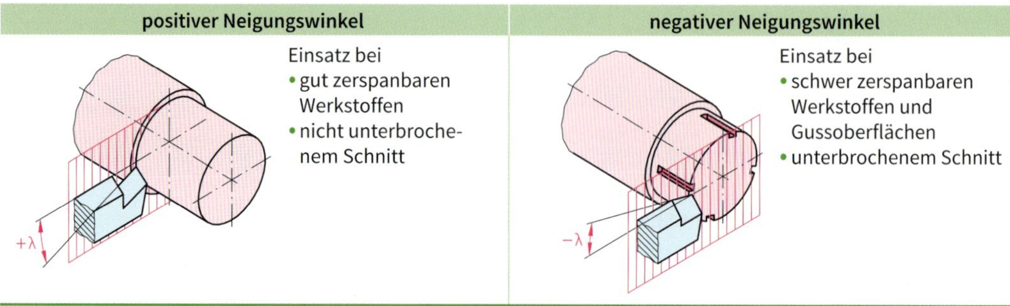

positiver Neigungswinkel	negativer Neigungswinkel
Einsatz bei • gut zerspanbaren Werkstoffen • nicht unterbrochenem Schnitt	Einsatz bei • schwer zerspanbaren Werkstoffen und Gussoberflächen • unterbrochenem Schnitt

!
- Beim Drehen von weichen und gut zerspanbaren Werkstoffen wählt man bei günstigen Zerspanungsbedingungen Neigungswinkel zwischen 0 und + 4°.
- Beim Drehen von harten und schwer zerspanbaren Werkstoffen wählt man bei ungünstigen Zerspanungsbedingungen Neigungswinkel zwischen 0 und – 4°.

6.3.3 Bauarten von Drehmeißeln

1. Grundformen der Drehmeißel

Drehmeißel haben häufig rechteckige oder quadratische Querschnitte. Für das Innendrehen werden auch runde Querschnitte verwendet. Der Querschnitt eines Drehmeißels soll möglichst groß gewählt werden, um elastische Verformungen und damit Maßabweichungen an Werkstücken einzuschränken. Der Verlauf der **Mittellinie** durch Schaft und Schneidkopf ist für die **Benennung des Meißels** entscheidend. In der Längsrichtung können Drehmeißel gerade, gebogen oder abgesetzt sein.

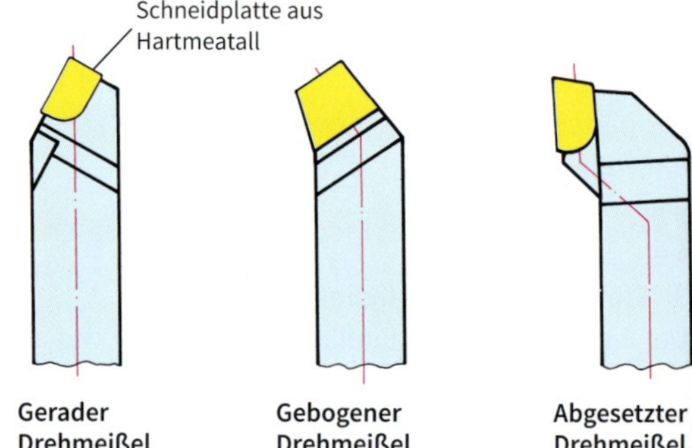

2. Linke und rechte Drehmeißel

Nach der Lage der Hauptschneide unterscheidet man rechte und linke Drehmeißel. Für die Klärung der normgerechten Bezeichnung sieht der Betrachter auf die Spanfläche des Meißels und dabei muss der Schaft von ihm fort gerichtet sein.

Beispiele für die Einteilung in linke und rechte Drehmeißel

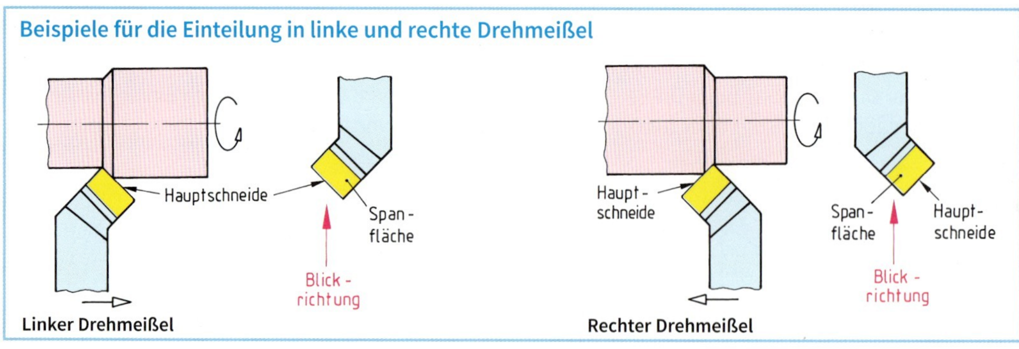

!
Sieht der Betrachter von der Schneide aus in Schaftrichtung,
- dann ist es ein rechter Drehmeißel, wenn die Hauptschneide rechts liegt,
- dann ist es ein linker Drehmeißel, wenn die Hauptschneide links liegt.

Übungsaufgabe 6/15

3. Gebräuchliche Drehmeißelformen

Für unterschiedliche Dreharbeiten sind Drehmeißel mit verschiedenen Formen erforderlich. Viele Drehmeißel sind in ihrer Formgebung durch DIN-Normen festgelegt.

Beispiele für den Einsatz gebräuchlicher Drehmeißel

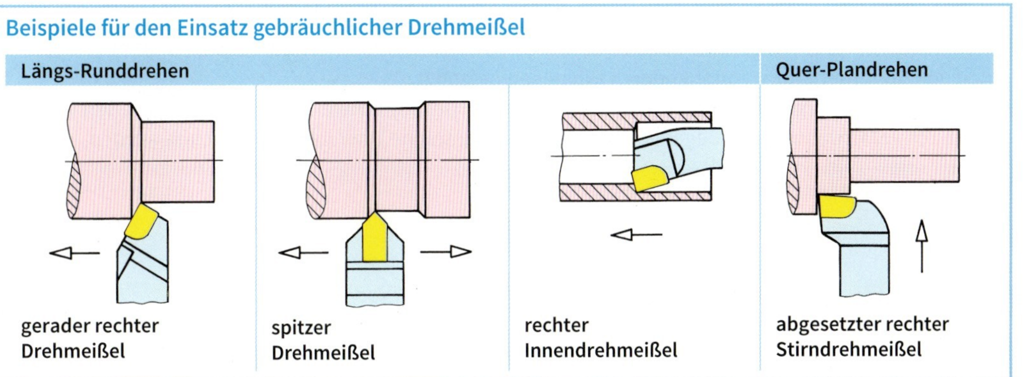

gerader rechter Drehmeißel | spitzer Drehmeißel | rechter Innendrehmeißel | abgesetzter rechter Stirndrehmeißel

4. Ausführungsarten von Drehmeißeln

Einteilige Drehmeißel bestehen aus Schnellarbeitsstahl. Sie werden nach Bedarf aus Rohlingen (Drehlingen) geschliffen. Sie werden in der Einzelfertigung zum Profildrehen verwendet.
Drehmeißel aus unlegiertem Stahl mit eingelöteten Hartmetallplatten finden ähnliche Verwendung.
Zur Serienfertigung werden ausschließlich Drehmeißel mit auswechselbaren Schneidplatten eingesetzt.

Beispiele für Ausführungsarten von Drehmeißeln

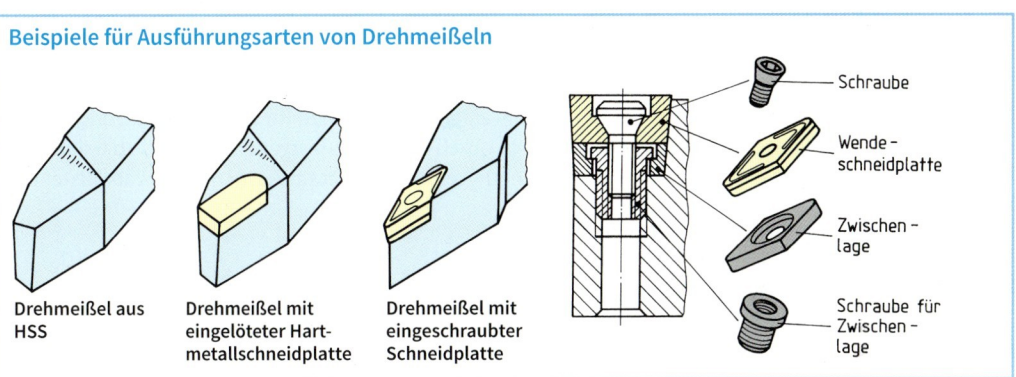

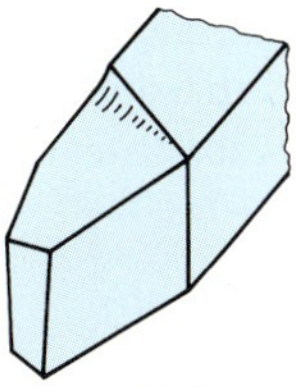

Drehmeißel aus HSS

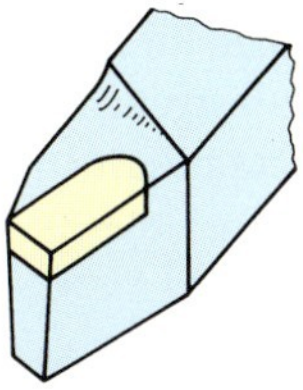

Drehmeißel mit eingelöteter Hartmetallschneidplatte

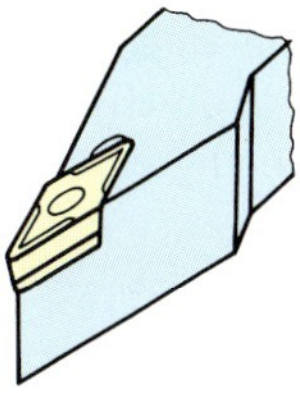

Drehmeißel mit eingeschraubter Schneidplatte

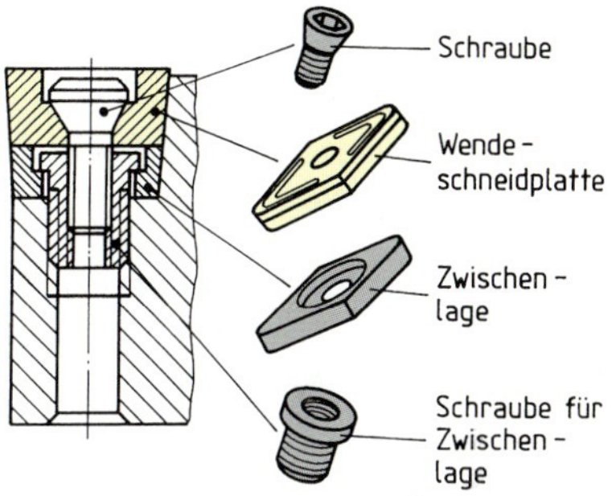

Schraube
Wendeschneidplatte
Zwischenlage
Schraube für Zwischenlage

6.4 Spannen und Stützen der Werkstücke

Zum Drehen müssen die Werkstücke sicher, schnell und mit gutem Rundlauf eingespannt werden. Die Art der Werkstückeinspannung richtet sich nach der Form und Größe des Werkstückes und nach der Anzahl gleicher Werkstücke.

6.4.1 Spannen im Spannfutter

Kurze Werkstücke, z. B. Rundteile verschiedener Durchmesser oder Sechskantprofile, werden in das **Dreibackenfutter** eingespannt. Zum Spannen der Vierkant- oder Achtkantprofile ist ein **Vierbackenfutter** erforderlich.

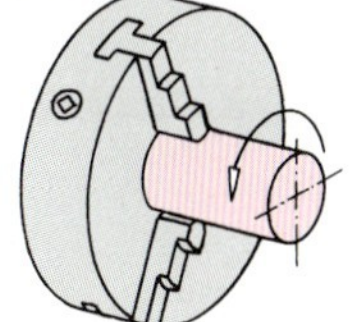
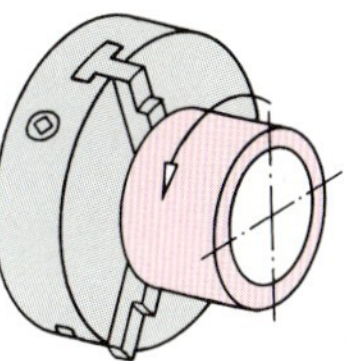
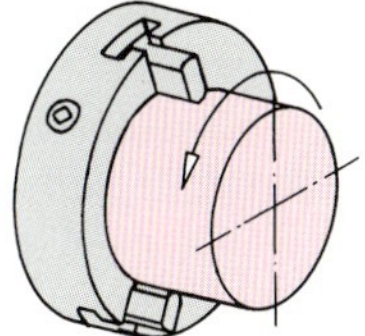
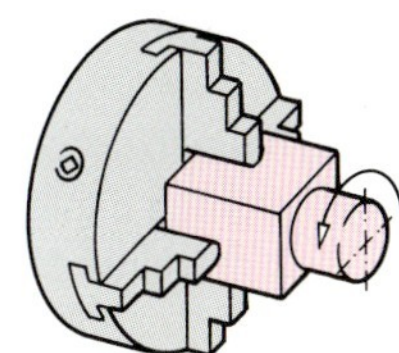

! Kurze Drehteile spannt man in Spannfutter.

2.4.2 Spannen auf Planscheiben

Zum Spannen von *unregelmäßig geformten, großen Werkstücken* werden Planscheiben eingesetzt. Die Planscheiben werden direkt auf dem Kopf der Arbeitsspindel befestigt.
Im meist großformatigen Grundkörper der Planscheiben erlauben einzeln verstellbare Spannbacken variable Werkstückeinspannungen. Je nach Form werden Werkstücke ohne Spannbacken direkt mit Spannlaschen und Spannschrauben oder anderen Hilfsteilen befestigt.
Bei sehr unregelmäßig geformten Werkstücken kann der Gesamtschwerpunkt stark nach außen verlagert sein. Durch Aufschrauben von Gegengewichten muss eine solche Unwucht ausgeglichen werden.

Beispiele zum Spannen von Werkstücken auf Planscheiben

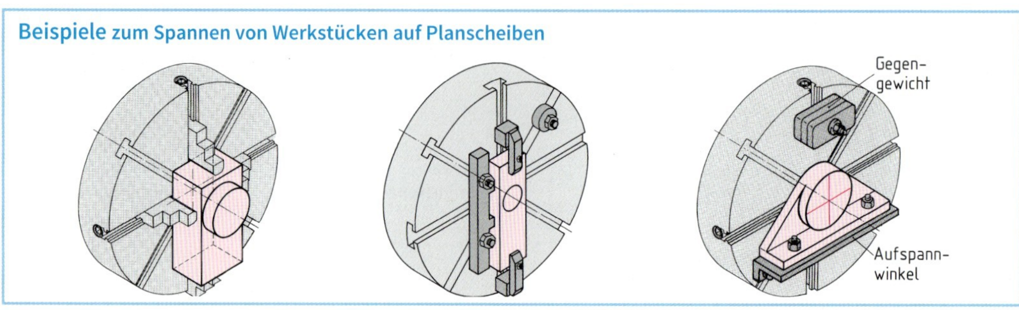

! Planscheiben dienen zum Spannen von großen, unregelmäßig geformten Werkstücken, die durch Drehen bearbeitet werden. Werkstücke können mit einzeln verstellbaren Spannbacken, mit Spannlaschen und -schrauben oder mithilfe von Spannwinkeln auf der Planscheibe befestigt werden.

1. Ausrichten von Werkstücken

Bei der Einzelteilfertigung von massiven Werkstücken erfolgt das Ausrichten nach einem in der Drehmitte geschlagenen Körnerpunkt. Das Werkstück wird mit einer Zentrierspitze im Reitstock ausgerichtet und dann gespannt. Bei Kleinserien wird die Einspannlage durch Anschläge festgehalten, sodass bei den nachfolgenden Spannvorgängen eine hohe Wiederholgenauigkeit ohne erneutes Ausrichten gewährleistet ist.

Beispiele für das Ausrichten von Massivteilen

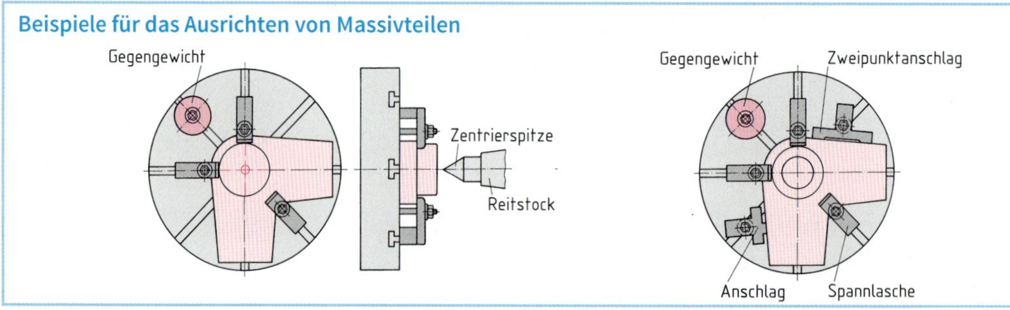

– Ausrichten von Werkstücken mit zylindrischen Außen- oder Innenformen

Gegossene, geschmiedete oder geschweißte Werkstücke mit zylindrischen Außen- oder Innenformen werden zunächst nach Augenmaß auf der Planscheibe ausgerichtet und leicht festgespannt. Mithilfe eines Parallelreißers wird der Rundlauf des Werkstücks überprüft und die Einspannlage korrigiert und dann fixiert.
Bei vorgedrehten Zapfen oder Bohrungen wird das Ausrichten mit einer Messuhr vorgenommen, welche wie die Reißnadel in einem Stativ gehalten wird.

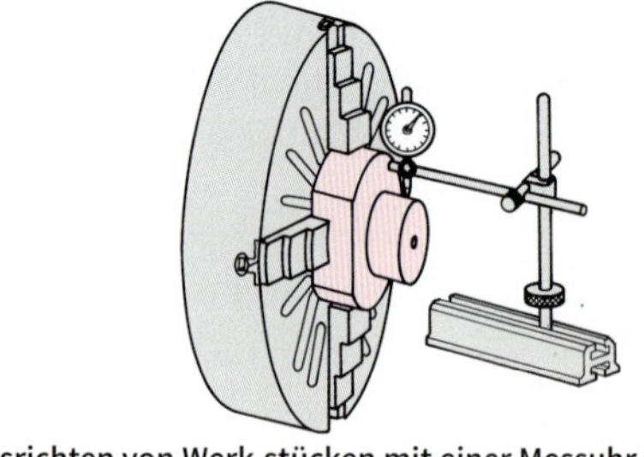

Ausrichten von Werk-stücken mit einer Messuhr

! Werkstücke müssen auf der Planscheibe so ausgerichtet werden, dass die Drehmitte mit der Achse der Arbeitsspindel übereinstimmt.

6.4.3 Spannen in Spannzangen

Zum schnellen Einspannen von zylindrischen Werkstücken mit kleinem Durchmesser verwendet man bei mittleren und großen Stückzahlen Spannzangen. Eine Spannzange ist ein geschlitzter Hohlkörper, der beim Spannen etwas in die Drehspindel hineingezogen wird. Dabei wird der geschlitzte Kegel der Spannzange zusammengedrückt und hält das Werkstück durch Kraftschluss.

Die Spannzange wird entweder direkt in die kegelige Aufnahmebohrung der Arbeitsspindel eingesetzt oder wird in ein besonderes Schnellspannfutter für Spannzangen eingeschraubt. Zur Aufnahme des Werkstückes besitzt die Spannzange eine zentrische Bohrung, die nur das Spannen in einem kleinen Durchmesserbereich erlaubt, z. B. 10 ± 0,25.

Spannzange

! Mit Spannzangen können Drehteile mit kleinen Durchmessern gespannt werden.

6.4.4 Spannen zwischen Zentrierspitzen

Werkstücke können auch zwischen zwei Zentrierspitzen bearbeitet werden. Dies ist erforderlich, wenn ein Werkstück für verschiedene Arbeitsgänge umgespannt werden muss. Beim Drehen zwischen zwei Zentrierspitzen erzielt man stets einen guten Rundlauf.
Eine stirnseitige Mitnahme des Werkstücks durch die Schneiden eines Stirnseiten-Mitnehmers erlaubt ein Überdrehen der gesamten Werkstücklänge ohne Umspannen.

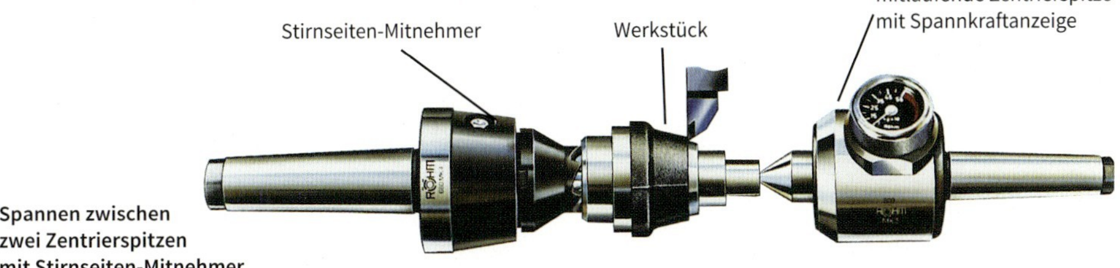

Spannen zwischen zwei Zentrierspitzen mit Stirnseiten-Mitnehmer

Beim Spannen von Drehteilen zwischen zwei Zentrierspitzen erfolgt die Mitnahme durch eine Mitnehmerscheibe mit einem Drehherz oder durch einen Stirnseiten-Mitnehmer.

6.5 Spezielle Drehverfahren

6.5.1 Kegeldrehen

– **Oberschlittenverstellung**

Der Oberschlitten wird um den halben Kegelwinkel verstellt, sodass die Bewegung des Oberschlittens entlang der zu fertigenden Mantellinie erfolgt. Die Vorschubbewegung wird meist von Hand ausgeführt. Mit diesem Verfahren können nur kurze Kegel gefertigt werden, da der Vorschubweg des Oberschlittens verhältnismäßig kurz ist. Den Verstellwinkel des Oberschlittens nennt man **Einstellwinkel** $\frac{\alpha}{2}$.

$$\text{Einstellwinkel} = \frac{\text{Kegelwinkel}}{2} = \frac{\alpha}{2}$$

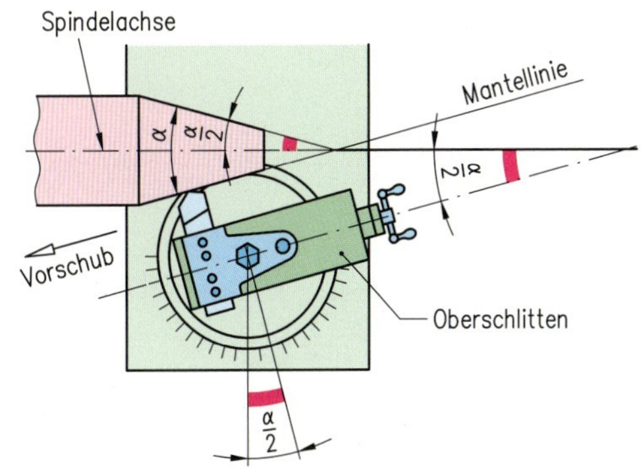

Kegeldrehen durch Oberschlittenverstellung

Übungsaufgaben 6/21 bis 6/24

6.5.2 Gewindedrehen

Beim Gewindedrehen werden in Wellen oder Bohrungen entlang einer Schraubenlinie Gewindegänge in den Werkstoff geschnitten. Die Schneidenform des Drehmeißels entspricht dem Gewindeprofil. Der Vorschub des Drehmeißels bei einer Umdrehung muss gleich der Gewindesteigung P sein.

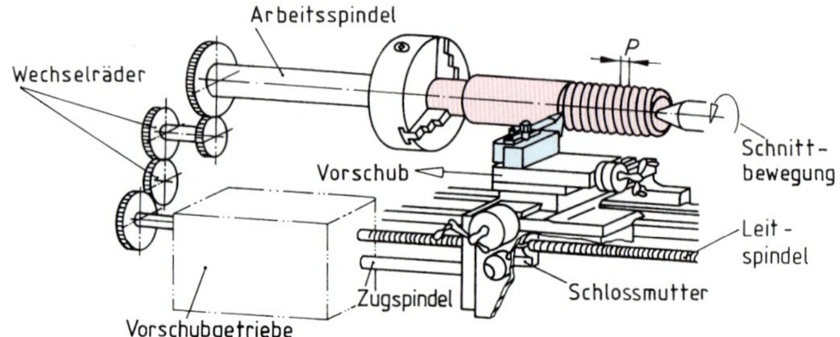

Gewindedrehen

Die Abstimmung der Schnittbewegung mit der Vorschubbewegung erfolgt über Zahnradgetriebe. Von der Arbeitsspindel wird die Drehbewegung über auswechselbare Zahnräder auf das Vorschubgetriebe übertragen. Mithilfe einer Gewindespindel – der Leitspindel – und einer Mutter – der Schlossmutter – wird die Drehbewegung in die Längsbewegung des Bettschlittens umgesetzt.
Häufig vorkommende Gewindesteigungen werden am Vorschubgetriebe der Drehmaschine eingestellt. Für selten verlangte Gewindesteigungen müssen Wechselräder entsprechend ausgetauscht werden.

Einspannung des Drehmeißels

Der Gewindedrehmeißel muss als Formmeißel so eingespannt werden, dass die Schneiden das gewünschte Gewindeprofil erzeugen. Dazu muss der Drehmeißel:

- mittig eingespannt sein,
- einen Spanwinkel $\gamma_0 = 0°$ haben,
- mit der Werkstückachse einen rechten Winkel bilden.

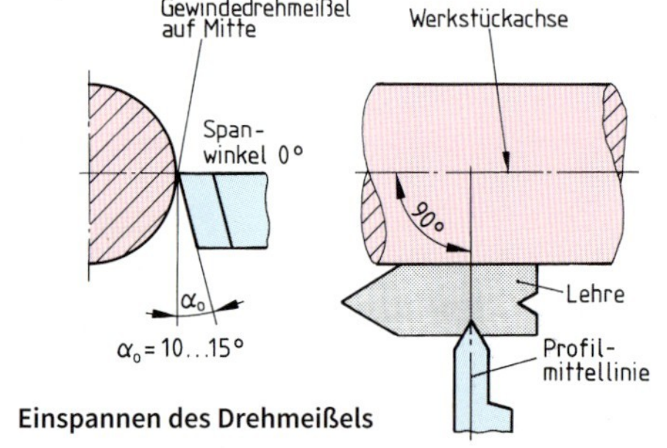

Einspannen des Drehmeißels

> **!** Zum Gewindeschneiden muss der Drehmeißel auf der Werkstückmitte und mit seiner Profilmittellinie senkrecht zur Werkstückachse eingestellt werden.

Schnittfolge beim Gewindedrehen

Gewindedrehen erfolgt in mehreren Arbeitsgängen. Bei der Schruppbearbeitung des Gewindes wird der Meißel so zugestellt, dass die Spanabnahme hauptsächlich von einer der beiden Meißelschneiden ausgeführt wird. Deshalb wird der Drehmeißel vom zweiten Schruppspan an quer und längs zur Drehachse zugestellt. Beim Schlichten wird mit beiden Schneiden gleichzeitig geschnitten, so dass das Gewinde die gewünschte Profilform erhält.

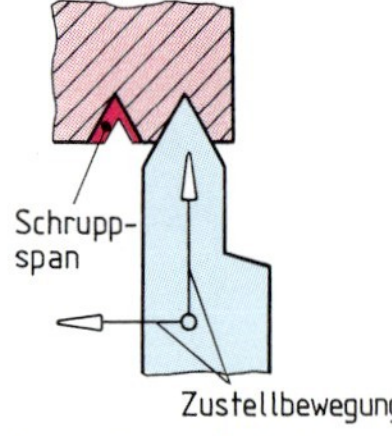

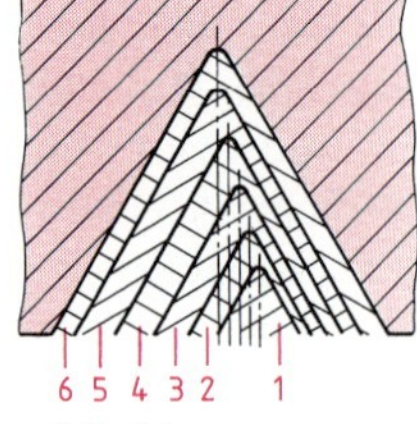

Schnittfolge beim Gewindedrehen

> **!** Beim Schruppen soll der Drehmeißel bevorzugt mit einer Schneide schneiden. Beim Schlichten sollen beide Schneiden gleichmäßig eingreifen.

Übungsaufgabe 6/25

6.6 Einflussgrößen auf die Oberflächenbeschaffenheit beim Drehen

Die Oberflächenbeschaffenheit beim Drehen wird bestimmt durch:

- die Schnittbedingungen,
- die Schneidengeometrie,
- den Schneidstoff und
- die Zerspanbarkeit des Werkstoffs.

Als Maß für die Oberflächengüte wird häufig die gemittelte Rautiefe *Rz* gewählt.

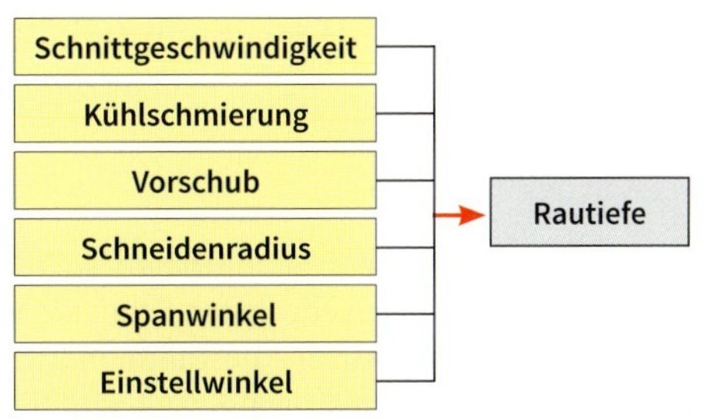

Die wichtigsten Einflussgrößen auf die Rautiefe

1. Schnittgeschwindigkeit und Kühlschmierung

Je nach Größe der Schnittgeschwindigkeit ist eine unterschiedlich starke Aufbauschneidenbildung zu beobachten. Die **Aufbauschneide** entsteht durch Verschweißung kleiner Werkstoffteilchen auf der Spanfläche und wird

- *groß* bei niedrigen bis mittleren Schnittgeschwindigkeiten und bleibt
- *sehr klein* bei hohen Schnittgeschwindigkeiten.

Kleine Partikel der sich periodisch aufbauenden und wieder abreißenden Aufbauschneide gleiten zwischen Span- und Freifläche ab und verursachen so eine große Rautiefe.

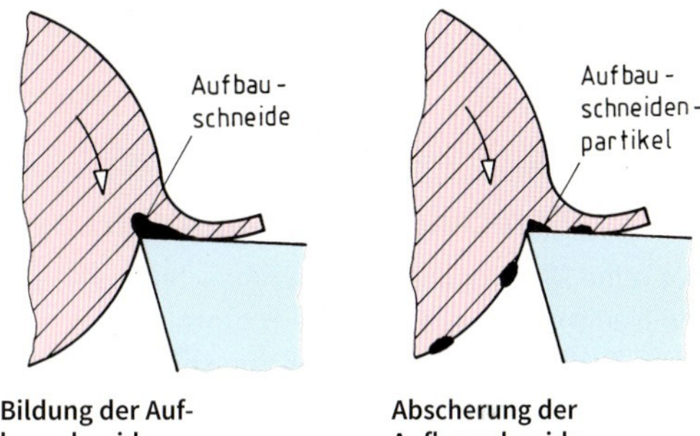

Bildung der Aufbauschneide | **Abscherung der Aufbauschneide**

Die **Kühlschmierung** verbessert die Oberflächenbeschaffenheit. Eine Verbesserung ist zu erreichen durch:

- eine gute Schmierung bei niedrigen Schnittgeschwindigkeiten und
- eine gute Kühlung bei hohen Schnittgeschwindigkeiten.

In beiden Fällen wirkt der Kühlschmierstoff verschleißmindernd und reduziert die Aufbauschneidenbildung.

> **!** Zu einer Verringerung der Rautiefe führen:
> - die Erhöhung der Schnittgeschwindigkeit und
> - ein angepasster Kühlschmiermitteleinsatz.

2. Vorschub und Schneidenradius

Beim Drehen haben der Schneidenradius und der Vorschub entscheidenden Einfluss auf die Oberflächenbeschaffenheit. Die zu erwartende Rautiefe R_t lässt sich überschlägig nach folgender Formel berechnen:

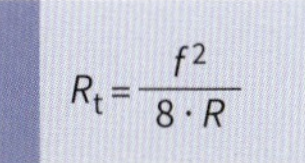

$$R_t = \frac{f^2}{8 \cdot R}$$

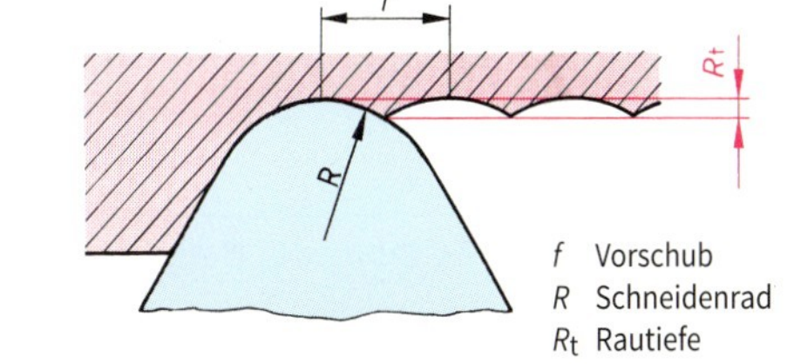

Rautiefe und Schneidenradius

Der Zusammenhang zwischen Rautiefe, Vorschub und Schneidenradius wird häufig in Diagrammen dargestellt. Mithilfe solcher Diagramme oder der obigen Formel kann ermittelt werden, ob bei einem bestimmten Vorschub eine vorgegebene Rautiefe erreicht werden kann.

> **!** Je kleiner der Vorschub und je größer der Schneidenradius, desto geringer wird die Rautiefe.

3. Span- und Einstellwinkel

Mit zunehmendem positiven Spanwinkel verbessert sich der Spanablauf. Dabei nehmen die mechanischen und thermischen Belastungen ab, was zu einer Verbesserung der Oberflächenbeschaffenheit führt.

Zu kleine Einstellwinkel erhöhen die Gefahr von Ratterschwingungen, welche die Oberflächenqualität beeinträchtigen.

> **!** Je größer der positive Spanwinkel, desto geringer die Rautiefe. Der Einstellwinkel darf dabei ein Mindestmaß nicht unterschreiten.

Übungsaufgabe 6/26

6.7 Bestimmen von Arbeitsgrößen zum Drehen

6.7.1 Wahl der Schnittgeschwindigkeit und Berechnung der Umdrehungsfrequenz

Die Wahl der Schnittgeschwindigkeit richtet sich nach folgenden Faktoren:

- Schlichten oder Schruppen,
- Werkstoff des Werkstücks,
- Werkstoff der Werkzeugschneide,
- Standzeit des Werkzeugs.

Die genaue Bestimmung der Schnittdaten sollte nach den Angaben der Werkzeughersteller erfolgen. Diese haben für die unterschiedlichsten Schneidenwerkstoffe umfangreiche Tabellen erstellt.
Zum Einstellen der Drehmaschine bestimmt man Schnittiefe, Vorschub und Schnittgeschwindigkeit.
Aus der gewählten Schnittgeschwindigkeit wird für den zu bearbeitenden Werkstückdurchmesser die einzustellende Umdrehungsfrequenz berechnet.

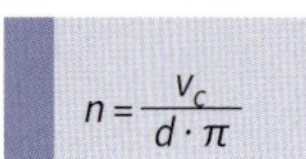

n Umdrehungsfrequenz in 1/min
d Werkstückdurchmesser in m
v_c Schnittgeschwindigkeit in m/min

6.7.2 Berechnung der Hauptnutzungszeit

Die reine Nutzungszeit der Drehmaschine, also die Zeit, in der die Maschine das Werkstück bearbeitet, ist die Hauptnutzungszeit t_h. Die Hauptnutzungszeit wird aus dem Vorschubweg, der Zahl der Schnitte und dem Vorschub berechnet. Der Vorschubweg ist der Weg, auf dem das Werkzeug im Eingriff ist, plus dem Anschnittweg und ggf. dem Überlaufweg.

Längs-Runddrehen

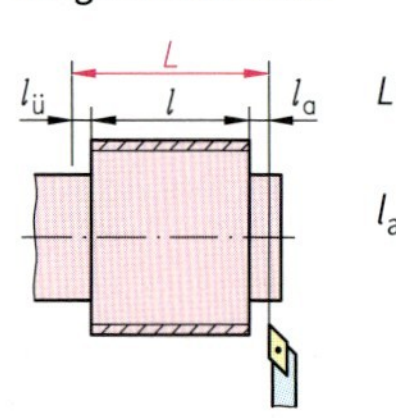

$L = l + l_a + l_ü$

$l_a \approx l_ü \approx 2$ mm

Quer-Plandrehen

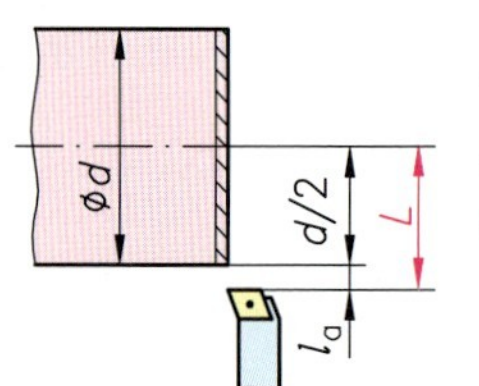

$L = \frac{d}{2} + l_a$

$l_a \approx 2$mm

$l_ü = 0$

Formelzeichen

L Vorschubweg
l Werkstücklänge
l_a Anschnittlänge
$l_ü$ Überlauflänge
d Werkstückdurchmesser

Hauptnutzungszeit:

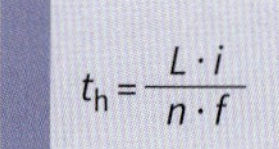

t_h Hauptnutzungszeit in min
i Anzahl der Schnitte
f Vorschub in mm
n Umdrehungsfrequenz in 1/min

Beispiel für die Berechnung der Hauptnutzungszeit

Aufgabe

Eine Welle aus E 295 mit 60 mm Durchmesser und 219 mm Länge soll auf 51 mm Durchmesser abgedreht werden. Der Drehmeißel hat eine Schneidplatte aus Hartmetall P20.

Gegeben:

d = 60 mm
l = 219 mm
$l_a = l_ü = 1$ mm

Schruppen $v_{c1} = 120$ m/min
$f_1 = 0{,}5$ mm
$a_{p1} = 4{,}5$ mm

Gesucht:

Hauptnutzungszeit t_h

Lösung

$$n_1 = \frac{v_{c1}}{d_1 \cdot \pi}$$

$$n_1 = \frac{120 \text{ m}}{\text{min} \cdot 0{,}06 \cdot \pi}$$

$$n_1 = 636 \frac{1}{\text{min}}$$

$$L = 219 \text{ mm} + 2 \text{ mm}$$

$$L = 221 \text{ mm}$$

$$n_1 = \frac{L \cdot i}{n_1 \cdot f_1}$$

$$t_{h1} = \frac{221 \text{ mm} \cdot 1 \cdot \text{min}}{636 \cdot 0{,}5 \text{ mm}}$$

$$t_{h1} = \mathbf{0{,}69\ min}$$

Übungsaufgaben 6/27; 6/28; 6/29

7 Fertigen durch Fräsen mit mechanisch gesteuerten Werkzeugmaschinen

7.1 Fräsmaschinen

Fräsen ist ein spanendes Bearbeiten mit einem meist mehrschnittigen Fräser, von dem an der Schnittstelle stets eine oder mehrere Schneiden im Eingriff sind. Der Fräser hat geometrisch bestimmte Schneiden.

Die Spanabnahme erfolgt auf der Fräsmaschine dadurch, dass

- der Fräser die kreisförmige Schnittbewegung und
- das Werkstück die geradlinige und stetige Vorschubbewegung ausführt.

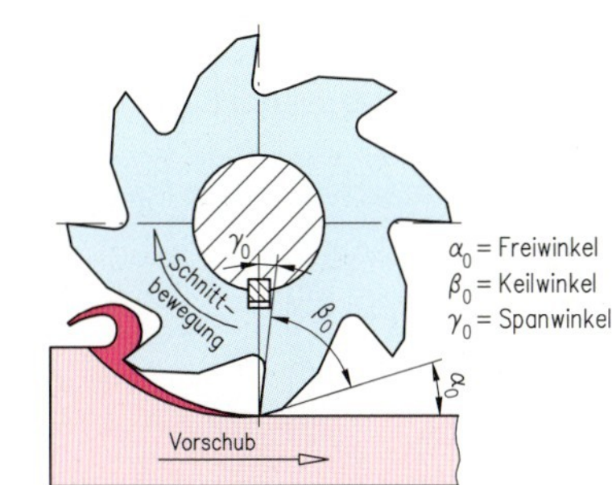

Vorschub und Schnittbewegung beim Fräsen

> **!** Fräsen erfolgt mit geometrisch bestimmten Schneiden. Die Schnittbewegung erfolgt durch den rotierenden Fräser.

Mechanisch gesteuerte Fräsmaschinen werden hauptsächlich in der Einzelfertigung zur Herstellung meist geradliniger Konturen und Bohrungen eingesetzt.

Nach der Lage der Frässpindel unterscheidet man Waagerecht- und Senkrechtfräsmaschinen. Universalfräsmaschinen mit schwenkbarem Kopf oder mit zwei Spindeln erlauben den Einsatz sowohl als Waagerecht- als auch als Senkrechtfräsmaschine.

Beispiele für eine Universalfräsmaschine im Einsatz als Waagerecht- und als Senkrechtfräsmaschine

Waagerecht-Fräsmaschine	Senkrecht-Fräsmaschine

Die Frässpindel liegt **waagerecht**. Für bestimmte Fräsarbeiten wird die Frässpindel durch verstellbare Stützlager im Gegenhalter geführt.	Die Frässpindel steht **senkrecht**. Der Fräskopf ist schwenkbar. Eine Höhenverstellung des Fräsers im Fräskopf ist möglich.

Übungsaufgaben 7/1; 7/2

7.2 Fräsverfahren

7.2.1 Einteilung der Fräsverfahren

Fräsverfahren werden nach der Form der zu erzeugenden Fläche, nach der Lage der Schneiden zur Vorschubbewegung und nach dem Zusammenwirken von Schnitt- und Vorschubbewegung unterschieden.

1. Einteilung nach der Form der zu erzeugenden Fläche
Nach der Form der zu erzeugenden Fläche unterscheidet man Planfräsen, Rundfräsen, Profilfräsen u. a.

Beispiele für die Bezeichnung von Fräsverfahren nach Vorschub und Form der zu erzeugenden Fläche

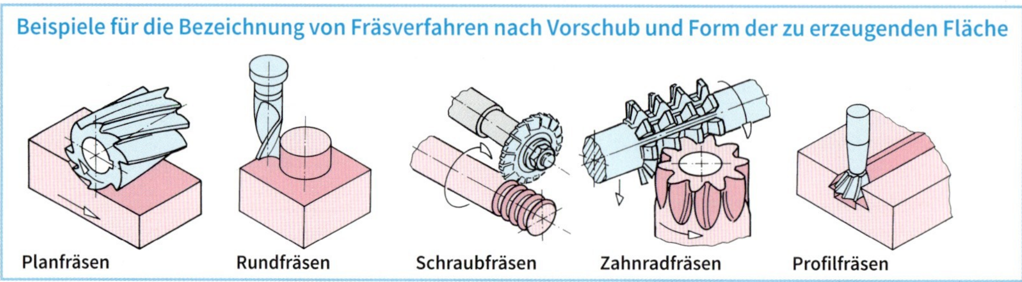

2. Einteilung nach der Lage der Schneiden zur Vorschubbewegung
Als Hauptschneiden bezeichnet man die Schneiden, welche in Vorschubrichtung liegen. Nebenschneiden liegen nicht in Vorschubrichtung. Haupt- und Nebenschneiden bilden die Schneidenecke.
Nach der Lage der Schneiden am Fräser, durch welche die gewünschte Oberfläche erzeugt wird, unterscheidet man Umfangsfräsen, Stirnfräsen und Stirn-Umfangsfräsen.

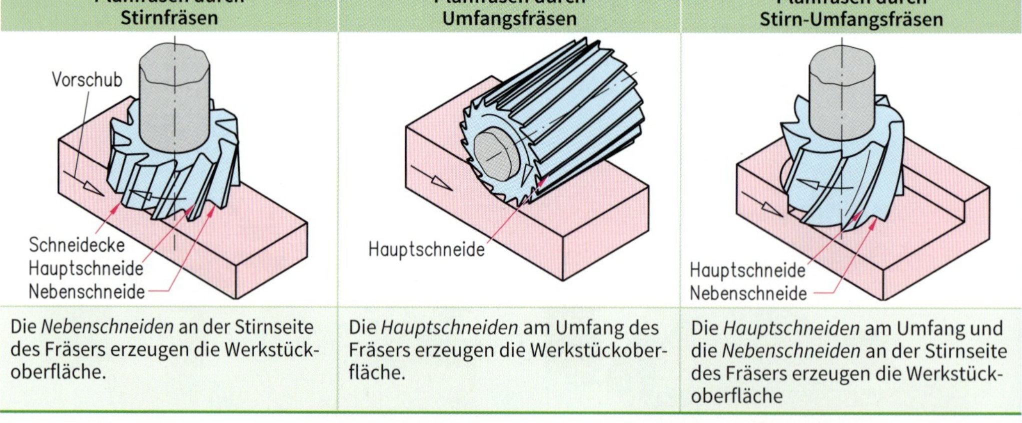

Planfräsen durch Stirnfräsen	Planfräsen durch Umfangsfräsen	Planfräsen durch Stirn-Umfangsfräsen
Die *Nebenschneiden* an der Stirnseite des Fräsers erzeugen die Werkstückoberfläche.	Die *Hauptschneiden* am Umfang des Fräsers erzeugen die Werkstückoberfläche.	Die *Hauptschneiden* am Umfang und die *Nebenschneiden* an der Stirnseite des Fräsers erzeugen die Werkstückoberfläche

3. Einteilung nach der Art des Zusammenwirkens von Schnitt- und Vorschubbewegung
Entsprechend dem Zusammenwirken von Schnitt- und Vorschubbewegung unterscheidet man Gegenlauf- und Gleichlauffräsen.

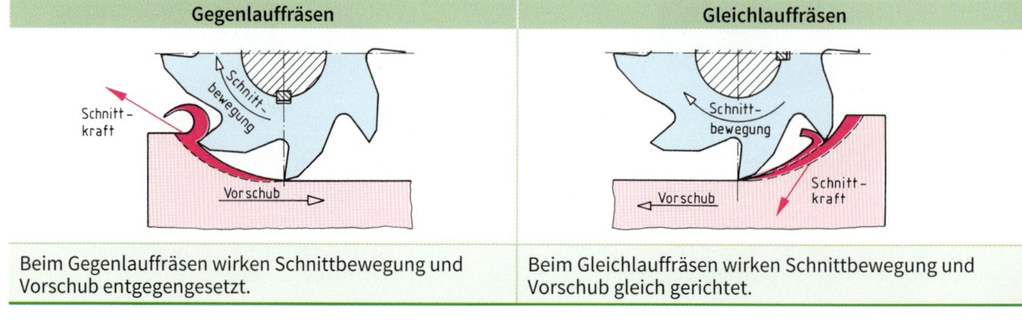

Gegenlauffräsen	Gleichlauffräsen
Beim Gegenlauffräsen wirken Schnittbewegung und Vorschub entgegengesetzt.	Beim Gleichlauffräsen wirken Schnittbewegung und Vorschub gleich gerichtet.

Übungsaufgaben 7/3; 7/4; 7/5

7.2.2 Vergleich von Gegenlauffräsen und Gleichlauffräsen

Gleichlauffräsen	Gegenlauffräsen
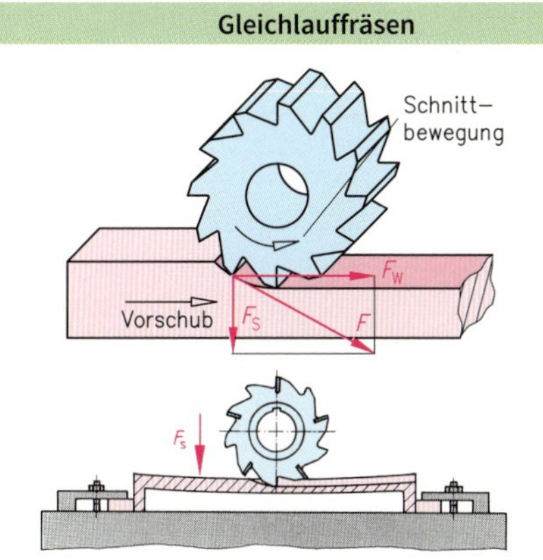 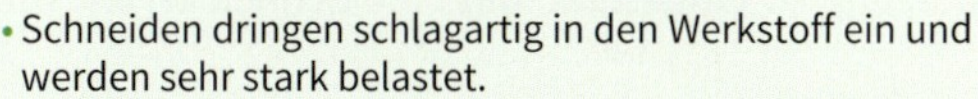	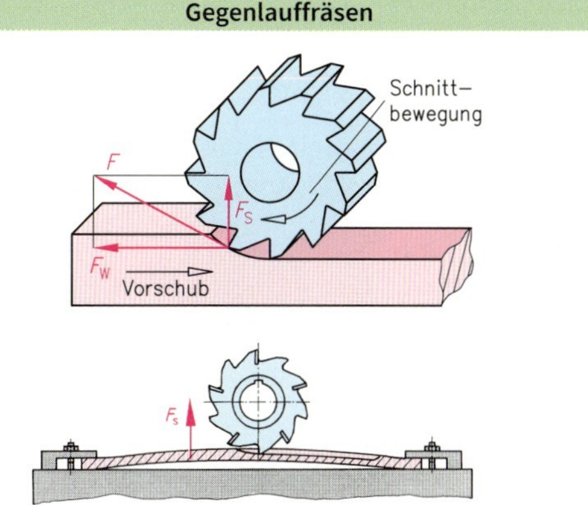
• Schneiden dringen schlagartig in den Werkstoff ein und werden sehr stark belastet. • Geringer Freiflächenverschleiß erhöht die Standzeit der Wendeschneidplatten. • Schräg nach unten gerichtete Schnittkräfte versuchen das Werkstück unter den Fräser zu ziehen. Daher muss die Vorschubeinrichtung der Fräsmaschine absolut spielfrei sein. • Große Schnitttiefen können bei hohen Schnittgeschwindigkeiten gewählt werden.	• Schneiden dringen allmählich in den Werkstoff ein. Starke Reibung führt zu hohem Verschleiß der Schneiden. • Zum Ende des Schnittvorgangs ist der Spanungsquerschnitt maximal, die Schneiden werden schlagartig entlastet. • Rattermarken können die Oberflächengüte negativ beeinflussen. • Schräg nach oben gerichtete Schnittkräfte versuchen das Werkstück aus der Aufspannung zu heben.

7.3 Fräswerkzeuge und ihr Einsatz

Im Aufbau unterscheidet man Fräser, welche ganz aus Schnellarbeitsstahl oder Hartmetall bestehen und Fräser mit Trägerkörpern aus Stahl und Wendeschneidplatten aus Hartmetall oder Schneidkeramik.

Beispiele für den Einsatz von Fräswerkzeugen

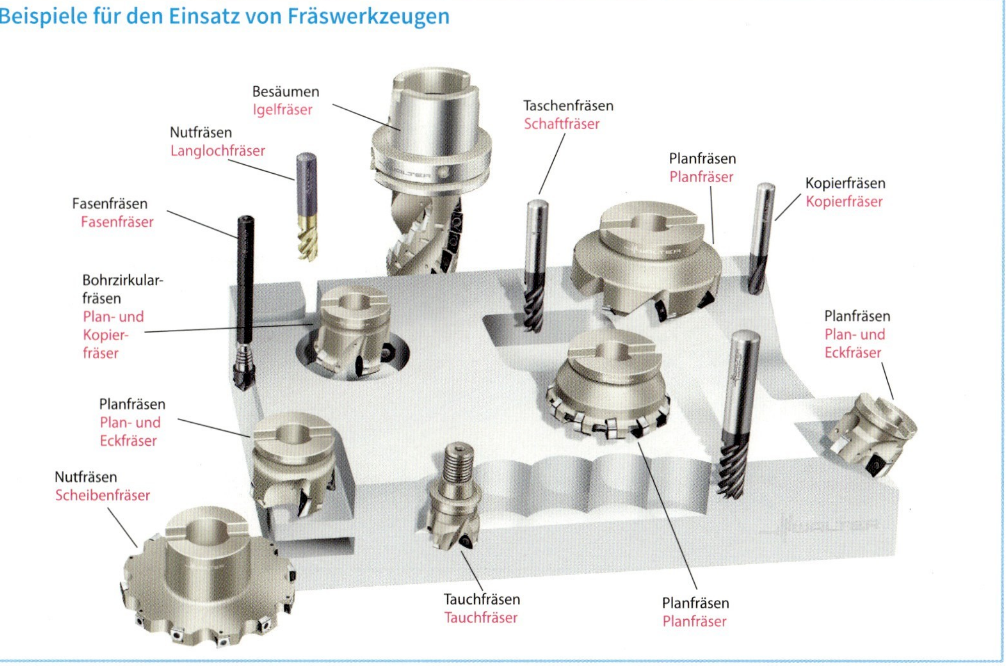

7.3.1 Walzenstirnfräser

Walzenstirnfräser haben eine zylindrische Grundform sowie Schneiden am Umfang und an der Stirnseite. Sie werden vorwiegend zum Umfangsfräsen ebener Flächen an schmalen Werkstücken und zum Stirn-Umfangsfräsen von Falzen und breiten Nuten verwendet.

Beispiele für Fräsarbeiten mit Walzenstirnfräsern

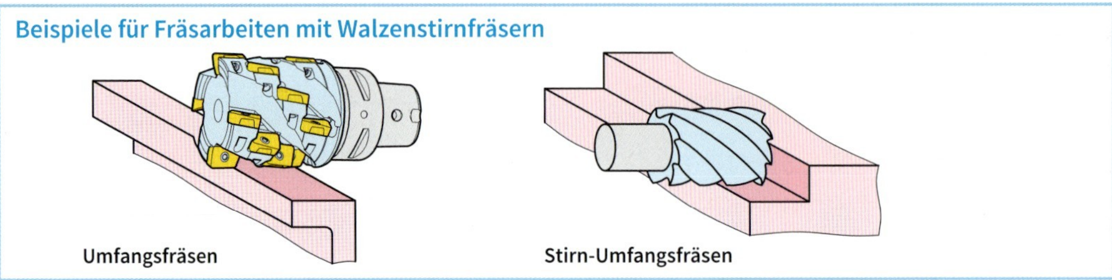

HSS-Walzenstirnfräser

Walzenstirnfräser werden bei diesen Fräsarbeiten vorwiegend so eingesetzt, dass die Schneiden am Umfang des Fräsers die Hauptschneiden sind.

Zur Bestimmung der Werkzeugwinkel der Hauptschneiden an einem Walzenstirnfräser benutzt man die Keilmessebene des Fräsers. Sie steht senkrecht zur Fräserschneide und ist um den Drallwinkel gegen die Längsachse des Fräsers verdreht.

Beispiel für die Lage der Winkel an der Hauptschneide beim Umfangsfräsen

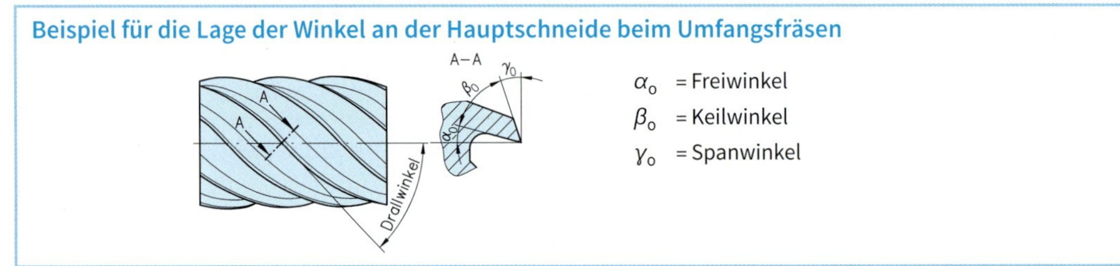

Die meisten Walzenstirnfräser haben einen Drall, damit die Hauptschneiden allmählich in den Werkstoff eindringen. Dies führt zu

- gleichmäßigerer Schneidenbelastung,
- ruhigerem Lauf des Fräsers,
- leichterer Spanabfuhr und
- Erhöhung der Standzeit der Werkzeuge

HSS-Walzenstirnfräser zum Schlichten als Aufsteckfräser

Fräsertyp	Typ H	Typ N	Typ W
zu bearbeitender Werkstoff	Harte und zähharte Werkstoffe z. B. legierte Stähle	normalharte Werkstoffe z.B. Baustahl, Gusseisen	weiche Werkstoffe z. B. Aluminiumlegierungen
Fräser			
Keilwinkel β Spanwinkel γ Spanraum	γ β	Spanraum γ β	γ β

> **!** Walzenstirnfräser haben meist einen Drall. Je härter der zu bearbeitende Werkstoff, desto größer ist der Keilwinkel und desto kleiner ist der Spanwinkel.

Übungsaufgabe 7/7; 7/8

7.3.2 Plan- und Eckfräsköpfe

Zum Stirnplanfräsen und Eckfräsen werden Messerköpfe eingesetzt. Der Werkstoff wird beim Fräsen mit diesen Fräsköpfen auf der Umfangsseite mit den Hauptschneiden zerspant. Die Stirnseite mit den Nebenschneiden schabt über die bearbeitete Fläche.

Planfräsköpfe dienen vorwiegend zur Erzeugung ebener Flächen. Sie haben kleine Einstellwinkel, um die Kraft an der Schneide klein zu halten.

Eckfräsköpfe werden verwendet, wenn außer einer Planfläche gleichzeitig eine senkrechte Fläche erzeugt werden soll oder nur die senkrechte Fläche zu bearbeiten ist. Entsprechend der Verwendung beträgt bei Eckfräsköpfen der Einstellwinkel 90°.

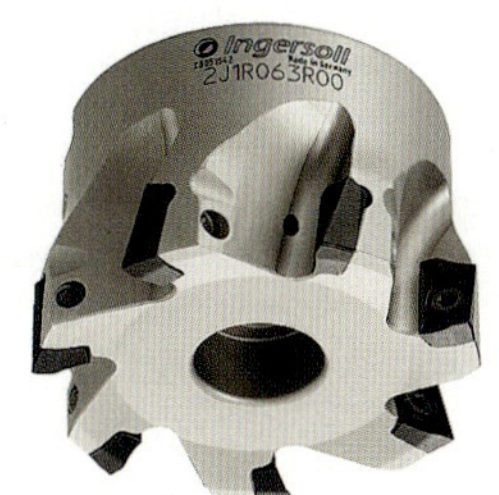

Eckfräser als Aufsteckfräser

Beispiele für Einstellwinkel an Plan- und Eckfräsköpfen

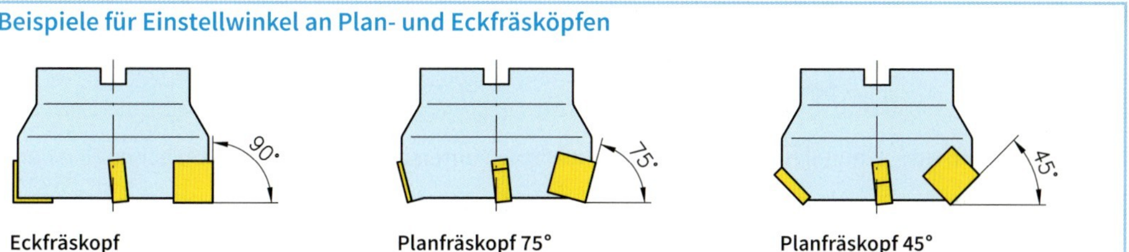

Eckfräskopf | Planfräskopf 75° | Planfräskopf 45°

Bei gleichem Spanungsquerschnitt nimmt mit kleinerem Einstellwinkel die Schneidenbelastung ab. Dadurch sind höhere Vorschubwerte möglich und damit ist auch ein höheres Zeitspanvolumen zu erreichen. Gleichzeitig nimmt die Gefahr von Kantenausbrüchen an den bearbeiteten Werkstücken ab.

> **!**
> - Planfräsköpfe haben Einstellwinkel von 45° oder 75°.
> - Eckfräsköpfe haben Einstellwinkel von 90°.

Die Teilung des Fräskopfes ergibt sich aus der Anzahl der Schneidplatten auf seinem Umfang. Sie bestimmt den Spanraum und hat damit großen Einfluss auf die mögliche Zerspanleistung des Fräskopfes.

- Weite Teilungen ermöglichen eine große Spanabnahme mit großer Schnitttiefe.
- Enge Teilungen erlauben eine höhere Vorschubgeschwindigkeit und eignen sich besser zur Bearbeitung unterbrochener Flächen.

Jeder Eintritt einer Schneide in den Werkstoff erzeugt einen Stoß. Wenn diese Stöße in regelmäßigem zeitlichem Abstand auftreten, kommt es zu Schwingungen – das Werkzeug vibriert. Diese Vibrationen beeinträchtigen die Oberflächengüte der zu bearbeitenden Oberfläche. Zur Vermeidung von Vibrationen verteilt man bei den meisten Fräsköpfen die Schneiden in gering unterschiedlichen Abständen auf dem Fräserumfang. Man spricht von einer Differentialteilung.

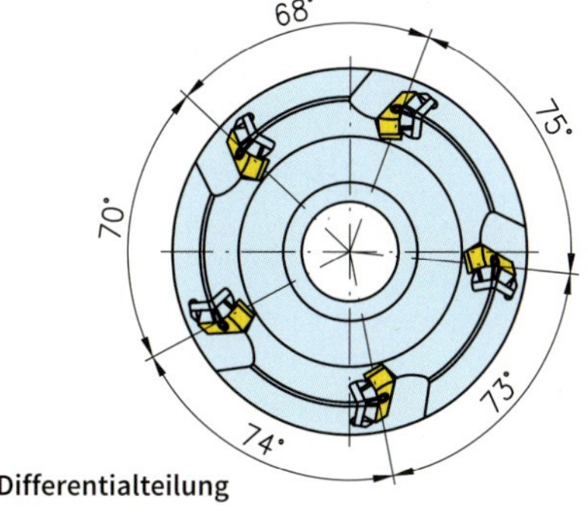

Differentialteilung

> **!** Plan- und Eckfräsköpfe mit weiten Teilungen erlauben große Schnitttiefen. Plan- und Eckfräsköpfe mit engen Teilungen erlauben höhere Vorschübe. Durch Differentialteilung vermeidet man Vibrationen des Fräswerkzeugs.

7.3.2 Schaftfräser

Schaftfräser werden vorwiegend zur Bearbeitung kleiner Flächen, Nuten, Langlöcher und kleinerer Taschen verwendet. Diese Fräser haben entweder zylindrische Schäfte zur Aufnahme im Spannfutter oder sie haben einen kegeligen Schaft, der in den Innenkegel der Fräsmaschine eingesetzt wird. Es gibt Fräser mit Schruppverzahnung oder Schlichtverzahnung.

Beispiele für Schrupp- und Schlichtverzahnung an Schaftfräsern

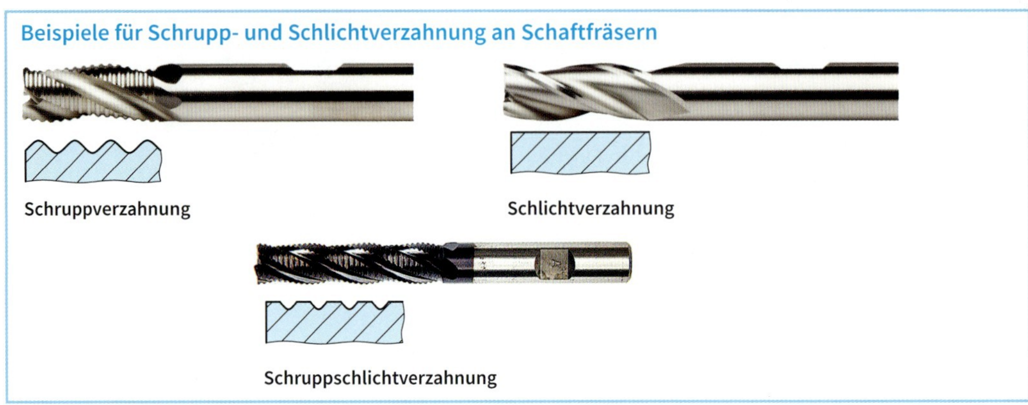

Schaftfräser zum Nut-, Langloch- und Taschenfräsen können unterschiedliche Zahlen von Schneiden haben:

Einschneider haben einen großen Spanraum und sind deshalb besonders zum Fräsen in weichen Werkstoffen (z. B. Aluminium und Kunststoffe) geeignet.

Mehrschneider mit zwei und mehr Schneiden werden zu Fräsarbeiten in Stahl eingesetzt.

Schaftfräser werden auch nach der Lage der Schneiden unterschieden:

Schaftfräser ohne Zentrumsschnitt haben keine über die Mitte reichende Schneide. Sie eignen sich zur Bearbeitung kleiner Flächen, die im Randbereich der Werkstücke liegen. Die Zustellung der Frästiefe erfolgt vor der Bearbeitung.

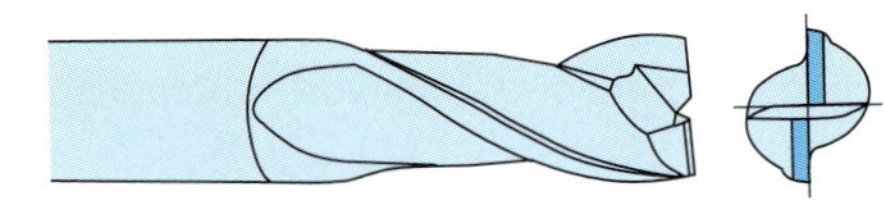
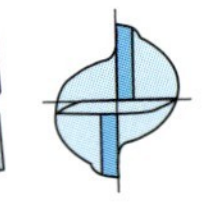

Fräser ohne Zentrumsschnitt

Schaftfräser mit Zentrumsschnitt haben mindestens eine über die Mitte reichende Schneide. Darum ist mit ihnen ein senkrechtes Eintauchen in das Werkstück möglich. Sie eignen sich zu Bohrarbeiten an schräg liegenden Flächen oder Drehteilen.

Beispiele für Fräsarbeiten mit Fräsern mit Zentrumsschnitt

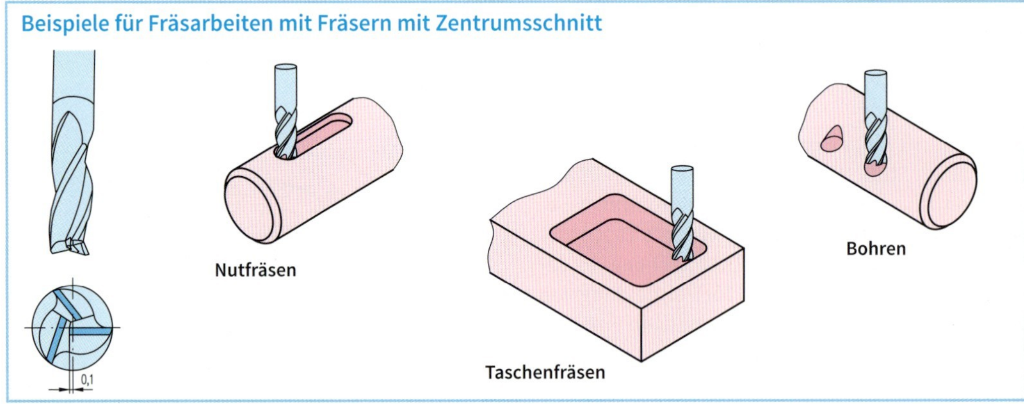

Schaftfräser zum Nut-, Langloch- und Taschenfräsen unterscheidet man nach
- der Verzahnung in Schrupp- und Schlichtfräser,
- der Zahl der Schneiden in Ein- und Mehrschneider und
- der Schneidenlage in Fräser mit und ohne Zentrumschnitt.

Übungsaufgaben 7/10; 7/11; 7/12

3.3.5 Profilfräser

1. Radienfräser

Bei Profilfräsern entspricht der Schneidenverlauf einem Teil der zu erzeugenden Werkstückkontur. Profilfräser stehen als Massivwerkzeuge aus Schnellarbeitsstahl oder mit Hartmetall bestückt zur Verfügung. Sie werden zum Fräsen von Radien, Hohlkehlen, Führungsnuten und speziellen Konturen eingesetzt. Profilfräser werden als Aufsteckfräser und als Schaftfräser hergestellt.

Beispiele für die Erzeugung von Radien durch Aufsteckfräser aus Schnellarbeitsstahl

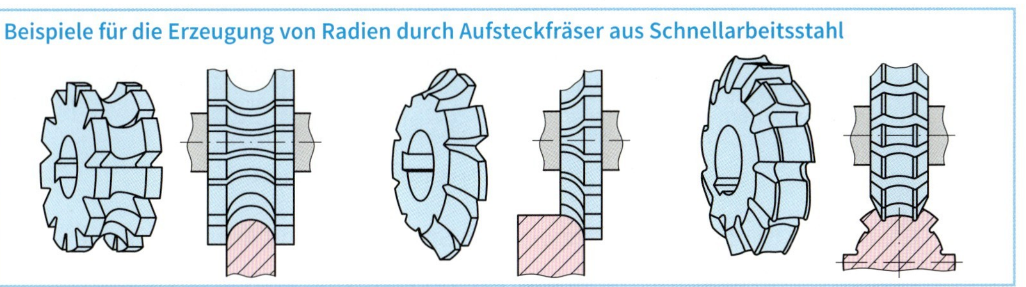

2. Winkelfräser

Die Führungen sind oft aus einfachen Profilen zusammengesetzt. Daher werden bei der Fertigung der Führungsbahnen meist mehrere Fräser nacheinander eingesetzt. So wird z. B. eine vorgefräste Nut durch einen Winkelfräser erweitert.

Beispiele für die Bearbeitung einer Führung mit Profilfräsern

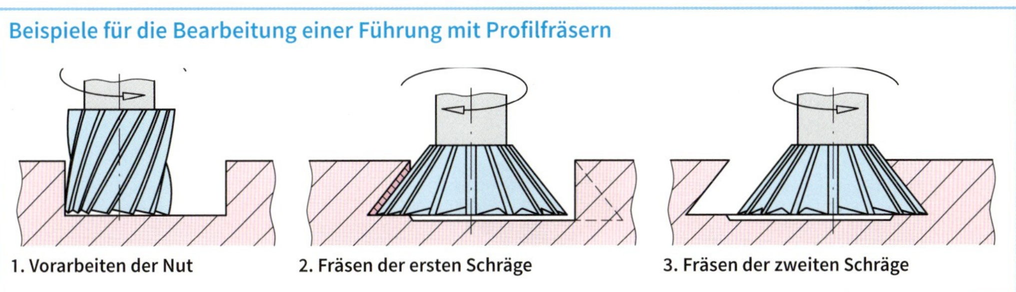

1. Vorarbeiten der Nut
2. Fräsen der ersten Schräge
3. Fräsen der zweiten Schräge

3. Satzfräser

Zur Erzeugung von Profilen, die aus mehreren einfachen Konturen zusammengesetzt sind, werden zur wirtschaftlichen Fertigung häufig Satzfräser verwendet. Dabei werden die einzelnen Fräser so zusammengestellt, dass das gewünschte Profil ohne Fräserwechsel und Umspannen in einem Arbeitsgang erzeugt werden kann.

Beispiel für das Fräsen einer Führung mit einem Satzfräser

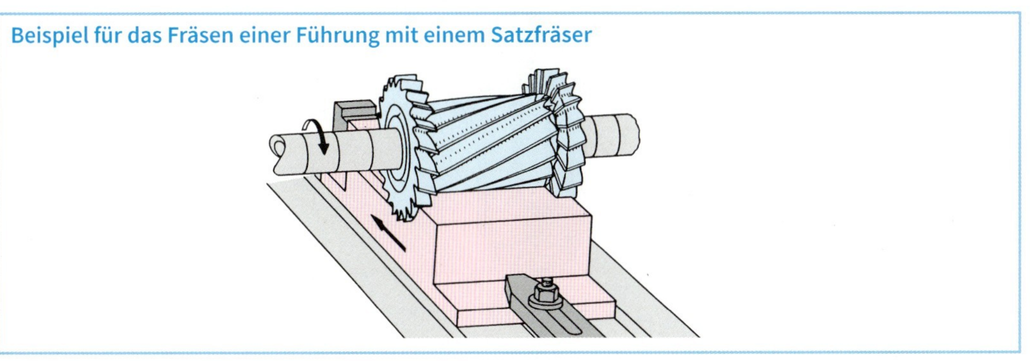

!
- Mit Profilfräsern werden an langen Werkstücken Radien, T-Nuten, Führungen u. a. gefräst.
- Mit Satzfräsern lassen sich auf Fräsmaschinen komplizierte Profile in einem Arbeitsgang fertigen.

Übungsaufgaben 7/13; 7/14; 7/15

7.4 Spannzeuge für Werkzeuge auf Fräsmaschinen

Spannzeuge nehmen Schneidwerkzeuge auf und werden ihrerseits in die Arbeitsspindel der Werkzeugmaschine eingespannt. Zu unterscheiden an modernen Spannzeugen ist die Schnittstelle zur Maschine auf der einen Seite und die Trennstelle zum Schneidwerkzeug auf der anderen Seite.

Die Spannzeuge sind so konzipiert, dass die Antriebsdrehmomente der Werkzeugmaschinen mit hoher Rundlaufgenauigkeit übertragen werden können. Für CNC-Fräsmaschinen sind für die programmgesteuerten Arbeiten nur solche Spannzeuge geeignet, die einen automatischen Werkzeugwechsel zulassen.

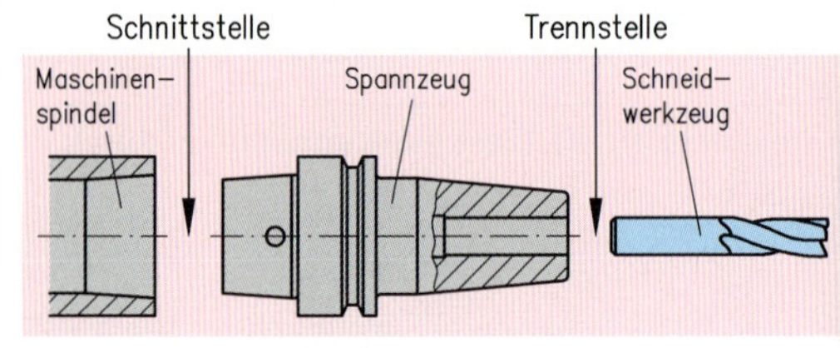

Spannzeuge für Werkzeuge

7.4.1 Gestaltung der Schnittstelle zwischen Spannzeug und Arbeitsspindel

Für den automatischen Werkzeugwechsel in die Arbeitsspindel werden Systeme verwendet, die selbsttätig in die kegelige Bohrung der Arbeitsspindel eingezogen werden können. Hierzu eignen sich Spannzeuge mit **Steilkegel** (**SK**) und **Hohlschaftkurzkegel** (**HSK**).

1. **Steilkegel** (**SK**)
Steilkegel (SK) haben einen großen Kegelwinkel und sind nicht selbsthemmend.
Die Spannzeuge werden mit einer eingeschraubten Zugstange oder durch ein Greifersystem in die Maschinenspindel eingezogen und gehalten. Bei Werkzeugwechsel wird das Spannzeug freigegeben. Die Kraftübertragung erfolgt weitgehend formschlüssig über Mitnehmer, die in entsprechende Nuten am Bund des Steilkegels eingreifen.

2. **Hohlschaftkurzkegel** (**HSK**)
Hohlschaftkurzkegel (HSK) zeichnen sich durch eine kurze Baulänge mit geringem Gewicht aus. Sie werden durch ein Greifersystem innen gefasst und in die Spindel eingezogen. Dabei wird der Kurzkegel elastisch verformt und fest an die kegelige Bohrung der Maschinenspindel angelegt und der Bund wird gegen die Planfläche gezogen. Dadurch wird eine sehr hohe Positionsgenauigkeit des Spannzeugs in der Maschinenspindel erzielt.

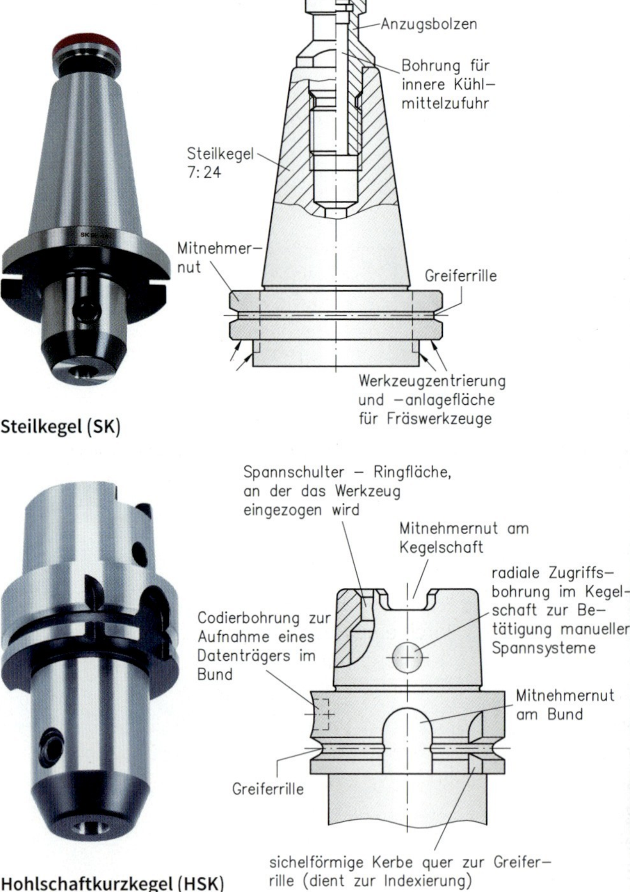

Steilkegel (SK)

Hohlschaftkurzkegel (HSK)

Hohlschaftkurzkegel zeichnen sich durch kurze Baulänge aus. Sie haben höhere Positioniergenauigkeit als Steilkegel, weil sie beim Spannen mit einem Bund gegen die Planfläche der Maschienspindel gezogen werden.

7.4.2 Gestaltung der Trennstelle zwischen Spannzeug und Fräswerkzeug

Werkzeuge werden nach unterschiedlichen Verfahren in die Spannzeuge eingespannt. Zu Verfahren durch die Werkzeuge schnell, sicher und genau positioniert werden können, zählt das Spannen im:

- **Spannzangenfutter** – Spannen durch mechanisches Verformen einer geschlitzten Hülse.
- **Schrumpffutter** – Spannen durch Wärmschrumpfung der Werkzeugaufnahme,
- **Hydrodehnspannfutter** – Spannen durch hydraulisches Dehnen einer Spannhülse.
- **Polygonspannfutter** – Spannen durch mechanisches Verformen einer polygonförmigen Aufnahme.

– Spannzangenfutter

Fräswerkzeuge mit zylindrischem Schaft werden in Spannzangenfuttern eingespannt. Spannzangenfutter bestehen aus einem Grundkörper mit aufschraubbarer Druckhülse. In den Grundkörper werden je nach Fräserdurchmesser Spannzangen mit unterschiedlichen Innendurchmessern eingewechselt. Spannzangen haben einen Außenkegel. Beim Anziehen der Druckhülse werden die konischen Spannzangen zusammengedrückt und erzeugen so die Spannkraft zum Spannen des Fräswerkzeugs.

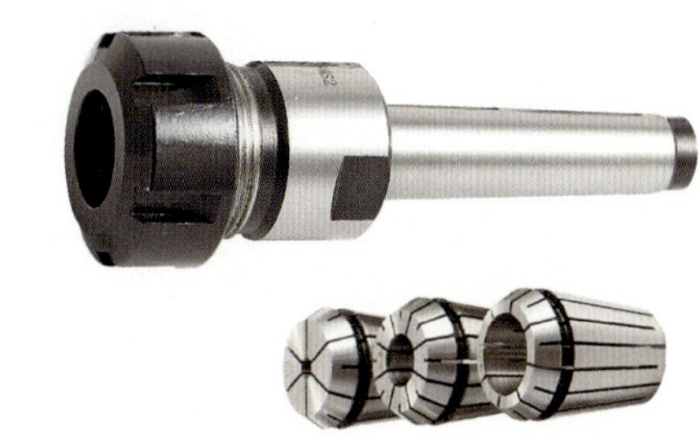

Spannzangenfutter

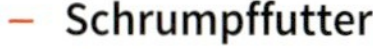

– Schrumpffutter

Bei der Werkzeugeinspannung durch die Wärmeschrumpftechnik wird das Spannzeug im Bereich der Werkzeugaufnahme durch hochfrequente Induktionsströme erwärmt. Die Erwärmungszeit beträgt wenige Sekunden. Die Werkzeugaufnahme weitet sich etwas aus und das kalte Schneidwerkzeug kann in die Aufnahme geschoben werden.
Beim Erkalten der Werkzeugaufnahme wird das Werkzeug durch Wärmeschrumpfung zentrisch gespannt.
Zum Wechsel des Werkzeugs wird die Werkzeugaufnahme ebenfalls durch Induktionsstrom nur in der Nähe des Werkzeugschafts erhitzt.

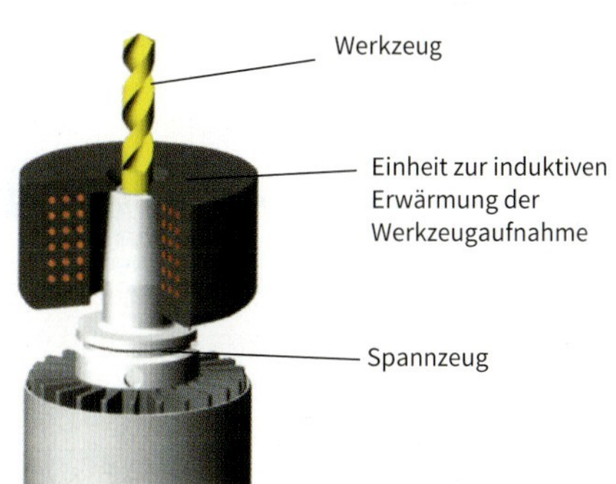

Werkzeugeinspannung durch Wärmeschrumpfung

– Dehnspannfutter

Bei der Werkzeugeinspannung durch die Hydrodehntechnik wird durch eine Betätigungsschraube Hydrauliköl gegen die Spannbüchse gedrückt. Dadurch dehnt sich dieses Spannelement aus und spannt das Werkzeug und den Fasenring. Das Werkzeug wird spielfrei und konzentrisch gespannt. Durch eine Verstellschraube erhält das eingeführte Werkzeug einen Längenanschlag, sodass eine Einstellung der Bohrtiefe möglich ist.
Eine Fase kann nach dem Bohren sofort mit der eingespannten Fasenschneidplatte eingebracht werden. Mit dem verstellbaren Fasenring kann die Bohrtiefe ebenfalls abgeändert werden.

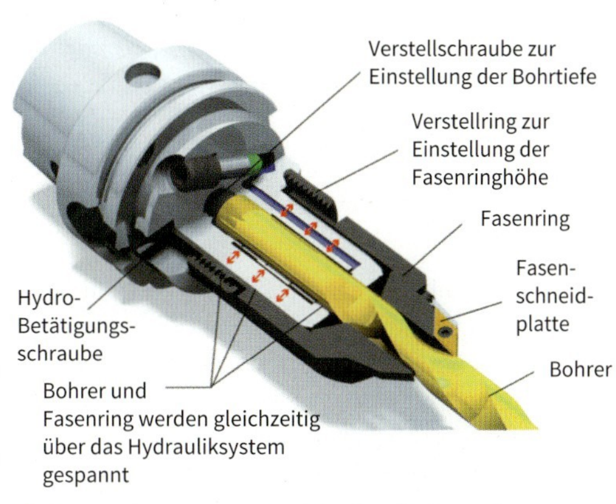

Werkzeugeinspannung durch hydraulisches Dehnen

Polygonspannfutter

Bei der Polygonspanntechnik wird die Werkzeugaufnahme mit polygonartiger Bohrung durch ein Presssystem an der Spannstelle so deformiert, dass die Bohrung rund wird und das Werkzeug eingeführt werden kann. Nach Entlasten des Presssystems ist das Werkzeug gespannt.

Ablauf des Polygonspannens

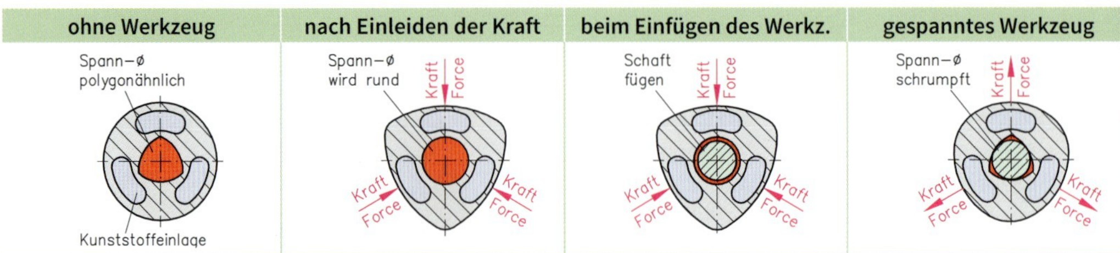

Durch den Einsatz präzise spannender Spannzeuge wird die Fertigungsqualität gesteigert und die Fertigungszeit minimiert und höhere Standzeiten der Werkzeuge erreicht.

7.4.3 Systeme zur Werkzeugeinstellung

Die stabilen und rundlaufgenauen Einspannungen der Schneidwerkzeuge ermöglichen die schwingungsarme Bearbeitung von Werkstücken mit hoher Oberflächengüte. Diese Art der Einspannung ermöglicht eine Erhöhung der Schnittgeschwindigkeit und eine Verlängerung der Standzeit. Damit die Produktion auch mit der gewünschten Genauigkeit erfolgen kann und mit möglichst geringen Rüstzeiten auskommt, überprüft man die eingebauten Schneidwerkzeuge vor ihrem Einsatz.

Dazu werden die aus Spannzeug und Schneidwerkzeug bestehenden Systeme vermessen und eingestellt.

Mit den Einstell- und Messgeräten, die manchmal auch **Voreinstellgeräte** genannt werden, können alle notwendigen Parameter gemessen werden. Je nach Ausführung sind in solchen Geräten die unterschiedlichsten Werkzeuge, Werkzeugschneiden und Nullpunkte hinterlegt, sodass im Bedarfsfall für das eingesetzte Werkzeug ein Istwert – Sollwertvergleich durchgeführt werden kann. Die Daten der ausgemessenen Systeme werden der CNC-Maschine übermittelt.

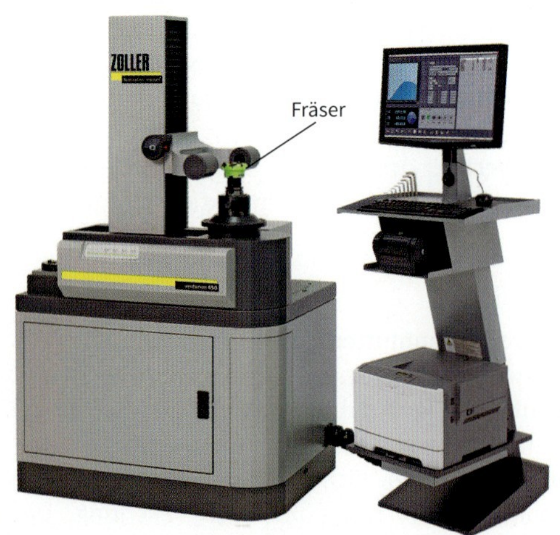

Einstell- und Messgerät zur Werkzeugeinstellung

Die Übermittlung der Daten kann auf verschiedene Weise erfolgen:

- Die Daten werden manuell aufgenommen und übertragen.
- Die Daten codiert man auf Etiketten, die dann dem jeweiligen Werkzeugsystem zugeordnet werden.
- Das Messgerät überträgt die Daten online aus der Steuerung auf die CNC-Maschine.
- An jedem Werkzeugträger ist ein Chip mit den übertragenen Daten, sodass sie an der CNC-Maschine eingelesen werden können.

7.5 Positionieren und Spannen beim Fräsen

7.5.1 Positionieren von Werkstückträgern und Werkstücken

1. Positionieren von Werkstückträgern und Spannmitteln auf dem Maschinentisch

Bei der Verwendung von Spannmitteln müssen diese mit den Anlageflächen für das Werkstück auf dem Maschinentisch positioniert werden bzw. ihre Position muss überprüft werden. Dies geschieht durch Verfahren des Maschinentischs und Abtasten der Anlagefläche mit einer Messuhr. Die Messuhr muss in ihrer Lage zur Hauptspindel fest positioniert sein.

Beispiele für das Positionieren und die Kontrolle der Anlageflächen eines Maschinenschraubstocks

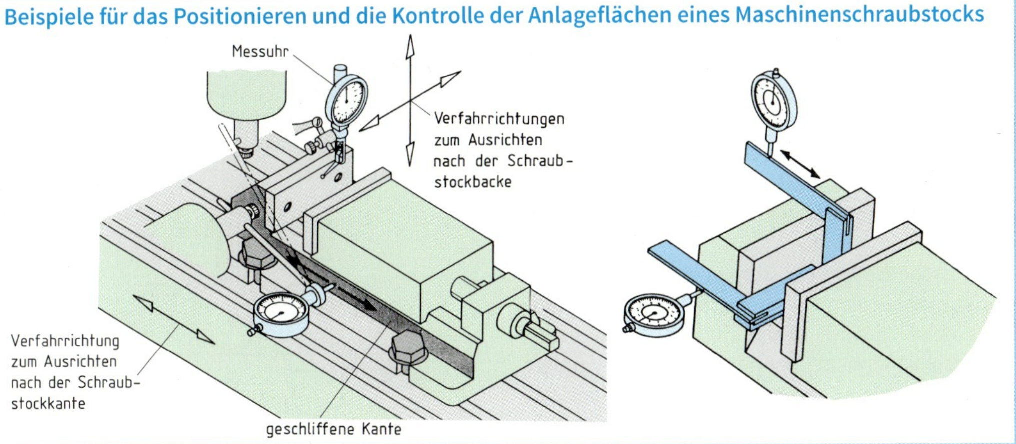

> **!** Anlageflächen von Spannmitteln werden mithilfe der Messuhr durch Verfahren des Maschinentisches kontrolliert und ausgerichtet.

2. Positionieren von Werkstücken auf Maschinentischen

Wenn ein Werkstück auf dem Maschinentisch gespannt werden soll, muss es zunächst entsprechend den Maschinenachsen ausgerichtet (positioniert) werden. Bei Werkstücken, die eine gerade Kante besitzen, welche zu einer Maschinenachse parallel liegt, wird diese Kante zunächst nach den Spannnuten des Maschinentisches grob ausgerichtet. Nach leichtem Anziehen der Spannelemente wird eine Lagekontrolle mithilfe der Messuhr durchgeführt und die Lage des Werkstücks entsprechend korrigiert.
Bei Werkstücken, die keine gerade Kante besitzen und die nach Anriss aufgespannt werden müssen, setzt man eine Zentrierspitze statt des Fräsers in die Spindel und kontrolliert durch Verfahren in der angerissenen Achse die Ausrichtung des Werkstücks.

Beispiele für das Ausrichten von Werkstücken auf dem Maschinentisch

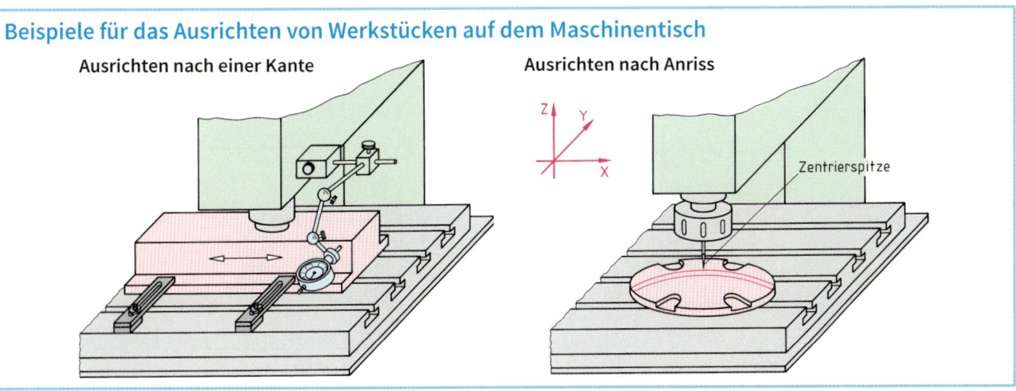

> **!** Werkstücke müssen auf dem Maschinentisch zu den Maschinenachsen ausgerichtet werden. Die Kontrolle der Ausrichtung erfolgt durch Messuhr oder durch Abtasten des Anrisses.

7.5.2 Spannen von Werkstücken

1. Spannen von Werkstücken im Maschinenschraubstock

Zum Spannen *kleinerer Werkstücke* verwendet man meist den Maschinenschraubstock. Zum Einspannen unterschiedlich geformter Werkstücke benutzt man Spannbacken und Hilfsmittel, wie zum Beispiel Unterlagen, die entsprechend der Werkstückform gestaltet sind.
Beim Einsatz eines Maschinenschraubstocks muss darauf geachtet werden, dass die Schnittkraft möglichst nicht auf die bewegliche Schraubstockbacke gerichtet ist.

Bei Maschinenschraubstöcken mit Niederzug bleibt beim Spannen die Parallelität der Spannbacken erhalten. Beim Spannvorgang wird die Kraft an der beweglichen Spannbacke in zwei Komponenten zerlegt.
Die waagerecht gerichtete Kraft presst das Werkstück gegen die feste Backe. Die senkrecht gerichtete Kraft zieht Spannbacke und Werkstück nach unten.

Zylindrische Werkstücke werden ohne Exzentrizität positioniert, wenn eine Doppelprismen-Anordnung gewählt wird. Dieses mittige Positionieren mit anschließendem Spannen ist dann von großer Wichtigkeit, wenn die Werkstück-Mittellinien als Bezugsebenen für das Positionieren dienen. Bei der Positionierung in Doppelprismen sind die beiden Prismen formschlüssig über eine Gewindespindel mit Rechts- und Linksgewinde verbunden.

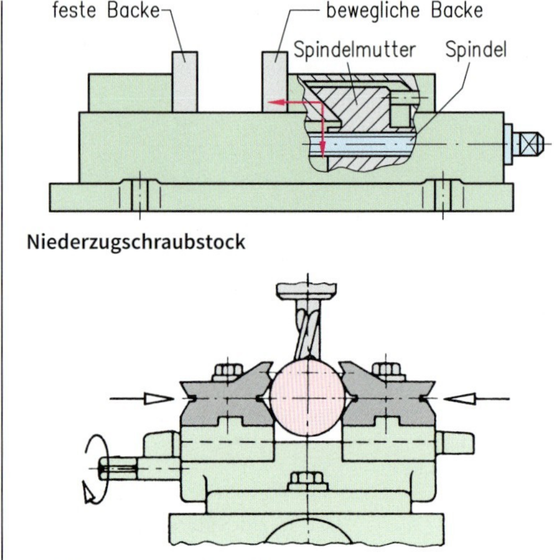

Niederzugschraubstock

Positionierung im Doppelprisma

2. Spannen von Werkstücken auf dem Maschinentisch

Größere Werkstücke werden unmittelbar auf den Maschinentisch der Fräsmaschine gespannt. Die Spannkraft muss dabei senkrecht auf den Maschinentisch wirken, damit das Werkstück durch Reibung daran gehindert wird, seine Position unter Einfluss der Zerspankraft zu ändern.
Die meist verwendeten Spanneinrichtungen bestehen aus Spannpratzen, Spannschraube mit Scheibe und Mutter sowie einem Gegenlager.

Beispiele für Ausführungsformen der Elemente einer Spannvorrichtung

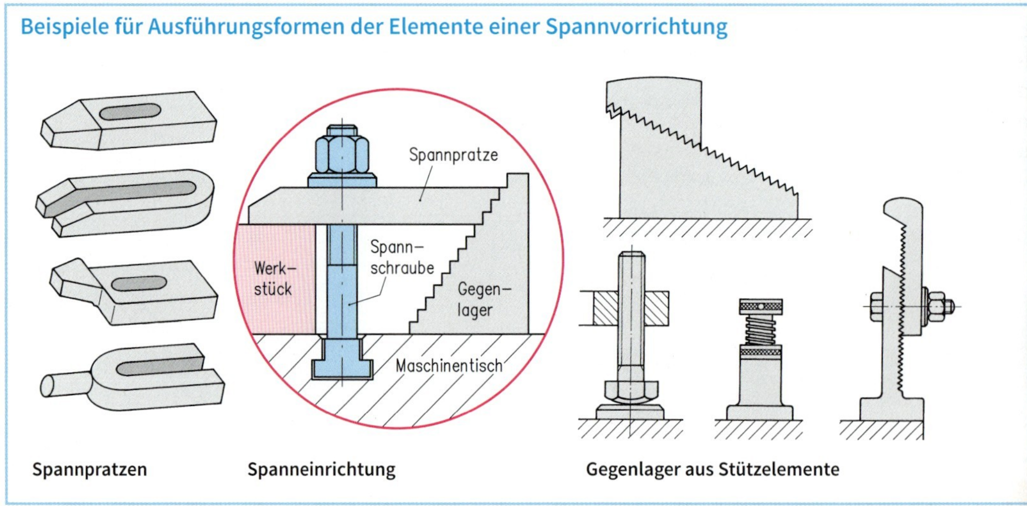

Spannpratzen | Spanneinrichtung | Gegenlager aus Stützelemente

Durch Anziehen der Spannschraube wird eine Kraft auf die Spannpratzen ausgeübt. Dieser wirkt als Hebel und verteilt die Kraft auf das Werkstück und das Gegenlager. Damit ein möglichst hoher Anteil der Zugkraft als Spannkraft genutzt werden kann, muss die Spannschraube dicht am Werkstück ansetzen.

Beispiele für die Kraftwirkungen am Spannpratzen

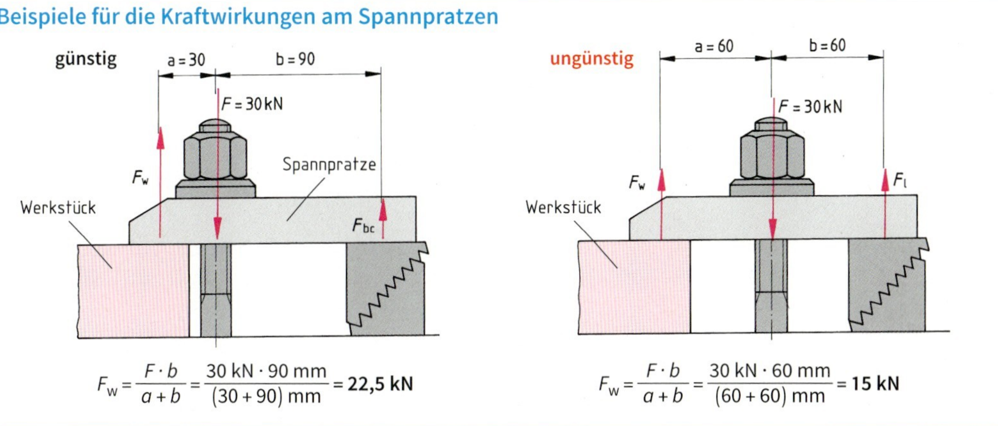

$$F_w = \frac{F \cdot b}{a+b} = \frac{30\text{ kN} \cdot 90\text{ mm}}{(30+90)\text{ mm}} = \mathbf{22{,}5\text{ kN}}$$

$$F_w = \frac{F \cdot b}{a+b} = \frac{30\text{ kN} \cdot 60\text{ mm}}{(60+60)\text{ mm}} = \mathbf{15\text{ kN}}$$

! Damit ein hoher Anteil der Zugkraft der Schraube als Spannkraft wirkt, ist der Abstand zwischen Schraube und Werkstück kleiner zu halten als der Abstand zwischen Schraube und Gegenlager.

7.5.3 Stützen von Werkstücken

Das Stützen von Werkstücken ist erforderlich, wenn die Gefahr besteht, dass das Werkstück unter seinem Eigengewicht, durch Spannkräfte oder durch die bei der Bearbeitung auftretenden Kräfte verformt wird. Stützelemente müssen variabel, stufenlos verstellbar und in ihrer Lage auf einfache Weise fixierbar sein.

Die Anlageflächen von Stützelementen befinden sich im Gegensatz zu Positionierelementen in der Vorrichtung nicht in einer festen Lage. Sie werden erst *nach* Einlegen und Positionieren des Werkstückes ohne Kraftaufwand an das Werkstück angelegt und gesichert. Nach der Bearbeitung werden die Stützen wieder zurückgenommen. Stützelemente sind aus diesem Grund leicht verstellbar und auf einfache Weise in ihrer Lage fixierbar.

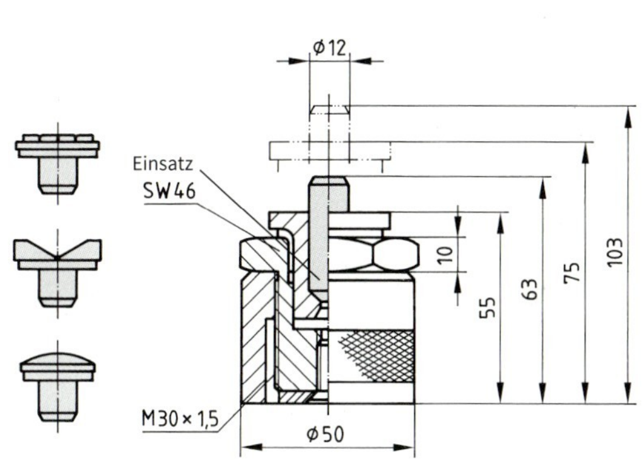

Variables Stützelement

Beispiele für den Einsatz von Stützen

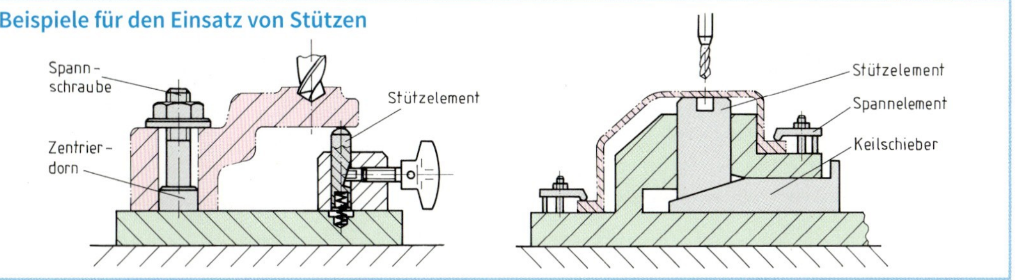

! Stützelemente sind keine Positionierelemente. Sie werden erst nach dem Positionieren möglichst kraftfrei an das Werkstück herangeführt und in dieser Lage gesichert.

Übungsaufgaben 7/19; 7/20

7.6 Teilen mit Teilapparaten

Bei der Weiterbearbeitung zylindrischer Werkstücke sind vielfach am Umfang bzw. an der Stirnseite in regelmäßigen Abständen Einfräsungen vorzunehmen. Die Anzahl der gleichen Abstände nennt man Teilung. Zum Einstellen solcher Teilungen verwendet man Teilapparate. Teilapparate dienen der Werkstückspannung und ermöglichen eine Drehung des Werkstückes um einen bestimmten Teilungswinkel. Der Teilungswinkel wird über die Anzahl der Teilungen am Werkstückumfang ermittelt.

Beispiele für Werkstücke mit regelmäßigen Teilungen

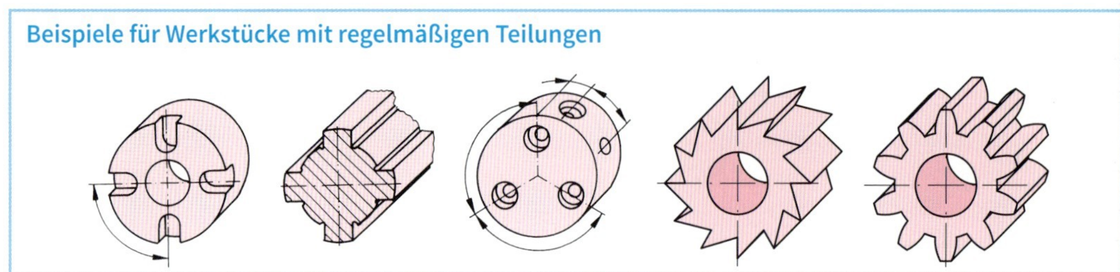

Universalteilapparate ermöglichen es, Teilungen nach dem direkten und nach dem indirekten Teilverfahren durchzuführen. Teilapparate besitzen eine drehbare Teilspindel mit einer Aufnahme für Werkstückspannvorrichtungen. Als Spannvorrichtungen dienen z. B. Spannfutter und Zentrierspitzen mit Mitnahmevorrichtungen. Somit wird das Werkstück stets direkt auf der Teilspindel gespannt.

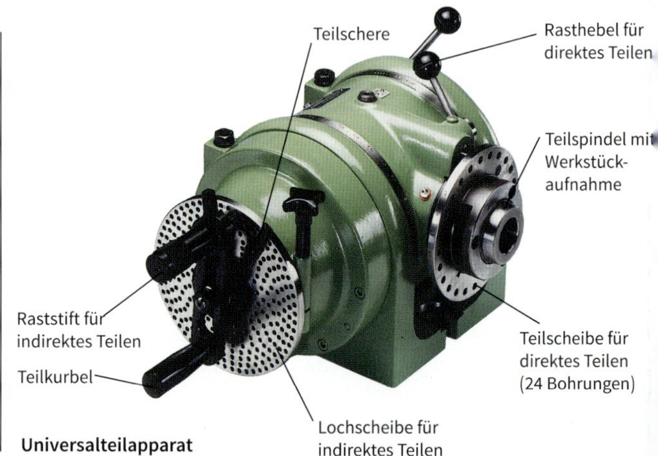

Universalteilapparat

1. Direktes Teilen

Zum direkten Teilen ist eine Teilscheibe mit z. B. 24 Bohrungen direkt auf der Teilspindel befestigt. Teilspindel mit Teilscheibe werden von Hand gedreht und mit einem Raststift festgestellt, der durch einen Rasthebel betätigt wird. Durch direktes Teilen kann man alle Teilungen herstellen, die als Teiler in 24 enthalten sind. Direktes Teilen kann auch mit einfachen Teilapparaten durchgeführt werden.

Teilungen beim direkten Teilen

Anzahl der Rasten	:	Anzahl der Teilungen	=	Anzahl der zu verstellenden Rasten
24	:	2	=	12
24	:	3	=	8
24	:	4	=	6
24	:	6	=	4
24	:	8	=	3
24	:	12	=	2
24	:	24	=	1

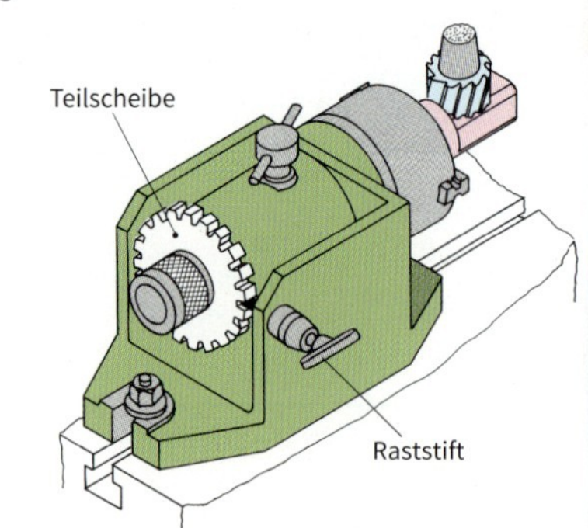

Einfacher Teilapparat

! Beim direkten Teilen wird die Werkstückteilung unmittelbar auf der Teilscheibe der Teilspindel eingestellt.

Übungsaufgaben 7/21; 7/22

2. Indirektes Teilen

Werkstückbearbeitungen, die durch direktes Teilen nicht durchgeführt werden können, werden mit dem indirekten Teilverfahren vorgenommen. Dazu wird der Gesamtaufbau des Universalteilapparates genutzt. Beim indirekten Teilen wird die Teilspindel über ein Schneckengetriebe gedreht. Dies besteht aus einem Schneckenrad auf der Teilspindel und einer Schneckenwelle, die über eine Teilkurbel gedreht wird.

Auf der Schneckenwelle werden auswechselbare Lochscheiben drehbar aufgesteckt und mit einem rückwärtigen Raststift fest mit dem Gehäuse verbunden. Die Teilkurbel wird mittels vorderem Raststift in der Lochscheibe festgestellt.

Das Getriebe besteht meist aus einer eingängigen Schnecke und einem Schneckenrad mit 40 Zähnen. Es hat ein **Übersetzungsverhältnis** von **40:1**. Damit sind durch ganze Umdrehungen der Teilkurbel alle Teilungen möglich, die selbst als Teiler in 40 enthalten sind.

Als auswechselbare Lochscheiben stehen meist drei Typen mit einer großen Anzahl von Teilungen zur Verfügung. Auf jedem Lochkreis ist eine bestimmte Anzahl von Bohrungen mit gleichen Abständen angeordnet.

Für Teilungen, die nicht durch ganze Umdrehungen der Teilkurbel einstellbar sind, errechnet man aus dem Übersetzungsverhältnis 40:1 und der Zahl der gewünschten Teilungen die Anzahl der Teilkurbelumdrehungen nach der folgenden Beziehung:

Anzahl der Teilkurbelumdrehungen $N_k = \frac{40}{\text{Zahl der Teilungen}}$

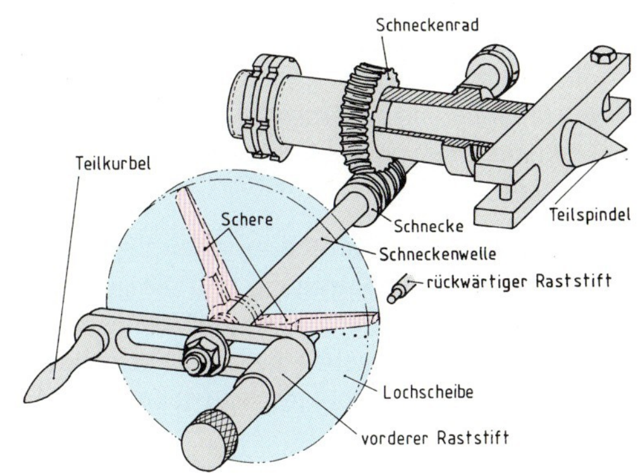

Universalteilapparat (Schema)

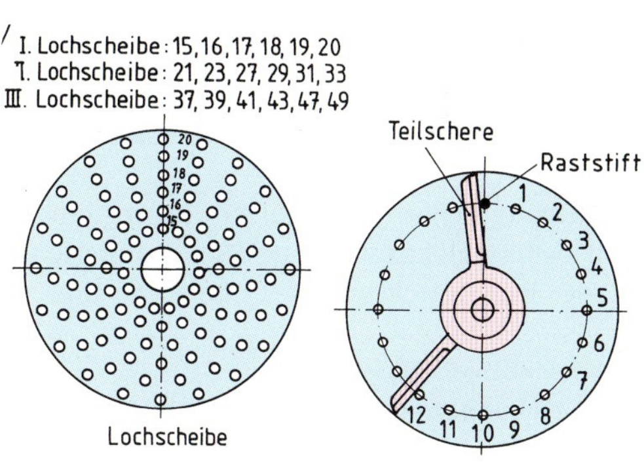

Auswechselbare Lochscheiben mit Teilschere

Falls die Berechnung keine ganze Zahl ergibt, so ist ein Lochkreis auszuwählen, in dem der Nenner des Bruches als Vielfaches enthalten ist. Zur Erleichterung des Abzählens der von einer vollen Kurbelumdrehung abweichenden Lochabstände verwendet man eine Teilschere.

! Beim indirekten Teilen wird die Werkstückteilung über ein Schneckengetriebe mit dem Übersetzungsverhältnis 40:1 und mithilfe von Lochscheiben eingestellt.

Beispiel für die Berechnung von N_k und die Wahl der Lochscheibe

Aufgabe

Ein Zahnrad mit 25 Zähnen ist zu fertigen. Die Zahl der Teilkurbelumdrehungen ist zu berechnen und ein Lochkreis auszuwählen

Lösung

Anzahl der Umdrehungen der Teilkurbel $N_k = \frac{40}{25}$ $N_k = 1\frac{3}{5}$

Es ist eine Lochscheibe zu wählen, die einen durch 5 teilbaren Lochkreis besitzt. Es wird die Lochscheibe I mit 20 Bohrungen ausgewählt, weil sich mit dieser $\frac{3}{5}$ Umdrehungen einstellen lassen.

$\frac{3}{5} = \frac{12}{20} \Rightarrow$ 12 Lochabstände $N_k = 1$ Umdrehung $+ \frac{12}{20}$ Umdrehung

7.7 Bestimmen von Arbeitsgrößen beim Fräsen

7.7.1 Bewegungen bei der Spanabnahme

Zur Vereinfachung und Vereinheitlichung der Betrachtungsweise der Bewegungen beim Fräsen sind folgende Vereinbarungen genormt:

- *Der Fräser führt theoretisch alle Bewegungen aus, das Werkstück steht still.*
- *Die Drehrichtung des Fräsers, Rechts- oder Linkslauf, wird von der Antriebsseite aus beurteilt.*

Die Spanabnahme beim Fräsen erfolgt durch die kreisförmige **Schnittbewegung** und die gleichzeitig ablaufende **Vorschubbewegung**. Beide Bewegungen zusammen ergeben die tatsächliche Bewegung eines Schneidenpunktes. Man nennt diese die **Wirkbewegung**.

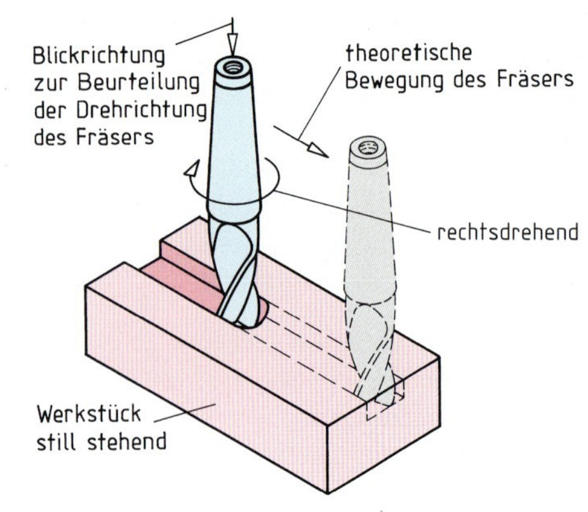

Vereinbarungen zur Beurteilung der Fräserbewegungen

1. Schnittgeschwindigkeit

Die **Schnittbewegung** ist durch die Schnittrichtung und die **Schnittgeschwindigkeit** gekennzeichnet. Die Schnittgeschwindigkeit ist die Geschwindigkeit eines Schneidenpunktes am Außenumfang des Fräsers.

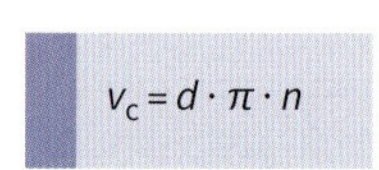

$$v_c = d \cdot \pi \cdot n$$

v_c Schnittgeschwindigkeit
d Fräserdurchmesser
n Umdrehungsfrequenz

Die Schnittgeschwindigkeit für eine Bearbeitungsaufgabe kann entsprechend dem zu bearbeitenden Werkstoff, dem Schneidstoff und den Bearbeitungsbedingungen aus Tabellen entnommen werden.
Aus der Schnittgeschwindigkeit wird die für eine Fräsaufgabe einzustellende Umdrehungsfrequenz errechnet.

2. Vorschubgeschwindigkeit

Die **Vorschubbewegung** ist durch die Vorschubrichtung und die **Vorschubgeschwindigkeit** v_f gekennzeichnet. Mit der Vorschubgeschwindigkeit wird die Achse des Fräsers bei der Bearbeitung in Vorschubrichtung voran bewegt. Für Schaftfräser mit wenigen Zähnen wird die von Werkzeugherstellern empfohlene Vorschubgeschwindigkeit in Tabellen angegeben. Meist muss jedoch die Vorschubgeschwindigkeit aus dem **Zahnvorschub** f_z, der Zähnezahl z und der Umdrehungsfrequenz n errechnet werden.

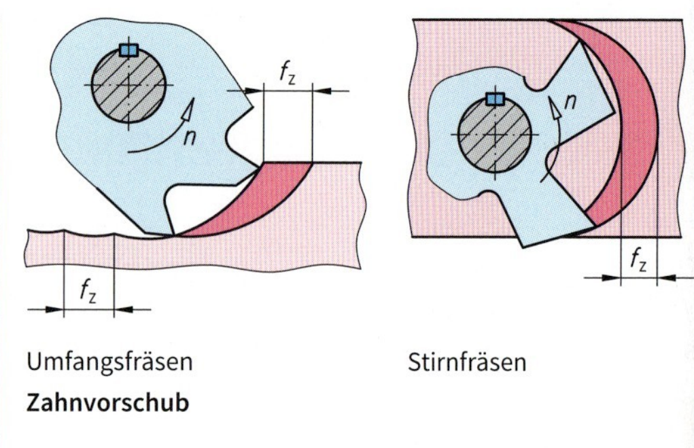

Umfangsfräsen Stirnfräsen
Zahnvorschub

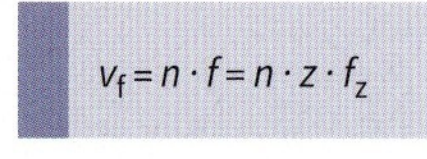

$$v_f = n \cdot f = n \cdot z \cdot f_z$$

v_f Vorschubgeschwindigkeit
f Vorschub
f_z Zahnvorschub
z Zähnezahl
n Umdrehungsfrequenz

3. Wirkgeschwindigkeit

Die tatsächliche Geschwindigkeit der Spanabnahme erfolgt mit der Wirkgeschwindigkeit. Diese ist die Resultierende aus der großen Schnittgeschwindigkeit und der viel kleineren Vorschubgeschwindigkeit und damit nur wenig höher als die Schnittgeschwindigkeit. Sie wird darum für Berechnungen von Schnittwerten nicht herangezogen.

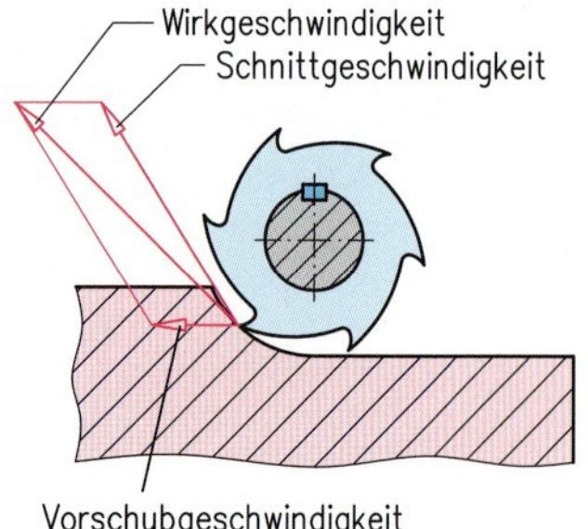

4. An- und Zustellbewegung

Neben Schnitt- und Vorschubbewegung, die unmittelbar an der Spanabnahme beteiligt sind, muss der Fräser noch Zustell- und Anstellbewegungen durchführen.

Durch die **Zustellbewegung** wird der Fräser so bewegt, dass er im Eingriff eine bestimmte Schichtdicke abtrennen kann.

Durch die **Anstellbewegung** wird der Fräser an das Werkstück herangeführt. Die Wahl der Geschwindigkeit der Anstellbewegung geschieht nach folgenden Gesichtspunkten:

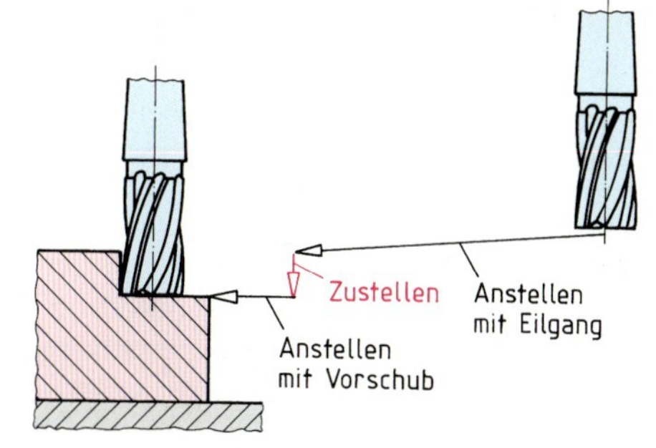

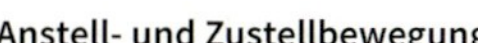
Anstell- und Zustellbewegung

> **!** Die Zustellbewegung bestimmt die abzutrennende Schichtdicke.
> Durch die Anstellbewegung wird der Fräser an das Werkstück herangeführt.

7.7.2 Schnitttiefe und Eingriffsgrößen

Die **Schnitttiefe** a_p ist die Tiefe, über welche die Hauptschneide im Eingriff ist. Sie entspricht bei Umfangsfräsern der Schnittbreite.

Die **Eingriffsgröße** a_e ist die Projektion der Strecke, über welche die Schneide im Eingriff ist. Sie wird senkrecht zur Vorschubrichtung gemessen.

Beispiele für Schnitttiefe und Eingriffgröße

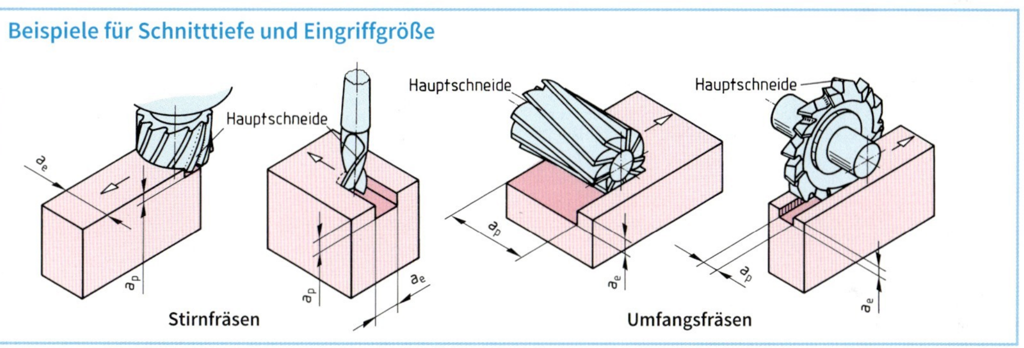

Die Höchstwerte der Schnitttiefe werden von den Werkzeugherstellern in ihren Unterlagen angegeben. Bei Werkzeugen mit Wendeschneidplatten ergeben sich die maximalen Schnitttiefen aus der Form der Wendeschneidplatten.

Beispiel für eine Schnittdatentabelle

Werkstückwerkstoff	Zugfestigkeit R_m N/mm²	Walzenfräser				Walzenstirnfräser				Schaftfräser			
			Eingriffsgröße a_e mm				Schnitttiefe a_p mm			Durchmesser d			
			1	4	8		1	4	8	mm bis 20		mm über 20	
		f_z mm/Zahn	v_c m/min			f_z mm/Zahn	v_c m/min			f_z mm/Zahn	v_c m/min	f_z mm/Zahn	v_c m/min
allgemeiner Baustahl	<500	0,25 0,10	28 36	22 30	20 25	0,20 0,10	26 34	22 30	20 27	0,05 0,05	25 30	0,08 0,05	19 23
	500 ... 700	0,16 0,08	22 30	18 22	15 20	0,15 0,08	20 26	18 23	16 21	0,03 0,01	20 25	0,05 0,03	15 18
Vergütungsstahl	700	0,18 0,10	28 36	22 30	19 25	0,16 0,08	26 34	22 30	21 27	0,03 0,01	22 27	0,05 0,03	18 20

7.7.3 Berechnung der Hauptnutzungszeit beim Fräsen

Die reine Nutzungszeit der Fräsmaschine, also die Zeit, in der die Maschine mit Vorschubgeschwindigkeit tätig sein muss, ist die **Hauptnutzungszeit**. Sie hängt vom Fräserweg und der Vorschubgeschwindigkeit ab. Der Fräserweg ergibt sich aus dem Vorschubweg und der Zahl der Schnitte.

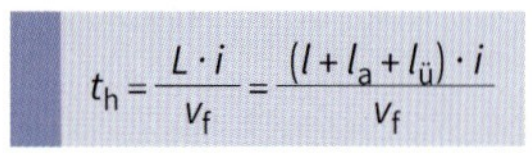

$$t_h = \frac{L \cdot i}{v_f} = \frac{(l + l_a + l_ü) \cdot i}{v_f}$$

t_h Hauptnutzungszeit
L Vorschubweg
i Anzahl der Schnitte
v_f Vorschubgeschwindigkeit
l Werkstücklänge
l_a Anlaufweg
$l_ü$ Überlaufweg

Der Vorschubweg des Fräsers ist nicht nur der Weg, auf dem der Fräser zur Erzeugung der Kontur im Eingriff ist, sondern auch der Anlaufweg l_a und der Überlaufweg $l_ü$, die jeweils etwa 2 mm betragen sollen. Ferner ist ein Anschnitt- bzw. Austrittsweg l_s nötig.

Dieser **Anschnitt- bzw. Austrittsweg** l_s kann mithilfe des Satzes des Pythagoras errechnet werden:

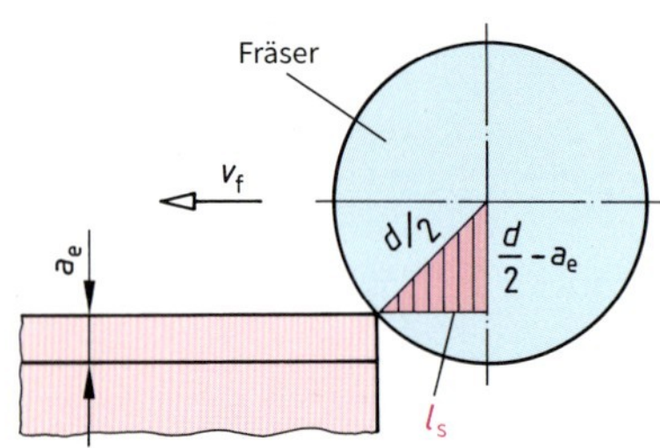

$$l_s^2 = \left(\frac{d}{2}\right)^2 - \left(\frac{d}{2} - a_e\right)^2$$

$$l_s^2 = \frac{d^2}{4} - \frac{d^2}{4} + 2 \cdot \frac{d}{2} \cdot a_e - a_e^2$$

$$l_s^2 = d \cdot a_e - a_e^2$$

$$l_s = \sqrt{d \cdot a_e - a_e^2}$$

Anschnitt- bzw. Austrittsweg $= l_s = \sqrt{d \cdot a_e - a_e^2}$

Der **Vorschubweg beim Umfangsplanfräsen** beginnt mit dem Anlaufweg und endet, wenn die Frässermitte um den Überlaufweg hinter dem Werkstück steht.

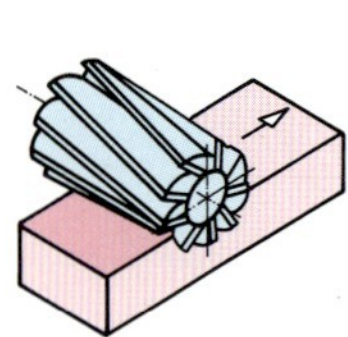

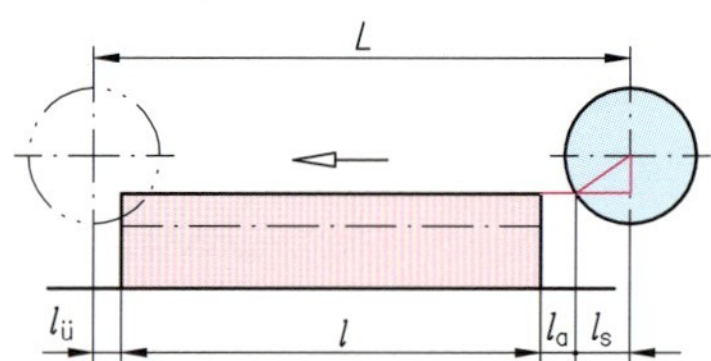

Vorschubweg $L = l_s + l_a + l + l_ü$

Der **Vorschubweg beim Stirnplanfräsen** mit Planfräsern beginnt mit dem Anschnittweg.
Beim *Schruppen* endet der Vorschubweg, wenn die letzte im Eingriff befindliche Schneide um den Überlaufweg über das Werkstück hinaus ist.
Beim *Schlichten* soll zur Erzeugung eines gleichmäßigen Oberflächenbildes der Fräser in gleicher Weise über die gesamte Fläche vorgeschoben werden. Darum muss hier der Vorschubweg um den Fräserradius größer sein als beim Schruppen.

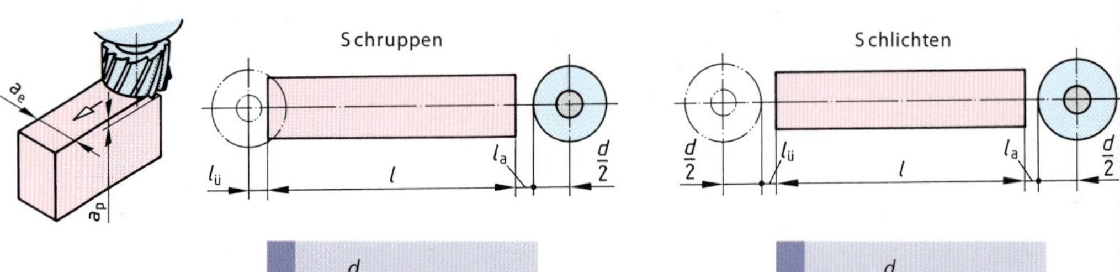

$$L = \frac{d}{2} + l_a + l + l_ü$$

$$L = 2 \cdot \frac{d}{2} + l_a + l + l_ü$$

Übungsaufgabe 7/26

Der **Vorschub beim Stirnumfangsfräsen** beginnt mit dem Anschnittweg.

Beim *Schruppen* endet der Vorschubweg, wenn die letzte im Eingriff befindliche Schneide um den Überlaufweg über das Werkstück hinaus ist.
Nach dem *Schlichten* soll der Fräser voll aus dem Werkstück herausfahren. Darum muss er um den Austrittsweg l_s und den Überlaufweg $l_ü$ über das Werkstück hinaus vorgeschoben werden.

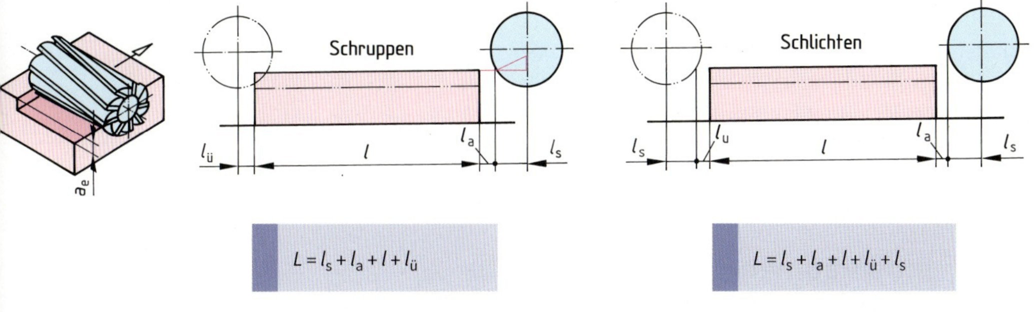

$L = l_s + l_a + l + l_ü$

$L = l_s + l_a + l + l_ü + l_s$

Beispiel zur Berechnung der Hauptnutzungszeit

Aufgabe

Eine Platte von 600 mm Länge und einer Breite von 210 mm soll mit einem Stirnplanfräser von 100 mm Durchmesser bearbeitet werden. Die Vorschubgeschwindigkeit für das Schruppen soll 400 mm/min, für das Schlichten soll sie 250 mm/min betragen.
Es ist die Hauptnutzungszeit für das Schruppen und das Schlichten zu berechnen.

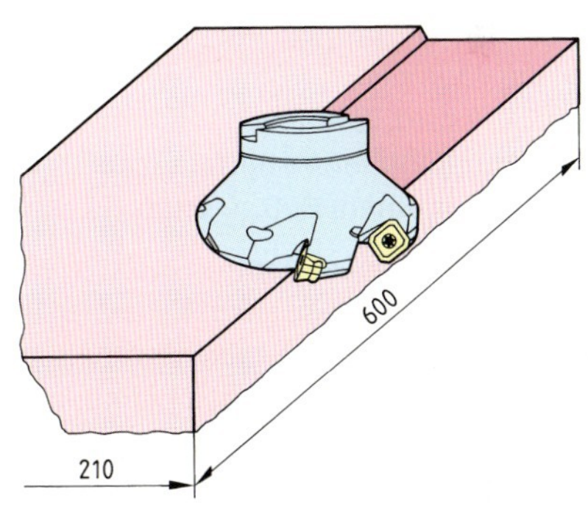

Lösung

Schruppen (3 Schnitte)

$$L = \frac{d}{2} + l_a + l + l_ü$$

$$L = \frac{100}{2}\text{ mm} + 2\text{ mm} + 600\text{ mm} + 2\text{ mm} = 654\text{ mm}$$

$$t_h = \frac{L \cdot i}{v_f} \quad (i = 3)$$

$$t_h = \frac{654\text{ mm} \cdot 3\text{ min}}{250\text{ mm}} = \mathbf{7{,}8\ min}$$

Schlichten (3 Schnitte)

$$L = d + l_a + l + l_ü$$
$$L = 100\text{ mm} + 2\text{ mm} + 600\text{ mm} + 2\text{ mm} = 704\text{ mm}$$

$$t_h = \frac{L \cdot i}{v_c}$$

$$t_h = \frac{704\text{ mm} \cdot 3\text{ min}}{400\text{ mm}} = \mathbf{5{,}3\ min}$$

Übungsaufgabe 7/27

8 Fertigen durch Räumen

Räumen ist ein spanabhebendes Fertigungsverfahren mit einem mehrzahnigen Werkzeug. Die Schneidzähne sind hintereinander angeordnet und um eine Spanungsdicke gestaffelt, wodurch die Vorschubbewegung ersetzt wird. Die Schnittbewegung ist vorwiegend geradlinig und wird meist vom Räumwerkzeug ausgeführt.

Mit dem Fertigungsverfahren Räumen werden in den meisten Fällen schwierig herzustellende Profile mit hoher Oberflächengüte, Maß- und Formgenauigkeit hergestellt. Räumwerkzeuge sind sehr teuere Einzweckwerkzeuge, sodass das Räumen überwiegend in der Serienfertigung bei hohen Stückzahlen zum Einsatz kommt.

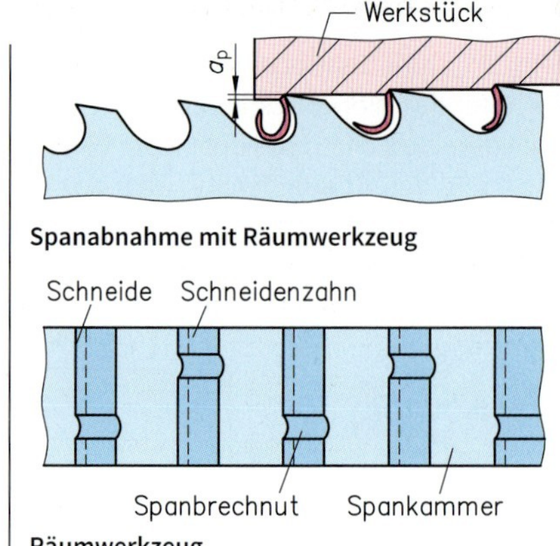

Spanabnahme mit Räumwerkzeug

Räumwerkzeug

8.1 Innenräumen

8.1.1 Innenräumen von symmetrischen Profilen

Beim Räumen von symmetrischen Innenprofilen wird die Räumnadel durch eine vorgearbeitete Bohrung des Werkstücks eingeführt und dann während der Hubbewegung durch das Werkstück gezogen. Die Führung erfolgt durch die Schneiden der Räumnadel, wodurch eine Werkzeugeinspannung überflüssig wird. Während des Räumvorgangs wird die Räumnadel vom Kühlschmiermittel umspült. Die Form des Innenprofils wird in einem Hub gefertigt.

Innengeräumtes Werkstück mit symmetrischem Profil

Der Werkzeugaufbau einer Räumnadel unterteilt sich in einen Schrupp-, Schlicht- und Reserveteil. Der Vorschub pro Zahn ist in den einzelnen Bereichen unterschiedlich. Im Schruppteil liegt der Vorschub zwischen f_z = 0,1 mm bis 0,25 mm, im Schlichtteil zwischen f_z = 0,0015 mm bis 0,04 mm und im Reserveteil ist der Vorschub gleich Null. Im Reserveteil befindet sich eine kleine Anzahl von Schneiden mit Fertigmaß. Beim Nachschleifen stumpf gewordener Werkzeuge werden sie nach und nach in den Schneidteil übernommen. Räumwerkzeuge werden meist einteilig aus Schnellarbeitsstahl gefertigt. Seltener werden Räumwerkzeuge aus Einzelteilen, die mit Hartmetallschneiden bestückt sind, zusammengesetzt

Beispiel für Innenräumen eines symmetrischen Profils und die unterschiedlichen Bereiche einer Räumnadel

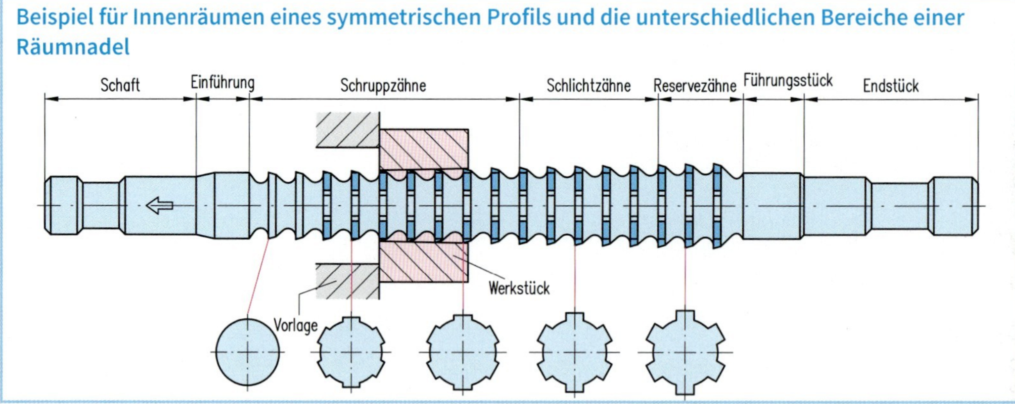

! Innenräumen eines symmetrischen Profils geht fast ausschließlich von einer Bohrung mit dem Durchmesser des Einführungsstückes der Räumnadel aus. Die Werkstücke werden bei der Bearbeitung nur „fliegend“ gelagert.

Übungsaufgaben 8/1; 8/2; 8/3

8.1.2 Innenräumen von nicht symmetrischen Profilen

Beim Innenräumen von nicht symmetrischen Profilen, z. B. einer Nut in eine Bohrung, müssen das Werkstück in einer Aufnahme positioniert und das Räumwerkzeug in einer Führung geführt werden.

Beispiel für das Innenräumen einer Passfedernut durch Zugräumen

Nachdem das Werkstück eingelegt ist, wird das Räumwerkzeug nach oben geschoben bis sich alle Zähne oberhalb des Werkstücks befinden. Anschließend wird die Beilage am Räumwerkzeug vorbei in die Werkstückaufnahme geschoben. Die Beilage bringt das Räumwerkzeug in die Ausgangsposition und verhindert beim Räumen das Abdrängen des Werkzeugs.

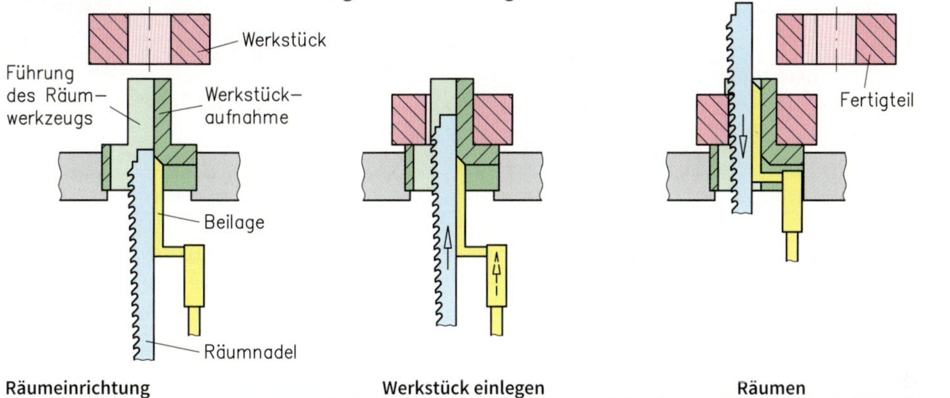

Räumeinrichtung **Werkstück einlegen** **Räumen**

> **!** Das Innenräumen nicht symmetrischer Profile geht meist von einer Bohrung aus und erfordert das Positionieren des Werkstücks über den Bohrungsdurchmesser und Führung des Räumwerkzeugs.

8.2 Außenräumen

Durch Außenräumen werden Planflächen und Profile an äußeren Flächen von Werkstücken mit hoher Oberflächengüte sowie hoher Maß- und Formgenauigkeit erzeugt. Räumen ist in der Großserienfertigung oft eine Alternative zum Fräsen.

Beispiele für außengeräumte Werkstücke

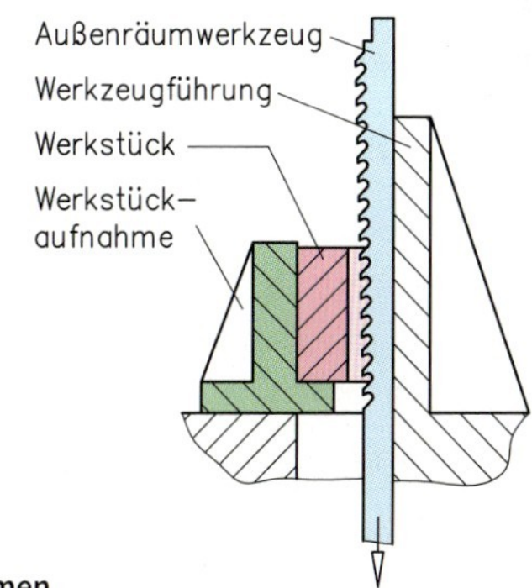

Außenräumen

Das Außenräumen erfordert Positionieren und Spannen des Werkstücks in einer Vorrichtung sowie eine präzise Führung des Räumwerkzeugs in der Räummaschine.

Beim Räumwerkzeug entspricht die Form des Zahnbereichs dem Querschnitt der zu erzeugenden Kontur. Der Werkzeugrücken ist entsprechend der Werkzeugführung gestaltet.

Die Aufteilung des Außenräumwerkzeugs in Schrupp-, Schlicht- und Fertigzahnung ist in der Aufgabenstellung mit der Räumnadel vergleichbar.

Außenräumwerkzeuge bestehen wegen ihrer komplizierten Form häufig aus mehreren Teilstücken (Segmenten), die auf Räumwerkzeugaufnahmen geschraubt oder geklemmt sind.

Übungsaufgaben 8/4; 8/5; 8/6

9 Fertigen durch Schleifen

Schleifen ist ein spanendes Fertigungsverfahren. Metallische Werkstücke werden durch Schleifen bearbeitet, um
- die Endform mit hoher Maßgenauigkeit und Oberflächengüte herzustellen,
- die Trennung von Werkstücken vorzunehmen,
- Schneidwerkzeuge zu schärfen.

Beispiele für den Einsatz des Schleifens

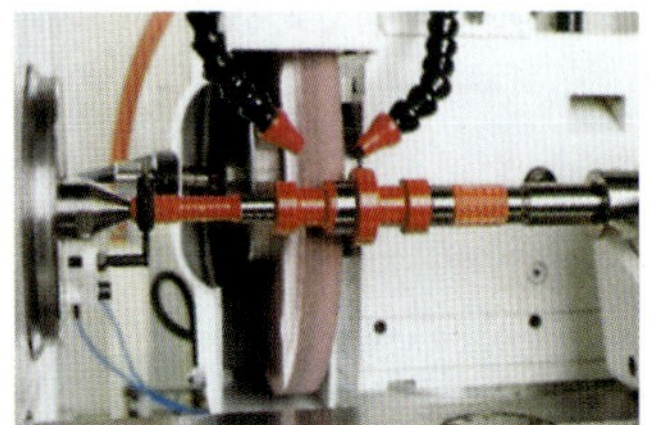

Formschleifen einer Getriebewelle

Trennschleifen eines Profiles

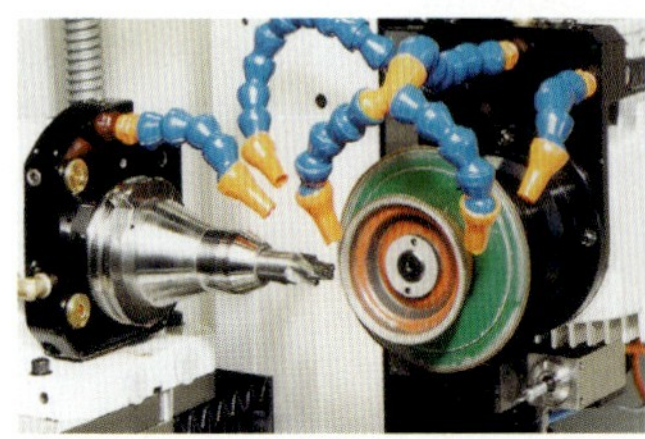

Werkzeugschleifen eines Fräsers

An der Oberfläche der Schleifwerkzeuge bilden die Schleifkörner, welche durch ein Bindemittel zusammengehalten werden, eine große Anzahl von keilförmigen Schneiden. Die Form und die Lage der Schleifkörner ist zufällig und daher unbestimmt. Darum bezeichnet man die Schleifwerkzeuge als **vielschnittige Werkzeuge mit geometrisch unbestimmten Schneiden.**

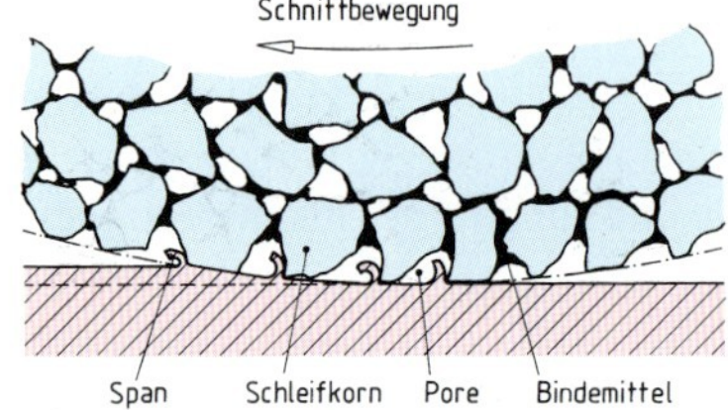

Spanabnahme beim Schleifen

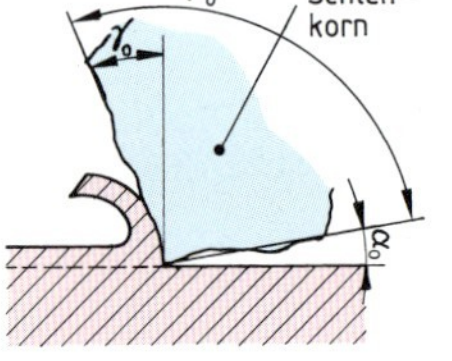

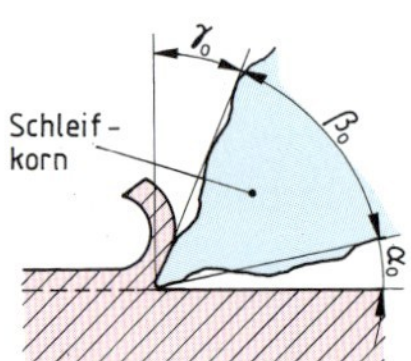

Unterschiedliche Winkel am Schneidkeil

> ! Schleifen ist ein spanendes Fertigungsverfahren, bei dem kleine Späne durch ein vielschnittiges Werkzeug mit geometrisch unbestimmten Schneiden abgetrennt werden.

9.1 Schleifwerkzeuge

9.1.1 Aufbau und Eigenschaften der Schleifwerkzeuge

1. Schleifmittel

Die Schleifkörner eines Schleifwerkzeugs bestehen aus dem Schleifmittel. Dieses Schleifmittel muss stets härter als der zu bearbeitende Werkstoff sein.

Schleifmittel	Normbuchstabe (DIN ISO 525)	Farbe des Schleifmittels	Eigenschaften	zu bearbeitende Werkstoffe
Edelkorund (im E-Ofen erschmolzenes Al_2O_3)	A	weiß oder rot	Ansteigende Härte und Sprödigkeit ↓	Baustähle, legierte Stähle, gehärtete Stähle, Titan
Siliziumkarbid (Karborundum SiC)	C	grün oder schwarz		Gusseisen, Hartguss, Messing, Bronze, Aluminium, keramische Werkstoffe, Hartmetalle
Bornitrid (BN)	B	schwarz		HSS-Stahl, Werkzeugstähle
Diamant	D	gelb		Hartmetalle, Keramik, Glas

> ! Die Art des Schleifmittels wählt man nach dem zu schleifenden Werkstoff aus.

Übungsaufgaben 9/1 bis 9/5

2. Körnung

Die Größe der Schleifkörner wird als Körnung bezeichnet. Das Sortieren der Schleifkörner wird mithilfe von Sieben verschiedener Maschenweite durchgeführt. Daher kennzeichnet man die Körnung durch eine Zahl, die der Anzahl der Siebmaschen auf 1 Zoll Länge (25,4 mm) entspricht.

Für Diamant und Bornitrid als Schleifmittel wird die Körnung direkt durch die Dicke der Schleifkörner in Mikrometer angegeben. Diamantkörner werden in der Dicke von 0,5 bis 300 µm verwendet.

Körnungs-nummer	Bezeichnung	Art der Bearbeitung
F4 bis F24	**grob**	Schruppschleifen
F30 bis F60	**mittel**	Schruppschleifen
F70 bis F220	**fein**	Feinschleifen
F230 bis F1200	**sehr fein**	Feinstschleifen

Korngröße	Bezeichnung
0,5 µm ... 300 µm	D 0,5 ... D 300

! Die Körnung richtet sich nach der Art der Schleifarbeit.
- Grobe Körnung erzielt ein großes Spanvolumen mit geringer Oberflächengüte.
- Feine Körnung erzielt ein kleines Spanvolumen mit hoher Oberflächengüte.

3. Bindung

Die Schleifkörper werden durch ein Bindemittel zusammengehalten. Durch unterschiedliche Bindungen werden die Eigenschaften von Schleifwerkzeugen stark beeinflusst.

Bindung	Zeichen	Eigenschaften	Anwendung
Keramik	V	unelastisch, porös, unempfindlich gegen Wärme, Wasser und Öl, empfindlich gegen Schlag und Druck	gebräuchliche Bindung bei maschinellen Schleifverfahren, für alle Werkstoffe geeignet
Kunstharz	B	sehr elastische Bindung von hoher Festigkeit, geringe Empfindlichkeit gegen Stöße	Bindung für dünnere Schleifscheiben zum Feinstschleifen harter Werkstoffe
Kunstharzfaser-verstärkt	BF	hohe Elastizität und hohe Zähigkeit	Bindung für Trennscheiben
Metall	M	sehr hohe Festigkeit, stoßunempfindlich, hohe Standzeit	Bindung für Diamantscheiben zum Schleifen von Hartmetallen

Die Bindung beeinflusst die Festigkeit, Elastizität und Wärmeempfindlichkeit von Schleifwerkzeugen.

4. Härte

Die Widerstandskraft, welche die Bindung dem Ausbrechen der Schleifkörner entgegengesetzt, bezeichnet man als Härte.

Kennbuchstabe	A bis D	E bis K	L bis O	P bis S	T bis Z
Eigenschaft des Schleifwerkzeugs	äußerst weich	sehr weich bis weich	mittel	hart	sehr hart äußerst hart

Bei *harten Werkstoffen* werden die Schleifkörner schnell stumpf. Die Härte des Schleifwerkzeugs muss daher gering sein, damit die stumpfen Körner schnell ausbrechen.
Bei *weichen Werkstoffen* werden die Schleifkörner langsam stumpf, und daher kann die Härte des Schleifwerkzeugs groß gewählt werden.

! Härte nennt man bei Schleifscheiben den Widerstand des Bindemittels gegen das Ausbrechen der Körner.
- Harte Werkstoffe bearbeitet man mit weichen Schleifwerkzeugen.
- Weiche Werkstoffe bearbeitet man mit harten Schleifwerkzeugen.

5. Gefüge

Der innere Aufbau des Schleifwerkzeuges ist von dem Anteil der Schleifkörner, des Bindemittels und der Poren abhängig. Er wird Gefüge genannt.

Die Poren haben die Aufgabe, die anfallenden Späne aufzunehmen und abzutransportieren. Daher muss der Porenanteil immer etwas größer als die Spanmenge sein.

Ein Gefüge mit kleinen Poren wird als *dicht* bezeichnet. Dichtes Gefüge wählt man

- zum Schleifen kurzspaniger Werkstoffe,
- zum Schlichten,
- bei kleinen Vorschüben und Zustellungen.

Ein Gefüge mit hohem Porenanteil wird als *offen* bezeichnet. Offenes Gefüge wählt man

- zum Bearbeiten langspaniger Werkstoffe und zum Schleifen von Werkstoffen, die zum Schmieren neigen (z. B. Kunststoffe, Leder),
- zum Schruppen,
- bei hohen Vorschüben und Zustellungen.

Das Gefüge wird durch eine Ziffer gekennzeichnet.

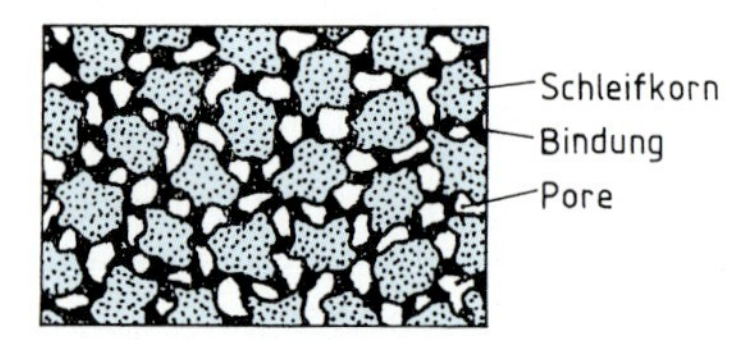

Dichtes Gefüge

Offenes Gefüge

Kenziffer	0–3	4 u. 3	6 u. 7	8–14
Gefüge	dicht	mittel	offen	sehr offen

Für ein Schleifwerkzeug ist die Auswahl des Gefüges abhängig von

- dem zu bearbeitenden Werkstoff,
- der geforderten Spanleistung,
- der geforderten Oberflächengüte.

9.1.2 Form und Verwendungszweck von Schleifwerkzeugen

Die Auswahl des Schleifwerkzeuges hinsichtlich Form und Abmessung erfolgt nach der Werkstückform, dem Schleifverfahren und der Schleifmaschine.

Benennung	Schleifkörperform	Verwendungszweck
gerade Schleifscheibe		Diese vielseitigen Schleifscheiben werden zum Planschleifen, Rundschleifen, Schleifen auf Schleifböcken, Werkzeugschärfen und Trennschleifen eingesetzt.
Segment-Schleifscheibe		Schleifsegmentscheiben werden zur Bearbeitung großer Flächen mit hoher Abtragsleistung eingesetzt.
Topfschleifscheiben und Schleifteller		Diese Schleifscheiben werden zum Scharfschleifen von Spanwerkzeugen auf Universalschleifmaschinen verwendet. Sie sind in der Form den zu schleifenden Flächen an Bohrern, Senkern, Fräsern, Reibahlen angepasst.
Schleifstifte		Schleifstifte werden im Werkzeug- und Formenbau verwendet. Sie werden mit dem zylindrischen Schaft meist in Handschleifmaschinen eingespannt. Mit ihnen werden vorgearbeitete Konturen fertig bearbeitet.

Übungsaufgaben 9/11; 9/12

9.1.3 Zulässige Umfangsgeschwindigkeiten von Schleifscheiben

Für normale Schleifscheiben sind Schnittgeschwindigkeiten bis zu 30 m/s üblich. Für Sonderschleifverfahren wie das Trennschleifen werden Schnittgeschwindigkeiten bis zu 100 m/s empfohlen.

Richtwerte für Umfangsgeschwindigkeiten

Werkstoff	Planschleifen	Rundschleifen	Trennschleifen
Stahl, Gusseisen	25–35 m/s	25–40 m/s	45–100 m/s
Hartmetall	10 m/s	8 m/s	–
Messing	25–30 m/s	20–35 m/s	–
Leichtmetall	15–20 m/s	15–20 m/s	–

Bei allen ***Schleifverfahren treten hohe*** Umfangsgeschwindigkeiten an der Schleifscheibe auf. Bei zu hohen Umfangsgeschwindigkeiten können die auftretenden Fliehkräfte die Schleifscheibe zerreißen und schwere Unfälle verursachen. Es dürfen aus diesem Grunde zum Schleifen mit hohen Geschwindigkeiten nur Schleifkörper und Schutzvorrichtungen eingesetzt werden, die vom Deutschen Schleifscheiben-Ausschuss zugelassen sind.

Auf Schleifscheiben wird die höchste zulässige Umfangsgeschwindigkeit durch einen Farbstreifen über den gesamten Durchmesser gekennzeichnet.

Farbstreifen	blau	gelb	rot	grün
zulässige Umfangsgeschwindigkeit	50 m/s	63 m/s	80 m/s	100 m/s

Farbcodierung der zulässigen Umfangsgeschwindigkeit

Farbcodierung an Schleifscheiben

Die höchste zulässige Umfangsgeschwindigkeit wird auf Schleifscheiben durch eine Farbmarkierung gekennzeichnet.

9.1.4 Bezeichnung genormter Schleifscheiben

Eine wirtschaftliche Bearbeitung durch Schleifen kann nur erfolgen, wenn das geeignete Schleifwerkzeug ausgewählt wird. Die Bezeichnung von Schleifkörpern aus gebundenen Schleifmitteln sind genormt und durch Maßangaben, Kennbuchstaben bzw. Kennzahlen verschlüsselt.

Eine vollständige Bezeichnung enthält Informationen zu folgenden Größen: Bezeichnung des Schleifwerkzeuges, Verweis auf die benutzte Norm, Form des Werkzeuges, Maße, Werkstoff, Arbeitshöchtsgeschwindigkeit.

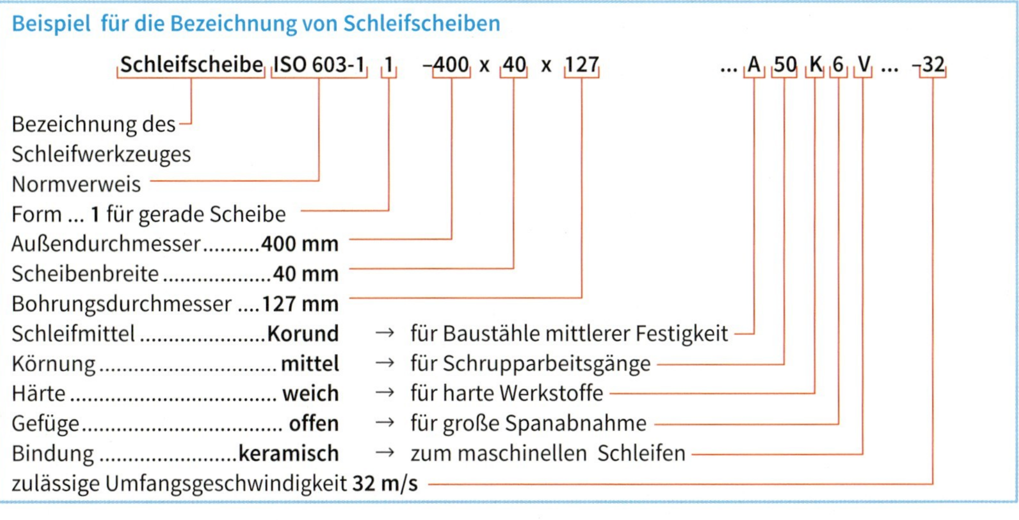

Beispiel für die Bezeichnung von Schleifscheiben
Schleifscheibe ISO 603-1 1 -400 x 40 x 127 ... A 50 K 6 V ... -32
Bezeichnung des Schleifwerkzeuges
Normverweis
Form ... 1 für gerade Scheibe
Außendurchmesser..........400 mm
Scheibenbreite..................40 mm
Bohrungsdurchmesser ....127 mm
Schleifmittel.....................Korund → für Baustähle mittlerer Festigkeit
Körnung............................ mittel → für Schrupparbeitsgänge
Härte................................ weich → für harte Werkstoffe
Gefüge............................... offen → für große Spanabnahme
Bindung.......................keramisch → zum maschinellen Schleifen
zulässige Umfangsgeschwindigkeit 32 m/s

9.1.5 Aufspannen und Auswuchten von Schleifscheiben

Schleifscheiben laufen mit hohen Drehzahlen, sodass fehlerhafte Schleifscheiben und unsachgemäß aufgespannte Schleifscheiben eine große Unfallgefahr darstellen.

Nach den **Unfallverhütungsvorschriften** sind folgende Arbeitsgänge einzuhalten:

- Klangprobe durchführen
  Die Schleifscheiben sind vor dem Aufspannen einer *Klangprobe* zu unterziehen, um Risse festzustellen.
- Schleifscheibe aufspannen
  Die Schleifscheibe wird auf der Schleifspindel mit *elastischen Zwischenlagen* zwischen Flansche gespannt.
- Schleifscheibe auswuchten
  Zum Auswuchten bei stehender Schleifscheibe wird die Auswuchtwaage eingesetzt. Sie besteht aus einem Ständer mit einem frei beweglichen Wiegerahmen. Dieser Rahmen ist in seiner Drehachse mit einer Auflage für die auf einem Dorn gespannte Schleifscheibe versehen.
  Die eingelegte Schleifscheibe bringt mit ihrer Unwucht den Rahmen aus dem Gleichgewicht. Durch ein Ausgleichsgewicht kann er wieder ins Gleichgewicht gebracht werden. Aus der Masse des Ausgleichgewichtes und dem Abstand zum Drehpunkt ergibt sich die Größe der auszugleichenden Unwucht.
- Probelauf durchführen
  Jede neu aufgespannte Schleifscheibe muss bei voller Umfangsgeschwindigkeit mindestens *fünf Minuten probelaufen*.

Ausgleichsgewicht; elastische Zwischenlage; Ringnut; Spannflansch

Aufspannen der Schleifscheibe

Wiegerahmen; Libelle; Justierschraube; verschiebbares Ausgleichsgewicht

Auswuchtwaage zum Auswuchten bei stehender Scheibe

> **!** Schleifscheiben müssen wegen ihrer hohen Umfangsgeschwindigkeit vor dem Einsatz
> - durch Klangprobe auf Risse geprüft werden,
> - sorgfältig aufgespannt werden,
> - ausgewuchtet werden,
> - einen fünfminütigen Probelauf überstehen.

9.1.6 Abrichten von Schleifkörpern

Schleifkörper nutzen beim Schleifen unregelmäßig ab und werden unrund. Außerdem werden die einzelnen Schleifkörner stumpf und es setzen sich die Poren in den Schleifkörpern mit Spänchen zu. Daher ist es notwendig, die Schleifkörper mit entsprechenden Abrichtgeräten zu warten.

Die ungleichmäßig abgenutzte Schicht wird abgetragen, bis die Schleiffläche wieder formgenau ist und überall scharfe Schleifkörner freigelegt sind. Diesen Vorgang bezeichnet man als **Abrichten**.

Beispiele für das Abrichten mit diamantbestückten Werkzeugen

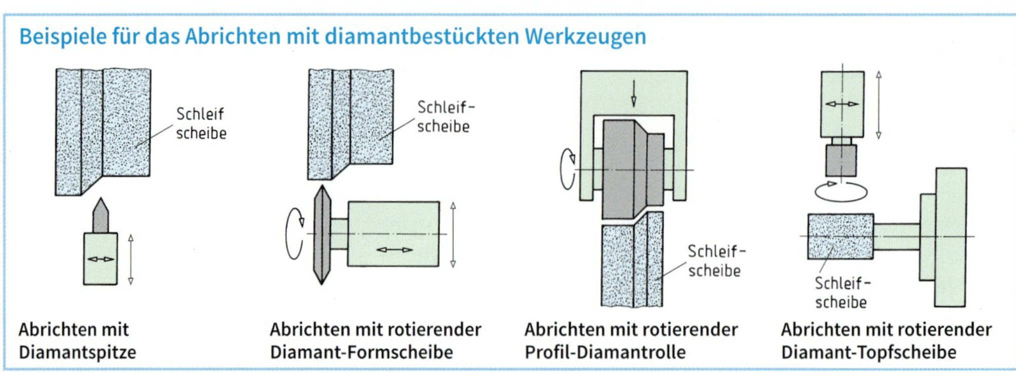

Abrichten mit Diamantspitze | **Abrichten mit rotierender Diamant-Formscheibe** | **Abrichten mit rotierender Profil-Diamantrolle** | **Abrichten mit rotierender Diamant-Topfscheibe**

Übungsaufgaben 9/16 bis 9/20

9.2 Arbeitsverfahren auf Schleifmaschinen

Von den Schleifverfahren sind **Plan-, Rund-** und **Profilschleifverfahren** von besonderer Bedeutung. Spant bei diesen Verfahren die Schleifscheibe mit ihrem Umfang, so bezeichnet man das Verfahren als *Umfangsschleifen*. Wird die Seitenfläche zum Spanen eingesetzt, nennt man das Verfahren *Seitenschleifen*.

1. Planschleifen als Pendelschleifverfahren

Werden *ebene Werkstückflächen* durch Schleifen bearbeitet, bezeichnet man dies als Planschleifen.

Umfangs-Planschleifen	Seiten-Planschleifen

- Auf Langtischen erfolgt die hin- und hergehende Längsbewegung mit schrittweisem Quervor

Umfangs-Planschleifen

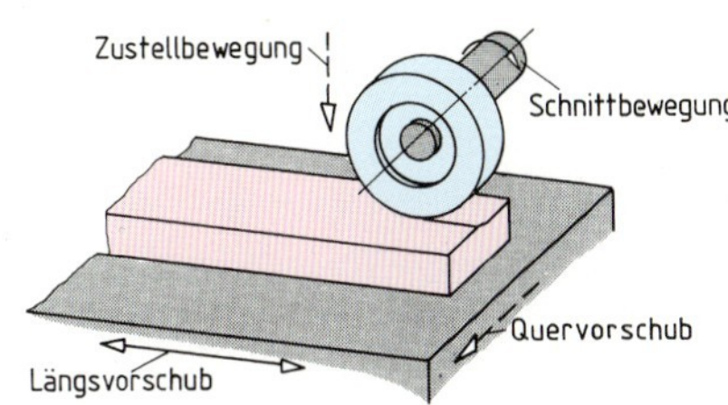

Umfangs-Planschleifen auf einem Langtisch

Man erzielt hochwertige Werkstückoberflächen bei geringen Abtragleistungen.

Seiten-Planschleifen

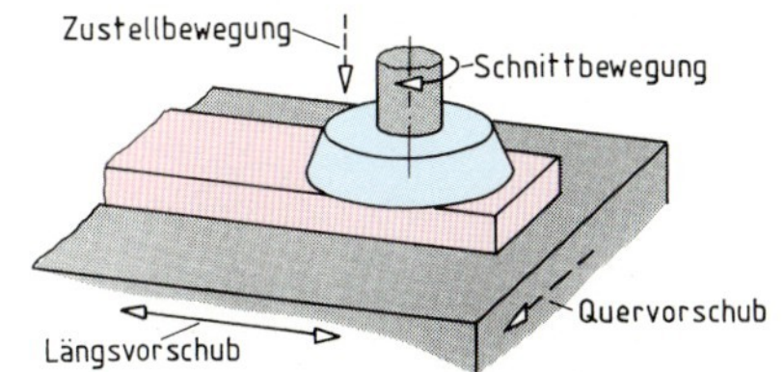

Seiten-Planschleifen auf einem Langtisch

Man erzielt hohe Abtragsleistungen bei geringer Oberflächengüte.

2. Rundschleifen als Pendelschleifverfahren

Mit dem Verfahren des Rundschleifens werden zylindrische Außenflächen oder Innenflächen bearbeitet.

Außen-Rundschleifen	Innen-Rundschleifen

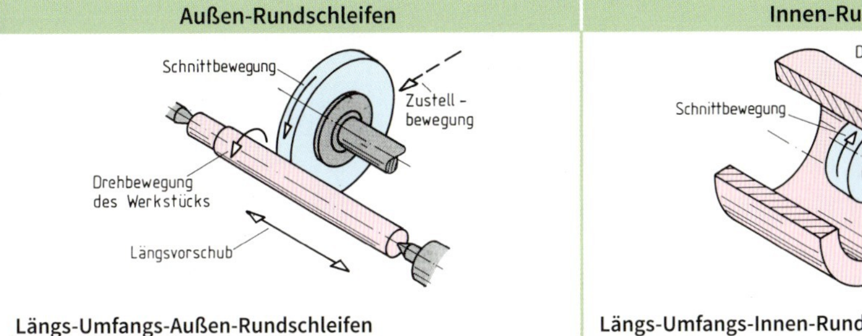

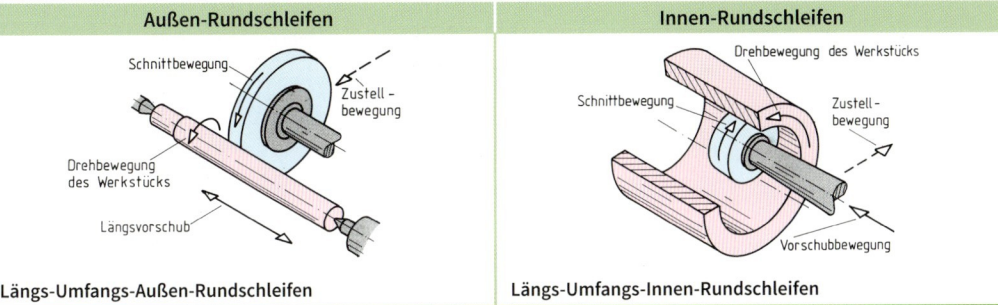

Längs-Umfangs-Außen-Rundschleifen

Längs-Umfangs-Innen-Rundschleifen

3. Profilschleifen als Einstechschleifverfahren

Profilschleifen ist gekennzeichnet durch Einsatz von Schleifscheiben mit eingearbeiteten Profilen.

Außen-Profilschleifen	Innen-Profilschleifen

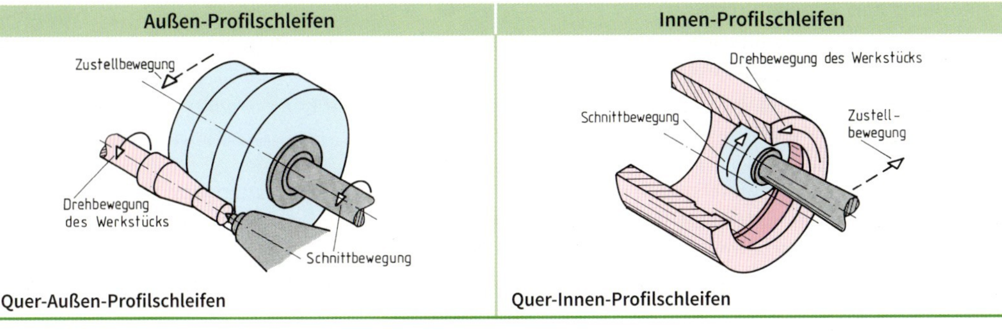

Quer-Außen-Profilschleifen

Quer-Innen-Profilschleifen

Übungsaufgaben 9/21 bis 9/26

4. Spitzenloses Außenrundschleifen

Kleinere zylindrische Werkstücke mit gleich bleibendem Außendurchmesser werden in der Massenfertigung durch **spitzenloses Außenrundschleifen** bearbeitet.

Die kleinere weichere Regelscheibe läuft mit viel geringerer Geschwindigkeit als die Schleifscheibe. Sie bremst die Drehbewegung des Werkstücks und erteilt dem Werkstück durch ihre Neigung eine Vorschubbewegung, sodass jedes Werkstück die komplette Fläche der Schleifscheibe durchläuft. Daher spricht man auch vom Durchgangsschleifen.

Spitzenloses Außenrundschleifen als Durchgangsschleifen

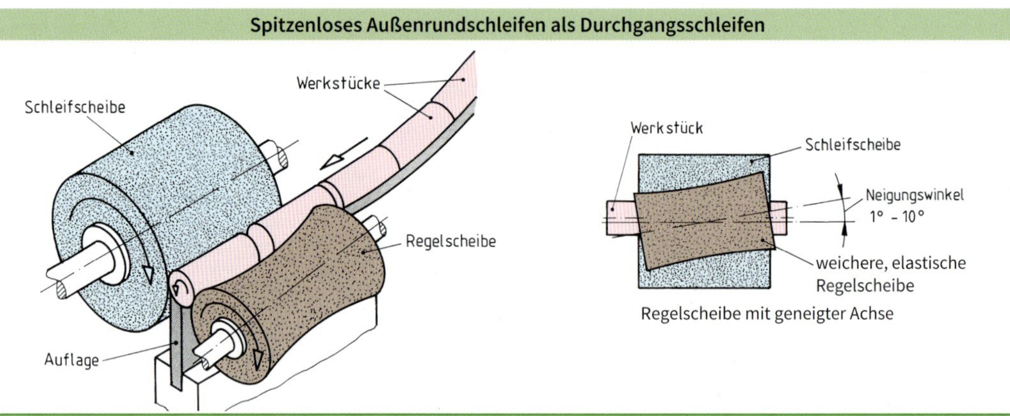

5. Gewindeschleifen

Bei der Gewindefertigung werden vorgefertigte Gewinde durch Schleifen fertig bearbeitet. Bei kleineren Gewinden können die Gewindegänge aus dem vollen Material durch Schleifen herausgearbeitet werden. Gewinde werden mit einprofiligen oder mehrprofiligen Schleifscheiben im Gegenlauf bearbeitet.

Gewindeschleifen mit

Einprofilscheiben	Mehrprofilscheiben

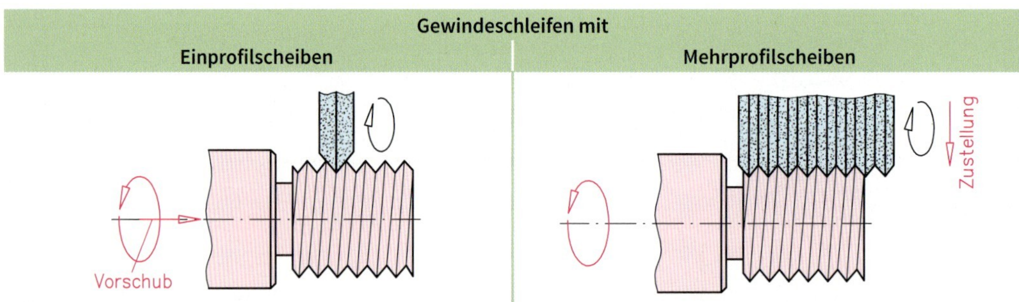

9.3 Schnittbedingungen und Oberflächenbeschaffenheit beim Schleifen

Zwischen Schnittbedingungen und Oberflächenbeschaffenheit bestehen folgende Zusammenhänge:

- **Körnung und Scheibenhärte**
  Je feiner die Körnung und je härter die Scheibe, desto geringer wird die Rautiefe.
- **Zustellung und Vorschubgeschwindigkeit**
  Zu einer Verbesserung der Oberflächenbeschaffenheit führen niedriges Zeitspanvolumen durch geringere Zustellung und eine niedrige Vorschubgeschwindigkeit.
- **Kühlschmierung**
  Der Einsatz von Kühlschmierstoffen mit guten Schmier- und Spüleigenschaften führt bei ausreichender Kühlung zu einer erhöhten Oberflächenbeschaffenheit.
- **Geschwindigkeitsverhältnis**
  Je größer das Geschwindigkeitsverhältnis v_c/v_f zwischen der Schnittgeschwindigkeit und der Vorschubgeschwindigkeit ist, desto geringer wird die mögliche Rautiefe und Kornbelastung.

Übungsaufgaben 9/27; 9/28

9.4 Schleifmaschinen

Die verschiedenen Schleifverfahren erfordern eine ebenso große Zahl verschiedener Schleifmaschinen. Der grundsätzliche Aufbau und die Arbeitsweise sollen an zwei Beispielen erklärt werden.

1. Planschleifmaschine

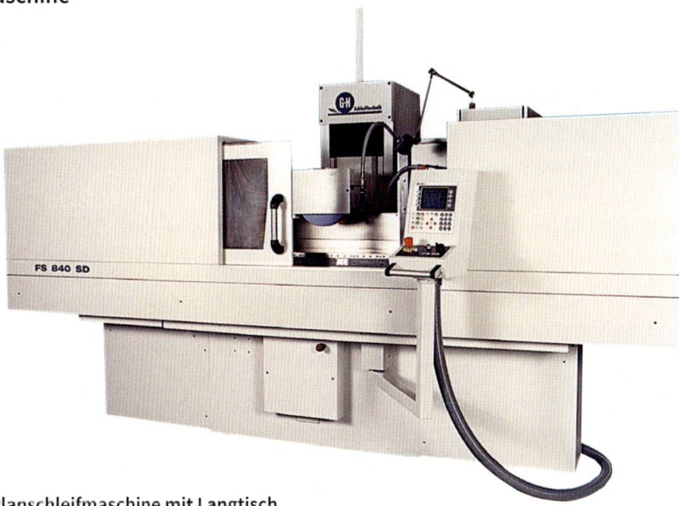

Planschleifmaschine mit Langtisch

Kennzeichen der abgebildeten Planschleifmaschine:

- horizontale Schleifspindel für Umfangsplanschleifen,
- hydraulischer Antrieb,
- automatische Kühlmittelzufuhr,
- Vorschub durch geradlinige, hin- und hergehende Tischbewegung,
- Zustellung durch Höhenverstellung des Schleifspindelträgers.

2. Rundschleifmaschine

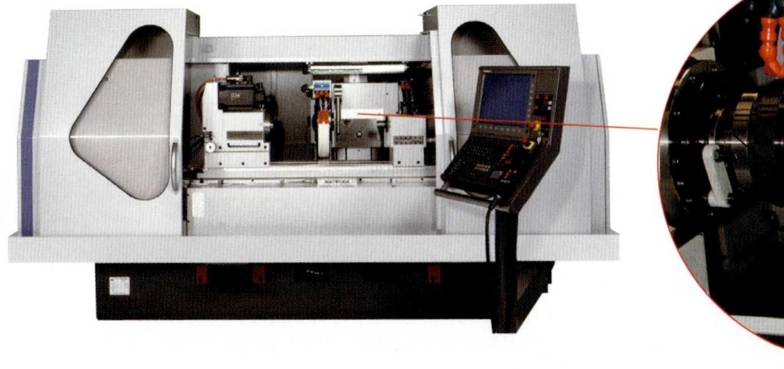

Kennzeichen der abgebildeten Rundschleifmaschine:

- horizontale Schleifspindel für Außenrundschleifen,
- unabhängiger Antrieb für Werkstück und Schleifscheibe,
- Werkstückaufnahme zwischen Spitzen,
- Vorschub durch geradlinige, hin- und hergehende Tischbewegung,
- Zustellung durch Quervorschub des Schleifspindelstocks.

10 Fertigen durch Honen und Läppen

10.1 Honen

Das Honen ist ein spanendes Feinbearbeitungsverfahren.
Durch Honen werden Werkstückoberflächen endbearbeitet, die durch Drehen oder Bohren vorgearbeitet sind. Ziel ist es, die Oberflächengüte, die Maß- und Formgenauigkeit und im geringen Maße die Lagegenauigkeit zu verbessern. Bei Sinterteilen kann durch Honen der Endzustand ohne weitere spanende Vorbearbeitung erreicht werden.

Honbearbeitung setzt man ein, um
- Energieeinsparungen im Motorenbereich,
- Lebensdauererhöhung bei Lagern,
- exakte Steuerung bei Bauteilen für Einspritzpumpen sowie Hydraulik- und Pneumatikanlagen sowie
- Lärmreduzierung in Getrieben zu erreichen.

Die Werkstoffabtragung erfolgt durch Honsteine. Sie bestehen aus einer großen Anzahl feiner Schleifkörner, die durch Bindemittel zusammengehalten werden. Während des Honvorgangs befinden sich die Honsteine im ständigen Kontakt mit der zu bearbeitenden Werkstückfläche.

Nach der Lage der zu bearbeitenden Flächen am Werkstück unterscheidet man *Innenhonen* und *Außenhonen*. Nach der Art der Arbeitsbewegungen und der Länge des ausgeführten Arbeitshubes wird das Innenhonen als Langhubhonen und das Außenhonen als Kurzhubhonen ausgeführt.

Innenhonen als Langhubhonen

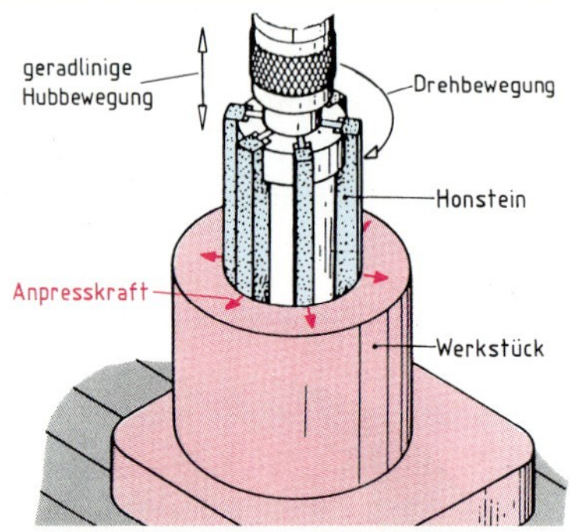

> **!** Gehont wird mit einer der Werkstücklänge angepassten großen Hubbewegung.

Erforderliche Bewegungen:
- Gleichförmige Drehbewegung – von Werkzeug oder Werkstück – mit einer Geschwindigkeit von etwa 15 bis 40 m/min.
- Geradlinige Hubbewegung – von Werkzeug oder Werkstück – mit einer Geschwindigkeit von etwa 12 bis 15 m/min.

Außenhohnen als Kurzhubhonen

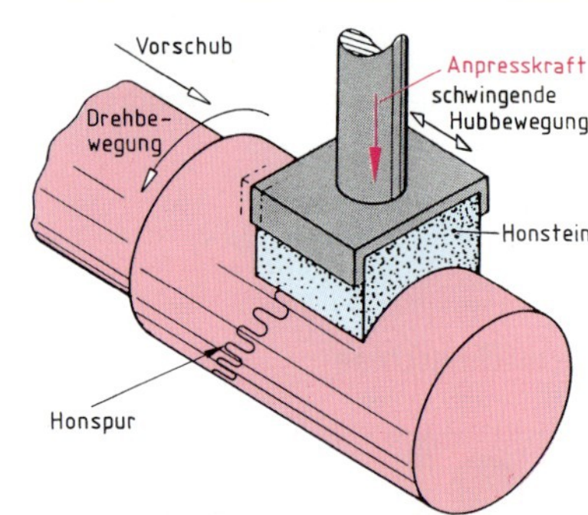

> **!** Zum Honen wird zusätzlich zu den übrigen Bewegungen ein kurzer Schwinghub ausgeführt.

Erforderliche Bewegungen:
- Gleichförmige Drehbewegung des Werkstücks mit einer Geschwindigkeit von etwa 15 bis 25 m/min.
- Geradlinige Vorschubbewegung – von Werkzeug oder Werkstück – mit einer Geschwindigkeit von etwa 8 bis 12 m/min.
- Schwingender Hub des Werkzeugs in einer Hublänge von 1 bis 6 mm bei ca. 700 bis 2500 Schwingungen pro Minute

Der Zerspanvorgang kommt durch die Überlagerung von zwei oder drei Bewegungen zustande. Dabei sind die Honsteine gleichzeitig im Eingriff, sie werden mit einem Anpressdruck von 20 bis 200 N/cm^2 gegen die Werkstückoberfläche gedrückt. Die abgetragenen Werkstoffteilchen und die stumpfen, ausgebrochenen Schleifkörner werden durch eine Spülflüssigkeit, das Honöl, weggeschwemmt.

Übungsaufgaben 10/1; 10/2

10.2 Läppen

Das Läppen ist ein Feinstbearbeitungsverfahren vorgearbeiteter Werkstücke zur Verbesserung der Form sowie der Maß- und Oberflächengüte. Zum Läppen werden lose feinkörnige Schleifmittel verwendet, die in Läppöl verteilt sind. Dieses Läppgemisch wird auf einem formübertragenden Gegenstück, welches Läppscheibe genannt wird, aufgetragen oder aufgespült. Die Abnahme kleinster Spänchen erfolgt durch eine vielfach überlagerte Gleitbewegung und leichten Anpressdruck zwischen Werkstück und Läppscheibe.

Die Bewegung zwischen Werkstück und Läppscheibe erfolgt mit einer Geschwindigkeit von ca. 50 bis etwa 120 m/min. Der Anpressdruck bis ca. 30 N/cm^2 richtet sich nach der angestrebten Oberflächenrauheit. Je geringer die Oberflächenrauheit sein soll, desto geringer wird der Anpressdruck gewählt. Die Oberflächenrauheit wird ferner von der Größe der Läppkörner bestimmt. Die Art des Läppmittels richtet sich nach der Härte des zu läppenden Werkstücks: Für Werkstücke aus weichen Metallen werden Oxide (z. B. Magnesiumoxid, Aluminiumoxid) eingesetzt, härtere Materialien bearbeitet man mit Karbiden (z. B. Siliziumkarbid, Borkarbid) oder Diamant. Die Läppscheiben müssen die Körner des Läppgemisches mitnehmen, darum verwendet man vorwiegend Gusseisen als Werkstoff für Läppscheiben, denn die Oberfläche des Gusseisens weist winzige Hohlräume durch herausgebrochene Grafitteilchen auf.

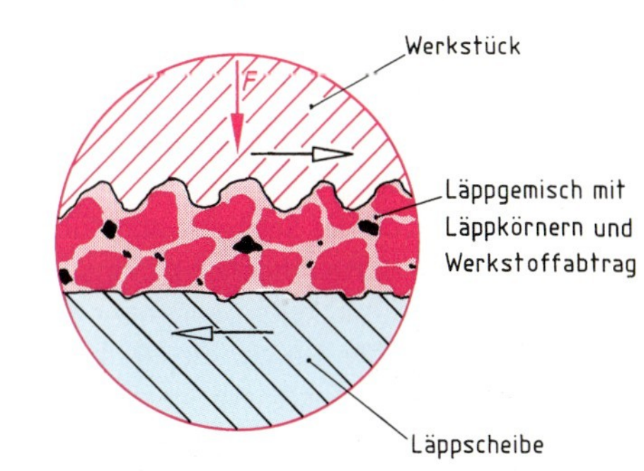

Läppvorgang

Planparalles Läppen in einer Zweischeiben-Läppmaschine

Beim Läppen werden kleinste Spänchen von einem lose in einem Läppöl verteilten feinkörnigen Schleifmittel von der Werkstückoberfläche abgetragen.

Die Läppmittel bestehen aus Gemischen von Läpppulver und Trägerflüssigkeiten. Als **Trägerflüssigkeiten** kommen wässrige Lösungen mit chemischen Zusätzen zur Steigerung der Benetzbarkeit und der Tragfähigkeit oder ölige Lösungen aus Gemischen von Öl, Paraffin, Vaseline und Petroleum zur Erhöhung des Rostschutzes zum Einsatz.

Die Auswahl eines **Läpppulvers** trifft man nach der Werkstoffart und der Härte der Werkstücke. Nach der verlangten Oberflächengüte werden die Korngröße, die Gleichmäßigkeit der Körner und die Art und Anzahl der Kornschneiden ausgewählt.

Läpppulver	Werkstückwerkstoff
Korund	weiche Stähle, Leicht- und Buntmetalle, Grafit, Kunststoffe, Halbleitermaterialien
Siliziumkarbid	vergütete bzw. legierte Stähle, Gusseisen, Gläser, Porzellane
Bornitrid	Hartmetalle, Keramiken
Diamant	Edelsteine

11 Kühlschmierstoffe für spanabhebende Verfahren

11.1 Arten von Kühlschmierstoffen

Bei Zerspanungsvorgängen entsteht an der Schnittstelle Wärme.
Die Wärme muss von der Schneide abgeführt werden, da sonst ihre Härte erheblich gemindert wird. Dies wird mit Kühlflüssigkeiten, sogenannten Kühlemulsionen, erreicht. Durch die Reibung verschleißt die Schneide. Geeignete Schmieröle, sogenannte Schneidöle, vermindern die Reibung erheblich.

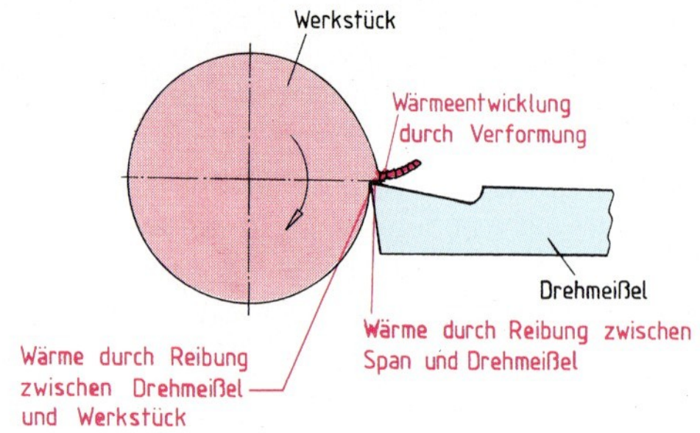

Wärmeverteilung bei der Zerspanung

Es werden entsprechend der Norm zwei Gruppen von Kühlschmierstoffen unterschieden:
- **nicht wassermischbare Kühlschmierstoffe** und
- **wassermischbare Kühlschmierstoffe.**

Die Auswahl für einen bestimmten Fertigungsprozess hängt davon ab, ob Kühlen oder Schmieren im Vordergrund steht. Weitere Gesichtspunkte, welche die Auswahl betreffen, sind:
- die Wirtschaftlichkeit, hier sind wassermischbare Kühlschmierstoffe erheblich preisgünstiger,
- der Pflegeaufwand und die Entsorgung, denn nicht wassermischbare Kühlschmierstoffe sind pflegeleichter und brauchen nur selten aufwändig entsorgt zu werden.

11.1.1 Nicht wassermischbare Kühlschmierstoffe

Nicht wassermischbare Kühlschmierstoffe werden häufig auch als Metallbearbeitungsöle (Schneidöl, Honöl u. a.) bezeichnet. Sie bestehen aus Mineralöl mit Zusätzen und werden eingesetzt, wenn die Schmierung bei der Metallbearbeitung im Vordergrund steht. Ferner finden sie Verwendung auf Automaten, die mit einem **Einheitsöl** arbeiten, das gleichzeitig für die Hydraulik, die Maschinenschmierung und die Zerspanung eingesetzt wird.

Die wichtigste Eigenschaft von nicht wassermischbaren Kühlschmierstoffen ist die Viskosität. Je höher die Viskosität, desto zähflüssiger ist ein Öl. Für den Zerspanungsbereich liegt die Viskosität der Öle bei 40 °C etwa zwischen 2 mm^2/s (Honöle) bis 45 mm^2/s (für schwerste Zerspanungsarbeiten). Am häufigsten werden Öle im Viskositätsbereich von 20 bis 35 mm^2/s angewendet.

Die Erhöhung der Viskosität eines Kühlschmierstoffs ergibt folgende Eigenschaftsänderungen:
- Die Wärmeleitfähigkeit wird geringer.
- Die Nebelbildung beim Zerspanen nimmt ab.
- Der Austrag von Kühlschmierstoffen mit den Spänen nimmt zu.
- Der Spantransport wird durch Verkleben der Späne erschwert.
- Die Entflammbarkeit nimmt ab.

Man verwendet deshalb Kühlschmierstoffe mit hoher Viskosität
- bei großen Bauteilen,
- beim Zerspanen mit niedrigen Schnittgeschwindigkeiten,
- bei großen Spanquerschnitten,
- bei unterbrochenem Schnitt.

11.1.2 Wassermischbare Kühlschmierstoffe

Wassermischbare Kühlschmierstoffe werden wegen der guten Kühlwirkung und vor allem wegen des günstigen Preises am häufigsten eingesetzt. Sie werden vom Hersteller als Konzentrat geliefert und vom Anwender mit Wasser entsprechend den Herstellerangaben verdünnt. Die meisten dieser wassermischbaren Kühlschmierstoffe sind Gemische von Öl, einem Emulgator, bakterien- und pilztötenden Zusätzen u. a., die als Konzentrat geliefert werden, und Ansetzwasser. Im fertigen Zustand enthalten Kühlschmierstoffe 2 bis 10 % Konzentrat.

Übungsaufgaben 11/1; 11/2; 11/3

Wichtigster Bestandteil der Konzentrate sind Stoffe, die dafür sorgen, dass die öligen Bestandteile in feinster Verteilung im Wasser gehalten werden können. Man nennt solche Stoffe **Emulgatoren**. Dies sind seifenartige chemische Verbindungen, die aus kettenförmigen Molekülen bestehen. Diese Moleküle weisen ein „Fett liebendes" und ein „Wasser liebendes" Ende auf. Im wassermischbaren Kühlschmierstoff lagern sich die Emulgatormoleküle um die Öltröpfchen und verhindern so eine Vereinigung der Tröpfchen zu größeren Öltropfen, die im Wasser aufsteigen und damit den Kühlschmierstoff entmischen können.

Weitere Zusätze in Konzentraten für wassermischbare Kühlschmierstoffe sind korrosionshemmende Stoffe, Hochdruckzusätze (EP-Zusätze), Antischaumittel sowie bakterien- und pilztötende Zusätze (Biozide).

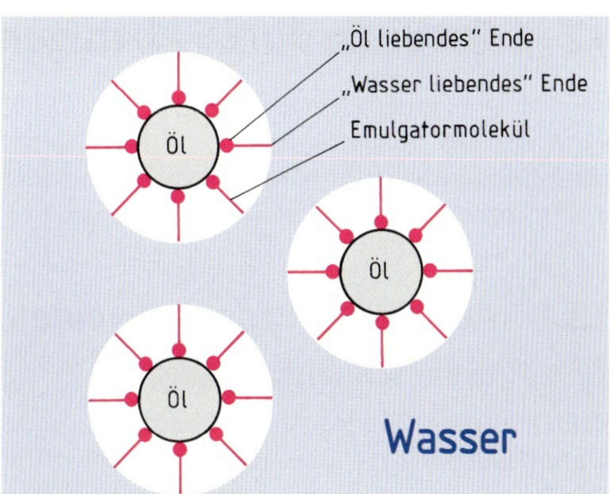

Wirkung des Emulgators

Öltröpfchendurchmesser und Aussehen der Lösung

Öltröpfchen	0,001 µm	0,01 µm	0,1 µm	1 µm
Aussehen der Lösung	wasserhell	trüb	undurchsichtig	milchig

> **!** Wassermischbare Kühlschmierstoffe enthalten 2 bis 10 % ölhaltiges Konzentrat und 90 bis 98 % Wasser. Der Emulgator bestimmt besonders die Eigenschaften des Kühlschmierstoffes. Ansetzwasser soll möglichst weich und keimfrei sein.

Im Umgang mit wassermischbaren Kühlschmierstoffen ist zu beachten:
- Beim Ansatz muss stets Kühlschmierstoff in strömendes Wasser gegeben werden.
- Die Konzentration wird entsprechend der geplanten Bearbeitung eingestellt.
- Wassermischbare Kühlschmierstoffe werden am besten bei Raumtemperatur gelagert. Für Lagerung und Transport sind die Vorschriften zum Umgang mit wassergefährdenden Stoffen zu beachten.
- Kühlschmierstoffe müssen möglichst gut belüftet, kühl und frei von Verunreinigungen gehalten werden, damit sich Bakterien und Pilze nicht übermäßig vermehren.
- Vor dem Austausch von Kühlschmierstoffen ist die gesamte Anlage mit Reinigern zu desinfizieren.
- Kühlschmierstoff darf nicht ins Grundwasser und ins Abwasser gelangen. Darum ist die Entsorgung von Spezialfirmen durchzuführen.

> **!** Wassermischbare Kühlschmierstoffe sind umweltschädlich und gesundheitsgefährdend. Darum müssen Richtinien zum Umgang mit diesen Kühlschmierstoffen streng beachtet werden.

11.2 Gefahren beim Umgang mit Kühlschmierstoffen

Hautschäden im Zusammenhang mit Schmierstoffkontakt gehören zu den häufigsten Berufskrankheiten in der Metall verarbeitenden Industrie. Neben dem Einatmen der entstehenden Dämpfe birgt insbesondere der Hautkontakt mit Kühlschmierstoffen eine Reihe von Gefahren:
- Die Haut wird bei ständiger Berührung entfettet, verliert ihre Schutzschicht, wird rissig und anfällig gegenüber Krankheiten, z. B. Entzündungen, Akne und Ekzeme. Nicht selten treten diese Erkrankungen an Körperteilen auf, an denen ölverschmutzte Kleidung eng anliegt.
- Die in den Kühlschmierstoffen mitgeführten Fremdkörper, wie kleine Metallspäne u. a., verursachen winzige Verletzungen, die ebenfalls zu Hautschäden führen können.

Einsatz von Kühlschmierstoffen an einer CNC-Fräsmaschine

12 Fertigen durch Abtragen

Die abtragenden Fertigungsverfahren sind Trennverfahren, bei denen Stoffteilchen nicht mechanisch, sondern durch thermische, chemische oder elektrochemische Einwirkung abgetrennt werden.

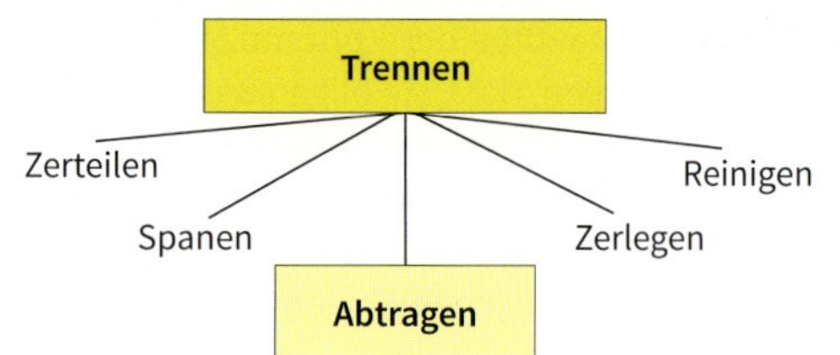

12.1 Autogenes Brennschneiden

12.1.1 Brennschneidvorgang

Beim autogenen Brennschneiden wird der Werkstoff an der Trennstelle im Sauerstoffstrahl oxidiert (verbrannt) und durch die Bewegungsenergie des Strahles aus der Trennfuge herausgeblasen.

Der Brennschneidvorgang wird durch Vorwärmen der Trennstelle mit einer Heizflamme auf Reaktionstemperatur eingeleitet. Sodann wird Sauerstoff zugegeben – der Werkstoff oxidiert, und es entsteht aus dem Werkstoff an der Trennstelle eine flüssige Schlacke. Die Energie zur Trennung kommt zu 70 bis 90 % aus der Oxidationsreaktion.

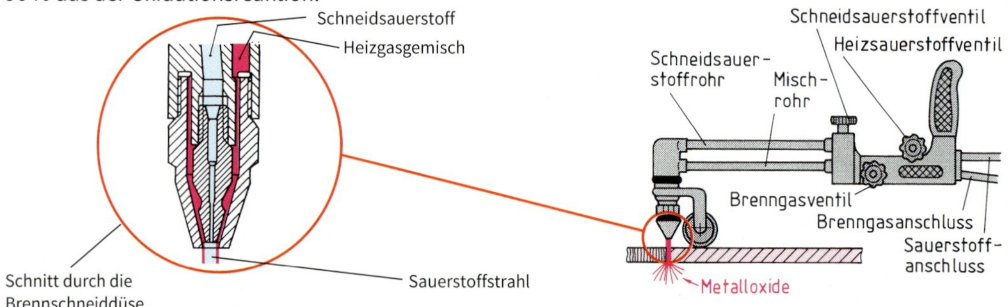

Autogenes Brennschneiden

Der Anteil der Reaktionswärme ist um so höher, je dicker die Werkstücke sind. Daher sind Werkstücke unter *3 mm Dicke zum Brennschneiden ungeeignet*, während unlegierte Stähle mit Dicken bis 40 mm problemlos durch autogenes Brennschneiden getrennt werden können.

Beim Brennschneiden erfolgt das Trennen durch Oxidation des Metalls in der Trennfuge.
Die Oxidationsreaktion liefert den Hauptanteil der zum Trennen notwendigen Energie.

Damit ein Metall durch autogenes Brennschneiden getrennt werden kann, müssen folgende Voraussetzungen erfüllt sein:

- Der Werkstoff muss sich im Sauerstoffstrahl entzünden, bevor er flüssig wird.
- Die entstehenden Oxide müssen dünnflüssig werden, bevor der unverbrannte Werkstoff schmilzt.
- Der Werkstoff muss eine niedrige Wärmeleitfähigkeit besitzen, damit die zum Vorwärmen notwendige Wärme nicht zu schnell von der Trennstelle abgeleitet wird.

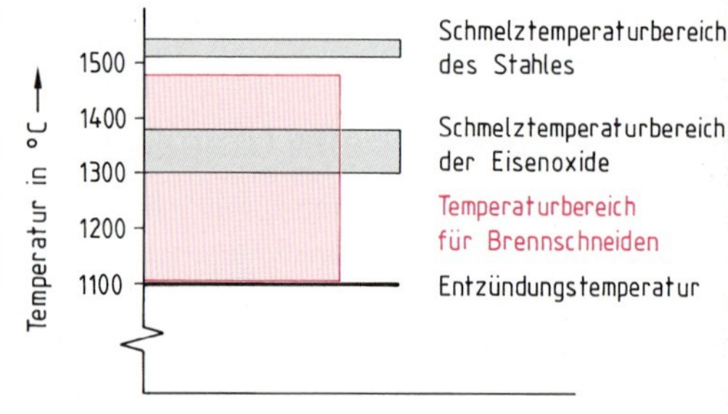

Temperaturbereich für Brennschneiden eines Stahles mit 0,15 % C

Alle Bedingungen werden gleichzeitig nur von bestimmten Stählen sowie Titan und Molybdän erfüllt. Daher sind nur diese Werkstoffe durch Brennschneiden trennbar.

Zum Brennschneiden eignen sich nur spezielle Stähle, Titan und Molybdän, weil sie sich entzünden bevor sie schmelzen, dünnflüssige Oxide bilden und Wärme schlecht leiten.

Übungsaufgabe 12/1; 12/2; 12/3

Brennschneidbarkeit verschiedener Stahlsorten

Stahl	Brennschneidbarkeit
unlegierter Stahl	bis 0,4 % C ohne Einschränkungen brennschneidbar 0,4 bis 1,6 % C nach Vorwärmen auf 200 bis 400 °C brennschneidbar (Vorwärmung dient zur Vermeidung von Aufhärtung und Rissbildung der Kanten)
Manganstahl	bis 1,3 % C und 13 % Mn brennschneidbar
Siliziumstähle	bis 2,9 % Si brennschneidbar 2,9 bis 4 % Si brennschneidbar, wenn der C-Gehalt < 0,08 % liegt
Chromstähle	bis 1,5 % Cr bei max. 0,2 % C brennschneidbar bis 10 % Cr nach Vorwärmen auf 200 bis 400 °C brennschneidbar Chromstähle mit mehr als 10 % Cr sind nur mit Spezialverfahren brennschneidbar

Die Höhe der Vorwärmtemperatur wird am besten durch Probeschnitte ermittelt.

! Zum Brennschneiden sind unlegierte Stähle mit einem C-Gehalt bis 0,4 % geeignet. Legierte Stähle und Stähle mit höheren C-Gehalten sind begrenzt brennschneidbar.

12.1.2 Brennschneidverfahren

Für unterschiedliche Anforderungen beim Brennschneiden wurden verschiedene Verfahren entwickelt. Die Oberflächengüte der Trennfläche hängt wesentlich von der Einhaltung folgender Einstellgrößen ab:

- *Abstand der Schneiddüse* von der *Werkstückoberfläche*,
- *Druck des Schneidsauerstoffs*, der sich nach der Blechdicke richtet,
- *Schneidgeschwindigkeit*, die auf die Blechdicke abgestimmt sein muss.

Einstellgrößen beim Brennschneiden

Blechdicke	Schneidgeschwindigkeit		Druck des Schneidsauerstoffs bar
	von Hand mm/min	maschinell mm/min	
10	ca. 280	ca. 430	3,5
50	ca. 185	ca. 230	5,0
100	ca. 150	ca. 190	7,5
300	–	ca. 100	15,0

Die Dicke des zu schneidenden Bleches bestimmt den einzustellenden Druck des Schneidsauerstoffs und die Schneidgeschwindigkeit.

1. Brennschneiden von Hand

Zum Ablängen von Halbzeugen setzt man *frei* geführte Brennschneidgeräte ein. Wegen der ungenauen Brennerführung sind auch bei sorgfältigster Ausführung keine hohe Schnittgüten erreichbar.
Schnitte an Blechen werden entlang von Anrissen oder Führungsschienen mithilfe von Führungswagen durchgeführt. Der Führungswagen sorgt für stets gleich bleibenden Abstand zwischen Düse und Werkstück.

2. Maschinelles Brennschneiden

Tragbare Brennschneidmaschinen bestehen aus einem elektrisch angetriebenen Führungswagen, an dem stufenlos die Vorschubgeschwindigkeit eingestellt werden kann, und dem Brenner. Die Führung dieser Maschinen geschieht von Hand oder mechanisch entlang von Führungsschienen oder mit Kreisschneideeinrichtungen.

Tragbare Brennschneidmaschine

Maschinelles Brennschneiden geschieht auf größeren Anlagen unter Einsatz numerischer Steuerungen. Dabei werden gleiche Konturen meist unter Einsatz mehrerer gleich laufender Brenner nebeneinander ausgeschnitten. Diese Arbeitsweise erhöht erheblich die Wirtschaftlichkeit des Verfahrens.

Brennschneidmaschine mit optischer oder numerischer Steuerung

12.1.3 Einstellung der Brennschneidgeräte

1. Auswahl der Brennschneiddüse

Brennschneiddüsen bestehen aus einer **Heizdüse** und einer **Schneiddüse**.

Bei den meisten Brennschneiddüsen ist die Heizdüse ringförmig um die Schneiddüse angeordnet. Nur für Sonderzwecke, z. B. zum Brennschneiden dünner Bleche, werden auch Düsen mit vorlaufender Heizflamme verwendet.

Brennschneiddüsen können ein- oder zweiteilig aufgebaut sein. Wegen der einfacheren Pflege und Wartung werden vorwiegend zweiteilige Düsen verwendet.

Die Auswahl der Brennschneiddüse richtet sich nach der Art des Heizgases und der zu schneidenden Materialdicke. Während die Heizdüse für einen größeren Dickenbereich einsetzbar ist, sind die Schneiddüsen in ihrem Einsatzbereich eng begrenzt.

Beispiel für einen Brennschneiddüsensatz für das Brenngas Acetylen

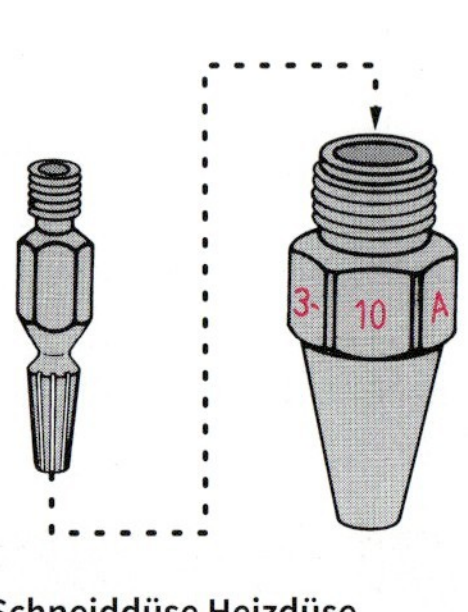

Schneiddüse Heizdüse

Schneiddüse		Heizdüse		Brennerabstand vom Werkstück mm
Nummer	Materialdicke mm	Nummer	Materialdicke mm	
1	3 bis 5	1	3 bis 150	3 bis 4
2	5 bis 10			4 bis 5
3	10 bis 25			5 bis 7
4	25 bis 40			
5	40 bis 60			
6	60 bis 100			7 bis 10
7	100 bis 150			
8	150 bis 230	2	150 bis 300	20
9	230 bis 300			25

Auf der Heizdüse sind die wichtigen Einstelldaten eingeprägt. Die Gasart wird durch Buchstaben gekennzeichnet:

A	Acetylen
M	Methan (Erdgas)
P	Propan
Y	Brenngasgemische

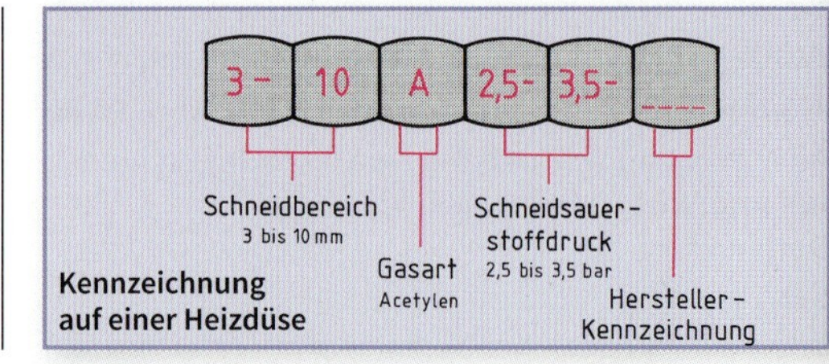

Kennzeichnung auf einer Heizdüse

Übungsaufgabe 12/5

2. Einstellen der Heizflamme und des Sauerstoffstrahls

Nach Einstellen der Gasdrücke wird *zunächst* das Heizsauerstoffventil ganz geöffnet. Danach wird das Brenngasventil etwas geöffnet und das Gasgemisch gezündet. Brenngas und Heizsauerstoff werden so dosiert, dass sich eine *neutrale* Heizflamme einstellt.

Zur Probe wird kurz Schneidsauerstoff durch Öffnen des Schneidsauerstoffventils aufgegeben. Der Schneidsauerstoffstrahl muss gerade austreten, darf nicht zerflattern und muss konzentrisch von der Heizflamme umgeben sein.

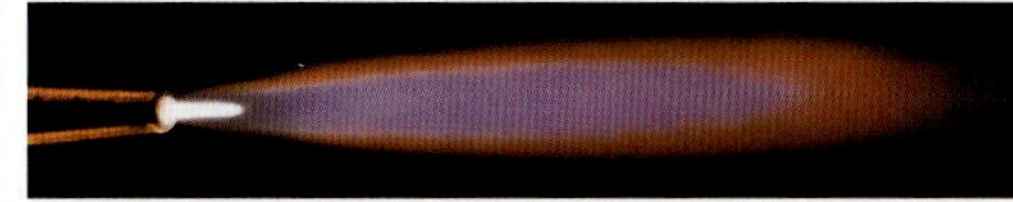

Neutrale Heizflamme (richtige Einstellung)

Heizflammen mit Acetylenüberschuss

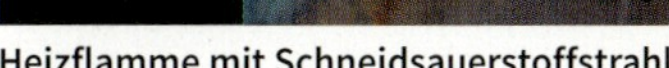

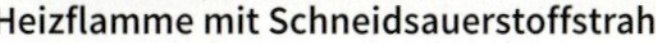

Heizflamme mit Schneidsauerstoffstrahl

Zum Brennschneiden wird eine neutrale Heizflamme eingestellt. Die Heizflamme muss bei ringförmigen Brennern den Schneidsauerstoffstrahl konzentrisch umgeben.

3. Einstell- und Verbrauchswerte

Zur Erzielung optimaler Schneidbedingungen müssen nach der Wahl der Düse und des Brenngases folgende Größen entsprechend den Angaben des Düsenherstellers bestimmt und eingestellt werden:

- Druck und Volumenstrom des Brenngases, des Heizsauerstoffs und des Schneidsauerstoffs,
- Abstand der Düse vom Werkstück,
- Vorschubgeschwindigkeit des Brenners bei automatischem Betrieb.

Beispiel für Einstell- und Verbrauchswerte für einen Düsensatz nach Herstellerangaben

Für unlegierte Baustähle bis 0,3 % C mit sauberer Oberfläche werden für Schnitte mit senkrecht gerichtetem Strahl folgende Einstell- und Verbrauchswerte zugrunde gelegt:

Werkstückdicke mm	Acetylendruck bar	Heizsauerstoffdruck bar	Schneidsauerstoffdruck bar	Vorschubgeschwindigkeit mm/min	Schnittfugenbreite mm	Acetylenverbrauch m^3/h	Heizsauerstoffverbrauch m^3/h	Schneidsauerstoffverbrauch m^3/h
4	3 bis 5	2,5	2,5	800	0,8	0,36	0,47	0,46
5		2,5	3,0	750	0,9	0,36	0,47	0,52
6		3,0	4,0	750	1,5	0,41	0,53	1,0
8		3,0	4,0	735	1,5	0,41	0,53	1,1
10		3,0	5,0	700	1,5	0,41	0,53	1,2
15		3,0	8,5	645	2,0	0,41	0,53	2,8

12.1.4 Brennschnitt

1. Schnittrichtung

Beim Brennschneiden bewegen sich infolge der Wärmedehnung die getrennten Teile auseinander. Dies muss beim Einsatz von Brennschneidmaschinen bei der Planung des Schnittverlaufs berücksichtigt werden.

Beim Trennen bewegt sich immer der weniger fest liegende Abschnitt fort. Bei falscher Planung der Schnittrichtung kann dadurch die Schnittlinie vom vorgesehenen Schnittverlauf erheblich abweichen. Darum muss die Schnittrichtung so gelegt werden, dass das abzutrennende Stück lange mit dem größeren Reststück verbunden bleibt.

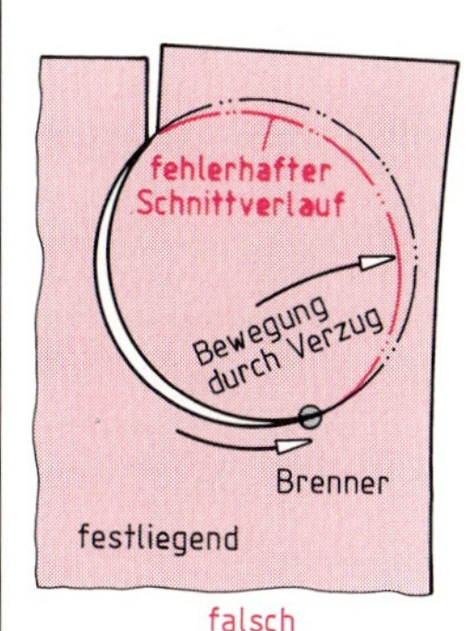

falsch

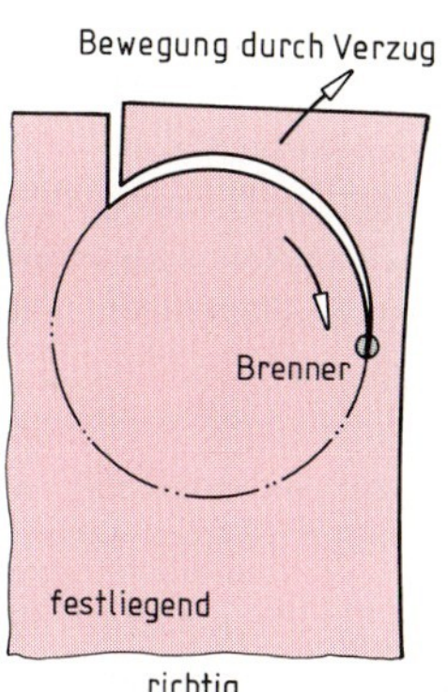

richtig

2. Bearbeitungszugabe

Als Bearbeitungszugabe genügen meist 10 % der Materialdicke. Bei Stählen mit mehr als 420 N/mm² Zugfestigkeit kommt es infolge der relativ schnellen Abkühlung nach dem Brennschneiden zur Entstehung gehärteter Zonen entlang der Schnittlinie (Aufhärtung). Es muss bei diesen Stählen die Bearbeitungszugabe erhöht werden, damit man die Aufhärtungszone restlos abarbeiten kann.

3. Schnittfehler und ihre Ursachen

unebener Schnitt	starke Anschmelzungen	starker Riefennachlauf	Kolkung	Unterbrechnung des Schnitts	festhaftender Schlackenbart
unsaubere Schneiddüse	zu große Heizflamme oder zu langsamer Vorschub	zu schneller Vorschub	zu langsamer Vorschub	zu schneller Vorschub oder Düse verstopft	Vorschub zu langsam oder Sauerstoffdruck zu gering

4. Arbeitssicherheit

- Der Bediener muss Lederschürze und Schutzbrille mit Seitenschutz und genormten Filtern tragen. Handschuhe, Sicherheitsschuhe und Gamaschen sollten unbedingt getragen werden.
- Die Ein- und Abschaltfolge sind zu beachten:
  Einschaltfolge: Heizsauerstoff – Brenngas – Schneidsauerstoff,
  Abschaltfolge: Schneidsauerstoff – Brenngas – Heizsauerstoff.

12.2 Plasmaschneiden

12.2.1 Grundlagen

1. Plasma

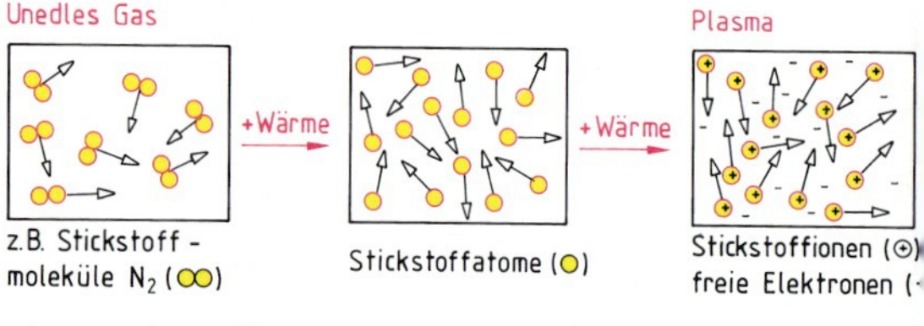

Plasma aus unedlem Gas

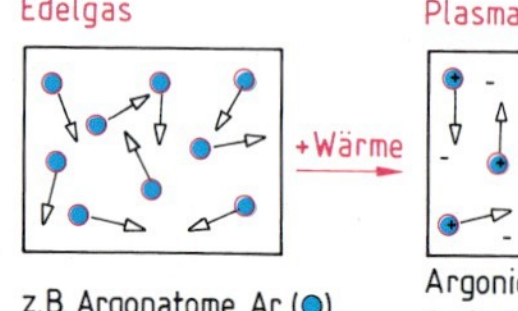

Plasma aus Edelgas

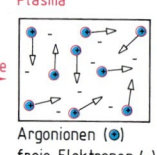

Ein Plasma ist physikalisch gesehen ein *besonderer* Aggregatzustand, der aus dem gasförmigen Zustand durch Temperaturerhöhung erreicht werden kann.
Führt man unedlen Gasen viel Energie zu und erhöht dadurch ihre Temperatur, so spalten sich zunächst Moleküle dieser Gase in Atome auf.
Bei weiterer Energiezufuhr und Temperaturerhöhung werden aus den Außenschalen von Atomen der unedlen Gase und den Atomen von Edelgasen Elektronen herausgerissen. Es entstehen positiv geladene Ionen und frei bewegliche Elektronen. Je höher die Temperatur ist, desto größer ist der Anteil der Ionen und freien Elektronen in diesem Gemisch.
Man nennt ein solches energiereiches und sehr heißes Gemisch aus positiv geladenen Ionen und Elektronen ein **Plasma**.
Dieses hat besondere Eigenschaften, die von den Eigenschaften der Gase abweichen:

- es ist elektrisch leitend,
- es sendet starke Lichtstrahlen aus,
- es bewirkt durch seine hohe Temperatur chemische Umsetzungen, z. B. die Reaktion von Luft (Stickstoff und Sauerstoff) zu Stickoxiden.

Plasmen haben in der Schneidtechnik meist nicht so hohe Temperaturen, dass alle Gasteilchen in den Plasmazustand überführt werden. In diesen Plasmen liegen neben den Ionen und Elektronen auch noch neutrale Gasteilchen (Moleküle und Atome) vor.

! Ein Plasma ist ein elektrisch leitendes, sehr heißes Gemisch aus frei beweglichen positiven Ionen und Elektronen.

Übungsaufgaben 12/7; 12/8

2. Entstehung der Plasmas im Plasmabrenner

Der Plasmastrahl zum Plasmaschneiden entsteht im Lichtbogen des Plasmabrenners. Der Brenner besitzt in der Mitte eine Wolframelektrode. Diese Elektrode wird vom Arbeitsgas, welches in den Plasmazustand überführt werden soll, umströmt. Ein meist wassergekühlter Kupfermantel bildet unterhalb der Wolframelektrode eine Düse, durch die das Arbeitsgas gepresst wird.

Mit einer Hilfsstromquelle wird zunächst zwischen der Kupferdüse und der Wolframelektrode ein Lichtbogen erzeugt. Man nennt diesen Lichtbogen den **Pilotlichtbogen**.

Zum Schneiden von Metallen legt man den Plus-Pol der Schneidstromquelle an das Werkstück und den Minus-Pol an die Wolframelektrode. Wird nun mit dem Flammkegel des Plasmas, welches durch den Pilotlichtbogen entsteht, das Werkstück berührt, so springt der Lichtbogen von der Brennerdüse auf das Werkstück über. Man spricht von einem **übertragenen Lichtbogen**. Sobald der übertragene Lichtbogen brennt, wird der Pilotlichtbogen automatisch abgeschaltet. Der übertragene Lichtbogen erzeugt nun in dem scharf gebündelten Gasstrahl zwischen Wolframelektrode und Werkstück das Plasma für den Schneidvorgang. Im Plasmastrahl, der in der Düse scharf eingeschnürt wird, herrschen Temperaturen von 10 000 bis 30 000 °C.

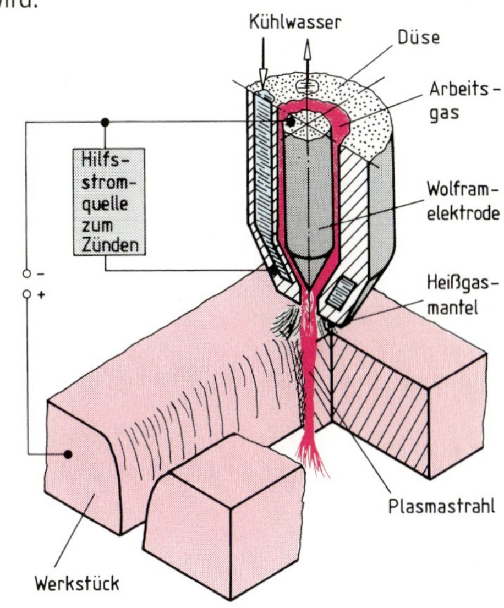

Schneiden mit dem Plasmabrenner

> **!** Plasmabrenner zum Schneiden von Metallen werden durch einen Pilotlichtbogen gezündet.
> Das Plasma zum Schneiden entsteht als scharf gebündelter Strahl in einem Lichtbogen zwischen Werkstück und Wolframelektrode.

12.2.2 Plasmaschneidanlagen

Für das Schneiden von Hand werden im Karosserie-, Behälter- und Maschinenbau Plasmaschneidanlagen mit Druckluft als Plasmagas eingesetzt.

Beispiel für eine Plasmaschneidanlage

Übungsaufgaben 12/9; 12/10

12.2.3 Schneidvorgang und Einstellwerte

1. Schneidvorgang

Das Plasma besitzt einen hohen Energiegehalt an Wärmeenergie. Diese Energie setzt sich zusammen aus

- der Wärmeenergie, die bei der Ionisation der Atome aufgenommen wurde,
- der Wärmeenergie, die bei der Zerlegung der Moleküle in Atome aufgenommen wurde.

Mehratomige Arbeitsgase, z. B. Stickstoff (N_2), liefern darum besonders hohe Wärmemengen.

Sobald der Plasmastrahl auf das zu schneidende Werkstück auftrifft, gibt er einen großen Teil seiner Wärmeenergie an den Werkstoff ab. Der Werkstoff *schmilzt* oder *verdampft* und wird von der Bewegungsenergie des Plasmastrahles aus der Schnittfuge geblasen.

Da die Temperatur des Plasmastrahles mit größer werdendem Abstand von der Düse abnimmt, bekommt die Schnittfuge einen leicht konischen Querschnitt.

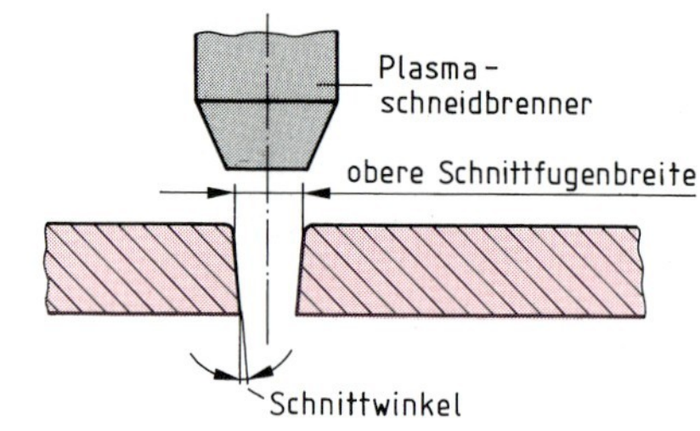

Schneiden mit dem Plasmabrenner

> **!** Beim Plasmaschneiden geschieht der Trennvorgang durch Schmelzen oder Verdampfen des Werkstoffes und Herausblasen aus der Schnittfuge.
> Die entsehende Schnittfläche ist geringfügig schräg.

2. Einstellwerte

Zur Erzielung optimaler Schneidbedingungen müssen folgende Größen vom Fachmann bestimmt werden:

- Stromstärke,
- Düsenbohrung,
- Volumenstrom des Plasmagases.

Beispiel für Einstellwerte einer Plasmaschneidanlage (Herstellerangaben)

Plasmagas: Druckluft mit 5 bis 7 bar **Vorschub:** von Hand

Werkstoff	Werkstückdicke mm	Stromstärke A	Düsenbohrung mm	Vorschubgeschwindigkeit mm/min	Volumenstrom des Plasmagases l/min
Stahl unlegiert und niedrig legiert	0,8 bis 8	30	1,0	2,5 bis 0,1	12 bis 18
	8 bis 12	60	1,4	2,7 bis 0,3	16 bis 20
	12 bis 20	90	1,4	3,0 bis 0,1	20 bis 24
Cr-Ni-Stahl rost- und säurebeständig	0,8 bis 1	30	1,0	2,2 bis 1,0	12 bis 18
	2 bis 8	60	1,4	2,5 bis 0,4	16 bis 20
	8 bis 18	90	1,4	3,0 bis 0,2	20 bis 24
Aluminium und Al-Legierungen	0,8 bis 2	30	1,0	2,0 bis 1,0	12 bis 18
	2 bis 6	60	1,4	2,2 bis 0,6	16 bis 20
	6 bis 12	90	1,4	2,4 bis 0,4	20 bis 24

Die Leerlaufspannungen betragen bis 400 V, die Arbeitsspannungen liegen bei 100 bis 150 V.

Obwohl sich alle Gase in den Plasmazustand überführen lassen, sind zum Schneiden Argon, Stickstoff und Wasserstoff sowie Argon-Wasserstoffgemisch besonders geeignet.

Von diesen Gasen hat Argon das günstigste Zündverhalten. Es bietet auch den besten Schutz für die Wolframelektrode. Da es aber nur Wärme aus der Ionisation aufnimmt, eignet es sich nur zum Schneiden dünner Bleche.

3. Arbeitssicherheit

- Die Leerlaufspannung von über 100 V erfordert beim Schneiden in engen Behältern und feuchten Räumen besondere Schutzmaßnahmen.
- Die erheblich energiereichere UV-Strahlung macht spezielle Filterscheiben erforderlich.
- Die Entwicklung von Stickstoffoxiden von Ozon (O_3) erfordert Absaugung der Schneidgase.
- Durch die hohe Strömungsgeschwindigkeit des Plasmas, das infolge der Wärmeausdehnung Überschallgeschwindigkeit erreicht, tritt sehr starke Lärmbelästiung auf. Diese kann durch schneiden unter Wasser oder individuellen Lärmschutz, z. B. Gehörschutz, gedämpft werden.

Übungsaufgaben 12/11; 12/12

12.3 Trennen mit Laserstrahlen

12.3.1 Grundlagen

1. Eigenschaften der Laserstrahlung

Lasterstrahlen[1] sind Licht- oder Wärmestrahlen mit besonderen Eigenschaften:

- Die Strahlen eines Lasers haben alle gleiche Wellenlänge, sie enthalten also nur eine bestimmt Farbe des Lichtes.
- Sie verlaufen fast genau parallel, die Abweichung beträgt weniger als 1/3600 Grad.
- Sie sind gut auf einen Punkt – den Brennfleck – zu konzentrieren, z. B. beim Rubinlaser auf einem Fleck unter 0,005 mm Durchmesser.
- Laserstrahlen haben sehr hohe Leistungsdichte. Dies ist die Leistung bezogen auf die Fläche.
- So bringt ein Laserstrahl von 1 kW Leistung auf einer Stelle von 0,3 mm Durchmesser eine Leistungsdichte von 1500 Watt/mm^2 – zum Vergleich bringt die Sonne im Durchschnitt nur 1,5 Milliardstel Watt auf einen Quadratmillimeter der Erde.

Aufgrund dieser Eigenschaften eignen sich Laserstrahlen zum Trennen mit hoher Geschwindigkeit bei sehr schmaler Schnittfuge und geringer Wärmeeinflusszone.

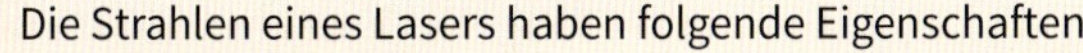

! Die Strahlen eines Lasers haben folgende Eigenschaften:
- gleiche Wellenlänge,
- fast genau parallelen Verlauf,
- auf eine sehr kleine Fläche konzentrierbar,
- hohe Leistungsdichte.

2. Erzeugung von Laserstrahlen

Ein Laser ist ein Lichtverstärker. Er besteht im einfachsten Falle aus folgenden Baugruppen:

- einem System zur Energiezufuhr,
- einem aktiven Medium, in dem die Lichtverstärkung erzeugt wird,
- einem optischen System aus total reflektierendem und teilweise durchlässigem Spiegel zum Herausführen des Laserstrahls.

– Festkörperlaser

Zum thermischen Schneiden wird als Festkörperlaser meist der **Nd-YAG-Laser** eingesetzt. Bei ihm ist das aktive Medium ein Mineral, das Aluminium und die seltenen Metalle Neodym und Yttrium enthält. Die Energie wird über eine Blitzlampe „eingepumpt“. Sobald das aktive Medium eine bestimmte Menge Energie aufgenommen hat, wird diese impulsartig als Laserstrahl abgegeben.

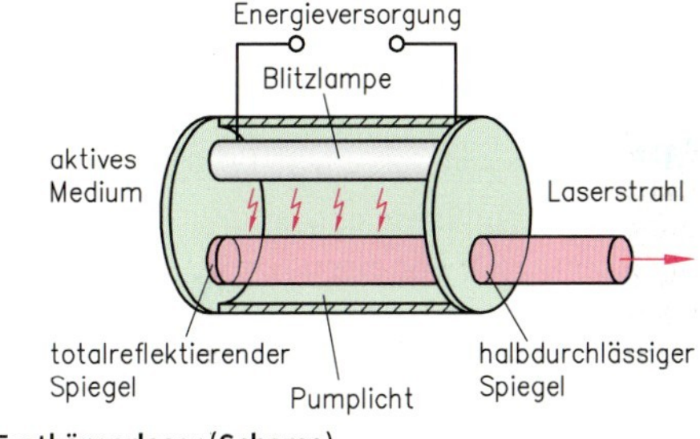

Festkörperlaser (Schema)

! Im Festkörperlaser wird Energie, die durch Blitzlampen oder Bogenlampen zugeführt wird, im festen aktiven Medium in Laserstrahlung umgesetzt. Nd-YAG-Laser geben UV-Licht ab.

– Gaslaser

Wegen seiner hohen Leistungsfähigkeit wird zum thermischen Trennen von schlechter wärmeleitenden Metallen, Kunststoffen und Gläsern als Gaslaser der **CO_2-Laser** verwendet. Das CO_2 (Kohlendioxid) wird dabei in bis zu 5 m langen Rohren eingeschlossen. Die Energiezufuhr erfolgt durch angelegte Hochspannung, die Glimmentladungen hervorruft und damit das aktive Medium pumpt. Als Folge entsteht nicht sichtbares infrarotes Licht.

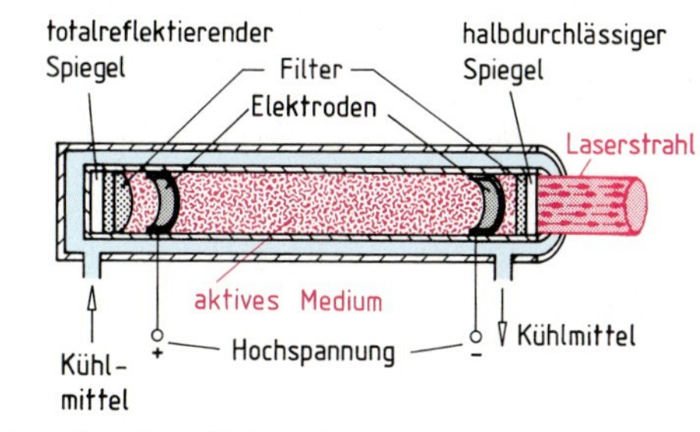

Festkörperlaser (Schema)

! In Gaslasern wird Energie, die durch Hochspannung zugeführt wird, im aktiven gasförmigen Medium in Laserstrahlung umgesetzt.

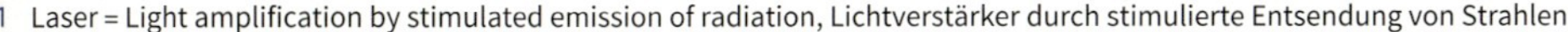

1 Laser = Light amplification by stimulated emission of radiation, Lichtverstärker durch stimulierte Entsendung von Strahlen

Übungsaufgabe 12/13

12.3.2 Einrichtungen und Verfahren zum Laserstrahltrennen

1. Verfahren des Laserstrahltrennens

	Laserstrahl-Schmelzschneiden	Laserstrahl-Brennschneiden
Verfahren	inertes oder reaktions-träges Gas Laserstrahl Bearbeitungsoptik Vorschub Schneiddüse Gasaustritt Werkstück (Metall oder Nichtmetall) ausgeblasene Schmelze	Sauerstoff Laserstrahl Bearbeitungsoptik Vorschub Schneiddüse Gasaustritt Werkstück (Metall) ausgeblasenes Oxid
Prinzip	• Laserstrahl schmilzt Werkstoff in der Trennfuge, • geschmolzener Werkstoff wird durch inertes Gas aus der Trennfuge geblasen.	• Laserstrahl erwärmt Werkstoff in der Trennfuge auf Entzündungstemperatur, • Werkstoff wird im Sauerstoffstrahl oxidiert, • Oxide werden vom Sauerstoff aus der Trennfuge geblasen.
Anwendung	Kunststoffe, Keramik, metallische Werkstoffe mit Schmelztemperatur unter der Entzündungstemperatur	Metallische Werkstoffe mit Entzündungstemperatur unter der Schmelztemperatur, z. B. unlegierter Stahl

2. Technische Einrichtungen zum Trennen mit Laserstrahlen

In der technischen Anwendung werden Laser durch folgende Einrichtungen ergänzt:

- optische Systeme zur Lenkung und Bündelung des Laserstrahls,
- Kühlaggregate,
- Vorschubeinrichtungen – meist CNC-gesteuert,
- Steuerungen zur Energiedosierung
- Arbeitsschutzeinrichtungen.

In der Fertigung werden Laserschneideinrichtungen ausschließlich zum maschinellen Schneiden eingesetzt. Dabei werden ebene Blechteile ausgeschnitten und umgeformte Werkstücke aus Blech mit räumlich verlaufender Schnittkante besäumt.

Beispiel für einen Laser mit einem optischen System zur Lenkung und Bündelung des Laserstrahls

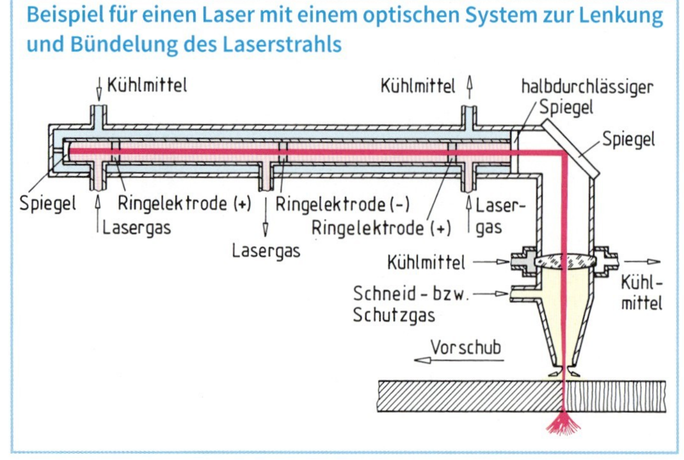

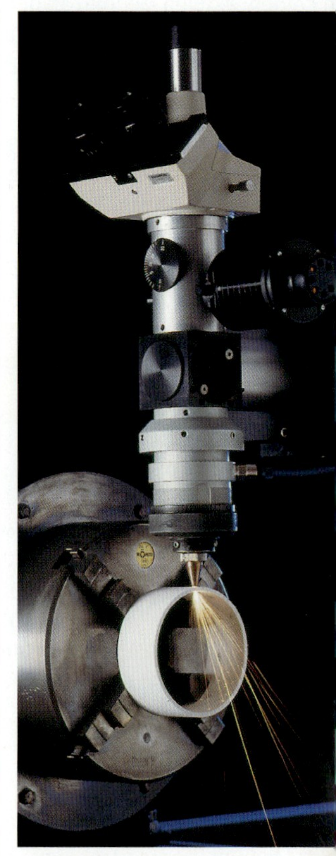

Trennen eines Keramikrohres mit Laserstrahlen

Übungsaufgaben 12/14; 12/15

12.4 Funkenerosives Abtragen

Die Einsatzmöglichkeiten der spanenden Bearbeitungsverfahren sind durch die mechanischen Eigenschaften der Werkstoffe und die komplizierten geometrischen Abmessungen begrenzt. Deshalb werden häufig funkenerosives **Abtragverfahren** eingesetzt. Zum Einsatz kommen sie bei

- Werkstoffen mit hoher Festigkeit und Härte,
- Werkstücken mit komplizierten geometrischen Formen und
- Werkstücken mit hoher Form- und Maßgenauigkeit.

Das funkenerosive Abtragen gehört zu den thermischen Abtragverfahren und wird eingeteilt in die Verfahren:

- funkenerosives Senken und
- funkenerosives Schneiden.

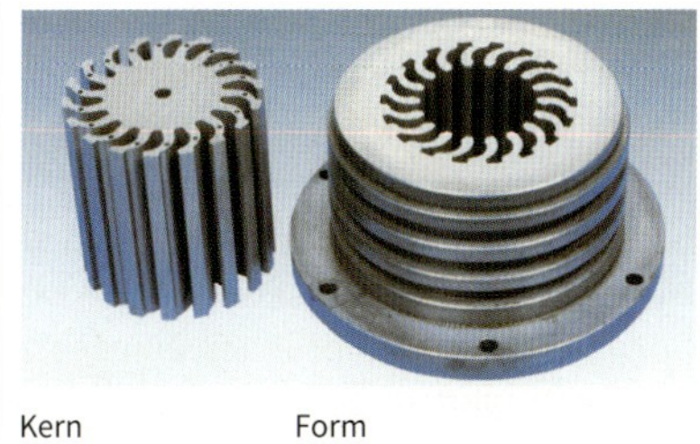

Teile eines Spritzgießwerkzeugs, hergestellt durch funkenerosives Abtragen

! Durch funkenerosives Abtragen können Werkstücke mit hoher Form- und Maßgenauigkeit hergestellt werden. Die Bearbeitung ist unabhängig von der Härte der erodierbaren Werkstücke. Zum Einsatz kommen die Verfahren funkenerosives Senken und Schneiden.

12.4.1 Funktionsprinzip

Durch **funkenerosives Abtragen** werden Schichten oder Teile eines elektrisch leitenden Werkstücks auf nicht mechanischem Wege abgetrennt. Der Werkstoffabtrag wird durch Verdampfen oder Aufschmelzen räumlich begrenzter Werkstückbereiche mithilfe von Wärme erzielt. Die dabei notwendige Wärme wird durch periodische **Funkenentladung** in einer nicht leitenden Flüssigkeit, die als **Dielektrikum** bezeichnet wird, erzeugt. Der Werkstoffabtrag wird vom Dielektrikum weggespült.

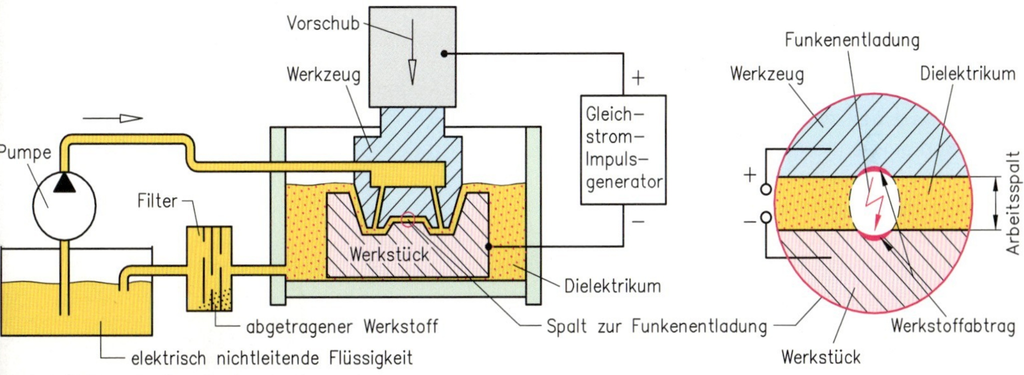

Werkstoffabtrag in einer Funkenerosionsanlage

Für das funkenerosive Abtragen werden spezielle Funkenerosionsanlagen eingesetzt. In diesen Anlagen werden Werkstück und Werkzeug als Pole eines Gleichstromkreises geschaltet, in dem ein Impulsgenerator 600 bis 1 000 000 Gleichstromimpulse entsendet. Die Anlagen werden so eingestellt, dass sich ein Spalt zwischen Werkstück und Werkzeug von 0,01 bis 0,1 mm ergibt. Der Spalt wird als **Arbeitsspalt** bezeichnet und vom Dielektrikum durchspült. Als Dielektrikum wird je nach Verfahren synthetisches Öl oder deionisiertes Wasser eingesetzt.

! Durch funkenerosives Abtragen werden elektrisch leitende Werkstückteile durch periodische Funkenentladung in einem Dielektrikum örtlich verdampft oder geschmolzen und weggespült. Das Verfahren wird auf speziellen Funktionsanlage durchgeführt.

12.4.2 Funkenerosives Senken

Das funkenerosive Senken wird in zwei Verfahrensvarianten durchgeführt,

- den abbildenden Verfahren und
- den formerzeugenden Verfahren.

Bei den **formabbildenden Verfahren** werden speziell hergestellte Formelektroden zur Erzeugung von Gravuren und Durchbrüchen eingesetzt. Die Formelektrode führt dabei eine Vorschubbewegung in einer Richtung aus.

Die **formerzeugenden Verfahren** arbeiten meist mit *einfachen Elektrodenformen* und erzeugen die gewünschte Werkstückform durch eine Elektrodenbewegung, die in mehreren Richtungen gesteuert werden kann. Bei beiden Verfahrensvarianten wird der gesamte Werkstoff, der zur Erzeugung einer bestimmten Werkstückform abgetrennt werden muss, durch Funkentladungen abgetragen.

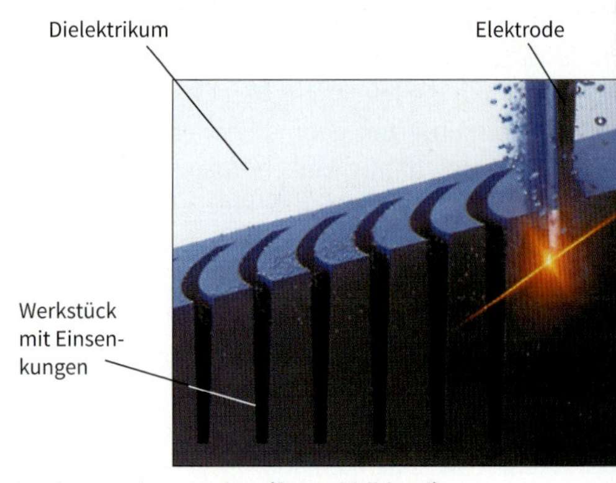

Funkenerosives Senken (formabbildend)

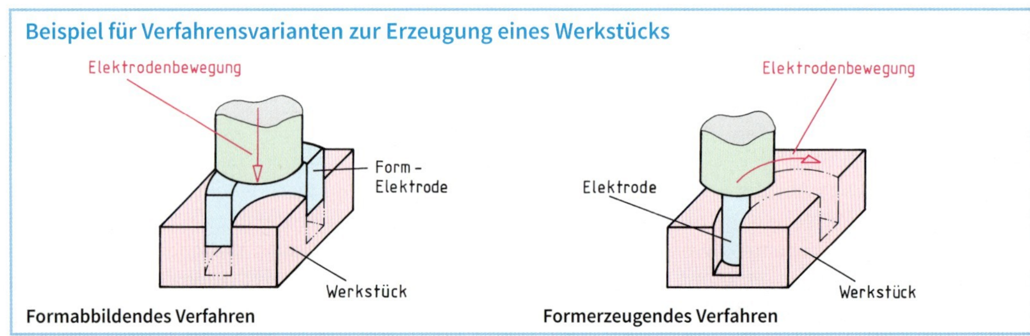

Formabbildendes Verfahren

Formerzeugendes Verfahren

12.4.3 Planetärerosion

Die Bearbeitungstechnik, bei der zur Formerzeugung Elektrodenbewegungen in mehreren Richtungen überlagert werden, wird als *Planetärerosion* bezeichnet.

Häufig vorkommende Werkstückformen werden durch Elektrodenbewegungen erzeugt, die die Steuerung in Form von **Bearbeitungszyklen** bereithält. Die Bearbeitungszyklen können durch entsprechende Programmbefehle abgerufen werden.

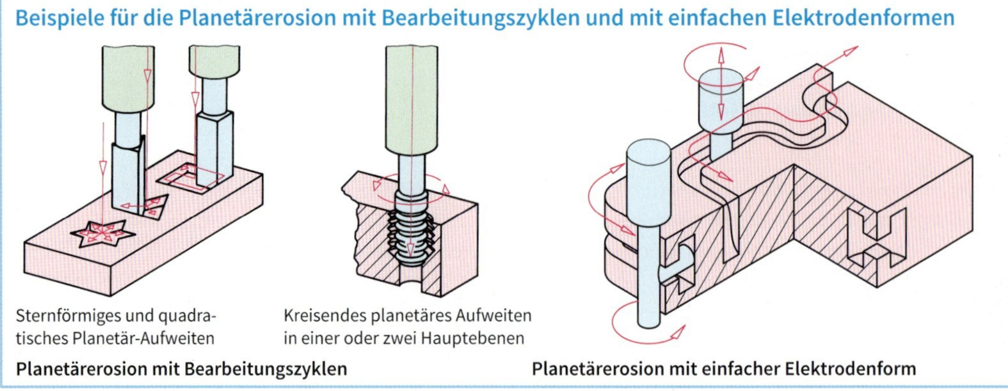

Sternförmiges und quadratisches Planetär-Aufweiten

Kreisendes planetäres Aufweiten in einer oder zwei Hauptebenen

Planetärerosion mit Bearbeitungszyklen

Planetärerosion mit einfacher Elektrodenform

> **!** Beim funkenerosiven Senken wird sowohl formabbildend mit Formelektroden als auch formerzeugend mit gesteuerten Elektrodenbewegungen gearbeitet. Bearbeitungstechniken, bei denen Elektrodenbewegungen in mehreren Richtungen überlagert werden, bezeichnet man als Planetärerosion.

Übungsaufgaben 12/19; 12/20; 12/21

12.4.4 Funkenerosives Schneiden

Das funkenerosive Schneiden ist ein formerzeugendes Verfahren, bei dem ein Draht als Elektrode eingesetzt wird. Die gewünschte Werkstückform wird durch eine Drahtbewegung erzeugt, die in mehreren Richtungen gesteuert werden kann. Um den Verschleiß der Drahtelektrode auszugleichen, wird mithilfe einer Transporteinrichtung ständig Draht von einer Rolle abgewickelt und durch den **Schnittspalt** geführt.

Die Werkstückkontur wird dadurch erzeugt, dass der Erodierprozess zwischen der Drahtelektrode und dem Werkstück auf einer vorprogrammierten Bahn stattfindet. Dabei entsteht meist ein Schnitt, der ein bestimmtes Werkstückvolumen umschließt. Das umschnittene Werkstückvolumen wird als **Ausfallteil** bezeichnet. Als Werkstück kann sowohl das Ausfallteil als auch das Einspannteil vorgesehen werden.

Funkenerosives Schneiden

Ist das Ausfallteil als Werkstück vorgesehen, so muss die **Startbohrung** zur Drahteinfädelung und der **Anschnitt** zwischen Startbohrung und Werkstückkontur im Bereich des Einspannteils liegen.

Beispiel für die Erzeugung einer Werkstückkontur durch funkenerosives Schneiden

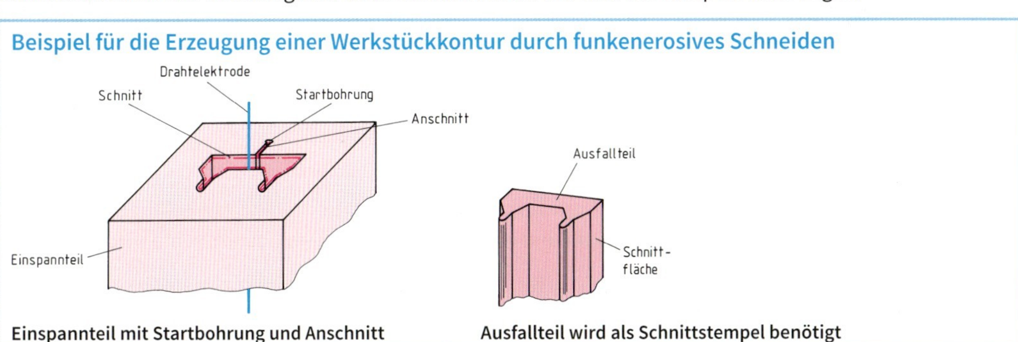

Einspannteil mit Startbohrung und Anschnitt — **Ausfallteil wird als Schnittstempel benötigt**

Ein wesentlicher Vorteil des funkenerosiven Schneidens gegenüber dem funkenerosiven Senken ist, dass nicht der gesamte Werkstoff des Einspannteils durch Funkenentladungen abgetragen werden muss, sondern nur der Werkstoff im Schnittspalt.

Durch funkenerosives Schneiden sind Schnittflächen zu erzeugen, die sowohl zylindrisch (parallel) als auch konisch verlaufen können.

Beispiele für Schnittflächenverläufe bei Profilen

Zylindrischer Schnittflächenverlauf

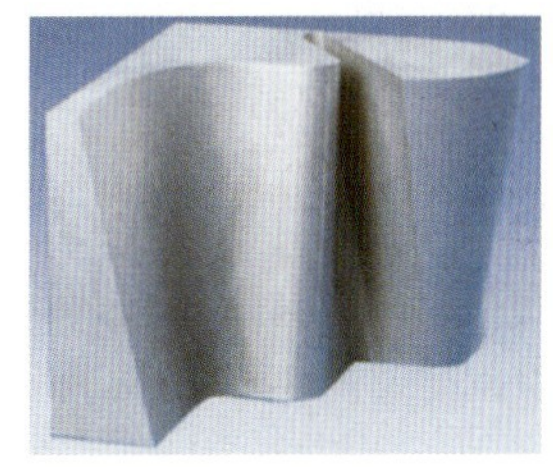

Konischer Schnittflächenverlauf

! Das funkenerosive Schneiden ist ein formerzeugendes Verfahren, bei dem die Werkstückform durch die gesteuerte Bewegung einer Drahtelektrode erzeugt wird. Die dabei entstehende Schnittfläche kann sowohl zylindrisch als auch konisch verlaufen.

Übungsaufgaben 12/22; 12/23

13 Fertigungsverfahren des Urformens

Bei der Einteilung der Fertigungsverfahren nach DIN 8580 wird das Urformen an erster Stelle genannt, denn in der Produktion beginnt die Fertigung mit dem Urformen. Jedes Werkstück erhält zunächst seine feste Gestalt aus formlosen Stoffen wie Flüssigkeiten oder Pulvern.

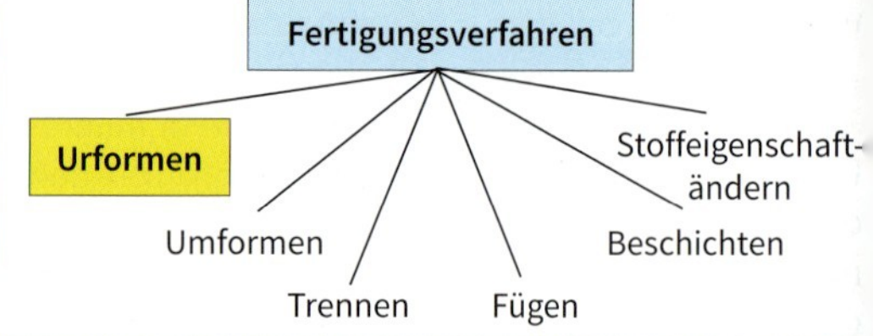

! Unter Urformen versteht man nach DIN 8580 Fertigungsverfahren, bei denen aus formlosen Stoffen feste Körper hergestellt werden.

Als **Gießen** bezeichnet man Urformverfahren bei denen Flüssigkeiten, z. B. Metallschmelzen, in Formen gegossen werden und dort erstarren oder aushärten.
Als **Sintern** bezeichnet man Urformverfahren, bei denen pulverförmige Stoffe, z. B. Metallpulver, zunächst in einer Form ihre Gestalt erhalten und dann in einem Wärmebehandlungsverfahren ihre endgültige Festigkeit bekommen.
Additive Fertigunsverfahren sind Urformverfahren, in den flüssige oder pulverförmige Stoffe unmittelbar aus der 3D-Darstellung zu fertigen Werkstücken geformt werden.

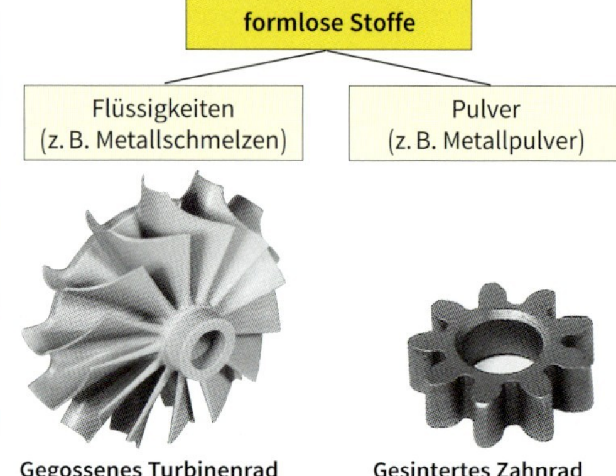

Gegossenes Turbinenrad   Gesintertes Zahnrad

13.1 Urformen von Metallen durch Gießen

Beim Gießen von Metallen wird der flüssige Gusswerkstoff in einen vorher gefertigten Hohlraum gegossen. Das flüssige Metall erstarrt in diesem Hohlraum und erhält damit seine erste Gestalt, seine Urform.

13.1.1 Arten von Formen

1. Verlorene Formen
Benötigt man für jedes Gussstück eine neue Form, so spricht man von verlorener Form, denn das Gussstück kann nur aus der Form genommen werden, wenn man sie zerstört. Verlorene Formen werden mithilfe von Gießereimodellen hergestellt. Die Modelle werden in Formsand eingeformt. Sie müssen vor dem Gießen oder während des Gießvorganges wieder entfernt werden.

2. Dauerformen
Lassen sich viele Gussstücke in einer Form herstellen, so spricht man von einer Dauerform. Dauerformen werden aus Stahl, Gusseisen oder anderen Metallen hergestellt. Die Form besteht aus mehreren Teilen. Beim Abgießen muss die Form geschlossen sein. Das Gussstück wird der geöffneten Form entnommen. Dauerformen verwendet man für Werkstücke aus Nichteisenmetallen, die einen Schmelzpunkt bis etwa 1000 °C haben und in großen Stückzahlen hergestellt werden.

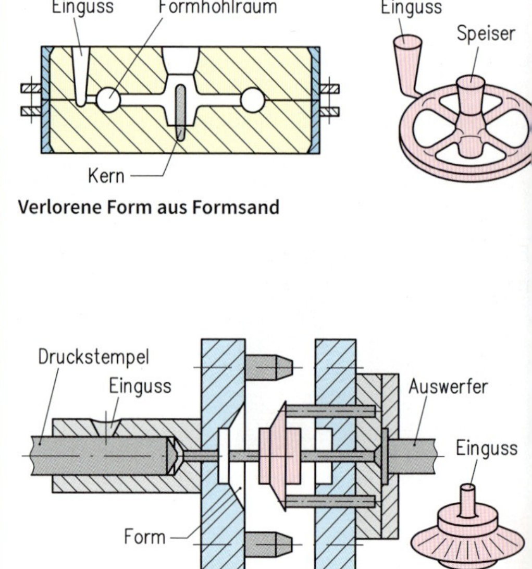

Verlorene Form aus Formsand

Dauerform für Druckguss (geöffnet)

Übungsaufgaben 13/1; 13/2; 13/3

13.1.2 Herstellen von Sandformen mithilfe von Modellen

Beim Urformen durch Gießen sind besondere technologische Probleme zu berücksichtigen. Diese Probleme werden am Beispiel der Fertigung eines Reitstockkörpers durch Gießen in einer **verlorenen Form** erklärt.

1. Konstruktion des Gussteils

Der Konstrukteur hat den Reitstock so gestaltet, dass er seine Funktion als Bauelement der Drehmaschine erfüllt und durch Gießen leicht zu fertigen ist.

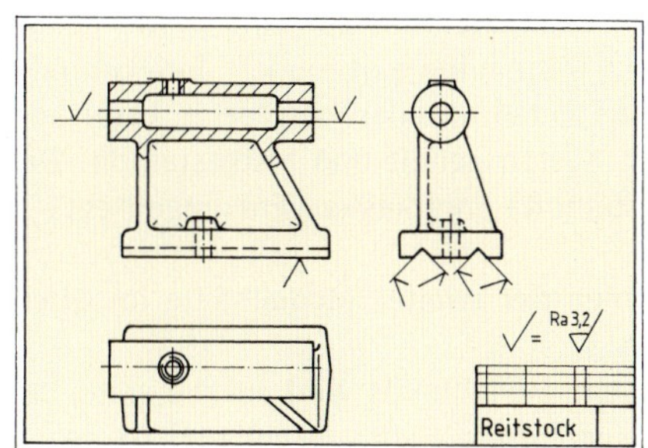

Zeichnung eines Reitstockoberteiles

Wichtige Grundregeln der Konstruktion sind:

- Alle Wanddicken sollen möglichst gleich sein.
- Kanten und Ecken sollen abgerundet werden, damit das Werkstück gleichmäßig und spannungsfrei erstarren kann.
- Hinterschneidungen sollen vermieden werden, damit der Formhohlraum einfach herzustellen ist.

2. Herstellen einer Modelleinrichtung

Nach der Konstruktionszeichnung fertigt der Modellbauer eine neue Zeichnung an, den **Modellriss**, welche alle form- und gießtechnischen Gesichtspunkte berücksichtigt, d. h.:

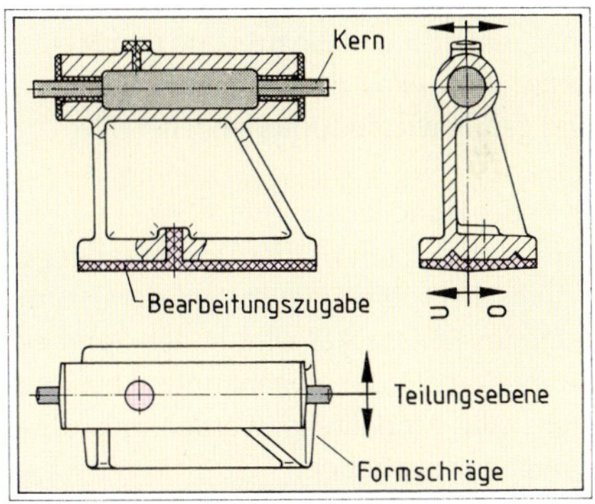

Modellriss eines Reitstockoberteiles

- Alle Maße werden um das **Schwindmaß** vergrößert, da das Werkstück beim Erkalten schwindet. So beträgt die Längenschwindung bei:
  - Gusseisen 1 %,
  - Aluminium 1,25 %,
  - Messing 1,5 %,
  - Stahlguss 2 %.
- Damit der Formvorgang vereinfacht wird, sieht man eine **Modellteilung** möglichst im größten Querschnitt vor.
- Alle Flächen, die in der Form senkrecht zur Teilung liegen, erhalten eine Schräge, damit das Modell leicht aus der Form zu heben ist. Bei kleinen Modellen beträgt die **Formschräge** 2°.
- Alle Flächen, die später bearbeitet werden, erhalten eine Bearbeitungszugabe. Kleine Bohrungen werden voll gegossen. Bei kleinen Werkstücken beträgt die **Bearbeitungszugabe** etwa 2 mm.
- Für hinterschnittene Konturen und Innenkonturen wird ein Kernkasten vorgesehen, in dem Sandteile (**Kerne**) gefertigt werden, die später die entsprechenden Hohlräume erzeugen. Die Lagerstellen des Kerns werden durch die Kernmarken am Modell erzeugt.

Entsprechend dem Modellriss wird die Modelleinrichtung gefertigt. Als Modellwerkstoff verwendet man je nach Zahl der geforderten Abgüsse Holz, Metall oder Kunststoff.

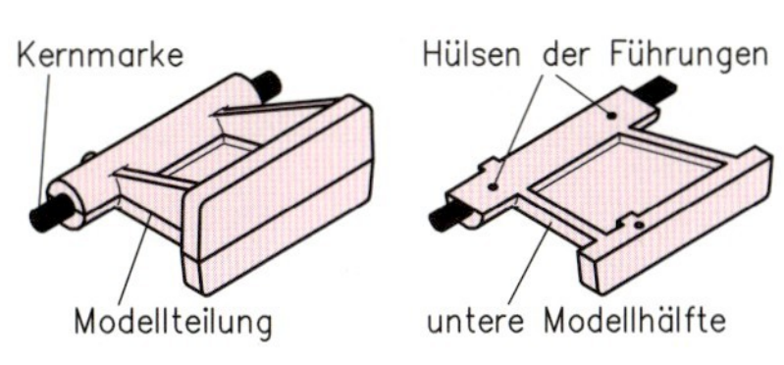

Modell

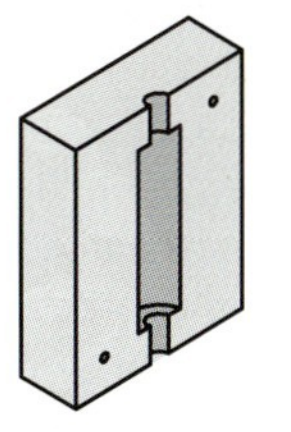

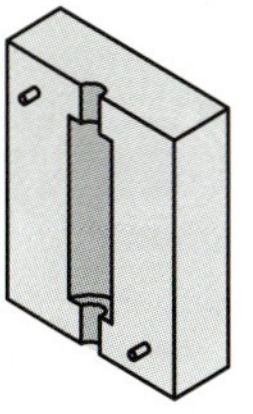

Kernkasten

Übungsaufgabe 13/4; 13/5

3. Herstellen der gießfertigen Form in der Handformerei

In der Formerei fertigt man mithilfe des Modells die verlorene Sandform an.

Dies geschieht in folgenden Arbeitsschritten:

1. Einformen einer Modellhälfte im Unterkasten
   Eine Modellhälfte wird auf eine Platte gelegt und mit Trennmittel eingepudert. Ein Formrahmen aus Metall wird darübergesetzt, Formsand in den Kasten gefüllt und festgestampft. Der aufgestampfte Unterkasten wird umgedreht.

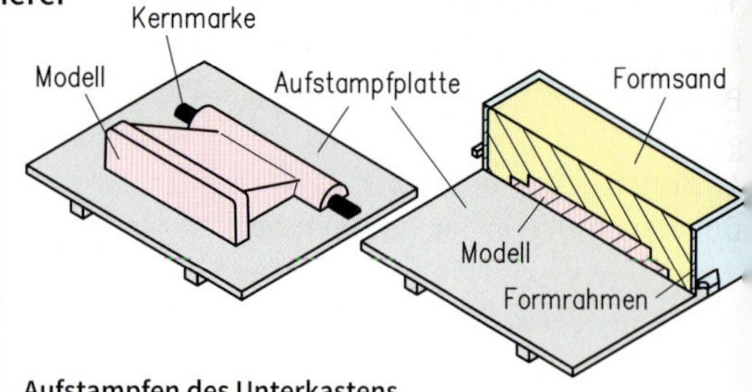

Aufstampfen des Unterkastens

2. Einformen der zweiten Modellhälfte im Oberkasten
   Die zweite Modellhälfte wird auf die erste, bereits eingeformte Hälfte gelegt und ist gegen seitliches Verschieben durch Dübel gesichert. Ein zweiter Formrahmen wird mit Führungen auf den ersten gestellt. Die Form muss eine Eingussöffnung und einen Steiger erhalten. Dazu werden Modelle für den Einguss und den Steiger aufgesetzt. Nun wird der Oberkasten ebenso mit Sand gefüllt wie der Unterkasten.

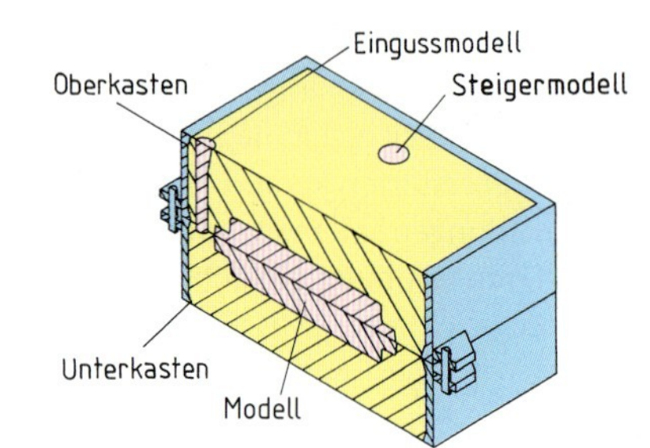

Aufstampfen des Oberkastens

3. Ausheben der Modelle
   Ober- und Unterkasten werden voneinander getrennt. Zwischen dem Einguss und dem Formhohlraum des Reitstockes wird in den Sand ein Verbindungskanal, der sogenannte Lauf, geschnitten. Alle Modellteile werden aus dem Formsand herausgehoben.

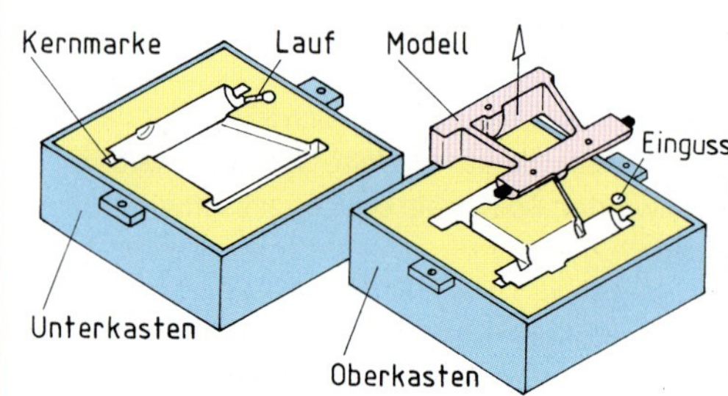

Ausheben der Modelle

4. Vorbereiten der Form zum Gießen
   Der Kern für die durchgehende Bohrung wird in die Kernmarken des Unterkastens eingelegt. Der Oberkasten wird auf den Unterkasten gesetzt. Die Führungen zwischen den beiden Kästen verhindern ein seitliches Verschieben. Zum Schluss beschwert man den Oberkasten, damit er durch das Gießmaterial nicht hochgedrückt werden kann. Die Form ist gießfertig.

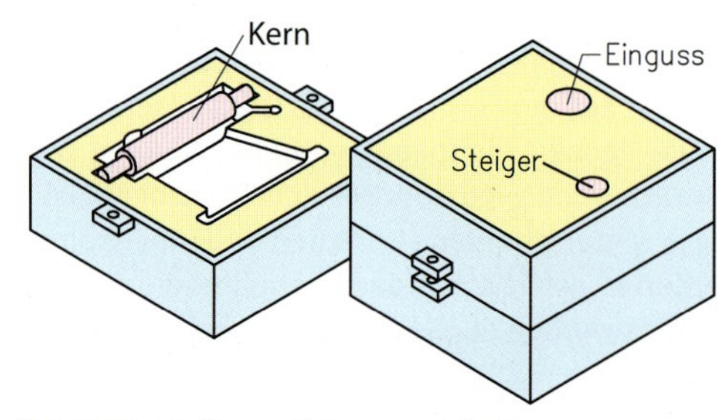

Unterkasten mit eingelegtem Kern

Zusammengelegte Form

4. Abgießen und Putzen des Gussstückes

Durch den Eingusstrichter wird der flüssige Gusswerkstoff in die Form gegossen. Nach dem Erstarren wird die Form zerschlagen und das Gussstück herausgenommen. Eingusstrichter, Lauf und Steiger werden abgeschnitten und das Gussstück gesäubert. Abschließend werden Grate und andere Überstände abgeschliffen.

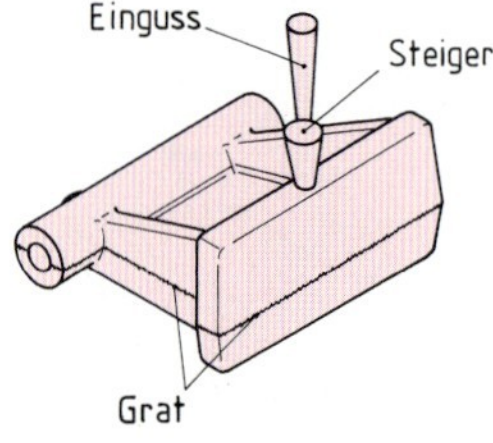

Gussstück mit Einguss und Steiger

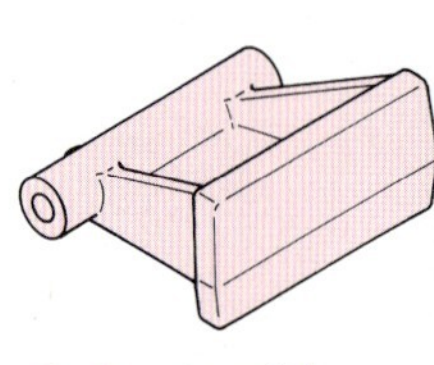

Fertiges Gussstück

Übungsaufgaben 13/6; 13/7

13.1.3 Spezielle Formverfahren

1. Vollformgießverfahren

Beim Vollformgießverfahren wird ein Modell aus thermoplastischem Hartschaum hergestellt. Dieses wird eingeformt und bleibt beim Gießen in der Form. Es verdampft durch die Hitze des auftreffenden Gießmaterials. Anwendung findet das Verfahren zur Einzelteilherstellung für größere Gussstücke, an deren Oberflächen und Maße nur geringe Anforderungen gestellt werden.

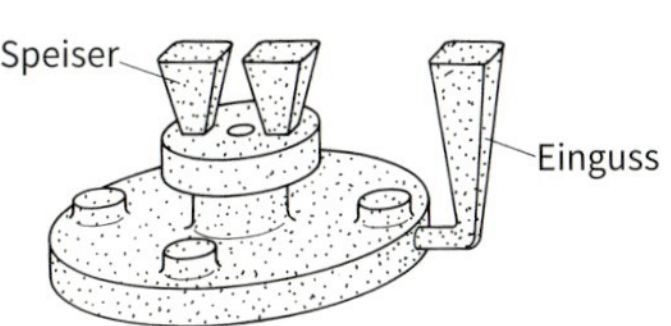

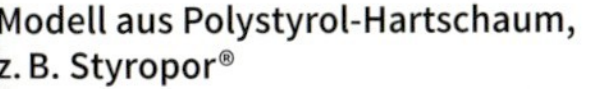

Modell aus Polystyrol-Hartschaum, z. B. Styropor®

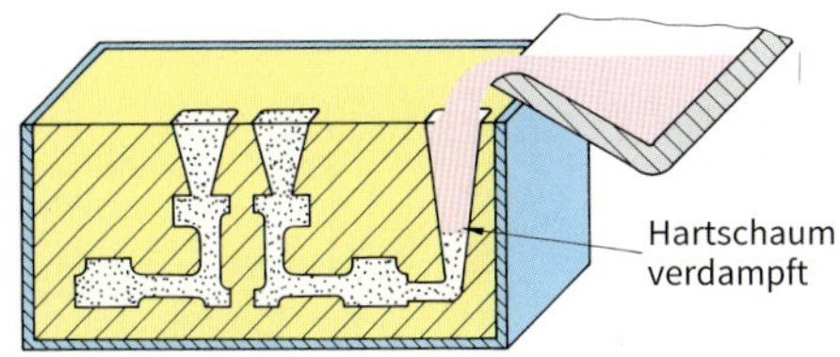

Eingeformtes Modell beim Abguss

2. Maskenformverfahren

Beim Maskenformverfahren wird der mit Kunstharz gemischte Formsand auf vorgeheizten Modellplatten in einer ca. 10 bis 20 mm dicken Schicht erhärtet. Nach Entfernen des nicht ausgehärteten Formstoffs und Härten der Rückseite erhält man schalenartige Formhälften. Diese werden zur fertigen Form zusammengeklebt oder verklammert.

Das Maskenformverfahren wird in der Serienfertigung für Werkstücke, die gute Maßgenauigkeit und Oberflächengüte besitzen müssen, angewendet.

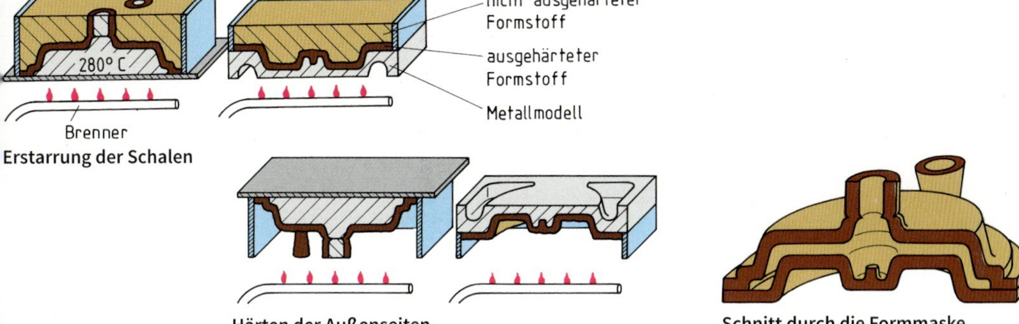

Erstarrung der Schalen

Härten der Außenseiten

Schnitt durch die Formmaske

3. Feingussformverfahren (Wachsausschmelzverfahren)

Für jedes Werkstück wird beim Feinguss ein eigenes Modell aus Wachs durch Spritzgießen (siehe *„Urformverfahren für Kunststoffe“*) hergestellt. Die Modelle werden mit Eingussmodellen u. a. zu Trauben montiert. Diese werden mehrfach in aufgeschlämmten Formstoff getaucht und getrocknet, bis eine stabile Schale entstanden ist. Nach Ausschmelzen der Wachsmodelle entsteht eine gießfertige Form.

Das Feingussformverfahren findet Anwendung für Werkstücke, die sehr maßgenau sein müssen und hohe Oberflächenbeschaffenheit haben sollen.

Modell aus Wachs

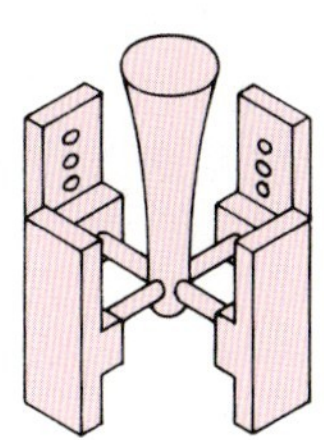

Traube aus vier Modellen mit Einguss

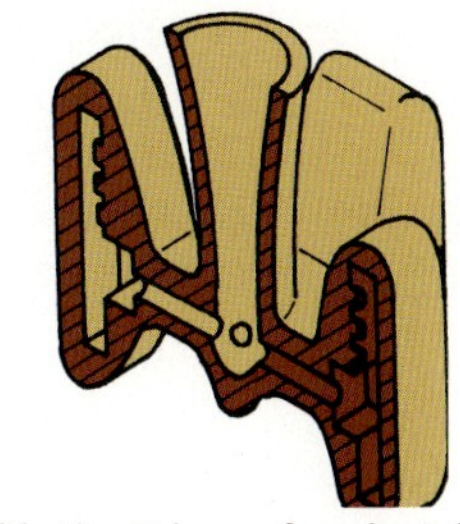

Gießfertige Feingussform im Schnitt

Übungsaufgaben 13/8; 13/9

13.2 Urformverfahren für Kunststoffe

1. Spritzgießen

Granulate thermoplastischer Kunststoffe können durch Spritzgießen zu Formkörpern verarbeitet werden. Der Spritzgießvorgang erfolgt in mehreren Stufen:

- Einspritzen des Kunststoffs
- Nachdrücken und Plastifizieren
- Entformen des Formteil

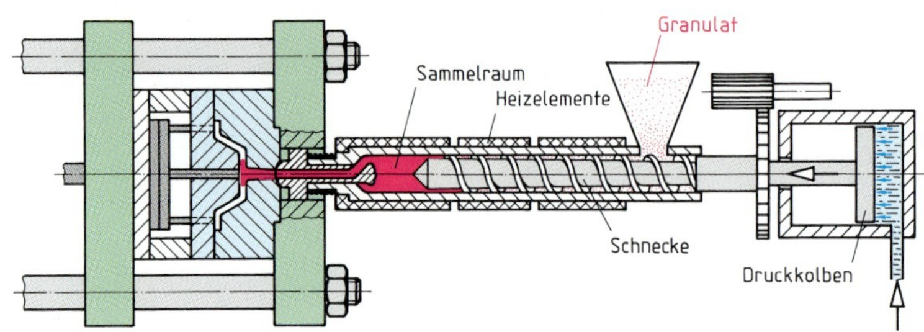

Einspritzen des Kunststoffs

2. Extrudieren

Mithilfe des Extruders werden stabförmige Profile und Rohre aus thermoplastischen Kunststoffen hergestellt. Der Extruder ist eine beheizte Schneckenpresse, in der das zu verarbeitende Material erwärmt, plastifiziert und kontinuierlich zum profilgebenden Werkzeug gefördert wird.

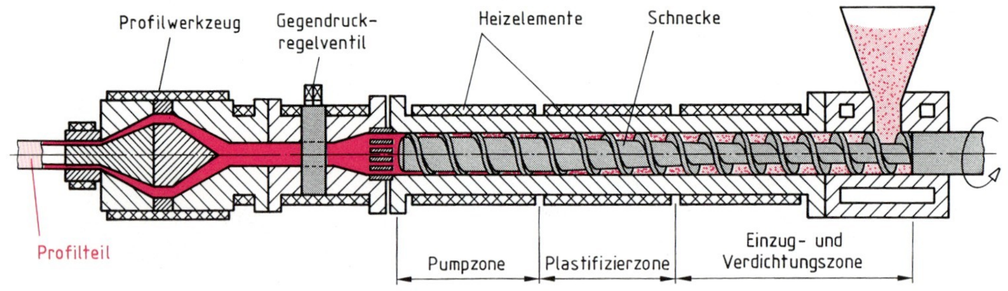

Extruder mit Schlauchwerkzeug

3. Pressen

Durch Pressen werden Kunststoffpulver oder vorgeformte Pressmassen unter Druck zu duroplastischen Formkörpern gepresst, die in der beheizten Form aushärten.

Um die Zeit bis zum Aushärten zu verkürzen und um Gefügelockerungen, wie sie bei der Polykondensation durch die Wasserbildung auftreten können, zu vermeiden, setzt man noch nicht voll vernetzte Vorprodukte ein, die dann aushärten.

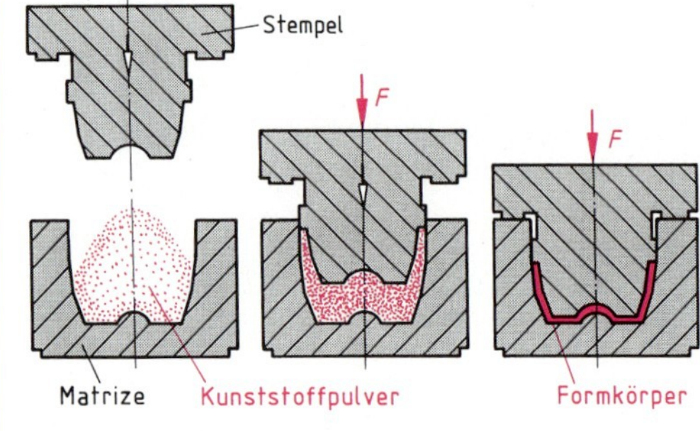

Pressen von Kunststoffpulver in einem Füllwerkzeug

Übungsaufgaben 13/10; 13/11

13.3 Urformen durch Sintern

Durch das Urformverfahren Sintern stellt man aus pulverförmigen Ausgangsstoffen feste Werkstücke in ihrer Endform her. Diese Werkstücke zeichnen sich durch hohe Form- und Maßgenauigkeit aus.
Die Fertigung von Werkstücken aus Metallpulver oder aus Pulver metallischer Verbindungen erfolgt meist in mehreren Arbeitsgängen. Siehe *„Werkstofftechnik“*, Kapitel *„Sinterwerkstoffe“*.

Arbeitsgänge beim Sintern

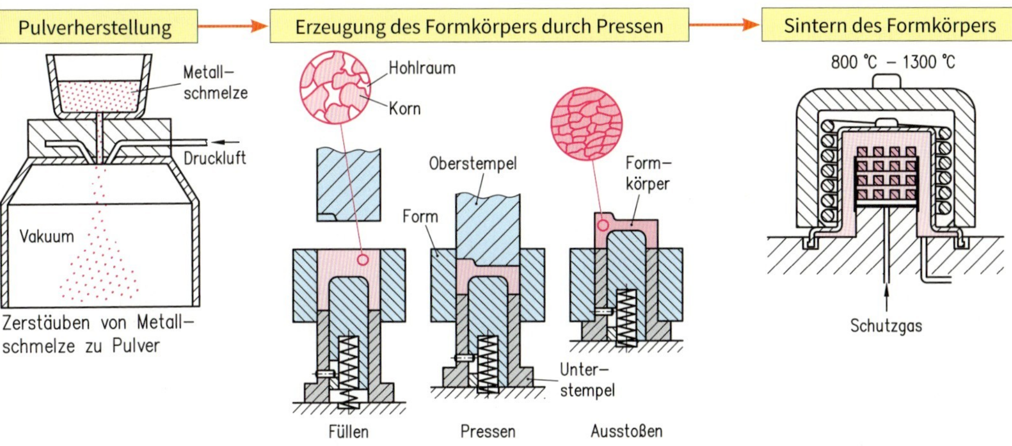

> **!** Beim Sintern wird aus metallischen Pulvern unter hohem Druck ein Rohling gepresst und unter Wärmewirkung ein zusammenhängendes Werkstückgefüge geschaffen.

13.4 Additive Fertigungsverfahren

Mit additiver Fertigung werden Bauteile unmittelbar aus digitalen 3D-Modellen erzeugt. Additiv bedeutet, dass die Formgebung durch schrittweisen Aufbau aus einzelnen Schichten erfolgt.
Dieses 3D-Modell kann als CAD-Konstruktion mit einem 3D-CAD-Systems erzeugt werden. Ebenso kann durch 3D-Scannen ein 3D-Modell gewonnen werden, das für die additive Fertigung geeignet ist.
Zum Einsatz der 3D-Daten in einer Anlage zur additiven Fertigung müssen diese 3D-Modelle zunächst in Abbildungen der einzelnen zu stapelnden Schichten mit entsprechende Dicke umgewandelt werden. Diesen Vorgang nennt man **Slicen**. Nach Hinzufügen der Technologiedaten für das ausgewählte Fertigungsverfahren kann gefertigt werden.

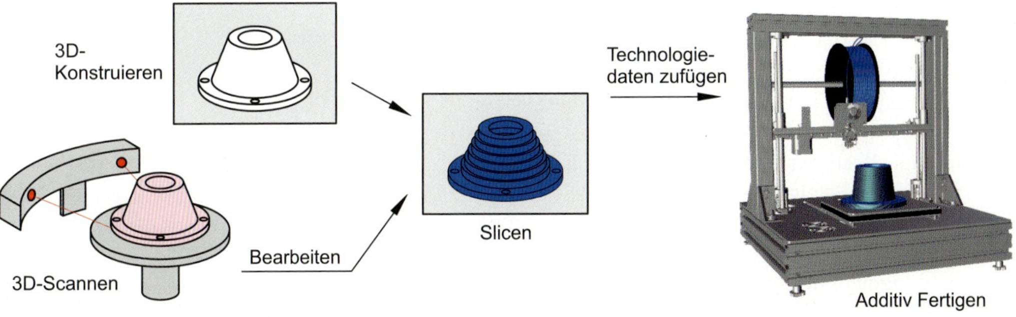

Verfahrensweg zur additiven Fertigung

> **!** Additive Fertigung geht von einem digitalen 3D-Modell aus, das entweder durch Konstruktion oder Scannen erzeugt wurde. Durch Slicen werden die Konturen der Schichten bestimmt, die zur Erzeugung des Bauteils aufeinander aufgebaut (addiert) werden müssen.

Additive Fertigungsverfahren können in Zukunft für den Industriemechaniker erhebliche Bedeutung im Bereich der Instandhaltung gewinnen:

- Statt Ersatzteilen werden nur die Daten zur Erzeugung der Bauteile bereit gehalten oder können vom Hersteller über das Internet abgerufen werden. Die Herstellung der Bauteile geschieht dann vor Ort. Dies vereinfacht Ersatzteilhaltung und Beschaffung und bindet kein Kapital.
- Bauteile, die speziell anzupassen sind und nur in geringen Stückzahlen benötigt werden, z. B. spezielle Greifer, können dem Bedarf entsprechend angefertigt werden.
- Reparaturen an gebrochenen Bauteilen werden vereinfacht, indem auf der Grundlage vorliegender Daten Ergänzungen an den Bauteilen vorgenommen werden.

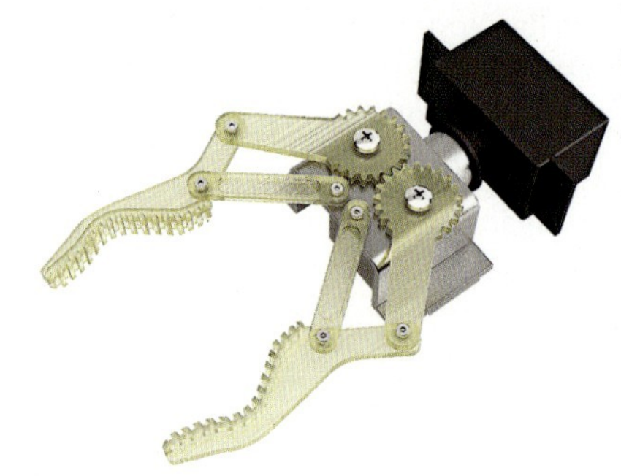

Greiferbacke eines Roboters aus 3D-Druck

13.4.1 3D-Druck

3D-Druck wird hauptsächlich zur Erzeugung von Bauteilen aus thermoplastischen Kunststoffen eingesetzt. Bei den meisten Verfahren wird das Baumaterial als Draht zugeführt, in einer Düse auf Schmelztemperatur erhitzt und je nach Verfahren tropfen- oder strangförmig auf eine Bauplattform aufgebracht. Die Düse bewegt sich dabei NC-gesteuert in X-Y-Richtung und erzeugt dabei die Basisebene entsprechend der Basisebene der geslicten Kontur. Danach wird der Abstand zwischen Trägerplatte und Druckkopf um die Dicke der beim Slicen vorgegebenen Schicht in Z-Richtung vergrößert und eine neue Schicht aufgetragen. Dies geschieht fortlaufend Schicht für Schicht, bis das Werkstück fertig ist. Die Dicke der einzelnen Schichten bestimmt weitgehend die Oberflächengüte des Bauteils.

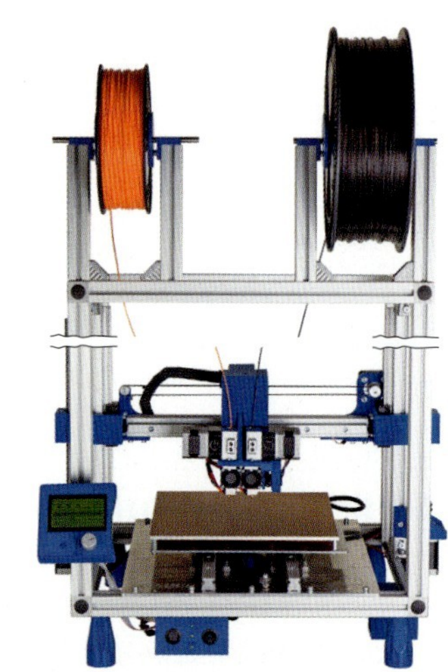

3D-Drucker (EVO2.0 von HM-3D)

! Mit 3D-Druck werden vorwiegend Bauteile aus Kunstoffen hergestellt. Der Aufbau geschieht in Schichten durch punkt- oder linienförmiges Auftragen des geschmolzenen Kunststoffs.

Überhängende Konturen sind nur bis zu einem gewissen Winkel, der von der Art des verwendeten Materials sowie der Schichtdicke u. A. abhängig ist, herzustellen – meist sind dies etwa 45°. Zur Erzeugung größerer Überhänge sind Stützkonstruktionen notwendig. Man erzeugt diese mit einem zweiten Druckkopf aus löslichem Material, dem **Supportmaterial**. Nach der Fertigung des Bauteils wird das Stützmaterial mit Reinigungsmittel oder Wasser entfernt. Durch sehr dünne Trennschichten aus dem Supportmaterial können auch fertig gefügte Baueinheiten mit beweglichen Elementen hergestellt werden. Ebenso ist es möglich, Bauteile mit unterschiedlichen Farben oder aus unterschiedlichen Werkstoffen sowie mit Einlagen, z. B. Metallbuchsen, herzustellen.

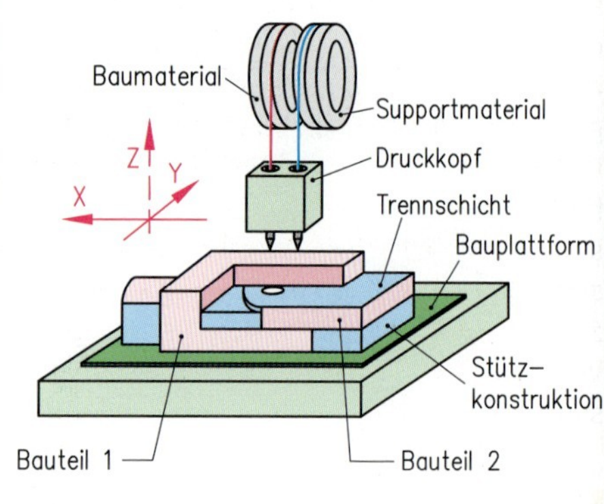

3D-Druck eines Gelenks

! Überhängende Bauteilkonturen erfordern Stützen aus dem Supportmaterial. Dieses Material kann auch als Trennmittel zur Erzeugung fertig gefügter Baugruppen eingesetzt werden.

Übungsaufgaben 13/12; 13/13

13.4.2 Selektives Laserschmelzen

Beim **selektiven Laserschmelzen** wird Metallpulver am Bearbeitungspunkt des Lasers aufgeschmolzen. Dabei verbindet sich die Schmelze mit der darunter liegenden Schicht. Durch das vollständige Schmelzen des Metallpulvers unterscheidet sich das selektive Laserschmelzen vom selektiven Lasersintern, bei dem Pulverteilchen nur an den Berührungsstellen verschweißen oder durch ein niedriger schmelzendes Bindemittel zusammengehalten werden, wie dies z. B. bei Wendeschneidplatten aus Hartmetall der Fall ist.

In den Anlagen zum selektiven Laserschmelzen wird durch Schieber (Rakel) oder durch ein spezielles Walzensystem das Metallpulver schichtweise aufgetragen und zur besseren Wärmeübertragung verdichtet. Die Schichtstärke liegt etwa im Bereich von 15 bis 150 µm. Das nicht verschmolzene und verdichtete Metallpulver kann In den meisten Fällen als Stützmaterial für überhängende Konturen dienen, so dass Stützkonstruktionen nur in Ausnahmefällen notwendig sind.

Damit der Schmelzvorgang zügig ablaufen kann, wird der Bauraum bis dicht unterhalb der Schmelztemperatur des Metallpulvers erhitzt. Zur Verhinderung von Oxidation wird das Laserschmelzen unter einer Schutzgasatmosphäre vorgenommen. Bei der Verarbeitung von Titan wird Argon als Schutzgas verwendet, bei den übrigen Metallen wird Stickstoff eingesetzt.

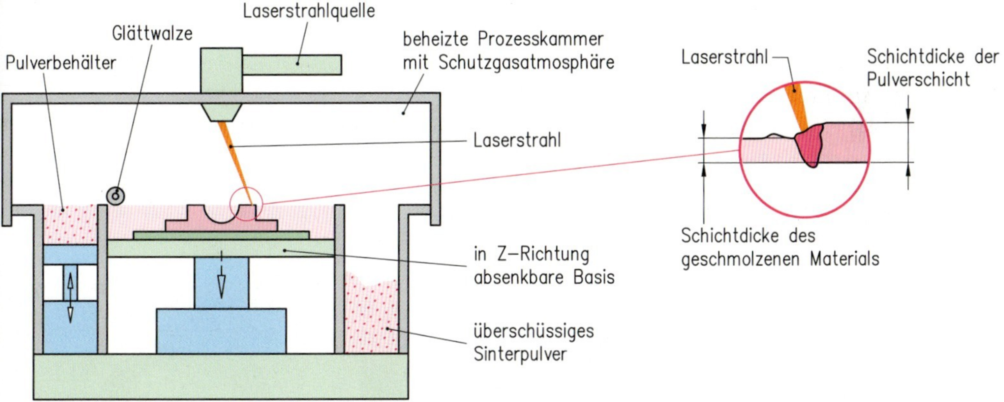

Anlage zum selektiven Laserschmelzen (Schema)

Die Liste von Metallen, die durch selektives Laserschmelzen, additiv zu Bauteilen verarbeitet werden können, reicht von Aluminium-Silizium-Legierungen bis zu Werkzeug- und korrosionsbeständigen Edelstählen. Hinsichtlich der Festigkeits- und Dehnungskennwerte gibt es keinen Unterschied zu herkömmlich erzeugten und bearbeiteten Werkstoffen der gleichen Zusammensetzung. Darum sind Werkstücke, die durch Laserschmelzen erzeugt wurden, ähnlich belastbar wie Teile, die aus Vollmaterial in herkömmlichen Verfahren hergestellt wurden.

Durch selektives Laserschmelzen erzeugte Bauteile

! Beim selektiven Laserschmelzen wird Metallpulver durch einen Laserstrahl zum Schmelzen gebracht. Das geschmolzene Material verbindet sich dadurch mit dem darunter liegenden Material. Festigkeits- und Dehnungskennwerte so erzeugter Bauteile entsprechen denen, die auf herkömmliche Weise hergestellt wurden.

13.4.3 Laserauftragsschweißen mit integrierter spanender Bearbeitung

Laserauftragsschweißen mit integrierter spanender Bearbeitung ermöglicht die Herstellung komplexer Bauteile in einer Qualität, wie sie normalerweise nur in ausschließlich spanender Bearbeitung zu erzielen ist.

Die Fertigung geschieht auf speziellen Maschinen, die in mindestens 5 Achsen steuerbar sind. So kann beim Prozessschritt des Laserauftragsschweißens die Bauplattform so positioniert werden, dass der Aufbau der einzelnen geometrischen Elemente, aus denen das Bauteil besteht, stets in senkrechter Richtung erfolgt. Damit entfallen störende Stützkonstruktionen. Ferner kann der additive Fertigungsprozess unterbrochen werden, um Partien des Werkstücks, die nach endgültiger Herstellung des gesamten Bauteils nur schwer mechanisch bearbeitet werden können, spanend zu bearbeiten.

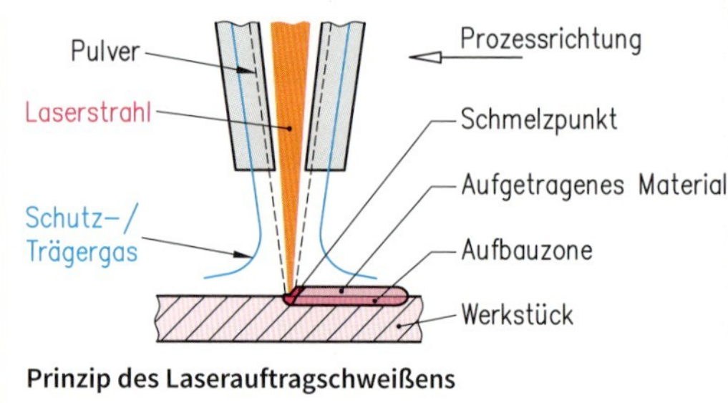

Prinzip des Laserauftragschweißens

Beispiel für Laserauftragsschweißen mit integrierter spanender Fräsbearbeitung

Turbinengehäuse
Material: Edelstahl
Laserauftragschweißen: 230 min.
Fräsbearbeitungen: 76 min.
Abmessung: Ø 180 × 150 mm

1) Aufbau des Zylinders

2) Schwenk 90°: Generieren des Bundes

3) Fräsen von Planfläche und Umfang

4) Aufbau des konischen Trichters

5) Aufbau der umlaufenden Stutzen

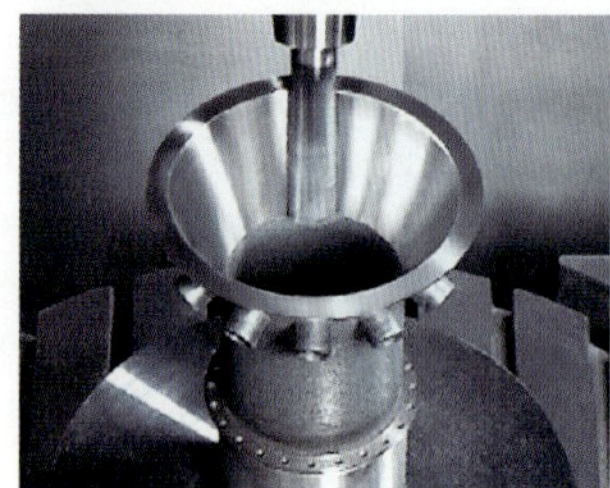

6) Finishing der Innen-/Außenkontur

Laserauftragschweißen mit integrierter spanender Bearbeitung erfolgt auf mehrachsig gesteuerten Maschinen im flexiblen Wechsel von Auftragsschweißen und Spanen.

Übungsaufgabe 13/15

14 Fertigungsverfahren des Umformens

14.1 Einteilung der Umformverfahren

In der Einteilung der Fertigungsverfahren nach DIN 8580 steht das Umformen an zweiter Stelle. Nach dem Urformen wird der größte Teil der Werkstoffe durch Umformen zu Blechen, Drähten und anderen Profilen weiter verarbeitet. Man nennt diese Produkte **Halbzeuge**. Für die Fertigung von Massenprodukten ist die weitere Umformung der Halbzeuge meist das wirtschaftlichste Verfahren.

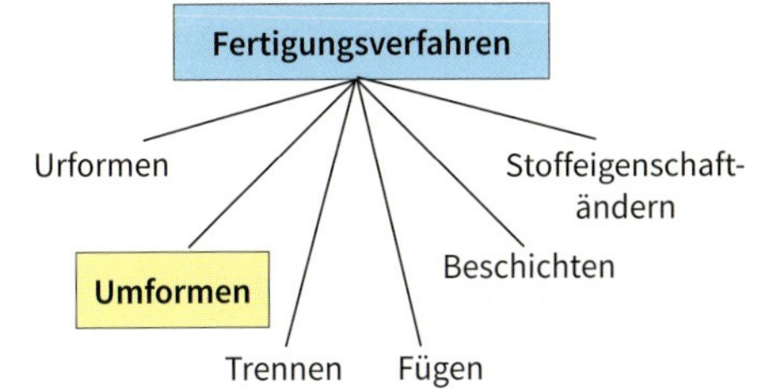

Die Umformverfahren (DIN 8582) werden nach den Kräften, welche die Umformung bewirken, eingeteilt. Es werden folgende Gruppen unterschieden:

Beispiele

Druckumformen	Zugdruckumformen	Zugumformen	Biegeumformen	Schubumformen
Walzen von Blech, Schmieden von Wellen	Ziehen von Draht, Tiefziehen von Töpfen	Tiefen von Kfz-Schildern, Blasen von Flanschen	Biegen von Dachrinnen, Biegen von Rohren	Verdrehen von Geländerstäben

Beispiele für die Halbzeugherstellung durch Umformen

Verfahren	Ablauf des Verfahrens	Erzeugnisse
Druckumformen durch Walzen	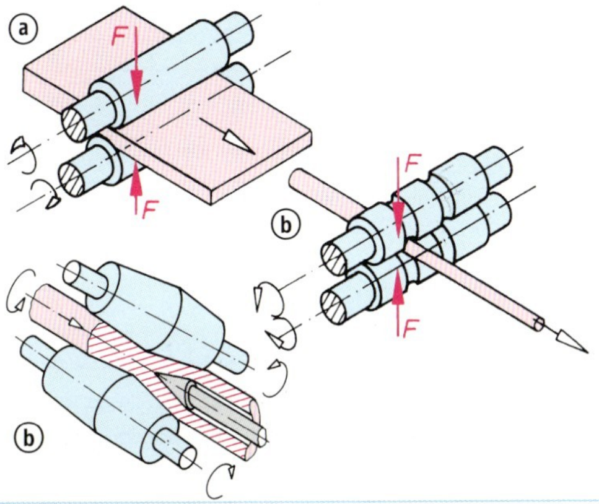 ⓐ F, F; ⓑ F, F; ⓑ	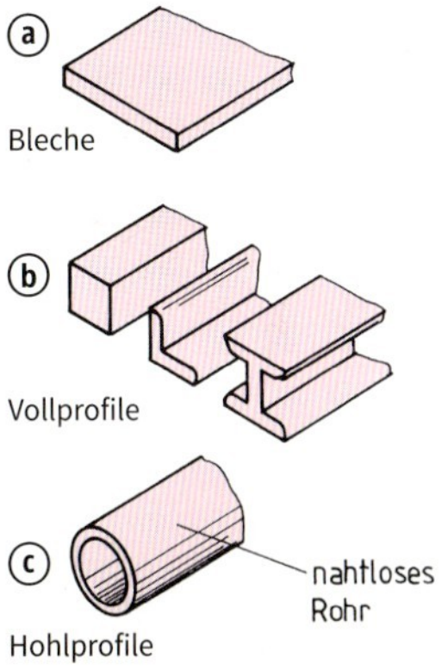 ⓐ Bleche; ⓑ Vollprofile; ⓒ Hohlprofile, nahtloses Rohr
Druckumformen durch Strangpressen	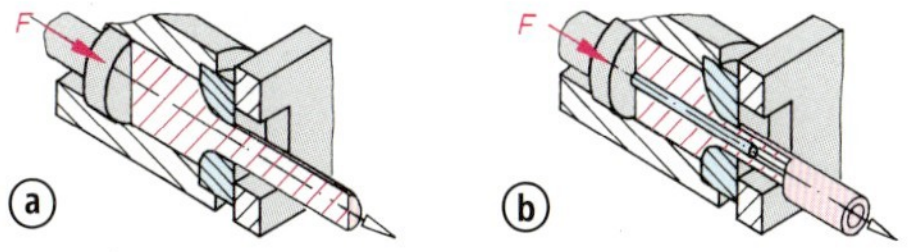 ⓐ F; ⓑ F	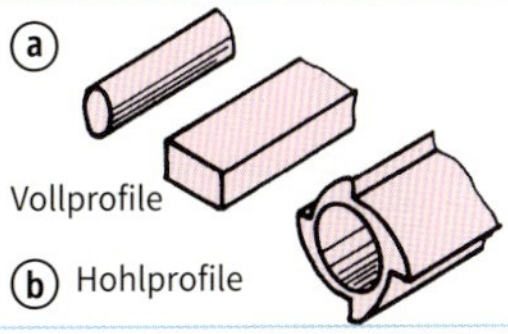 ⓐ Vollprofile; ⓑ Hohlprofile
Zugdruckumformen durch Ziehen	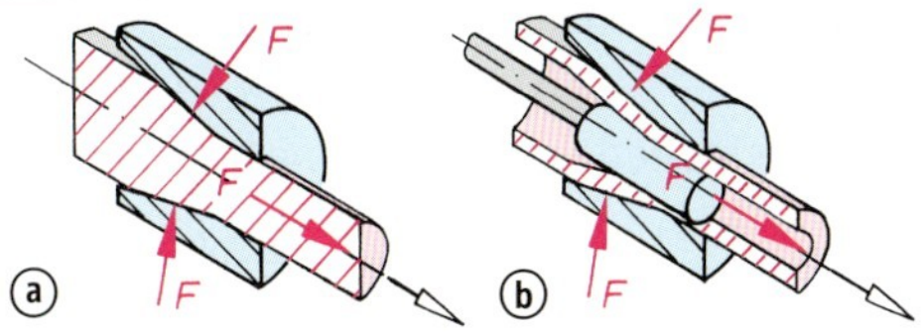 ⓐ F, F, F; ⓑ F, F, F	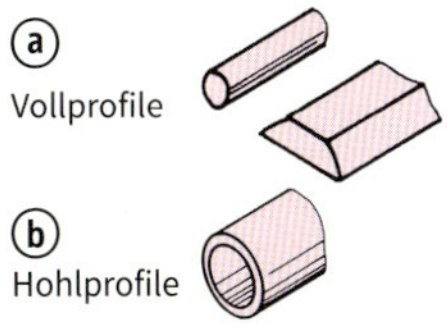 ⓐ Vollprofile; ⓑ Hohlprofile

Übersicht über Umformverfahren

Ordnet man die Umformverfahren nach der Art der äußeren Krafteinwirkung, durch welche die Formänderung herbeigeführt wird, so unterscheidet man nach DIN 8582 fünf Hauptgruppen.

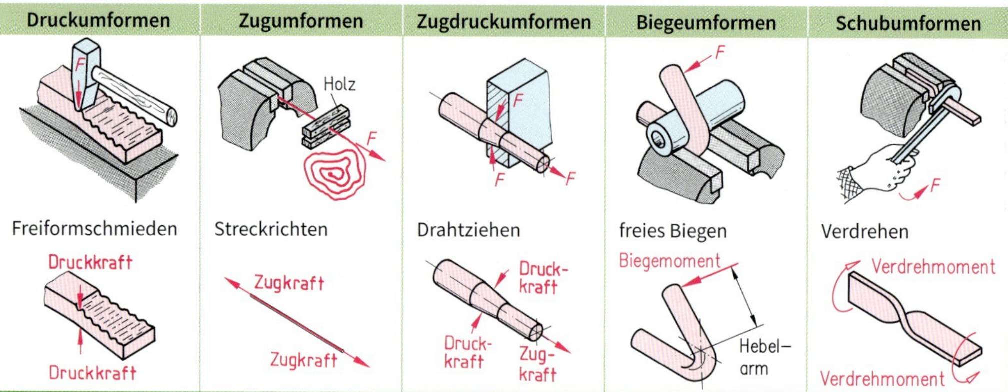

14.2 Verhalten des Werkstoffs beim Umformen

Wird ein Werkstoff durch äußere Kräfte belastet, so treten Formänderungen ein. Zugkräfte bewirken eine Verlängerung, Druckkräfte bewirken eine Verkürzung des Werkstücks in Kraftrichtung.
Bei geringer Beanspruchung unterhalb der Streckgrenze werden in einem Metall die Atome nur geringfügig gegeneinander verschoben, ohne dass ein Platzwechsel auftritt. Bei Entlastung nehmen sie wieder die ursprünglichen Plätze ein – der Werkstoff wird **elastisch** verformt.
Beanspruchungen oberhalb der Streckgrenze bewirken das Abgleiten einzelner Atomebenen und damit eine bleibende Formänderung – der Werksstoff wird **plastisch** verformt.

Beispiel für elastische und plastische Verformung eines zugbelasteten weichen Stahls

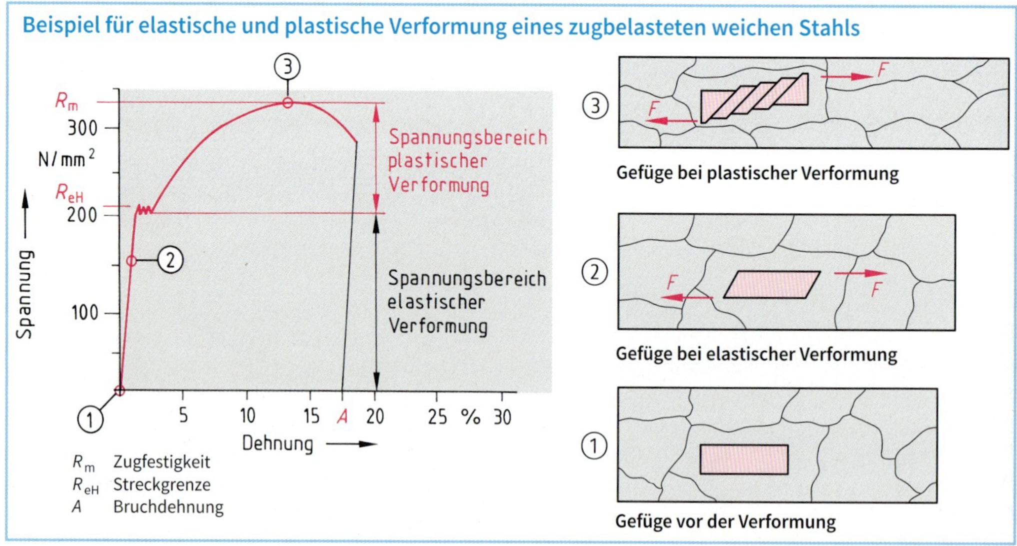

Je niedriger die Streckgrenze eines Werkstoffs ist, desto geringere Kräfte sind zu seiner Umformung notwendig.

Je größer die Bruchdehnung *A* des Werkstoffes ist, desto größer ist seine Umformbarkeit.

! Ein Werkstoff ist gut umformbar, wenn bei geringer Spannung eine starke bleibende Dehnung erfolgt. Die Bruchdehnung eines Werkstoffs ist ein Maß für seine Umformbarkeit.

Übungsaufgaben 14/4; 14/5; 14/6

1. Kaltumformen

Kaltumformen geschieht bei Raumtemperatur. Die notwendigen Umformkräfte sind darum recht hoch. Da bei den meisten Werkstoffen bei dieser Temperatur keine Kornneubildung stattfindet, ist nur eine begrenzte Umformung möglich.

Der Werkstoff verfestigt sich bei der Umformung, weil das Abgleiten innerhalb der Körner mit steigender Umformung immer mehr behindert wird. Man spricht von einer **Kaltverfestigung**. Mit zunehmender Kaltverfestigung sinkt gleichzeitig die Dehnbarkeit des Werkstoffs und die Härte steigt.

Kaltumformen wird durchgeführt:

- bei dünnwandigen Werkstücken,
- zur Steigerung der Werkstoffestigkeit, z. B. bei Drahtseilen und Federn.

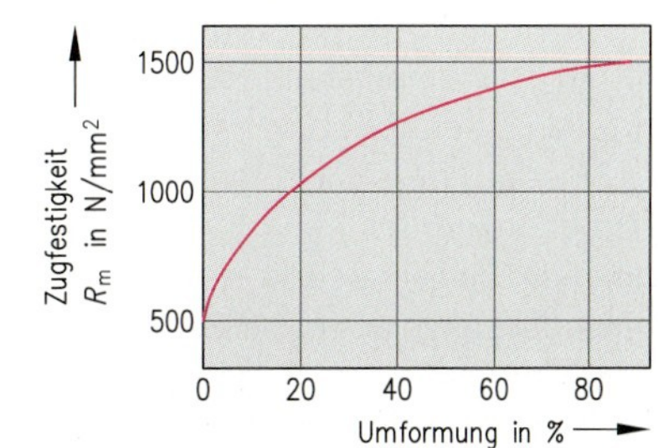

Steigerung der Zugfestigkeit eines Strahls S275 mit R_m = 520 N/mm² durch Kaltumformen

! Eine Kaltumformung führt zu einer Verfestigung metallischer Werkstoffe. Die Festigkeit und Härte des umgeformten Werkstoffs steigen an und die Umformbarkeit sinkt.

2. Rekristallisation

Die Verschiebung im Kristallgitter führt zu einer Formänderung der Körner im Gefüge. Wird das kalt umgeformte Werkstück geglüht, so tritt bei einer bestimmten Temperatur, die für jedes Metall verschieden ist, eine Kornneubildung ein. Diese Kornneubildung bezeichnet man als **Rekristallisation**. Die Temperatur, bei der die Kornneubildung eintritt, heißt Rekristallisationstemperatur.

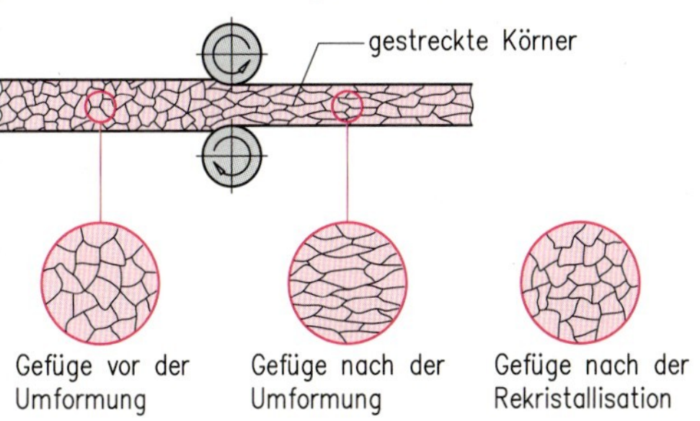

Gefügeänderung durch Rekristallisation

Rekristallisationstemperaturen

Metall	Temperatur °C
Aluminium	**150**
Blei	**0**
Eisen	**580**
Kupfer	**200**
Magnesium	**180**
Nickel	**600**
Zink	**150**

! Ein kalt umgeformtes Gefüge bildet durch Rekristallisation ein neues Gefüge.

3. Warmumformen

Die Kraft, die man zum Umformen eines Werkstückes benötigt, hängt von der Festigkeit des Werkstoffes ab. Die Festigkeit ändert sich mit der Temperatur. Mit zunehmender Temperatur nimmt die Festigkeit stark ab.

Warmumformen geschieht bei Temperaturen oberhalb der Raumtemperatur. Es wird angewendet

- bei Werkstücken mit großen Wandstärken,
- bei starken Formänderungen.

Warmumformen kann immer dann mit hohen Formänderungen durchgeführt werden, wenn die Umformtemperatur so hoch liegt, dass eine Kornneubildung stattfindet.

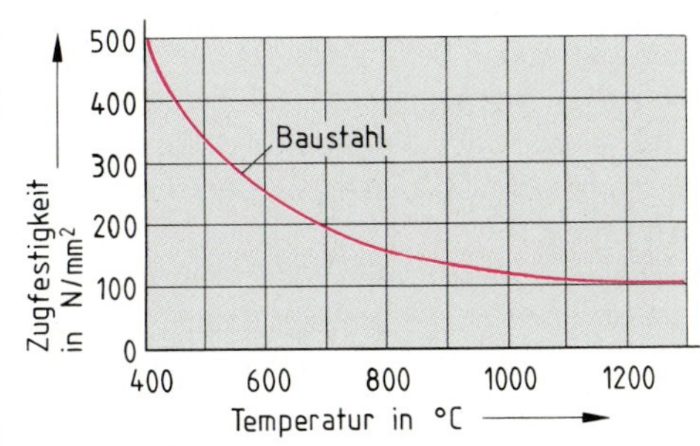

Festigkeitsänderung bei Erwärmung

! Metallische Werkstoffe lassen sich bei hohen Temperaturen leichter umformen als bei Raumtemperatur.

14.3 Biegen von Blechen und Rohren

14.3.1 Vorgänge beim Biegen

Beim Umformen durch Biegen wirkt stets von außen eine Kraft in einem Abstand von der Biegestelle. Die Entfernung der Kraft zum nächsten Auflagepunkt des Biegeteils bezeichnet man als Hebel. Die Biegewirkung wird größer mit

- zunehmender Biegekraft und
- zunehmender Länge des Hebelarms.

Die Biegewirkung wird durch das **Biegemoment** erfasst. Das Biegemoment ist das Produkt aus der Biegekraft und dem zugehörigen Hebelarm.

Biegemoment M_b

$$M_b = F \cdot l$$

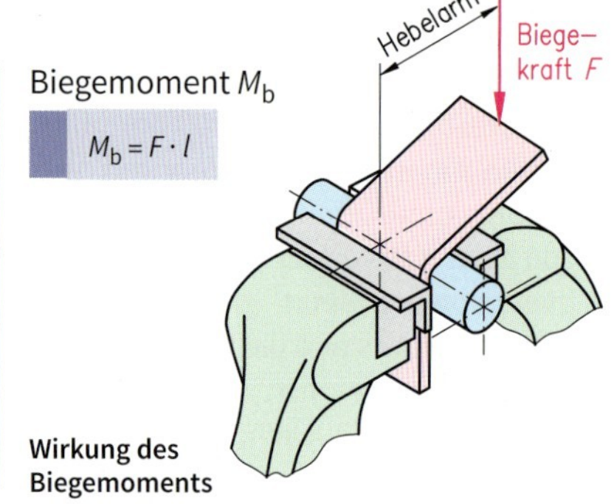

Wirkung des Biegemoments

 Biegemoment = Biegekraft · Hebelarm

Beim Biegen eines Werkstücks erfolgt die Umformung unter der Wirkung eines Biegemomentes. Im äußeren Bereich erfolgt eine **Werkstoffstreckung** und im inneren Bereich eine **Werkstoffstauchung**. Zwischen beiden Bereichen liegt eine Ebene, in der der Werkstoff weder gestreckt noch gestaucht wird, sie wird **neutrale Faser** genannt.

Da das Werkstoffvolumen beim Biegen konstant bleibt, erfolgt durch die Werkstoffstreckung und Stauchung an der Biegestelle eine Querschnittsveränderung.

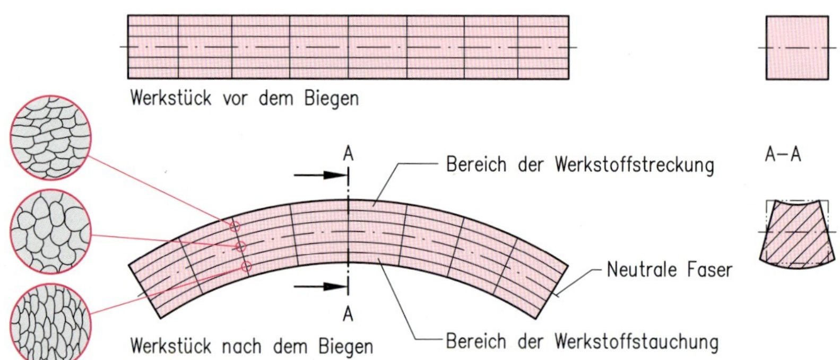

! Beim Biegen wird der äußere Werkstoffbereich gestreckt und der innere gestaucht. Die mittlere Schicht behält ihre Ausgangslänge und wird neutrale Faser genannt.

14.3.2 Mindestbiegeradien

Auf der gestreckten Seite eines gebogenen Werkstücks treten Zugspannungen auf. Diese können bei falscher Wahl des Biegeradius zu Rissen bzw. bei Hohlprofilen zu unzulässigen Querschnittänderungen führen.

Diese Fehler lassen sich vermeiden, wenn die Werkstücke mit ausreichend großem Radius gebogen werden. Den Innenradius des gebogenen Teils bezeichnet man als **Biegeradius**.

Die Mindestgröße des Biegeradius hängt von der Dehnbarkeit des Werkstoffs und von der Dicke s des Werkstücks ab.

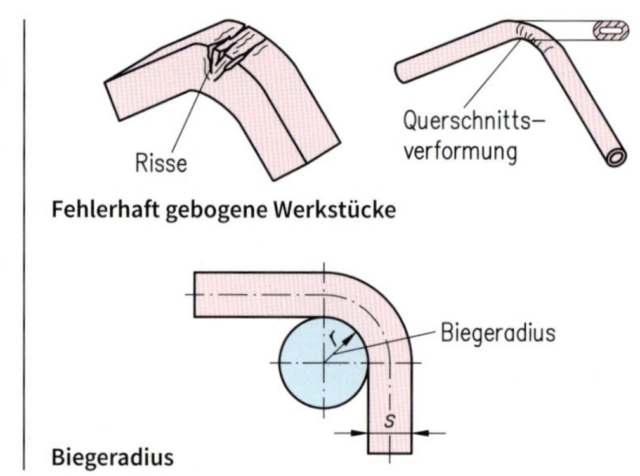

Fehlerhaft gebogene Werkstücke

Biegeradius

 Als Biegeradius bezeichnet man den Innenradius von Biegeteilen.

Übungsaufgaben 14/12; 14/13; 14/14

Bei kleinem Biegeradius wird die Zugseite stärker gedehnt als bei einem größeren Radius. Damit der Werkstoff nicht einreißt, muss bei schlecht dehnbaren Werkstoffen deshalb ein größerer Biegeradius gewählt werden als bei gut dehnbaren Werkstoffen. Je größer die Dicke des Werkstücks, desto größer sind die Spannungen und Dehnungen bei gleichem Biegeradius. Damit an keiner Stelle der gestreckten Seite die Festigkeit überschritten wird, muss bei größerer Werkstückdicke ein größerer Biegeradius gewählt werden.

Werkstoff	Mindestbiegeradius *r*
Stahl (weich)	2-mal Werkstückdicke
Weichaluminium	2-mal Werkstückdicke
Hartaluminium	4-mal Werkstückdicke
Messing	4-mal Werkstückdicke

Dehnung in Abhängigkeit von der Weckstückdicke

> **!** Die Größe des Biegeradius ist abhängig von:
> - der Dehnbarkeit des Werkstücks,
> - der Dicke des Werkstücks.

14.3.3 Biegen von Blechen

Kleinere Blechteile werden in der Einzelfertigung im Schraubstock gebogen. Zum Schutz der Oberfläche werden Beilagen oder Spannvorrichtungen verwendet. Bei Verwendung von entsprechenden Spannvorrichtungen können Werkstücke auch dann exakt gebogen werden, wenn sie breiter sind als der Schraubstock.

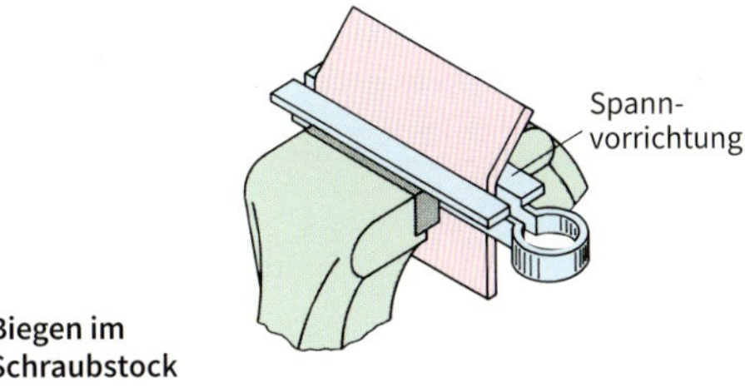

Biegen im Schraubstock

In der Massenfertigung werden Blechteile genauer und wirtschaftlicher in **Biegewerkzeugen** gebogen.

Die Biegeverfahren werden nach der Art der Werkzeugbewegung in Verfahren mit geradliniger und Verfahren mit drehender Werkzeugbewegung unterschieden.

Zu den Verfahren mit geradliniger Werkzeugbewegung zählen alle Biegeverfahren, in denen die Umformung in Gesenken stattfindet.

Beispiele für Umformverfahren mit geradliniger Werkzeugbewegung

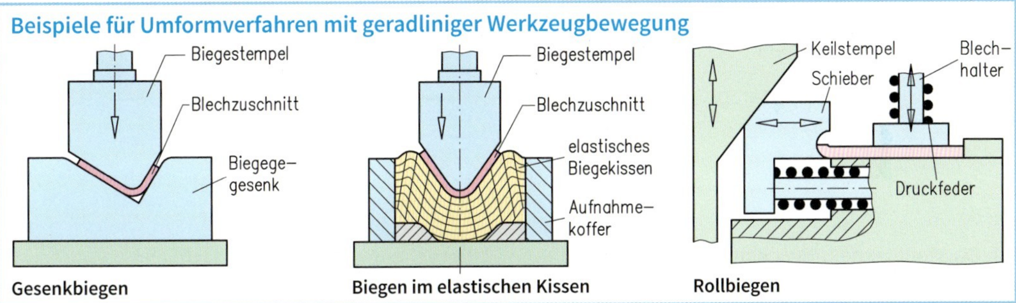

Gesenkbiegen **Biegen im elastischen Kissen** **Rollbiegen**

Bei den Verfahren mit drehender Werkzeugbewegung führen die Werkzeugteile eine Drehbewegung aus.

Beispiele für Umformverfahren mit drehender Werkzeugbewegung

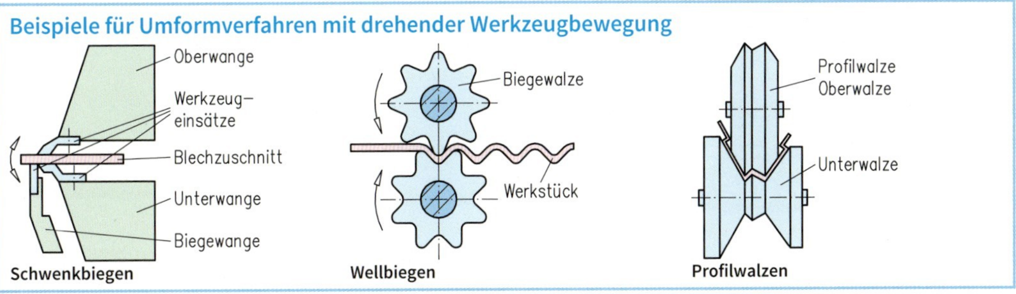

Schwenkbiegen **Wellbiegen** **Profilwalzen**

> **!** Biegeverfahren werden nach der Werkzeugbewegung in Verfahren mit geradliniger und Verfahren mit drehender Werkzeugbewegung unterschieden.

Übungsaufgaben 14/15 bis 14/19

14.3.4 Blechbedarf und Verschnitt

Auf den Preis eines Werkstückes haben die Kosten für das Rohmaterial oft erheblichen Einfluss. Außer für die Fertigung ist es auch für die Kalkulation notwendig, den erforderlichen Materialbedarf und den Verschnitt zu ermitteln.

Zur Herstellung eines Werkstückes aus Blech muss das Rohteil mindestens die ebene Werkstückfläche der Abwicklung beinhalten. Die zur Erzeugung des Werkstücks vom Rohteil abzutrennenden Flächen bezeichnet man als Verschnitt.

Rohteilfläche = Abwicklungsfläche + Verschnitt

Der Verschnitt wird in Prozent der Rohteilfläche angegeben.

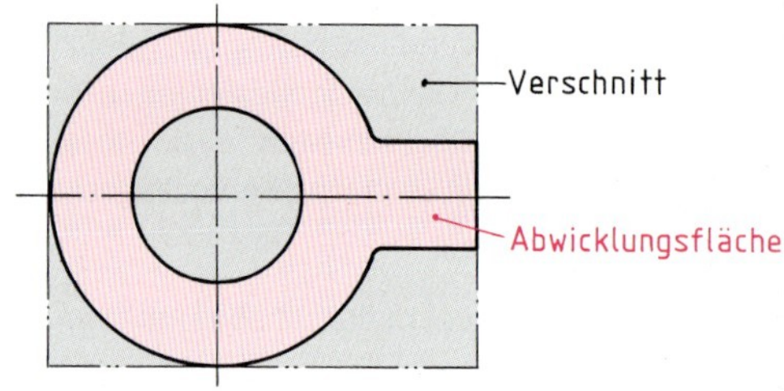

Rohteilfläche für ein Sicherungsblech

Rohteilfläche entspricht 100 %

$$\text{Verschnitt (\%)} = \frac{\text{Rohteilfläche} - \text{Abwicklungsfläche}}{\text{Rohteilfläche}} \cdot 100\ \%$$

Viele Fügeverfahren, z. B. Löten, Kleben und Nieten, erfordern eine Überlappung (Fügeflächen). Diese Fügeflächen müssen bei der Abwicklungsfläche berücksichtigt werden.

Beispiel für die Berechnung von Blechbedarf und Verschnitt (ohne Fügeflächen)

Aufgabe

Für den skizzierten Behälter sind Blechbedarf und Verschnitt zu berechnen.
Gegeben: Skizze
Gesucht: Verschnitt in %

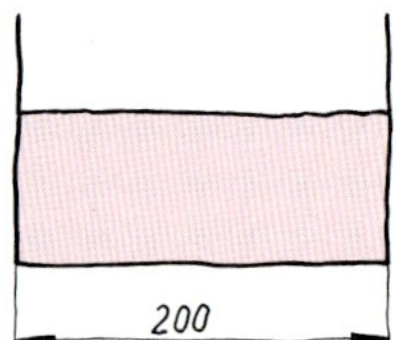

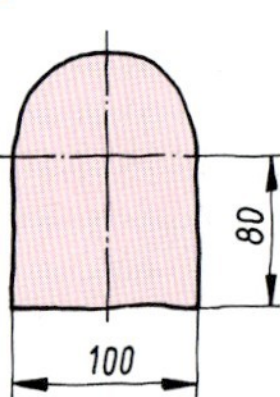

Lösung

1. Darstellung der Abwicklung

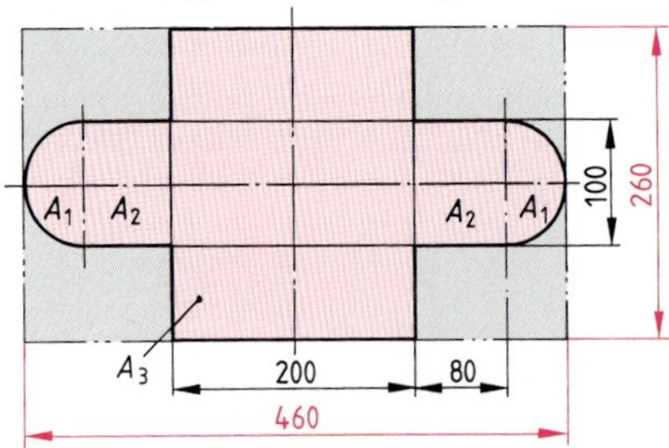

2. Berechnung der Rohteilfläche A_R (Blechbedarf)

$A_R = 460\ \text{mm} \cdot 260\ \text{mm}$

$A_R = \mathbf{119\,600\ mm^2}$

3. Berechnung der Abwicklungsfläche A_{ges}

$A_{ges} = 2 \cdot A_1 + 2 \cdot A_2 + A_3$

$2 \cdot A_1 = \frac{100^2\ \text{mm}^2 \cdot \pi}{4}$

$2 \cdot A_1 = 7\,854\ \text{mm}^2$

$2 \cdot A_2 = 2 \cdot 100\ \text{mm} \cdot 80\ \text{mm}$

$2 \cdot A_2 = 16\,000\ \text{mm}^2$

$A_3 = 200\ \text{mm} \cdot 260\ \text{mm}$

$A_3 = 52\,000\ \text{mm}^2$

$A_{ges} = \mathbf{75\,854\ mm^2}$

4. Berechnung des Verschnitts x in Prozent

$x = \frac{119\,600\ \text{mm}^2 - 75\,854\ \text{mm}^2}{119\,600\ \text{mm}^2} \cdot 100\ \%$

$x = \mathbf{36{,}58\ \%}$

Übungsaufgaben 14/20; 14/21; 14/22

14.3.5 Biegen von Rohren

Beim Biegen von Rohren ohne Hilfsmittel tritt in der Biegezone eine Querschnittsveränderung ein. Die Teile der Rohrwand mit hohen Zug- und Druckspannungen weichen der Belastung dadurch aus, dass sie sich der neutralen Faser nähern. Das Rohr flacht ab.

Die Abflachung ist umso größer
- je größer der Rohrdurchmesser,
- je dünner die Rohrwand,
- je kleiner der Biegeradius und
- je geringer die Dehnbarkeit des Werkstoffs ist.

Durch die Abflachung verringern sich der Durchflussquerschnitt und die Belastbarkeit des Rohres an der Biegestelle.

Beim **freien Biegen** von Rohren füllt man den Hohlraum aus, um Querschnittsveränderungen zu vermeiden.

Als Füllungen eignen sich trockener Sand, leicht schmelzbare Stoffe (Kolophonium, Blei) und Spiralfedern. In Kunststoffrohre werden häufig Gummischläuche eingezogen.

Nach dem Biegevorgang werden die Füllungen wieder entfernt. Kolophonium und Blei müssen dazu ausgeschmolzen werden.

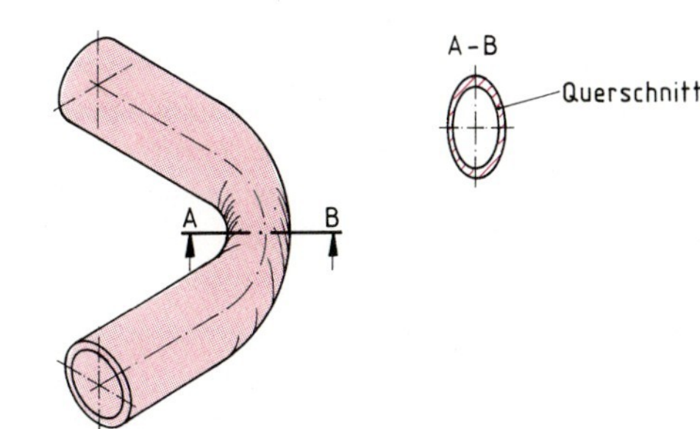

Querschnittsveränderung eines Rohres durch Biegen ohne Hilfsmittel

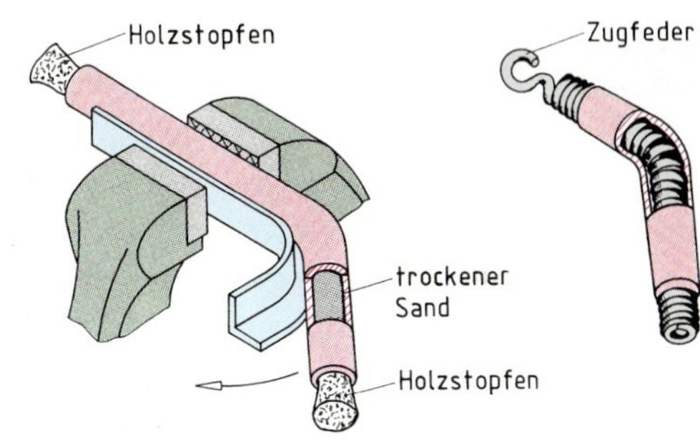

Freies Biegen von Rohren mit Füllung

In **Biegevorrichtungen** für Rohre verhindert eine an der Biegestelle dem Rohraußendurchmesser angepasste Form jede Querschnittsveränderung.

Biegevorrichtung für Rohre

Biegesegmente

Auch beim Biegen von Rohren ist ein Mindestradius einzuhalten, damit keine Risse in der Rohrwand auftreten. Der Mindestradius ist 3 · Rohraußendurchmesser. Beim Biegen von geschweißten Rohren muss die Schweißnaht in die Ebene der neutralen Faser gelegt werden. Dadurch wird die Schweißnaht nur geringfügig durch Spannungen beansprucht.

Beim freien Biegen von Rohren werden Querschnittsveränderungen durch Füllungen vermieden.
Mindestradius ist 3 · Rohraußendurchmesser.

14.3.6 Berechnung von gestreckten Längen

Bei dünnen Werkstücken, z.B. aus Blechen und Flachprofilen, und bei großen Biegeradien entspricht die gestreckte Länge etwa der Länge der neutralen Faser des Biegeteils.

Bei engen Biegeradien und dicken Werkstücken hingegen wird der Werkstoff auf der Druckseite stark gestaucht und es kommt zu einer Verschiebung der ungelängten Zone zur Druckseite. In diesen Fällen wird eine Berechnung der gestreckten Länge aus der neutralen Faser mithilfe von Korrekturfaktoren durchgeführt.

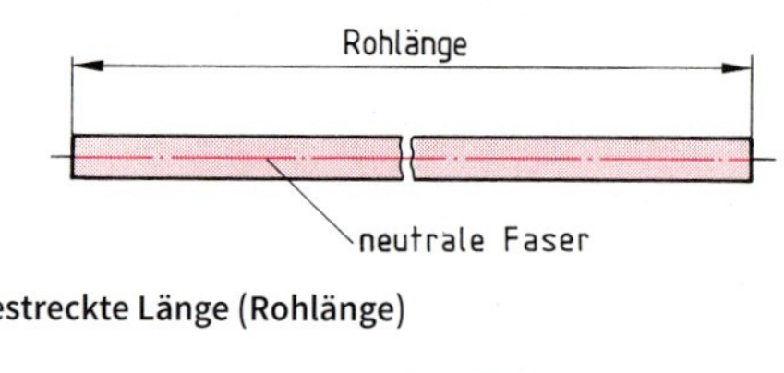

Gestreckte Länge (Rohlänge)

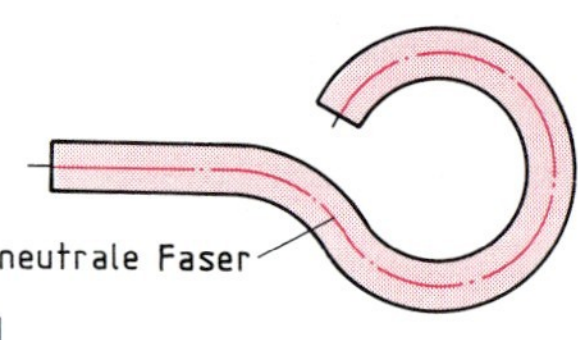

Fertigteil

> **!** Die Rohlänge entspricht etwa der Länge der neutralen Faser. Bei dicken Werkstücken und kleinen Biegeradien sind Korrekturen notwendig.

Hinweise zum Berechnen gestreckter Längen

1. Von dem Biegeteil wird nur die neutrale Faser gezeichnet und bemaßt.
2. Die neutrale Faser wird in einfach zu berechnende Teillängen zerlegt.
3. Die Teillängen werden berechnet.
4. Zur Ermittlung der Rohlänge werden die Teillängen addiert.

Beispiel zur Berechnung der gestreckten Länge eines dünnen Bauteils

Aufgabe

Die gestreckte Länge des dargestellten Werkstückes ist zu berechnen.
Gegeben: Skizze
Gesucht: L

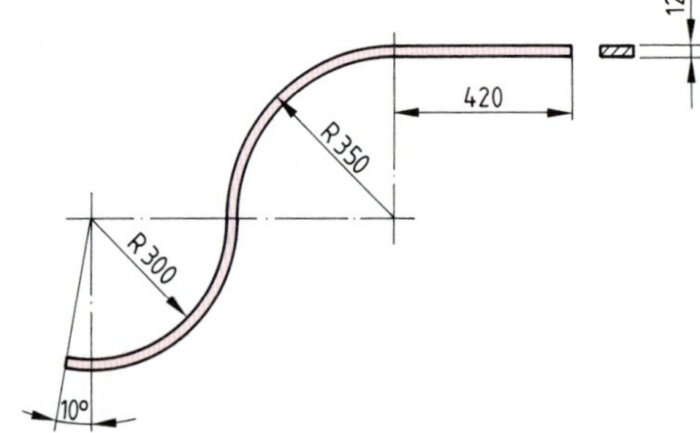

Lösung

1. und 2. Schritt
Skizze mit Bemaßung der neutralen Faser

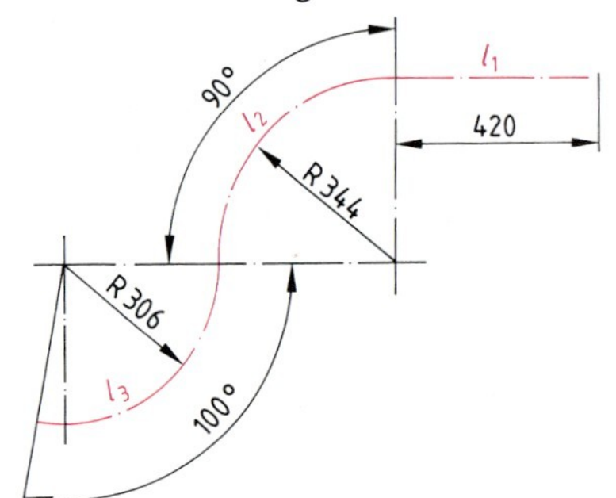

3. Schritt
Berechnung der Längen

$l_1 = 420\ \text{mm}$

$$l_{2/3} = \frac{d_m \cdot \pi \cdot \alpha}{360°}$$

$$l_2 = \frac{688\ \text{mm} \cdot \pi \cdot 90°}{360°}; \quad l_2 = 540\ \text{mm}$$

$$l_3 = \frac{612\ \text{mm} \cdot \pi \cdot 100°}{360°}; \quad l_3 = 534\ \text{mm}$$

4. Schritt
Addition der Teillängen

$L = l_1 + l_2 + l_3$

$L = 420\ \text{mm} + 540\ \text{mm} + 534\ \text{mm}$

$L = \mathbf{1\,494\ mm}$

Übungsaufgaben 14/26; 14/27

14.4 Sicken, Bördeln, Falzen

1. Sicken

Sicken ist ein Verfahren zur Formänderung dünnwandiger Blechteile. Dabei wird durch Umformen mit Hilfswerkzeugen auf einfachen Maschinen eine rinnenartige Vertiefung in die Blechteile gedrückt. Diese Formänderung bezeichnet man als eine **Sicke**, das Verfahren als **Sicken**.
Sicken können verschiedene Querschnittsformen erhalten, ihr Verlauf kann geradlinig oder bogenförmig sein.

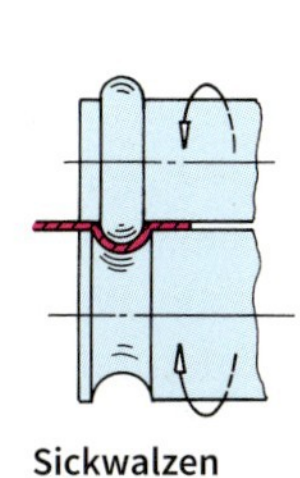

Sickwalzen

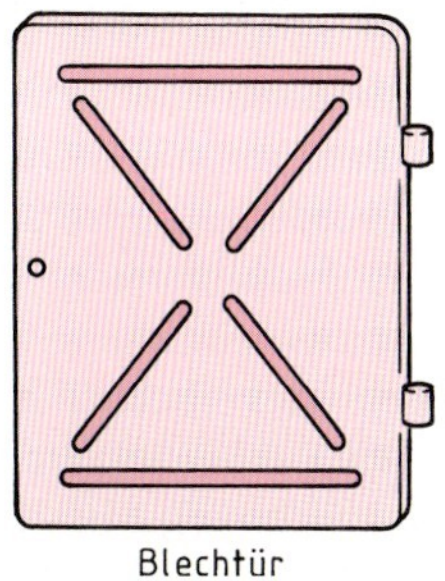

Sicken zur Versteifung

> **!** Sicken ist das Prägen von rinnenartigen Vertiefungen in dünnwandige Bleche.

2. Bördeln

Unter **Bördeln** versteht man ein Umformverfahren, mit dem an Blechteilen schmale Ränder meist rechtwinklig umgebogen werden. Die hochgestellte Kante bezeichnet man als einen **Bördel**. Bleche erhalten Bördel als Randverstärkung oder zur Vorbereitung für ein nachfolgendes Fügen, wie z. B. Löten, Schweißen.
Die Höhe des Bördels beträgt etwa das 2- bis 4fache der Blechdicke.

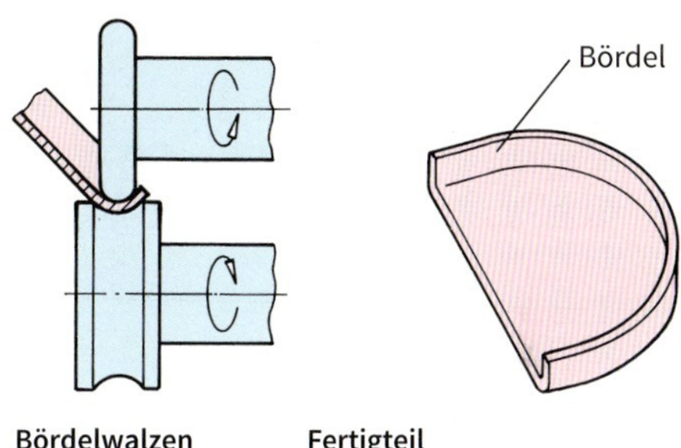

Bördelwalzen **Fertigteil**

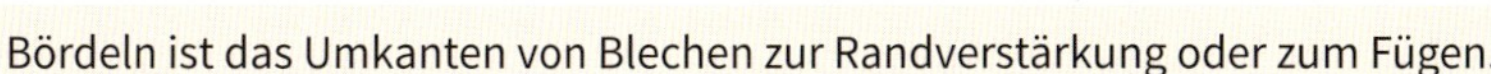

> **!** Bördeln ist das Umkanten von Blechen zur Randverstärkung oder zum Fügen.

3. Falzen

Unter **Falzen** versteht man ein unlösbares, formschlüssiges Fügen von Blechen. Zur Herstellung einer Falzverbindung werden die Blechränder wie beim Bördeln umgekantet, jedoch so weit, dass der Rand mehr als 90° umgeschlagen wird. Danach werden die Blechränder ineinander verhakt, und die Verbindung wird zusammengedrückt. Meist bringt man die Bleche neben der Falznaht in eine Ebene, dies bezeichnet man als Durchsetzen.

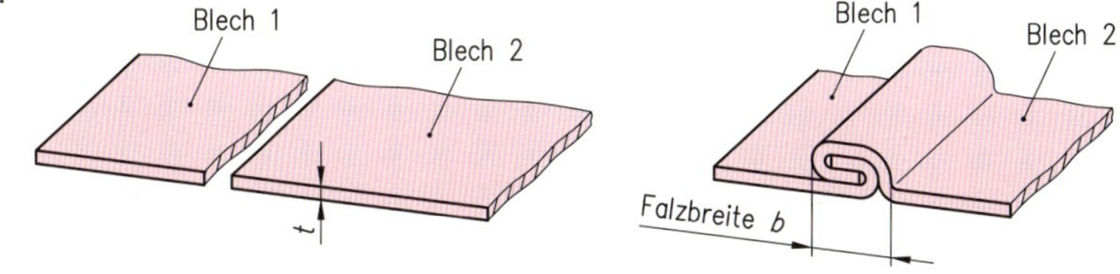

Ermittlung des Blechzuschnitts

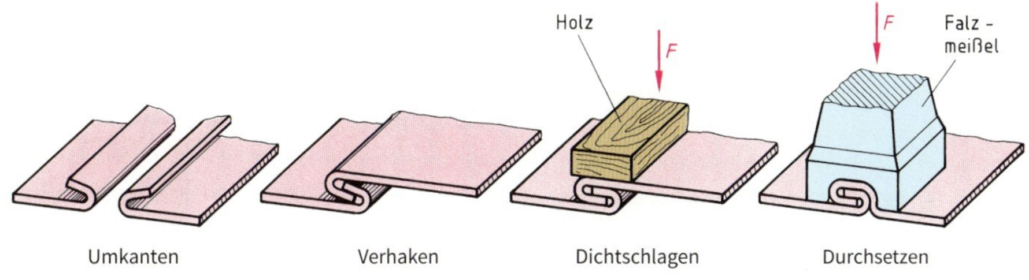

Arbeitsschritte beim Falzen

> **!** Falzen ist ein formschlüssiges, unlösbares Fügen von Blechteilen.

14.5 Tiefziehen

1. Tiefziehverfahren

Tiefziehen ist das wichtigste **Zug-Druck-Umformverfahren** bei der Blechumformung zur Herstellung von Hohlkörpern. Es wird auch eingesetzt, um Hohlkörper mit großem Umfang in Hohlkörper mit kleinerem Umfang umzuformen.

Beim Tiefziehvorgang wird der Werkstoff durch den Stempel in die Matrize gezogen. Da der Umfang des Zuschnittes erheblich größer ist als der Umfang des tiefgezogenen Teiles, versucht der Werkstoff Falten zu bilden. Ein Niederhalter verhindert dies. Der Werkstoff wird zwischen Niederhalter und Matrize getaucht und gleichzeitig zwischen Stempel und Matrizenöffnung gestreckt. Die Wanddicke des Werkstücks bleibt beim Ziehvorgang etwa gleich.

Beispiel für einen Tiefziehvorgang mit Werkzeugen

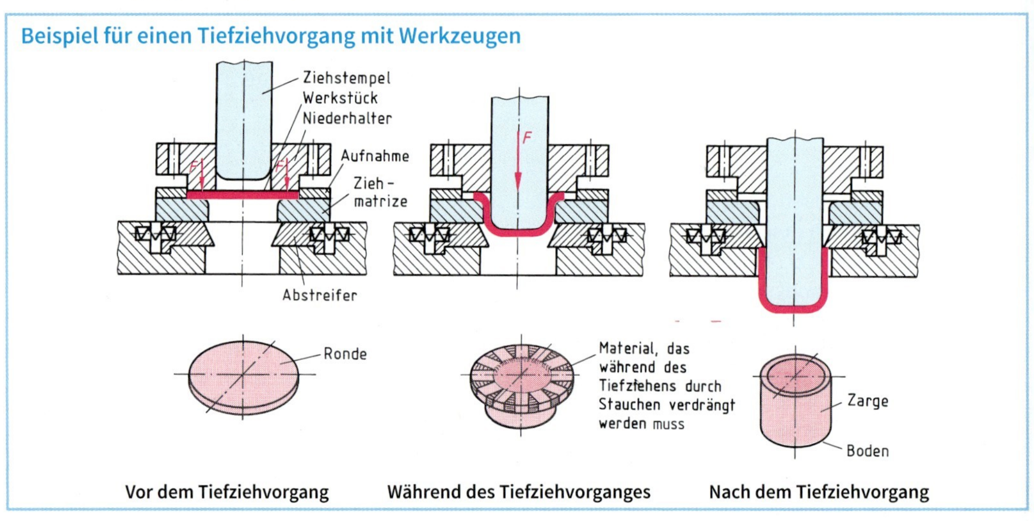

Vor dem Tiefziehvorgang | **Während des Tiefziehvorganges** | **Nach dem Tiefziehvorgang**

Die Tiefziehverfahren werden nach den formgebenden Mitteln unterschieden. Außer dem Tiefziehen mit Werkzeugen sind das Tiefziehen mit Wirkmedien und mit Wirkenergien von Bedeutung.

Beispiele für Tiefziehen mit Wirkmedien und Wirkenergie

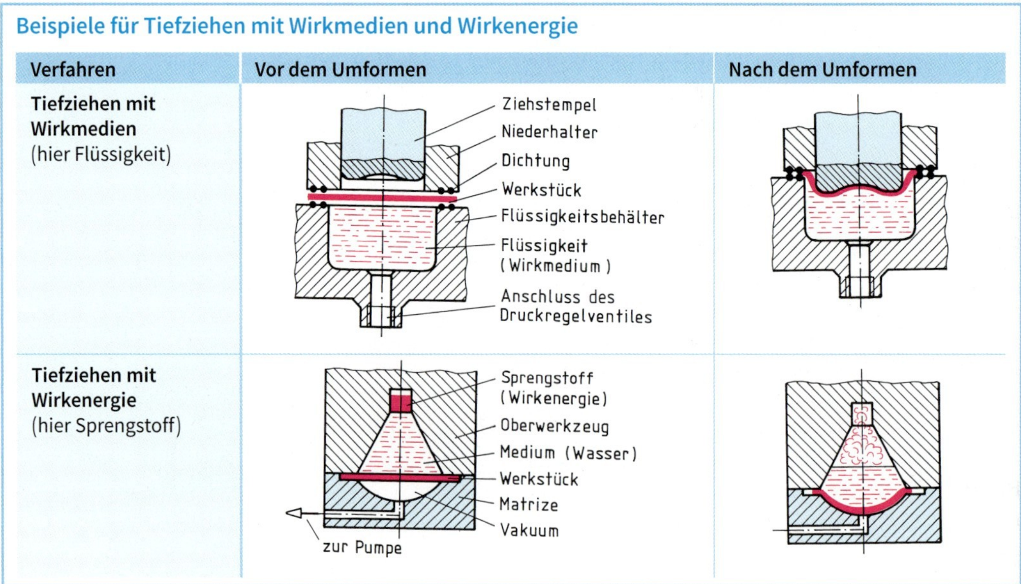

Verfahren	Vor dem Umformen	Nach dem Umformen
Tiefziehen mit Wirkmedien (hier Flüssigkeit)		
Tiefziehen mit Wirkenergie (hier Sprengstoff)		

! Tiefziehen ist Zug-Druck-Umformen mit Werkzeugen, Wirkmedien oder Wirkenergie.

Übungsaufgabe 14/31

Der erste Zug beim Tiefziehen, bei dem aus einem flachen Zuschnitt – *der Ronde* – ein Werkstück erzeugt wird, heißt **Erstzug**. Falls die gewünschte Tiefe oder der kleinste Durchmesser wegen der Umformbarkeit des Werkstoffes nicht in einem Zug erreicht werden kann, muss das Tiefziehen im **Weiterzug** durchgeführt werden. Der Weiterzug kann dabei auch als **Stülpziehen** erfolgen. Dabei wird die Außenfläche des Werkstücks, z. B. des Näpfchens, nach innen gekehrt.

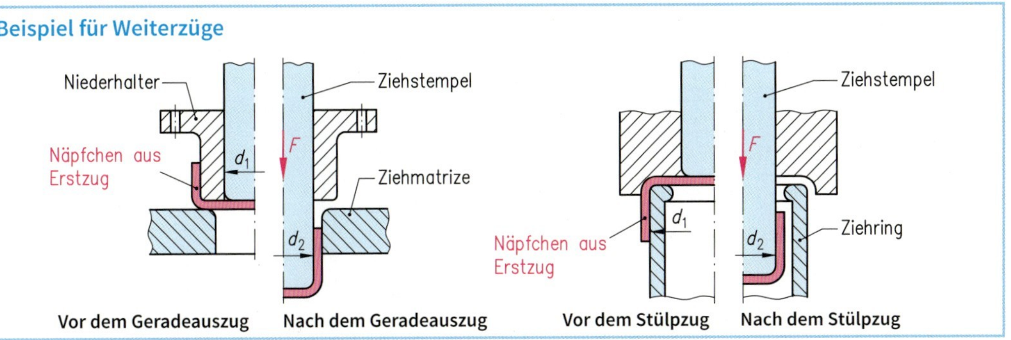

> **!** Hohe Bauteile und Bauteile mit kleinem Durchmesser erfordern Weiterzüge. Der Weiterzug kann als Geradeauszug oder als Stülpzug erfolgen.

2. Berechnung des Zuschnittes

Beim Tiefziehen bleibt die Blechdicke nahezu unverändert. Man kann darum die Oberfläche des Tiefziehteiles mit der Oberfläche des Zuschnittes etwa gleichsetzen. Aus dieser Überlegung heraus hat man Gleichungen für die Berechnung der Zuschnitte einfacher Teile aufgestellt. Schwierig ist dagegen die Zuschnittermittlung für unregelmäßig geformte Teile.

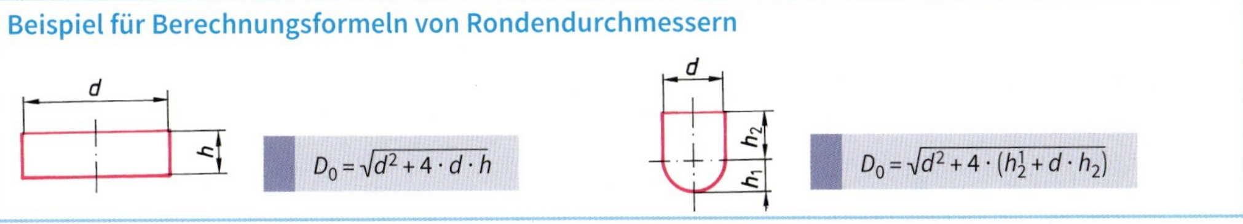

> **!** Die Oberfläche des Tiefziehteiles entspricht etwa der Oberfläche der Ronde.
> Für runde Werkstücke kann der Durchmesser der Ronden aus Formeln errechnet werden.

3. Ziehverhältnis

Das Verhältnis vom Durchmesser des Zuschnittes D_0 zum Innendurchmesser d_1 (= Stempeldurchmesser) des gezogenen Napfes bezeichnet man als **Ziehverhältnis** β, eine *Kenngröße* für die Umformung.

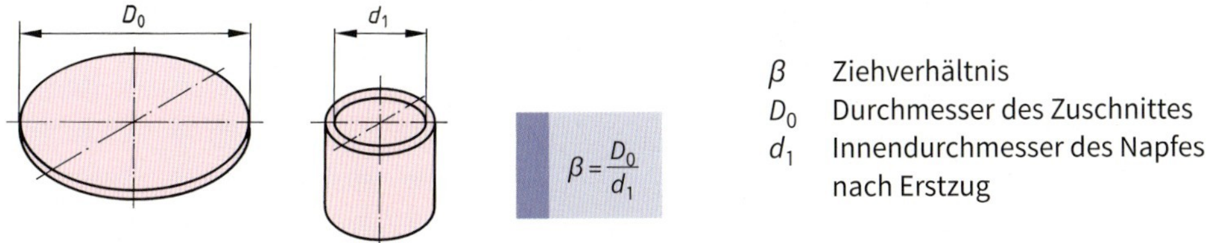

β	Ziehverhältnis
D_0	Durchmesser des Zuschnittes
d_1	Innendurchmesser des Napfes nach Erstzug

Bei weiteren Zügen errechnet man die Ziehverhältnisse aus den jeweiligen Innendurchmessern vor und nach jedem Zug. Das **Gesamtverhältnis** bestimmt man dann als Produkt der Einzelwerte:

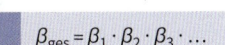

β_{ges}	Gesamtziehverhältnis	β_2	Ziehverhältnis beim Zweitzug (1. Weiterzug)
β_1	Ziehverhältnis beim Erstzug	β_1	… weitere Züge

Beispiel für die Berechnung der Ziehverhältnisse

Aufgabe

Eine Blechscheibe D_0 = 200 mm wird im Erstzug auf 100 mm und in zwei weiteren Zügen zunächst auf 63 und dann auf 45 mm gezogen.
Das Gesamtziehverhältnis ist zu berechnen.

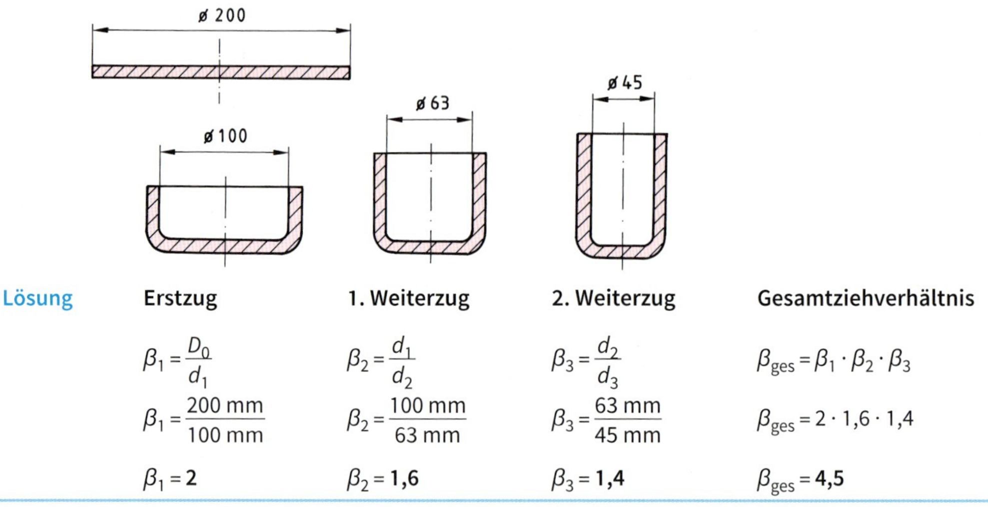

Lösung

Erstzug	1. Weiterzug	2. Weiterzug	Gesamtziehverhältnis
$\beta_1 = \frac{D_0}{d_1}$	$\beta_2 = \frac{d_1}{d_2}$	$\beta_3 = \frac{d_2}{d_3}$	$\beta_{ges} = \beta_1 \cdot \beta_2 \cdot \beta_3$
$\beta_1 = \frac{200\text{ mm}}{100\text{ mm}}$	$\beta_2 = \frac{100\text{ mm}}{63\text{ mm}}$	$\beta_3 = \frac{63\text{ mm}}{45\text{ mm}}$	$\beta_{ges} = 2 \cdot 1{,}6 \cdot 1{,}4$
$\beta_1 = \mathbf{2}$	$\beta_2 = \mathbf{1{,}6}$	$\beta_3 = \mathbf{1{,}4}$	$\beta_{ges} = \mathbf{4{,}5}$

Das größte Ziehverhältnis, das ein Werkstoff ohne Schädigung zulässt, nennt man das Grenzziehverhältnis. Mithilfe des Grenzziehverhältnisses kann man, vom Zuschnitt ausgehend, die Zahl der notwendigen Ziehstufen berechnen.

Die notwendige Zahl der Ziehstufen beim Tiefziehen wird aus dem Ziehverhältnis und dem Grenzziehverhältnis errechnet.

4. Werkstoffe für Tiefziehteile

Die Werkstoffe für Tiefziehteile müssen möglichst rein sein, damit hohe Formänderungen erzielt werden können.
Zum Tiefziehen geeignete Stähle müssen niedrige Gehalte an P, S, N und Si haben. Der Kohlenstoffgehalt liegt selten über 0,08 %, der Mangangehalt unter 0,35 %.

Beispiele für Tiefziehwerkstoffe und Verarbeitungshinweise

Werkstoff	$R_{p0,2}$ N/mm²	R_m N/mm²	Erreichbares Ziehverhältnis Erstzug	1. Weiterzug ohne Zwischenglühen	1. Weiterzug mit Zwischenglühen	Schmierstoff
Unlegierte weiche Stähle						• in Wasser emulgierbare Öle mit bei wachsender Beanspruchung steigendem Seifen- bzw. Feststoffanteil
Fe P01 (St 12)	≤ 280	270 bis 410	1,9	1,2	1,6	
Fe P03 (RR St 13)	≤ 250	270 bis 370	2,0	1,25	1,65	
Fe P04 (St 14)	≤ 220	270 bis 350	2,1	1,3	1,7	
Messing						• starke Seifenlauge, mit Öl vermischt oder Rüböl • seifen- und fetthaltige, in Wasser emulgierbare Öle, ggf. mit Zusatz von kornfreiem Graphit
CuZn 40 F 35	< 235	345	2,1	1,4	2,0	
CuZn 37 F 30	< 195	295 bis 370	2,1	1,4	2,0	
CuZn 28 F 28	< 155	275 bis 350	2,2	1,4	2,0	
CuZn 10 F 24	< 135	235 bis 295	2,2	1,3	1,9	
Neusilber						
CuNi 12 Zn 24 F	< 295	340 bis 410	1,9	1,3	1,8	

Übungsaufgaben 14/32 bis 14/35

14.6 Schmieden

Rohteile aus Stahl oder Nichteisenmetallen können durch Schmieden ihre Halbfertig- oder Fertigform erhalten. Das Ausgangsmaterial wird erwärmt und durch Druckkräfte zum Schmiedestück umgeformt. Schmieden gehört zu den **Warmumformverfahren**. Zum Schmieden eigenen sich bis auf wenige Ausnahmen fast alle Metalle und Metall-Legierungen. Das manuelle Schmieden gehört zu den ältesten Handwerken, z. B. Kunstschmieden. Das industrielle Schmieden stellt Bauteile für den Fahrzeug-, Flugzeug- und Serienbau her, z. B. Kurbelwellen.

Schmiedeteile

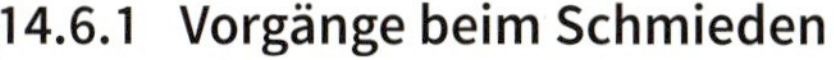

14.6.1 Vorgänge beim Schmieden

Die beim Schmieden aufgebrachten Druckkräfte bewirken, dass sich die Form des Rohteils in Druckrichtung verkürzt und der Werkstoff seitlich ausweicht. Eine Volumenveränderung tritt dabei nicht ein. Der Gefügeaufbau wird jedoch verändert, da eine Verschiebung der Kristallkörner und eine Kornverfeinerung eintritt. Der Faserverlauf des gewalzten Ausgangsmaterials wird durch das Umformen nicht unterbrochen.

Wegen der Kornverfeinerung und des nicht unterbrochenen Faserverlaufs hat das Schmiedestück höhere Festigkeitseigenschaften als das Ausgangsmaterial. Deshalb werden z. B. Kurbelwellen geschmiedet und nicht aus dem vollen Material durch Spanabnahme herausgearbeitet. Es werden vor allem Werkstücke, die einer hohen Dauerbelastung durch wechselnde Kräfte ausgesetzt sind, geschmiedet.

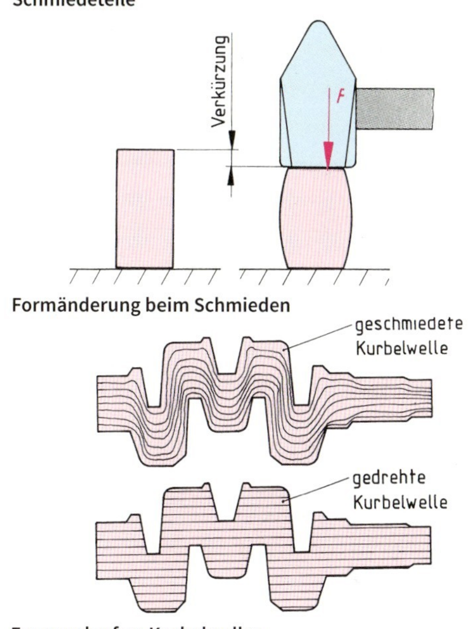

Formänderung beim Schmieden

Faserverlauf an Kurbelwellen

> **!** Beim Schmieden werden metallische Werkstücke durch Durckkräfte umgeformt. Dabei werden die Festigkeitseigenschaften des Schmiedestücks verbessert.

Schmieden gehört zu den **Warmumformverfahren**. Das Umformen wird oberhalb der Rekristallisationstemperatur durchgeführt. Die Temperatur, die das Rohteil zu Beginn des Schmiedens hat, wird Anfangstemperatur genannt. Die Anfangstemperatur ist so hoch wie möglich zu wählen, damit der Umformwiderstand möglichst klein wird und ein möglichst großer Bereich für die Abkühlung während der Schmiedevorgänge zur Verfügung steht. Die niedrigste Temperatur, bei der das Schmiedeteil noch geschmiedet werden darf, wird Endtemperatur genannt.

Der Temperaturbereich für das Schmieden von unlegierten Stählen ist vor allem vom Kohlenstoffgehalt abhängig.

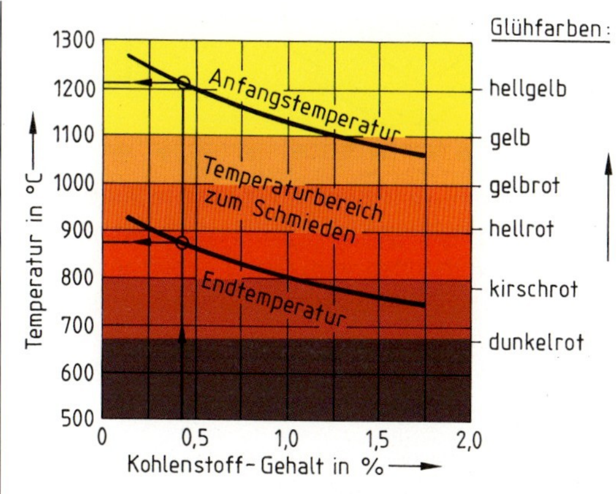

Schmiedetemperaturbereich bei unlegierten Stählen

14.6.2 Schmiedeverfahren

1. Freiformschmieden

Das erwärmte Schmiederohteil wird auf den Amboss gelegt und erhält durch Hammerschläge seine neue Form. Der Werkstoff kann zwischen den Wirkflächen des Hammers und des Ambosses frei ausweichen. Daher nennt man dieses Verfahren Freiformschmieden. Bei größeren Werkstücken wird die Umformkraft nicht von Hand, sondern durch maschinell betriebene Schmiedehämmer oder Schmiedepressen aufgebracht.

Übersicht über eine Auswahl von einfachen Schmiedearbeiten

Recken 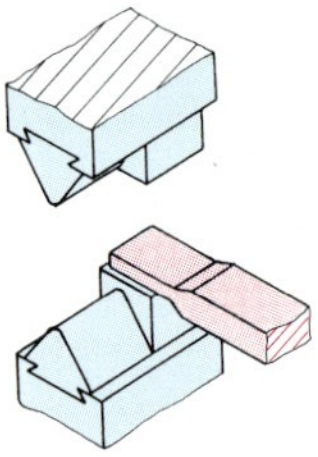	Absetzen 	Breiten 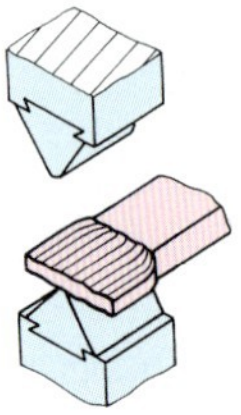	Stauchen 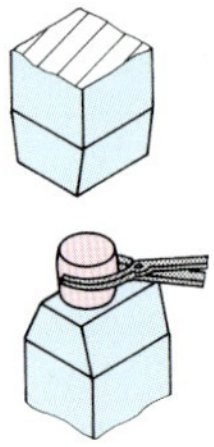

> **!** Beim Freiformschmieden kann der Werkstoff zwischen den Wirkflächen der Schmiedewerkzeuge frei ausweichen. Die Form des gewünschten Werkstücks ist nicht oder nur teilweise im Werkzeug eingearbeitet.

2. Gesenkschmieden

Beim Gesenkschmieden werden Schmiedewerkzeuge aus hochwertigem Stahl eingesetzt, in die die Hohlräume eingearbeitet sind, die der äußeren Werkstückform entsprechen. Diese Schmiedewerkzeuge bezeichnet man als **Gesenke**, den Hohlraum im Gesenk nennt man **Gravur**.

Beispiel für das Schmieden eines Werkstücks im Gesenk

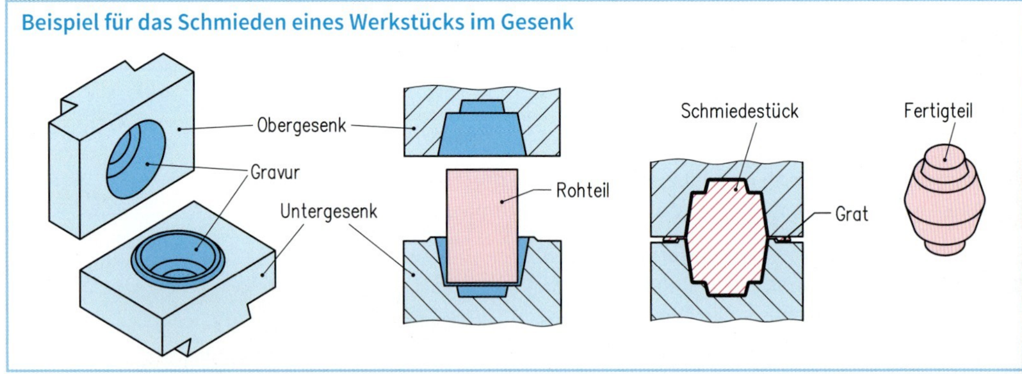

Das auf Schmiedetemperatur erwärmte Rohteil wird unter der Wirkung von Druckkräften in die Gravur des Gesenkes geschlagen oder gepresst. Damit die Hohlform vollständig ausgefüllt wird, muss überschüssiger Werkstoff vorhanden sein. Dieser überschüssige Werkstoff wird in der Teilungsebene zwischen Ober- und Untergesenk herausgepresst und bildet einen Grat. Der dünne Grat erkaltet schneller als der in der Hohlform befindliche Werkstoff. Der erkaltete Grat verhindert ein Ausweichen des Werkstoffs in die Trennfuge. Dies bewirkt, dass der vorhandene Werkstoff stets die Gravur vollständig füllt.

> **!** Gesenkschmieden ist ein Druckumformen mit Formwerkzeugen, die das Werkstück ganz oder zum größten Teil umschließen.

Übungsaufgaben 14/39 bis 14/44

14.6.3 Berechnung von Schmiederohlängen

Zur Herstellung von Schmiedeteilen ist die Berechnung der Rohlänge des umzuformenden Stückes erforderlich. Bei dieser Berechnung geht man davon aus, dass der Rohling und das zu fertigende Teil die gleiche Masse haben.
Da das Volumen von Metallen bei einer Umformung nicht verändert wird, kann man in diesen Fällen vom Volumen statt von der Masse ausgehen.

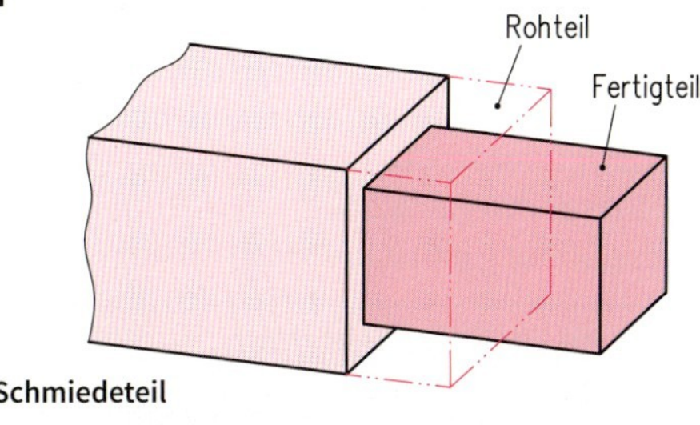

Schmiedeteil

! Beim Kaltumformen von Metallen haben Rohling und Werkstück gleiches Volumen.

Da beim Warmumformen Verluste infolge Abbrand, Grat u.a. entstehen, muss das Volumen des Rohteiles größer als das zu formende Werkstück sein. Diese Volumenzugabe wird meist in Prozent ausgedrückt. Das Volumen des Werkstückes ist dabei stets 100 %.

! Beim Warmumformen von Metallen hat der Rohling wegen des Abbrands bzw. Grats ein größeres Volumen als das Werkstück

Zur Berechnung von Rohlängen für Schmiedeteile geht man in folgenden Schritten vor:
1. Berechnung des Werkstückvolumens V_W (Volumen des Fertigteils).
2. Berechnung des Rohteilvolumens V_R durch Zuschlag der Volumenzugabe V_Z.
3. Errechnung der Länge des Rohlings L_R.

Beispiel für die Berechnung einer Rohlänge

Aufgabe

An ein Rundmaterial soll entsprechend der Skizze ein Vierkantkopf warm angestaucht werden. Als Verlust werden 12 % des Werkstoffvolumens des Fertigteils angenommen. Die erforderliche Rohlänge des Rundmaterials ist zu berechnen.

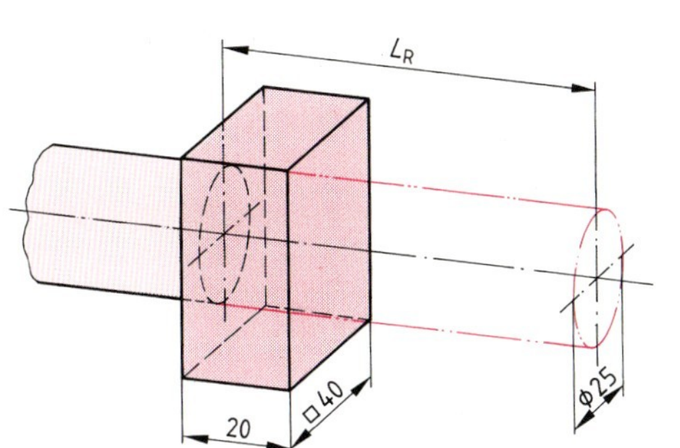

Gegeben: Skizze $V_Z = 0{,}12$ *Gesucht:* L_R

Lösung

1. Werkstückvolumen

$V_W = l \cdot b \cdot h$ $V_W = 40\text{ mm} \cdot 40\text{ mm} \cdot 20\text{ mm}$ $\mathbf{V_W = 32\,000\text{ mm}^3}$

2. Rohteilvolumen

$V_R = V_W \cdot V_Z$ $V_R = 32\,000\text{ mm}_3 + 32\,000\text{ mm}_3 \cdot 0{,}12$ $\mathbf{V_R = 35\,840\text{ mm}_3}$

3. Rohlingslänge

$A_R = \frac{d^2 \cdot \pi}{4}$ $A_R = \frac{(25\text{ mm})^2 \cdot \pi}{4}$ $A_R = 490{,}9\text{ mm}^2$

Anschließend wird die zusätzliche Rohlänge ermittelt:

$L_R = \frac{V_R}{A_R}$ $L_R = \frac{35\,840\text{ mm}^3}{490{,}9\text{ mm}^2}$ $\mathbf{L_R = 73\text{ mm}}$

14.7 Fließpressen

1. Fließpressverfahren

Fließpressen ist ein Druckumformverfahren, bei dem aus Stababschnitten oder Blechausschnitten Werkstücke erzeugt werden. Der Rohling wird dabei in einer Matrize durch einen Stempel unter so hohen Druck gesetzt, dass der Werkstoff durch eine Öffnung, z. B. den Ringspalt zwischen Stempel und Matrize, gedrängt wird. Diese Öffnung gibt zusammen mit dem Stempel und der Matrize die Kontur des Werkstückes.

Beispiele für Fließpressverfahren

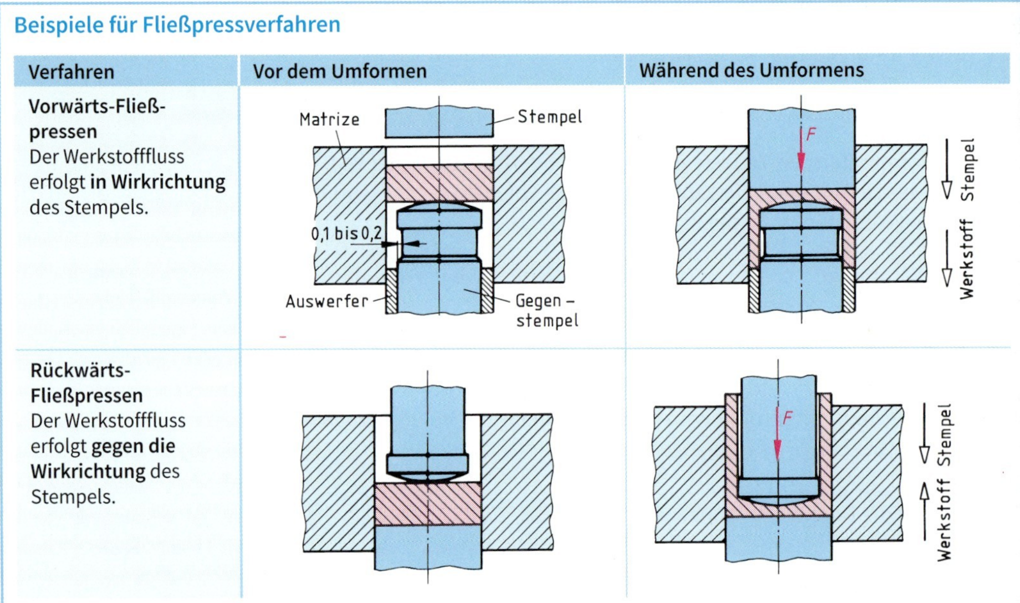

Verfahren	Vor dem Umformen	Während des Umformens
Vorwärts-Fließpressen Der Werkstofffluss erfolgt **in Wirkrichtung** des Stempels.		
Rückwärts-Fließpressen Der Werkstofffluss erfolgt **gegen die Wirkrichtung** des Stempels.		

Fließpressen ist ein Druckumformverfahren zur Erzeugung einzelner Werkstücke.
Die Formgebung geschieht durch Fließen des Werkstoffes in eine formgebende Werkzeugöffnung.

2. Herstellbare Werkstückformen

Durch Fließpressen sind Voll- und Hohlkörper herstellbar, die *keine* seitliche Durchbrüche oder Hinterschneidungen besitzen. Am einfachsten sind symmetrische Bauteile ohne Materialanhäufungen herstellbar, die gut gerundete Kanten und Übergänge besitzen.

Die Herstellung der Werkstücke geschieht je nach notwendiger Umformung in einem oder mehreren Pressvorgängen mit eventuellem Zwischenglühen.

Fließpressteile mit Verzahnungen

Viele Teile, die durch Fließpressen hergestellt werden, können auch durch Tiefziehen erzeugt werden. Gegenüber dem Tiefziehen sind jedoch beim Fließpressen auch Werkstücke mit unterschiedlichen Wanddicken, Verdickungen, Stegen u. a. zu erzeugen.

Ein weiterer Vorteil des Fließpressens gegenüber dem Tiefziehen liegt in kürzeren Fertigungszeiten und höherer Formänderung.

Durch Fließpressen lassen sich alle Werkstückformen, die keine seitlichen Durchbrüche oder Hinterschneidungen besitzen, herstellen.

Übungsaufgaben 14/46 bis 14/50

14.8 Richten

Verformte Werkstücke können durch Richten wieder in eine verwendbare Form überführt werden. Je nach Werkstückdicke, Profilform und Art der Verformung wendet man Richten durch äußere Krafteinwirkung oder Richten durch Wärmewirkung an.

1. Richten durch äußere Krafteinwirkung

Beim Richten durch äußere Krafteinwirkung staucht man die durch Verbiegen zu lang gewordene Seite bzw. streckt die verkürzte Seite.

Beispiele für Richten durch äußere Krafteinwirkung mit dem Hammer

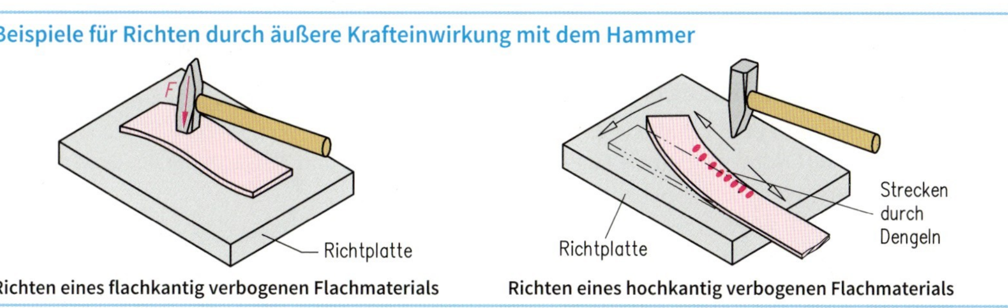

Richten eines flachkantig verbogenen Flachmaterials | **Richten eines hochkantig verbogenen Flachmaterials**

Verbogene Flachstäbe und Profile können auch im Schraubstock oder in Pressen gerichtet werden. Das gezielte Aufbringen der Kräfte erfolgt über Beilagen an drei Stellen des verbogenen Werkstücks. Die Größe der Richtkräfte kann allmählich gesteigert und genau gesteuert werden. Dadurch wird die Werkstückoberfläche geschont und der Querschnitt verändert sich kaum.

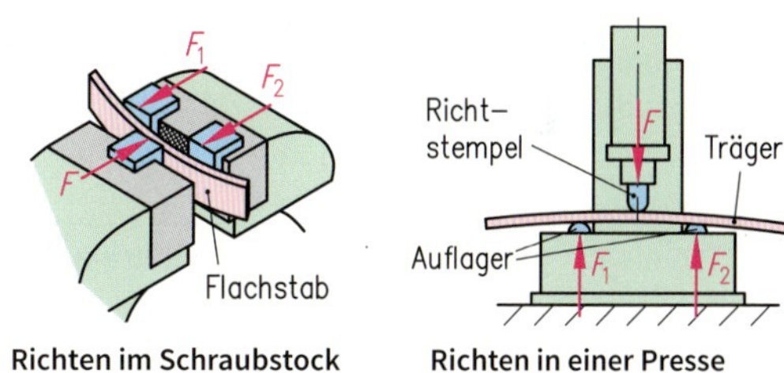

Richten im Schraubstock | **Richten in einer Presse**

! Beim Kaltrichten werden gestreckte Fasern durch äußere Krafteinwirkung gestaucht.

2. Richten durch Wärmewirkung

Richten durch Wärmewirkung geschieht durch geschickte Ausnutzung der Wärmedehnung: Durch Erwärmen über 500 °C, z. B. bei Stahl, sinkt die Festigkeit des Werkstoffs erheblich.
Erwärmt man nun bestimmte Werkstückbereiche so, dass sie sich infolge der umgebenden kalten Werkstückpartien nicht ausdehnen können, so führt dies zu erheblichen Druckspannungen. Diese Druckspannungen bewirken eine Stauchung des heißen Werkstückbereichs.
Beim Abkühlen zieht sich der gestauchte, heiße Bereich zusammen und ist im kalten Zustand kürzer als vor der Erwärmung, so erfährt das Werkstück die gewünschte Formänderung.

Beispiele für Richten durch Wärmeeinwirkung

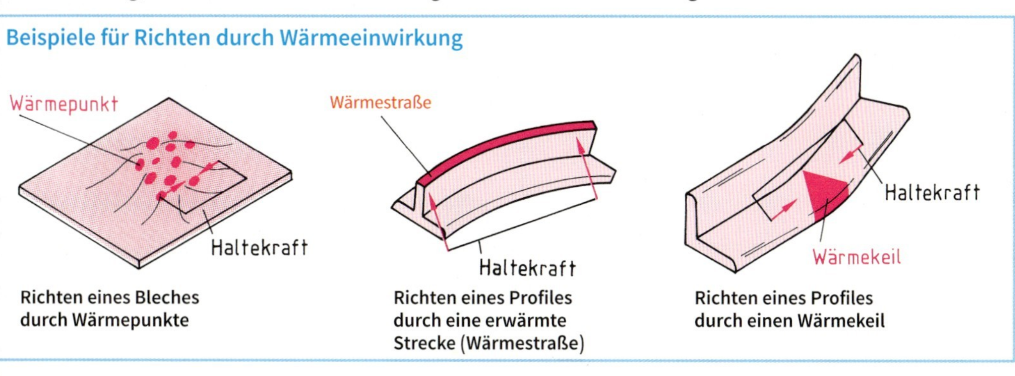

Richten eines Bleches durch Wärmepunkte | **Richten eines Profiles durch eine erwärmte Strecke (Wärmestraße)** | **Richten eines Profiles durch einen Wärmekeil**

! Beim Warmrichten werden gestreckte Fasern hauptsächlich durch Wärmespannungen gestaucht.

15 Fertigungsverfahren des Fügens

Durch die Fertigungsverfahren des Urformens, Umformens und Trennens werden Werkstücke als Einzelteile hergestellt. Fertigungsverfahren, die dazu dienen, zusammengesetzte Baugruppen, vollständige Geräte und Maschinen herzustellen, ordnet man nach DIN 8580 den Verfahren des Fügens zu.

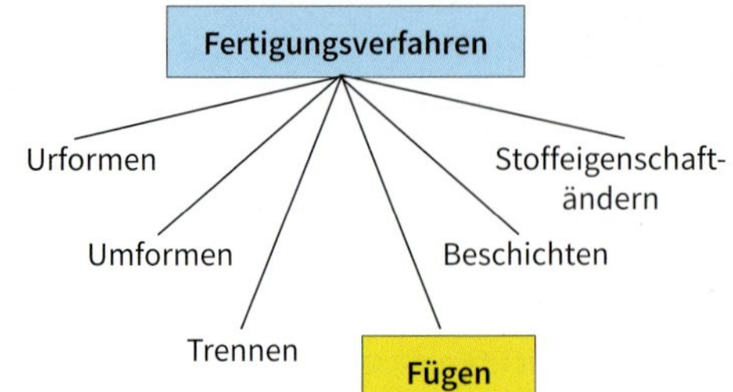

15.1 Grundbegriffe

15.1.1 Einteilung der Fügeverfahren

1. Unterscheidung nach dem Schaffen des Zusammenhalts

Entsprechend der DIN-Norm werden die Fügeverfahren nach der Art und Weise, in der ein Zusammenhalt geschaffen wird, in Gruppen unterteilt.

Wichtige Fügeverfahren sind

- **Fügen durch Zusammensetzen**, z. B. durch Einlegen einer Feder,
- **Fügen durch An- und Einpressen**, z. B. durch Anpressen mit Schrauben,
- **Fügen durch Schweißen**, z. B. durch WIG-Schweißen,
- **Fügen durch Löten**, z. B. durch Hartlöten,
- **Fügen durch Kleben**, z. B. durch Metallkleben,
- **Fügen durch Umformen**, z. B. durch Falzen,
- **Fügen durch Urformen**, z. B. durch Eingießen.

Beispiele für Fügeverfahren bei der Montage eines Fußpedals

Einzelteile

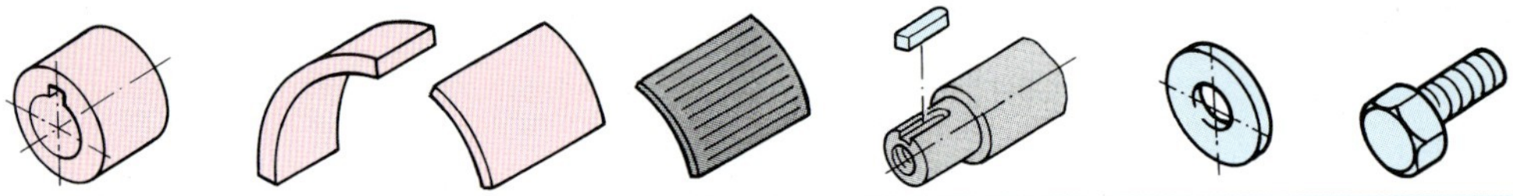

Fügeverfahren

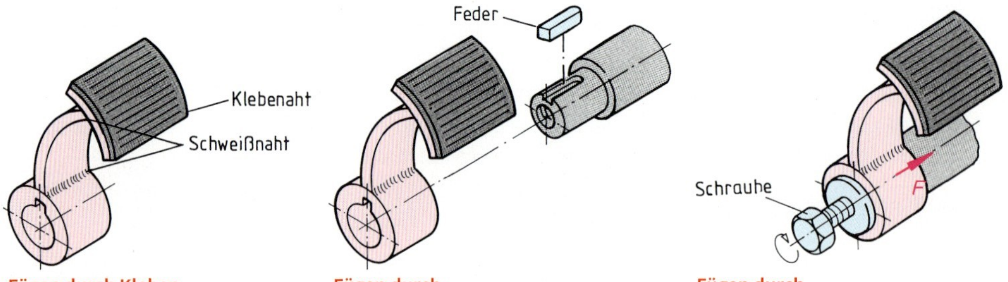

Klebenaht
Schweißnaht
Feder
Schraube
F

Fügen durch Kleben
Fügen durch Schweißen

Fügen durch Zusammensetzen

Fügen durch An- und Einpressen

Baugruppe

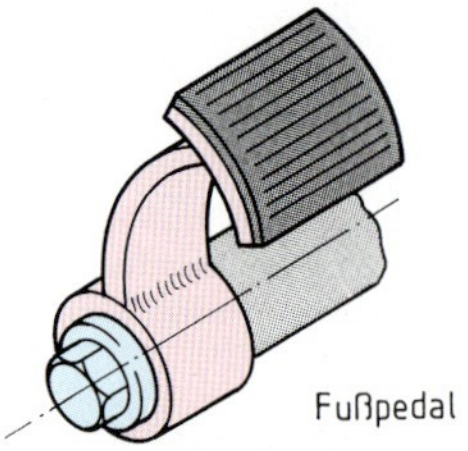

Fußpedal

Übungsaufgaben 15/1; 15/2

2. Unterscheidung der Fügeverfahren nach Art der Kraftübertragung

Die Kraftübertragung von einem Bauelement auf das nächste kann unterschiedlich bewirkt werden:

- **Formschluss:** Gefügte Bauteile übertragen durch entsprechend gestaltete Bauelemente Kräfte.
- **Kraftschluss:** Reibungskräfte zwischen Bauelementen ermöglichen Kraftübertragung.
- **Stoffschluss:** Zusammenhaltskräfte zwischen den Werkstoffteilchen der gefügten Bauelemente übertragen Kräfte.

Beispiele für Form-, Kraft- und Stoffschluss beim Fügen einer Welle mit einer Nabe

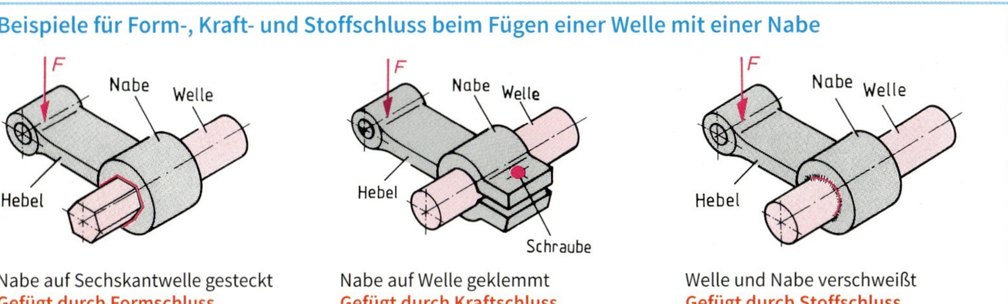

Nabe auf Sechskantwelle gesteckt
Gefügt durch Formschluss

Nabe auf Welle geklemmt
Gefügt durch Kraftschluss

Welle und Nabe verschweißt
Gefügt durch Stoffschluss

> **!** Nach der Art der Kraftübertragung unterscheidet man:
> - Formschluss,
> - Kraftschluss,
> - Stoffschluss.

3. Unterscheidung der Fügeverfahren nach der Beweglichkeit der gefügten Bauelemente

Durch Fügeverfahren können starre oder bewegliche Verbindungen zwischen Bauelementen entstehen.
Starre, unlösbare Verbindungen sind nur durch Zerstörung wieder lösbar.
Starre, lösbare Verbindungen hingegen können bei Bedarf einfach getrennt werden.
Bewegliche Verbindungen lassen an den gefügten Bauteilen vorbestimmte Bewegungen zu.

Beispiele für starre und bewegliche Verbindungen

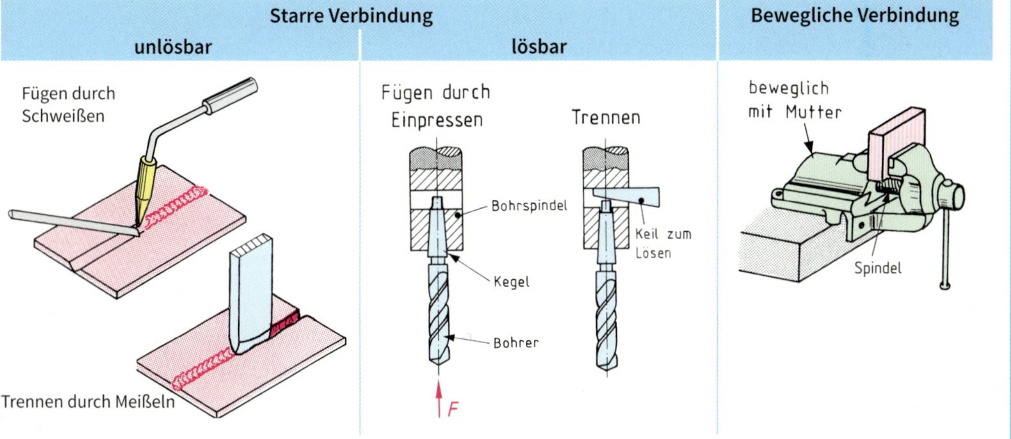

> **!** Nach der Beweglichkeit der verbundenen Bauelemente unterscheidet man:
> - starre, unlösbare Verbindungen,
> - starre, lösbare Verbindungen,
> - bewegliche Verbindungen.

15.1.2 Reibung

1. Reibungskraft

Versucht man aufeinander gepresste Flächen gegeneinander zu bewegen, so entsteht ein Widerstand gegen diese Verschiebung. Dieser Widerstand ist die **Reibungskraft** F_R. Reibungskräfte sind unerwünscht, wenn Bauteile aufeinander gleiten sollen.

Reibungskräfte sind aber überall dort erwünscht, wo Bauteile durch Kraftschluss gefügt werden sollen.
Die Größe der Reibungskraft ist abhängig von

- der **Normalkraft** F_N. Diese ist die Kraft, welche senkrecht auf die Reibungsflächen wirkt.
- der Werkstoffkombination und der Beschaffenheit der aufeinander gepressten Werkstückoberflächen.

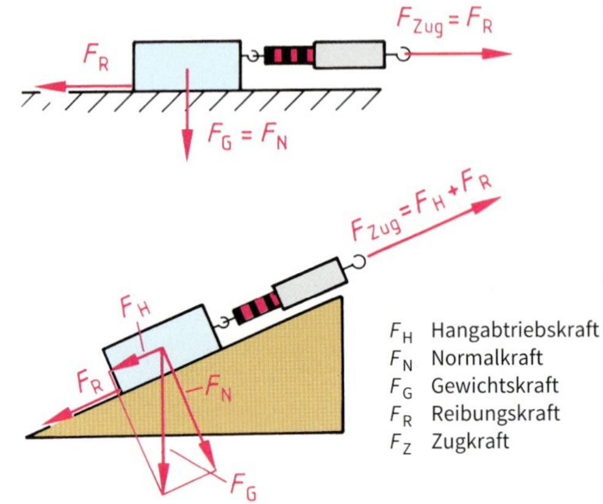

Reibungskraft an der geneigten Ebene

Die Werkstoffkombination und die Beschaffenheit der Oberflächen werden mit der **Reibungszahl** μ erfasst.
Die Reibungskraft ist von der Größe der Reibungsflächen unabhängig.
Die Reibungskraft wirkt immer der angestrebten Bewegung entgegen.
Mit steigender Normalkraft wächst im gleichen Verhältnis die Reibungskraft. Es gilt somit:

$$F_R = \mu \cdot F_n$$

F_R Reibungskraft
F_n Normalkraft
μ Reibungszahl

> **!** Die Reibungskraft ist von der Normalkraft und der Reibungszahl abhängig.
> Die Reibungskraft wirkt einer entstehenden oder vorhandenen Bewegung immer entgegen.

2. Reibungsarten

Haftreibung muss überwunden werden, wenn ein Bauteil aus dem Ruhezustand in Bewegung gesetzt werden soll.

Gleitreibung muss überwunden werden, um ein Bauteil in gleichförmiger Bewegung zu halten. Gleitreibung ist immer kleiner als Haftreibung.

Rollreibung tritt zwischen aufeinander rollenden Bauteilen auf. Sie ist erheblich kleiner als Gleitreibung.

Reibungskräfte können durch Schmierung verringert werden.

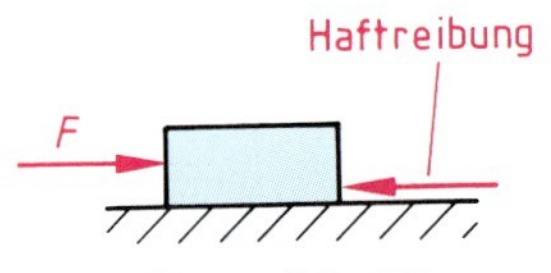

Körper eben noch in Ruhe

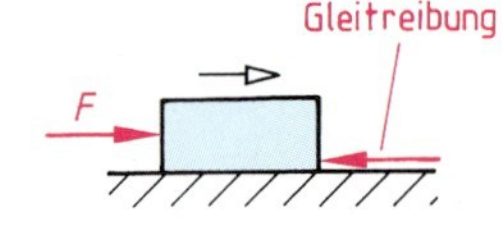

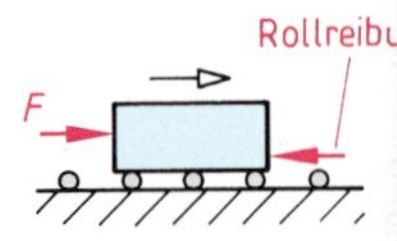

Körper in gleichförmiger Bewegung

3. Richtwerte für Reibungszahlen

Werkstoffpaarung (Glatte Oberflächen)	Beispiel	Haftreibungszahl μ_0		Gleitreibungszahl μ	
		trocken	geschmiert	trocken	geschmiert
Stahl/Stahl	Schraubstockführung	0,18	0,1	0,13	0,05
Gummi/Gusseisen	Riemen auf Riemenscheibe	0,55	0,3	0,4	0,2
Bremsbelag/Stahl	Scheibenbremse	–	–	0,3 ... 0,5	0,15 ... 0,3
		Rollreibungszahl μ_r			
Stahl/Stahl	Wälzlager	je nach Bauart 0,0005 ... 0,001,			
Gummi/Asphalt	Reifen auf Straße	je nach Größe 0,015 ... 0,025, 0,03 ... 0,04			

Übungsaufgaben 15/7 bis 15/14

15.2 Fügen mit Gewinden

15.2.1 Gewinde

1. Einsatz von Gewinden

Bei Schrauben und Spindeln nutzt man Gewinde zum Fügen.

Schrauben mit **Befestigungsgewinde** setzt man dann ein, wenn

- die Verbindung häufiger gelöst werden muss, z. B. zur Befestigung von Radfelgen.
- genaue Anpresskräfte gefordert werden, z. B. zum Aufpressen des Zylinderkopfes auf einen Motorblock.
- die Montage erleichtert werden soll, z. B. Verschrauben der Teile von Gittermasten.

Befestigungsgewinde sind meist Spitzgewinde.

Spindeln mit **Bewegungsgewinde** werden eingesetzt, wenn

- große Längsbewegungen aus einer Drehbewegung erzeugt werden sollen, z. B. Leitspindel an der Drehmaschine.
- große Längskräfte aus einer Drehbewegung erzeugt werden müssen, z. B. Spindel am Schraubstock.

Bewegungsgewinde sind meist Trapezgewinde.

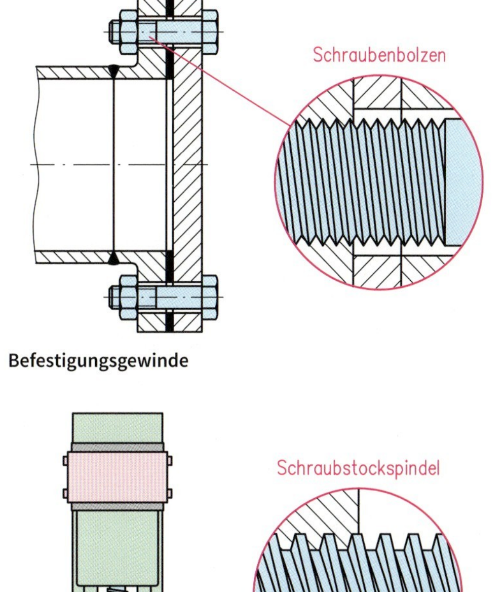

Befestigungsgewinde

Bewegungsgewinde

2. Kraftverstärkung durch den Gewindegang

Befestigungsschrauben werden mit bestimmten Drehmomenten angezogen. Spindeln mit Bewegungsgewinde werden mit bestimmten Drehmomenten gedreht.

Aus dem wirksamen Drehmoment lässt sich die Umfangskraft am Flankendurchmesser des Gewindes errechnen:

$$F_u = \frac{M_d}{0{,}5 \cdot d_2}$$

F_u Umfangskraft
d_2 Flankendurchmesser
M_d Drehmoment

Um die weitere Untersuchung über die Kräfte in einer Schraubenverbindung zu vereinfachen, wird ein einzelner Gewindegang eines Flachgewindes abgewickelt.

Schrauben haben ein Gewinde, dessen Gänge sich mit der **Steigung** P um einen zylindrischen Kern winden. Wickelt man einen Gang am Flankendurchmesser d_2 ab, so ergibt sich ein rechtwinkliges Dreieck mit der Höhe P der Länge $d_2 \cdot \pi$. Es hat den Steigerungswinkel φ.

Eine Schraubenverbindung kann in ihrer Wirkung auf die Bauelemente mit einer Keilverbindung verglichen werden. Dabei muss der Keil in seinen Maßen einem abgewickelten Gewindegang der Mutter entsprechen. Der Keil wird mit der Umfangskraft F_u in die Nut des Bolzens getrieben. Dadurch wird der Bolzen in der Nut und am Kopf durch äußere Kräfte beansprucht. Diese Kräfte sind aus der Umfangskraft entstanden.

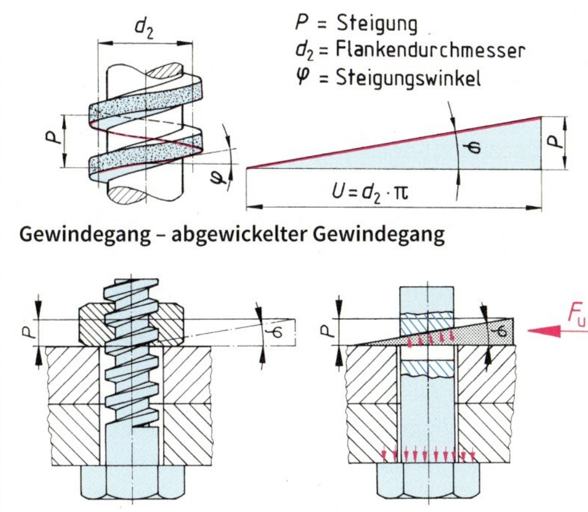

Gewindegang – abgewickelter Gewindegang

Vergleich zwischen Schraube und Keil

Übungsaufgaben 15/15 bis 15/19

Die Umfangskraft wird durch das Gewinde in eine größere Kraft in Längsrichtung umgesetzt.
Die Verhältnisse der Kräfte am Gewinde und an einem Keil mit gleichem Steigungswinkel sind gleich. Darum können Kräfte im Gewinde über die Kräftezerlegung am Keil einfach ermittelt werden.
Die **Spannkraft** ist dabei die Längskraft in der Schraube oder Spindel. Bei gleicher Umfangskraft sinkt die Spannkraft mit wachsendem Steigungswinkel.
Die Normalkraft, welche Reibung an den Gewindeflanken verursacht, ändert sich in gleicher Weise.

Beispiele für Kräfte am Gewinde

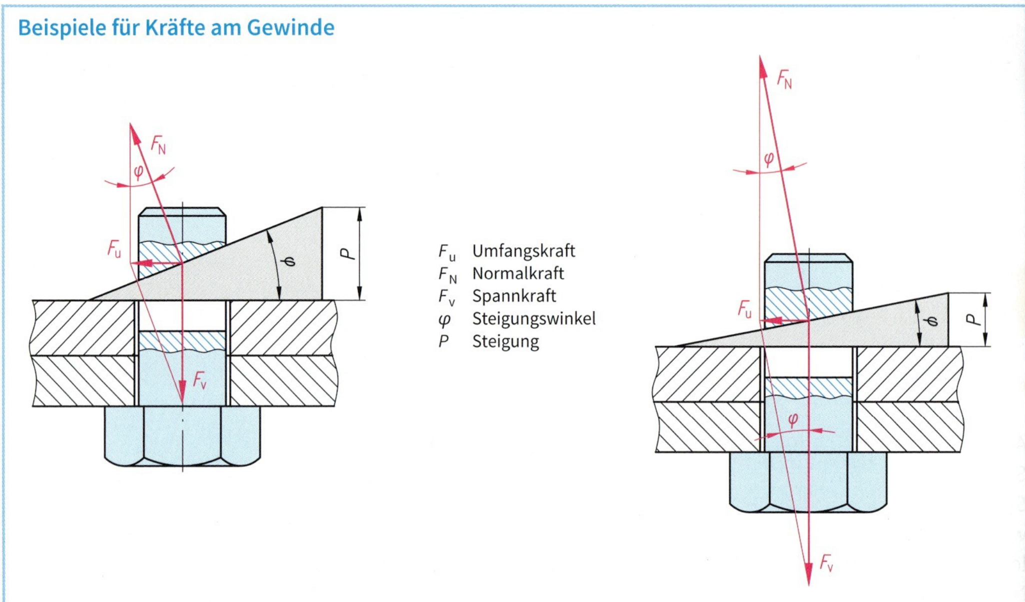

! Die Längskraft in einem Gewinde steigt bei wachsender Umfangskraft und kleinerem Steigungswinkel.

3. Selbsthemmung im Gewinde

Legt man das Keilmodell zugrunde, so erkennt man, dass bei einem großen Steigungswinkel φ der Keil nicht mehr festklemmt, sondern bei Nachlassen der Kraft F_u sich selbst löst, er ist nicht mehr selbsthemmend. Der gleiche Effekt tritt im Gewinde auf. Bei Stahlschraube und Stahlmutter liegt der Grenzwinkel bei etwa 6°. Für Befestigungsgewinde und Bewegungsgewinde in Spannzeugen usw. verwendet man deshalb Gewinde mit kleinem Steigungswinkel.
Für Bewegungsgewinde *ohne* Selbsthemmung, z. B. in Spindelpressen, werden große Steigungswinkel verwendet.

! Selbsthemmung erfordert kleine Steigungswinkel.

4. Ein- und mehrgängige Gewinde

Es gibt ein- und mehrgängige Gewinde. Bei eingängigen Gewinden ist der Abstand von Gewindeflanke zu Gewindeflanke gleich der Steigung. Bei mehrgängigen Gewinden wird dieser Abstand Teilung genannt. Die Steigung entspricht einem Mehrfachen der Teilung.
Mehrgängige Gewinde werden dort verwendet, wo man bei geringen Drehbewegungen große Längsbewegungen verlangt. Spindeln von Pressen und Schnecken von Getrieben sind daher oft mit mehrgängigen Gewinden ausgerüstet.

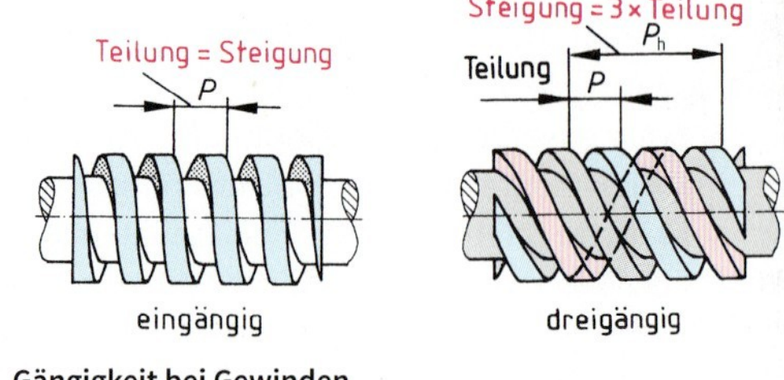

Gängigkeit bei Gewinden

! Mehrgängige Gewinde werden bei großen Gewindesteigungen eingesetzt.

Übungsaufgaben 15/20 bis 15/23

5. Rechts- und linksgängige Gewinde

Die Normalausführung bei Gewinden ist rechtsgängig. Rechtsgängig ist ein Gewinde dann, wenn der Einschraubvorgang im Uhrzeigersinn erfolgt, Linksgewinde werden gegen den Uhrzeigersinn eingeschraubt.

Beispiele für den Einsatz von Linksgewinde

Bei einem Doppelschleifbock muss eine Schleifscheibe mit Links- und die andere mit Rechtsgewinde befestigt werden, damit beim Anlauf kein Lösen erfolgt (*funktionsbedingtes Linksgewinde*).

An der Propangasflasche verhindert man durch Linksgewinde eine Verwechslung mit anderen Gasarmaturen (*sicherheitsbedingtes Linksgewinde*).

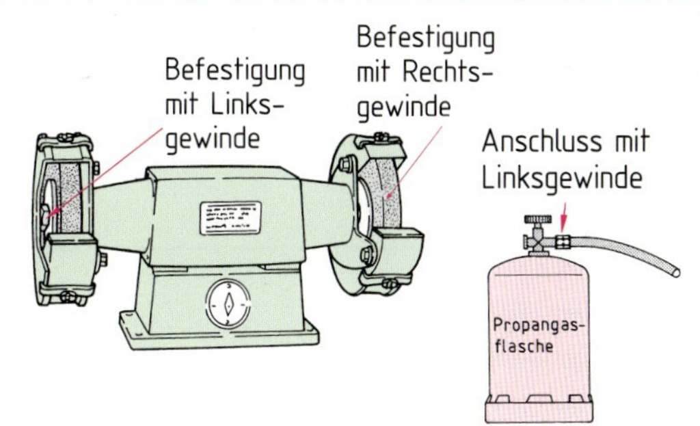

! Linksgewinde kommen nur in Sonderfällen zum Einsatz. Man verwendet sie aus funktions- und sicherheitsbedingten Gründen.

6. Ausführungsformen von Gewinden

– Befestigungsgewinde

Als Befestigungsgewinde benutzt man vor allem Spitzgewinde.

Spitzgewinde lassen sich mit geringen Steigungswinkeln bei genügend großer Gewindetiefe herstellen. Geringe Steigungswinkel führen zu großen Normalkräften und zur Selbsthemmung.

Spitzgewinde haben große Flankenwinkel. An den stark geneigten Gewindeflanken tritt durch die Kraftzerlegung eine zusätzliche Verstärkung der Normalkraft auf. Dadurch wächst die Selbsthemmung.

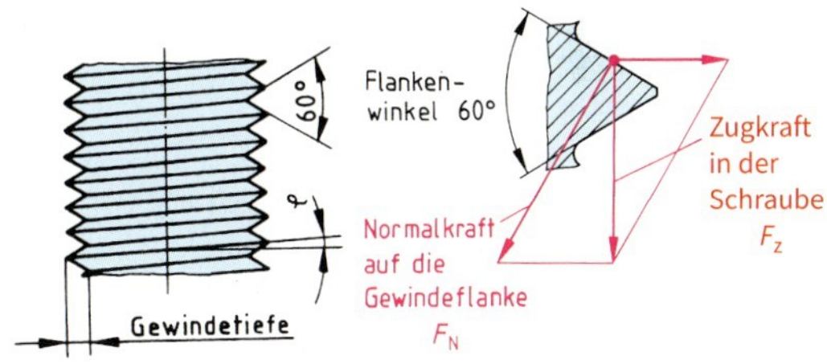

Spitzgewinde als Befestigungsgewinde

! In Spitzgewinden treten wegen der kleinen Steigungswinkel und der großen Flankenwinkel große Reibungskräfte auf; Spitzgewinde sind daher als Befestigungsgewinde besonders geeignet.

Benennung des Gewindes	Gewindeprofil	Beispiel für Maßangabe	Verwendung
Metrisches ISO-Regelgewinde (DIN 13)	60° Mutter d P Bolzen	**M 30** M – Zeichen für metrisches Gewinde 30 – Gewindenenndurchmesser „*d*“ in mm	**Befestigungsgewinde** für Schrauben und andere Bauteile
Metrisches ISO-Feingewinde (DIN 13)	60° Mutter d P Bolzen	**M 30 × 1,5** M – Zeichen für metrisches Gewinde 30 – Gewindenenndurchmesser „*d*“ in mm 1,5 – Steigung „*P*“ in mm	**Befestigungsgewinde** bei kurzen Einschraublängen, großen Nenndurchmessern, dünnwandigen Bauteilen. Stellgewinde bei Messschrauben
Whitworth Rohrgewinde (DIN EN ISO 228)	55° d P Rohr Nennweite	**G ¾** G – Zeichen für zylindrisches Rohrgewinde ¾ – Bezeichnung der Gewindegröße entspricht der Nennweite des benutzten Rohres in Zoll	**Befestigungsgewinde** für Rohre und Fittings im Installationsbau, nicht dichtend

Normangaben über zusätzliche Eigenschaften der Befestigungsgewinde (DIN ISO 965)

Zusätzliche Eigenschaft	Zusätzliche Angabe hinter der Maßangabe	Beispiel für Maßangabe	Hinweise
Gewindetoleranzen der nach Norm festgelegten Güteklasse	f = fein m = mittel c = grob oder Kurzzeichen der Gewindetoleranz nach ISO	M 30 f M 30-4h M 30-5h	
Linksgewinde	LH	M 30-LH	Die Abkürzung LH kommt von „*Left Hand*"

- **Bewegungsgewinde**

Bewegungsgewinde sollen möglichst wenig Reibung aufweisen. Am günstigsten wären Flachgewinde. Da diese jedoch schwer herstellbar sind, fertigt man Bewegungsgewinde mit geringen Flankenwinkeln.

Benennung des Gewindes	Gewindeprofil	Beispiel für Maßangabe	Verwendung
Metrisches ISO-Trapez-gewinde (DIN 103)	P, 30°, Mutter, d, Bolzen	**Tr 32 × 6** Tr – Zeichen für Trapez-gewinde 32 – Gewindenenndurch-messer „*d*" in mm 6 – Steigung „*P*" in mm	**Bewegungsgewinde** bei Spindeln für beidseitige Kraftübertragung
Sägengewinde (DIN 513)	P, 3°, 30°, Mutter, d, Bolzen	**S 30 × 6** S – Zeichen für Sägen-gewinde 30 – Gewindenenndurch-messer „*d*" in mm 6 – Steigung „*P*" in mm	**Bewegungsgewinde** für einseitig axiale Über-tragung großer Kräfte, z. B. bei Spindelpressen und Spannzangen
Rundgewinde (DIN 405)	P, 30°, Mutter, d, Bolzen	**Rd 30 × 1/8** Rd – Zeichen für Rundgewinde 30 – Gewindenenndurchmes-ser „*d*" in mm 1/8 – Steigung „*P*" in Zoll; entspricht 8 Gewindegän-ge je ein Zoll Bolzenlänge	**Bewegungsgewinde** bei Verbindungen, die starken Verschmutzungen unterliegen, z. B. Waggonverbindungen, Kupplungen; Spindeln für Ventile; in seltenen Fällen auch als Befestigungsgewinde

Normangaben über zusätzliche Eigenschaften der Bewegungsgewinde

Zusätzliche Eigenschaft	Zusätzliche Angabe hinter der Maßangabe	Beispiel für Maßangabe	Hinweise
Gewindetoleranzen der nach Norm festgelegten Güteklasse	f = fein m = mittel c = grob oder Kurzzeichen der Gewindetoleranz	Tr 32 x 6f	
Linksgewinde	LH	Tr 32 x 6-4g-LH	Die Abkürzung LH kommt von „*Left Hand*"
Mehrgängige Gewinde	hinter dem Kurzzeichen und dem Gewindedurchmesser folgt die Steigung und die Teilung	Tr 60 x Ph 14 P7 Tr 60 x Ph 14 P7-8e Tr 32 x Ph 9 P3-LH	Die Teilung wird mit dem Buchstaben *P* hinter die Steigung P_h gesetzt. Gangzahl = $\frac{\text{Steigung}}{\text{Teilung}} = \frac{P_h}{P}$

! Bewegungsgewinde erhalten möglichst geringe Flankenwinkel.

Übungsaufgaben 15/27 bis 15/33

15.2.2 Schrauben, Muttern und Sicherungen

1. Schrauben- und Mutternformen

Schrauben unterscheiden sich in ihren verschiedenen Ausführungsformen vor allem durch die Gestaltung des Kopfes, durch das benutzte Gewinde und durch die Ausführung des Bolzenendes.

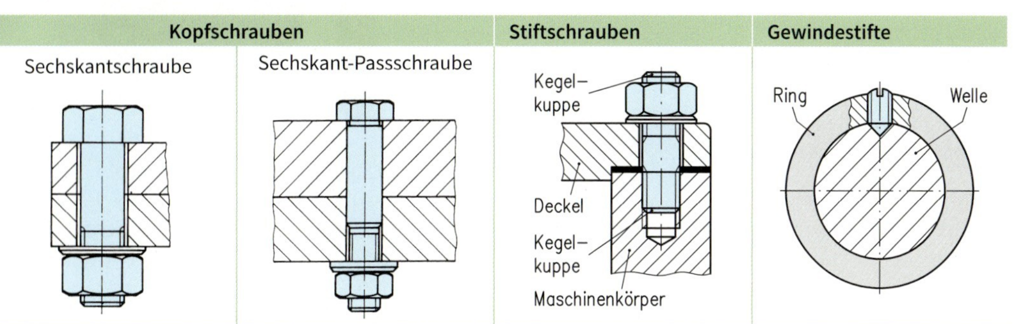

2. Sicherungen von Schraubenverbindungen

Bei Schraubverbindungen, die richtig ausgelegt sind, ist der Reibungswiderstand im Gewinde und unter dem Schraubenkopf so groß, dass ein selbsttätiges Lösen verhindert wird. Die sogenannte Vorspannkraft ist ausreichend groß. Man spricht in diesem Fall von einer selbsthemmenden Verbindung.

Schwingungen, Temperaturschwankungen und Lastwechsel können allerdings selbsttätiges Lösen von Schraubenverbindungen bewirken.

Schraubensicherungselemente kommen immer dann zum Einsatz, wenn durch konstruktive Maßnahmen bei der Schraubenverbindung die geforderte Sicherheit nicht gewährleistet werden kann.

Je nach Funktion der Sicherungselemente unterscheidet man im Wesentlichen drei Gruppen:

- Setzsicherungen,
- Verliersicherungen und
- Losdrehsicherungen.

– Setzsicherung

Erfolgt aufgrund der Belastung einer Schraubverbindung eine plastische Verformung der Schraube (Verlängerung, Verkürzung) verliert sie an Vorspannkraft. Diesen Vorgang bezeichnet man als Setzen. Die Klemmkraft reduziert sich und die Schraube lockert sich.

Das Sicherungselement muss also durch einen hinreichend großen elastischen Federweg das Setzen verhindern. Das lässt sich u. a. durch folgende Sicherungselemente bewerkstelligen:

- Spannscheibe,
- Kombischraube,
- Tellerfeder,
- Flanschschraube.

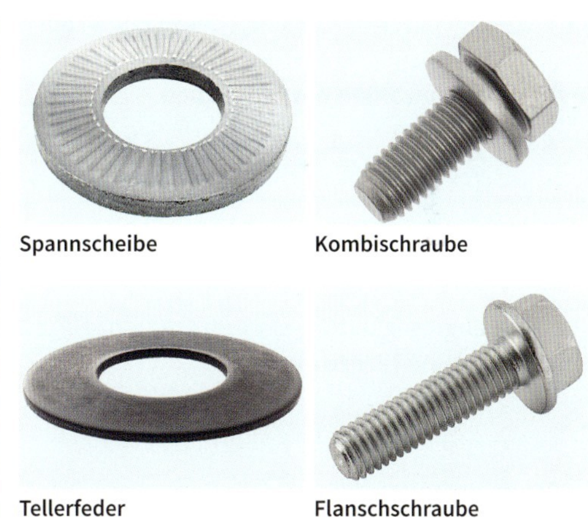

Spannscheibe | Kombischraube | Tellerfeder | Flanschschraube

– Verliersicherung

Verliersicherungen sind Sicherungselemente, die bei Querbelastung das vollständige Auseinanderfallen einer Schraubverbindung verhindern. Ein Lösen der Schraubenverbindung ist aber durchaus möglich.

Nachfolgend sind mögliche Sicherungselemente beispielhaft aufgeführt:

- Kronenmutter; nur bis zu einer Festigkeitsklasse von 8.8,
- Mutter mit Kunststoffeinsatz oder -beschichtung,
- Muttern mit Klemmteil,
- Drahtsicherung.

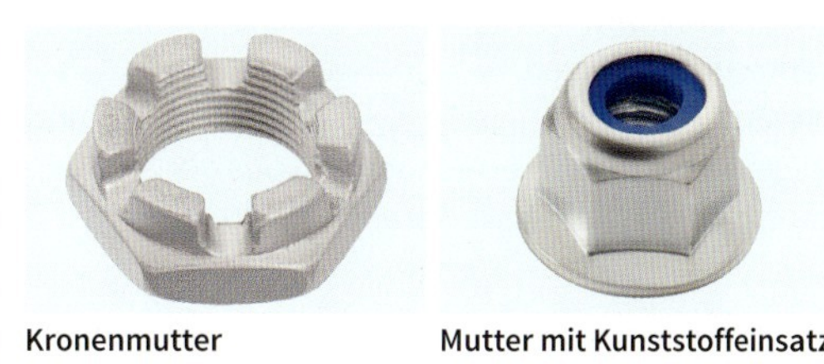

Kronenmutter | Mutter mit Kunststoffeinsatz

– **Losdrehsicherung**

Die Losdrehsicherungen sind in der Lage, über die gesamte Einsatzzeit die Vorspannkraft der Schraubenverbindung aufrecht zu halten.

Hierzu gehören u. a.:
- Schrauben mit mikroverkapselter Vorbeschichtung,
- Schrauben mit Flüssigklebstoff,
- Keilscheibensicherungspaar.

Schraube mit mikroverkapseltem Klebstoff

> **!** Schraubenverbindungen sollen durch richtiges Anziehen der Schraube gegen Lösen gesichert sein. Schraubensicherungen gewähren einen zusätzlichen Schutz.

1. Festigkeit von Schrauben und Muttern

– **Schraubenfestigkeit**

Die Festigkeitsklassen für Schrauben und Muttern aus Stahl sind genormt. Die Schrauben sind am Kopf meist durch zwei Zahlen, z. B. 12.9, gekennzeichnet, die durch einen Punkt getrennt sind. Diese Zahlenangabe wird Festigkeitskennzahl genannt. Aus dieser lassen sich Festigkeitskennwerte des Werkstoffs ermitteln.

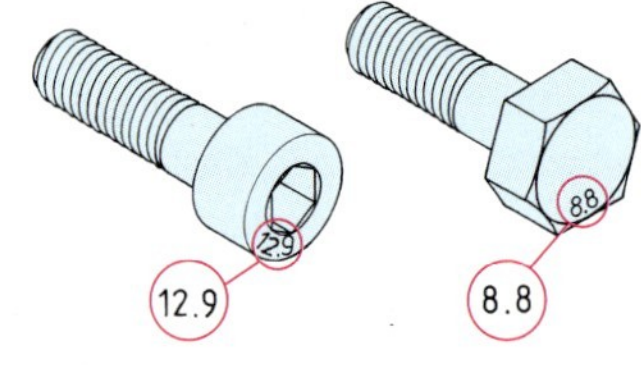

Festigkeitskennzahl bei Schrauben

Die erste Zahl ist die Kennzahl für die Zugfestigkeit R_m des Werkstoffes der Schraube. Zur Ermittlung der Zugfestigkeit aus der Kennzahl wird die erste Zahl mit 100 multipliziert. Man erhält die Zugfestigkeit in N/mm^2. Die Streckgrenze des Schraubenwerkstoffes lässt sich mithilfe der ersten und der zweiten Kennzahl ermitteln. Die erste Zahl mit dem 10-fachen der zweiten Zahl multipliziert ergibt die Streckgrenze R_{eH} in N/mm^2.

Festigkeitskennzahlen bei Schrauben

3.6	4.6	4.8	5.6	5.8	6.6	6.8	6.9	8.8	10.9	12.9	14.9

Beispiel für die Ermittlung der Festigkeitskennwerte aus der Festigkeitskennzahl

Aufgabe

Es sind Zugfestigkeit R_m und Streckgrenze R_{eH} einer Schraube 12.9 zu ermitteln.

Lösung

Zugfestigkeit: $R_m = 12 \cdot 100 \frac{\text{N}}{\text{mm}^2} = \mathbf{1200} \frac{\textbf{N}}{\textbf{mm}^2}$

Streckgrenze: $R_{eH} = 12 \cdot 9 \cdot 10 \frac{\text{N}}{\text{mm}^2} = \mathbf{1080} \frac{\textbf{N}}{\textbf{mm}^2}$

– **Mutternfestigkeit**

Auch Muttern werden meist mit einer Festigkeitskennzahl versehen. Zulässig sind auch Markierungen durch Striche, die bestimmten Festigkeitskennzahlen zuzuordnen sind. Beim Fügen sollen Schrauben und Muttern die gleiche Festigkeitskennzahl aufweisen.

Die Zugfestigkeit R_m in $\frac{\text{N}}{\text{mm}^2}$ des Schrauben- und Mutternwerkstoffes errechnet sich aus der Multiplikation der Festigkeitskennzahl mit 100.

Festigkeitskennzahlen bei Muttern

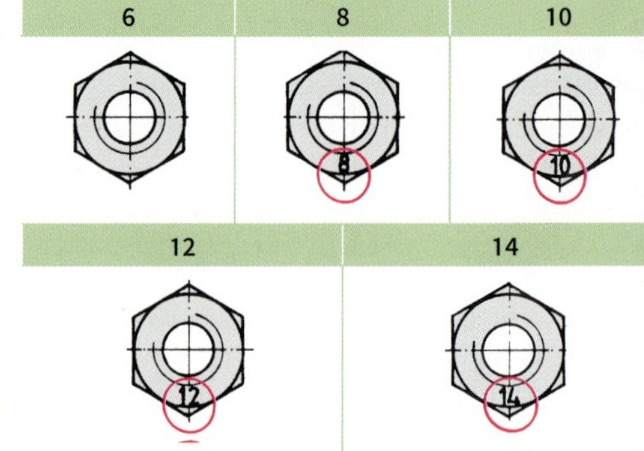

Übungsaufgaben 15/39; 15/40; 15/41

15.2.3 Berechnung des Drehmomentes zum Anziehen von Schrauben

Die Funktionsfähigkeit einer Schraubenverbindung ist häufig abhängig von der Kraft, mit der die Schraube beim Anziehen vorgespannt wird. So müssen z. B. die Schrauben des Deckels eines Druckbehälters so angezogen werden, dass sie auch bei Betrieb des Behälters die Dichtungen noch andrücken.

Man erreicht die notwendige Vorspannkraft in der Schraube dadurch, dass man die Drehwirkung beim Anziehen genau beschreibt. Die Drehwirkung drückt man durch das **Drehmoment** aus. Das Drehmoment M_d beim Anziehen der Schraube ist das Produkt aus der Handkraft F_H und dem Hebelarm l des Schraubenschlüssels.

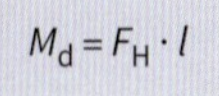

$$M_d = F_H \cdot l$$

Drehmoment beim Anziehen einer Schraube

Zum genauen Anziehen einer Schraube verwendet man **Drehmomentschlüssel**.

Durch das Drehmoment beim Anziehen der Schraube wird in der Schraube eine Spannkraft F_v bewirkt. Da die Spannkraft auch von der Steigung P des Gewindes und dem Wirkungsgrad der Schraubenverbindung abhängig ist, ergibt sich folgende Formel zu Bestimmung des aufzubringenden Drehmomentes:

Zugeführte Arbeit mit Berücksichtigung von Reibungsverlusten = Umgesetzte Arbeit im Gewindegang

$$F_H \cdot l \cdot 2 \cdot \pi \cdot \eta = F_V \cdot P$$

daraus folgt:

$$M_d = \frac{F_V \cdot P}{2 \cdot \pi \cdot \eta}$$

F_H	Handkraft
l	Hebelarm (wirksame Schlüssellänge)
M_d	Drehmoment
F_V	Spannkraft
P	Steigung des Gewindes
η	Wirkungsgrad (bei metrischem Spitzgewinde $\eta = 0{,}13$)

Beispiel für die Berechnung von Drehmoment M_d und Handkraft F_H

Aufgabe

Mit der dargestellten Schraubwinde soll ein Werkstück mit der Gewichtskraft von 28 kN angehoben werden. Der Hebel ist 500 mm lang, die Spindel hat ein Trapezgewinde Tr 52 · 8. Der Wirkungsgrad beträgt 0,35. Zu berechnen ist das aufzubringende Drehmoment M_d und die Handkraft F_H.

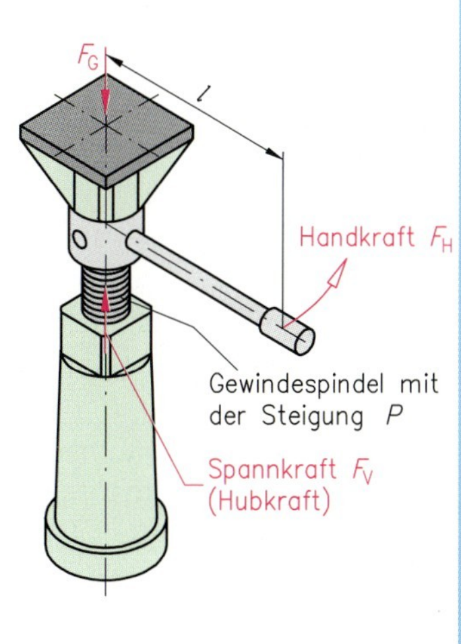

Gegeben: $F_G = 28$ kN; $l = 500$ mm; $P = 8$ mm; $h = 0{,}35$
Gesucht: F_v; M_d; F_H

Lösung

Die Gewichtskraft F_G ist gleich der Spannkraft $F_v = 28$ kN.

$M_d = \frac{F_v \cdot P}{2 \cdot \pi \cdot \eta}$ $\quad M_d = \frac{28\,000 \text{ N} \cdot 0{,}008 \text{ m}}{2 \cdot \pi \cdot 0{,}35}$ $\quad M_d =$ **102 Nm**

$R_{eH} = \frac{M_d}{l}$ $\quad M_d = \frac{102 \text{ Nm}}{0{,}5 \text{ m}}$ $\quad F_H =$ **204 N**

15.3 Fügen mit Stiften und Bolzen

15.3.1 Stifte

Stifte dienen zum lösbaren Fügen von Bauelementen. Durch Stifte werden Kräfte vor allem durch Formschluss übertragen.

1. Verwendung von Stiften

Nach der jeweiligen *Verwendung* werden Passstifte, Befestigungsstifte, Sicherungsstifte und Abscherstifte unterschieden.

– **Passstifte**

Werden Stifte vor allem zur Lagesicherung von Teilen eingesetzt, so kennzeichnet man die benutzten Stifte als Passstifte. Durch Passstifte lässt sich die Montage von Bauelementen erleichtern und die genaue Lage von zusammengeschraubten Teilen sichern.

– **Befestigungsstifte**

Dienen Stifte in einer Verbindung von Bauelementen vor allem zur Befestigung, so bezeichnet man die benutzten Stifte als Befestigungsstifte. Mit Befestigungsstiften lassen sich auf einfache Art bewegliche und feste Verbindungen herstellen.

– **Sicherungsstifte**

Sollen Stifte das selbstständige Lösen gefügter Bauelemente verhindern, so dienen sie zur Sicherung. Sicherungsstifte können gleichzeitig die Aufgabe von Befestigungs- oder Passstiften übernehmen.

– **Abscherstifte**

Soll an einer Maschine ein bestimmter Bereich vor Überlastung geschützt werden, so kann man zwischen der treibenden Spindel und dem angetriebenen Bauelement, z. B. Zahnrad auf einer Welle, einen Stift einbauen, der die Kräfte weiterleitet und bei Überbelastung abschert. Der Abscherstift wird nach der Beseitigung der Störung durch einen neuen ersetzt.

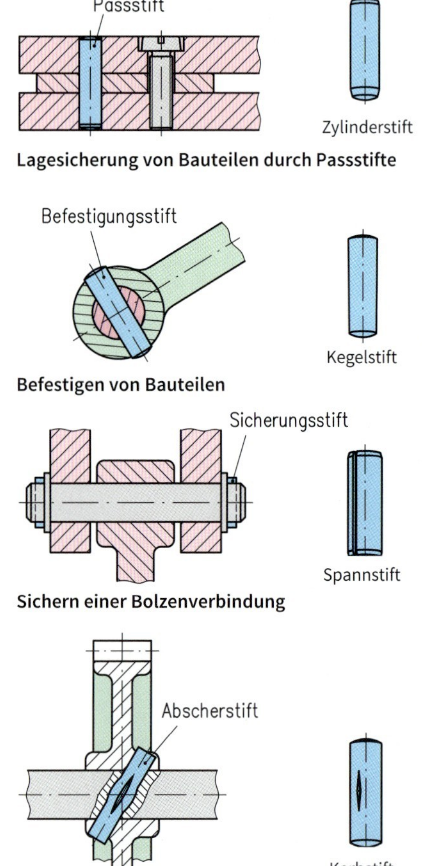

Lagesicherung von Bauteilen durch Passstifte

Befestigen von Bauteilen

Sichern einer Bolzenverbindung

Überlastsicherung durch Abscherstift

2. Stiftformen

Je nach *Form* der Stifte unterscheidet man:
Zylinderstifte, Kegelstifte, Kerbstifte und Spannstifte.

– **Zylinderstifte**

Ungehärtete Zylinderstifte nach DIN EN ISO 2338 werden im Durchmesserbereich von 0,6 bis 50 mm mit den Toleranzen m6 und h8 angeboten. Die Norm erlaubt unterschiedliche Ausführungen der Stiftenden und weitere Toleranzen. So sind z. B. abgerundete Fasen und Einsenkungen möglich.
Die Oberflächengüte ist von der Toleranz abhängig, sie beträgt bei m6 $R_a \leq 0{,}8$ µm, bei h8 $R_a \leq 1{,}6$ µm.

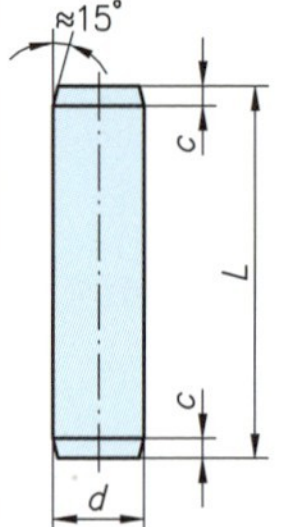

Zylinderstifte (ungehärtet)

Beispiele für Abmessungen

d (mm)	3	8
c (mm)	0,5	1,6
l (mm)	8 – 30	12 – 80

Zylinderstifte benutzt man vor allem als Passstifte. Die Ausführung h8 wird auch als Befestigungsstift für bewegliche Verbindungen eingesetzt.

Bei beweglichen Stiftverbindungen und bei häufiger zu lösenden Teilen von Vorrichtungen, Formen oder Werkzeugen kommen vor allem gehärtete Zylinderstifte nach DIN EN ISO 8734 im Durchmesserbereich von 1 bis 20 mm infrage. Gehärtete Zylinderstifte mit Innengewinde verwendet man, wenn diese wiederholt aus Grundlöchern entfernt werden müssen. Zum Eintreiben in Grundlöcher werden Stifte mit einer Längsrille oder leichter Abflachung am Umfang verwendet, damit die Luft aus der Bohrung entweichen kann. Die Aufnahmebohrungen müssen stets aufgerieben und entgratet werden.

Die Toleranz gehärteter Zylinderstifte ist m6, die Oberflächengüte $R_a < 0{,}8$ µm. Stifte des Typs A sind durchgehärtet, des Typs B einsatzgehärtet.

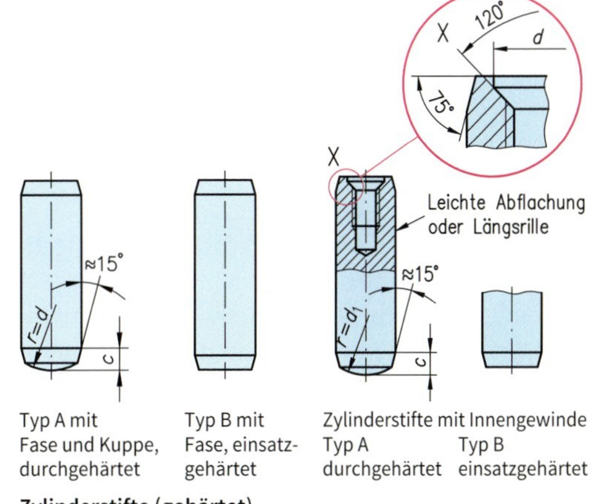

Zylinderstifte (gehärtet)

! Zylinderstifte werden als Passstifte, Befestigungsstifte und Abscherstifte eingesetzt.

- **Kegelstifte**

Bei Kegelstiften nimmt der Durchmesser je 50 mm Kegellänge um 1 mm ab. Kegelstifte haben dadurch eine Kegelverjüngung von 1:50.

Die einfachste Form sind Kegelstifte nach DIN EN 22339. Neben den einfachen Kegelstiften gibt es Kegelstifte mit Innen- oder Außengewinde. Mithilfe des Gewindes lassen sich solche Kegelstifte wieder aus der Bohrung herausziehen.

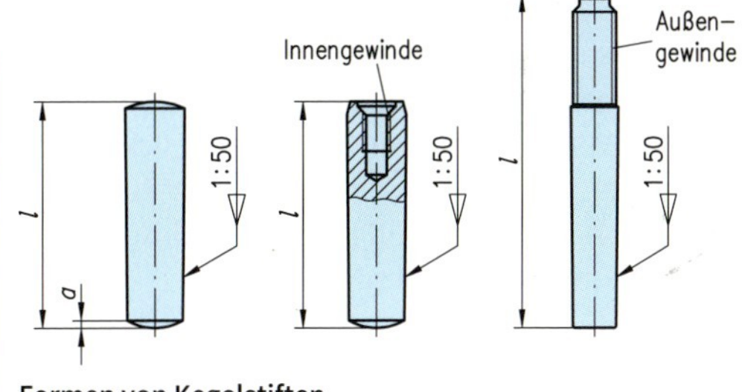

Formen von Kegelstiften

Kegelstifte werden in aufgeriebene Bohrungen eingetrieben, wodurch große Normalkräfte entstehen. Diese sind die Ursache für große Reibungskräfte, welche einen sicheren Sitz des Kegelstiftes auch bei wechselnden Belastungen bewirken. Deshalb verwendet man Kegelstifte vor allem als Befestigungsstifte. Der Vorteil dieser Verbindungsart liegt darin, dass auch nach häufigerem Lösen die Bauteile wieder sehr fest und genau in ihre ursprüngliche Lage gebracht werden können.

! Kegelstifte übertragen Kräfte durch Formschluss und Kraftschluss. Sie dienen als Befestigungsstifte und sind auch als Sicherungsstifte geeignet.

- **Kerbstifte**

Kerbstifte tragen im Gegensatz zu den Zylinder- oder Kegelstiften auf ihrem Umfang in Längsrichtung drei Kerben mit wulstartigen Rändern. Beim Einschlagen des Kerbstiftes in die Bohrung sitzt er aufgrund der Verformung sehr fest.

Bohrungen für Kerbstifte brauchen nur mit dem Spiralbohrer hergestellt zu werden, ein Aufreiben entfällt.

Kerbstifte werden als Befestigungs- und Sicherungsstifte verwendet. Auch als Lager- oder Gelenkbolzen können sie eingesetzt werden.

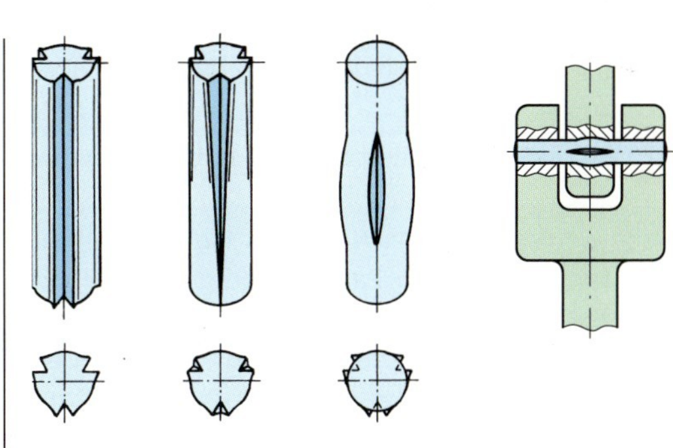

Kerbstifte mit Anwendungsbeispiel

! Verbindungen durch Kerbstifte sind leicht herzustellen. Kerbstifte sollen nur einmal verwendet werden.

– **Spannstifte**

Spannstifte sind in Längsrichtung offene Hülsen aus Federstahl. Sie haben gegenüber dem Nenndurchmesser je nach Größe ein Übermaß von 0,2 bis 0,5 mm. Ein kegeliges Ende an den Spannstiften erleichtert ihr Eintreiben in Bohrungen. Die Bohrungen werden nicht aufgerieben, weil die Spannung der zusammengedrückten Stifte die erforderliche Anpressung gewährleistet.

Spannstifte dienen wie die Kerbstifte als Befestigungs- und Sicherungselemente. Müssen in Schraubenverbindungen Scherkräfte aufgenommen werden, so kann man Spannstifte als Schraubenhülsen einsetzen.

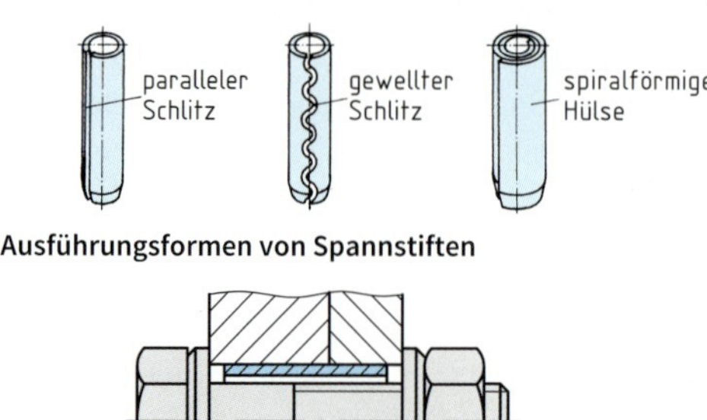

Ausführungsformen von Spannstiften

Spannstift als Schraubenhülse

! Verbindungen mit Spannstiften sind preiswert. Spannstifte lassen sich ohne Beschädigung wieder austreiben und erneut verwenden.

15.3.2 Bolzen

Bolzen sind zylindrische Bauteile mit und ohne Kopf. Bolzen haben meist das Toleranzfeld h11 und werden vor allem als Gelenkbolzen wie z. B. in Stangenverbindungen oder Laschenketten eingesetzt. Als Verbindungselement in beweglichen Verbindungen müssen Bolzen durch Sicherungselemente wie Sicherungsringe oder Splinte gegen Verschieben gesichert werden.

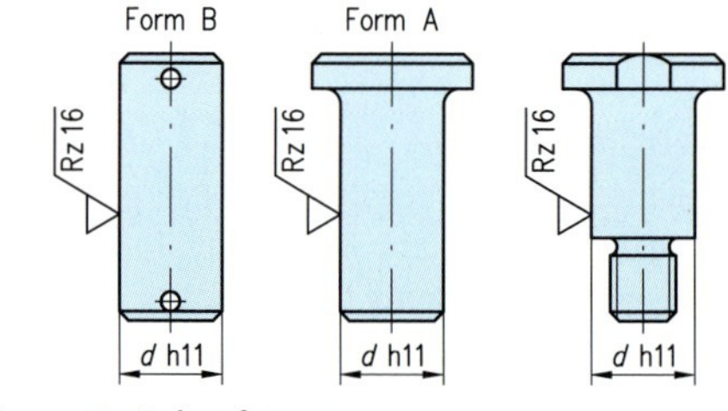

Genormte Bolzenformen

! Bolzen werden zum Fügen von Gelenkverbindungen verwendet. Sie werden dabei vorwiegend auf Scherung beansprucht.

15.4 Fügen mit Passfedern, Keilen und Profilformen

15.4.1 Vergleich zwischen Passfeder- und Keilverbindung

Die Passfederverbindung ist eine häufig angewendete Verbindung zum Fügen von Nabe und Welle. Die Passfeder liegt in Naben- und Wellennut. Die Kraftübertragung erfolgt formschlüssig über die Seitenflächen der Passfeder. Somit werden Passfedern auf Abscheren beansprucht. In der Höhe besteht zwischen Passfeder und Nabe Spiel.

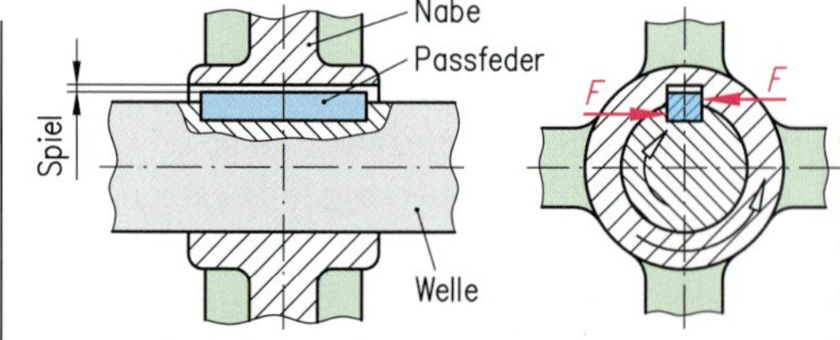

Nabe und Welle gefügt durch Passfeder.

! Passfedern übertragen Kräfte durch Formschluss über ihre Seitenflächen.

Keile werden zwischen Nabe und Welle eingetrieben. Im Gegensatz zur Passfeder trägt der Keil mit der oberen und unteren Fläche, die gegeneinander geneigt sind. Die Seitenflächen des Keiles haben geringes Spiel. Die Kräfte werden bei Keilverbindungen vor allem durch Kraftschluss übertragen.

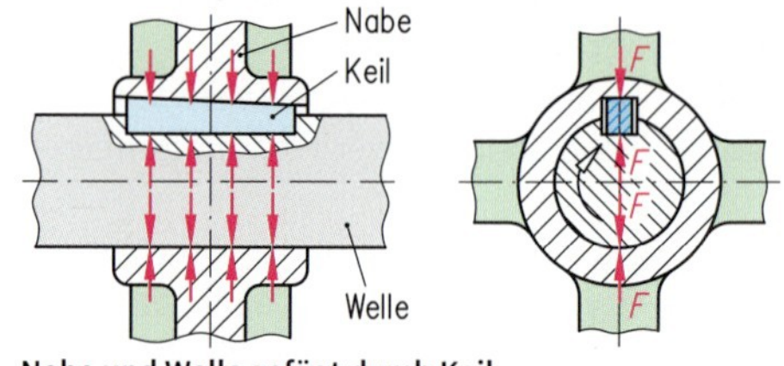

Nabe und Welle gefügt durch Keil

 Keile übertragen Kräfte vorwiegend durch Kraftschluss über ihre obere und untere Fläche.

Übungsaufgaben 15/53; 15/54; 15/55

	Passfederverbindung	Keilverbindung
Vorteile	• einfacher Zusammenbau • leicht lösbar • zentrischer Sitz der Nabe ist gewährleistet	• unempfindlich gegen wechselnde, stoßartige Belastung • sicherer Sitz der Nabe in axialer Richtung
Nachteile	• axiale Sicherung der Nabe notwendig • empfindlich gegen wechselnde Belastung	• zusätzliche Kosten durch Arbeitsaufwand beim Einpassen • leichte Unwucht

15.4.2 Formen von Passfedern

Je nach konstruktiven Anforderungen werden unterschiedliche Passfederformen verwendet.
Meist benutzt man rundstirnige Passfedern. Sie werden in entsprechend gefräste Wellennuten eingelegt. Flachstirnige Passfedern müssen gegen axiales Verrutschen gesichert werden.

Für Naben von Verschieberädern benutzt man Passfedern mit entsprechenden Toleranzen als **Gleitfedern**. Die Feder ist in der Wellennut befestigt, das Verschieberad kann in axialer Richtung über die Feder gleiten.

Zapfenfedern haben einen einseitigen oder mittigen Zapfen. Sie sitzen mit diesem Zapfen fest in der Nabe. So hat z. B. das Antriebsrad für die Vorschubbewegung an der Drehmaschine eine Zapfenfeder. Die Feder gleitet in der Längsnut der Zugspindel und überträgt die Kräfte und Drehbewegungen.

Verbindungen mit **Scheibenfedern** sind eine Sonderform der Federverbindungen. Sie sichern Kegelverbindungen, die durch Kraftschluss Drehmomente übertragen, zusätzlich formschlüssig.
Wegen ihrer Bogenform ist die Wellennut einfach herstellbar und die Feder stellt sich der Neigung entsprechend selbst ein.

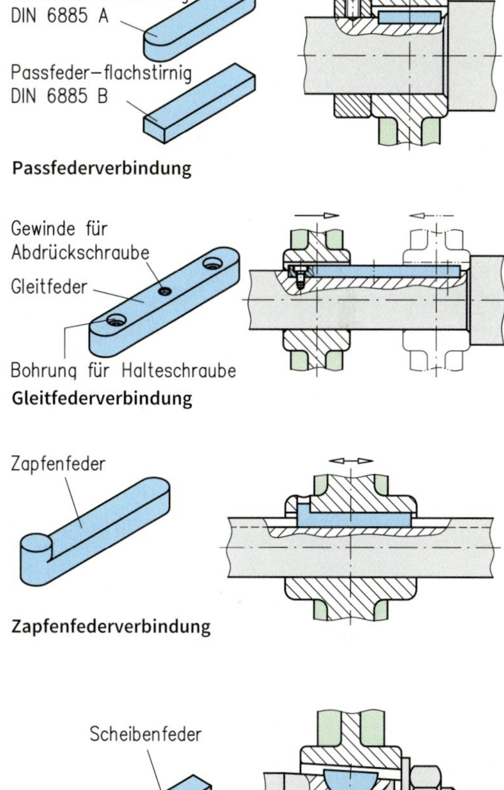

Passfederverbindung

Gleitfederverbindung

Zapfenfederverbindung

Scheibenfederverbindung

15.4.3 Formen von Keilen

Keile gibt es in unterschiedlichen Ausführungsformen. Die Breite und Höhe der Keile sind in Abhängigkeit vom Wellendurchmesser genormt. Bei genormten Keilen steigt die geneigte Fläche auf 100 mm Länge um 1 mm an. Der Keil hat eine Neigung von 1:100. Der Nutgrund der Nabe hat ebenfalls die Neigung 1:100.
(Symbol für Neigung: ◁)

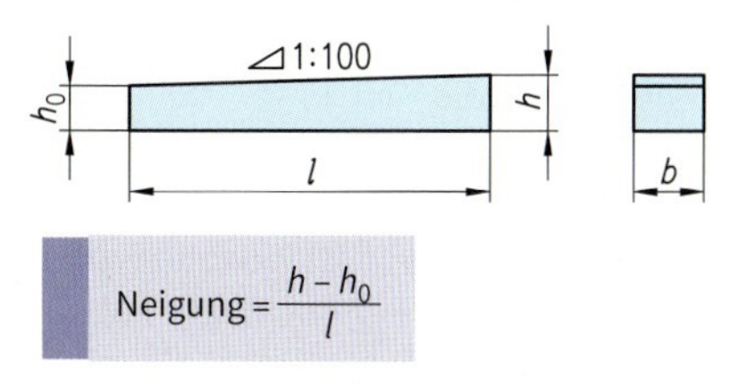

$$\text{Neigung} = \frac{h - h_0}{l}$$

Genormte Maße am Keil

Einlegekeile haben runde Stirnflächen und liegen in der Wellennut. Bei Verbindungen mit Einlegekeilen muss die Nabe aufgetrieben werden.

Treibkeile haben gerade Stirnflächen und werden verwendet, wenn die Verbindungsstelle von beiden Seiten zugänglich ist. Der Keil kann von einer Seite eingetrieben und von der anderen Seite gelöst werden.

Nasenkeile werden benutzt, wenn die Verbindungsstelle nur von einer Seite zugänglich ist. Die „Nase“ dient zum Eintreiben und zum Lösen des Keiles. Wegen bestehender Unfallgefahr darf sie nie am Wellenende herausragen.

Tangentkeile verwendet man, wenn sehr große Kräfte übertragen werden müssen und die Belastungen stoßartig auftreten. Die Tangentkeile werden als zwei Keilpaare eingesetzt, die um 120° versetzt sind.

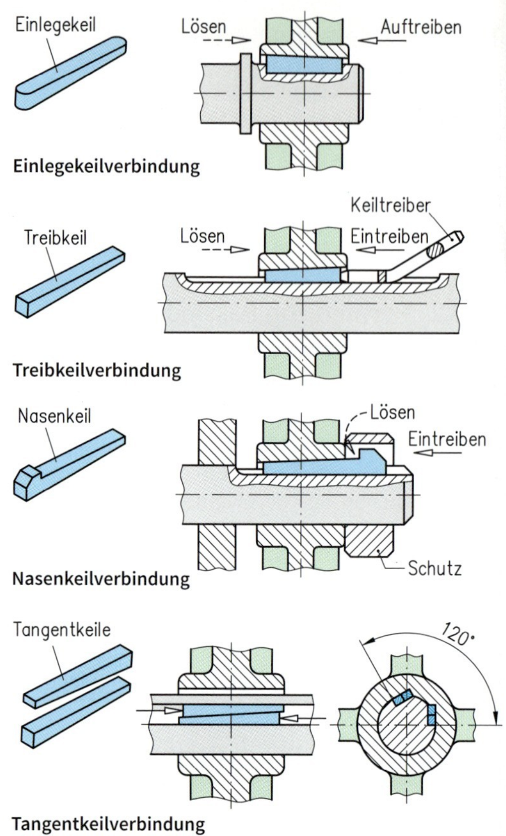

Einlegekeilverbindung

Treibkeilverbindung

Nasenkeilverbindung

Tangentkeilverbindung

Querschnittsformen von Treib- und Nasenkeilen

Nutenkeil	Flachkeil	Hohlkeil
Welle und Naben haben eine Nut; geeignet zur Übertragung großer Kräfte.	Welle hat eine Abflachung. Nabe hat eine Nut; geeignet zur Übertragung mittlerer Kräfte.	Welle ist rund, nur die Nabe hat eine Nut; geeignet zur Übertragung kleiner Kräfte.

15.4.4 Fügen mit Profilformen

Werden Welle und Nabe mit einem besonderen Profil versehen, dann ist ebenfalls eine Verbindung beider Teile durch Formschluss gewährleistet. Die wichtigsten Profilformen sind das Keilwellenprofil, die Kerbverzahnung und das Polygonwellenprofil.

Beim **Keilwellenprofil** sind in die Welle und die Nabe Längsnuten gleichmäßig über den Umfang verteilt. Die Keilwellen haben keine Neigung. Richtiger müsste man daher von Federwellen sprechen. Gegenüber der Passfederverbindung haben Verbindungen mit Profilformen den Vorteil eines gleichmäßigeren Kraftflusses von Welle zu Nabe.

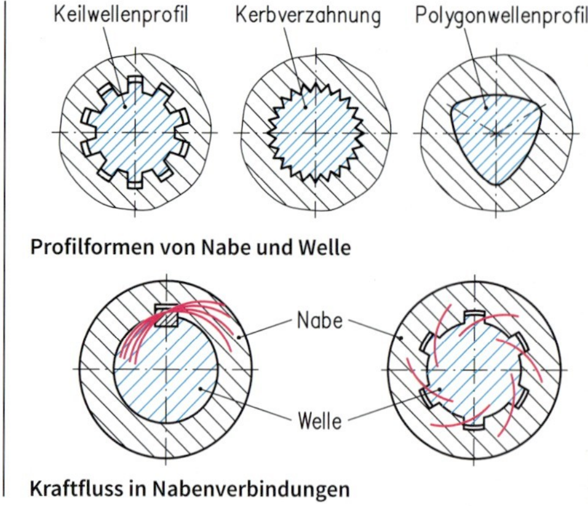

Profilformen von Nabe und Welle

Kraftfluss in Nabenverbindungen

Übungsaufgaben 15/59; 15/60; 15/61

15.5 Fügen mit Nieten

Durch Nieten können Bauelemente aus gleichen und unterschiedlichen Werkstoffen verbunden werden. Die Nietverbindung ist im Bereich des Stahlbaus, des Kesselbaus und des Schiffsbaus weitgehend durch die Schweißtechnik verdrängt worden und wird dort nur noch zu Reparaturarbeiten an vorhandenen Konstruktionen eingesetzt.
Nieten wird aber eingesetzt, wenn

- die zu verarbeitenden Werkstoffe kein Einbringen von Schweißwärme ohne Gefügeänderung zulassen, z. B. bei der Verbindung ausgehärteter Aluminiumlegierungen,
- unterschiedliche Werkstoffe, die hoher Wärmebelastung ausgesetzt sind, verbunden werden müssen, z. B. bei der Befestigung von Kupplungsbelägen.

15.5.1 Nietverbindungen

Zum Nieten wird der Rohniet mit dem zylindrischen Schaft in die Bohrung der zu fügenden Bauelemente gesteckt. Der bereits angestauchte Kopf wird **Setzkopf** genannt und muss an der Oberfläche eines Bauelementes anliegen. Das herausragende Ende des Schaftes wird gestaucht oder umgeformt und bildet den **Schließkopf**.

Beispiel für die Herstellung einer Nietverbindung

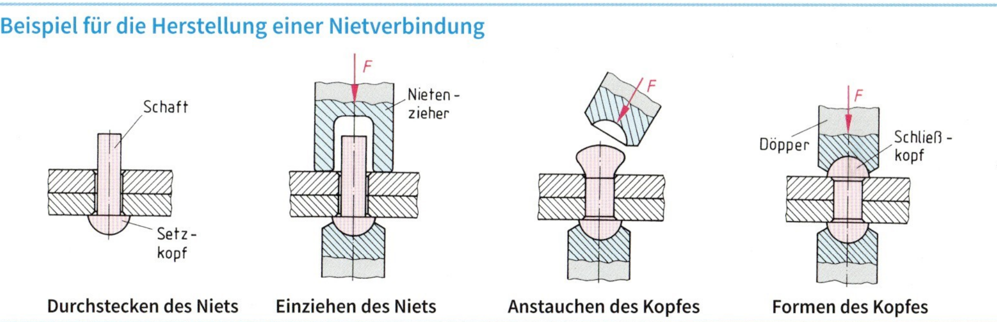

Je nach Temperatur bei der genietet wird, unterscheidet man Kaltnietung und Warmnietung.

1. Kaltnietung

Stahlniete bis zu einem Durchmesser von 10 mm sowie Niete aus Kupfer, Aluminium und entsprechenden Legierungen werden kalt genietet.
Durch das Kaltnieten entsteht nur ein geringer Kraftschluss. Die in der Verbindung auftretenden Kräfte überträgt vor allem der Nietschaft durch Formschluss. Kalt geschlagene Niete werden daher hauptsächlich auf Scherung beansprucht.

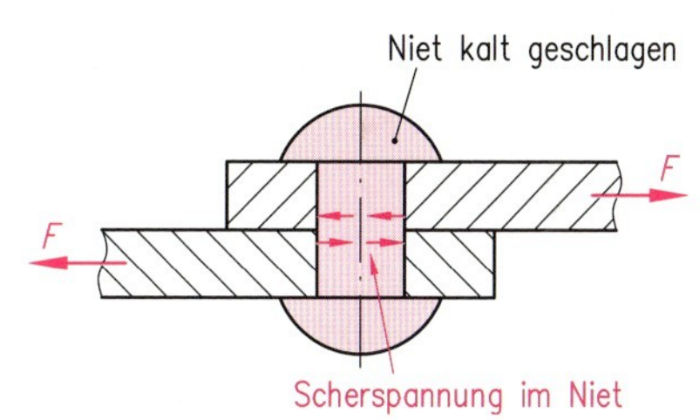

Formschluss durch Kaltnietung

! Kalt geschlagene Niete werden hauptsächlich auf Scherung beansprucht.

2. Warmnietung

Stahlniete mit mehr als 10 mm Durchmesser, Niete im Stahlbau und Niete im Kesselbau werden warm genietet. Die Niete werden bei Hellrotglut bis Weißglut geschlagen oder gepresst. Beim Abkühlen schrumpfen die Niete zusammen. Die Bauelemente werden aufeinander gepresst, sodass ein hoher Kraftschluss entsteht. Warm geschlagene Niete werden in der Verbindung fast nur auf Zug und kaum auf Scherung beansprucht.

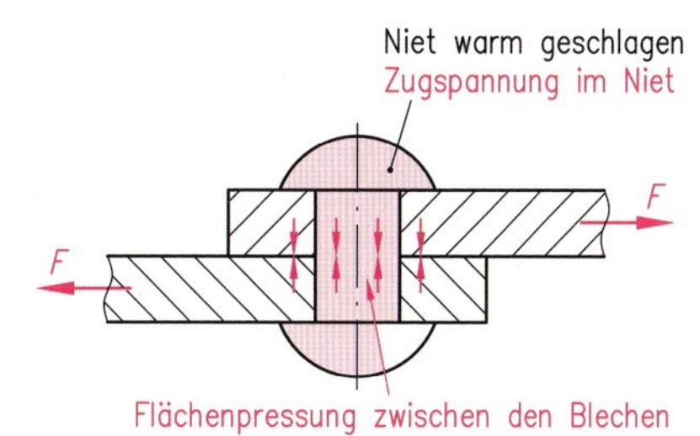

Kraftschluss durch Warmnietung

! Warmniete werden hauptsächlich auf Zug beansprucht.

3. Unterscheidung von Nietverbindungen nach der Zielsetzung

Die zu fügenden Bauelemente werden durch Nieten unlösbar verbunden. Mit dieser Fügetechnik können unterschiedliche Ziele erreicht werden:

- **Lose Nietverbindungen**
  Die verbundenen Teile sind gegeneinander beweglich, z. B. Schenkel von Handscheren, Zangen.
- **Feste Nietverbindungen**
  Die verbundenen Teile sind gegeneinander nicht beweglich, z. B. Einzelteile einer schmiedeeiserner Tür, Winkeleisen auf einem Knotenblech.
- **Dichte Nietverbindungen**
  Die verbundenen Teile müssen dicht sein, z. B. Bleche im Behälterbau. Dichte Nietverbindungen werden meist warm genietet.

15.5.2 Nietformen und Nietwerkstoffe

1. Nietformen

Niete unterscheiden sich vor allem durch die Form des Setzkopfes und die Ausführungsform des Schaftes. Bis auf einige Sonderformen sind Niete genormt.

– Nietformen mit Anwendung

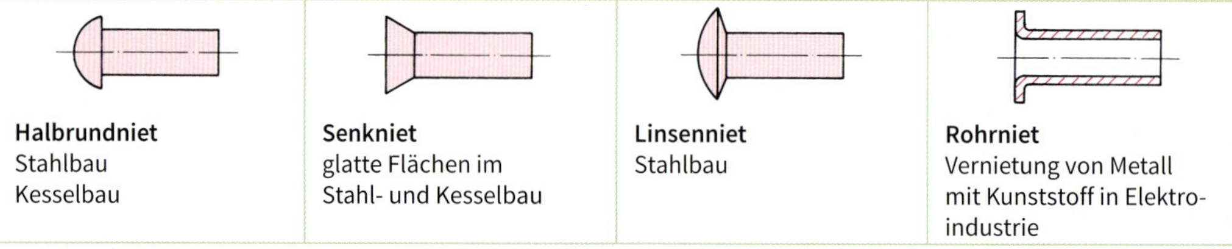

Halbrundniet Stahlbau Kesselbau	**Senkniet** glatte Flächen im Stahl- und Kesselbau	**Linsenniet** Stahlbau	**Rohrniet** Vernietung von Metall mit Kunststoff in Elektroindustrie

– Blindniete

Zum Verbinden von dünnwandigen Werkstücken bei einseitig zugänglichen Nietstellen im Stahlbau, Maschinenbau, Karosseriebau und Flugzeugbau werden Blindnieten verwendet.

Beispiele für Blindniete

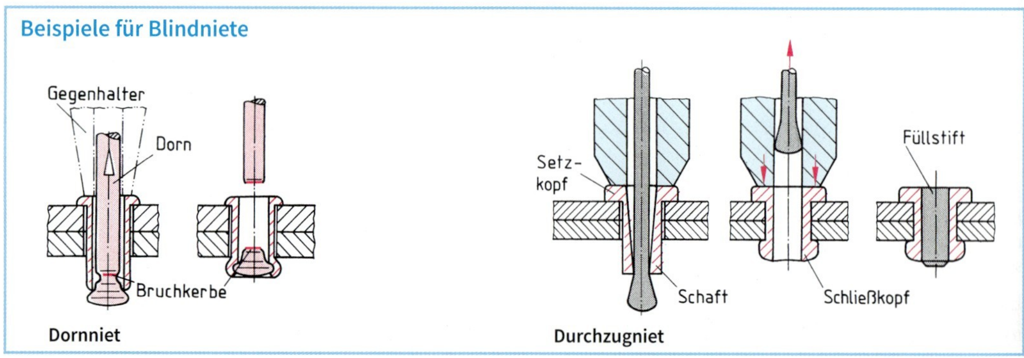

Dornniet

Durchzugniet

2. Nietwerkstoffe

Niete müssen während ihrer Verarbeitung eine gute plastische Umformbarkeit und im Betriebszustand eine möglichst große Festigkeit und Dehnbarkeit aufweisen. Zudem sollen die zu verbindenden Werkstücke und die Niete aus dem gleichen Werkstoff sein, um elektrochemische Korrosion auszuschließen.

Werkstoffe für Werkstücke und Niete

Werkstücke aus	Niete aus
Stahl	S185
Aluminium	EN AW – Al99,9
Kupfer	EN CW – Cu99
Kupferlegierungen	EN CW – CuZn37

! Zur Vermeidung von elektrochemischer Korrosion sollen Niete möglichst aus dem gleichen Werkstoff wie die zufügenden Bauteile bestehen.

Übungsaufgaben 15/66; 15/67; 15/68

15.6 Fügen durch Schweißen

Durch Schweißen werden nicht lösbare Verbindungen hergestellt. Dabei werden die zu verbindenden Bauteile durch Wärme oder durch Druck und Wärme stoffschlüssig gefügt. Vielfach geschieht dies unter Zugabe eines Schweißzusatzwerkstoffes.

Schweißen ist häufig das wirtschaftlichste und technisch günstigste Fügeverfahren, weil

- der Fertigungsaufwand bei Einzelfertigung gering ist, z. B. keine Modellherstellung wie beim Gießen,
- der Materialeinsatz gering ist, z. B. keine Überlappung und keine Hilfsfügeteile wie beim Fügen durch Nieten oder Schrauben,
- die Fügestelle nahezu die gleiche Festigkeit und Temperaturbeständigkeit wie die zu fügenden Grundwerkstoffe erreicht, z. B. keine großen Fügeflächen und Temperaturbegrenzung wie beim Löten und Kleben,
- das Schweißen mechanisierbar ist und automatisiert werden kann und so einfach in den Fertigungsprozess eingegliedert werden kann.

Wolfram-Inertgas-Schweißen (WIG-Schweißen) einer Konstruktion aus hochlegiertem Stahl

Nachteile des Schweißens sind die starke Erwärmung an der Schweißstelle, die zu Gefügeänderungen und Wärmespannungen führt. Ferner ist zu beachten, dass nur gleiche oder ähnliche Werkstoffe durch Schweißen gefügt werden können.

> **!** Durch Schweißen werden meist gleichartige Werkstoffe im flüssigen oder plastischen Zustand zu einem gemeinsamen Gefüge vereinigt. Schweißen ist ein unlösbares Fügen durch Stoffschluss.

Die Schweißverfahren können unter verschiedenen Gesichtspunkten gegliedert werden.

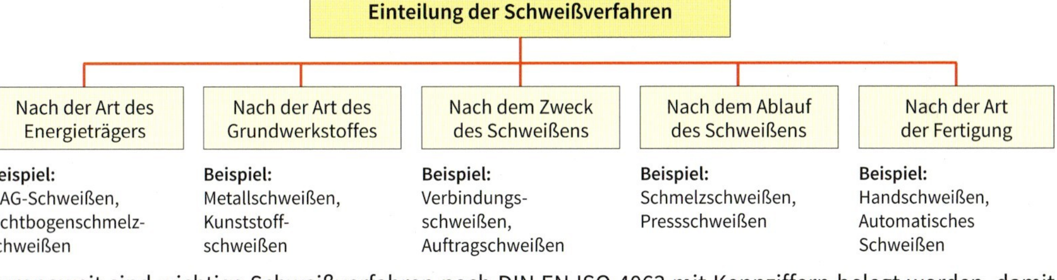

Europaweit sind wichtige Schweißverfahren nach DIN EN ISO 4063 mit Kennziffern belegt worden, damit internationale Vereinbarungen im Bereich Auftragsabwicklung leichter eingehalten werden können.

Beispiele für Schweißverfahren

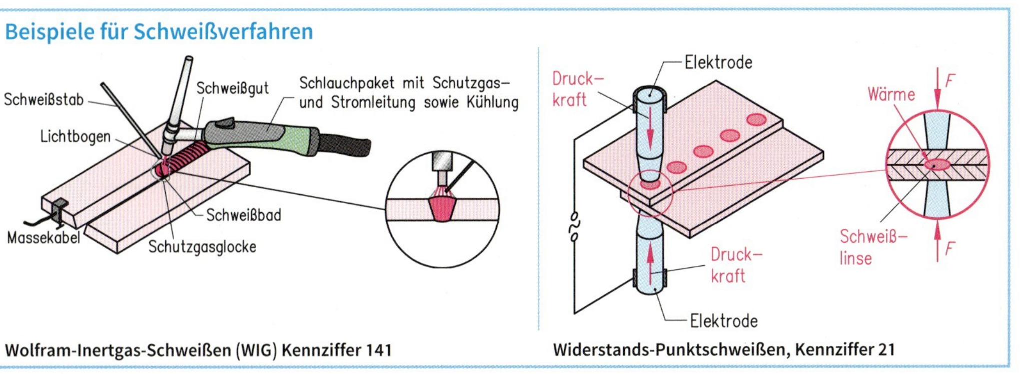

Wolfram-Inertgas-Schweißen (WIG) Kennziffer 141

Widerstands-Punktschweißen, Kennziffer 21

Eine Schweißverbindung wird durch die Kenngrößen Schweißstoß, Schweißnahtart und Schweißposition gekennzeichnet.

Der Bereich, in dem Bauelemente durch Schweißen miteinander verbunden werden, wird Schweißstoß genannt. Die Bauelemente können an der Schweißstelle auf verschiedene Arten aufeinander treffen. Man unterscheidet daher nach der Anordnung der zu fügenden Teile unterschiedliche Schweißstöße.

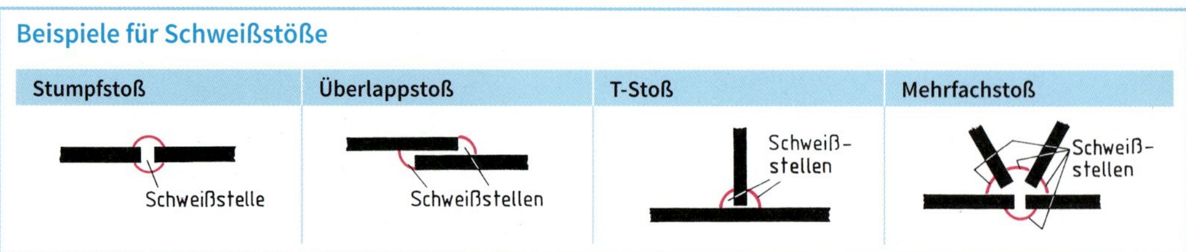

Beim Schweißen bezeichnet man die stoffschlüssige Verbindungsstelle der Bauelemente als Schweißnaht. Schweißnähte können durchgehend oder mit Unterbrechungen geschweißt werden. Auch einzelne Schweißpunkte sind üblich. Die Form einer Schweißnaht ergibt sich aus der Art des Schweißstoßes, aus der Werkstückdicke an der Schweißstelle und aus dem Schweißverfahren. Entsprechend der gewählten Nahtart werden die Werkstückkanten vorbereitet. Die Vorbereitung geschieht durch Fräsen, Schleifen oder durch Abtragen mittels Brennschneiden. Dünne Schweißnähte werden in einer Lage geschweißt, dickere Schweißnähte müssen in mehreren Lagen geschweißt werden.

Die Durchführung eines Schweißvorganges hängt u. a. von der Lage der zu verschweißenden Werkstückkanten beim Schweißen ab. Die Lage einer Schweißnaht beim Schweißen bezeichnet man als **Schweißposition**. Nach DIN EN ISO 6947 sind die Schweißpositionen festgelegt:

Beispiele für Schweißpositionen und Schweißnahtarten

Benennung	Schweißstoß *(Lage der Halbzeuge zueinander)*					
	Stumpfstoß			T-Stoß		
	am Blech		am Rohr	am Blech		am Rohr
Bild						
Fugenform (Nahtquerschnitt)	I-Naht	V-Naht	V-Naht	Kehlnaht	Kehlnaht	Kehlnaht
	einseitig bei t bis ca. 4 mm	einseitig bei t ca. 3 bis 10 mm		einseitig bzw. beidseitig bei t > 2 mm		
Symbol	||	V	V	⊿	△	⊿
Schweißposition	Wannenposition	Steigposition	Fallposition	Horizontal-Überkopfposition	Horizontal-Vertikalposition	Steigposition
Kurzzeichen	PA	PF	PG	PD	PB	PF

—▷ = Schweißrichtung

Übungsaufgaben 15/72; 15/73; 15/74

15.6.1 Gasschmelzschweißen, Kennziffer 311

Beim Gasschmelzschweißen – auch Autogenschweißen genannt – wird der Werkstoff der zu fügenden Bauteile an der Schweißstelle durch die Verbrennungswärme eines Gases geschmolzen.

Das Gasschmelzschweißen wird hauptsächlich in der Hausinstallationstechnik angewandt.

Beispiel für eine Gasschmelzschweißanlage

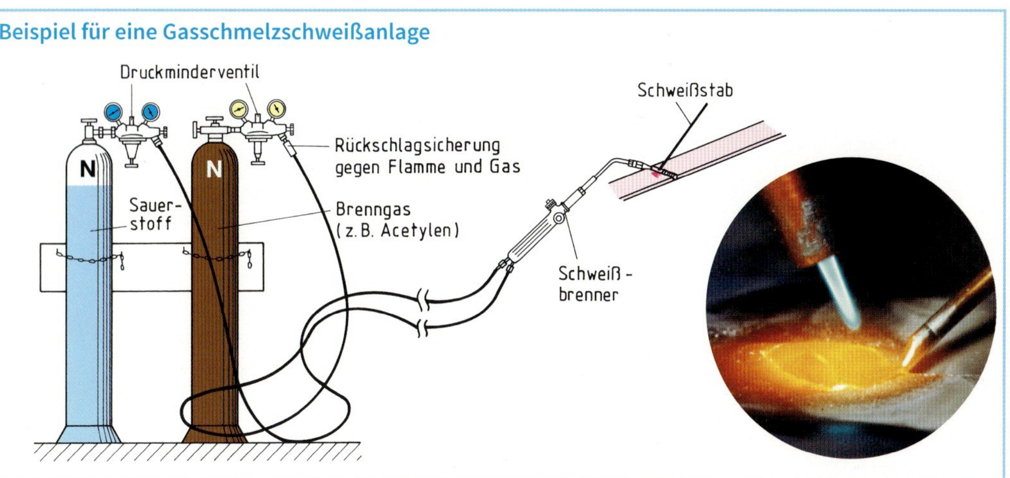

1. Gase für das Gasschmelzschweißen

Zum Gasschmelzschweißen werden als Brenngase Acetylen, Propan oder Wasserstoff eingesetzt. Zur Erzielung hoher Temperaturen werden sie mit reinem Sauerstoff verbrannt.

Die Acetylen-Sauerstoff-Flamme liefert die höchste Flammtemperatur. Sie wird deshalb bevorzugt eingesetzt.

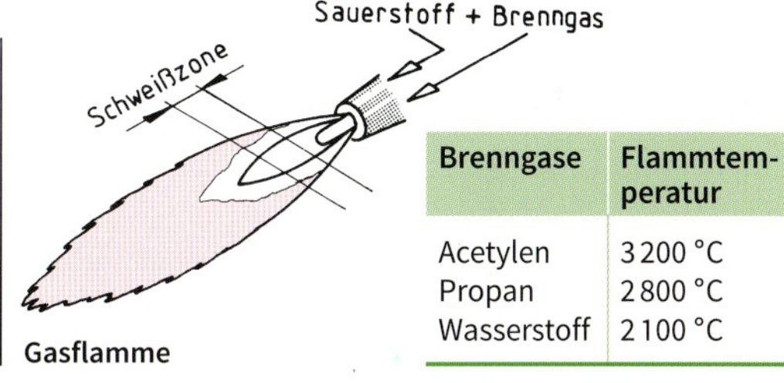

Gasflamme

Brenngase	Flammtemperatur
Acetylen	3 200 °C
Propan	2 800 °C
Wasserstoff	2 100 °C

Speicherung von Sauerstoff	Speicherung von Acetylen
Sauerstoff wird in Stahlflaschen abgefüllt. Normalflasche (N): 40 l Volumen 150 bar Überdruck 6000 l Entnahmemenge Leichtflasche (L): 50 l Volumen 200 bar Überdruck 10 000 l Entnahmemenge	Um größere Mengen Acetylen in einer Stahlflasche zu speichern, muss Acetylen in Aceton gelöst werden. Das Aceton wird in der Flasche von einer hochporösen Masse aufgenommen. Flaschenvolumen: 40 l Acetonmenge: 13 l Inhaltsdruck: 18 bar Überdruck Entnahmemenge: ca. 6 000 l

2. Kennzeichnung von Druckgasflaschen

Die verbindliche Kennzeichnung des Gasinhaltes einer Gasflasche erfolgt nach DIN EN 1089 auf dem Gefahrgutaufkleber. Dieser wird meist auf der Schulter der Gasflasche angebracht. Gasflachen haben in Abhängigkeit von der Gasart eine Farbkodierung an Schulter- und Mantelflächen. Außerdem ist die Schulterfläche mit einem „N“ beschriftet.

Gasart	Farbe	
	Schulter	Mantel
Sauerstoff	weiß	blau
Acetylen	kastanienbraun	
Wasserstoff	rot	grau
Argon	dunkelgrün	grau

3. Schweißbrenner mit Einstellung der Schweißflamme

Schweißbrenner mit Injektor

Bestandteile
Schweißeinsatz: Auswahl des Durchmessers der Schweißdüse nach Werkstückdicke
Griffstück: Ventil für Sauerstoff und Acetylen; erst wird das Sauerstoffventil geöffnet, um eine Saugwirkung zu ermöglichen. Anschluss für Acetylen- (rot) und Sauerstoffschläuche (blau)

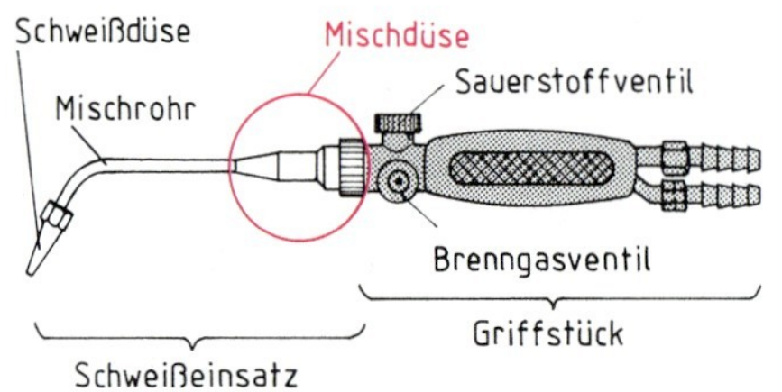

Schweißbrenner (Injektorbrenner = Saugbrenner)

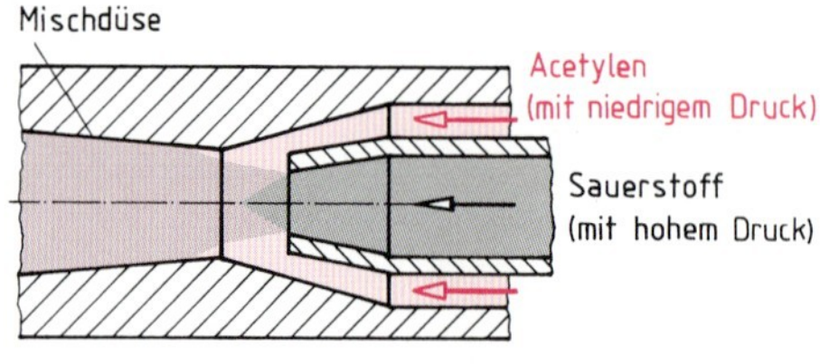

Saugwirkung beim Injektorbrenner

Den **Schweißeinsatz** wählt man entsprechend der Werkstückdicke. Zur Normalausrüstung gehören sechs Schweißeinsätze. Ihr Arbeitsbereich für Stahl entspricht einer Werkstoffdicke von 0,5 bis 14 mm. Für andere Werkstoffe werden abweichende Schweißeinsätze verwendet. Zum Beispiel nimmt man für Aluminium den Schweißeinsatz des höheren Nennbereichs, da dieser Werkstoff die Wärme schnell ableitet.

Schweiß-einsatz Größe	**Nennbereich** (Werkstoff-dicke für Stahl in mm)	**Sauerstoff druck** in bar	**Sauerstoff-verbrauch = Acetylen-verbrauch** in l/h (bei 1 bar)
1	0,5 bis 1	2,5	ca. 80
2	1 bis 2	2,5	ca. 160
3	2 bis 4	2,5	ca. 315
4	4 bis 6	2,5	ca. 500
5	6 bis 9	2,5	ca. 800
6	9 bis 14	2,5	ca. 1 250

Einer Flamme mit neutraler Einstellung wird nur so viel Sauerstoff zugeführt, wie für die Verbrennung des Acetylens notwendig ist. Sie ist zum Schweißen von Stählen einzustellen.

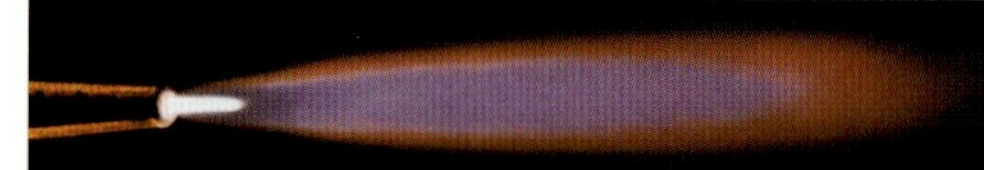
Flamme mit neutraler Einstellung

Eine Flamme mit Sauerstoffüberschuss wird zum Schweißen von Kupfer-Zink-Legierungen (Messing) verwendet, um ein Verdampfen des Zinks zu verhindern.

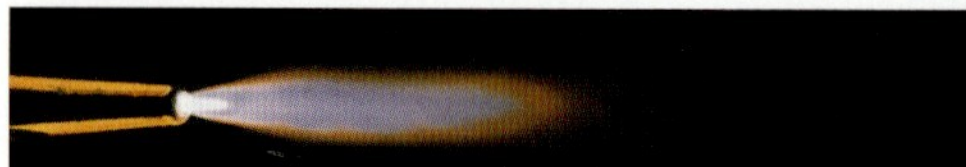
Flamme mit Sauerstoffüberschuss

4. Schweißzusatzwerkstoff

Der Schweißzusatzwerkstoff muss entsprechend dem zu verschweißenden Grundwerkstoff ausgewählt werden. Für die Ausführung von Gasschmelzschweißarbeiten an unlegierten und niedriglegierten Stählen stehen sieben **Schweißstabklassen** zur Auswahl.
Am häufigsten werden Schweißstäbe der Klassen O III und O IV verwendet.

Grundwerk stoffe	Schweißstabklassen					
	OI	OII	OIII	OIV	OV	OVI
...S235	x	x	x	x		
...S275JR		x	x	x		
...S355JR			x	x		
16Mo3				x		
13CrMo4-5					x	
10CrMo9-10						x

Zuordnung der Schweißstabklassen zum Grundwerkstoff

Der **Schweißstabdurchmesser** wird in Abhängigkeit von der Dicke des zu verschweißenden Bleches gewählt. Bevorzugt werden Schweißstäbe mit den Durchmessern 2; 2,5; 3; 4 und 5 mm benutzt.
Die Oberfläche der Stäbe muss frei von Rost, Fett und anderen Verunreinigungen sein. Meist sind die Stäbe zum Korrosionsschutz verkupfert.

5. Bestimmung des Arbeitsverfahrens

Beim Gasschmelzschweißen wird nach zwei Verfahren gearbeitet, dem Nach-Links-Schweißen (NL bis etwa $t = 3$ mm) und dem Nach-Rechts-Schweißen (NR ab etwa $t = 3$ mm).

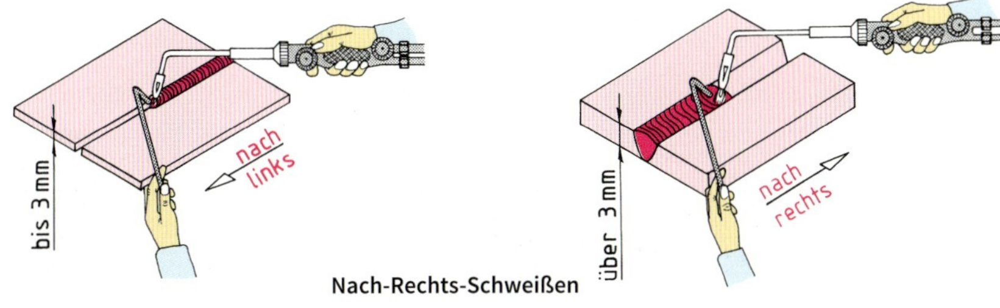

Nach-Links-Schweißen **Nach-Rechts-Schweißen**

6. Auswahl der Arbeitsgrößen beim Gasschmelzschweißen

Zur fachgerechten Durchführung sind der Schweißeinsatz, der Schweißzusatzwerkstoff und das Arbeitsverfahren auszuwählen sowie die Schweißflamme einzustellen.

Beispiel für die Auswahl und Festlegung der Arbeitsgrößen beim Gasschmelzschweißen

Arbeitsauftrag:

Zwei Bleche aus Baustahl S275JR von 3 mm Dicke sind zu verschweißen.
Zu bestimmen sind:
Schweißeinsatz des Schweißbrenners, Schweißstabklasse, Arbeitsverfahren und Einstellung der Schweißflamme.

Lösungen:

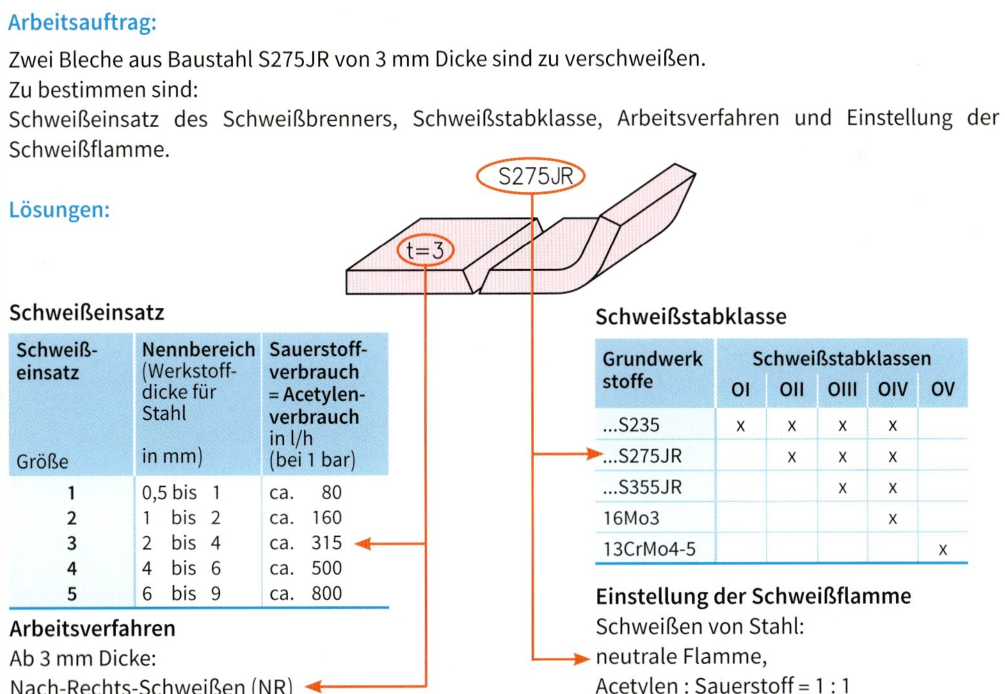

Schweißeinsatz

Schweiß-einsatz Größe	Nennbereich (Werkstoff-dicke für Stahl in mm)	Sauerstoff-verbrauch = Acetylen-verbrauch in l/h (bei 1 bar)
1	0,5 bis 1	ca. 80
2	1 bis 2	ca. 160
3	2 bis 4	ca. 315
4	4 bis 6	ca. 500
5	6 bis 9	ca. 800

Arbeitsverfahren

Ab 3 mm Dicke:
Nach-Rechts-Schweißen (NR)

Schweißstabklasse

Grundwerkstoffe	Schweißstabklassen				
	OI	OII	OIII	OIV	OV
...S235	x	x	x	x	
...S275JR		x	x	x	
...S355JR			x	x	
16Mo3				x	
13CrMo4-5					x

Einstellung der Schweißflamme

Schweißen von Stahl:
neutrale Flamme,
Acetylen : Sauerstoff = 1 : 1

7. Regeln für das Gasschmelzschweißen von Stahl:

Hinweis

- Der Schweißeinsatz des Brenners ist entsprechend der Werkstückdicke zu wählen.
- Die Schweißflamme ist neutral einzustellen.
- Die Spitze des Leuchtkegels darf das Schweißbad und den Schweißdraht nicht berühren.
- Der Brenner muss in einem günstigen Winkel zum Werkstück gehalten werden: anfangs steil, später stärker zur Naht hin geneigt.
- Der Schweißdraht muss ins Schweißbad eintauchen, er darf nicht tropfen und nicht „kleben".
- Längere Schweißstöße sind zunächst zu heften.

Übungsaufgaben 15/82 bis 15/87

15.6.2 Lichtbogenschmelzschweißen

1. Verfahren des Lichtbogenschmelzschweißens

Lichtbogenschmelzschweißverfahren haben in der Fügetechnik besondere Bedeutung. Die gängigen Verfahren in den Bereichen Werkstattfertigung, Instandhaltung und Montage sind:

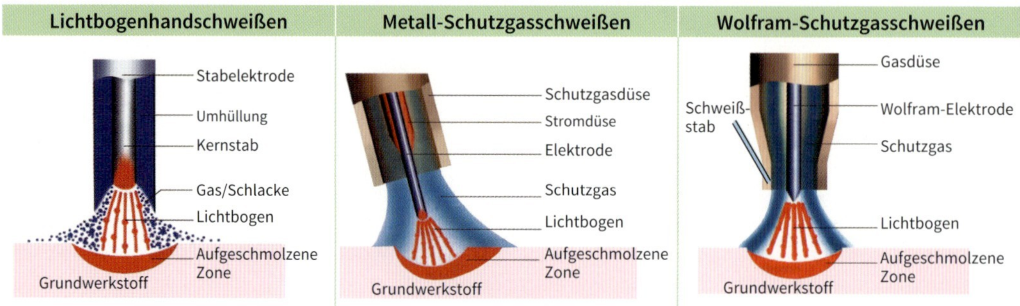

Beim Lichtbogenschmelzschweißen wird mithilfe des elektrischen Stromes durch die Wirkung eines Lichtbogens die Schweißtemperatur erzeugt. Dabei bilden während des Schweißvorganges die Spannungsquelle, der Lichtbogen und das Werkstück einen Stromkreis.

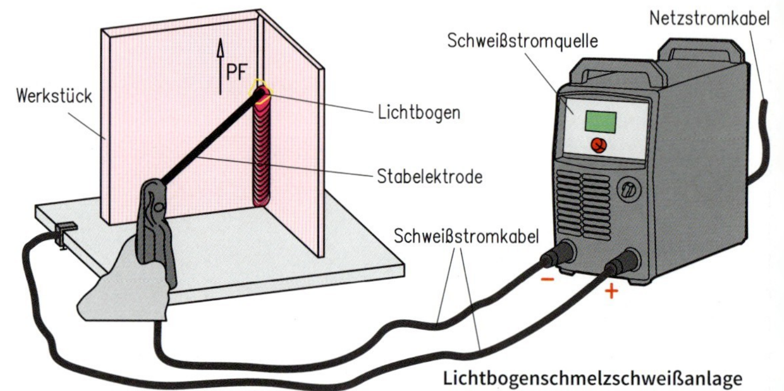

Lichtbogenschmelzschweißanlage

2. Stromfluss im Lichtbogen

Wenn beim Heranführen der Elektrode an das Werkstück der Abstand genügend klein ist oder gar ein Kurzschluss herbeigeführt wurde, zündet der Lichtbogen. Wird nun die Elektrode abgehoben, so bleibt der Lichtbogen über eine gewisse Länge erhalten, denn Atome der Umgebung werden in elektrisch positiv geladene Ionen und Elektronen aufgespalten und ermöglichen die bessere Leitung. Sie findet im violett leuchtenden Kern des Lichtbogens statt.

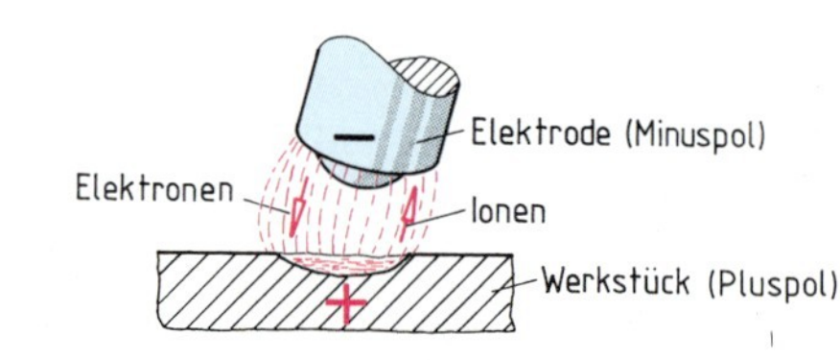

Bewegung der Ladungsträger im Lichtbogen

> **!** Durch Spaltung von Atomen entstehen im Lichtbogen Ionen und Elektronen. Diese Ladungsträger ermöglichen den Stromfluss.

Die Elektronen werden im Lichtbogen besonders hoch beschleunigt und geben beim Auftreffen auf den positiven Pol dort ihre Energie ab. Darum ist beim Schweißen mit Gleichstrom die Temperatur am Pluspol etwa 600 °C höher als am Minuspol. Beim Schweißen mit Wechselstrom sind die Temperaturen an beiden Ausgangspunkten des Lichtbogens gleich.

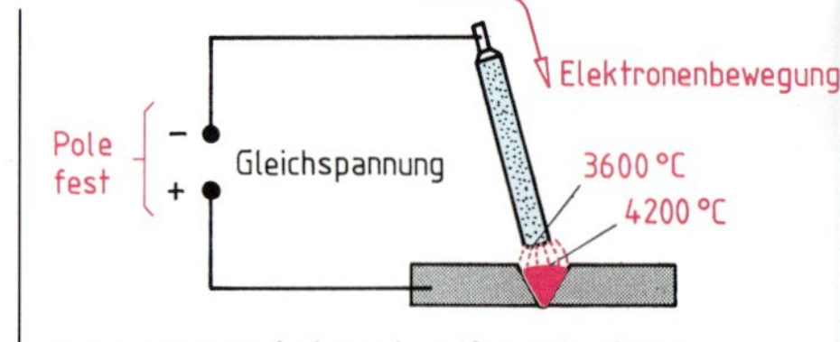

Temperaturen beim Schweißen mit Gleichstrom

Der Lichtbogen brennt beim Schweißen mit Gleichstrom außerdem ruhiger als beim Schweißen mit Wechselstrom.

> **!** Beim Schweißen mit Gleichstrom ist der Pluspol heißer.

Übungsaufgaben 15/88; 15/89; 15/90

3. Schweißstromquellen

Moderne Schweißstromquellen sind mit einer Leistungselektronik ausgerüstet, die Stromstärke und Spannung genau den Erfordernissen angepasst. Man nennt diese Stromquellen **Inverter-Stromquellen** oder auch primär getaktete Stromquellen. Sie sind für alle Schweißverfahren einsetzbar.

Beispiel für das Prinzip des Schweiß-Inverters

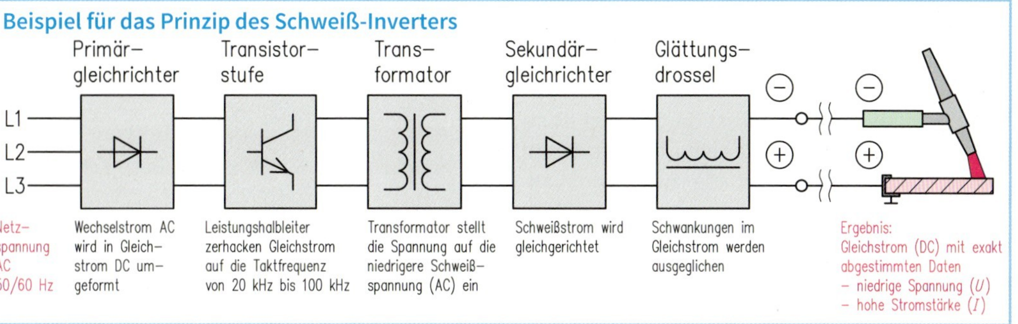

Schweißstromquellen mit Inverter-Technologie haben u. a. folgende Vorteile gegenüber bisherigen Schweißstromquellen:

Besserer Wirkungsgrad (> 0,9), bessere Reglung stark dynamischer Schweißprozesse, geringeres Gewicht aufgrund sehr kleiner Transformatoren, entsprechende Software schafft die Möglichkeit der Wiederholbarkeit von Schweißprozessen, Bedienungskomfort – nur wenige Parameter müssen eingestellt werden, unempfindlicher gegen Staub, Schmutz und Sturz bzw. Schlag.

Durch die Zusatzfunktionen *Hot-Start-*, *Anti-Stick-* und *Arc-Force-Steuerung* können weitere positive Auswirkungen auf den Schweißprozess erfolgen.

Die Zusatzfunktion *Hot-Start* sorgt für perfektes Zünden der Elektrode. Eine kurzfristige Überlagerung des eingestellten Schweißstroms (ca. 30 %) bewirkt ein sofortiges Zünden.

Die Zusatzfunktion *Anti-Stick* reduziert den Zündstrom auf 20 A, wenn die normale Zündzeit überschritten wird. Diese Funktion verhindert z. B. das Ankleben der Elektrode beim Zünden und das Abreißen des Lichtbogens bei zu kurzem Lichtbogen.

Die Zusatzfunktion *Arc-Force-Steuerung* kann die Lichtbogenlänge nahezu konstant gehalten werden. Es erfolgt eine automatische Nachregelung des eingestellten Stroms. Ein ruhiger und gleichmäßiger Lichtbogen und eine gleichmäßige Nahtschuppung sind die Folge.

Beispiel für einen Schweiß-Inverter

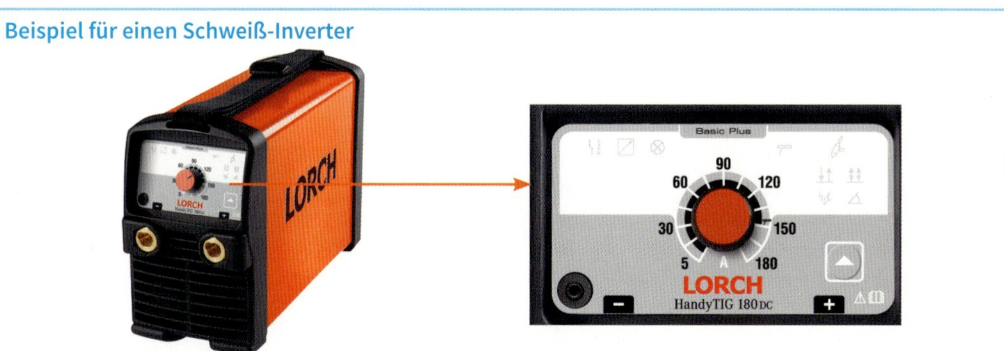

Die Bedienung des Schweiß-Inverters erfolgt in folgenden Schritten:

1. Verfahren wählen (hier: Lichtbogenhandschweißen oder WIG-Schweißen)
2. Betriebsart wählen (Betriebsart 1:2-Takt für kurzes Heften und kurze Nähte: Betriebsart 2:4-Takt für Dauerschweißung bzw. lange Nähte)
3. Schweißstrom einstellen (je nach Verfahren, Position, Schweißzusatz u. a.)

! Schweißstromquellen mit Inverter-Technologie regeln den Schweißstrom entsprechend den augenblicklichen Anforderungen. Dadurch entsteht zu jeder Zeit ein ruhiger und gleichmäßiger Lichtbogen und die Schweißnaht zeigt eine gleichmäßige Schuppung.

Zur Erzielung einer gleichmäßigen Schweißnaht ist eine gleich bleibende Stromstärke in jeder Phase des Schweißablaufs erforderlich.

4. Lichtbogenkennlinie

Die Schweißspannung bewirkt, dass durch den Widerstand des Lichtbogens der Schweißstrom fließt. Der elektrische Widerstand des Lichtbogens wächst mit seiner Länge.

Eine steigende Spannung lässt durch einen Lichtbogen mit konstanter Länge einen höheren Strom fließen. Dieser Zusammenhang zwischen Spannung und Strom bei verschiedenen Lichtbogenlängen wird durch Lichtbogenkennlinien dargestellt.

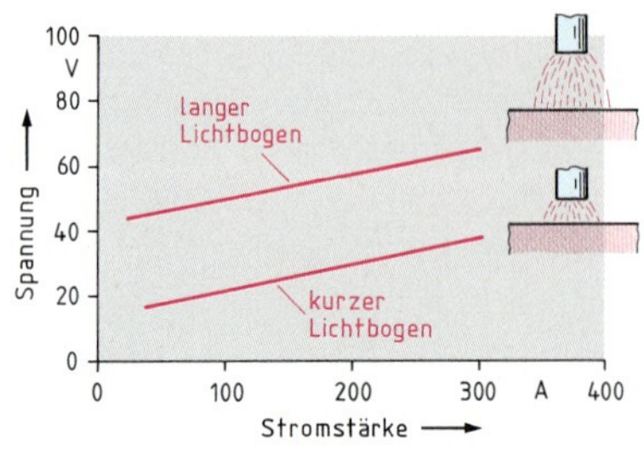

Lichtbogenkennlinien

Lichtbogenkennlinien kennzeichnen den Zusammenhang zwischen Spannung und Strom eines Lichtbogens.

5. Stromquellenkennlinien

Die Schweißstromquelle liefert unter Belastung den Schweißstrom in Abhängigkeit von der Schweißspannung. Diesen Zusammenhang stellt man in einer Stromquellenkennlinie dar. Durch elektrische bzw. elektronische Schaltungen lassen sich verschiedene Kennlinienformen erzeugen.

Für die verschiedenen Schweißverfahren werden Schweißstromquellen mit unterschiedlichen Stromquellenkennlinien eingesetzt. Den Schnittpunkt zwischen der jeweils eingestellten Stromquellenkennlinie und der Lichtbogenkennlinie nennt man den **Arbeitspunkt**.

Stromquellen mit steil fallender Kennlinie haben nur geringe Stromstärkenänderungen ΔI bei einer Änderung der Lichtbogenlänge.

Deswegen eignen sich Stromquellen mit steil fallender Kennlinie besonders zum Lichtbogenhandschweißen und zum Wolfram-Schutzgasschweißen, weil der Schweißende den Lichtbogen nicht ständig auf gleicher Länge halten kann.

Gerätesymbol: 

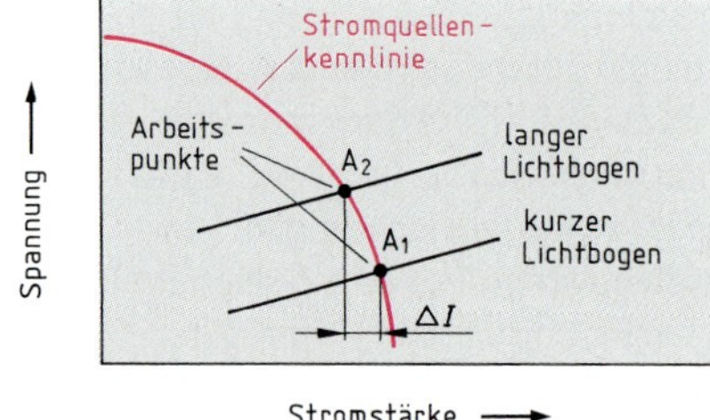

Schweißstromänderung bei steil fallender Stromquellenkennlinie

Für das Lichtbogenhandschweißen und das Wolfram-Schutzgasschweißen sind Schweißstromquellen mit steil fallender Kennlinie besonders geeignet.

Beim Metall-Schutzgasschweißen werden meist Stromquellen mit flach fallender Kennlinie (Konstantspannungskennlinie) eingesetzt.

Wird bei diesen Stromquellen beim Schweißen der Lichtbogen kürzer, so steigt der Strom stark an. Dadurch schmilzt *mehr* Werkstoff von der mechanisch gleichmäßig zugeführten Drahtelektrode ab, sodass der Lichtbogen wieder länger wird. Die Lichtbogenlänge regelt sich dadurch *selbsttätig* (innere Regelung).

Gerätesymbol:

Stromquellen-
kennlinie
langer
Lichtbogen
kurzer
Lichtbogen
A_2
A_1
ΔI
Spannung
Stromstärke

Schweißstromänderung bei flach fallender Stromquellenkennlinie

Zum Metallschutzgasschweißen sind Stromquellen mit flach fallender Kennlinie wegen der selbsttätigen Regelung der Lichtbogenlänge besonders geeignet.

Übungsaufgaben 15/92; 15/93

15.6.2.1 Lichtbogenhandschweißen, Kennziffer 111

Beim Lichtbogenhandschweißen brennt der Lichtbogen zwischen einer abschmelzenden Elektrode und dem Werkstück. Lichtbogen und Schmelzbad werden vor dem Zutritt der Atmosphäre nur durch Gase und Schlacken abgeschirmt, die von der Elektrode stammen.
Zur einwandfreien Durchführung einer Lichtbogenhandschweißung muss der Schweißer die folgenden Hilfsmittel sachgerecht auswählen bzw. einstellen:
- Schweißstromquelle,
- Schweißelektrode,
- Schweißstromstärke,
- Arbeitstechnik.

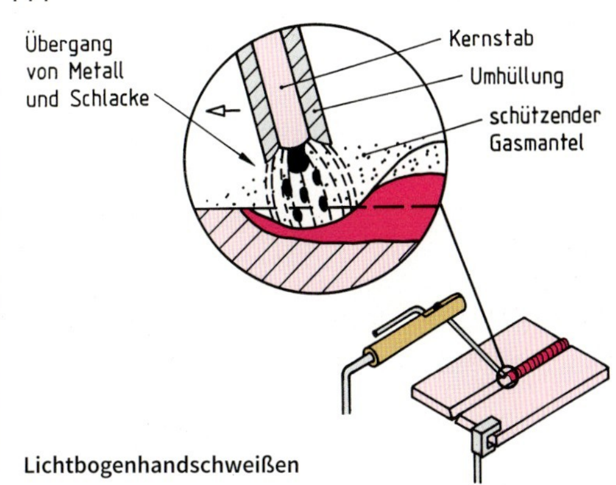

Lichtbogenhandschweißen

1. Wahl der Schweißstromquelle
Als Schweißstromquellen beim Lichtbogenhandschweißen kommen je nach Schweißaufgabe, Güteanforderungen und Fertigungsbedingungen Schweißtransformatoren, Schweißgleichrichter oder Schweißumformer mit *steil fallender Kennlinie* zum Einsatz.

! Schweißstromquellen zum Lichtbogenhandschweißen müssen steil fallende Kennlinien aufweisen.

2. Wahl der Schweißelektrode
Bei der Auswahl der Elektroden sind folgende Gesichtspunkte zu berücksichtigen:
- Werkstoff der zu verbindenden Bauteile,
- Materialdicke,
- Art des Schweißstromes.
- Schweißpositionen,

– Elektrodenwerkstoff
Der metallische Werkstoff der Elektrode muss etwa die gleiche Zusammensetzung haben wie der Werkstoff der zu verbindenden Bauteile.

– Kernstabdurchmesser
Der Kernstabdurchmesser der Elektrode richtet sich nach der Dicke der zu fügenden Bauteile. Für Werkstücke bis 4 mm Dicke wählt man den Elektrodendurchmesser gleich der Materialdicke.
Bei dickeren Werkstücken nimmt der Elektrodendurchmesser nicht in gleichem Maße zu. Große Schweißnahtquerschnitte werden in mehreren Lagen geschweißt.

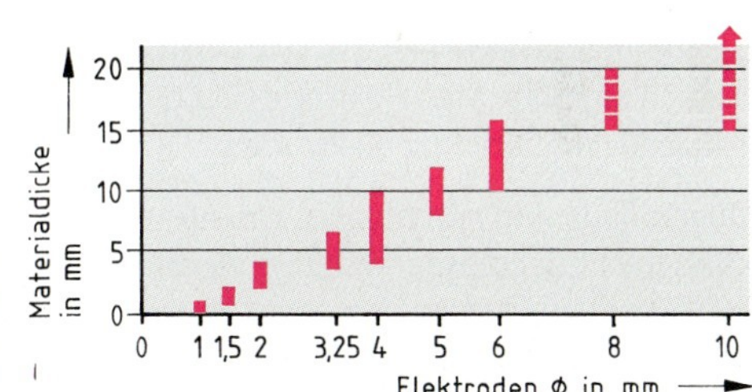

Einsatz der verschiedenen Elektrodendurchmesser

– Umhüllung
Aufgabe der Umhüllung

Die Umhüllung erfüllt beim Schweißvorgang folgende Aufgaben:
- Schutz der Schweißstelle vor Lufteintritt durch Bildung einer Gashülle,
- Bildung einer Schlacke: Schlacke nimmt Verunreinigungen aus der Schmelze auf, schützt die Schweißnaht vor zu schneller Abkühlung und verhindert Lufteintritt,
- Stabilisierung des Lichtbogens durch zusätzliche Ladungsträger,
- Ersetzen oxidierter Elemente, wie z. B. C, Mn.

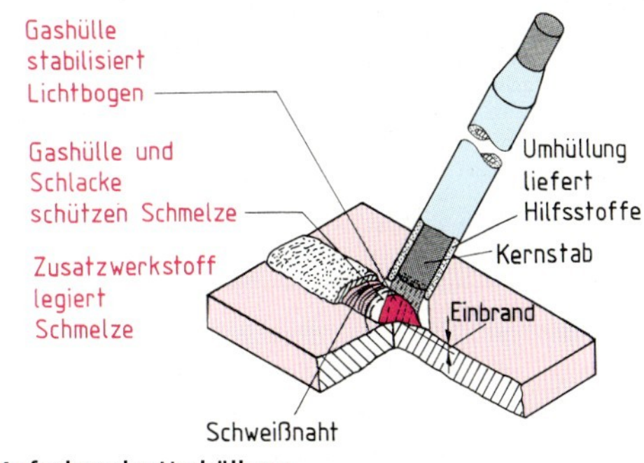

Aufgaben der Umhüllung

Die **Umhüllungsdicke** beeinflusst die Schweißeigenschaften. Je dicker die Umhüllung ist, desto feintropfiger wird der Werkstoffübergang. Dadurch wird das Nahtaussehen gleichmäßiger und die Einbrandtiefe erhöht.

Einfluss der Umhüllungsdicke bei Stabelektroden

Umhüllungs-durchmesser D	Werkstoff-übergang	Spaltüberbrück-barkeit	Nahtaussehen	Einbrandtiefe
dünn 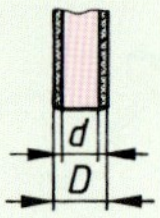 d D *D* bis 1,2 · *d*	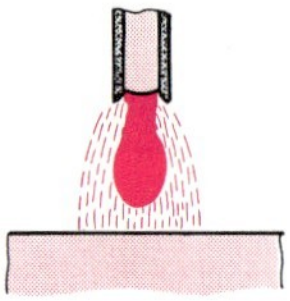	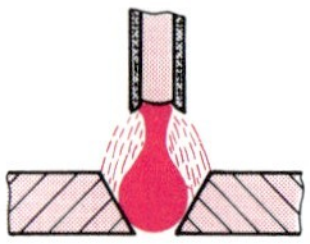	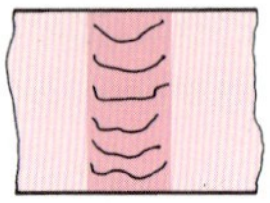	
D über 1,2 bis 1,55 · *d* 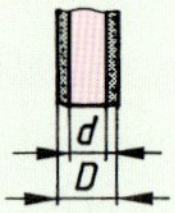 d D		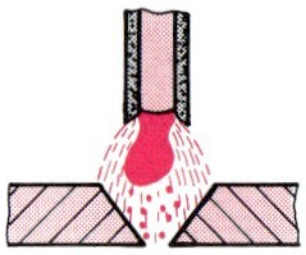	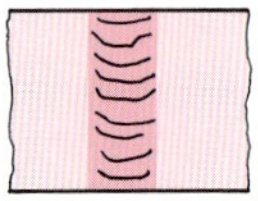	
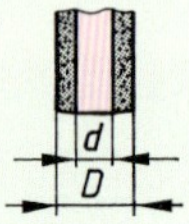 dick d D *D* über 1,55 · *d*	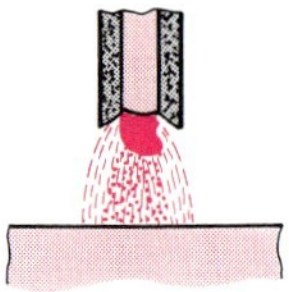	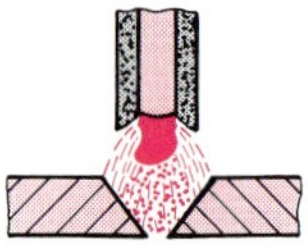	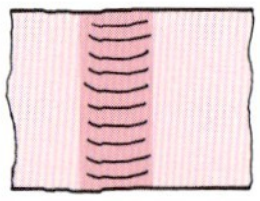	

Zunehmende Umhüllungsdicke bewirkt:
- feintropfigeren Werkstoffübergang,
- gleichmäßigeres Nahtaussehen,
- größere Einbrandtiefe.

Nach der Zusammensetzung der Umhüllung unterscheidet man folgende Umhüllungstypen:
- sauer umhüllte Stabelektrode (z. B. SiO_2-, Fe_3O_4-haltig): Umhüllungstyp **A**
- rutil umhüllte Stabelektrode (TiO_2-haltig): Umhüllungstyp **R**
- basisch umhüllte Stabelektrode ($CaCO_1$-, MgO- und CaF_2-haltig): Umhüllungstyp **B**
- zellulose umhüllte Stabelektrode: Umhüllungstyp **C**

Darüber hinaus sind Mischtypen, z. B. **AR** = Rutil- und sauer umhüllt, gebräuchlich.
Elektroden mit Celluloseumhüllung werden hauptsächlich zum Fallnahtschweißen verwendet.

Die verschiedenen Umhüllungstypen führen zu unterschiedlichen Schweißeigenschaften:

Umhüllungstyp (dick umhüllt)	Schlackeneigenschaften		Tropfen-übergang	Positions-verschweiß-barkeit	mechanische Kennwerte des Schweißgutes
	Erstarrungs-intervall	Entfern-barkeit			
sauer A	groß	platzt ab	feintropfig bis sprühregenartig	schlecht in Zwangslagen	mittel
rutil R	mittel	gut	mittel- bis feintropfig	alle Positionen	gut
basisch B	klein	schlecht	mittel- bis grobtropfig	alle Positionen	sehr gut

Die Zusammensetzung der Umhüllung beeinflusst Schlackeneigenschaften und Tropfenübergang und wirkt sich auf die Positionsverschweißbarkeit der Elektrode sowie auf die mechanischen Kennwerte des Schweißgutes aus.

Übungsaufgaben 15/96; 15/97; 15/98

Beispiel für die Benennung einer Stabelektrode nach DIN EN ISO 2560-A

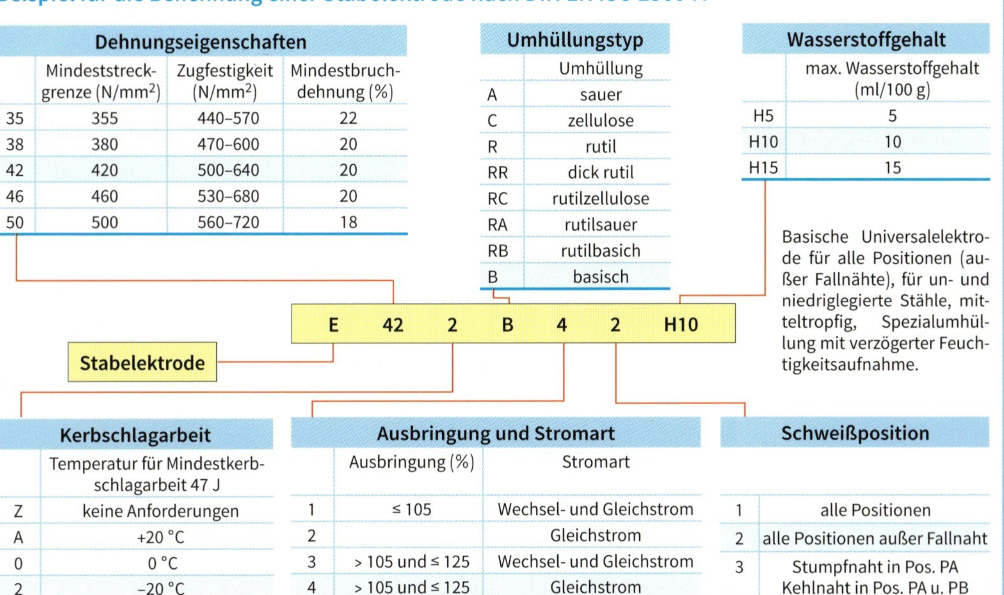

Dehnungseigenschaften	Mindeststreckgrenze (N/mm²)	Zugfestigkeit (N/mm²)	Mindestbruchdehnung (%)
35	355	440–570	22
38	380	470–600	20
42	420	500–640	20
46	460	530–680	20
50	500	560–720	18

Umhüllungstyp	Umhüllung
A	sauer
C	zellulose
R	rutil
RR	dick rutil
RC	rutilzellulose
RA	rutilsauer
RB	rutilbasich
B	basisch

Wasserstoffgehalt	max. Wasserstoffgehalt (ml/100 g)
H5	5
H10	10
H15	15

Basische Universalelektrode für alle Positionen (außer Fallnähte), für un- und niedriglegierte Stähle, mitteltropfig, Spezialumhüllung mit verzögerter Feuchtigkeitsaufnahme.

Kerbschlagarbeit	Temperatur für Mindestkerbschlagarbeit 47 J
Z	keine Anforderungen
A	+20 °C
0	0 °C
2	−20 °C
3	−30 °C
4	−40 °C
5	−50 °C
6	−60 °C

Ausbringung und Stromart	Ausbringung (%)	Stromart
1	≤ 105	Wechsel- und Gleichstrom
2		Gleichstrom
3	> 105 und ≤ 125	Wechsel- und Gleichstrom
4	> 105 und ≤ 125	Gleichstrom
5	> 125 und ≤ 160	Wechsel- und Gleichstrom
6	> 125 und ≤ 160	Gleichstrom
7	> 160	Wechsel- und Gleichstrom
3	> 160	Gleichstrom

Schweißposition	
1	alle Positionen
2	alle Positionen außer Fallnaht
3	Stumpfnaht in Pos. PA Kehlnaht in Pos. PA u. PB
4	Stumpfnaht in Pos. PA Kehlnaht in Pos. PA
5	Stumpfnaht in Pos. PA u. PG Kehlnaht in Pos. PA, PB u. PG

1. Wahl der Schweißstromstärke

Die einzustellende Schweißstromstärke wird nach dem Kernstabdurchmesser festgelegt.
Als Richtwert für die benötigte Stromstärke kann man etwa 40 Ampere je Millimeter Elektrodendurchmesser annehmen.
Jeder Hersteller gibt für seine Elektroden den geeigneten Schweißstrombereich an.

2. Arbeitstechnik beim Lichtbogenhandschweißen

Beim Lichtbogenhandschweißen wird die Elektrode senkrecht oder leicht schräg angestellt und in Schweißrichtung geneigt. Sie soll dabei eine leicht pendelnde Bewegung ausführen. Die Lichtbogenlänge soll etwa dem Kernstabdurchmesser entsprechen. Am Ende der Schweißnaht wird der Lichtbogen in Richtung der Schweißfuge geschleppt bis er abreißt. Dadurch wird Einbrand vermieden.

Beim Schweißen mit Gleichstrom muss die **Blaswirkung** beachtet werden. Blaswirkung entsteht durch das Magnetfeld, das sich um einen stromdurchflossenen Leiter ausbildet und dort besonders stark ist, wo Feldlinien gebündelt werden.
Der Lichtbogen wird dabei

- vom Stromanschluss weggedrückt,
- zu großen Stahlmassen hingelenkt,
- an Kanten nach innen gezogen.

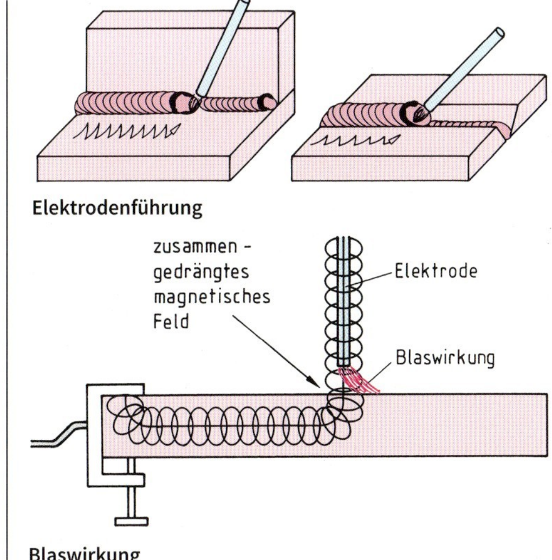

Blaswirkung

Entsprechendes Neigen der Elektrode, Verlegen des Masseanschlusses und Zulegen anderer Stahlmassen sollen die Blaswirkung auf das Schweißbad richten.

15.6.2.2 Schutzgasschweißen

Beim Schutzgasschweißen wird die Schweißstelle durch Schutzgase vor schädlichem Luftzutritt abgeschirmt.

Als Schutzgase werden einerseits Edelgase, z. B. Argon und Helium, verwendet. Diese Gase sind als Schutzgase besonders geeignet, weil sie keine chemischen Verbindungen mit dem Schweißgut eingehen. Diese chemisch nicht reagierenden Gase werden als **„inerte"** Gase bezeichnet.

Zum anderen werden Kohlendioxid, Wasserstoff, Stickstoff und Gemische dieser Gase mit Edelgasen verwendet. Diese Gase können chemisch mit anderen Stoffen reagieren. Man bezeichnet sie deshalb als **„aktive"** Gase. Diese aktiven Schutzgase können oxidierend auf die Schweißstelle wirken.

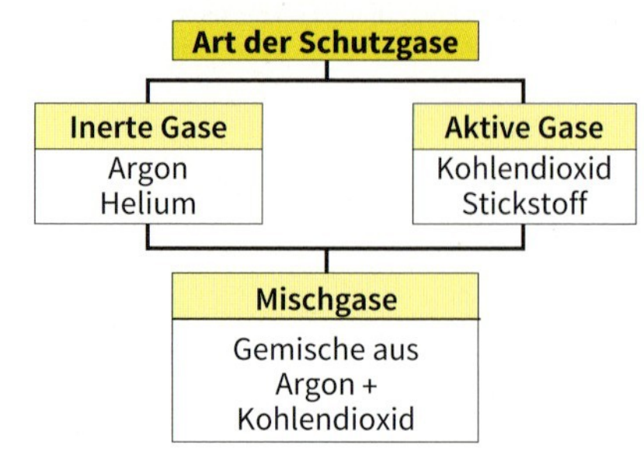

> **!** Schutzgase schirmen die Schweißstelle vor Luftzutritt ab.
> Als Schutzgase verwendet man inerte Gase und aktive Gase.

Beim Schutzgasschweißen kann der Lichtbogen entweder zwischen

- einer abschmelzenden Metallelektrode und dem Werkstück oder
- einer nicht abschmelzenden Wolframelektrode und dem Werkstück brennen.

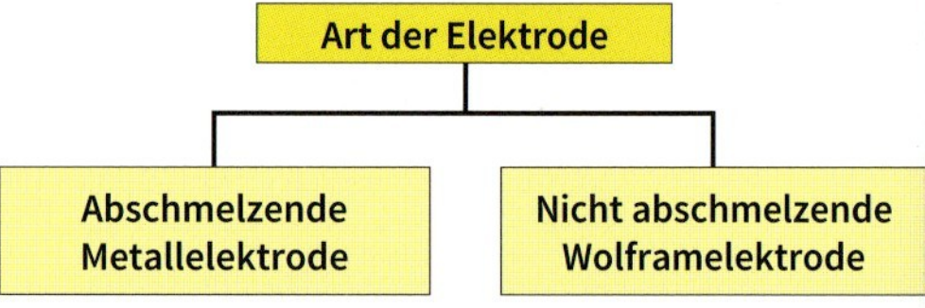

Je nach verwendeter Elektrode und zugeführter Gasart unterscheidet man mehrere Schutzgasschweißverfahren.

Metall-Schutzgasschweißen		**Wolfram-Schutzgasschweißen**
Elektrode als Zusatzwerkstoff, Schutzgas, Kühlwasser, Schutzgas, Schweißrichtung, Schweißgut, Schweißteil		Kühlwasser, Kabel, Argon, Kühlwasser, Zusatzwerkstoff, Wolframelektrode, Schweißrichtung, Argon, Schweißteil, Schweißgut
Merkmale: Der Lichtbogen brennt zwischen der abschmelzenden Metallelektrode und dem Werkstück. Die abschmelzende Elektrode liefert den Zusatzwerkstoff zur Bildung der Schweißnaht.		**Merkmale:** Der Lichtbogen brennt zwischen der nicht abschmelzenden Wolframelektrode und dem Werkstück. Schweißzusatzwerkstoffe werden stromlos zugeführt.
Als Schutzgase werden meist inerte Gase wie Argon, seltener Helium, eingesetzt.	Als Schutzgase werden aktive Gase wie Kohlendioxid, Stickstoff sowie Mischgase verwendet.	Als Schutzgase werden meist inerte Gase wie Argon, seltener Helium, verwendet.
Metall-**I**nert-**G**as-Verfahren **MIG**-Verfahren	**M**etall-**A**ktiv-**G**as-Verfahren **MAG**-Verfahren	**W**olfram-**I**nert-**G**as-Verfahren **WIG**-Verfahren

Übungsaufgaben 15/101; 15/102

15.6.2.3 Metallschutzgasschweißen (MSG), Kennziffer 13

Beim Metall-Schutzgasschweißen brennt der Lichtbogen innerhalb einer Schutzgasglocke zwischen einer abschmelzenden Elektrode und dem Werkstück. Nach der Art der Schutzgase unterscheidet man die Verfahren

- Inerte Schutzgase → **MIG**-Schweißen (**M**etall-**I**nertgas-**S**chweißen, Kennziffer 131),
- Aktive Schutzgase → **MAG**-Schweißen (**M**etall-**A**ktivgas-**S**chweißen, Kennziffer 135).

Beispiel für eine Metall-Schutzgasschweißanlage

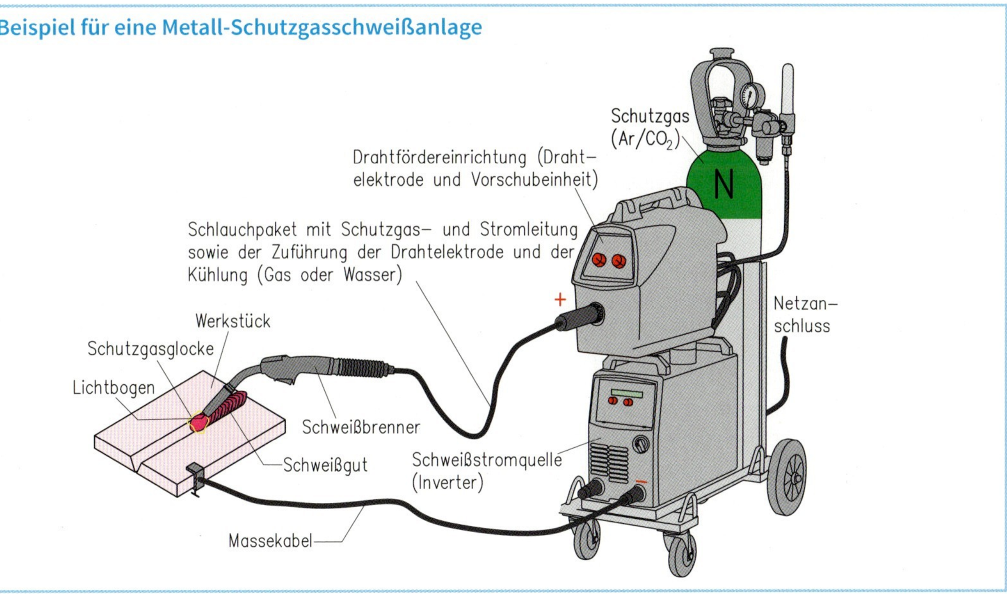

Bei beiden Verfahren, MIG- oder MAG-Schweißen, wird die Drahtelektrode mit eingestellter, gleich bleibender Geschwindigkeit von der Drahtfördereinrichtung transportiert.
Das Metall-Schutzgasschweißen ist bei Werkstückdicken ab 1 mm zum Verbindungsschweißen in allen Positionen sowie zum Auftragsschweißen einsetzbar. Es ist besonders wirtschaftlich wegen seiner hohen Abschmelzleistung und der Möglichkeit zur Mechanisierung.

Zur einwandfreien Durchführung einer Metall-Schutzgasschweißung muss der Industriemechaniker die folgenden Hilfsmittel sachgerecht auswählen bzw. einstellen:

- Schweißstromquelle und Schweißstromkennlinie,
- Spannungs- und Stromwerte,
- Schweißzusatzwerkstoff,
- Schutzgas.

1. Auswahl der Schweißstromquellen

Beim Metall-Schutzgasschweißen kommen hauptsächlich Gleichstromquellen zum Einsatz. Die abschmelzende *Drahtelektrode* wird dabei *positiv* gepolt. Die Stromquelle für das MIG/MAG-Schweißen arbeitet mit nahezu konstanter Kennlinie. Der *Vorschub* für die Drahtelektrode erfolgt mit *konstanter* Geschwindigkeit.
Beim Schweißen passt sich die Lichtbogenlänge selbstständig an. Bei länger- oder kürzer werdendem Lichtbogen ändern sich Schweißspannung und Schweißstrom. Es wird dann mehr oder weniger Schweißdraht abgeschmolzen.

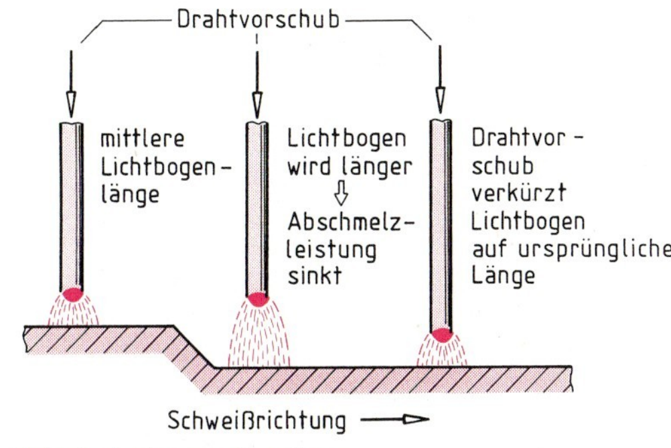

Prinzip der inneren Regelung

! Beim Metall-Schutzgasschweißen werden Gleichstromquellen (z. B. Schweiß-Inverter) mit nahezu konstanter Kennlinie eingesetzt. Die Lichtbogenlänge regelt sich selbstständig (innere Regelung).

Schweißinverter zum MIG-MAG-Schweißen können auch mit einem **Impulslichtbogen** arbeiten. Die Pulstechnik war bislang im Wesentlichen im Aluminium- und Edelstahl- Sektor sowie in der automatisierten Fertigung anzutreffen. Inzwischen ist der Impulslichtbogen aber auch in der Werkstatt bei Stahl-Schweißungen beherrschbar. Die geringe Nachbereitung der Schweißnähte und die hohe Nahtqualität sind Vorteile des Impulslichtbogens.

Beim Impulslichtbogen wird dem Grundstrom (Gleichstrom), der mindestens so hoch sein muss, dass der Lichtbogen nicht erlischt, ein *Stromimpuls* überlagert. Der Grundstrom hält das Schweißbad flüssig, und der Stromanstieg bei jedem Impuls bewirkt jeweils den Übergang eines Tropfens in das Schweißbad. Übliche Impulsfrequenzen sind 25, 33 ⅓, 50 und 100 Hertz. Als Schutzgase werden inerte und argonreiche Mischgase verwendet.

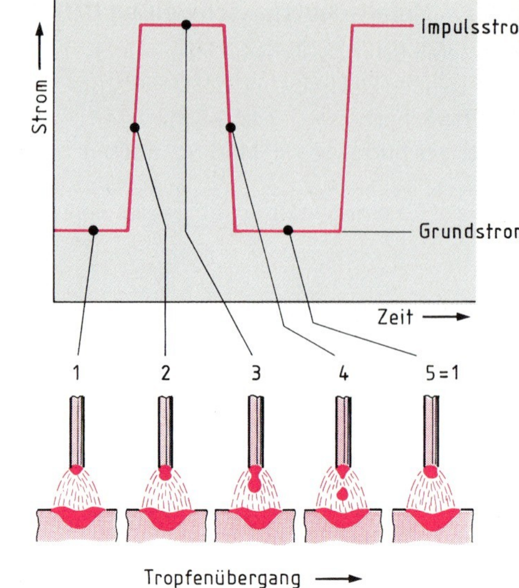

Tropfenübergang beim Impulslichtbogen

Vorteile des Impuls-Lichtbogenschweißens sind:

- genaue Einstellung der abschmelzenden Metallmenge (dünne Bleche – niedrige Frequenz),
- geringe Wärmeeinbringung in die Umgebung der Schweißnaht,
- Einsatz dickerer Elektroden, die billiger und leichter förderbar sind,
- spritzarmer Tropfenübergang.

! Beim Schweißen mit Impuls-Schweißstromquellen wird durch die Stromimpulse ein im Rhythmus der Impulsfrequenz gesteuerter Tropfenübergang erreicht.

2. Auswahl der Drahtelektrode

Die Schweißzusatzwerkstoffe werden dem zu verschweißenden Grundwerkstoff angepasst. Je nach der chemischen Zusammensetzung unterscheidet man z. B. die Schweißzusatztypen **G2S1**; **G3S1**; **G4S1** sowie spezielle, dem Grundwerkstoff angepasste Schweißzusätze (z. B. SG CrMo5).
Der Schweißzusatztyp wird bei der Bezeichnung einer Drahtelektrode angegeben.

Die Auswahl des Drahtelektrodendurchmessers erfolgt nach der Dicke der zu verschweißenden Bauteile. Besonders häufig werden Drähte mit den Durchmessern 0,8 mm, 1,0 mm und 1,2 mm angewendet.
Entsprechend dem Durchmesser wird die Stromstärke eingestellt.
Die Drähte sind verkupfert. Dadurch erreicht man nicht nur besseren Korrosionsschutz, sondern auch bessere Gleitfähigkeit in der Drahtvorschubeinrichtung und einen besseren Stromübergang.

Drahtelektrodentypen

Kurzzeichen	Chemische Zusammensetzung		
	C in %	Si in %	Mn in %
G2S1	0,06 – 0,14	0,5 – 0,8	0,9 – 1,3
G3S1	0,06 – 0,14	0,7 – 1,0	1,3 – 1,6
G4S1	0,06 – 0,14	0,8 – 1,2	1,6 – 1,9

Auswahl von Drahtelektrodendurchmesser und Stromstärke

Werkstückdicke in mm	bis 1	1 bis 7	7 bis 15
Genormter Drahtelektrodendurchmesser in mm	0,8	1,0	1,2
Empfohlene Stromstärke in A	bis 140	bis 220	bis 300

Die Auswahl der Drahtelektroden erfolgt entsprechend dem zu fügenden Grundwerkstoff und dem Schweißnahtvolumen.

Übungsaufgaben 15/105; 15/106

3. Auswahl der Schutzgase

Als Schutzgase verwendet man je nach Schweißaufgabe drei verschiedene Arten von Gasen:
- *Inerte Gase*, dies sind die Edelgase Argon und Helium, die chemisch nicht reagieren.
- *Aktivgase*, dies ist vor allem Kohlendioxid, das chemisch reaktionsfähig ist.
- *Mischgase*, dies sind Gemische aus aktiven und inerten Gasen.

Nichteisenmetalle werden unter Einsatz inerter Gase verschweißt. Zum Schweißen von Stählen werden Aktivgase und Mischgase eingesetzt.
Die Mischgase werden je nach Oxidationsgrad in drei Gruppen unterteilt Ar/O_2; Ar/CO_2; $Ar/CO_2/O_2$.

Zuordnung der Schutzgase zu Schweißverfahren und zu verschweißendem Werkstoff

Zu verschweißender Werkstoff		Schutzgase	Gruppe		Schweißverfahren
NE-Metalle		Ar, He, Mischgas Ar/He	I		**MIG**
Stähle	hoch legiert	Mischgase: Ar/O_2	M 1	**steigende Oxidationswirkung** ↓	**MAG M (1–3)**
	unlegiert und niedrig legiert	Mischgase: Ar/CO_2 $Ar/CO_2/O_2$	M 2 M 3		
Stähle	unlegiert und niedrig legiert	CO_2			**MAG C**

4. Werkstoffübergang

Je nach Einstelldaten und Wahl des Schutzgases unterscheidet man vier Lichtbogenformen:
- Kurzlichtbogen, • Langlichtbogen, • Sprühlichtbogen, • Impulslichtbogen.

Diese Lichtbogenformen ergeben unterschiedliche Ausbildung des Tropfenüberganges und damit des Anwendungsbereiches.

Formen des Werkstoffüberganges

Lichtbogenform	Kurzlichtbogen	Langlichtbogen	Sprühlichtbogen	Impulslichtbogen
Prinzip				
Schutzgas	Mischgase	CO_2	Argon oder Argon + CO_2	Argon oder argonreiche Mischgase
Verfahren	MAG	MAG	MIG oder MAG	MIG oder MAG
Tropfenübergang	feintropfig im Kurzschluss	grobtropfig nicht kurzschlussfrei	feinsttropfig kurzschlussfrei	impulsgesteuerter Tropfenübergang
Stromstärke Spannung für d[3] = 1 mm	70 A bis 160 A 16 V bis 19 V	180 A bis 250 A 24 V bis 30 V	180 A bis 250 A 24 V bis 30 V	–
Anwendung	Dünnbleche, mittlere und dicke Bleche in Zwangslagen	Positionen PA[1] und PB[2] mittlere und dicke Bleche	Positionen PA[1] und PB[2] mittlere und dicke Bleche	Zwangslagen, dünne Bleche mit dicken Drähten

[1] PA Wannenlage [2] PB Horizontallage [3] Drahtdurchmesser

15.6.2.4 Wolfram-Inertgas-Schweißen (WIG), Kennziffer 141

Beim Wolfram-Inertgas-Schweißen (WIG) brennt der Lichtbogen zwischen einer *nicht abschmelzenden* Wolframelektrode und dem Werkstück im Schutz eines Inertgases. Das Schutzgas verhindert eine Oxidation der Wolframelektrode und schützt das Schweißgut vor Einflüssen aus der Luft.
Der Schweißdraht wird nicht vom Strom durchflossen.

Beispiel für eine Wolfram-Inertgasschweißanlage

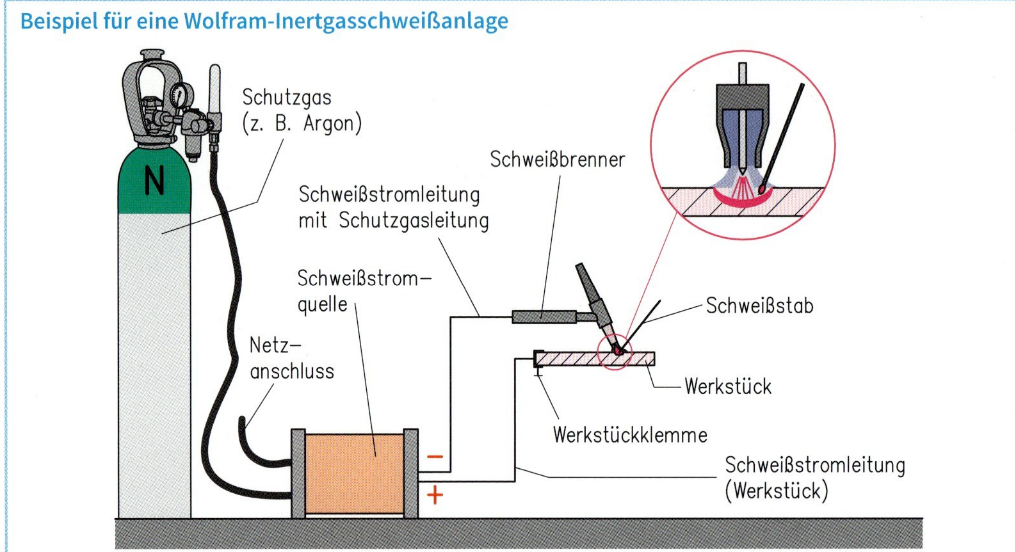

Das wirtschaftliche Einsatzgebiet für dieses Schweißverfahren liegt bei Werkstückdicken zwischen 0,5 mm und 4 mm.

Das Verfahren ist als Verbindungsschweißen geeignet für
- Schweißungen in allen Schweißpositionen,
- unlegierte, niedrig legierte und hoch legierte Stahlsorten,
- Nichteisenmetalle.

Schweißprobleme, z. B. das Schweißen sehr dünner, hoch legierter Stahlbleche, die sich schwer mit den üblichen Verfahren lösen lassen, sind am ehesten mit dem WIG-Verfahren zu bewältigen.
Die Schweißgeschwindigkeit ist relativ gering, die Qualität der Schweißnaht im Allgemeinen sehr gut. Deshalb wird das WIG-Verfahren auch häufig zum Schweißen von Wurzellagen eingesetzt. Bei den *Zwischen- und Decklagen* werden dann leistungsfähigere Schweißverfahren angewendet.

Mit dem WIG-Schweißverfahren lassen sich schwierig zu fügende metallische Werkstoffe verschweißen. Hohe Abschmelzleistungen sind mit dem WIG-Schweißen nicht zu erzielen.

1. Auswahl der Schweißstromart

Die anzuwendende Stromart ist werkstoffabhängig. Überwiegend wird mit Gleichstrom geschweißt. Da am Minus-Pol bei gleich bleibender Stromstärke eine niedrigere Temperatur auftritt als am Plus-Pol, wird die Wolframelektrode *negativ* gepolt. Metalle mit hoch schmelzenden Oxidschichten, wie zum Beispiel Aluminium, werden mit Wechselstrom geschweißt. Ein Hochleistungszündgerät ermöglicht dabei ein berührungsfreies Zünden des Lichtbogens, und es verhindert beim Wechselstromschweißen das Erlöschen des Lichtbogens, wenn die Spannung auf Null zurückgeht.
WIG-Schweißstromquellen haben eine steil fallende Kennlinie.

Die Wahl der Stromart – Gleich- oder Wechselstrom – ist werkstoffabhängig.

Übungsaufgaben 15/109; 155/110

2. Auswahl der Elektroden

Beim WIG-Schweißen werden heute hauptsächlich Wolframelektroden (W) eingesetzt. Wolframelektroden mit Thoriumoxid verlieren deutlich an Bedeutung. Thoriumoxid ist ein schwach radioaktiver Werkstoff. Transport, Lagerung und Verarbeitung sind somit für Gesundheit und Umwelt problematisch und damit nur bei Beachtung strenger Vorschriften einsetzbar. Die Hersteller der Wolframelektroden haben allerdings für mindestens gleichwertigen Ersatz gesorgt (z. B. WS2, Wolframelektroden mit Seltenen Erden oder WL20, Wolframelektroden mit Lanthanoxid).

Strombelastbarkeit der Wolframelektrode und Auswahl der Gasdüse

Elektrodendurchmesser in mm	Größe	Gasdüsendurchmesser in mm	Gleichstrom in A	Wechselstrom in A
1,6	4 bis 6	6,5 bis 9,5	70	50 bis 100
2,4	6 bis 8	9,5 bis 12,7	150	100 bis 160
3,2	7 bis 8	11,2 bis 12,7	250	150 bis 210
4,0	8 bis 10	12,7 bis 15,9	400	200 bis 275

Beim WIG-Schweißen nutzen sich auch die Wolframelektroden geringfügig ab. Ursachen dieser Abnutzung sind

- die Wirkungen des Schweißstromes,
- Verunreinigungen infolge Schweißbad- oder Schweißstabberührung.

Die Wolframelektroden werden in der Regel durch Längsanschleifen angespitzt. Die richtige Stromeinstellung ist an der Veränderung der Elektrodenspitze beim Schweißen zu erkennen.

Wird die Spitze der Elektrode durch Berühren mit dem Schweißstab oder dem Schweißbad verunreinigt, so ist dieser Teil der Elektrode vollständig abzuarbeiten, denn die verunreinigten Teile schmelzen ab. Diese abgeschmolzenen Teile wirken später in der Schweißnaht wie Kerben.

	Zünd- und Dauerschweißeigenschaft	Wolframelektrode WS2	Wolframelektrode WL20
Zündverhalten	Elektrode neuwertig	*sehr gut*	*sehr gut*
	Wiederzündverhalten nach ≥ 30 Minuten Schweißzeit	*sehr gut*	*sehr gut*
	Sicherheit gegen Fehlzündungen	*sehr gut*	*gut*
Standzeit	Lichtbogenstabilität[1]	*gut*	*gut*
	Spitzengeometrie nach Dauerschweißung (1 Stunde Schweißzeit, 3 Unterbrechungen nach jeweils 15 Minuten)	*sehr gut*	*gut*

Untersuchungsergebnisse SLV München (Auszug)

3. Auswahl des Schweißzusatzwerkstoffes

Der Schweißzusatzwerkstoff wird entsprechend dem zu verschweißenden Werkstoff ausgewählt. Die Einteilung und Kennzeichnung der Schweißstäbe wird mit den gleichen Kurzzeichen vorgenommen, wie bei den übrigen Schutzgasschweißverfahren.

4. Richtwerte für das WIG-Schweißen

Werkstoff	Blechdicke in mm	Schweißstabdurchmesser in mm	Schutzgasverbrauch in l/min	Stromstärke in A
Aluminium	2,0 5,0	2,4 3,2	12 16	130 bis 150 250 bis 320
Gusseisen	6,0 25,0	5,0 6,0	8 12	150 bis 170 310 bis 370
unlegierter Stahl	1,2 2,2	1,6 1,6	4 5	100 bis 125 140 bis 170
legierter Stahl	1,5 5,0	1,6 3,2	5 6	80 bis 120 150 bis 275

[1] Kriterien: u. a. Gefügeveränderung, Abbrand, Ablagerung, Kranz-und Bartbildung

15.6.3 Gefügeänderungen beim Metallschweißen

Beim Schweißen bildet sich in der Schweißnaht ein neues Gefüge. Auch in der Schweißzone verändert sich wegen der örtlich unterschiedlichen Wärmewirkung das Gefüge mehr oder weniger stark. Die Schweißnaht und der aufgeschmolzene Grundwerkstoff bilden ein Gussgefüge.
Die angrenzenden stark erhitzten Zonen haben ein grobkörniges Gefüge, das mit zunehmender Entfernung von der Schweißnaht feinkörniger wird und schließlich in das unbeeinflusste Gefüge des Grundwerkstoffs übergeht.
Jede dieser Gefügezonen hat unterschiedliche Eigenschaften. Besonders Härte und Zähigkeit sind gegenüber dem Grundgefüge stark verändert.
Durch Normalglühen können die durch Schweißen hervorgerufenen Gefügeveränderungen weitgehend beseitigt werden.

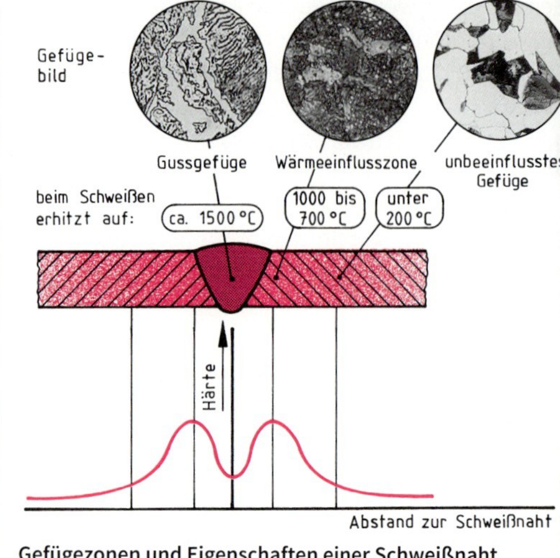

Gefügezonen und Eigenschaften einer Schweißnaht

> **!** Beim Schweißen treten Gefügeänderungen auf. Besonders Härte und Zähigkeit werden nachteilig verändert. Durch Normalglühen können die Gefügeänderungen weitgehend beseitigt werden.

15.6.4 Fehler beim Metallschweißen

Die Folgen einer nicht sorgfältig ausgeführten Schweißung sind Schweißfehler, die eine Schwächung der Fügestelle zur Folge haben.
Man unterscheidet bei den Schweißfehlern äußere und innere Fehler. Äußere Fehler können durch Sichtprüfung mit dem bloßen Auge, der Lupe oder Anwendung des Farbeindringverfahrens festgestellt werden. Innere Fehler sind an Proben durch zerstörende Prüfverfahren, z. B. Biegeversuch bis zum Bruch, zu erkennen. An fertigen Werkstücken sind sie durch zerstörungsfreie Fehlersuchverfahren, z. B. Röntgenprüfung oder Ultraschallverfahren, zu orten.

Beispiel für Schweißnahtfehler

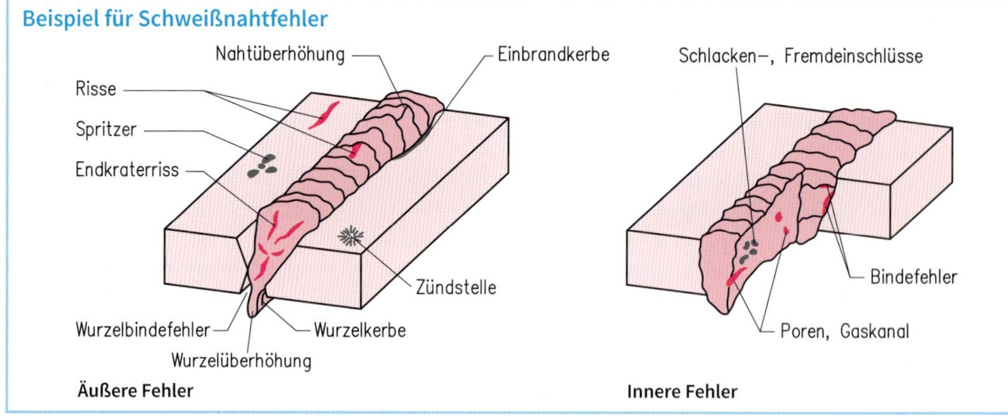

Äußere Fehler **Innere Fehler**

1. Fehler beim Gasschmelzschweißen

Fehler		mögliche Ursachen
Einbrandkerbe		ungenügendes Ausfüllen des Schmelzbades mit Schweißzusatzwerkstoff falsche Brennerneigung, harte Flamme
Poren		Luftsauerstoff im Schmelzbad Unsauberkeiten an Werkstück oder Schweißstab
Bindefehler	einseitig	falsche Brennerhaltung – einseitige Erwärmung zu großer Flammenabstand, weiche Flamme
	Lage	untere Lage nicht aufgeschmolzen Vorlaufen der Schmelze
Wurzelfehler	ungenügend durchgeschweißt	Nahtgrund nicht erfasst, Stabdurchmesser zu groß Stegabstand zu gering
	durchhängend	zu viel Wärme, Schweißgeschwindigkeit zu gering zu steile Brennerhaltung, zu große Schweißdüse
Ansatzfehler („Kaltstellen")		ungenügendes Aufschmelzen der Nahtabschnitte zu geringe Vorwärmung

2. Fehler beim Lichtbogenhandschweißen

Fehler	mögliche Ursachen
Einbrandkerben	zu langer Lichtbogen, Stromstärke zu hoch Elektrode zu dick, falsche Elektrodenführung
Endkraterriss	Elektrode zu schnell weggezogen
Schlackeneinschluss	ungenügendes Entfernen der Schlacke beim Mehrlagenschweißen verunreinigte Fugen, Stromstärke zu gering Lichtbogen zu lang, falsche Elektrodenart Schweißgeschwindigkeit zu groß
Poren	Feuchtigkeit aus der Luft gelangte in das flüssige Schweißgut falscher Umhüllungstyp, ungenügende Trocknung basischer Elektroden
Bindefehler	ungenügendes Aufschmelzen der Flanken bzw. Lagen vorlaufendes Schweißbad, mangelhafte Nahtvorbereitung
Spritzer	Lichtbogen zu lang, Stromstärke zu hoch, Schweißstelle zu feucht
Zündstellen	Zünden außerhalb der Naht

3. Fehler beim Metallschutzgasschweißen

Fehler	mögliche Ursachen
Poren	Schutzgasmenge zu groß oder zu gering Brennerneigung zu flach, Brennerabstand zu groß, Zugluft Gasdüse durch Spritzer verunreinigt, Werkstück verschmutzt
Bindefehler	mangelnde Nahtvorbereitung (kleiner Öffnungswinkel, große Steghöhe, Kantenversatz, überwölbte Raupen) vorlaufendes Schweißbad, fehlerhafte Brennerführung, Stromstärke zu gering

4. Fehler beim Wolfram-Inertgas-Schweißen

Fehler	mögliche Ursachen
Poren	Werkstück verschmutzt, undichte Wasserkühlung zu große oder zu kleine Gasmenge, Zugluft zu kleine Gasdüse, zu großer Brennerabstand
Bindefehler	Nahtöffnungswinkel zu klein, Steghöhe zu groß Stegabstand zu gering, zu schnelles Schweißen ungünstige Schweißraupenanordnung
Endkraterrisse	Schweißstromstärke zu hoch, Schweißgeschwindigkeit zu niedrig Endkrater nicht ausreichend gefüllt
Wolframeinschlüsse	Stromüberlastung der Wolframelektrode Berührung der Elektrode mit Schweißstab oder Schweißbad
Oxideinschlüsse	Fuge nicht metallisch rein, oxidüberzogene Schweißstäbe ungenügendes Bürsten nach jeder Raupe Schweißstab außerhalb der Schutzgasströmung ungenügende Nahtvorbereitung

Übungsaufgaben 15/118 bis 15/121

15.6.5 Überblick über die Schweißverfahren zum Metallschweißen

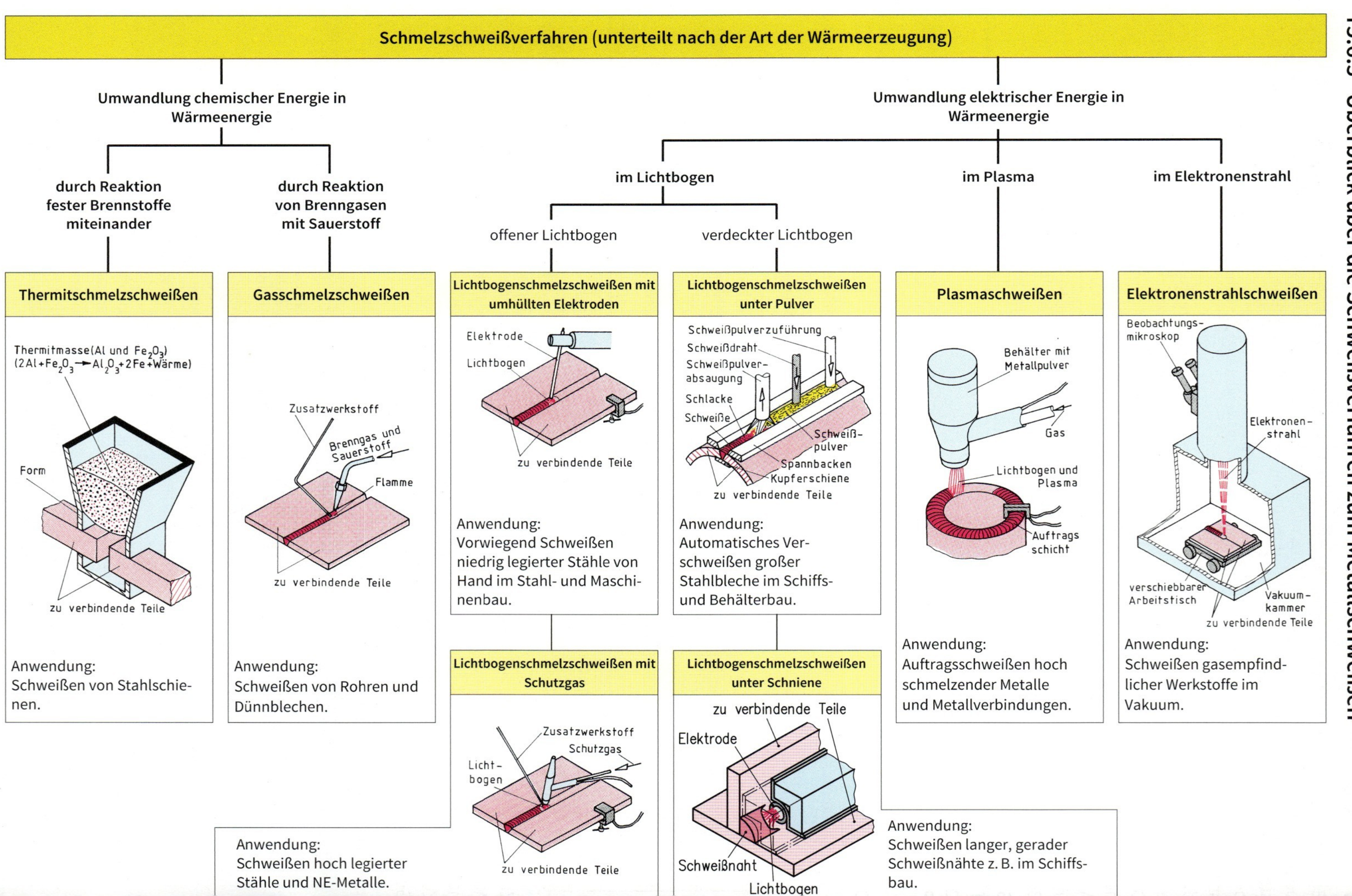

Schmelzschweißverfahren (unterteilt nach der Art der Wärmeerzeugung)
Umwandlung chemischer Energie in Wärmeenergie
durch Reaktion fester Brennstoffe miteinander
durch Reaktion von Brenngasen mit Sauerstoff
Umwandlung elektrischer Energie in Wärmeenergie
im Lichtbogen
offener Lichtbogen
verdeckter Lichtbogen
im Plasma
im Elektronenstrahl
Thermitschmelzschweißen
Thermitmasse(Al und Fe_2O_3)
($2Al+Fe_2O_3 \rightarrow Al_2O_3+2Fe+Wärme$)
Form
zu verbindende Teile
Anwendung:
Schweißen von Stahlschienen.
Gasschmelzschweißen
Zusatzwerkstoff
Brenngas und Sauerstoff
Flamme
zu verbindende Teile
Anwendung:
Schweißen von Rohren und Dünnblechen.
Lichtbogenschmelzschweißen mit umhüllten Elektroden
Elektrode
Lichtbogen
zu verbindende Teile
Anwendung:
Vorwiegend Schweißen niedrig legierter Stähle von Hand im Stahl- und Maschinenbau.
Lichtbogenschmelzschweißen unter Pulver
Schweißpulverzuführung
Schweißdraht
Schweißpulverabsaugung
Schlacke
Schweiße
Schweißpulver
Spannbacken
Kupferschiene
zu verbindende Teile
Anwendung:
Automatisches Verschweißen großer Stahlbleche im Schiffs- und Behälterbau.
Plasmaschweißen
Behälter mit Metallpulver
Gas
Lichtbogen und Plasma
Auftragsschicht
Anwendung:
Auftragsschweißen hoch schmelzender Metalle und Metallverbindungen.
Elektronenstrahlschweißen
Beobachtungsmikroskop
Elektronenstrahl
verschiebbarer Arbeitstisch
Vakuumkammer
zu verbindende Teile
Anwendung:
Schweißen gasempfindlicher Werkstoffe im Vakuum.
Lichtbogenschmelzschweißen mit Schutzgas
Zusatzwerkstoff
Schutzgas
Lichtbogen
zu verbindende Teile
Anwendung:
Schweißen hoch legierter Stähle und NE-Metalle.
Lichtbogenschmelzschweißen unter Schniene
zu verbindende Teile
Elektrode
Schweißnaht
Lichtbogen
Anwendung:
Schweißen langer, gerader Schweißnähte z. B. im Schiffsbau.

15.6.6 Arbeitsschutzvorschriften beim Schweißen

Vorbildlicher Arbeitsplatz

Bei Schweißarbeiten entstehen Schadstoffe wie Gase, Stäube und Rauch, deren kleinste Partikel (teils kleiner als 0,4 µm) sich in den Lungenbläschen des Schweißers und seiner Mitarbeiter ablagern können und in die Blutbahn geraten. Weitere spezifische Gefährdungspotenziale entstehen aus dem Lärm, der optischen Strahlung (UV-Strahlung), der Wärme und dem elektrischen Strom.

Die berufsgenossenschaftlichen Arbeitsschutzvorschriften nehmen für die Sicherheit und den Gesundheitsschutz den Arbeitgeber und den Arbeitnehmer gemäß dem STOP-Prinzip in die Pflicht. Danach sollen Schutzmaßnahmen in folgenden Bereichen ergriffen werden:

S = **S**ubstitution (Ersetzung), d. h. gefährliche durch ungefährliche Stoffe zu ersetzen.
T = **T**echnik, d. h. Schutzeinrichtungen an Maschinen und Anlagen sind unbedingt einzusetzen.
O = **O**rganisation, d. h. ungefährliche Verfahren sind zu bevorzugen.
P = **P**ersönliche Schutzausrüstung (PSA), d. h. der Arbeitnehmer benutzt ordnungsgemäß die zur Verfügung gestellte Schutzausrüstung.

Das Typenschild der Schweißstromquelle gibt wichtige Hinweise auf Sicherheitsvorschriften.

Beispiel für die Hinweise auf Sicherheitsvorschriften an einer MIG/MAG-Schweißstromquelle

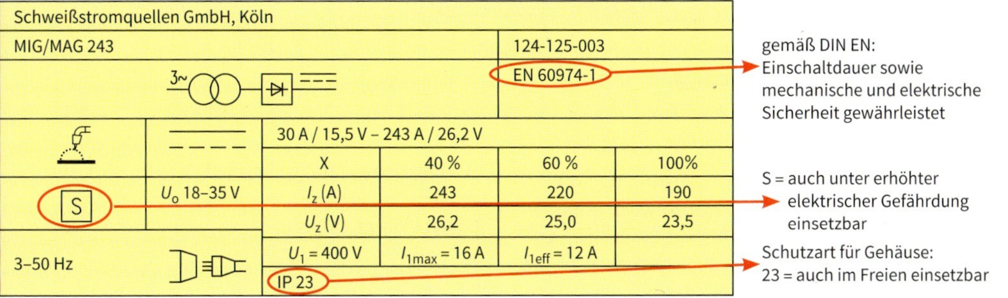

Schweißstromquellen GmbH, Köln					
MIG/MAG 243			124-125-003		
3~			EN 60974-1		
		30 A / 15,5 V – 243 A / 26,2 V			
		X	40 %	60 %	100%
S	U_0 18–35 V	I_2 (A)	243	220	190
		U_2 (V)	26,2	25,0	23,5
3–50 Hz		U_1 = 400 V	I_{1max} = 16 A	I_{1eff} = 12 A	
		IP 23			

Zur Absaugung von Gasen, Rauch und Dämpfen am Arbeitsplatz des Schweißers eignen sich besonders Absauganlagen mit flexiblen Absaugarmen, mit den die Schadstoffe unmittelbar an der Stelle ihrer Entstehung entfernt werden. Wichtig ist die Wartung dieser Anlagen, besonders der Filterwechsel.

Zur Grundausstattung der persönlichen Schutzausrüstung (PSA) des Schweißers gehören die Kleidung, der Gesichts- und Augenschutz, die Schutzhandschuhe und ggf. Atem- und Gehörschutz.

Beispiel für die persönliche Schutzausrüstung (PSA) beim MIG/MAG-Schweißen

Schutzhelme / Schutzbrillen	Schutz gegen optische Strahlung (u. a. starke UV-Strahlung); Folgen: u. a. Blendung und Verblitzung der Augen, Rötung der Haut. MIG/MAG-Schutzstufen (entsprechend dem Verfahren und der Schweißstromstärke) Schutzstufe: 10 | 11 | 12 | 13 | 14 | 15 Stromstärke: 30 100 150 200 100 500 Bezeichnung: *11 X 1* *11* = Schutzstufe; *X* = Hersteller; *1* = optische Klasse (es gibt drei Klassen 1 = hohe Anforderungen)
Gehörschutz	Beim MIG/MAG-Schweißen liegt der Geräuschpegel zwischen 90 und 95 dB (A); ab 85 dB sind Maßnahmen zu ergreifen. deshalb: Gehörschutzwatte, Gehörschutzstöpsel, Kapselgehörschutz benutzen!
Schutzkleidung	Flammhemmend, ggf. Lederschürze, Schutzhandschuhe (z. B. Leder), Sicherheitsstiefel (ggf. Schweißer-Gamaschen aus Leder)

Übungsaufgaben 15/120; 15/121

15.6.7 Kunststoffschweißen

Beim Kunststoffschweißen werden Bauteile aus *thermoplastischem* Kunststoff mit oder ohne Schweißzusatzwerkstoff gefügt.
Man unterscheidet nach der Art der Wärmezufuhr:

- Warmgasschweißen,
- Heizelementschweißen,
- Hochfrequenzschweißen,
- Ultraschallschweißen,
- Reibschweißen,
- Strahlschweißen.

Von diesen Verfahren werden das Warmgasschweißen und das Heizelementschweißen in der handwerklichen Fertigung am häufigsten eingesetzt.

15.6.7.1 Warmgasschweißen

1. Schweißgeräte

Beim Warmgasschweißen werden der Grundwerkstoff und der Zusatzwerkstoff durch erhitzte Luft in den plastischen Zustand überführt und meist unter geringem Druck verbunden. Die Luft wird durch Gasbrenner oder elektrische Heizeinrichtungen erwärmt.

Beispiel für ein Warmgasschweißgerät

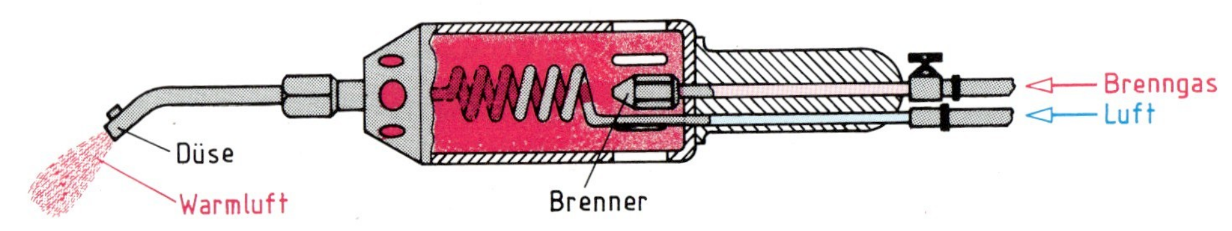

Warmgasschweißgerät mit Gasbrenner

2. Warmgastemperaturen beim Schweißen

Die Schweißgeräte sind mit Temperaturregelungen versehen. Die Warmgastemperatur wird entsprechend dem zu verschweißenden Werkstoff gewählt. Die Warmgastemperatur wird zur Kontrolle mit einem Temperaturmessgerät 5 mm vor der Düse gemessen.

Warmgastemperatur in Abhängigkeit vom Werkstoff

Hart-Polyvinylchlorid	**PVC hart**	200 °C
Polyethylen niederer Dichte	**ND-PE**	200 °C
Polyethylen hoher Dichte	**HD-PE**	230 °C
Polypropylen	**PP**	240 °C

! Durch Schweißen können nur thermoplastische Kunststoffe gefügt werden.

3. Schweißnahtarten

– **Stumpfstöße**

- I-Nähte sind nur zum Fügen sehr dünner Platten bis etwa 1,5 mm geeignet.
- V-Nähte werden zum Verschweißen dünner Platten über 1,5 bis 8 mm Dicke gewählt.

– **T-Stöße**

T-Stöße sollen als K-Nähte in Doppelkehlnahtform ausgeführt werden, da beim Verschweißen eines stumpf aufstehenden Stoßes der Kraftfluss ungünstig ist und auch eine Kerbwirkung am nicht verweißten Grund der Naht auftritt.

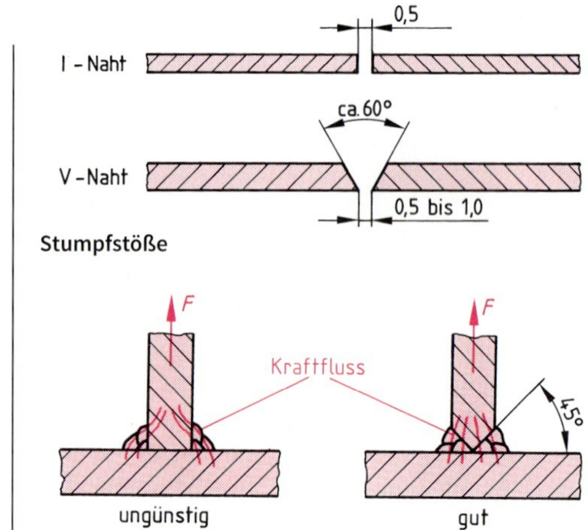

Übungsaufgabe 15/122; 15/123

4. Vorbereiten der Schweißverbindung

Der Schweißstoß wird durch Sägen, Fräsen oder Feilen in die gewünschte Form gebracht. Vor dem Schweißen werden die Flanken des Schweißstoßes und gegebenenfalls auch der Schweißzusatzwerkstoff durch Abziehen mit einer Ziehklinge oder einem Schaber mechanisch gesäubert und mit einem Lösungsmittel, zum Beispiel Methylenchlorid – *giftig, nicht einatmen* – gesäubert. (Hinweise zum Umgang mit Lösungsmittel siehe *„Kleben von Kunststoffen“*).

! Einwandfrei saubere Flächen des Schweißstoßes und des Zusatzwerkstoffes sind Voraussetzung für hochfeste Schweißverbindungen.

5. Schweißvorgang

Mit der Runddüse werden der zuvor leicht angeschrägte Schweißstab und der Grundwerkstoff mit leicht pendelnder Düsenbewegung gleichmäßig erwärmt. Sobald das Material plastisch wird und eben zu fließen beginnt, wird der Schweißstab mit leichtem Druck in die Schweißfuge heruntergedrückt. Es ist darauf zu achten, dass der Schweißstab bei der Bewegung in Nahtrichtung nicht gestreckt oder gestaucht wird.

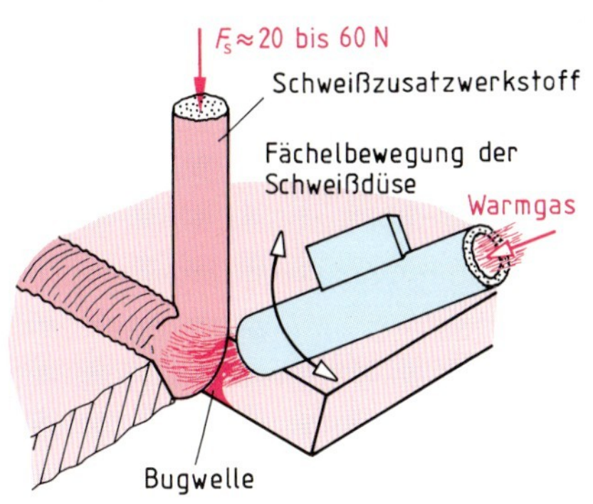

Fächelschweißen mit Runddüse

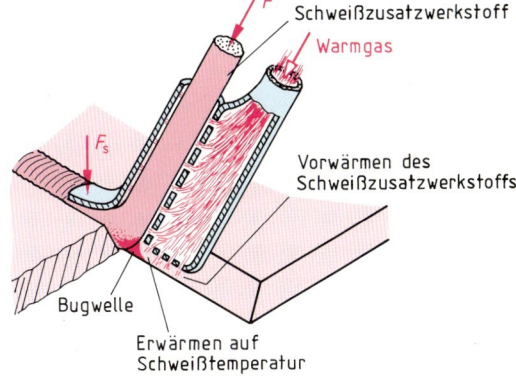

Ziehschweißen mit der Schnellschweißdüse

Die richtig eingestellte Warmgastemperatur und die korrekte Schweißstabhaltung sind beim Schweißen mit der Runddüse daran zu erkennen, dass

- keine Zersetzungen des Kunststoffes an den Schweißnahträndern auftreten und
- eine kleine „Bugwelle“ aus geschmolzenem Werkstoff am Nahtgrund erkennbar ist.

! Beim Warmgasschweißen wird der Schweißzusatzwerkstoff mit geringem Druck unter Erwärmung in die Schweißfuge eingeführt.

6. Schweißfehler beim Warmgasschweißen

Fehler	mögliche Ursachen
zersetzter Kunststoff an Grund- und/oder Zusatzwerkstoff	zu hohe oder zu lange Erwärmung
ungenügende Bindung	mangelhafte Erwärmung von Grund- und/oder Zusatzwerkstoff schlechte Nahtvorbereitung mei mehrlagigen Nähten
Kerben im Übergang Grundwerkstoff – Zusatzwerkstoff	unsaubere Nahtflanken, unsaubere Wurzel schlechte Nahtfüllung
Verstreckungen in der Naht	Zusatzwerkstoff wurde zu stark gezogen oder geschoben (max. 8%)

15.6.7.2 Heizelementschweißen

Heizelementschweißen wird vornehmlich zum Verschweißen von Profilen und Rohren aus thermoplastischen Kunststoffen angewendet.

1. Schweißgeräte

Als Heizelemente werden meist elektrisch beheizte Platten, Ringe o.a. aus Aluminium oder Stahl verwendet. Die Heizelemente sind häufig mit Polytetrafluorethylen (PTFE), z. B. Teflon, beschichtet, damit das Ankleben der zu verschweißenden Kunststoffe an den Heizelementen vermieden wird.

Beispiele für Heizelemente zum Kunststoffschweißen

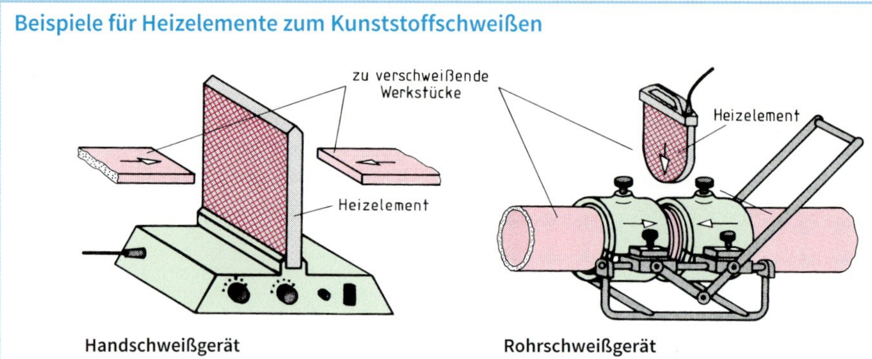

2. Schweißvorgang

1. Schritt: Anwärmen	2. Schritt: Zusammenpressen

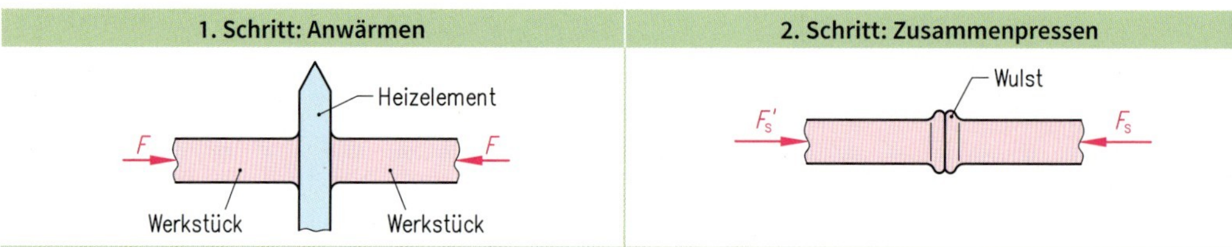

Die anschließende Abkühlzeit muss bei teilkristallinem Kunststoff möglichst lang sein, damit sich kristalline Zonen ausbilden können. Bei amorphen Kunststoffen ist dies weniger wichtig. Die Abkühlzeit ist von der Werkstoffdicke abhängig. Man errechnet sie aus dem Zahlenwert der Materialdicke und einem Faktor.

3. Kennwerte für das Heizelementschweißen

Werkstoff		Schweißtemperatur in °C	Schweißdruck in N/cm²	Mindestabkühlzeit in min
Polyethylen niederer Dichte	**PE-LD**	220	5	$0{,}5 \cdot s$[1]
Polyethylen hoher Dichte	**PE-HD**	240	20	$0{,}7 \cdot s$
Polypropylen	**PP**	250	20	$0{,}8 \cdot s$
Polyvinylchlorid-hart	**PVC-hart**	260	40	$0{,}8 \cdot s$

1 s = Zahlenwert der Materialstärke in mm

4. Schweißfehler beim Heizelementschweißen

Fehler	mögliche Ursachen
ungenügende Bindung	zu niedrige Heizelementtemperatur, zu hoher Andruck am Heizelement zu niedriger Schweißdruck, zu hoher Schweißdruck zu lange Zeit zwischen Anwärmen und Schweißen, unsaubere Fügeflächen
zu großer Wulst	zu langes Vorwärmen, zu hoher Andruck am Heizelement, zu hoher Schweißdruck
zersetzter Kunststoff	zu hohe Heizelementtemperatur

Übungsaufgaben 15/124; 15/125

15.7 Fügen durch Löten

15.7.1 Anwendung des Lötens

Das Löten ist ein Fügeverfahren, bei dem metallische Bauteile unlösbar miteinander verbunden werden. Zwischen die zu fügenden Bauteile wird ein flüssiges Zusatzmetall, dass sogenannte **Lot**, eingebracht. Nach dem Erstarren des Lotes ist die Verbindung fest.

Der Schmelzpunkt des Lotes liegt immer unter den Schmelzpunkten der Fügeteile. Die Bauelemente können aus unterschiedlichen Metallen bestehen. So kann z. B. Stahl mit Hartmetall durch Löten verbunden werden.

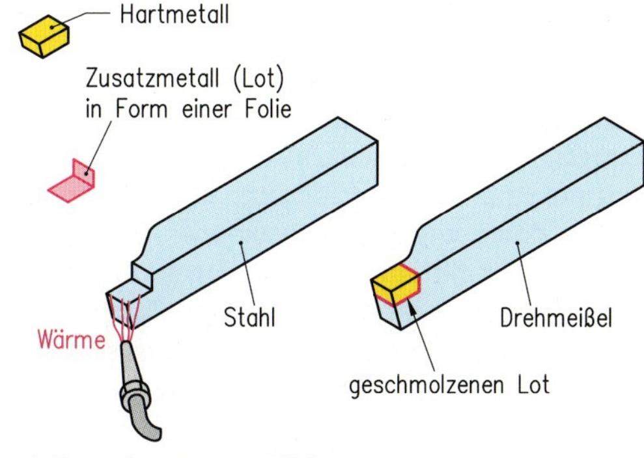

Einlöten einer Hartmetallplatte

> **!** Löten ist ein unlösbares Fügen metallischer Bauelemente durch ein geschmolzenes Zusatzmetall, das Lot. Die Schmelztemperatur des Lotes ist niedriger als die der gefügten Metalle.

Löten findet vorwiegend Anwendung:
- im Rohrleitungsbau, da sich dichte Verbindungen einfach herstellen lassen,
- in der Elektrotechnik, da Lötverbindungen elektrisch gut leiten,
- bei Blecharbeiten im Baugewerbe, da sich die dort verarbeiteten Werkstoffe Kupfer und Zink vor Ort sehr einfach löten lassen,
- im Leichtbau, da sich hochfeste Werkstoffe ohne Gefahr von Gefügeänderungen und Verzug bei verhältnismäßig niedrigen Temperaturen verbinden lassen.

Löten einer Hülse mit einem Gabelbrenner (MINITHERM-Brenner)

Nachteilig ist die meist geringe Festigkeit der Lote im Vergleich zur Festigkeit der zu verbindenden Werkstoffe. Darum sollten Lötverbindungen stets überlappt werden – was höheren Materialaufwand bedeutet. Bei Loten auf der Basis von Blei-Zinn besteht die Gefahr des Kriechens unter Belastung. Lote können in aggressiven Medien korrodieren.

> **!** Durch Löten können unterschiedliche Metalle gefügt werden. In den Lötverbindungen treten kaum Gefügeänderungen und nur ein geringer Verzug auf. Sie sind dicht gegenüber Gasen und Flüssigkeiten. Die Fügestelle ist elektrisch gut leitend.

15.7.2 Vorgänge beim Löten

1. Legierungsbildung

Beim Lötvorgang werden die Werkstücke erwärmt und das Lot zum Schmelzen gebracht. Dabei wandern Atome des Lotes in die Randschichten der zu verbindenden Bauelemente. Umgekehrt wandern auch Atome aus den Grenzflächen der Bauelemente in das Lot. So entsteht an den Grenzen zwischen Lot und Bauelement eine **Legierung**. Durch die Legierungsbildung ergibt sich an der Lötstelle eine dichte, feste und unlösbare Verbindung. Eine gelötete Verbindung überträgt Kräfte durch **Stoffschluss**.

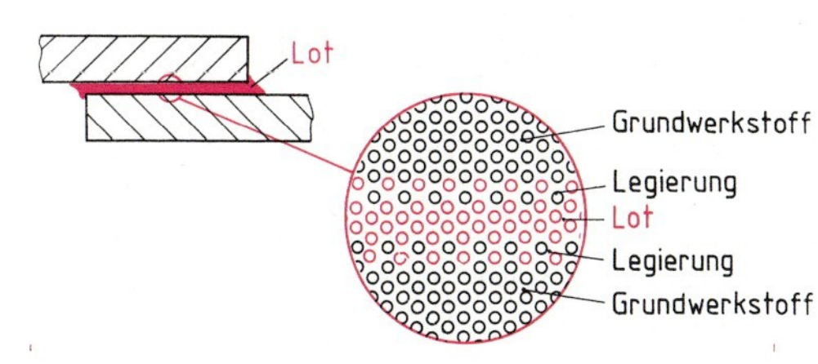

Legierungsbildung in der Lötstelle

> Beim Löten legieren sich in den Randschichten die Werkstoffe von Lot und Bauelementen.

2. Vorbereitung der Oberflächen zum Löten

Die Legierungsbildung beim Löten ist nur möglich, wenn die Werkstückoberflächen an der Lötstelle sauber und metallisch blank sind. Metalloxide werden darum vor dem Löten von der Oberfläche abgetragen. Starke Oxidschichten – etwa Rost – entfernt man zunächst mechanisch. Restliche Oxide werden durch chemische Reaktionen mit sogenannten **Flussmitteln** in Verbindungen überführt, welche bei der Löttemperatur dünnflüssig und leichter als das Lot sind. Dadurch erhöht sich die Benetzbarkeit der Lötstelle mit dem Lot.

Während des Lötens schwimmen die Verbindungen von Oxiden und Flussmitteln auf dem Lot und verhindern eine neue Oxidbildung. Sie werden durch das Lot aus der Lötstelle gedrängt.

Der Temperaturbereich, in dem ein Flussmittel voll seine Wirkung entfaltet, wird Wirktemperaturbereich genannt. Der Schmelztemperaturbereich des Lotes muss innerhalb des Wirktemperaturbereichs des Flussmittels liegen.

Reste des Flussmittels müssen nach dem Löten entfernt werden, da sie korrodierend wirken.

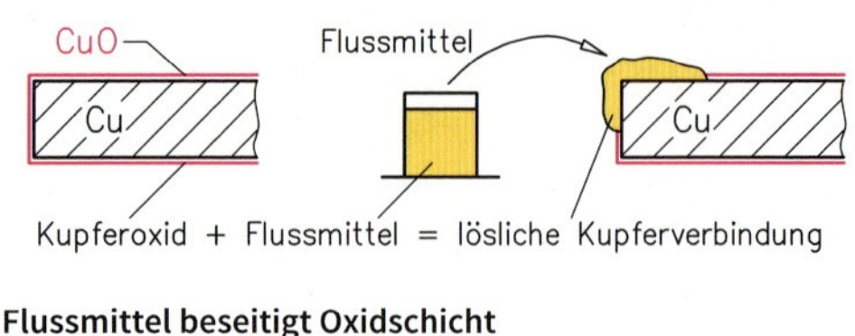

Flussmittel beseitigt Oxidschicht

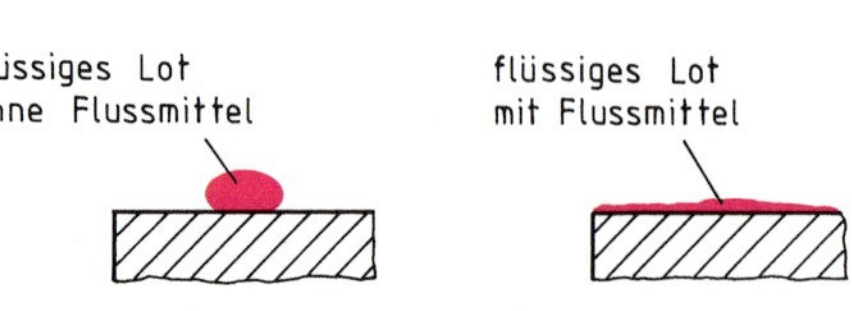

Flussmittel erhöht Benetzbarkeit

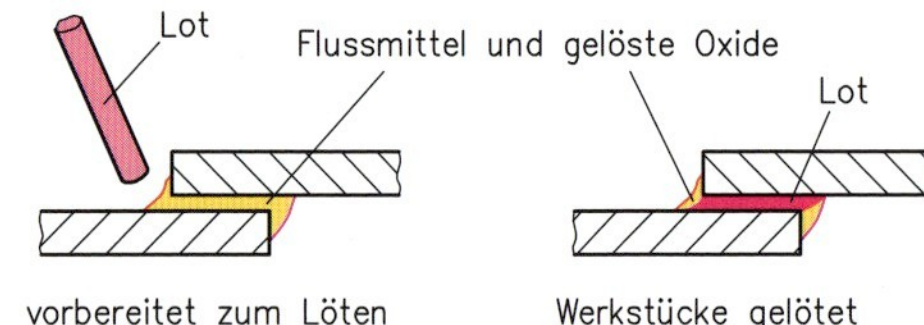

Lot verdrängt Flussmittel und Oxide

> **!** Werkstückflächen müssen zum Löten metallisch blank sein.
> Flussmittel haben folgende Aufgaben:
> - sie entfernen Metalloxide durch chemische Reaktionen,
> - sie verhindern die Bildung neuer Metalloxide,
> - sie erhöhen die Benetzbarkeit der Lötstelle mit Lot.

3. Einbringen des Lotes

Zur Erzeugung einer sicheren Lötung müssen Lötstelle und Lot auf die zur Legierungsbildung notwendige Temperatur gebracht werden.

Das Lot kann auf unterschiedliche Art an die Lötstelle gebracht werden.

- Als flüssiger Lottropfen kann das Lot vom Lötkolben unmittelbar an die Lötstelle herangeführt werden, wenn die zu verbindenden Werkstücke sehr dünn sind, wie z. B. bei Lötfahnen und Drähten in der Elektroindustrie. Der flüssige Lottropfen heizt dabei die Lötstelle auf und verbindet die Bauteile.
- Als Draht oder Stange kann Lot von außen an die erwärmte Lötstelle herangeführt werden. Es schmilzt dort ab. Diese Technik wird meist im Rohrleitungs- und Behälterbau angewendet.
- Als angepasste Formteile kann Lot in die kalte Lötstelle eingelegt und mit dieser zusammen erwärmt werden. Dieses Verfahren wird häufig in der Serienfertigung eingesetzt.

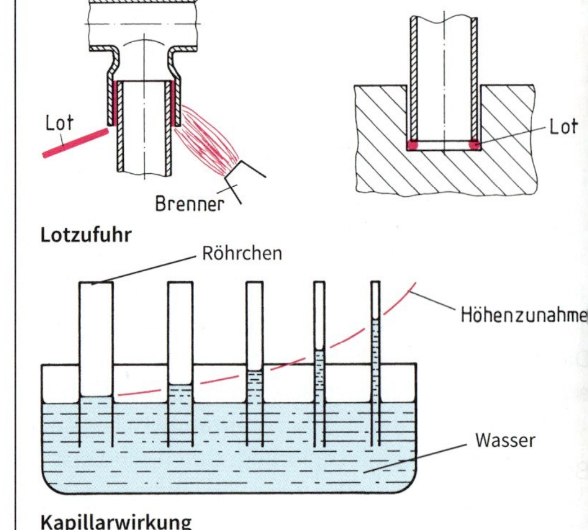

Lotzufuhr

Kapillarwirkung

Damit das Lot an die Lötstelle gelangen kann, muss der Spalt zwischen den Bauelementen möglichst eng sein. Je enger der Lötspalt ist, desto leichter und weiter saugt sich das Lot in den Spalt. Diese Sogwirkung nennt man **Kapillarwirkung**. Sie tritt in dünnen Rohren und engen Spalten auf.

Übungsaufgaben 15/129; 15/130; 15/131

Wegen der Kapillarwirkung hat sich für Lötverbindungen ein paralleler **Lötspalt** von 0,05 bis 0,2 mm als günstig erwiesen. Bei zu kleinem Spalt zwischen dem Bauelementen füllt das Lot wegen seiner Dickflüssigkeit den Lötspalt nicht voll aus. Ist er dagegen zu breit, tritt die Kapillarwirkung nur sehr schwach auf.

Außerdem vermindern sich bei zu breitem Lötspalt die Festigkeitseigenschaften der Lötstelle. Im zu breiten Lötspalt verbleibt nämlich in der Lötstelle zwischen den Bauelementen eine Schicht aus reinem Lot. Diese Schicht hat eine geringere Festigkeit als Legierung und Grundwerkstoff.

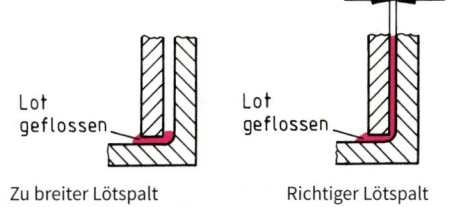

Kapillarwirkung im Lötspalt

> **!** Beim Löten soll das geschmolzene Lot durch die Kapillarwirkung in den Lötspalt gesaugt werden. Ein optimaler Lötspalt soll eine Breite von 0,05 bis 0,2 mm haben.

4. Wahl der Löttemperatur

Lote sind Legierungen, die Kristallgemenge bilden. Deshalb schmelzen und erstarren sie in einem Temperaturbereich. Lediglich eutektische Legierungen und reine Metalle, die als Lote verwendet werden, haben einen Schmelzpunkt. Siehe auch *„Werkstofftechnik“*, Kapitel *„Legierungen“*.

Die niedrigste Temperatur, bei der das Lot fließt und sich mit dem Grundwerkstoff verbindet, wird *Arbeitstemperatur* genannt. Sie liegt im Schmelzbereich des Lotes oder geringfügig darüber.

Bei der höchstzulässigen Löttemperatur darf noch keine Schädigung der beteiligten Werkstoffe erfolgen.

Nach dem Fließen des Lotes soll die Löttemperatur etwa 15 bis 60 Sekunden gehalten werden, damit der Legierungsvorgang stattfindet.

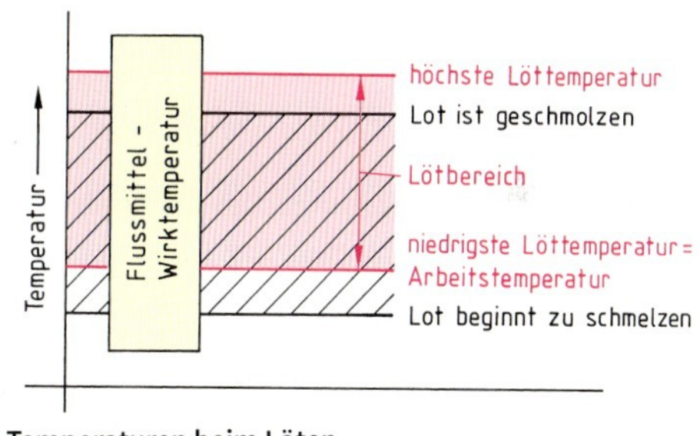

Temperaturen beim Löten

> **!** Die niedrigste Löttemperatur wird Arbeitstemperatur genannt. Der Lötvorgang muss im Temperaturbereich zwischen der Arbeitstemperatur und der höchsten Löttemperatur stattfinden.
> Der Wirktemperaturbereich des Flussmittels muss größer sein als der Schmelztemperaturbereich des Lotes.

15.7.3 Lötverfahren

1. Einteilung der Lötverfahren

Die Lötverfahren werden meist nach der Schmelztemperatur der Lote in Weich-, Hart- und Hochtemperaturlöten unterteilt. Für jedes Verfahren sind spezielle Lote und Flussmittel typisch.

Weichlöten	Hartlöten	Hochtemperaturlöten
• Schmelztemperatur der Lote **unter 450 °C** • Lote auf Blei-Zinn-Basis	• Schmelztemperatur der Lote **zwischen 450 und 900 °C** • Kupfer-Basislote oder silberhaltige Lote	• Schmelztemperatur der Lote **über 900 °C** • Nickelbasislote
• Flussmittel mit geeignetem Wirktemperaturbereich	• Flussmittel mit geeignetem Wirktemperaturbereich	• Flussmittelfrei im Vakuum oder unter Schutzgas

Die größte Bedeutung haben Weich- und Hartlöten. Das Hochtemperaturlöten findet hauptsächlich in der automatisierten Serienfertigung statt.

2. Wärmequellen

Beim Weichlöten kann die Lötstelle wegen der niedrigen Temperaturen mit:

- Lötkolben,
- Lötbrenner und
- Lötlampe

erwärmt werden.

Die zum **Hartlöten** erforderlichen Temperaturen können mit folgenden Geräten erreicht werden:

- Schweißbrenner, betrieben mit Acetylen-Sauerstoffgemisch,
- Hartlötbrenner, betrieben mit Acetylen-Luftgemisch.

Übungsaufgaben 15/132; 15/133; 15/134

15.7.4 Gestaltung von Lötverbindungen

Bei der Gestaltung von Lötverbindungen ist Folgendes zu berücksichtigen:

- Lote haben meist geringere Festigkeit als die zu verbindenden Werkstoffe.
- Das Lot sollte möglichst nicht auf Zug und keinesfalls auf Schälung beansprucht werden.

Lötverbindungen sollen als Überlappung gestaltet werden, weil dort eine Scherbeanspruchung vorliegt und die Lötfläche groß genug gestaltet werden kann. Sie soll das 3- bis 5-fache der Wanddicke des dünneren Fügeteils betragen. Lediglich beim Hartlöten und beim Hochtemperaturlöten können wenig belastete Bauteile durch Stumpfnähte verbunden werden.

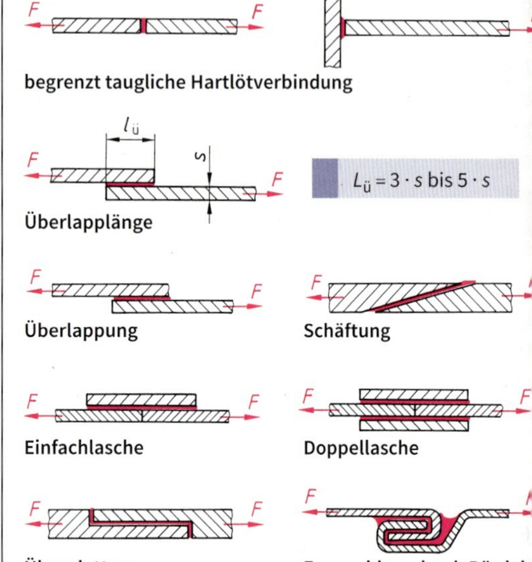

Die Form der Überlappung richtet sich vornehmlich nach der Funktion der Bauteile. Es kann zwischen Einfachlasche, Doppellasche, Überplattung und Schäftung gewählt werden.

Besonders bei Weichlötungen ist es günstig, die Überlappung durch eine zusätzliche formschlüssige Verbindung zu sichern.

Bei allen maßlichen Festlegungen ist die Breite des Lötspaltes zu berücksichtigen. Sie soll bei Stahl 0,1 mm betragen. Bearbeitungsriefen quer zur Flussrichtung des Lotes sind zu vermeiden. Die gemittelte Rautiefe R_z in Flussrichtung soll kleiner als 0,02 mm sein.

! Lötverbindungen sollen als Überlappungen gestaltet werden. Schälbeanspruchung ist zu vermeiden.

15.7.5 Lote und Flussmittel

1. Lote

Lote unterteilt man wie die Lötverfahren nach der Schmelztemperatur.

Weichlote sind hauptsächlich Legierungen aus Zinn (Sn) und Blei (Pb) in verschiedenen Mischungsverhältnissen. Zur Steigerung der Härte und Festigkeit der Lötstelle ist diesen Loten vielfach Antimon (Sb), Kupfer (Cu) oder Silber (Ag) in geringen Mengen zugegeben.

Hartlote sind in der Regel Kupfer-Zink-Legierungen (Kupferbasislote) oder silberhaltige Legierungen mit Silberanteilen von 2 bis 85 %.

Durch die Auswahl der geeigneten Lote lassen sich alle Schwermetalle und deren Legierungen löten. Zum Weich- und Hartlöten von Aluminiumwerkstoffen sind besondere Lote entwickelt worden.

Nach DIN EN ISO 9453 werden Weichlote für Schwermetalle mit den Legierungsbestandteilen und den jeweiligen Prozentanteilen angegeben.

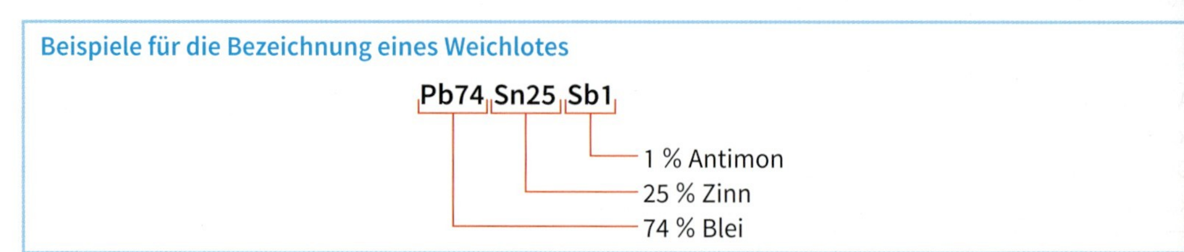

Beispiele für die Bezeichnung eines Weichlotes
Pb74 Sn25 Sb1
1 % Antimon
25 % Zinn
74 % Blei

Übungsaufgaben 15/135; 15/136

Übersicht über Weich-[1] und Hartlote (Auswahl)

Art	Kurzzeichen	Zusammensetzung (ungefähr)	Arbeitstemperatur	zu verbindende Werkstoffe	Anwendungsbereich
Weichlote	Sn63Pb37	63 % Zinn, 37 % Blei	183 °C	Stahl Kupfer Cu-Legierungen Zn-Legierungen	Feinwerktechnik Metallwaren, Feinblechpackungen
	Pb60Sn40	62 % Blei, 40 % Zinn	190 °C		
	Sn62Pb36Ag2	60 % Zinn, 36 % Blei 2 % Silber	180 °C	Kupfer Kupfer-Legierungen	Klempnerlot
	Pb74Sn25Sb1	74 % Blei, 25 % Zinn, 1 % Antimon	263 °C	Stahl, Kupfer Cu-Legierungen	Klempnerlot Schmierlot
Hartlote	Cu 301	60 % Cu, 40 % Zn	900 °C	Stahl, Gusseisen Cu, Cu-Legierungen Ni, Ni-Legierungen	Rohrleitungs- und Fahrzeugbau, Instandsetzungsarbeiten
	AG 207	48 % Cu, 40 % Zn, 12 % Ag	830 °C	Stahl, Gusseisen Cu, Cu-Legierungen Ni, Ni-Legierungen	Maschinen, Geräte
	AG 502	49 % Ag, 16 % Cu, 13 % Zn, 7 % Mn, 5 % Ni	690 °C	Hartmetall auf Stahl	Werkzeugbau
	AL 103	90 % Al, 10 % Si	600 °C	Aluminium und Aluminiumlegierungen	Leichtmetallbau

2. Flussmittel

Flussmittel unterstützen geschmolzenes Lot bei der Benetzung der Oberflächen durch Entfernen von Oxiden und anderen Verunreinigungen auf den zu lötenden Oberflächen während des Lötens.

Einteilung von Weichlotflussmitteln nach ihren Hauptbestandteilen DIN EN ISO 9454-1

Flussmitteltyp	Flussmittelbasis	Flussmittelaktivator	Halogenide	Anwendungsbeispiele
① Harz	① Kolophonium ② syntetisches Harz	① ohne Aktivator ② mit Halogenen aktiviert ③ ohne Halogene aktiviert	① unter 0,01 % ② unter 0,15 % ③ 0,15 bis 2,0 % ④ über 2,0 %	Elektrotechnik Elektrotechnik Metallwaren
② organisch	① wasserlöslich ② nicht wasserlöslich			Präzisionslötung Elektrotechnik Metallwaren
③ anorganisch	① Salze in wässriger Lösung ② Salze in organischer Verbindung	① mit Aminoniumchlorid ② ohne Aminoniumchlorid		Metallwaren Wärmetauscher Armaturen
	② Säuren	① mit Phosphorsäure ② ohne Phosphorsäure		
	③ alkalisch	① Amine und/oder Ammoniak		

Entsprechend der Einteilung nach ihren Hauptbestandteilen werden die Flussmittel gekennzeichnet.

Beispiel für die Kennzeichnung eines Flussmittels (ISO-Code)

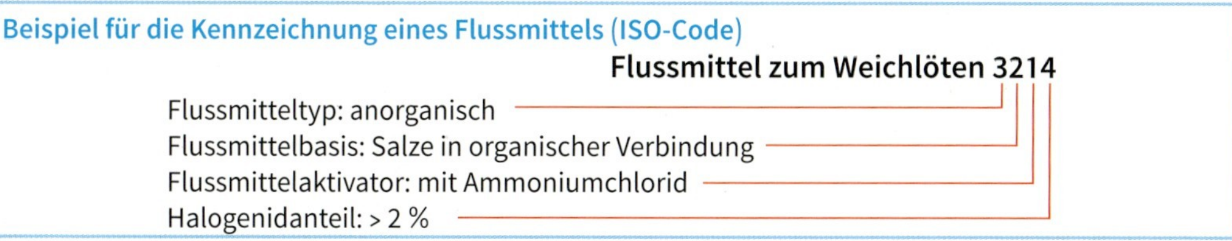

Als **Flussmittel zum Hartlöten** werden hauptsächlich Borverbindungen, z. B. Borax, verwendet. Zum Hartlöten von Bauteilen aus Kupfer kann auf Flussmittel verzichtet werden, wenn das Lot Phosphor enthält. Dieser schützt das geschmolzene Lot und die Oberflächen vor Oxidation. Beim Hartlöten unter Schutzgas kann in vielen Fällen ebenfalls auf Flussmittel verzichtet werden.

[1] Bleihaltige Lote sind seit 2006 in der Elektrotechnik nicht mehr zugelassen; in anderen Technikbereichen sind sie möglichst zu vermeiden.

15.8 Fügen durch Kleben

Metallische bzw. nicht metallische Werkstoffe können mithilfe von Klebstoffen gefügt werden. Da die Verbindung durch den Zusatzwerkstoff – den Klebstoff – zustande kommt, ist Kleben ein stoffschlüssiges Fügen. Eine Klebeverbindung kann nur durch Zerstören der Kleberschicht oder der Bauteile gelöst werden, daher ist Kleben ein unlösbares Fügen.

15.8.1 Vor- und Nachteile von Klebeverbindungen

1. Vorteile von Klebeverbindungen

Bis auf einige wenige Werkstoffe, wie z. B. Polyethylen (PE) und Silikon, lassen sich alle Werkstoffe in beliebiger Kombination miteinander verkleben. Beim Kleben werden die Bauteile bis maximal 180°C erwärmt. Daher treten keine Gefügeänderungen, kein Verzug der Bauteile und keine Wärmespannungen auf.

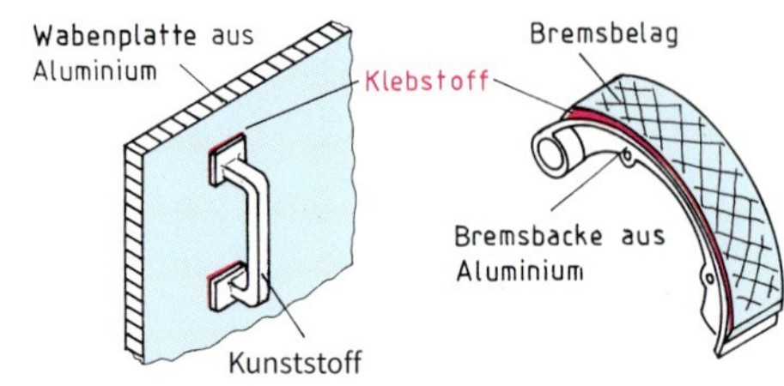

Kleben unterschiedlicher Werkstoffe

Bei Niet- und Schweißverbindungen treten an der Fügestelle unterschiedliche Spannungen auf. Geklebte Bauelemente dagegen haben an der Fügestelle eine gleichmäßige Spannungsverteilung.

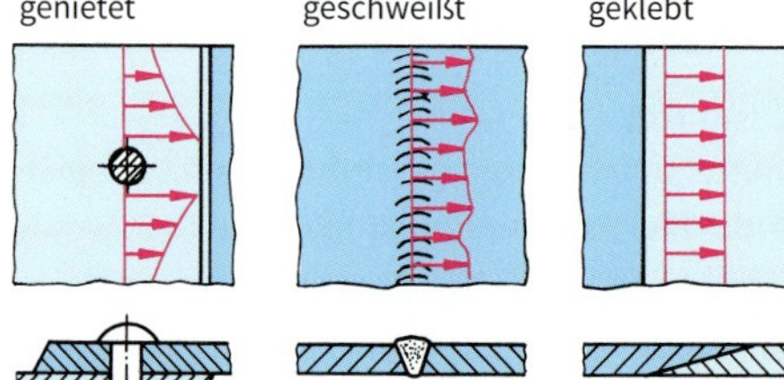

Spannungsverlauf bei gefügten Bauteilen

Durch Kleben gefügte Behälter sind dicht gegen den Austritt von Flüssigkeiten und Gasen.

Klebstoffe leiten den elektrischen Strom nicht. Wegen ihrer Isolierfähigkeit werden sie in der Elektroindustrie als Fügestoffe eingesetzt. Weiterhin wird durch die isolierende Kleberschicht die Kontaktkorrosion verhindert, die sonst bei Verbindungen unterschiedlicher Metalle auftritt.

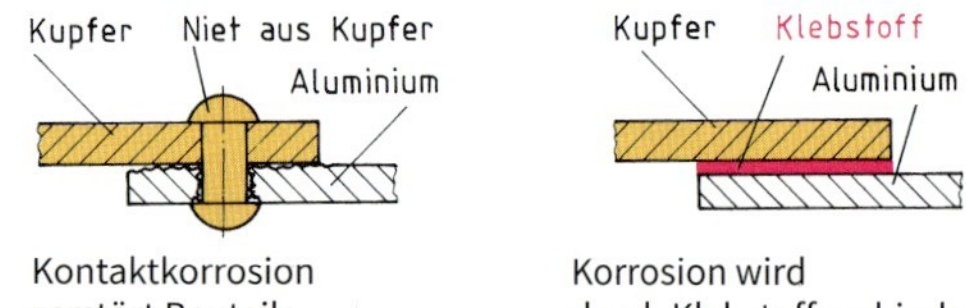

Kontaktkorrosion zerstört Bauteile

Korrosion wird durch Klebstoff verhindert

Klebstoff zur Isolierung

Durch Kleben können sowohl verhältnismäßig dünne als auch sehr unterschiedlich dicke Bauelemente gefügt werden. Konstruktionen mit Klebeverbindungen können daher gewichts- und werkstoffsparend gestaltet werden. So wird in der Luft- und Raumfahrtindustrie das Metallkleben besonders häufig eingesetzt.

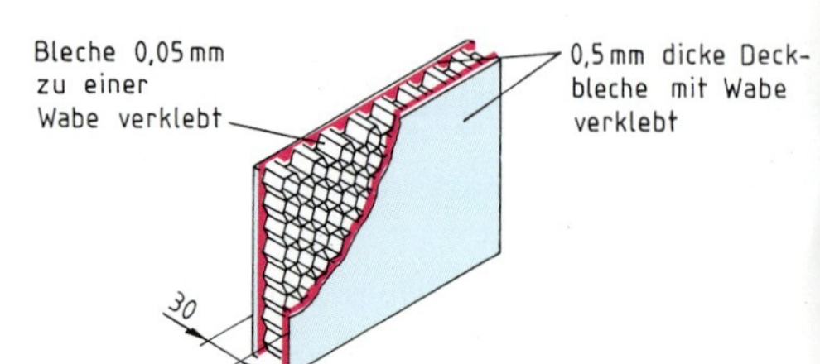

Geklebte Leichtbauplatte

> **!** Kleben ist ein stoffschlüssiges Fügen von gleichen oder verschiedenartigen Werkstoffen.
> Durch Kleben treten keine Gefügeänderungen und kein Verzug der Bauteile auf.
> Klebestoffe wirken isolierend und verhindern Kontaktkorrosion bei unterschiedlichen Metallen.
> Kleben ermöglicht Leichtbauweise.

Übungsaufgaben 15/140; 15/141

2. Nachteile von Klebeverbindungen

Klebstoffe weisen eine geringere Festigkeit auf als die Werkstoffe, die gefügt werden sollen. Daher sind Klebeverbindungen nicht so stark belastbar wie Löt- und Schweißverbindungen gleicher Abmessung.

Bei den meisten Klebstoffen beginnt im Bereich von 55°C bis ca. 120°C ein Absinken der Festigkeit. Die Temperatur, bei der die Festigkeit erheblich abnimmt, nennt man die Grenztemperatur des Klebstoffs. Die Betriebstemperatur des Klebstoffs muss stets unter der Grenztemperatur liegen.

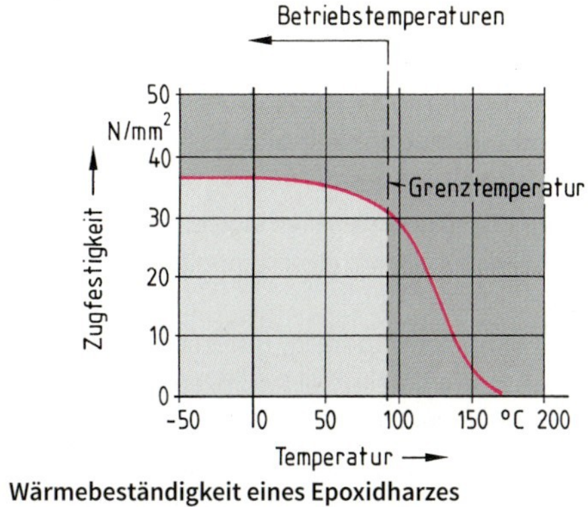

Wärmebeständigkeit eines Epoxidharzes

> **!** Klebstoffe haben meist eine geringere Festigkeit und Wärmebeständigkeit als die zu verbindenden Werkstoffe. Diese Nachteile müssen bei der Auswahl des Klebstoffs und der Gestaltung der Klebeverbindung berücksichtigt werden.

15.8.2 Vorgänge beim Kleben

Die Festigkeit von Klebeverbindungen hängt im Wesentlichen von der Größe der Adhäsionskräfte zwischen dem Klebstoff und den Oberflächen der zu verklebenden Werkstücke ab. Diese Adhäsionskräfte sind um so größer, je enger der Kontakt zwischen Klebstoff und Werkstückoberfläche ist. Schon kleinste Mengen an Verunreinigungen senken die Festigkeit einer Klebeverbindung. Darum müssen Klebestellen sehr sorgfältig gereinigt werden.

Zudem hängt die Festigkeit der Klebeverbindung von den Kohäsionskräften zwischen den Klebstoffmolekülen ab. Da die Festigkeit der Klebstoffe nicht sehr hoch ist, sollten dünne Klebstoffschichten angestrebt werden.

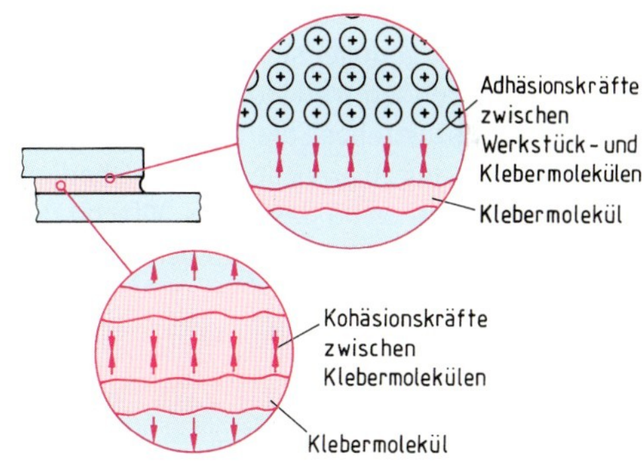

Kräfte in einer Klebeverbindung

> **!** Die Tragfähigkeit einer Klebeverbindung wird entscheidend durch die Sauberkeit der Klebeflächen bestimmt.

Klebstoffe erhärten nach unterschiedlichen Abbindemechanismen.

1. Physikalische Abbindemechanismen

- Bei **Nassklebstoffen** verdunstet das Lösungsmittel des Klebstoffs, wenn es durch einen der zu verklebenden Werkstoffe diffundieren kann. Der Klebstoff haftet durch Adhäsion bzw. durch Verklammern mit der Oberfläche.
- Bei **Kontaktklebstoffen** wird auf die Oberflächen der zu fügenden Bauteile getrennt eine Klebstoffschicht aufgetragen, die zunächst antrocknet. Nur die Oberfläche bleibt noch haftfähig. Nach Zusammendrücken der Bauteile entsteht zwischen den Klebstoffoberflächen eine feste Verbindung.
- Bei **Aktivierklebstoffen** wird ein fester Klebstoff meist durch Wärme aktiviert, z.B. geschmolzen. Nach dem Verfestigen verbindet er die Werkstücke.

2. Chemische Abbindemechanismen

Reaktionsklebstoffe härten durch chemische Reaktionen aus. Die meisten Metallklebstoffe sind Reaktionsklebstoffe. Bei der Aushärtung können je nach Klebstofftyp entweder aus Vorprodukten Kunststoffmoleküle gebildet werden oder vorhandene Kunststoffmoleküle vernetzt werden.

Übungsaufgaben 15/142; 15/143

Reaktionsklebstoffe unterscheidet man nach der Zahl der Komponenten aus denen der Klebstoff gebildet wird.

- Bei **Einkomponentenklebstoffen** erfolgt die Reaktion im Klebstoff durch Reaktion mit dem Luftsauerstoff, mit Luftfeuchtigkeit oder durch Wärme. Einige Einkomponentenklebstoffe härten nur unter Druck von 10 bis 80 N/cm² aus.
- Bei **Zweikomponentenklebstoffen** wird die Reaktion durch Vermischen der beiden Komponenten Binder und Härter unmittelbar eingeleitet.

Nach der Aushärtetemperatur unterscheidet man Kalt- und Warmklebstoffe.

- **Kaltklebstoffe** härten bei Raumtemperatur. Sie sind meist Zweikomponentenklebstoffe.
- **Warmklebstoffe** härten bei Temperaturen zwischen 120 und 180 °C aus. Die Temperatur muss über einen Zeitraum von 15 bis 120 min gehalten werden. Nach dieser Zeit ist die Verbindung fest, aber der Klebstoff härtet auch in der Folgezeit noch nach. Die Festigkeit von Warmklebstoffen ist höher als die von Kaltklebstoffen.

15.8.3 Gestaltung von Klebeverbindungen

Bei der Gestaltung sind folgende Gesichtspunkte zu berücksichtigen:

- Da die vom Klebstoff aufzubringenden Adhäsionskräfte meist geringer sind als die Festigkeit der zu verklebenden Werkstoffe, ist eine große Fügefläche anzustreben, die häufig nur durch eine Überlappung zu erreichen ist. Die Überlappungslänge sollte etwa das 20 bis 30fache der dünnsten Werkstückdicke der zu verklebenden Bauteile sein.

Überlappungslänge

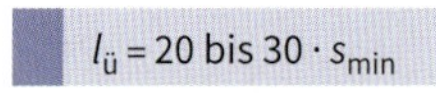

$l_ü = 20 \text{ bis } 30 \cdot s_{min}$

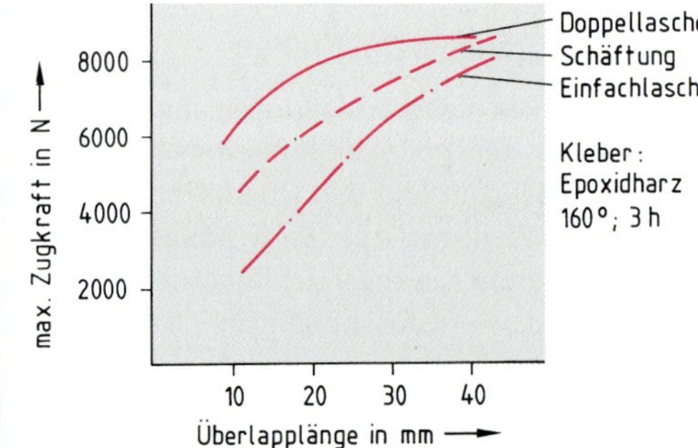

Max. Zugkraft bei verklebten Al-Blechen 12 x 2 mm

Einfachlaschen, Doppellaschen und besonders die Schäftung sind als Überlappungen geeignet. Bei Bauteilen aus Hohlprofilen wird die Überlappung meist durch Einlagen hergestellt.

- Die geringe Festigkeit des Klebstoffes erfordert dünne Klebeflächen von etwa 0,1 bis 0,15 mm.
- Biegebeanspruchung, die bei einfachen Überlappungen dünnwandiger Werkstücke auftritt, und besonders Schälbeanspruchung müssen vermieden werden.
- Da Klebstoffe bei dauernder statischer Belastung zum Kriechen neigen, sollte eine formschlüssige Sicherung in Verbindung mit der Verklebung vorgesehen werden.

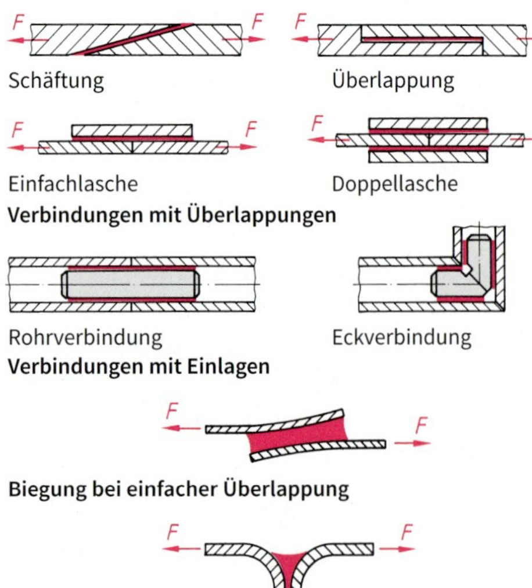

Verbindungen mit Überlappungen

Verbindungen mit Einlagen

Biegung bei einfacher Überlappung

Schälbeanspruchung

Gestaltungsregeln für Klebeverbindungen:
- Zug- und Schälbeanspruchung vermeiden,
- dünne Klebstoffschichten anstreben,
- großflächig verkleben.

Übungsaufgaben 15/144; 15/145; 15/146

15.8.4 Übersicht über Klebstoffe

1. Kleben mit physikalisch abbindenden Klebstoffen

Klebstoff	Zusammensetzung	zu verklebende Werkstoffe	Abbindemechanismus	Beispiele
Nassklebstoff	Kunststoff in feinster Verteilung in Wasser z. B. Vinylacetat-Kunststoffe	• poröse Werkstoffe untereinander, • z. B. Holz-Hartschaum • poröse Werkstoffe mit dichtem nicht metallischem Werkstoff, z. B. Holz mit Phenolharz-Hartpapier	das Dispersionsmittel Wasser verdunstet, der Kunststoff haftet an den Bauteilen (Dispersionskleber)	Ponal® Bindulin® EM-Holz®
	Kunststoffe in organischem Lösungsmittel gelöst, z. B. PVC in Methylenchlorid, Zelluloseacetat in Aceton	• anlösbare Kunststoffe untereinander z. B. PVC mit PVC • anlösbare Kunststoffe mit porösen, nicht lösbaren Werkstoffen, z. B. PVC mit PU-Schaum	zu verklebende Flächen werden angelöst, der Kunststoff im Klebstoff überbrückt kleine Fugen, das Lösungsmittel verdampft (Lösungsmittelkleber)	Tangit® für PVC Gummilösung
Kontaktklebstoff	gummiartige Kunststoffe in organischen Lösungsmitteln gelöst	• poröse, nicht anlösbare plattenförmige Werkstoffe miteinander • poröse, nicht anlösbare plattenförmige Werkstoffe mit dichtem Werkstoff	zu verklebende Flächen werden beidseitig eingestrichen und nach einer Ablüftzeit werden die scheinbar trockenen Klebeflächen unter Druck vereinigt	Pattex®
Aktivierklebstoff	thermoplastischer Kunststoff, z. B. Polyamid	alle verklebbaren Werkstoffe einschließlich Metalle (nach guter Vorwärmung)	Erstarren des Klebstoffs beim Abkühlen (Schmelzkleber)	

2. Kleben mit chemisch abbindenden Klebstoffen (Reaktionsklebstoffen)

Klebstoff	Zusammensetzung	zu verklebende Werkstoffe	Abbindemechanismus	Beispiele
Polymerisationsklebstoff	Polyesterharze + Härter (Peroxide)	Metalle, Duroplaste, Keramik, Holz, Glas, keine weichelastischen Werkstoffe, wie z. B. PVC, Gummi	Vernetzen des Polyesters	Stabilit®
Polyadditionsklebstoff	Epoxidharze + Härter		Kettenbildung und Vernetzung des Klebstoffs	Araldit® Redux® UHU-plus®
	Polyurethanharze + Härter			Desmocol®

®eingetragenes Markenzeichen

15.8.5 Schutzmaßnahmen beim Kleben

Lösungsmittel zum Entfetten, Beizbäder und Klebstoffe im ungehärteten Zustand können gesundheitsschädliche Dämpfe verursachen. Auch ein Kontakt mit der Haut ist zu vermeiden, da manche Klebstoffe Hautverletzungen hervorrufen. Nachdrücklich sei auf die Feuergefährlichkeit von Lösungsmitteln und Lösungsmittelklebstoffen hingewiesen. Beim Kleben darf nicht mit offenen Flammen umgegangen werden, auch Rauchen ist verboten.

! Beim Umgang mit Klebstoffen und Lösungsmitteln sind zu beachten:
- Dämpfe nicht einatmen,
- Hautkontakt vermeiden,
- offenes Feuer fernhalten,
- Herstellerhinweise einhalten.

16 Arbeitssicherheit und Unfallschutz

Jährlich erleidet in der Bundesrepublik Deutschland jeder 16. Arbeitnehmer einen Arbeitsunfall, der eine zeitliche oder gar dauerhafte körperliche Schädigung verursacht. Von diesen Unfällen entfällt ein großer Teil auf den Umgang mit Werkzeugen und Werkzeugmaschinen. Die hohe Zahl der Unfälle kann durch strikte Einhaltung von Sicherheitsbestimmungen und Erweiterung von Schutzmaßnahmen erheblich gesenkt werden.

Arbeits- und Unfallschutz sollen gewährleisten, dass

- *Gefahren nicht wirksam werden können,*
- *Gefährdungen rechtzeitig erkannt werden,*
- *Arbeitsschutzmaßnahmen rechtzeitig ergriffen werden.*

16.1 Sicherheitskennzeichnung

Arbeitsplätze, Maschinen und Anlagen mit gefährlichen Arbeitsstoffen bzw. sonstigen Gefährdungen müssen nach der Unfallverhütungsvorschrift „Sicherheitskennzeichnung am Arbeitsplatz" mit Sicherheitskennzeichen versehen sein. Die Sicherheitskennzeichen werden mit genormten Farbtönen und allgemein verständlichen Symbolen erstellt.

Die Sicherheitskennzeichen lassen sich mithilfe von Grundfarben in folgende Gruppen einteilen:

- Verbotszeichen (Rot),
- Gebotszeichen (Blau),
- Warnzeichen (Schwarz),
- Rettungszeichen (Grün).

Beispiele für Sicherheitskennzeichen

1. Verbotszeichen (Rot auf weißem Grund, schwarze Kontrastfarbe)

Rauchen verboten

Feuer, offenes Licht und Rauchen verboten

Verbot, mit Wasser zu löschen

2. Warnzeichen (Schwarz auf gelbem Grund)

Warnung vor feuergefährlichen Stoffen

Warnung vor explosionsgefährlichen Stoffen

Warnung vor giftigen Stoffen

Warnung vor ätzenden Stoffen

3. Gebotszeichen (blaue Schilder mit weißen Zeichen)

Augenschutz tragen

Atemschutz tragen

Schutzschuhe tragen

Schutzhandschuhe tragen

4. Rettungszeichen (grüne Schilder mit weißen Zeichen)

Hinweis auf „Erste Hilfe"

Rettungsweg (Richtungsangabe für Rettungsweg)

Übungsaufgaben 16/1 bis 16/4

16.2 Allgemeine Anforderungen zum sicherheitsgerechten Verhalten

Arbeitsplatz

- Der Aufenthalt an Arbeitsplätzen ist nur befugten Personen erlaubt.
- Die Inbetriebnahme und Benutzung von Geräten und Maschinen ist nur den dafür ausgebildeten Personen erlaubt.
- Vor der Inbetriebnahme einer Maschine oder eines Gerätes muss sich der Bediener von der Betriebssicherheit des Arbeitsmittels und der Arbeitsumgebung überzeugen.
- Auftretende Störungen und Mängel sind unverzüglich der zuständigen Stelle zu melden.
- Maschinen und Anlagen dürfen im Betrieb nicht ohne die vorgeschriebene Aufsicht gelassen werden.
- NOT-AUS-Schalter frei halten.

Bediener

- Es ist eng anliegende Arbeitskleidung zu tragen. Vorgeschriebene Schutzkleidung (Augenschutz, Ohrschutz, Handschutz, Sicherheitsschuhe) muss angelegt werden.
- Schutz- und Warneinrichtungen dürfen weder entfernt noch zweckentfremdet werden.
- Durch die Tätigkeiten dürfen auch für andere Personen keine Gefährdungen entstehen.

Arbeitsdurchführung

- Technologisch vorgegebene Daten, wie z. B. Schnittgeschwindigkeiten und Vorschübe dürfen nicht überschritten werden.
- Arbeiten an oder in der Nähe bewegter Teile, z. B. Messen, Richten, Nachspannen, Säubern u. a. sind nur mit speziellen Vorrichtungen erlaubt. Falls diese nicht vorhanden sind, dürfen solche Arbeiten nur beim Stillstand der Maschine vorgenommen werden.

16.3 Arbeitssicherheit beim Umgang mit Werkzeugen und Maschinen

Die Werkzeuge in der Fertigungstechnik und die eingesetzten Werkzeugmaschinen erfordern im Hinblick auf die Arbeitssicherheit ein verantwortungsvolles Handeln. Aus der Untersuchung von Unfällen lassen sich typische Gefährdungen feststellen.

Gefährdung	Ursachen der Gefährdung durch ...		mögliche Auswirkungen
• **Erfassen von Kleidungs- und Körperteilen** • **Berühren scharfer Werkzeugteile**	*Maschinenbewegungen*	• Schnittbewegungen • Vorschubbewegungen • Spannzeugbewegungen • Transportbewegungen	• Schnittwunden, Quetschungen, Brüche • Verluste von Gliedmaßen
• **Auftreffen abgeschleuderter Teile** • **Hautkontakt mit Schmier- und Kühlmitteln** • **Einatmen von Sprühnebeln und Stäuben**	*unkontrollierte Bewegungen von Maschinen- und Werkzeugteilen, Werkstoff- und Hilfsteilchen*	• Abreißen von Werkzeugen, Werkstücken oder Teilen infolge von Bruch oder Überlastung • Abschleudern von heißen Spänen • Abschleudern und Versprühen von Kühl- und Schmiermitteln • Mitreißen und Fortschleudern herumliegender Teile • Herabfallen von Teilen aus Transporteinrichtungen	• Schnittwunden, Brüche, Verbrennungen, Hautschäden (z. B. Ölakne) • Augenschäden • Schädigung der Atmungsorgane
• **Bestrahlung mit gefährlichen Strahlen**	*Wärme- und Lichtstrahlung*	• Laserstrahlung • UV-Licht	• Verbrennungen • Augenschäden
• **Berührung spannungführender Teile**	*elektrische Energie*	• Elektroantriebe • elektrische Steuerungen • elektrische Messsysteme	• Verbrennungen • Herz- oder Atemstillstand • Tod
• **Einwirkung auf Gehör und Nervensystem**	*Lärm*	• Lärm durch Antriebe • Lärm durch Arbeitsvorgänge • Lärm durch Transportvorgänge	• Schwerhörigkeit • Herz- und Kreislaufbeschwerden

1. Sicherheit beim Gebrauch von Handwerkzeugen

Werkzeuge wie Hämmer, Meißel und Körner müssen vor dem Gebrauch daraufhin überprüft werden, ob eine Unfallgefährdung vorliegen kann. Der Hammer kann z. B. nicht fest auf dem Stiel sitzen, der Meißelkopf kann einen sogenannten Bart haben. Trifft man beim Hämmern auf einen Werkzeugkopf mit Bart, so können kleine Teilchen vom Kopf aussplittern und mit enormer Geschwindigkeit den Arbeiter verletzen.

Der Bart an einem Werkzeug muss unbedingt sachgerecht entfernt werden. Weiterhin ist es zwingend erforderlich, beim Meißeln eine Schutzbrille zu tragen.

Handverletzungen durch die Schlagbewegung kann man vermeiden, wenn der Meißelschaft einen elastischen Handschutz hat und dadurch die Faust abschirmt.

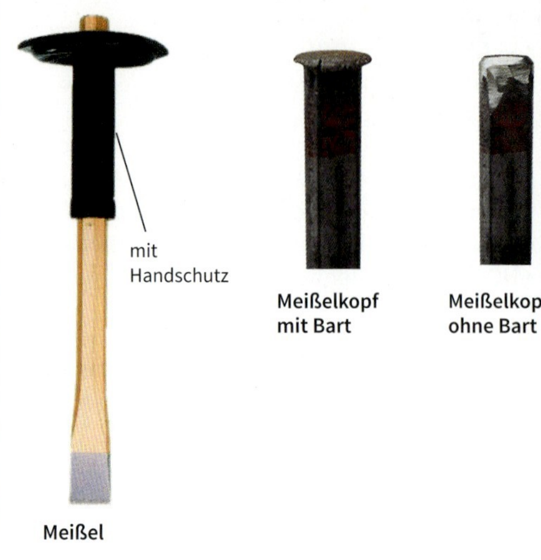

Meißel

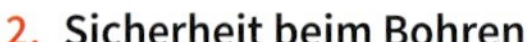

2. Sicherheit beim Bohren

- Vor Inbetriebnahme Maschine auf Betriebssicherheit überprüfen.
- Bohrer zentrisch und fest einspannen. Spannschlüssel sofort wieder entfernen und sicher ablegen – nicht an Kette oder Schnur befestigen.
- Werkstück ausrichten und so sicher einspannen, dass es gegen Mit- und Hochreißen gesichert ist.
- Beim Bohren dünner Werkstücke Unterlagen aus Holz oder Kunststoff verwenden.
- Eng anliegende Ärmel tragen, bei langen Haaren Haarnetz benutzen, bei spröden Werkstoffen Schutzbrille tragen.
- Laufende Arbeitsspindel nach Abschalten der Maschine nicht mit der Hand abbremsen.
- Vorsicht vor Schnittverletzungen infolge Gratbildung.

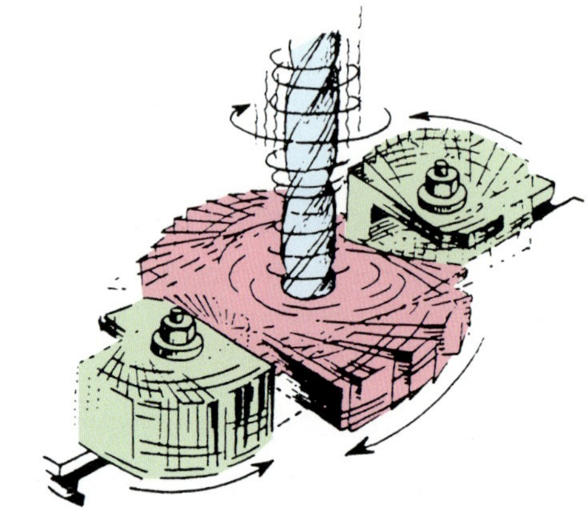
Werkstücke sicher spannen

Bei Verwendung von Handbohrmaschinen ist zusätzlich zu beachten:

- Vor dem Anschließen prüfen, ob der Betriebsschalter auf „AUS" steht.
- Vor dem Anschließen Bohrer einspannen.
- Vor dem Einschalten sicheren Stand einnehmen.
- Vor dem Bohrerdurchtritt durch das Werkstück den Anpressdruck verringern.
- Maschine nicht feucht werden lassen, selbst nicht im Wasser stehen, nasse Maschinen nicht anfassen.
- Maschinen nicht mit eingespanntem Bohrer ablegen.

3. Sicherheit beim Fräsen

- Geeignete Spannzeuge auswählen und auf dem Frästisch sicher befestigen.
- Fräser unfallsicher ablegen und zum Werkzeugeinbau Schneidenschutz benutzen.
- Werkstücke und Werkzeuge sicher spannen.
- Fräserschutz richtig einstellen.
- Augen durch Schutzbrille vor Spänen und Kühlmittelspritzern schützen.
- Vorgegebene technologische Daten (Umdrehungsfrequenz, Vorschub, Kühlmittelzufuhr) einhalten.
- Späne nur mit geeigneten Hilfsmitteln entfernen.

4. Sicherheit beim Drehen

- Geeignete Spannzeuge auswählen, Werkzeuge und Werkstücke fest und sicher spannen, Spannschlüssel abziehen und sicher ablegen.
- Eng anliegende Kleidung tragen, keine Handschuhe anziehen, Augen gegen abspritzende Späne schützen.
- Rundlauf bei niedriger Umdrehungsfrequenz überprüfen und Unwucht ausgleichen.
- Vorschubweg durch Endschalter begrenzen.
- Vorschub und Umdrehungsfrequenz richtig einstellen.
- Maschine vor Fertigungsbeginn probelaufen lassen.
- Für geeigneten Spanablauf sorgen.
- Keine Messungen an laufenden Werkstücken vornehmen.
- Zur Beseitigung von Spänen Spanhaken verwenden.
- Backenfutter nicht mit der Hand abbremsen.

Augenschutz einhalten

Nicht zulässig für Freihand- und handgeführtes Schleifen

Warnung vor Handverletzungen

Augenschutz benutzen

Sicherheitskennzeichen beachten

5. Sicherheit beim Schleifen

- Wellenenden, die mehr als 1/4 ihres Durchmessers aus der Spannmutter herausragen, sind zu verkleiden.
- Der Spalt zwischen Schleifkörper und Werkstückauflage, darf höchstens 3 mm betragen.
- Die Schutzhaube darf höchstens 65° geöffnet sein.
- Bei Trockenschliff Schleifstaub absaugen.
- Die auf den Schleifkörpern angegebenen höchsten Umfangsgeschwindigkeiten (= Schnittgeschwindigkeit) dürfen nicht überschritten werden.
- Schleifkörper sind vor dem Aufspannen auf Risse zu überprüfen (Klangprobe bei keramischen Schleifscheiben).
- Schleifkörper spannungsfrei auf die Schleifspindel schieben, neue elastische Zwischenlagen verwenden, Spannflansch so wählen, dass die Scheibe biegefrei gespannt wird.
- Bei Scheiben für Nassschliff sind Zwischenlagen aus Papier oder Pappe ungeeignet.
- Nach dem Aufspannen Schleifkörper auf Unwucht prüfen.
- Nach jedem Neuaufspannen eines Schleifkörpers ist ein Probelauf von mindestens 5 Minuten bei der zulässigen Umfangsgeschwindigkeit durchzuführen.
- Schleifscheiben je nach Beanspruchung in regelmäßigen Abständen abrichten.
- Bei Schleifarbeiten ist eine geeignete Schutzbrille zu tragen. Eine normale Brille genügt nicht.

16.4 Arbeitssicherheit beim Schweißen

1. Lichtbogenschweißen

- Schweißgerät und Anschlussleitungen auf sicheren Zustand überprüfen, beschädigte Elektrodenhalter und Leitungen auswechseln.
- Schweißstromrückleitung möglichst nah an der Schweißstelle am Werkstück anschließen.
- Augen- und Gesichtsschutz, Schweißerschutzhandschuhe mit Stulpen und Schweißerschürze verwenden.
- Sonderbestimmungen für Schweißarbeiten in engen Räumen und in brand- oder explosionsgefährdeten Bereichen beachten.

Übungsaufgaben 16/8 bis 16/14

2. **Gasschmelzschweißen**
   - Bei Arbeitsunterbrechung angeschlossene Brenner sachgemäß aufhängen.
   - Gasschläuche gegen Beschädigung schützen.
   - Armaturen und Schläuche an Flaschen sicher befestigen.
   - Gasflaschen gegen Umfallen sichern und nur aus stehenden Acetylenflaschen Gas entnehmen.
   - Angeschlossene Brenner nie in geschlossenen Behältern ablegen.
   - Zum Zünden zuerst Sauerstoffventil öffnen, dann erst das Acetylenventil. Beim Schließen ist umgekehrt zu verfahren.

16.5 Schutzmaßnahmen beim Umgang mit Kühlschmierstoffen

Hautschäden im Zusammenhang mit Schmierstoffkontakt gehören zu den häufigsten Berufskrankheiten in der Metall verarbeitenden Industrie. Neben dem Einatmen der entstehenden Dämpfe birgt insbesondere der Hautkontakt mit Kühlschmierstoffen eine Reihe von Gefahren:

- Die Haut wird bei ständiger Berührung entfettet, verliert ihre Schutzschicht, wird rissig und anfällig gegenüber Krankheiten, z. B. Entzündungen, Akne und Ekzeme. Nicht selten treten diese Erkrankungen an Körperteilen auf, an denen ölverschmutzte Kleidung eng anliegt.
- Die in den Kühlschmierstoffen mitgeführten Fremdkörper wie kleine Metallspäne u. a. verursachen winzige Verletzungen, die ebenfalls zu Hautschäden führen können.

Einsatz von Kühlschmierstoffen an einer CNC-Fräsmaschine

Den beschriebenen Gefahren kann mit einer Reihe von **Schutzmaßnahmen** begegnet werden.

- Kontakt mit Kühlschmierstoffen möglichst vermeiden.
- Vor der Arbeit eine schützende Hautcreme auftragen.
- Nach dem Kontakt mit Kühlschmierstoffen die Hände mit **geeigneten** Mitteln, z. B. Emulsionsreinigern waschen. Auf keinen Fall die reinigende Wirkung der Kühlschmierstoffe selbst ausnutzen.
- Öldurchnässte Arbeitskleidung **sofort** wechseln und nicht auf der Haut trocknen lassen.
- Neben der Haut sind auch die Augen durch spritzenden Kühlschmierstoff gefährdet. Gelangt ein Spritzer ins Auge, so ist als erste Hilfe **sofort** mit dem Ausspülen zu beginnen. Anschließend ist **in jedem Fall** ein Augenarzt aufzusuchen.

16.6 Maßnahmen bei Unfällen

Trotz Sicherheitseinrichtungen und sicherheitsbewusstem Verhalten kommt es zu Arbeitsunfällen. Damit in solchen Fällen zielgerichtet und schnell geholfen werden kann, ist es die Pflicht eines jeden Betriebsangehörigen, über die in seinem Betrieb vorhandenen Hilfs- und Meldeeinrichtungen informiert zu sein.

Sofortmaßnahmen nach einem Unfall:

- Maschinen und Geräte im unmittelbaren Gefahrenbereich abschalten.
- Verunglückte Personen aus dem Gefahrenbereich bergen.
- Verunglückte Personen sicher lagern.
- Hilfe herbeirufen.
- Verunglückten möglichst nicht allein lassen.
- Meldung des Unfalls nach betrieblichem Alarmplan.
- Soweit möglich erste Hilfe leisten.

Jeder Unfall
ist sofort zu melden

Übungsaufgaben 16/15 bis 16/20

17 Umweltschutz

1. Entsorgung von Schmier- und Kühlschmierstoffen

Schmier- und Kühlschmierstoffe werden nach einer bestimmten Einsatzdauer unbrauchbar.
Da Öle und Emulsionen zu den wassergefährdenden Stoffen zählen, dürfen sie nicht in den Boden, in Gewässer oder eine übliche Kläranlage geleitet werden. Die Entsorgung regeln Verordnungen, die aufgrund des Bundesabfallgesetzes erlassen wurden. So dürfen z. B. nur Unternehmen mit entsprechenden Genehmigungen die Entsorgung von Sonderabfällen (z. B. Kühlschmierstoffe usw.) vornehmen.
Entsorgungspflichtig ist in jedem Fall der Erzeuger von Sonderabfällen!

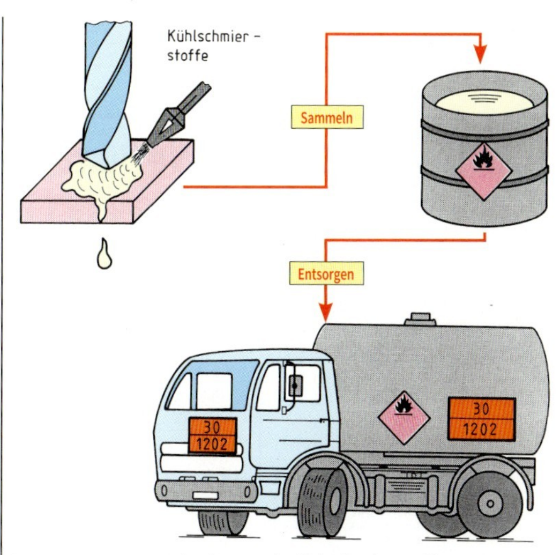

Entsorgung von Schmier- und Kühlschmierstoffen

2. Produktion und Umwelt

Jedes Produkt und auch das damit verbundene Herstellungsverfahren stellen einen Eingriff in die Umwelt dar. Inwieweit diese Eingriffe von einer Gemeinschaft getragen werden können, muss diese Gemeinschaft unter sich entscheiden. Beurteilungskriterien für solche Entscheidungen unter den Gesichtspunkten der Umwelt- und der Sozialverträglichkeit kann die folgende Übersicht geben.

Umweltverträglichkeit	• Luftverträglichkeit (Schutz der Atmosphäre durch emissionsarme Produktion, Nutzung und Entsorgung) • Wasserverträglichkeit (Gewässerreinhaltung) • Bodenverträglichkeit (Bodenschutz) • Pflanzenverträglichkeit (Schutz der Artenvielfalt)
Ressourcenschonung[1]	• Schonung der **Energiereserven** (Öl, Erdgas, Kohle, Uran) • Schonung mineralischer **Rohstoffe** (Erze usw.) • Schonung der **Waldbestände** • Schonung der **Wasserreserven,** insbes. des Trinkwassers • Schonung der **Bodenflächen** (nur unbedingt nötiger Wohnungsbau, Straßenbau, Bahntrassenbau usw.) • Schonung des **Bodens** (z. B. kein Treibstoff aus Zuckerrohr, kein Mais für Schweinezucht)
Abfallvermeidung und Abfallverwertung	• Regenerierbarkeit • Wiederverwendbarkeit • Verpackungsaufwand verringern
Gesundheitsverträglichkeit	• keine gesundheitlichen Gefährdungen und Belastungen für Menschen und Tiere durch **Schadstoff-Freiheit, Sicherheitstauglichkeit** und **Lärmarmut** der Produkte
Gebrauchstauglichkeit	• **Funktionstüchtigkeit** • **Verschleißarmut/Langlebigkeit** • **Bedienungs-** und **Reparaturfreundlichkeit** • **Gebrauchsintensität** (Wie intensiv kann bzw. muss das Produkt genutzt werden? • Blockiert es die Nutzung anderer Produkte?) • **Fehlerfreundlichkeit** (Fähigkeit eines Produkts, Fehler, z. B. Material- und Bedienungsfehler, zu tolerieren)
Sozialverträglichkeit	• Die Produkte sollen den Menschen und die Gesellschaft bereichern im Hinblick auf soziale Werte wie **Kommunikation, Kooperation, Qualifikation, Kreativität** • sie sollen den Besitzer nicht privilegieren, d. h. ihm keine **Prestige-** und **Machtvorteile** verschaffen (Kann das Produkt massenhaft verwendet werden?) • sie sollen nicht unter unzumutbaren **Arbeits-** und **Produktionsbedingungen** hergestellt worden sein (z. B. durch extreme Arbeitsteilung, Monotonie, Stress, psychische und physische Belastungen)

1 Ressource (franz.) = Bestand, Mittel

HANDLUNGSFELD: Werkstoffe auswählen

Problemstellung

Für ein Bauteil ist der Werkstoff auszuwählen

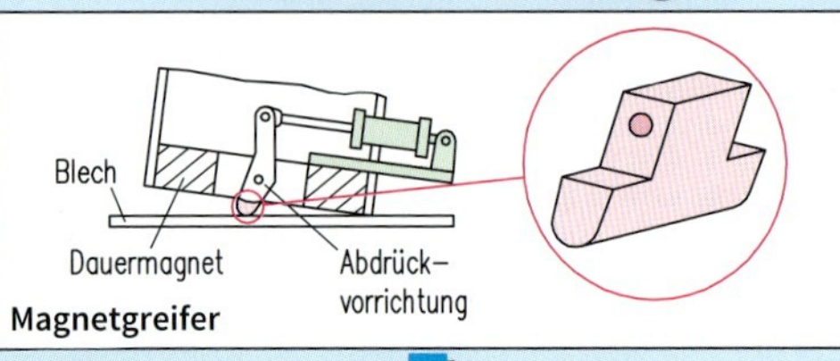

Analysieren

- Belastung des Bauteils feststellen (mechanisch, thermisch, chemisch)
- notwendige Eigenschaften aus der Belastung ermitteln

Belastung:	**notwendige Eigensch.:**
– Biegung – Verschleiß	– unmagnetisch – fest – abriebfest – weicher als Blech – etc.

- bisher verwendete bzw. in ähnlichen Fällen eingesetzte Werkstoffe auflisten
- Kostenrahmen für Werkstoff ermitteln

Vorauswahl durchführen

(für das jeweilie Verfahren)

Werkstoffe mit den notwendigen Eigenschaften auswählen

geeignet:
- austenitischer Stahl
- Messing, Bronze
- PA, PE, PTFE
- Al-Legierungen

- Werkstoffhauptgruppe auswählen (Stahl, Leichtmetall, Kunststoff …)
- Werkstoffuntergruppe benennen (z. B. Baustahl, Messing …)

Werkstoff technisch und wirtschaftlich bewerten

- Fertigung:
  - Werkstoffkosten
  - Fertigungskosten
  - Umweltbelastung

	Punktebewertung		
	Werkstoffpreis	Fertigungskosten	Umweltbelastung
austenitischer Stahl	1	1	
Messing	2	2	
Bronze	1	2	
Polyamid	3	2	
Polytetrafluorethylen	2	1	

- Nutzung:
  - Wartung
  - Instandhaltung (Ersatzteilbeschaffung …)
- Beseitigung:
  - Recycelbarkeit

ausgewählten Werkstoff normgerecht definieren

- Werkstoffbezeichnung

Druckstück: Polyamid PA 6 10

- Werkstoffnummer
- Kurzzeichen

1 Eigenschaften der Werkstoffe

Jeder Werkstoff besitzt viele Eigenschaften, die ihn von anderen Werkstoffen unterscheiden.
Man unterscheidet physikalische und chemische Eigenschaften. Aus diesen ergeben sich die technologischen Eigenschaften. Sie bestimmen die technische Verwendbarkeit von Werkstoffen.

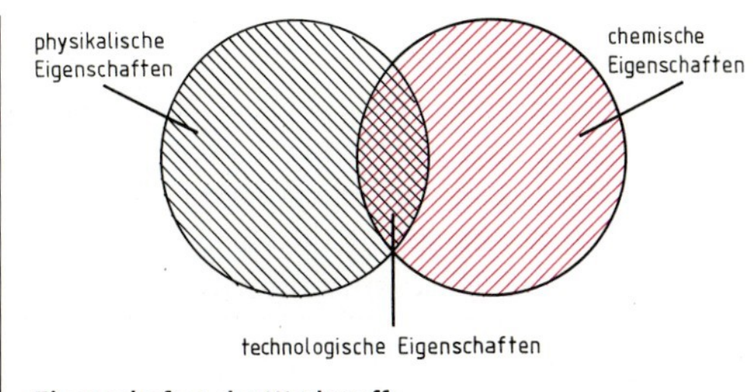

Eigenschaften der Werkstoffe

1.1 Physikalische Eigenschaften

1.1.1 Mechanische Eigenschaften

1. Dichte

Jeder Körper besitzt eine Masse (Formelzeichen *m*). Die Basiseinheit der Masse ist das Kilogramm (Einheitenzeichen kg).
Jeder Werkstoff hat eine für ihn kennzeichnende Massenkenngröße. Diese Massenkenngröße erhält man, wenn man die Masse eines Körpers durch sein Volumen dividiert. Die so ermittelte Kenngröße bezeichnet man als **Dichte** (Formelzeichen ϱ, gesprochen: rho).

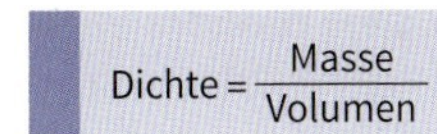

$$\text{Dichte} = \frac{\text{Masse}}{\text{Volumen}}$$

$$\varrho = \frac{m}{V}$$

Einheiten der Dichte:

$\frac{\text{t}}{\text{m}^3}$; $\frac{\text{kg}}{\text{dm}^3}$; $\frac{\text{g}}{\text{cm}^3}$

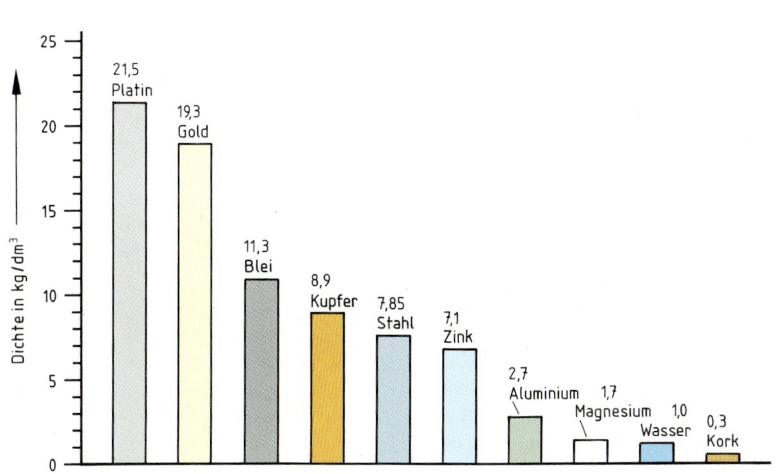

Dichte verschiedener Werkstoffe

Die Dichte ist bei der Auswahl von Werkstoffen z. B. für den Fahrzeug- und Flugzeugbau von Bedeutung. Um Gewicht zu sparen werden z. B. Flugzeugkonstruktionen aus Aluminiumlegierungen, Felgen für Pkw aus Magnesiumlegierungen, Motor- und Getriebehäuse für Pkw aus Aluminiumlegierungen gefertigt.

! Die Dichte ist das Verhältnis von Masse zu Volumen.
In der Technik wird die Dichte eines Stoffes meist in kg/dm^3 angegeben.

Übungsaufgaben 1/1; 1/2; 1/3

2. Festigkeit

Die kleinsten Teilchen eines Werkstoffes werden untereinander durch Kräfte zusammengehalten. Diese Kräfte bezeichnet man als Zusammenhangskräfte oder Kohäsionskräfte eines Werkstoffes. Wird ein Werkstoff belastet, so verhindern die **Kohäsionskräfte** die Trennung der Werkstoffteilchen. Sobald jedoch die Belastung die Kohäsionskräfte übersteigt, werden die Werkstoffteilchen voneinander getrennt.

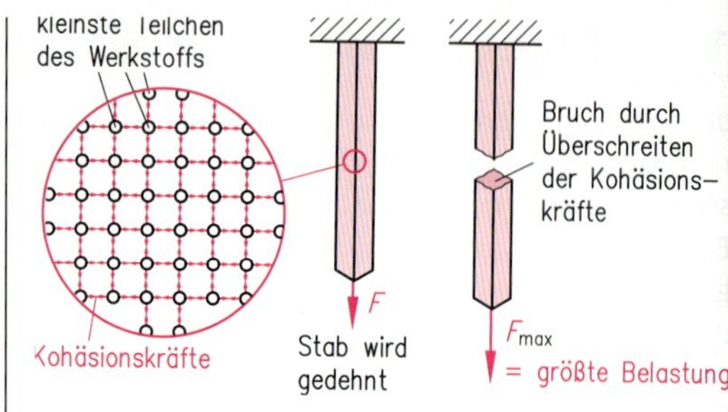

Kohäsionskräfte und Wirkung äußerer Kräfte

Die Kraft zur Überwindung der Kohäsionskräfte hängt vom Werkstoff und vom Querschnitt des belasteten Körpers ab. Mit größer werdendem Querschnitt kann ein Körper eine größere Belastung aufnehmen. Damit verschiedene Werkstoffe miteinander verglichen werden können, rechnet man die zur Überwindung der Kohäsionskräfte notwendige äußere Belastung auf einen Quadratmillimeter des Querschnitts um. Man spricht dann von der Festigkeit des Werkstoffes.

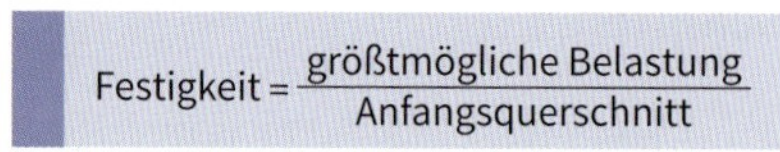

$$\text{Festigkeit} = \frac{\text{größtmögliche Belastung}}{\text{Anfangsquerschnitt}}$$

> **!** Die Festigkeit ist ein Kennwert für die Belastbarkeit eines Werkstoffes. Die Festigkeit wird durch das Verhältnis von größtmöglicher Belastung zum Querschnitt ausgedrückt. Die Festigkeit wird meist in N/mm^2 angegeben.

Die Werkstoffe zeigen bei den einzelnen Beanspruchungen unterschiedlichen Widerstand gegen eine Trennung der kleinsten Teilchen. Man unterscheidet darum verschiedene Festigkeitsarten.

– Zugfestigkeit

Wird ein Körper durch Zugkräfte beansprucht, so verlängert er sich. Die Festigkeit, die ein Werkstoff dem Zerreißen infolge Zugbeanspruchung entgegensetzt, nennt man seine Zugfestigkeit.
Die Zugfestigkeit des Werkstoffes ist besonders wichtig, z. B. bei Schrauben, Seilen, Ketten und Betonstahl.

– Scherfestigkeit

Wird ein Körper durch Scherkräfte beansprucht, so werden die Teilchen des Werkstoffes gegeneinander verschoben. Die Festigkeit, die ein Werkstoff dem Abscheren infolge Schubbeanspruchung entgegensetzt, nennt man seine Scherfestigkeit. Die Scherfestigkeit eines Werkstoffes ist von besonderer Wichtigkeit bei Bolzen und Nieten.

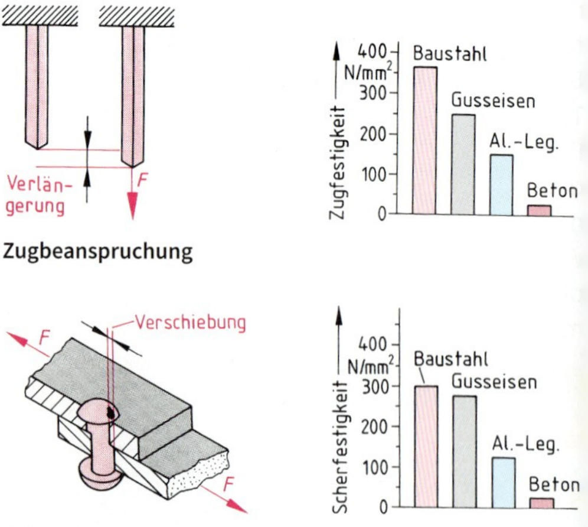

Zugbeanspruchung

Scherbeanspruchung

Weitere Festigkeitsarten sind:
- Bei Biegebeanspruchung: Biegefestigkeit,
- bei Knickbeanspruchung: Knickfestigkeit,
- bei Druckbeanspruchung: Druckfestigkeit,
- bei Verdrehbeanspruchung: Verdrehfestigkeit.

> **!** Zur Ermittlung der Festigkeitsarten werden genormte Prüfverfahren eingesetzt. Dabei werden die Prüfkörper bis zum Bruch belastet.
> Festigkeitsarten: • Zugfestigkeit, • Druckfestigkeit, • Scherfestigkeit, • Biegefestigkeit, • Knickfestigkeit, • Verdrehfestigkeit.

Übungsaufgaben 1/4; 1/5

3. Elastizität

Wirken Kräfte auf ein Werkstück, so werden die Abstände zwischen den Werkstoffteilchen um ein geringes Maß vergrößert oder verkleinert. Das Werkstück ändert dadurch seine äußere Form. Nach Entlastung gehen die Teilchen wieder auf ihre Ausgangsplätze zurück. Das Werkstück nimmt seine ursprüngliche äußere Form wieder ein. Diese Eigenschaft bezeichnet man als Elastizität.
Die Elastizität von Werkstoffen ist meist begrenzt. Beim Überschreiten einer werkstoffeigenen Grenze (Elastizitätsgrenze) wird der Werkstoff dauerhaft verformt oder bricht.
Hohe Elastizität des Werkstoffes ist z. B. bei Blatt- und Wendelfedern besonders wichtig.

Hochelastische Werkstoffe, z. B. Gummi, sind nicht umformbar, weil sie nach Entlasten wieder in ihre Ausgangslage zurückgehen.

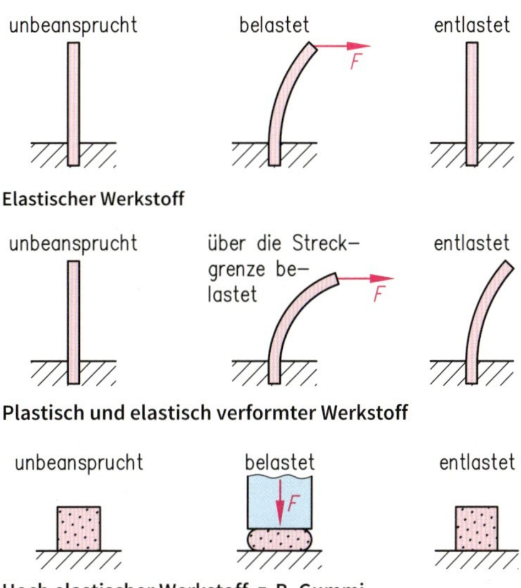

Elastischer Werkstoff

Plastisch und elastisch verformter Werkstoff

Hoch elastischer Werkstoff, z. B. Gummi

> **!** Elastizität ist die Eigenschaft eines Werkstoffes, nach Entlasten seine Ausgangsform wieder einzunehmen.

4. Plastizität

Wird ein Werkstoff so hoch belastet, dass er nach Entlastung *nicht* in seine ursprüngliche Form zurückgeht, so ist er bleibend umgeformt. Man spricht von **plastischer Formänderung**. Werkstoffe mit hoher Plastizität lassen sich mit geringem Kräfteaufwand stark umformen.
Bei Metallen nimmt die Plastizität mit steigender Temperatur zu.
Für Werkstücke, die durch Umformen gefertigt werden, wie Profile, Bleche, Rohre, müssen Werkstoffe mit hoher Plastizität gewählt werden.
Werkstoffe, die bei Belastung ohne nennenswerte plastische Verformung zu Bruch gehen, bezeichnet man als **spröde**.

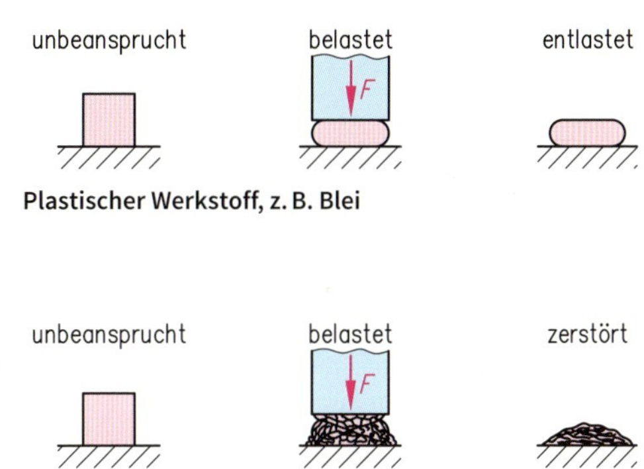

Plastischer Werkstoff, z. B. Blei

Spröder Werkstoff, z. B. Glas, Stein

> **!** Plastizität ist die Eigenschaft eines Werkstoffes, sich in bestimmten Grenzen bleibend umformen zu lassen.

5. Härte

Werkstoffe können unterschiedlich hart sein. Diese Eigenschaft lässt sich nur durch Vergleich mehrerer Werkstoffe ermitteln. Harte Werkstoffe ritzen weiche. Den Widerstand, den ein Werkstoff dem Eindringen eines anderen in seine Oberfläche entgegensetzt, nennt man seine Härte. Bei der Auswahl von Werkstoffen für Werkzeugschneiden ist eine große Härte von besonderer Bedeutung.

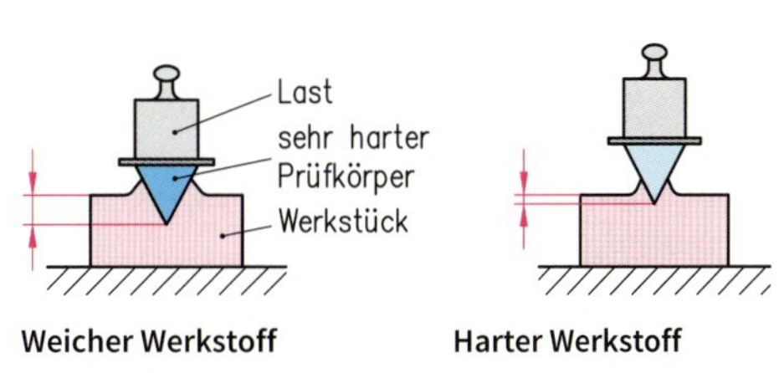

Weicher Werkstoff

Harter Werkstoff

> **!** Härte ist der Widerstand, den ein Werkstoff dem Eindringen eines anderen Körpers entgegensetzt.

1.1.2 Thermische Eigenschaften

1. Wärmedehnung

Bei steigender Erwärmung eines Stoffes geraten seine kleinsten Teilchen in immer heftigere Bewegung. Sie benötigen dafür mehr Raum, das Volumen des Werkstoffes nimmt zu. Darum dehnen sich die Werkstoffe bei Erwärmung aus. Beim Abkühlen nimmt das Volumen ab, der Werkstoff schrumpft.
Bei Stahl beträgt die Wärmedehnung 0,012 mm je Meter Länge bei 1 °C Temperaturänderung.

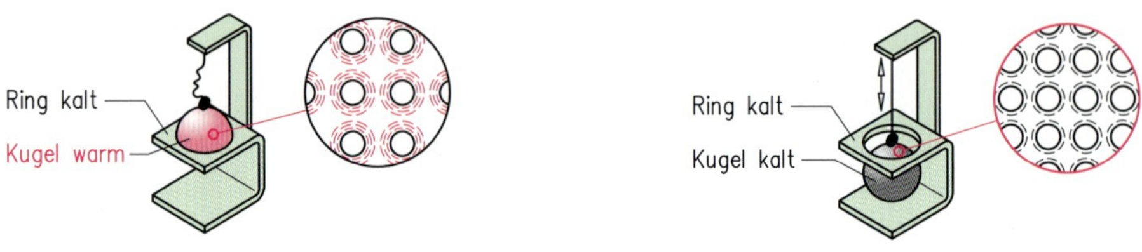

Versuch zur Wärmedehnung

Beim Fügen von Werkstücken muss die Wärmedehnung berücksichtigt werden, so werden z. B. Wellen und Achsen nur einseitig genau fixiert, während sie auf der anderen Seite verschiebbar gelagert werden.
Beim Fügen durch Eingießen muss darauf geachtet werden, dass nur Werkstoffe mit gleicher Wärmedehnung verbunden werden.
In der Praxis wird die Wärmedehnung als Verfahren zum Fügen – **Schrumpfverbindungen** – eingesetzt.

Längenausdehnung verschiedender Werkstoffe im Vergleich zur Längenausdehnung von Stahl

Kunststoffe: **Polyethylen (PE)** **Polyvinylchlorid (PVC)**	 **16**fach **7**fach
Zink	**2,5**fach
Aluminium	**2**fach
Beton	**1**fach
Glas	**0,6**fach

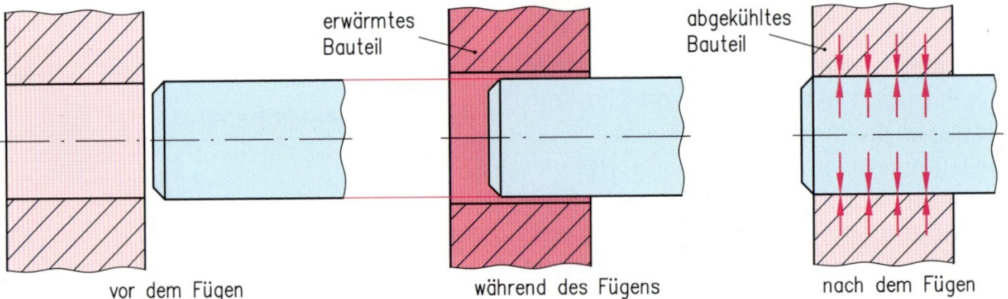

Herstellung einer Schrumpfverbindung

Wärmedehnung ist die Eigenschaft eines Werkstoffes, bei Temperaturänderung sein Volumen zu vergrößern. Angaben für die Wärmedehnung berücksichtigen meist nur die Längenausdehnung.

2. Wärmeleitfähigkeit

Die Geschwindigkeit, mit der beim Erwärmen eines Stoffes die Wärmeenergie von einem Teilchen auf das nächste weitergeleitet wird, bestimmt die Wärmeleitfähigkeit.
Metalle sind Stoffe mit hoher Wärmeleitfähigkeit. Man verwendet sie darum als Werkstoffe für Wärme abgebende und Wärme aufnehmende Flächen z. B. in Heiz- oder Kühlanlagen. Schlechte Wärmeleiter sind Kunststoffe, Glas, Holz u. a. Man verwendet sie deshalb zum Isolieren.

Wärmeleitfähigkeit verschiedener Werkstoffe im Vergleich zur Wärmeleitfähigkeit von Glas

Kupfer	**320**fach	**Kesselstein**	**1**- bis **3**fach
Stahl	**43**fach	**Styropor**	**0,02**fach

! Die Wärmeleitfähigkeit gibt an, wie gut ein Werkstoff Wärmeenergie weiterleitet.

Übungsaufgaben 1/8 bis 1/11

1.2 Chemische Eigenschaften

1. Korrosionsbeständigkeit

Durch chemische Vorgänge können metallische Werkstoffe von der Oberfläche her unter Einwirkung von Luft, Wasser, Säuren oder anderen Stoffen zerstört werden. Diese Zerstörung bezeichnet man als **Korrosion**. Werkstoffe, die sich durch Einflüsse ihrer Umgebung chemisch nicht verändern, sind korrosionsbeständig.

2. Giftigkeit

Flüssige Metalle verdampfen geringfügig. Dämpfe von Blei, Quecksilber und Kadmium sind giftig, sie können schon in geringen Mengen beim Einatmen zu akuten Gesundheitsschäden führen.

1.3 Technologische Eigenschaften

Durch technologische Eigenschaften wird das Verhalten der Werkstoffe bei der Verarbeitung beschrieben.

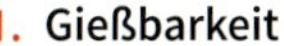

1. Gießbarkeit

Durch Gießen von flüssigem Werkstoff in Formen werden Werkstücke gefertigt.
Die Eignung eines Werkstoffes, durch Gießen in Formen eine vorgegebene Gestalt anzunehmen, bezeichnet man als Gießbarkeit. Gut gießbare Stoffe sind im flüssigen Zustand dünnflüssig und neigen bei der Erstarrung und Abkühlung nicht zu Fehlern wie z. B. zu Rissen und Blasen.

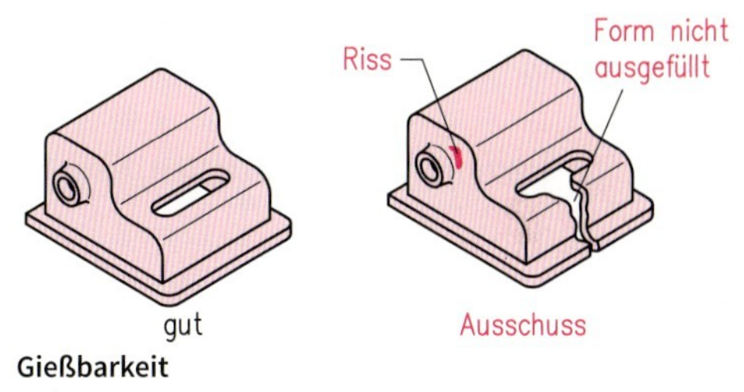

Gießbarkeit

> Gießbarkeit ist die Eignung eines Werkstoffes zum Vergießen in Formen.

2. Umformbarkeit

Durch Walzen, Schmieden und andere Umformverfahren werden Werkstücke in ihrer Form bleibend geändert. Die Eignung eines Werkstoffes, durch Umformen in eine andere Form gebracht zu werden, bezeichnet man als seine Umformbarkeit. Gut umformbare Werkstoffe sind leicht plastisch formbar.

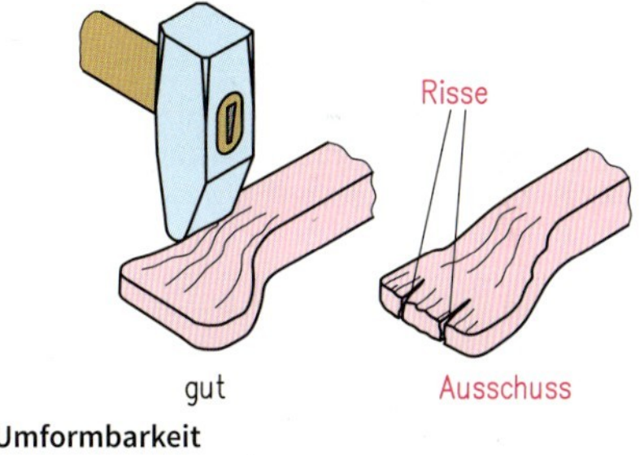

Umformbarkeit

> Umformbarkeit ist die Eigenschaft eines Werkstoffes, durch äußere Beanspruchung bleibend umgeformt zu werden.

3. Zerspanbarkeit

Durch spanende Bearbeitung, wie z. B. durch Drehen, Fräsen und Bohren, werden Werkstücke in ihrer Form geändert. Die Eignung eines Werkstoffes zum Zerspanen bezeichnet man als seine Zerspanbarkeit. Gut zerspanbare Werkstoffe zeigen glatte Oberflächen nach der Zerspanung und ergeben Späne, die den Fertigungsablauf nicht behindern.

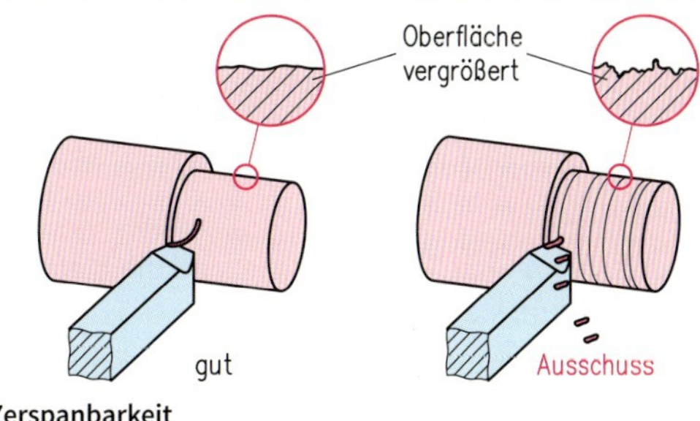

Zerspanbarkeit

> Zerspanbarkeit ist die Eignung eines Werkstoffes zum Zerspanen.

2 Aufbau metallischer Werkstoffe

2.1 Chemische Elemente

1. Vorkommen und Einteilung

Alle Stoffe auf der Erde, z. B. Wasser, Stein, Holz, Stahl, Kunststoff, sind aus Grundstoffen aufgebaut. Diese Grundstoffe nennt man chemische **Elemente**. In der Natur gibt es 92 Elemente. Zu diesen kommen noch Elemente, die mit Mitteln der modernen Atomphysik erzeugt werden. Diese künstlich hergestellten Elemente sind bislang jedoch technisch bedeutungslos.

Auf der Erde sind die Elemente in sehr unterschiedlichen Mengen vorhanden. So bestehen z. B. 50 % der Erdrinde aus dem Element Sauerstoff, während 83 andere Elemente einen Anteil von insgesamt nur 1,4 % haben. Darunter befinden sich so wichtige Elemente wie Kupfer, Zink, Nickel, Kohlenstoff.

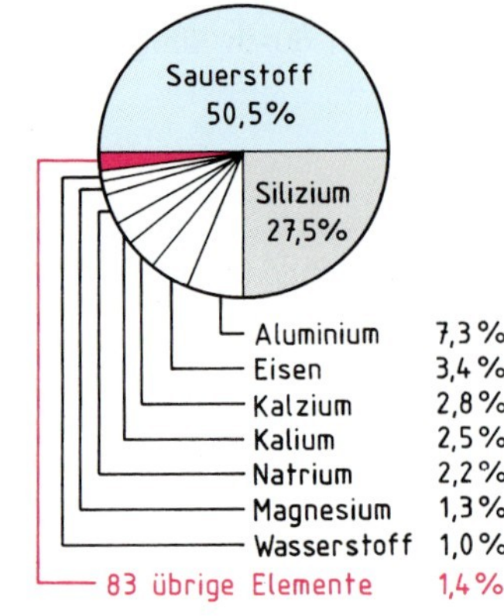

Verteilung der Elemente in der Erdrinde

Alle Stoffe bestehen aus Grundstoffen, den chemischen Elementen.

Jedes Element hat einen Namen, der durch ein international gültiges Symbol abgekürzt wird. Das Symbol setzt sich aus Buchstaben des lateinischen Namens des Elementes zusammen.

Eisen	= **F**e**rrum**	⇒	**Fe**
Sauerstoff	= **O**xygenium	⇒	**O**
Kohlenstoff	= **C**arboneum	⇒	**C**
Stickstoff	= **N**itrogenium	⇒	**N**

Etwa 70 Elemente zeigen als gemeinsame Merkmale besonderen Glanz, gute Wärmeleitfähigkeit, elektrische Leitfähigkeit und gute Umformbarkeit. Sie werden als **Metalle** bezeichnet.

Kennzeichen der Metalle:

- glänzende Oberfläche,
- gute elektrische Leitfähigkeit,
- gute Wärmeleitfähigkeit,
- gute Umformbarkeit.

Einige Elemente weisen nur unter bestimmten Bedingungen, z. B. ab einer bestimmten Temperatur, alle Eigenschaften eines Metalls auf. Man bezeichnet diese Elemente als **Halbmetalle**. Zu den Halbmetallen gehören z. B. Silizium, Germanium und Antimon.

Die übrigen Elemente, z. B. Kohlenstoff, Stickstoff und Sauerstoff, bezeichnet man als **Nichtmetalle**.

Die Metalle werden nach der Dichte in **Leichtmetalle** und **Schwermetalle** unterteilt. Leichtmetalle haben eine Dichte unter 5 g/cm³.

Von den Schwermetallen ist das Element Eisen das in der Technik am häufigsten verwendete Metall. Andere Schwermetalle sind als Legierungsmetalle des Eisens von Bedeutung, wie z. B. Mangan, Wolfram und Chrom.

Häufig verwendete Leichtmetalle sind die Elemente Aluminium, Magnesium und Titan.

Unter den Nichtmetallen nimmt das Element Kohlenstoff eine besondere Stellung ein. Kohlenstoff ist die Grundlage aller Stoffe der lebenden Natur und der Kunststoffe.

Schwermetalle:					
Eisen	Fe	Kupfer	Cu	Zinn	Sn
Zink	Zn	Blei	Pb	Nickel	Ni
Mangan	Mn	Wolfram	W	Vanadium	V
Kobalt	Co	Molybdän	Mo	Chrom	Cr
Leichtmetalle:					
Aluminium	Al	Magnesium	Mg	Titan	Ti
Nichtmetalle:					
Kohlenstoff	C	Silizium	Si	Stickstoff	N
Schwefel	S	Wasserstoff	H	Chlor	Cl
Phospor	P	Sauerstoff	O	Argon	Ar

Übungsaufgaben 2/1; 2/2; 2/3

2. Aufbau der Elemente

Das Atom ist das kleinste Teilchen eines chemischen Elementes. Jedes Element hat anders aufgebaute Atome. Bausteine der Atome sind das **Proton**, das **Neutron** und das **Elektron**. Sie unterscheiden sich von einander durch ihre Masse, ihre elektrische Ladung und ihren Platz im Atom.

Protonen sind elektrisch positiv geladen. Elektronen sind elektrisch negativ geladen.
Neutronen sind elektrisch neutral.
Protonen und Neutronen haben etwa gleiche Masse und bilden den **Atomkern**.
Das Elektron hat nur etwa 1/2000 der Masse eines Protons. Die Elektronen bilden die **Hülle des Atoms.**
Das erste brauchbare Atommodell wurde 1913 von E. Rutherford entworfen und von N. Bohr weiterentwickelt. Hiernach bewegen sich die Elektronen auf kreis- oder ellipsenförmigen Bahnen um den Atomkern.
Die Bahnen, auf denen sich die Elektronen bewegen, liegen schalenförmig um den Atomkern. Man spricht deshalb von Schalen, die unterschiedliche Abstände zum Kern haben.

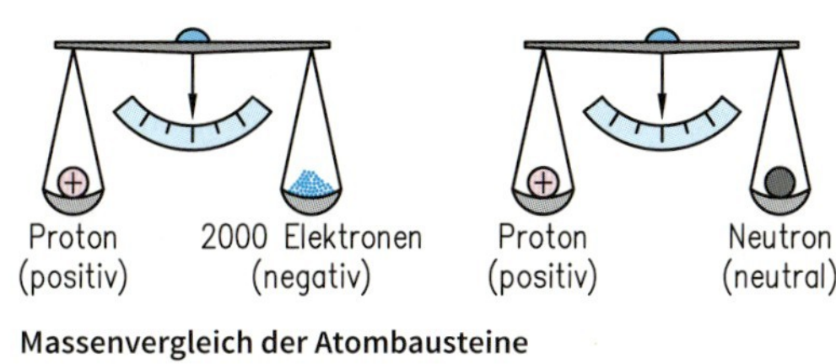

Massenvergleich der Atombausteine

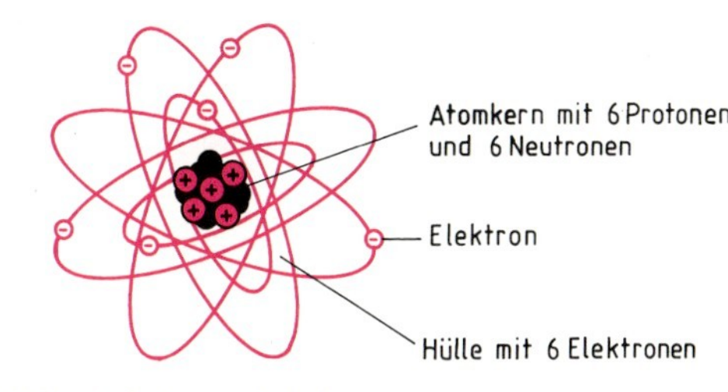

Kohlenstoffatom nach Bohr

Atombausteine
Kernbausteine: • Protonen (elektrisch positiv) • Neutronen (ungeladen)
Bausteine der Hülle: • Elektronen (elektrisch negativ)
Ein Atom ist nach außen elektrisch neutral, da die Anzahl der Protonen und Elektronen gleich groß ist.

3. Atomaufbau der Elemente 1 bis 18
(nach dem Atommodell von Bohr)

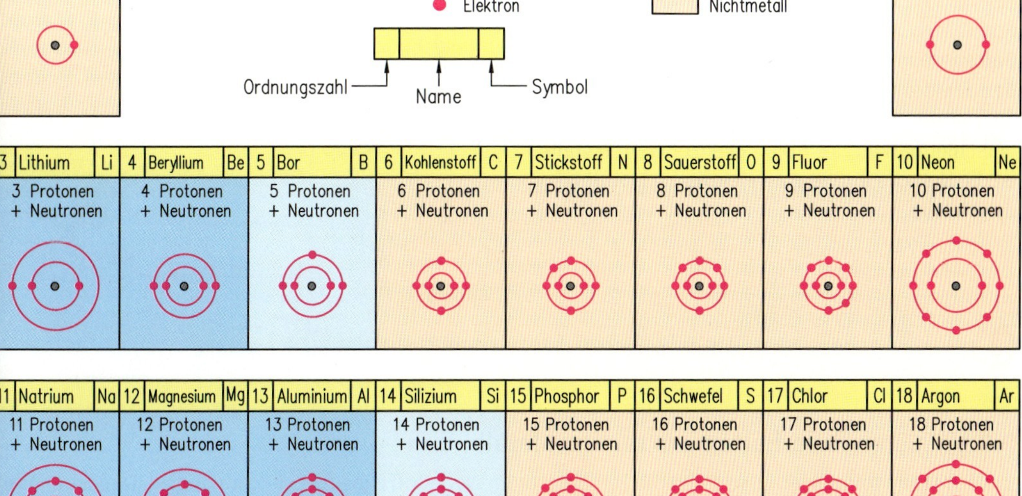

2.2 Aufbau von reinen Metallen

2.2.1 Metallbindung

Metallatome geben die Elektronen der äußeren Schalen ab. Dadurch entstehen elektrisch positiv geladene Teilchen, die man als **Metallionen** bezeichnet.
Die abgegebenen Elektronen bleiben ungebunden und können sich zwischen den Metallionen frei bewegen. Durch ihre negative Ladung bewirken sie den Zusammenhalt der Metallionen. Es entsteht ein **kristalliner Aufbau** – ein Metallkristall.
Bei starker Vergrößerung ist an polierten Metallflächen die Kristallform erkennbar.

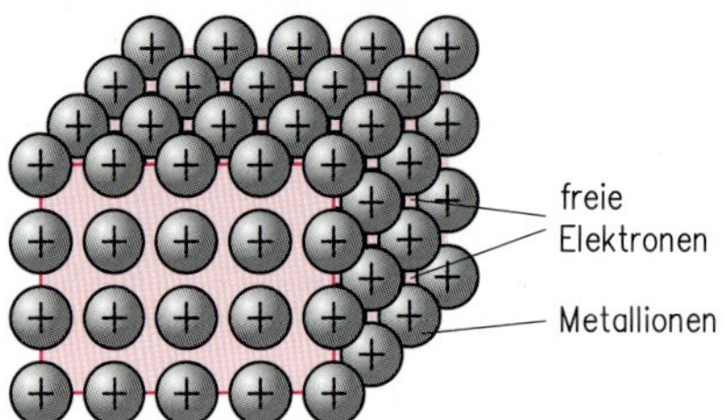

Schema eines Metallkristalls

Foto einer Aluminiumoberfläche

> **!** In Metallen werden die positiv geladenen Metallionen von freien Elektronen zusammengehalten. Metalle sind kristallin aufgebaut.

Wirken Kräfte auf einen Metallkristall, so können die Schichten innerhalb des Metallkristalls gegeneinander verschoben werden, ohne dass der Gesamtzusammenhang verloren geht. Die Folge ist eine gute Umformbarkeit der Metalle.

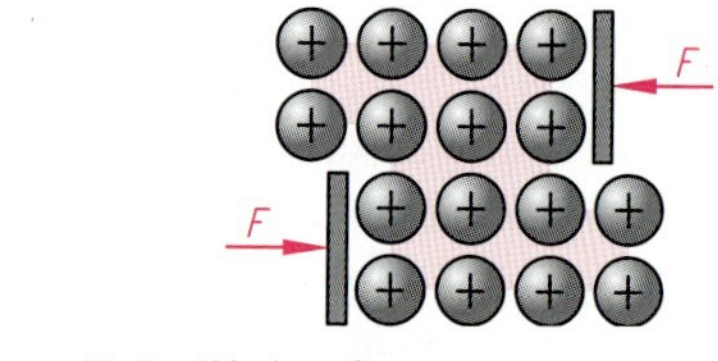

Metallkristall bei Umformung

> **!** Metalle sind wegen des kristallinen Aufbaus umformbar.

Bildet man mit einem metallenen Draht und einer Batterie einen geschlossenen Stromkreis, so fließen Elektronen. Die Elektronen strömen vom Minuspol durch den Draht zum Pluspol. Die leichte Verschiebbarkeit der freien Elektronen in Metallen ist die Ursache für die gute elektrische Leitfähigkeit der Metalle.

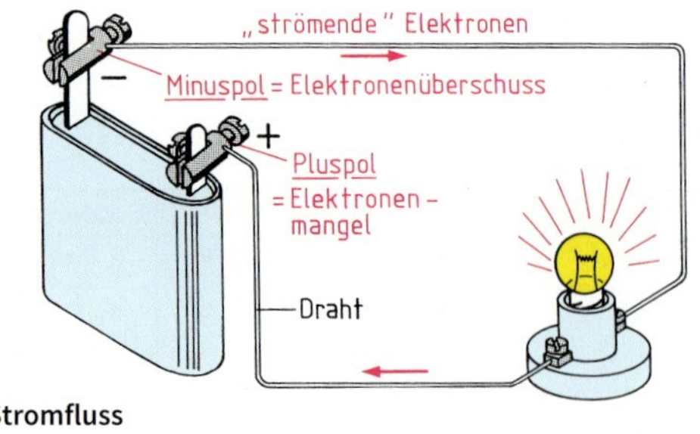

Stromfluss

> **!** Die freien Elektronen sind die Ursache für die elektrische Leitfähigkeit der Metalle.

2.2.2 Schmelzverhalten von reinem Metall

Erwärmt man reines Metall, so steigt die Temperatur im Werkstoff zunächst gleichmäßig an. Dabei behalten die kleinsten Teilchen des Metallgefüges ihre Plätze im Metallkristall bei. Sie werden jedoch mit steigender Temperatur in immer stärkere Schwingungen versetzt. Schließlich lösen sich nacheinander einige Teilchen aus dem Gitter und bewegen sich frei – das Metall beginnt flüssig zu werden.

Übungsaufgaben 2/7; 2/8; 2/9

Zum Übergang vom festen in den flüssigen Zustand benötigen die Teilchen sehr viel Wärme. Die Temperatur im Werkstoff steigt deswegen nicht weiter, obwohl ständig Wärme zugeführt wird. Erst wenn das ganze Metall geschmolzen ist, steigt die Temperatur wieder stetig an.

Beispiele für das Schmelzen eines reinen Metalles

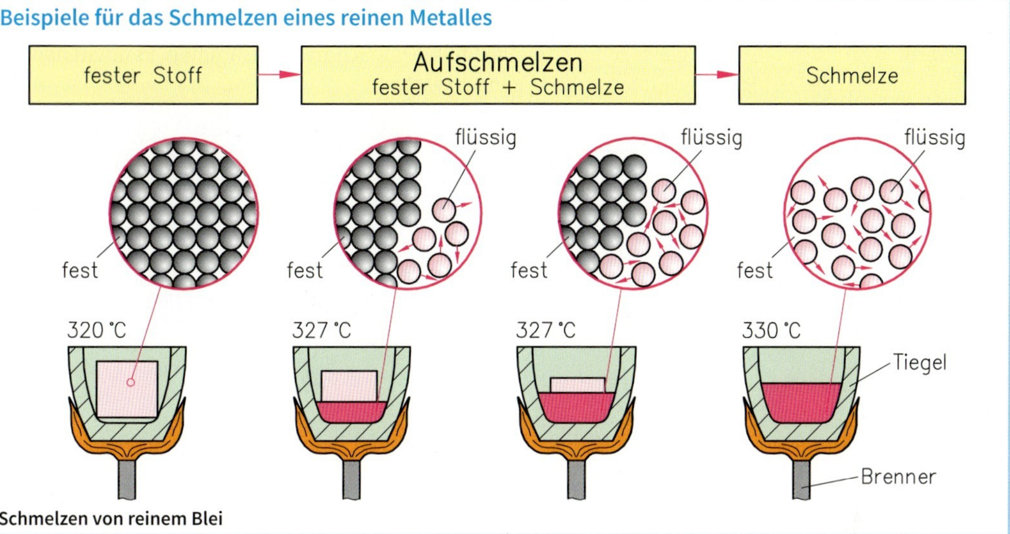

Schmelzen von reinem Blei

Misst man beim Aufschmelzen eines Metalles in bestimmten Zeitabständen die Temperaturen und trägt zugehörige Temperaturen und Zeiten in ein Diagramm ein, so erhält man durch Verbinden der einzelnen Punkte einen Linienzug. Dieser Linienzug gibt das Verhalten des Metalles genau wieder. Zunächst verläuft der Linienzug steil nach oben. Während eines bestimmten Zeitraumes erfolgt kein weiterer Temperaturanstieg. Es tritt also keine Temperaturveränderung ein. Diese Temperatur bezeichnet man als **Schmelztemperatur** oder Schmelzpunkt. Man spricht auch von einem **Haltepunkt**, weil die Temperatur „anhält“. Anschließend verläuft die Kurve entsprechend der steigenden Temperatur wieder steil nach oben.

Beispiele für die Schmelzpunktbestimmung eines reinen Metalles

Schmelzpunktbestimmung bei Blei

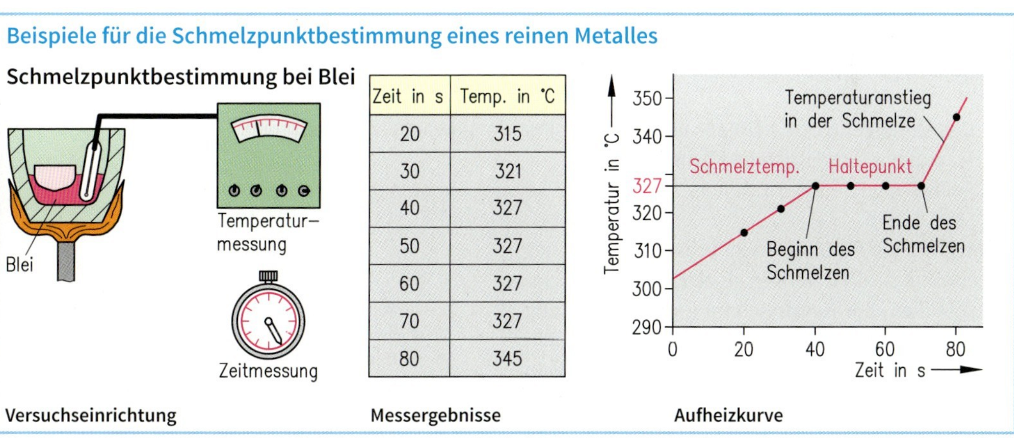

Zeit in s	Temp. in °C
20	315
30	321
40	327
50	327
60	327
70	327
80	345

Versuchseinrichtung **Messergebnisse** **Aufheizkurve**

Misst man den zeitlichen Verlauf der Temperatur bei der Abkühlung, so ergibt sich bei der Umwandlung vom flüssigen in den festen Zustand ein Haltepunkt bei der gleichen Temperatur wie der Schmelzpunkt. Schmelz- und Erstarrungspunkt sind gleich.

> **!** Reine Metalle schmelzen und erstarren während eines Haltepunktes.
> Schmelz- und Erstarrungstemperatur sind gleich. Darum können Umwandlungspunkte über den Aufheiz- oder Abkühlungsverlauf ermittelt werden.

2.2.3 Metallgefüge

Die Entstehung des kristallinen Aufbaus eines Metalls lässt sich am besten am Erstarrungsvorgang einer Metallschmelze erklären.

In einer Metallschmelze bewegen sich Metallionen regellos mit hoher Geschwindigkeit durcheinander. Kühlt die Schmelze ab, so wird die Bewegung der Metallionen langsamer. Bei Erreichen der **Erstarrungstemperatur** lagern sich die Ionen gleichzeitig an vielen Stellen der Schmelze zusammen. Es entstehen viele einzelne Kristalle, die während des Erstarrungsvorganges wachsen.

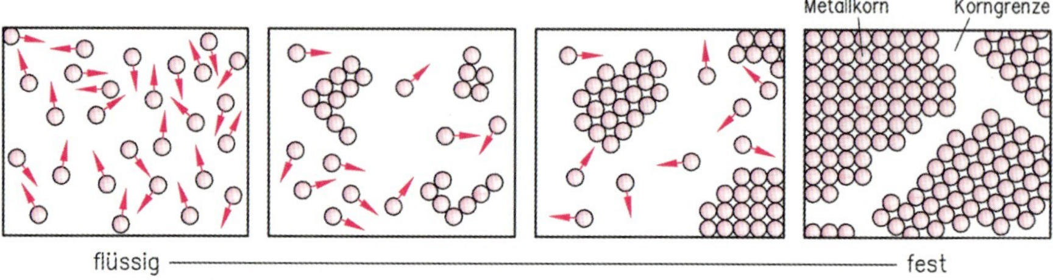

Entstehung des Metallgefüges

> ! Bei der Erstarrung einer Metallschmelze lagern sich Metallionen zu Kristallen zusammen.

Gegen Ende der Erstarrung stoßen die Kristalle aneinander. Die so entstandenen und gegeneinander gewachsenen Kristalle nennt man **Körner**. Die Grenzen zwischen den Körnern werden als **Korngrenzen** bezeichnet. Körner und Korngrenzen sind an polierten und mit Säure behandelten Metallproben unter dem Mikroskop zu erkennen. Diesen unter dem Mikroskop sichtbaren Aufbau des Metalls nennt man **Metallgefüge**.

Die Größe der Körner beeinflusst die Eigenschaften eines Metalls:

- grobkörnige Gefüge sind leichter zerspanbar,
- feinkörnige Gefüge sind zäher.

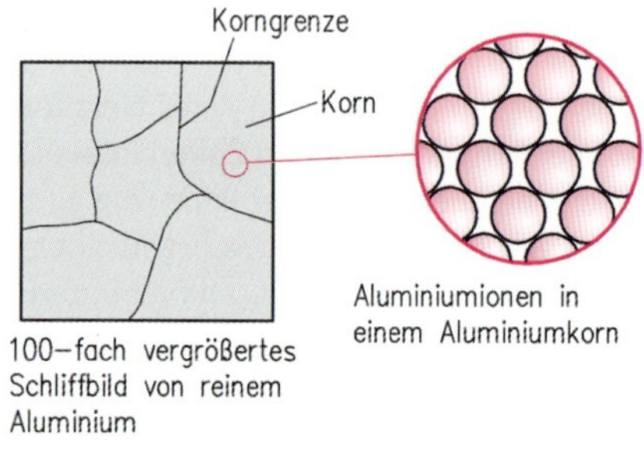

Gefüge von Aluminium

> ! Das Metallgefüge besteht aus vielen gegeneinander gewachsenen Kristallen.
> Man nennt diese Kristalle Körner.
> Feinkörnige Gefüge sind zäher, grobkörnige Gefüge sind besser zerspanbar.

Die Art, wie die Metallionen innerhalb eines Kornes angeordnet sind, ist bei den einzelnen Metallen unterschiedlich. Zur Kennzeichnung dieser Ordnung denkt man sich die Mitten der nächsten benachbarten Metallionen miteinander verbunden. Man erkennt dann ein immer wiederkehrendes, räumliches Gebilde. Dieses räumliche Gebilde bezeichnet man als **Gitter**.

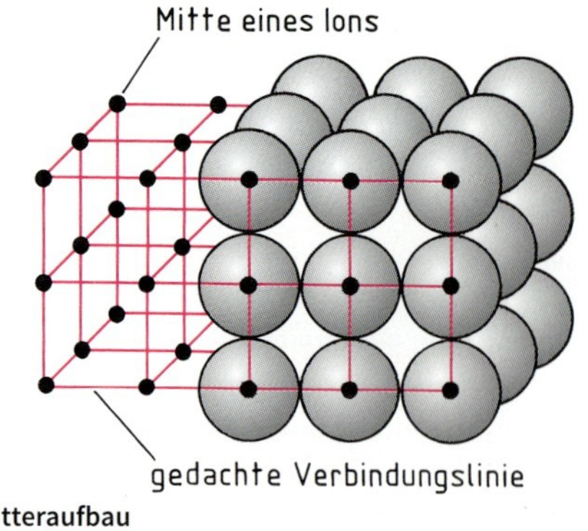

Gitteraufbau

> ! Die Anordnung der Metallionen im Metallkristall wird durch das Gitter beschrieben.

Übungsaufgaben 2/12; 2/13; 2/14

2.2.4 Gittertypen

1. Kubisch-raumzentriertes Gitter (krz-Gitter)

Beim kubisch-raumzentrierten Gitter sind acht Metallionen räumlich so angeordnet, dass die Verbindungen ihrer Mitten einen Würfel ergeben. Ein weiteres Metallion befindet sich in der Mitte – im Zentrum – des Würfels.

Metalle mit kubisch-raumzentriertem Gitteraufbau sind z. B. Chrom, Molybdän und Eisen (bei niedrigen Temperaturen).

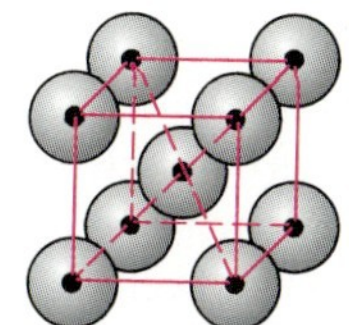
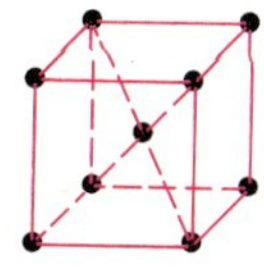

Kubisch-raumzentrierter Gitteraufbau

2. Kubisch-flächenzentriertes Gitter (kfz-Gitter)

Beim kubisch-flächenzentrierten Gitter sind ebenfalls acht Metallionen räumlich so angeordnet, dass die Verbindungen ihrer Mitten einen Würfel bilden. Weitere sechs Metallionen befinden sich in den Mitten jeder Würfelfläche.

Metalle mit kubisch-flächenzentriertem Gitteraufbau sind z. B. Aluminium, Kupfer, Blei und Eisen (bei höheren Temperaturen).

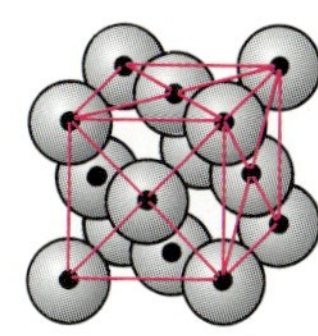
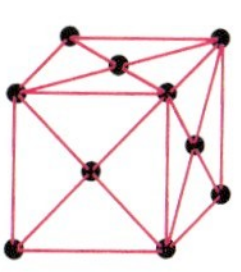

Kubisch-flächenzentrierter Gitteraufbau

3. Hexagonales Gitter (hex-Gitter)

Beim hexagonalen Gitter bilden die Verbindungslinien benachbarter Metallionen einen Körper mit sechseckiger Grundfläche und Deckfläche. In der Mitte dieser beiden Flächen befindet sich je ein weiteres Metallion. Zwischen Grund- und Deckfläche haben zusätzlich drei Metallionen Platz.

Metalle mit hexagonalem Gitteraufbau sind z. B. Magnesium, Titan und Zink.

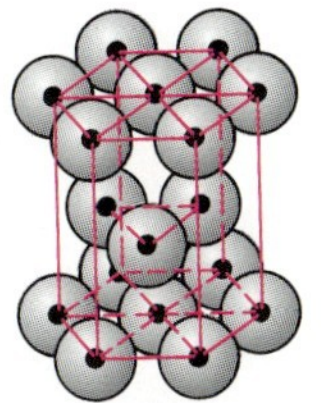
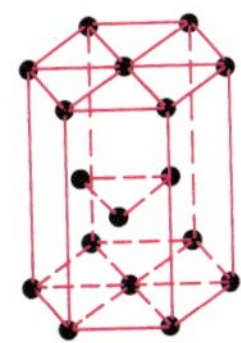

Hexagonaler Gitteraufbau

> **!** Metalle kristallisieren hauptsächlich in
> - kubisch-flächenzentrierten Gittern,
> - kubisch-raumzentrierten Gittern oder
> - hexagonalen Gittern.

4. Einfluss des Gittertyps auf Eigenschaften

Aus den unterschiedlichen Gittertyen ergeben sich jeweils andere Eigenschaften:

Metalle mit hexagonalem Gitter – wie z. B. Magnesium – lassen sich schlechter umformen.

Metalle mit kubisch-flächenzentriertem Gitter – wie z. B. Blei – lassen sich gut umformen.

Auch für die Wärmebehandlung von Werkstoffen, z. B. beim Härten von Stahl, ist der Gittertyp von Bedeutung.

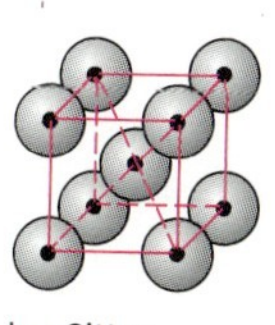
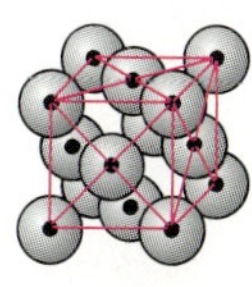

Bedeutung des Gittertyps für die Umformbarkeit

> **!** Am besten umformbar sind Metalle mit kfz-Gitter, am schlechtesten Metalle mit hex-Gitter.

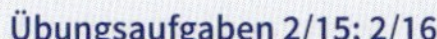

Übungsaufgaben 2/15; 2/16

2.3 Legierungen

Reine Metalle haben im Maschinenbau und in der Fertigungstechnik nur geringe Bedeutung. Die reinen Metalle erfüllen nicht die vielseitigen Anforderungen, die an die Werkstoffe von Bauteilen gestellt werden. Zur Änderung der Eigenschaften werden darum Metalle mit anderen Metallen oder Nichtmetallen im flüssigen Zustand gemischt. Ein solches Gemisch ist eine **Legierung**.
Häufig verwendete Legierungen haben einen besonderen Namen wie z. B. Stahl, Gusseisen, Messing.
Stahl ist eine Sammelbezeichnung für schmiedbare Legierungen aus Eisen und höchstens 2,06 % Kohlenstoff. Für besondere Anforderungen legiert man andere Elemente zu.
Gusseisen ist eine Sammelbezeichnung für nicht schmiedbare Legierungen aus Eisen und 3 bis 5 % Kohlenstoff.
Messing ist eine Sammelbezeichnung für Legierungen aus Kupfer (mehr als 50 %) und Zink.

Eine Legierung ist ein Gemisch von Metallen bzw. Metallen mit Nichtmetallen, das aus einer gemeinsamen Schmelze erstarrt.

An die einzelnen Bauelemente von Maschinen und Anlagen werden unterschiedliche Anforderungen gestellt, die für die Auswahl des Werkstoffes entscheidend sind.

Beispiele für verschiedene Legierungen in einem Getriebemotor (beispielhafte Darstellung)

① Gehäuse aus Gusseisen
④ Wälzlager aus Stahl
② Welle aus Stahl
⑤ Deckel aus Zinkdruckguss
③ Zahnräder aus Stahl

Bauelemente	Geforderte Eigenschaften	Werkstoff
① Gehäuse	mittlere Festigkeit, leicht herstellbar durch Gießen	**Gusseisen** mit 3,5 % Kohlenstoff und 1,5 % Silizium
② Welle	hohe Festigkeit und Zähigkeit	**Stahl** mit 0,42 % Kohlenstoff, 4 % Chrom, 0,5 % Silizium und 0,4 % Mangan
③ Zahnräder	hohe Zähigkeit mit harter Oberfläche	**Stahl** mit 0,2 % Kohlenstoff, 1,3 % Mangan und 0,5 % Silizium (oberflächengehärtet)
④ Wälzlager	harte und verschleißfeste Oberfläche	**Stahl** mit 1,05 % Kohlenstoff, 0,5 % Chrom und 0,3 % Silizium
⑤ Deckel	leicht herstellbar durch Gießen, sehr geringe Anforderungen	**Zinkdruckguss** mit 3,8 % Aluminium
Wicklung	gute elektrische Leitfähigkeit	**reines Kupfer**
Kontaktschrauben	gute elektrische Leitfähigkeit, mittlere Festigkeit	**Messing** mit 65 % Kupfer und 35 % Zink

Übungsaufgaben 2/17; 2/18

Entscheidend für die Eigenschaften legierter Werkstoffe ist das Verhalten der Legierungsbestandteile zueinander im festen Zustand.
Man unterscheidet grundsätzlich zwei Legierungstypen, Legierungen mit *Kristallgemengen* und Legierungen mit *Mischkristallen*.

2.3.1 Legierungen mit Mischkristallen

1. Aufbau und Eigenschaften

Sind die Bestandteile einer Legierung am Aufbau des Kristallgitters gemeinsam beteiligt, so spricht man von einem **Mischkristall**.
Die Legierungsbestandteile sind im Korn gemischt.
Legierungen mit Mischkristallbildung sind unter dem Mikroskop von den reinen Metallen nicht zu unterscheiden, da man im einzelnen Korn die verschiedenen Elemente nicht erkennen kann.

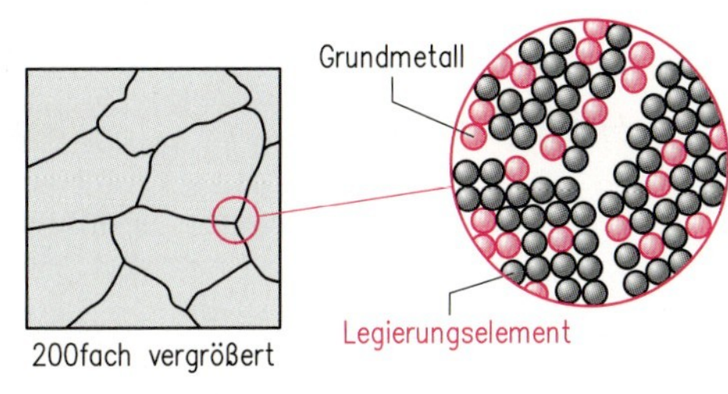

Gefüge von Mischkristallen

! Legierungen bilden Mischkristalle, indem die Bestandteile gemeinsame Gitter bilden.

Legierungsbestandteile mit kleinen Atomdurchmessern können Mischkristalle bilden, indem sie sich in Gitterlücken des Grundwerkstoffes einlagern. Die Fremdatome müssen erheblich kleiner sein als die Atome des Grundmetalls.
Diese Art der Mischkristalle bezeichnet man als **Einlagerungsmischkristalle**.

Legierungsbestandteile mit etwa gleichem Atomdurchmesser wie das Grundmetall bilden Mischkristalle, indem die Atome des Legierungsbestandteils Atome des Grundwerkstoffes ersetzen. Diese Art der Mischkristalle bezeichnet man als **Austauschmischkristalle** (Substitutionsmischkristall).
Die Bildung von Austauschmischkristallen ist nur möglich, wenn die Ausgangsstoffe gleichen Gittertyp haben.

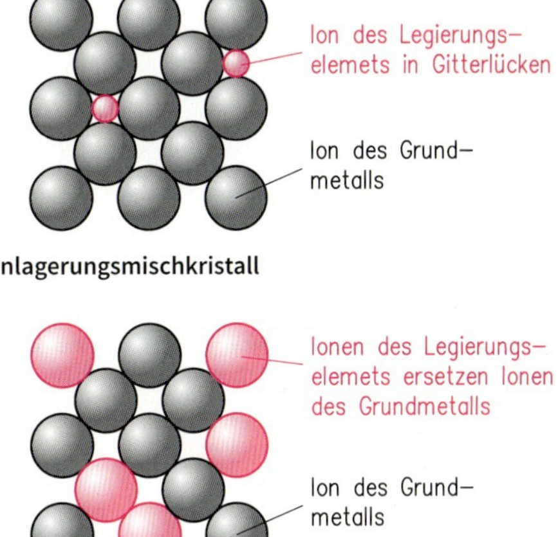

Einlagerungsmischkristall

Austauschmischkristall

! Bei den Legierungen mit Mischkristallbildung müssen zwei Arten unterschieden werden:
- Einlagerungsmischkristalle,
- Austauschmischkristalle.

Die Atome der Legierungsbestandteile in Mischkristallen behindern die Umformung des Grundwerkstoffes nur wenig. Deshalb sind Legierungen mit Mischkristallen leicht umformbar und zäh.
Wegen ihres einheitlichen Gefüges sind Mischkristalle verhältnismäßig korrosionsbeständig.

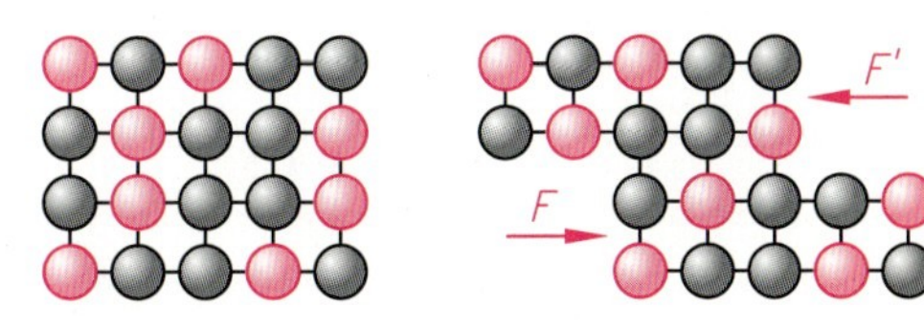

Umformung von Mischkristallen

! Legierungen mit Mischkristallen
- haben hohe Zähigkeit,
- sind leicht umformbar,
- sind meist korrosionsbeständig.

Übungsaufgaben 2/19; 2/20

2. Schmelz- und Erstarrungsverhalten von Legierungen mit Mischkristallen

Legierungen mit Mischkristallen zeigen ein anderes Aufheiz- und Abkühlungsverhalten als reine Metalle. Sie schmelzen und erstarren nicht bei einer bestimmten Temperatur, einem Haltepunkt, sondern in einem Temperaturbereich. Temperaturbereiche nennt man in der Fachsprache Temperaturintervalle, darum spricht man von einem **Schmelz**- bzw. **Erstarrungsintervall**.

Beispiel für das unterschiedliche Erstarrungsverhalten von zwei reinen Metallen und einer daraus gebildeten Legierung

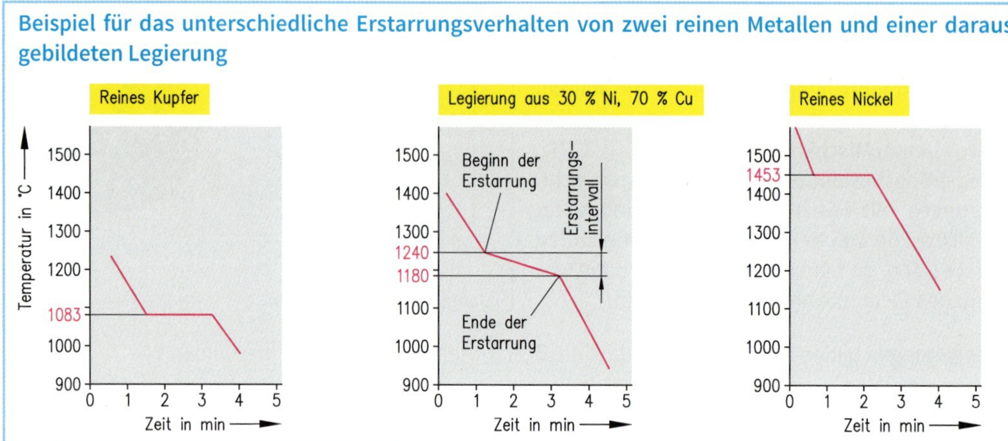

! Legierungen mit Mischkristallen schmelzen und erstarren in einem Temperaturintervall.

Die Temperaturen von Erstarrungsbeginn und Erstarrungsende sind abhängig von der Zusammensetzung der Legierung. Zur besseren Übersicht über das Schmelz- und Erstarrungsverhalten von verschiedenen Legierungen trägt man Beginn und Ende der Erstarrungsintervalle von Legierungen in ein Diagramm mit den Achsen Temperatur und Zusammensetzung ein. Verbindet man die Punkte untereinander, so erhält man ein Diagramm, das man als **Zustandsdiagramm** der Legierung bezeichnet.

Beispiel für die Entwicklung eines Zustandsdiagramms aus Abkühlungskurven

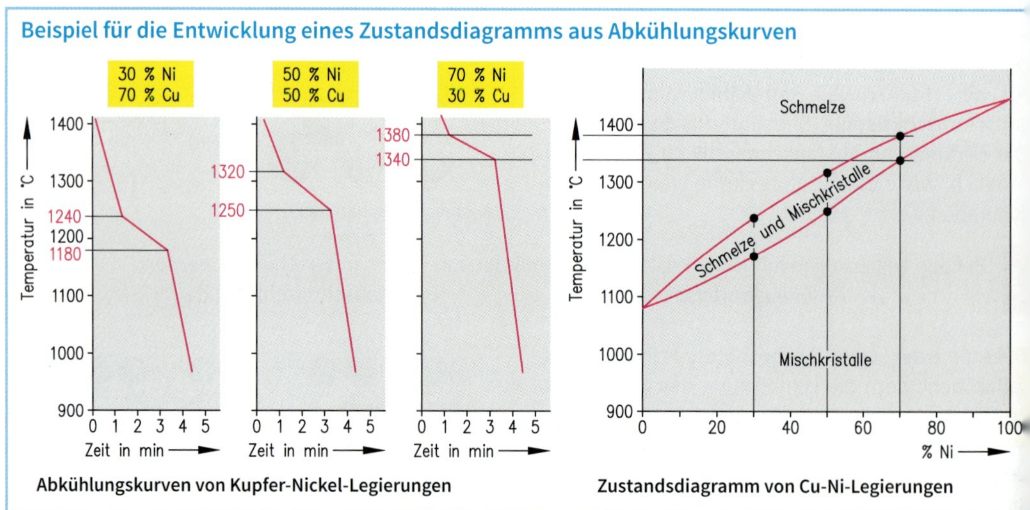

Abkühlungskurven von Kupfer-Nickel-Legierungen

Zustandsdiagramm von Cu-Ni-Legierungen

Aus diesem Zustandsdiagramm können Beginn und Ende des Schmelzens oder Erstarrens für jede beliebige Zusammensetzung abgelesen werden. Ferner kann man aus Zustandsdiagrammen die jeweils höchste Temperatur ablesen, auf die eine Legierung erhitzt werden darf, ohne dass sie zu schmelzen beginnt.

! Zustandsdiagramme von Legierungen mit Mischkristallen haben die Form einer „Zigarre“.

Übungsaufgaben 2/21; 2/22

2.3.2 Legierungen mit Kristallgemengen

1. Aufbau und Eigenschaften

Liegen in einem Werkstoff die einzelnen Legierungsbestandteile im festen Zustand getrennt nebeneinander vor, so spricht man von **Kristallgemengen**.

Die verschiedenen Kristallarten sind aufgrund ihrer Größe nur unter dem Mikroskop deutlich zu erkennen. Weil sich die Atome von Grundmetall und Legierungselement bei Kristallgemengen meist im Durchmesser und im Gittertyp, in dem sie Kristalle bilden, unterscheiden, ist das Gefüge uneinheitlich.

Beispiel für das Gefüge einer Legierung mit Kristallgemenge

Aluminiumatome haben einen Durchmesser von $3 \cdot 10^{-10}$ m, Siliziumatome haben dagegen einen Durchmesser von $2{,}3 \cdot 10^{-10}$ m.
Aluminium erstarrt im kfz-Gitter, Silizium nicht. In einer Legierung mit 12% Si ist Aluminium das Grundmetall, in das Siliziumkörner eingelagert sind.

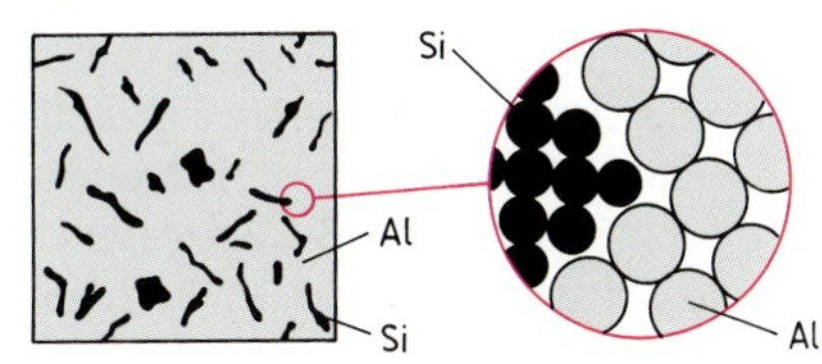

Gefüge einer schlecht umformbaren Al-Legierung mit 12% Silizium

! Legierungen bilden Kristallgemenge, indem die Legierungsbestandteile nebeneinander eigene Kristalle bilden.

Die verschiedenen Atomdurchmesser und Gittertypen der einzelnen Bestandteile eines Kristallgemenges behindert die Umformung sehr. Darum verwendet man Werkstoffe mit Kristallgemenge möglichst nicht zum Umformen.

! Legierungen mit Kristallgemengen sind schlecht umformbar.

Kristallgemenge haben bei bestimmten Zusammensetzungen besonders niedrige Schmelztemperaturen und sind besonders dünnflüssig. Deshalb lassen sich solche Legierungen gut gießen.

Beispiel für die Schmelzpunkterniedrigung in einer Legierung mit Kristallgemenge

Im Gusseisen mit Kugelgraphit liegt der Legierungsbestandteil Kohlenstoff getrennt neben Eisen in Form von Graphitkugeln vor.
Eine Legierung mit etwa 4 % Kohlenstoffgehalt schmilzt und erstarrt bei niedrigerer Temperatur als die Stoffe aus der sie besteht.
Der Schmelzpunkt beträgt für

- Eisen 1536 °C
- Graphit (Kohlenstoff) 3500 °C
- Legierung mit 4% Kohlenstoff 1123 °C

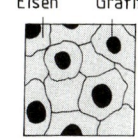

Gusseisengefüge mit Kugelgrafit mit 4% C

Eisen Grafit

200-fach vergrößert

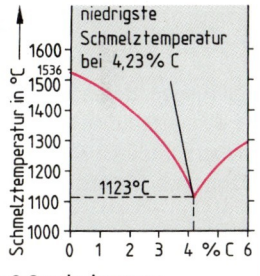

niedrigste Schmelztemperatur bei 4,23% C

Schmelztemperatur in °C: 1000, 1100, 1200, 1300, 1400, 1500, 1536, 1600; 1123°C; 0 1 2 3 4 %C 6

Schmelztemperatur von Fe-C-Gusslegierungen

! Bilden Stoffe Legierungen mit Kristallgemenge, so ist darunter stets eine Legierung mit einer bestimmten Zusammensetzung, die bei tieferer Temperatur schmilzt und erstarrt als die Ausgangsstoffe. Die Legierung ist besonders gut gießbar.

Legierungen mit Kristallgemengen ergeben bei spanabhebender Bearbeitung, z. B. Drehen, kurze Späne, weil der Span an den unterschiedlichen Gefügebestandteilen bricht. Darum verwendet man solche Legierungen zum Zerspanen auf automatischen Bearbeitungsmaschinen.

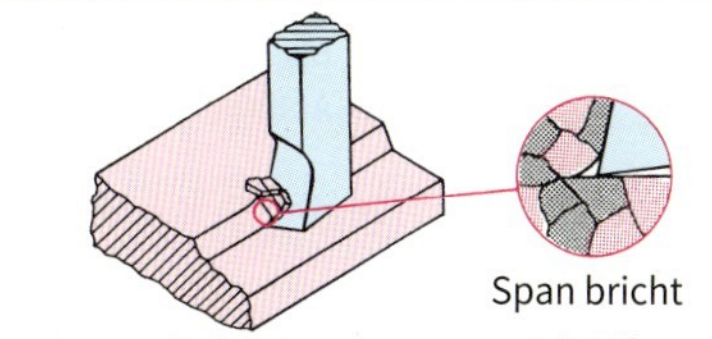

Kurze Späne beim Zerspanen von Kristallgemengen

! Legierungen mit Kristallgemengen sind sehr gut spanbar.

Übungsaufgaben 2/23; 2/24; 2/25

Viele Legierungen mit Kristallgemengen sind gute Lagerwerkstoffe. Dabei tragen die Körper des härteren Legierungsbestandteils die Welle, während die weicheren Körner die Schmierung begünstigen.

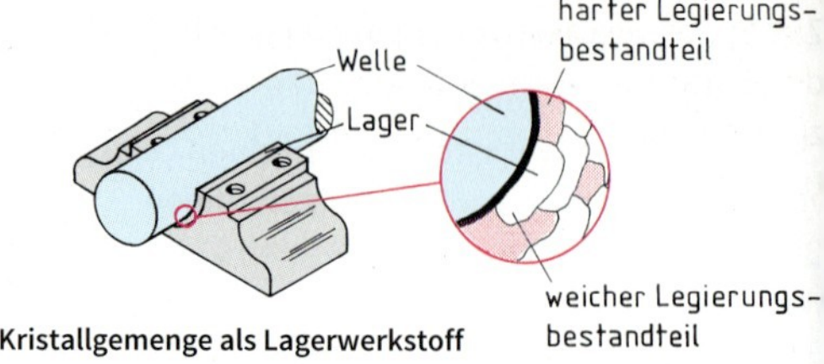

Kristallgemenge als Lagerwerkstoff

! Lagermetalle sind meist Legierungen mit Kristallgemengen.

2. Schmelz- und Erstarrungsverhalten von Legierungen mit Kristallgemengen

Unter den möglichen Legierungen zweier Stoffe, die ein Kristallgemenge bilden, befindet sich ein Gemisch, das wie ein reines Metall bei einem Haltepunkt erstarrt. Diese Legierung weist eine besonders feine Verteilung der Bestandteile auf. Das Gefüge dieser Legierung nennt man **Eutektikum**. Der Schmelzpunkt des Eutektikums liegt stets tiefer als der Schmelzpunkt des niedrigst schmelzenden Bestandteiles.

Beispiel für das Erstarrungsverhalten und das Gefüge eines Eutektikums

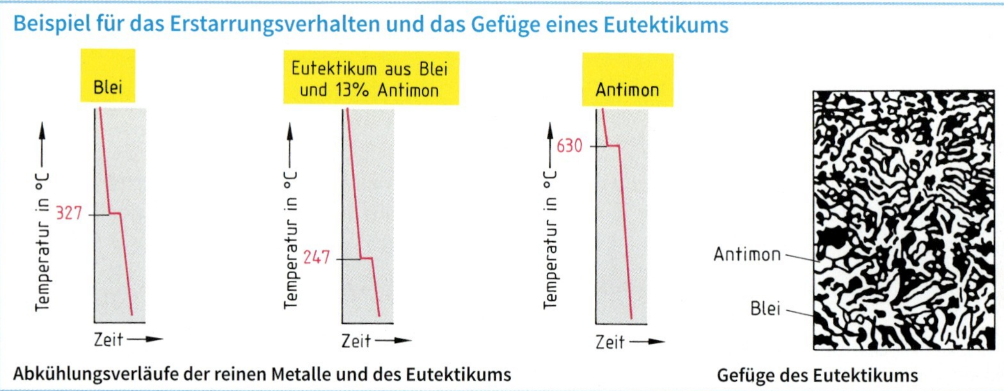

Abkühlungsverläufe der reinen Metalle und des Eutektikums

Gefüge des Eutektikums

! Kennzeichen eines Eutektikums:
- feinstes Kristallgemenge,
- Erstarrung bei einem Haltepunkt,
- niedrigste Schmelztemperatur.

Legierungen, deren Zusammensetzung nicht eutektisch ist, scheiden zunächst in einem Erstarrungsintervall den gegenüber der eutektischen Zusammensetzung überschüssigen Bestandteil in Form kleiner Kristalle aus. Dadurch ändert sich die Zusammensetzung der Schmelze soweit, bis sie eutektische Zusammensetzung hat. Die restliche Schmelze erstarrt dann als Eutektikum.

Beispiel für das Erstarrungsverhalten und das Gefüge einer nicht eutektischen Legierung

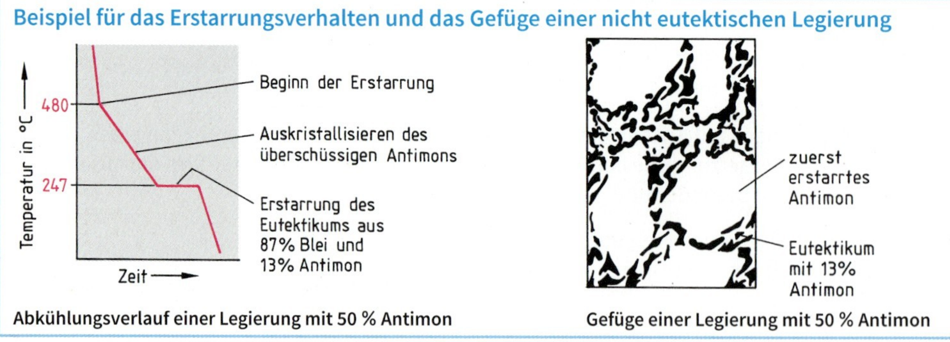

Abkühlungsverlauf einer Legierung mit 50 % Antimon

Gefüge einer Legierung mit 50 % Antimon

! In Legierungen mit Kristallgemengen, die nicht die eutektische Zusammensetzung haben, kristallisiert zunächst in einem Temperaturintervall der überflüssige Bestandteil aus. Die Restschmelze erstarrt eutektisch.

Übungsaufgaben 2/26; 2/27

Zur Erstellung des Zustandsdiagramms für ein Kristallgemenge trägt man auch den Beginn und das Ende der Erstarrung verschiedener Legierungen in ein Diagramm mit den Achsen Temperatur und Zusammensetzung ein. Hier entsteht ein V-förmiges Diagramm mit einer waagerechten Linie bei der Erstarrungstemperatur des Eutektikums.

Beispiel für das Zustandsdiagramm und die Gefüge einer Legierung mit Kristallgemenge

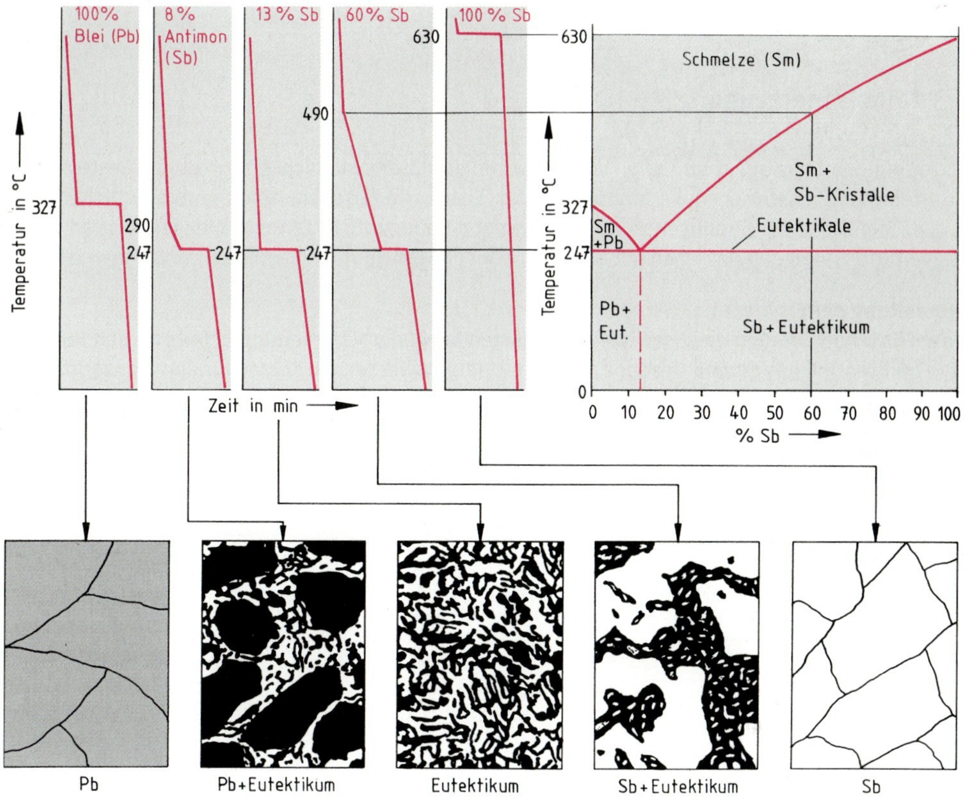

Gefügebilder von Blei, Antimon und deren Legierungen

In die verschiedenen Felder des Diagramms werden die jeweils vorliegenden Bestandteile eingetragen. Oberhalb der V-förmigen Kurve besteht eine Legierung nur aus Schmelze. Das Feld erhält die Beschriftung „Schmelze“.

Zwischen der V-förmigen Kurve und der waagerechten Linie – **der Eutektikalen** – liegen die Bereiche, in denen der gegenüber dem Eutektikum überschüssige Bestandteil kristallisiert:

- Bei Legierungen, die mehr Blei als die eutektische Legierung enthalten, liegen Bleikristalle und Schmelze als Bestandteile vor.
- Bei Legierungen, die mehr Antimon als die eutektische Legierung enthalten, liegen Antimonkristalle und Schmelze vor.
- Unterhalb der eutektischen Temperatur ist alles fest. Als Bestandteile findet man hier die vorher ausgeschiedenen Kristalle und das Eutektikum. In die Felder trägt man demnach die Bezeichnungen der Gefügebestandteile „Blei + Eutektikum“ und „Antimon + Eutektikum“ ein.

! Zustandsdiagramme von Legierungen mit Kristallgemengen haben die Form des Buchstaben V, der auf einer waagerechten Linie – der Eutektikalen – steht.

3 Eisen und Stahl

3.1 Roheisen- und Stahlerzeugung

Der Weg vom Eisenerz zum Stahl führt über drei Stufen.

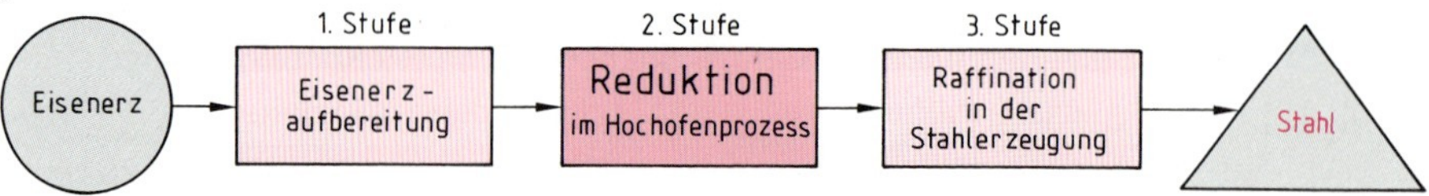

3.1.1 Roheisenerzeugung

1. Eisenerz

Eisenerze sind Gemenge aus chemischen Verbindungen des Eisens mit nicht eisenhaltigen Gesteinen (taubem Gestein). Die chemischen Verbindungen des Eisens im Eisenerz sind im Wesentlichen Eisenoxide, d. h. chemische Verbindungen zwischen Eisen und Sauerstoff. In geringen Mengen werden auch Eisenerze verhüttet, in denen das Eisen mit Schwefel oder einigen anderen Elementen verbunden ist.

2. Aufbereitung der Eisenerze

Nach der Förderung werden die Eisenerze in der ersten Stufe der Verarbeitung bereits an den Fundorten von dem größten Teil des tauben Gesteins getrennt. Dadurch werden die Kosten für den Transport und die Weiterverarbeitung erheblich gesenkt.

3. Reduktion der Eisenerze im Hochofen

Im Hochofenprozess wird dem Eisenoxid durch chemische Reaktion mit Kohlenstoff und Kohlenmonoxid der Sauerstoff entzogen. Man nennt diese Reaktion, bei der Sauerstoff entzogen wird, eine **Reduktion**.

Im Hochofen werden auch andere Oxide, z. B. Manganoxid und Siliziumoxid, reduziert. Ferner nimmt das Eisen Kohlenstoff auf. Darum entsteht im Hochofenprozess kein reines Eisen, sondern **Roheisen**, das mit Kohlenstoff, Silizium, Mangan, Phosphor und Schwefel verunreinigt ist.

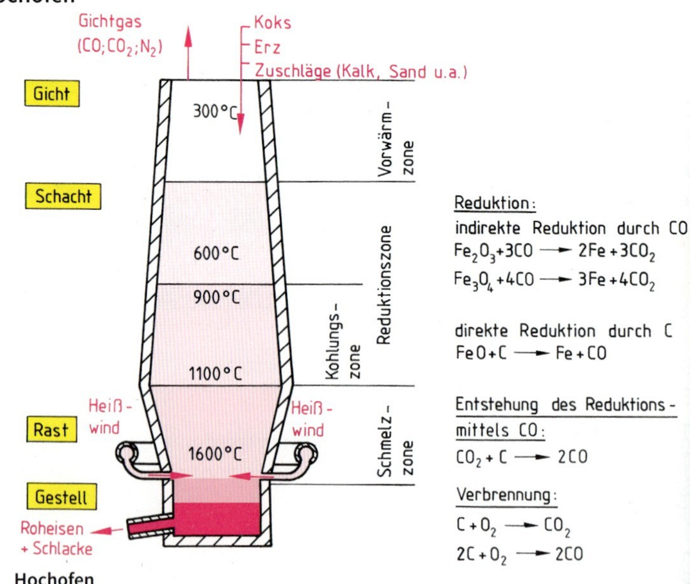

Hochofen

3.1.2 Stahlerzeugung

Roheisen ist sehr spröde. Es ist nicht schmiedbar und nicht schweißbar. Aus diesem Grunde kann Roheisen nicht direkt verwendet werden. Hauptursache für diese ungünstigen Eigenschaften sind der hohe Kohlenstoffgehalt sowie die Verunreinigungen durch Silizium, Phosphor und Schwefel. Deshalb müssen diese Bestandteile aus dem Roheisen entfernt werden. Diesen „Reinigungsprozess“ bezeichnet man als Raffination. Speziell beim Eisen spricht man auf das Endprodukt bezogen von der Stahlerzeugung.

Die Verminderung des Kohlenstoffgehaltes und der Gehalte an Eisenbegleitern geschieht durch chemische Verbindung dieser Elemente mit Sauerstoff. Bei der Oxidation wird Wärme frei. Es entsteht Stahl.

! Durch Oxidation und Abtrennung der Eisenbegleiter wird Roheisen zu Stahl.

Übungsaufgaben 3/1 bis 3/5

1. Sauerstoffaufblasverfahren

Das bekannteste Sauerstoffaufblasverfahren ist das **LD-Verfahren**. Es wurde von den Vereinigten Österreichischen Stahlwerken in **L**inz-**D**onawitz entwickelt.

Beim LD-Verfahren wird die Roheisenschmelze in einen schwenkbaren Tiegel mit einem Fassungsvermögen von bis zu 400 t gegeben.

Von oben wird in diesen Tiegel ein wassergekühltes Rohr (Lanze) eingeführt. Durch das Rohr wird reiner Sauerstoff auf die Schmelze aufgeblasen. Dabei oxidieren die Eisenbegleiter, weil sie ein stärkeres Verbindungsbestreben zu Sauerstoff haben als Eisen. Die gasförmigen Oxide gehen über Filter in die Atmosphäre; die übrigen Oxide bilden mit der Kalkzugabe eine Schlacke auf der Schmelze. Bei der Oxidation und Verschlackung der Eisenbegleiter wird eine erhebliche Wärmemenge frei. Dadurch steigt die Temperatur im Tiegel von etwa 1250 °C auf mehr als 1600 °C. Diese Temperaturerhöhung ist unbedingt erforderlich, da die kohlenstoffarme Stahlschmelze einen Schmelzpunkt von ca. 1500 °C hat, im Gegensatz zu Roheisen, das etwa bei 1150 °C schmilzt.

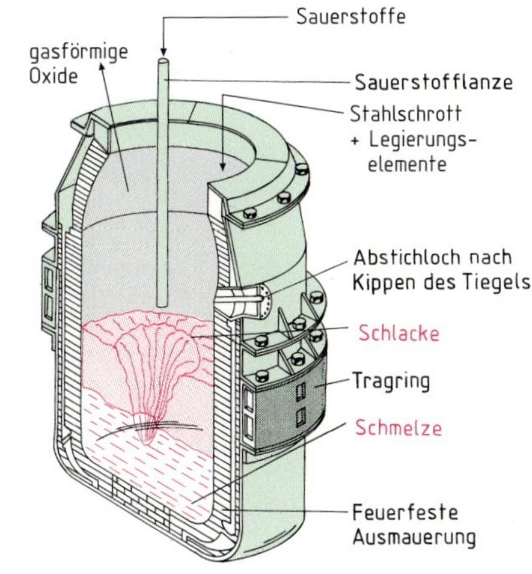

Tiegel für Sauerstoffaufblasverfahren

Die Eisenbegleiter reagieren mit dem aufgeblasenen Sauerstoff entsprechend folgenden Reaktionsgleichungen:

$$Si + O_2 \rightarrow SiO2 + \text{Wärme} \qquad C + O_2 \rightarrow CO_2 + \text{Wärme}$$
$$2\,Mn + O_2 \rightarrow 2\,MnO + \text{Wärme} \qquad 4\,P + 5\,O_2 \rightarrow 2\,P_2O_5 + \text{Wärme}$$

Die bei der Oxidation frei werdende Wärmemenge ist größer als erforderlich und würde zur Überhitzung der Schmelze führen. Deshalb gibt man zur Kühlung einen erheblichen Anteil an Stahlschrott in die Schmelze. Je nach gewünschter Zusammensetzung des Stahles werden am Ende des Blasvorganges oder beim Abfüllen in die Gießpfanne Legierungselemente zugesetzt.

! Im Sauerstoffblasverfahren wird aus flüssigem Roheisen durch Oxidation der Eisenbegleiter mit aufgeblasenem Sauerstoff Stahl erzeugt.

2. Elektro-Verfahren

Beim Elektrostahlverfahren wird Stahl veredelt. Der Elektroofen ist ein runder, schwenkbarer Ofen, der mit einem Deckel abgeschlossen wird. Der Ofen wird mit flüssigem oder festem Stahl und ausgesuchtem Stahlschrott beschickt. Der eingefüllte Stahl wird durch elektrische Lichtbögen aufgeschmolzen. Diese Lichtbögen brennen zwischen Kohleelektroden und dem Schmelzgut und erreichen Temperaturen bis zu 3500 °C. Durch diese hohen Temperaturen und den elektrischen Strom als sauberen Energieträger lassen sich Stähle hoher Reinheit herstellen. Zur Verbesserung der Eigenschaften werden Elektrostähle meist legiert. Im Elektroofen ist das Legieren auch mit hoch schmelzenden Legierungselementen wie Chrom, Wolfram, Molybdän und anderen möglich. Man erzeugt im Elektroofen Edelstahl.

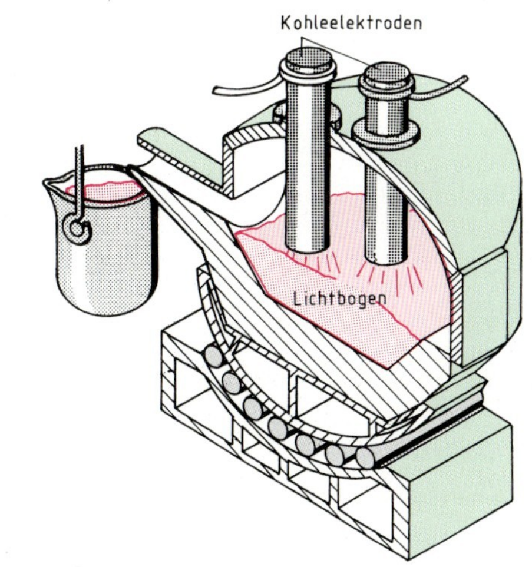

Lichtbogenofen für das Elektrostahlverfahren

! Im Elektrostahlverfahren wird Edelstahl durch Umschmelzen, Raffinieren und Legieren von Stahl und Stahlschrott erzeugt.

Übungsaufgaben 3/6 bis 3/9

3.1.3 Übersicht über die Wirkungen von Begleit- und Legierungselementen

☐ Bereich des unlegierten Stahls ☐ Bereich des legierten Stahls

	Name Symbol	Anteil in % als Begleitelement in Stahl	in Gusseisen	Veränderung der Eigenschaften bei steigendem Anteil erhöht	vermindert	Anwendung als Legierungselement
Begleitelemente	Kohlenstoff C	0,02 bis 2,06	2,5 bis 5,0	Festigkeit (stark) Härte Härtbarkeit	Dehnbarkeit Schweißbarkeit Schmiedbarkeit Zähigkeit Schmelzpunkt	
	Silizium Si	0,03 bis 0,6	1,5 bis 4,0	Festigkeit Elastizität Härtetiefe Korrosionsbeständigkeit Graphitbildung	Umformbarkeit Schweißbarkeit	1,0 bis 3,0 % Federstähle 2,0 bis 4,0 % Elektrobleche 11,0 bis 13,0 % säurebeständiger Guss
	Mangan Mn	0,4 bis 0,8	0,4 bis 1,2	Festigkeit Zähigkeit Härtetiefe	Zerspanbarkeit Graphitbildung	0,6 bis 1,5 % Mangan-Vergütungsstähle 1,0 bis 2,0 % Federstähle 10,0 % Manganhartstahl 12,0 bis 18,0 % säure- u. hitzebeständiger Stahl
	Phosphor P	0,03 bis 0,08	0,2 bis 1,0	Festigkeit	Dehnbarkeit Kaltumformbarkeit Zähigkeit Schweißbarkeit	1,0 bis 2,0 % dünnwandiger Guss
	Schwefel S	0,03 bis 0,06	0,08 bis 0,12	Zerspanbarkeit	Umformbarkeit bei hohen Temperaturen (Rot- und Heißbruch)	0,2 bis 0,25 % Automatenstahl
Legierungselemente	Chrom Cr			Zugfestigkeit Härte Warmfestigkeit Härtetiefe Korrosionsbeständigkeit Schneidhaltigkeit Kornfeinheit	Dehnung (gering)	0,3 bis 1,2 % Vergütungs- und Einsatzstähle (z. B. f. Wälzlager) 5,0 bis 9,0 % warmfeste Stähle 8,0 bis 25,0 % rost- und säurebeständige Chrom- und Chrom-Nickel-Stähle
	Nickel Ni			Zugfestigkeit Härte Korrosionsbeständigkeit Härtetiefe	Wärmedehnung	7,0 bis 18,0 % korrosionsbeständige Chrom-Nickel-Stähle bis 5,0 % Vergütungsstähle 1,0 bis 2,0 % Einsatzstähle 3,0 bis 5,0 % verschleißfestes Gusseisen
	Vanadium V			Zugfestigkeit Warmfestigkeit Härte Zähigkeit		0,6 bis 2,0 % warmfeste Stähle bis 5,0 % Schnellarbeitsstähle (mit Wolfram und Molybdän)
	Wolfram W			Feinkörnigkeit Warmfestigkeit Härtetiefe Korrosionsbeständigkeit	Dehnung (gering)	0,4 bis 2,0 % warmfeste Stähle 2,5 bis 4,0 % Schnellarbeitsstähle (mit Vanadium und Molybdän)
	Molybdän Mo			Zugfestigkeit Härte Warmfestigkeit	Schmiedbarkeit Dehnung	0,4 bis 0,9 % warmfeste Stähle 3,0 bis 4,0 % Schnellarbeitsstähle (mit Wolfram und Vanadium)

3.2 Gefüge und Eigenschaften von Stahl

3.2.1 Kohlenstoffgehalt von Stahl

Stähle sind **Eisen-Kohlenstoff-Legierungen**. Entstehung und Veränderung des Gefüges von Eisen-Kohlenstoff-Legierungen werden durch das Zustandsdiagramm Eisen-Kohlenstoff veranschaulicht. Stähle haben höchstens 2,06% Kohlenstoff. Deshalb bezeichnet man den Teil des Diagramms von 0,05 bis 2,06 % Kohlenstoff als die Stahlseite des Zustandsdiagramms der Eisen-Kohlenstoff-Legierungen.

! Das Eisen-Kohlenstoff-Diagramm beschreibt die Entstehung und Veränderung des Gefüges von Eisen-Kohlenstoff-Legierungen. Die Stahlseite reicht von 0,05 bis 2,06% Kohlenstoff.

3.2.2 Gefügebestandteile

Die vielseitige Verwendung von Stahl erfordert unterschiedliche Werkstoffeigenschaften. Durch die Wahl des Kohlenstoffgehaltes und eine entsprechende Behandlung können Stähle erzeugt werden, die den unterschiedlichsten Anforderungen genügen. Die Eigenschaften der Stähle und die Möglichkeiten, sie zu ändern, lassen sich am inneren Aufbau erklären.

1. Austenit

Stahlschmelzen jeder Zusammensetzung erstarren zunächst als Mischkristalle. Die Kohlenstoffatome sind in Gitterlücken zwischen den Eisenatomen eingelagert. Die Eisenatome bilden bei der Erstarrung ein **kubisch-flächenzentriertes Gitter**. Man bezeichnet das Gefüge des Mischkristalls aus kubisch-flächenzentriertem Eisen- und eingelagerten Kohlenstoffatomen als **Austenit**.

Austenit ist zäh und gut umformbar.

Das Eisen-Kohlenstoff-Diagramm zeigt wegen der Mischkristallbildung im oberen Bereich den für Mischkristalle typischen Verlauf.

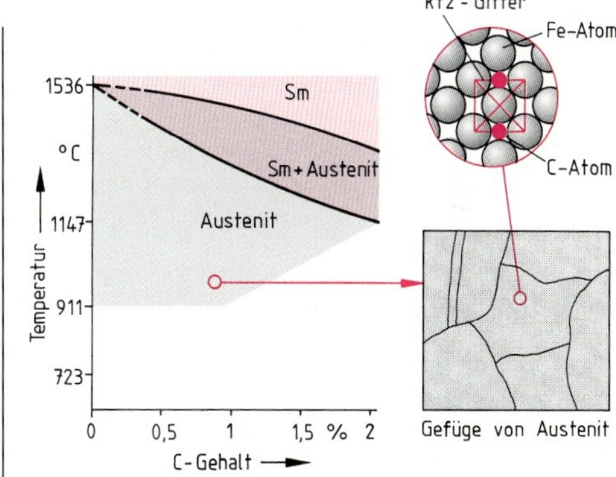

Austenit im Eisen-Kohlenstoff-Diagramm

! **Austenit** ist das Gefüge von Mischkristallen aus kubisch-flächenzentriertem Eisen mit Kohlenstoffatomen in den Gitterlücken. Austenit ist zäh und gut umformbar.

2. Ferrit

Kühlt man reines Eisen langsam ab, lagern sich die Eisenatome um. Aus dem kubisch-flächenzentrierten Gitter des Eisens entsteht ein kubisch-raumzentriertes Gitter. Dieses Eisen mit dem kubisch-raumzentrierten Gitter bezeichnet man als **Ferrit**. In den Gitterlücken des Ferrits haben die Kohlenstoffatome keinen Platz. Ferrit ist weich und leicht umformbar.

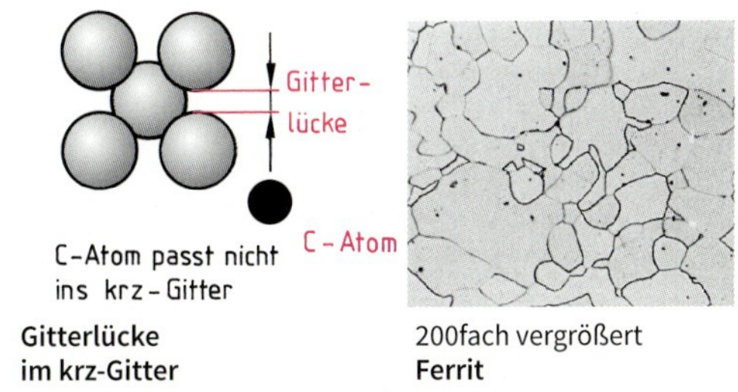

Gitterlücke im krz-Gitter

200fach vergrößert
Ferrit

! **Ferrit** ist das Gefüge von nahezu reinem Eisen mit kubisch-raumzentriertem Gitteraufbau. Ferrit ist weich und leicht umformbar.

3. Zementit

Kohlenstoffatome können mit Eisenatomen die Verbindung Fe_3C bilden. Diese Verbindung Fe_3C nennt man Zementit. Zementit besitzt hohe Festigkeit, ist aber hart und spröde.

! **Zementit** ist das Gefüge, das aus einer chemischen Verbindung des Eisens und des Kohlenstoffs mit der Formel Fe_3C besteht. Zementit ist hart und spröde.

Übungsaufgaben 3/11; 3/12

4. Perlit

Kühlt man Austenit mit 0,8 % Kohlenstoff ab, so bleibt bei 723 °C die Temperatur für eine gewisse Zeit konstant, weil ein neues Gefüge entsteht. Das Gitter des Eisens wandelt sich vom kubisch-flächenzentrierten in ein kubisch-raumzentriertes Gitter um. Weil die Gitterlücken im kubisch-raumzentrierten Gitter sehr klein sind, kann dieses Gitter keinen Kohlenstoff aufnehmen.

Die Kohlenstoffatome wandern darum geringe Strecken und bilden mit einem Teil des Eisens die Verbindung Fe_3C. Es entsteht so ein lamellenartiges Gefüge aus kubisch-raumzentriertem Eisen und Fe_3C. Man bezeichnet das Gefüge als **Perlit**.

Perlit entspricht einem eutektischen Gefüge. Weil es nicht aus der Schmelze, sondern aus Mischkristallen entsteht, spricht man von einem eutektoidischen Gefüge.

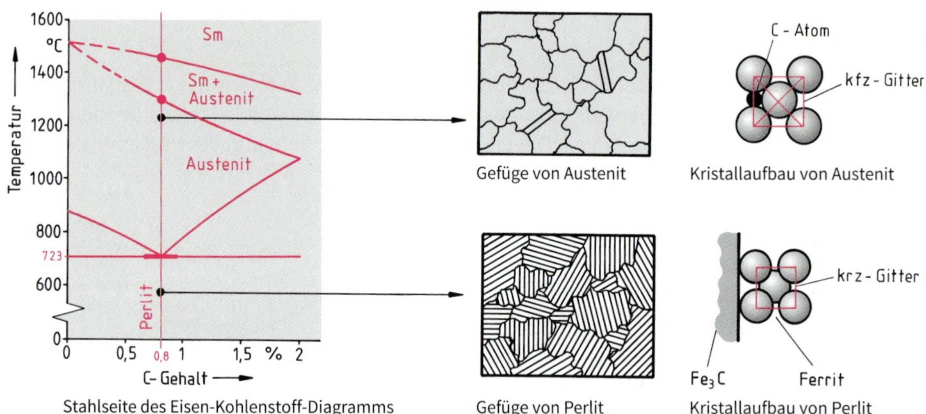

Stahlseite des Eisen-Kohlenstoff-Diagramms — Gefüge von Austenit — Kristallaufbau von Austenit — Gefüge von Perlit — Kristallaufbau von Perlit

Entstehung von Perlit

> **!** Austenit mit 0,8 % Kohlenstoff wandelt sich bei 723 °C in Perlit um.
> Perlit besteht aus lamellenartig gelagertem Ferrit und Zementit.

5. Gefüge untereutektoidischer Stähle

Legierungen mit weniger als 0,8 % Kohlenstoff haben gegenüber dem Perlit zu viel Eisen. Das überschüssige Eisen wandelt sich bei der Abkühlung in einem Temperaturbereich in Ferrit um. Der Kohlenstoff aus diesem Eisen wandert von den Stellen, an denen der Ferrit entstanden ist, zu den noch vorhandenen Mischkristallen. Sobald diese Mischkristalle 0,8 % Kohlenstoff erreicht haben, entsteht aus ihnen Perlit. Stähle mit weniger als 0,8 % Kohlenstoff bestehen darum aus Ferritkörnern und Perlit.

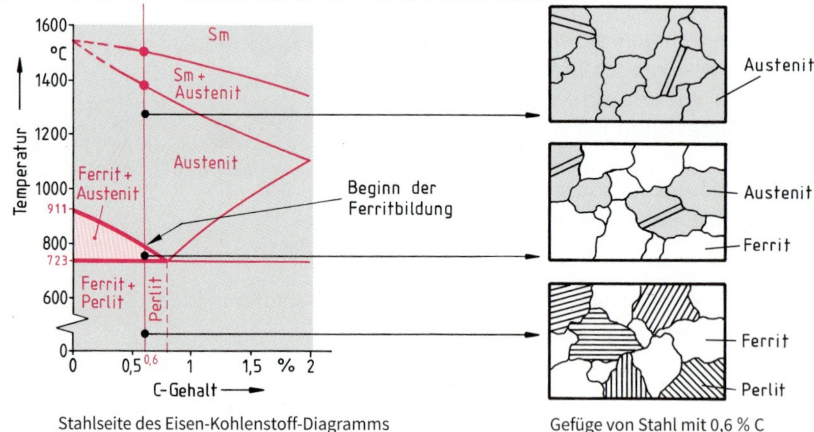

Stahlseite des Eisen-Kohlenstoff-Diagramms — Gefüge von Stahl mit 0,6 % C

Entstehung des Gefüges untereutektoidischer Stähle

> **!** Gefüge von unlegierten Stählen mit Kohlenstoffgehalten unter 0,8 % bestehen bei Raumtemperatur aus Ferrit und Perlitkörnern. Je höher der Anteil an Kohlenstoff, desto mehr Perlitkörner.

Übungsaufgaben 3/13; 3/14

6. Gefüge übereutektoidischer Stähle

Legierungen mit mehr als 0,8 % Kohlenstoff haben gegenüber dem Perlit zu viel Kohlenstoff. Darum bildet sich bei diesen Legierungen während der Abkühlung in einem Temperaturbereich zunächst Zementit. Die Mischkristalle werden dadurch ärmer an Kohlenstoff. Sobald die noch vorhandenen Mischkristalle 0,8 % Kohlenstoffgehalt erreicht haben, entsteht aus ihnen Perlit. Stähle mit mehr als 0,8 % Kohlenstoff bestehen darum aus Zementit, der schalenförmig an den Korngrenzen vorliegt, und Perlit.

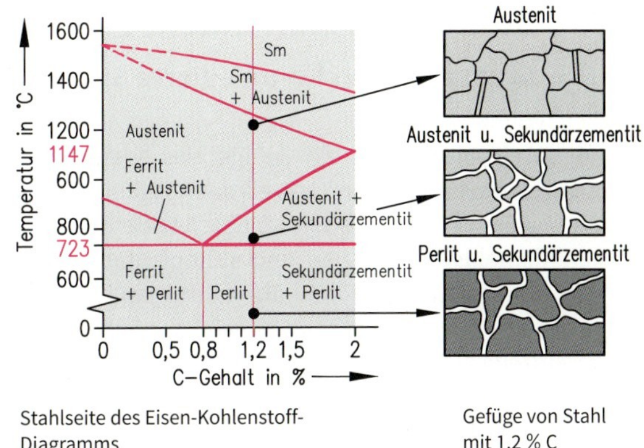

Stahlseite des Eisen-Kohlenstoff-Diagramms

Gefüge von Stahl mit 1,2 % C

Entstehung des Gefüges übereutektoidischer Stähle

> **!** Gefüge von unlegierten Stählen mit Kohlenstoffgehalten über 0,8 % bestehen bei Raumtemperatur aus Perlitkörnern und Sekundärzementit an den Korngrenzen.

7. Zusammenfassung wichtiger Begriffe zu Gefügen von Stählen

Gefüge	Erklärung
Austenit	Mischkristalle mit einem kubisch-flächenzentrierten Gitter. Bei 1147 °C löst es bis zu 2,06 % Kohlenstoff.
Ferrit	Eisen mit einem kubisch-raumzentrierten Gitter. Ferrit löst nahezu keinen Kohlenstoff.
Zementit	Eine chemische Verbindung zwischen Eisen und Kohlenstoff – Fe_3C. Fe_3C liegt bei Stählen mit mehr als 0,8 % Kohlenstoff als Schalenzementit vor.
Perlit	Eutektoidisches Gefüge aus Ferrit und Zementit entsteht bei 723 °C.

3.2.3 Eigenschaften der Stähle in Abhängigkeit vom Gefüge

Aus der Kombination Ferrit/Zementit ergeben sich unterschiedliche Eigenschaften der Stähle.
Je höher der Gehalt an Zementit wird, desto härter und fester wird der Stahl. Seine Umformbarkeit und Zähigkeit sinken. Das Auftreten von Korngrenzenzementit (Sekundärzementit) führt zu besonders starkem Abfall der Zähigkeit. Die Härtbarkeit der Stähle steigt mit steigendem Kohlenstoffgehalt.

C-Gehalt	**0 %**	**0,4 %**	**0,6 %**	**0,8 %**	**1,2 %**
Perlitanteil	0 %	50 %	75 %	100 %	93 % (7 % Sek.-Zem.)
Gefüge	Ferrit	Ferrit Perlit	Ferrit Perlit	Perlit	Perlit Sekundärzementit
Zugfestigkeit	ca. 200 N/mm²	ca. 700 N/mm²	ca. 850 N/mm²	ca. 950 N/mm²	ca. 1000 N/mm²
Härte	ca. 150 HB	ca. 180 HB	ca. 220 HB	ca. 240 HB	ca. 260 HB
Härtbarkeit	bis 0,35 % nicht härtbar	**steigende Härtbarkeit** →			

> **!** Mit steigendem Gehalt eines Stahles an Zementit wachsen Härte, Festigkeit, Verschleißfestigkeit und Härtbarkeit. Die Zähigkeit und der Widerstand gegen Rissbildung sinken.

3.3 Stoffeigenschaftändern von Stählen

3.3.1 Glühverfahren für unlegierte Stähle

1. Weichglühen

Ziel des Weichglühens ist ein Gefüge, das besser spanend bearbeitet werden kann als das Ausgangsgefüge. Im Perlit muss die Werkzeugschneide die Zementitlamellen zerbrechen und stumpft dabei schnell ab. Durch Weichglühen überführt man die Zementitlamellen des Perlits in Kugeln, die leicht vom Werkzeug aus der Ferritmasse herausgehoben oder zur Seite gedrängt werden können. Dadurch wird die Schneide weniger beansprucht.

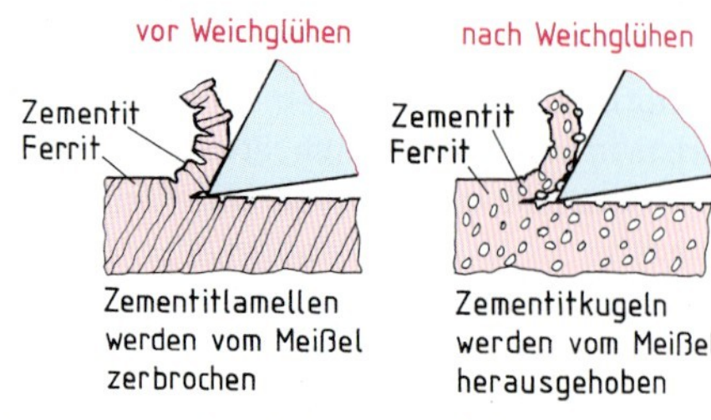

Spanen vor und nach dem Weichglühen

Bei untereutektoidischen Stählen glüht man zur Erzeugung kugelförmigen Zementits den Stahl viele Stunden lang unterhalb von 723 °C. Bei übereutektoidischen Stählen formt man zunächst durch eine mehrstündige Glühung bei etwa 750 bis 780 °C den schalenförmigen Zementit an den Korngrenzen zu Kugeln um. Danach glüht man unter 723 °C weiter, um Perlit mit kugelförmigen Zementit zu erhalten.

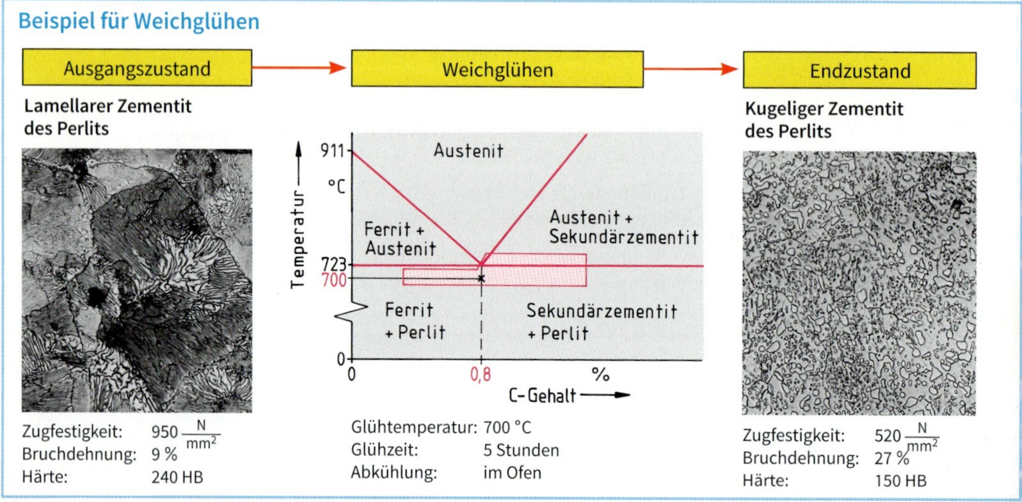

> **!** Weichglühen dient zur Verbesserung der Zerspanbarkeit und Umformbarkeit.
> Beim Weichglühen werden lamellarer und schalenförmiger Zementit in Kugelform überführt.

2. Spannungsarmglühen

Enthält ein Werkstück aus Stahl starke Eigenspannungen durch ungleichmäßiges Abkühlen beim Gießen, Schweißen, Schmieden oder anderen Verfahren, so können diese Spannungen durch Erwärmen abgebaut werden. Damit keine Gefügeänderungen und keine Verformung durch das Eigengewicht des Werkstückes eintreten, erfolgt das Spannungsarmglühen bei Temperaturen zwischen 500° und 600 °Celsius. Beim Spannungsarmglühen muss das Werkstück über den ganzen Querschnitt die gleiche Temperatur aufweisen und anschließend sehr langsam abgekühlt werden. Deshalb zieht sich dieses Glühverfahren über mehrere Stunden hin.

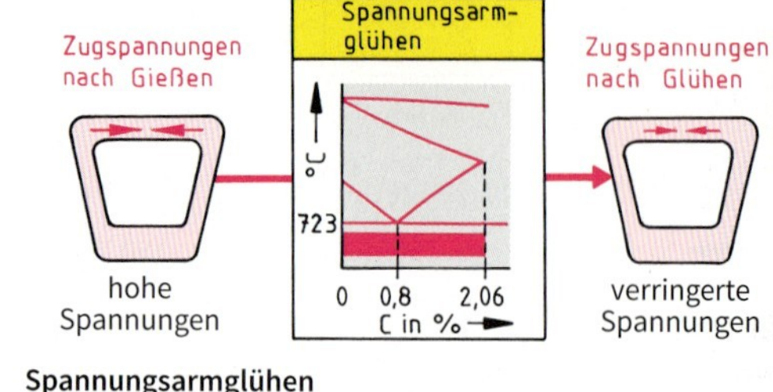

Spannungsarmglühen

> **!** Spannungsarmglühen geschieht bei Temperaturen zwischen 500 und 600 °C über mehrere Stunden. Spannungsarmglühen führt man durch, um Spannungen im Werkstück zu verringern.

Übungsaufgaben 3/16; 3/17; 3/18

3. Normalglühen

Häufig muss das Gefüge gehärteter oder geschweißter Bauteile wieder in den Zustand, den es nach dem Fe-Fe_3C-Diagramm haben müsste, zurückgeführt werden. Dies geschieht durch Normalglühen. Gleichzeitig wird beim Normalglühen ein feinkörniges und damit zähes Gefüge erzeugt.
Normalglühen geschieht dadurch, dass man die Stähle bis in den Austenitbereich erhitzt. Es entsteht ein neues Gefüge. Man glüht etwa 15 Minuten je 10 mm Wanddicke. Danach kühlt man an ruhender Luft ab. Bei übereutektiodischen Stählen glüht man den Stahl meist vorher weich, so dass der Sekundärzementit in Kugelform überführt wird. Danach führt man die Normalglühung bei etwa 750 °C durch.

Beispiel für das Normalglühen einer 20 mm dicken Platte aus C35

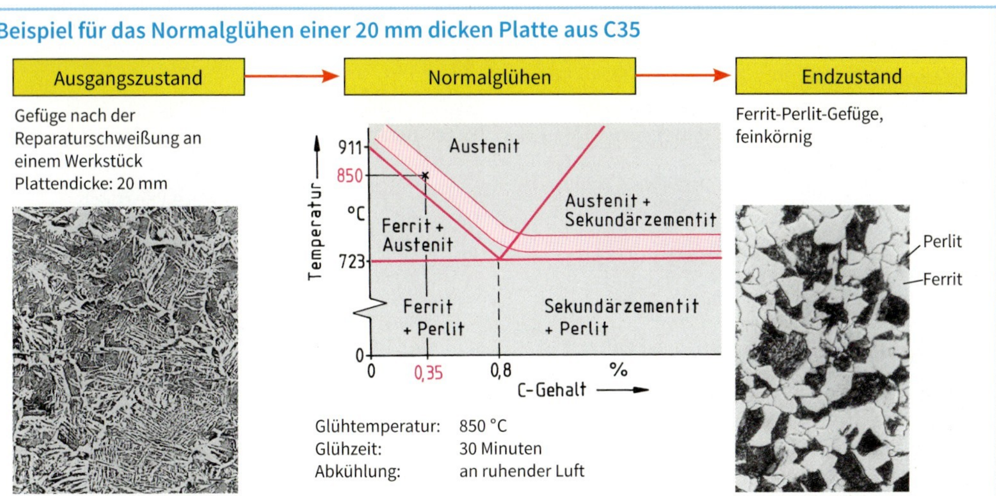

> **!** Beim Normalglühen erhitzt man den Stahl kurzzeitig in den Austenitbereich und kühlt anschließend an der Luft ab. Normalglühen geschieht zur Erzeugung eines feinkörnigen und gleichmäßigen Gefüges.

4. Rekristallisationsglühen

Beim Kaltumformen tritt durch die Streckung der Gefügekörner eine Kaltverfestigung ein, die den Werkstoff in seinen Eigenschaften verändert. Festigkeit und Härte nehmen zu, die Dehnbarkeit nimmt ab. Um Stähle nach einer Kaltumformung wieder umformbar zu machen, glüht man sie bei einer Temperatur um 700 °C. Dabei tritt eine Kornneubildung – eine Rekristallisation – ein. Das Gefüge lässt sich nun wieder umformen.

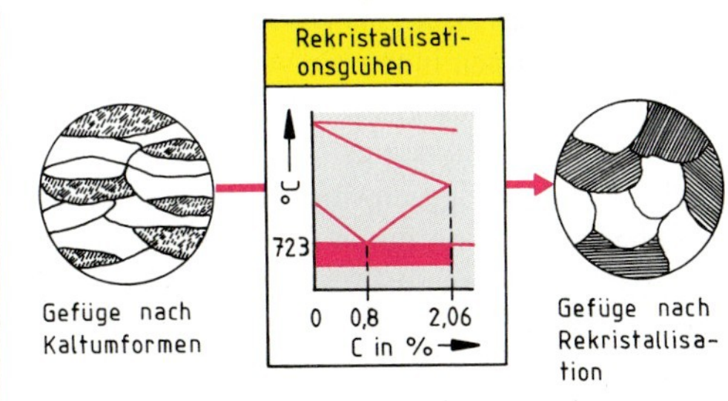

Rekristallisationsglühen

> **!** Rekristallisationsglühen geschieht zum Zweck der Kornneubildung nach Kaltumformen. Beim Rekristallisationsglühen wird ein kalt verfestigtes Gefüge durch Kornneubildung wieder umformbar.

3.3.2 Härten

Härte und Verschleißfestigkeit werden durch Abschreckhärten erhöht. Zum Abschreckhärten wird das Werkstück zunächst bis in den Austenitbereich erhitzt. Dabei geht aller Kohlenstoff in Lösung, d. h., er befindet sich dann in Gitterlücken des kubisch-flächenzentrierten Gitters.
Übereutektoidische Stähle werden vor dem Härten weich geglüht, damit der Korngrenzenzementit in Kugelform überführt wird, und dann von einer Temperatur kurz über 723 °C gehärtet.

Beim Abschrecken haben die Kohlenstoffatome keine Zeit zum Wandern und zur Bildung von Fe_3C. Das Gitter klappt vom kubisch-flächenzentrierten Gitter ins kubisch-raumzentrierte um. Die Kohlenstoffatome werden auf Zwischengitterplätzen eingeschlossen und verspannen das kubisch-raumzentrierte Gitter. Der Werkstoff wird hart und hochfest, aber spröder. Das Gefüge, welches sich nach dem Abschrecken einstellt, heißt **Martensit**.

Martensit

Beispiel für Gefüge und Kristalländerung beim Härten eines C60

äußerer Vorgang und Temperatur	**Raumtemperatur** → Aufheizen →	**Halten bei Härtetemperatur** → Abschrecken in Wasser →	**Raumtemperatur**
Gefüge	Ferrit, Perlit Ferrit und Perlit	Austenit	Martensit
Kristallaufbau	Fe_3C, krz-Eisen C bildet Fe_3C	C-Atom, kfz-Eisen C in Gitterlücke	C-Atom, krz-Eisen C verspannt das Gitter

! Härten ist Erwärmen in den Austenitbereich mit anschließendem Abschrecken, damit die Kohlenstoffatome zwangsweise im Gitter gehalten werden. Das entstandene Gefüge ist Martensit.

Beim Abschrecken kühlt das Werkstück außen am schnellsten ab. Nach innen hin verringert sich die Abkühlungsgeschwindigkeit. Dicke Werkstücke härten daher nur bis zu der Tiefe, in der die notwendige Abkühlungsgeschwindigkeit erreicht wird. Die Einhärtetiefe kann durch Legierungselemente vergrößert werden.

Einhärtetiefe eines Bolzens aus C60

Bei der Durchführung der Härtung ist Folgendes zu beachten:

- **Aufheizen**

Damit Wärmespannungen und Verzug in Werkzeugen gering bleiben, müssen die Werkstücke langsam aufgeheizt werden. Zweckmäßig geschieht dies in Stufen, z. B. zunächst bis 400 °C erhitzen und dort bis zur völligen Durchwärmung halten, danach weiteres Aufheizen auf Härtetemperatur. Die Haltezeit auf jeder Stufe ist 1/2 min je mm Wanddicke.

- **Halten bei Härtetemperatur (Austenitisieren)**

Die Temperatur, auf die Stähle zu erhitzen sind, damit sie bei entsprechender Abkühlung Härtegefüge aufweisen, nennt man Härtetemperatur. Sie ist dem Fe-Fe_3C-Diagramm zu entnehmen.

Für untereutektoidische Stähle liegt sie im Austenitbereich und bei übereutektoidischen Stählen bei etwa 780 °C.

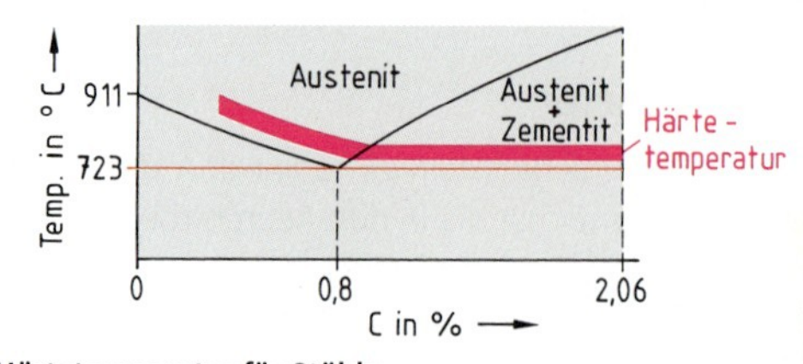

Härtetemperatur für Stähle

Übungsaufgaben 3/21; 3/22; 3/23

Bei Härtetemperatur wird das Werkstück nach völliger Durchwärmung noch etwa 20 Minuten gehalten. Wenn an der Werkstückoberfläche die Härtetemperatur erreicht ist, dauert die Zeit bis zur völligen Durchwärmung nach einer „Faustformel" für Wanddicken ab 40 mm etwa:

Durchwärmzeit in min = 1/2 der größten Wanddicke in mm – 10 min

– **Abschrecken**

Nach dem Austenitisieren werden die Werkstücke abgeschreckt. Die erreichbare Härte wird durch die mögliche Abkühlungsgeschwindigkeit und das Abschreckmittel bestimmt. Darum können unlegierte Stähle nur in begrenzten Wanddicken durchgehärtet werden.
Die Abkühlungsgeschwindigkeit richtet sich nach dem Kohlenstoffgehalt der Stähle. Je höher der Kohlenstoffgehalt eines Stahles ist, desto mehr behindern sich die Kohlenstoffatome gegenseitig bei der Wanderung. Für die Martensitbildung genügt darum bei höheren Kohlenstoffgehalten eine geringere Abkühlungsgeschwindigkeit.
Die Atome der Legierungselemente Chrom, Mangan, Wolfram und Vanadium behindern ebenfalls die Wanderung der Kohlenstoffatome. Bei hohen Gehalten an diesen Elementen ist auch bei langsamer Abkühlung keine Wanderung der Kohlenstoffatome möglich. Darum bildet sich bei legierten Stählen auch bei geringer Abkühlungsgeschwindigkeit ein Härtegefüge.
Durch unterschiedliche Abschreckmittel erreicht man verschiedene Abkühlungsgeschwindigkeiten. Entsprechend den einsetzbaren Abschreckmitteln unterscheidet man:

- **Wasserhärter:** Unlegierte Stähle, z. B. C60;
- **Ölhärter:** Legierte Stähle, z. B. 34Cr4;
- **Lufthärter:** Speziell legierte Stähle, z. B. 60CrNiMo8.

Beim Abschrecken muss das Werkstück im Abschreckmittel so bewegt werden, dass es ständig vom Abschreckmittel umgeben ist, denn die Bildung isolierender Dampfblasen führt zu weichen Stellen. Sobald die zu härtenden Teile beim Abschrecken eine Oberflächentemperatur von 150 bis 100 °C erreicht haben, werden sie in einem Temperaturausgleichsofen so lange gehalten, bis sich über den Querschnitt eine gleichmäßige Temperatur eingestellt hat. Dann erst wird auf Raumtemperatur abgekühlt. Anschließend erfolgt das Anlassen.

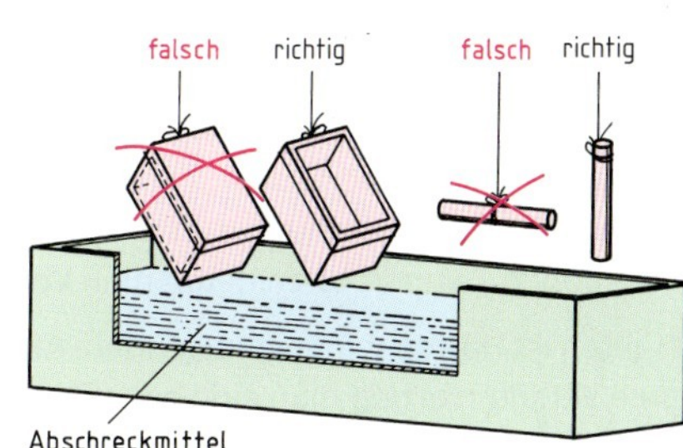

Richtiges und falsches Eintauchen der Werkstücke in ein Abschreckmittel

Beispiel für eine Temperaturfolge für die Härtung eines C45

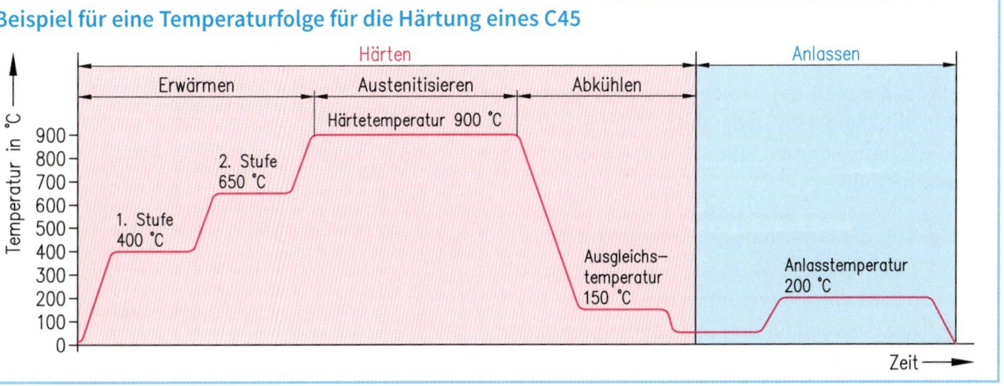

!

Arbeitsfolge beim Härten:
- Vorsichtiges Erwärmen, möglichst in Stufen auf Härtetemperatur.
- Halten ca. 20 Minuten nach vollständiger Durchwärmung.
- Abschrecken bis zur Ausgleichstemperatur

Übungsaufgaben 3/24 bis 3/27

– **Anlassen bei niederen Temperaturen**

Durch Erwärmen auf niedrige Temperaturen von etwa 180 bis 250 °C können Kohlenstoffatome auf günstigere Zwischengitterplätze umgelagert werden. Dieses Erwärmen bezeichnet man als **Anlassen** bei niederen Temperaturen. Es führt zu einer unbedeutenden Minderung der Härte. Die Neigung zu Spannungsrissen nimmt jedoch *erheblich* ab. Darum werden alle Werkzeuge nach dem Härten etwa 1 Stunde je 20 mm Wanddicke, mindestens aber 2 Stunden lang, angelassen. Das Anlassen geschieht in Öfen, Salz- oder Ölbädern. Die Abkühlung erfolgt an der Luft oder in Öl.

> ! Anlassen bei niederen Temperaturen bewirkt
> • geringen Abfall der Härte, • geringen Anstieg der Zähigkeit, • starke Minderung der Rissneigung.

Die Anlasstemperatur wird dem notwendigen Widerstand gegen Rissneigung und der Stahlqualität angepasst. Je geringer die Gefahr der Rissentstehung ist, desto geringer sind die Anlasstemperaturen.

Beispiele für Anlasstemperaturen

Messzeuge, Lehren	100 bis 200 °C;	Bohrer, Gewindebohrer	bis 250 °C;
Drehmeißel, Fräser	bis 200 °C;	Messer, Äxte	bis 300 °C.

> ! Je geringer die Gefahr der Rissbildung, desto niedriger die Anlasstemperatur.

3.3.3 Vergüten

Bei hoch beanspruchten Bauelementen wie Drahtseilen, Schrauben und Wellen steigert man durch ein Wärmebehandlungsverfahren die Festigkeit und die Widerstandsfähigkeit gegen schlagartige Belastung (Zähigkeit). Die Veränderung dieser Eigenschaften erzielt man durch einen Härtevorgang mit nachfolgendem Anlassen bei Temperaturen zwischen 400 und 700 °C. Diese Wärmebehandlung durch Härten mit Anlassen bei hohen Temperaturen nennt man **Vergüten**.

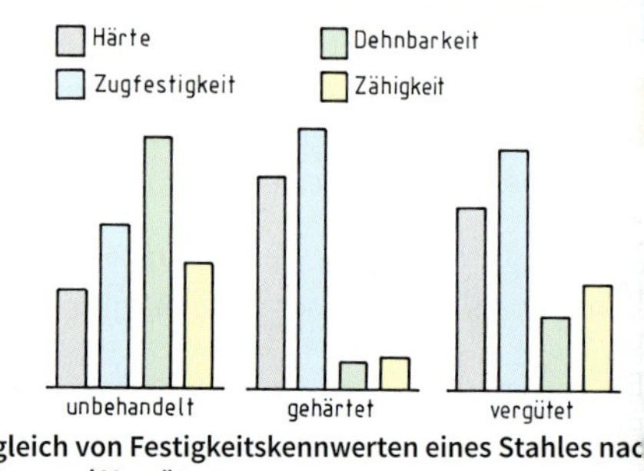

Vergleich von Festigkeitskennwerten eines Stahles nac[h] Härten und Vergüten

> ! Vergüten ist Härten mit nachfolgendem Anlassen bei Temperaturen zwischen 400 bis 700 °C.
> Durch Vergüten erzielt man eine hohe Zugfestigkeit und hohe Widerstandsfähigkeit gegen schlagartige Belastung (Zähigkeit).

Beim Vergüten richtet sich die Temperatur für das Anlassen nach der Art des Stahles und der geforderten Zugfestigkeit. Stähle, die besonders zum Vergüten geeignet sind, heißen Vergütungsstähle. Sie sind in DIN EN 10083 genormt. Vergütungsstähle sind unlegierte Stähle mit einem Kohlenstoffgehalt von 0,22 bis 0,6 % und niedrig legierte Stähle.

Für jeden Stahl hat man in Versuchen Diagramme aufgestellt, aus denen die erreichbaren Festigkeitskennwerte in Abhängigkeit von der Anlasstemperatur abgelesen werden können. Diese Schaubilder heißen **Anlassschaubilder**.

Beispiel für die Ermittlung der Anlasstemperatur

Eine Kurbelwelle aus 34Cr4 soll auf eine Zugfestigkeit von 800 N/mm² vergütet werden.
Im Anlassschaubild für den Stahl 34Cr4 findet man dafür eine Anlasstemperatur von 590 °C, eine Streckgrenze von 550 N/mm² und eine Bruchdehnung von 18 %.

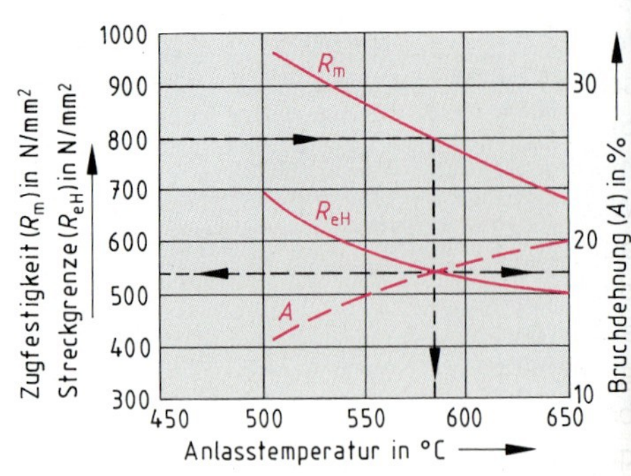

Anlassschaubild von 34Cr4

> ! Aus Anlassschaubildern können die Anlasstemperaturen für verschiedene Vergütungsstähle entnommen werden. Bei diesen Temperaturen werden bestimmte Festigkeitswerte erreicht.

Übungsaufgaben 3/28; 3/29

3.3.4 Härten der Randschicht

Werkstücke, welche stoßartiger oder ständig wechselnder Belastung ausgesetzt sind, werden nur in der Randschicht gehärtet. Dadurch erhalten die Bauelemente eine harte und verschleißfeste Randschicht, während der Kern zäh bleibt. So werden z.B. die Gleitflächen an Kurbelwellen oder an Nockenwellen, die Zahnflanken bei Zahnrädern und Messflächen bei Messwerkzeugen in der Randschicht gehärtet.

Beispiele für randschichtgehärtete Bauteile (Werkstücke geschnitten)

Kugelpfanne und Kugelzapfen

! Härten der Randschicht zielt auf harte und verschleißfeste Randschicht bei zähem Kern ab.

3.3.4.1 Flamm- und Induktionshärten

Härtbare Stähle mit 0,3 bis 1,2 % Kohlenstoff werden nur in der Randzone auf Härtetemperatur erwärmt und dann abgeschreckt.

Beim **Flammhärten** wird das Werkstück von einem Brenner schnell bis zur Härtetemperatur erwärmt und sofort mit einer Brause abgeschreckt.

Die Härtetiefe beträgt mindestens 1 mm und kann durch Verringerung der Vorschubgeschwindigkeit von Brenner und Brause vergrößert werden. Das Flammhärten kann bei jeder Werkstückgröße vorgenommen werden. Es wird vor allem für große Teile und für Teile mit komplizierter Form angewendet.

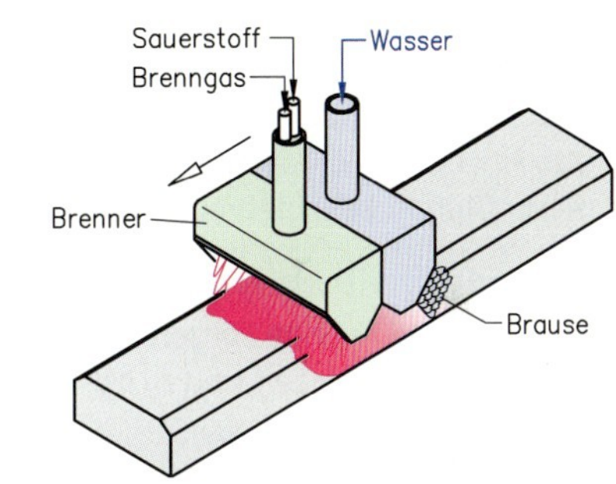

Flammhärten eines Gleitstücks

Beim **Induktionshärten** wird das Werkstück mithilfe von elektrischem Wechselstrom in der Randschicht erwärmt. Dazu wird das Werkstück in eine Spule eingeführt, durch die Wechselstrom mit hoher Frequenz fließt. Dadurch werden im Werkstück Wirbelströme induziert, die die Randzone schnell auf Härtetemperatur erwärmen. Mit einer Brause, die hinter der Spule angeordnet ist, wird das Werkstück abgeschreckt. Die Einhärtetiefe ist sehr gleichmäßig und kann gut gesteuert werden. Sie beträgt 0,1 bis 1 mm und wird mit höherer Frequenz des Stromes geringer.

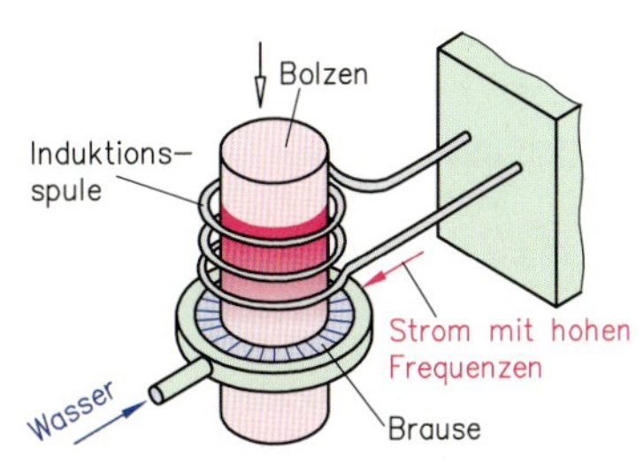

Induktionshärten eines Bolzens

! Bauelemente aus härtbarem Stahl mit einem Kohlenstoffgehalt von 0,3 bis 1,2 % werden in der Randschicht gehärtet, indem man die Randschicht hoch erhitzt und dann abschreckt. Nach der Art der Erwärmung unterscheidet man:
- Flammhärten,
- Induktionshärten.

3.3.4.2 Einsatzhärten

1. Übersicht über den Verfahrensablauf

Bauteile aus kohlenstoffarmen Stählen (C < 0,2 %) sind gut bearbeitbar und sehr zäh. Sie können stoßartige und wechselnde Belastungen gut aufnehmen. Ihre Randschicht verschleißt jedoch sehr schnell. Zur Erzeugung einer harten und verschleißfesten Randschicht werden diese Stähle zunächst durch Einbringen von Kohlenstoff in die Randschicht aufgekohlt (eingesetzt) und danach abschreckgehärtet.

Beispiel für Verfahrensablauf und Gefüge beim Einsatzhärten

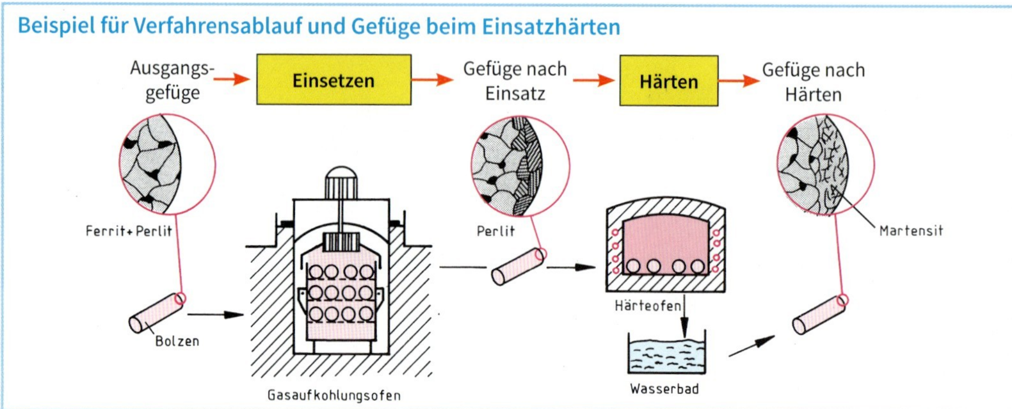

> **!** Beim Einsatzhärten werden kohlenstoffarme Stähle in der Randschicht aufgekohlt (eingesetzt) und anschließend abschreckgehärtet.

2. Aufkohlen (Einsetzen)

Das Einsetzen geschieht in Öfen, in die man gleichzeitig Stoffe gibt, welche leicht Kohlenstoff abgeben. Dies sind häufig Gasgemische aus Kohlenmonoxid (CO), Methan (CH_4) u. a. Damit die Kohlenstoffatome in die Werkstückoberfläche eindringen können, erfolgt die Aufkohlung bei Temperaturen, bei denen das Eisen ein kubisch-flächenzentriertes Gitter hat. Dies ist im Austenitbereich der Fall. Das kfz-Gitter weist große Gitterlücken auf, in welche die Kohlenstoffatome leicht eindringen können. Je nach gewünschter Einhärtetiefe dauert dieser Glühprozess mehrere Stunden.

Beispiel für die Ermittlung von Glühtemperatur und Aufkohlungszeit

Ein Bolzen aus C 15 für eine Fördereinrichtung soll 1 mm tief aufgekohlt (eingesetzt) werden. Glühtemperatur und Aufkohlungszeit sind zu bestimmen.

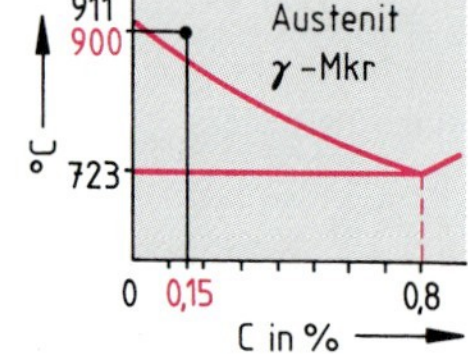

Glühtemperatur für das Einsetzen eines Bolzens aus C 15

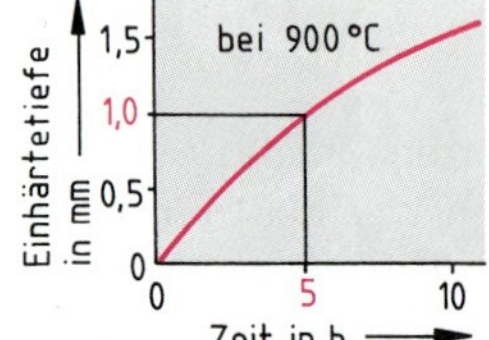

Einhärtetiefe in Abhängigkeit von der Aufkohlungszeit

- Nach dem Eisen-Kohlenstoff-Diagramm muss der C 15 zum Aufkohlen auf 900 °C erwärmt werden.
- Für die geforderte Einhärtetiefe 1 mm ist eine Aufkohlungszeit von 5 Stunden erforderlich.

> **!** Aufkohlen (Einsetzen) kann durch Gas-Aufkohlung erfolgen.
> Bei der Gas-Aufkohlung kann der Kohlenstoffgehalt der Randschicht durch Temperatur und Gaszusammensetzung exakt vorherbestimmt werden.

3. Härten nach dem Einsetzen

Das Härten nach dem Einsetzen geschieht nach erneutem vorsichtigem Aufheizen in den Austenitbereich der Randschicht. Als Abschreckmittel werden je nach Zusammensetzung des Stahles Wasser, Öl oder besser das Warmbad mit ca. 200 °C verwendet.

Übungsaufgaben 3/33; 3/34

3.3.4.3 Nitrieren

Beim Nitrieren dringen Stickstoffatome in die Randschicht der Werkstücke ein und bilden mit den metallischen Legierungszusätzen (Cr, V) chemische Verbindungen, die besonders hart sind. Ein Abschrecken erübrigt sich. Chemische Verbindungen von Metallen und Stickstoff bezeichnet man als **Nitride**. Die Dicke der Nitridschicht wird durch die Glühdauer bestimmt. Zum Beispiel benötigt man 20 Stunden für 0,3 mm Eindringtiefe.

Für das Randschichthärten durch Nitrieren sind Stähle mit 0,3 bis 0,5 % Kohlenstoffgehalt und zusätzlichen Legierungsanteilen aus Aluminium, Chrom, Molybdän, Vanadium u. a. geeignet. Diese Stähle werden in Stickstoff abgebenden Mitteln, meist in Ammoniakgas (NH_3), bei etwa 500 bis 580 °C geglüht.

Die geringe Glühtemperatur und das Fehlen des Abschreckens ermöglichen es, dass man fertig bearbeitete Werkstücke nitrieren kann. Es tritt kein Verzug auf. Die Nitride der Legierungszusätze Aluminium, Molybdän, Vanadium, Chrom u. a. haben neben der hohen Härte große Korrosionsbeständigkeit und Hitzebeständigkeit.
Nitriergehärtet werden Messzeuge und Verschleißteile warmbeanspruchter Werkstücke, wie z. B. Ventile in Verbrennungsmotoren.

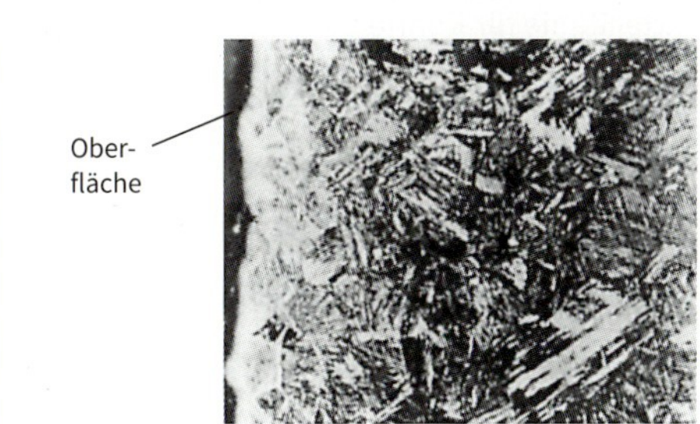

Gefüge eines nitrierten Stahles

> ! Beim Nitrieren bilden die Legierungszusätze besonders legierter Stähle in der Randschicht der Werkstücke Nitride. Die Randschicht nitrierter Bauelemente ist sehr hart und verschleißfest, hitzebeständig und korrosionsbeständig.

3.4 Einteilung, Normung und Verwendung von Stählen

3.4.1 Einteilung von Stählen

Die in der Technik verwendeten Stähle werden nach DIN EN 10020 unter verschiedenen Gesichtspunkten geordnet. Ordnungsgesichtspunkte sind:

- der Gehalt an Legierungselementen sowie
- die Anforderungen und Gebrauchseigenschaften.

1. Unterteilung nach der chemischen Zusammensetzung
Unlegierte Stähle dürfen bestimmte Gehalte an Begleitelementen nicht überschreiten, z. B. Mn 1,6 %; Si 0,5 %; Al 0,1 %; Ti 0,05 %; Cu 0,4 %; Ni und Cr 0,3 %.
In **legierten Stählen** überschreitet mindestens ein Element diese Grenzwerte.

2. Unterteilung nach Anforderungen und Gebrauchseigenschaften
Nach den Anforderungen und Gebrauchseigenschaften gliedert man die Stähle in Grundstähle, Qualitätsstähle und Edelstähle.

Grundstähle sind unlegierte Stähle, die folgende Bedingungen erfüllen:

- Eine Wärmebehandlung ist nicht vorgesehen.
- Die Eigenschaften liegen innerhalb bestimmter, in der Norm festgelegter Grenzen.

Mindestzugfestigkeit	höchstens 690 N/mm^2	Mindestbruchdehnung	höchstens 26 %
Mindeststreckgrenze	höchstens 360 N/mm^2	Rockwellhärte	höchstens 60HRB
Kohlenstoffgehalt	mindestens 0,1 %		

Übungsaufgaben 3/35 bis 3/38

Qualitätsstähle können unlegiert oder legiert sein.
Unlegierte Qualitätsstähle gehen hinsichtlich ihrer Eigenschaften über die Grundstähle hinaus. Es sind auch keine Anforderungen an den Reinheitsgrad vorgesehen.

Legierte Qualitätsstähle sind im Allgemeinen nicht für Oberflächenhärtung und Vergütung bestimmt. Zu ihnen zählen:
- Feinkornbaustähle mit Höchstgehalten an Mn 1,8 %; Cr, Cu, Ni 0,5 %; Ti, V, Mo 0,12 %.
- schweißbare Feinkornbaustähle für Behälter und Rohrleitungsbau, für die Mindeswerte für die Streckgrenze (380 N/mm² bei Dicken bis 16 mm) und die Kerbschlagarbeit (KV < 27J bei –50 °C) garantiert werden.
- legierte Stähle für Rohrleitungsbau, Schienen und Spundwände.
- Stähle, die nur mit Cu legiert sind.

Edelstähle können unlegiert oder legiert sein.
Unlegierte Edelstähle sind meist zum Vergüten oder Oberflächenhärten bestimmt.

Zu den **unlegierten Edelstählen** zählen:
- Stähle, die besonders hohe Kerbschlagarbeit im vergüteten Zustand erreichen,
- Stähle, die besondere Anforderungen an Einhärtungstiefe und Oberflächenhärte erfüllen,
- Stähle mit geringen P- und S-Gehalten (< 0,02 %),
- Stähle mit hoher Kerbschlagarbeit (über 27J bis –50 °C).

Legierte Edelstähle sind alle bis hierher nicht einzuordnenden, legierten Stähle.
Dazu zählen besonders nicht rostende, mit Cr und Ni legierte Stähle, Schnellarbeitsstähle, Wälzlagerstähle und legierte Werkzeugstähle.

Die Zuordnung eines Stahles zu den verschiedenen Gruppen ist am einfachsten anhand der Stahlgruppennummer der entsprechenden Werkstoffnummer vorzunehmen.

Stähle werden nach DIN EN in Grundstähle, Qualitätsstähle und Edelstähle gegliedert.
Qualitäts- und Edelstähle können legiert und unlegiert sein.

3.4.2 Normung von Stählen

3.4.2.1 Kurznamen von Stählen

1. Benennung nach den mechanischen Eigenschaften und Verwendung

Für Stähle, die zu Konstruktionszwecken verwendet werden, gibt der Kurzname nach DIN EN 10027 Auskunft über die Festigkeitseigenschaften.

Die Bezeichnung beginnt mit einer Buchstabenkennzeichnung für den Verwendungszweck. Es folgen Kennzahlen bzw. Kennbuchstaben für Eigenschaften. Anschließend können in zwei Gruppen besondere Kennzeichen für Behandlung, Verwendung u. a. angeführt werden.

Hauptgruppe		Zusatzgruppe	
Kennzeichen für Verwendungszweck	**Kennzahl**	**Gruppe 1**	**Gruppe 2**
Stähle für den allgem. Stahlbau Stähle für Druckbehälter Stähle für Rohrleitungen Stähle für Maschinenbau Kaltgewalzte Flacherzeugnisse Flacherzeugnisse zum Kaltumformen	Zahlenwert der Mindeststreckgrenze in N/mm²	Kerbschlagarbeit für Stahlbaustähle Besondere Eigenschaften Spezielle Verwendung	ergänzende Angaben zu Gruppe 1

Für Stahlbaustähle ergibt sich folgender Aufbau der Kurzzeichen:

Kennzeichen für Verwendungszweck	Kennzahl	Gruppe 1				Gruppe 2
		Mindetswerte der Kerbschlagarbeit			Prüftemperatur in °C	M thermomechanisch gewalzt N normalisiert Q vergütet G sonstige Angaben
		27J	40J	60J		
S	Zahlenwert der Mindeststreckgrenze in N/mm²	JR	KR	LR	20	J, K, L: Hinweis auf Kerbschlagarbeit bei vorgegebener Temperatur
		J0	K0	L0	0	
		J2	K2	L2	–20	
		J3	K3	L3	–30	
		J4	K4	L4	–40	
		J5	K5	L5	–50	
		J6	K6	L6	–60	

Bei den übrigen Stählen werden in Gruppe 1 die Warmbehandlung und besondere Angaben zur Verwendung angegeben. Die Angabe erfolgt wie zur Gruppe 2 der Stahlbaustähle durch Buchstaben.

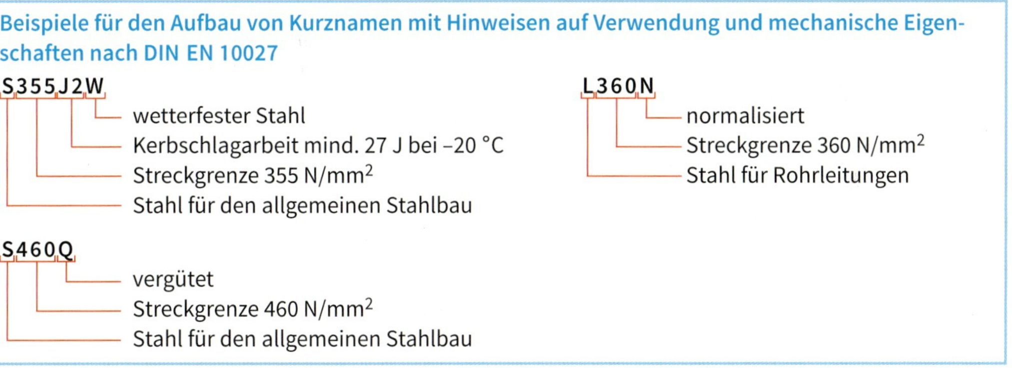

Beispiele für den Aufbau von Kurznamen mit Hinweisen auf Verwendung und mechanische Eigenschaften nach DIN EN 10027
S355J2W
wetterfester Stahl
Kerbschlagarbeit mind. 27 J bei –20 °C
Streckgrenze 355 N/mm²
Stahl für den allgemeinen Stahlbau
L360N
normalisiert
Streckgrenze 360 N/mm²
Stahl für Rohrleitungen
S460Q
vergütet
Streckgrenze 460 N/mm²
Stahl für den allgemeinen Stahlbau

Gelegentlich wird in der Werkstatt im Sprachgebrauch ein Stahl noch nach der ungültigen Norm DIN 17006 bezeichnet. In dieser Norm stand für allgemeine Baustähle **St**. Es folgte der ungefähre Bereich der Mindestzugfestigkeit, der durch einen Zahlenwert angegeben wurde.

Beispiel für die Kennzeichnung der mechanischen Eigenschaften in einem Kurzzeichen nach DIN 17006 (nicht mehr gültig)

St37
- 37: Bereich der Mindestzugfestigkeit 340 bis 470 N/mm²
- St: Allgemeiner Baustahl

2. Benennung unlegierter Stähle

Unlegierte Stähle, deren Eigenschaften durch eine Wärmebehandlung verändert werden können, werden nach der DIN EN 10027 durch das Symbol C für Kohlenstoff und eine angehängte Zahl, welche das 100fache des C-Gehaltes angibt, gekennzeichnet.

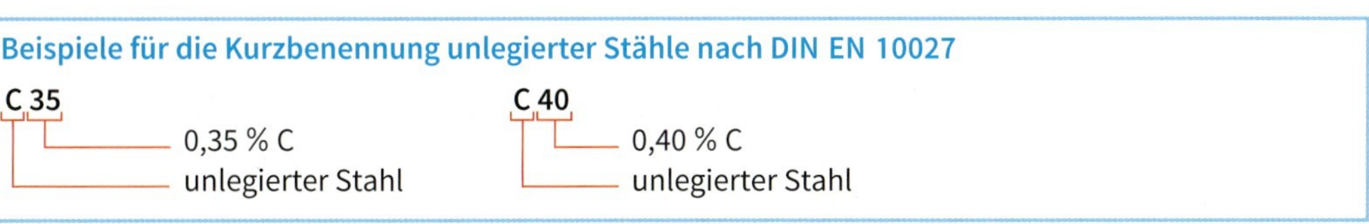

Beispiele für die Kurzbenennung unlegierter Stähle nach DIN EN 10027
C 35
0,35 % C
unlegierter Stahl
C 40
0,40 % C
unlegierter Stahl

! Schema für den Aufbau einer Kurzbenennung unlegierter Stähle:

C | Kennzahl für den C-Gehalt

3. Benennung niedrig legierter Stähle

Bei niedrig legierten Stählen hat jedes Legierungselement weniger als 5 % Anteil an der Zusammensetzung. Nach DIN EN werden diese Stähle gekennzeichnet durch

- Kennzahlen für den C-Gehalt,
- Symbole für die Legierungselemente,
- Kennzahlen für die Legierungsanteile.

Für Stahlformguss wird dem Kurzzeichen der Buchstabe **G** vorangestellt.

Die Kennzahlen ergeben sich durch Multiplikation des %-Anteils des Legierungselementes mit dem Faktor f (siehe Tabelle).

Umgekehrt kann man aus der Kennzahl den prozentualen Anteil des einzelnen Legierungselementes ermitteln, indem man die Kennzahl durch den Faktor dividiert.

Faktoren für Legierungselemente

Faktor *f*	Legierungselement
100	C, P, S, N, Ce
10	Al, Cu, Mo, Ta, Ti, V
4	Si, Co, Cr, W, Ni, Mn

Beispiele für die Kurzbenennung niedrig legierter Stähle nach DIN EN 10027

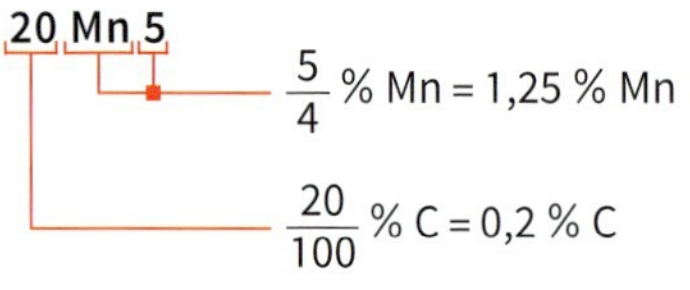

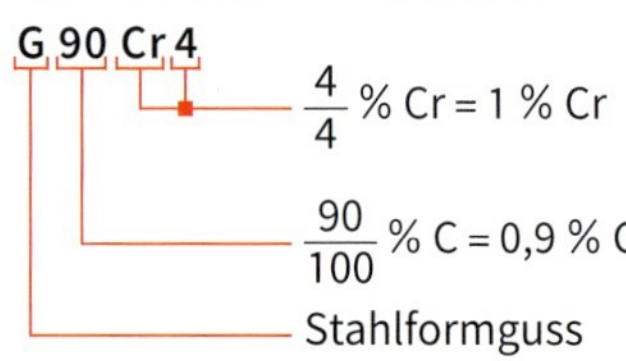

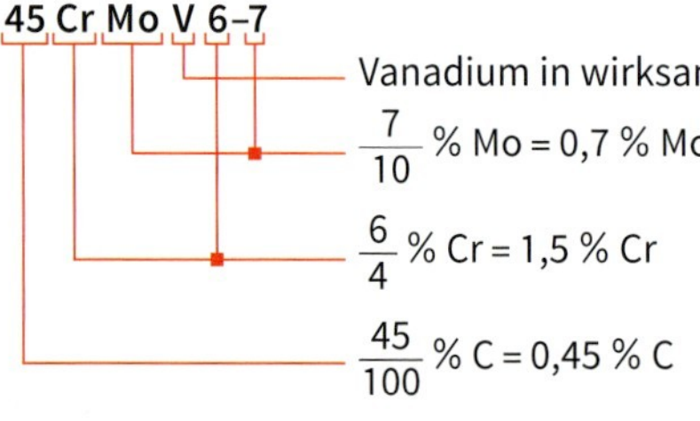

! Schema für den Aufbau einer Kurzbenennung niedrig legierter Stähle:

Kennzahl für C-Gehalt	Chem. Symbole der Leg.-Elemente	Kennzahlen für Leg.-Anteile

4. Benennung hoch legierter Stähle

Stähle, bei denen mindestens ein Legierungselement mehr als 5 % beträgt, sind hoch legiert. Alle hoch legierten Stähle sind Edelstähle. Bei diesen Stählen beginnt die Kurzbenennung mit dem großen Buchstaben **X**. Es folgen

- Kennzahl für den C-Gehalt,
- Symbole der Legierungselemente,
- Anteile der Legierungselemente in Prozent.

Beispiele für Werkstoffnummern unlegierter Stähle

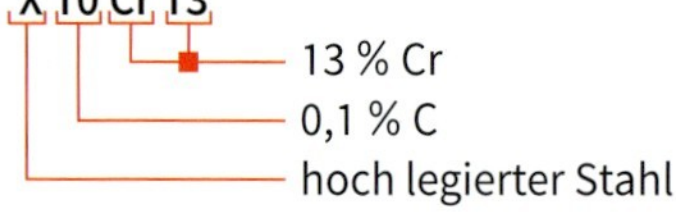

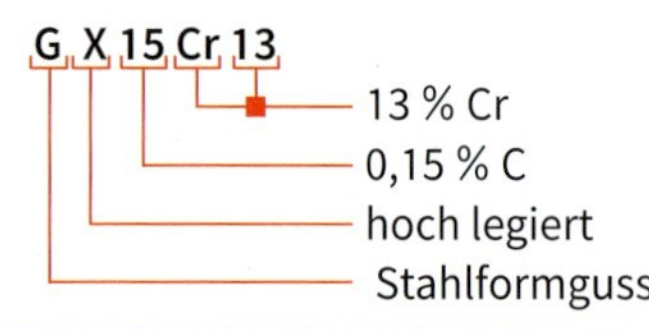

Schema für den Aufbau einer Kurzbenennung hoch legierter Stähle:

X	Kennzahl für C-Gehalt	Symbole der Leg.-Elemente	Leg.-Anteile in Prozent

Übungsaufgaben 3/40 bis 3/46

3.4.2.2 Werkstoffnummern von Stählen

Neben den systematischen Benennungen von Werkstoffen mit Buchstaben und Zahlenkombinationen besteht auch ein Nummernsystem für Werkstoffe aller Art.
Diese Werkstoffnummern sind mithilfe der Datenverarbeitung besser auswertbar. Die Normung der Werkstoffnummern für Stähle ist in DIN EN 1227-2: 2015 erfasst.
Werkstoffnummern sind mindestens fünfstellig und beginnen mit der Werkstoffhauptgruppennummer. Stahl hat die Hauptgruppennummer 1.

Aufbau der Werkstoffnummern für Stähle

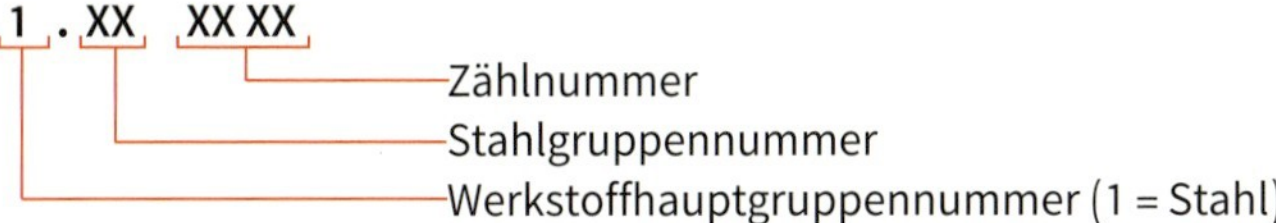

Die Stahlgruppennummer lässt Rückschlüsse auf Zusammensetzung oder Verwendung des Stahles zu. Die Zählnummern werden für die einzelne Stahlsorte vom Normenausschuss auf Antrag des Stahlerzeugers festgelegt. Meist werden zur Kennzeichnung eines Stahls nur die ersten zwei Stellen der Zählnummer angegeben.

1. Unlegierte Stähle

Grundstähle, die allein wegen ihrer Festigkeitseigenschaften verwendet werden, tragen die Stahlgruppennummer 00 und 90.
Unlegierte Qualitätsstähle werden mit den Stahlgruppennummern 01 bis 07 und 91 bis 97 gekennzeichnet. Einer höheren Zahl entspricht höhere Festigkeit bzw. höherer Kohlenstoffgehalt.
Unlegierte Edelstähle sind mit den Stahlgruppennummern 10 bis 19 gekennzeichnet.
Darin sind mit 15 bis 18 die unlegierten Werkzeugstähle enthalten.

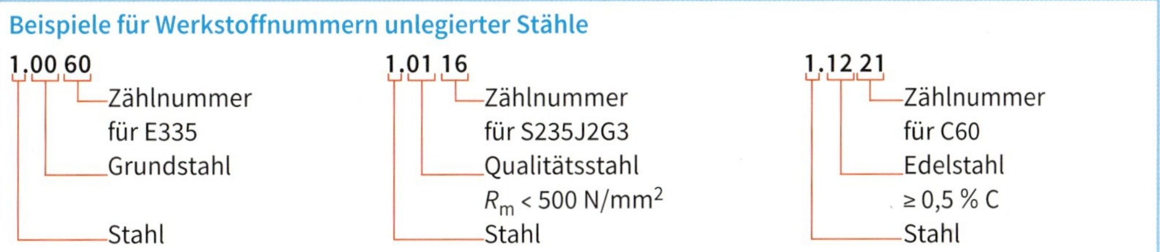
Beispiele für Werkstoffnummern unlegierter Stähle

2. Legierte Stähle

Legierte Qualitätsstähle sind mit den Stahlgruppennummern 08 bis 09, sowie 98 und 99 gekennzeichnet.
Legierte Edelstähle haben die Stahlgruppennummern von 20 bis 89. Davon sind

- 20 bis 29 Werkzeugstähle,
- 32 bis 33 sind Schnellarbeitsstähle, 35 ist Wälzlagerstahl,
- 40 bis 49 sind chemisch beständige Stähle,
- 50 bis 89 sind Stähle für den Maschinen- und Behälterbau.

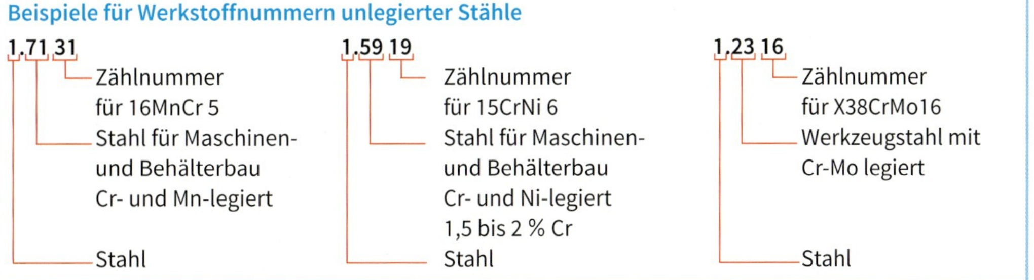
Beispiele für Werkstoffnummern unlegierter Stähle

Zur genauen Entschlüsselung benötigt man die Tabellen des Normblattes DIN EN 10027.

3.4.3 Stahlsorten

1. Unlegierte Baustähle

Unlegierte Baustähle nach DIN EN 10025 sind Grund- und Qualitätsstähle, die vorwiegend aufgrund ihrer mechanischen Eigenschaften im Stahlbau und Maschinenbau eingesetzt werden.

Beispiele für unlegierte Baustähle

Kurznamen	Werkstoffnummer	Gewährleistete mechanische Werte		
		Proben 3–100 mm	Mittelwerte Proben 3–100 mm	
nach DIN EN 10025		R_m N/mm²	R_{eH} N/mm²	A %
S185	1.0035	510 bis 295	185 bis 175	18
S235 J2 G3	1.0116	470 bis 340	235 bis 215	26
S235 J0	1.0144	470 bis 340	275 bis 205	26
E295	1.0050	610 bis 470	295 bis 265	26
E335	1.0060	710 bis 570	335 bis 305	16
E360	1.0070	830 bis 790	360 bis 335	11

2. Schweißgeeignete Feinkornbaustähle

Schweißgeeignete Feinkornbaustähle nach DIN EN 10113 sind Qualitäts- und Edelstähle, die aufgrund ihres feinkörnigen Gefüges hohe Streckgrenze und gute Zähigkeit aufweisen. Sie werden besonders im Brückenbau und zum Bau von Druckbehältern eingesetzt.

Beispiele für schweißgeeignete Feinkornbaustähle

Kurznamen	Werkstoffnummer	Zugfestigkeit	Steckgrenze		Bruchdehnung	Kerbschlagarbeit	chemische Zusammensetzung maximal		
nach DIN EN 10025		Proben 16–40 mm N/mm²	Proben 16–40 mm N/mm²	Proben 40–63 mm N/mm²	%	bei 20 °C J	C %	Si %	Mn %
S275N	1.0490	510-370	265	255	24		0,18	0,4	0,5-1,4
S355N	1.0545	630-470	345	335	22	55	0,20	0,5	0,9-1,65
S420N	1.8902	680-520	400	390	19		0,20	0,6	1,0-1,7

3. Vergütungsstähle

Vergütungsstähle sind nach DIN EN 10083 unlegierte und legierte Stähle. Sie sind für kleine Maschinenelemente mit geringer Festigkeit wie Schrauben und Bolzen bis zu großen Bauelementen mit hohen Festigkeitseigenschaften wie Schiffskurbelwellen einzusetzen.

Beispiele für Vergütungsstähle

Kurznamen	Werkstoffnummer	Gewährleistete mechanische Werte über 16 bis 40 mm Durchmesser vergütet		
nach DIN EN 1083		Zugfestigkeit N/mm²	Steckgrenze N/mm²	Bruchdehnung %
C45	1.0503	800 bis 650	305	16
C60	1.1221	950 bis 800	520	13
28Mn 6	1.1170	840 bis 690	490	15
34Cr 4	1.7033	950 bis 800	590	14
50CrMo 4	1.7228	1200 bis 1000	780	10
30CrNiMo 8	1.6580	1300 bis 1100	900	10
34CrNiMo 6	1.6582	1300 bis 1100	900	10

4. Nitrierstähle

Nitrierstähle nach DIN EN 10085 sind Stähle, die als Legierungselemente Cr, Al und V enthalten. Diese Legierungselemente bilden mit Stickstoff harte und verschleißfeste Nitride.

Typische Nitrierstähle sind 39 CrMoV 13-9 und 41 CrAlMo 7.

Übungsaufgaben 3/48; 3/49; 3/50

5. Einsatzstähle

Einsatzstähle nach DIN EN 10084 sind Qualitäts- und Edelstähle, die nach Aufkohlen und Härten der Oberfläche vorwiegend im Maschinen- und Werkzeugbau verwendet werden.

Beispiele für Vergütungsstähle

Kurznamen	Werkstoffnummer	Gewährleistete mechanische Werte Probestab 30 mm Durchmesser		
nach DIN EN 10084		Zugfestigkeit N/mm²	Steckgrenze N/mm²	Bruchdehnung %
C10 E	1.1121	490 bis 640	295	16
C15 E	1.1141	590 bis 780	350	14
16MnCr5	1.7131	880 bis 1180	390	11
20MnCr5	1.7147	1080 bis 1370	685	8
18CrNiMo13-4	1.6587	1180 bis 1420	785	8

6. Nicht rostende Stähle

Nicht rostende Stähle nach DIN EN 10088 sind Edelstähle, die durch Zulegieren von mindestens 12 % Cr hohe Beständigkeit gegen chemische Angriffe durch korrodierende Flüssigkeiten aufweisen.
Der bekannteste Stahl dieser Gruppe ist der X10CrNiMoTi18-9.

7. Automatenstähle

Automatenstähle nach DIN EN 10087 sind Stähle, die sich durch gute Zerspanbarkeit und gute Spanbrüchigkeit auszeichnen. Diese Eigenschaften werden durch Einschlüsse von Schwefel im Grundgefüge erzielt. Bleizusätze erhöhen ebenfalls die Zerspanbarkeit.
Automatenstähle sind z. B. 10S20 für verschleißfeste Kleinteile und 38SMn28 für große Bauteile.

8. Federstähle

Federstähle nach DIN EN 10089 weisen in gehärtetem und angelassenem Zustand hohe Streckgrenze und damit eine gute Elastizität auf. Sie sind meist mit Chrom und mehr als 1% Silizium legiert.
Federstähle sind z. B. 38Si7, 61SiCr7 und 51CrV4.

9. Schnellarbeitsstähle

Schnellarbeitsstähle werden zur Herstellung von Zerspanungs- und Schnittwerkzeugen eingesetzt. Sie erhalten ihre hohe Härte vorwiegend durch harte und warmfeste Karbide der Legierungselemente.
Schnellarbeitsstähle werden durch ein besonderes Bezeichnungssystem gekennzeichnet. Der Kurzname beginnt mit **HS**, es folgen in ganzen Zahlen die Gehalte an Wolfram, Molybdän, Vanadium und Cobalt. Der Kohlenstoffgehalt (0,6 % bis 1,2 %) und der Chromgehalt (meist 4 %) werden nicht angegeben.

Beispiele für Schnellarbeitsstähle

Kurzname HS (W-Mo-V-Co)	Werkstoff-nummer	Chemische Zusammensetzung in % (Mittelwerte)						Härte nach dem Anlassen in HRC
		C	Cr	W	Mo	V	Co	
HS3 - 3 - 2	1.3333	0,99	4,15	2,85	2,75	2,35	–	62 ... 64
HS6 - 5 - 2 - 5	1.3343	0,88	4,15	6,35	4,95	1,85	–	64 ... 66
HS0 - 4 - 3 - 10	1.3207	1,27	4,15	10,25	3,75	3,25	10,50	65 ... 67
HS12 - 1 - 4 - 5	1.3202	1,37	4,15	12,00	0,85	3,75	4,75	65 ... 67

3.5 Eisen-Kohlenstoff-Gusswerkstoffe

1. Kohlenstoff in Fe-C-Gusswerkstoffen

Fe-C-Gusswerkstoffe enthalten Kohlenstoff in verschiedener Konzentration und verschiedener Form. Sie haben deshalb sehr unterschiedliche Gefüge.
Stahlguss ist in Formen gegossener Stahl mit normalem Stahlgefüge. Der C-Gehalt beträgt höchstens 0,75 % C.
Gusseisen enthält Kohlenstoff überwiegend in Form von Lamellen oder Kugeln, C-Gehalte 3 bis 5 %.
Temperguss hat im Rohzustand allen Kohlenstoff als Fe_3C. Der C-Gehalt liegt zwischen 2,5 % und 3,5 %.
Sonderguss sind Hartguss und besonders legierte Gusseisensorten.

2. Gießeigenschaften

Durch Gießen lassen sich Werkstücke in beliebiger Gestalt herstellen. Für Werkstücke mit komplizierten Formen ist Gießen das wirtschaftlichste Fertigungsverfahren. Gießen erfordert vom Werkstoff bestimmte Eigenschaften:

- **Gutes Formfüllungsvermögen** und **Dünnflüssigkeit**, damit der flüssige Gusswerkstoff die gesamte Gießform auch in kleinsten Querschnitten ausfüllt.
- **Niedriger Schmelzpunkt**, damit Energiekosten gespart werden und die Gießform nicht unnötig durch hohe Temperaturen belastet wird.
- **Geringe Schwindung**, damit beim Übergang vom flüssigen in den festen Zustand keine Schwindungshohlräume – Lunker – entstehen. (Schwindung: 1 %)

Die Gießeigenschaften entscheiden nicht allein über die Verwendung eines Werkstoffes als Gusswerkstoff. Wichtiger sind in vielen Fällen die Festigkeitseigenschaften.

Eisen-Kohlenstoff-Legierungen mit ungefähr 4 % Kohlenstoff zeigen gute Gießeigenschaften. Nachteilig ist jedoch die gegenüber Stahl geringere Zugfestigkeit dieser Werkstoffe. Für Werkstücke mit hoher Beanspruchung wählt man darum Stahlguss, der zwar schlechtere Gießeigenschaften besitzt, jedoch hohe Festigkeit und Zähigkeit hat.

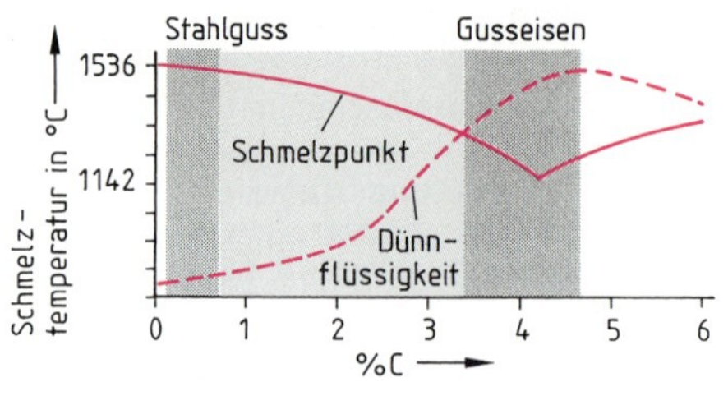

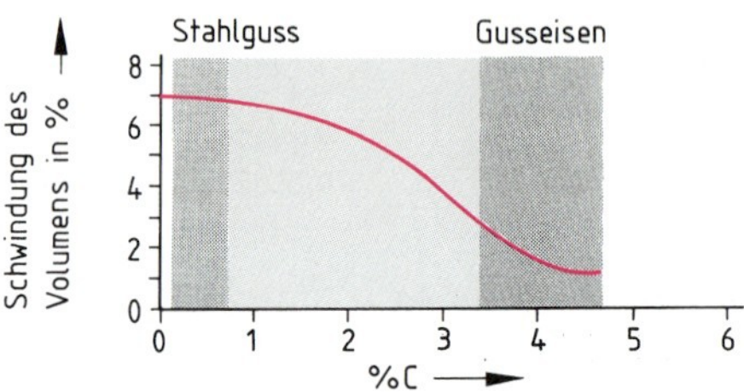

Vergleich der Gießeigenschaften von Stahlguss und Guss-eisen

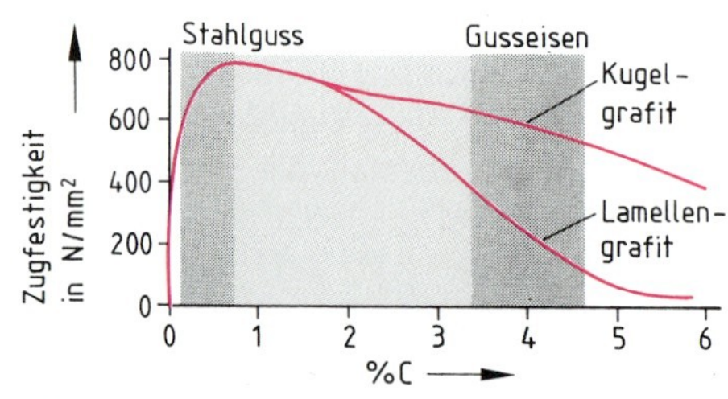

Zugfestigkeit von Stahlguss und Gusseisen

> ! Fe-C-Gusslegierungen haben im Bereich von 3 bis 4 % C beste Gießeigenschaften.

3.5.1 Stahlguss

Stahlguss ist in Formen gegossener unlegierter und legierter Stahl mit einem Kohlenstoffgehalt meist um 0,25 %. Wegen des geringen Kohlenstoffgehaltes hat Stahlguss eine Gießtemperatur von etwa 1600 °C, also um 300 °C höher als bei Gusseisen. Das Volumen von Stahlguss schwindet beim Erkalten bis zu achtmal so stark wie bei Gusseisen, die Festigkeit ist jedoch doppelt so hoch.

Stahlguss wird als Werkstoff etwa für hochfeste Werkstücke mit komplizierter Form verwendet. So werden Turbinengehäuse u. a. aus Stahlguss hergestellt. Die Stückgewichte reichen von weniger als einem Gramm bis zu mehreren 100 Tonnen.

Unlegierter Stahlguss wird mit dem Kurzzeichen GE und der Streckgrenze R_e gekennzeichnet; z. B. GE240 (alte Bezeichnung GS-45)..

Verdichtergehäuse (3 500 kg)

> ! Stahlguss ist unlegierter und legierter Stahl, der in Formen unmittelbar zu Werkstücken vergossen wird. Der Stahlguss hat hohe Festigkeit und Zähigkeit.
> Stahlguss mit unter 1 % C hat ungünstige Gießeigenschaften aber hohe Festigkeit.

Übungsaufgaben 3/57

3.5.2 Gusseisen

3.5.2.1 Gefüge und Eigenschaften von Gusseisen

Gusseisen enthält 3 bis 5 % Kohlenstoff. Bei diesen Kohlenstoffgehalten erhält man niedrige Schmelztemperaturen. Darüber hinaus sind die Gießeigenschaften wie Dünnflüssigkeit, geringe Schrumpfung, geringe Rissneigung u. a. besonders günstig. Darum können auch sehr dünnwandige Werkstücke aus Gusseisen hergestellt werden.
Im Gefüge der meisten Eisen-Kohlenstoff-Gusswerkstoffe mit höherem Kohlenstoffgehalt liegt der Kohlenstoff überwiegend als Graphit vor. Den Gefügebestandteil, der das Eisen enthält, bezeichnet man als Grundgefüge.

! Gusseisen ist eine Eisen-Kohlenstoff-Legierung mit 3 bis 5 % C. Gusseisen besteht aus einem Grundgefüge, das im Wesentlichen vom Eisen gebildet wird und darin eingelagertem Graphit.

Dieses Grundgefüge kann wie beim Stahl nur aus Ferrit, aus Ferrit und Perlit oder ganz aus Perlit bestehen. Je höher der Perlitanteil ist, desto größer sind Festigkeit und Härte des Gefüges. Festigkeit und Zähigkeit des Grundgefüges können bei besonderen Anforderungen durch Vergüten erhöht werden.

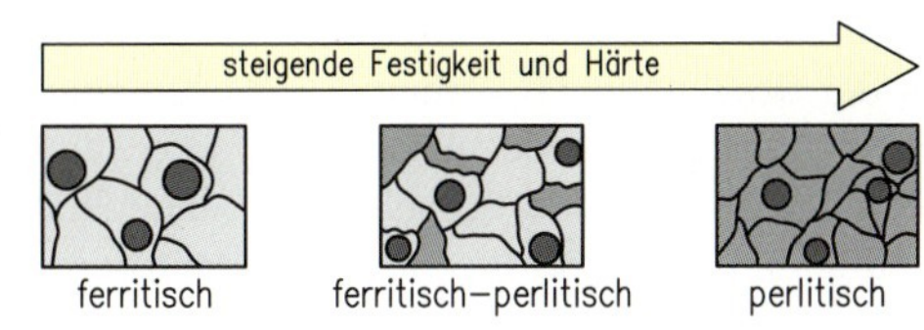

Grundgefüge in Gusseisen mit Kugelgraphit

! Das Grundgefüge des Gusseisens kann bestehen aus:
- Ferrit,
- Perlit,
- Ferrit und Perlit,
- Vergütungsgefüge.

Der im Grundgefüge eingelagerte Graphit hat nur sehr geringe Festigkeit und Härte und vermindert die Festigkeitseigenschaften des gesamten Gefüges. Dabei werden Festigkeit und Zähigkeit weniger durch die Menge des Graphits als vielmehr durch seine Form beeinflusst. Lamellenförmig eingelagerter Graphit schwächt das Grundgefüge stärker als flockenförmiger oder gar kugelförmiger Graphit, denn jede Graphitlamelle wirkt auf das Grundgefüge wie eine Kerbe, von der Risse ausgehen können.

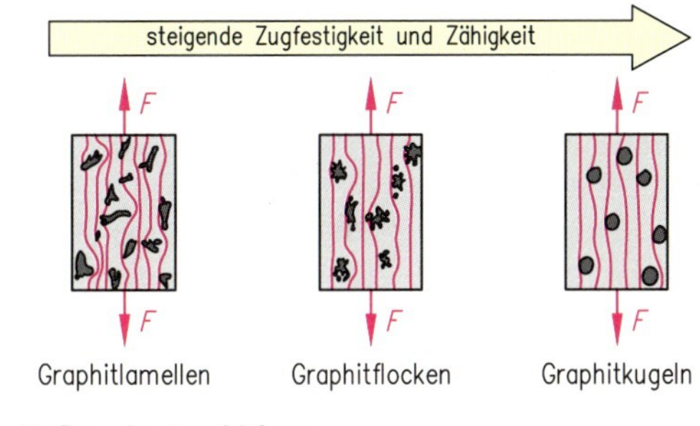

Einfluss der Graphitform

! Die Graphitform beeinflusst entscheidend die Festigkeit und Zähigkeit von Gusseisen.

3.5.2.2 Gusseisen mit Lamellengraphit (GJL)

Gusseisen mit Lamellengraphit nach DIN EN 1561 ist ein Eisen-Kohlenstoff-Gusswerkstoff, dessen Kohlenstoff im Gefüge überwiegend in Form von Graphitlamellen vorliegt. Er hat in der Regel Kohlenstoffgehalte von 2,5 % bis 4,0 % bei Siliziumgehalten um 2,0 %. Dadurch ergeben sich gute Gießeigenschaften.

Getriebegehäuse aus Gusseisen mit Lamellengraphit

! Gusseisen mit Lamellengraphit (GJL) ist ein Eisen-Kohlenstoff-Gusswerkstoff, bei dem der Kohlenstoff überwiegend als Graphit in Lamellenform vorliegt.

Da jede Graphitlamelle eine Kerbe für das Grundgefüge darstellt, ist die Festigkeit des Gusseisens weit geringer als die von Stahlguss. Dabei weisen Gefüge von Gusseisen mit gleicher Zusammensetzung, aber mit kleineren Lamellen höhere Festigkeit auf als Gefüge mit großen Lamellen.
Weiterhin bestimmt die Art des Grundgefüges die Festigkeitseigenschaften.

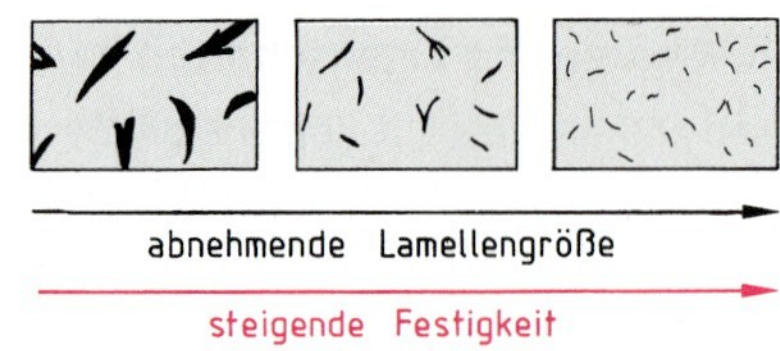

Einfluss der Lamellengröße auf die Festigkeit

> ! Die Festigkeit von Gusseisen mit Lamellengraphit (GJL) hängt von der Größe der Graphitlamelle und der Art des Grundgefüges ab.

Gusseisen dämpft Schwingungen. Diese Dämpfungseigenschaften des Gusseisens beruht darauf, dass die Graphitlamellen wie Polster das Übertragen der Schwingungen verhindern. Wegen seiner schwingungsdämpfenden Eigenschaft und seiner guten Gießbarkeit wird Gusseisen zur Herstellung von Ständern für Werkzeugmaschinen, Motorengehäusen u. a. verwendet.

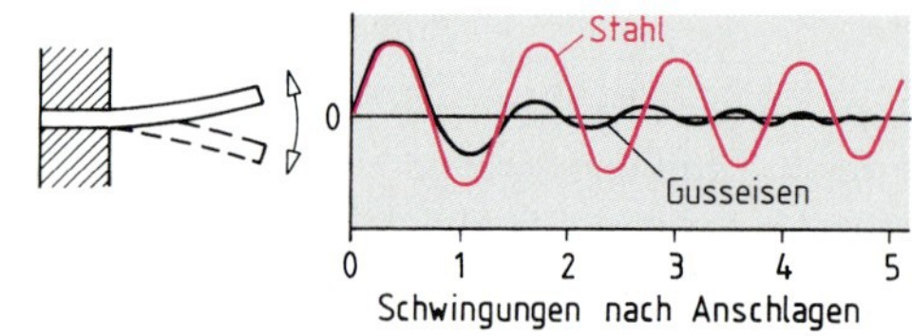

Schwingungsverlauf bei Stahl und Gusseisen

> ! Gusseisen mit Lamellengraphit (GJL)
> - ist gut gießbar,
> - wirkt schwingungsdämpfend,
> - ist relativ korrosionsbeständig.

3.5.2.3 Gusseisen mit Kugelgraphit (GJS)

Gusseisen mit Kugelgraphit nach DIN EN 1563 ist ein Eisen-Kohlenstoff-Gusswerkstoff, dessen Kohlenstoff im Gefüge weitgehend kugelförmig vorliegt. Der Kohlenstoffgehalt liegt zwischen 3,5 und 4,5 %. Die kugelförmige Ausbildung des Graphits im Gefüge entsteht durch Zugabe von Magnesium in die Schmelze. Da die Graphitkugeln nur geringe Kerbwirkung für das Grundgefüge haben, ist die Festigkeit von Gusseisen mit Kugelgraphit annähernd so hoch wie bei Stahlguss, ohne dass sich die Gießeigenschaften gegenüber Gusseisen mit Lamellengraphit verschlechtern.

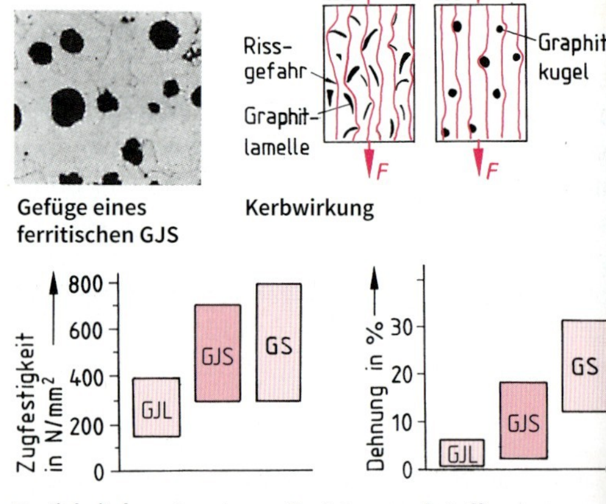

Gefüge eines ferritischen GJS

Kerbwirkung

Festigkeitskenntwerte von Fe-C-Gusswerkstoffen

> ! Gusseisen mit Kugelgraphit ist ein Eisen-Kohlenstoff-Gusswerkstoff, bei dem der Kohlenstoff überwiegend als Graphit in Kugelform vorliegt.

Gusseisen mit Kugelgraphit wird als Werkstoff für Automobilteile (Achsgehäuse, Getriebegehäuse, Bremstrommeln, Kurbelwellen u. a.), hoch beanspruchte Maschinenteile, Bauteile im Landmaschinenbau und Waggonbau verwendet.

Wasserkasten für Betonpumpe aus GJS

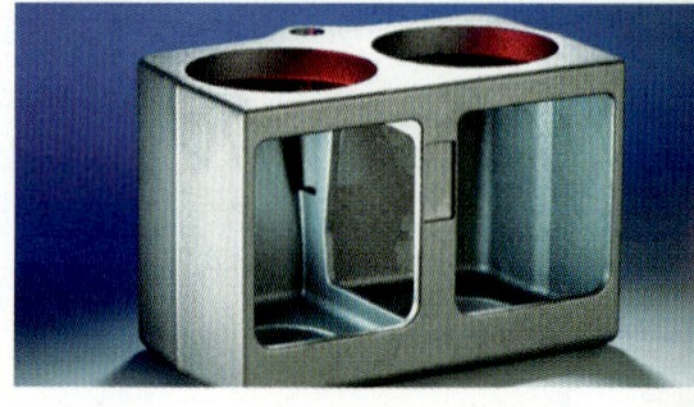

> ! Gusseisen mit Kugelgraphit (GJS)
> - ist fester und zäher als GJL,
> - ist gut gießbar,
> - ist relativ korrosionsbeständig.

Übungsaufgaben 3/64; 3/65; 3/66

3.5.3 Normbezeichnung von Fe-C-Gusswerkstoffen

1. Kurznamen von Gusseisenwerkstoffen

Der Kurzname für Gusseisenwerkstoffe wird nach DIN EN 1560 durch maximal sechs Angaben gebildet, wobei nicht alle Positionen belegt sein müsen. Es wird immer die Sorte des Gusseisenwerkstoffs und die mechanische Eigenschaft bzw. die Härte angegeben.

Beispiele für Kurznamen von Gusseisenwerkstoffen

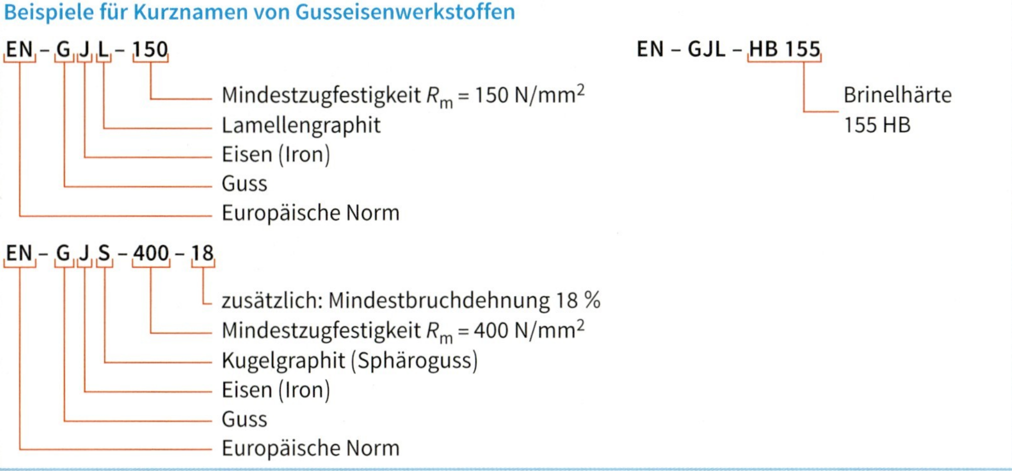

! Kurznamen für Gusseisenwerkstoffe beginnen immer mit EN, es folgt ein G für Guss und dann ein J für Eisen, die Sorte schließt diese Buchstabenfolge mit L für Lamellengraphit oder S für Kugelgraphit ab. Abschließend werden mechanische Eigenschaften angegeben.

2. Werkstoffnummern für Gusseisenwerkstoffe

Die Werkstoffnummern für Gusseisenwerkstoffe unterscheiden sich nach DIN EN 1561 von denen der Stahlwerkstoffe. Sie beginnen immer mit EN, es folgt die Sorte des Gusseisenwerkstoffs, wie z. B. JL oder JS, und eine vierstellige Zahl.

Beispiele für Werkstoffnummern von Gusseisenwerkstoffen

Werkstoff	Kurzname	Werkstoff-nummer	Bisheriger Kurzname	Festigkeitseigenschaft/ Härte
Gusseisen mit Lamellengraphit	EN-GJL-200	**EN-JL1030**	GG-20	Zugfestigkeit R_m = 200 bis 300 N/mm²
Gusseisen mit Lamellengraphit	EN-GJL-HB 235	**EN-JL2050**	GG-240 HB	Brinellhärte HB 165 bis 235
Gusseisen mit Kugelgraphit	EN-GJS-400	**EN-JS1030**	GGG-40	Zugfestigkeit R_m = 370 bis 400 N/mm²

3. Werkstoffnummern für Stahlguss

Die Werkstoffnummern werden für Stahlguss nach dem Nummernsystem für Stähle nach DIN EN 10027 angegeben. Sie beginnen immer mit einer 1. und dann folgt eine vierstellige Zahl.

Beispiele für Werkstoffnummern von Stahlguss

Werkstoff	Kurzname	Werkstoff-nummer	Bisheriger Kurzname	Festigkeitseigenschaft
Stahlguss für Druckbehälter	GP240	**1.0619**	GS-C 25	R_{eHF} = 240 N/mm²
Stahlguss	GE200	**1.0420**	GS-38	R_{eH} = 200 N/mm²

! Bei Stahlguss beginnt die Werkstoffnummer immer mit 1. und es folgt eine vierstellige Zahl.

Übungsaufgabe 3/67

4 Nichteisenmetalle

4.1 Aluminium und Aluminiumlegierungen

4.1.1 Eigenschaften und Verwendung

1. Reinaluminium

Aluminium wird im Gegensatz zu Eisen auch als reines Metall verwendet.
Der innere Aufbau des Aluminiums bestimmt seine Eigenschaften, die eine vielseitige Anwendung des Aluminiums und seiner Legierungen ergeben.

chem. Symbol:	Al
Schmelzpunkt:	660 °C
Dichte:	2,7 g/cm^3
Gittertyp:	kubisch-flächenzentriert

Eigenschaft	Ursache	Verwendungsbeispiele
geringe Dichte ϱ = 2,7 g/cm^3	großer Abstand der Atome kleine Masse eines Atoms	Legierungen für Fahrzeugbau und Flugzeugbau
gute elektrische Leitfähigkeit	viele freie Elektronen	Reinaluminium für Stromschienen und Überlandleitungen
gute Wärmeleitfähigkeit		Reinaluminium und Aluminiumlegierungen für Kochtöpfe und Heizkörper
gute Umformbarkeit	kubisch-flächenzentriertes Gitter	Reinaluminium für Folien und Tuben
Korrosionsbeständigkeit	Bildung einer festen und dichten Oxidhaut an der Luft	Reinaluminium und Aluminiumlegierungen für Nahrungsmittelbehälter und Rohrleitungen
schweiß- und lötbar mit besonderen Verfahren		

2. Aluminiumgusslegierungen

Aluminium bildet mit Silizium ein Kristallgemenge. Eine Aluminium-Silizium-Legierung mit etwa 12 % Silizium schmilzt bereits bei etwa 600 °C, besitzt sehr gute Gießeigenschaften (Dünnflüssigkeit, geringe Schwindung) und hat hohe Festigkeit. Sie lässt sich gut schweißen und ist korrosionsbeständig.
Anteile an Magnesium und Kupfer erhöhen die Festigkeit. Kupfer verringert jedoch die Korrosionsbeständigkeit. Aluminiumgusslegierungen mit diesen Elementen werden als Werkstoffe z. B. für Motorengehäuse und Getriebegehäuse im Fahrzeug- und Flugzeugbau verwendet.

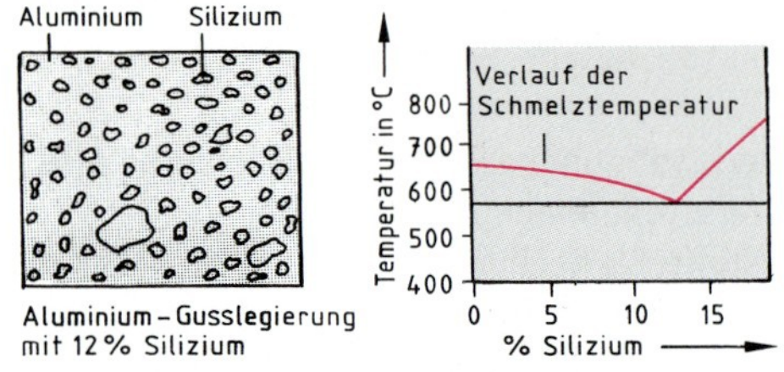

Gefüge und Schmelztemperatur von Al-Si-Legierungen

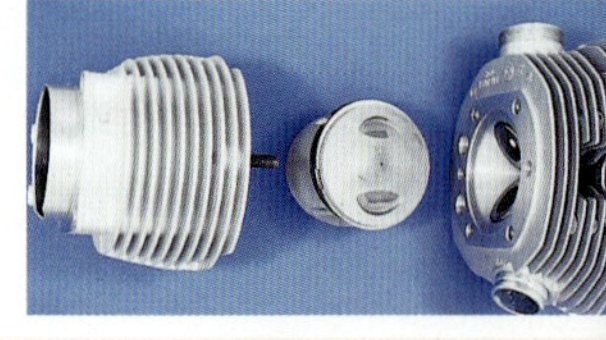
Zylinderkopf aus Aluminiumgusslegierung

Aluminiumgusslegierungen sind Aluminiumlegierungen mit guten Gießeigenschaften. Sie enthalten in der Regel Silizium.

3. Aluminiumknetlegierungen

Bereits geringe Zusätze der Legierungselemente Magnesium (Mg), Silizium (Si), Kupfer (Cu), Zink (Zn) und Mangan (Mn) ändern sehr stark die Eigenschaften des reinen Aluminiums. Insbesondere werden Festigkeit und Härte gesteigert, die elektrische Leitfähigkeit gesenkt, während die Umformbarkeit nur gering nachlässt. Diese Legierungen können durch Warmumformen (Walzen, Strangpressen) durchgeknetet werden, deshalb nennt man sie Aluminiumknetlegierungen.
Aluminiumknetlegierungen werden aufgrund ihrer hohen Festigkeit und geringen Dichte als Werkstoffe für Transportbehälter sowie Konstruktionsteile im Fahrzeug-, Flugzeug- und Schiffbau verwendet.

! Aluminiumlegierungen mit Zusätzen von Magnesium, Silizium, Kupfer, Zink und Mangan sind gut umformbar und haben hohe Festigkeit. Man nennt sie Knetlegierungen.

Übungsaufgaben 4/1; 4/2; 4/3

. Aushärtung von Aluminiumlegierungen

Aluminium bildet mit bestimmten Legierungselementen (Kupfer, Magnesium, Zink) bei höheren Temperaturen (ca. 500 °C) Mischkristalle. Zum Aushärten erhitzt man die Werkstücke zunächst auf diese Temperatur. Man nennt dies **Lösungsglühen**. Werden Guss- oder Knetlegierungen, welche solche Legierungselemente enthalten, auf Raumtemperatur langsam abgekühlt, entstehen Kristallgemenge aus Aluminium und den Legierungselementen. Kühlt man jedoch solche Legierungen von höheren Temperaturen schnell ab, so bleibt das Mischkristallgefüge auch bei Raumtemperatur erhalten. Die Atome der Legierungselemente bleiben zwangsweise im Aluminiumgitter eingebaut.

Im Gegensatz zum Stahl sind diese Aluminium-Legierungen zunächst weich und leicht umformbar. Die Härtezunahme setzt erst ein, wenn die schnell abgekühlten Aluminiumlegierungen eine Zeitlang lagern. Erst während dieser Zeit tritt die Gitterverspannung ein. Sie bewirkt die Zunahme der Härte und der Festigkeit. Diesen Vorgang bezeichnet man als **Auslagerung**.

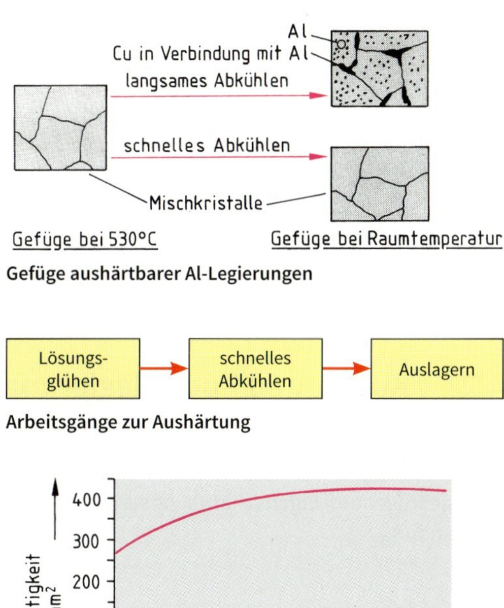

Gefüge aushärtbarer Al-Legierungen

Lösungsglühen → schnelles Abkühlen → Auslagern

Arbeitsgänge zur Aushärtung

Zugfestigkeit in N/mm² — 0, 100, 200, 300, 400 — 1.Tag, 2.Tag, 3.Tag, 4.Tag, 5.Tag

Einfluss der Lagerzeit auf die Zugfestigkeit

Die Aushärtung der Aluminiumlegierungen geschieht in drei Stufen:
- Lösungsglühen,
- schnelles Abkühlen,
- Auslagern.

.1.2 Normbezeichnungen

Entsprechend der Systematik für Nichteisenmetalle gliedern sich die Kurzzeichen für Aluminium nach DIN EN 573 in mehrere Teile. Das Kurzzeichen beginnt immer mit dem Normhinweis **EN**.

Es folgt ein **A** für Aluminium. Die folgenden Teile weisen auf Herstellung, Zusammensetzung und Werkstoffzustand hin.

Aufbau des Kennzeichens von Aluminium und Al-Legierungen

Norm	Werkstoff	Herstellung	Kennzeichen für Zusammensetzung	Kennzeichen für Werkstoffzustand
EN	A	W Halbzeug C Guss B Block	Normen für Zusammensetzung 1. Stelle **1** reines Aluminium **2** Cu **3** Mn Hauptbestandteil **4** Si -- oder -- Zeichen für **Al** und chemische Symbole für Legierungselemente mit evtl. Zahlenwert des Gehaltes in fallender Reihenfolge	Buchstabe und Zahl für Behandlungszustand **O** weichgeglüht **O2** thermomechanisch behandelt für höchste Umformbarkeit **H** kaltverfestigt **H12** 1/4 hart kaltverfestigt **T** ausgehärtet **T4** lösungsgeglüht und kalt ausgelagert

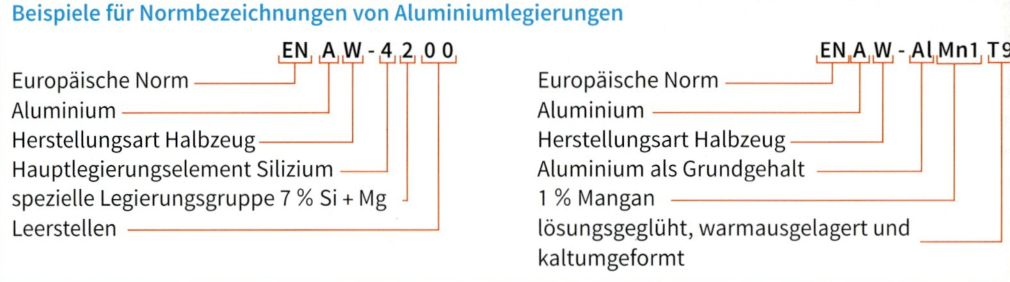

4.2 Kupfer und Kupferlegierungen

4.2.1 Eigenschaften und Verwendung von Kupfer

Kupfer wird als reines Metall in der Technik verwendet. Die folgenden Eigenschaften bestimmen seine Verwendung.

chem. Symbol:	Cu
Schmelzpunkt:	1 083 °C
Dichte:	8,9 g/cm^3
Gittertyp:	kfz

Eigenschaft	Ursache	Verwendungsbeispiele
sehr gute elektr. Leitfähigkeit	Viele freie Elektronen	Kabel, Stromschienen
sehr gute Wärmeleitfähigkeit		Wärmetauscher, Lötkolben
gute Umformbarkeit	Kubisch-flächenzentriertes Gitter	Behälter, Kessel, Dichtungen, Kunstgegenstände
gute Korrosionsbeständigkeit	Bildung einer dichten und festen Oxidschicht an der Luft	Rohrleitungen, Dachabdeckungen, Plattierungen

4.2.2 Kupferlegierungen

Die wichtigsten Legierungselemente des Kupfers sind Zink (Zn), Zinn (Sn), Nickel (Ni), Aluminium (Al) und Blei (Pb).

Die Normenbezeichnung der Kupferlegierungen ist in gleicher Weise aufgebaut wie die der Al-Legierungen. Sie beginnt jedoch mit Cu.

1. Kupfer-Zink-Legierungen

Kupfer-Zink-Legierungen mit einem Kupfergehalt von mindestens 50% und Zink als Hauptlegierungsbestandteil werden als **Messing** bezeichnet. Damit bei der spanenden Bearbeitung der Span besser bricht, kann Messing bis zu 3 % Blei enthalten.

Beträgt der Zinkgehalt unter 38 %, so besteht das Messing aus Mischkristallen mit kubisch-flächenzentriertem Gitteraufbau. Diese Messingsorten sind sehr gut umformbar. Sie werden als Kupfer-Zink-Knetlegierungen bezeichnet. Aus diesen Messingsorten werden Schrauben, Blattfedern, Kugelschreiberminen, Hülsen u.a. Bauteile durch Kaltumformen hergestellt.

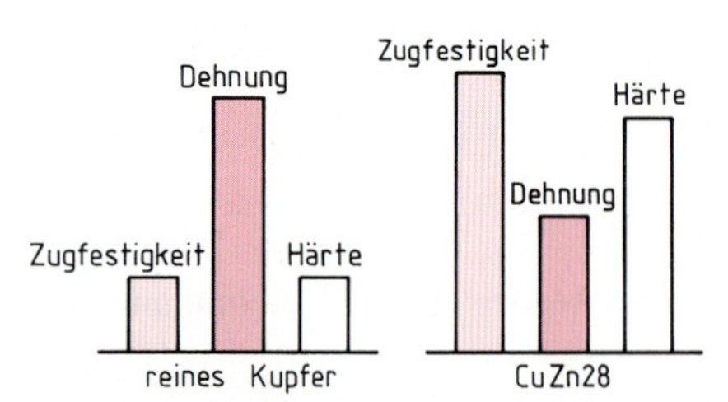

Mechanische Eigenschaften von reinem Kupfer und einer Kupfer-Zink-Legierung

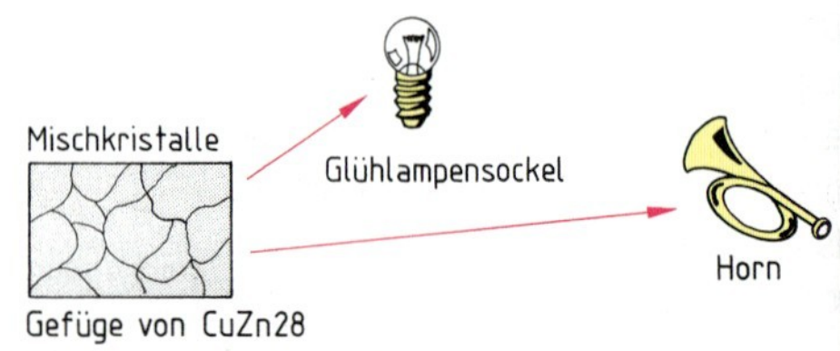

Gefüge und Beispiele für die Verwendung von Cu-Zn-Legierungen mit niedrigem Zn-Gehalt (Messing)

Übungsaufgaben 4/7; 4/8

Steigt der Zinkgehalt über 38 %, bildet sich ein Kristallgemenge aus kubisch-flächenzentrierten und kubisch-raumzentrierten Mischkristallen. Diese Messingsorten sind schlecht umformbar, aber gut gießbar und zerspanbar. Aus diesen Messingsorten werden Armaturen, Ventile, Steuerungsbauteile und Formdrehteile aller Art hergestellt.

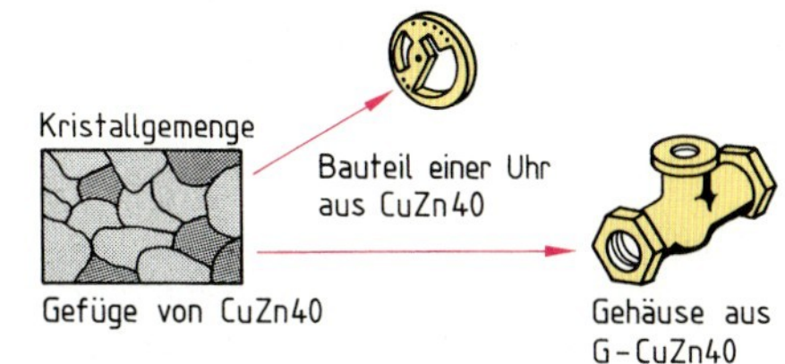

Gefüge und Beispiele für die Verwendung von Cu-Zn-Legierungen mit höheren Zn-Gehalten (Messing)

> ! Messing ist eine Kupfer-Zink-Legierung. Messingsorten mit weniger als 38 % Zinkgehalt sind gut umformbar. Messingsorten mit mehr als 38 % Zinkgehalt sind gut gieß- und zerspanbar.

2. Kupfer-Zinn-Legierungen

Kupfer-Zinn-Legierungen bezeichnet man als **Zinn-Bronzen**. Zinn-Bronzen werden in Knetlegierungen und Gusslegierungen unterteilt. Dabei werden die Zinn-Bronzen bis zu 9 % Zinn als Knetlegierungen bezeichnet, da bis zu diesem Zinngehalt Mischkristalle gebildet werden. Diese Zinnbronzen sind gut umformbar. Es werden daraus Schrauben, Drähte, Bleche, Bänder und andere Bauteile hergestellt.

Steigt der Zinngehalt über 9 %, entstehen Kristallgemenge. Es verschlechtert sich die Umformbarkeit. Die Gießeigenschaften verbessern sich. Darüber hinaus verbessern sich Korrosionsbeständigkeit und die Gleiteigenschaften. Aus Zinnbronzen stellt man Schneckenräder, Lager, Armaturen, Bauteile für Turbinen und Gleitschienen durch Gießen her.

CuSn6	94 % Cu	6 % Sn
CuSn8	92 % Cu	8 % Sn

Profilstab Blech Schraube

Verwendung von Cu-Sn-Knetlegierungen

G-CuSn12	88 % Cu	12 % Sn
G-CuSn14	86 % Cu	14 % Sn

Führung Ventilgehäuse

Verwendung von Cu-Sn-Gusslegierungen

> ! Bronzen sind Kupfer-Zinn-Legierungen. Bronzen mit weniger als 9 % Zinn sind Knetlegierungen. Bronzen mit mehr als 9 % Zinn werden vergossen.

3. Kupfer-Zink-Zinn-Legierungen

Kupfer-Zink-Zinn-Legierungen bezeichnet man als **Rotguss**. Rotguss ist ein sehr gut gießbarer und korrosionsbeständiger Werkstoff. Er wird für dünnwandige komplizierte Werkstücke wie Pumpengehäuse, Schneckenräder, Heißdampfarmaturen verwendet.

G-CuSn5ZnPb	85 % Cu	5 % Sm; Zn u. Pb in Anteilen
G-CuSn10Zn	88 % Cu	10 % Sn (2 %) Zn

Pumpengehäuse Armatur

Verwendung von Cu-Zn-Sn-Legierungen

> ! Rotguss sind Kupfer-Zink-Zinn-Legierungen.

4. Kupfer-Zink-Nickel-Legierungen

Kupfer-Zink-Nickel-Legierungen bezeichnet man wegen ihres silbernen Glanzes als Neusilber. Es enthält zwischen 10 und 25 % Nickel. **Neusilber** ist gut umformbar und sehr korrosionsbeständig. Es wird als Werkstoff in der Optik, in der Feinmechanik und im Kunstgewerbe verwendet.

CuZn30Ni12Pb	56 % Cu 30 % Zn 12 % Ni 2 % Pb

Türgriffe Bestecke Teile an Fotoapparaten

Verwendung von Cu-Zn-Ni-Legierungen

> ! Neusilber sind Kupfer-Zink-Nickel-Legierungen.

Übungsaufgaben 4/9 bis 4/12

5 Sinterwerkstoffe

5.1 Sintermetalle

Durch das Umformverfahren Sintern stellt man aus pulverförmigen Ausgangsstoffen feste Werkstücke in ihrer Endform her. Die Fertigung von Werkstücken aus Metallpulvern erfolgt in mehreren Arbeitsschritten:

Erzeugen des Formkörpers

Für Werkstücke aus Sintermetall mit hoher Porosität, z. B. Filter, erzeugt man den Formkörper aus nicht verdichtetem Metallpulver mit Bindemittel in Formen. Formkörper für Bauteile, an die höhere Ansprüche hinsichtlich der Festigkeit gestellt werden, werden in Formen gepresst. Bei Drücken bis etwa 60 kN/cm² verklammern sich die Pulverteilchen mechanisch, so dass ein handhabbarer Formkörper entsteht. Beim Heißpressen haben die Formkörper so hohe Festigkeit, dass ggf. eine spanende Bearbeitung möglich ist. Man bezeichnet die Formkörper als **Grünlinge**.

Sintern

Die Grünlinge werden bei Temperaturen knapp unter dem Schmelzpunkt des Metallpulvers, z. B. bei Stahl ca. 1 120 °C, geglüht. Bei diesen hohen Temperaturen kann sich bereits das Bestreben von Körpern, die kleinste Oberfläche zu bilden, auswirken. Bei den hohen Temperaturen, aber noch eben im festen Zustand wandern an den Berührungsstellen Atome der einzelnen Metallpulverteilchen so ineinander, dass ein Zusammenhalt entsteht. Gleichzeitig verkleinert sich der Porenraum zwischen den Teilchen und der Grünling schwindet.

> ! Zur Erzeugung von Werkstücken durch Sintern wird zunächst aus metallischen Pulvern ein Formkörper erzeugt. Durch einen anschließenden Glühvorgang knapp unterhalb der Schmelztemperatur des Metalls, dem eigentlichen Sintern, entsteht ein zusammenhängendes Gefüge.

5.1.1 Arten, Eigenschaften und Verwendung

So kann man aus pulverförmigen Ausgangsstoffen:

- Bauelemente herstellen, die aus Werkstoffen mit sehr hohen Schmelzpunkten bestehen, z. B. Glühfäden aus Wolfram für Glühlampen. Sie haben einen Schmelzpunkt von 3 380 °C.
- Werkstoffe herstellen, deren Bestandteile im schmelzflüssigen Zustand nicht mischbar sind, z. B. Graphit und Kupfer als Werkstoff für Stromabnehmer.
- poröse metallische Werkstücke erzeugen, z. B. Gleitlager aus Bronzen, Metallfilter u. a.

Werkstoffe aus Sinterbronzen und Eisen-Kupfer-Graphit-Sinterwerkstoffe besitzen sehr gute Eigenschaften als **Lagerwerkstoffe**. Sie sind nahezu wartungsfrei, geräuscharm und besitzen wegen ihrer Porosität gutes Ölspeichervermögen. Durch den eingelagerten Kohlenstoff sind diese Lagerwerkstoffe im Notfall selbst schmierend. Sie haben dadurch gute **Notlaufeigenschaften**.

Hoch poröse Werkstoffe wie Sinterkupfer, Sinterbronzen und Sinterstahl eignen sich besonders für die Herstellung von Filtern, Schalldämpfern und als Flammenschutz in der Autogentechnik.

Werkstücke aus Sintermetall

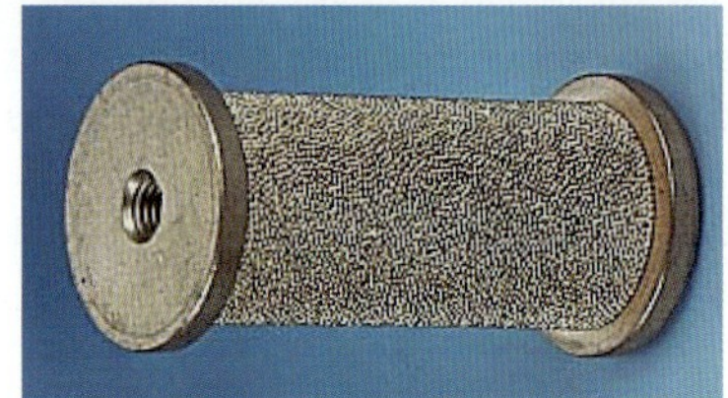

Filter aus rostfreiem Stahl und Bronze (GKN-Filters)

Übungsaufgabe 5/1

5.1.2 Normung

Die Kennzeichnung der Sintermetalle ist nach DIN festgelegt. Eine normgerechte Werkstoffbezeichnung enthält folgende Angaben:

Kennwort SINT für Verfahren	Kennbuchstabe für Werkstoffklasse	Kennziffer für Werkstoff	Zählziffer für Einordnung in die Norm	Wort für Werkstoffbehandlung	Wort für Oberflächenzustand

Bedeutung der Kennzeichen

Werkstoffklasse	Raumausfüllung	Kennziffer	chemische Zusammensetzung	Werkstoffbehandlung	Oberflächenzustand
AF	<73 %	0	Eisen und Stahl, 0 bis 1 % Cu	gesintert	sinterglatt
A	75 %	1	Eisen und Stahl, 1 bis 5 % Cu	kalibriert	kalibrierglatt
B	80 %	2	Eisen und Stahl, >5 % Cu	wärmebehandelt	sintergeschmiedet glatt
C	85 %	3	Eisen und Stahl, <6 % legiert	dampfbehandelt	mechanisch bearbeitet
D	90 %	4	Eisen und Stahl, >6 % legiert	sintergeschmiedet	oberflächenbehandelt
E	94 %	5	legiert mit Cu > 60 %	isostatisch gepresst	
F	>95 %[1]	6	Buntmetalllegierung (außer Ziffer 5)		
G	>92 %[2]	7	Leichtmetalle		
S	>90 %[3]				

1) warm gepresste Formteile 2) infiltrierte Formteile 3) warmgepresste Gleitlager

Beispiel für den Aufbau von Normbezeichnungen von Sintermetallen

SINT-D 3 0 dampfbehandelt

- dampfbehandelt: Behandlung mit Wasserdampf
- 0: Zählziffer für Einordnung in die Norm
- 3: Sintereisen unter 6 % legiert evtl. zusätzlich Cu
- D: Raumerfüllung 90 %, d. h. 10 % Porenvolumen

5.2 Hartmetalle

5.2.1 Aufbau von Hartmetallen

Die Ausgangsstoffe für die Hartmetalle sind chemische Verbindungen aus Metallen und Kohlenstoff. Diese Metallverbindungen bezeichnet man als **Metallkarbide**. Wolframkarbid (WC), Titankarbid (TiC), Borkarbid (B_4C) haben eine Härte, die um ein Vielfaches über der Härte von Stahl liegt. Gleichzeitig besitzen sie Schmelztemperaturen, die über 2000 °C liegen.

Eigenschaften		WC	TiC	TiN
Dichte	g/cm³	15,7	4,93	5,21
Schmelzpunkt	°C	2776	3067	2950
Oxidationsbeständigkeit		mäßig	gut	sehr gut
Vickershärte	HV10	1800	3200	2450
Druckfestigkeit	N/mm²	400	300	
Biegebruchfestigkeit	N/mm²	550	350	

Nach der Zusammensetzung unterscheidet man zwei Gruppen von Hartmetallen:

- Hartmetalle, in denen vorwiegend Wolframkarbid der Härteträger und Kobalt das Bindemittel ist, werden als **Hartmetalle HW** gekennzeichnet.
- Hartmetalle, in denen die Härteträger Mischungen aus Karbiden und Nitriden von Tantal, Titan u. a. sind, und ein Gemisch aus Nickel, Kobalt und Molybdän das Bindemittel ist, werden als **Hartmetalle HT** bezeichnet. Man nennt diese Hartmetalle auch **Cermets** (**cer**amics + **met**als).

Beschichtete Hartmetalle, gleich welcher Art, werden mit **HC** gekennzeichnet.

Hartmetalle **HW**:	Härteträger: WC	Bindemittel: Co
Hartmetalle **HT** (Cermets):	Härteträger: Karbide und Nitride von Ta, Ti, W, Nb	Bindemittel: Ni, Co, Mo

Zur Herstellung von Hartmetallen mischt man die pulverförmigen Härteträger mit pulverförmigem Bindemittel. Das Gemisch wird zu Formkörpern gepresst und anschließend gesintert. Im fertig gesinterten Zustand bilden die Bindemittel die zähe Grundmasse, in die die Härteträger eingebettet sind.
Cermets besitzen wegen der erheblich geringeren Dichte der Härteträger nur etwa 50% der Dichte von Hartmetallen auf Wolframkarbid-Basis. Sie sind zudem härter und verschleißfester. Da Cermets erst bei höheren Temperaturen oxidieren, erlauben sie beim Einsatz als Schneidstoffe erheblich höhere Schnittgeschwindigkeiten.
Cermets leiten gegenüber Hartmetallen HW Wärme schlechter und haben gleichzeitig hohe Wärmedehnung. Als Folge dieser Eigenschaften ist die Beständigkeit gegen schnelle Temperaturwechsel geringer als bei den Hartmetallen HW.

Hartmetalle auf Wolframkarbidbasis (HW) haben höhere Temperaturwechselbeständigkeit und Wärmeleitfähigkeit. Hartmetalle mit vorwiegend Titan- und Tantalkarbiden (HT) und -nitriden sind härter und verschleißfester.

5.2.2 Verwendung und Eigenschaften von Hartmetallen HW

Hartmetalle werden als Schneidstoffe von Zerspanungswerkzeugen eingesetzt.
In der Stanz- und Umformtechnik werden Stempel, Matrizen und stark verschleißbeanspruchte Teile von Werkzeugen aus Hartmetall gefertigt.
Die Eigenschaften der verschiedenen Hartmetallsorten HW und die damit verbundenen Einsatzmöglichkeiten ergeben sich aus

- den unterschiedlichen Bindemittelanteilen (3 bis 30 %),
- den unterschiedlichen Korngrößen der Karbide (1 bis 10 µm)

Beispiele für den Einfluss von Co-Gehalt und WC-Korngröße auf die Biegefestigkeit von Hartmetallen HW

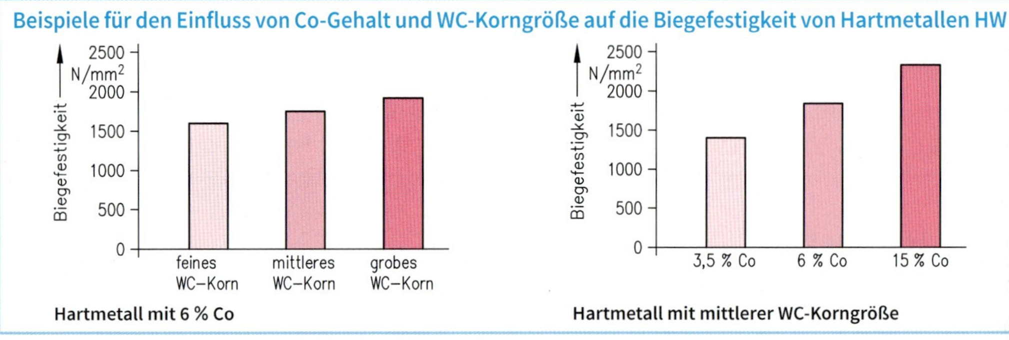

Hartmetalle HW als Schneidstoffe sind in drei Gruppen genormt, die durch Buchstaben gekennzeichnet sind. Für die Einordnung ist die Spanlänge der zu bearbeitenden Werkstoffe maßgebend. Jede Gruppe ist in weitere Anwendungsgruppen unterteilt. Dabei sind Verschleißfestigkeit und Zähigkeit der Hartmetalle HW Merkmale für die Einordnung in die Anwendungsgruppen.

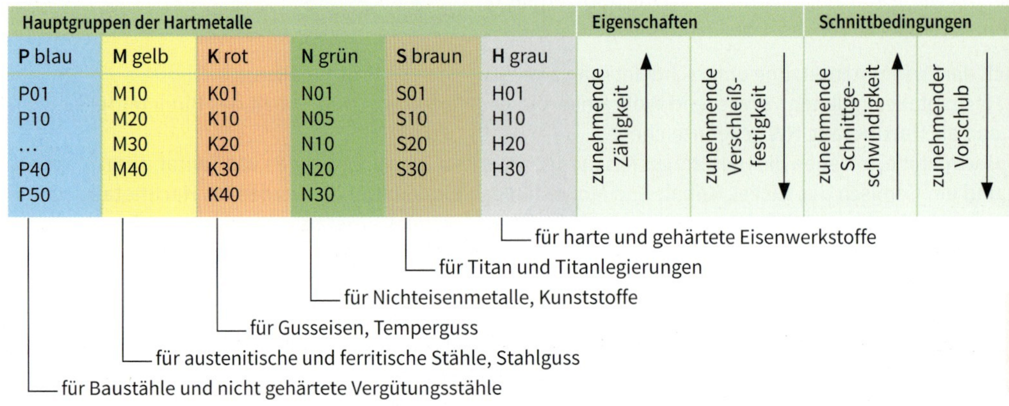

Hauptgruppen der Hartmetalle						Eigenschaften		Schnittbedingungen	
P blau	**M** gelb	**K** rot	**N** grün	**S** braun	**H** grau	zunehmende Zähigkeit ↑	zunehmende Verschleißfestigkeit ↓	zunehmende Schnittgeschwindigkeit ↑	zunehmender Vorschub ↓
P01	M10	K01	N01	S01	H01				
P10	M20	K10	N05	S10	H10				
…	M30	K20	N10	S20	H20				
P40	M40	K30	N20	S30	H30				
P50		K40	N30						

Übungsaufgaben 5/4; 5/5

5.3 Keramische Werkstoffe

Keramische Werkstoffe sind Sinterwerkstoffe. Die meisten technischen Keramiken sind Verbindungen von Metallen und Halbmetallen mit Sauerstoff, Kohlenstoff oder Stickstoff. Man unterscheidet demnach *oxidische* und *nicht oxidische* Keramiken. Die im Maschinenbau und in der Fertigungstechnik eingesetzten technischen Keramiken haben drei besondere Eigenschaften:

- Sie sind *nichtmetallisch* und unterscheiden sich dadurch von Metallen.
- Sie sind *anorganisch* und unterscheiden sich dadurch von den Kunststoffen.
- Sie sind zu mindestens *30 % kristallin* und unterscheiden sich so von den Gläsern.

Werkstücke aus Keramik

! Technische Keramiken sind Sinterwerkstoffe aus chemischen Verbindungen von Metallen mit Nichtmetallen. Sie sind nicht metallisch, anorganisch und mindestens teilweise kristallin.

5.3.1 Erzeugung keramischer Werkstücke

Wesentliche Unterschiede im Verhalten der verschiedenen Ausgangsstoffe bedingen andere Arbeitstechniken als beim Herstellen von Werkstücken aus Metallpulvern.

1. Pulverherstellung

Die Herstellung der Pulverteilchen erfolgt wegen der Sprödigkeit der Ausgangsstoffe, z. B. des Siliziumkarbids, vorwiegend durch Mahlen. Die mechanischen Eigenschaften von Keramik werden entscheidend durch die Größe der Pulverteilchen mitbestimmt. Kleine Pulverteilchen begünstigen die Entstehung eines feinkörnigen Gefüges, das hohe Bruchfestigkeit aufweist.

2. Formgebung

Die Formgebung kann vor der Sinterung auf unterschiedliche Weise erfolgen:

Kaltpressen geschieht in Stahl- oder Hartmetallformen und führt zu Werkstücken mit kreideartiger Festigkeit.

Kaltisostatisches Pressen geschieht in Formen mit einer elastischen Seite. Die Formkörper müssen evtl. an der entsprechenden Seite nachgearbeitet werden.

Spritzpressen geschieht – wie in der Kunststoffverarbeitung – in Metallformen.

Extrudieren wird ebenfalls – wie in der Kunststoffverarbeitung – mit angeteigten Keramikmassen zur Formgebung von Profilen durchgeführt.

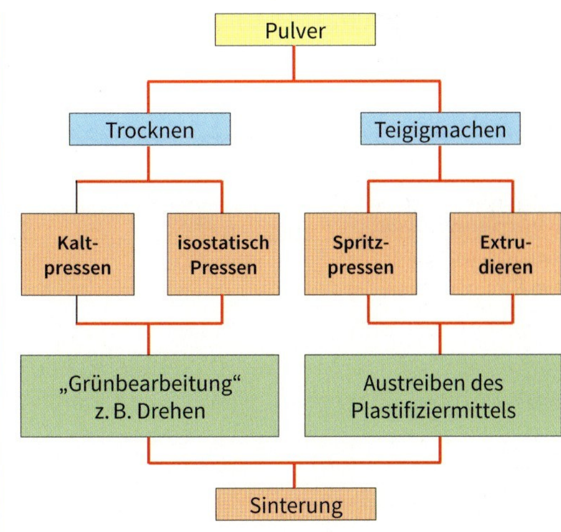

Formgebungsverfahren vor der Sinterung

! Formgebung vor der Sinterung geschieht bei
- trockenen Pulvern durch Kaltpressen oder isostatisches Pressen,
- angeteigten Pulvern durch Spritzpressen oder Extrudieren.

Übungsaufgabe 5/6

In einigen Fällen wird die Formgebung unmittelbar mit der Sinterung verknüpft:
Heißpressen ist ein Formgebungsverfahren, bei dem die Formkörper bei Drücken von 400 bar und Temperaturen von 1 500°C in Graphitformen erzeugt und gesintert werden. Die Erhitzung in der Form geschieht dabei nur kurzzeitig durch hohen elektrischen Strom (ca. 10 000 A). Durch Heißpressen werden Keramiken mit hohen mechanischen Festigkeitswerten gewonnen. Das Verfahren ist aber wegen des starken Formverschleißes sehr teuer.

! Beim Heißpressen erfolgt Formgebung und Sinterung in einem Arbeitsgang.

Heißisostatisches Pressen (HIPing) geschieht nicht mit Pulvern, sondern mit bereits vorgesinterten und porendichten Formkörpern. Diese werden in einem Druckbehälter auf 1 600 bis 1 800 °C aufgeheizt und dann durch hohe Gasdrücke zu ihrer endgültigen Form verdichtet. In diesem Verfahren können Bauteile mit komplizierten Konturen hergestellt werden. Die Fertigung ist sehr kostenaufwendig.

! Heißisostatisches Pressen geschieht in heißen Gasen unter hohem Druck mit vorgesinterten Werkstücken, deren Poren nach außen geschlossen sind.

3. Sinterung

Durch die Sinterung, die bei 1 600 bis 1 800 °C durchgeführt wird, erhalten die Pulverteilchen den Zusammenhalt. Es tritt dabei eine erhebliche Schwindung ein, die größer ist als die der Sintermetalle. Sie beträgt in Einzelfällen bis zu 20 %. Die hohe Schwindung erfordert eine sehr genaue Vorplanung der Werkstückformen, damit nach der Sinterung die geplanten Maße auch erreicht werden und eine Nacharbeit entfallen kann. Sintertemperatur, Sinterzeit sowie Aufheiz- und Abkühlungsverlauf beeinflussen die Gefügebildung. Sie müssen darum so gestaltet werden, dass feinkörnige Gefüge entstehen, denn nur solche Gefüge besitzen hohe Bruchfestigkeit.

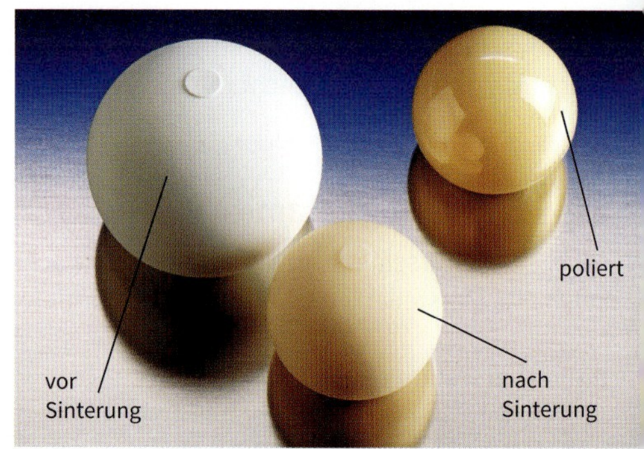

Schwindung beim Sintern: Keramikkugeln vor dem Sintern, nach dem Sintern und poliert (CeramTec)

5.3.2 Eigenschaften und Verwendung keramischer Werkstoffe

Für technische Keramiken setzt man vorwiegend Aluminiumoxid, Zirkonoxid, Siliziumkarbid, Siliziumnitrid und Gemenge aus diesen Werkstoffen ein.

Übersicht über Eigenschaften und Verwendung technischer Keramiken

Eigenschaften und Verwendung	Aluminiumoxid Al_2O_3	Zirkonoxid ZrO_2	Siliziumkarbid SiC	Siliziumnitrid Si_3N_4
Biegefestigkeit in N/mm²	bis 350	bis 800	kalt gepresst 350 heiß gepresst 700	heiß gepresst 750
Druckfestigkeit in N/mm²	bis 3 500	bis 2 000	1 200	3 000
Härte in HV	3 000	2 800	3 500	4 200
Ausdehnungskoeffizient in 1/K	0,000 008	0,000 011	0,000 004	0,000 003
obere Verwendungstemperatur in °C	1 700	2 300	1 400	1 400
Verwendung im Maschinen- und Motorenbau und in der Fertigungstechnik	Armaturenteile Schneidplatten Ziehkonen Pumpenkolben	Ventilteile Lagerteile Ziehkonen	Gleitringe Lagerteile Wellenschutzhülsen	Turboladerrotoren Düsen Motorenteile

Übungsaufgaben 5/7 bis 5/10

6 Verbundwerkstoffe

6.1 Einteilung

Durch Kombination verschiedener Werkstoffe kann man optimale Werkstoffeigenschaften erreichen. Werkstoffe, die man durch das Verbinden mehrerer Werkstoffe erzielt, nennt man Verbundwerkstoffe.

Verbundwerkstoffe teilt man ein in

- **Durchdringungsverbundwerkstoffe**, bei denen fest zusammenhängende Teilchen, zwischen denen Hohlräume vorliegen, von einem zweiten Stoff durchdrungen werden. Die fest zusammenhängenden Teilchen (Grundwerkstoff) bezeichnet man als Matrix.
- **Teilchenverbundwerkstoffe**, bei denen in einem zusammenhängenden Stoff (Matrix), kleine Teilchen eines zweiten Stoffes eingelagert sind.
- **Faserverbundwerkstoffe**, bei denen Fasern in den Grundwerkstoff (Matrix) eingelagert sind.
- **Schichtverbundwerkstoffe**, bei denen gleichartige oder verschiedenartige Materialschichten miteinander verbunden sind.
- **Oberflächenbeschichtungen**, bei denen nur die Oberfläche mit einer Schicht aus einem anderen Stoff versehen ist.

Beispiele für die Struktur und die Verwendung von Verbundwerkstoffen

Durchdringungsverbund

Tränkwerkstoffe
- getränkte Sinterwerkstoffe
- Lagerwerkstoffe

Teilchenverbund

Schneidstoffe
- Hartmetalle
- Schleifscheiben

Faserverbund

Konstruktionswerkstoffe
- Glasfaserverstärkte Werkstoffe
- Kohlenstofffaserverstärkte Werkstoffe
- Stahlbeton
- Drahtglas

Schichtverbund

Platten (Halbzeug)
- Sperrholz
- Schichtpapier
- Damaszenerstahl

> **!** Verbundwerkstoffe kombinieren die Eigenschaften der Grundwerkstoffe.
> Verbundwerkstoffe entstehen nicht aus einer gemeinsamen Schmelze.
> Man unterscheidet:
> - Durchdringungsverbundwerkstoffe,
> - Teilchenverbundwerkstoffe,
> - Faserverbundwerkstoffe,
> - Schichtverbundwerkstoffe,
> - Oberflächenbeschichtungen.

6.2 Aufbau

1. Durchdringungsverbundwerkstoffe

Durchdringungsverbundwerkstoffe werden häufig als Lagerwerkstoffe eingesetzt. Dabei erzeugt man durch Sintern eine poröse Matrix, welche die Aufgabe des Tragens übernimmt. Der zweite Werkstoff, das Schmiermittel, wird durch Tränken in die Poren des Grundwerkstoffs eingebracht.

Übungsaufgabe 6/1

2. Teilchenverbundwerkstoffe

Teilchenverbundwerkstoffe werden bevorzugt in der Fertigungstechnik als Schneidwerkstoffe eingesetzt. Dabei bindet eine relativ weiche und zähe – meist auch preiswertere – Matrix (Grundwerkstoff) harte Teilchen des Schneidstoffs.

3. Faserverbundwerkstoffe

Faserverbundwerkstoffe haben in der Luftfahrttechnik erhebliche Bedeutung erlangt und gewinnen im Maschinen- und Kraftfahrzeugbau dort Bedeutung, wo Bauteile mit geringer Masse und hoher Festigkeit gefordert werden.

Die Verstärkerfaser in einem Faserverbundwerkstoff muss zwei Bedingungen erfüllen, wenn sie ihre Aufgabe optimal erfüllen soll:

- Sie muss höhere Streckgrenze und Festigkeit als die zu verstärkende Matrix aufweisen.
- Sie muss weniger elastisch als die Matrix sein, damit bei der Dehnung des Werkstoffs infolge der Belastung die Faser die Last aufnimmt und die Matrix nur unwesentlich belastet wird.

Die zweite Bedingung wird nicht von allen Werkstoffkombinationen erfüllt. So ist z. B. Beton weniger elastisch als der verstärkende Stahl – bei Zugbelastung reißt darum der Beton vielfach, ehe der Stahl nennenswert beansprucht wurde.

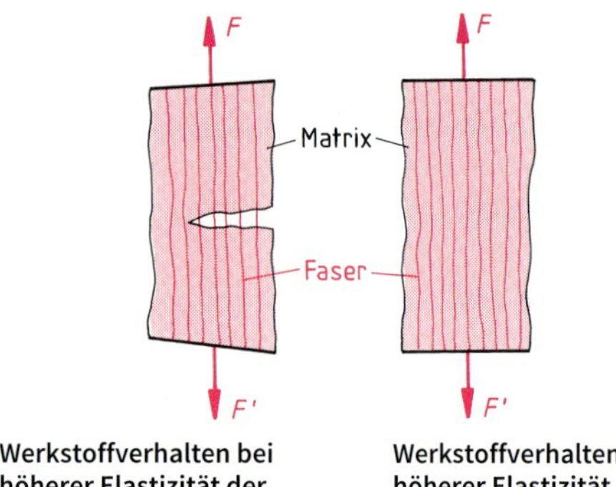

Werkstoffverhalten bei höherer Elastizität der Verstärkungsfaser, z. B. bei Stahl in Beton

Werkstoffverhalten bei höherer Elastizität der Matrix, z. B. Stahl in Gummi

> **!** Bei Faserverbundwerkstoffen muss
> - die Verstärkungsfaser höhere Festigkeit als die Matrix haben und
> - die Matrix elastischer als der Werkstoff der Verstärkungsfaser sein.

Die Festigkeit ist in Faserrichtung am höchsten. Es sind daher hohe Zugfestigkeiten nur zu erreichen, wenn die Fasern in Beanspruchungsrichtung ausgerichtet sind.

Entsprechend der Faserrichtung unterscheidet man:

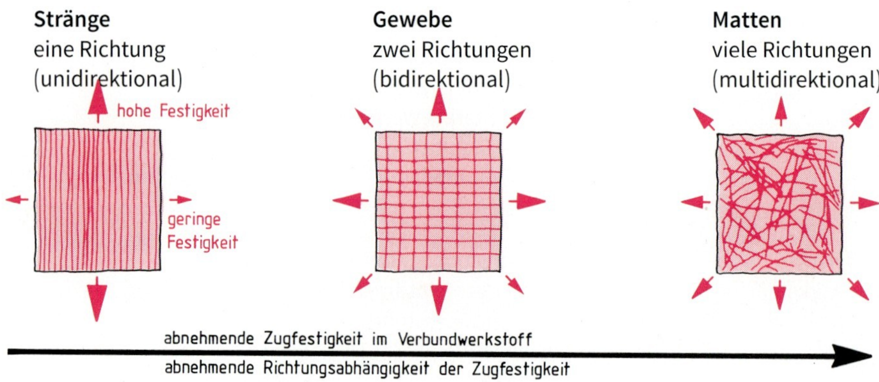

Da die Fasern stets nur einen Bruchteil des Gefüges ausmachen, kann ein Faserverbundwerkstoff nicht die Festigkeit des reinen Faserwerkstoffes erreichen.

> **!** Die Festigkeit eines faserverstärkten Werkstoffes hängt ab
> - von der Festigkeit des Faserwerkstoffes,
> - von der Lage der Fasern zur Beanspruchungsrichtung,
> - vom Faseranteil.

Übungsaufgabe 6/2

Als Faserverbundwerkstoffe verwendet man im Maschinenbau und in der Luftfahrttechnik hauptsächlich Kunststoffe, die mit Glas-, Kohlenstoff- oder hochfesten Kunststofffasern verstärkt sind.

– **Glasfaserverstärkte Kunststoffe (GFK)**

Glasfaserfäden haben etwa 10 µm Durchmesser und eine Zugfestigkeit von 3 000 N/mm². Die Bruchdehnung ist mit 2 % gering. Die Fasern werden durch Ziehen aus der Schmelze hergestellt. 20 bis 60 Fäden fasst man zu einem Spinnfaden zusammen, der wie Textilfaser verarbeitet wird. Für Matten werden die Spinnfäden in etwa 50 mm lange Teilstücke geschnitten.

Als Matrixwerkstoff dient meist ungesättigter Polyester (siehe Kapital Kunststoffe).

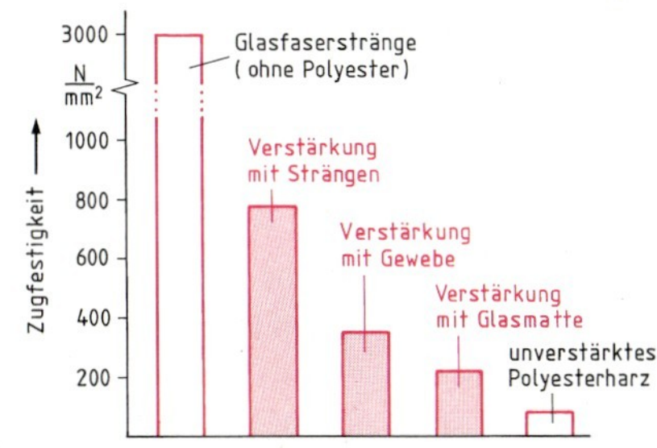

Vergleich der Zugfestigkeiten glasfaserverstärkter Polyester

– **Kohlenstofffaserverstärkte Kunststoffe (CFK)**

Kohlenstofffasern verkörpern die ideale Kristallstruktur, die bei Metallen im großen Maßstab unerreichbar ist. Kohlenstofffasern sind nahezu fehlerlose Einkristalle von großer Länge. Man erzeugt Kohlenstofffasern durch Erhitzen und Umwandeln von langkettigen Kunststoffmolekülen. Bei Kohlenstofffasern können Zugfestigkeiten bis zu 20 000 N/mm² erreicht werden. Die Zugfestigkeit nimmt jedoch mit steigendem Faserdurchmesser ab. Die Bruchdehnung ist ebenso wie bei Glasfasern mit 2 % sehr gering. Kohlenstofffasern sind im Gegensatz zu Glasfasern sehr teuer. Als Matrixwerkstoff wird durchweg Epoxidharz verwendet (siehe Kapitel Kunststoffe).

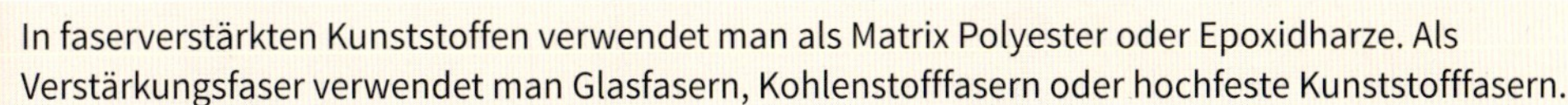

! In faserverstärkten Kunststoffen verwendet man als Matrix Polyester oder Epoxidharze. Als Verstärkungsfaser verwendet man Glasfasern, Kohlenstofffasern oder hochfeste Kunststofffasern.

7 Kunststoffe

Im Maschinenbau haben die Kunststoffe neben den Metallen als Konstruktionswerkstoffe Bedeutung gewonnen. Ihre Anwendung wächst ständig, da die Eigenschaften dieser Werkstoffgruppe sehr leicht den Erfordernissen angepasst werden können.

Wichtige Anwendungen von Kunststoffen im Maschinenbau sind:

- Verkleidungen, Gehäuse,
- Rohrleitungen, Schläuche, Behälter,
- Zahnräder, Riemen, Kupplungen, Lager,
- Dichtungen, Isolierungen,
- Klebstoffe.

Alle Kunststoffe haben gemeinsame Eigenschaften, durch die sie sich von anderen Werkstoffen unterscheiden.

Getriebeteile aus Kunststoff

Eigenschaft	Verwendung	Beispiele
geringe Dichte	Behälterwerkstoff	Flaschenkästen, Eimer, Öltanks
elektrisch nicht leitend	Isolierstoffe	Steckdosen, Handbohrmaschinengehäuse
schlecht wärmeleitend	Wärmedämmstoffe	Heizleitungsisolation, Kühlschrankisolation
schwingungsdämpfend	Schallschutzstoffe	Getriebeteile, Maschinenunterlagen
korrosionsbeständig	Korrosionsschutzwerkstoff	Rohrleitungen, Apparate, Beschichtungen

7.1 Einteilung der Kunststoffe

Kunststoffe sind sehr vielfältig in ihrem Aufbau und ihren Eigenschaften. Darum können diese Werkstoffe unter verschiedensten Gesichtspunkten gegliedert werden, z. B. nach – dem *Molekülaufbau*, – der *Struktur* und dem *thermischen Verhalten*, der *Art der Erzeugung*.

7.1.1 Einteilung nach dem Molekülaufbau

Kunststoffe bestehen aus sehr großen Molekülen, von denen jedes aus vielen tausend Atomen gebildet wird. Man nennt diese großen Moleküle **Makromoleküle**. Die Makromoleküle haben die Form von langen Ketten, die auch verzweigt sein können.
Das Grundgerüst der Makromoleküle, die Kette, wird bei Kunststoffen auf Kohlenstoffbasis durch Kohlenstoffatome gebildet.
Die meisten Kunststoffe bestehen aus Makromolekülen, in denen Kohlenstoffatome das Grundgerüst bilden.
Bei Kunststoffen auf Siliziumbasis, den Silikonen, bilden Silizium- und Sauerstoffatome das Grundgerüst der Makromoleküle.

Beispiele für den unterschiedlichen Molekülaufbau von Kunststoffen

Kunststoff auf Kohlenstoffbasis:
Polyvinylchlorid (PVC)

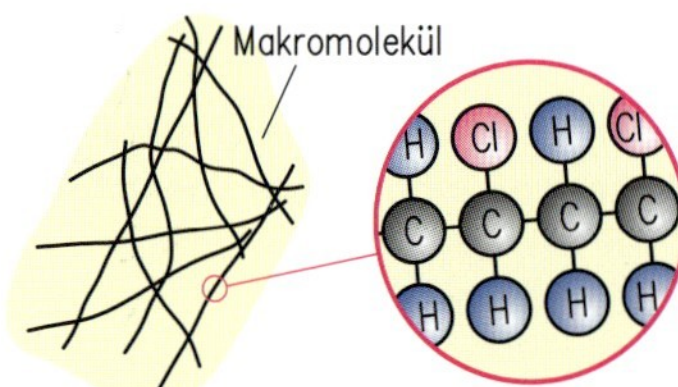

Kunststoff auf Siliziumbasis:
Silikonkautschuk

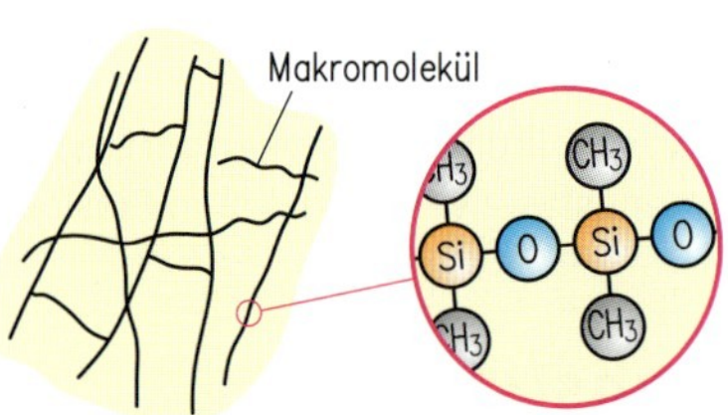

Die meisten Kunststoffe bestehen aus Makromolekülen mit Kohlenstoffatomen als Grundgerüst.
In den Kunststoffen, die als Silikone bezeichnet werden, bilden Silizium- und Sauerstoffatome das Grundgerüst der Makromoleküle.

7.1.2 Einteilung nach der Struktur und dem thermischen Verhalten

Die fadenförmigen Makromoleküle eines Kunststoffes können unvernetzt oder vernetzt sein. Dies bestimmt entscheidend das Verhalten eines Kunststoffs beim Erwärmen.

1. Unvernetzte Makromoleküle

In unvernetzten Kunststoffen liegen die Makromoleküle miteinander verknäult vor. Bei Erwärmen sind die Makromoleküle sehr leicht gegeneinander verschiebbar. Darum sind Kunststoffe mit unvernetzten Makromolekülen in der Wärme schmelzbar und plastisch formbar. Sie werden als **Thermoplaste** bezeichnet (z. B. PVC).

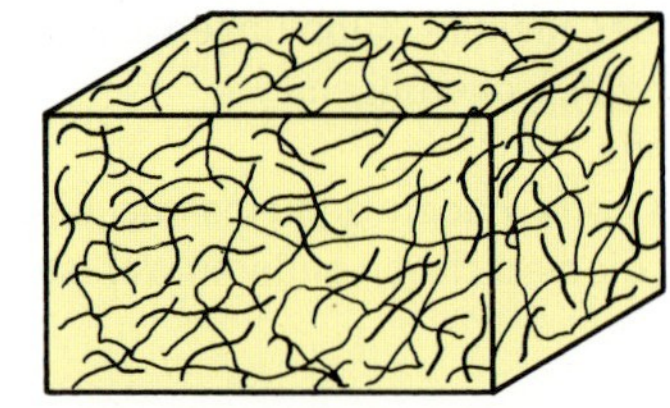
Unvernetzte Makromoleküle

Thermoplastische Kunststoffe können durch Schweißen miteinander verbunden werden. Durch Lösungsmittel, z. B. Aceton, können die unvernetzten Moleküle von Thermoplasten aus ihrem Verband gelöst werden. Darum sind die meisten thermoplastischen Kunststoffe durch Lösungsmittel anlösbar.

!

Thermoplastische Kunststoffe bestehen aus unvernetzten Makromolekülen. Thermoplaste sind schmelzbar, im warmen Zustand unformbar, schweißbar und meist unbeständig gegen Lösungsmittel.

Übungsaufgabe 7/5

2. Vernetzte Makromoleküle

In vernetzten Kunststoffen bilden die Makromoleküle infolge chemischer Verknüpfung ein mehr oder weniger dichtes, *räumliches Netzwerk*. Die Makromoleküle können auch beim Erwärmen nicht mehr gegeneinander verschoben werden. Darum sind Kunststoffe mit vernetzten Makromolekülen auch nach Erwärmen nicht mehr umformbar.

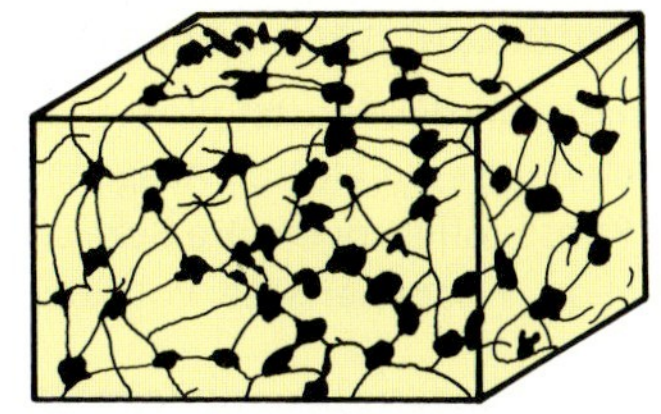

Räumlich vernetzte Makromoleküle

– **Duroplastische Kunststoffe**

Kunststoffe, in denen die Makromoleküle *vernetzt* vorliegen, bleiben auch bei höheren Temperaturen hart und fest. Diese Kunststoffe bezeichnet man als **Duroplaste**.

Bei den Duroplasten können sich die fadenförmigen Makromoleküle nicht gegeneinander verschieben, weil sie in kurzen Abständen verknüpft sind. Man kann Duroplaste auch nicht verschweißen.

Zur Herstellung von Bauelementen liefert der chemische Betrieb diese Kunststoffe als unvernetzte Vorprodukte. Nach der endgültigen Formgebung leitet man die Vernetzung der Makromoleküle meist durch Wärme ein. Diesen Vernetzungsvorgang bezeichnet man auch als Aushärtung.

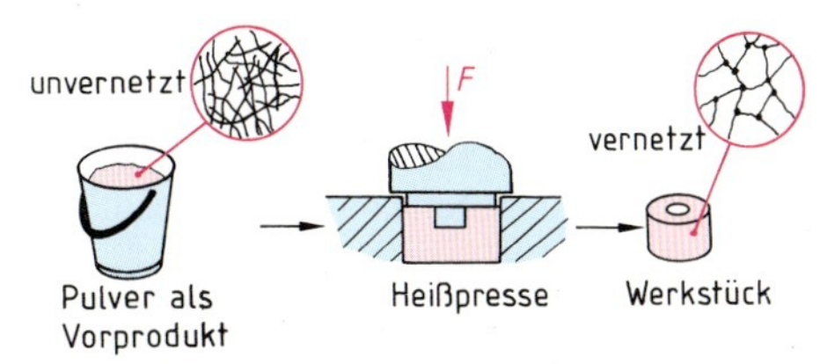

Herstellen eines Bauteils aus Duroplast

> **!** Duroplaste sind Kunststoffe, die aus vernetzten Makromolekülen bestehen.
> Duroplaste sind nach der Aushärtung in der Wärme nicht umformbar und nicht schweißbar.

– **Elastische Kunststoffe**

Kunststoffe, in denen die Makromoleküle in größeren Abständen voneinander vorliegen und dabei weitmaschig vernetzt sind, zeigen auch bei Raumtemperatur gummielastisches Verhalten. Diese Kunststoffe bezeichnet man als Elaste.

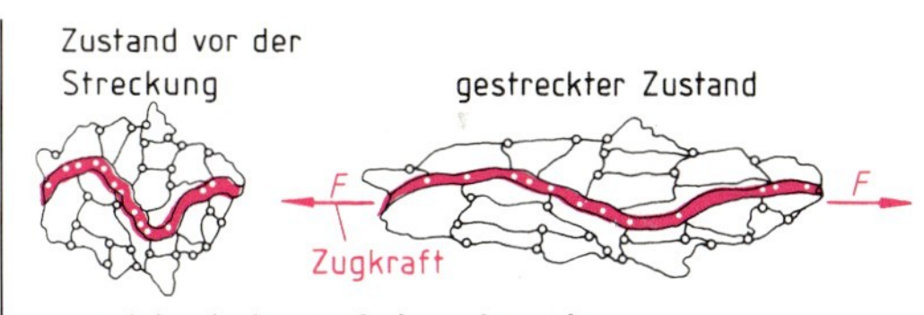

Gummielastisches Verhalten eines Elastes

> **!** Elaste sind Kunststoffe, die aus weitmaschig vernetzten Makromolekülen bestehen. Sie zeigen gummielastisches Verhalten und sind nach der Aushärtung in der Wärme nicht umformbar und nicht schweißbar.

Vergleich des thermischen Verhaltens von Thermoplasten und Duroplasten

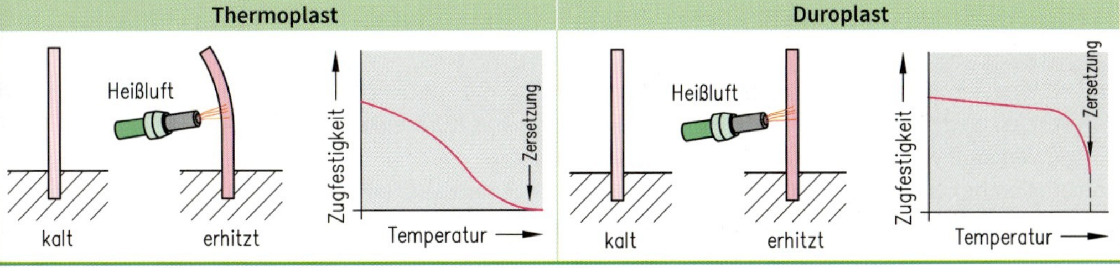

7.1.3 Einteilung nach der Art der Erzeugung

Die Makromoleküle der Kunststoffe erzeugt man vollsynthetisch durch Verbinden kleiner Moleküle. Die Verfahren, nach denen die kleinen Ausgangsmoleküle zu Makromolekülen verknüpft werden, geben den so erzeugten Kunststoffgruppen ihre Bezeichnung:
Polymerisation → **Polymerisate**, Polykondensation → **Polykondensate**, Polyaddition → **Polyaddukte**.

Kunststoffe können abgewandelte Naturstoffe oder vollsynthetisch erzeugte Werkstoffe sein. Vollsynthetisch erzeugte Kunststoffe sind Polymerisate, Polykondensate und Polyaddukte.

7.2 Kunststoffe durch Polymerisation

7.2.1 Polymerisationsvorgang

Bei der Polymerisation werden kleine Moleküle, welche zwischen zwei Kohlenstoffatomen eine Doppelbindung enthalten, zu Makromolekülen verbunden.
Die Ausgangsmoleküle nennt man die **Monomeren** – die durch Polymerisation daraus entstehenden Makromoleküle bezeichnet man als die **Polymeren**.
Bei der Polymerisation wird die Doppelbindung in den Monomeren aufgespalten, und die einzelnen Monomere verbinden sich zu kettenförmigen Polymeren. Je nach Art der Monomere entstehen durch die Polymerisation Kunststoffe mit unterschiedlichen Eigenschaften.

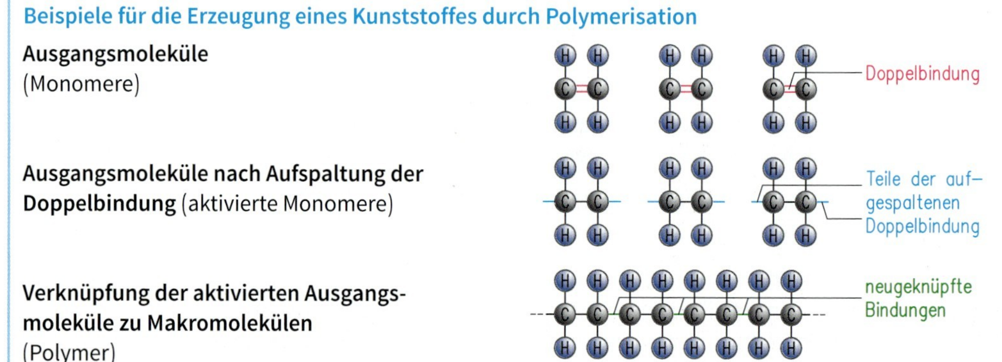

Kleine Ausgangsmoleküle mit Doppelbindung zwischen C-Atomen werden durch Polymerisation zu Makromolekülen verbunden.

7.2.2 Polymerisate

1. Polyethylen (PE)

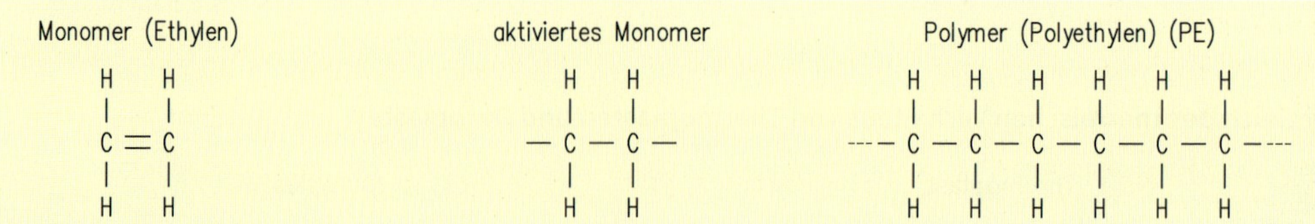

Polyethylen ist ein thermoplastischer Kunststoff, der mit unterschiedlichen Dichten erzeugt wird. Polyethylen niedriger Dichte ($\varrho \approx 0{,}915$ g/cm^3) wird durch das Kurzzeichen **PE-LD** gekennzeichnet. Dieser Werkstoff wird hauptsächlich zu Folien verarbeitet.
Polyethylen hoher Dichte ($\varrho \approx 0{,}96$ g/cm^3) wird durch das Kurzzeichen **PE-HD** gekennzeichnet. Es wird zu Bauteilen und Behältern verarbeitet, da es höhere Festigkeit, Härte und Formbeständigkeit bei Erwärmen aufweist als Polyethylen niederer Dichte.

Übungsaufgabe 7/8

Mechanische und thermische Eigenschaften

		PE-LD	PE-Hd
Zugfestigkeit	in N/mm^2	10 bis 20	20 bis 30
Reißdehnung	in %	50 bis 500	100 bis 800
Dichte	in g/cm^3	ca. 0,915	ca. 0,96
Wärmeausdehnungs-koeffizient	in1/K	0,0002	0,0001

Chemische Eigenschaften
Polyethylen ist beständig gegen Säuren, Laugen und Lösungsmittel. Kraft- und Schmierstoffe können einige PE-Sorten besonders bei Temperaturen über 50 °C zum Anquellen bringen.

Besondere Verarbeitungshinweise
Polyethylen ist nicht klebbar.

Verwendung im Maschinenbau
Laufräder, Laufrollen, Behälter, Führungen.

Handelsnamen (Beispiele)
Hostalen®, Vestolen®, Lupolen®.

Bauteile aus PE

2. Polypropylen (PP)

```
Monomer              aktiviertes Monomer           Polymer

CH3  H               CH3  H               CH3  H    CH3  H    CH3  H
 |   |                |   |                |   |     |   |     |   |
 C = C              — C — C —         --- — C — C  — C — C  — C — C — ---
 |   |                |   |                |   |     |   |     |   |
 H   H                H   H                H   H     H   H     H   H
Propylen                                        Polypropylen (PP)
```

Polypropylen ist ein thermoplastischer, teilkristalliner Kunststoff. Seine Eigenschaften entsprechen denen hochfester Polyethylensorten oder sind diesen noch teilweise überlegen. Durch Faserverstärkung können die mechanischen Eigenschaften und die Formbeständigkeit von Polypropylen erhöht werden.

Mechanische und thermische Eigenschaften

Zugefestigkeit	in N/mm^2	21 bis 35
Reißdehnung	in %	20 bis 100
Dichte	in g/cm^3	ca. 0,9
Wärmeausdehnungs-koeffizient	in 1/K	0,0001

Chemische Eigenschaften
Polypropylen ist beständig gegen Säuren, Laugen und Lösungsmittel.

Besondere Verarbeitungshinweise
Polypropylen ist nicht klebbar.

Verwendung mit Maschinenbau
Laufräder, Laufrollen, Behälter, Rohrleistungen, Ventile.

Handelsnamen (Beispiele):
Hostalen®, Vestolen®, Novolen®.

Sicherheitsgasventile aus PP

3. Polyvinylchlorid (PVC)

```
Monomer              aktiviertes Monomer            Polymer

Cl   H                  Cl   H                  Cl   H   Cl   H   Cl   H
|    |                  |    |                  |    |   |    |   |    |
C == C               —  C —  C —            --- C —  C — C —  C — C —  C ---
|    |                  |    |                  |    |   |    |   |    |
H    H                  H    H                  H    H   H    H   H    H
Vynylchlorid                                    Polyvinylchlorid (PVC)
```

Polyvinylchlorid ist ein thermoplastischer Kunststoff, der als Hart- oder Weich-PVC eingesetzt wird. Für industrielle Zwecke verwendet man meist Hart-PVC, das nur aus dem Polymer des Vinylchlorids besteht. Im Bauwesen, für Haushaltsgegenstände, Spielwaren und Folien verwendet man Weich-PVC. Die Weichmachung des PVC kann auf zwei Arten erfolgen. Entweder werden die Moleküle des PVC durch eingelagerte Moleküle eines Weichmachers auf Abstand gebracht oder es werden andere Monomere in die Makromoleküle des PVC eingebaut.

Mechanische und thermische Eigenschaften von Hart-PVC

Zugefestigkeit	in N/mm^2	50 bis 60
Reißdehnung	in %	1 bis 3
Dichte	in g/cm^3	1,38
Wärmeausdehnungs-koeffizient	in 1/K	0,00007

Chemische Eigenschaften

Polyvinylchlorid ist beständig gegen Säuren, Laugen und Öle, aber unbeständig gegen viele organische Lösungsmittel.

Verwendung im Maschinenbau

Rohre, Profile, Verkleidungen, Schläuche.

Handelsnamen (Beispiele)

Vinnolit®, Vestolit®, Vinoflex®.

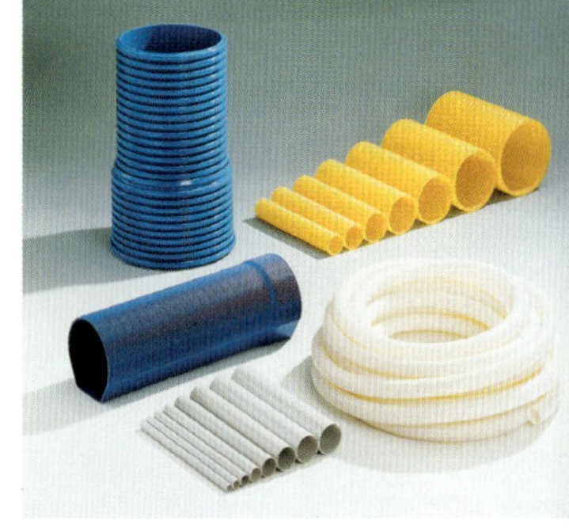

Rohre und Schläuche aus PVC

4. Polytetrafluorethylen (PTFE)

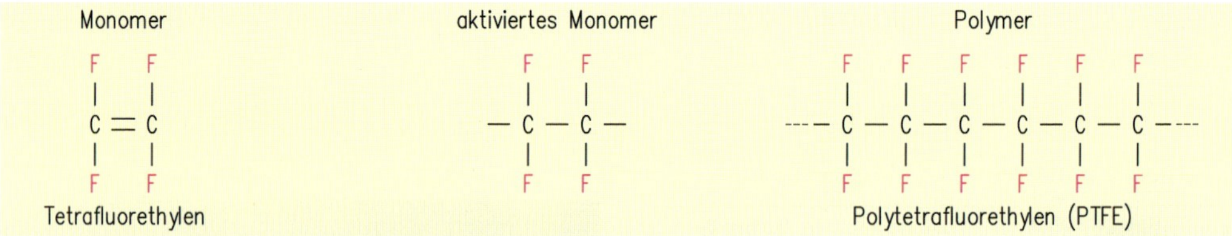

Polytetrafluorethylen ist ein teilkristalliner Kunststoff mit sehr großen Molekülllängen. Deshalb ist er schwer in der Wärme umzuformen. Formteile werden darum aus diesem Kunststoff vorwiegend durch Drucksintern hergestellt.

Mechaniche und thermische Eigenschaften

PTFE ist bis etwa 450 °C temperaturbeständig.

PTFE führt auf Gleitflächen in Kombination mit anderen Werkstoffen zu sehr niedrigen Reibungsverlusten.

Chemische Eigenschaften

PTFE ist gegen Säuren, Laugen und Lösungsmittel beständig.

Verwendung im Maschinenbau

Dichtungen, Gleitbeschichtungen, wartungsfreie Lager, Gleitringe für Zylinder.

Handelsnamen (Beispiele)

Teflon®, Hostaflon®, Fluon®.

Bauteile aus PTFE

Übungsaufgaben 7/10; 7/11; 7/12

5. Styrolpolymerisate (PS, ABS)

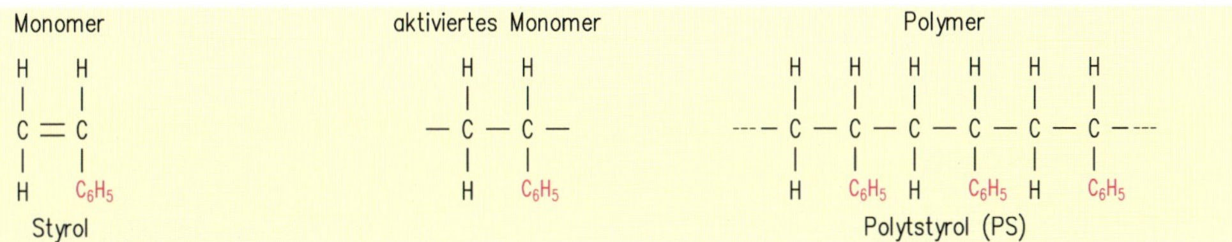

Im Maschinenbau werden zur Isolierung gelegentlich Polystyrol-Hartschäume verwendet. Diese Schäume sind sehr empfindlich gegen Lösungsmittel, aber beständig gegen Wasser, Säuren und Laugen. Bekanntester Handelsname ist Styropor®.

Durch Herstellung von Makromolekülen aus verschiedenartigen Monomeren lassen sich Kunststoffe mit besonderen Eigenschaften erzielen.

Styrol wird dazu mit anderen Monomeren zu gemischt aufgebauten Makromolekülen polymerisiert.

Für Werkstoffe des Maschinenbaus setzt man dem Styrol die Monomere Acrylnitril und Butadien zu. Je nach Höhe der Zusätze kann man die Eigenschaften unterschiedlich beeinflussen. Man nennt den Werkstoff **Acrylnitril-Butadien-Copolymerisat** oder kurz ABS.

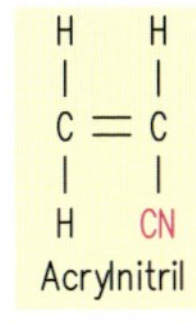

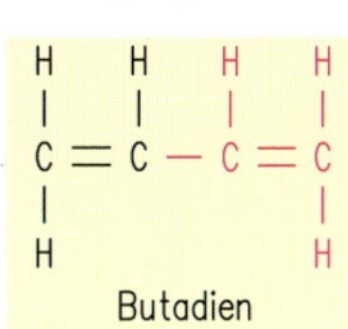

Acrylnitril
Steigerung von
- Alterungsbeständigkeit,
- Wärmebeständigkeit,
- Ölbeständigkeit

Butadien
Steigerung von
- Festigkeit,
- Tieftemperaturbeständigkeit

Styrol
Steigerung von
- Glanz,
- Urformbarkeit,
- Umformbarkeit

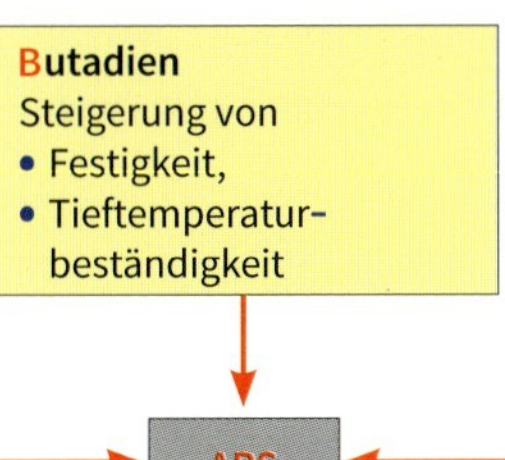

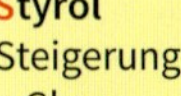

Einfluss der Bestandteile im ABS

Mechanische und thermische Eigenschaften

Zugefestigkeit	in N/mm^2	32 bis 45
Reißdehnung	in %	15 bis 30

Chemische Eigenschaften
ABS wird von organischen Lösungsmitteln und Bezin bei längerer Einwirkung angegriffen.

Verwendung im Maschinenbau
Gehäuse von Kleinmaschinen.

Handelsnamen (Beispiele)
Hostyren®, Luran®, Trolitul®, Vestyron®, Novodur®.

Maschinengehäuse aus ABS

7.3 Kunststoffe durch Polykondensation

7.3.1 Polykondensationsvorgang

Bei der Polykondensation reagieren kleine Moleküle von Ausgangsstoffen zu Großmolekülen unter Abspaltung von Wasser. Die kleinen Ausgangsmoleküle müssen dabei an beiden Enden entsprechend reaktionsfähige Endgruppen tragen.

Beispiel für die Erzeugung eines Kunststoffes durch Polykondensation

Das Polykondensat Polyamid entsteht durch Reaktion von Molekülen, die an den Enden Amino-Gruppen tragen, mit Molekülen, die an den Enden Säure-Gruppen tragen.

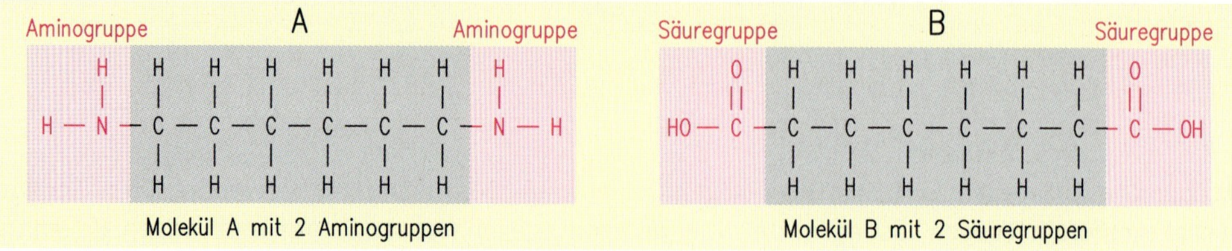

Bei der Verbindung der Moleküle zum Kunststoff Polyamid wird gleichzeitig an jeder Verbindungsstelle aus einem Wasserstoffatom der Aminogruppe und der OH-Gruppe der Säure ein Wassermolekül gebildet.

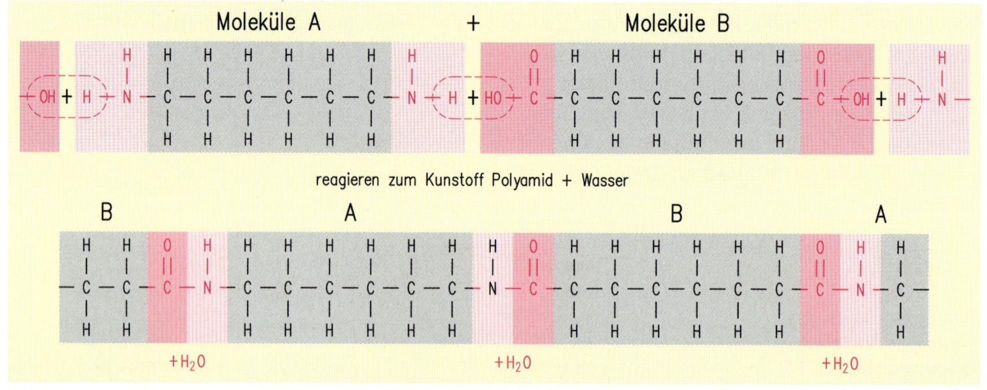

! Polykondensation ist die Verbindung kleiner Moleküle zu Makromolekülen unter Abspaltung von Wasser.

Je nach Art der Endgruppen, die zur Verbindung miteinander reagieren, entstehen die verschiedenen Polykondensationswerkstoffe.

7.3.2 Polykondensate

Wichtige Polykondensate sind: • Polyester und • Polyamide.

1. Polyester

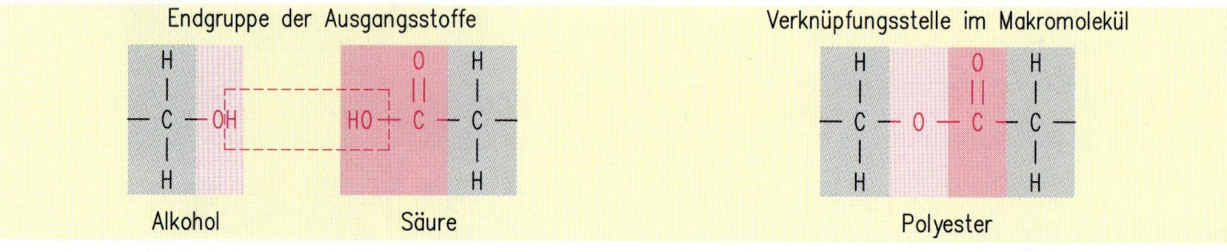

– **Thermoplastische Polyester**

Polyester, die aus langen, verknäulten Fadenmolekülen bestehen, sind thermoplastisch und teilkristallin. Sie werden zu Textilfasern und Formteilen verarbeitet.

Formteile werden oft mit kleinen Fasern verstärkt. Dadurch steigen die dynamische Belastbarkeit, die Wärmebeständigkeit und die Abriebfestigkeit.

Verwendung thermoplastischer Polyester im Maschinenbau

Pumpengehäuse, Zahnräder, Riemenscheiben.

Handelsnamen

Pocan®, Diolen®.

Übungsaufgabe 7/14

– Ungesättigte Polyester (UP)

Im Maschinenbau werden auch Polyester als Flüssigkunststoffe zusammen mit langfaserigen Verstärkungsstoffen, z. B. Glasfasern, zur Herstellung von Verkleidung u.ä. verwendet. Diese Polyester werden vom Hersteller als **Flüssigkunststoffe** geliefert. Das flüssige Polyester ist ein Gemisch aus Polyestermolekülen, die Doppelbindungen enthalten, und dem Lösungsmittel Phenylethen (Styrol), das ebenfalls Doppelbindungen enthält. Gibt man zu diesem Gemisch Härter, so spalten die Doppelbindungen auf und die Polyestermoleküle werden durch die Styrolmoleküle vernetzt. Es entsteht ein **Duroplast**.

Verbindungen mit Doppelbindungen zwischen C-Atomen bezeichnet man in der Chemie als ungesättigte Verbindungen. Aus diesem Grunde nennt man Polyester, die als Flüssigkunststoffe verarbeitet werden, **ungesättigte Polyester (UP)**.

Beispiel für die Vernetzung eines ungesättigten Polyesters (UP)

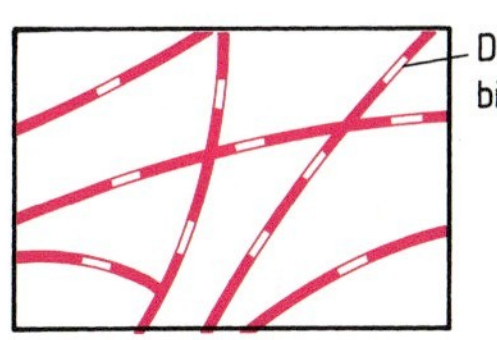

Makromoleküle eines ungesättigten Polyesters nach Polykondensation

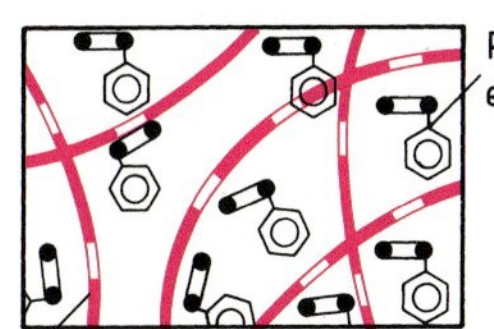

ungesättigte Polyestermoleküle nach Lösen in Styrol

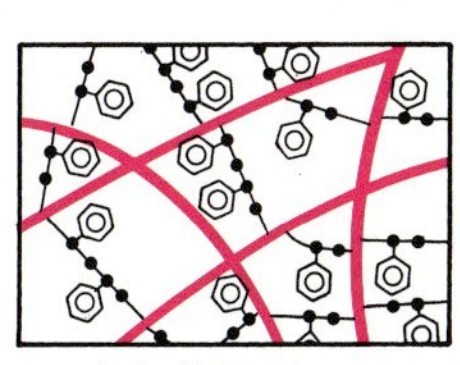
vernetzte Polyestermoleküle nach Aushärtung

Die Herstellung von Formteilen aus ungesättigten Polyestern geschieht durch Laminieren. Bei diesem Verfahren wird in einer Form das Verstärkungsmaterial, das als Matte oder Gewebe vorliegt (siehe „*Verbundwerkstoffe*"), mithilfe von Pinseln und Rollen mit dem Polyester, dem Härter und Beschleuniger zugefügt wurden, getränkt.

Bei mechanischer Fertigung werden Glasfaserstränge in einer Spritzpistole geschnitzelt und zusammen mit einem Polyester-Härter-Gemisch in die Form gespritzt.

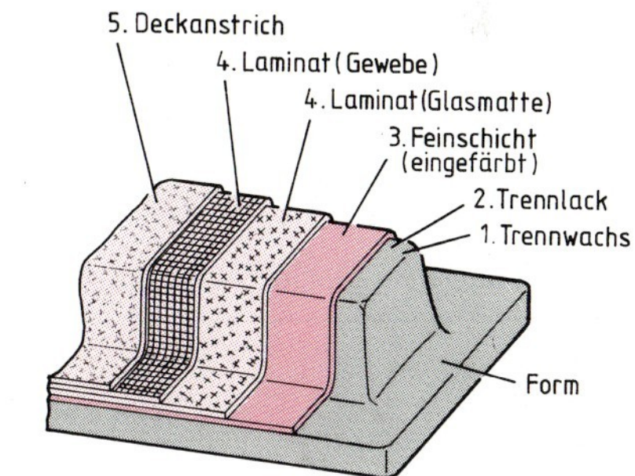

Schichtaufbau bei Laminaten aus UP

Mechanische und thermische Eigenschaften von GFK-UP

Zugefestigkeit	in N/mm²	80 bis 350
Dichte	in g/cm³	1,7 bis 1,8
Wärmeausdehnungskoeffizient	in 1/K	0,00001

Mit steigendem Anteil an Verstärkungsstoffen und Ausrichtung der Fasern des Verstärkungsstoffes in Belastungsrichtung wächst die Festigkeit.

Chemische Eigenschaften

Duroplastische Polyester sind beständig gegen Säuren, Laugen und Lösungsmittel.

Verwendung im Maschinenbau

Verkleidungen, Gehäuse, Behälter, Metallkleber, Spachtelmassen.

Handelsnamen (Beispiele)

Leguval®, Palatal®, Vestopal®, Stabilit®, Prestolith®.

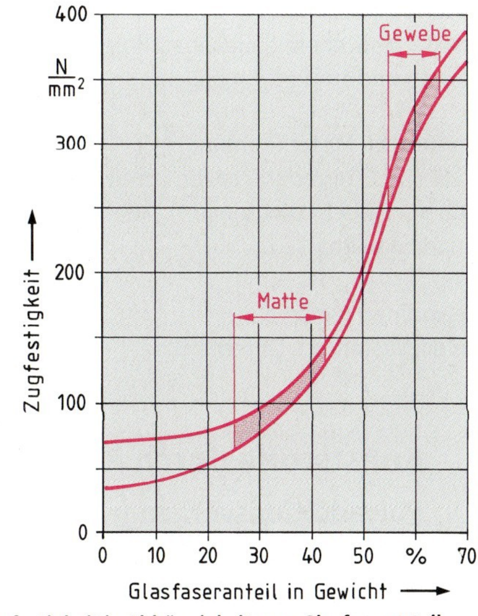

Zugfestigkeit in Abhängigkeit vom Glasfaseranteil

2. Polyamide (PA)

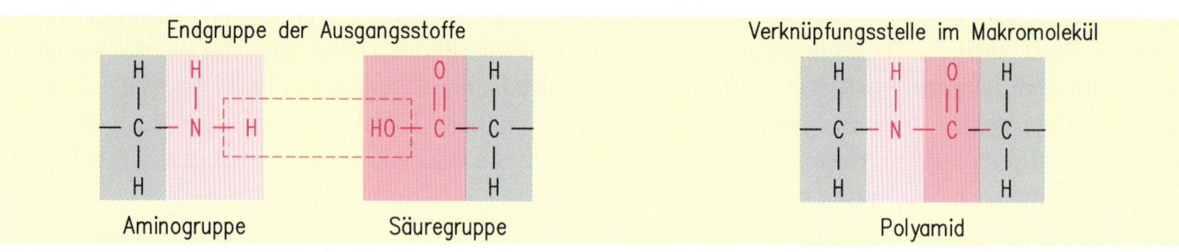

Polyamide gehören zu den wichtigsten Kunststoffen im Maschinenbau. Sie besitzen hohe Festigkeit, Zähigkeit, Verschleißfestigkeit und Schwingungsdämpfung.
Je nach Ausgangsverbindung ergeben sich verschiedene Polyamidtypen. Man kennzeichnet sie durch Ziffern, die an die Kennzeichnung **PA** angehängt werden. Die erste Ziffer weist dabei auf die Zahl der C-Atome im Träger der Aminogruppe, die zweite auf die Zahl der C-Atome der Säure hin. Steht nach dem PA nur eine Ziffer, so war der Ausgangsstoff eine Verbindung, die an einem Ende eine Aminogruppe und an dem anderen Ende eine Säuregruppe trug.

Beispiele für Kennzeichnung von Polyamiden

Je höher die Zahlen, desto geringer ist die Feuchtigkeitsaufnahme von Polyamiden.
Bei gleichen Zahlen sind Polyamide besonders stark kristallisiert. Darum wird das PA 66 häufig verwendet.

Mechanische und thermische Eigenschaften

Zugefestigkeit	in N/mm^2	60 bis 120
Reißdehnung	in %	40 bis 230
Dichte	in g/cm^3	1,07 bis 1,3
Wärmeausdehnungskoeffizient	in 1/K	0,0001

Chemische Eigenschaften
Polyamide sind chemikalienbeständig, außer gegen Säuren und starke Laugen.

Anwendung im Maschinenbau
Zahnräder, Lüfterräder, Lager, Wälzlagerkäfige, Schrauben, Dübel, Dichtungen, Gehäuse, Griffe, Führungen, Rollen.

Handelsnamen (Beispiele)
Ultramid®, Vestamid®, Durethan®.

Maschinenteile aus PA

7.4 Kunststoffe durch Polyaddition

7.4.1 Polyadditionsvorgang

Bei der Polyaddition reagieren kleine Moleküle, die bestimmte Gruppen am Molekülende haben, zu Makromolekülen. Die Bindung wird durch Umlagerung eines Wasserstoffatoms von einem Molekül auf das andere ermöglicht. Daher entsteht bei dieser Art der Bildung von Makromolekülen **kein Nebenprodukt**.

Übungsaufgabe 7/17

7.4.2 Polyaddukte

1. Polyurethane

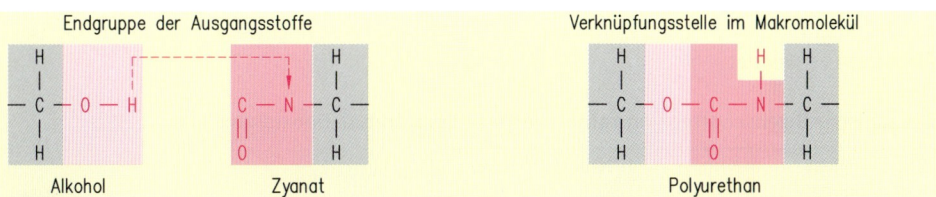

Beim Polyurethan entsteht die Bindung, indem das H-Atom der OH-Gruppe des Alkohols (Molekül A) an das Stickstoffatom der Zyanatgruppe (Molekül B) wandert. Damit wird die Doppelbindung zwischen dem Kohlenstoffatom und dem Stickstoffatom gelöst und das Kohlenstoffatom der Zyanatgruppe kann sich mit dem Sauerstoffatom des Alkohols verbinden.

Beispiel für die Bildung eines Polyurethans

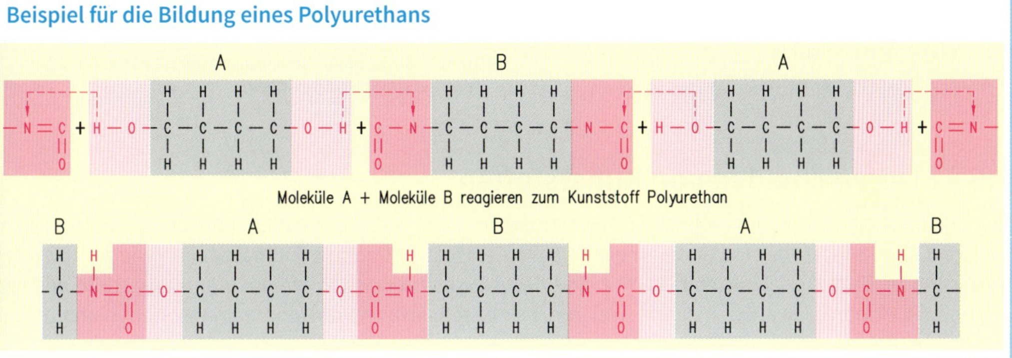

Polyurethane können je nach Ausgangsstoffen unterschiedliche Eigenschaften aufweisen:

Mechanische Eigenschaften
Wegen der Vielfalt der Ausgangsstoffe sind die mechanischen Eigenschaften der Polyurethane in weiten Grenzen veränderbar. Die im Maschinenbau verwendeten Polyurethane haben etwas bessere mechanische Eigenschaften als Polyamide.

Kupplungsteile aus Polyurethan

Chemische Eigenschaften
Polyurethane sind weitgehend beständig gegen Chemikalien.

Verwendung
Zahnriemen, Dichtringe, Getriebeteile, Isolierschäume, Kleber, Gehäuse

Handelsnamen (Beispiele)
Vulkollan®, Desmopan®, Adipren®.

2. Epoxidharze

Epoxide entstehen durch Reaktion von Molekülen, welche die Epoxidgruppe enthalten, mit Molekülen, die an den Enden OH-Gruppen tragen.

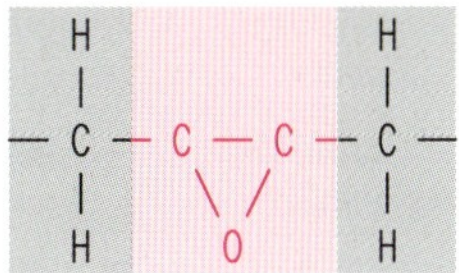

Epoxidgruppe

Epoxidharze werden wie ungesättigte Polyester zusammen mit Verstärkungsstoffen verarbeitet. Besonders hohe Festigkeiten werden durch Einlaminieren von Kohlenstofffasern erzielt. Diese kohlenstofffaserverstärkten Kunststoffe (CFK) werden in der Luft- und Raumfahrt verwendet. Sie dringen aber auch in den Maschinenbau vor. Vorwiegend werden jedoch im Maschinenbau hochwertige Kleber auf der Basis von Epoxidharzen verwendet.

Mechanische Eigenschaften von kohlenstofffaserverstärktem Epoxidharz

Zugefestigkeit	in N/mm^2	1930 bei 62 % Faser
Reißdehnung	in %	1,5
Dichte	in g/cm^3	1,6

Chemische Eigenschaften
Epoxidharze sind chemikalienbeständig.

Verwendung von Epoxidharzen im Maschinenbau
Kleber, Modelle, Vergussmassen, Maschinenteile

Handelsnamen (Beispiele)
Araldit®, Epoxin®, Lekutherm®, UHU-plus®.

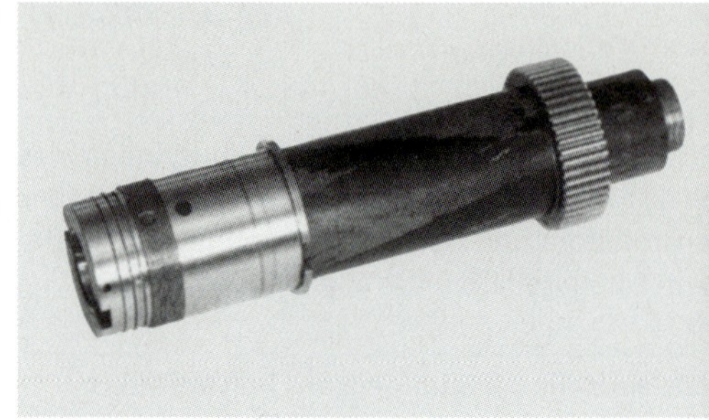

Hauptspindel einer Werkzeugmaschine aus kohlenstofffaserverstärktem Epoxidharz

7.5 Unterscheiden von Kunststoffen

Nach dem Aussehen und der Dichte sind Kunststoffe, im Gegensatz zu Metallen, nur sehr schwer zu unterscheiden. Die Kunststoffe sind in den meisten Fällen eingefärbt und mit Füllmaterialien wie zum Beispiel Holzschnitzel, Papier u. a. versetzt. Ferner sind besonders unter den Polymerisaten Kunststoffe aus verschiedenen Monomeren auf dem Markt, welche sich nur sehr schwer von anderen Kunststoffen unterscheiden lassen.
Die besten Möglichkeiten zum Unterscheiden von Kunststoffen sind die Schmelz- und Brennprobe. Bei der **Schmelzprobe** wird eine kleine Probe des Kunststoffes so hoch erhitzt, bis sie entweder weich wird oder sich nicht schmelzbar erweist. Auf diese Art können Thermoplaste und Duroplaste unterschieden werden.
Zur **Brennprobe** hält man ein kleines Stückchen des Kunststoffes in die Flamme. Dabei beobachtet man das Verhalten des Kunststoffes in der Flamme und nach dem Herausnehmen aus der Flamme. Charakteristisch für den einzelnen Kunststoff ist auch der Geruch der bei der Brennprobe entstehenden Gase. Diese Gase können auch mit einem feuchten Stück Indikatorpapier auf ihre Reaktion, basisch oder sauer, überprüft werden.
Für wichtige Kunststoffe sind in der folgenden Tabelle besonders die Merkmale aus der Brennprobe angeführt.

Kunststoffe	ursprüngliche Farbe des Kunststoffs	Brennprobe				
		Flammenfärbung	Geruch der Gase	Reaktion der Gase	sonstige Merkmale	Schmelzverhalten
Polyethylen	milchig weiß	bläulich	paraffinartig	–	tropft	schmilzt
Polystyrol	glasklar	gelb	süßlich	–	rußt	schmilzt
Polyvinylchlorid	glasklar	gelblich	salzsäureartig	sauer	tropft selten	schmilzt
Polyamid	milchig weiß	bläulich	hornartig	basisch	zieht Fäden	schmilzt
Polyester (GFK)	farblos bis gelblich	gelblich	süßlich	–	rußt, bildet Rückstand	nicht schmelzend
Polyurethane	gelb-braun	gelblich	stechend	–	–	evtl. schmelzend

Übungsaufgaben 7/20; 7/21

8 Werkstoffprüfung

Damit die verschiedenen Eigenschaften der Werkstoffe erfasst werden können, sind viele Prüfverfahren entwickelt worden.

- **Mechanische Prüfverfahren** dienen der Ermittlung von Festigkeitskennwerten des Werkstoffs. Besonders wichtig unter diesen Prüfverfahren sind die Prüfung der Zugfestigkeit und der Härte.
- **Technologische Prüfverfahren** dienen zur Ermittlung des Werkstoffverhaltens bei der Verarbeitung. Wichtige technologische Prüfverfahren sind die Verfahren zur Prüfung der Umformbarkeit.
- **Metallographische Prüfverfahren** geben Auskunft über das Gefüge der Werkstoffe.
- **Zerstörungsfreie Prüfverfahren** dienen zur Fehlersuche an fertigen Werkstücken.

8.1 Mechanische Prüfverfahren

8.1.1 Zugversuch

Der Zugversuch nach DIN EN 10002 ist einer der wichtigsten Versuche zur Prüfung von Metallen. Man ermittelt im Zugversuch das Werkstoffverhalten unter Zugbeanspruchung. Dabei werden als wichtige Werkstoffkennwerte die Zugfestigkeit, die Streckgrenze und die Dehnbarkeit des Werkstoffes festgestellt.
Als Proben für den Zugversuch werden genormte Rund- oder Flachproben verwendet. Ausschnitte aus dickwandigen Werkstücken und Gussteilchen werden zu Rundproben gedreht. Aus Blechen werden Flachproben gefertigt.

Für die Probenabmessung gilt:

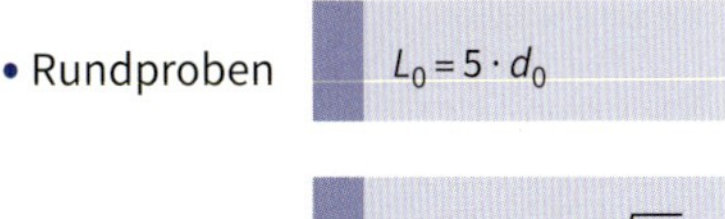

- Rundproben $L_0 = 5 \cdot d_0$
- Flachproben $L_0 = 5 \cdot 1{,}13 \cdot \sqrt{S_0}$

d_0 Anfangsdurchmesser
L_0 Anfangsmesslänge
S_0 Anfangsquerschnitt

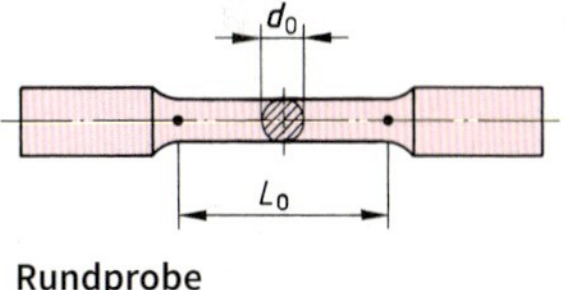

Rundprobe

Diese Werkstoffproben werden auf einer Zugprüfmaschine einer stetig wachsenden Belastung ausgesetzt. Als Prüfmaschinen verwendet man meist Universalprüfmaschinen, die neben dem Zugversuch auch die Durchführung von Biege-, Scher- und Druckversuchen erlauben.
Die Aufbringung der Prüfkraft auf die Zugprobe erfolgt hydraulisch, wobei die jeweils wirkende Kraft durch einen Kraftmesser angezeigt wird. Ein Schreibgerät zeichnet die Verlängerung der Probe in Abhängigkeit von der wirkenden Kraft auf. Es entsteht ein **Kraft-Verlängerung-Schaubild**.

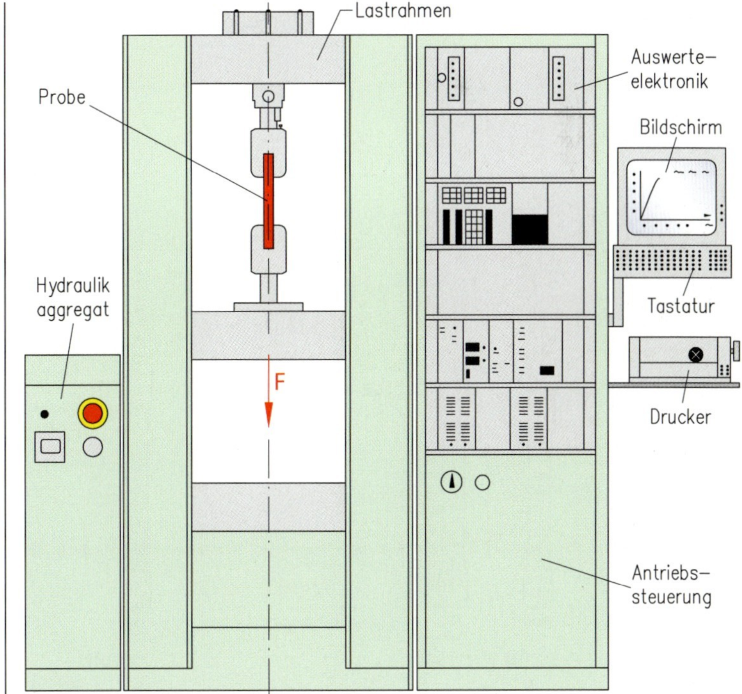

Universal-Prüfmaschine

Durch die Umrechnung der Kraft- und Verlängerungswerte ergibt sich das Spannung-Dehnung-Schaubild des geprüften Werkstoffes. Dieses Diagramm zeigt das Verhalten eines Werkstoffes unter Zugbelastung. Aus dem **Spannung-Dehnung-Schaubild** können wichtige Kennwerte des Werkstoffes entnommen werden. Im Zugversuch ist die **Spannung** (σ) das Verhältnis zwischen Zugkraft und Anfangsquerschnitt der Probe.

$$\text{Spannung} = \frac{\text{Zugkraft}}{\text{Anfangsquerschnitt}} \qquad \sigma = \frac{F}{S_0}$$

Die **Dehnung** (ε) ist die prozentuale Längenänderung bezogen auf die Anfangsmesslänge.

$$\text{Dehnung} = \frac{\text{Verlängerung}}{\text{Anfangsmesslänge}} \qquad \varepsilon = \frac{L - L_0}{L_0} \cdot 100\,\%$$

1. Spannung-Dehnung-Schaubild eines unlegierten Baustahles

Unlegierte Baustähle werden in Konstruktionen verwendet. Sie werden nach ihrem Verhalten unter Zugbelastung beurteilt.
Die Spannung-Dehnung-Kurve eines unlegierten Baustahles zeigt folgenden Verlauf:

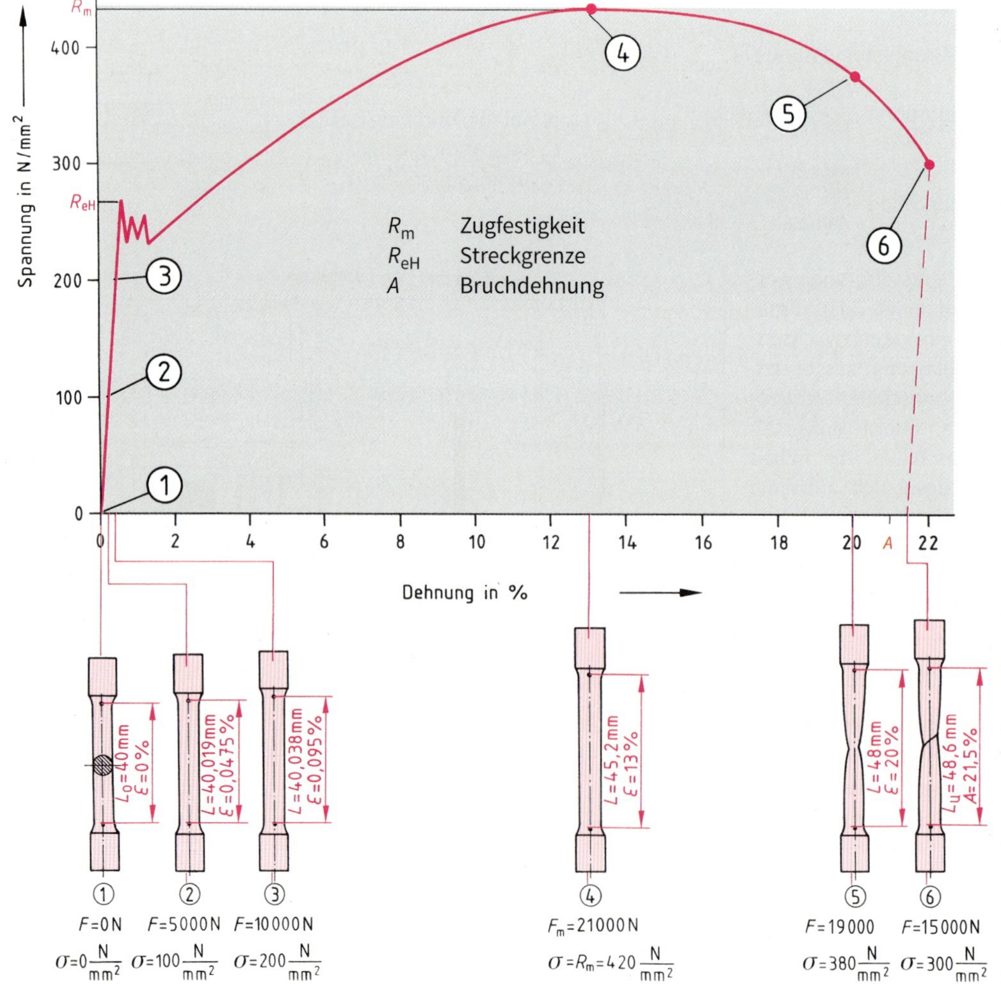

2. Wichtige Bereiche und Kennwerte

Die zeichnerische Darstellung des Spannung-Dehnung-Verlaufs zeigt im Anfangsbereich eine ansteigende Gerade. Spannung und Dehnung sind hier einander proportional. Der Werkstoff verhält sich in diesem Bereich **elastisch.**

- Die **Streckgrenze** (R_{eH}) ist die Spannung, bei der erstmals eine plastische Verformung ohne Anstieg der Belastung auftritt. Bei gut dehnbaren Werkstoffen wird die in Bauteilen zulässige Spannung aus der Streckgrenze berechnet.
- Die Zugfestigkeit (R_m) ist die höchste Spannung, die der Werkstoff im Zugversuch ertragen hat. Bei spröden Werkstoffen wird die in Bauteilen zulässige Spannung aus der Zugfestigkeit berechnet.

$$\text{Spannung} = \frac{\text{größte Zugkraft}}{\text{Anfangsquerschnitt}} \qquad R_m = \frac{F_m}{S_0}$$

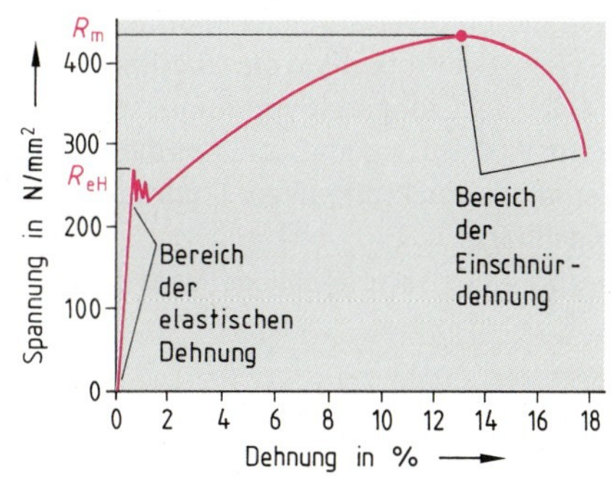

Spannung-Dehnung-Diagramm eines unlegierten Baustahls

Nach Erreichen der Zugfestigkeit schnürt die Probe an einer Stelle ein, dadurch fällt die Spannung bis zum Bruch ab.

- Die **Bruchdehnung** (A) ist die bleibende Längenänderung nach dem Bruch bezogen auf die Anfangsmesslänge. Die Längenänderung wird nicht aus dem Diagramm entnommen, sondern an den zusammengelegten Probenteilen ermittelt.

$$\text{Bruchdehnung} = \frac{\text{Verlängerung}}{\text{Anfangsmesslänge}} \cdot 100\,\%$$

$$A = \frac{L_u - L_0}{L_0} \cdot 100\,\%$$

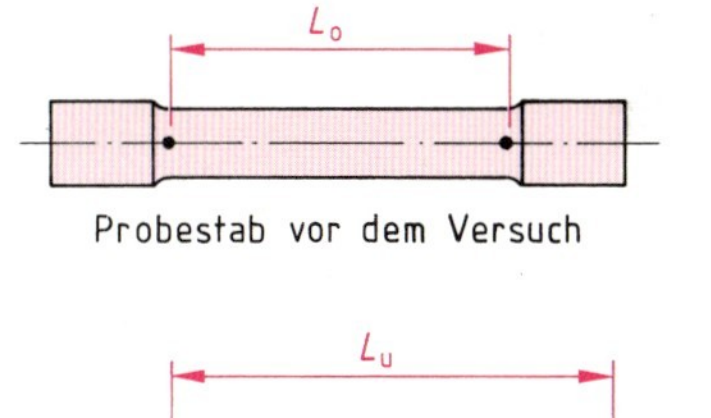

Probestab vor dem Versuch

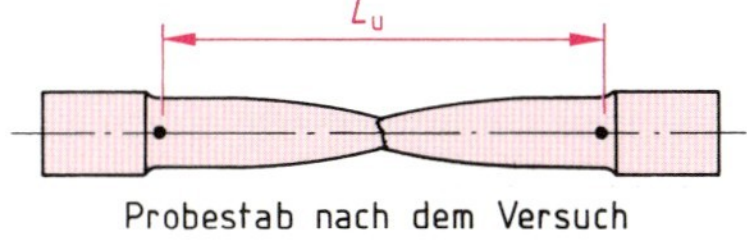

Probestab nach dem Versuch

Die Bruchdehnung dient zur Beurteilung der Verformungsfähigkeit eines Werkstoffes.

> **!** Wichtige Kennwerte des Zugversuchs sind:
> • Streckgrenze, • Zugfestigkeit, • Bruchdehnung.

8.1.2 Härteprüfung

Neben dem Zugversuch ist die Prüfung der Werkstoffe auf ihre Härte ein wichtiges Prüfverfahren metallischer Werkstoffe.

> **!** Als Härte bezeichnet man den Widerstand, den ein Werkstoff dem Eindringen eines Körpers in seine Oberfläche entgegensetzt.

Die Ergebnisse von Härteprüfungen sind wichtig, um zum Beispiel:

- Anhaltswerte für die richtige Wahl des Werkstoffes von Werkzeugen für die spanende Bearbeitung zu finden,
- den Erfolg einer Wärmebehandlung an Werkstoffen zu kontrollieren,
- in der automatisierten Fertigung Werkstücke mit ungeeigneter Härte zu ermitteln und von der Weiterverarbeitung auszuschließen.

Bei der Härteprüfung erhält man Werte über die Härte eines Werkstoffes, die lediglich Vergleichswerte darstellen. Sie können nicht als Grundlage zur Berechnung von Konstruktionen verwendet werden. Die durch verschiedene Härteprüfverfahren erhaltenen Werte sind nur bedingt miteinander vergleichbar.

Übungsaufgaben 8/2 bis 8/6

1. Härteprüfung nach Brinell (DIN EN ISO 6506)

Die Härteprüfung nach Brinell dient zur Bestimmung der Härte von

- weichen Werkstoffen, z. B. unlegiertem Baustahl, Aluminiumlegierungen und
- Werkstoffen mit ungleichmäßigem Gefüge, z. B. Gusseisen.

Bei dem Härteprüfverfahren nach Brinell wird eine gehärtete Stahlkugel oder eine Hartmetallkugel mit einer festgelegten Prüfkraft in die Oberfläche des zu prüfenden Werkstückes gedrückt.
Nach einer Belastungszeit von mindestens zehn Sekunden wird der Durchmesser d des bleibenden Eindrucks im Werkstück gemessen. Aus diesem Durchmesser wird die Oberfläche des Eindrucks bestimmt.
Das Verhältnis von Prüfkraft zur Eindruckoberfläche multipliziert mit dem Faktor 0,102 bezeichnet man als die Brinellhärte.
Bei Einsatz einer Hartmetallkugel wird der Härtewert mit **HBW**, bei einer Stahlkugel mit **HBS** gekennzeichnet.

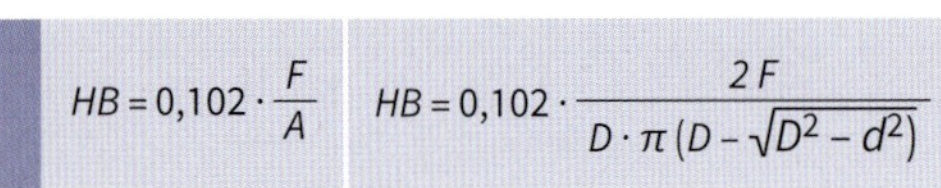

$$HB = 0{,}102 \cdot \frac{F}{A} \qquad HB = 0{,}102 \cdot \frac{2F}{D \cdot \pi \left(D - \sqrt{D^2 - d^2}\right)}$$

F Prüfkraft in N
A Oberfläche des bleibenden Eindruckes in mm²
D Durchmesser der Prüfkugel in mm
d Durchmesser des Eindruckes in mm
(In die Gleichungen werden nur die Zahlenwerte ohne Einheiten eingesetzt.)

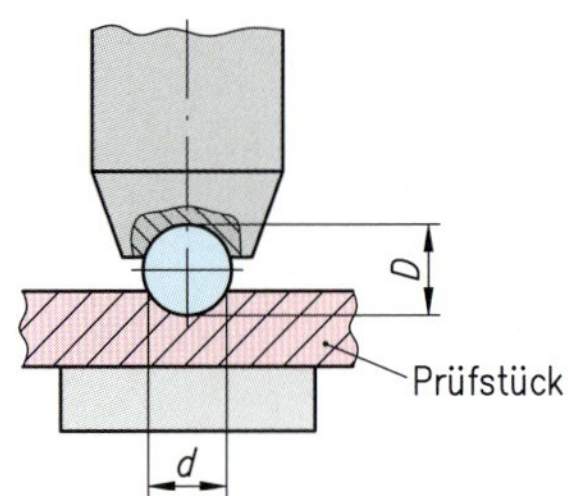

Härteprüfung nach Brinell (Schema)

> **!** Die Brinellhärte eines Werkstoffes ergibt sich aus dem Verhältnis von Prüfkraft zur Eindruckoberfläche, die von einer Prüfkugel erzeugt wurde.

Die Zugfestigkeit allgemeiner Baustähle lässt sich näherungsweise aus der Brinellhärte errechnen.

$$R_m \approx 3{,}5 \cdot HB \text{ in N/mm}^2$$

Beispiel für die Berechnung der Zugfestigkeit aus dem HBS-Wert

gemessene Härte: 200 HBS
Zugfestigkeit $R_m \approx 3{,}5 \cdot 200 \text{ N/mm}^2$
$\mathbf{R_m = 700 \cdot N/mm^2}$

2. Härteprüfung nach Vickers (DIN EN ISO 6507)

Die Härteprüfung nach Vickers dient zur Prüfung harter und gleichmäßig aufgebauter Werkstoffe.
Dieses Verfahren wird auch zur Härteprüfung an dünnwandigen Werkstücken und Randzonen eingesetzt. Bei der Härteprüfung nach Vickers wird eine Diamantpyramide mit einer festgelegten Prüfkraft in das Werkstück eingedrückt. Aus den Diagonalen d des bleibenden Eindrucks wird die Eindruckoberfläche errechnet.

Das Verhältnis von Prüfkraft zur Eindruckoberfläche ergibt mit dem Faktor 0,102 multipliziert die Vickershärte (HV).

$$HV = \frac{0{,}102 \cdot F}{A} = \frac{0{,}1891 \cdot F}{d^2}$$

F Zahlenwert der Prüfkraft in N
A Zahlenwert der Oberfläche des bleibenden Eindrucks in mm²
d Zahlenwert der Länge der Eindruckdiagonale in mm

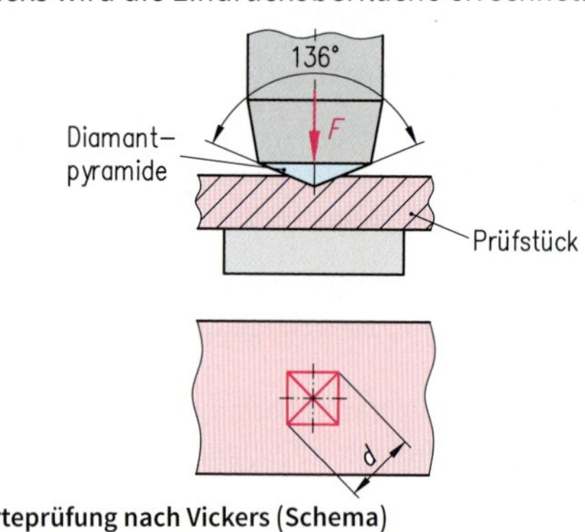

Härteprüfung nach Vickers (Schema)

> **!** Die Vickershärte ergibt sich aus dem Verhältnis von Prüfkraft zur Eindruckoberfläche, die durch einen pyramidenförmigen Prüfkörper aus Diamant erzeugt wurde.

Übungsaufgaben 8/7 bis 8/12

3. Härteprüfung nach Rockwell-C (DIN EN ISO 6508)

Die Härteprüfung nach dem Rockwell-C-Verfahren dient zur Bestimmung der Härte bei sehr harten Werkstoffen. Als Prüfkörper wird ein Diamantkegel verwendet. Mit einer festgelegten Prüfkraft wird dieser Kegel in die Oberfläche des zu prüfenden Werkstückes eingedrückt. Die Eindringtiefe des Diamantkegels ist ein Maß für die Härte des Werkstoffes. Eine Messuhr, die mit dem Prüfgerät verbunden ist, misst die Eindringtiefe. Auf der Skala der Uhr kann man die Härtewerte in Rockwelleinheiten (HRC) unmittelbar ablesen.

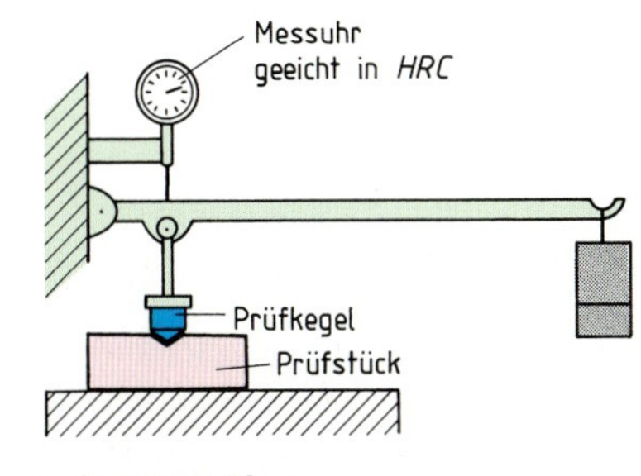

Schema der HRC-Prüfung

> ! Die Rockwellhärte HRC eines Werkstoffes ergibt sich aus der Eindringtiefe eines kegelförmigen Prüfkörpers aus Diamant.

8.1.3 Kerbschlag-Biegeversuch

Der Kerbschlag-Biegeversuch nach DIN EN 10045 dient zur Beurteilung der Zähigkeit eines Werkstoffes. Der Versuch liefert keinen Kennwert für die Festigkeitsberechnung.

Beim Versuch wird eine sorgfältig gekerbte Probe, die zwischen zwei Widerlagern liegt, auf einem Pendelschlagwerk mit einem einzigen Schlag entweder durchgebrochen oder durch die Widerlager gezogen. Die dabei verbrauchte Schlagarbeit ist die **Kerbschlagarbeit**. Die Kerbschlagarbeit (K) in Joule, im Zusammenhang mit der Angabe der verwendeten Probe, ist der im Kerbschlag-Biegeversuch ermittelte Kennwert eines Werkstoffes.

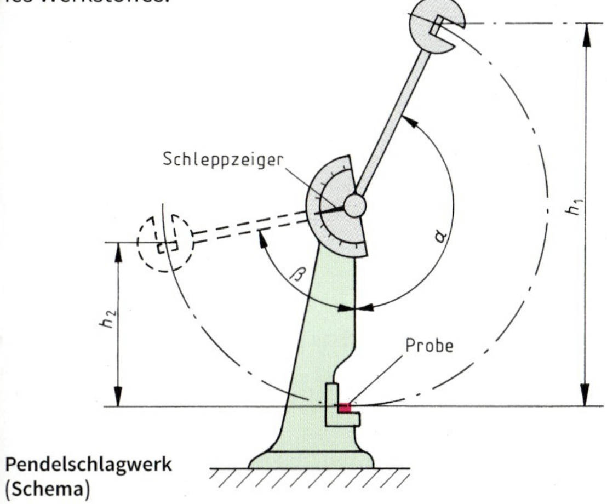

Pendelschlagwerk (Schema)

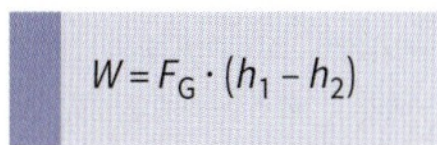

$$W = F_G \cdot (h_1 - h_2)$$

W Kerbschlagarbeit
F_G Gewichtskraft des Hammers
h_1 Fallhöhe
h_2 Steighöhe

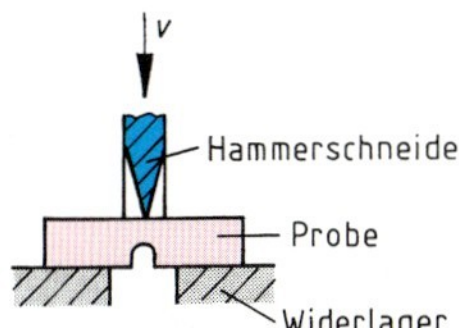

Auftreffen der Hammerschneide auf die Probe

Je nach Temperatur verhält sich ein Werkstoff zäh oder spröde. Mit Kerbschlagbiegeversuchen bei unterschiedlichen Temperaturen ermittelt man die Übergangstemperatur zwischen zähem und sprödem Verhalten unter den Versuchsbedingungen.

In der Praxis verlangt man, dass ein Werkstoff auch unterhalb der minimalen Einsatztemperatur noch eine wesentliche Kerbschlagarbeit W aufweist.

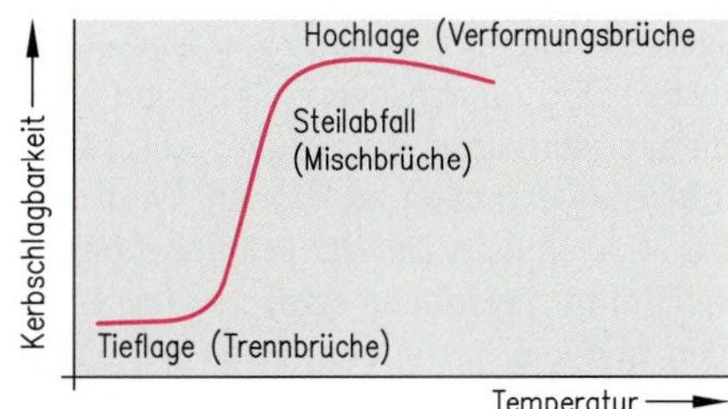

Kerbschlagarbeit in Abhängigkeit von der Prüftemperatur bei unlegiertem Baustahl S235JR

> ! Der Kerbschlag-Biegeversuch dient zur Beurteilung der Zähigkeit eines Werkstoffes.

Übungsaufgaben 8/13 bis 8/16

8.2 Technologische Prüfverfahren

Technologische Prüfverfahren untersuchen das Verhalten der Werkstoffe bei der Verarbeitung. Demzufolge sind die Prüfverfahren sehr zahlreich. Die entsprechenden Prüfverfahren sind meist genormt.

8.2.1 Ausbreitprobe

Die Ausbreitprobe dient zur Ermittlung der Schmiedbarkeit eines Werkstoffes. Ein Flachstab wird bei Schmiedetemperatur soweit ausgeschmiedet (ausgebreitet), bis Risse an den Kanten auftreten. Ein gut schmiedbarer Werkstoff soll auf das Doppelte bis Dreifache der Ausgangsbreite ausschmiedbar sein.

8.2.2 Faltversuch

Der Faltversuch nach DIN EN ISO 7438 dient zur Ermittlung der Faltbarkeit eines Werkstoffes. Dabei wird eine Probe stetig bis zum Auftreten von Rissen gebogen. Der Winkel, bei dem die ersten Risse auf der Zugseite auftreten, ist ein Maß für die Faltbarkeit eines Werkstoffes. Gut faltbare Werkstoffe sollen sich ganz zusammenfalten lassen.

8.2.3 Tiefungsversuch nach Erichsen

Der Tiefungsversuch nach DIN 50101 dient zur Ermittlung der Tiefziehfähigkeit von Blechen. Dabei wird das Probeblech mithilfe einer Stahlkugel von 20 mm Durchmesser in einer Matrize so lange getieft, bis der erste Riss auftritt. Die Tiefung bis zu diesem Anriss dient zur Beurteilung des Werkstoffes.

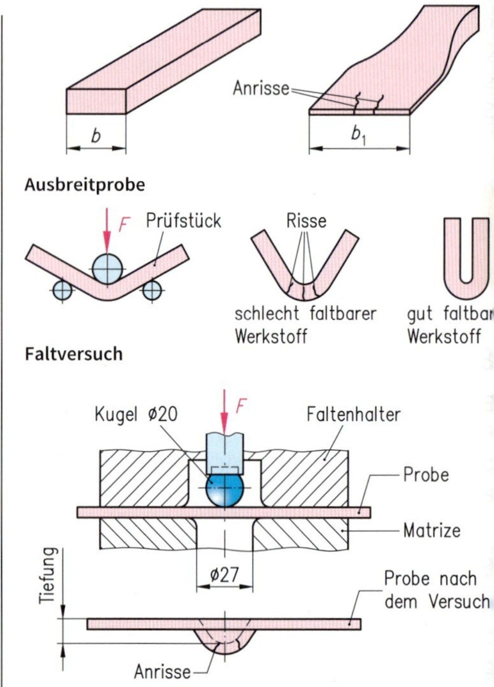

Tiefungsversuch nach Erichsen

> **!** In technologischen Prüfverfahren wird das Verhalten des Werkstoffes bei der Verarbeitung untersucht.

8.3 Metallografische Prüfverfahren

Bei der metallografischen Prüfung wird das Gefüge des Werkstoffes sichtbar gemacht um Aufschluss über Gefügeaufbau und Gefügefehler zu erhalten.

8.3.1 Mikroskopische Untersuchungsverfahren

Durch die Metallmikroskopie ist es möglich, das Gefüge einer Werkstoffprobe insgesamt oder nur einzelne Gefügebestandteile sichtbar zu machen. Die Werkstoffprobe wird zunächst geschliffen und poliert. Um die für die Beurteilung des Gefüges wesentlichen Bestandteile untersuchen zu können, wird der Schliff geätzt. Je nach dem Ziel der Untersuchung verwendet man unterschiedliche Ätzmittel. Das Gefüge von Stählen und die Korngrenzen von reinen Metallen werden z. B. mit einer 1%igen Salpetersäure geätzt. Einzelne Gefügebestandteile können auch durch entsprechende Beleuchtung, z. B. durch schräg einfallendes Licht oder durch farbiges Licht, hervorgehoben werden.

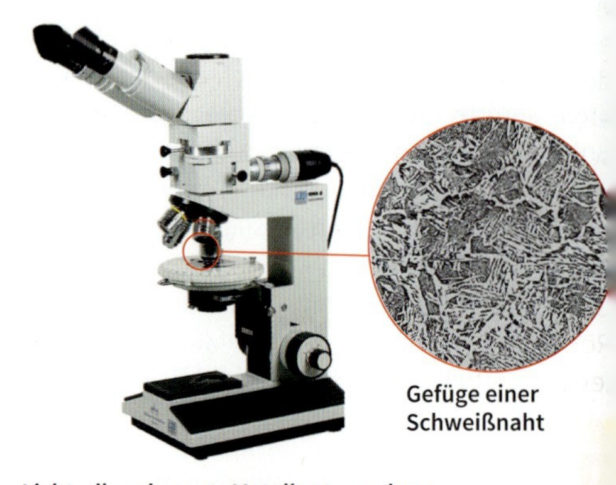

Gefüge einer Schweißnaht

Lichtmikroskop zur Metalluntersuchung

Übungsaufgaben 8/17 bis 8/21

8.3.2 Makroskopische Untersuchungsverfahren

Für eine makroskopische Untersuchung wird eine Fläche der Werkstückprobe geschliffen. Werkstofffehler wie Schlackeneinschlüsse oder Gasblasen sind bei diesen Schliffen ohne weiteres zu erkennen. Schwefel- und Phosphoranreicherungen im Gefüge oder der Faserverlauf können erst nach entsprechender Ätzung mit Säuren oder besonderen Salzlösungen sichtbar gemacht werden.

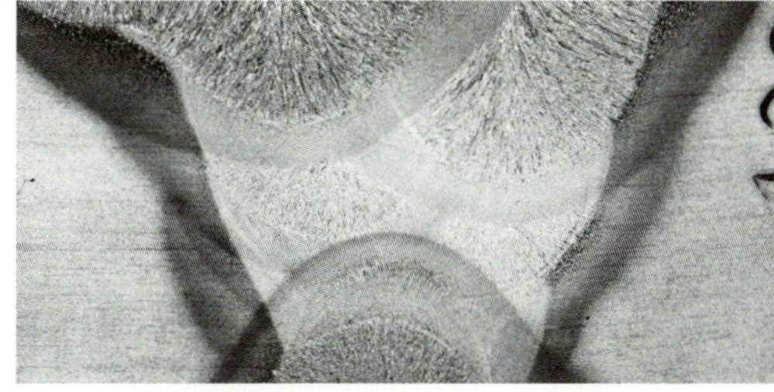

Schweißnaht nach makroskopischer Ätzung

! In metallografischen Prüfverfahren wird das Gefüge der Werkstoffe untersucht. Man unterscheidet:
- makroskopische Prüfverfahren und
- mikroskopische Prüfverfahren.

8.4 Zerstörungsfreie Prüfverfahren

Ein fertiges Werkstück kann versteckte Fehler wie Lunker, Risse oder Schlackeneinschlüsse aufweisen. Die Fehler können bei einer Verwendung des Werkstückes zu Gefahrenquellen für Menschen und Geräte werden. Es ist Aufgabe der zerstörungsfreien Werkstoffprüfung, solche Fehler ohne Beschädigung des Bauteils ausfindig zu machen.

8.4.1 Prüfung mit Röntgenstrahlen

Röntgenstrahlen sind wie das sichtbare Licht elektromagnetische Wellen. Die Wellenlänge der Röntgenstrahlen beträgt jedoch nur 1/10 000 der Wellenlänge des sichtbaren Lichtes. Deshalb sind Röntgenstrahlen unsichtbar. Sie durchdringen jedoch lichtundurchlässige Körper und schwärzen dahinter befindliche Filme. **Röntgenstrahlen sind sehr schädlich für den menschlichen Organismus**. Darum sind bei der Anwendung umfangreiche Sicherheitsbestimmungen zu beachten.

Mithilfe der Röntgenstrahlen werden in der zerstörungsfreien Werkstoffprüfung Schlackeneinschlüsse, Gasblasen, Lunker und andere größere Werkstofffehler sichtbar gemacht. Das zu prüfende Werkstück wird zwischen eine Röntgenröhre und einen Film gebracht. Die Röntgenstrahlen werden durch die Werkstofffehler weniger abgeschwächt als durch das fehlerfreie Metall. Die Strahlen schwärzen darum den Film hinter dem Fehler stärker als an den anderen Stellen. Damit werden die Werkstofffehler auf dem Film deutlich.

Ähnlich verfährt man bei der Werkstoffprüfung mit Gammastrahlen. Hier hat man jedoch statt einer Röhre einen radioaktiven Stoff, der ständig Strahlen aussendet.

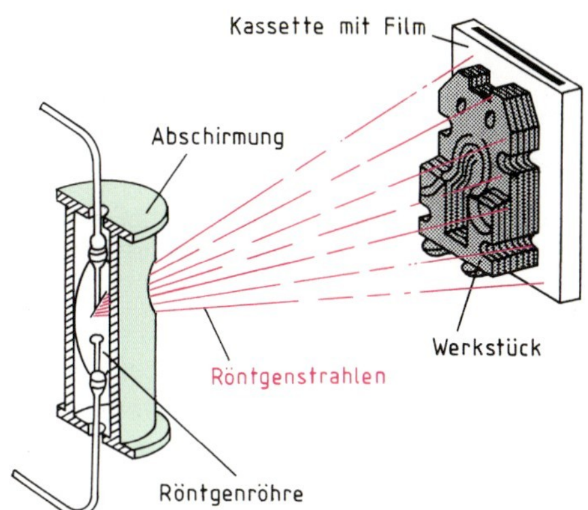

Prüfung eines Zylinderkopfs mit Röntgenstrahlen

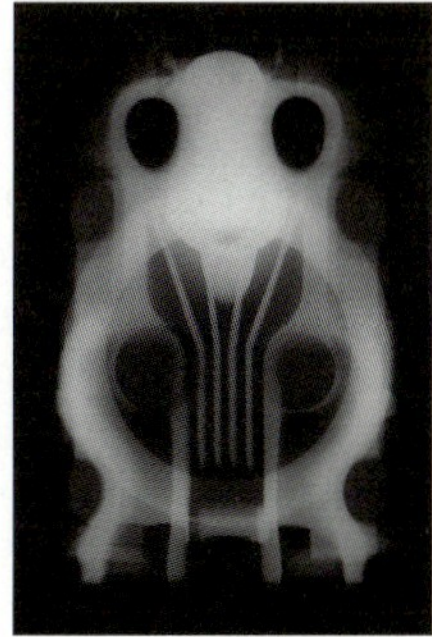

Foto und Röntgenbild eines Zylinderkopfs

! Mithilfe von Röntgenstrahlen können Werkstofffehler wie Lunker, Schlackeneinschüsse u. a. in Werkstoffen aller Art aufgespürt werden.

8.4.2 Prüfung mit Kapillarverfahren

Durch Kapillarverfahren werden feinste Risse, sogenannte Haarrisse, Poren und andere Werkstofffehler, die mit der Oberfläche des Werkstücks in Verbindung stehen, sichtbar gemacht.

Viele Flüssigkeiten steigen aufgrund von Anhaftkräften (Adhäsionskräften) und Kräften in der Oberfläche (Oberflächenspannung) in engen Spalten hoch. Man nennt enge Röhren Haarröhrchen oder Kapillare und spricht entsprechend von Kapillarwirkung.

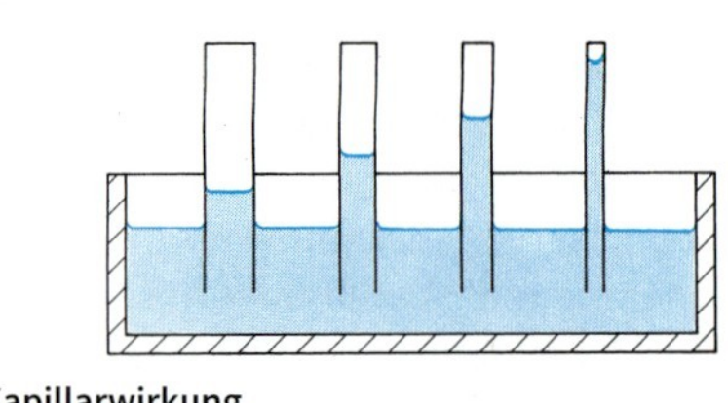

Kapillarwirkung

Bei allen Kapillarverfahren wird zunächst eine meist rote Kapillarflüssigkeit auf das Werkstück gesprüht. Diese Flüssigkeit dringt wegen ihrer Dünnflüssigkeit in die Fehlerstellen ein. Nach Abwischen der Werkstückoberfläche wird ein weißer Entwickler aufgesprüht. Die rote Flüssigkeit, die noch in den Fehlerstellen geblieben ist, färbt den Entwickler rot. Die Fehlerstellen sind so mit bloßem Auge erkennbar.

Beispiel für die Arbeitsfolge bei einem Kapillarverfahren

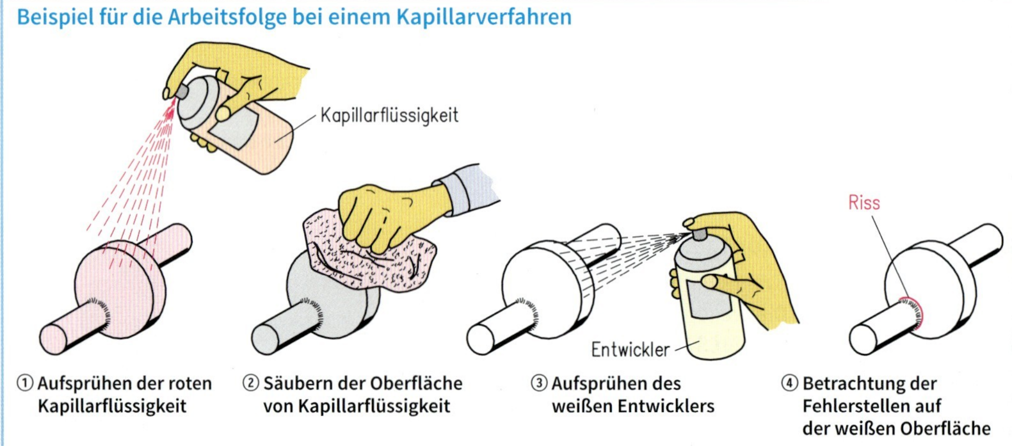

① **Aufsprühen der roten Kapillarflüssigkeit**
② **Säubern der Oberfläche von Kapillarflüssigkeit**
③ **Aufsprühen des weißen Entwicklers**
④ **Betrachtung der Fehlerstellen auf der weißen Oberfläche**

! Mithilfe von Kapillarverfahren können Werkstofffehler wie Risse, Lunker u. a., die mit der Oberfläche in Verbindung stehen, aufgespürt werden.

8.4.3 Prüfung mit Magnetpulver

Mit dem Magnetpulver-Prüfverfahren können Risse, Lunker und andere Fehlerstellen, die dicht unter der Oberfläche von Werkstücken aus Stahl liegen, erkannt werden.

Bei diesem Verfahren wird das Werkstück durch einen Elektromagneten magnetisiert. Die magnetischen Feldlinien, welche das Werkstück durchdringen, stoßen an den Fehlerstellen auf einen Widerstand, den sie außerhalb des Werkstückes umgehen. Eisenpulver, das mit Petroleum auf das Prüfstück geschlämmt wird, haftet infolge der austretenden Feldlinien an der Fehlerstelle. Dadurch ist die Fehlerstelle erkennbar.

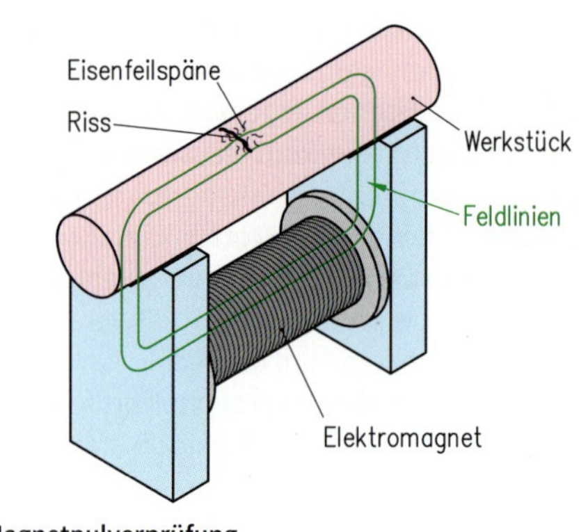

Magnetpulverprüfung

Mithilfe der Magnetpulverprüfung können Werkstofffehler in der Nähe der Oberfläche von feromagnetischen Werkstoffen aufgespürt werden.

Übungsaufgaben 8/24; 8/25

8.4.4 Prüfung mit Ultraschall

Durch die Prüfung mit Ultraschall können Werkstücke bis zu mehreren Metern Dicke auf Fehler untersucht werden. Die Schallwellen zur Werkstoffprüfung führen 500 000 bis 10 000 000 Schwingungen in einer Sekunde aus.

Bei der Werkstoffprüfung mit Ultraschall wird ein Schallkopf, der als Sender und Empfänger arbeitet, auf das zu prüfende Werkstück gesetzt. Für eine sehr kurze Zeit (einige Mikrosekunden) sendet der Schallkopf Ultraschall. Er wird dann auf Empfang geschaltet. Der Schall durchläuft das Werkstück, wird an der gegenüberliegenden Werkstückoberfläche zurückgeworfen und kehrt als Echo zum Schallkopf zurück. Die Laufzeit des Schalles wird auf einem Bildschirm als Abstand zweier Zacken sichtbar gemacht. Befindet sich ein Fehler im Werkstück, so wird ein Teil des Schalles bereits von dort zum Schallkopf zurückgeworfen. Da dieses Echo früher im Empfänger ist als das Bodenecho, zeichnet sich der Fehler auf dem Bildschirm als zusätzliche Zacke zwischen Eingangs- und Bodenecho ab.

Fehlersuche mit Ultraschall

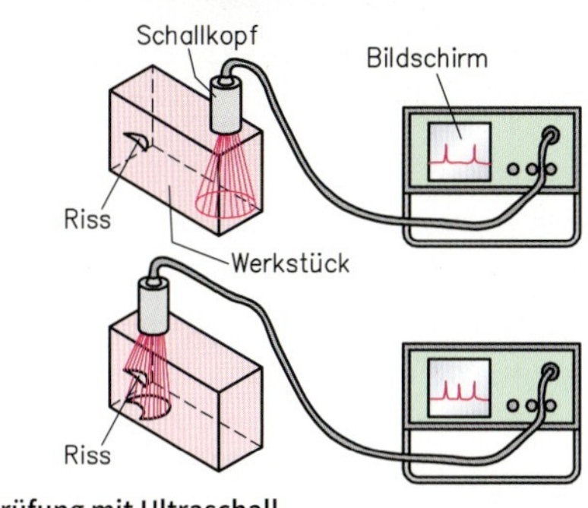

Prüfung mit Ultraschall

> **!** Mithilfe der Ultraschallprüfung können in metallischen Werkstoffen Fehler aller Art in beliebiger Tiefenlage im Werkstück aufgespürt werden.

8.5 Dauerfestigkeitsprüfung

8.5.1 Dauerschwingfestigkeit

An einem schwingungsbeanspruchten Bauteil ändert sich regelmäßig die Belastung. Meist besteht diese Belastung aus zwei Teillasten:

- einer *ruhenden Last*, z. B. dem Eigengewicht, die eine gleich bleibende Spannung im Werkstück verursacht, man spricht von **Mittelspannung**, und
- der schwingenden *Zusatzbeanspruchung*, welche einen **Spannungsausschlag** bewirkt.

Beispiel für den Idealfall einer schwingenden Beanspruchung einer Zugstange

Eine Schüttelrutsche wird durch einen Kurbelantrieb in Schwingungen versetzt. Die federnde Aufhängung muss im Ruhestand eine Gewichtskraft von 1000 N tragen, die vom Eigengewicht und dem aufliegenden Material verursacht wird. In der Aufhängung verursacht die Gewichtskraft eine Spannung von 100 N/mm^2. Durch den Kurbelantrieb wird die Einrichtung zum Schwingen gebracht. In tiefster Stellung belastet sie die Aufhängung zusätzlich mit 40 N/mm^2 – in der oberen Stellung bewirkt sie eine Entlastung von 40 N/mm^2. Das Gewicht verursacht eine Mittelspannung, der Kurbelbetrieb den Spannungsausschlag.

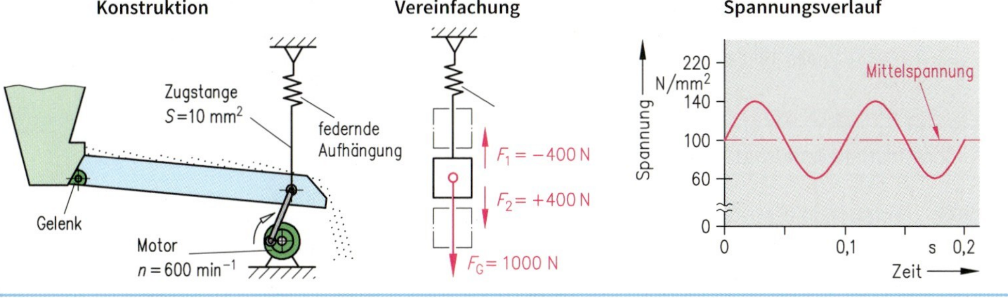

Theoretisch kann man für einen Werkstoff unendlich viele Dauerfestigkeitswerte – bestehend aus einer Mittelspannung und einem Spannungsausschlag – angeben.
Wichtige Dauerfestigkeitswerte sind die Wechselfestigkeit und die Schwellfestigkeit.
Die **Wechselfestigkeit** ist der Dauerfestigkeitswert, bei der die Mittelspannung Null ist. ($\sigma_m = 0$).
Die **Schwellfestigkeit** ist der Dauerfestigkeitswert, bei der die Mittelspannung gleich dem Spannungsausschlag ist. ($\sigma_m = \sigma_A$)

Beispiel für eine Wechselfestigkeit und für eine Schwellfestigkeit

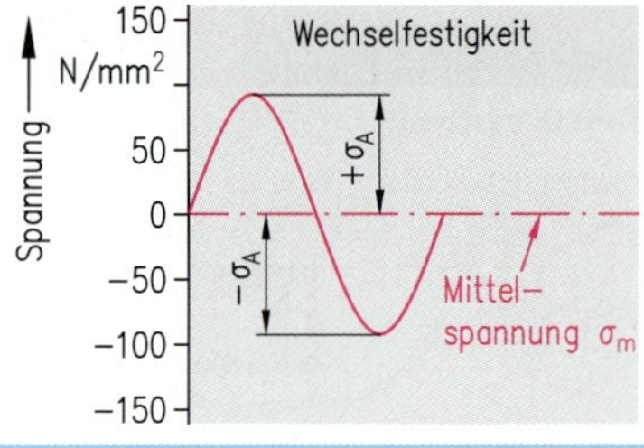

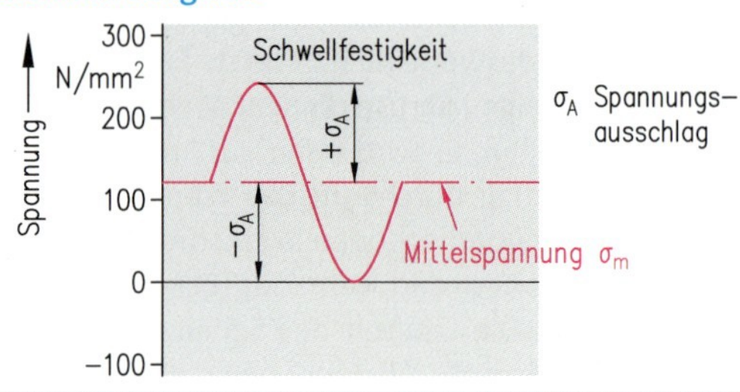

Ein Dauerfestigkeitswert besteht immer aus zwei Angaben, einer Mittelspannung und einem Spannungsausschlag.
Besondere Dauerfestigkeitswerte sind:
- Wechselfestigkeit (Mittelspannung gleich Null),
- Schwellfestigkeit (Mittelspannung gleich Spannungsausschlag).

8.5.2 Wöhlerversuch

Dauerfestigkeitswerte werden im Wöhlerversuch ermittelt. Dabei setzt man auf besonderen Prüfmaschinen gleichartige Proben einer schwingenden Beanspruchung aus.
Im Wöhlerversuch werden sechs bis zehn gleichartige und polierte Proben bei unterschiedlich hoher schwingender Belastung untersucht. Meist wählt man die Belastung so, dass die Wechselfestigkeit oder die Schwellfestigkeit bestimmt werden. Für jede einzelne Probe wird ermittelt, nach welcher Lastspielzahl (= Schwingungszahl) sie zu Bruch geht. Proben, die bei Stahl $10 \cdot 10^6$ Lastspiele (bei Leichtmetallen $100 \cdot 10^6$ Lastspiele) ertragen haben, brechen erfahrungsgemäß nicht mehr. Diejenige Probe, welche mit der höchsten Belastung diese Grenzlastspielzahlen erreicht, hat die gesuchte Dauerfestigkeit.
Die Ergebnisse des Versuchs trägt man in ein Diagramm ein, das die Belastung, welche zum Bruch führte, in Abhängigkeit von der erreichten Lastspielzahl angibt. Man nennt den Kurvenzug in diesem Diagramm die **Wöhlerkurve**.

Beispiel für die Auswertung eines Wöhlerversuches zur Bestimmung der Wechselfestigkeit

Nr.	Spannungsausschlag in N/mm²	Bruch nach Lastspielen
1	± 350	4252
2	± 300	8384
3	± 250	21987
4	± 200	703552
5	± 180	108664
6	± 160	nach 10^7 Spielen nicht gebrochen
7	± 140	– ′′ –
8	± 120	– ′′ –

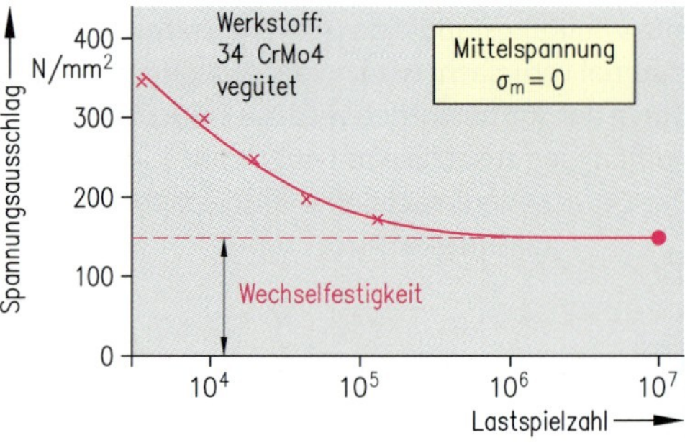

Die Wechselfestigkeit beträgt: $\sigma_D = 0 \pm 160$ N/mm²

In Wöhlerversuchen ermittelt man die Dauerschwingfestigkeit von Werkstoffen.
Die Probe, welche mit der höchsten Last $10 \cdot 10^6$ Lastspiel bei Stahl, bzw. $100 \cdot 10^6$ bei Leichtmetallen, ertrug, hat die Dauerschwingfestigkeit.

HANDLUNGSFELD: Technische Systeme gestalten

Problemstellung

Konstruktionsauftrag

Auftrag
Einrichtung zum Zuführen von Bolzen aus einem Fallmagazin zu einer Übergabestation an einen Roboter konstruieren.

Skizze

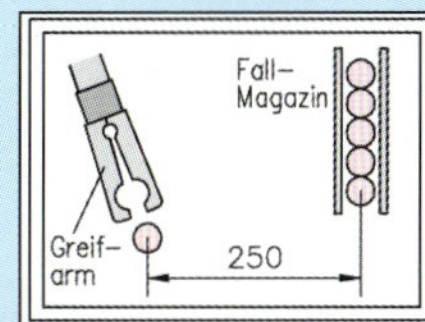

Analysieren

Anforderungen
- Technisch
  - Funktionstechnisch
  - Fertigungstechnisch
  - Werkstofftechnisch
- Wirtschaftlich
- Gesellschaftlich

Anforderungen
- Technisch
  - Präzise Vereinzeln
  - Sichere Lage des Bolzens an der Übergabestelle
  - Automatischer Betrieb
  - Hohe Betriebssicherheit
- Wirtschaftlich
  - Kostengünstige Herstellung

Ergebnisse
- Anforderungsliste
- K.o.-Kriterien

Planen

Lösungsprinzipsuche
- Auswahl einer Suchsystematik (Brainstorming, morphologischer Kasten ...)
- Lösungsalternativen suchen
- Bewertung der Lösungen
- Entscheidung für eine Lösung

Dimensionierung
- Berechnung wesentlicher Konstruktionsdetails

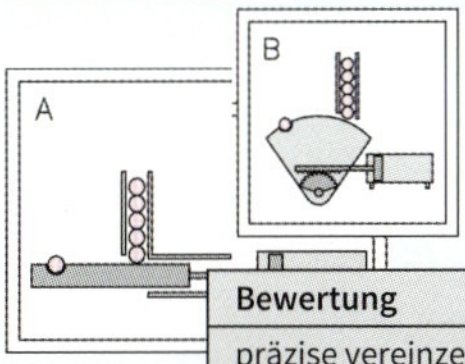

A

B

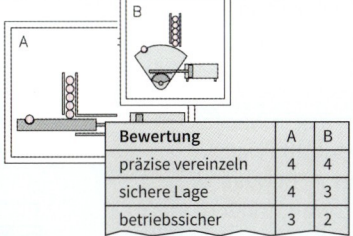

Bewertung	A	B
präzise vereinzeln	4	4
sichere Lage	4	3
betriebssicher	3	2

Ergebnisse
- Skizzen
- Beschreibungen
- Maße
- Entscheidungsmatrix

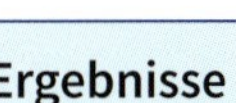

Konstruieren

Berücksichtigung von
- Vorschriften (Sicherheit ...)
- Normen
- Lagervorräten
- Zulieferungen

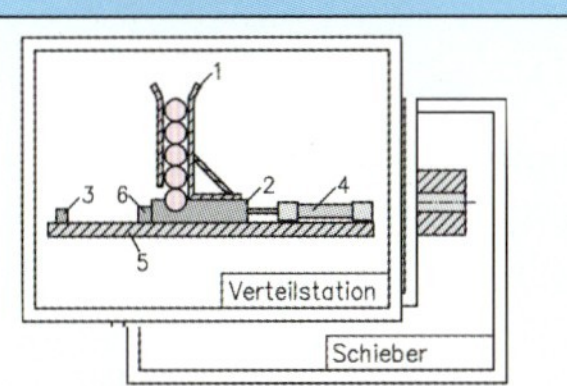

Ergebnisse
- Gesamtzeichnung
- Teilzeichnungen
- Stücklisten
- CAD-Daten
- Gebrauchshinweise Wartungspläne u. a.

1 Energie, Stoff, Information

1.1 Energie und Energieumsetzung

1.1.1 Arbeit

Eine Last kann auf verschiedene Art und Weise auf eine bestimmte Höhe befördert werden:

- die Last wird auf einer geneigten Ebene hoch getragen,
- die Last wird an einem Seil hoch gezogen,
- die Last wird durch eine Hydraulikanlage hoch gehoben.

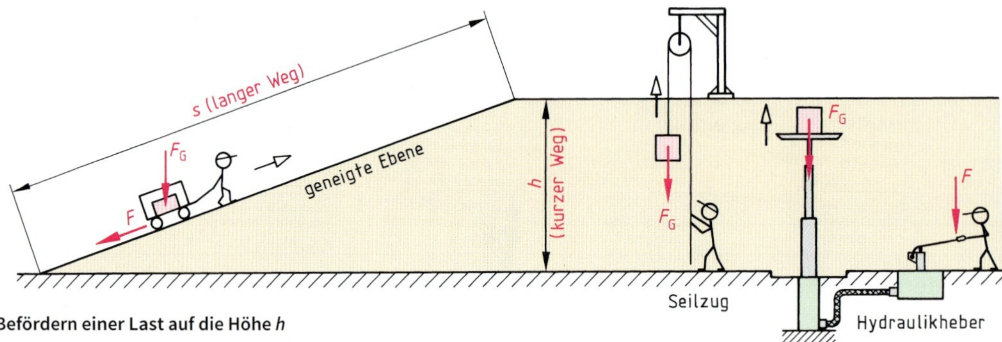

Befördern einer Last auf die Höhe *h*

In jedem Fall ist das Ergebnis gleich: Ein Gewicht wird um eine Höhe *h* gehoben; es wird jedesmal die gleiche Arbeit verrichtet. Physikalisch bezeichnet man eine solche Arbeit als Hubarbeit W_{Hub}. Sie ist das Produkt aus Gewichtskraft mal Höhe. Ganz allgemein gilt für die physikalische Arbeit:

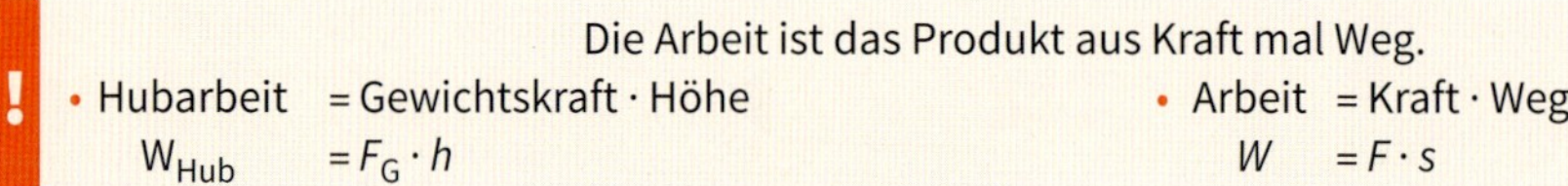

! Die Arbeit ist das Produkt aus Kraft mal Weg.

- Hubarbeit = Gewichtskraft · Höhe
  $W_{Hub} = F_G \cdot h$
- Arbeit = Kraft · Weg
  $W = F \cdot s$

Bei der Ermittlung der Arbeit ist zu beachten, dass Weg und Kraft auf der *gleichen* Wirkungslinie liegen. Bei der Hubarbeit liegen Gewichtskraft und Hubhöhe auf gleicher Linie. Dabei ist die Gewichtskraft der Bewegungsrichtung der Gewichtskraft genau entgegengerichtet.

Beim Ziehen eines Wagens wird der Weg in waagerechter Richtung zurückgelegt. Die Kraft, welche aufzubringen ist, damit der Wagen in Bewegung bleibt, entspricht nicht der Gewichtskraft, sondern lediglich der Reibungskraft des Wagens. Diese Reibungskraft ist der Bewegungsrichtung entgegengesetzt.

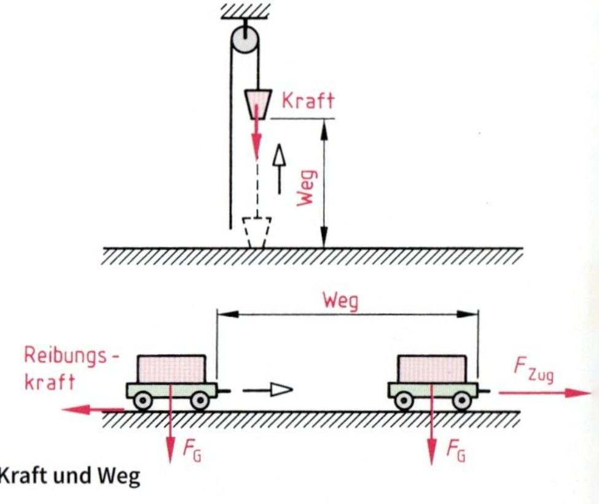

Kraft und Weg

! Bei der Berechnung der Arbeit müssen die Kraftrichtung und Wegrichtung übereinstimmen, aber entgegengesetzt gerichtet sein.

Die Einheit der Arbeit setzt sich zusammen aus dem Produkt der Krafteinheit und der Längeneinheit und ist demnach Nm. Die Einheit Nm bezeichnet man als J (Joule).
Ein Joule entspricht auch der elektrischen Arbeit von einer Wattsekunde.

! 1 Nm = 1 J = 1 Ws

Um eine bestimmte Arbeit zu verrichten, gibt es verschiedene Möglichkeiten:

- große Kraft auf einem kurzen Weg,
- kleine Kraft auf einem langen Weg.

Hebt man einen Gegenstand senkrecht auf eine bestimmte Höhe, so ist die Kraft groß und der Weg kurz. Befördert man jedoch diesen Gegenstand über eine geneigte Ebene auf die gleiche Höhe, so ist die Kraft klein, der Weg jedoch länger. Die Arbeit, als Produkt aus Kraft und Weg, ist immer gleich.

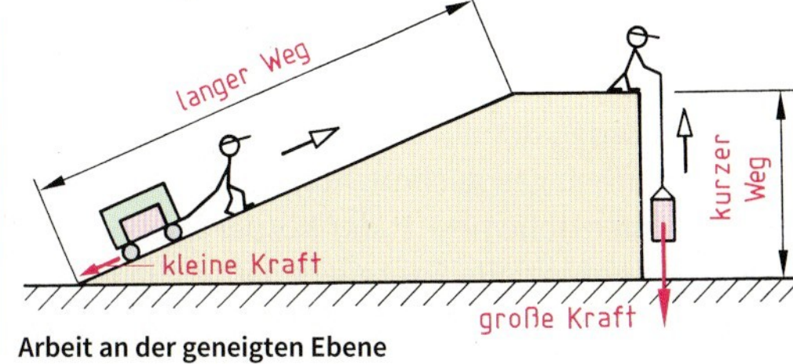

Arbeit an der geneigten Ebene

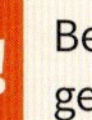

Bei mechanischer Arbeit kann die Kraft verringert werden, wenn entsprechend mehr Weg zurückgelegt wird.

Beispiel für die Berechnung einer mechanischen Arbeit

Aufgabe

Ein Stahlträger mit 800 kg Masse wird durch einen Kran auf eine Höhe von 12,5 m gehoben. Welche Arbeit muss durch den Kran verrichtet werden?

Gegeben
m = 800 kg ≙ F_G = 8 000 N; h = 12,5 m

Gesucht
W in Nm

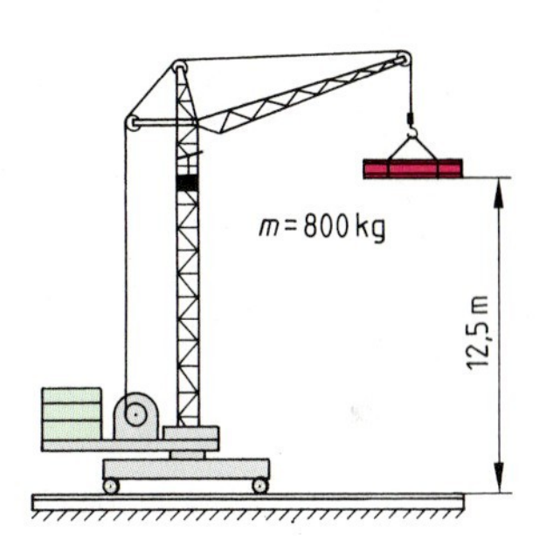

Lösung

$W = F \cdot s$

$W = 8\,000\ \text{N} \cdot 12{,}5\ \text{m}$

W = **100 000 Nm**

.1.2 Leistung

Die gleiche Arbeit W kann in unterschiedlicher Zeit t verrichtet werden. Man bezeichnet das Verhältnis von Arbeit zu der dafür benötigten Zeit als Leistung P. Die Einheit der Leistung ist $\frac{\text{Nm}}{\text{s}}$.

$$\text{Leistung} = \frac{\text{Arbeit}}{\text{Zeit}} \qquad P = \frac{W}{t} = \frac{F \cdot s}{t} = F \cdot v$$

Einheiten der Leistung 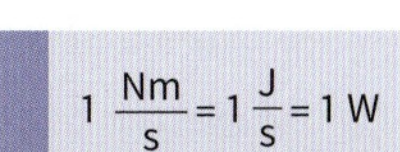

$$1\ \frac{\text{Nm}}{\text{s}} = 1\ \frac{\text{J}}{\text{s}} = 1\ \text{W}$$

P Leistung in $\frac{\text{Nm}}{\text{s}}$
W Arbeit in Nm
t Zeit in s
F Kraft in N
s Weg in m
v Geschwindigkeit in $\frac{\text{m}}{\text{s}}$

Leistung ist das Verhältnis von Arbeit zur dafür benötigten Zeit. $P = \frac{W}{t}$

Beispiel für die Berechnung einer mechanischen Leistung

Aufgabe

Ein Stahlträger mit 800 kg Masse wird durch einen Kran in 8 Sekunden auf eine Höhe von 12,5 m gehoben. Welche Leistung wird durch den Kran erbracht?

Gegeben m = 800 kg ≙ F_G = 8 000 N; h = 12,5 m; t = 8 s
Gesucht P in kW

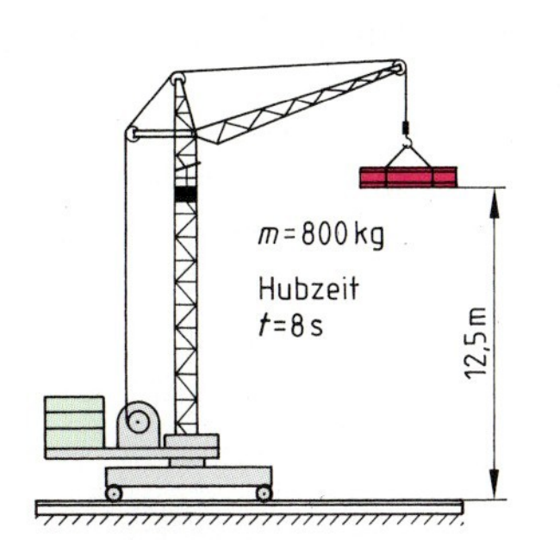

Lösung

$P = \frac{F \cdot s}{t} \qquad P = \frac{8\,000\ \text{N} \cdot 12{,}5\ \text{m}}{8\ \text{s}} = 12\,500\ \frac{\text{Nm}}{\text{s}}$

P = 12 500 W = **12,5 kW**

1.1.3 Energie

Gespeicherte Arbeit nennt man Arbeitsvermögen oder Energie. Man unterscheidet verschiedene Formen der Energie:

In einem Körper, der auf die Höhe *h* gebracht wurde, ist Hubarbeit gespeichert. Aufgrund seiner Lage in bestimmter Höhe besitzt der Körper Energie der Lage, auch **potenzielle Energie** genannt. Ein hochgezogener Fallhammer besitzt potenzielle Energie.

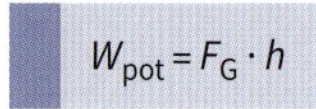

$$W_{pot} = F_G \cdot h$$

W_{pot} potenzielle Energie in Nm
F_G Gewichtskraft in N
h Höhe in m

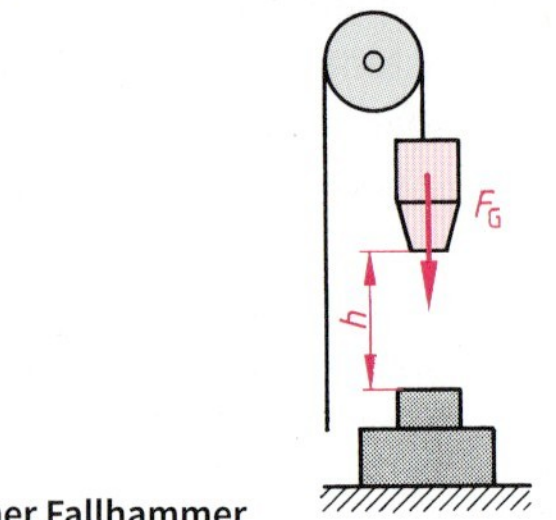

Einfacher Fallhammer

! Potenzielle Energie ist gespeicherte Hubarbeit.

In einem elektropneumatischen Bohrhammer schlägt der Hammerkolben auf die Bohrerwelle. Der Hammerkolben wird durch die Kraftwirkung komprimierter Luft auf seinem Weg beschleunigt. Die während der Beschleunigung verrichtete Arbeit ist in der Bewegung des Hammerkolbens gespeichert. Man nennt diese gespeicherte Arbeit Bewegungsenergie oder **kinetische Energie** W_{kin}. Die kinetische Energie wird beim Auftreffen des Hammerkolbens über die Welle an den Bohrer weitergegeben.

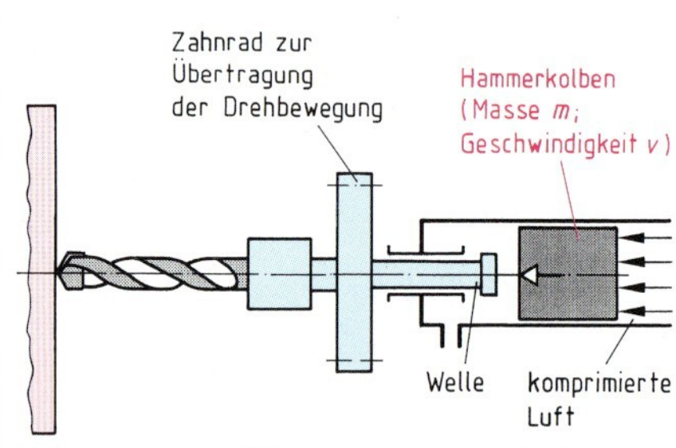

Schema eines elektropneumatischen Bohrhammers

$$W_{kin} = \frac{m \cdot v^2}{2}$$

W_{kin} kinetische Energie in kg m^2/s^2 (1 kg m^2/s^2 = 1 Nm)
m Masse in kg
v Geschwindigkeit in m/s

Auch strömende Flüssigkeiten und Gase besitzen Bewegungsenergie. So wird z. B. in einer Turbine die Bewegungsenergie der Teilchen genutzt, um die Turbine zu bewegen.

Kinetische Energie ist gespeicherte Beschleunigungsarbeit. Sie ist gespeichert in Massen, die sich bewegen.

Zum Komprimieren eines Gases muss man z. B. einen Kolben bewegen, der das Gas in einem Zylinder verdichtet. Dabei speichert das Gas Energie in Form von Druck. Man spricht in diesem Zusammenhang von **Druckenergie**.

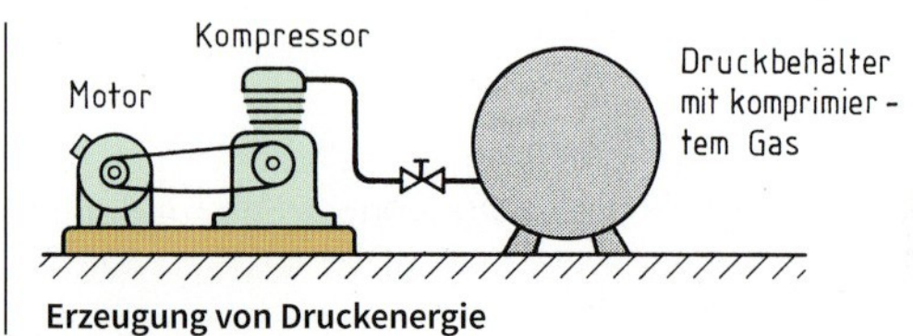

Erzeugung von Druckenergie

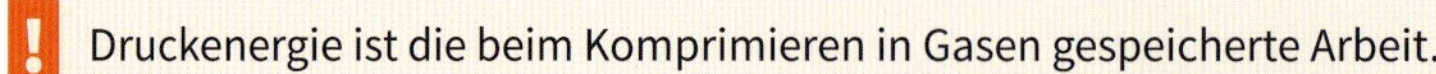

! Druckenergie ist die beim Komprimieren in Gasen gespeicherte Arbeit.

In Brennstoffen ist Energie chemisch gespeichert. Beim Verbrennen wird diese Wärmemenge frei. Die in einem Stoff enthaltene Wärmemenge gibt der **Heizwert** an.

Er ist bei festen und flüssigen Brennstoffen auf 1 kg bezogen. Bei Gasen bezieht man ihn auf 1 m^3 bei 20 °C und 1,013 bar.

Heizwerte von Brennstoffen (Auszug)

Stoff	Heizwert
Anthrazit (Kohle)	35 000 kJ/kg
Benzin	41 000 kJ/kg
Erdgas	36 000 kJ/m^3
Wasserstoff	11 000 kJ/m^3

! Die in Brennstoffen chemisch gebundene Energie wird durch den Heizwert näher beschrieben.

Übungsaufgaben 1/10; 1/11; 1/12

1.1.4 Wirkungsgrad

Energie kann nie verloren gehen. Sie kann nur in andere Formen der Energie umgewandelt werden. Diesen grundlegenden Satz der Physik nennt man den **Energieerhaltungssatz**.

In technischen Systemen kann die eingegebene Energie nie vollständig in eine andere nutzbare Energieform umgewandelt werden. Es ist stets ein gewisser Anteil der aufgewendeten Energie *nicht nutzbringend* einzusetzen. Bei mechanischen Systemen wird er meist in Reibungswärme umgewandelt. Bei Systemen zur Umwandlung von Wärmeenergie in mechanische Energie, z. B. bei Verbrennungsmotoren, treten erhebliche Verluste durch Abwärme auf.

Man nennt das Verhältnis von Nutzenergie W_e zur aufgewendeten Energie W_i den **Wirkungsgrad** η des Systems.

$$\eta = \frac{W_e}{W_i}$$

Wenn Energieaufwand und Nutzung der Energie *zur gleichen Zeit* erfolgen, kann der Wirkungsgrad auch aus der Leistung berechnet werden.

Auf die Leistung bezogen ist der Wirkungsgrad η das Verhältnis von Nutzleistung (effektiver Leistung) P_e zur aufgewendeten (induzierten) Leistung P_i.

$$\eta = \frac{P_e}{P_i}$$

Beispiele für die Energieausnutzung von Verbrennungsmotoren

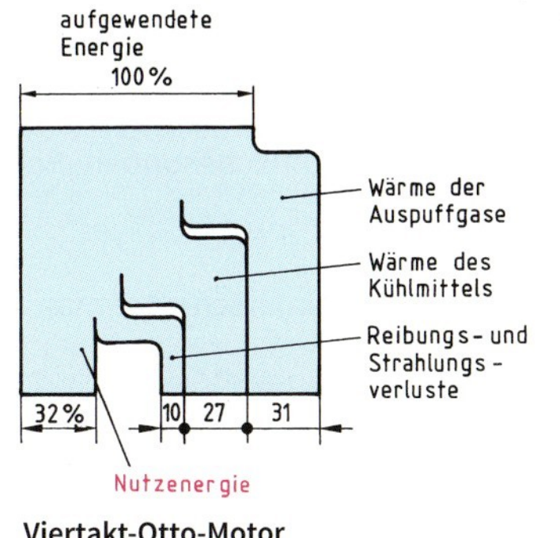

Viertakt-Otto-Motor

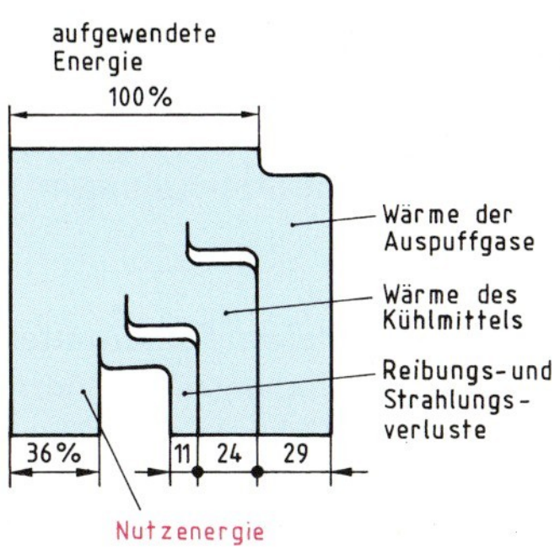

Viertakt-Diesel-Motor

Beispiel für die Berechnung eines Wirkungsgrades

Aufgabe

Ein Kran hebt in 6 Sekunden 3 140 N Schrott auf eine Höhe von 4,8 m. Der Kranmotor nimmt 4,2 kW aus dem Stromnetz auf. Wie groß ist der Wirkungsgrad der Hubeinrichtung?

Gegeben

$F = 3140\ \text{N}$
$s = 4{,}8\ \text{m}$
$t = 6{,}0\ \text{s}$
$P_i = 4{,}2\ \text{kW}$

Gesucht

η

Lösung

$$P_e = \frac{F \cdot s}{t}$$

$$P_e = \frac{3\,140\ \text{N} \cdot 4{,}8\ \text{m}}{6\ \text{s}} = 2\,512\ \frac{\text{Nm}}{\text{s}} = \mathbf{2{,}5\ kW}$$

$$\eta = \frac{P_2}{P_1} = \frac{2{,}5\ \text{kW}}{4{,}2\ \text{kW}} = \mathbf{0{,}59}$$

!

Energie geht nicht verloren (Energieerhaltungssatz).
Technisch ist eine verlustfreie Umwandlung in eine andere Energieform nicht möglich.

$$\text{Wirkungsgrad} = \frac{\text{Nutzenergie}}{\text{aufgewendete Energie}} \qquad \eta = \frac{W_e}{W_i}$$

1.2 Stoff und Stoffumsetzung

1.2.1 Stoff

Allgemein gliedert man die Stoffe nach den *Aggregatzuständen* in feste, flüssige und gasförmige Stoffe. In der Technik hingegen gliedert man nach DIN 8580 die Stoffe nach *fertigungstechnischen Gesichtspunkten*.

Stoffe, denen zur Entstehung eines Werkstückes erst Zusammenhalt gegeben werden muss, bezeichnet man als **formlose Stoffe**. Solche Stoffe sind Gase, Flüssigkeiten, Pulver, Fasern, Granulate u. a.

Stoffe, welche bereits als Rohteile feste Körper bilden, heißen in der Technik **geometrisch bestimmte Körper**.
Halbzeuge (Profilstäbe, Bleche, Rohre), komplette Werkstücke und Maschinen zählen zu diesen geometrisch bestimmten Körpern.

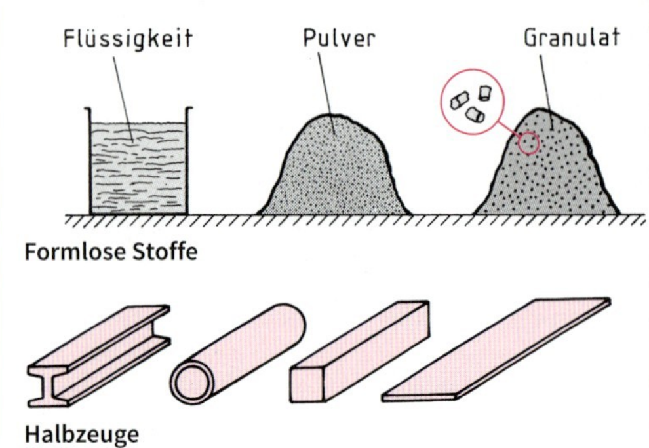

Formlose Stoffe

Halbzeuge

In der Technik unterscheidet man nach DIN die Stoffe nach dem Zusammenhalt in formlosen Stoff und geometrisch bestimmte Körper.

1.2.2 Stoffumsetzung

Stoffumsetzungen sind Stofftransport, Stofformung und Stoffumwandlung. Von diesen Stoffumsetzungen haben der Stofftransport und die Stofformung im Bereich der Metalltechnik besondere Bedeutung.

1. Stofftransport

Stofftransport geschieht mithilfe von Fördermitteln. Die Fördermittel unterscheidet man nach der Art des Bewegungsablaufes in stetige und unstetige Fördermittel.

Stetige Fördermittel bringen mit etwa gleichförmiger Geschwindigkeit das Fördergut von der Aufnahme zur Abgabestelle.
Zu stetigen Fördermitteln gehören:
- *mechanische Fördermittel:* Förderbänder, Förderschnecken, Becherwerke u. a.,
- *pneumatische Fördermittel:* Sandstrahlanlagen, Fördergebläse u. a.,
- *hydraulische Fördermittel:* Spülrinnen, Saugbagger, Pipeline u. a.

Unstetige Fördermittel müssen die Transportbewegung zum Zweck der Aufnahme und Abgabe der Last unterbrechen sowie eventuell eine Rücklaufbewegung durchführen. Zu unstetigen Fördermitteln gehören:
- *Hebezeuge:* Flaschenzüge, Kräne, Hebebühnen u. a.,
- *Flurfördermittel:* Gabelstapler, Hubwagen, Kraftfahrzeuge u. a.

Beispiele für Fördermittel

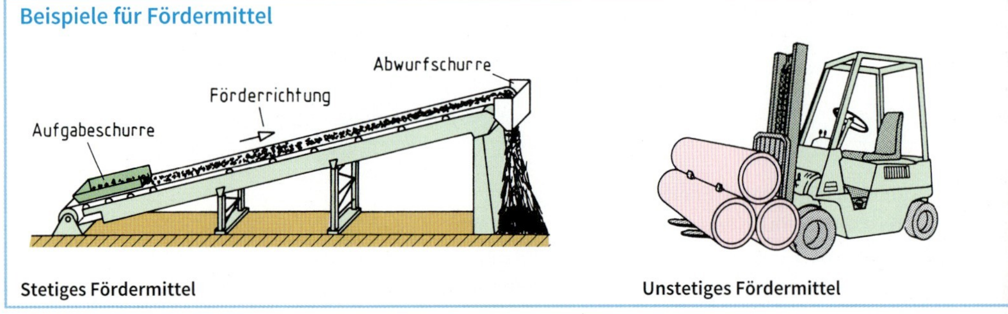

Stetiges Fördermittel

Unstetiges Fördermittel

2. Berechnung zum Stofftransport

Ein Fördergut legt auf einem Stetigförderer in gleichen Zeiten gleiche Wege zurück. Kennzeichnend für diesen Bewegungsvorgang ist das stets gleiche Verhältnis von zurückgelegtem Weg zur dafür benötigten Zeit t. Dieses Verhältnis ist die **Geschwindigkeit** *v*.

> **!** $\text{Geschwindigkeit} = \frac{\text{Weg}}{\text{Zeit}} \qquad v = \frac{s}{t}$

Für den Fall der konstanten Geschwindigkeit, die z. B. bei einem Förderband vorliegt, spricht man von einer gleichförmigen Bewegung.

Kenngröße eines Stetigförderers für Schüttgüter (Kohle, Sand, Zement u. a.) ist die je Zeiteinheit geförderte Masse *m*. Man nennt diese Masse je Zeiteinheit den **Massestrom** $\dot{m}$. Den Massestrom berechnet man aus der geförderten Masse *m* und der dafür benötigten Zeit *t*.

> **!** $\text{Massestrom} = \frac{\text{geförderte Masse}}{\text{benötigte Zeit}} \qquad \dot{m} = \frac{m}{t}$

Beispiel für die Berechnung von Transportgeschwindigkeit und Massestrom

Aufgabe

Auf einem Förderband wird Kohle befördert. Das Band transportiert die Kohle in 20 Sekunden über einen Weg von 25 m. In einer 8-Stunden-Schicht werden 85 000 kg Kohle gefördert. Es sind Bandgeschwindigkeit und Massestrom zu berechnen.

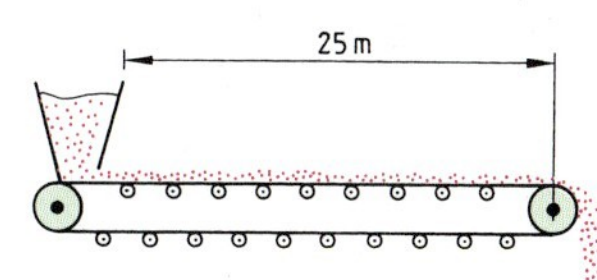

Gegeben

$s = 25\ \text{m}$

$t = 20\ \text{s}$

$m = 85\,000\ \text{kg}$

$t_{ges} = 8\ \text{h}$

Gesucht

v in $\frac{\text{m}}{\text{s}}$

$\dot{m}$ in $\frac{\text{kg}}{\text{s}}$

Lösung

$v = \frac{s}{t}$ $\qquad \dot{m} = \frac{m}{t}$

$v = \frac{25\ \text{m}}{20\ \text{s}}$ $\qquad \dot{m} = \frac{85\,000\ \text{kg}}{8\ \text{h}}$

$v = \mathbf{1{,}25\ \frac{m}{s}}$ $\qquad \dot{m} = 10\,625\ \frac{\text{kg}}{\text{h}} \triangleq \mathbf{2{,}95\ \frac{kg}{s}}$

Flüssige Stoffe und Aufschlämmungen werden in Rohren oder Rinnen gefördert. Kennzeichnend für diese Förderung ist der **Volumenstrom** q_V. Er ist das Verhältnis von gefördertem Volumen *V* zu der dafür benötigten Zeit *t*.

> **!** $\text{Volumenstrom} = \frac{\text{gefördertes Volumen}}{\text{benötigte Zeit}} \qquad q_V = \frac{V}{t}$

Das geförderte Volumen errechnet man aus dem gefüllten Querschnitt *S* des Rohres oder der Rinne und der Strecke *s*, die ein Teilchen in der Zeit *t* zurückgelegt hat.

Gefördertes Volumen = Querschnitt · Weg

$$V = S \cdot s$$

Damit ergibt sich für die Berechnung des Volumenstroms q_V die Gleichung:

$$q_V = \frac{S \cdot s}{t} = S \cdot v$$

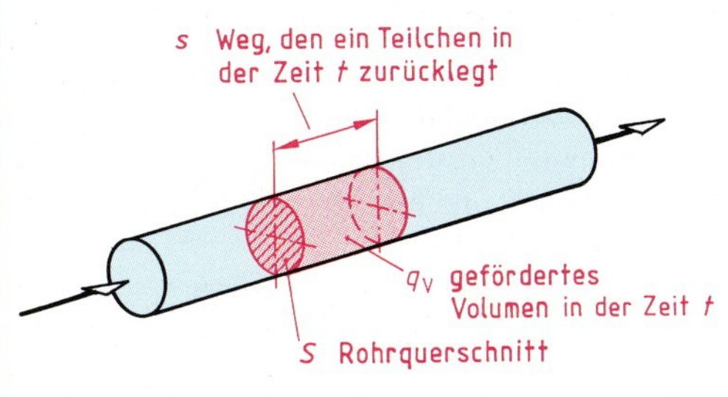

Gefördertes Volumen

Bei Querschnittsänderungen ist der Volumenstrom vor und hinter der Querschnittsänderung gleich. Es gilt demnach:

$$q_{v1} = q_{v2}$$

$$S_1 \cdot v_1 = S_2 \cdot v_2$$

Diese Gleichung bezeichnet man als die **Kontinuitätsgleichung**.

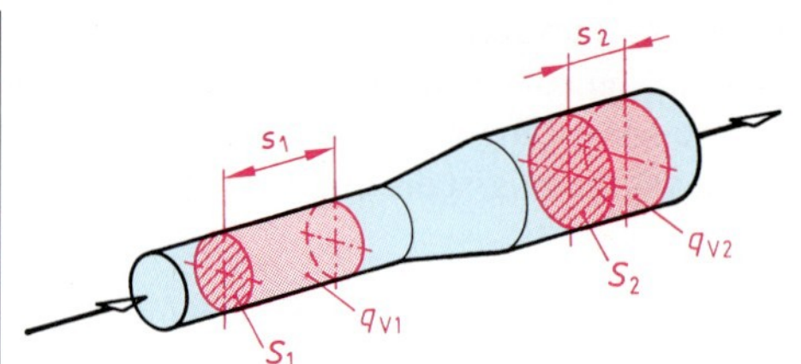

Volumenstrom an verschiedenen Rohrquerschnitten

! In Rohrleitungen ist der Volumenstrom unabhängig vom Querschnitt an allen Stellen gleich.

Beispiel für die Berechnung eines Volumenstromes

Aufgabe

Eine Pumpanlage für Trinkwasser saugt durch ein Ansaugrohr mit 60 mm Durchmesser das Wasser an. In der Druckleitung von 28 mm Durchmesser strömt das Wasser mit einer Geschwindigkeit von 2 m/s. Es sind zu berechnen:

a) der Volumenstrom,

b) die Strömungsgeschwindigkeit im Saugrohr.

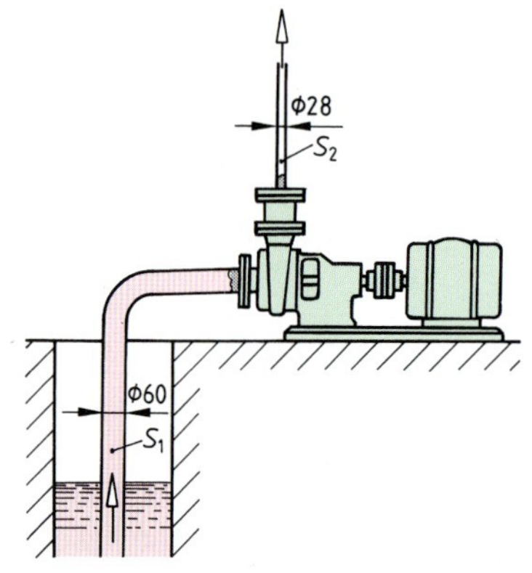

Gegeben

$d_1 = 60\ \text{mm};\ v_2 = 2\ \frac{\text{m}}{\text{s}}$

$d_2 = 28\ \text{mm}$

Gesucht

q_v in $\frac{\text{dm}^3}{\text{s}}$; v_1 in $\frac{\text{m}}{\text{s}}$

Lösung

a) $q_v = S_2 \cdot v_2$

$$S_2 = \frac{28^2\ \text{mm}^2 \cdot 3{,}14}{4} = 615\ \text{mm}^2$$

$$q_v = 615\ \text{mm}^2 \cdot 2\ \frac{\text{m}}{\text{s}} = 615\ \text{mm}^2 \cdot 2\,000\ \frac{\text{mm}}{\text{s}}$$

$$q_v = 1\,230\,000\ \frac{\text{mm}^3}{\text{s}} = \mathbf{1{,}23}\ \frac{\mathbf{dm^3}}{\mathbf{s}}$$

b) $S_1 \cdot v_1 = S_2 \cdot v_2$

$$v_1 = \frac{S_2 \cdot v_2}{S_1}$$

$$v_1 = \frac{615\ \text{mm}^2 \cdot 2\ \text{m}}{2\,826\ \text{mm}^2 \cdot \text{s}}$$

$$v_1 = \mathbf{0{,}435}\ \frac{\mathbf{m}}{\mathbf{s}}$$

4. Stoffformung siehe „Fertigungstechnik“

5. Stoffumwandlung siehe „Werkstofftechnik“

1.3 Information und Informationsumsetzung

Informationen sind alle Mitteilungen, Nachrichten, Anweisungen, Hinweise u. a., die zwischen einem „Sender“ über einen Übertragungskanal an einen „Empfänger“ übertragen werden.
Im unmittelbaren Austausch von Informationen zwischen Menschen ist die akustische Übertragung durch die Sprache die wichtigste Form der Übermittlung. Neben der akustischen Übertragung durch die Sprache werden im zwischenmenschlichen Bereich auch optisch Informationen durch Mimik und Gestik übertragen. Der unmittelbare Informationsaustausch durch Gespräch zwischen Menschen zeigt die Grundelemente einer jeden Informationsübertragungskette oder **Kommunikationskette**, wie der Fachbegriff lautet.

Kommunikationskette: **Sender** → (Übertragungskanal / Information) → **Empfänger**

! Ein Informationsübertragungssystem besteht aus Sender, Übertragungskanal und Empfänger.

Übungsaufgaben 1/18 bis 1/24

Als Partner, die als Sender und Empfänger in technischen Systemen auftreten können, kommen Mensch und Maschine in Frage. Damit ergeben sich vier mögliche Beziehungen:

Sender	Informationsträger	Empfänger
Mensch	Sprache, Zeichnung …	Mensch
Mensch	Handkurbel, NC-Code …	Maschine
Maschine	Signalleuchte, Maßanzeige …	Mensch
Maschine	analoge oder digitale Signale …	Maschine

Die Beziehung Mensch – Maschine, in welcher der Mensch als Sender und die Maschine als Empfänger auftritt, hat in der Transport- und in der Fertigungstechnik besondere Bedeutung. Zur Fertigung eines Produktes gibt der Fachmann zwei Arten von Informationen an die Werkzeugmaschine. Informationen, welche die Maße des Werkstücks betreffen, nennt man **Weginformationen**. Informationen, welche Drehzahlen, Vorschübe, Kühlmittelzufuhr und andere Größen betreffen, die später am Produkt nicht wiederzufinden sind, nennt man **Schaltinformationen**.

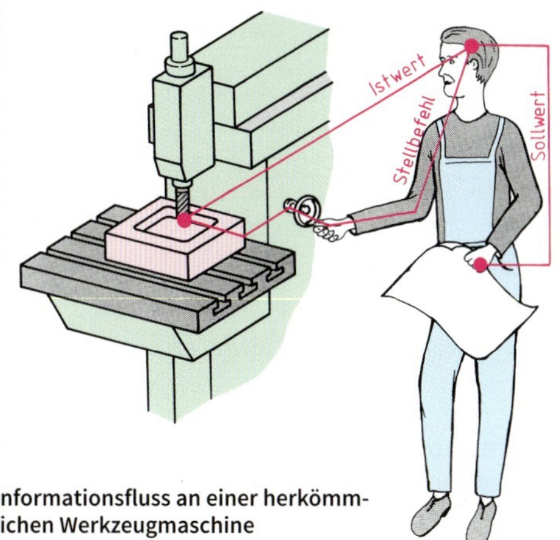

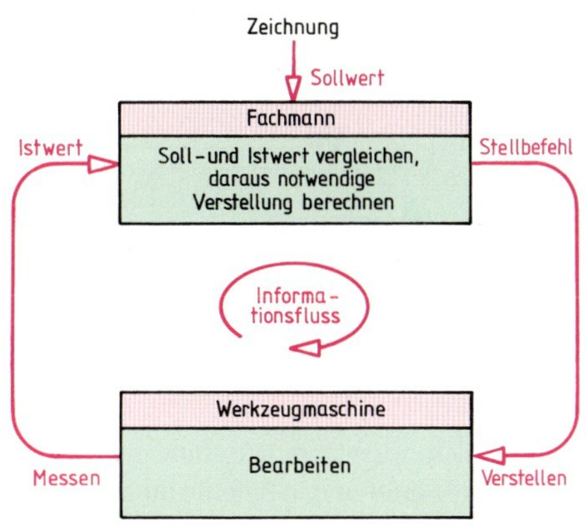

Informationsfluss an einer herkömmlichen Werkzeugmaschine

Im Kommunikationssystem Mensch – Maschine gibt der Mensch in der Fertigungstechnik Weg- und Schaltinformationen an die Maschine.

Die Art der Informationseingabe ist abhängig von der Maschinensteuerung. Gesteuert werden kann:

- manuell,
- mechanisch,
- numerisch.

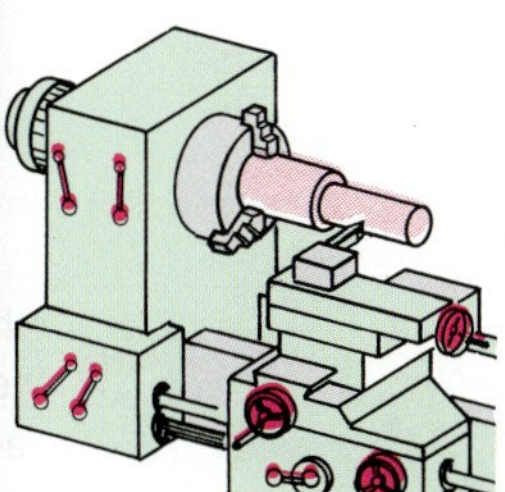

Informationseingabe durch Hebel, Kurbeln …

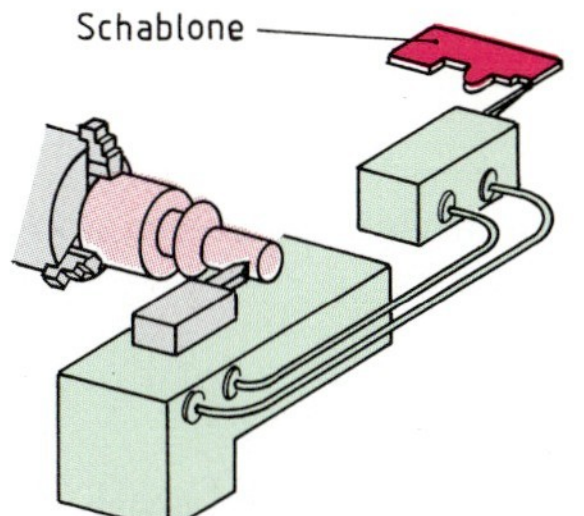

Informationseingabe durch Maß- und Formverkörperungen

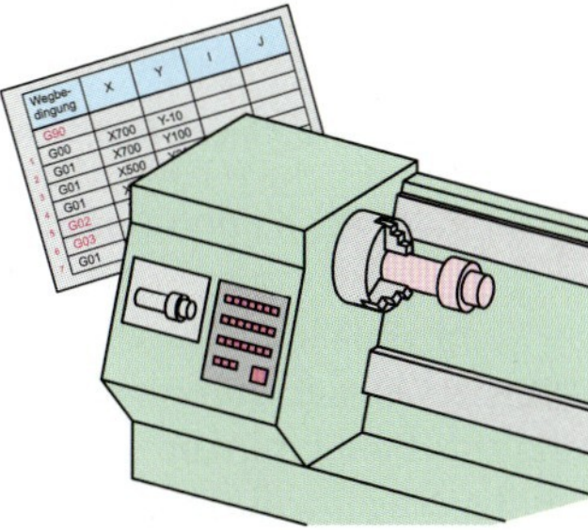

Informationseingabe durch Zeichen

Die Informationseingabe im Kommunikationssystem Mensch – Maschine kann manuell, mechanisch oder numerisch erfolgen.

Übungsaufgaben 1/25; 1/26

Die Kommunikationsbeziehung Maschine – Mensch beschränkte sich bei herkömmlichen Werkzeugmaschinen fast ausschließlich auf Warnungen und Ausführungsmeldungen, z. B. durch Signalleuchten, Signalhörner und Maßanzeigen.

An numerisch gesteuerten Werkzeugmaschinen kann die Steuerung der Maschine auch vorprogrammierte Anweisungen, Fragen und Entscheidungshilfen an den Bediener geben. In diesem Falle spricht man vom **Dialogbetrieb**.
Computerunterstütztes Fertigen auf CNC-Maschinen geschieht ebenfalls im Dialogbetrieb.

Beispiel für einen Bildschirm-Dialog an einem CNC-Arbeitsplatz

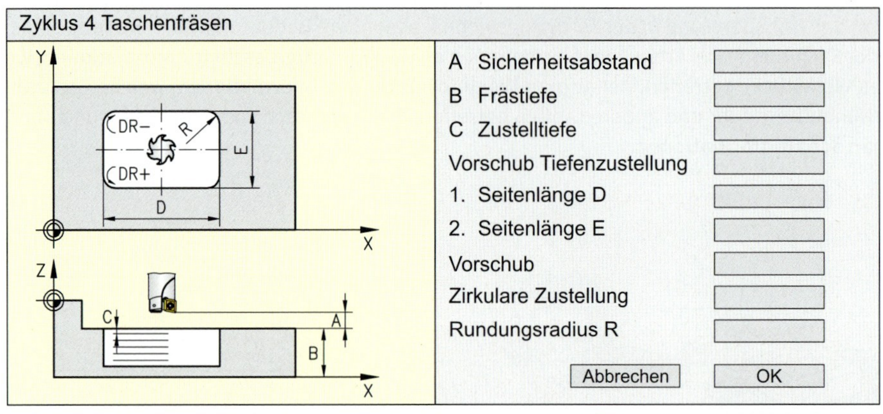

> Eine Kommunikation Maschine – Mensch beschränkt sich auf Warnungen und Anzeigen.
> Ein Dialog ist bei computergesteuerten Systemen möglich.

Im Kommunikationssystem Maschine – Maschine werden Informationen von Maschinen ermittelt, weitergeleitet, ausgewertet und in Befehle umgesetzt. *Steuer- und Regeleinrichtungen* stellen derartige Kommunikationssysteme dar.

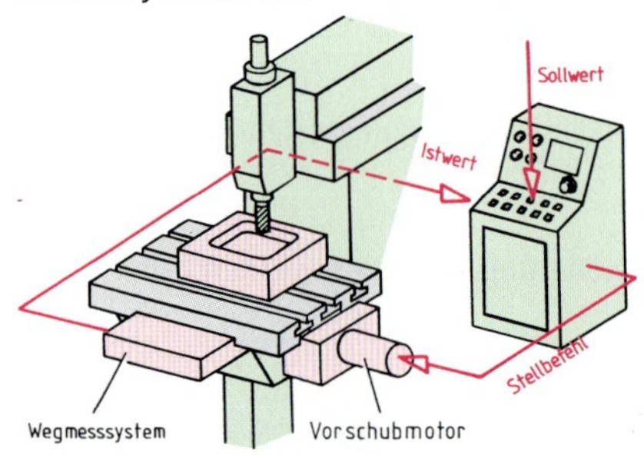

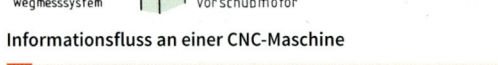

Informationsfluss an einer CNC-Maschine

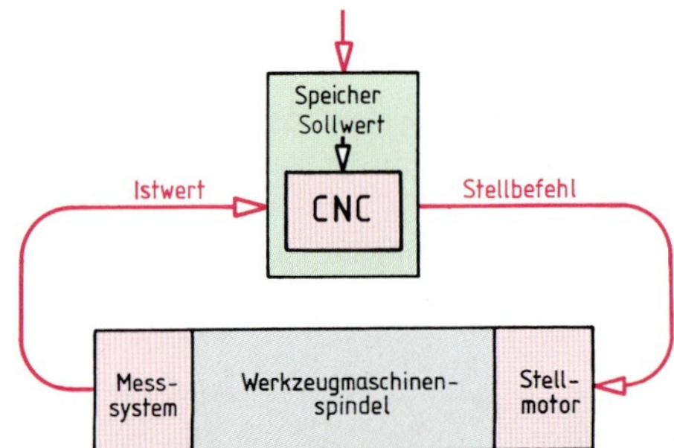

> Die Kommunikation Maschine – Maschine geschieht in Steuer- und Regeleinrichtungen.

Die Kommunikation Maschine – Maschine ist am weitesten in der automatisierten Fertigung verwirklicht. Dabei müssen z. B. Computer, Roboter, Rundtischlager und Transportband sowie CNC-Maschinen miteinander kommunizieren um einen reibungslosen Fertigungsablauf sicherzustellen.

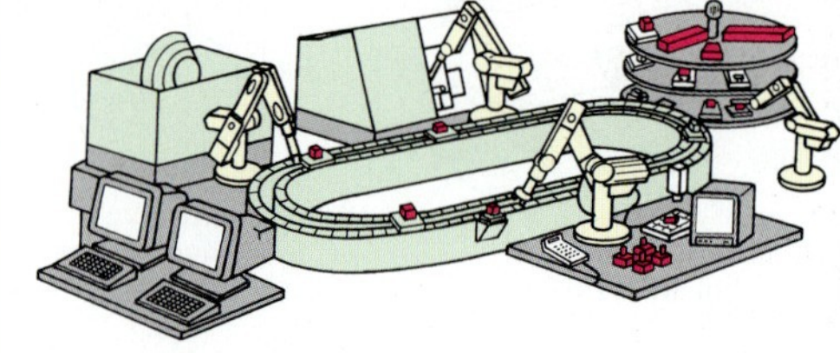

Automatisiertes Fertigungssystem

> Die Kommunikation Maschine – Maschine geschieht in der automatisierten Fertigung.

Übungsaufgabe 1/27

2 Systeme zur Umsetzung von Energie, Stoff und Information

2.1 Systemtechnische Grundlagen

2.1.1 Technisches System

Maschinen, Geräte, Anlagen usw. sind häufig kaum überschaubar. Man versucht darum durch Zusammenfassung die Überschaubarkeit herzustellen.

In der Technik bezeichnet man alles, was in sich geschlossen eine Funktion erfüllen kann, als **technisches System**. Man spricht so z. B. vom Verkehrssystem, Informationssystem. Auch ein Walzwerk, eine Ölraffinerie oder eine Maschinenfabrik kann man ebenso wie ein Automobil oder eine Werkzeugmaschine als System bezeichnen. Ein technisches System hat folgende Eigenschaften:

- *Es ist nach außen abgegrenzt,*
- *es hat Eingang und Ausgang,*
- *es erfüllt eine Funktion, bei der Eingangs- und Ausgangsgrößen verknüpft werden,*
- *es ist gekennzeichnet durch die Gesamtaufgabe* – nicht durch die Einzelaufgaben, die innerhalb des Systems gelöst werden.

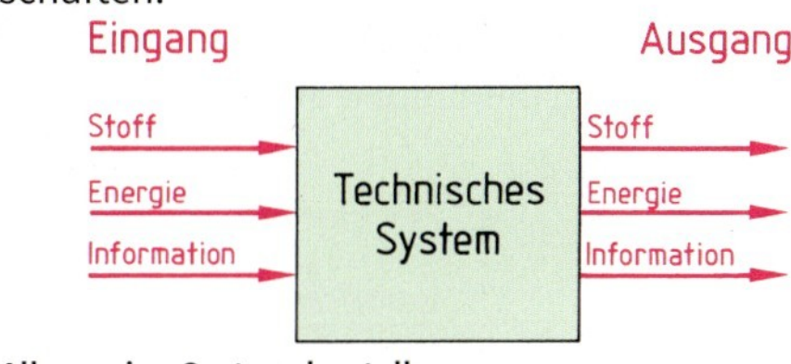

Allgemeine Systemdarstellung

Jedes technische System erfüllt eine Hauptfunktion wie z. B. Umwandlung von Energie, Produktion von Gütern. In das System fließen Stoff, Energie und Information ein und gehen heraus.

Das technische System stellt man grafisch durch ein Rechteck dar. Die Eingangs- und Ausgangsgrößen kennzeichnet man durch Pfeile.

Beispiel für ein technisches System

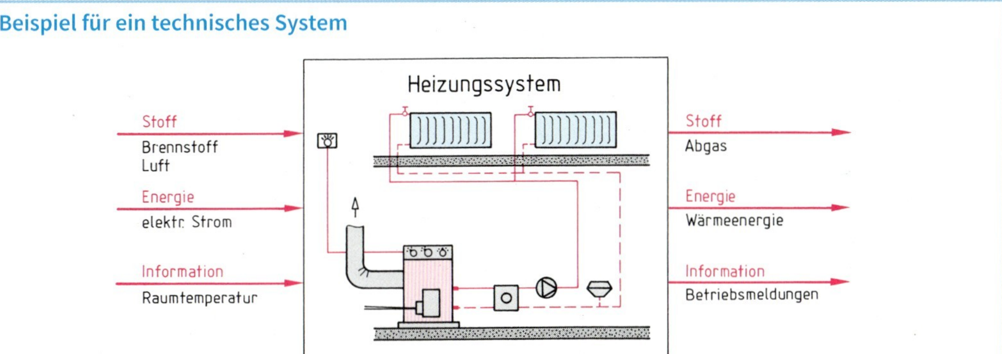

> **!** Ein technisches System ist in sich geschlossen und funktionsfähig. Eingangs- und Ausgangsgrößen werden miteinander verknüpft.
> Ein- und Ausgangsgrößen können sein: • Stoff, • Energie, • Information.

An Stoff, Energie und Information können (in technischen Systemen) folgende Vorgänge ablaufen:

- **Transport,** • **Formung,** • **Umwandlung.**

Von den genannten Vorgängen steht in technischen Systemen entsprechend ihrer Aufgabe meist nur einer im Vordergrund.

Systeme, die vorwiegend dem Transport dienen, sind **Transportsysteme**. Zu den Transportsystemen zählen auch Speicher, in denen Stoff, Energie oder Informationen auf dem Transport zwischengespeichert werden.

Systeme zur Formung verändern nur die Form von Stoff, Energie oder Information.

Werden in einem System diese Größen umgewandelt, so spricht man von **Umwandlungssystemen**.

> **!** In technischen Systemen können Stoff, Energie und Informationen transportiert, geformt und umgewandelt werden.

Übungsaufgaben 2/1 bis 2/4

2.1.2 Unterteilung innerhalb eines technischen Systems

Technische Systeme lassen sich nach DIN 40150 in Teilsysteme untergliedern. Dabei ergibt sich:

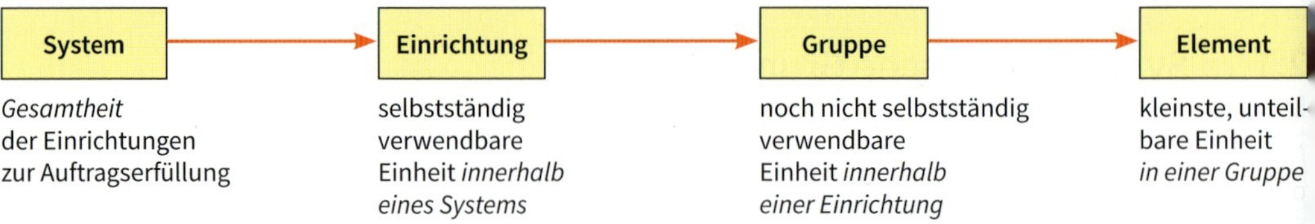

Beispiel für die Gliederung eines Systems

Das System CNC-Drehmaschine besteht aus verschiedenen **Einrichtungen**, z. B. dem Gestell, dem Antrieb, der Steuerung.
Die Einrichtung Steuerung besteht aus verschiedenen **Gruppen**, z. B. der Eingabeeinheit, dem Rechner, den Stellmotoren. Die Gruppe Stellmotore setzt sich aus **Elementen** zusammen, z. B. Wellen, Wicklungen.

System

Rohteil
elektrische Energie
Programm
CNC-Drehmaschine
Fertigteil
Bewegungsenergie, Wärmeenergie
Betriebsdaten

Einrichtungen aus dem System CNC-Drehmaschine

Gestell
Steuerung
Antrieb

Gruppen aus der Einrichtung Steuerung

Eingabeeinheit
Stellmotoren

Elemente aus der Gruppe Stellmotoren

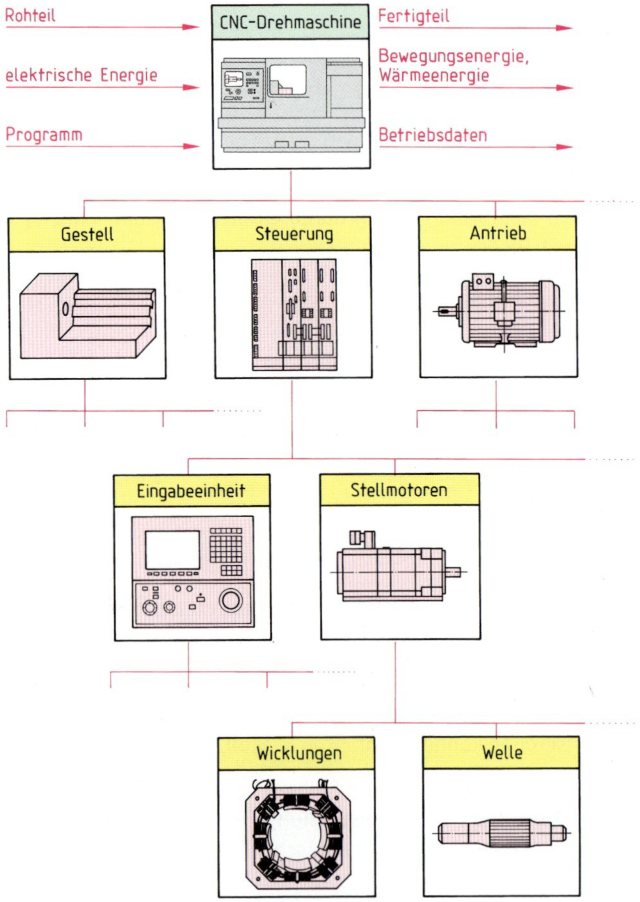

Wicklungen
Welle

Ganz allgemein, ohne Rücksicht auf die Gliederung eines Systems, spricht man bei Einrichtungen und Gruppen auch von Einheiten. Was man als System bezeichnet, hängt vom Betrachter ab. So ist z. B. die Heizungsanlage eines Wohnhauses für den Architekten eine Einrichtung – ein Teilsystem. Der Heizungsbauer sieht die Heizungsanlage aber als ein System an, das von ihm installiert wird.

Systeme bestehen aus Einrichtungen (Teilsystemen).
Einrichtungen bestehen aus Gruppen. Gruppen bestehen aus Elementen.

Übungsaufgaben 2/5; 2/6

2.1.3 Funktionen von Einrichtungen

Ein technisches System erfüllt eine Hauptfunktion. Diese Hauptfunktion kann nur durch das Zusammenwirken von **Teilfunktionen** erreicht werden. Wichtige Teilfunktionen in technischen Systemen sind z. B. Antreiben, Steuern und Regeln, Tragen und Stützen.

Einrichtungen, welche Teilfunktionen erfüllen, bezeichnet man als **funktionale Einrichtungen**.

Neben dem Gesichtspunkt der Funktion ist der *Aufbau von Einrichtungen* von Bedeutung. Man spricht in diesem Zusammenhang dann von **Baueinrichtungen**. So kann z. B. die funktionale Einrichtung Antriebseinheit die Baueinrichtung Verbrennungsmotor sein.

Wichtige funktionale Einrichtungen und Beispiele für die entsprechenden Baueinrichtungen sind:

Antriebseinheiten	z. B. Turbine im Kraftwerk
Steuer- und Regeleinheiten	z. B. ABS-Bremsanlage im Auto
Energieübertragungseinheiten	z. B. Getriebe in einer Werkzeugmaschine
Speichereinheiten	z. B. Erzbunkeranlage im Hüttenwerk
Stütz- und Trageinheiten	z. B. Gestell einer Presse
Arbeits- und Umweltschutzeinheiten	z. B. Rauchgasentschwefelung eines Kraftwerkes

Beispiel für die Funktionen von Einrichtungen und die entsprechenden Baueinrichtungen im technischen System Handbohrmaschine

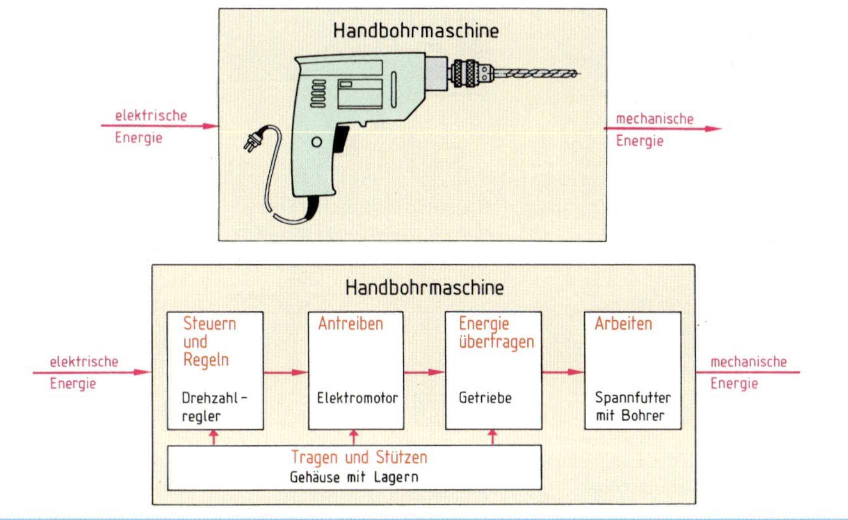

! Funktionale Einrichtungen erfüllen Teilfunktionen, die erst in ihrer Gesamtheit die Hauptfunktion ermöglichen.

2.1.4 Funktionen von Gruppen

Innerhalb von Einrichtungen erfüllen Funktionsgruppen bestimmte Grundfunktionen. Solche Grundfunktionen sind z.B.

- Leiten und Isolieren,
- Sammeln und Verzweigen,
- Vergrößern und Verkleinern.

! Funktionsgruppen erfüllen innerhalb einer Einrichtung Grundfunktionen.

In der Fertigungstechnik hat die Grundfunktion **Zusammenhaltändern** besondere Bedeutung, weil in nahezu allen Fertigungsverfahren der Zusammenhalt geändert wird. So werden z. B. beim Schweißen der Zusammenhalt vermehrt und beim Drehen der Zusammenhalt vermindert.

! In Maschinen und Geräten der Fertigungstechnik hat die Funktionsgruppe, mit welcher der Zusammenhalt geändert wird, besondere Bedeutung.

Beispiele für Grundfunktionen

Grundfunktionen	Beispiele aus der Mechanik	Beispiele aus der Elektrik	Weitere Beispiele
Leiten und Isolieren (nicht leiten)	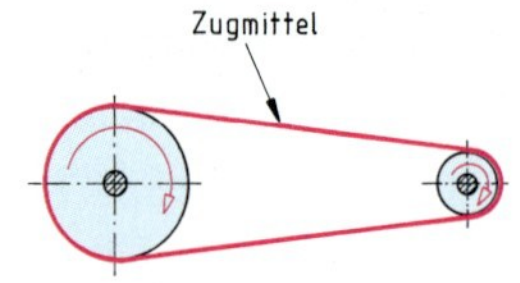 Leiten des Drehmoments in einem Riementrieb	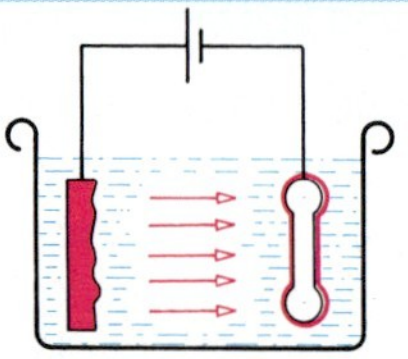 Leiten des elektrischen Stroms durch ein Versilberungsbad	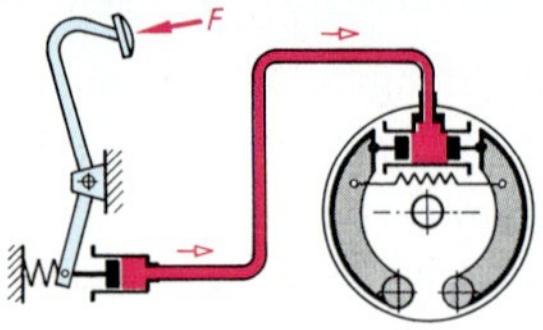 Leiten des Druckes durch die Bremsflüssigkeit
	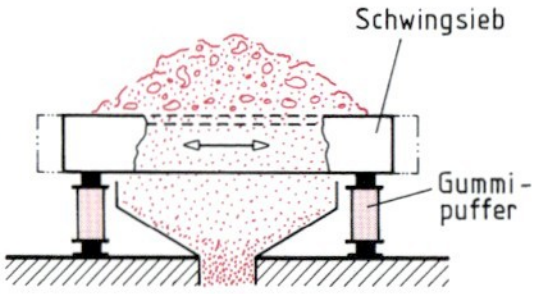 Isolieren des Unterbaus gegen mechanische Schwingungen	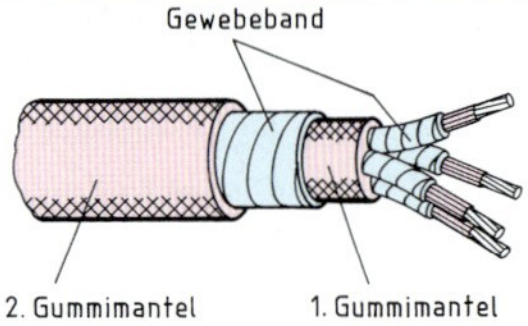 Elektrische Isolierung eines flexiblen Kabels	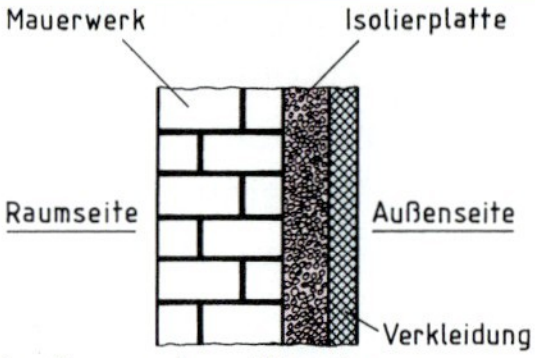 Isolieren einer Wand gegen Ableiten von Wärme
Sammeln und Verzweigen	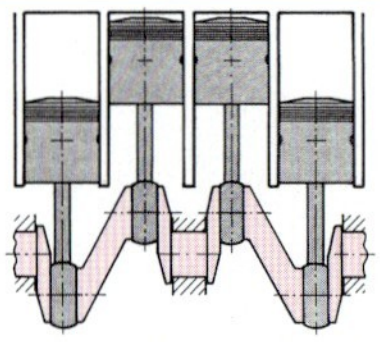 Sammeln mechanischer Energie auf einer Kurbelwelle eines Verbrennungsmotors	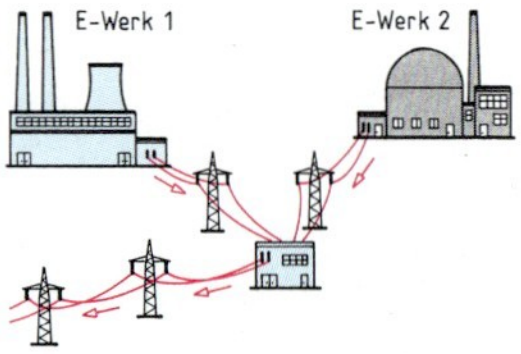 Sammeln elektrischer Energie von verschiedenen Erzeugern	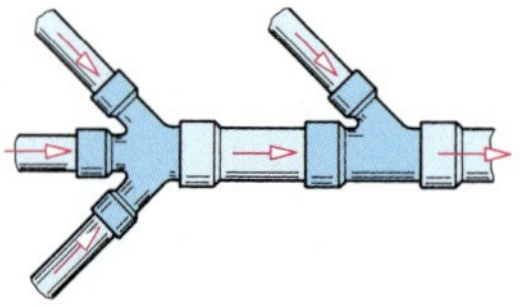 Sammeln von Abwasser in einem Rohrleitungssystem
	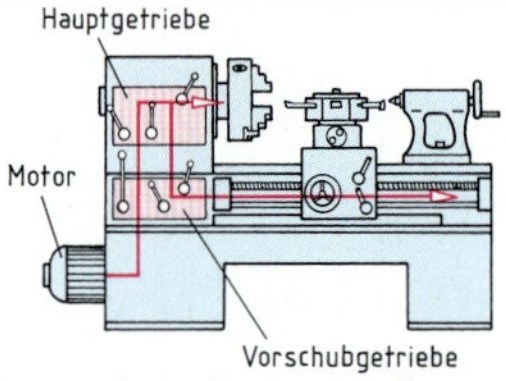 Verzweigen des Energieflusses an einer Drehmaschine	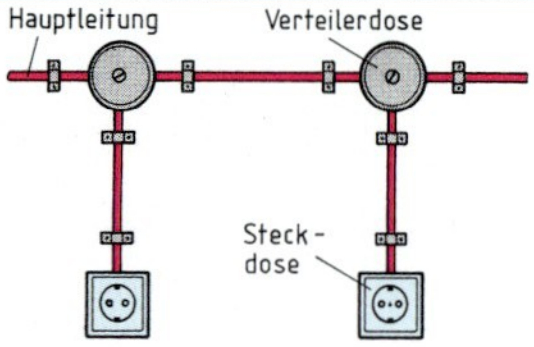 Verzweigen elektrischer Energie	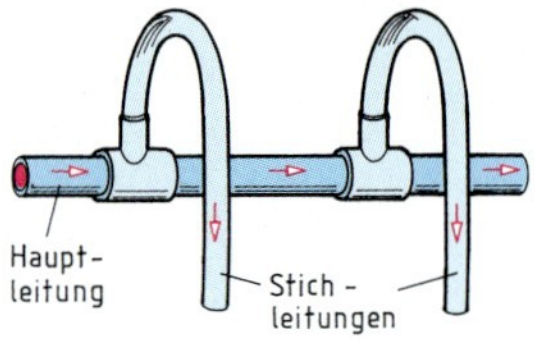 Verzweigen eines Druckluftstromes
Führen	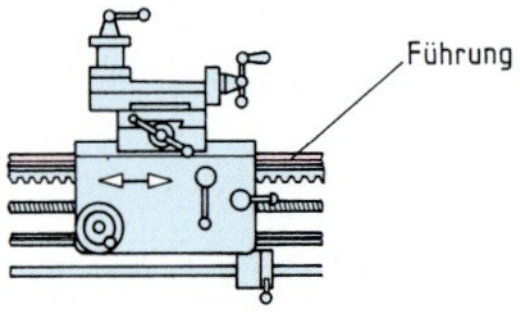 Führen des Werkzeugschlittens einer Drehmaschine	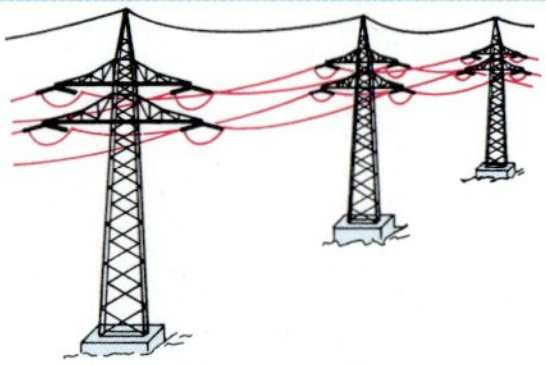 Führen elektrischen Stromes in einer Hochspannungsleitung	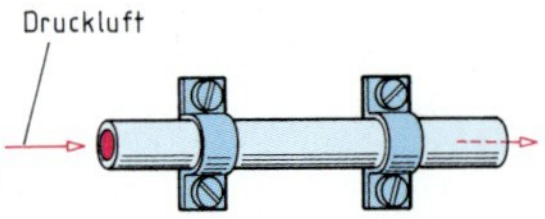 Führen von Druckluft in einer Rohrleitung
Wandeln	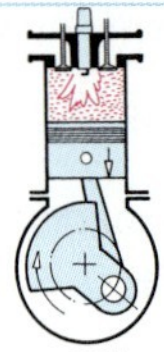 Wandeln von Wärmeenergie in mechanische Energie	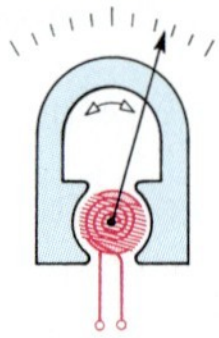 Wandeln von einem elektrischen Strom in ein mechanisches Signal	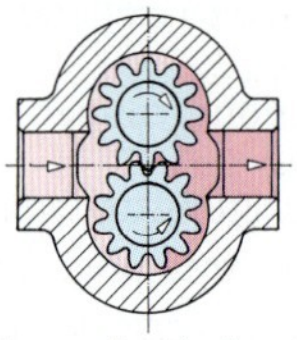 Wandeln mechanischer Energie in Energie eines Volumenstromes

Beispiele für Grundfunktionen (Fortsetzung)

Grundfunktionen	Beispiele aus der Mechanik	Beispiele aus der Elektrik	Weitere Beispiele
Vergrößern und Verkleinern	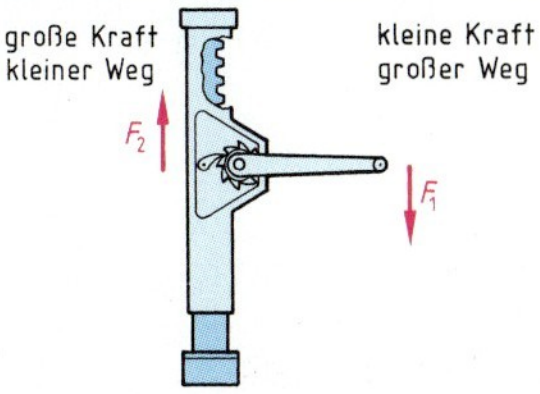 große Kraft kleiner Weg, kleine Kraft großer Weg, F_2, F_1 Vergrößern der Kraft – Verkleinern des Weges an einem Hebebock	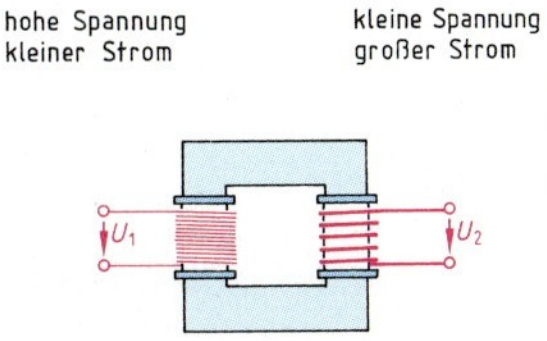 hohe Spannung kleiner Strom, kleine Spannung großer Strom, U_1, U_2 Verkleinern der Spannung und Vergrößern des Stromes in einem Transformator	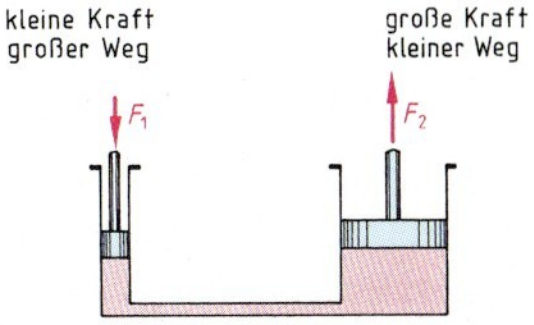 kleine Kraft großer Weg, große Kraft kleiner Weg, F_1, F_2 Vergrößern der Kraft und Verkleinern des Weges an einer hydraulischen Presse
Richten und Oszillieren	Kurbelstange, Gelenke Richten einer hin- und hergehenden Bewegung in eine gleichmäßige Drehbewegung	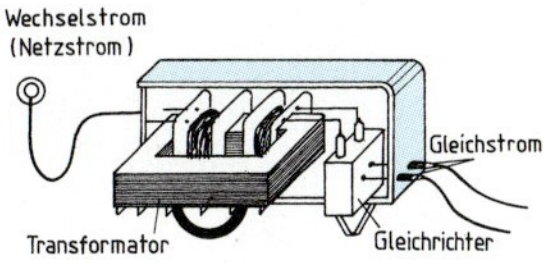 Wechselstrom (Netzstrom), Transformator, Gleichstrom, Gleichrichter Richten eines Wechselstromes in einen Gleichstrom im Schweißgleichrichter	Sperrrichtung, Durchflussrichtung Richten eines Ölstroms durch ein Rückschlagventil
	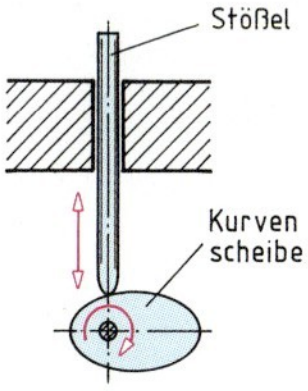 Stößel, Kurvenscheibe Formung einer gleichmäßigen Drehbewegung in eine oszillierende Hubbewegung	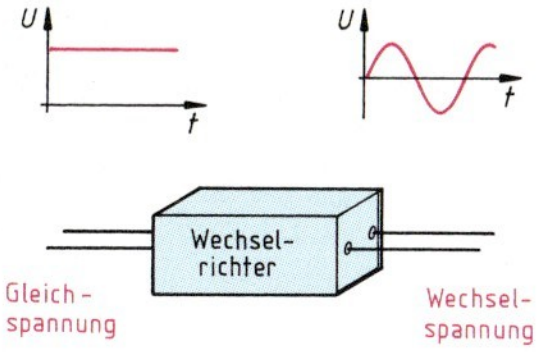 U, t, U, t, Wechselrichter, Gleichspannung, Wechselspannung Erzeugung einer Wechselspannung aus einer Gleichspannung	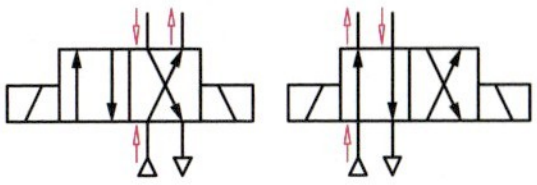 Erzeugung eines hin- und herströmenden Druckluftstroms durch fortwährendes Umschalten
Koppeln und Unterbrechen	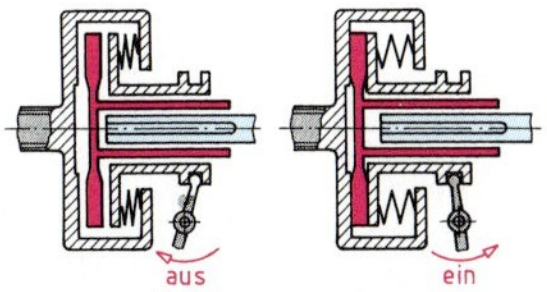 aus, ein Koppeln und Unterbrechen des Energieflusses mit einer Scheibenkupplung	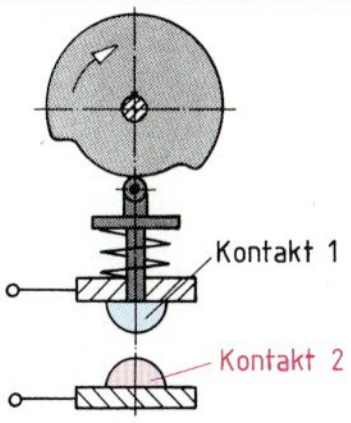 Kontakt 1, Kontakt 2 Koppeln und Unterbrechen mit einem Schalter	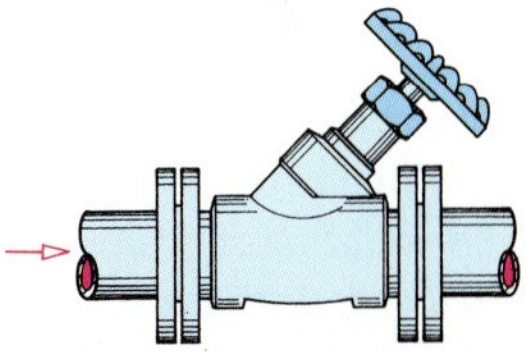 Koppeln und Unterbrechen mit einem Schieber
Verbinden (Mischen) **und Lösen** (Entmischen)	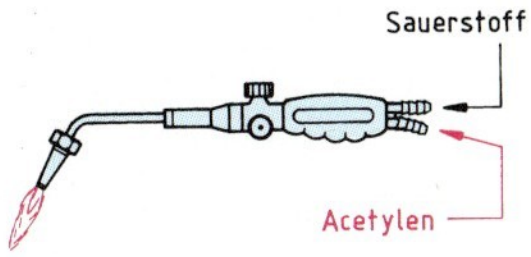 Sauerstoff, Acetylen Mischen von Sauerstoff und Acetylen im Schweißbrenner		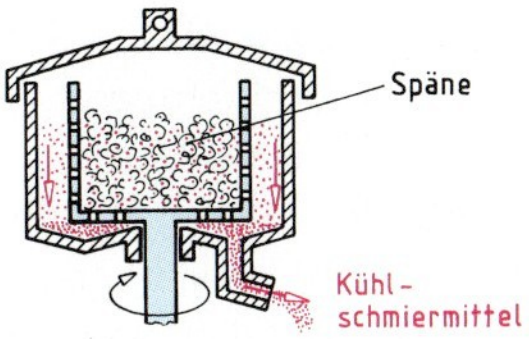 Späne, Kühlschmiermittel Zentrifugieren von Spänen zum Abtrennen von Kühl-Schmiermittel

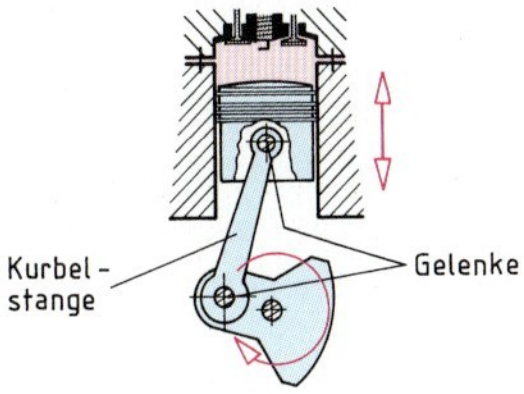

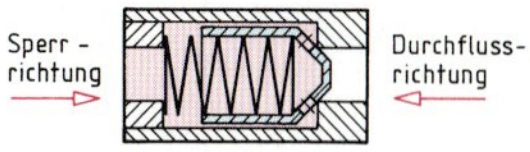

2.2 Systeme zum Energieumsatz

Die Energie zum Betrieb von Maschinen und Anlagen liegt meist nicht in der gewünschten Form und an der gewünschten Einsatzstelle vor. Systeme mit der Hauptfunktion Energieumsatz besorgen die Wandlung, Formung und den Transport von Energie.

2.2.1 Kraftwerke

Kraftwerke liefern die elektrische Energie für Maschinen und Anlagen.

Beispiel für den Energieumsatz in einem Wärmekraftwerk

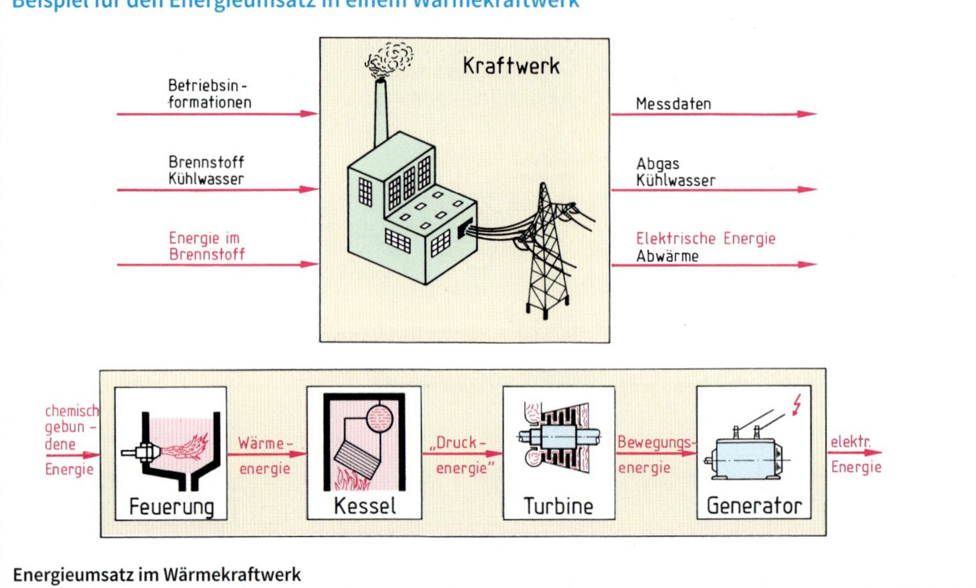

Energieumsatz im Wärmekraftwerk

! Kraftwerke wandeln Energie von Brennstoff, Wasserströmung, Wind u. a. in elektrische Energie.

2.2.2 Kraftmaschinen

Kraftmaschinen haben die Hauptfunktion, mechanische Energie zum Antrieb von Maschinen, Fahrzeugen oder Geräten bereitzustellen. Man unterscheidet nach der Eingangsenergie zum Betrieb dieser Maschinen

- *Wärmekraftmaschinen,* z. B. Verbrennungskraftmaschinen,
- *Elektrische Antriebsmaschinen,* z. B. Elektromotore,
- *Strömungsmaschinen,* z. B. Gasturbinen.

1. Verbrennungskraftmaschinen

Verbrennungskraftmaschinen wandeln chemisch gebundene Energie zumeist in Wärmeenergie eines Gases um. Die Energie des Gases wird anschließend unter Druck- und Temperaturabnahme (thermodynamische Umwandlung) in mechanische Energie umgewandelt. Diese Maschinen finden Verwendung als Antriebseinheiten, z. B. in Kraftfahrzeugen, Schienenfahrzeugen, Baumaschinen und landwirtschaftlichen Maschinen.

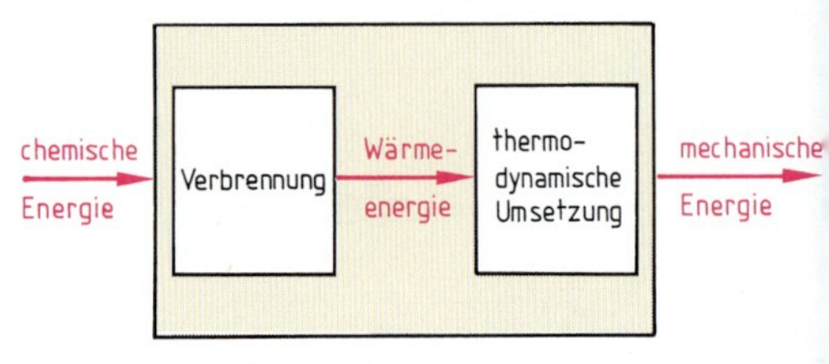

Energieumwandlung in Verbrennungsmotoren

Der Wirkungsgrad von Verbrennungskraftmaschinen liegt unter 40 % und ist erheblich niedriger als der von elektrischen Maschinen.

Übungsaufgaben 2/9; 2/10

Beispiele für Verbrennungskraftmaschinen

Kolbenmaschinen mit		Strömungsmaschine
Hubkolben	Drehkolben	
Viertakt-Otto-Motor	Wankel-Motor	Gasturbine

> **!** Verbrennungskraftmaschinen wandeln chemische Energie in mechanische Energie.

Von den Verbrennungskraftmaschinen wird der Viertaktmotor besonders häufig eingesetzt. Viertaktmotoren arbeiten nach einem Rhythmus, der jeweils nach zwei Umdrehungen der Kurbelwelle neu beginnt. Der Motor arbeitet in vier Schritten – Takte genannt.

Beispiel für die Takte eines Viertakt-Otto-Motors

Takt 1
Der abwärts gehende Kolben bewirkt das **Ansaugen** von Kraftstoff und Luft.

Takt 2
Der aufwärts gehende Kolben **verdichtet** das Kraftstoff-Luftgemisch.

Takt 3
Das verdichtete Gemisch wird gezündet. Die heißen Gase dehnen sich aus. Der Kolben bewegt sich nach unten. Es wird **Arbeit verrichtet**.

Takt 4
Die **Abgase** werden durch den aufwärts gehenden Kolben **ausgestoßen**.

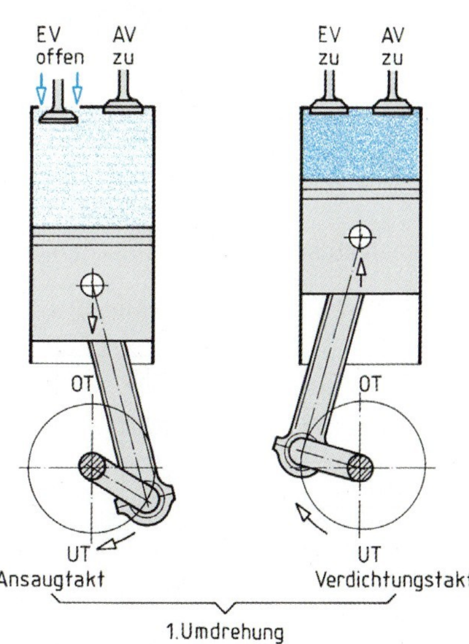

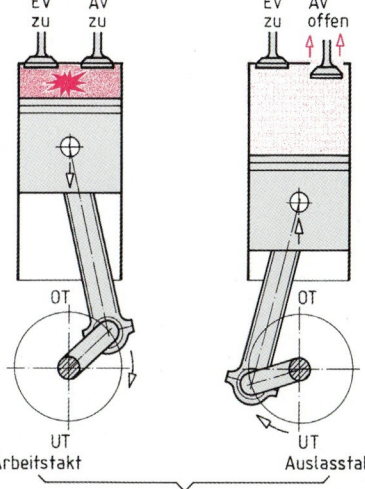

EV = Einlassventil AV = Auslassventil OT = Totpunkt UT = unterer Totpunkt

> **!** Takte des Viertaktmotors: 1. Ansaugen, 2. Verdichten, 3. Arbeiten, 4. Ausstoßen.

Verbrennungskraftmaschinen bestehen aus mehreren Funktionseinheiten, die erst im Zusammenwirken die Hauptfunktion ergeben.

Beispiel für Funktionseinheiten zum Betrieb eines Viertakt-Otto-Motors

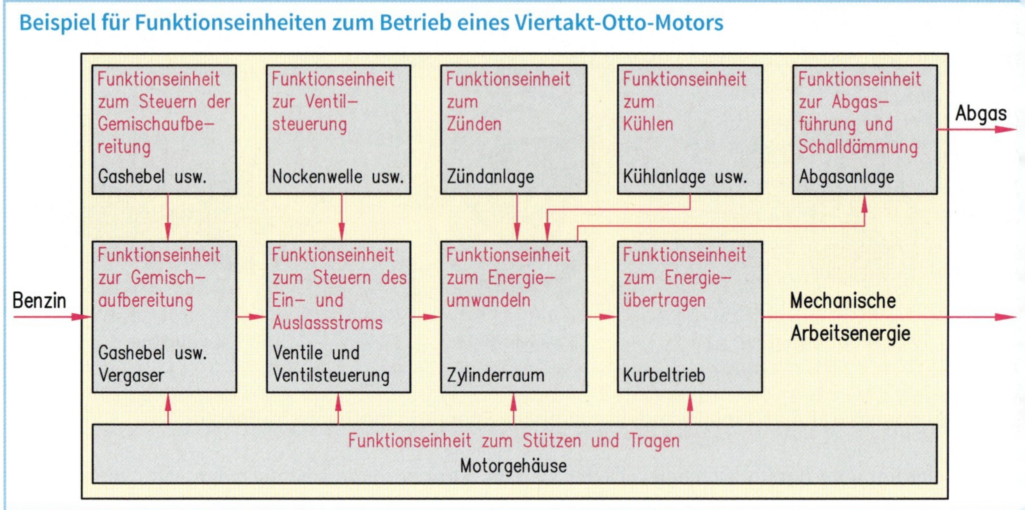

2. Elektrische Antriebsmaschinen

Antriebsmaschinen, die elektrische Energie aufnehmen und diese in mechanische Energie wandeln, heißen Elektromotoren. Nach ihrer Arbeitsweise unterscheidet man **Rotations- und Linearmotoren**.

Für Werkzeugmaschinen, Aufzüge und Schienenfahrzeuge ist der Elektromotor als Rotationsmotor das bevorzugte Antriebselement. Bei ihm wird elektrische Energie als Eingangsgröße in mechanische Energie als Ausgangsgröße *umgewandelt*. Der Elektromotor hat einen besonders hohen Wirkungsgrad (über 90 %), ist für nahezu alle Leistungen herstellbar und hat im Verhältnis zu seiner Leistungsfähigkeit nur geringe Masse.

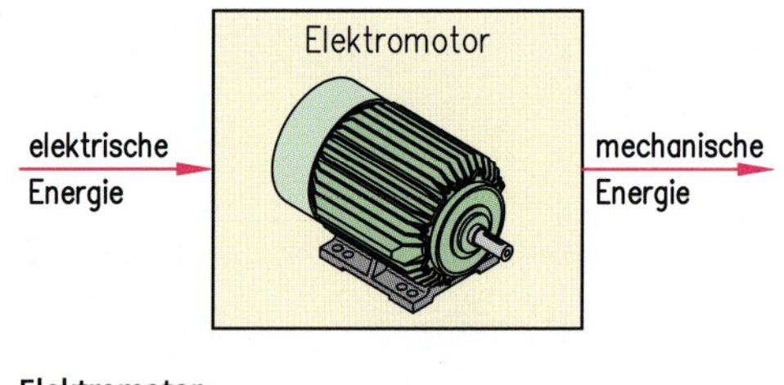

Elektromotor

! Elektromotoren wandeln mit sehr hohem Wirkungsgrad elektrische Energie in mechanische Energie.

3. Strömungsmaschinen

In Druckluft- und Hydraulikantrieben wird mechanische Energie von Gasen oder Flüssigkeiten in Bewegung mechanischer Bauteile *umgeformt*. Zu dieser Gruppe der Antriebsmaschinen gehören auch Wind- und Wasserräder. Man nennt alle Antriebsmaschinen, die durch die Bewegungsenergie von Gasen und Flüssigkeiten angetrieben werden, Fluidantriebe oder Strömungsmaschinen.

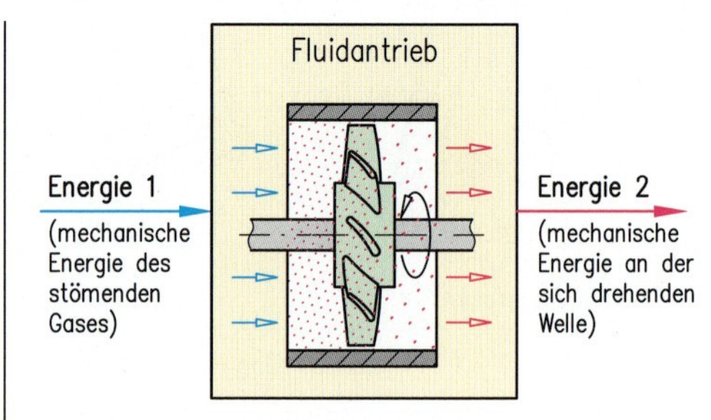

Strömungsmaschine

! In Fluidantrieben wird die mechanische Energie von Gasen und Flüssigkeiten in Bewegung mechanischer Bauteile umgeformt.

Übungsaufgabe 2/13

2.3 Systeme zur Stoffumsetzung

In Systemen zur Stoffumsetzung werden Stoffe von einem Ort zum anderen Ort transportiert, oder ihre Form wird geändert, oder sie werden in andere Stoffe umgewandelt.
In der Metalltechnik sind die Formänderung mithilfe von Maschinen und der Stofftransport durch Fördermittel von besonderer Bedeutung.

2.3.1 Werkzeugmaschinen

Werkzeugmaschinen dienen zur Fertigung von Bauteilen und Fertigprodukten. Die Maschinen sind meist mit auswechselbaren Spannvorrichtungen und Werkzeugen ausgerüstet.
Werkzeugmaschinen werden entsprechend den Fertigungsverfahren in Maschinen zum Urformen, Umformen, Trennen usw. eingeteilt.

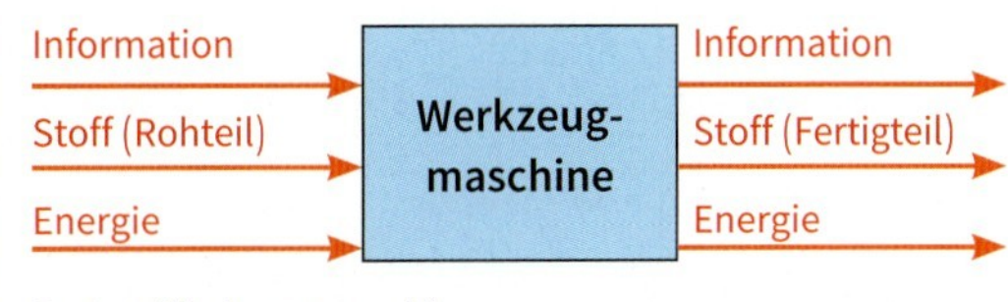

System Werkzeugmaschine

In der Metallverarbeitung werden Werkzeugmaschinen zum Trennen, Umformen und Fügen eingesetzt.
Alle diese Maschinen sind aus Funktionseinheiten aufgebaut.
Funktionseinheiten von Werkzeugmaschinen sind

- Antriebseinheiten,
- Einheiten zur Energieleitung,
- Einheiten zur Verrichtung des Arbeitsauftrages,
- Steuer- und Regeleinheiten,
- Stütz- und Trageeinheiten,
- Einheiten zur Arbeitssicherheit und zum Umweltschutz.

Maschinen zum Trennen durch Spanen

Von den Maschinen zum Trennen durch Spanen werden Bohr-, Dreh- und Fräsmaschinen am häufigsten angewendet. Diese Maschinen sind aus bestimmten Funktionseinheiten aufgebaut, die in allen anderen Maschinen zum Spanen ebenfalls vertreten sind. Je nach Art und Größe der Maschine können die Funktionseinheiten unterschiedlich aufgebaut sein.
Als Funktionseinheiten zum Arbeiten besitzen alle Maschinen zum Spanen eine Aufnahme für ein Zerspanungswerkzeug und eine Werkstückaufnahme.
Je nach Art der Maschine werden entweder das Werkzeug oder das Werkstück oder beide so gegeneinander bewegt, dass eine Spanabnahme erfolgen kann. Die Funktionseinheiten, die diese Bewegungen bewirken, sind das Hauptgetriebe und das Vorschubgetriebe.

Beispiel für Funktionseinheiten an einer herkömmlichen Drehmaschine

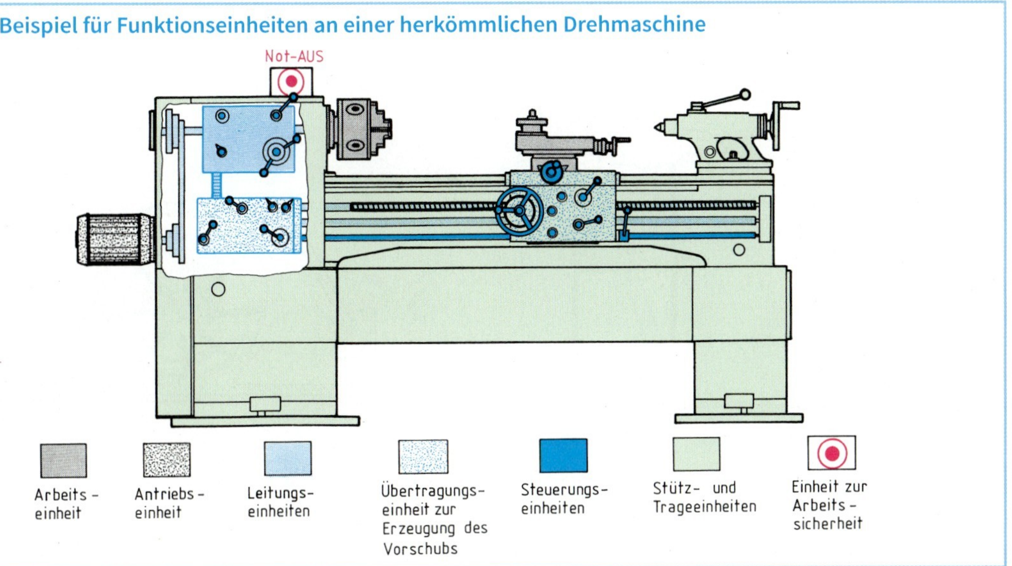

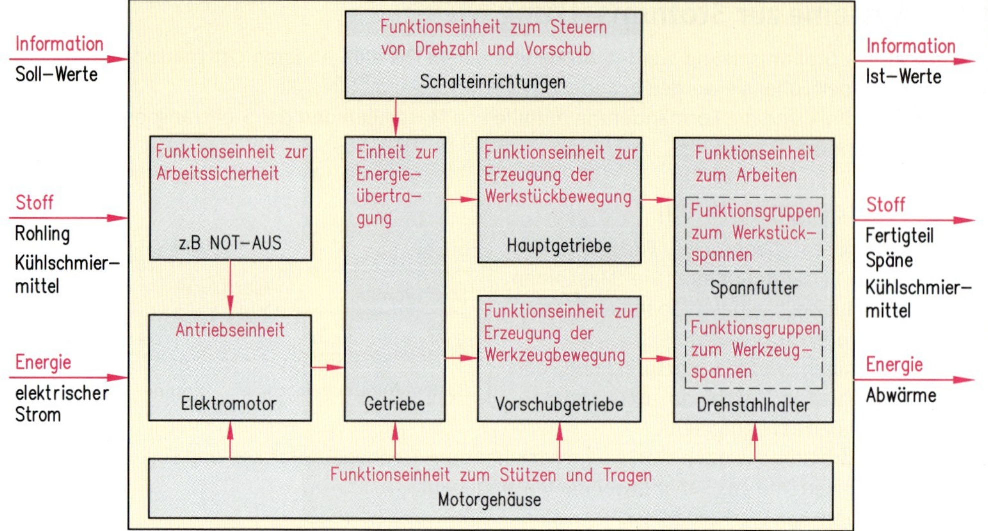

Funktionseinheiten einer Drehmaschine

Wesentliche Funktionseinheiten an Maschinen zum Trennen durch Spanen sind Einheiten zur Erzeugung einer Bewegung

- zwischen Werkzeug und Werkstück – Schnittbewegung,
- für eine kontinuierliche Spanabnahme – Vorschubbewegung.

2.3.2 Pumpen und Verdichter

Pumpen dienen zum Transport von Flüssigkeiten und Gasen.

Verdichter, auch Kompressoren genannt, dienen zum Verdichten von Gasen. Sie transportieren dabei auch die Gase. Ihre Hauptfunktion ist jedoch die Gase durch Verkleinerung des Volumens auf einen höheren Druck zu bringen.

Pumpen und Verdichter können nach zwei Prinzipien arbeiten:

- Verdrängerprinzip oder
- Kreiselprinzip.

Bei Pumpen und Verdichtern nach dem *Verdrängerprinzip* verdrängen Kolben, Membranen, Flügel oder andere Körper das auf der Saugseite eingeströmte Medium und fördern es so in periodischer Folge zur Druckseite.

Beispiele für Pumpen und Verdichter nach dem Verdrängerprinzip

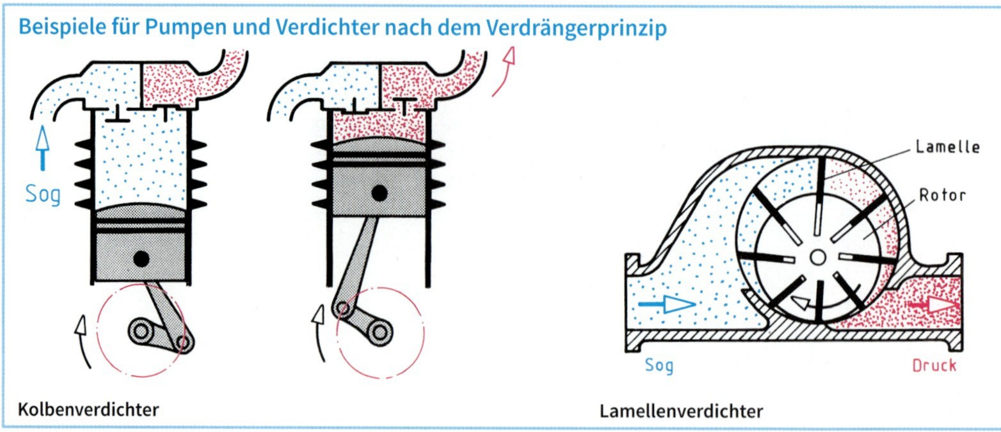

Kolbenverdichter **Lamellenverdichter**

In Pumpen und Verdichtern nach dem Verdrängerprinzip geschieht der Transport des Mediums durch eine Volumenverkleinerung des Arbeitsraumes.

Bei Pumpen und Verdichtern nach dem *Kreiselprinzip* wird dem strömenden Medium durch die Schaufeln rotierender Laufräder Energie zugeführt. Dieses bewirkt eine Beschleunigung der Strömung. Das Medium wird dadurch kontinuierlich weitergefördert. Wird die Strömung gehemmt, dann steigt der Druck.

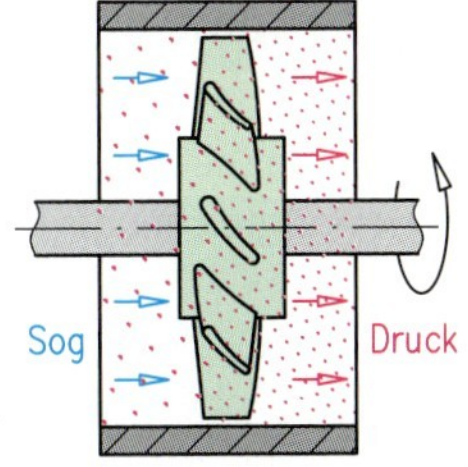

Axialverdichter

> ! Kreiselpumpen und Axialverdichter arbeiten nach dem Strömungsprinzip. Das Volumen des Arbeitsraumes der Pumpe bleibt konstant.

2.4 Systeme zum Informationsumsatz

Systeme zum Informationsumsatz haben die Hauptfunktion Informationen zu transportieren, zu wandeln und umzuformen. Ohne Informationsumsatz sind technische Prozesse nicht möglich.

2.4.1 Informationsumsatz bei der industriellen Fertigung

Jeder Betrieb benötigt ein gut funktionierendes System des Informationsumsatzes, um Betriebsabläufe wirtschaftlich optimal zu gestalten. Das betriebliche Informationssystem gliedert sich für den Bereich der industriellen Fertigung in zwei Teilsysteme:

- Planungs- und Steuerungssystem, in ihm wird
  - konstruiert,
  - Maschinen- und Materialeinsatz geplant, und
  - Materialbeschaffung und Zeitplanung betrieben.
- Kontrollsystem, in ihm werden
  - Qualität,
  - Kosten und
  - Termine kontrolliert.

Die Informationen des Kontrollsystems werden zurück an das Planungs- und Steuerungssystem gegeben, damit Korrekturen im Ablauf vorgenommen werden können.

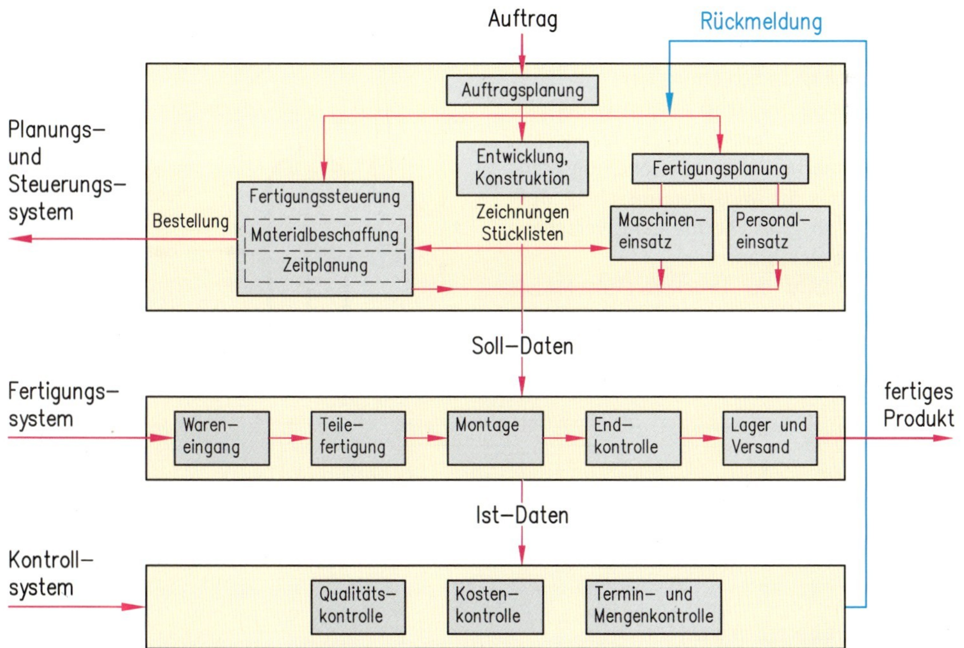

Informationsfluss bei industrieller Fertigung

2.4.2 Messsysteme

Messsysteme haben die Hauptfunktion, die **Messgröße**, mit einer Maßeinheit, zu vergleichen und das Ergebnis des Vergleiches als **Messergebnis** auszugeben.
So hat ein Längenmesssystem die Hauptfunktion, Längen mit der Maßeinheit mm zu vergleichen und das Ergebnis anzuzeigen.

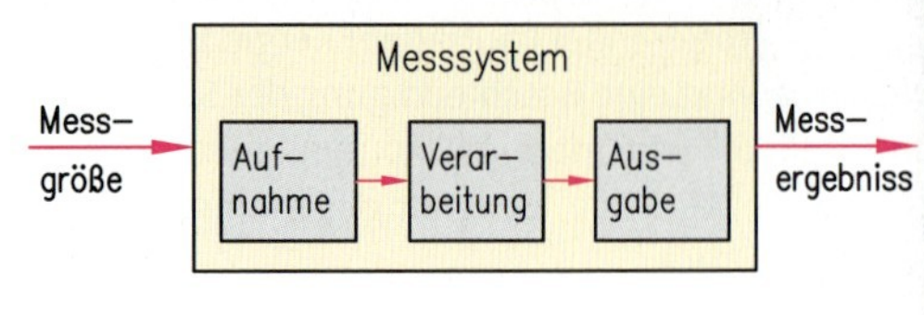

Hauptfunktion von Messsystemen

Messsysteme haben die Hauptfunktion, eine Messgröße aufzunehmen, zu verarbeiten und das Mess-ergebnis auszugeben.

Messsysteme bestehen aus Teilsystemen, die bestimmte Funktionen innerhalb des Gesamtsystems erfüllen:

- **Messgrößenaufnehmer** erfassen zunächst die zu messende Größe.
- **Wandler** wandeln die aufgenommene Größe so um, dass sie in Rechengliedern verarbeitet und danach weiter geleitet werden kann.
- **Rechenglieder** verarbeiten die Ausgangsgröße des Wandlers. Meist sind die Rechenglieder Verstärker. Verstärken bedeutet vervielfachen, d. h. multiplizieren.
- **Übertragungsglieder** leiten die Ausgangsgröße der Rechenglieder weiter.
- **Anzeige- oder Registriereinheiten** bringen die Messwerte zur Anzeige oder speichern sie.

Diese verschiedenen Teilsysteme sind nicht immer sichtbar voneinander getrennt. Die gedankliche Trennung in Teilsysteme erlaubt es jedoch, ein Messsystem präziser zu analysieren. Die Teilsysteme müssen nicht immer insgesamt vorhanden sein, so kann z. B. eine Fernübertragung oder Rechnung entfallen.

Beispiel für die Teilfunktionen eines Messsystemes zur Druckmessung

Der Messgrößenaufnehmer ist eine Membran. Sie wird durch den Gasdruck mehr oder weniger durchgebogen und wandelt so die Messgröße Druck in eine Längsverschiebung um.
Die Längsverschiebung wird auf ein Hebelsystem übertragen. Dadurch wird die Längsverschiebung verstärkt. Bei einem Hebel mit dem Längenverhältnis 5:1 wird der Ausschlag des Zeigers 5-mal so groß wie die Längsverschiebung durch die Membran.
An der Skala wird der Druckwert als Messergebnis angezeigt.

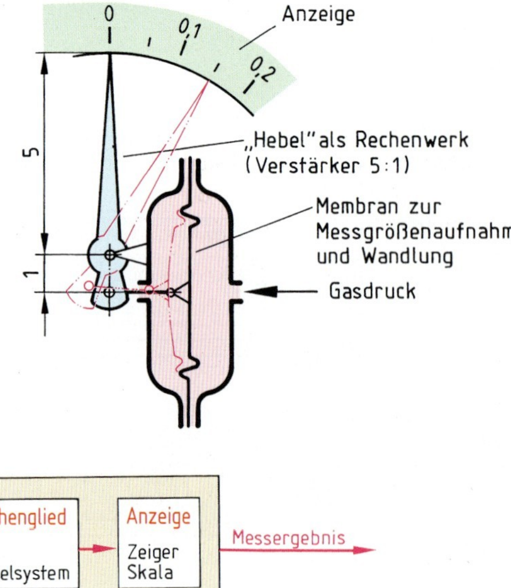

Druck → Messgrößenaufnehmer und Wandler: Membran → Rechenglied: Hebelsystem → Anzeige: Zeiger, Skala → Messergebnis

Messsysteme bestehen aus:
Messgrößenaufnehmer, Wandler, Rechenglied, Übertragungsglied, Anzeige und evtl. Registriersystem.

Übungsaufgaben 2/20; 2/21

2.4.3 Steuerungs- und Regelungssysteme

Steuerungs- und Regelungssysteme haben die Aufgabe, physikalische Größen, z. B. die Temperatur in einem Raum, in bestimmter Weise zu beeinflussen.

1. Steuerungssysteme

In Steuerungssystemen wird eine physikalische Größe so beeinflusst, dass bei Abweichungen vom Sollwert die Steuereinrichtung nicht selbsttätig in den Informationsfluss eingreift und die Störung ausgleicht.

Beispiel für die Steuerung der Raumtemperatur

Der Raum wird durch ein elektrisches Heizgerät erwärmt. Es kann in drei Stufen geschaltet werden. Stufe zwei ist zurzeit zur angenehmen Beheizung ausreichend.
Diese Information ist eingegeben. Einen plötzlichen Temperaturabfall, z. B. durch Öffnen des Fens-ters, kann die Heizung nicht selbsttätig korrigieren.

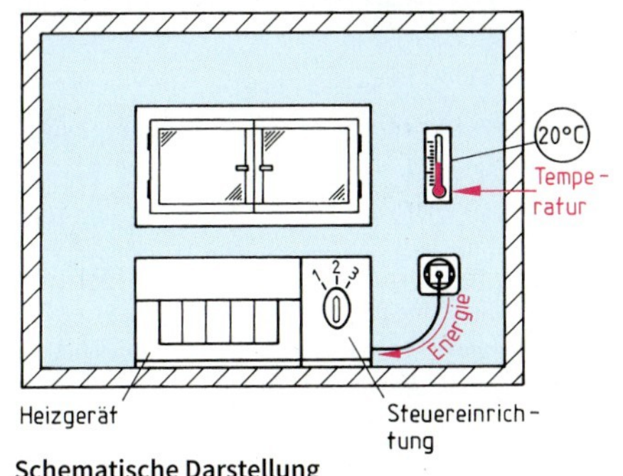

Schematische Darstellung

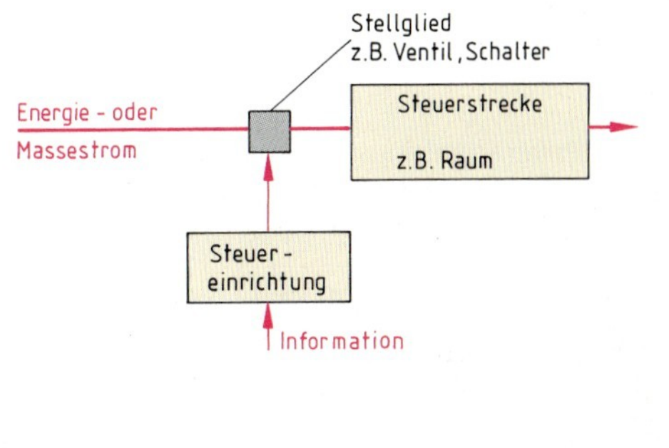

Systemdarstellung einer Steuerung

! Steuerungssysteme greifen nicht selbsttätig in den Informationsfluss ein, um Störungen auszugleichen.

2. Regelungssysteme

Regelungssysteme sind so konstruiert, dass sie bei Störungen selbsttätig die zu regelnde Größe auf den eingestellten Wert bringen.

Beispiel für eine Regelung der Raumtemperatur

Der Raum wird durch ein elektrisches Heizgerät erwärmt. Dieses wird durch einen Thermostaten als Regler geschaltet. Wenn die Raumtemperatur den am Regler eingestellten Sollwert überschreitet, schaltet der Regler das Heizgerät ab. Wenn die Raumtemperatur unter den eingestellten Sollwert fällt, schaltet der Regler das Heizgerät selbsttätig wieder ein.

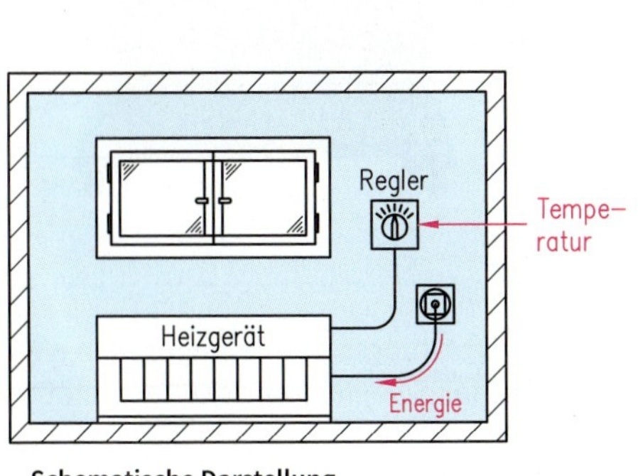

Schematische Darstellung

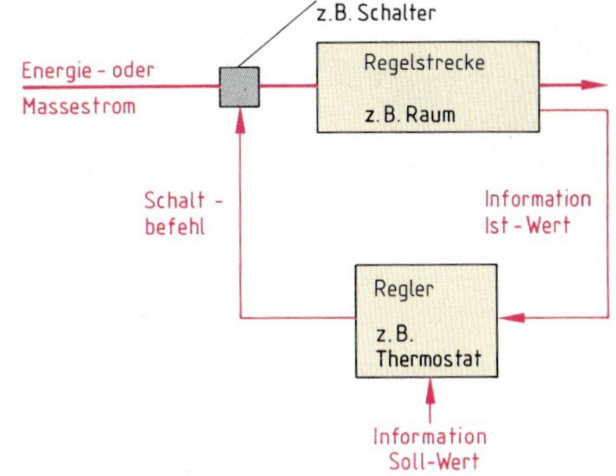

Systemdarstellung einer Regelung

! Regelungssysteme greifen bei Störungen selbsttätig in den Informationsfluss ein.

2.4.4 Datenverarbeitungssysteme

Datenverarbeitungssysteme können in sehr kurzer Zeit aus gegebenen Daten nach bestimmten Bearbeitungsregeln Ergebnisse ermitteln. Die eingegebenen Daten sind **Eingangsinformationen**, die Bearbeitungsregeln sind das Programm und die Ergebnisse sind die **Ausgangsinformationen**.

Die heute gebräuchlichen Datenverarbeitungssysteme sind Computeranlagen.
Jede Datenverarbeitungsanlage besteht mindestens aus:

- der *Eingabeeinheit*,
- der *Zentraleinheit* (Verarbeitung, Speicherung),
- der *Ausgabeeinheit*.

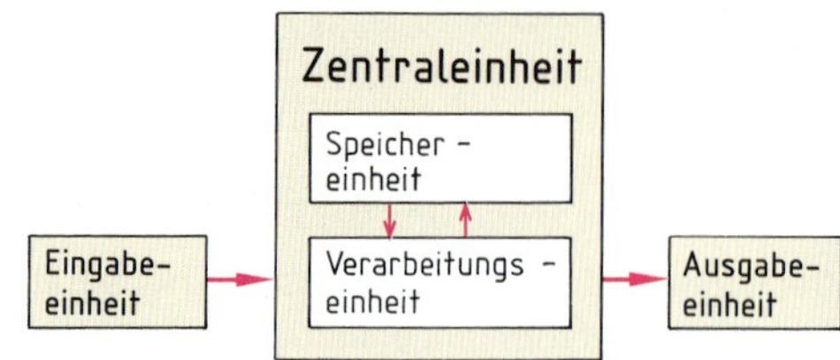

Baueinheiten eines Datenverarbeitungssystemes

Die Baueinheiten des Datenverarbeitungssystems nennt man die **Hardware**. Die Bearbeitungsregeln, die Programme, sind die **Software**.

Datenverarbeitungssysteme bestehen mindestens aus:
• Eingabeeinheit, • Zentraleinheit, • Ausgabeeinheit.

Ein- und Ausgabeeinheiten werden durch die Hauptfunktion des Datenverarbeitungssystems bestimmt.

Hauptfunktion des Datenverarbeitungssystems	Eingabeeinheiten für Handeingabe	Ausgabeeinheit
Textverarbeitung	Tastatur, Maus	Bildschirm, Drucker
Computerunterstütztes Konstruieren und Zeichnen	Tastatur, Menütablett, Maus	Bildschirm, Plotter
Maschinensteuerung, CNC	Spezialtastatur	Bildschirm, Werkzeugmaschine

Beispiele für Ein- und Ausgabeeinheiten

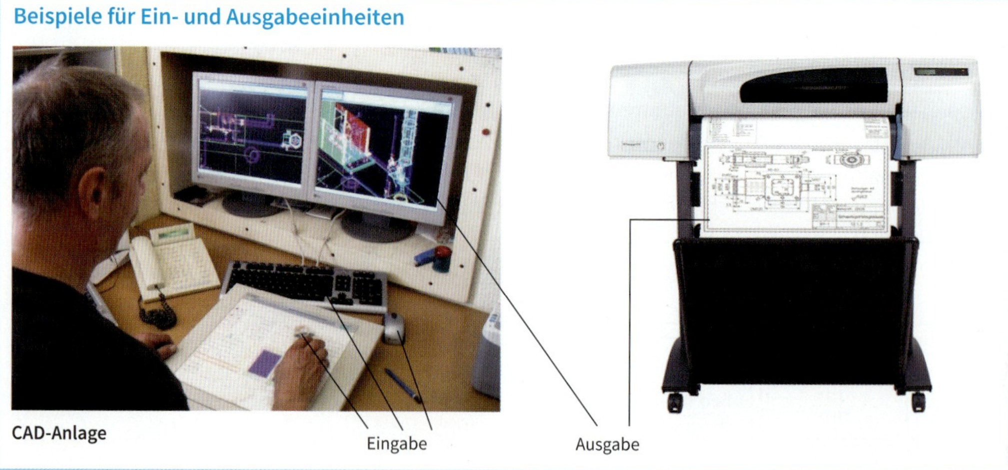

CAD-Anlage

Außer von Hand können Daten auch von Datenträgern in Datenverarbeitungssysteme eingegeben werden. Datenträger sind z. B. CDs, DVDs, USB-Sticks. Ferner dienen Lichtgriffel, Scanner (optische Lesegeräte) u. a. Geräte zur Dateneingabe.

Die Hauptfunktionen eines Datenverarbeitungssystems bestimmen die Art der Ein- und Ausgabeeinheiten.

3 Funktionseinheiten des Maschinenbaus

3.1 Einteilung der Funktionseinheiten

Maschinen und Anlagen bestehen aus festen und beweglichen Elementen. Durch das Zusammenwirken der Elemente führen Maschinen vorbestimmte, regelmäßig wiederkehrende Bewegungen aus.
Es gibt Maschinen für die verschiedensten Aufgaben. In ihnen werden unabhängig von der Gesamtaufgabe gleiche Bauelemente für gleiche Einzelaufgaben verwendet. Darum sind diese Bauelemente zumeist in Abmessungen und im Werkstoff genormt. Die Normung führt zur Vereinfachung in Konstruktion und Montage und ermöglicht das Austauschen.

Beispiele für Funktionselemente und Bauelemente in einer elektrischen Bohrmaschine

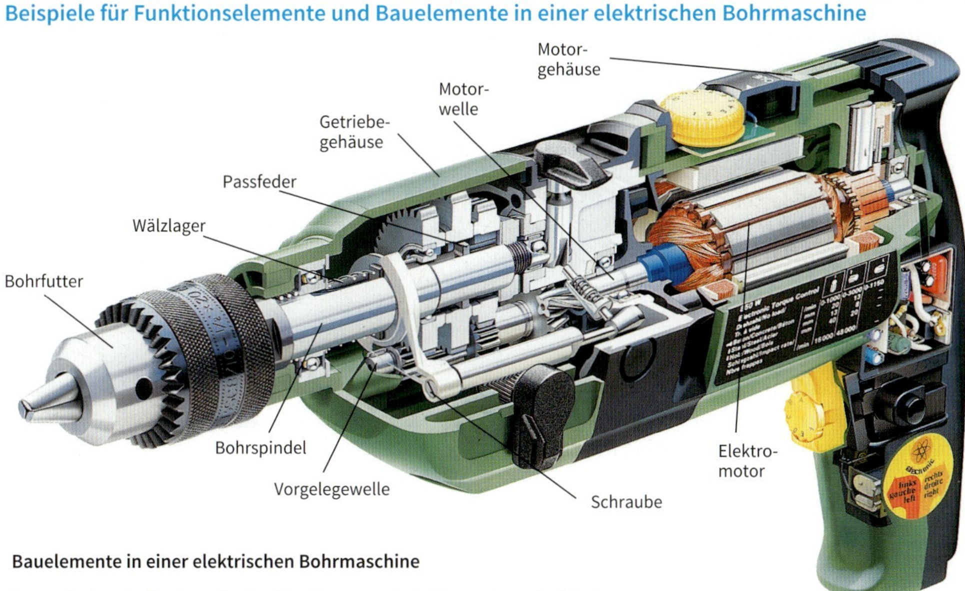

Bauelemente in einer elektrischen Bohrmaschine

Je nach der Aufgabe, die im Vordergrund steht, unterscheidet man verschiedene Gruppen von Funktionselementen.

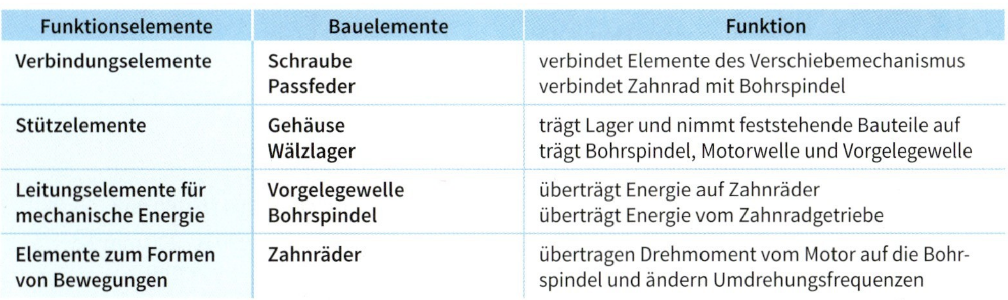

Funktionselemente	Bauelemente	Funktion
Verbindungselemente	**Schraube** **Passfeder**	verbindet Elemente des Verschiebemechanismus verbindet Zahnrad mit Bohrspindel
Stützelemente	**Gehäuse** **Wälzlager**	trägt Lager und nimmt feststehende Bauteile auf trägt Bohrspindel, Motorwelle und Vorgelegewelle
Leitungselemente für mechanische Energie	**Vorgelegewelle** **Bohrspindel**	überträgt Energie auf Zahnräder überträgt Energie vom Zahnradgetriebe
Elemente zum Formen von Bewegungen	**Zahnräder**	übertragen Drehmoment vom Motor auf die Bohrspindel und ändern Umdrehungsfrequenzen

3.2 Funktionseinheiten zum Stützen und Tragen

Alle Einheiten zum Abstützen beweglicher Baueinheiten gehören zu den Gruppen Lager und Führungen. Lager tragen Bauteile, die Drehbewegungen ausführen, z. B. Wellen und Achsen. Geradführungen tragen Baueinheiten, die geradlinige Bewegungen ausführen, z. B. Schlitten und Maschinentische.

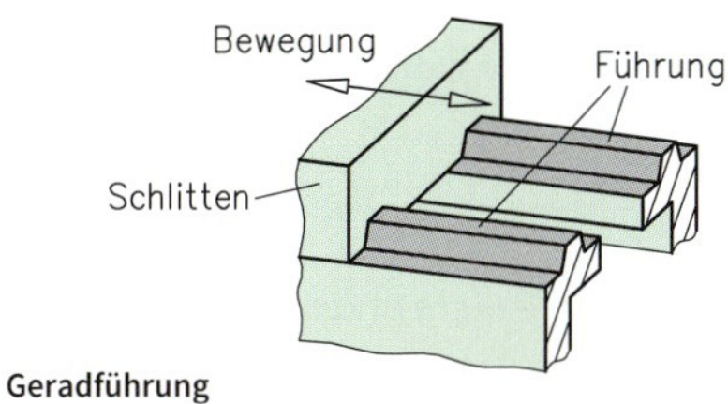

Geradführung

Auflagerkräfte

Baueinheiten belasten durch ihr Eigengewicht und durch die von ihnen zu übertragenden Kräfte die Lager und Führungen.

Die Kräfte, mit denen Lager und Führungen die Baueinheiten abstützen, heißen **Auflagerkräfte**. Sie halten den auf die Baueinheiten wirkenden Kräften das Gleichgewicht. Sie sind also den *angreifenden Kräften entgegengerichtet*. Je nach Größe der Auflagerkräfte bestimmt man den Werkstoff und die Abmessungen von Lagern und Führungen. Eine Berechnung dieser Kräfte ist daher notwendig.

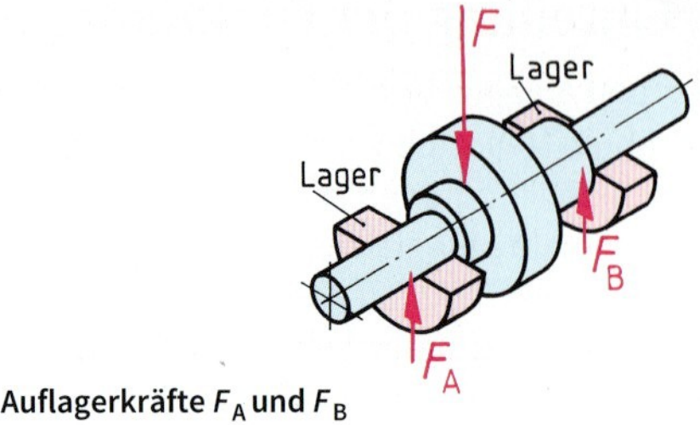

Auflagerkräfte F_A und F_B

Die Berechnung von Auflagerkräften geschieht mithilfe des Hebelgesetzes.

Beispiel für die Berechnung von Auflagerkräften

Aufgabe

Die Führungen einer Maschine sind durch eine Kraft von 8 000 N belastet. Es sind die Auflagerkräfte zu berechnen.

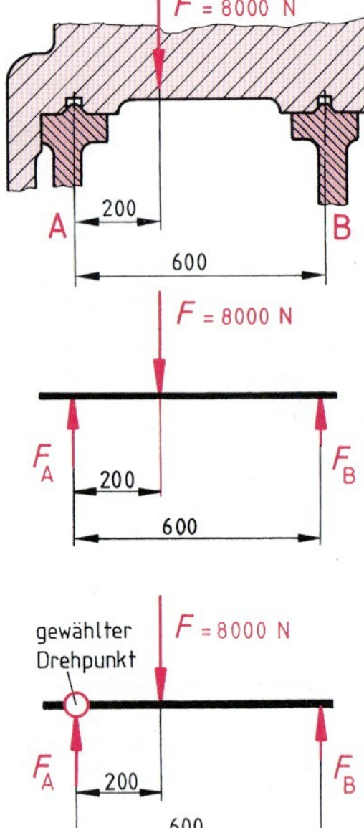

Lösung

1. Schritt

Man stellt das Bauelement durch eine Linie dar und trägt die am Bauelement angreifenden äußeren Kräfte durch Kraftpfeile in ihren Angriffspunkten an. Die Auflagerkräfte kennzeichnet man mit F_A und F_B.

2. Schritt

Um das Hebelgesetz anwenden zu können, denkt man sich einen Auflagerpunkt als Drehpunkt.

Es gilt: Summe aller links drehenden Momente gleich Summe aller rechts drehenden Momente.

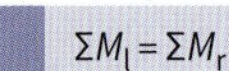

$\Sigma M_l = \Sigma M_r$

Man stellt die entsprechenden Gleichungen auf. Durch Lösung der Gleichungen wird eine Auflagerkraft errechnet.

Berechnung von F_B:

$$\Sigma M_l = \Sigma M_r$$
$$F_B \cdot 600\text{ mm} = 8000\text{ N} \cdot 200\text{ mm}$$
$$F_B = \frac{8000\text{ N} \cdot 200\text{ mm}}{600\text{ mm}}$$
$$F_B = \mathbf{2667\text{ N}}$$

3. Schritt

Die zweite Auflagerkraft erhält man *entweder* durch Vertauschen des Drehpunktes und Berechnung wie unter Schritt 2 *oder* durch Anwendung der Bedingung: Summe der abwärts gerichteten Kräfte gleich Summe der aufwärts gerichteten Kräfte.

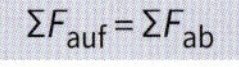

$\Sigma F_{auf} = \Sigma F_{ab}$

Berechnung von F_A:

$$\Sigma F_{auf} = \Sigma F_{ab}$$
$$F_A + F_B = F$$
$$F_A = F - F_B$$
$$F_A = 8000\text{ N} - 2667\text{ N}$$
$$F_A = \mathbf{5333\text{ N}}$$

Auflagerkräfte in Lagern und Führungen stützen Baueinheiten. Sie werden nach dem Hebelgesetz berechnet, indem man ein Auflager als Drehpunkt wählt und die Beziehung $\Sigma M_l = \Sigma M_r$ bildet.

Übungsaufgaben 3/2; 3/3; 3/4

3.2.1 Lager

Nach der Richtung der *Lagerbelastung* unterteilt man die Lager in zwei Gruppen:

- **Radiallager:** Die zu tragende Kraft wirkt in Richtung des Radius.
- **Axial- oder Längslager:** Die zu tragende Kraft wirkt in Richtung der Längsachse.

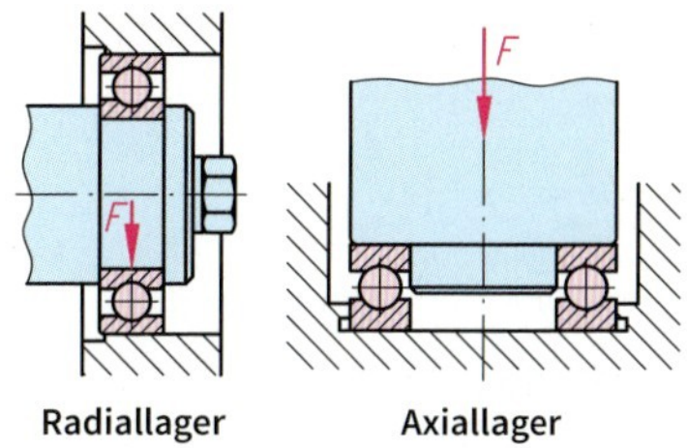

Nach der Richtung der Belastung unterscheidet man:
- Radiallager: Belastung in Richtung des Radius,
- Axiallager: Belastung in Längsrichtung der Achse.

Weiterhin unterscheidet man die Lager nach der Art der *Reibung* im Lager:

- **Gleitlager:** Der Wellenzapfen gleitet über die Lagerfläche, es entsteht *Gleitreibung*.
- **Wälzlager:** Im Lager sind zur Verringerung der Reibung Kugeln, Nadeln o.Ä. eingebaut, es entsteht *Rollreibung*.

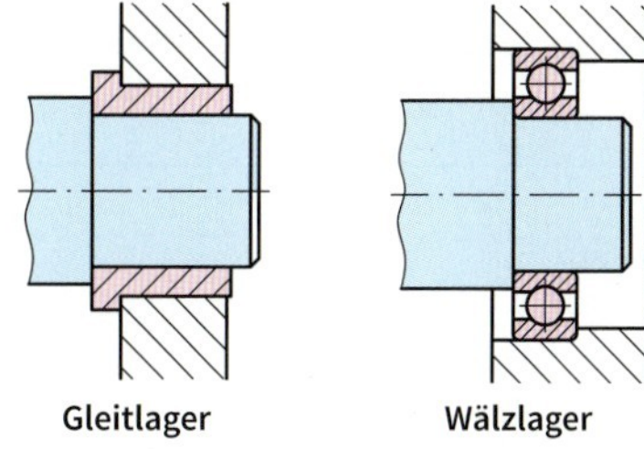

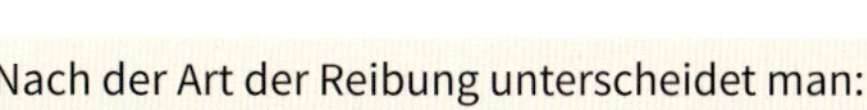

Nach der Art der Reibung unterscheidet man:
- Gleitlager bei Gleitreibung
- Wälzlager bei Rollreibung

3.2.1.1 Gleitlager

Ein Gleitlager besteht meist aus

- Lagergehäuse,
- Lagerbuchse oder Lagerschalen,
- Schmiereinrichtung.

Lagergehäuse werden als genormte Bauelemente in Maschinen eingebaut. Sie sind meist gegossen oder geschmiedet. Um die Montage zu ermöglichen, bzw. zu erleichtern, sind die Lagergehäuse meist geteilt.

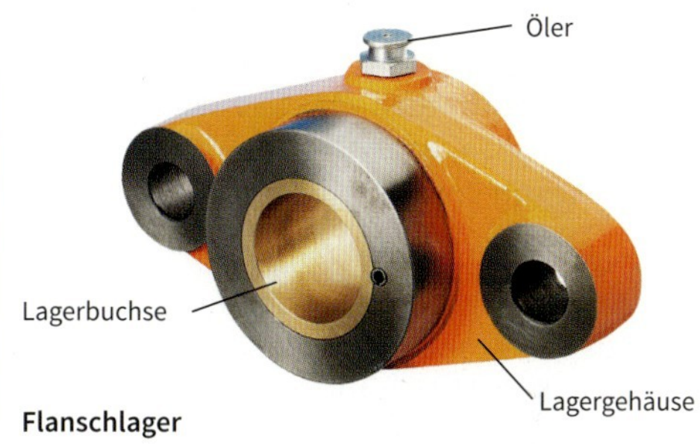

Flanschlager

In vielen Fällen, besonders bei Großmaschinen und Getrieben, sind die Lagergehäuse keine gesonderten Bauelemente, sondern fester Bestandteil der Maschinengehäuse.

Lagergehäuse sind genormte Bauelemente oder feste Bestandteile der Maschine.

1. Lagerwerkstoffe

Lagerwerkstoffe können in verschiedener Weise in das Lagergehäuse eingebracht werden:

- als geteilte Buchse,
- als geteilte Schale,
- als gegossene Auflage auf Stützschalen,
- als geschlossene Buchse.

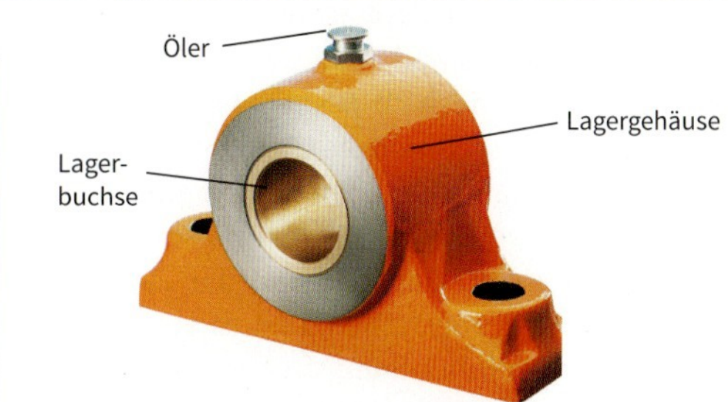

Stehlager mit geschlossener Lagerbuchse

Je nach Werkstoff des Lagers und Qualität der Ausführung wird das Lager eingepasst oder der Lagerwerkstoff eingegossen. Eingegossene Lager werden spanend nachgearbeitet. Die Gleitfläche des Lagers muss eine hohe Oberflächengüte aufweisen. Die Rautiefe darf jedoch $R_z \approx 1$ µm nicht unterschreiten, da Flächen mit geringerer Rautiefe zum Ausreißen neigen.

Eigenschaften wichtiger Lagerwerkstoffe

notwendige Eigenschaft	Gusseisen	Sintermetalle	Bronzen und Pb-Sn-Legierungen		Kunststoff PA; PTFE
Gleiteigenschaft	befriedigend	befriedigend	gut		sehr gut
Notlaufeigenschaft	befriedigend	sehr gut	gut		sehr gut
Verschleißfestigkeit	sehr gut	befriedigend	gut		befriedigend
Tragfähigkeit	sehr gut	befriedigend	Bronze gut	Pb-Sn ausreichend	mäßig
Wärmeleitfähigkeit	befriedigend	befriedigend	befriedigend		mangelhaft
geringe Wärmedehnung	sehr gut	sehr gut	gut		mangelhaft
Anwendungsbeispiel	GJL-200, für wenig belastete und billige Lager	Sint-B10 und Sint-B51, für Kleinmaschinen	G-CuPb10Sn, für hochwertige Lager an Motoren		Polyamid, für kleine und schwingungsfreie Lager

2. Lagerreibung

Man unterscheidet bei Gleitlagern folgende Fälle der Reibung:

– **Trockenreibung**

Es ist kein Schmiermittel vorhanden. Die Gleitflächen von Welle und Lager gleiten unmittelbar aufeinander. Trockenreibung führt zur starken Erwärmung und zur schnellen Zerstörung des Lagers.

– **Mischreibung**

Zwischen den Gleitflächen von Lager und Welle ist kein zusammenhängender Schmierfilm vorhanden. Teilweise tritt Trockenreibung auf.

– **Flüssigkeitsreibung**

Ein zusammenhängender Schmierfilm trennt die Gleitflächen voneinander. Dabei findet die Reibung im Schmiermittel statt. Es tritt kein Verschleiß auf, die Erwärmung bleibt niedrig.

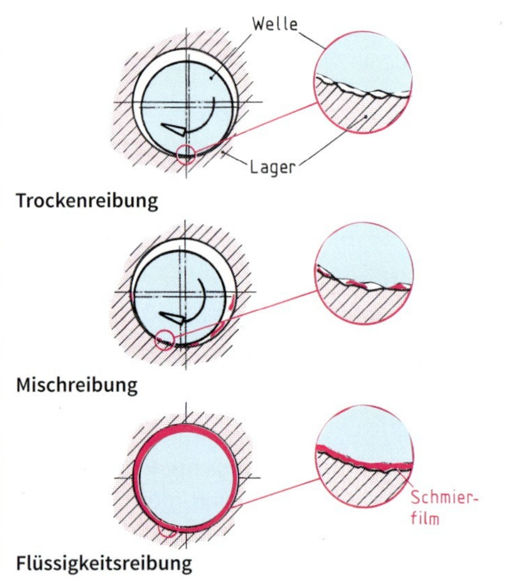

Trockenreibung

Mischreibung

Flüssigkeitsreibung

Man unterscheidet hinsichtlich der Reibung bei Lagern
- Trockenreibung,
- Mischreibung,
- Flüssigkeitsreibung.

3. Hydrodynamische Schmierung

In Ruhestellung liegen Zapfen und Lager besonders nach längerem Stillstand unmittelbar aufeinander. Beim Anlauf tritt deshalb Mischreibung oder gar Trockenreibung auf. Durch die Gleitbewegung wird an der Welle anhaftender Schmierstoff mitgerissen und in den sich verengenden Spalt zwischen Welle und Lager gepresst. Dadurch wird der Zapfen im Lager geringfügig angehoben, und es entsteht bei genügend großer Umdrehungsfrequenz ein zusammenhängender Schmierfilm, also Flüssigkeitsreibung. Dies ist die **hydrodynamische Schmierung**.

Die Lagerflächen so geschmierter Lager dürfen im Bereich des größten Drucks keine Schmiernute u.Ä. aufweisen.

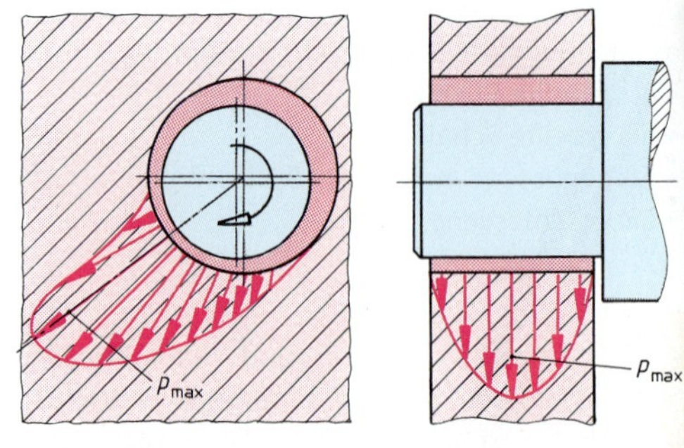

Druckverteilung bei hydrodynamischer Schmierung

In Maschinen und Geräten, die stets nur kurzzeitig in Betrieb gesetzt werden, tritt bei jedem Anlauf Misch- bzw. Trockenreibung auf. Deshalb ist bei diesen Maschinen und Geräten der Verschleiß höher als bei Maschinen im Dauerbetrieb.
Bei Gleitführungen an Werkzeugmaschinen tritt während der Bewegung Mischreibung auf.

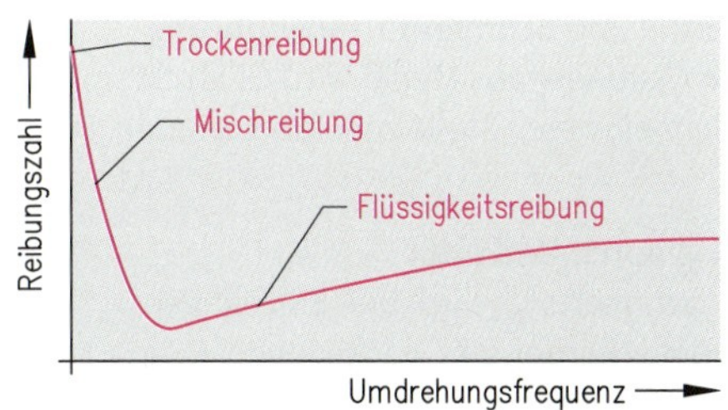

Abhängigkeit der Reibungszahl von der Umdrehungsfrequenz

> **!** Bei hydrodynamischer Schmierung wird der tragende Schmierfilm bei genügender Umdrehungsfrequenz durch mitgerissenen Schmierstoff aufgebaut.

4. Hydrostatische Schmierung

Im Werkzeugmaschinen- und Großmaschinenbau werden häufig Lager eingesetzt, bei denen ein Film aus eingepresstem Drucköl die Wellenzapfen trägt. Durch das eingepresste und damit unter Druck stehende Öl werden die Gleitflächen von Lager und Wellenzapfen schon vor Anlaufen der Maschine voneinander getrennt. Man bezeichnet diese Gleitlager wegen des konstanten Öldruckes im Lager, der unabhängig von der Umdrehungsfrequenz ist, als hydrostatische Lager.

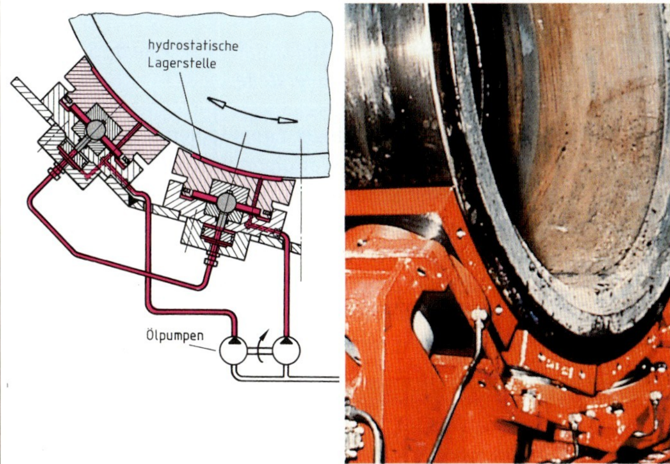

Hydrostatisch geschmiertes Segmentlager einer Erzmühle

Hydrostatische Lager haben gegenüber den hydrodynamischen Lagern folgende Vorteile:

- *kein Verschleiß im Lager*, weil bereits beim Anlauf Flüssigkeitsreibung besteht,
- *Eignung für geringe Umdrehungsfrequenzen*, da der Öldruck unabhängig von der Umdrehungsfrequenz ist,
- *hohe Laufgenauigkeit*, da die Welle durch den gleichmäßigen Öldruck zentriert wird,
- *Einsatz von Segmentlagern* für besonders große Lager, die hydrodynamisch nicht zu schmieren wären.

Von der Ölversorgung hydrostatisch geschmierter Lager werden folgende Sicherheiten gefordert:

- Die Maschine darf erst in Betrieb gesetzt werden, wenn der erforderliche Öldruck im Lager erreicht ist.
- Beim Nachlassen des Öldruckes muss der Antrieb der Maschine selbsttätig ausschalten.
- Beim Abschalten des Antriebs der Maschine muss die Ölpumpe noch so lange vollen Öldruck liefern, bis die Welle still steht.

> **!** In hydrostatisch geschmierten Lagern wird von außen ein Schmiermitteldruck erzeugt.
> Durch hydrostatische Schmierung ergeben sich folgende Vorteile:
> - Flüssigkeitsreibung beim Anlauf der Maschine,
> - von der Umdrehungsfrequenz unabhängiger Schmiermitteldruck
> - verschleißfreie Lager,
> - möglicher Segmentlagereinsatz.

5. Ölschmierung

– Schmiermittel und Schmiermittelzuführung

Für die meisten Gleitlager aus Metall wird Öl als Schmiermittel verwendet. Dabei muss das Schmieröl dem Lager an einer *unbelasteten* Stelle zugeführt werden. Die Schmierölzuführung kann auf verschiedene Weise erfolgen:

– Schmierung durch Umlauföl

Diese Art der Schmierung wird bei Einzellagern häufig verwendet. Hierbei gibt es folgende Möglichkeiten:

- Welle und Lager befinden sich im Ölbad.
- Durch einen Schmierring, der sich lose auf der Welle mitdreht, wird das Öl aus dem Bad hoch befördert.

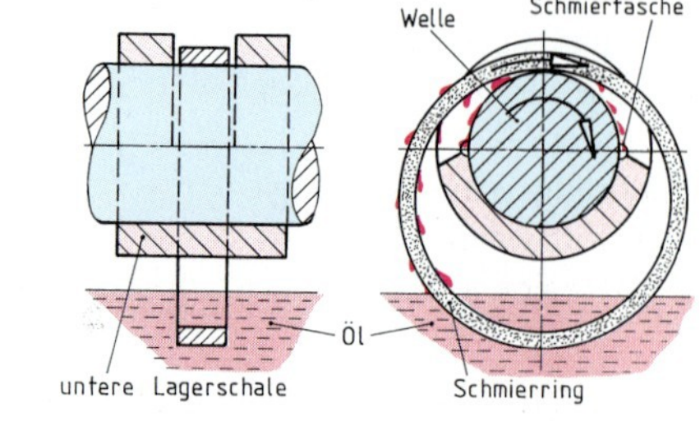

Schmierung durch Umlauföl mit Schmierring

– Zentralschmierung

Hier werden alle Gleitlager einer Maschine von einer zentralen Schmieranlage mit Schmiermittel versorgt. Solche automatisch arbeitenden Zentralschmieranlagen bieten gegenüber Einzelschmierung folgende Vorteile:

- *genaue Dosierung des Schmiermittels,*
- *automatische Kontrolle jeder Schmierstelle.*
- *keine Stillstandzeiten wegen Schmierung,*

> **!** Ölschmierung erfolgt bei Gleitlagern mit kleinen bis sehr hohen Drehzahlen und Belastungen. Die Zuführung des Schmieröls kann erfolgen durch:
> - Ölbäder ohne und mit Schmierring,
> - Pumpen in Zentralschmieranlagen.

6. Fettschmierung

Fettschmierung erfolgt bei Lagern mit geringen Drehzahlen und hoher Belastung sowie bei Lagern in Gelenken. Vorzugsweise wird eine Fettschmierung bei Sinterlagern verwendet. Das Fett kann auf unterschiedliche Weise ins Lager gebracht werden:

Handschmierung	selbsttätige Schmierung	Schmierung aus Fettdepot
Fett wird durch Schmiernippel oder Staufferbuchsen an die Schmierstelle gepresst.	Fett wird durch Federdruck aus einer Fettbuchse in das Lager gepresst.	Fett wird vom Lager aus einem Depot entnommen. Lager mit Depotfüllung sind wartungsfrei.
Fett	Fett	Stauscheibe Fettdepot
Staufferbuchse	**Fettbuchse**	**Sinterlager mit Depotfettfüllung**

7. Einsatz von Gleitlagern

Gleitlager werden als Axial- und Radiallager hergestellt und bevorzugt verwendet bei

- *zentral geschmierten Großmaschinen, die ununterbrochen laufen*, z. B. Turbinen und Generatoren,
- *zentral geschmierten Maschinen mit starker Stoßbelastung*, z. B. Walzen, Pressen und Stanzen,
- *Kleinmaschinen mit geringem Anspruch an die Lagerung*, z. B. Haushaltsmaschinen. Hier wird Depotfettfüllung verwendet.

Gleitlager werden außerdem immer verwendet, wenn aufgrund des Zusammenbaus mehrteilige Lager erforderlich sind, z. B. bei Kurbelwellen und Pleuelstangen.

.2.1.2 Wälzlager

n Wälzlagern rollen zwischen der inneren und der ußeren Lauffläche Wälzkörper ab. Dabei entsteht **ollreibung**. Sie ist wesentlich geringer als Gleitreiung.

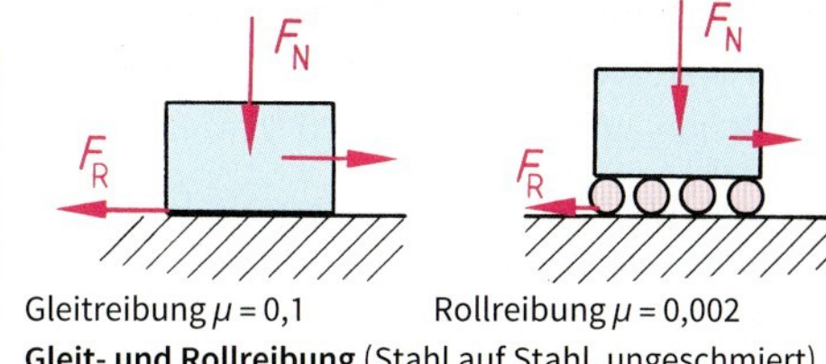

Gleit- und Rollreibung (Stahl auf Stahl, ungeschmiert)

> In Wälzlagern rollen Wälzkörper auf Laufflächen ab. Die dabei entstehende Rollreibung ist wesentlich geringer als die Gleitreibung.

älzlager werden bevorzugt eingesetzt bei

- *wartungsfreien Lagern mit normaler Beanspruchung*, z. B. Getriebe, Motoren, Fördereinrichtungen,
- *Lagern mit kleinen Drehzahlen und hohen Belastungen*, z. B. Kranhaken und Drehgestellen,
- *Lagern, in denen Bewegungen „ruckfrei" ausgeführt werden müssen*, z. B. Werkzeugmaschinen.

. Aufbau

älzlager bestehen aus den Laufringen und den zwischenliegenden Wälzkörpern, die in Käfigen geführt erden.

ie Wälzkörper werden aus gehärtetem Chrom- oder Chrom-Nickel-Stahl gefertigt.

hre Oberfläche ist geschliffen und poliert.

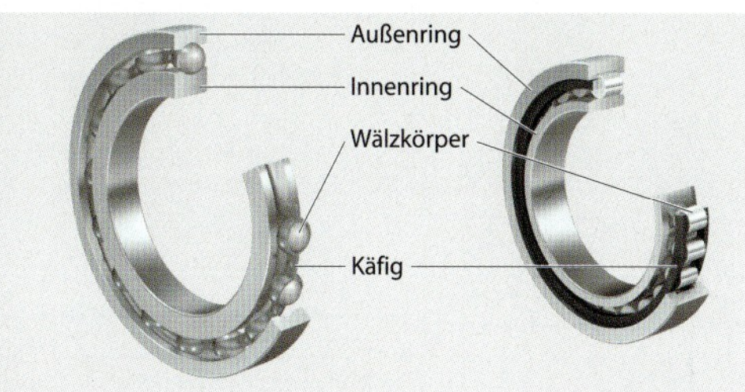

eile eines Wälzlagers

n die **Laufringe** sind Bahnen eingearbeitet, auf deen die Wälzkörper abrollen. Die Laufringe werden benfalls aus gehärtetem Chrom- oder Chrom-Nikel-Stahl hergestellt. Die Laufbahnen sind gechliffen und poliert.

ie Wälzkörper werden meist in Käfige eingebaut. älzkörperkäfige haben folgende Aufgaben:

- Sie verteilen die Wälzkörper gleichmäßig auf dem Umfang des Lagers.
- Sie verhindern beim Lauf des Lagers die direkte Berührung der Wälzkörper untereinander. Damit werden Reibung, Erwärmung und Geräusche vermindert.

ie Wälzkörperkäfige sind aus Stahlblech, Leichtetall, Kunststoff oder bei großen Lagern aus Mesing.

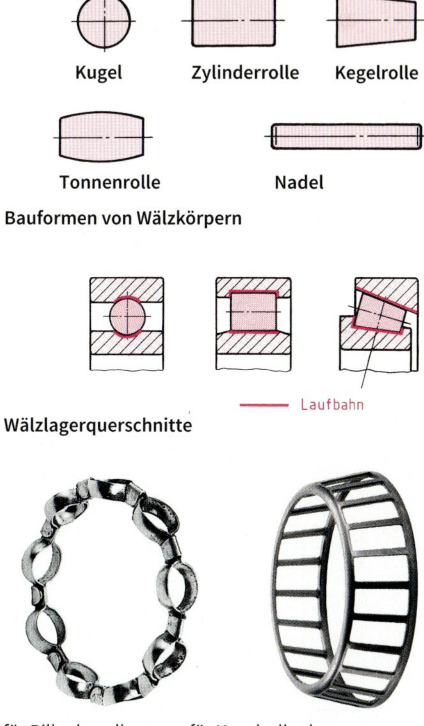

Bauformen von Wälzkörpern

Wälzlagerquerschnitte

Wälzkörperkäfige aus Stahlblech

alls der Lagerdurchmesser sehr klein werden muss, verwendet man käfiglose **Nadellager** ohne Innen- und hne Außenring und lässt die Wälzkörper unmittelbar zwischen Gehäuse und Welle rollen.

> Ein Wälzlager besteht meist aus Außenring, Innenring, Wälzkörpern und Wälzkörperkäfig. Als Wälzkörper werden Kugeln, Zylinder, Kegelstümpfe, Tonnen oder Nadeln verwendet.

Übungsaufgaben 3/14; 3/15; 3/16

2. Ausführungsformen von Wälzlagern

Wälzlager werden in verschiedenen Ausführungen für den jeweiligen Verwendungszweck hergestellt. Die verschiedenen Ausführungsformen werden eingeteilt:

- nach der Hauptbelastungsrichtung in **Radiallager** und **Axiallager**,

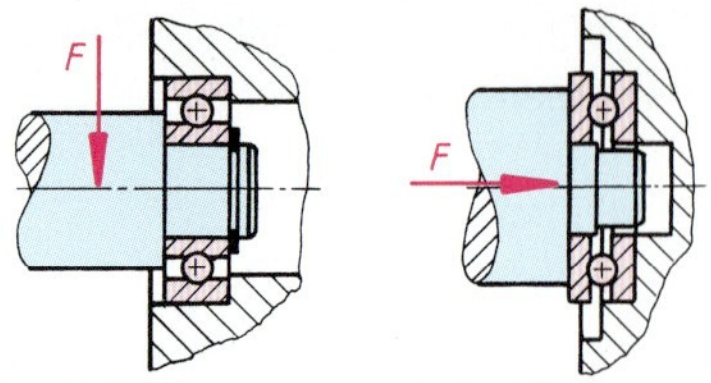

Radiallager **Axiallager**

- nach der Wälzkörperform in Kugellager, Rollenlager mit Zylinder- oder **Kegelrollen**, **Tonnenlager** und **Nadellager** und

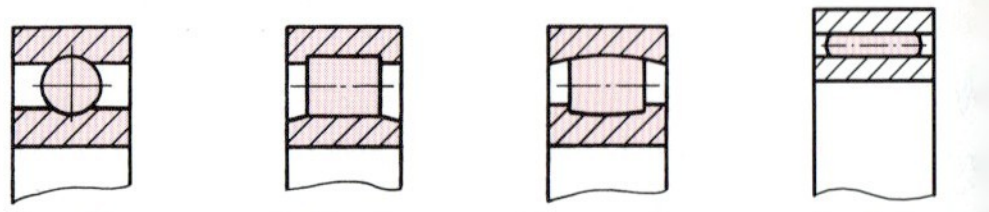

Kugellager **Rollenlager** **Tonnenlager** **Nadellager**

- nach der Anzahl der Wälzkörperreihen in **einreihige** und **mehrreihige Lager**.

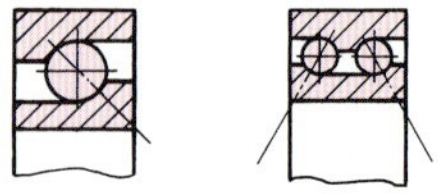

einreihig **zweireihig**

Schrägkugellager

Übersicht über wichtige Bauformen von Kugellagern

Bezeichnung der Bauform	Radiallager					Axiallager
	Rillenkugellager	Rillenkugellager einreihig	Rillenkugellager zweireihig	Vierpunktlager	Pendelkugellager	Axialrillenkugellager
Belastungsrichtung	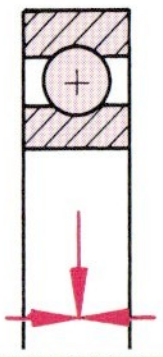	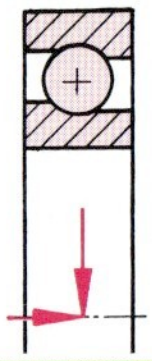	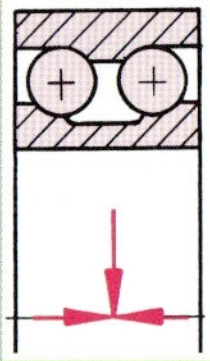		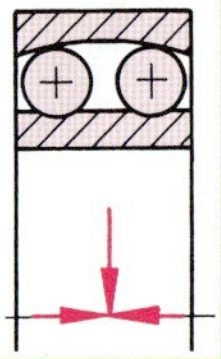	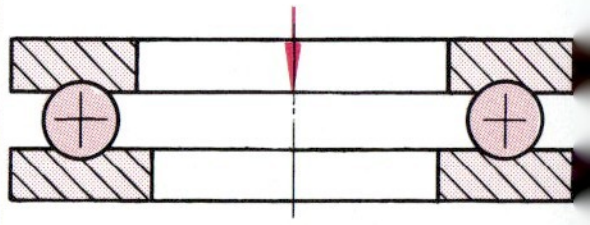

Von den Kugellagern werden bevorzugt Rillenkugellager verwendet, weil sie gut in axialer und radialer Richtung belastbar sind. Darüber hinaus sind diese Lager preiswert.

Übersicht über wichtige Ausführungsformen von Rollen- und Nadellagern

Bezeichnung der Bauform	Radiallager				Axiallager
	Zylinderrollenlager	Nadellager	Kegelrollenlager	Pendelrollenlager	Axialpendelkugellager
Belastungsrichtung	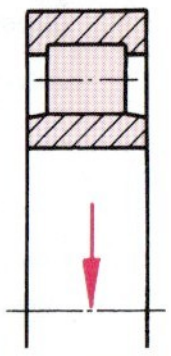	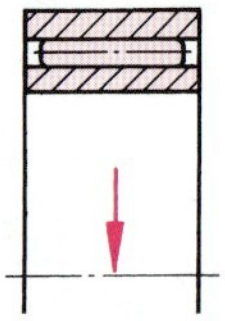	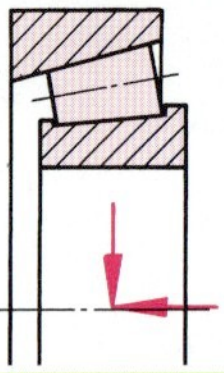	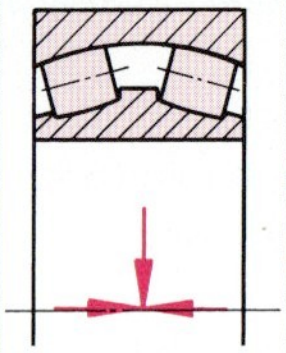	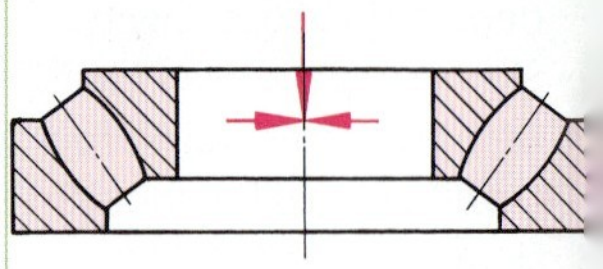

3. Auswahl der Passungen

Wälzlager müssen auf der Welle und im Gehäuse radial und axial festgelegt werden. Ferner darf sich der Innenring nicht auf der Welle und der Außenring nicht im Gehäuse drehen. Fehler in der Befestigung von Innen- und Außenring führen zu Beschädigungen der Wälzkörper. Durch die richtige Auswahl der Passung erreicht man eine einwandfreie Befestigung. Darüber hinaus richtet sich die Auswahl der Passung nach den Belastungsarten. Dabei unterscheidet man grundsätzlich für Innen- und Außenring getrennt *Punktlast* und *Umfangslast*.

– **Umfangslast**

Wird der *ganze Umfang* des zu betrachtenden Lagerringes bei jeder Umdrehung nacheinander der Höchstbelastung ausgesetzt, so spricht man von Umfangslast.

Umfangslast liegt für einen Ring vor:
- wenn der Ring stillsteht und die Last um ihn umläuft oder
- der Ring umläuft und die Last stillsteht.

– **Punktlast**

Wird immer *ein bestimmter Punkt* des Lagerumfanges der Höchstbelastung ausgesetzt, so spricht man von Punktlast.

Punktlast liegt für einen Ring vor, wenn
- der Ring stillsteht und die Last stets auf die gleiche Stelle wirkt oder
- wenn der Ring und die Last mit gleicher Drehzahl umlaufen.

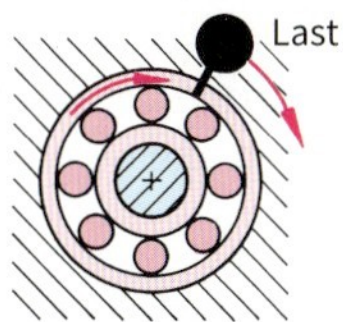

Innenring steht still
Lastrichtung rotiert mit dem Außenring

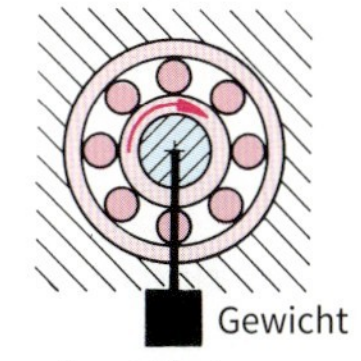

Innenring rotiert
Lastrichtung unveränderlich

Umfangslast für den Innenring

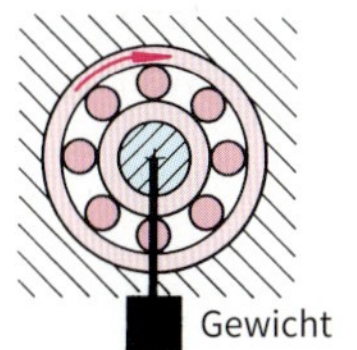

Innenring steht still
Lastrichtung unveränderlich

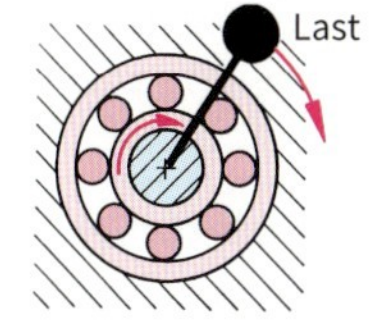

Innenring rotiert
Lastrichtung rotiert mit dem Innenring

Punktlast für den Innenring

In jedem Wälzlager hat jeweils der eine Ring Punktlast und der andere Ring Umfangslast.

Beispiele für Punkt- und Umfangslast

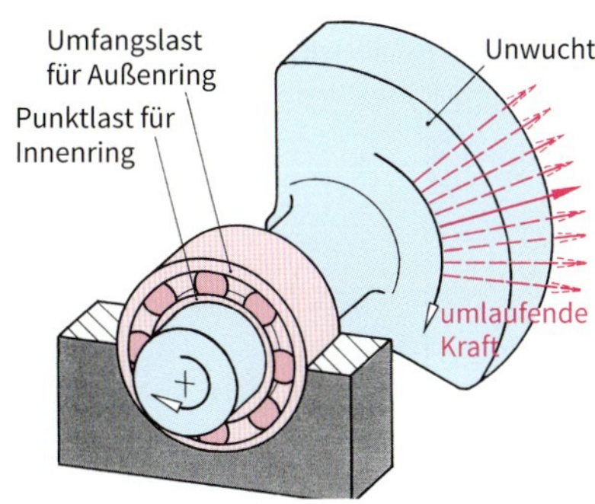

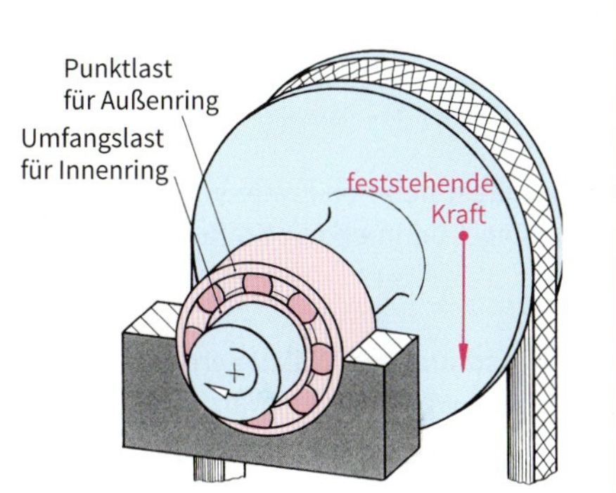

Bei der Auswahl der Toleranzen für Welle und Gehäuse müssen die aufgezeigten Belastungsfälle, die Größe der Belastung und die Größe des Lagers berücksichtigt werden. In den Empfehlungen der Kugellagerhersteller werden für häufig auftretende Betriebsfälle folgende ISO-Toleranzen angegeben:

ISO-Toleranzen für Gehäusebohrungen

Belastungsfall	Beispiele	Toleranz der Bohrung
Umfangs-last	Seilrollen, Pleuellager, Radnaben (schwer belastet)	M 7 N 7 P 7
Punkt-last	allgemeiner Maschinenbau, Elektromotoren	G 7 bis J 7

ISO-Toleranzen für Wellen

Belastungsfall	Beispiele	Toleranz der Welle
Umfangs-last	Werkzeugmaschinen, allgemeiner Maschinenbau, Achslager für schwere Fahrzeuge	j 6 bis p 6
Punkt-last	Seilrollen, Spannrollen	g 6 und h 6

!

Bei wachsender Belastung und zunehmender Lagergröße gelten folgende Richtlinien:
- Ringe mit Umfangslast erhalten ein enges Übergangs- bis mittleres Übermaßtoleranzfeld.
- Ringe mit Punktlast erhalten ein enges Spiel- bis Übergangstoleranzfeld.

4. Fest- und Loslager

Wärmedehnung und Einbautoleranzen der Wellen verlangen den Einbau von einem Festlager, das Kräfte in axialer Richtung aufnehmen kann und einem oder mehreren Loslagern, welche geringe Verschiebungen in der Längsachse zulassen.

Festlager sind mit beiden Lagerringen beidseitig in Längsrichtung festgelegt. Die Wälzkörper können sich nicht auf der Lauffläche verschieben.

Loslager können auf zwei verschiedene Arten gestaltet werden:
- durch entsprechende Auswahl von Wälzlagern, z. B. Nadellager oder Zylinderrollenlager mit einem bordlosen Ring, oder
- durch entsprechende Gestaltung der Aufnahmestelle für das Wälzlager – dabei ist entweder der Außenring oder der Innenring des Wälzlagers verschiebbar.

Beispiele für Fest- und Loslager

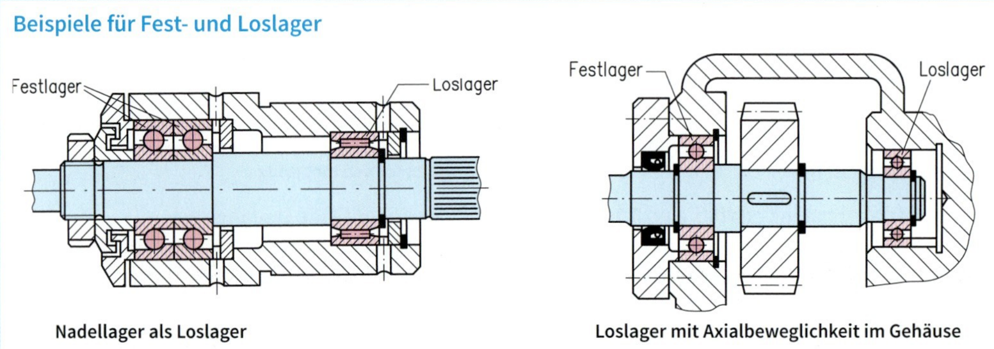

Nadellager als Loslager **Loslager mit Axialbeweglichkeit im Gehäuse**

Festlager nehmen Kräfte in axialer und radialer Richtung auf.
Loslager nehmen nur Kräfte in radialer Richtung auf.

5. Lebensdauer von Wälzlagern

Da in einem Wälzlager die Wälzkörper auf den Laufflächen nur mit sehr kleinen Flächen abrollen, unterliegen Wälzlager auch bei bester Schmierung dem Verschleiß. Darum ist die Lebensdauer von Wälzlagern stets begrenzt. Wenn Kugel- oder Rollenlager unter Belastung umlaufen, stellt sich nach gewisser Zeit an irgendeiner Stelle eine Ermüdung des Werkstoffes ein. Sie beginnt im Allgemeinen mit feinen Rissen unter der Oberfläche, die im weiteren Verlauf zur Schälung führen und dadurch früher oder später einen Lagerwechsel erforderlich machen. Bei den ersten Anzeichen einer Schälung hat das Lager seine Lebensdauer erreicht.

Hohe Lebensdauer von Wälzlagern wird durch niedrige Auflast, die sich auf viele Walzkörper verteilt, sowie geringe Drehzahl, niedrige Lagertemperatur und gute Schmierung erreicht.

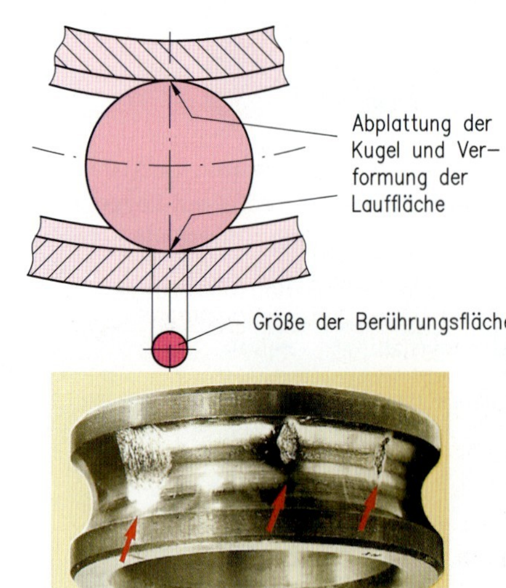

Innenring eines Rillenkugellagers mit fortgeschrittener Schälung

Die Lebensdauer von Wälzlagern ist begrenzt. Sie hängt ab von
- Größe der Lagerbelastung,
- Zahl der Umläufe,
- Lagertemperatur,
- Schmierung.

Übungsaufgaben 3/20; 3/21

.2.1.3 Gegenüberstellung von Gleit- und Wälzlagern

Vergleichsgrößen	Gleitlager	Wälzlager
Reibung beim Anlauf	groß bei Trockenreibung, gering bei Flüssigkeitsreibung	gering
Empfindlichkeit gegen Stöße	unempfindlich, Stöße werden gedämpft	empfindlich, Stöße werden nicht gedämpft
Laufgeräusch	gering	höher
Umdrehungsfrequenz	unbegrenzt hoch, bei hydrodynamisch geschmierten Lagern nach unten begrenzt	nach unten unbegrenzt, nach oben begrenzt
Lebensdauer	bei ständiger Flüssigkeitsreibung unbegrenzt	begrenzt durch Materialermüdung
Schmierstoffverbrauch	hoch	gering
Wartung	ständige Wartung nötig	geringe Wartung
Abdichtung gegen Verunreinigung	gut	weniger gut
Austauschbau	aufwendig	einfach

.2.2 Geradführungen

auelemente, welche geradlinig zu bewegende Maschinenteile, wie z. B. Tische und Schlitten, tragen und zwangsläufig führen, nennt man Geradführungen.

Nach der Art der Reibung in der Führung unterscheidet man

- **Gleitführungen** mit *Gleitreibung* und
- **Wälzführungen** mit *Rollreibung*.

.2.2.1 Gleitführungen

ei Gleitführungen bewegen sich die Gleitflächen er Baueinheiten aufeinander. Zur Verringerung er Reibung und zur genaueren Führung werden ie Gleitflächen geschliffen oder geschabt. Gute chmierung gewährleistet Flüssigkeitsreibung und ermindert den Verschleiß. Häufig sind die Gleitflähen gehärtet, wodurch der Verschleiß ebenfalls erringert wird.

ach dem Querschnitt unterscheidet man folgende Grundformen von Gleitführungen:

- **Flachführungen** für schwere Maschinen,
- **Schwalbenschwanzführungen** für mittelgroße Maschinen,
- **V- und Dachführungen** für kleine bis mittelgroße Maschinen,
- **zylindrische Führungen** für Bohrspindeln, Säulenführungen, Zahnradführungen u. a.

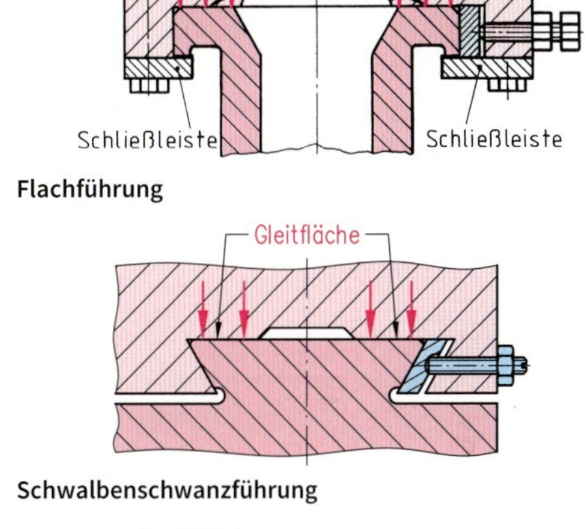

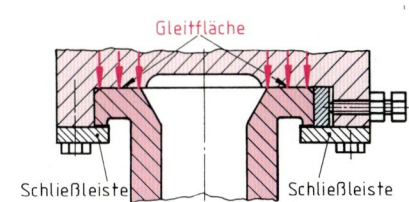

Flachführung

Schwalbenschwanzführung

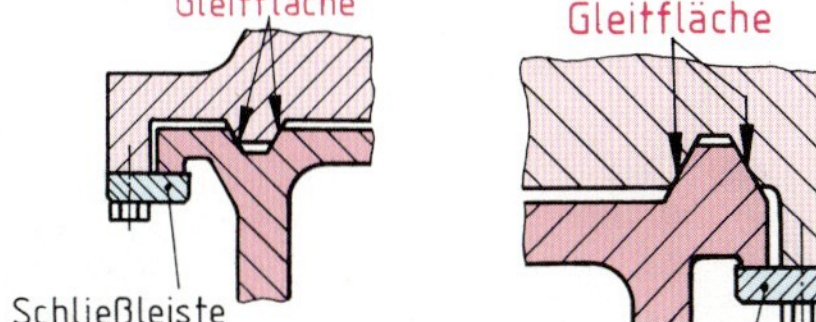

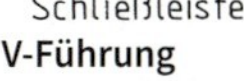

V-Führung

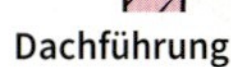

Dachführung

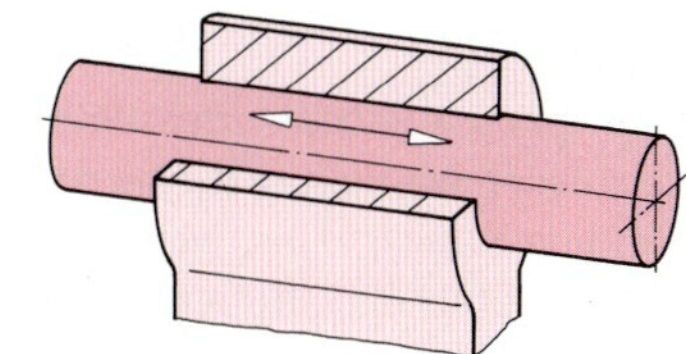

Zylindrische Führung

Grundformen von Gleitführungen sind:

- Flachführungen,
- Schwalbenschwanzführungen,
- V-Führungen und Dachführungen,
- zylindrische Führungen.

Gleitführungen sind leicht herzustellen und gut belastbar. Deshalb werden sie im Maschinenbau, Apparatebau und in vielen anderen Bereichen verwendet.

Gleitführungen haben gegenüber Wälzführungen jedoch folgende Nachteile:

- *unterschiedlicher Kraftbedarf:* Hoher Kraftaufwand beim Anfahren durch Haftreibung, geringerer Kraftaufwand beim Gleiten durch Gleitreibung. Die Folge ist ein nicht ruckfreies Anfahren des gleitenden Bauteils, Stick-Slip-Effekt genannt.
- *hoher Schmiermittelverbrauch:* Eine laufende Wartung ist erforderlich.
- *Verschleiß:* Eine ständige Flüssigkeitsreibung kann nicht aufrecht erhalten werden.
- *schwieriger Austauschbau:* Die Teile der Führung müssen meist zueinander passend gefertigt werden.
- *Auftreten von Spiel:* Verschleiß führt zu Spiel. Die Folge ist ein ungenaues Führen. Deshalb müssen Gleitführungen von Zeit zu Zeit nachgestellt werden.

> **!** Vor- und Nachteile von Gleitführungen:
> Vorteile: • einfache Herstellung, • hohe Belastbarkeit,
> Nachteile: • hoher Schmierstoffverbrauch, • Verschleiß, • Stick-Slip-Effekt

3.2.2.2 Wälzführungen

In Wälzführungen rollen wie bei den Wälzlagern zwischen zwei Laufflächen Wälzkörper ab. Dabei entsteht Rollreibung, die wesentlich geringer ist als Gleitreibung. Wälzführungen sind im Gegensatz zu Gleitführungen Bauelemente, die komplett geliefert werden, wie dies auch bei den Wälzlagern der Fall ist. Insgesamt haben Wälzführungen gegenüber Gleitführungen folgende Vorteile:

- *geringe Reibung,*
- *leichtes und spielfreies Führen,*
- *leichter Austauschbau,*
- *kein Stick-Slip-Effekt,*
- *geringer Schmiermittelverbrauch.*

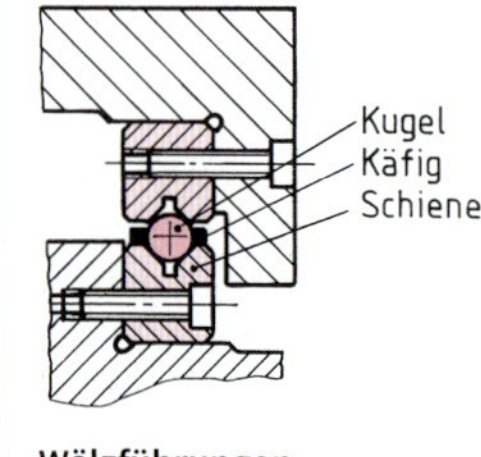

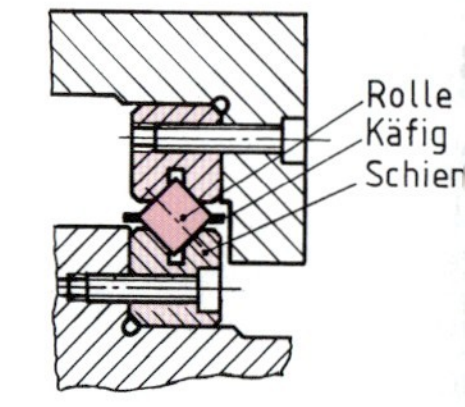

Wälzführungen

1. Grundformen

Man unterscheidet Wälzführungen meist nach der Form der Laufflächen.

Flache Laufflächen	V-förmige Laufflächen	Zylinderförmige Laufflächen

2. Hublängen

Bei Wälzführungen mit *unbegrenztem Hub* müssen die durchgelaufenen Wälzkörper wieder an den Anfang der Führung zurückgeführt werden. Dies geschieht durch entsprechende Nuten in den Bauelementen oder durch kettenförmige Wälzkörperkäfige.

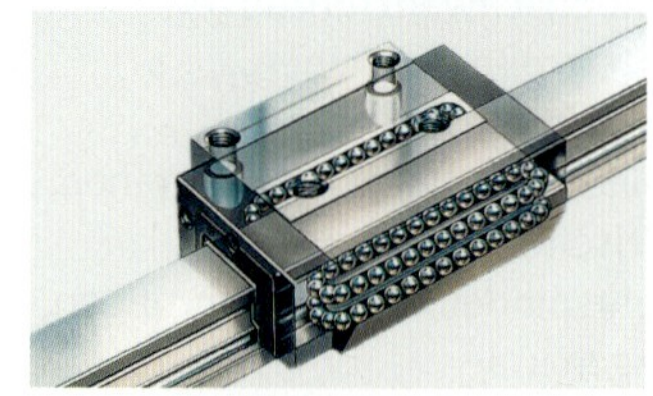

Längsführung mit unbegrenztem Hub

> **!** In Längsführungen mit unbegrenztem Hub müssen Wälzkörper zum Anfang des Gleitstücks zurückgeführt werden.

Übungsaufgabe 3/25

n Wälzführungen nehmen die Wälzkörper infolge es Kraftschlusses mit den Führungsschienen wangsläufig an der Bewegung teil. Aus diesem irunde bewegen sich Wälzkörperkäfig und Wälzörper mit halber Geschwindigkeit gegenüber der ührung weiter. Der Hub des Wälzkörperkäfigs ist aher stets nur halb so groß wie der Hub der Führung.

ei Wälzführungen, die nur einen begrenzten Hub usführen, müssen die Käfige mit den Wälzkörpern m die Länge des halben Hubes gegenüber der ührungsschiene überstehen. Damit rollt die Führungsschiene stets auf der ganzen Länge auf Wälzörpern.

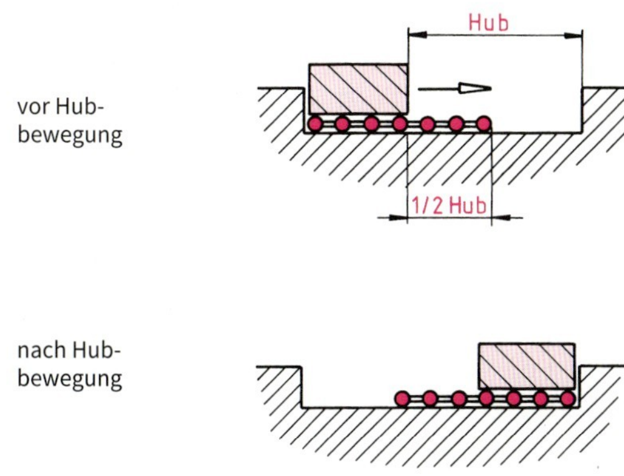

Bewegung von Führung und Käfig bei begrenztem Hub

Der Käfig von Wälzführungen mit begrenztem Hub muss um den halben Hub gegenüber der Führungsschiene vorstehen.

.2.3 Achsen

chsen sind Funktionselemente zum Stützen und ragen von drehbaren Bauelementen. Achsen weren in der Hauptsache auf Biegung und nie auf Verrehen beansprucht. Man unterscheidet feststeende Achsen und umlaufende Achsen. Kurze chsen, welche feststehen, nennt man auch Bolen. Sie sind zur wirtschaftlichen Verwendung in nterschiedlichen Formen genormt.

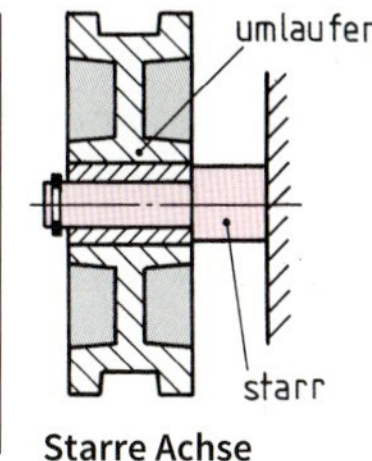

Starre Achse

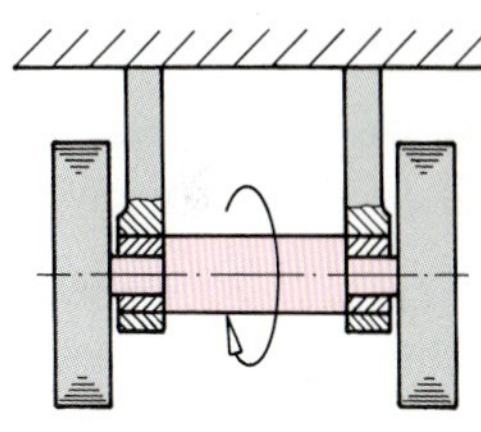
Umlaufende Achse

Achsen werden hauptsächlich auf Biegung und nie auf Verdrehung beansprucht.

iegebeanspruchung

ie Biegebeanspruchung bei Achsen entsteht daurch, dass die Lagerung der Achse und der Kraftngriff der abgestützten Baueinheit an verschiedeen Stellen der Achse erfolgen.

amit die Beanspruchung der Achse durch die zu tützende Baueinheit anschaulicher wird, zeichnet nan die Achse als Strecke und trägt Größe und Richung der angreifenden Biegekräfte als Pfeile entprechend an. Nimmt die Biegekraft zu, so wächst n gleichen Verhältnis die Biegebeanspruchung.

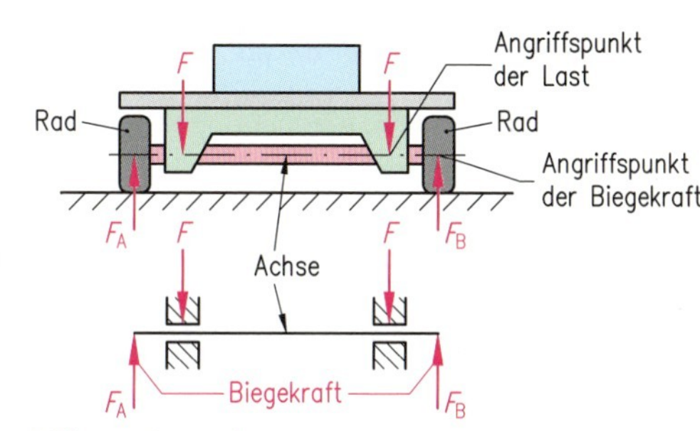

Kräfte an einer Achse

ei gleicher Biegekraft wächst die Biegebeanspruchung mit größer werdendem Abstand zwischen Biegeraft und Lagerstelle. Die Biegewirkung für jede Stelle der Achse in diesem Bereich hängt ab:

- von der *Größe* der aufgebrachten Kraft,
- von dem *Abstand* zwischen Kraftangriff und Achslagerung.

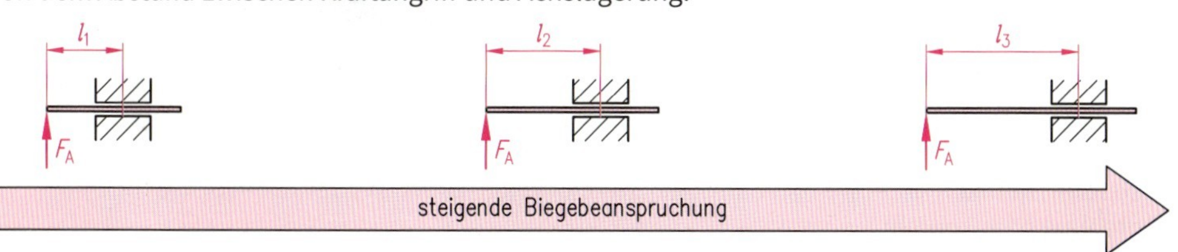

Die größte Biegewirkung tritt bei der skizzierten Achse an der Lagerstelle auf. Sie wird als Produkt aus Kraft und Abstand zwischen Kraftangriff und Lagerstelle berechnet und als **Biegemoment** bezeichnet. Das Biegemoment ist ein Maß für die Biegebeanspruchung.

Biegemoment	=	Kraft	·	Hebelarm
M_b	=	F	·	l

Beispiel zur Bestimmung eines Biegemoments

Aufgabe

Es ist das Biegemoment an der Lagerstelle zu ermitteln.
Der Anstieg des Biegemoments vom Kraftangriff zur Lagerstelle ist in einem Diagramm darzustellen.

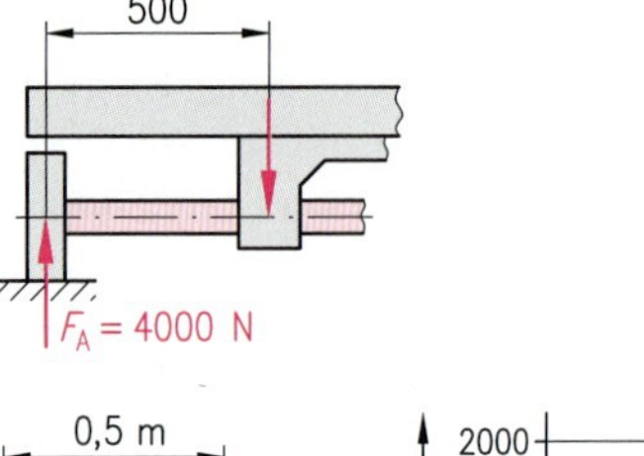

Lösung

$M_b = F_A \cdot l$

$M_b = 4000 \text{ Nm} \cdot 0{,}5 \text{ m}$

$M_b = \mathbf{2000 \text{ Nm}}$

(Das Biegemoment wächst stetig vom Angriffspunkt der Kraft bis zur Lagerstelle.)

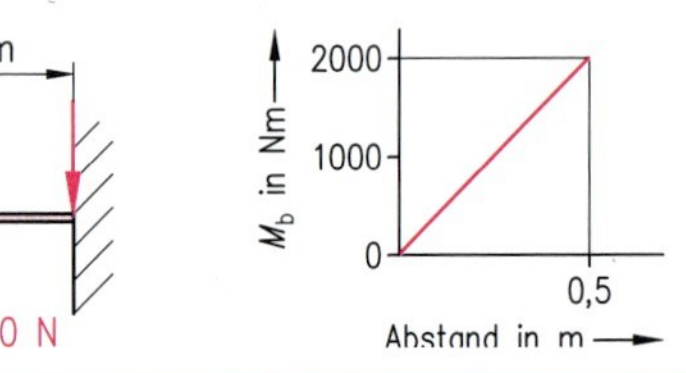

Das Biegemoment M_b ist das Produkt aus Kraft und Abstand zwischen Kraftangriff und Lagerstelle. Das Biegemoment ist ein Maß für die Biegebeanspruchung.

Durch das Biegemoment wird die Achse gebogen. Dabei wird der Werkstoff auf der einen Seite gestreckt, auf der anderen Seite verkürzt. In der Ebene dazwischen, der neutralen Faser, treten keine Längenänderungen ein.
Auf der gestreckten Seite der Achse entstehen Zugspannungen, die verkürzte Seite weist dagegen Druckspannungen auf. Zug- und Druckspannungen nehmen zur **neutralen Faser** hin ab.

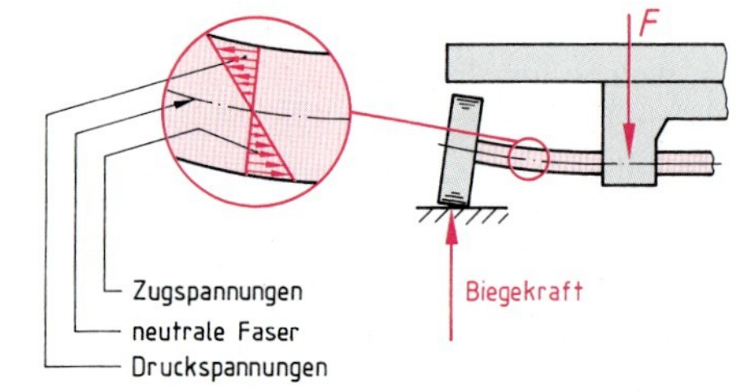

Spannungen in einer Achse

Als Folge der Biegebeanspruchung treten in der Achse auf der gestreckten Seite Zugspannungen und auf der gestauchten Seite Druckspannungen auf.
Die neutrale Faser ist frei von Spannungen.

3.3 Elemente und Gruppen zur Energieübertragung

3.3.1 Wellen

Wellen haben die Aufgabe, mechanische Energie von der Antriebseinheit zum Antriebsort zu leiten. Sie laufen dabei um und übertragen Drehbewegungen. Diese werden durch Zahnräder, Kupplungen, Hebel u. a. in die Welle eingeleitet und auch wieder abgeleitet. Dadurch sind Wellen auf Verdrehung beansprucht. Gleichzeitig können Wellen durch Kräfte, die senkrecht zur Wellenachse wirken, zusätzlich auf Biegung beansprucht werden.

Weiterleiten mechanischer Energie über Wellen

Wellen sind Bauelemente, die mechanische Energie weiterleiten. Sie werden hauptsächlich auf Verdrehung beansprucht.

Übungsaufgaben 3/29; 3/30; 3/31

1. Drehmoment

Beim Einleiten der Drehbewegung in eine Welle wirkt eine Kraft an einem Hebelarm, z. B. am Teilkreis eines Zahnrades. Dabei ist der Hebelarm der Abstand zwischen Angriffspunkt der Kraft und Drehpunkt.

Das Drehbestreben, welches eine Kraft an einem Hebel ausübt, nennt man Drehmoment (M_d). Das Drehmoment ist das Produkt aus Umfangskraft und Hebelarm.

$$M_d = F \cdot r$$

F Umfangskraft
r Radius

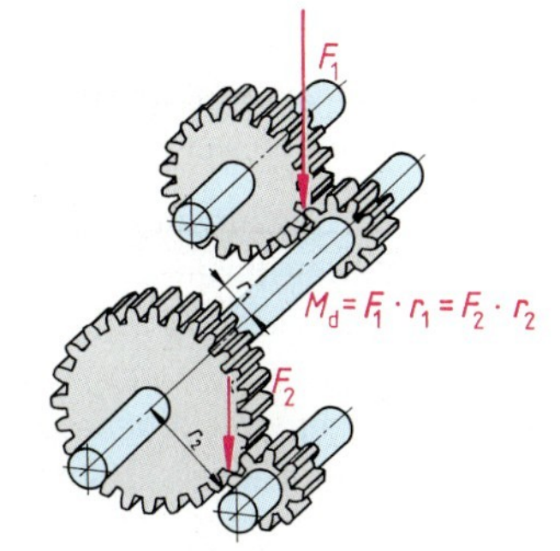

Drehmoment an einer Welle

! Wellen übertragen Drehmomente. Ein Drehmoment ist das Produkt aus Umfangskraft und Hebelarm (Radius).

2. Torsionsspannung

Durch das Drehmoment wird auf die Welle eine Verdrehbeanspruchung ausgeübt.

Dadurch entstehen im Werkstoff der Welle Torsionsspannungen (Verdrehspannungen). Die größten Spannungen entstehen außen am Wellenumfang. Sie nehmen stetig nach innen hin ab. In der Mittellinie der Welle sind sie gleich Null.

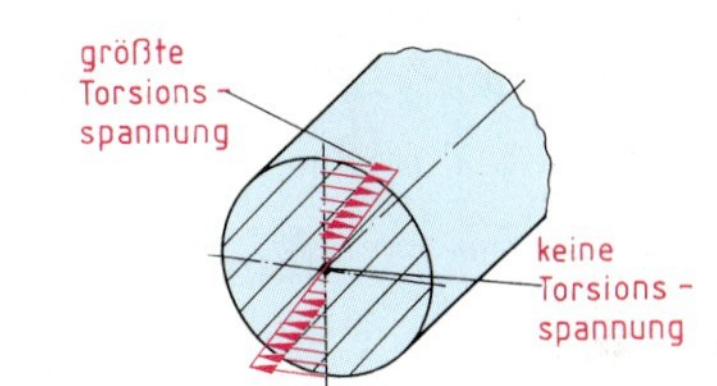

Torsionsspannungen in einer Welle

! Das Drehmoment verursacht in der Welle Torsionsspannungen. Diese Torsionsspannungen sind am Umfang der Welle am größten und nehmen zur Mittellinie stetig ab.

3. Lagerung von Achsen und Wellen

Achsen und Wellen müssen abgestützt werden. Zur Abstützung benutzt man Lager. Die Stützstelle an den Wellen und Achsen bezeichnet man als **Lagerzapfen**. Je nach Richtung der auftretenden Lagerkräfte unterscheidet man Tragzapfen und Stützzapfen.

Tragzapfen nehmen Kräfte in *radialer* Richtung auf. Je nach Abstand der Lagerstelle vom Achsen- oder Wellenende spricht man von Stirnzapfen oder Halszapfen.

Stützzapfen nehmen Kräfte in *axialer* Richtung auf. Bei Verwendung von Gleitlagern benutzt man Ringzapfen. Soll die Lagerung gelenkartig beweglich sein, benutzt man Kugelzapfen.

Der Übergang vom Zapfen zum übrigen Teil der Achse oder Welle ist gut abgerundet, um Kerbwirkung und damit verbundene Bruchgefahr zu vermindern.

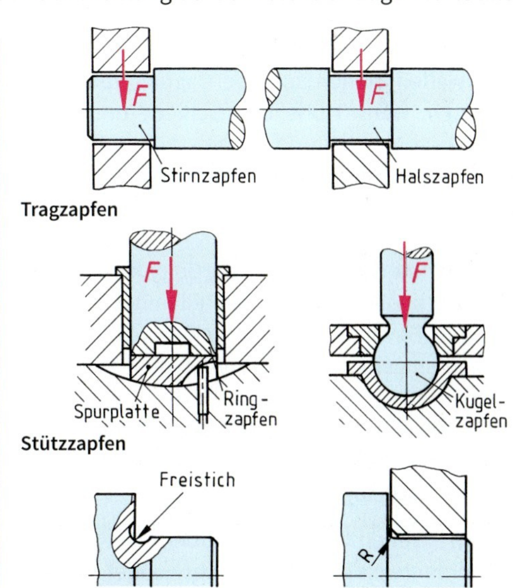

Tragzapfen

Stützzapfen

Zapfenübergänge

Achsen und Wellen werden an Zapfen in Lagern abgestützt.
Tragzapfen werden in radialer Richtung und Stützzapfen in axialer Richtung belastet.

4. Befestigung von Bauteilen auf Wellen und Achsen

Auf Wellen und Achsen müssen die Naben von Rädern, Hebeln u. a. gegen Verschieben in axialer Richtung gesichert werden. Zur Übertragung des Drehmomentes müssen Wellen und Naben durch Verbindungselemente u. a. fest verbunden werden.

– Sicherungen von Wellen und Achsen gegen axiales Verschieben

Wenn in axialer Richtung nur geringe Kräfte an der Nabe wirken, genügen einfache Sicherungselemente wie Stifte, Splinte, Federstecker und Sicherungsringe zur Sicherung gegen axiale Verschiebungen.
Bei Wellen dürfen diese Sicherungselemente nur in den Bereichen der Welle eingesetzt werden, die nicht durch Dreh- oder Biegemoment beansprucht werden, weil die entsprechenden Aussparungen in der Welle hohe Kerbwirkung verursachen. Besonders hoch ist die Kerbwirkung der schmalen scharfkantigen Nuten für Sicherungsringe.
Bei Wellen verwendet man darum meist angedrehte Schultern und Distanzhülsen zur Sicherung gegen Verschiebungen im Bereich der Beanspruchung durch Dreh- und Biegemomente.

Beispiele für Sicherungen gegen axiales Verschieben

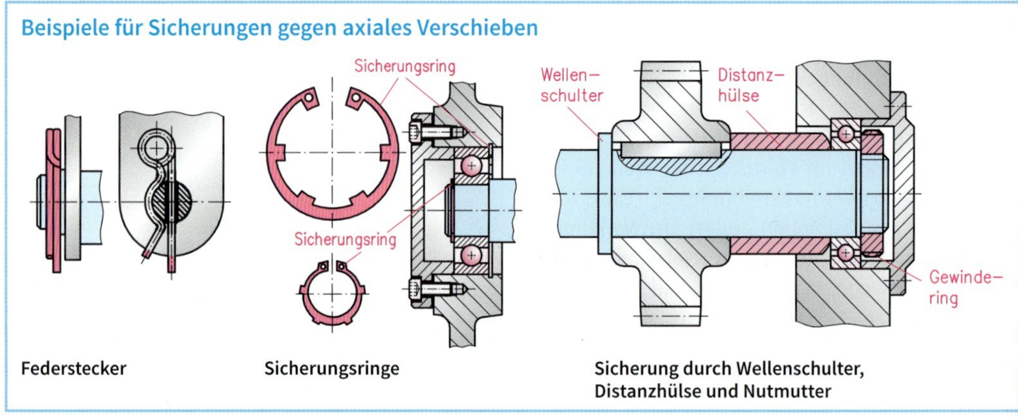

Federstecker **Sicherungsringe** **Sicherung durch Wellenschulter, Distanzhülse und Nutmutter**

– Verbindungen von Wellen und Nabe zur Übertragung eines Drehmoments

Siehe Kap. 15.4 Fügen mit Passfedern, Keilen und Profilformen

5. Sonderformen von Wellen

Gelenkwellen dienen zur Übertragung von Drehmomenten, wenn Höhenunterschiede und seitlicher Versatz von An- und Abtrieb zu überbrücken sind. Zum gleichförmigen Bewegungsablauf müssen An- und Abtrieb achsparallel liegen. Gelenkwellen bestehen darum aus beidseitigen Gelenken und einem zwischenliegenden Mittelteil mit Längsverschiebung. Bevorzugt werden Gelenkwellen in Kfz, Schienenfahrzeugen und Antrieben im Maschinenbau eingesetzt.
Gelenkwellen gleichen Höhenunterschiede und Versätze aus. Bedingung für gleichförmigen Lauf sind achsparalleler An- und Abtrieb.

Biegsame Wellen werden zum Übertragen kleiner Drehmomente eingesetzt. Man verwendet sie zum Weiterleiten mechanischer Energie bei Handfräsen, Tachometern u. a.
Biegsame Wellen bestehen aus gewundenen Drähten, die in Metallschläuchen geführt werden.

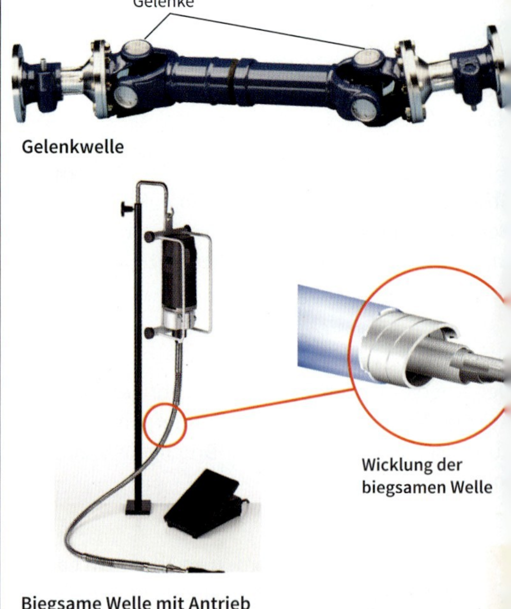

Gelenkwelle

Wicklung der biegsamen Welle

Biegsame Welle mit Antrieb

3.3.2 Kupplungen

3.3.2.1 Aufgaben und Einteilung von Kupplungen

Kupplungen sind Funktionseinheiten, die zur Übertragung von Drehmomenten von einer Welle auf die andere dienen. Eine Kupplung besteht darum aus zwei Hälften, die auf unterschiedliche Weise verbunden sind. Weitere Aufgaben können sein:

- *zeitweilige Trennung von laufendem Antriebselement und Getriebe,*
  z. B. schaltbare Kupplung im Auto und in Werkzeugmaschinen,
- *Schutz vor Überbelastung,*
  z. B. Rutschkupplung an Bohrmaschinen,
- *Trennen oder Zuschalten von Antrieb und Getriebe bei bestimmter vorgegebener Drehzahl oder Drehrichtung,*
  z. B. Freilauf beim Fahrrad,
- *Ausgleich von Querverlagerungen und Beugungswinkeln von Wellen,*
  z. B. Gelenkkupplungen an Kardanwellen,
- *Dämpfung von Stößen,*
  z. B. elastische Kupplungen bei Förderanlagen

Die Bauformen von Kupplungen lassen sich in zwei Gruppen einteilen:

- nicht schaltbare Kupplungen und
- schaltbare Kupplungen.

Elastische, nicht schaltbare Kupplungen an einer Fördereinrichtung

! Kupplungen sind Baueinheiten, die Drehmomente von einer Welle auf die andere übertragen.

3.3.2.2 Nicht schaltbare Kupplungen

1. Starre, nicht schaltbare Kupplungen

formschlüssige Kupplung	kraftschlüssige und formschlüssige Kupplung	kraftschlüssige Kupplung (mit Sicherung durch Passfeder)
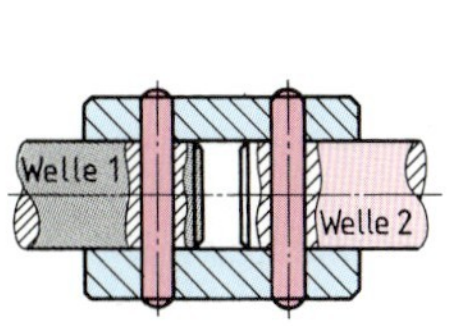	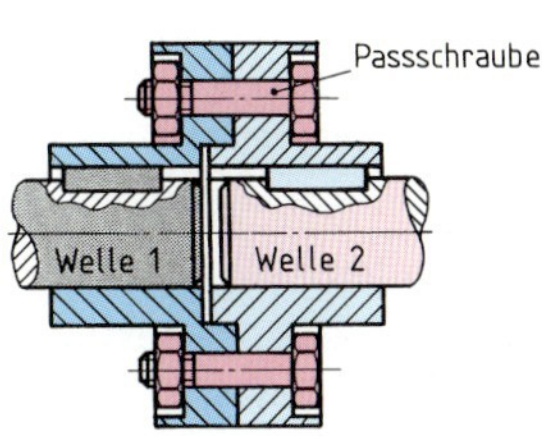	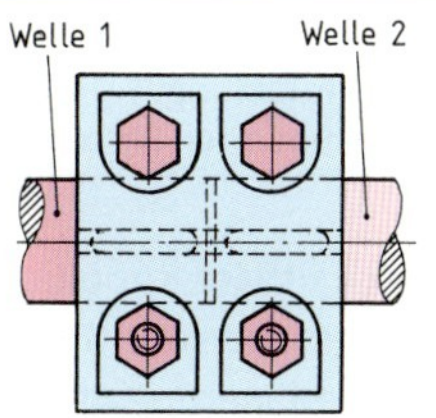 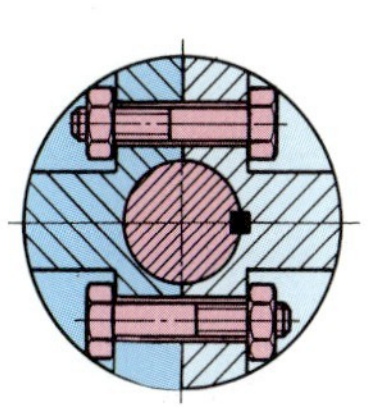
Stiftkupplung *Vorteile:* einfache Herstellung und Montage, platzsparend *Nachteile:* Übertragung geringer Drehmomente	**Scheibenkupplung** *Vorteile:* Übertragung großer und wechelseitiger Drehmomente *Nachteile:* schwieriger Ein- und Ausbau	**Schalenkupplung** *Vorteile:* leichter Ein- und Ausbau *Nachteile:* Übertragung kleinerer Drehmomente als bei Scheibenkupplungen

! Starre, nicht schaltbare Kupplungen verbinden Wellen dreh- und biegefest, so als bestünden die Wellen aus einem Stück. Abweichungen zwischen Wellen können nicht ausgeglichen werden.

Übungsaufgaben 3/42; 3/43

2. Nachgiebige, nicht schaltbare Kupplungen

Nachgiebige, nicht schaltbare Kupplungen, welche durch Formschluss Wellen miteinander verbinden, erlauben den Ausgleich von

- *Längenänderung,*
- *Winkelbeugung,*
- *Querverlagerung.*

Formschluss zwischen den Teilen der Kupplung auf den Wellenenden kann durch starre oder elastische Glieder erzielt werden.

Elastische Glieder aus Gummi, Kunststoff, Federstahl o.Ä. dämpfen Stöße und erlauben in Grenzen den Ausgleich von Wellenverlagerungen aller Art.

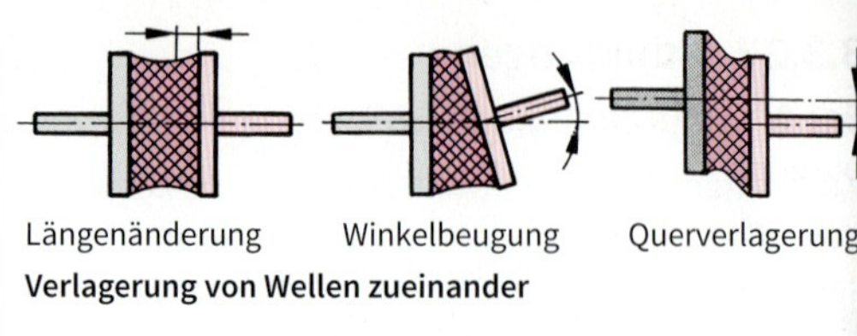

Verlagerung von Wellen zueinander

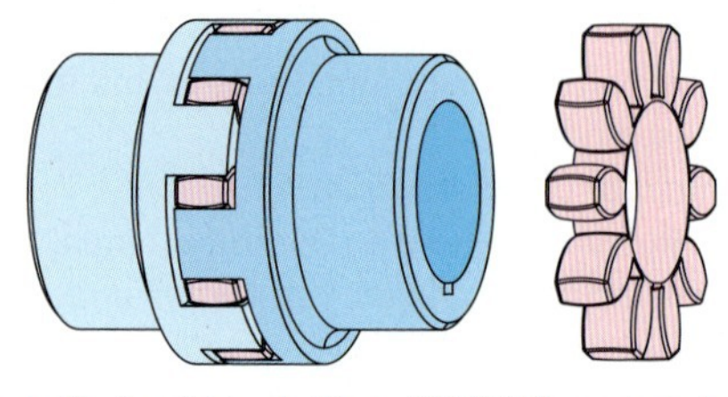

Drehelastische nicht schaltbare ROTEX-Klauenkupplung

starre Verbindung	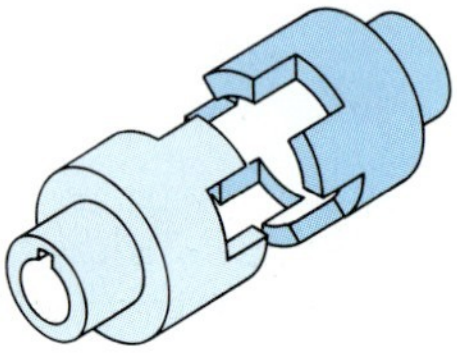 Klauenkupplung (erlaubt nur Längenänderung)	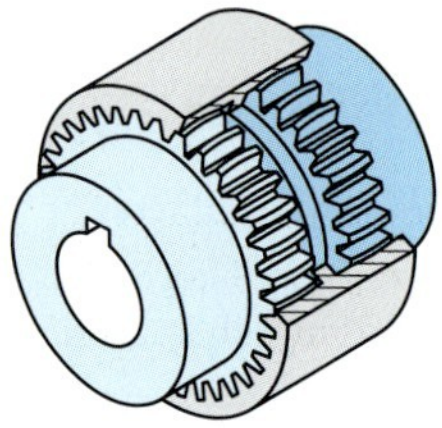 Bogenzahn-Kupplung	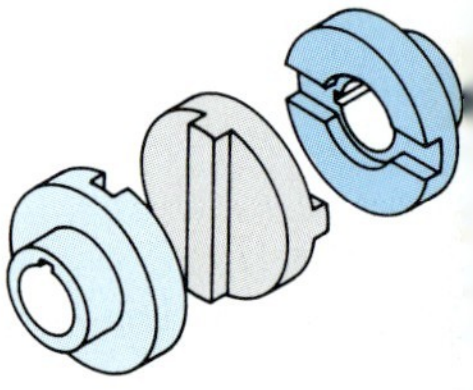 Kreuzscheiben-Kupplung
elastische Verbindung	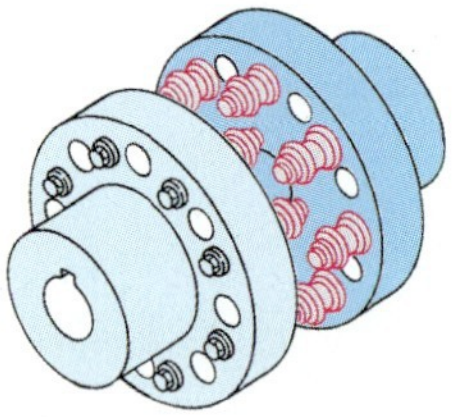 ELCO®-Kupplung mit gummierten Bolzen	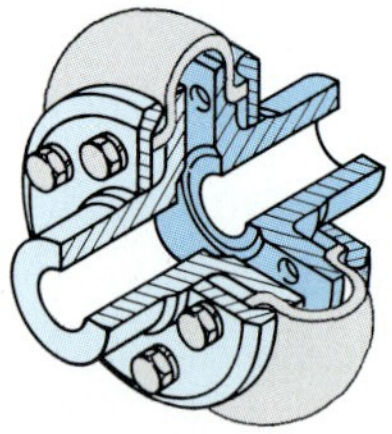 Periflex®-Kupplung mit Gummireifen	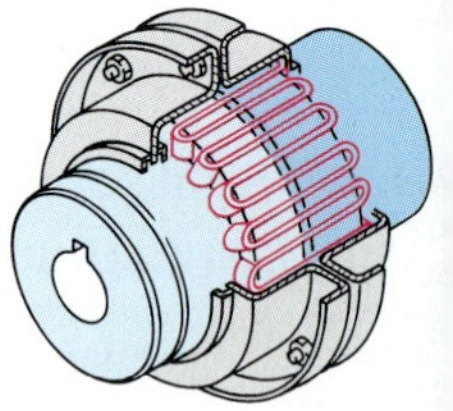 Winiflex®-Kupplung mit Stahlband

> **!** Nachgiebige, nicht schaltbare Kupplungen verbinden Wellen stoßdämpfend miteinander. Die Verbindungsglieder bestehen aus Gummi, Federstahl, Leder, Textilgewebe u.ä. Diese Verbindungsteile lassen folgende Verlagerungen zwischen den Wellen zu:
> • Längenänderung, • Winkelbeugung, • Querverlagerung.

3. Gelenkkupplung

Zur Übertragung von Drehmomenten zwischen Wellen, deren Mitten verlagert sind oder die ihre Lage zueinander im Betrieb ändern, verwendet man Gelenkwellen mit zwei Gelenkkupplungen. Zur Übertragung kleiner Drehmomente, z.B. an den Spindeln von Mehrspindelbohrmaschinen, eignen sich Kugelgelenke. Größere Drehmomente überträgt man durch Kreuzgelenke.

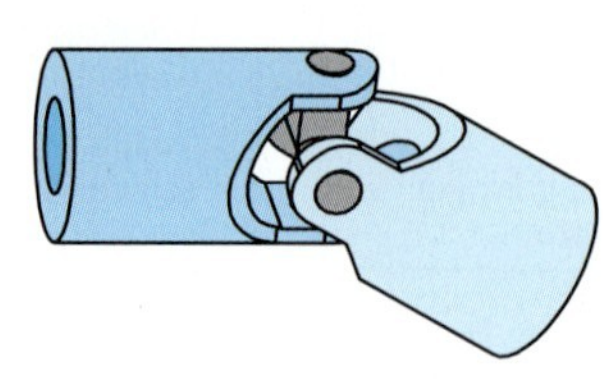

Kreuzgelenk

Übungsaufgaben 3/44; 3/45

3.3.2.3 Schaltbare Kupplungen

Schaltbare Kupplungen erlauben es, die Verbindung zwischen treibenden und getriebenen Baueinheiten einer Maschine zu unterbrechen.

1. Im Stillstand schaltbare Kupplungen

Nur im Stillstand (oder bei Gleichlauf) schaltbare Kupplungen sind in der Regel formschlüssige Kupplungen. Sie sind während des Betriebes bedingt ausrückbar. Bei formschlüssigen Schaltkupplungen muss eine Hälfte der Kupplung auf der Welle axial verschiebbar sein. Dadurch können die Verbindungselemente (Klauen, Zähne, Bolzen usw.) bei Schaltung ineinander gefügt werden. Die Verbindung zwischen dem beweglichen Teil der Kupplung und der Welle erfolgt durch Gleitfederverbindungen oder durch Profilwellen.

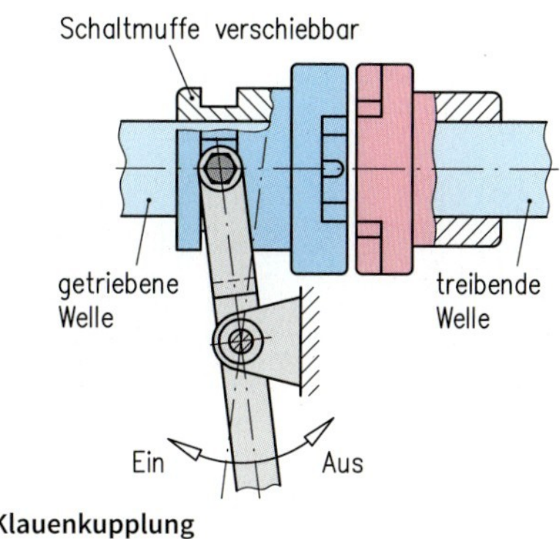

Klauenkupplung

! Formschlüssige Schaltkupplungen sind nur im Stillstand (oder bei Gleichlauf) schaltbar.

2. Während des Betriebes schaltbare Kupplungen

Diese Kupplungen übertragen die Drehmomente durch Kraftschluss. Dabei werden die Reibflächen der beiden Kupplungshälften durch eine Kraft gegeneinander gepresst. Die Reibflächen können als Scheiben, Kegel oder als Backen konstruiert sein. Im Maschinenbau und Kraftfahrzeugbau verwendet man meist Scheibenkupplungen.

Wirkprinzipien kraftschlüssiger Schaltkupplung

Kegelkupplung

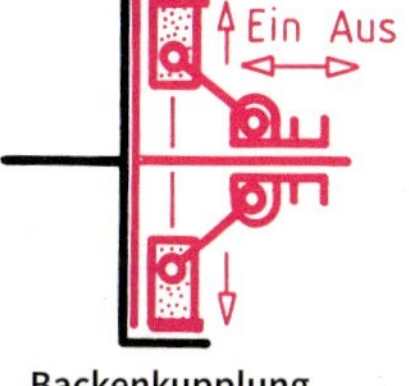

Backenkupplung

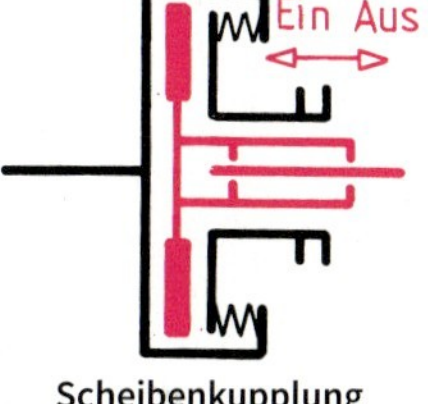

Scheibenkupplung

– Scheibenkupplungen

Scheibenkupplungen werden als Einscheibenkupplungen und Mehrscheibenkupplungen (Lamellenkupplungen) hergestellt.

Bei **Einscheibenkupplungen** wird durch Federkraft eine Druckplatte gegen eine axial verschiebbare Scheibe, die sich auf der getriebenen Welle befindet, gepresst. Die Kupplungsscheibe drückt dadurch gegen das Kupplungsgehäuse auf der Antriebswelle. Die Kupplungsscheibe ist auf beiden Seiten mit einem besonderen Reibbelag versehen. Zum Entkuppeln wird die Druckplatte mithilfe von Ausrückhebeln gegen die Federkraft zurückgezogen.

Einscheibenkupplungen werden meist in Kraftfahrzeugen verwendet.

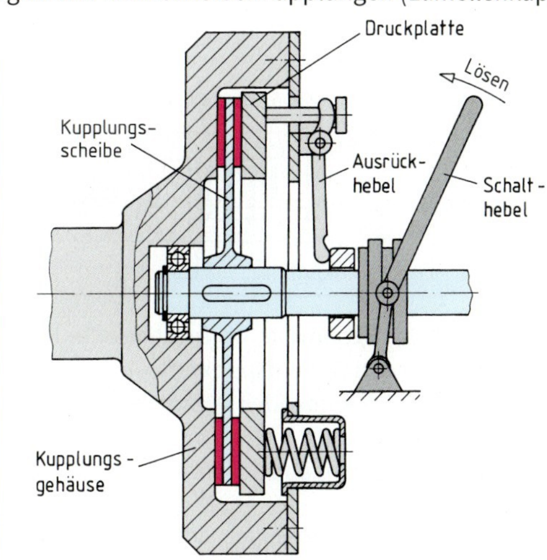

Einscheibenkupplung mit mechanischer Betätigung

Mehrscheibenkupplungen, Lamellenkupplungen genannt, haben mehrere Scheiben bzw. Lamellen. Mit der Anzahl der Lamellen und der Anpresskraft erhöht sich das übertragbare Drehmoment. Dabei unterscheidet man Außen- und Innenlamellen, die abwechselnd angeordnet sind. Die Außenlamellen werden vom Kupplungsgehäuse, die Innenlamellen von der getriebenen Welle in Nuten mitgenommen. Beim Einschalten der Kupplung werden die Lamellen durch Hebel gegeneinander gepresst.
Mehrscheibenkupplungen verwendet man in Werkzeugmaschinen und Getrieben.

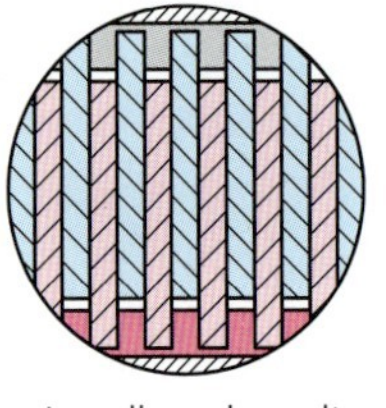

Lamellen gekuppelt

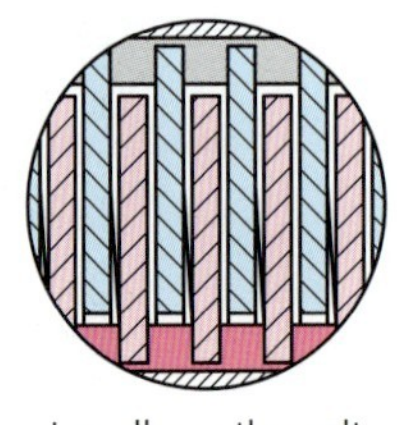

Lamellen entkuppelt

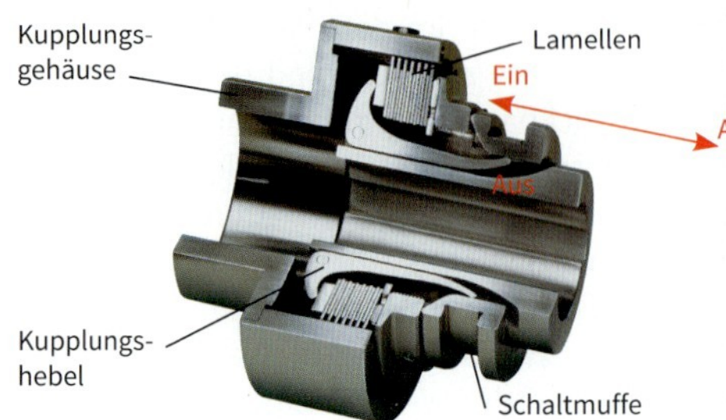

Lamellenkupplung mit mechanischer Betätigung

Zur **Ausführung der Schaltbewegung** bei Kupplungen benötigt man einen Schaltmechanismus. Dieser Schaltmechanismus kann auf verschiedene Weise betätigt werden:

- *mechanisch,*
- *hydraulisch bzw. pneumatisch,*
- *magnetisch.*

Verschiedene Arten der Schaltung einer Lamellenkupplung

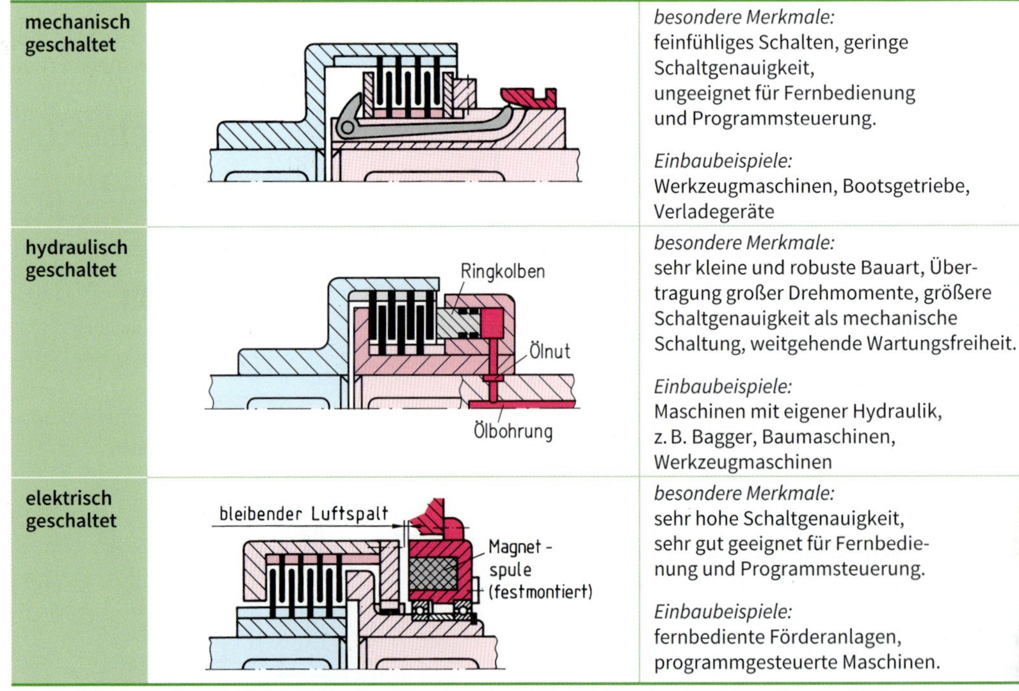

mechanisch geschaltet		*besondere Merkmale:* feinfühliges Schalten, geringe Schaltgenauigkeit, ungeeignet für Fernbedienung und Programmsteuerung. *Einbaubeispiele:* Werkzeugmaschinen, Bootsgetriebe, Verladegeräte
hydraulisch geschaltet		*besondere Merkmale:* sehr kleine und robuste Bauart, Übertragung großer Drehmomente, größere Schaltgenauigkeit als mechanische Schaltung, weitgehende Wartungsfreiheit. *Einbaubeispiele:* Maschinen mit eigener Hydraulik, z. B. Bagger, Baumaschinen, Werkzeugmaschinen
elektrisch geschaltet		*besondere Merkmale:* sehr hohe Schaltgenauigkeit, sehr gut geeignet für Fernbedienung und Programmsteuerung. *Einbaubeispiele:* fernbediente Förderanlagen, programmgesteuerte Maschinen.

Die **Auswahl der Schaltung**, ob mechanisch, hydraulisch, pneumatisch oder elektromagnetisch, richtet sich nach folgenden Gesichtspunkten:

- *Größe der zu übertragenden Drehmomente,*
- *Größe der Schaltkraft,*
- *geforderte Schaltzeit und Schaltgenauigkeit,*
- *Entfernung der Schaltstelle von der Kupplung,*
- *Baugröße,*
- *Medium, das an der Maschine vorliegt.*

! Kraftschlüssige Kupplungen sind im Stillstand und in Betrieb schaltbar.
Der Schaltvorgang kann mechanisch, hydraulisch, pneumatisch oder elektromagnetisch erfolgen.

Übungsaufgaben 3/47; 3/48; 3/49

– **Strömungskupplung**

Bei sehr großen zu bewegenden Massen und hohen Antriebsleistungen werden häufig Strömungskupplungen verwendet.

Eine Strömungskupplung besteht aus zwei Schalen. Dabei wirkt die treibende Schale wie eine *Pumpe*. Beim Lauf des Antriebs strömt das Öl in dieser Schale infolge der Fliehkraft nach außen. Das strömende Öl tritt in die Kupplungsschale auf der angetriebenen Welle ein. Diese getriebene Schale wirkt wie eine *Turbine*. Sie bremst das strömende Öl ab, wird aber dadurch in Bewegung gesetzt.

Je größer die Drehzahldifferenz und die Ölmenge sind, desto größer ist das übertragbare Drehmoment. Durch die Flüssigkeitsmenge werden in der Kupplung auch Drehzahl und Drehmoment verändert. Strömungskupplungen gleichen Unregelmäßigkeiten in der Belastung gut aus und schützen vor Überbelastung.

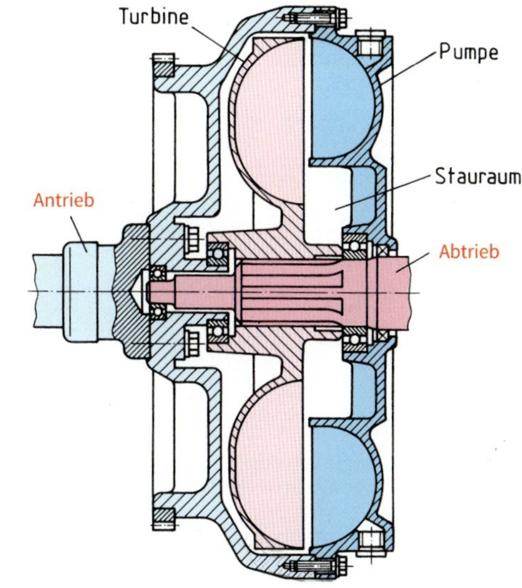

Schema einer Strömungskupplung

! In Strömungskupplungen verleiht die treibende Schale – Pumpe – dem Öl kinetische Energie, die an die getriebene Schale – Turbine – auf der getriebenen Welle wieder abgegeben wird.

3. **Selbsttätig schaltende Kupplungen**

– **Anlauf- und Überlastkupplung**

Damit Motoren vorsichtig anlaufen können, setzt man Anlaufkupplungen ein, die mit steigender Drehzahl allmählich einkuppeln.

Überlastkupplungen werden als Sicherheitskupplungen eingesetzt. Sie sind meist als Rutschkupplung ausgeführt.

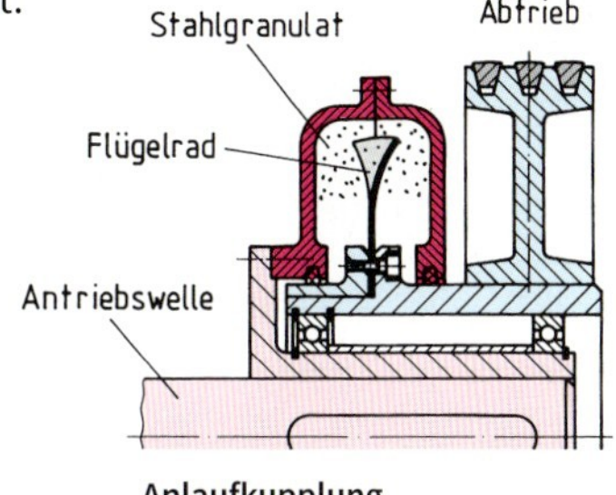

Anlaufkupplung

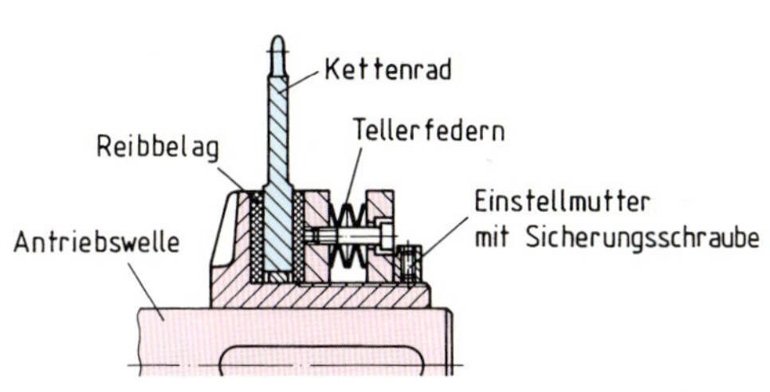

Überlastkupplung

! Anlaufkupplungen bewirken „weichen“ Anlauf.
Überlastkupplungen schützen durch Rutschen bei überhöhtem Drehmoment.

– **Richtungsbetätigte Schaltkupplungen**

Freiläufe sind richtungsbetätigte Schaltkupplungen. Sie verbinden treibende und getriebene Wellen miteinander, sobald beide Kupplungsteile die gleiche Drehzahl haben. Sobald der treibende Teil langsamer läuft als der getriebene Teil, löst der Freilauf und hierdurch überholt das getriebene Teil das treibende. Deshalb verwendet man Freiläufe als Überholkupplungen und als Rücklaufsperren.

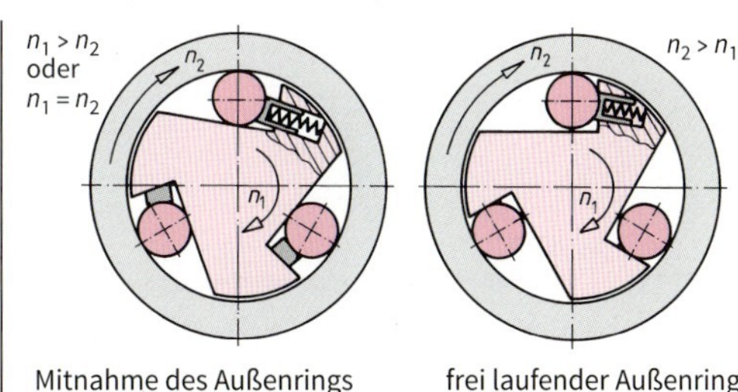

Mitnahme des Außenrings frei laufender Außenring
Klemmrollen-Überholkupplung (Freilauf)

! Freiläufe sind richtungsbetätigte Schaltkupplungen. Sie entkuppeln, wenn das getriebene Teil das treibende in der Drehzahl überholt.

Übungsaufgaben 3/50 bis 3/53

3.3.3 Getriebe und ihre Einteilung

Getriebe sind Baueinheiten zwischen Antriebs- und Arbeitseinheit. Sie können die Funktionen haben:

- Bewegungsenergie weiterzuleiten,
- Drehzahlen zu ändern,
- Drehrichtung umzukehren,
- Bewegungsart umzuformen.

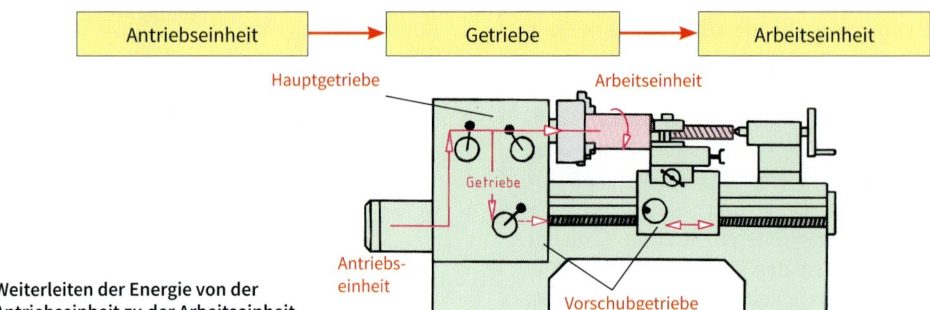

Weiterleiten der Energie von der Antriebseinheit zu der Arbeitseinheit

Entsprechend dem mechanischen Prinzip der Umformung lassen sich verschiedene Getriebearten unterscheiden.

Übersicht über mechanische Getriebe

	Zugmittelgetriebe	Zahnradgetriebe	Schraubengetriebe
Aufgabe	Übertragung einer Drehbewegung von einer Welle auf eine andere, bei einem großen Achsabstand, meist verbunden mit Änderung der Drehzahl.	Übertragung der Drehbewegung von einer Welle auf eine andere, verknüpft mit der Umkehrung der Drehrichtung, meist angewendet zur Änderung der Drehzahl.	Umwandlung einer Drehbewegung in eine geradlinige Bewegung, wobei die geradlinige Bewegung der Drehbewegung jederzeit proportional ist.
Beispiel	Zugmittel	Zahnräder	Spindel, Mutter am Schlitten
	Übertragen der Drehbewegung der Pedalbewegung auf das Hinterrad eines Fahrrads.	Umformung der Drehzahl und Drehrichtung von der Antriebseinheit auf die Arbeitseinheit in einem Drehmaschinengetriebe.	Schlittenbewegung an der Drehmaschine. Umformung der Drehbewegung in geradlinige Bewegung.

	Gelenkgetriebe	Kurvengetriebe	Sperrgetriebe
Aufgabe	Umwandlung einer Drehbewegung in eine geradlinigeHin- und Herbewegung oder umgekehrt.	Umwandlung einer Drehbewegung in eine andere Bewegung nach bestimmter Gesetzmäßigkeit.	Sperren und Freigeben einer Bewegung in bestimmten Abständen.
Beispiel	Kurbel-stange, Gelenke	Ventil-stößel, Kurven-scheibe	Sperr-klinke, Zahnrad
	Umwandlung der geradlinigen Kolbenbewegung eines Verbrennungsmotors in die Drehbewegung der Kurbelwelle.	Umwandlung der Drehbewegung der Nockenwelle in geradlinige Hubbewegung der Ventilsteuerung im Kraftfahrzeug.	Sperrung der Drehbewegung des Uhrengetriebes in regelmäßigen Zeitabständen.

Übungsaufgabe 3/54

3.3.4 Berechnungsgrundlagen für Getriebe

1. Umdrehungsfrequenz und Umfangsgeschwindigkeit

Die Zahl der Umdrehungen, die ein Rad eines Getriebes in einer Zeiteinheit (min oder s) ausführt, wird als Umdrehungsfrequenz (Drehzahl) bezeichnet. Meist wird die Drehzahl n mit der Einheit 1/min verwendet. Die Umfangsgeschwindigkeit für die kreisförmige Bewegung wird aus dem Durchmesser und der Drehzahl berechnet:

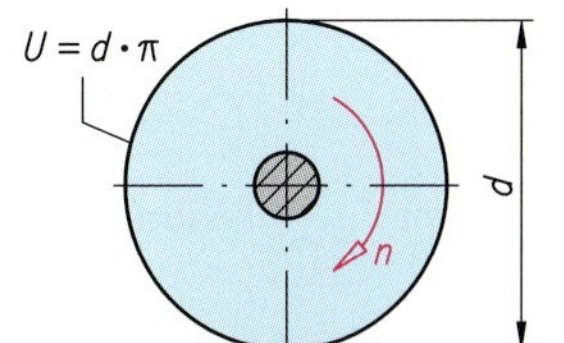

d Durchmesser
n Drehzahl
U Umfang

> **!** Umfangsgeschwindigkeit = Durchmesser · π · Umdrehungsfrequenz
> $$v = d \cdot \pi \cdot n$$

2. Übersetzungsverhältnis

Treibt ein Rad in einem Getriebe ein anderes Rad, ohne dass die Oberflächen aufeinander rutschen, so haben beide Räder die gleiche Umfangsgeschwindigkeit v, auch wenn die Räder unterschiedliche Durchmesser haben.

Es gilt dann die Beziehung:

$$v_1 = v_2$$
$$d_1 \cdot \pi \cdot n_1 = d_2 \cdot \pi \cdot n_2$$

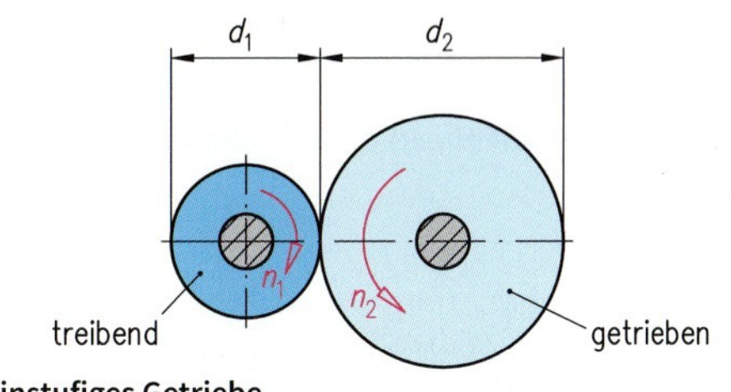

Einstufiges Getriebe

Aus dieser Gleichung ergibt sich durch Umstellen und Kürzen von π das Verhältnis der Drehzahlen.
Das Verhältnis der Drehzahl des treibenden Rades zur Drehzahl des getriebenen Rades ist das **Übersetzungsverhältnis** i. Das Übersetzungsverhältnis wird als Bruch angegeben, z. B. $i = 1{:}5$.

> **!** Übersetzungsverhältnis i = $\frac{\text{Drehzahl des treibenden Rades } n_1}{\text{Drehzahl des getriebenen Rades } n_2}$ = $\frac{\text{Durchmesser des getriebenen Rades } d_2}{\text{Durchmesser des treibenden Rades } d_1}$
> $$i = \frac{n_1}{n_2} = \frac{d_2}{d_1}$$

Will man die Drehzahl noch weiter verändern, bringt man auf die Welle des getriebenen Rades ein weiteres Rad, das ein viertes Rad auf einer dritten Welle treibt. Man hat nun ein zweistufiges Getriebe.

Kennzeichnung von Durchmessern und Drehzahlen:

- treibende Räder ungerade Kennzahlen (d_1; d_3; n_1...)
- getriebene Räder geradzahlige Kennzahlen (d_2; n_2;...)

Das Übersetzungsverhältnis eines Getriebes insgesamt (i_{ges}) ist das Verhältnis der Drehzahlen vom ersten treibenden zum letzten getriebenen Rad.

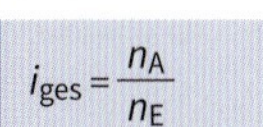
$$i_{ges} = \frac{n_A}{n_E}$$

n_A Drehzahl des ersten treibenden Rades
n_E Drehzahl des letzten getriebenen Rades

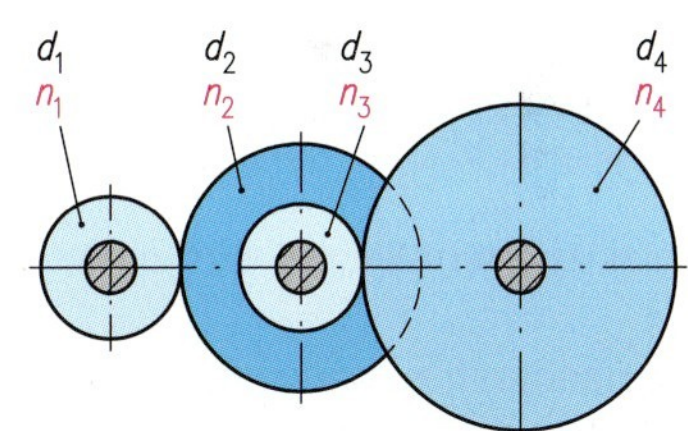

$$i_1 = \frac{n_1}{n_2} \qquad i_2 = \frac{n_3}{n_4}$$
$$n_2 = n_3$$
$$i_{ges} = \frac{n_1}{n_4} = \frac{n_A}{n_E}$$

Zweistufiges Getriebe

Das gesamte Übersetzungsverhältnis kann auch aus dem Produkt der Übersetzungsverhältnisse der einzelnen Stufen berechnet werden, $i_{ges} = i_1 \cdot i_2 \cdot ...$

> **!** Bei mehrstufigen Getrieben ist das Gesamtübersetzungsverhältnis das Produkt der Übersetzungsverhältnisse jeder Stufe. Das Gesamtübersetzungsverhältnis lässt sich auch aus dem Verhältnis der Drehzahl des ersten Rades n_A zur Drehzahl des letztes Rades n_E berechnen.
> $$i_{ges} = i_1 \cdot i_2 \cdot ... \quad \text{oder} \quad i_{ges} = \frac{n_1}{n_2}$$

Übungsaufgaben 3/55; 3/56

Beispiel für die Berechnung von Übersetzungen und Drehzahlen

Für das skizzierte zweistufige Getriebe sind die Übersetzungsverhältnisse und die Drehzahlen zu berechnen.

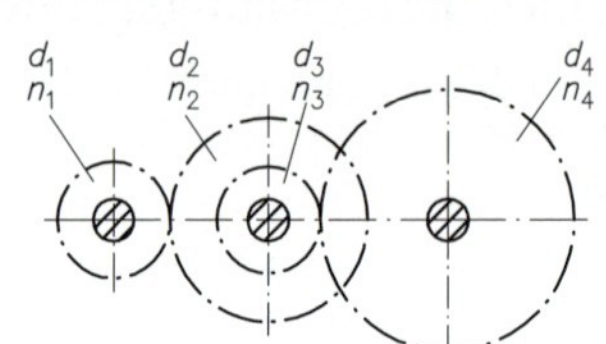

Gegeben

$d_1 = 80\ \text{mm}$
$d_2 = 200\ \text{mm}$
$d_3 = 60\ \text{mm}$
$d_4 = 240\ \text{mm}$
$n_1 = 200\ \frac{1}{\text{min}}$

Gesucht

i_1, i_2, i_{ges}, n_2, n_3, n_4

Lösung

$$i_1 = \frac{d_2}{d_1} = \frac{200\ \text{mm}}{80\ \text{mm}} = \mathbf{2{,}5 : 1}$$

$$i_2 = \frac{d_4}{d_3} = \frac{240\ \text{mm}}{60\ \text{mm}} = \mathbf{4 : 1}$$

$$i_{ges} = i_1 \cdot i_2 = 2{,}5 \cdot 4 = \mathbf{10 : 1}$$

$$n_2 = \frac{n_1}{i_1} = \frac{200 \cdot 1}{2{,}5 \cdot \text{min}} = \mathbf{80\ \frac{1}{min}}$$

$$n_3 = n_2 = \mathbf{80\ \frac{1}{min}}$$

$$n_4 = \frac{n_3}{i_2} = \frac{80 \cdot 1}{4 \cdot \text{min}} = \mathbf{20\ \frac{1}{min}}$$

3. Drehmoment

Ein Drehmoment M_d an einer Welle oder einem Rad ist das Produkt aus Umfangskraft F und Radius r.

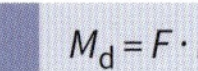

$$M_d = F \cdot r$$

Nach der Drehrichtung unterscheidet man rechts drehende Momente M_r und links drehende Momente M_l.

Gleichgewicht herrscht an einem Bauelement, wenn die Summe der rechts drehenden Momente gleich der Summe der links drehenden Momente ist (Hebelgesetz).

Zur Berechnung der Drehmomente in Getrieben fasst man die Radien von Rädern und Wellen als Hebel auf, deren Drehpunkt die Drehachse ist.

Die Bestimmung der Kräfte und Momente erfolgt über das Gleichgewicht am Hebel.

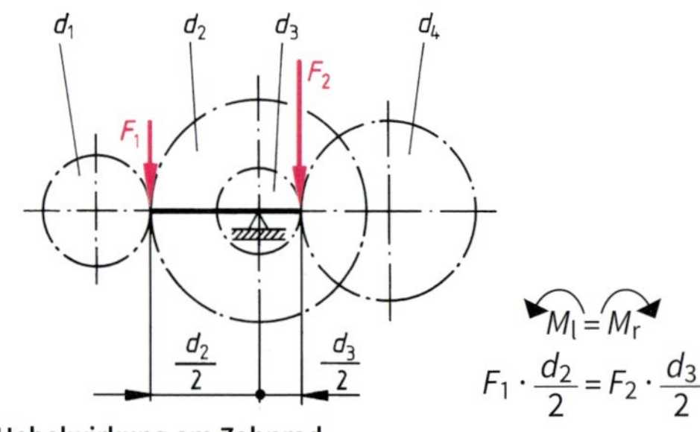

Hebelwirkung am Zahnrad

Beispiel für die Berechnung der Handkraft an einem Wellrad

Aufgabe

Mit dem skizzierten Wellrad wird eine Last von 800 N gehoben.
Es ist die Handkraft zu berechnen.

Gegeben

$F_G = 800\ \text{N}$ $l = 400\ \text{mm}$
$r = 60\ \text{mm}$

Gesucht

F_H in N

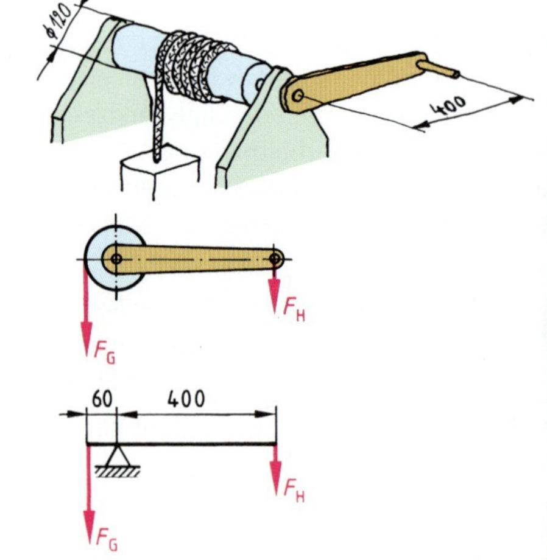

Lösung

$$M_r = M_l$$

$$F_G \cdot r = F_H \cdot l$$

$$F_H = \frac{F_G \cdot r}{l}$$

$$F_H = \frac{800\ \text{N} \cdot 60\ \text{mm}}{400\ \text{mm}} = \mathbf{120\ N}$$

Gleichgewicht am Hebel:
Summe der rechts drehenden Momente = Summe der links drehenden Momente

Übungsaufgabe 3/57

– **Berechnung des Drehmoments aus Drehzahl und Leistung**

Bei Getriebewellen ist meist die Umfangskraft, welche an den Rädern angreift, nicht gegeben. Bekannt sind dagegen die zu übertragende Leistung und die Drehzahl. Aus diesen Größen kann das Drehmoment berechnet werden.

$P = F \cdot v$
$P = F \cdot 2r \cdot \pi \cdot n$
$M_d = F \cdot r$

M_d Drehmoment
P Leistung
n Drehzahl
v Umfanggeschwindigkeit

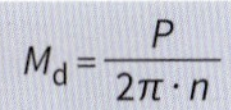

$$M_d = \frac{P}{2\pi \cdot n}$$

Beispiel für die Berechnung des Drehmomentes aus Drehzahl und Leistung

Aufgabe

Eine Winde wird von einem Motor, der 3 kW abgibt und 1480 1/min Drehzahl hat, über eine eingängige Schnecke angetrieben. Das Schneckenrad hat 90 Zähne.
Die Seiltrommel hat einen Durchmesser von 150 mm. Der Wirkungsgrad des Getriebes beträgt 78 %.
Es sind zu berechnen:

a) das Drehmoment an der Motorwelle,
b) die Leistung an der Seiltrommel,
c) die Zugkraft der Winde.

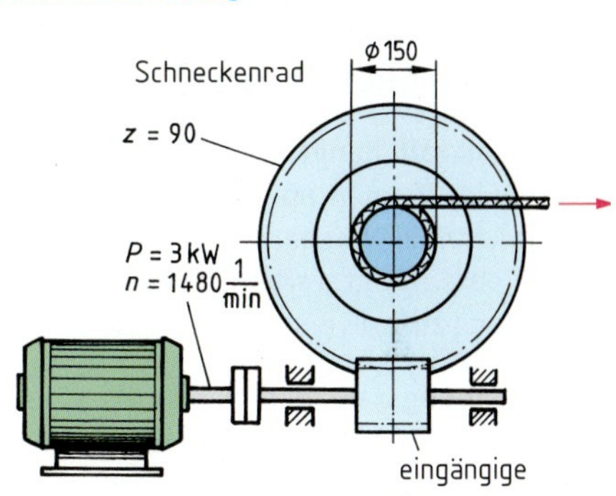

Gegeben

$P_i = 3000 \frac{Nm}{s}$

$n_A = 1480 \frac{1}{min} = 24{,}66 \frac{1}{s}$

$i = 90 : 1$

$\eta = 0{,}78$

$d = 150 \text{ mm}$

Gesucht

a) $M_{d\,Motor}$ in Nm
b) $P_{Trommel}$ (P_e) in kW
c) F in N

Lösung

a) $M_{dM} = \frac{P}{2 \cdot \pi \cdot n_A}$

$M_{dM} = \frac{3000 \text{ Nm} \cdot s}{s \cdot 2 \cdot \pi \cdot 24{,}66}$

$M_{dM} = \mathbf{19{,}37\ Nm}$

b) $P_e = P_i \cdot \eta$
$P_e = 3 \text{ kW} \cdot 0{,}78$
$P_e = \mathbf{2{,}340\ kW}$

Bestimmung von n_E

$i = \frac{n_A}{n_E}$

$n_E = \frac{1480 \cdot 1}{90 \cdot min}$

$n_E = 16{,}44 \frac{1}{min}$

$n_E = \mathbf{0{,}274 \frac{1}{s}}$

c) $M_{dT} = \frac{P_e}{2 \cdot \pi \cdot n_E}$

$M_{dT} = \frac{2340 \text{ Nm} \cdot s}{s \cdot 2 \cdot \pi \cdot 0{,}274}$

$M_{dT} = 1360 \text{ Nm}$

$M_{dT} = F \cdot r$

$F = \frac{M_{dT}}{r}$

$F = \frac{1360 \text{ Nm}}{0{,}075 \text{ m}} = \mathbf{18\,130\ N}$

3.3.5 Zugmittelgetriebe

Bei Zugmittelgetrieben werden die Drehbewegungen vom Antriebsrad durch Riemen oder Ketten als Zugmittel auf das getriebene Rad übertragen. Diese Getriebe verwendet man, wenn große Achsabstände zu überbrücken sind.

3.3.5.1 Kraftschlüssige Riemengetriebe

In Riemengetrieben dient ein elastischer Riemen als Zugmittel zur Übertragung der Drehbewegung. Dabei besteht *Kraftschluss* zwischen Riemen und Riemenscheibe. Die Größe der übertragbaren Kraft hängt von der Reibungskraft ab, die zwischen Riemen und Riemenscheibe wirkt. Die Reibungskraft wird bestimmt durch:

- die Normalkraft F_N,
- die Reibungszahl μ,
- den Umschlingungswinkel α.

Die **Normalkraft** hängt wesentlich von der Vorspannung im Riemen ab. Zur Erhöhung der Normalkraft kann die Vorspannung im Riemen jedoch nicht beliebig erhöht werden, weil dadurch die Lagerbelastung zu groß wird.

Die **Haftreibungszahl** der Werkstoffpaarung Riemen-Riemenscheibe soll möglichst groß sein, um große Kräfte zu übertragen. Deshalb wählt man als Riemenwerkstoffe Leder, Gummi oder gewebeverstärkte Kunststoffe, und für die Scheiben Metalle bzw. Kunststoffe.

Der Riemen liegt innerhalb des **Umschlingungswinkels** auf der Riemenscheibe auf. Die Riemenscheibe mit dem geringeren Durchmesser in einem Riementrieb besitzt den kleineren Umschlingungswinkel. Je geringer der Umschlingungswinkel desto kleiner ist die übertragbare Kraft.

Ein Riemen wird im Betrieb auf der Zugseite (**Zugtrum oder Arbeitstrum**) stärker gedehnt als auf der gegenüberliegenden Seite (**Leertrum**). Die Zugkraft im Riemen nimmt auf dem Umfang des treibenden Rades allmählich zu und später auf dem Umfang des getriebenen Rades allmählich ab. In gleicher Weise verhalten sich die Dehnungen im Riemen. Als Folge verringert sich die Umfangsgeschwindigkeit des getriebenen Rades ein wenig gegenüber dem treibenden – die Drehzahl des getriebenen Rades ist also kleiner als die theoretisch zu erwartende Drehzahl. Man bezeichnet dies als **Dehnungschlupf**. Er beträgt je nach Belastung bis etwa 2 % der Drehzahl.

Teil eines Zugmittelgetriebes

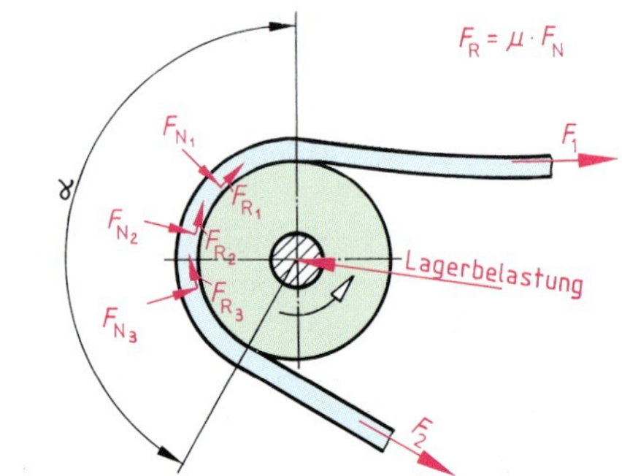

Kräfte beim Riementrieb

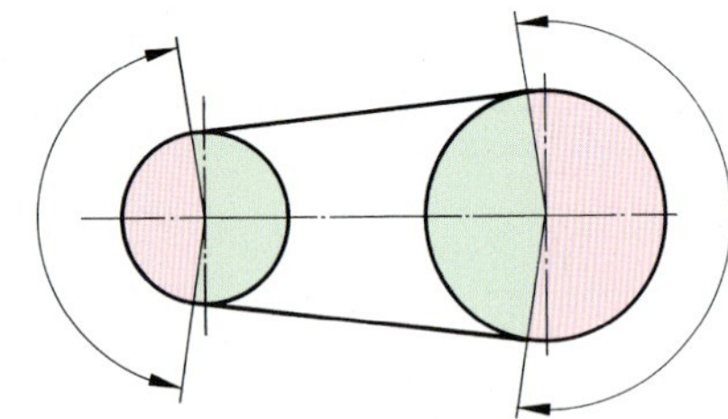
Umschlingungswinkel beim Riementrieb

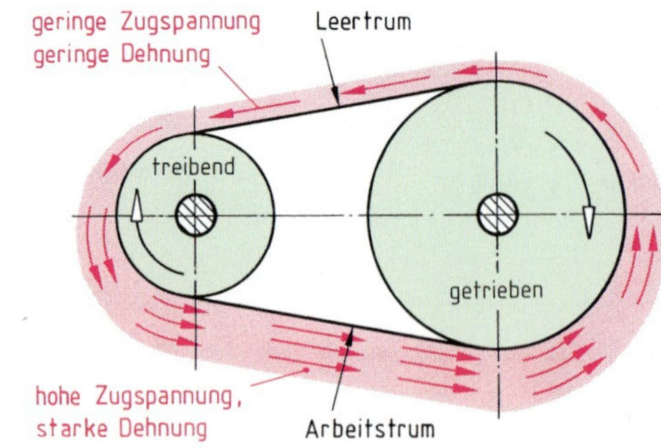

Spannung und Dehnung im Arbeits- und Leertrum

Bei kraftschlüssigen Riemengetrieben tritt immer ein Dehnungsschlupf auf. Dadurch vermindert sich die Umfangsgeschwindigkeit des getriebenen Rades gegenüber dem treibenden Rad.

Übungsaufgaben 3/64; 3/65; 3/66

Flachriemen werden aus Leder oder Textil mit Reibbelag hergestellt. Bei mehrschichtigem Aufbau besteht die Zugschicht aus einem Polyestergewebe und die Reibschicht aus Chromleder oder gummielastischem Kunststoff. Flachriemen werden bei großen Wellenabständen verwendet.

Keilriemen werden aus Gummi hergestellt. Sie werden wegen ihrer Höhe im Wesentlichen auf der Oberseite auf Zug beansprucht und sind dort durch Gewebe verstärkt.

Keilriemen liegen an den Flanken der keilförmig ausgearbeiteten Riemenscheibe an. Dadurch wird die Kraft im Riemen in große Normalkräfte zerlegt, welche auf die Flanken wirken. Daher müssen Keilriemen den gleichen Flankenwinkel wie die Riemenscheiben haben und dürfen am Scheibengrund nicht aufliegen. Wegen der hohen Normalkräfte können große Umfangskräfte übertragen werden.

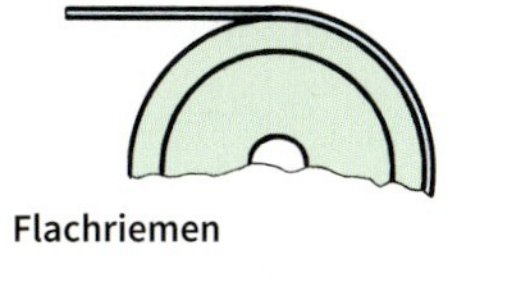

Flachriemen

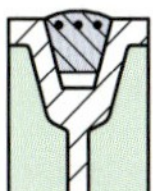

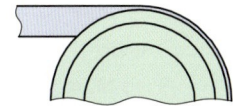

Keilriemen

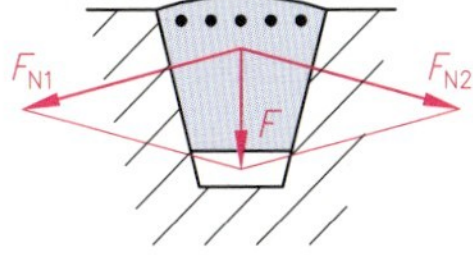

Normalkräfte beim Keilriemen

Flachriemen haben Kraftschluss am Umfang der Riemenscheiben.
Keilriemen haben Kraftschluss an den Flanken der Riemenscheiben.

3.3.5.2 Formschlüssige Riemengetriebe

Zahnriemen werden aus Gummi oder Kunststoff hergestellt. Durch das Zahnprofil wird zwischen Riemen und Scheibe Formschluss erzeugt. Dadurch ist eine schlupffreie Übertragung der Drehbewegung möglich.

Zahnriemen werden eingesetzt, wenn die Vorteile der Riemengetriebe, z. B. großer Wellenabstand und Stoßminderung, genutzt werden sollen und der Nachteil, der Schlupf, aber keinesfalls auftreten darf.

Zahnriemengetriebe

Zahnriemen übertragen die Drehbewegung durch Formschluss zwischen Riemen und Scheibe.

3.3.5.3 Kettengetriebe

In Kettengetrieben dienen Stahlketten als Zugmittel zur Übertragung der Bewegung. Die Bewegung wird formschlüssig übertragen. Es entsteht daher kein Schlupf. Im Maschinenbau verwendet man am häufigsten die Rollenketten. Diese werden als Einfach- oder als Mehrfachketten mit bis zu zehn Rollen nebeneinander gefertigt.

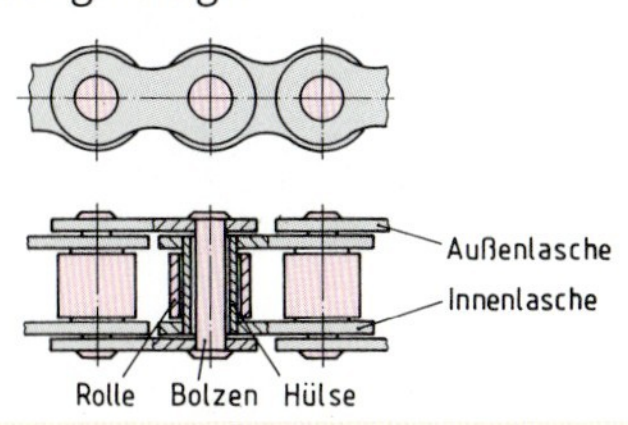

Einfachrollenkette

Kettengetriebe

Rollenketten übertragen die Drehbewegung durch Formschluss. Sie übertragen bei geringerer Baubreite größere Kräfte als Riemengetriebe.

Übungsaufgaben 3/67 bis 3/71

3.3.5.4 Vergleich der Zugmittelgetriebe

	Flachriemengetriebe	Keilriemengetriebe	Zahnriemengetriebe	Kettengetriebe
möglicher Achsenabstand	sehr groß	mittel	mittel	mittel
Drehrichtungsänderung durch gekreuztes Zugmittel	möglich	nicht möglich	nicht möglich	nicht möglich
Umfangskraft	mittel	hoch	hoch	sehr hoch
Umfangsgeschwindigkeit	bis 100 m/s	bis 50 m/s	bis 80 m/s	bis 40 m/s
mögl. Übersetzungsverhältnisse	max. 6 : 1	max. 10 : 1	bis 15 : 1	über 15 : 1
Übertragung der Drehbewegung	mit großem Schlupf	mit Schlupf	zwangsläufig	zwangsläufig
Schwingungsdämpfung	gut	gut	gut	gering
max. Einsatztemperatur	ca. 80 °c	ca. 70 °C	ca. 80 °C	ca. 180 °C
Einsatzbeispiele	Generatorantriebe, Mühlenbetriebe	Werkzeugmaschinen, Zusatzantriebe in Kfz	Textilmaschinen, Steuerantriebe	Fahrrad, Hebezeuge

3.3.6 Zahnradgetriebe

Mithilfe von Zahnrädern werden Drehbewegungen von einer Welle auf eine andere durch Formschluss und damit ohne Schlupf übertragen. Zahnradgetriebe eignen sich je nach Ausführung zur Übertragung von sehr niedrigen Leistungen, wie z. B. in der Uhrentechnik, bis zu sehr großen Leistungen, wie z. B. bei Walzenantrieben. Neben der Übertragung der Drehbewegung werden in Zahnradgetrieben meist Drehzahl, Drehmoment oder auch Drehrichtung geändert.

Zahnradgetriebe

3.3.6.1 Zahnradmaße und ihre Berechnung

Als **Teilkreis** bezeichnet man die gedachte Linie auf dem Zahnrad, auf welcher der Abstand von Zahn zu Zahn bestimmt wird. Den Teilkreisdurchmesser bezeichnet man mit *d*.

Die **Zähnezahl** hat das Kurzzeichen *z*.

Zahnteilung nennt man den Abstand zweier Zähne auf dem Teilkreis. Die Zahnteilung hat das Kurzzeichen *p*.

Die **Zahnteilung** lässt sich aus Umfang des Teilkreises ($U = d \cdot \pi$) und der Zähnezahl berechnen:

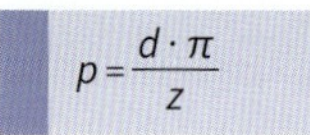

$$p = \frac{d \cdot \pi}{z}$$

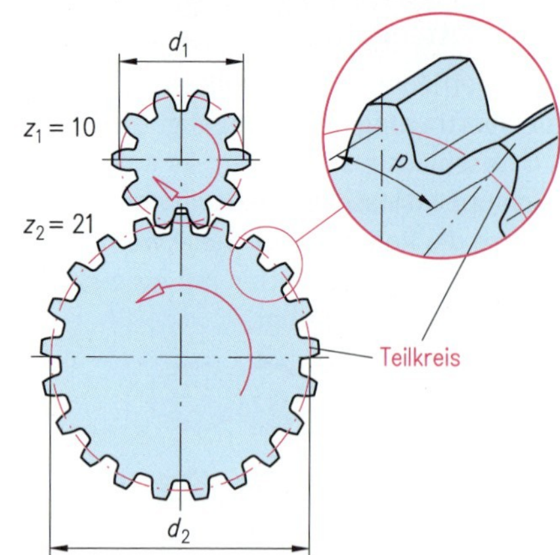

Teilkreisdurchmesser und Teilung

Die Zahnteilung p ist das Maß des Bogens von Zahnmitte zu Zahnmitte auf dem Teilkreis.

Als **Modul** m bezeichnet man das Verhältnis von Teilkreisdurchmesser d zur Zähnezahl z.

Damit ergibt sich für den Modul: $m = \frac{d}{z}$

Für die Teilung gilt dann: $p = m \cdot \pi$

Durch den Modul werden die meisten Maße eines Zahnrades bestimmt. Zahnräder mit gleichem Modul haben gleiche Zahnteilung und können darum bei gleicher Zahnform miteinander in Eingriff gebracht werden. Die Module sind genormt und in DIN 780 festgelegt, sie werden in mm angegeben, z. B. 0,4 mm, 1 mm.

> **!** Der Modul ist das Verhältnis von Teilkreisdurchmesser zu Zähnezahl. Er bestimmt die wichtigen Maße eines Zahnrades.

Geht man davon aus, dass sich bei einem Zahnradeingriff die beiden Teilkreise berühren, dann gilt

für den **Achsabstand** a: $a = \frac{d_1}{2} + \frac{d_2}{2}$

daraus folgt: $a = \frac{m \cdot (z_1 + z_2)}{2}$

Die **Kopfhöhe** h_a ist der Abstand vom Teilkreis bis zum Außendurchmesser. Die Kopfhöhe ist genau so groß wie der Modul. Damit ist der Außendurchmesser des Zahnrads $d_a = d + 2 \cdot m$.
Der Außendurchmesser wird auch als Kopfkreisdurchmesser bezeichnet.
Die **Fußhöhe** h_f des Zahnes ist der Abstand vom Teilkreis bis zum Zahngrund. Die Fußhöhe beträgt $h_f = 1{,}2 \cdot m$.
Damit ergibt sich für den Fußkreisdurchmesser eines Zahnrades die Beziehung $d_f = d - 2{,}4 \cdot m$.

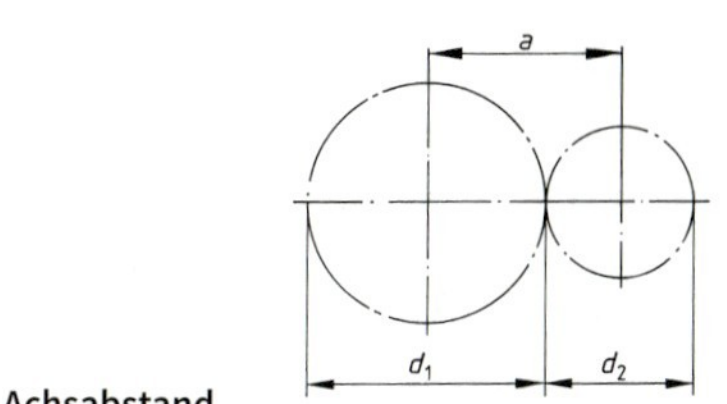

Achsabstand

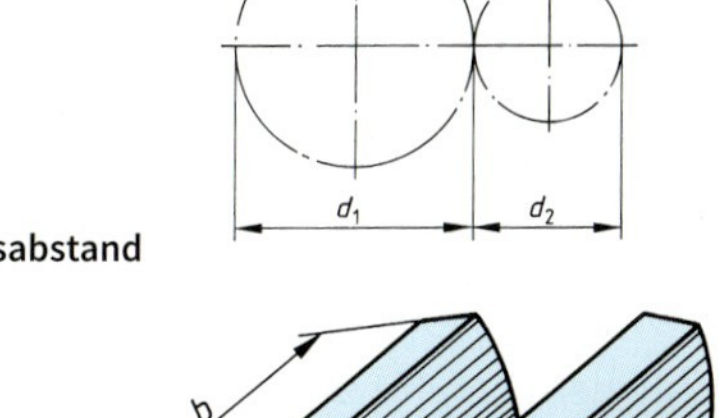

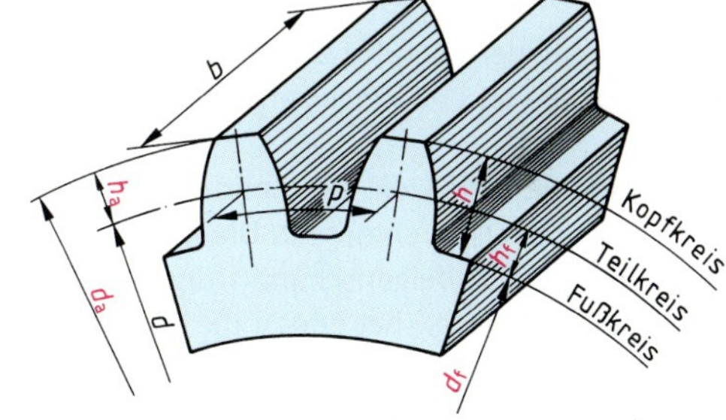

Abmessungen an Geradstirnrädern

> **!** Für den Kopfkreisdurchmesser gilt: $d_a = d + 2 \cdot m$, $d_a = m \cdot (z + 2)$
> Für den Fußkreisdurchmesser gilt: $d_f = d - 2{,}4 \cdot m$, $d_f = m \cdot (z - 2{,}4)$

3.3.6.2 Zahnflankenformen

Die Übertragung der Drehbewegung durch Zahnräder soll gleichförmig, d. h. ruckfrei und kontinuierlich sowie reibungsarm erfolgen. Fertigungstechnisch müssen Zahnformen verwendet werden, die in Massenfertigung herzustellen sind. Bei der Montage auftretende geringe Achsabstandsfehler dürfen im Betrieb nicht zu Beschädigungen führen.

1. Evolventenverzahnung

Zähne, deren Zahnflanken als Evolventenkurve gestaltet sind, erfüllen die an eine Zahnflankenform gerichteten Bedingungen in bestmöglicher Weise.
Eine Evolvente entsteht als Bahnkurve, wenn ein Faden von einem Zylinder abgewickelt wird.
Von dieser Evolventenkurve wird lediglich der Beginn der Abwicklung als Bestandteil für die Zahnflanken verwendet.
Die Evolventenkurve wird im Maschinenbau und im Kfz-Bau als Zahnflankenform verwendet.

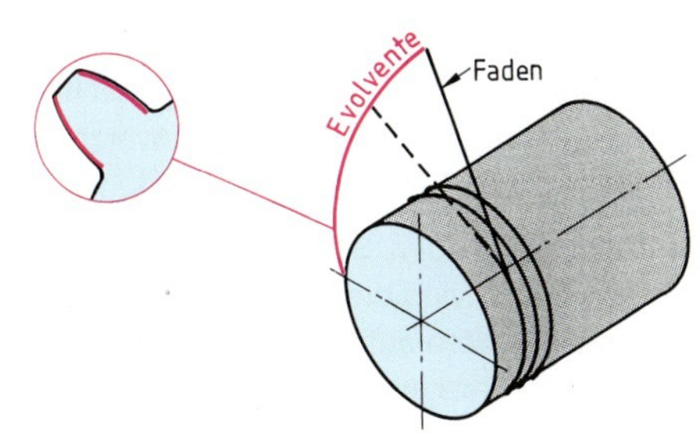

Entstehung einer Evolvente

> **!** Im Maschinenbau und im Kfz-Gewerbe verwendet man Zahnräder mit Evolventenverzahnung.

Übungsaufgaben 3/72 bis 3/81

Die Form der Zahnflanke lässt sich am einfachsten erläutern, wenn eines von zwei im Eingriff befindlichen Zahnrädern durch eine Zahnstange ersetzt wird.

Bei der genormten Evolventenverzahnung wird eine Zahnstange verwendet, die einen Zahnflankenwinkel von 20° hat. Man bezeichnet ihn als **Eingriffswinkel**. Die Linie, welche auf der Zahnstange dem Teilkreis entspricht, bezeichnet man als **Profilmittellinie**.

Im Normalfall berührt diese Profilmittellinie den Teilkreis des zweiten Rades. Man spricht in diesem Fall von **Nullrädern** (N-Räder).

Bedingt durch die Zahnflankenform tritt unterhalb der Grenzzähnezahl von 17 Zähnen bei Null-Rädern ein Unterschneiden der Zähne auf, d. h., die Zähne müssen im Zahngrund ausgearbeitet werden. Durch dieses Unterschneiden wird nicht nur der Zahn im Fuß geschwächt, sondern es werden auch die Eingriffsverhältnisse verschlechtert.

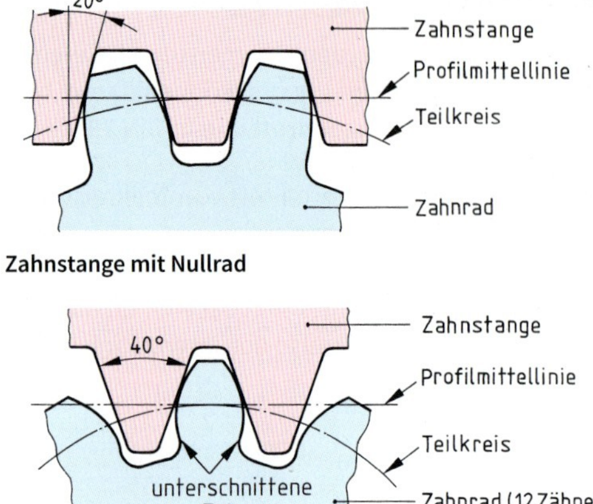

Zahnstange mit Nullrad

Unterschneidung

> **!** Bei Null-Rädern berührt die Profilmittellinie den Teilkreis.
> Unterhalb von 17 Zähnen tritt Unterschnitt auf.

Meist verschiebt man die Profilmittellinie gegenüber dem Teilkreisdurchmesser. Dadurch erreicht man günstigste Laufeigenschaften und hohe Lebensdauer. Zahnräder, bei denen die Profilmittellinie verschoben ist, bezeichnet man als **V-Räder**. Bei der Paarung zweier Zahnräder, bei der ein V-Rad beteiligt ist, wälzen sich die Teilkreisdurchmesser nicht mehr aufeinander ab.

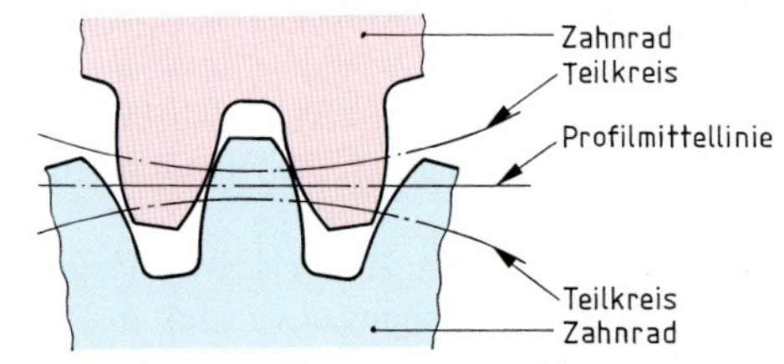

Positive Profilverschiebung (V-Plus-Räder)

Wird die Profilmittellinie von der Radmitte nach außen verschoben, so ist dies eine positive Profilverschiebung. Durch positive Profilverschiebung ist es außerdem möglich, bestimmte vorgegebene Achsenabstände zu erreichen, die Zähne zu verstärken und Unterschnitt zu vermeiden.

Man nennt Räder mit positiver Profilverschiebung **V-Plus-Räder**.

> **!** Positive Profilverschiebung bei Evolventenverzahnung wendet man an:
> - zur Vermeidung des Unterschnitts bei kleinen Zähnezahlen (unter 17 Zähnen),
> - um einen bestimmten Achsabstand zu erreichen,
> - zur Verstärkung der Zähne.

2. Zykloidenverzahnung

In der Feinwerktechnik, insbesondere in mechanischen Uhren, verwendet man die Zykloidenform als Zahnflankenform. Man spricht von Zykloidenverzahnung.

Eine **Zykloide** entsteht, wenn der Weg eines Punktes auf einer rollenden Scheibe betrachtet wird. Zahnräder mit Zykloidenverzahnungen weisen gutes Abrollverhalten auf und unterliegen deshalb einem geringen Verschleiß der Zahnflanken. Zykloidenverzahnungen sind jedoch schwieriger herzustellen als Evolventenverzahnungen.

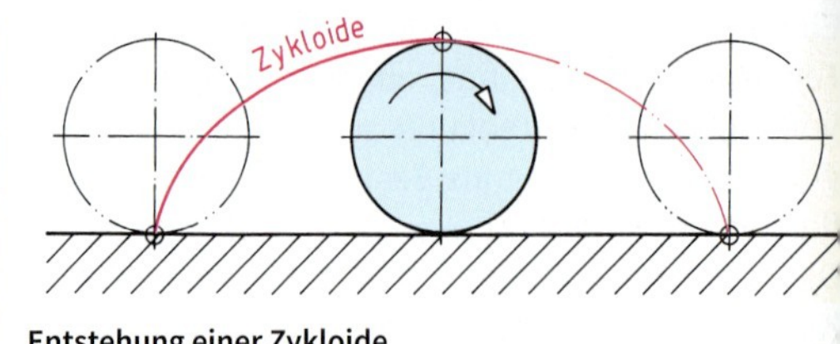

Entstehung einer Zykloide

Zahnräder mit Zykloidenverzahnung werden im Feinwerksbau eingesetzt.

Übungsaufgaben 3/82; 3/83; 3/84

3.3.6.3 Formen von Zahnradgetrieben

Man unterscheidet nach der Lage der Wellen verschiedene Grundformen von Zahnradgetrieben.

Wellen liegen parallel zueinander	Wellen schneiden sich	Wellen kreuzen sich
Stirnradtrieb	Kegelradtrieb	Schneckentrieb

1. Stirnradgetriebe

Stirnradgetriebe werden zur Übertragung von Drehmomenten von einer Welle auf eine parallel dazu liegende andere Welle verwendet. Nach der Lage der Zähne zur Drehachse spricht man bei Stirnradgetrieben von Rädern mit Geradverzahnung und Schrägverzahnung.

Bei schräg verzahnten Stirnrädern sind stets mehrere Zähne im Eingriff. Dadurch laufen diese Getriebe ruhiger. Infolge der schrägen Verzahnung treten aber Kräfte in Achsrichtung auf, die von den Lagern aufgenommen werden müssen.

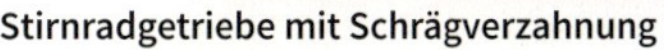

Stirnradgetriebe mit Schrägverzahnung

Geradstirnräder gerade verzahnt	Schrägstirnräder schräg verzahnt	pfeilverzahnt	doppelt schräg verzahnt
• geringe Reibungsverluste • hohe Geräuschentwicklung • empfindlich gegen Zahnformfehler	• höhere Laufruhe • bessere Eignung für hohe Drehzahlen • geringere Empfindlichkeit gegen Zahnformfehler • Axialkraft, wird durch Pfeil- oder Doppelschrägverzahnung kompensiert		

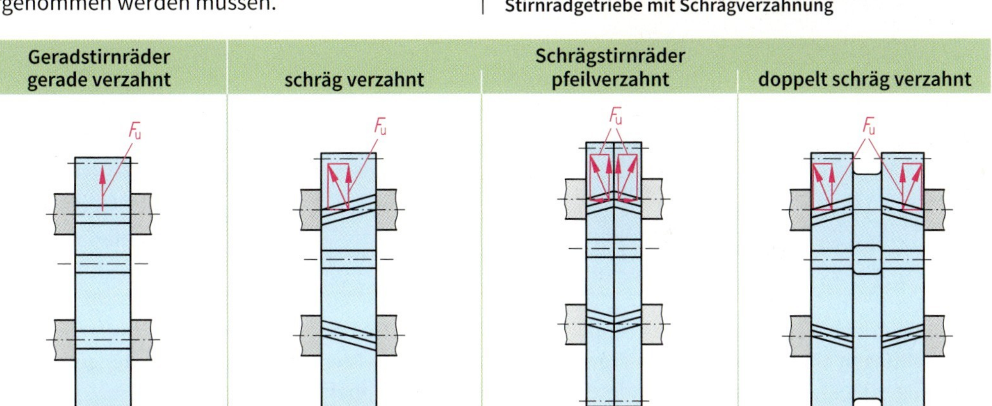

! Schrägverzahnte Stirnräder haben gegenüber geradverzahnten Stirnrädern:
- höhere Laufruhe,
- bessere Eignung für hohe Drehzahlen,
- geringe Empfindlichkeit gegen Zahnformfehler,
- geringeren Wirkungsgrad,
- Schubkraft in Axialrichtung (kann durch Doppelschräg- und Pfeilverzahnung aufgehoben werden).

Neben der normalen Ausführung mit Außenverzahnung verwendet man Stirnradgetriebe mit Innenverzahnung. Durch die Innenverzahnung des großen Rades verringert sich der Achsabstand so, dass kleine Abmessungen erreicht werden. Der Drehsinn der Räder bleibt im Gegensatz zur Außenverzahnung gleich.

Übungsaufgaben 3/85 bis 3/88

2. Planetengetriebe

Planetengetriebe sind Umlaufrädergetriebe. Wegen ihrer Platz sparenden Bauart, ihrer Unempfindlichkeit gegen Lastspitzen und der nahezu fehlenden Biegebelastung der Wellen werden diese Getriebe im Maschinenbau als Stand- oder Anbaugetriebe eingesetzt.

Planetengetriebe bestehen neben Gehäuse und Lagern aus

- dem zentralen Sonnenrad mit Außenverzahnung,
- dem Planetenträger mit den außen verzahnten Planetenrädern und
- dem Hohlrad mit Innenverzahnung.

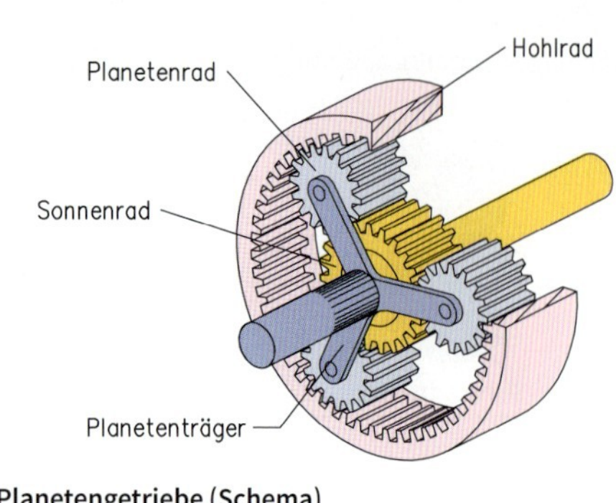

Planetengetriebe (Schema)

Beispiel für ein einstufiges Planetengetriebe als Standgetriebe

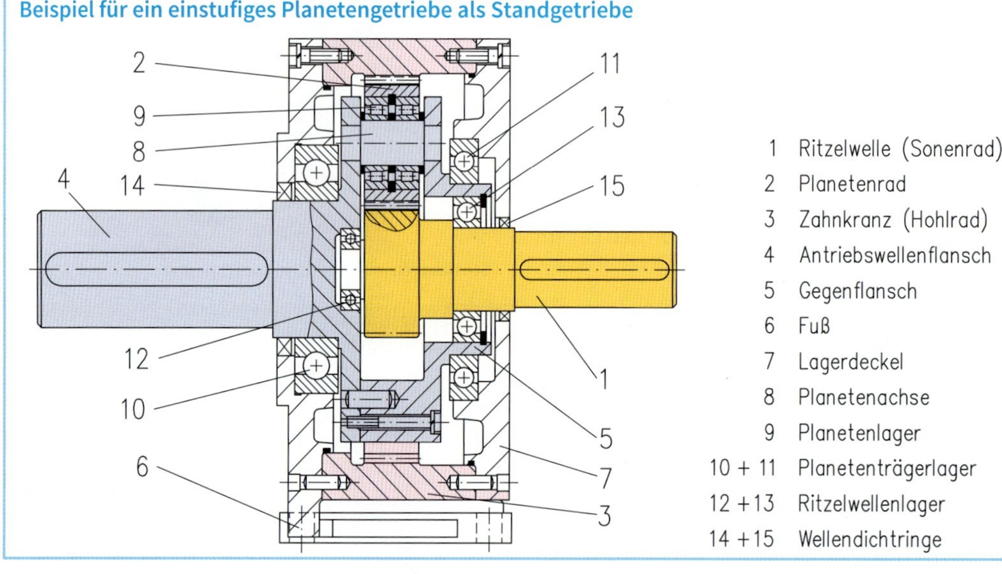

Planetengetriebe werden in der Kfz-Technik in automatischen Getrieben und in der Fahrradtechnik in Nabenschaltungen eingesetzt. Zum Schalten werden jeweils durch Bremsbänder und Kupplungen Teile des Planetengetriebes festgesetzt bzw. andere mit dem Antrieb gekoppelt.

Beispiele für Übersetzungen an einem einstufigen Planetengetriebe (Schema)

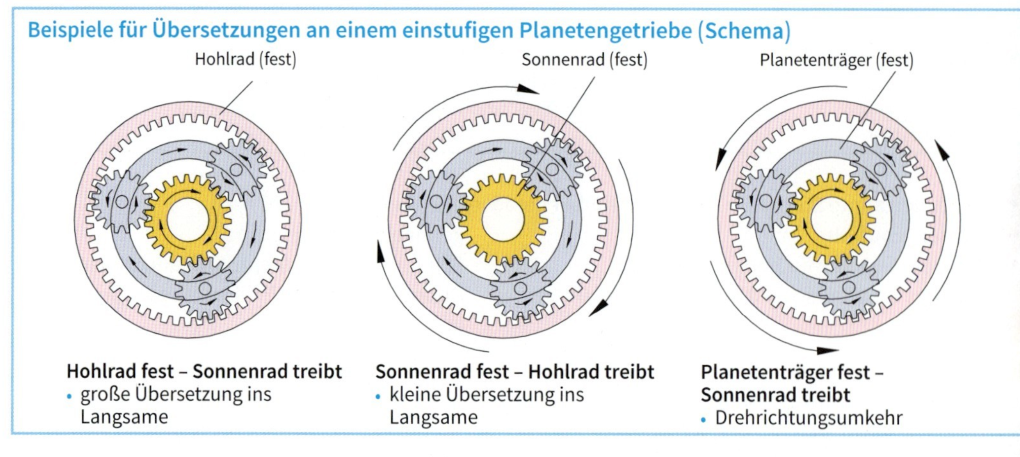

Hohlrad fest – Sonnenrad treibt
- große Übersetzung ins Langsame

Sonnenrad fest – Hohlrad treibt
- kleine Übersetzung ins Langsame

Planetenträger fest – Sonnenrad treibt
- Drehrichtungsumkehr

Übungsaufgabe 3/89

3. Harmonic-Drive©-Getriebe

Harmonic-Drive©-Getriebe sind Umlaufgetriebe, bei denen ein elastisch verformbares Innenrad umläuft. Wegen ihrer kompakten und spielfreien Konstruktion finden Harmonic-Drive©-Getriebe Anwendung in allen Bereichen des Maschinenbaus, z. B. in Industrierobotern, Werkzeugmaschinen, Druckmaschinen, Mess- und Prüfmaschinen sowie in der Luft- und Raumfahrt.

Ein Harmonic-Drive©-Getriebe besteht außer Lagern und Gehäuse aus drei Komponenten:

Wellengenerator (Wave-Generator)
elliptische Stahlscheibe mit zentrischer Nabe und aufgezogenem, elliptisch verformbaren Spezialkugellager.

Zahnbüchse (Flexspline)
dünnwandige, zylindrische und verformbare Stahlbüchse mit Außenverzahnung.

Zirkularscheibe (Circular-Spline)
zylindrischer Ring mit Innenverzahnung

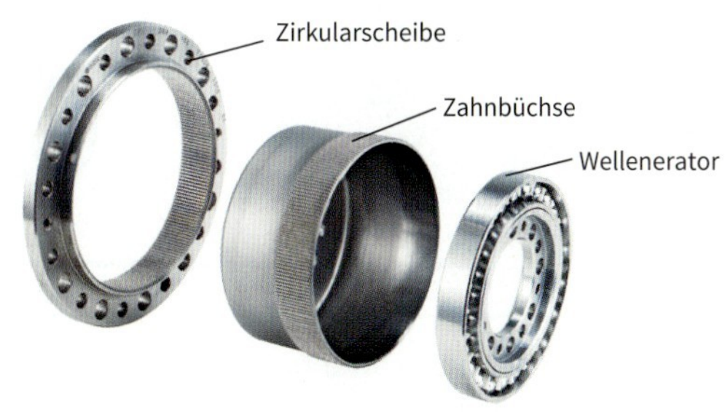

Bauelemente eines Harmonic-Drive©-Getriebes

Funktionsprinzip für eine Übersetzung ins Langsame

Der elliptische Wellengenerator wird angetrieben. Er verformt über das Kugellager die Zahnbüchse, die sich im Bereich der großen Ellipsenachse mit der innenverzahnten, feststehenden Zirkularscheibe im Eingriff befindet.

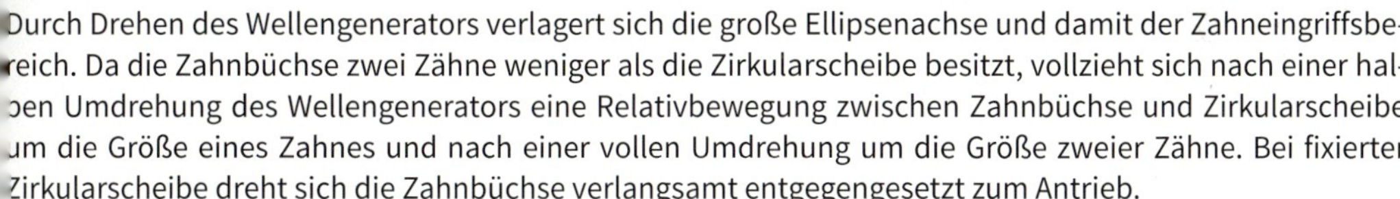

Durch Drehen des Wellengenerators verlagert sich die große Ellipsenachse und damit der Zahneingriffsbereich. Da die Zahnbüchse zwei Zähne weniger als die Zirkularscheibe besitzt, vollzieht sich nach einer halben Umdrehung des Wellengenerators eine Relativbewegung zwischen Zahnbüchse und Zirkularscheibe um die Größe eines Zahnes und nach einer vollen Umdrehung um die Größe zweier Zähne. Bei fixierter Zirkularscheibe dreht sich die Zahnbüchse verlangsamt entgegengesetzt zum Antrieb.

Beispiel für den Bewegungsablauf bei einer Umdrehung der Antriebswelle (Schema)

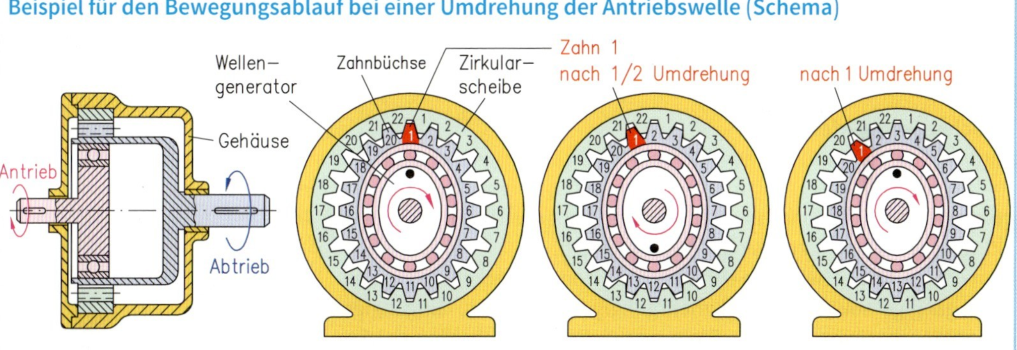

– **Vorteile der Harmonic-Drive©-Getriebe**
- hohe einstufige Untersetzungen von 50 : 1 bis 320 : 1,
- großer Zahneingriffsbereich, damit Übertragen sehr hoher Drehmomente,
- Wirkungsgrade bis 85 %,
- hervorragende Positioniergenauigkeit und eine Wiederholgenauigkeit von wenigen Winkelsekunden,
- nicht selbsthemmend

! Harmonic-Drive©-Getriebe sind kompakte Umlaufgetriebe, die sehr hohe einstufige Untersetzungen erlauben.

4. Kegelradgetriebe

Kegelradgetriebe dienen zur Übertragung von Drehmomenten von einer Welle auf eine andere Welle, die im rechten Winkel dazu steht. Nach der Lage der Zähne zur Kegelspitze unterscheidet man gerade, schräg und bogenverzahnte Kegelräder.

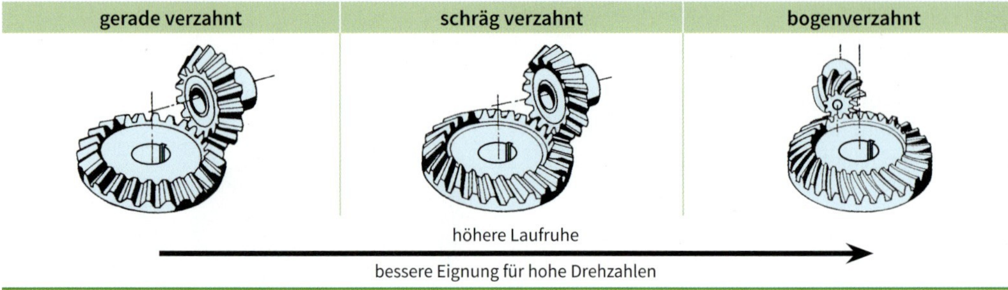

Kegelräder mit Bogenverzahnung erlauben eine geringe Verschiebung der Wellen, sodass auch zwischen Wellen, die nicht genau in einer Ebene liegen, die Drehbewegung übertragen werden kann.

! Kegelradgetriebe dienen zur Übertragung von Drehbewegungen bei sich schneidenden Wellen. Man unterscheidet gerade, schräg und bogenverzahnte Kegelräder.

5. Schraubenradgetriebe

Bringt man Schrägstirnräder mit verschiedenen Schrägungswinkeln zusammen, so kreuzen sich die Wellen. Dadurch schieben sich die Zähne wie bei einem Schraubengewinde aneinander vorbei und übertragen so die Drehbewegung. Wegen der geringen Berührungsfläche der Zähne und der starken Gleitreibung können diese Schraubenradgetriebe nur geringe Drehmomente übertragen und weisen hohen Verschleiß auf.

Schraubenradgetriebe

! Schraubenradgetriebe dienen zur Übertragung von Drehbewegungen bei sich kreuzenden Wellen. Punktförmige Berührung der Zahnflanken hat zur Folge, dass nur geringe Drehmomente übertragen werden können.

6. Schneckengetriebe

Wird bei einem Schraubenradgetriebe der Schrägungswinkel der Zähne so groß, dass nur ein Zahn auf dem Radzylinder umläuft, erhält man ein Schneckengetriebe. Dabei bewegt die Schnecke – gleich einem Bewegungsgewinde – bei einer Umdrehung das Schneckenrad um den Betrag der Steigung weiter. Dadurch sind extreme Übersetzungen bis max. 100:1 möglich.

Man unterscheidet (wie bei Schrauben) bei den Schnecken rechts und links gängige sowie ein- und mehrgängige Schnecken. Eingängige Schnecken besitzen kleinere Steigungswinkel als mehrgängige. Sie haben dadurch eine höhere Reibung und einen geringeren Wirkungsgrad als mehrgängige Schnecken. Bei kleiner werdendem Steigungswinkel des Schneckenganges tritt bei etwa 5° infolge der Reibung Selbsthemmung ein. Der Schneckentrieb kann dann nur noch von der Schneckenseite angetrieben werden.

Schneckengetriebe laufen geräuscharm und können große Leistungen übertragen. Sie haben aber wegen der Gleitbewegung der Zahnflanken aufeinander einen hohen Verschleiß. Nachteilig sind ferner die hohen Axialkräfte, die in der Schnecke auftreten und von den Lagern aufgenommen werden müssen.

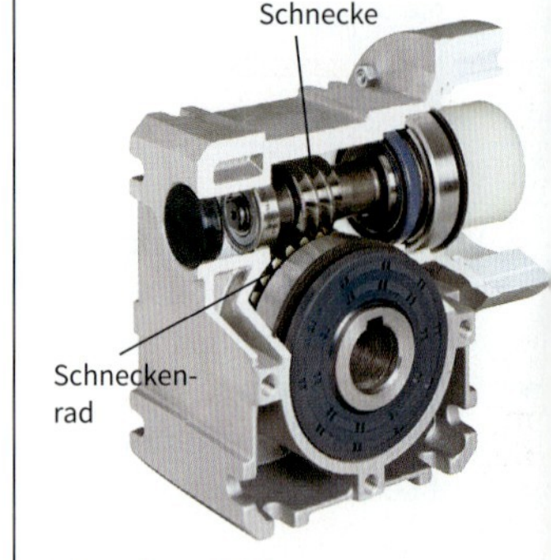

Schneckengetriebe

Schneckengetriebe dienen zur Übertragung von Drehbewegungen bei sich kreuzenden Wellen. Mit Schneckengetrieben sind extreme Übersetzungen möglich.

Übungsaufgabe 3/91

3.3.6.4 Verstellbare Zahnradstufengetriebe

In verstellbaren Zahnradstufengetrieben sind mehrere Rädergetriebe vereinigt. Mit ihnen lassen sich unterschiedliche Umdrehungsfrequenzen, Drehmomente und Drehrichtungen einstellen.

1. Schieberadgetriebe

In Schieberadgetrieben werden gerade verzahnte Zahnradpaare, Stirnradsätze oder Schiebeblöcke durch axiales Verschieben zum Eingriff gebracht. Die Schiebeblöcke werden meist auf Keilwellen geführt und durch Schaltgabeln in die jeweilige Eingriffsposition geschoben.

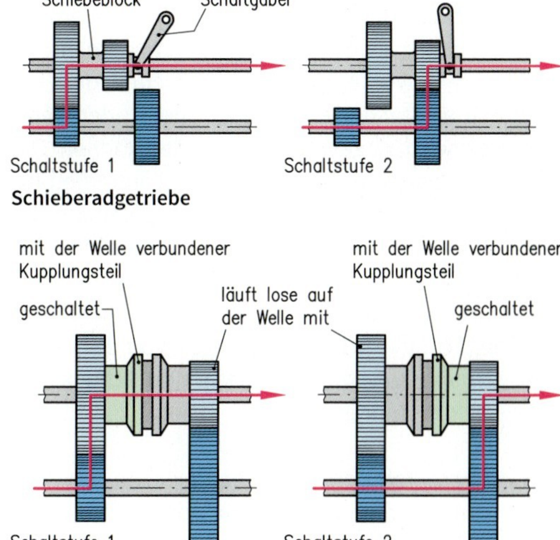

Schieberadgetriebe

2. Kupplungsgetriebe

Bei Kupplungsgetrieben sind stets alle Zahnräder im Eingriff. Die getriebenen Räder werden jedoch hier mit der Antriebswelle durch eine elektrisch oder mechanisch betätigte Kupplung verbunden. Müssen große Leistungen übertragen werden, verwendet man Lamellenkupplungen.

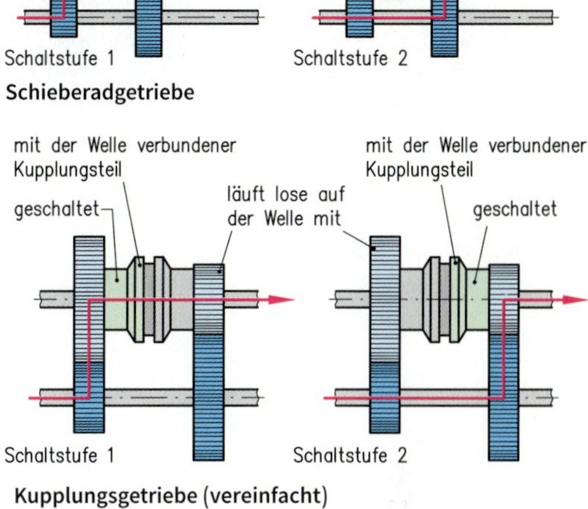
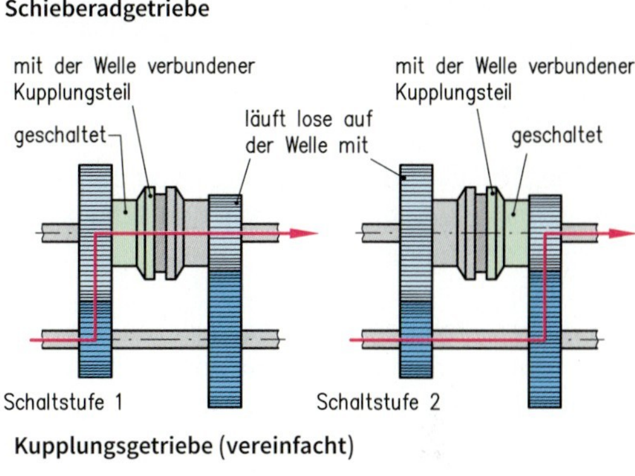

Kupplungsgetriebe (vereinfacht)

3.3.7 Stufenlos verstellbare mechanische Getriebe

3.3.7.1 Reibradgetriebe

Im Reibradgetriebe werden Drehmomente vom treibenden Bauelement über Reibräder auf das Abtriebsrad kraftschlüssig übertragen.

Reibrad-getriebe	Verstellung	kleinere Drehzahl am Abtrieb $n_1 > n_2$	gleiche Drehzahl am Abtrieb $n_1 = n_2$	größere Drehzahl am Abtrieb $n_1 < n_2$
mit Tellerscheiben	Verschiebung des Reibrades	Tellerscheibe, Reibrad, n_1, n_2, r_1, r_2, Tellerscheibe	n_1, n_2, r_1, r_2	n_1, n_2, r_1, r_2
mit Innenkegel (PK-Getriebe)	Verschiebung des Reibkegels	n_1, r_1, r_2, kegelförmige Reibräder, n_2	n_1, r_1, r_2, n_2	n_1, r_1, r_2, n_2
mit Kugeln	Schwenkung der Reibkugeln	kugelförmiges Reibrad, r_1, r_2, n_1, n_2	r_1, r_2, n_1, n_2	r_2, r_1, n_1, n_2

Übungsaufgabe 3/92

3.3.7.2 Umschlingungsgetriebe

Unter den mechanischen, stufenlos verstellbaren Getrieben sind die Umschlingungsgetriebe besonders im mittleren und oberen Leistungsbereich bis etwa 150 kW am stärksten vertreten.

Der Aufbau ist bei allen Umschlingungsgetrieben mit stufenloser Einstellbarkeit der Drehzahl grundsätzlich gleich. Zwei keglige Scheibenpaare lassen sich auf ihren Wellen axial so verschieben, dass die dadurch entstehenden Keilrillen mehr oder weniger geöffnet bzw. geschlossen werden können. Die so entstehenden unterschiedlichen Laufradien für das Zugmittel bewirken die Drehzahländerung. Diese Getriebe sind meist unter **PIV-Getriebe** bekannt.

Der Wirkungsgrad des Getriebes wird bestimmt von der Festigkeit des Zugstranges, von der Größe der Reibung zwischen Zugstrang und Scheibe sowie von der Anpresskraft der Scheibe gegen den Zugstrang.

Die Anpresskraft der Kegelscheibe gegen den Zugstrang wird durch mechanische oder hydraulische Stelleinrichtungen der zu übertragenden Leistung angepasst. Die Drehzahländerung kann bei kraftschlüssigen Ausführungsformen im Stillstand und während des Laufs erfolgen. Bei formschlüssigen Ausführungsformen kann die Drehzahländerung nur während des Laufs vorgenommen werden.

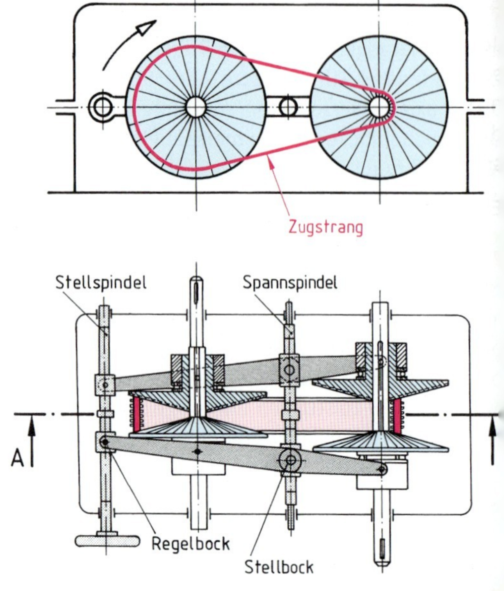

Stufenlos einstellbares Umschlingungsgetriebe mit Lamellenkette

! Stufenlos verstellbare Umschlingungsgetriebe arbeiten mit keilförmigen Zugmitteln, die auf unterschiedlich einstellbaren Durchmessern von Antriebs- und Abtriebsscheibe laufen können.

3.3.7.3 Kugelscheibengetriebe

Das Kugelscheibengetriebe (KS) ist ein stufenlos einstellbares Wälzgetriebe. Seine Vorzüge sind:

- Stellbereich bis Null – im Stillstand einstellbar,
- kleine Stellkräfte,
- sehr gleichförmiger ruhiger Lauf,
- stoßunempfindlich – ohne Schaden überlastbar.

Zwischen zwei versetzten glatten Stahlscheiben befinden sich, in einem Käfig gehalten, mehrere Stahlkugeln. Sie übertragen das Drehmoment kraftschlüssig von einer Scheibe zur anderen. Die Lage des Kugelkäfigs ist mit einer Stellspindel einstellbar. Befindet er sich achsengleich zur Antriebswelle, so können die Kugeln auf der Abtriebsscheibe abrollen, ohne diese zu bewegen (Abtriebsdrehzahl = Null). Wird der Kugelkäfig in Richtung Abtriebsscheibenmitte verschoben, so wird durch Reibungsschluss die Abtriebsscheibe mitgenommen.

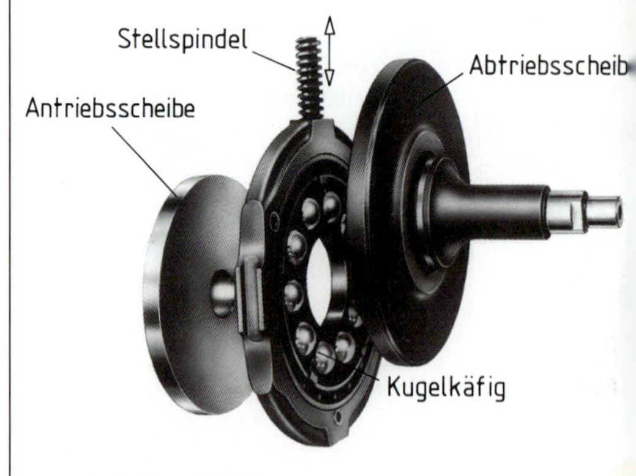

Kugelscheibengetriebe

! Kugelscheibengetriebe arbeiten mit kugelförmigen Wälzkörpern, die in einem verschiebbaren Käfig zwischen Stahlscheiben laufen. An- und Abtriebsscheibe sind versetzt angeordnet.

4 Festigkeitsberechnungen von Bauelementen

4.1 Grundlagen zur Festigkeitsberechnung

4.1.1 Beanspruchungsarten

Jedes Werkstück wird beim Gebrauch durch Kräfte beansprucht. Die Beanspruchung der Werkstücke unterscheidet man nach Beanspruchungsarten: z. B. Zug-, Druck-, Biegebeanspruchung. Tritt an einem Bauelement nur eine dieser Beanspruchungsarten auf, so spricht man von einer *einfachen* Beanspruchung. Treten dagegen mehrere Beanspruchungsarten gleichzeitig auf, spricht man von einer zusammengesetzten Beanspruchung. Eine Welle kann z. B. gleichzeitig auf Biegung und Verdrehung beansprucht werden.

Einfache Beanspruchungsarten

	Zug	Druck	Abscherung	Biegung	Verdrehung	Knickung
Beanspruchungsarten						
Beispiele	Kranseil Kette	Säule Maschinenständer	Niet Bolzen	Träger Achse	Welle Torsionsfederstab	Schubstange Gerüststange

! Bei Beanspruchungsarten unterscheidet man einfache und zusammengesetzte Beanspruchung.
Einfache Beanspruchungsarten sind:
- Zug,
- Druck,
- Abscherung,
- Biegung,
- Verdrehung,
- Knickung.

4.1.2 Belastungsarten – Belastungsfälle

Nach dem zeitlichen Verlauf der Belastung unterscheidet man ruhende, schwellende und wechselnde Belastung. Ruhende Belastung herrscht, wenn die Last in der gesamten Nutzungszeit gleich bleibt. Diese beansprucht einen Werkstoff am wenigsten. Eine Last, die laufend zwischen einem positiven und einem negativen Höchstwert, z. B. zwischen hohen Zug- und Druckspannungen, wechselt, beansprucht dagegen den Werkstoff am intensivsten.

Belastungsarten	statisch ruhend	dynamisch schwellend	 wechselnd
Zeitlicher Verlauf der Belastung	Last bleibt nach Aufbringen konstant	Last schwillt im Bereich zwischen Null und dem Höchstwert	Last wechselt zwischen positivem und negativem Höchstwert
Belastungsfall	I	II	III
Beispiele	Säule, Gebäudefundament	Kranseil, feststehende Achse	Schraubendreher, umlaufende Achse

! Nach dem zeitlichen Verlauf einer Belastung unterscheidet man
- ruhende Belastung – Belastungsfall I,
- schwellende Belastung – Belastungsfall II,
- wechselnde Belastung – Belastungsfall III.

4.1.3 Zugbeanspruchung

Wird ein Stab durch eine Zugkraft F beansprucht, so ruft diese Kraft im Inneren des Stabes, d. h. im Querschnitt S, Zugspannungen hervor, die senkrecht zum beanspruchten Querschnitt wirken. Spannungen senkrecht zum beanspruchten Querschnitt werden auch als **Normalspannungen** bezeichnet.

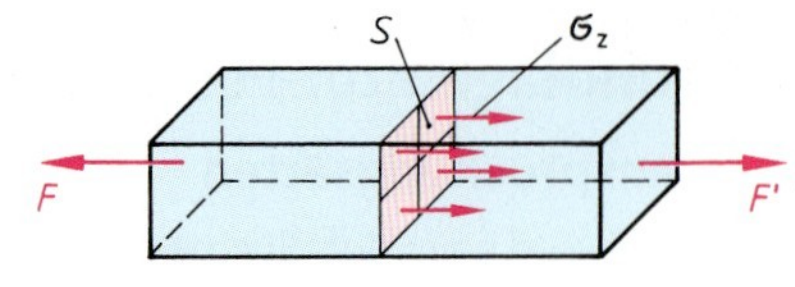

Zugspannungen im Zugstab

Aus der Bedingung, dass sich innere und äußere Kräfte das Gleichgewicht halten müssen, ergibt sich:

$$F = \sigma_z \cdot S$$

σ_z Zugspannung
F Zugkraft
S beanspruchter Querschnitt

Diese Zugspannung darf den Wert der zulässigen Spannung $\sigma_{z\,zul}$ nicht überschreiten. Es gilt also die Forde rung: $\sigma_z \leq \sigma_{z\,zul}$

Die zulässige Zugspannung von spröden Werkstoffen, wie z. B. Gusseisen und Glas, berechnet man aus de Zugfestigkeit.

Da plastisch verformbare Werkstoffe, z. B. weicher Stahl und Aluminium, bereits bei Auftreten bleibende Verformungen zerstört sind, berechnet man die zulässige Spannung dieser Werkstoffe aus der Streckgren ze. Damit die zulässige Spannung unter der Zugfestigkeit bzw. der Streckgrenze bleibt, fügt man eine Si cherheitszahl ν (nü) ein. Dabei gilt

- für plastisch verformbare Werkstoffe: $\sigma_{z\,zul} = \frac{R_{eh}}{\nu}$
- für spröde Werkstoffe: $\sigma_{z\,zul} = \frac{R_m}{\nu}$

$\sigma_{z\,zul}$ zulässige Zugspannung
R_{eh} Streckgrenze
R_m Zugfestigkeit
ν Sicherheitszahl

Die Sicherheitzahl liegt je nach Anwendung zwischen 1,5 und 3.

In den meisten Fällen greift man zur Wahl der zulässigen Spannungen auf Tabellenwerte zurück, in denen bereits die Sicherheit enthalten ist.

Zulässige Zugspannungen für Werkstoffe bei verschiedenen Belastungsfällen

Werkstoffe		S235	E295	E360	GS-45	25CrMo4	G-AlSi 12	AlCuMg	Messing
zulässige Spannung $\sigma_{z\,zul}$ in N/mm²	ruhend I	125	175	260	125	325	40	135	145
	schwellend II	80	110	170	80	220	22	60	90
	wechselnd III	55	80	115	55	145	17	45	50

> **!** Die zulässige Spannung für Werkstoffe errechnet man entweder aus der Grenzspannung und der verlangten Sicherheit oder man benutzt Tabellenwerte.
> Für spröde Werkstoffe ist die Zugfestigkeit die Grenzspannung. Für plastisch verformbare Werkstoffe ist die Streckgrenze die Grenzspannung.

Berechnung des erforderlichen Querschnitts:

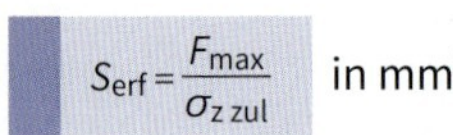

$$S_{erf} = \frac{F_{max}}{\sigma_{z\,zul}}$$ in mm²

S_{erf} erforderlicher Querschnitt
F_{max} höchste Zugkraft
$\sigma_{z\,zul}$ zulässige Zugspannung

Beispiel für die Berechnung eines zugbeanspruchten Querschnittes

Aufgabe

Eine runde Stange aus E 295 wird schwellend durch eine Zugkraft von max. 120000 N belastet. Der Durchmesser der Stange ist zu berechnen.

Lösung

$S_{erf} = \frac{F_{max}}{\sigma_{z\,zul}}$ $S_{erf} = \frac{120\,000\ \text{N} \cdot \text{mm}^2}{110\text{N}} = 1\,090{,}9\ \text{mm}^2$ $d = 37{,}2$ mm $d_{gewählt} =$ **38 mm**

Übungsaufgaben 4/3 bis 4/6

4.1.4 Druckbeanspruchung

Eine Druckkraft ruft im *Inneren* eines Werkstoffes bei einem beanspruchten Bauelement als Reaktion **Druckspannungen** σ_d hervor.

Die in der *Grenzfläche* zu einem anderen Werkstoff infolge Druck entstehenden Spannungen bezeichnet man als **Flächenpressung** *p*.

Entsprechend der Gleichgewichtsbedingung gilt für das Werkstoffinnere $F = \sigma_d \cdot S$, für die Grenzfläche $F = p \cdot A$.

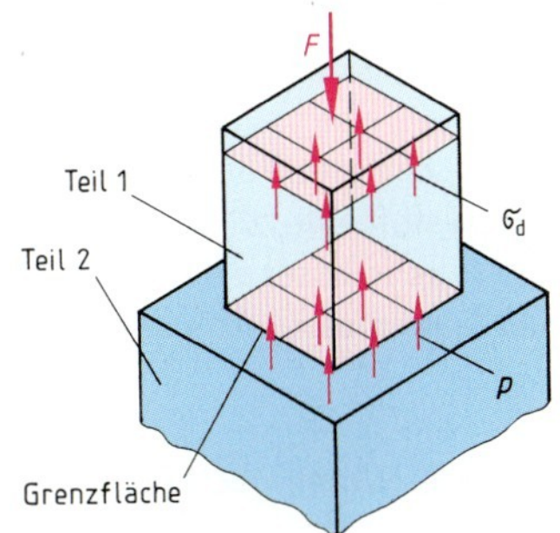

Druckspannungen und Flächenpressung

$$F = \sigma_d \cdot S \quad \text{bzw.} \quad F = p \cdot A$$

S Querschnittsfläche
A Berührungsfläche
σ_d Druckspannung
p Flächenpressung
F Druckkraft

Häufig sind die gepressten Flächen nicht eben, wie zum Beispiel bei Wellen im Lager, Gewindegängen, Prismenführungen. Die gepresste Fläche ist in solchen Fällen als Projektion der Berührungsfläche auf eine senkrecht zur Kraftrichtung liegende Ebene aufzufassen. Man spricht von projizierter Berührungsfläche.

Beispiele für projizierte Berührungsflächen

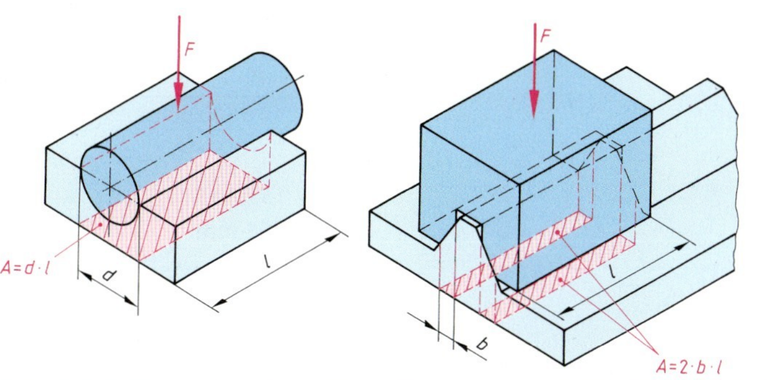

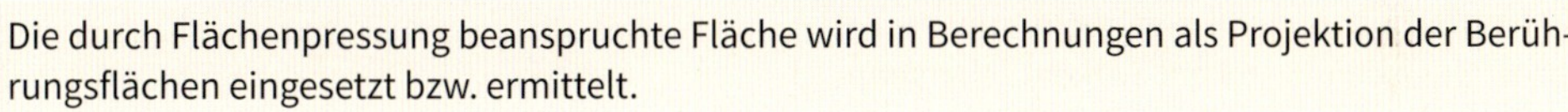

Die durch Flächenpressung beanspruchte Fläche wird in Berechnungen als Projektion der Berührungsflächen eingesetzt bzw. ermittelt.

Für die Berechnung der erforderlichen Querschnitte *S* bzw. Auftragefläche *A* gilt demnach:

$$S_{erf} = \frac{F_{max}}{\sigma_{d\,zul}} \quad \text{bzw.} \quad A_{erf} = \frac{F_{max}}{p_{zul}}$$

$\sigma_{d\,zul}$ zulässige Druckspannung
p_{zul} zulässige Flächenpressung des schwächsten Werkstoffes

Bei der Flächenpressung ist darauf zu achten, dass die zulässige Flächenpressung des schwächsten Werkstoffes nicht überschritten werden darf.

Die zulässige Druckspannung entspricht bei Stählen und NE-Metallen der zulässigen Zugspannung. Bei sehr ungleichmäßig aufgebauten Werkstoffen, z.B. Gusseisen, ist die zulässige Druckspannung höher als die zulässige Zugspannung.

Die zulässige Flächenpressung ist besonderen Tabellen zu entnehmen.

Zulässige Flächenpressung für Werkstoffe bei verschiedenen Belastungsfällen

Werkstoffe		S235	E295	E360	GS-45	25CrMo4
zulässigeFlächenpressung p_{zul} in N/mm^2	ruhend I	80	120	180	100	210
	schwellend II	50	70	90	70	105

Übungsaufgaben 4/7; 4/8

Beispiel für die Berechnung eines druckbeanspruchten Bauelementes

Aufgabe

Ein runder Maschinenfuß aus GE240 wird mit 80 000 N schwellend belastet. Er steht auf einer Betonplatte, deren Werkstoff eine zulässige Flächenpressung von 12 N/mm² besitzt.

a) Es ist der Durchmesser d der Säule zu bestimmen.

b) Welchen Durchmesser D muss der Fuß haben?

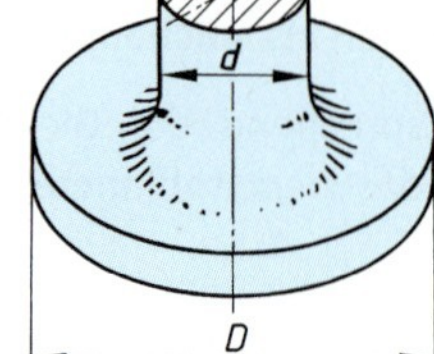

Gegeben	*Gesucht*
GE240 $\sigma_{d\,zul} = 80\ \text{N/mm}^2$ nach Tabelle	d in mm
$F = 80\,000\ \text{N}$	D in mm
$p_{zul} = 12 \frac{\text{N}}{\text{mm}^2}$ (für Beton)	

Lösung

a) $S_{erf} = \frac{F_{max}}{\sigma_{d\,zul}}$

$S_{erf} = \frac{80\,000\ \text{N} \cdot \text{mm}^2}{80\ \text{N}}$

$S_{erf} = \mathbf{1\,000\ mm^2}$

$d = \sqrt{\frac{4 \cdot S}{\pi}}$

$d = \sqrt{\frac{4 \cdot 1\,000\ \text{mm}^2}{3{,}14}}$

$d = 35{,}69\ \text{mm}$

$d_{gewählt} = \mathbf{36\ mm}$

b) $A_{erf} = \frac{F_{max}}{p_{zul}}$

$A_{erf} = \frac{80\,000\ \text{N} \cdot \text{mm}^2}{12\ \text{N}}$

$A_{erf} = \mathbf{6\,666{,}66\ mm^2}$

$D = \sqrt{\frac{4 \cdot A}{\pi}}$

$D = \sqrt{\frac{4 \cdot 6\,666{,}66\ \text{mm}^2}{3{,}14}}$

$D = 92{,}15\ \text{mm}$

$D_{gewählt} = \mathbf{94\ mm}$

4.1.5 Scherbeanspruchung

Im Gegensatz zu den Zug- und Druckspannungen, die als Normalspannungen senkrecht zum beanspruchten Querschnitt stehen, wirken Scherspannungen *im* beanspruchten Querschnitt.

Wird ein Werkstück durch eine Scherkraft beansprucht, so ruft diese Kraft im Inneren des Werkstoffes in der Scherfläche Scherspannungen τ_s hervor.

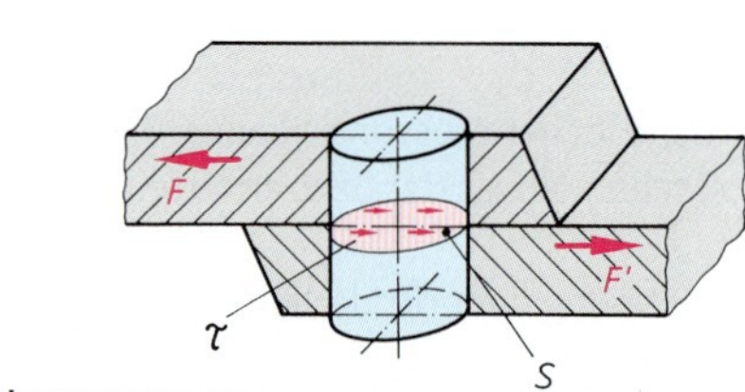

Scherspannungen

Gleichgewicht ergibt sich für:

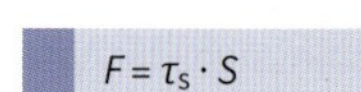

$F = \tau_s \cdot S$

F Scherkraft

τ_s Scherspannung

S beanspruchter Querschnitt

Häufig wird bei der Beanspruchung auf Scherung ein Bauelement in mehreren Querschnitten gleichzeitig beansprucht.

Beispiele für die Zahl der Scherquerschnitte

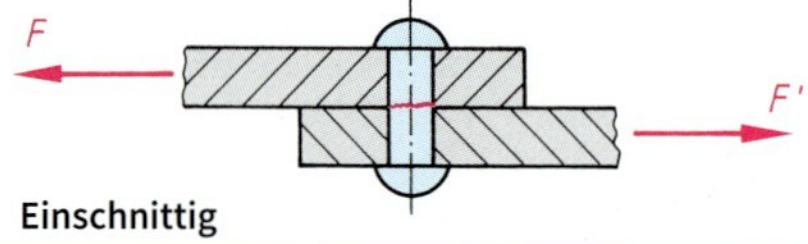

Einschnittig

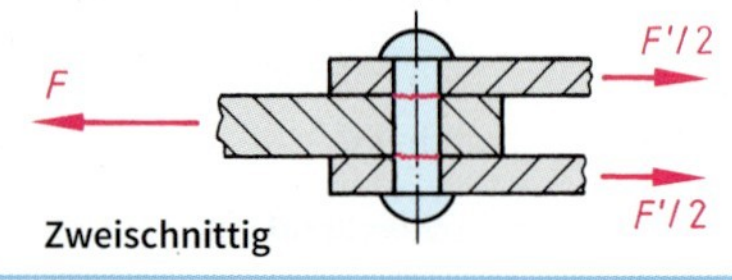

Zweischnittig

Übungsaufgaben 4/9 bis 4/12

Für die Berechnung des erforderlichen Querschnitts unter Berücksichtigung der Zahl der Scherquerschnitte ergibt sich somit die Gleichung:

$$S_{erf} = \frac{F_{max}}{N \cdot \tau_{s\,zul}}$$

N Zahl der beanspruchten Scherquerschnitte
F_{max} Scherkraft
S_{erf} erforderlicher Querschnitte
$\tau_{s\,zul}$ zulässige Scherspannung

Der Wert der zulässigen Scherspannung ist bei einer Scherbeanspruchung etwa $\tau_{s\,zul} = 0{,}8 \cdot \sigma_{z\,zul}$ für Baustahl und etwa $\tau_{s\,zul} = 1{,}1 \cdot \sigma_{z\,zul}$ für Gusseisen.

Beispiel für die Berechnung eines durch Scherkräfte beanspruchten Bauelementes

Aufgabe

Das dargestellte Gelenk soll eine Zugkraft von 40 000 N übertragen:
Es ist der Bolzendurchmesser zu berechnen. Die zulässige Scherspannung ist aus der Zugfestigkeit des Bolzenwerkstoffes E 295 zu ermitteln.

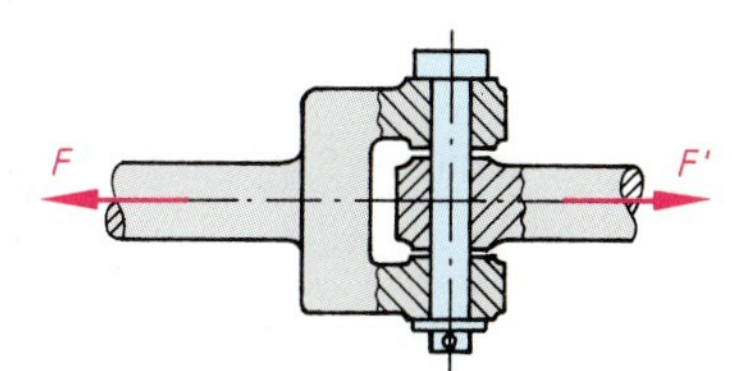

Gegeben
$F = 40\,000$ N
$N = 2$
E 295; $\sigma_{z\,zul} = 110 \frac{N}{mm^2}$ nach Tabelle

Gesucht
d in mm

Lösung

$\tau_{s\,zul} = \sigma_{z\,zul} \cdot 0{,}8$

$\tau_{s\,zul} = 110 \frac{N}{mm^2} \cdot 0{,}8$

$\tau_{s\,zul} = \mathbf{88 \frac{N}{mm^2}}$

$S_{erf} = \frac{F_{max}}{N \cdot \tau_{s\,zul}}$

$S_{erf} = \frac{40\,000\ N \cdot mm^2}{2 \cdot 88\ N}$

$S_{erf} = \mathbf{227{,}2\ mm^2}$

$d = \sqrt{\frac{4 \cdot S_{erf}}{\pi}}$

$d = \sqrt{\frac{4 \cdot 227{,}2\ mm^2}{3{,}14}}$

$d = \mathbf{17\ mm}$

4.2 Berechnungen von Verbindungselementen

4.2.1 Berechnung von Schrauben

Schrauben als Verbindungselemente siehe *„Fertigungstechnik“*, Kapitel *„Fügen mit Gewinden“*.

Schrauben werden durch die äußeren Kräfte auf Zug beansprucht. Als Reaktion auf die äußeren Kräfte treten im Kern der Schraube Zugspannungen auf. Im Gewinde entstehen Flächenpressung und Scherbeanspruchung. Die Auswahl von Schrauben erfolgt in zwei Schritten:

- Berechnung des erforderlichen Schraubendurchmessers, aus der Belastung und der Festigkeit des Schraubenwerkstoffs,
- Ermittlung der tragenden Gewindelänge (Einschraubtiefe nach Tabelle).

Nach der Art der Belastung unterscheidet man

- Schrauben ohne Vorlast und
- Schrauben mit Vorlast.

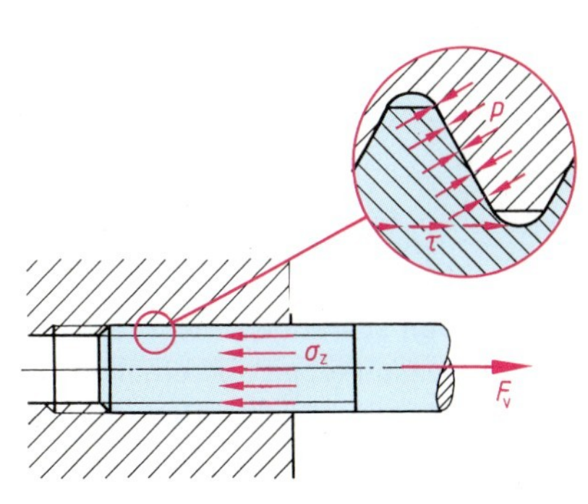

Spannungen in einer Schraubenverbindung

Übungsaufgaben 4/13; 4/14; 4/15

1. Berechnung von Schrauben ohne Vorlast

Wird eine Schraube nur durch *eine* Kraft, z. B. die angehängte Last oder nur durch die Spannkraft infolge des Anziehens belastet, so spricht man von Schrauben ohne Vorlast. Schrauben ohne Vorlast sind z. B. die Schrauben in Spannschlössern.

Die zulässige Spannung $\sigma_{z\,zul}$ errechnet man aus der Streckgrenze des Schraubenwerkstoffs R_{eH} und der Sicherheitszahl ν, die für Schrauben ohne Vorlast mit 2 angenommen wird.
Aus der Betriebskraft F_B und der zulässigen Spannung $\sigma_{z\,zul}$ berechnet man den Spannungsquerschnitt S_s der Schraube.

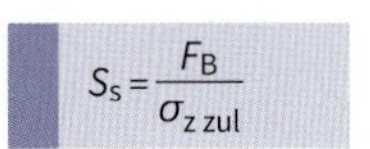

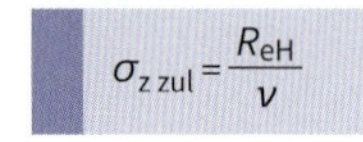

F_B Betriebskraft
S_s Spannungsquerschnitt
$\sigma_{z\,zul}$ zulässige Zugspannung
R_{eH} Streckgrenze
ν Sicherheitszahl

Mit dem errechneten Spannungsquerschnitt wählt man aus Gewindetabellen den erforderlichen Gewindedurchmesser.

Beispiel für die Berechnung eines Gewindes

Aufgabe

Eine Schraube aus 5.6 soll eine Betriebskraft von 10 kN aufnehmen, $\nu = 2$
Das Gewinde der Schraube ist zu ermitteln.

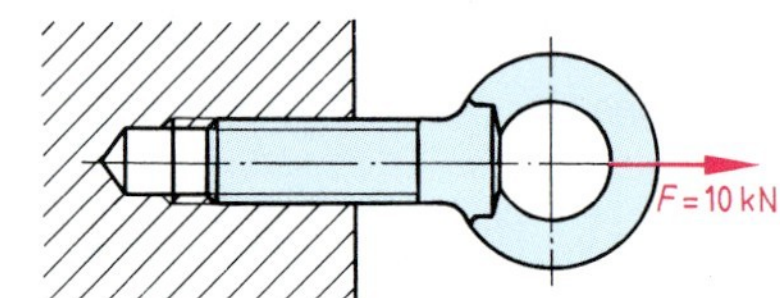

Gegeben
$R_{eH} = 300\,\frac{N}{mm^2}$ (aus 5.6 ermittelt)
$F = 10\,000\,N$

Gesucht
Gewindedurchmesser d

Lösungshilfe

Abmessungen metrischer ISO-Gewinde nach DIN 13 (Auszug)

d mm	P mm	d_2 mm	d_3 mm	S_s mm²	H_1 mm
10	1,5	9,026	8,160	58,0	0,812
12	1,75	10,863	9,853	84,3	0,947
16	2,0	14,701	13,546	157	1,083

Lösung

$$\sigma_{z\,zul} = \frac{R_{eH}}{\nu}$$

$$\sigma_{z\,zul} = \frac{300\,N}{mm^2 \cdot 2}$$

$$\sigma_{z\,zul} = 150\,\frac{N}{mm^2}$$

$$S_s = \frac{F_B}{\sigma_{z\,zul}}$$

$$S_s = \frac{10\,000\,N \cdot mm^2}{2 \cdot 88\,N}$$

$$S_s = \mathbf{66{,}6\,mm^2}$$

Gewählt **M 12** ($S_s = 84{,}3\,mm^2$)

2. Berechnung von Schrauben mit Vorlast

Werden Schrauben angezogen, so erhalten sie dadurch eine Vorlast. Bei anschließender Belastung durch die Betriebskraft F_B erhöht sich die Belastung der Schraube. Die Gesamtbelastung F_{max} ist in diesem Fall die Summe aus Vorlast und Betriebslast.
In Überschlagsrechnungen berücksichtigt man die Vorlast, indem man als Gesamtbelastung das 1,7-Fache der Betriebslast annimmt.

$$F_{max} = 1{,}7 \cdot F_B$$

F_{max} Gesamtbelastung
F_B Betriebskraft

Übungsaufgaben 4/16 bis 4/19

4.2.2 Berechnung von Stiften

Stifte als Verbindungselemente siehe *„Fertigungstechnik"*, Kapitel *„Fügen mit Stiften"* und in diesem Kapitel *„Fügen im Montageprozess"*.

Stiftverbindungen sind lösbare Verbindungen, die ausschließlich Scherkräfte aufnehmen können. Die Berechnung der Stifte erfolgt auf Abscheren.

Die zulässige Scherspannung errechnet man aus der zulässigen Zugspannung und einem werkstoffabhängigen Faktor. Für Verbindungsstifte aus Stahl beträgt die zulässige Scherspannung = $0{,}8 \cdot \sigma_{z\,zul}$.

Beispiel für die Berechnung eines Verbindungsstiftes

Aufgabe

Das dargestellte Gelenk einer Zugstange wird durch einen Knebelkerbstift zusammengehalten. Welchen Durchmesser muss ein Stift aus E 295 haben, wenn eine schwellende Last von 45000 N übertragen wird?

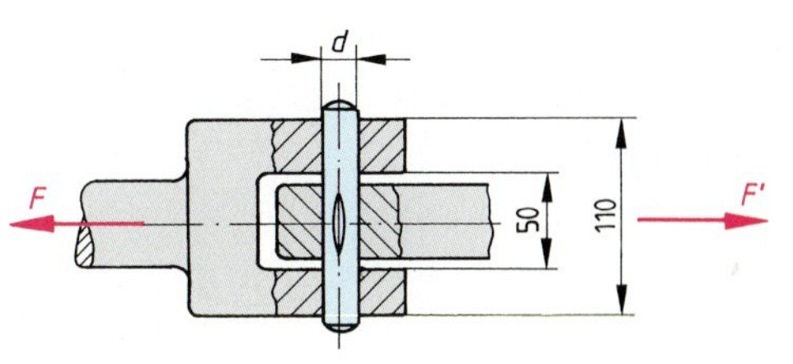

Gegeben

$F = 45\,000$ N $N = 2$

E 295 $\Rightarrow \sigma_{z\,zul} = 110 \dfrac{N}{mm^2}$

Gesucht

d in mm

Lösung

$\tau_{s\,zul} = 0{,}8 \cdot \sigma_{z\,zul}$

$\tau_{s\,zul} = 0{,}8 \cdot 110 \dfrac{N}{mm^2}$

$\tau_{s\,zul} = \mathbf{88 \dfrac{N}{mm^2}}$

$S_{erf} = \dfrac{F_{max}}{N \cdot \tau_{s\,zul}}$

$S_{erf} = \dfrac{45\,000\text{ N} \cdot mm^2}{2 \cdot 88\text{ N}}$

$S_{erf} = \mathbf{255{,}6\ mm^2}$

$S = \dfrac{d^2 \cdot \pi}{4}$

$d = \sqrt{\dfrac{4 \cdot S}{\pi}}$

$d = \sqrt{\dfrac{4 \cdot 255{,}6\ mm^2}{3{,}14}}$

$d = \mathbf{18{,}0\ mm}$

Bei Stiftverbindungen tritt in den Grenzflächen zwischen Bohrung und Stift auch Flächenpressung auf. Es ist zu überprüfen, ob in den Lagerstellen die zulässige Flächenpressung nicht überschritten wird.

Beispiel für die Überprüfung der Abmessungen einer Stiftverbindung auf zulässige Flächenpressung

Aufgabe

Die Abmessungen der im vorherigen Beispiel dargestellten Gabel aus S 235 sind auf Flächenpressung zu überprüfen.

Gegeben

$F = 45\,000$ N

S 235 $\Rightarrow p_{z\,zul} = 50 \dfrac{N}{mm^2}$

$d = 18$ mm (aus vorherigem Beispiel)

$l = 110$ mm – 50 mm $\Rightarrow$ 60 mm (aus Skizze)

Gesucht

p

Lösung

$p = \dfrac{F}{A}$ $A = d \cdot l$

$p = \mathbf{41{,}6 \dfrac{N}{mm^2}}$

Da p_{zul} für S 235 = $50 \dfrac{N}{mm^2}$ beträgt, sind die Abmessungen ausreichend.

4.2.3 Berechnung von Passfedern

Passfedern als Verbindungselemente siehe *„Fertigungstechnik"*, Kapitel *„Fügen mit Passfedern"* und in diesem Kapitel *„Fügen im Montageprozess"*.

Passfedern werden auf Abscheren und Flächenpressung beansprucht. Die Berechnung erfolgt jedoch nur auf Flächenpressung, da die Normmaße für Passfedern so gewählt sind, dass die zulässige Scherbeanspruchung nicht überschritten wird, wenn die zulässige Flächenpressung eingehalten wird. Für Passfedern sind die Maße *b* und *h* in Abhängigkeit vom Wellendurchmesser genormt.

$$M_d = F \cdot \frac{d}{2}$$

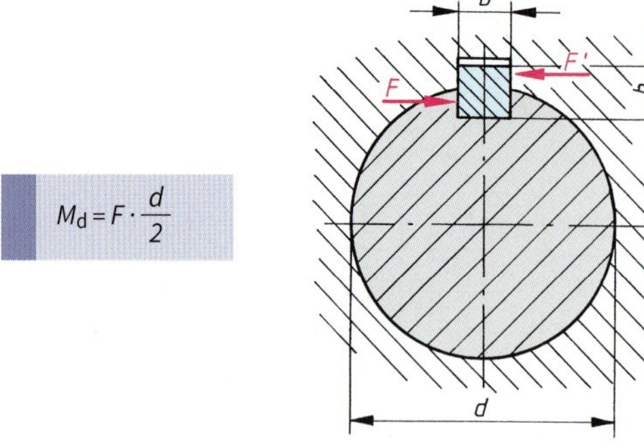

F	Umfangskraft
b	Breite der Passfedern
h	Höhe der Passfedern
d	Durchmesser der Welle
M_d	Drehmoment

Beanspruchung einer Passfeder

Aus der Forderung $p \leq p_{zul}$ des schwächsten Werkstoffs ergibt sich für die Länge der Passfedern:

bei geradstirnigen Passfedern

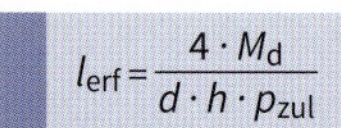

$$l_{erf} = \frac{4 \cdot M_d}{d \cdot h \cdot p_{zul}}$$

bei rundstirnigen Passfedern

$$l_{erf} = \frac{4 \cdot M_d}{d \cdot h \cdot p_{zul}} + b$$

Beispiel für eine Federberechnung

Aufgabe

Eine Welle soll ein Drehmoment von 90 Nm übertragen. Welle und Nabe werden mit einer Passfeder Form A verbunden. p_{zul} des schwächsten Werkstoffes ist 70 N/mm². Der Wellendurchmesser beträgt 25 mm. Die Maße der Feder sind zu ermitteln.

Gegeben
$d = 25$ mm

Gesucht
l in mm

Lösungshilfe

Abmessung für Passfedern nach DIN 6885 (Auszug)

Wellendurchmesser	10 bis 12	12 bis 17	17 bis 22	22 bis 30	30 bis 38	38 bis 44	44 bis 50	50 bis 58	58 bis 65	65 bis 75
Breite der Feder *b*	4	5	6	8	10	12	14	16	18	20
Höhe der Feder *h*	4	5	6	7	8	8	9	10	11	12
Passfederlängen	6 8 10 12 14 16 18 20 22 25 28 32 36 40 45 50 56 63 70 80 90 100 110 125 140 160 180 200									

Lösung

F Wellendurchmesser $d = 25$ mm $\Rightarrow b = 8$ mm, $h = 7$ mm (nach Tabelle)

$$l_{erf} = \frac{4 \cdot M_d}{d \cdot h \cdot p_{zul}} + b$$

$$l_{erf} = \frac{4 \cdot 90\,000 \text{ Nmm} \cdot \text{mm}^2}{25 \text{ mm} \cdot 7 \text{ mm} \cdot 70 \text{ N}} + 8 \text{ mm}$$

$l_{erf} = 37{,}3$ mm

$l_{gew} =$ **40 mm**

Übungsaufgaben 4/23; 4/24; 4/25

4.2.4 Berechnung von Klebeverbindungen

Klebeverbindungen siehe *„Fertigungstechnik“*, Kapitel *„Fügen durch Kleben“* und in diesem Kapitel *„Fügen im Montageprozess“*.

Klebeverbindungen sollen ausschließlich auf Scherung beansprucht werden. Fachgerechte Klebeverbindungen werden daher als Überlappungen oder Schäftungen ausgeführt. Die notwendige Klebefläche S (Überlappungsfläche) wird aus der zulässigen Scherspannung des Klebstoffs errechnet.

$$S = \frac{F}{\tau_{s\,zul}}$$

S Klebefläche
$\tau_{s\,zul}$ zulässige Scherspannung

Die zulässige Scherspannung der Klebstoffe kann aus den Verarbeitungsrichtlinien der Klebstoffhersteller entnommen werden. Für überschlägige Berechnungen kann man als zulässige Scherspannung annehmen:

- für Kaltkleber $\tau_{s\,zul} = 6$ bis $12\ \text{N/mm}^2$,
- für Warmklebstoffe $\tau_{s\,zul} = 10$ bis $20\ \text{N/mm}^2$.

Die Überlappungslänge ergibt sich aus:

$$l_ü = \frac{F}{\tau_{s\,zul} \cdot b}$$

$l_ü$ Überlappungslänge
F Belastung
b Breite der Klebeverbindung
$\tau_{s\,zul}$ zulässige Scherspannung

Die Überlappungslänge soll das 15-fache der Dicke des schwächsten zu verbindenden Teils nicht überschreiten.

Beispiel für die Berechnung einer Klebeverbindung

Aufgabe

An ein 1,5 mm dickes Aluminiumblech soll eine 4 mm dicke und 40 mm breite Lasche aus einer Phenolharz-Schichtplatte geklebt werden. Der Klebstoff hat lt. Herstellerangabe eine zulässige Scherfestigkeit von 12 N/mm² bei einer vorherigen Reinigung der Flächen mit Aceton.
Die Verbindung soll mit 8000 N belastet werden.
Berechnen Sie die mindest erforderliche Überlappungslänge $l_ü$.

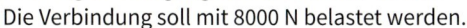

Gegeben

$F = 8\,000\ \text{N}$

$\tau_{s\,zul} = 12\ \frac{\text{N}}{\text{mm}^2}$

Gesucht

$l_ü$ in mm

Lösung

$$l_ü = \frac{F}{\tau_{s\,zul} \cdot b}$$

$$l_ü = \frac{8\,000\ \text{N} \cdot \text{mm}^2}{12\ \text{N} \cdot 40\ \text{mm}}$$

$l_ü$ = **16,6 mm**

4.2.5 Berechnung von Lötverbindungen

Lötverbindungen siehe *„Fertigungstechnik“*, Kapitel *„Fügen durch Löten“* und in diesem Kapitel *„Fügen im Montageprozess“.*

Lötverbindungen sollen ebenso wie Klebeverbindungen ausschließlich auf Scherung beansprucht werden. Entsprechend sind auch Lötverbindungen als Überlappungen oder Schäftungen auszuführen.
Die zulässige Scherspannung für Lote beträgt etwa:

- für Hartlote $\tau_{s\,zul} = 70\ \text{N/mm}^2$,
- für Weichlote $\tau_{s\,zul} = 20\ \text{N/mm}^2$.

Die zulässige Scherspannung der Weichlote ist stark von der Temperatur der Lötstelle abhängig, bei der das gelötete Werkstück benutzt wird.

Die Überlappungslänge ergibt sich aus:

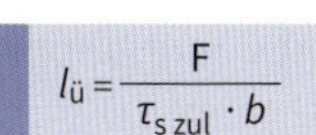

$$l_ü = \frac{F}{\tau_{s\,zul} \cdot b}$$

$l_ü$ Überlappungslänge
F Belastung
b Breite der Lötverbindung
$\tau_{s\,zul}$ zulässige Scherspannung

5 Baugruppen und ihre Montage

5.1 Grundlagen

5.1.1 Baugruppen und ihre Funktionen

Jedes technische System ist aus Baugruppen aufgebaut. Die Baugruppen übernehmen bestimmte Teilfunktionen innerhalb eines Gesamtsystems. Die Teilfunktionen lassen sich wiederum in einzelne Grundfunktionen aufgliedern.

Beispiel für die Baugruppen eines Systems und ihre Funktionen

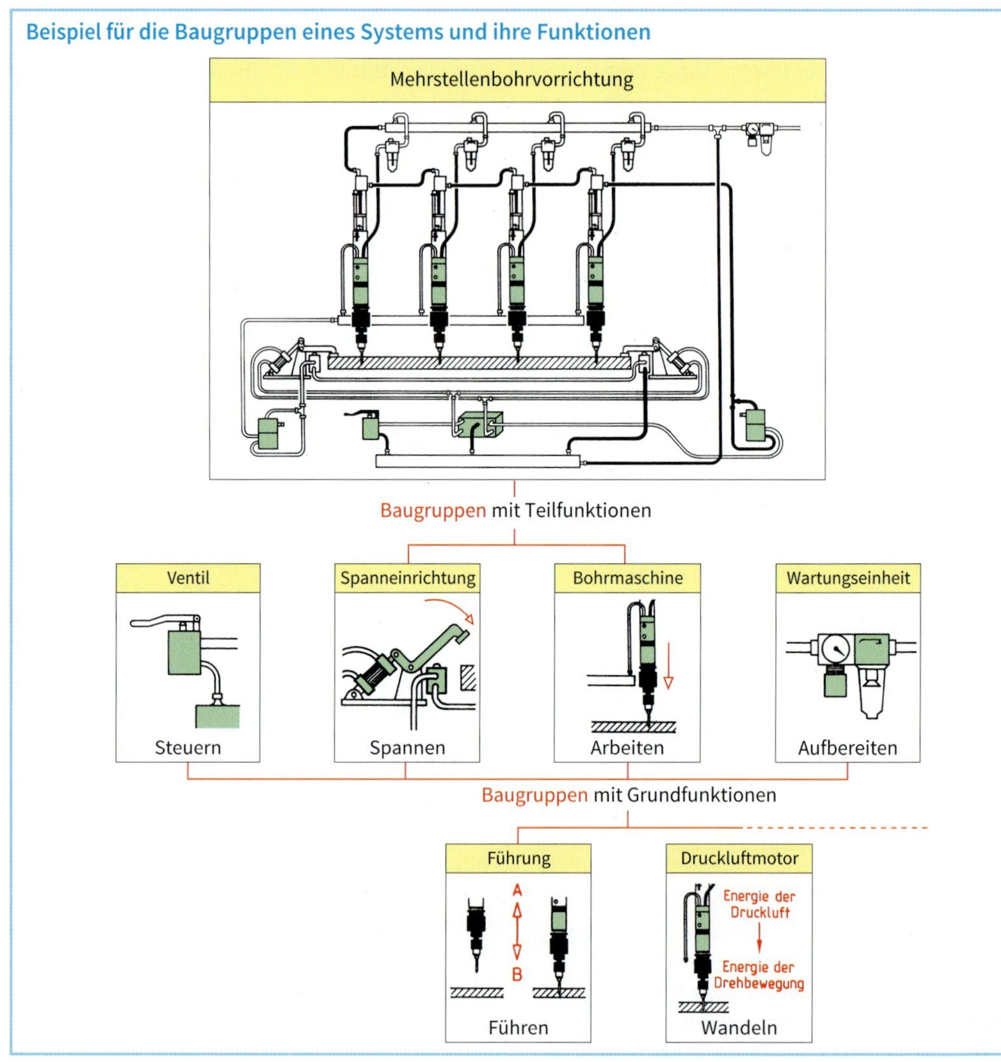

Wird eine Baugruppe, zum Beispiel die Steuerung zur Wartung oder Reparatur, aus einem System herausgelöst, dann werden die Teilfunktionen der anderen Baugruppen nicht beeinflusst.
Der Aufbau eines Systems aus Baugruppen bringt folgende Vorteile:

- Vereinfachung der Fertigung und Montage,
- günstigere Prüfung und Justage,
- schnellere Reparaturmöglichkeit,
- bessere Standardisierungs- und Automatisierungsmöglichkeit.

> **!** Baugruppen erfüllen in einem technischen System bestimmte Teilfunktionen.
> Baugruppen ermöglichen eine wirtschaftliche Herstellung, Wartung und Reparatur von Maschinen.

Übungsaufgaben 5/1; 5/2

5.1.2 Gliederung des Montageprozesses

Der Montageprozess ist Teil des Produktionsprozesses, in dem unter Verwendung von Bauteilen bzw. Baugruppen *technische Systeme* entstehen. Hierbei sind **Einzelteile** Gegenstände, die nicht zerlegbar sind. **Baugruppen** sind in sich geschlossene, aus zwei oder mehr Teilen bestehende Gegenstände. Komplexere Produkte, wie z. B. ein Industrieroboter, sind das Ergebnis mehrerer Montageschritte.
Grundsätzlich werden zwei Montageabschnitte unterschieden:

Beispiel für einen Montageprozess

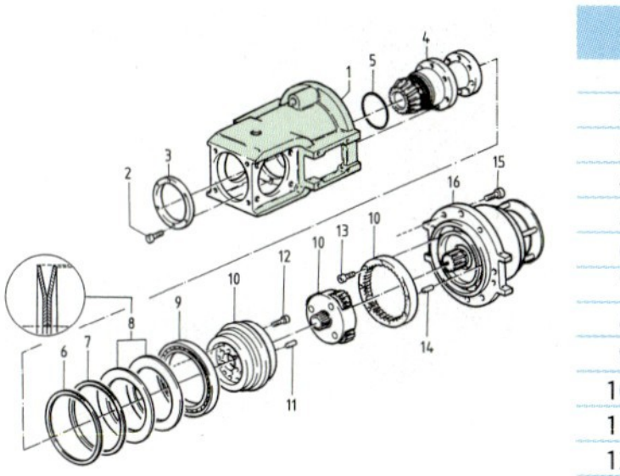

Stückliste zu Gelenk 5		
1	1	Gehäuse kpl.
2	6	Zylinderschraube DIN EN ISO 4762-M6x30
3	1	Zwischenring
4	1	Kegelrad kpl.
5	1	O-Ring 37,77x2,62
6	n. B.	Passscheibe DIN 988 – 95x115x0,2
7	n. B.	Passscheibe DIN 988 – 95x115x0,2
8	2	Tellerfeder
9	1	Rillenkugellager DIN 625-6208
10	1	Einbausatz WEP 100 i=99
11	2	Zylinderstift DIN EN ISO 2338 – C6m6x16
12	8	Zylinderschraube DIN EN ISO 4762 – M 6x16
13	6	Zylinderschraube DIN EN ISO 4762 – M 4x16
14	1	Kegelstift DIN EN 22339 – A3x20
15	2	Zylinderschraube DIN EN ISO 4762 – M 6x16
16	1	Motor kpl.

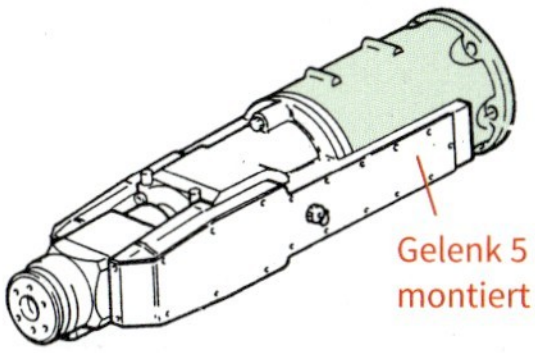

Einzelteile für Gelenk 5

Gelenk 5 montiert

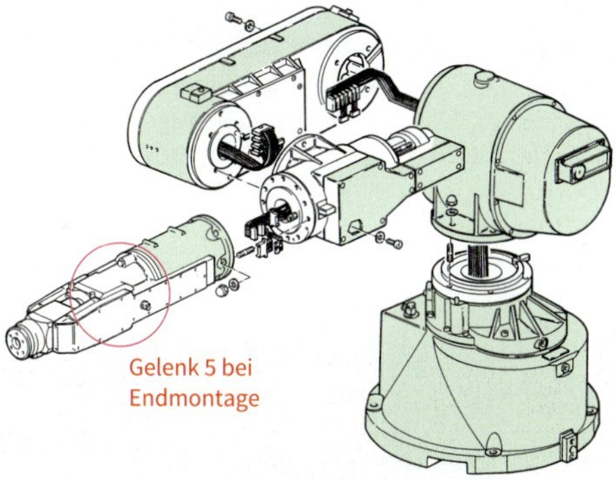

Gelenk 5 bei Endmontage

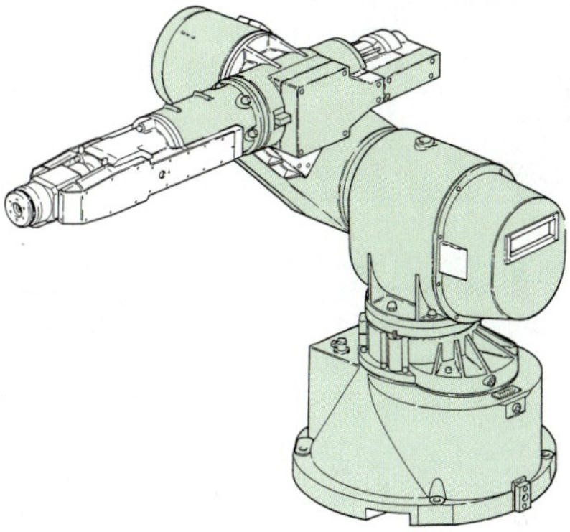

Einzelteile und Baugruppen (1 bis 16)

Vormontage

Baugruppe höherer Ordnung (Gelenk 5)

weitere Baugruppen

Einzelteile, formlose Stoffe

Endmontage

Fertigprodukt (Roboter)

Der aus vielen Einzelteilen und Baugruppen montierte Industrieroboter kann in umgekehrter Weise auch wieder zerlegt werden. Man spricht dann von Demontage. Die Demontage dient jedoch nicht immer der kompletten Zerlegung einer Maschine oder Anlage.

> **!** Unter Montage versteht man das Zusammenfügen von Einzelteilen, formlosen Stoffen und Baugruppen zu einem Fertigteil.
> Unter Demontage versteht man die Umkehrung der Montage. Demontage ist auch die teilweise Zerlegung zur Pflege, Wartung und Instandsetzung bei Maschinen und Anlagen.

5.1.3 Montagetätigkeiten

Jeder Montageablauf erfordert Haupt- und Sondertätigkeiten.

Haupttätigkeiten:

- **Fügen** ist das Erzeugen einer *dauerhaften Verbindung* zwischen den Einzelteilen bzw. Baugruppen. Der Zusammenhalt nach der Montage kann kraft-, form-, stoffschlüssig erfolgen.
- **Prüfen** sind alle Tätigkeiten, die das *Vorhandensein*, die *Position* der Teile und zusätzlich die *Qualität* des Fertigproduktes feststellen. Teilabläufe beinhalten häufig spezielle Prüfvorgänge wie Aussortieren von Ausschussteilen, Messen oder Lehren.
- **Handhaben** sind Vorbereitungstätigkeiten für das Fügen und Prüfen, z. B. *Lagern*, *Transportieren*, *Positionieren*.

Sondertätigkeiten sind nicht immer erforderlich. Zu diesen Tätigkeiten zählen z. B. Justieren, Schmieren, Auswuchten, Oberflächenbehandeln, Verpacken.

Beispiel für die Montage eines Elektromotors an eine bereits feststehende Pumpe

Haupttätigkeiten		
Fügen	**Prüfen**	**Handhaben**
• Einlegen der Passfedern • Aufschieben der Kupplungshälften auf die Wellenenden • Verschrauben des Motors • Verschrauben der beiden Kupplungshälften	• Vollständigkeit der Baugruppen • Anzugsmoment der Schrauben • Wellenflucht • Endkontrolle durch Probelauf	• Motor, Kupplungshälften, Hilfsmittel bewegen und zusammenführen • Ausrichten der Wellen

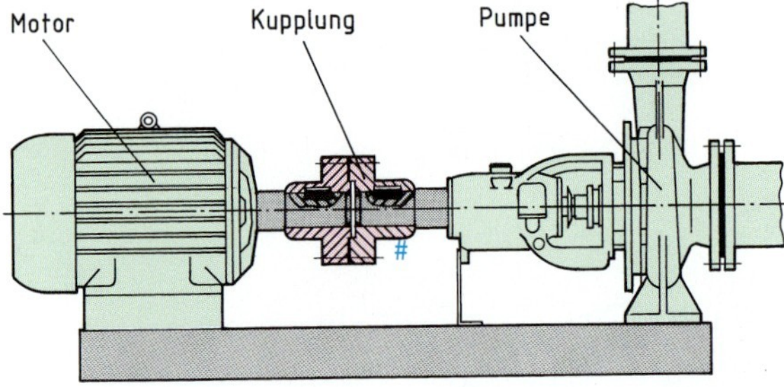

Sondertätigkeiten		
• zu fügende Teile reinigen und ölen	• Motorhaube und Abstand zur Pumpe justieren	• Demontieren zum Ausgleichen von Höhe und Abstand

Der Montageablauf umfasst die Haupttätigkeiten
• Fügen, • Prüfen, • Handhaben sowie Sondertätigkeiten.

Übungsaufgabe 5/4

5.1.4 Fügen im Montageprozess

Mithilfe der Fügeverfahren werden bei der Montage Einzelteile zu Baugruppen bzw. vormontierte Baugruppen zu Geräten und Maschinen zusammengebaut.

Die Fügeverfahren werden nach DIN 8593 in Gruppen eingeteilt, man unterscheidet Fügen durch

- Zusammensetzen, z. B. Einlegen einer Passfeder,
- Füllen, z. B. Tränken eines Sinterlagers,
- An- und Einpressen, z. B. Verschrauben,
- Urformen, z. B. Eingießen eines Lagers,
- Umformen, z. B. Vernieten von Blechen,
- Schweißen, z. B. Punktschweißen,
- Löten, z. B. Hartlöten von Kupferleitungen,
- Kleben, z. B. Aufkleben eines Bremsbelages.

Beispiel für wichtige Fügeverfahren

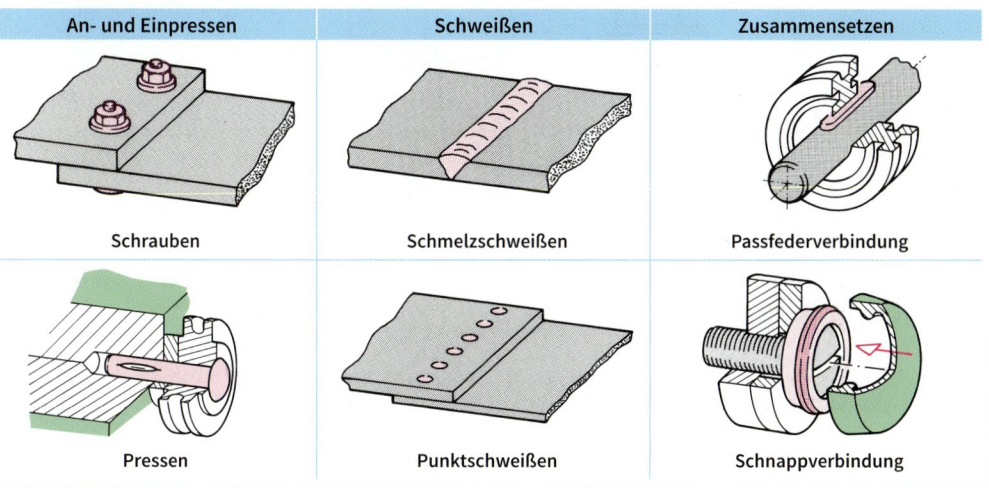

An- und Einpressen	Schweißen	Zusammensetzen
Schrauben	Schmelzschweißen	Passfederverbindung
Pressen	Punktschweißen	Schnappverbindung

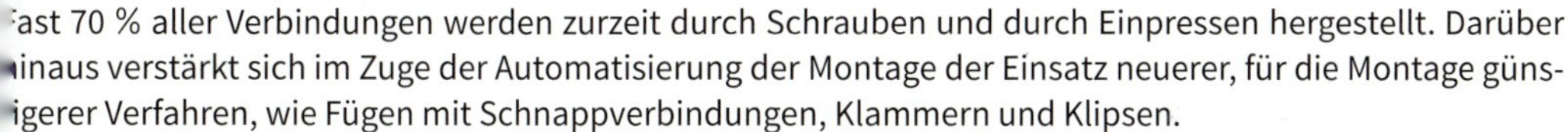

Fast 70 % aller Verbindungen werden zurzeit durch Schrauben und durch Einpressen hergestellt. Darüber hinaus verstärkt sich im Zuge der Automatisierung der Montage der Einsatz neuerer, für die Montage günstigerer Verfahren, wie Fügen mit Schnappverbindungen, Klammern und Klipsen.

5.2 Fügen durch Schrauben

5.2.1 Schraubenverbindungen

Das Fügen durch Schrauben bietet die Möglichkeit, Bauteile so zu verbinden, dass sie für Instandsetzungs- und Wartungsarbeiten *ohne* Zerstörung eines Elementes der Verbindung wieder zerlegt werden können.

Schraubenverbindungen können mit **Kopf- oder Stiftschrauben** hergestellt werden.

Bei den Kopfschrauben unterscheidet man **Durchsteck- und Einziehschrauben**.

Stiftschrauben werden eingesetzt, wenn die Verbindung häufig gelöst werden muss. Stiftschrauben bestehen aus dem Gewinde zum Einziehen, dem Schaft und dem Gewinde für die Muttern zum Schließen der Verbindung. Beim Lösen der Verbindung bleibt das Einschraubende im Werkstück eingeschraubt.

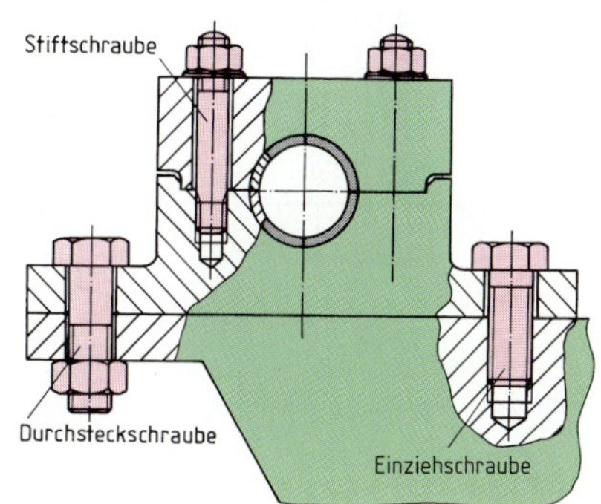

! Zur Herstellung von Schraubenverbindungen verwendet man:
• Durchsteckschrauben, • Einziehschrauben, • Stiftschrauben.

5.2.2 Kraftwirkungen in Schraubenverbindungen

1. Maschinenschrauben

Durch das Anziehen von Schraubenverbindungen wird die Schraube in jedem Fall durch eine Vorspannkraft belastet.

Eine Voraussetzung für eine sichere und dauerhafte Verbindung zweier Bauteile, die durch äußere Kräfte zusätzlich belastet werden, ist das richtige Anziehen der Schrauben. Beim Anziehen wird die Schraube um Δl_S gedehnt und die Bauteile werden um Δl_B zusammengedrückt.

In der Schraube wirkt nun die **Vorspannkraft** F_V, die als Reaktion eine **Klemmkraft** F_K in den Bauteilen hervorruft.

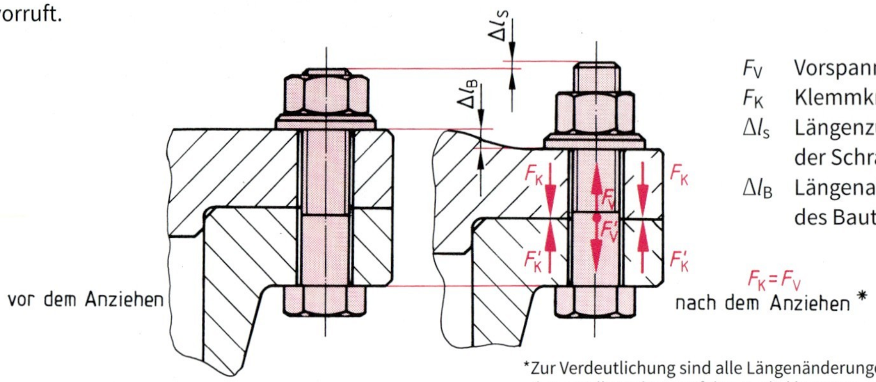

F_V Vorspannkraft
F_K Klemmkraft
Δl_S Längenzunahme der Schraube
Δl_B Längenabnahme des Bauteils

*Zur Verdeutlichung sind alle Längenänderungen übertrieben dargestellt und nur auf den Deckel bezogen.

Formänderungen und Kräfte in einer Schraubenverbindung

Wird die vorgespannte Schraubenverbindung nun durch eine zusätzliche Betriebskraft F_B beansprucht, dann wird die Schraube weiter gedehnt, Δl_S wird größer. Die Kraft in der Schraube nimmt zu ($F_S > F_V$). Die Bauteile werden dann nicht mehr so stark zusammengepresst, Δl_B wird kleiner und die Klemmkraft wird vermindert ($F_{K2} < F_V$).

Die Vorspannkraft muss daher so gewählt werden, dass auch nach dem Angreifen einer Betriebskraft eine ausreichende Klemmkraft der Bauteile gegeben ist; sie darf aber nicht so hoch sein, dass bei Angreifen der Betriebskraft die Streckgrenze des Schraubenwerkstoffes überschritten wird, da es sonst zu einer plastischen Formänderung der Schraube kommt.

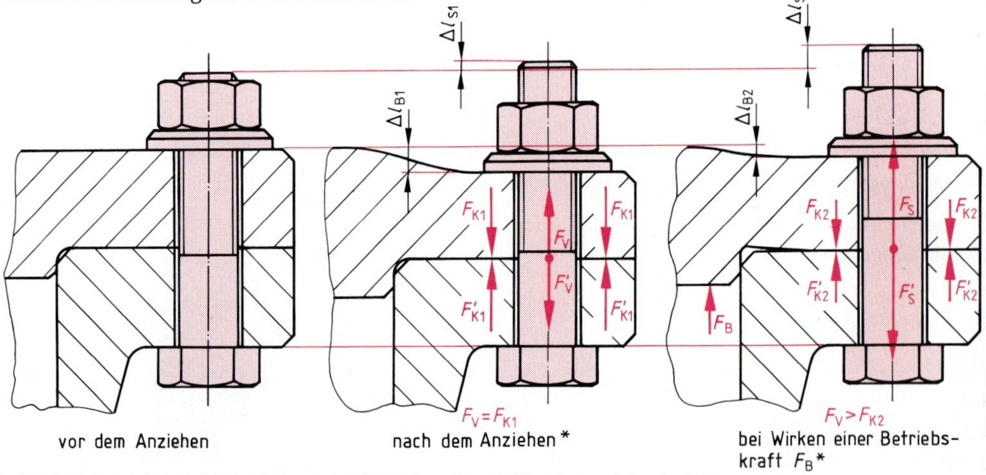

*Zur Verdeutlichung sind alle Längenänderungen übertrieben dargestellt und nur auf den Deckel bezogen.

> **!** Um mit einer Betriebskraft beanspruchte Bauteile durch Schrauben sicher verbinden zu können, ist eine ausreichende Vorspannung der Schrauben erforderlich.
> Bei Schrauben, die durch Vorspannkraft und Betriebskraft beansprucht werden, darf die Gesamtbeanspruchung die Streckgrenze des Schraubenwerkstoffes nicht überschreiten.

Übungsaufgabe 5/7

2. Dehnschrauben

Bei Schraubenverbindungen, die *während des Betriebes* schwellend belastet werden, wie Verschraubungen von Zylinderköpfen an Verbrennungsmotoren und Verschraubungen an Pleuelstangenlagern, kommt es nach einer gewissen Zeit aufgrund von plastischen Verformungen innerhalb der Verbindung zu einem weiteren Abfall der Vorspannkraft. Das Auftreten plastischer Verformungen nennt man **Setzen** der Verbindung. Ursachen für das Setzen können sein:

- *Kriechen* des Werkstoffes der Bauteile unter dem Schraubenkopf bzw. der Mutter,
- *plastische Längung* der Schraube,
- *Einebnen* der Oberflächenrauigkeit der Trennfugen und der Gewindegänge.

Schwellend belastete Schraubenverbindung

Um in Verschraubungen plastische Verformungen auszugleichen und unter Betriebskräften eine ausreichende Anpresskraft zu erhalten, setzt man **Dehnschrauben** ein.

Dehnschrauben weisen besondere Festigkeitseigenschaften und Konstruktionsmerkmale auf:

- Dehnschrauben werden aus Schraubenwerkstoffen mit hoher Steckgrenze hergestellt, um große elastische Dehnung zu ermöglichen.
- Dehnschrauben werden mit dünnem und langem Schaft ausgeführt, damit eine große elastische Längenänderung möglich ist, die nicht im Bereich der Gewindegänge stattfindet.
- Dehnschrauben haben an Querschnittsänderungen große Übergangsradien, um die Kerbwirkung und damit die Dauerbruchgefahr zu vermindern.
- Dehnschrauben müssen so gestaltet sein, dass beim Anziehen keine Torsionsspannungen entstehen können.

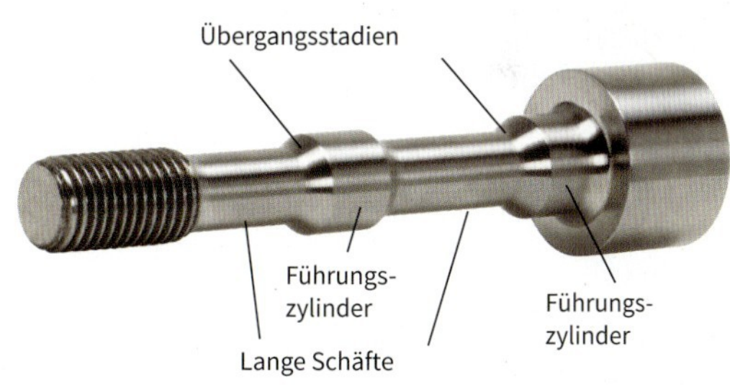

Dehnschraube

Für schwellend belastete Schraubverbindungen werden Dehnschrauben verwendet.
Der Verlust an Vorspannkraft wird durch das elastische Verhalten der Dehnschraube weitgehend ausgeglichen.

5.2.3 Berechnung der Vorspannkraft und des Anzugsmoments bei Schraubenverbindungen

– **Berechnung der Vorspannkraft**

Bei der Berechnung der Vorspannkraft für eine Schraubenverbindung muss der Verlust an Vorspannkraft im späteren Einsatz entsprechend berücksichtigt werden.

Der Verlust an Vorspannkraft ist bei einer Schraubenverbindung abhängig von:

- der Anzahl der Trennfugen, die z. B. durch die Verwendung von Unterlegscheiben vermehrt werden,
- der Rauigkeit des Gewindes und der Grenzflächen der vorgespannten Bauteile,
- dem elastischen Verhalten des Schraubenwerkstoffes.

Da der Einfluss dieser Faktoren schwer zu bestimmen ist, berechnet man die Vorspannkraft F_V allein in Abhängigkeit von der Betriebskraft F_B mithilfe des sogenannten Vorspannverhältnisses.

Das Vorspannverhältnis y soll erfahrungsgemäß einen Wert zwischen 1,5 und 5 haben.

Es ist umso größer zu wählen, je

- *stärker* die schwellende Belastung ist,
- *größer* die Anzahl der Trennfugen ist
- *rauer* die sich berührenden Oberflächen sind,
- *niedriger* die Streckgrenze des Schraubenwerkstoffes ist,
- *kürzer* der Schraubenschaft ist.

Übungsaufgaben 5/8; 5/9

Richtwerte für das Vorspannungsverhältnis *y*

Belastung	y_1
ruhend	**1,5**
gering schwellend	**3**
stark schwellend	**5**

Anzahl der Trennfugen	y_2
3	**1,5**
4	**3**
6	**5**

Oberflächen-beschaffenheit	$5y_3$
feinstgeschlichtet	**1,5**
geschlichtet	**3**
rau gehölt	**4**

Schrauben-länge	y_4
$l > 5d$	**1,5**
$l \approx 5d$	**3**
$l < 5d$	**5**

Das Vorspannungsverhältnis für die Berechnung ist der Mittelwert aus den *y*-Werten der angegebenen Einflussgrößen. Für die Berechnung der Vorspannkraft gilt:

$$F_V = y \cdot F_B$$

F_V Vorspannkraft
y Vorspannungsverhältnis
F_B Betriebskraft

Mittelwert des Vorspannungsverhältnisses

$$y_m = \frac{y_1 + y_2 + \ldots + y_n}{n}$$

Berechnung des Anzugsmomentes
Das Anzugsmoment einer Schraube bei gegebener Vorspannkraft lässt sich aus der Gleichung für die Arbeit an der Schraube berechnen:

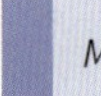

$$M_a = \frac{F_V \cdot P}{2 \cdot \pi \cdot \eta}$$

F_V Vorspannkraft
P Gewindesteigung
η Wirkungsgrad
M_a Anzugsmoment

Der Zusammenhang zwischen erreichbarer Vorspannkraft F_V und dem aufzuwendenden Anzugsmoment M_a kann für Schrauben unter Berücksichtigung eines bestimmten Reibzustandes auch aus Diagrammen bzw. Tabellen entnommen werden.

Beispiel für die Berechnung der Vorspannkraft und des Anzugsmomentes

Aufgabe

Eine Aufhängung soll mit vier Sechskantschrauben DIN EN ISO 4014 – M 10 x 70 – 8.8 mit der Grundplatte verbunden werden. Die Oberflächen der Bauteile sind rau, Gewinde und Auflagen sind geölt. Die Betriebskraft beträgt 35 000 N, sie tritt schwellend, aber nicht stoßartig auf. Der Wirkungsgrad im Gewinde beträgt 0,14.

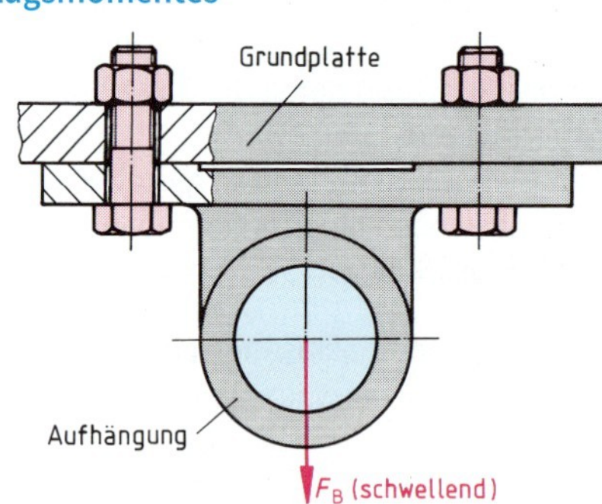

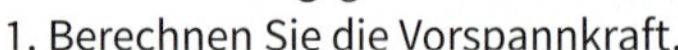

1. Berechnen Sie die Vorspannkraft.
2. Berechnen Sie das Anzugsmoment.

Lösung

1. Berechnung der Vorspannkraft nach der Gleichung: $F_V = y \cdot F_B$

   a) Ermittlung der Betriebskraft für eine Schraube: $F_B = \frac{F_{B\,ges}}{4}$ $\quad F_B = \frac{35\,000\ \text{N}}{4} = \mathbf{8\,750\ N}$

   b) Ermittlung des Vorspannungsverhältnisses *y*:
   - gering schwellende Belastung $y_1 = 3$
   - 3 Trennfugen $y_2 = 1{,}5$
   - raue geölte Oberfläche $y_3 = 4$
   - lange Schrauben $y_4 = 1{,}5$

   Mittelwert **$y = 2{,}5$**

   c) Berechnung der Vorspannkraft: $F_V = y \cdot F_B$ $\quad F_V = 2{,}5 \cdot 8\,750\ \text{N} = \mathbf{21\,875\ N}$

2. Berechnung des Anzugsmomentes: $M_a = \frac{F_V \cdot P}{2 \cdot \pi \cdot \eta}$ $\quad P = 1{,}5$ mm für M10 (Tabellenwert)

$$M_a = \frac{21\,875\ \text{N} \cdot 1{,}5\ \text{mm} \cdot \text{N}}{2 \cdot \pi \cdot 0{,}14 \cdot 1\,000\text{mm}} = \mathbf{37{,}3\ Nm}$$

Übungsaufgaben 5/10; 5/11; 5/12

5.2.4 Schraubwerkzeuge

Schraubenverbindungen lassen sich mithilfe von Maul-, Steck- und Ringschlüsseln nur nach Gefühl anziehen. Die Funktionsfähigkeit einer Schraubenverbindung mit Vorlast ist aber von der beim Anziehen der Schraube erreichten Vorspannkraft abhängig. Um bei der Montage die geforderten Vorspannkräfte einhalten zu können, müssen entweder die Längenänderungen der Schraube beim Anziehen gemessen werden, oder es müssen Drehmomentschlüssel verwendet werden.

– **Anzug mit Drehmomentschlüsseln**

Bei **Drehmomentschlüsseln** unterscheidet man zwei verschiedene Bauformen:

- *anzeigende* Drehmomentschlüssel,
- *automatisch* auslösende Drehmomentschlüssel.

Bei anzeigenden Drehmomentschlüsseln sind Ablesefehler möglich.

Automatisch auslösende Drehmomentschlüssel erlauben die Einstellung eines bestimmten Drehmomentes und rasten bei Erreichen dieses Wertes aus, sodass *kein* höheres Drehmoment auf die Schraube übertragen werden kann. Das gewünschte Drehmoment kann über eine Skala am Drehmomentschlüssel oder mithilfe eines Prüfgerätes eingestellt werden.

Anziehen einer Schraube mit einem anzeigenden Drehmomentschlüssel

> **!** Die Herstellung einer vorgegebenen Vorspannung von Schrauben, die nach dem Drehmomentverfahren angezogen wurden, ist nicht exakt möglich. Sie ist stark vom Oberflächenzustand des Gewindes abhängig.

– **Anzug nach dem Drehwinkelverfahren**

Voraussetzung für das Erreichen einer bestimmten Vorspannkraft ist, dass die Reibwerte an den Gewindeflanken und zwischen Kopf bzw. Mutter und Unterlage im praktischen Fall genau so groß sind, wie sie für die Berechnung des Drehmomentes angenommen wurden. Dies ist jedoch selten der Fall, da die Reibwerte stark vom Zustand der Reibflächen (z. B. Oberflächengüte, Schmierung) abhängen.

Um eine genau bestimmte Vorspannkraft bei voller Ausnutzung der Festigkeitseigenschaften des Schraubenwerkstoffes zu erreichen, muss darum nicht das Anzugsmoment, sondern die elastische Verlängerung der Schraube gemessen werden. Wegen der gleichmäßigen Steigung der Schraube ist die *Verlängerung dem Drehwinkel proportional*. Man erreicht also eine bestimmte Vorspannung durch Einhalten eines bestimmten Drehwinkels. Das entsprechende Anzugverfahren der Schraube nennt man das **Winkelanzugverfahren**.

Zunächst wird dabei die Schraube mit einem Drehmomentschlüssel auf ein geringes, vorgeschriebenes *Setzmoment* angezogen. Danach wird sie mithilfe eines Schlüssels, der mit einem Drehwinkelmesser ausgestattet ist, um einen berechneten Anzugswinkel weitergedreht und so um den gewünschten Betrag gedehnt und vorgespannt.

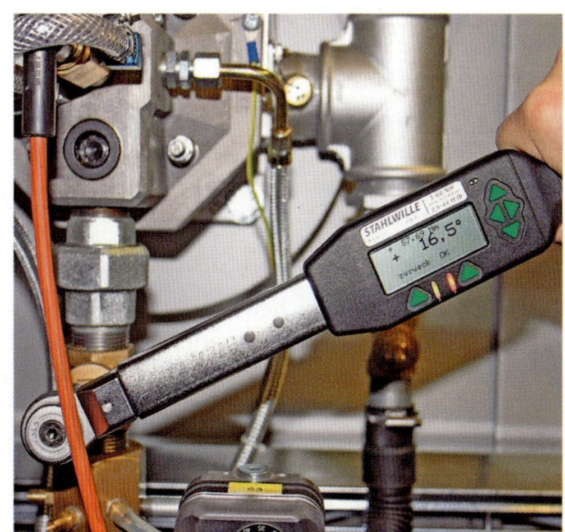

Drehmomentschlüssel mit Drehwinkelmesser

> **!** Nach dem Drehwinkelverfahren wird die Schraube zunächst auf ein Setzmoment angezogen und dann durch Anziehen um einen genau bestimmten Winkel so gedehnt, dass die vorgegebene Vorspannung erreicht wird.

In der Serienfertigung werden pneumatisch oder elektrisch angetriebene Dreh- bzw. Schlagschrauber zur Herstellung von Schraubenverbindungen verwendet. Zur Erhöhung der Zuverlässigkeit werden diese Geräte häufig mit elektronischen Überwachungs- und Registriereinheiten ausgestattet. Diese Einrichtungen bezeichnet man als Hochgenauigkeits-Schraubsysteme.

Beispiel für ein Hochgenauigkeits-Schraubsystem

Bei diesem Gerät messen Sensoren beim Anziehen einer Schraube das Drehmoment und den Drehwinkel. Die gemessenen Werte werden an ein Steuergerät weitergegeben und verarbeitet; es schaltet die Druckluft automatisch ab, wenn das eingestellte Drehmoment und der Drehwinkel erreicht sind. Gleichzeitig signalisiert es dem Bediener über Leuchtdioden die Qualität der Verschraubung. Darüber hinaus können alle Messwerte über einen Schreiber dokumentiert werden.
Durch Farbmarkierung wird dauerhaft gekennzeichnet, dass die Schraube angezogen wurde und welche Position der Schraubenkopf am Ende der Montage hatte.

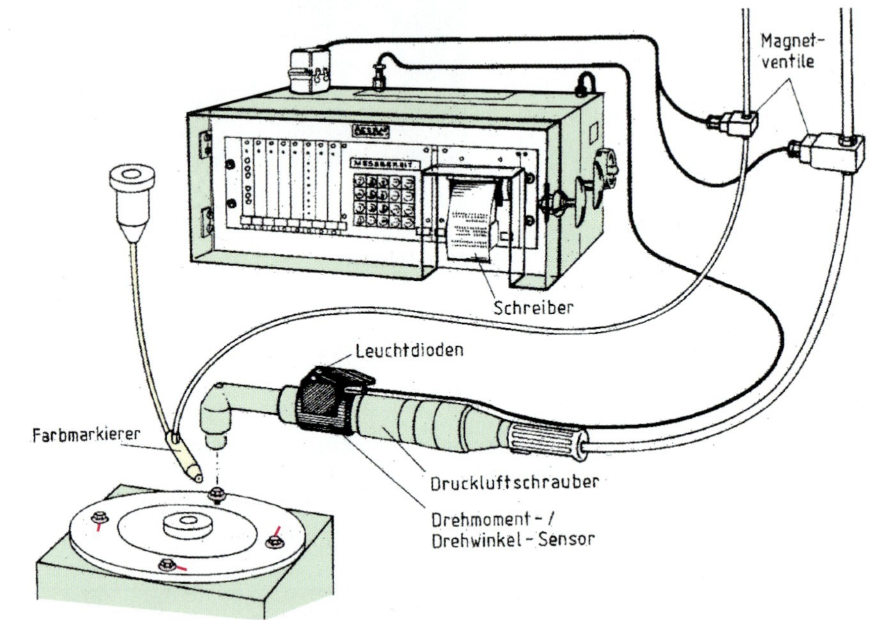

> **!** Zur Erzielung einer bestimmten Vorspannung in einer Schraubenverbindung werden Drehmomentschlüssel und gesteuerte Dreh- oder Schlagschrauber eingesetzt.
> Genaues Erreichen von Vorspannkräften ist nur mit Drehwinkel messenden Schraubsystemen möglich.

5.2.5 Herstellung von Schraubenverbindungen

Das Herstellen von einfachen Schraubenverbindungen, die nur dazu dienen, einfache Maschinenteile, Abdeckbleche usw. zu befestigen, erfordert folgende Tätigkeiten:

- Verbindungsflächen und Schraubenlöcher säubern,
- Entgraten und Beseitigen von Unebenheiten,
- Teile ausrichten und Lage der Schraubenlöcher überprüfen,
- Schrauben leicht fetten,
- Lagefixierung der zu verbindenden Teile durch Einschrauben von zwei Schrauben,
- Einschrauben der übrigen Schrauben,
- Anziehen der Schrauben mit dem entsprechenden Schraubenschlüssel,
- Kontrolle der Lage und des Flächenschlusses der verbundenen Teile.

Schraubensicherungen siehe *„Fertigungstechnik“*, Kapitel *„15.2.2 Schrauben, Muttern und Sicherung“*.

Anziehfolge

Schraubenverbindungen dienen oft dazu, Räume an Maschinen und Geräten abzudichten. Deckel an Getriebegehäusen müssen zum Beispiel bei Werkzeugmaschinen so abgedichtet sein, dass weder Öl austreten noch Staub oder Schmutz eindringen können.

– Schraubenverbindungen ohne Dichtmittel

Aus konstruktiven bzw. funktionstechnischen Gründen ist es oft nicht möglich, Dichtmittel zu verwenden. Vor dem Verschrauben solcher Flächen, die gefräst oder geschliffen sein können, ist zunächst die einwandfreie Auflage der Flächen zu prüfen. Sie sind, wenn nötig, durch Feinschleifen oder Schaben nachzuarbeiten und zu reinigen. Das Verschrauben *ohne* Dichtmittel erfolgt in folgenden Schritten:

- Erst werden alle Schrauben so weit eingeschraubt, dass eine volle Flächenauflage erreicht wird.
- Im zweiten Schritt werden die Schrauben in bestimmter Reihenfolge in mehreren Durchgängen mit dem entsprechenden Drehmoment gleichmäßig angezogen.

Diese Folge ist erforderlich, damit die Bauteile beim Verschrauben nicht verspannt werden.

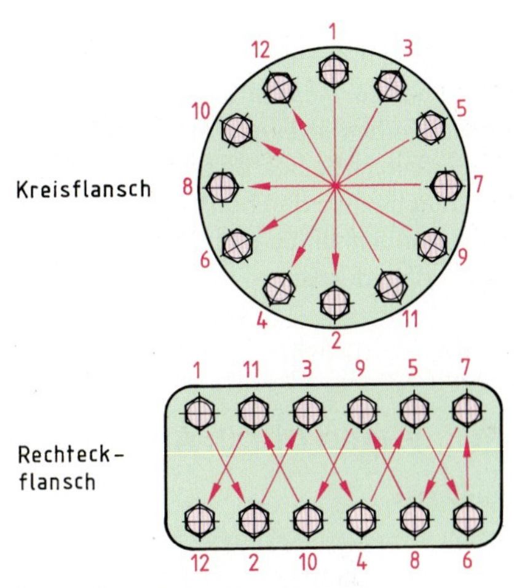

Anziehfolgen beim Dichten ohne Dichtmittel

– Schraubenverbindungen mit Dichtmitteln

Dichtungen werden zweckmäßig verwendet, wenn

- die abgedichteten Räume selten oder gar nicht geöffnet werden,
- die Dichtflächen sich nicht gut bearbeiten lassen und damit uneben sind.

Der Dichtvorgang wird durch Zusammenpressen der Dichtmittel erreicht. Die Kraft dazu wird durch das Anziehen von Schrauben aufgebracht. Die Art der Dichtstoffe, Gummi, Kunststoffe, Aluminium, Kupfer u. a., richtet sich nach den Betriebsverhältnissen wie Druck, Wärme und der mechanischen Beanspruchung.

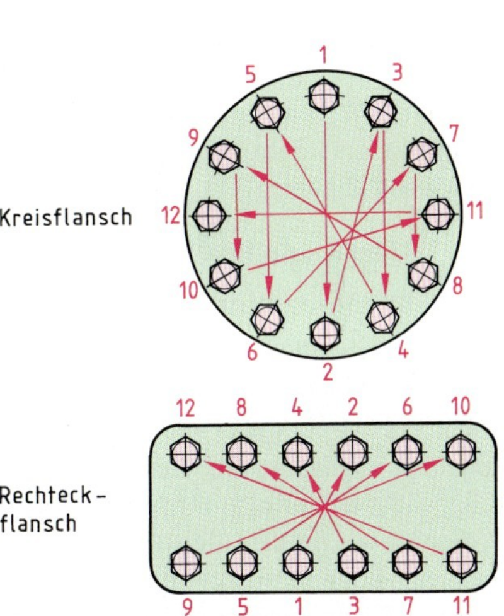

Anziehfolgen beim Dichten mit Dichtmitteln

Nach dem Auf- bzw. Einlegen der Dichtungen und dem Ausrichten der Dichtflächen werden auch hier die Schrauben in einer bestimmten Reihenfolge mit einem vorgegebenen Drehmoment gleichmäßig angezogen.
Ungleichmäßiges Anziehen und falsche Anziehfolge können zu Undichtigkeiten führen oder die Dichtungen sogar unbrauchbar machen.

! Schraubenverbindungen, die Räume mit oder ohne Dichtmittel abdichten, müssen in einer bestimmten Reihenfolge angezogen werden.

Übungsaufgaben 5/14; 5/15

5.2.6 Schraubenverbindungen mit Passschrauben

Passschrauben setzt man ein,

- wenn Belastungskräfte *quer* zur Längsachse der Schrauben wirken,
- wenn die Lage von Bauteilen zueinander durch die Schrauben selbst *gesichert* werden soll.

Passschrauben haben einen Schaftdurchmesser mit der Toleranz k6. Die Bohrungen der zu verbindenden Bauteile werden in einem Arbeitsgang gebohrt und durch Reiben fertig bearbeitet.
Passschrauben werden häufig durch einfache Durchsteckschrauben mit Spannhülsen ersetzt.
Dabei entfällt das Reiben der Aufnahmebohrungen.

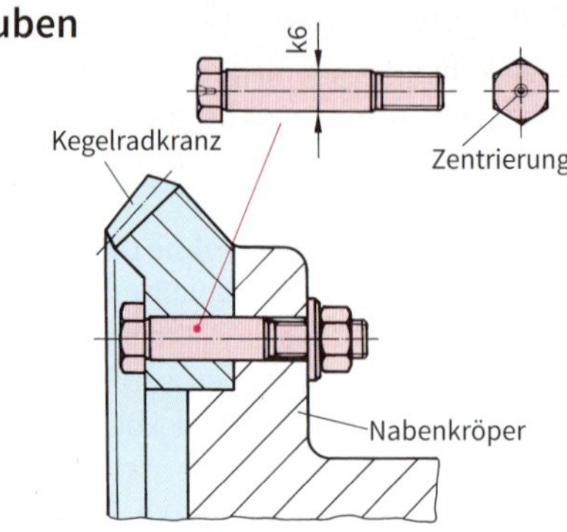

Passschraubenverbindung

Passschrauben können Querbelastungen aufnehmen und ergeben eine Lagefixierung der Bauteile.

5.3 Fügen durch An- und Einpressen

Grundlagen

Bei den Pressverbindungen erfolgt das Fügen der Bauteile durch Kräfte, die die Berührungsflächen aufeinander pressen. Die Kräfte können dabei durch *Schrauben*, *Keile*, federnde *Zwischenglieder* oder durch *Schrumpfen* hervorgerufen werden. Durch die **Reibungskräfte** können Kräfte bzw. Drehmomente vom Hebel auf die Welle übertragen werden. Die Reibungskräfte sind außer von der Flächenpressung noch von der Werkstoffpaarung, der Oberflächenbeschaffenheit und dem Schmierzustand der Berührungsflächen abhängig.

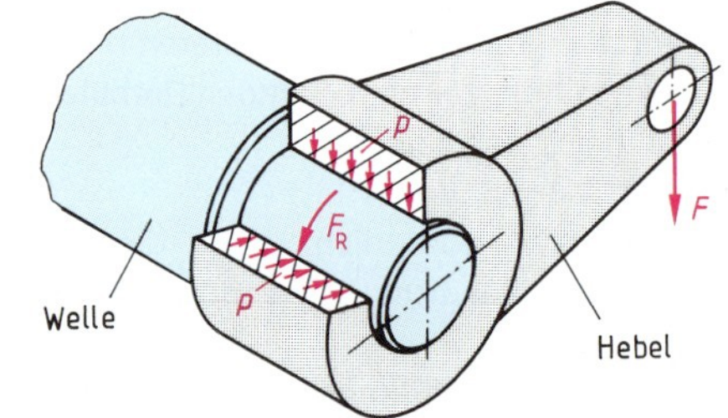

Pressverbindung

5.3.1 Fügen von Welle und Nabe

5.3.1.1 Klemmverbindung

Bei Klemmverbindungen wird die Flächenpressung durch Schraubenkräfte erzeugt. Die sich ergebende Flächenpressung ist dabei infolge der Gestaltung der Verbindung ungleichmäßig auf dem Umfang der Berührungsflächen verteilt. Klemmverbindungen werden deshalb nur für die Übertragung kleiner und wenig schwankender Drehmomente verwendet.
Ein Vorteil dieser Verbindung ist die leichte Veränderung der Nabenstellung auf der Welle in Längs- und Umfangsrichtung.
Die Klemmverbindung mit *geteilter* Nabe ermöglicht darüber hinaus eine leichte Montage, z. B. von Riemenscheiben auf der Welle ohne den Ausbau von Lagern. Das übertragbare Drehmoment hängt von den Reibungsverhältnissen an den Berührungsflächen und von den Vorspannkräften der Schrauben ab.

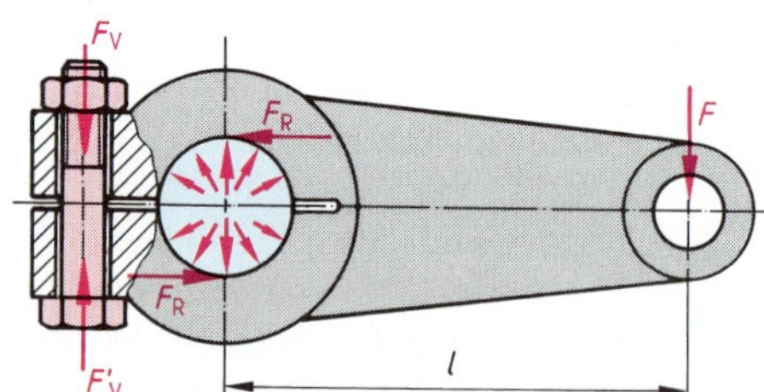

Klemmverbindung mit geschlitzter Nabe

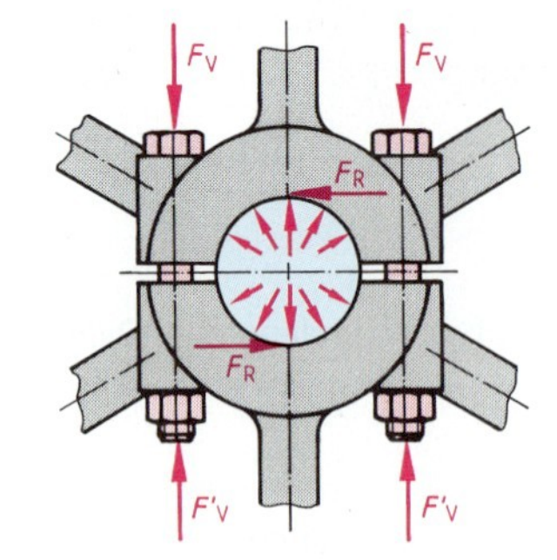

Klemmverbindung mit geteilter Nabe

Das von Klemmverbindungen übertragbare Drehmoment hängt von der Vorspannung der Schrauben und den Reibungsverhältnissen an den Berührungsflächen ab.

Übungsaufgaben 5/16; 5/17

5.3.1.2 Kegelverbindungen

Bei der Kegelverbindung sind die Berührungsflächen die Mantelflächen eines Kegelstumpfes. Die Flächenpressung, die durch die axiale Spannkraft der Schraube erzeugt wird, ist an allen Stellen der Verbindung gleich. Das setzt aber voraus, dass Außen- und Innenkegel genauestens übereinstimmen. Aus diesem Grund müssen die Kegelwinkel von Welle und Nabe vor dem Fügen geprüft und evtl. nachgearbeitet werden.

Kegelverbindungen haben infolge ihres zentrischen Sitzes eine *hohe* Laufgenauigkeit und Laufruhe. Ein axiales Verschieben oder Nachstellen der Nabe ist nicht möglich.

Das übertragbare Drehmoment ist abhängig von:

- dem Kegelwinkel α,
- den Reibungsverhältnissen an den Berührungsflächen,
- der axialen Spannkraft der Schraube.

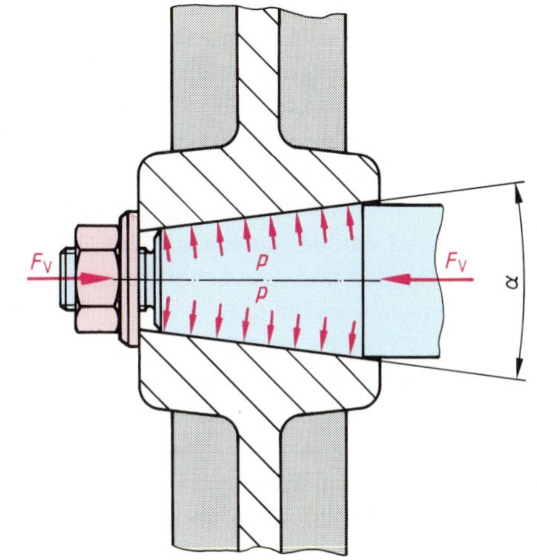

Kegelverbindung

> **!** Kegelverbindungen erfordern genaueste Übereinstimmung der Kegelwinkel von Welle und Nabe. Die axiale Schraubenkraft, der Kegelwinkel und die Reibungsverhältnisse an den Berührungsflächen bestimmen die Größe des übertragbaren Drehmomentes.

5.3.1.3 Ringfeder-Spannverbindungen

Diese Wellen-Naben-Verbindung benutzt geschlossene konische Ringpaare aus vergütetem Stahl. Zu einem solchen Spannelement gehören ein Außenring mit Innenkonus und ein Innenring mit Außenkonus. Die Flächenpressung wird durch Schrauben und Druckflansche über die Spannringe erzeugt.

Die Ringfeder-Spannverbindung gewährleistet eine *hohe* Rundlaufgenauigkeit, sie lässt sich *leicht* lösen und ermöglicht eine *genaue* Einstellung der Nabe in axialer Richtung und in Umfangsrichtung.

Vor dem Verspannungsvorgang liegen der Außen- und Innenring des Spannelementes mit Spiel in der Fuge zwischen Welle und Nabe. Zum Anziehen müssen die beiden Ringe zunächst mit einer Vorspannkraft angezogen werden. Erst eine über die Vorspannkraft hinausgehende Spannkraft ruft die zur Übertragung des Drehmomentes erforderliche Flächenpressung hervor.

Über Größe der zur Übertragung eines Drehmomentes erforderlichen Vorspann- und Spannkräfte bei geölten bzw. trockenen Elementen geben Formeln und Tabellen der Hersteller Auskunft.

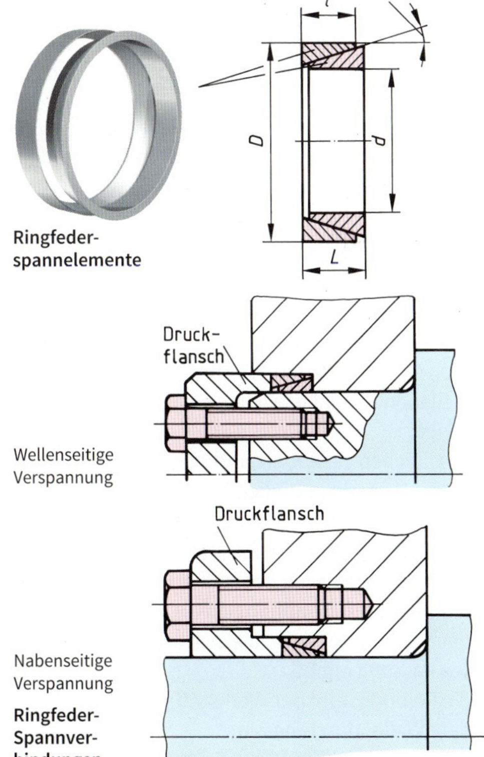

Ringfeder-Spannverbindungen

> **!** Ringfeder-Spannverbindungen ermöglichen eine genaue Nabeneinstellung in axialer Richtung und in Umfangsrichtung. Die Ermittlung der Spannkräfte erfolgt nach Herstellerrichtwerten.

Übungsaufgaben 5/18; 5/19

5.3.1.4 Pressverbindungen

Pressverbindungen entstehen durch Fügen zweier Bauteile, die mit Übermaß zueinander gefertigt wurden. Nach dem Fügen der Teile treten an den Berührungsflächen gleichmäßig verteilte Flächenpressungen auf. Die sich daraus ergebenden Reibungskräfte machen eine Übertragung von Axialkräften *und* Drehmomenten möglich. Die Reibungskraft wird darüber hinaus von der Oberflächenbeschaffenheit und vom Schmierzustand der Berührungsflächen beeinflusst.

Voraussetzung für eine einwandfreie Pressverbindung ist ein ausreichendes elastisches Verhalten des Werkstoffes der zu verbindenden Teile. Beim Fügen wird die Welle zusammengepresst und die Nabe gedehnt. Es entstehen somit in der Welle Druck- und in der Nabe Zugspannungen. Damit eine dauerhafte Verbindung gewährleistet ist, dürfen die Spannungen die Elastizitätsgrenze der Werkstoffe nicht überschreiten.

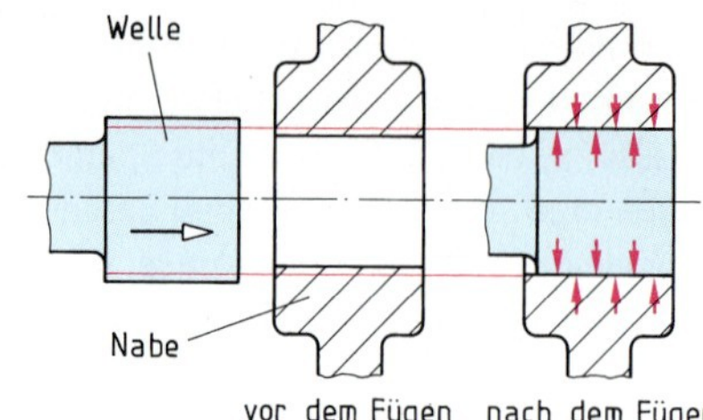

Pressverbindung

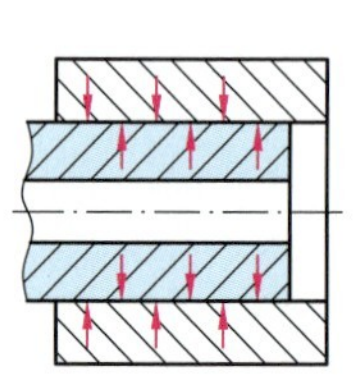

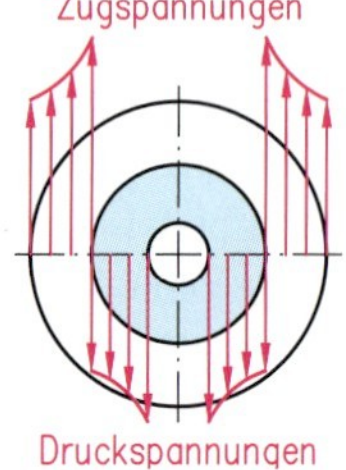

Spannungsverteilung in einer Pressverbindung

Die Passungen sind so zu wählen, dass die Flächenpressung ausreicht, das geforderte Drehmoment zu übertragen. Vorteile der Pressverbindung sind:

- Einsparung von Verbindungselementen,
- Einsparung hochwertiger Werkstoffe,
- Einsparung an Zerspanungsarbeit,
- Verringerung der Kerbwirkung, da Welle und Nabe nicht durch Nuten geschwächt sind.

> **!** Bei Pressverbindungen haben die Bauteile vor dem Fügen ein Übermaß.
> Das übertragbare Drehmoment hängt von der gewählten Passung und den Reibungsverhältnissen an den Berührungsflächen ab.

– Längspressverbindungen

Bei der Längspressverbindung erfolgt das Fügen von Welle und Nabe durch axiales Aufpressen bei Raumtemperatur.

Für den Montagevorgang sind wichtig:

- Wellenende mit Fase von ca. 5° und 2 bis 5 mm Länge,
- Passflächen gesäubert und gefettet,
- Einpressgeschwindigkeit höchstens 2 mm pro Sekunde,
- zentrisch angreifende Presskraft,
- genaue Ausrichtung der zu fügenden Bauteile.

Die Einpresskraft ist abhängig von

- der Flächenpressung, die sich aus der gewählten Passung ergibt,
- die Reibungszahl der Werkstoffpaarung,
- dem Wellendurchmesser,
- der eingetriebenen Wellenlänge.

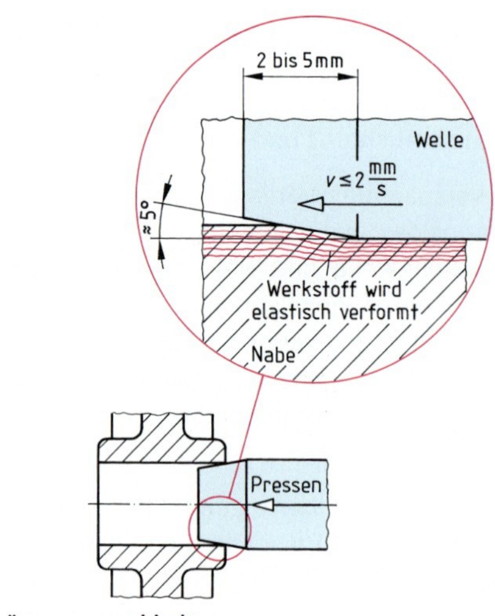

Längspressverbindung

> **!** Längspressverbindungen werden durch axiales Aufpressen von Welle und Nabe bei Raumtemperatur hergestellt.

Übungsaufgabe 5/20

– **Querpressverbindungen**

Übersicht über Querpressverbindungen

Querpress-verbindungen	Schrumpfverbindung	Dehnverbindung	Schrumpfring	Druckölverband
Erzeugung des Spiels zum Fügen	durch Anwärmen des Außenteiles	durch Kühlen des Innenteiles	durch mechanisches Aufweiten	durch hydraulisches Aufweiten
Bauteile vor dem Fügen			Welle Schrumpfring	Welle
Bauteile beim Fügen	erwärmtes Außenteil	abgekühltes Innenteil	Welle	Öl Welle
gefügte Bauteile			Welle	Welle
Bemerkungen	• Gefahr ungleichmäßiger Erwärmung bei Aufheizen mit Brennern • günstiges Anwärmen in Öfen der Ölbad • u. U. Gefügebeeinflussung	• Kühlen mit Trockeneis (–79°C) flüssiger Luft (–194°C) • besondere Schutzmaßnahmen beim Umgang mit Kühlmitteln nötig	• einstellbare Flächenpressung • leicht wieder lösbare Verbindung	• sehr leicht wieder lösbar, da keine Gefahr von Festsitzen durch Korrosion

Berechnung der Erwärmungs- bzw. Abkühlungstemperatur für Querpressverbindungen

Damit eine Querpressverbindung nach dem Erkalten eine genügend große Flächenpressung hat, müssen die Bauteile vor dem Fügen Übermaß aufweisen.
Das erforderliche Spiel während des Fügens soll aus Erfahrung etwa 10 µm bis 15 µm betragen. Somit ermittelt man die Durchmesserdifferenz:

$$\Delta d = \text{Höchstübermaß} + 15\ \mu m$$

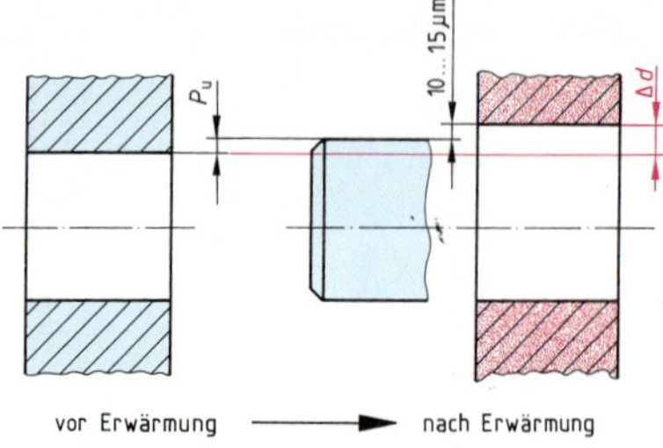

Durchmesseränderung bei Erwärmung des Außenteils

Die Durchmesseränderung Δd bei Erwärmung bzw. Abkühlung hängt vom Ausgangsdurchmesser des Teiles, seinem Werkstoff und der Temperaturdifferenz ΔT zwischen kaltem und warmen Zustand ab. Der Einfluss des Werkstoffes wird in der werkstoffeigenen Längenausdehnungszahl α berücksichtigt. Sie wird in mm Längenänderung je mm Ausgangslänge und Grad Temperaturänderung angegeben ($\frac{mm}{mm\,K}$ bzw. nach Kürzen $\frac{1}{K}$).

$$\Delta d = d_0 \cdot \alpha \cdot \Delta T$$

Δd Durchmesseränderung
d_0 Ausgangsdurchmesser
α Längenausdehnungszahl
ΔT Temperaturdifferenz

Mit dieser Formel kann bestimmt werden, bei
- vorgegebenem Ausgangsdurchmesser d_0 die notwendige Temperaturdifferenz ΔT oder
- vorgegebener Temperaturdifferenz ΔT der notwendige Ausgangsdurchmesser d_0.

Beispiel für die Berechnung der Erwärmungstemperatur

Aufgabe

Eine Serie von Wellen und Naben ∅ 50 H7/s6 aus Stahl sollen durch Schrumpfen gefügt werden. Die Naben sollen zum Fügen erwärmt werden.
a) Bestimmen Sie die notwendige Durchmesserdifferenz Δd.
b) Bestimmen Sie die notwendige Temperaturerhöhung ΔT.

Lösung

a) Aus Passungstabellen ergeben sich

Bohrung $\varnothing\, 50^{+25}_{0}$ und Welle $\varnothing\, 50^{+59}_{+43}$

Der Durchmesserunterschied beträgt
$\Delta d = \text{Höchstübermaß} + 0{,}015\ mm$
$\Delta d = 0{,}059\ mm + 0{,}015\ mm$
$\Delta d = \mathbf{0{,}074\ mm}$

b) $\Delta d = d_0 \cdot \alpha \cdot \Delta T$ mit $\alpha_{Stahl} = 0{,}000012\ \frac{1}{K}$ (laut Tabellenbuch)

$$\Delta T = \frac{\Delta d}{d_0 \cdot \alpha}$$

$$\Delta T = \frac{0{,}074\ mm \cdot K}{50\ mm \cdot 0{,}000012}$$

$\Delta T = \mathbf{123\ K}$

Die Nabe ist von Raumtemperatur 20 °C auf rund 143 °C zu erwärmen.

Übungsaufgaben 5/21; 5/22

5.3.2 Wälzlagermontage

5.3.2.1 Bezeichnung von Wälzlagern

Die Hauptabmessungen von Wälzlagern sind:

- *Bohrungsdurchmesser* *d*,
- *Außendurchmesser* *D*,
- *Lagerbreite* *B*.

Hauptabmessungen von Wälzlagern

Aus wirtschaftlichen Gründen wurde die Anzahl der Lagergrößen begrenzt. Im ISO-Maßplan sind jedem genormten Bohrungsdurchmesser mehrere Lagerbreiten und Lageraußendurchmesser zugeordnet. Zur Kennzeichnung der Wälzlager sind Kurzzeichen eingeführt, die aus Ziffern und Buchstaben bestehen können.

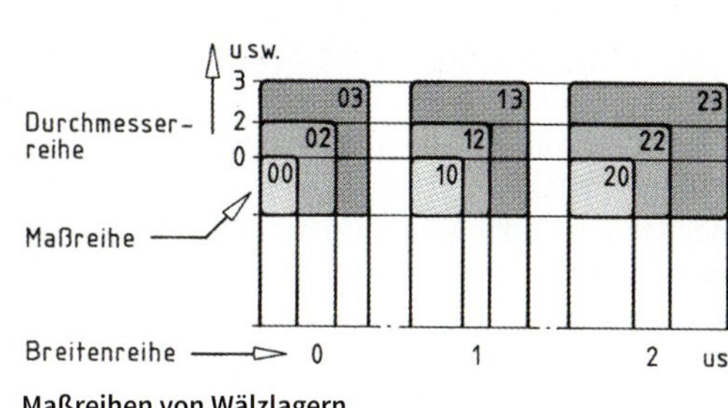

Maßreihen von Wälzlagern

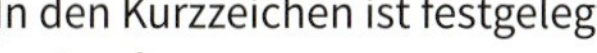

In den Kurzzeichen ist festgelegt:

- *Bauform*,
- *Breitenreihe*,
- *Durchmesserreihe* und
- des Wälzlagers.

Die vollständige Bezeichnung eines Wälzlagers enthält folgende Angaben:

- *Lagerart*,
- *DIN-Nummer*,
- *Kurzzeichen*.

Beispiele für die Bezeichnung von Wälzlagern

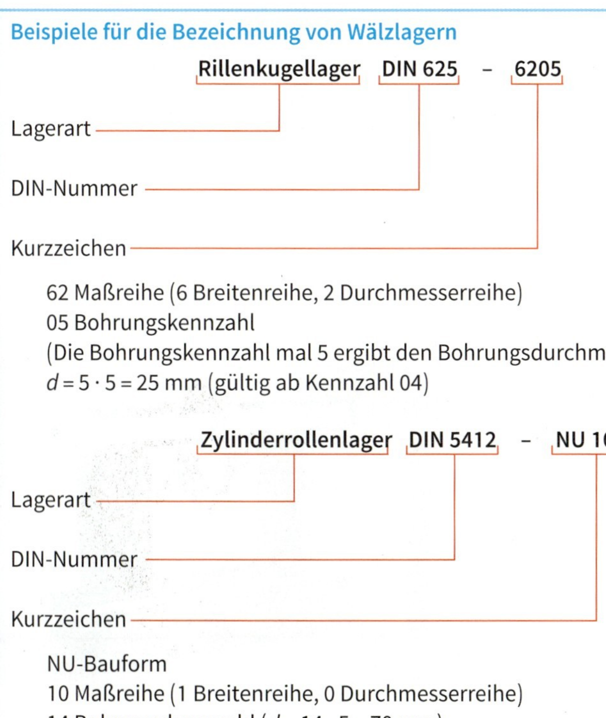

Rillenkugellager DIN 625 – 6205

Lagerart

DIN-Nummer

Kurzzeichen

62 Maßreihe (6 Breitenreihe, 2 Durchmesserreihe)
05 Bohrungskennzahl
(Die Bohrungskennzahl mal 5 ergibt den Bohrungsdurchmesser $d = 5 \cdot 5 = 25$ mm (gültig ab Kennzahl 04)

Zylinderrollenlager DIN 5412 – NU 1014

Lagerart

DIN-Nummer

Kurzzeichen

NU-Bauform
10 Maßreihe (1 Breitenreihe, 0 Durchmesserreihe)
14 Bohrungskennzahl ($d = 14 \cdot 5 = 70$ mm)

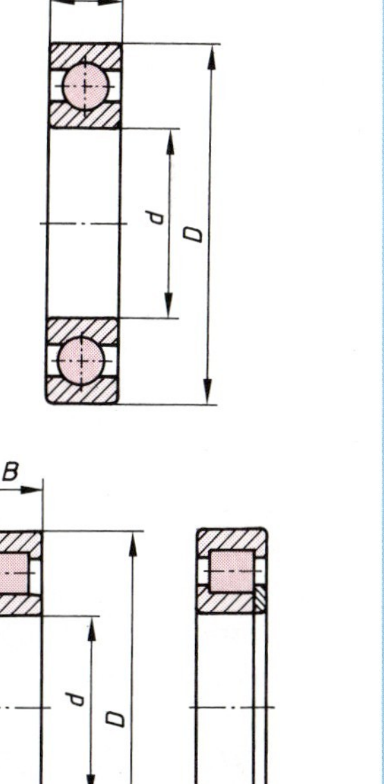

5.3.2.2 Einbau von Lagern mit zylindrischer Bohrung

– **Einbau von selbst haltenden Lagern**

Beim Einbau von Lagern mit zylindrischer Bohrung wird zuerst der Lagerring mit der festeren Passung montiert. Damit das Lager nicht verkantet, werden **Schlagkappen** verwendet, welche die Fügekraft gleichmäßig auf den zu montierenden Lagerring übertragen. Muss ein selbst haltendes Lager – nicht zerlegbares Lager – gleichzeitig auf die Welle und in das Gehäuse gepresst werden, legt man **Montagescheiben** zwischen Lager und Schlagkappe. Dadurch wird die Einbaukraft gleichmäßig auf die Seitenflächen von Innen- und Außenring verteilt.

Die Einbaukräfte können bei kleinen Lagern durch Hammerschläge und bei größeren Lagern durch eine mechanische oder hydraulische Presse aufgebracht werden. Es ist jedoch stets darauf zu achten, dass die Einbaukräfte nie über die Wälzkörper übertragen werden.

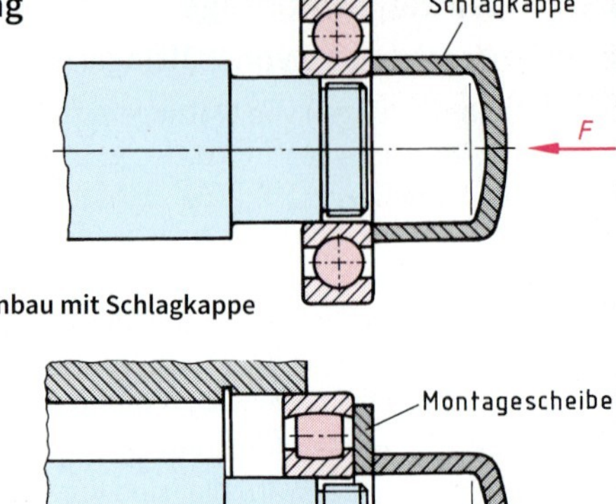

Einbau mit Schlagkappe

Montagescheibe
F

Einbau mit Montagescheibe und Schlagkappe

> ! Selbst haltende Lager mit zylindrischer Bohrung werden mithilfe von Schlagkappen und Montagescheiben eingebaut. Einbaukräfte dürfen nie über die Wälzkörper übertragen werden.

– **Einbau von nicht selbst haltenden Lagern**

Bei nicht selbst haltenden Lagern – zerlegbaren Lagern – werden die Lagerringe getrennt eingebaut. Der freie Lagerring und der Lagerring mit den Wälzkörpern werden zunächst unabhängig voneinander mithilfe von Schlagkappen montiert. Nach dem Einölen der Wälzkörper und der Laufbahn des freien Ringes werden beide Teile unter leichtem Drehen ineinander gesteckt. Hierbei ist besonders darauf zu achten, dass zwischen den Lagerringen kein Verkanten eintritt.

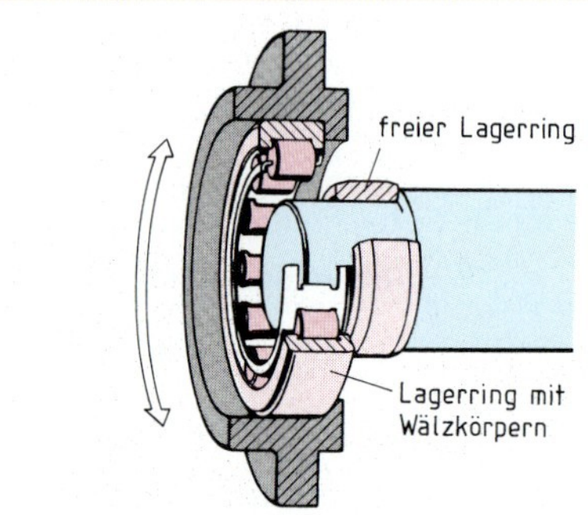

Einbau eines Zylinderrollenlagers

> ! Bei nicht selbst haltenden Lagern mit zylindrischer Bohrung werden die Lagerringe getrennt eingebaut und dann zusammengefügt.

– **Einbau von großen Lagern**

Diese Lager können aufgrund der Einbaukräfte nicht im kalten Zustand aufgezogen werden. Aus diesem Grund erwärmt man das Lager je nach Passungsübermaß und Durchmesser bis etwa 120 °C. Die Erwärmung kann im Wärmeschrank, auf elektrischen Anwärmplatten, im Ölbad oder mit induktiven Erwärmungsgeräten erfolgen.

Induktive Erwärmungsgeräte sind wirtschaftlicher und sauberer als Aufwärmplatten oder Ölbäder. Das Lager wird erwärmt und auf der eingestellten Temperatur gehalten. Vor dem Einbau wird es vom Gerät automatisch entmagnetisiert.

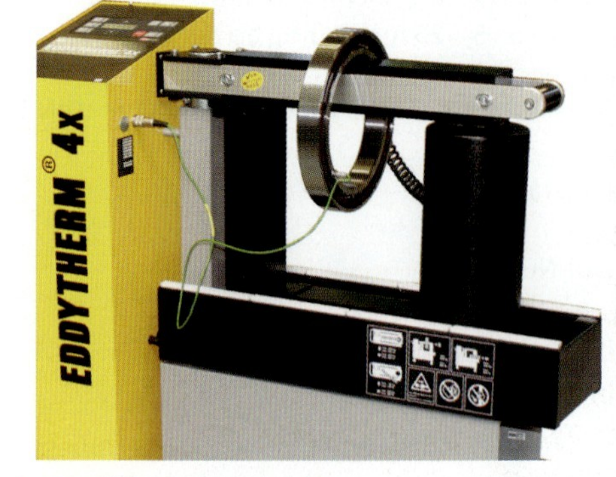

Induktives Erwärmungsgerät

> ! Große Lager werden vor dem Aufziehen in Wärmeschränken, Ölbädern, induktiven Erwärmungsgeräten oder auf elektrischen Anwärmplatten erwärmt.

Übungsaufgaben 5/25; 5/26; 5/27

Einstellen der Lagerluft

Einreihige Schrägkugellager und Kegelrollenlager werden meist paarweise eingebaut. Bei diesen Lagern wird die Lagerluft oder eine notwendige Vorspannung durch Verschieben des Lagerringes bei der Montage hergestellt.

Lagerluft wird eingestellt, wenn im Betrieb mit einer Spielverminderung durch Wärmedehnung zu rechnen ist und kein spielfreier Anlauf gefordert wird, z. B. an Radlagern für Kfz.

Vorspannung wird eingestellt, wenn jederzeit eine genaue und starre Führung verlangt wird, z. B. an Lagern von Werkzeugmaschinen.

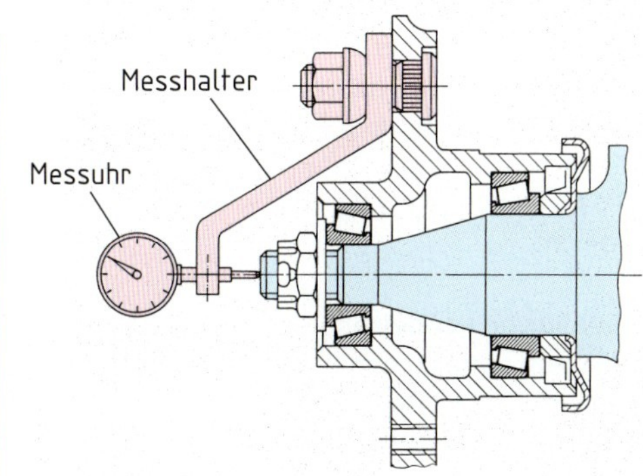

Messen der Axialluft eines Radlagers

Bei Schrägkugellagern und Kegelrollenlagern besteht ein fester Zusammenhang zwischen der **Radial- und Axialluft**. Man beschränkt sich deshalb beim Einbau darauf, eine dieser Größen einzustellen. Die Lagerluft bzw. die Vorspannung der Lagerung kann mithilfe einer Messuhr geprüft werden. Die *Einstellung* kann erfolgen durch

- Lösen oder Anziehen einer Spannmutter,
- Einlegen von Zwischenscheiben oder Federn.

> ! Bei Schrägkugellagern und Kegelrollenlagern wird die Lagerluft erst bei der Montage eingestellt. Zum Einstellen können Spannmuttern, Zwischenscheiben oder Federn verwendet werden.

5.3.2.3 Einbau von Lagern mit kegeliger Bohrung

– Prüfen des kegeligen Wellenansatzes

Vor dem Einbau von Lagern mit kegeliger Bohrung sind die Durchmesser und die Kegelsteigung der Wellenzapfen zu prüfen. Hierzu stehen Kegellehrringe und Kegelmessgeräte zur Verfügung.

Mit einem **Kegellehrring** können Durchmesser und Winkel nur für einen bestimmten kegeligen Wellenansatz geprüft werden. Darüber hinaus kann mit dem Kegellehrring auch die Rechtwinkligkeit der Mittellinie des kegeligen Ansatzes zur Stirnfläche des Wellenabsatzes geprüft werden. Der Abstand *s* zwischen Kegellehrring und Stirnfläche des Wellenabsatzes wird dazu an verschiedenen Stellen des Umfanges mit Endmaßen gemessen.

Mithilfe von **Kegelmessgeräten** können Durchmesser und Winkel von Außenkegeln in bestimmten *Bereichen* gemessen werden.

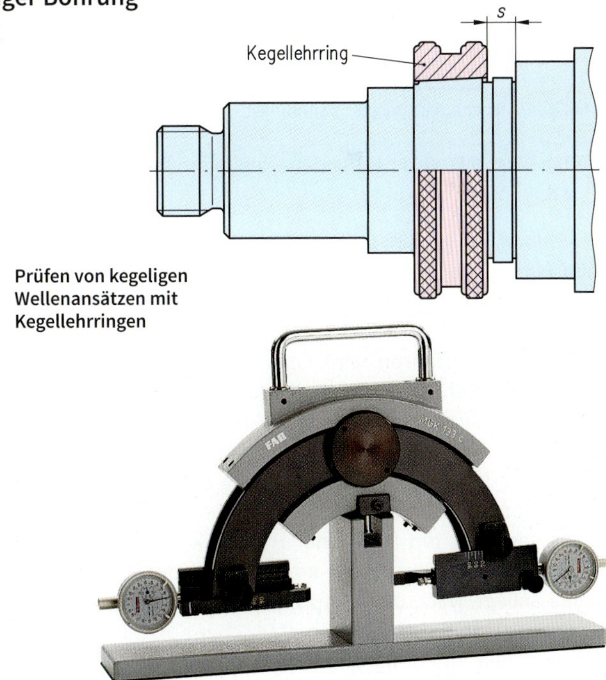

Prüfen von kegeligen Wellenansätzen mit Kegellehrringen

Kegelmessgerät zum Prüfen von kegeligen Wellenansätzen

> ! Vor dem Einbau von Lagern mit kegeliger Bohrung ist der kegelige Lagersitz zu prüfen.

– **Einstellung der Lagerluft**

Bei Lagern mit kegeliger Bohrung wird *immer* der Innenring mit festem Sitz montiert. Die Einstellung der Lagerluft erfolgt dabei, indem man den Innenring mehr oder weniger fest auftreibt. Die Fixierung der endgültigen Lage erfolgt durch einen Distanzring.

Die Einstellung der Lagerluft wird durch axiales Verschieben des Lagers auf dem kegeligen Lagersitz erreicht.

– **Einbau von Pendelrollenlagern auf kegeliger Spannhülse**

Spannhülsen ermöglichen die Montage von Pendelrollenlagern auf zylindrische Wellenansätze. Die Radialluft kann durch Anziehen der Spannhülsenmutter eingestellt werden.

Die Radialluft wird mithilfe von Fühllehren überprüft. Gemessen wird dabei zwischen Außenring und entlasteter Rolle. Vor dem Messen ist das Lager einige Male zu drehen, damit die Rollen die richtige Lage einnehmen. Zunächst muss die Radialluft des Pendelrollenlagers im ausgebauten Zustand bestimmt werden. Beim Aufpressen auf den kegeligen Sitz wird laufend die Verminderung der radialen Lagerluft mithilfe der Fühllehre gemessen. Richtwerte sind den Tabellen der Wälzlagerhersteller zu entnehmen.

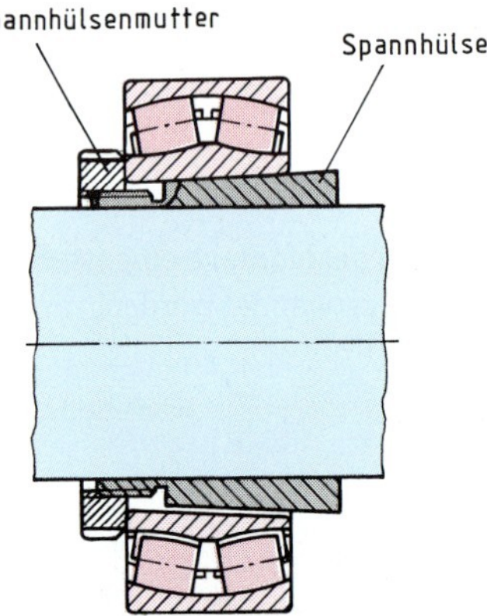

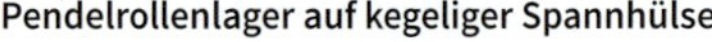

Pendelrollenlager auf kegeliger Spannhülse

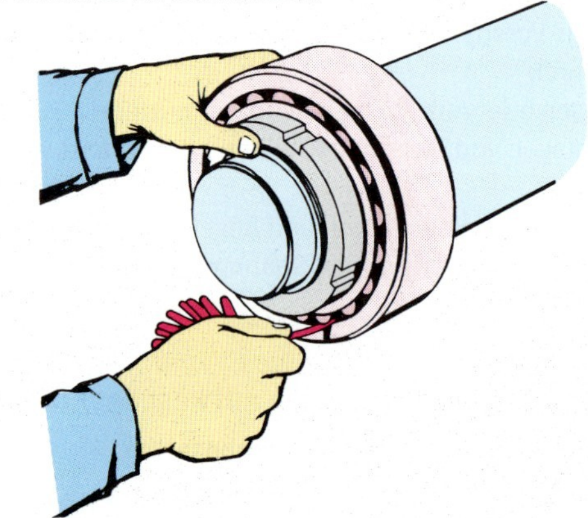

Einstellen der radialen Lagerluft mit Fühllehren

Die Lagerluft wird bei Pendelrollenlagern mithilfe von Fühllehren eingestellt.

– **Einbau von großen Lagern**

Beim Einbau großer Lager auf kegelige Wellenzapfen oder auf kegelige Spannhülsen wird der Innenring hydraulisch verschoben.

Beim **Druckölverfahren** wird Öl unter hohem Druck, durch Bohrungen in der Welle, zwischen die Lagersitzflächen gepresst. Dabei bildet sich ein Ölfilm, der die Reibung erheblich vermindert und so eine leichte axiale Verschiebung des Innenringes möglich macht. Das Aufschieben des Lagers geschieht mit Hilfe einer Hydraulikmutter, die mit ihrem Ringkolben am Innenring des Lagers anliegt. Nach dem Aufpressen fließt das Öl wieder ab, und es entsteht metallischer Kontakt zwischen Innenring und kegeligem Lagersitz.

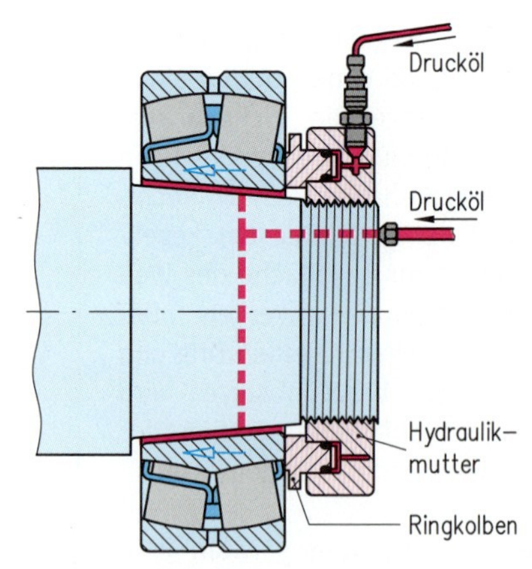

Einbau eines Pendelrollenlagers mithilfe des Druckölverfahrens und der Hydraulikmutter

Große Wälzlager mit kegeliger Bohrung werden mit einer Hydraulikmutter und/oder mit dem Druckölverfahren auf den kegeligen Lagersitz aufgepresst.

Übungsaufgabe 5/29

5.4 Fügen durch Schweißen

In der Montagetechnik wird Fügen durch Schweißen häufig eingesetzt. Vorzüge dieser Fügetechnik sind:

- Belastbarkeit der Fügestelle in alle Richtungen,
- hohe Steifigkeit und Festigkeit der Verbindung,
- geringer Raumbedarf der Fügestelle,
- gute Betriebssicherheit,
- leicht herstellbare Verbindung ohne zusätzliche Bauteile,
- gut mechanisierbare und automatisierbare Herstellungsverfahren,
- geringe Herstellungskosten, auch in der Einzelfertigung.

Nachteile dieser Fügetechnik sind:

- die Verbindung ist nicht lösbar,
- Werkstoffbeeinflussung durch Wärmeeinwirkung und Korrosionsgefahr,
- Gefahr von Verzug.

Bei der Montage von Bauteilen kann der Fachmann durch fachgerechtes Vorgehen die Gefahr des Verzuges einschränken.

5.4.1 Verzug durch Schweißspannungen

Beim Schweißen entstehen durch die Erwärmung und die anschließende Abkühlung Schrumpfungen in der Schweißnaht. Sie können zum *Verbiegen* der Schweißverbindung (Verzug), zu *Rissen* an der Schweißstelle oder sogar zum *Bruch* der Verbindung führen. Bauteile, die eine *geringe* Steifigkeit besitzen, haben die Möglichkeit, frei zu schrumpfen. Die Folgen dieses freien Schrumpfens können sein:

- **Verkürzungen**, • **Krümmungen**, • **Verwerfungen**.

Ist die Schrumpfung behindert, wie dieses bei Bauteilen mit *großer* Steifigkeit der Fall ist, werden im Bauteil Spannungen erzeugt, durch welche die Rissgefahr in der Nähe der Schweißnaht steigt. Der Verzug dieser Bauteile ist jedoch gering.

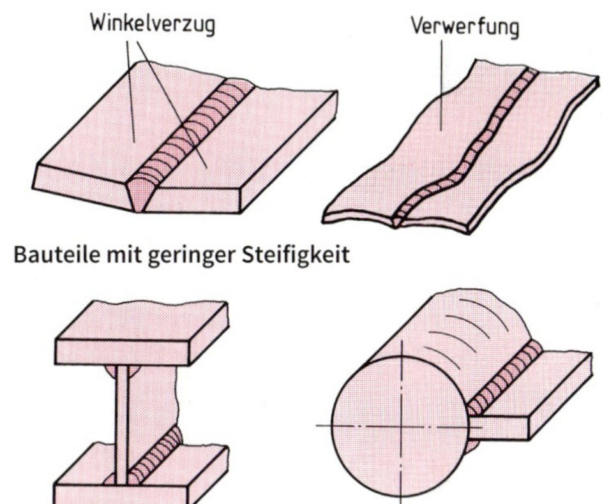

Bauteile mit geringer Steifigkeit

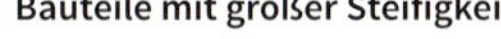

Bauteile mit großer Steifigkeit

> **!** Schweißspannungen entstehen, wenn die Schrumpfung behindert wird. Je steifer ein Werkstück ist, desto größer sind die Schweißspannungen und desto geringer ist der Verzug.

Bei der Fertigung sind Verzug und Schweißspannungen in den vorgeschriebenen Grenzen zu halten oder durch entsprechende Nachbehandlung auszugleichen.

– **Maßnahmen gegen Verzug**

- Möglichst wenig Wärme einbringen,
- Fertigen von Baugruppen mit zwischenzeitlichem Richten,
- Kehlnähte in mehreren Lagen wechselseitig schweißen,
- Bleche mit Winkelvorgabe schweißen,
- Pilgerschrittverfahren anwenden,
- dünne Bleche festspannen.

Beispiele für Maßnahmen gegen Verzug

1 2 3 4 5

Bleche mit Winkelvorgabe

Pilgerschrittverfahren

Bleche festgespannt

Übungsaufgaben 5/30; 5/31

– **Maßnahmen gegen Schweißspannungen**
- Bauteile möglichst lange frei schrumpfen lassen,
- Bauteile vorwärmen,
- Schweißzusatzwerkstoff verwenden, der verformungsfähiges Schweißgut ergibt,
- bei Aussteifungen erst Stumpfnähte, dann Kehlnähte schweißen,
- bei Blechfeldern erst Quernähte, dann Längsnähte schweißen.

5.4.2 Nachbehandlung geschweißter Bauteile

Selbst bei Einhaltung aller Maßnahmen gegen Verzug und Schweißspannungen kann in der Praxis kaum auf Nachbehandlung verzichtet werden. Spannungen können durch *Spannungsarmglühen* abgebaut werden. Dabei wird das Bauteil auf 500 bis 600 °C erwärmt. Mit zunehmender Erwärmung nimmt die Streckgrenze ab und die Spannungen im Bauteil können sich abbauen. Der Ausgleich von Verzug ist möglich durch *Kaltrichten* und *Flammrichten*.

Beim **Kaltrichten** wird das Bauteil durch äußere Krafteinwirkung in die geforderte Form gebracht, indem gelängte Fasern gestaucht und verkürzte Fasern gestreckt werden.

Beim **Flammrichten** wird das Werkstück örtlich erwärmt. Je nach Form, Größe und Werkstoff des Werkstücks sowie der Art der Verformung erfolgt die Erwärmung punkt-, strich- oder keilförmig. Dabei tritt an der erwärmten Stelle eine örtliche Stauchung ein, weil die kalte Umgebung die Ausdehnung behindert. Beim Abkühlen schrumpft der erwärmte Bereich stärker als der kältere Bereich und das Bauteil wird gerade.

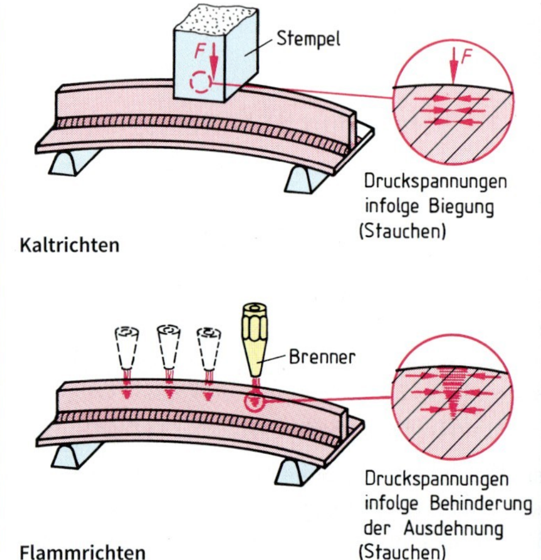

Kaltrichten

Flammrichten

Beispiele für das Richten von geschweißten Bauteilen durch Flammrichten

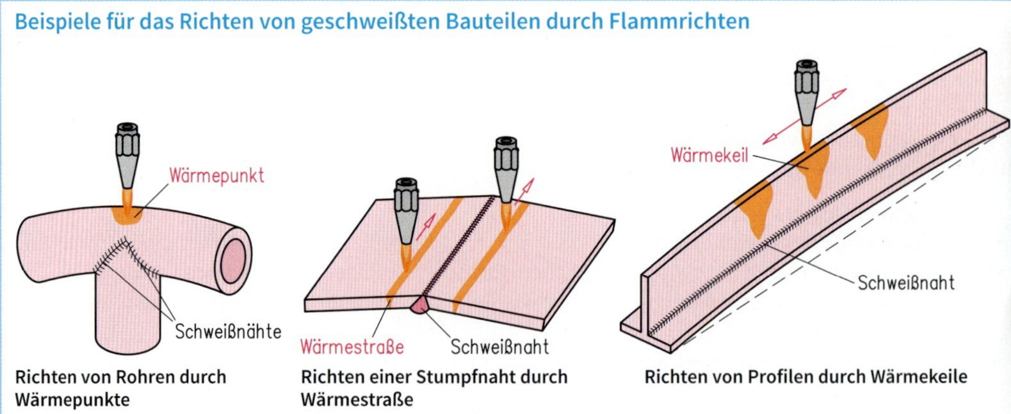

Richten von Rohren durch Wärmepunkte

Richten einer Stumpfnaht durch Wärmestraße

Richten von Profilen durch Wärmekeile

> **!** Spannungen und Verzug können durch Nachbehandlung abgebaut oder ausgeglichen werden.
> Durch Spannungsarmglühen werden Schweißspannungen abgebaut.
> Durch Kalt- oder Flammrichten werden verzogene Bauteile gerichtet.

Übungsaufgabe 5/32

5.4.3 Schweißtechnische Fertigungsunterlagen

Um ein geschweißtes Bauteil technisch einwandfrei und wirtschaftlich herzustellen, ist ein Schweißplan erforderlich.

Im Schweißplan wird der Fertigungsablauf für das Schweißen festgelegt. Zum Schweißplan gehören:
• *Zuschnitt- und Schneidplan,* • *Heft- und Heftfolgeplan,* • *Schweißfolgeplan und Prüfplan.*

Für die Montage ist der **Schweißfolgeplan** von großer Bedeutung, weil dort die Aufeinanderfolge des Schweißens und die erforderlichen Prüfungen am geschweißten Bauteil festgelegt sind.
Für die Form des Schweißfolgeplanes ist der Schwierigkeitsgrad der Konstruktion maßgebend.

Im Maschinen- und Gerätebau ist meist ein Schweißfolgeplan mit Konstruktionszeichnung und einem ergänzenden Textteil ausreichend.

Der Schweißfolgeplan sollte folgende Angaben enthalten:

- Grundwerkstoffe der zu fügenden Teile,
- Schweißzusätze und Hilfsstoffe,
- Fugenform und Nahtvorbereitungen,
- Zusammenbaufolge und Heftstellen,
- Schweißverfahren und Schweißpositionen,
- Geforderte Güten,
- Nahtaufbau,
- Schweißnahtfolge und Schweißrichtungen,
- Schweißparameter wie Spannung,
- Schrumpfzugaben bzw. Gegenmaßnahmen,
- Prüfumfang.

Beispiel für Schweißfolgeplan

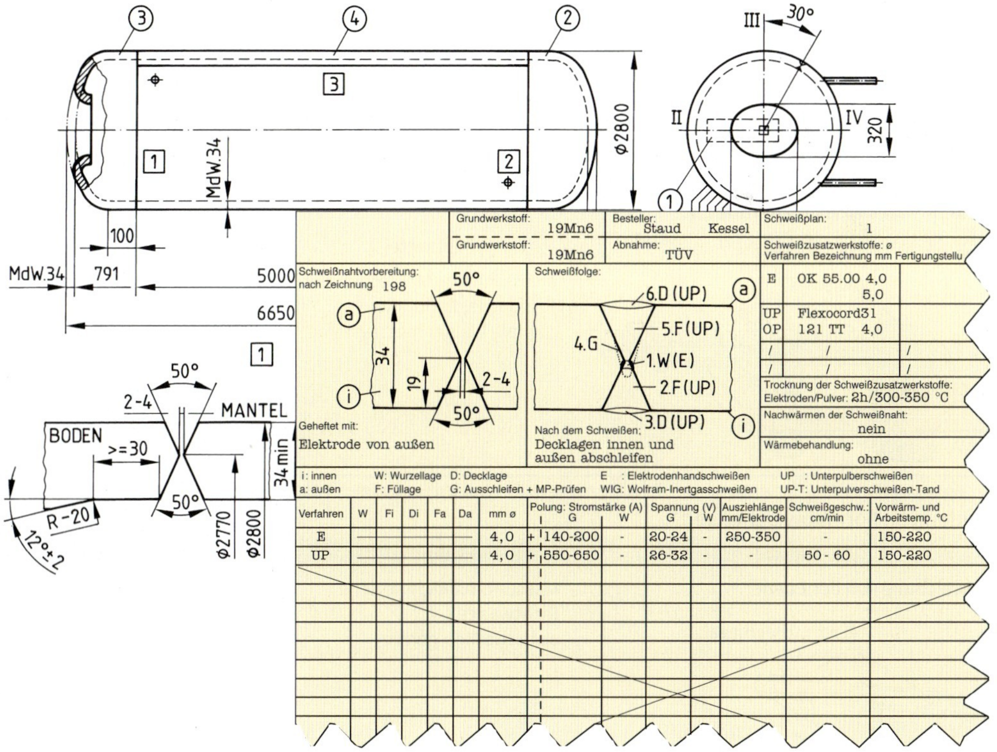

③ ④ ② III 30° II IV 320 ① 3 1 2 MdW.34 Ø2800
100 MdW.34 791 5000 6650
1 50° 2-4 MANTEL BODEN >=30 34 min 50° R-20 12°±2 Ø2770 Ø2800

Grundwerkstoff: 19Mn6 | Grundwerkstoff: 19Mn6 | Besteller: Staud Kessel | Abnahme: TÜV | Schweißplan: 1
Schweißzusatzwerkstoffe: ø Verfahren Bezeichnung mm Fertigungstellu

Verfahren	Bezeichnung	mm
E	OK 55.00	4,0 / 5,0
UP / OP	Flexocord31 / 121 TT	4,0
/	/	/
/	/	/

Schweißnahtvorbereitung: nach Zeichnung 198
ⓐ 50° 34 19 2-4 50° ⓘ

Schweißfolge:
6.D (UP) ⓐ 5.F (UP) 4.G 1.W (E) 2.F (UP) 3.D (UP) ⓘ

Trocknung der Schweißzusatzwerkstoffe: Elektroden/Pulver: 2h/300-350 °C
Geheftet mit: Elektrode von außen
Nach dem Schweißen: Decklagen innen und außen abschleifen
Nachwärmen der Schweißnaht: nein
Wärmebehandlung: ohne

i: innen a: außen | W: Wurzellage F: Füllage | D: Decklage G: Ausschleifen + MP-Prüfen | E : Elektrodenhandschweißen WIG: Wolfram-Inertgasschweißen | UP : Unterpulverschweißen UP-T: Unterpulverschweißen-Tand

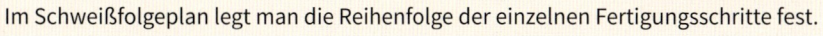

Verfahren	W	Fi	Di	Fa	Da	mm ø	Polung	Stromstärke (A) G	Stromstärke (A) W	Spannung (V) G	Spannung (V) W	Ausziehlänge mm/Elektrode	Schweißgeschw.: cm/min	Vorwärm- und Arbeitstemp. °C
E						4,0	+	140-200	-	20-24	-	250-350	-	150-220
UP						4,0	+	550-650	-	26-32	-	-	50 - 60	150-220

! Im Schweißfolgeplan legt man die Reihenfolge der einzelnen Fertigungsschritte fest.

5.5 Prüfen in Montageprozessen

Im Montageprozess wirken sich Fehler aller vorausgegangenen Fertigungsschritte auf die Funktion der Baugruppen aus. Bei Nichteinhaltung vorgegebener Abmessungen, Bearbeitungstoleranzen und Oberflächenqualitäten erhöht sich der Montageaufwand.

Entsprechend der jeweiligen Stufe im Montageprozess sind vom Facharbeiter verschiedenartige Prüfaufgaben durchzuführen:

- **statisches Prüfen** der Maß-, Form- oder Lageabweichungen von Bauteilen, Baugruppen oder Maschinen,
- **dynamische Funktionsprüfungen** von Baugruppen oder vom Fertigprodukt, z. B. Messungen von Drehmoment, Drehzahl oder auch Funktionsprüfungen ganzer Baugruppen,
- **überwachende Prüftätigkeit** bei der maschinellen Montage,
- **Prüfen der Sicherheitseinrichtungen** unter Beachtung der geltenden Vorschriften, wie VDE-Richtlinien und Unfallverhütungsvorschriften.

Systematische Prüfungen in Montageprozessen erfordern:

- festgelegte Prüfzeitpunkte für bestimmte Prüfvorgänge, z. B. nach Fertigstellung einer Baugruppe,
- sachgerechte Prüfmittel für alle Prüfvorgänge,
- einen vorgegebenen Prüfumfang für jeden Prüfvorgang.

! In die Montageprozesse werden verschiedenartige Prüfvorgänge eingegliedert. Sie umfassen vor allem:
• statische Prüfungen, • dynamische Prüfungen, • Sicherheitsprüfungen.

5.5.1 Statische Prüfungen

Typische und häufig wiederkehrende statische Montageprüfungen im Maschinenbau sind geometrische Genauigkeitsprüfungen. Dem Facharbeiter werden in einem Prüfplan für bestimmte Abmessungen, Formen und Lagen die zulässigen Abweichungen vorgegeben, die er während des Montageprozesses zu überprüfen hat.

Beispiele für statische Montageprüfungen im Maschinenbau

Prüfen von Maßabweichungen

Beispiel	Prüfmittel	Einsatzgebiete
Messdorne	Messschieber, Messschraube Prüfdorne, Endmaße digitale Längenmesssysteme	Prüfungen des Einbauabstandes, z. B. bei der Montage von Zahnradgetrieben Prüfungen des Einbauspiels bei Kupplungen, Lagern oder Getrieben

Prüfen von Formabweichungen

Beispiel	Prüfmittel	Einsatzgebiete
Abweichung von der Ebene Haarlineal Lichtspalt	Messuhr mit Richtschiene Richtwaage optische Messgeräte	Prüfen von Führungsbahnen und Schlittenführungen (geradlinige Bewegung)

Übungsaufgabe 5/33

Beispiele für statische Montageprüfungen im Maschinenbau (Fortsetzung)

Prüfen von Lageabweichungen

Beispiel	Prüfmittel	Einsatzgebiete
Abweichung von der Parallelität Führung 1 Führung 2	Messschieber, Richtwaage Parallelendmaße Messuhr mit Vorrichtung elektronische Mess-systeme Laser-Messsysteme	Prüfen von Führungsflächen zueinander Prüfen von Achs- und Wellenlagen zueinander
Abweichung von der Fluchtung Haarlineal Endmaße	Endmaße, Messuhren optische und elektro-nische Messgeräte	Prüfen von Achsen, Wellen, Gleitbahnen, Kupplungen oder Riementrieben
Abweichung von der Rechtwinkeligkeit	Prüfwinkel mit Messuhr elektronische Messgeräte Rahmenwasserwaage	Prüfen der Lage von Führungs-flächen zueinander Prüfen von rechtwinkligen Bewegungsrichtungen, z. B. einer Spindelachse zur Führung
Abweichung vom Rundlauf 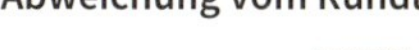 Schwankungen der „Schatten-zone" zeigen Unrundheit 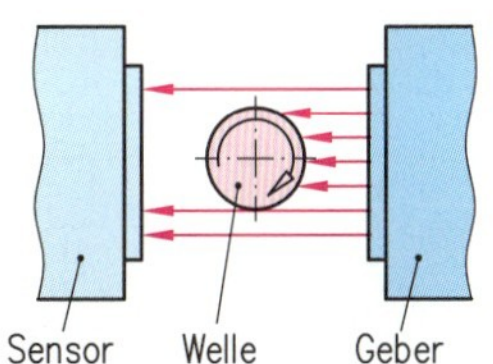 	Messuhr Laser-Messsysteme	Prüfen von Wellen und Zahnrädern Prüfen von Spindeln an Werkzeugmaschinen
Abweichung vom Planlauf 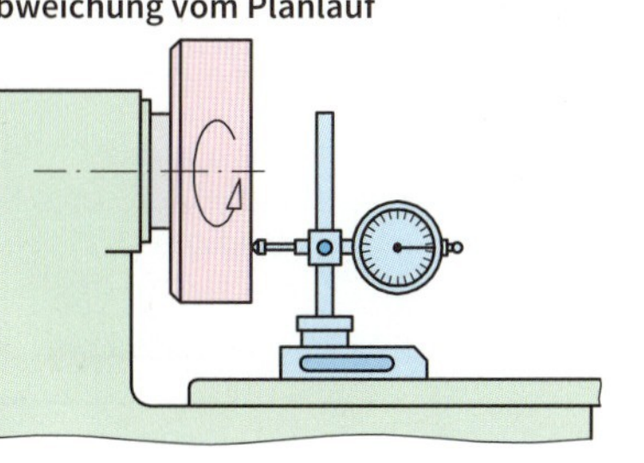	Messuhr elektronische Messgeräte	Prüfen von Wellen und Zahnrädern Prüfen von Aufspannflächen, Rundtischen sowie Maschinenspindeln

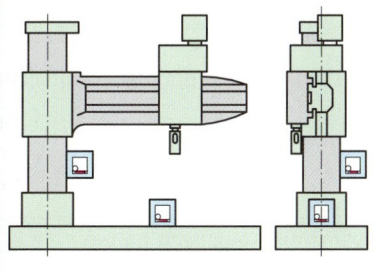

! Während der Montage werden in statischen Prüfverfahren Werkstücke, vormontierte Baugruppen und fertig montierte Einheiten hinsichtlich Maßen, Form und Lage geprüft.

Übungsaufgaben 5/34; 5/35

5.5.2 Dynamische Prüfungen

Aggregate mit rotierenden Teilen, wie Pumpen und Motoren, werden vor dem Einsatz dynamisch geprüft. Bei dynamischen Prüfungen erfasst man z. B. Drehmoment, Drehzahl, Drehwinkel und Leistung. Abweichende Drehmomente erlauben Rückschlüsse auf Ausführungsmängel der Baueinheit.
Erhöhte Reibung, als Folge eingeklemmter Späne, durch Verschmutzung oder Montagefehler, beeinträchtigt das Drehmoment.

Weitere dynamische Prüfungen sind z. B.:
- *Prüfung der Positioniergenauigkeit* von Werkzeugmaschinen oder Industrierobotern,
- *Prüfung der Unwucht* von Rotationsteilen wie Wellen und Zahnräder,
- *Prüfung der Funktion sich bewegender Bauteile* wie Führungen, Gleitbahnen, Lager, Wellen,
- *Prüfung von Arbeitsabläufen* hydraulischer, pneumatischer oder elektrischer Antriebs- und Steuerungssysteme.

Mit dynamischen Prüfungen in Montageabläufen überprüft man die Änderung von Bewegungszuständen von Bauteilen und Baugruppen.
Die Bewegungsänderungen können qualitativ oder quantitativ durch Messwerterfassung überprüft werden.

5.5.3 Auswahl von Prüfsystemen

Die Lebensdauer einer Maschine und die Möglichkeiten, die Betriebsbedingungen optimal einzuhalten, hängen von der Qualität der Bauteile und ihrer Montage ab.
Höhere Qualität kann nur durch Überwachung mit präziseren Prüfsystemen erreicht werden.

Beispiel für den Zusammenhang zwischen Lebensdauer und Ausrichtung aufgrund höherer Messgenauigkeit

Die Kupplungshälften an Motor und Pumpe müssen ausgerichtet werden. Die Lebensdauer der Lager in beiden Baueinrichtungen hängt von der Qualität der Ausrichtung ab.

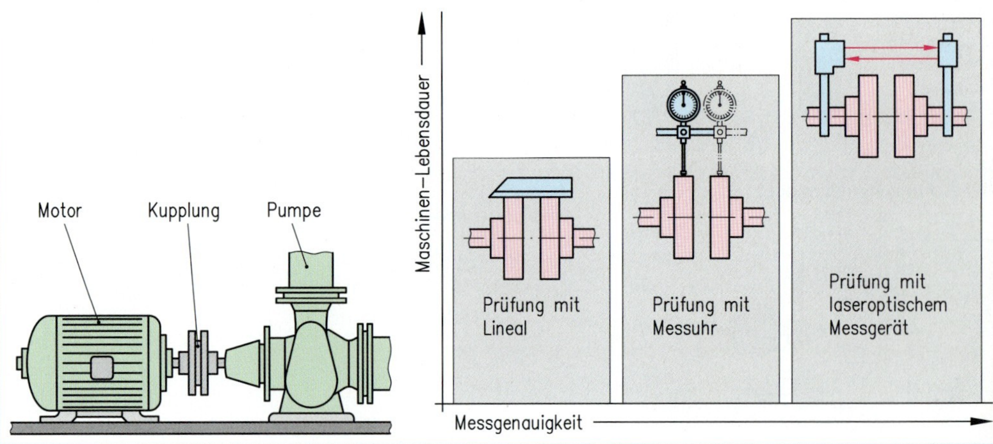

! Optimale Betriebsbedingungen und lange Lebensdauer von Maschinen und Einrichtungen sind nur durch Überwachung mit präzisen Prüfsystemen zu erreichen.

Übungsaufgabe 5/36

5.5.3.1 Abnahmeprüfungen von Maschinen

Nach der Endmontage von Maschinen, Anlagen oder Geräten muss zur Qualitätssicherung eine abschließende Prüfung durchgeführt werden.

Diese **Abnahmeprüfung** stellt sicher, dass die Maschine den gestellten Anforderungen genügt. Das bedeutet z. B. für Werkzeugmaschinen, dass bei der Fertigung vorgegebene Toleranzen eingehalten werden.

Abnahmeprüfungen erfolgen nach vorgegebenen Normen und Richtlinien. In ihnen sind festgelegt:

- der *Gegenstand der Prüfung*, z. B. der Rundlauf der Arbeitsspindel einer Werkzeugmaschine,
- die *messtechnische Anordnung der Prüfung*, z. B. eine Anschlagleiste mit Messuhr.

Beispiel für die Abnahmeprüfung einer Fräsmaschine

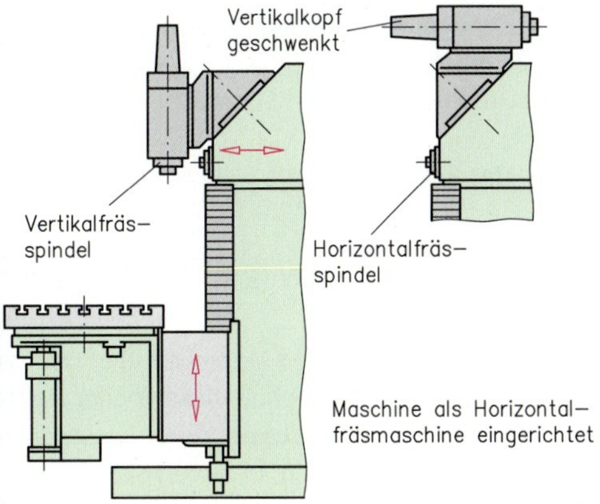

Die dargestellte Senkrecht- und Waagerechtfräsmaschine ist nach ihrer Fertigstellung an ihrem Einsatzort aufgestellt worden.

Nach DIN 8615 sind die geometrischen Prüfungen der Schlittenführungen und der Arbeitsspindel durchzuführen und zu protokollieren.

Nr.	Gegenstand der Prüfung	Bild	Prüfmittel	Prüfanleitung	Abweichung in mm zulässig	gemessen
1	Parallelität der Aufspannfläche des Frästisches zur Horizontalfrässpindel	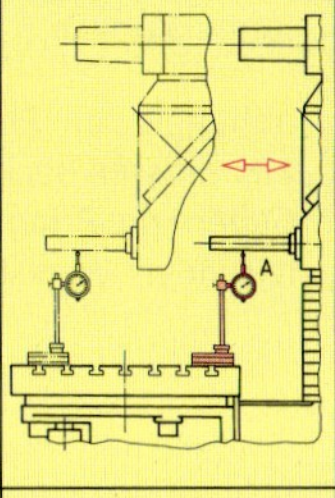	Messständer Messuhr	Messständer mit Messuhr auf dem Frästisch befestigen, Taststift der Messuhr in Position A an die Frässpindel anstellen, Querschlitten um die Messlänge verfahren und Anzeige ablesen	0,02 bei 300 Messlänge	0,012
2	Rundlauf des Außenkegels der Vertikalfrässpindel	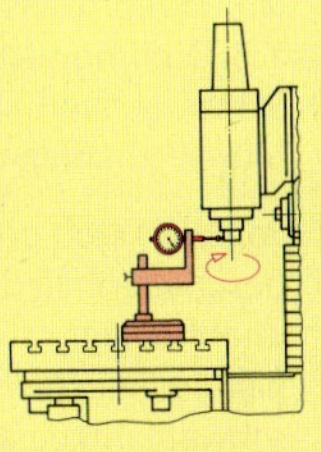	Messständer Messuhr	Messständer auf dem Frästisch befestigen, Messuhr anstellen, Spindel drehen und dabei Anzeige ablesen	0,01	0,005
3	Rechtswinkligkeit der Pinolenbewegung zur Aufspannfläche des Frästisches	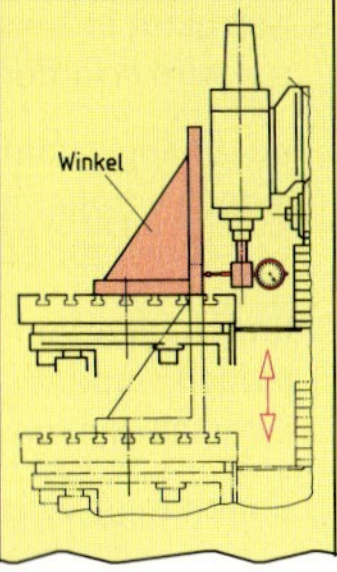	Feinzeiger und Prüfwinkel entsprechend der Länge des Pinolenweges	Längs- und Querschlitten in der Mittelstellung geklemmt, Prüfwinkel aufsetzen Messständer und Messuhr befestigen, Pinole um die Messlänge verfahren und Anzeige ablesen	0,025 bei 300 Messlänge	0,020

Auszug aus dem Abnahmeprotokoll

5.5.3.2 Prüfungen in der maschinellen Montage

Bei der **maschinellen Montage** müssen im Gegensatz zur manuellen Montage Prüfvorgänge *kontinuierlich* im Montageprozess erfolgen. Um einen gesicherten Montageablauf zu gewährleisten, treten an die Stelle einzelner Prüfaufgaben meist *Überwachungssysteme*. So muss beispielsweise vor dem Anziehen einer Schraube mit einem bestimmten Drehmoment das Vorhandensein der betreffenden Schraube geprüft werden.

Für maschinelle Montagen ergeben sich die folgenden *Prüf- und Überwachungsaufgaben*:
- Absicherung der Anlagenfunktionen, z. B. Überwachung der Steuerungs- und Antriebssysteme für den Arbeitsablauf, Kontrolle der Beendigung von Handhabungstätigkeiten,
- Überwachung der richtigen Fügelage von Einzelteilen beim Montieren,
- Überwachung des Vorhandenseins von Teilen, evtl. nach vorheriger Identitätskontrolle,
- Kontrolle der für eine Montage erforderlichen Toleranzen der Bauteile,
- Absicherung des Montageprozesses, z. B. durch Prüfen des Drehmomentes bei Schraubenverbindungen oder durch Messeinrichtungen mit Sensoren,
- Absicherung der Funktion der montierten Baugruppe oder Maschine, z. B. durch Sichtprüfungen oder Probelauf.

Maschinelle Montagen erfordern je nach Anwendungsgebiet den Einsatz vielfältiger Prüf- und Überwachungssysteme.

Prüffehler führen bei maschineller Montage entweder zu Störungen im weiteren Montageablauf oder sie fallen nicht mehr auf, sodass das fehlerhafte Produkt zum Kunden gelangt. Die Vielfalt maschineller Montagetätigkeiten erfordert entsprechend angepasste Prüf- und Überwachungssysteme, deren wesentliche Bauteile **Sensoren** sind. (Sensoren – siehe „Elektrotechnische Funktionseinheiten“)

Übersicht über Sensorsysteme in der Prüf- und Überwachungstechnik

Sensorsystem	vorwiegende Prüf- und Überwachungsaufgabe	Bemerkungen
Näherungsschalter induktive Schalter kapazitive Schalter fotoelektrische Schalter elektromechanische Schalter taktile Sensoren (Tastsensor)	Abstandprüfungen Prüfungen auf Vorhandensein von Bauteilen	abhängig vom Prüfobjekt, z. B. müssen bei induktiven Gebern die Prüfobjekte aus leitendem Werkstoff bestehen
Dehnungsmessstreifen (DMS), Silizium-Halbleiter piezoelektrische Aufnehmer	Kraft-, Druck- und Drehmomentenmessung	ermöglichen eine direkte Montageprozessüberwachung, z. B. Drehmomentmessung bei Schraubenverbindungen, jedoch teure Prüfanlage
Ultraschall	Prüfung auf Vorhandensein von Bauteilen Abstandsmessungen	von Werkstoff und Oberflächenbeschaffenheit des Prüfobjektes unabhängig; nachteilig wirken sich Temperaturschwankungen aus; Korrektur mittels Temperatursensoren wird erforderlich
Druckluft	Prüfungen auf Vorhandensein von Bauteilen Prüfen von Abmessungen	unabhängig vom Prüfobjekt, jedoch empfindlich gegen Verschmutzung der Düsen
Optik (visuell)	Prüfungen auf Vorhandensein von Bauteilen Prüfen von Abmessungen	unabhängig vom Prüfobjekt, jedoch empfindlich gegen Lichtschwankungen
Laser	Prüfungen auf Vorhandensein von Bauteilen	unabhängig vom Prüfobjekt

Übungsaufgabe 5/38

In Prüf- und Überwachungssystemen dient der Sensor zur Aufnahme der Prüfgröße. Bevor die erfasste Größe als verwertbare Prüfaussage ausgegeben wird, durchläuft sie verschiedene Zwischenstationen, sodass man von einer **Messkette** spricht. Zum Aufbau der Messkette gehören – unabhängig von der Art der Sensoren – stets noch die Signalverarbeitung und die Signalausgabe.

Zur **Messwertaufnahme** gehört neben dem Sensor noch ein Bereich der Signaleinspeisung, z. B. eine Verstärkung oder eine Analog-Digital-Umwandlung.

In der **Messwertverarbeitung** werden die Signale in verwertbare Messwerte umgesetzt und weiterverarbeitet, z. B. durch Vergleich mit gespeicherten Daten in einem Rechner.

Die **Messwertausgabe** bringt die Prüfaussage zur Anzeige oder leitet sie direkt an die Steuerung der Anlage zu einer Korrektur weiter.

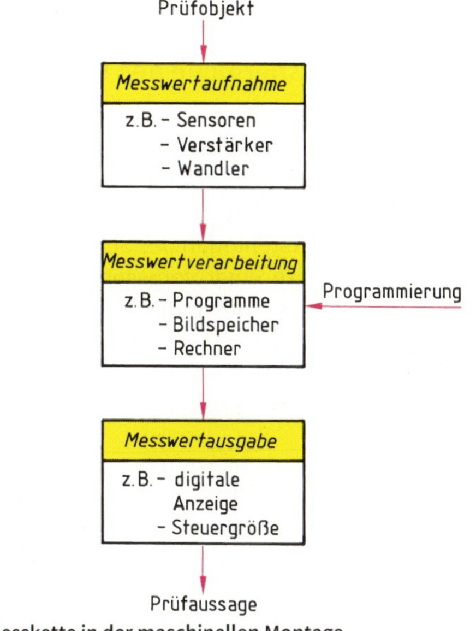

Messkette in der maschinellen Montage

Beispiel für den Einsatz von Sensoren zur Prüfung auf Vorhandensein und Lage von Motorblöcken

Für den Montagevorgang soll ein Roboter Motorblöcke von Paletten entnehmen und auf ein Transportband auflegen. Die Motorblöcke sind auf den Paletten nicht exakt positioniert. Damit der Roboter die Blöcke finden kann, ist eine Videokamera am Roboter befestigt. Die Elektronik des visuellen Sensors ermittelt Lage und Orientierung des Motorblockes. Der Greifvorgang wird durch einen taktilen Sensor gesteuert.

Nach dem Abräumen einer Palettenlage wird zur Sicherheit mithilfe eines Ultraschall-Sensors der Bereich der abgeräumten Lage nach liegen gebliebenen oder umgefallenen Motorblöcken abgesucht.

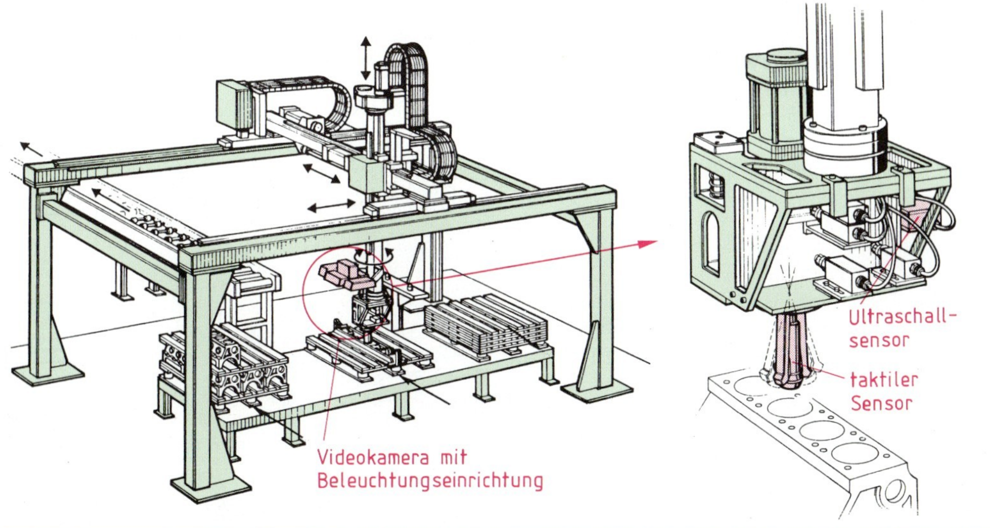

> **!** Messketten in der maschinellen Montage bestehen aus:
> - Messwertaufnahme,
> - Messwertverarbeitung und
> - Messwertausgabe.
>
> Innerhalb der Messwertaufnahme sind Sensoren die Bauteile zur Erfassung verschiedenartiger Prüfgrößen.

Übungsaufgaben 5/39; 5/40

5.6 Handhaben in Montageprozessen

5.6.1 Funktionsbereiche des Handhabens

Bauteile, die gefügt werden sollen, müssen in eine bestimmte Lage zueinander gebracht werden. Dazu sind meist mehrere verschiedene Handhabungsvorgänge erforderlich.

Unter **Handhaben** versteht man das Schaffen oder das gezielte Verändern einer vorgegebenen Lage eines Bauteils im Raum. Die räumliche Anordnung eines Bauteils wird angegeben durch:

- seine **Position** (Ort des Bauteils),
- seine **Orientierung** (Richtung des Bauteils).

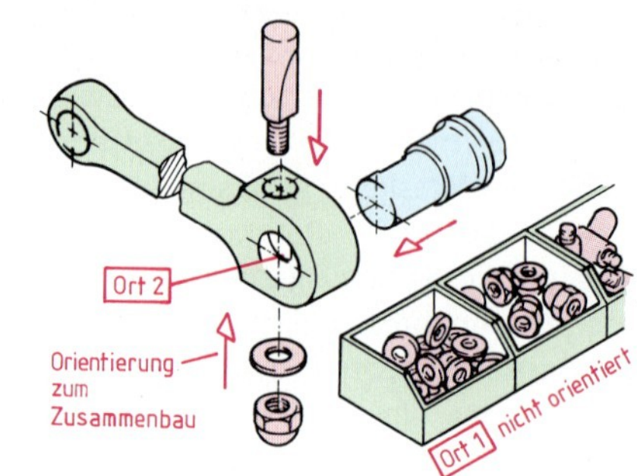

Handhabungsvorgänge für einen Verschraubungsvorgang

> **!** Handhaben ist das Schaffen oder gezielte Verändern einer vorgegebenen Bauteillage im Raum.

Handhabungsfunktionen lassen sich in *Teilfunktionen* gliedern. Nach VDI-Richtlinie 2860 unterscheidet man die folgenden **Funktionsbereiche**:

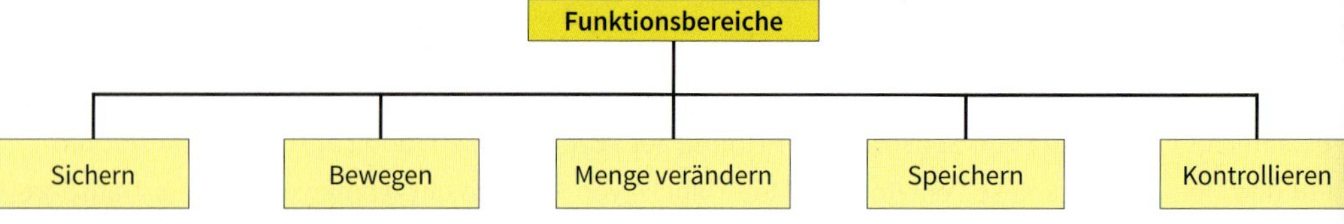

5.6.1.1 Handhabungsfunktionen zum Sichern

Unter Sichern versteht man das Erhalten eines bestimmten räumlichen Zustandes von Werkstücken und Werkzeugen während einer bestimmten Zeitspanne.

Handhabungs-funktion	Beschreibung der Funktion	Beispiele	Sinnbild VDI 2860
Halten	Vorübergehendes Sichern eines Körpers in einer bestimmten Orientierung und Position	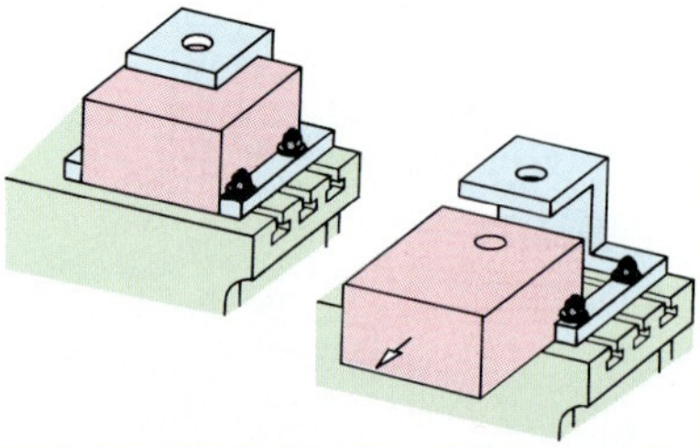	
Lösen	Umkehrung des Haltens		
Spannen	Vorübergehendes Sichern eines Körpers in einer bestimmten Orientierung und Position durch Kraftschluss	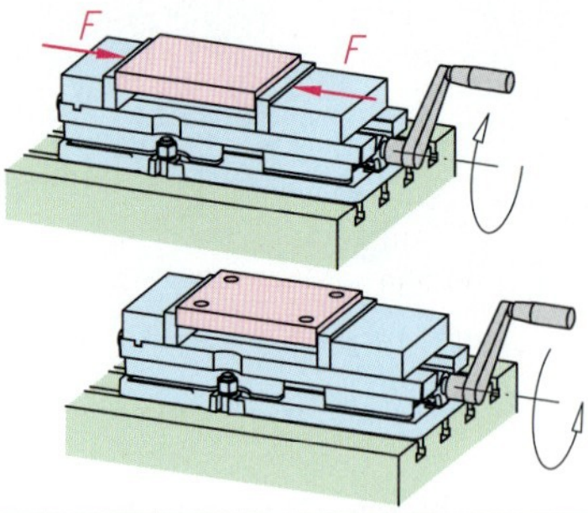 F F	
Entspannen	Umkehrung des Spannens		

> **!** Das Sichern dient dem Erhalten eines bestimmten Werkzeug- bzw. Werkstückzustandes durch Form- oder Kraftschluss für eine bestimmte Zeit.

Übungsaufgabe 5/41

5.6.1.2 Handhabungsfunktionen zum Bewegen

Ein Verändern der Position und der Orientierung von Werkstücken im Raum wird durch *Bewegen* der Werkstücke ausgeführt. Je nach der *Bewegungsbahn* und der *Orientierung* der Werkstücke unterscheidet man weitere Handhabungsfunktionen.

Handhabungs-funktion	Beschreibung der Funktion	Beispiele	Sinnbild VDI 2860
Drehen	Bewegen aus einer bestimmten Orientierung in eine andere bestimmte Orientierung durch Drehen um Körperpunkte		
Verschieben	Bewegen aus einer vorgegebenen Position in eine andere vorgegebene Position entlang einer Geraden, die Orientierung bleibt unverändert		
Schwenken	Bewegen aus einer vorgegebenen Orientierung in eine andere vorgegebene Orientierung mit Positionsänderung		
Orientieren	Bewegen aus einer unbestimmten in eine vorgegebene Orientierung ohne Berücksichtigung der Position		
Positionieren	Bewegen aus einer unbestimmten in eine vorgegebene Position ohne Berücksichtigung der Orientierung	F	
Ordnen	Bewegen aus einer unbestimmten in eine vorgegebene Position und Orientierung		
Führen	Bewegen aus einer vorgegebenen in eine andere vorgegebene Position entlang einer bestimmten Bahn, die Orientierung bleibt erhalten		
Weitergeben	Bewegen aus einer vorgegebenen in eine andere vorgegebene Position entlang einer unbestimmten Bahn	Position 1 Roboterarm Position 2	

! Durch Bewegen wird die Position und die Orientierung eines Werkstückes verändert. Die Bewegung kann auf einer bestimmten oder einer beliebigen Bahn erfolgen.

5.6.1.3 Handhabungsfunktionen zum Verändern der Menge

Mengen lassen sich in der Handhabungstechnik durch Teilen, Vereinigen, Abteilen, Zuteilen, Verzweigen und Zusammenführen verändern.

Handhabungs-funktion	Beschreibung der Funktion	Beispiele	Sinnbild VDI 2860
Teilen	Bilden von Teilmengen aus einer Menge	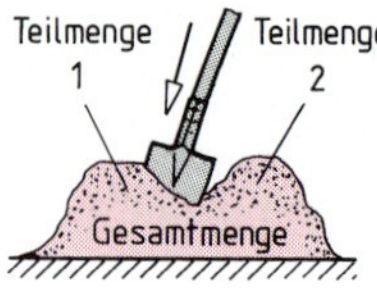 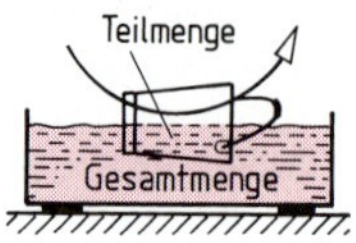	
Vereinigen	Bilden von Mengen aus Teilmengen	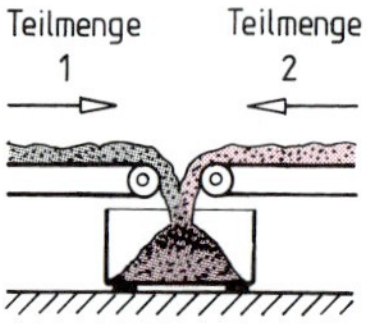 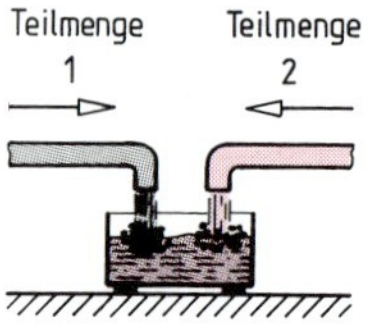	
Abteilen	Bilden von Teilmengen bestimmter Größe oder Anzahl aus einer Menge	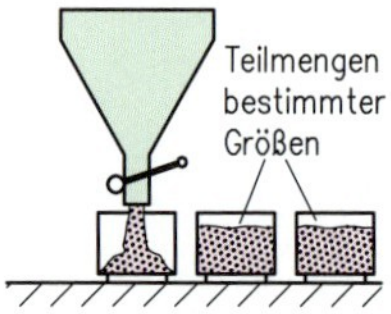 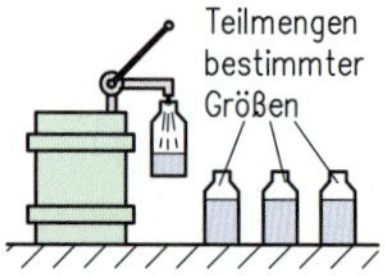	
Zuteilen	Bilden von Teilmengen bestimmter Größe oder Anzahl und Bewegen dieser Menge zu einem bestimmten Ort	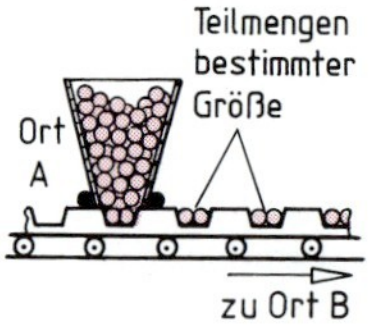 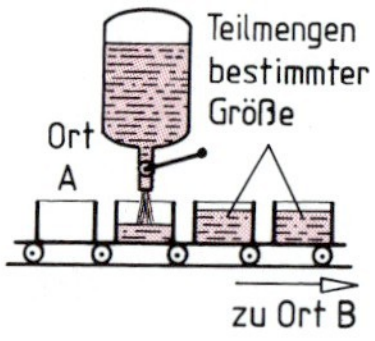	
Verzweigen	Auflösen von sich bewegenden Mengen in Teilmengen	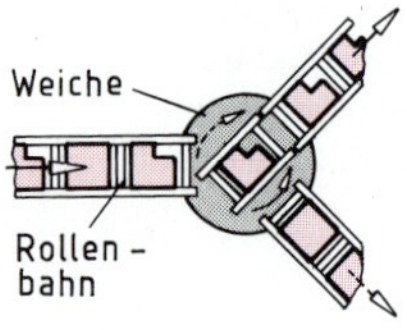 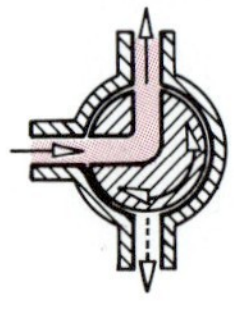	
Zusammen-führen	Bilden einer bewegten Menge aus Teilmengen	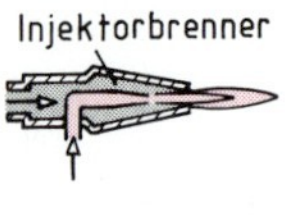 	

! Das Verändern von Mengen umfasst das Vergrößern und Verkleinern von Mengen. Größe bzw. Anzahl der Teilmengen und der Ort, zu dem diese bewegt werden, können vorgegeben sein.

Übungsaufgabe 5/43

5.6.1.4 Handhabungsfunktionen zum Speichern

Unter **Speichern** versteht man das Aufbewahren geometrisch bestimmter Körper.
Je nach Orientierung unterscheidet man:

- *geordnetes Speichern*, • *teilgeordnetes Speichern*, • *ungeordnetes Speichern*.

Handhabungsfunktion	Beschreibung der Funktion	Beispiele	Sinnbild VDI 2860
geordnetes Speichern	Orientierung und Position der Werkstücke *genau* festgelegt		
teilgeordnetes Speichern	Orientierung und Position der Werkstücke nur *teilweise* festgelegt		
ungeordnetes Speichern	Orientierung und Position der Werkstücke *beliebig*		

! Speichern ist das Aufbewahren von Werkstücken, die je nach Orientierung und Position geordnet, teilgeordnet oder ungeordnet vorliegen können.

5.6.1.5 Handhabungsfunktionen zum Kontrollieren

Das Kontrollieren umfasst das Prüfen und Messen ausgeführter Handhabungsvorgänge.

Handhabungsfunktion	Beschreibung der Funktion	Beispiele	Sinnbild VDI 2860
Prüfen	Feststellen, ob Werkstücke vorgegebene Bedingungen erfüllen	Nut oben / Nut unten	
Messen	Feststellen eines Wertes als Vielfaches einer Bezugsgröße	40,4	

! Unter Kontrolle als Handhabungsfunktion versteht man das Prüfen bestimmter Bedingungen und das Ermitteln bestimmter Maße eines Werkstückes nach ausgeführten Handhabungsvorgängen.

Beispiel für die Analyse eines Ordnungs- und Magaziniersystems mithilfe von Sinnbildern

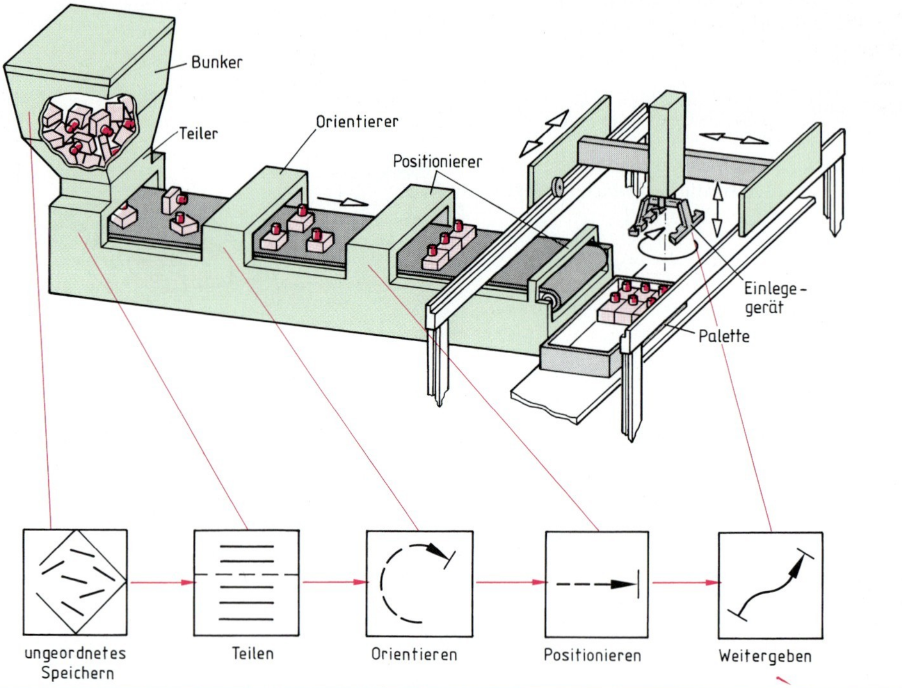

5.6.2 Handhabungseinrichtungen

Bei *automatisierter* Handhabung treten zur Ausführung der Handhabungsfunktionen technische Einrichtungen an die Stelle der menschlichen Sinne und der menschlichen Hand. Technische Einrichtungen zur Realisierung von Handhabungsfunktionen werden **Handhabungseinrichtungen** genannt. Handhabungseinrichtungen führen oft mehrere Funktionen aus. Sie werden entsprechend der hauptsächlich von ihnen auszuführenden Funktionen in drei Hauptgruppen unterteilt. Dieses sind:

- *Speichern* von Werkstücken,
- *Verändern* der Menge, Position und Orientierung von Werkstücken,
- *Spannen* von Werkstücken.

– Einrichtungen zum Speichern von Werkstücken

Eine optimale Nutzung von Fertigungseinrichtungen erfordert die dauernde Bereitstellung von Werkstücken.

Die Bereitstellung kann *ungeordnet* in **Bunkern** oder *geordnet* in **Magazinen** erfolgen.

Einige Speichereinrichtungen, in denen die Werkstücke ungeordnet vorliegen, haben gleichzeitig eine Ordnungseinrichtung.

Speichereinrichtungen sind:

- *Bunker*, z. B. Rotorbunker und Greifbehälter,
- *Magazine*, z. B. Schachtmagazine.

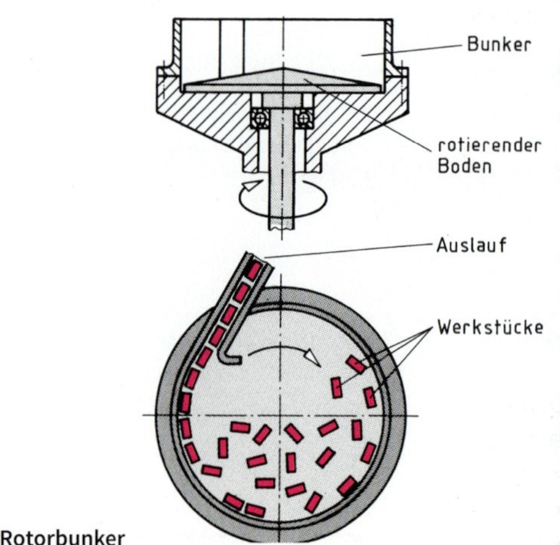

Rotorbunker

! Speichereinrichtungen dienen zum Bereitstellen von Werkstücken vor und nach den Fertigungseinrichtungen. Bunker dienen zum ungeordneten Speichern. Magazine zum geordneten Speichern.

Übungsaufgabe 5/46

– Einrichtungen zum Verändern der Menge, Position und Orientierung von Werkstücken

Die Einrichtungen zum Verändern der Menge, Position und Orientierung von Werkstücken werden eingesetzt, um den Werkstückfluss in, zwischen und aus den Fertigungseinrichtungen auszuführen. Diese Einrichtungen unterteilt man in:

- **Zuführeinrichtungen**, z. B. programmierbare Handhabungsgeräte,
- **Ordnungseinrichtungen**, z. B. Vibrationswendelförderer,
- **Zuteileinrichtungen**, z. B. Schieber und Weichen.

Beispiel für die automatisierte Montage von Kunststoffteilen

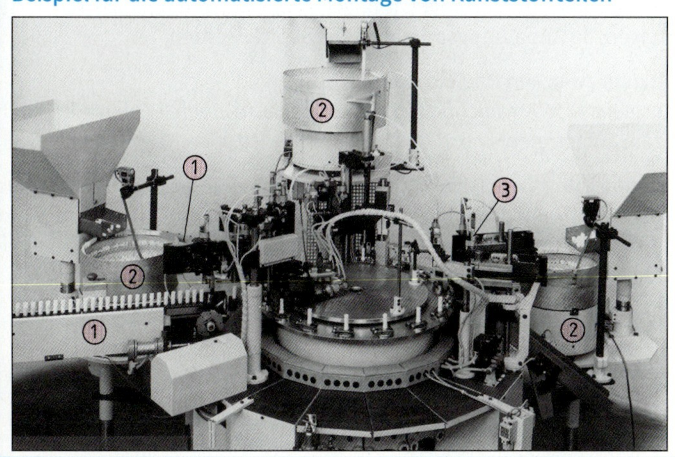

1 Zuführeinrichtung
2 Ordnungseinrichtung
3 Zuteileinrichtung

! Einrichtungen zum Verändern der Menge, Position und Orientierung von Werkstücken werden eingesetzt, um Werkstücke in, zwischen und aus Fertigungseinrichtungen zu bewegen.

– Einrichtungen zum Spannen

Die Einrichtungen zum Spannen haben die Aufgabe, die Orientierung eines Werkstückes so zu sichern, dass sie leicht wieder zu lösen sind.

Die Spanneinrichtungen werden unterteilt in: • *Greifwerkzeuge*, • *Spannvorrichtungen*.

Die **Greifwerkzeuge** sind eine Baugruppe der Handhabungseinrichtungen. Die Greifersysteme sind von der Form der zu greifenden Werkstücke abhängig.

Beispiele für verschiedene Greifwerkzeuge von Handhabungseinrichtungen

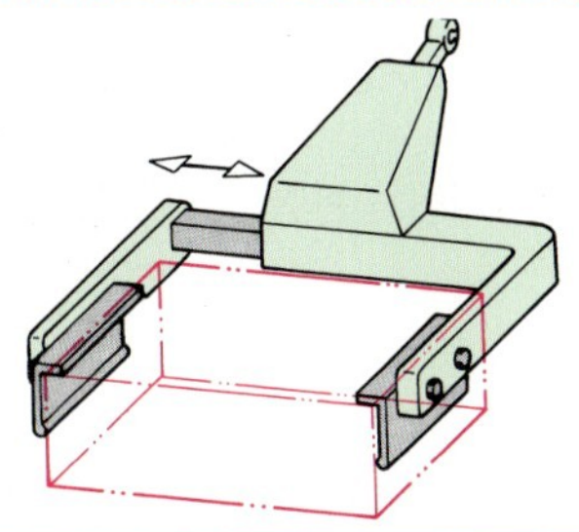

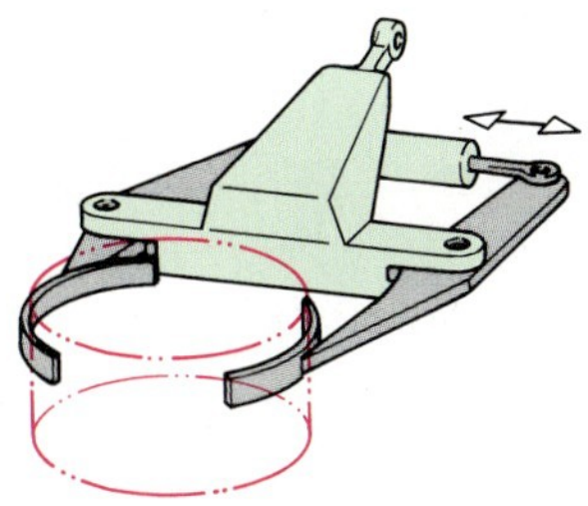

Spannvorrichtungen sind Baugruppen von verschiedenen Fertigungseinrichtungen, wie z. B. Fügestationen. Nach der Betätigungsart unterscheidet man:

- *handbetätigte* Spannvorrichtungen,
- *elektrisch* betätigte Spannvorrichtungen,
- *pneumatisch* oder hydraulisch betätigte Spannvorrichtungen.

! Einrichtungen zum Spannen dienen zur Sicherung der Lage von Werkstücken. Greifsysteme und Spannvorrichtungen sind von der Form der zu handhabenden Werkstücke abhängig.

5.7 Sondertätigkeiten im Montageprozess

5.7.1 Justieren

5.7.1.1 Arten der Justage

Die Funktion einer Baugruppe bzw. einer Maschine oder eines Gerätes ist nur dann gewährleistet, wenn die Bauteile maß- und lagegenau gefügt werden.
Eine einfache und wirtschaftliche Montage ohne Anpassungsarbeiten erfordert eine Fertigung der Bauteile mit engen Toleranzen. Die Verkleinerung der Einzeltoleranzen verteuert jedoch die Produktionskosten der Teilefertigung. Die Vergrößerung der Einzeltoleranzen ermöglicht dagegen eine kostengünstige Teilefertigung, lässt aber die Montagekosten steigen, da Anpassungsarbeiten erforderlich werden.

Bei Anpassungsarbeiten unterscheidet man zwischen Nacharbeit und Justieren.
Unter **Nacharbeit** versteht man den Ausgleich von Abweichungen, die durch *vermeidbare* Fehler, z. B. durch Nichteinhalten vorgegebener Toleranzen, aufgetreten sind.

Von **Justieren** spricht man, wenn die Anpassungsbearbeitung geplant ist, weil eine ausreichend genaue Fertigung der zu fügenden Bauteile aus technischen oder wirtschaftlichen Gründen nicht durchgeführt wird. Das Justieren umfasst alle Tätigkeiten zum Ausgleich fertigungstechnisch *unvermeidbarer* Abweichungen. Es schließt somit Prüf-, Demontage, Bearbeitungs- und Fügevorgänge ein.

Nach dem Prinzip des Ausgleichens unterscheidet man sechs Arten der **Justage**:

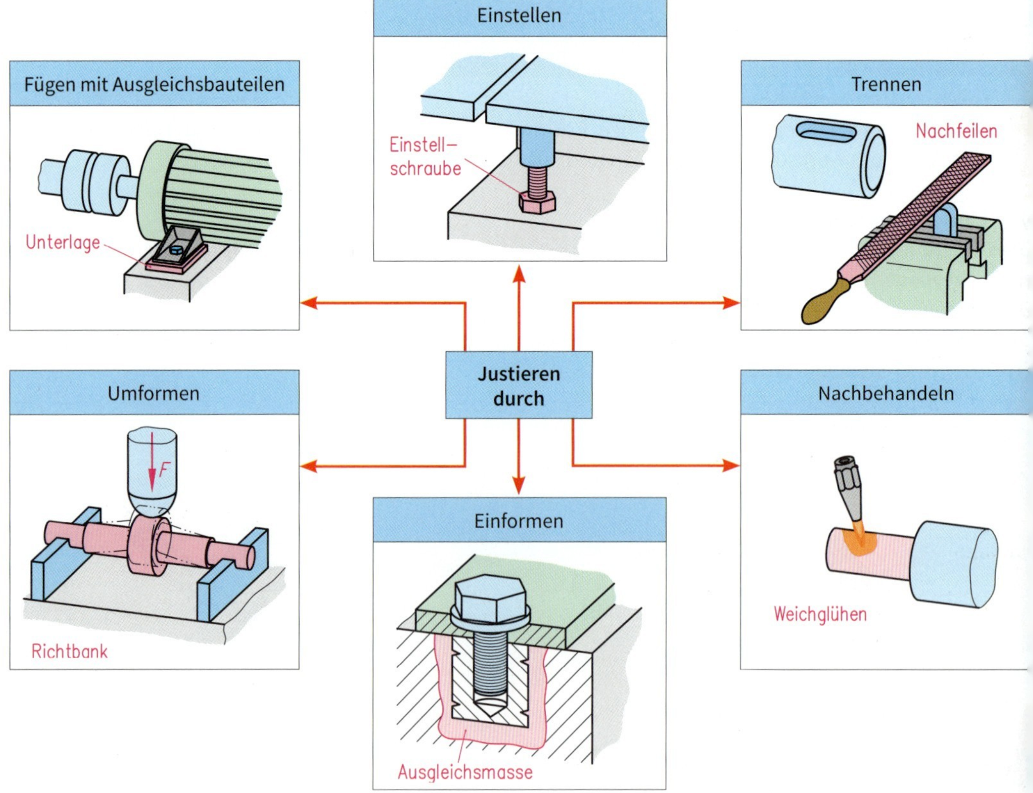

> **!** Alle Tätigkeiten zum Ausgleich fertigungstechnisch unvermeidbarer Abweichungen beim Zusammenbau von Bauteilen bezeichnet man als Justieren.
> Je nach Art der Justage unterscheidet man Justieren durch
> • Einformen, • Umformen, • Trennen, • Einstellen, • Nachbehandeln, • Fügen mit Ausgleichsbauteilen.

Übungsaufgabe 5/48

Weiterhin unterscheidet man die Justage nach der Eindeutigkeit, mit der das Justierergebnis erreicht wird in bestimmte Justage und *unbestimmte* Justage.

1. Bestimmte Justage

Bei der bestimmten Justage ist das Ergebnis jedes Justagevorgangs endgültig. Es wird durch weitere Justagevorgänge nicht mehr beeinträchtigt.

Beispiel für eine bestimmte Justage einer Ständerführung

Eine Ständerführung soll mit den zwei Senkrecht-Ebenen X und Y rechtwinklig zum Tisch montiert werden. Das Justieren wird durch Einstellen mittels Stellschrauben in Verbindung mit einer stabilisierend wirkenden Kunststoffschicht in der Trennfuge erreicht. Die Gesamtjustage ist in zwei sich nicht beeinflussende Teilvorgänge aufgeteilt. Bei jedem der Teilvorgänge wird der Ständer nur in einer Richtung bewegt. Der Justagevorgang kann ständig beobachtet und nach Erreichen des Justageergebnisses beendet werden.

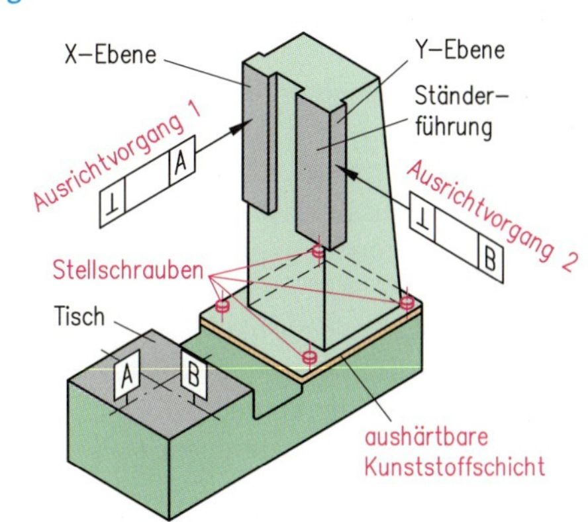

! Bestimmte Justagen sind dadurch gekennzeichnet, dass einzelne Justagevorgänge sich gegenseitig nicht beeinflussen.

2. Unbestimmte Justage

Wird durch einen nachfolgenden Justagevorgang das Ergebnis eines vorangegangenen Justagevorgangs gestört, so spricht man von einer unbestimmten Justage. Hierbei ist es meist erforderlich, die verschiedenen Justagevorgänge mehrfach zu wiederholen. Diese Arbeiten sind zeitaufwendig und erfordern besonders qualifizierte Arbeitskräfte.

Beispiel für eine unbestimmte Justage einer Ständerführung

Erfolgt das Justieren einer Ständerführung zum Tisch in den beiden Senkrechtebenen X und Y durch Schaben des Tisches, so ergibt sich eine unerwünschte Beeinträchtigung der in den einzelnen Ebenen erreichten Justageergebnisse. Ist z. B. die geforderte Rechtwinkligkeit der X-Ebene zum Tisch erreicht, die der Y-Ebene dagegen noch nicht, so muss weiter geschabt werden um auch die Rechtwinkligkeit in dieser Ebene zu erreichen. Dabei wird das bereits erzielte Justageergebnis – die Rechtwinkligkeit des Ständers in der X-Ebene zum Tisch – eventuell zerstört. Man muss dann erneut versuchen, auch die Rechtwinkligkeit der X-Ebene wieder herzustellen. Dieses Wechselspiel ist so lange fortzusetzen, bis beide Forderungen erfüllt sind.

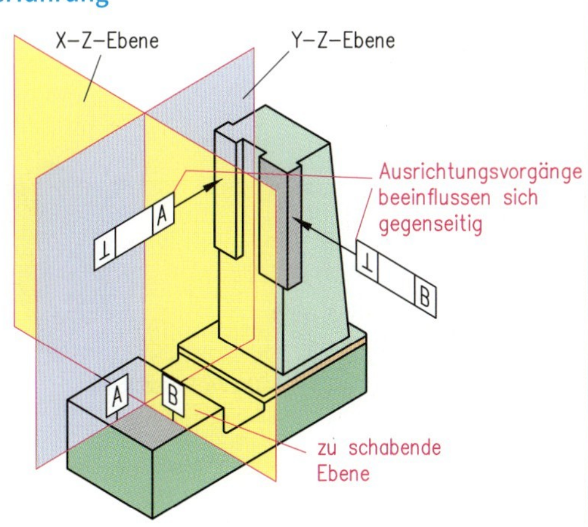

! Unbestimmte Justagen sind dadurch gekennzeichnet, dass sie einen vorangegangenen Justiervorgang beeinflussen. Unbestimmte Justagen sollten vermieden werden.

5.7.1.2 Durchführung der Justage

In der Montagetechnik finden folgende Justagearten die häufigste Anwendung:
- Justieren durch Trennen,
- Justieren durch Einstellen,
- Justieren durch Fügen mit Ausgleichsbauteilen.

1. Justieren durch Trennen

Beim Justieren durch Trennen wird meist ein im Voraus festgelegtes Bauteil, z. B. eine Distanzbuchse, spanend so bearbeitet, dass ein vorgeschriebenes Maß mit entsprechender Toleranz erreicht wird.

Dabei sind die folgenden Justagearbeiten durchzuführen:
- Fügen der Bauteile,
- Messen des Ausgleichsmaßes,
- Demontieren der Baugruppe soweit erforderlich,
- Spanen des Ausgleichsbauteils,
- Reinigen und Einölen der Bauteile,
- erneutes Fügen der Bauteile,
- Prüfen, ob das vorgeschriebene Maß erreicht wurde,
- Wiederholen des Vorgangs, wenn das vorgeschriebene Maß noch nicht erreicht ist.

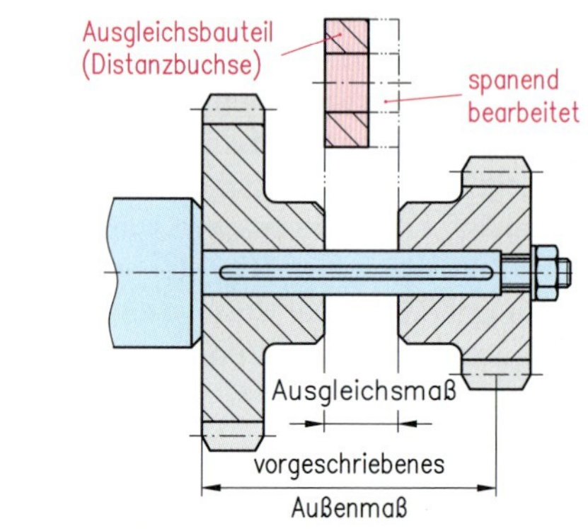

Justieren durch Trennen

Damit der Justageaufwand nicht zu groß wird, müssen die folgenden Forderungen berücksichtigt werden:
- Das nachzuarbeitende Ausgleichsbauteil soll zweckmäßig ein außen liegendes Teil sein, das eingebaut werden kann, ohne andere Teile demontieren zu müssen.
- Die zu bearbeitenden Flächen des Ausgleichsbauteils sollen möglichst klein sein, damit der Zeitaufwand für Nacharbeit – insbesondere bei manueller Bearbeitung wie Feilen oder Schaben – gering bleibt.

Beispiel für die Einschränkung des Justageaufwandes

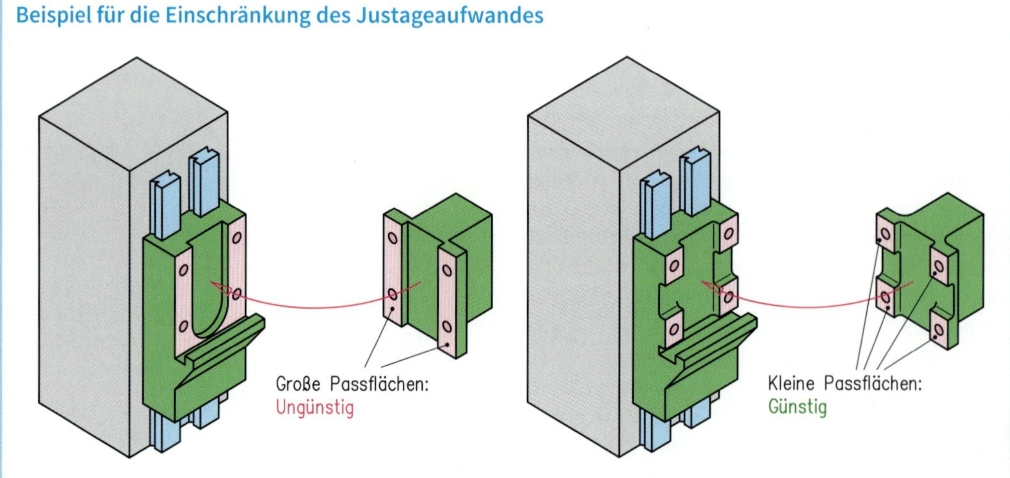

! Beim Justieren durch Trennen wird ein Ausgleichsbauteil so lange spanend bearbeitet, bis das vorgeschriebene Maß bzw. die vorgeschriebene Lage erreicht ist.

Übungsaufgabe 5/50

2. Justieren durch Einstellen

Beim Justieren durch Einstellen werden Abweichungen, die infolge der Fertigungstoleranzen entstehen, durch verstellbare Bauteile – z. B. Stellschrauben oder Kerbleisten – ausgeglichen. Eine weitere Möglichkeit ist, durch Verschieben einer Distanzbuchse einen Längenausgleich zu erreichen. So entfällt die gesamte zeitaufwendige Nachbearbeitung wie beim Justieren durch Trennen.

Darüber hinaus kann mit dem Justieren durch Einstellen bei auftretendem Verschleiß ein Ausgleich durch Nachstellen geschaffen werden.

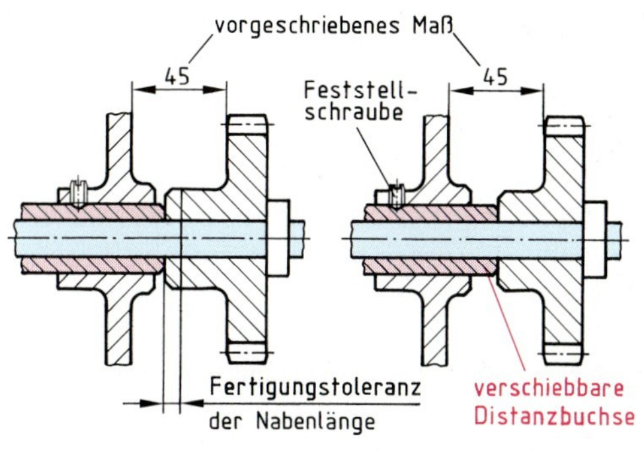

Justieren durch Einstellen mit verschiebbarer Distanzbuchse

> ! Beim Justieren durch Einstellen werden Fertigungstoleranzen durch verstellbare Bauteile ausgeglichen.

3. Justieren mit Ausgleichsbauteilen

Beim Justieren mit Ausgleichsbauteilen werden Abweichungen durch Zufügen oder Wegnehmen von vorgesehenen Ausgleichsbauteilen – z. B. Distanzringen oder Scheiben – erreicht.

Die Ausgleichsbauteile sind vielfach abgestuft vorhanden. Durch geeignete Messverfahren ermittelt man das Ausgleichsmaß und wählt eine entsprechende Zusammenstellung der Ausgleichsbauteile. Eine zeitaufwendige spanende Bearbeitung der Ausgleichsbauteile ist nicht erforderlich.

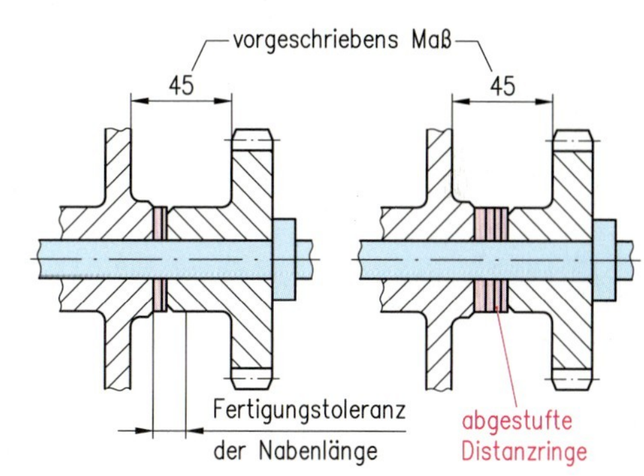

Justieren durch Fügen mit Distanzringen

Um das mitunter sehr breite Sortiment gestufter Ausgleichsbauteile einzuschränken, wurden schälbare Ausgleichsteile entwickelt. Diese bestehen meist aus planparallel aufeinander gewalzten Passplatten aus Edelstahl oder hartem Messing. Sie haben abgestuft verschiedene Einzeldicken und lassen sich mit einem Schälmesser auf eine bestimmte Dicke abschälen.

Beispiel für das Justieren mit schälbaren Ausgleichsbauteilen

> ! Beim Justieren mit Ausgleichsbauteilen erfolgt das Ausgleichen von Abweichungen durch geplantes Zufügen oder Wegnehmen von abgestuften, standardisierten Bauteilen.

Übungsaufgabe 5/51

5.7.2 Auswuchten

5.7.2.1 Arten der Umwucht

Rotierende Bauteile wie Wellen, Zahnräder, Riemenscheiben und Kupplungen können *Schwerpunktabweichungen* von der Mittelachse aufweisen. Dadurch werden bei einer Drehung einseitig wirkende Fliehkräfte hervorgerufen, die eine **Unwucht** bewirken.

Die Größe der durch die Unwucht hervorgerufenen Fliehkräfte hängt ab von:

- der *Größe* der verlagerten Masse,
- dem *Abstand* der verlagerten Masse zur Drehachse,
- der *Drehzahl* des rotierenden Bauteils.

Bauteil mit Unwucht

Unwuchten können verschiedene Ursachen haben:

- konstruktionsbedingte Ursachen, z. B. bei Kurbelwellen und Nockenwellen,
- fertigungsbedingte Ursachen, z. B. mangelndem Rundlauf, falscher Montage,
- werkstoffbedingte Ursachen, z. B. Lunker, Schlackeneinschlüsse.

Unwuchten führen zu zusätzlichen Beanspruchungen der Lager und erzeugen starke Schwingungen und Geräusche. Dies hat größeren Verschleiß und vorzeitige Werkstoffermüdung zur Folge, die Lebensdauer der Maschine wird verkürzt. Darum müssen schnell laufende Drehteile ausgewuchtet werden.

Man unterscheidet zwei Arten der Unwucht:

Statische Unwucht	Dynamische Unwucht
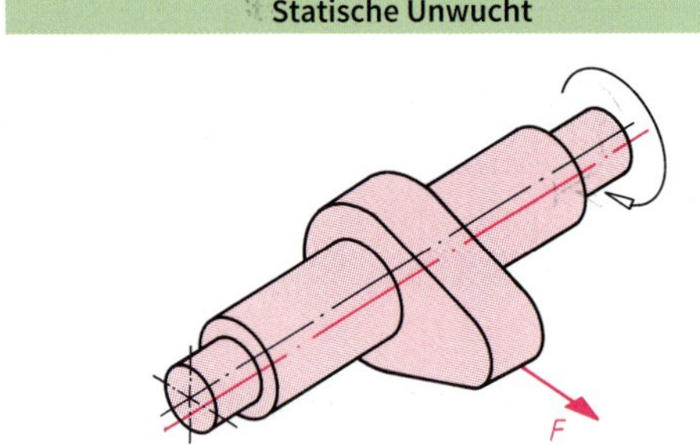	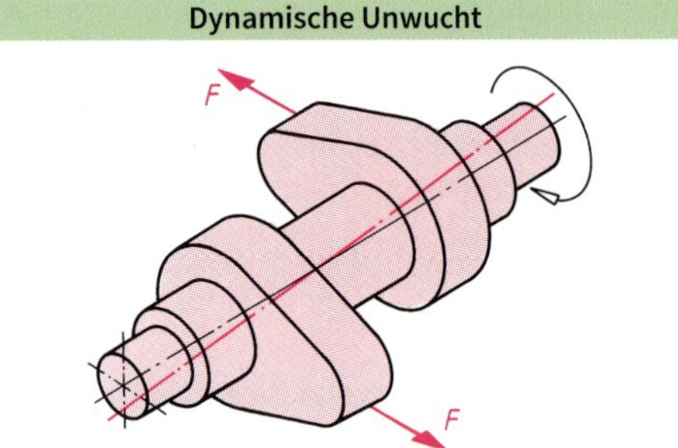
Schwerpunktachse: parallel zur Drehachse Folge: Schüttelbewegungen	Schwerpunktachse: schräg zur Drehachse Folge: Taumelbewegungen

An technischen Bauteilen treten beide Arten der Unwucht gemeinsam auf.

Bei rotierenden Bauteilen unterscheidet man nach der Anordnung einer verlagerten Masse zur Drehachse statische und dynamische Unwuchten.

5.7.2.2 Statisches Auswuchten

Bauteile mit geringer Breite im Verhältnis zum Durchmesser werden nur statisch ausgewuchtet. Solche scheibenförmigen Bauteile sind z. B. Kreissägeblätter.

Beim statischen Auswuchten wird das Bauteil auf Schneiden oder zwischen Spitzen gelagert um die Reibung gering zu halten. Dreht man ein Bauteil, bei dem der Schwerpunkt außerhalb der Drehachse liegt, so kommt es in der Lage zum Stillstand, in der dieser Schwerpunkt unter der Drehachse liegt.

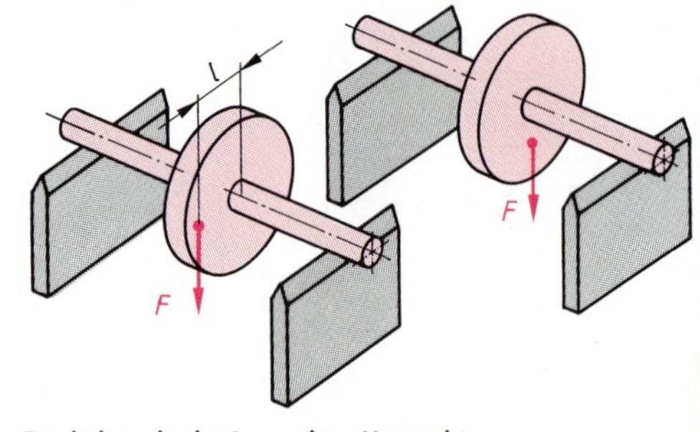

Ermittlung in der Lage einer Unwucht

Übungsaufgaben 5/52; 5/53

Die Beseitigung der Unwucht kann durch Ausbohren oder -fräsen auf der Unwuchtseite oder durch Aufbringen von Ausgleichsmassen auf der Gegenseite der Unwucht erfolgen. So erreicht man, dass der Schwerpunkt mit der Drehachse zusammenfällt.

> **!** Scheibenförmige Bauteile werden statisch ausgewuchtet. Der Ausgleich geschieht durch
> - Entfernen von Werkstoff auf der Unwuchtseite oder
> - Aufbringen von Ausgleichsmasse auf der Gegenseite der Unwucht.

5.7.2.3 Dynamisches Auswuchten

Zylindrische Bauteile, die im Verhältnis zum Durchmesser lang sind, müssen dynamisch ausgewuchtet werden. Bei solchen Bauteilen können die Schwerpunktverschiebungen in Längsrichtung des Bauteiles unterschiedlich vorliegen. Die Schwerpunktabweichungen rufen, auch wenn das Bauteil statisch ausgewuchtet ist, bei hohen Drehzahlen Fliehkräfte hervor, die versuchen, das Bauteil aus der Achslage zu drehen. Die Größe der Lage einer dynamischen Unwucht wird mit Auswuchtmaschinen ermittelt.

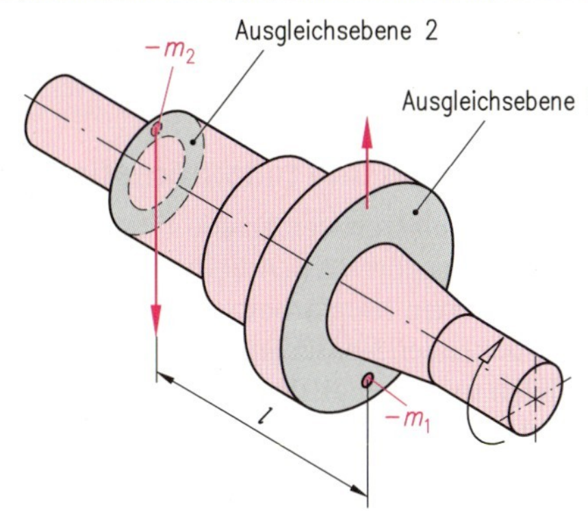

Ausgleich einer dynamischen Unwucht

Die Beseitigung einer dynamischen Unwucht geschieht durch Entfernen von Werkstoff bzw. Aufbringen von Ausgleichsmassen in zwei Ebenen. Die Ausgleichsebenen und die Abstände der Orte, in denen Werkstoff abgetragen bzw. hinzugefügt wird, können beliebig festgelegt werden.

> **!** Längere, schnell umlaufende Bauteile müssen dynamisch ausgewuchtet werden.
> Der Ausgleich der Unwucht geschieht durch:
> - Entfernen von Werkstoff oder
> - Anbringen von Ausgleichsmassen in zwei Ebenen.

5.7.2.4 Auswuchten auf Auswuchtmaschinen

Das Auswuchten eines Bauteils oder einer Baugruppe erfordert zunächst die Bestimmung von Größe und Lage der Unwucht. Hierzu werden die zu prüfenden Bauteile auf einer Maschine in eine schnelle Drehbewegung versetzt. Dabei werden die von einer statischen und dynamischen Unwucht hervorgerufenen Fliehkräfte anhand der Lagerreaktionskräfte bestimmt.

Zur Ermittlung der Ausgleichsmassen legt der Bediener zunächst die Ebenen fest, in denen er den Massenausgleich vornehmen will, und er bestimmt die Radien, auf denen dieses geschehen soll.
Der Rechner des Auswuchtgerätes ermittelt aus den eingegebenen Abständen und Radien und den Lagerkräften, die von der Maschine mithilfe von Kraftmessdosen ermittelt wurden, die notwendigen Ausgleichsmassen.
Die Größe der Ausgleichsmassen wird auf einer entsprechend eingeteilten Skala am Rechnerausgang angezeigt.

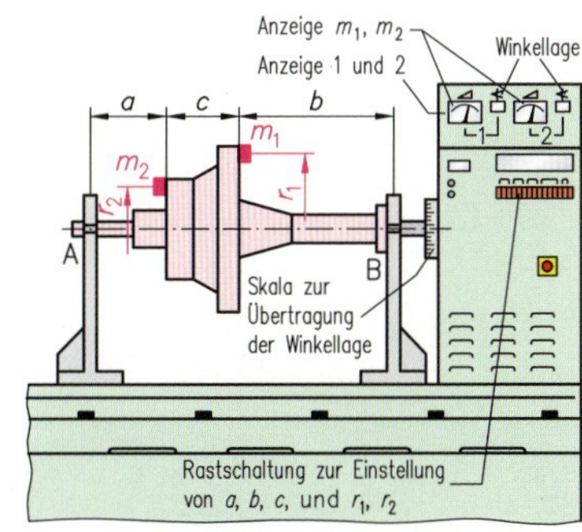

Prinzip einer Auswuchtmaschine

Die *Winkellage* der Unwucht kann bei still stehender Maschine auf einer Skala an der Antriebswelle eingestellt oder auf diese übertragen werden.

> **!** Mit Auswuchtmaschinen zum dynamischen Auswuchten können die Ausgleichsmassen in vorbestimmten Ausgleichsebenen sowie die Winkellage einer Unwucht bestimmt werden.

Übungsaufgabe 5/54

5.8 Gestaltung von Montageplätzen und Montagestationen

Der Bereich, in dem Bauteile zu Baugruppen bzw. Baugruppen zu Maschinen oder Geräten zusammengebaut werden, ist der Montageplatz. Nach Ausführung der Montagetätigkeiten unterscheidet man:

- **manuelle Montageplätze**, bei denen die Montagetätigkeiten ausschließlich oder überwiegend von Hand ausgeführt werden;
- **mechanisierte bzw. teilautomatisierte Montageplätze**, bei denen der Mensch technische Hilfsmittel benutzt, die ihm die Arbeit erleichtern und die Leistungsfähigkeit erhöhen;
- **voll automatisierte Montageplätze**, bei denen alle Montagetätigkeiten ausschließlich von Maschinen ausgeführt werden.

5.8.1 Manuelle und teilautomatisierte Montageplätze

An **Handarbeitsplätzen** werden alle Tätigkeiten durch den Menschen ausgeführt.
Zur Ausrüstung gehören z. B. Arbeitstisch, Griffkästen, Montagevorrichtungen und Handwerkzeuge.
An **mechanisierten Handarbeitsplätzen** werden Einrichtungen wie z. B. Pressen und Schrauber benutzt, um den arbeitenden Menschen zu entlasten und die Montagezeit zu verringern.
Bei **flexiblen teilautomatisierten Handarbeitsplätzen** werden manuelle Arbeitsplätze und automatische Montagestationen gezielt verkettet.

Beispiele für manuelle und teilautomatisierte Montageplätze

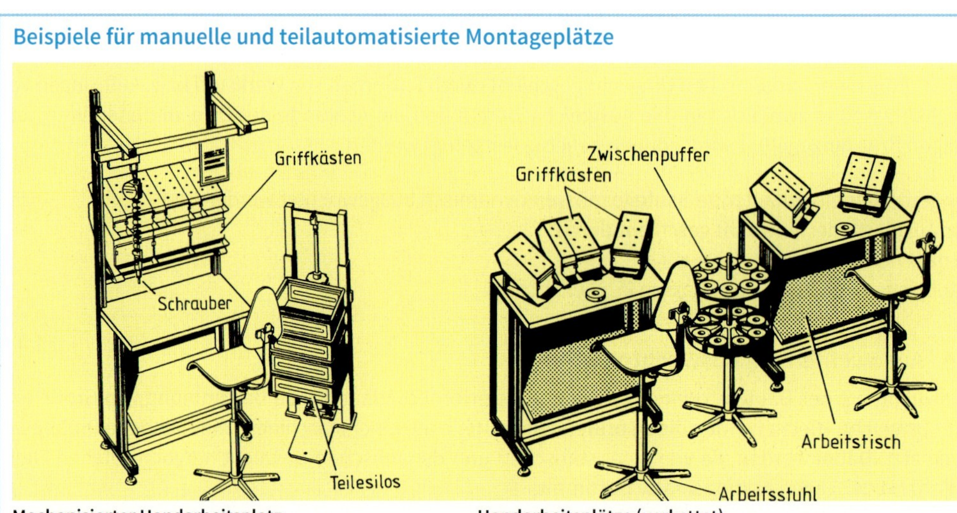

Mechanisierter Handarbeitsplatz **Handarbeitsplätze (verkettet)**

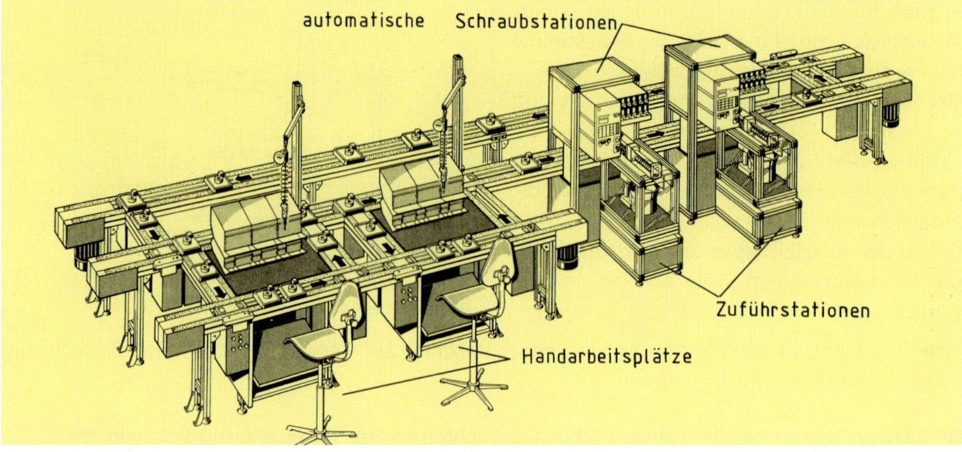

Teilautomatisierte Montageplätze mit Verkettungseinrichtungen

Übungsaufgabe 5/55

5.8.2 Ergonomische Gestaltung von Montageplätzen

Montageplätze müssen nach arbeitswissenschaftlichen Erkenntnissen menschengerecht gestaltet werden. Denn durch ermüdungsarmes Arbeiten lassen sich höhere Leistungen und bessere Ergebnisse mit niedrigeren Ausschussanteilen erzielen.
Beim Gestalten von Montageplätzen sind die folgenden Gesichtspunkte zu berücksichtigen.

Ergonomische Gesichtspunkte
• Beachtung der menschlichen Körpergröße • Reduzierung der Belastung des Körpers durch Lärm, Staub, Hitze u. a. • Ermöglichung einer ermüdungsarmen Körperhaltung • Verringerung des Muskelkrafteinsatzes

Organisatorische Gesichtspunkte
• Anpassung der Arbeitszeit an den biologischen Tagesrhythmus • Mehrere Kurzpausen besser als eine Langpause • Leistungsgerechte Entlohnung • Gute Arbeitsunterweisung

Psychologische Gesichtspunkte
• Schaffung einer angenehmen Umwelt und Arbeitsatmosphäre • Bekämpfung der Monotonie

Organisatorische Gesichtspunkte
• Maßnahmen zur Vermeidung von Arbeitsunfällen haben Vorrang vor Wirtschaftlichkeit, z. B. Sicherheitssteuerungen

Ergonomische Gestaltung von Montageplätzen

Die Lehre von der menschlichen Arbeit bezeichnet man als **Ergonomie**. Sie umfasst die Erforschung der Fähigkeiten des menschlichen Körpers als eine Voraussetzung für die Anpassung der Arbeitsbedingungen an den Menschen. Aufgrund ergonomischer Untersuchungen wurden Richtwerte für Lärm, Beleuchtung und Arbeitshöhen festgelegt.

– Lärmschutz am Arbeitsplatz

Lärm wirkt belästigend und kann sich bei entsprechender Stärke und Dauer schädigend auf den Menschen auswirken.
Aus diesem Grunde muss Lärm vermieden bzw. auf zumutbare Werte reduziert werden.

Möglichkeiten zur Lärmreduzierung sind:
- *Vermeidung* von Lärmentstehung, z. B. *Beseitigung* von Lärmquellen,
- *Vermeidung* von Lärmausbreitung durch Abkapselung, z. B. lärmdämmende Wände,
- *Schutz* des Menschen durch Schallschutzmittel, z. B. Gehörschutz.

Bereich	Auswirkungen
I (30 dB – 60 dB)	Lärm kann störend wirken
II (60 dB – 95 dB)	Lärm wirkt belästigend
III (90 dB – 120 dB)	bleibende Gehörschäden bei längerer Einwirkdauer
IV (über 120 dB)	deutlicher Hörverlust nach kurzer Einwirkzeit

Auswirkungen von Lärm

! Lärm kann an der Lärmquelle, bei der Lärmausbreitung oder beim Eindringen in den menschlichen Gehörgang bekämpft werden.

– Beleuchtung am Arbeitsplatz

Die Beleuchtungsverhältnisse beeinflussen Leistung, Ermüdung und Unfallanfälligkeit.
Die Güte der Beleuchtung wird wesentlich durch die Beleuchtungsstärke bestimmt.
Die Beleuchtungsstärke hängt von den Sehanforderungen ab. Je kleiner die zu erkennenden Objekte, desto höher die Beleuchtungsstärke.
Blendungen müssen vermieden werden. Voraussetzung ist eine gleichmäßige Ausleuchtung des Montageraumes.
Wichtig ist, dass die Leuchtdichteunterschiede nicht zu groß werden.

Sehaufgaben	Beleuchtungsstärke in Lux
leichte Sehaufgaben mit großen Kontrasten	120 – 250
normale Sehaufgaben mit mittleren Details	500 – 750
schwierige Sehaufgaben mit kleinen Details	1000 – 1500
schwierige lang andauernde Sehaufgabe mit sehr kleinen Details	2000 – 3000

Beleuchtungsstärken für bestimmte Sehaufgaben

Je kleiner die Sehobjekte, desto größer die notwendigen Beleuchtungsstärke an Montageplätzen.

– Arbeitsplatzabmessungen

Für die ergonomische Gestaltung manueller Arbeitsplätze sind die folgenden Arbeitsplatzabmessungen festgelegt:

- **Höhenmaße:** Tischhöhe *T*, Werkstückhöhe *W*, Arbeitshöhe *H*, Tischpodesthöhe *P*, Sitzhöhe *S*, Fußpodesthöhe *P*, Oberschenkelfreiheit *O*.
- **Greifraumabmessungen:** z. B. die Größe des Bewegungsraumes des Arm-Hand-Systems.

Die Arbeitsplatzabmessungen sind abhängig von:

- der *Arbeitsart*, z. B. geringe oder hohe Kraftaufwendung,
- den eingesetzten *Arbeitspersonen*, Frau oder Mann,
- von der *Arbeitshaltung*, Sitzen oder Stehen.

Regeln für die Festlegung von Arbeitsplatzabmessungen:

- Innenmaße, z. B. der Beinraum, sind für große Menschen zu bemessen.
- Außenmaße, z. B. Regalhöhen, sind für kleine Menschen zu bemessen
- Arbeitshöhen bei sitzender Tätigkeit liegen um etwa 40 cm niedriger als bei einer Tätigkeit im Stehen.

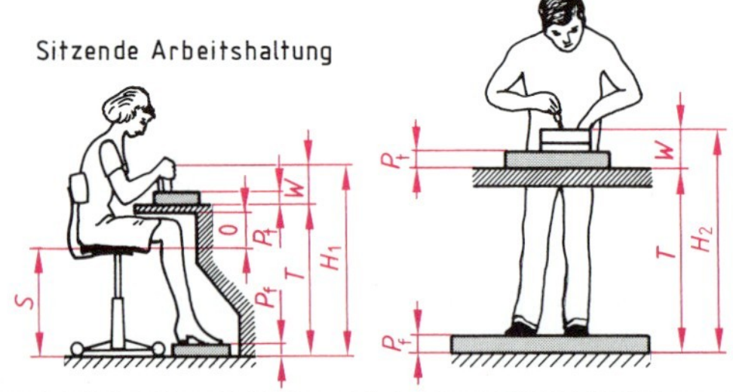

Sitzende Arbeitshaltung		Stehende Arbeitshaltung	
Arbeitsart geringe Kraftanstrengung, normaler Bewegungsablauf, normale Sehanforderungen		**Arbeitsart** erhöhte Anforderungen an Bewegungsablauf und Sehvermögen	
Beispiele Montieren größerer Einzelteile. Einlegen von Teilen in Vorrichtungen		**Beispiele** Montieren kleiner Einzelteile	
Frau	Mann	Frau	Mann
H_1 = 75 cm H_2 = 109 cm	H_1 = 81 cm H_2 = 119 cm	H_1 = 81 cm H_2 = 115 cm	H_1 = 88 cm H_2 = 126 cm

Höhenmaße für die Arbeitsplatzgestaltung

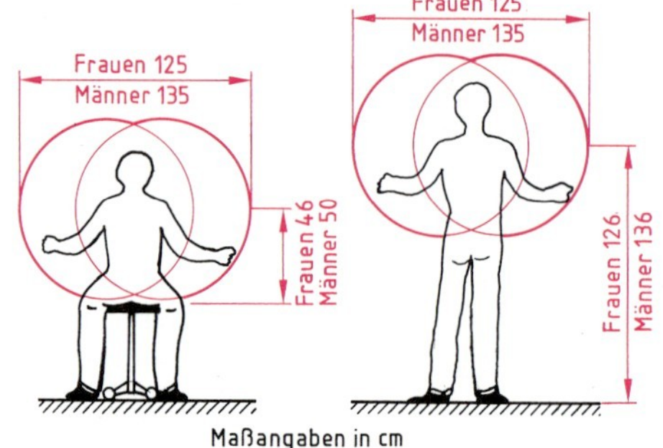

Greifraumabmessungen im Sitzen und Stehen (Maße in cm)

Für manuelle Arbeitsplätze sind Höhenmaße und Greifraumabmessungen festgelegt, abhängig
• von der Arbeitsart, • vom Geschlecht der Arbeitsperson, • von der Arbeitshaltung.

Übungsaufgabe 5/57

5.8.3 Betrieblicher Arbeitsschutz

Zum Schutz von Leben und Gesundheit der arbeitenden Menschen sind *Arbeitsschutzmaßnahmen* erforderlich. Der **Arbeitsschutz** umfasst zwei Arten von Schutzvorschriften:

- *staatliche Vorschriften*, gegliedert nach den sechs Sachgebieten: Arbeitsstättenverordnung, Gerätesicherheitsgesetz, Gefahrstoffverordnung, Arbeitszeitordnung, Jugendarbeitsschutzgesetz und Arbeitssicherheitsgesetz;

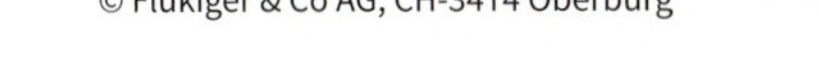
© Flükiger & Co AG, CH-3414 Oberburg

- *berufsgenossenschaftliche Unfallverhütungsvorschriften*, die insbesondere Gebote und Verbote für bestimmte Maschinen, Geräte oder Anlagen enthalten. Diese sind z. B. Unfallverhütungsvorschriften für Pressen, für Schweiß- und Schneidanlagen oder für Drehmaschinen.

1. Arbeitsstätten und Betriebshygiene

Der Arbeitsschutz beginnt bei den Einrichtungen und beim Zustand der Arbeitsstätte. Neben den Arbeitsräumen im Gebäude und den Arbeitsplätzen auf dem Betriebsgelände gehören zur Arbeitsstätte auch Räume und bauliche Anlagen wie Verkehrswege, Lagerräume, Pausenräume, Sanitäreinrichtungen und Sanitätsräume. Die wichtigsten Vorschriften im Bereich der Arbeitsstätten sind:

– Größe der Arbeitsräume

Der Luftraum für jeden ständig anwesenden Arbeitnehmer beträgt 15 m^3, bei überwiegend nicht sitzender Tätigkeit und einer freien Bewegungsfläche von 1,5 m^2.

– Beleuchtung

- *natürlich:* 1/10 der Raumgrundfläche soll Fensterfläche sein.
- *künstlich:* Die Nennbeleuchtungsstärke am Arbeitsplatz muss mindestens 200 Lux betragen. Für feinmechanische Arbeiten sind 1000 Lux vorgeschrieben.

– Lüftung

Faustregel: Ein 3-facher Luftwechsel pro Stunde ist erforderlich. Beträgt die Fensterfläche 1/10 der Raumgrundfläche, muss ca. 1/3 der Fensterfläche zu öffnen sein. Bei Verwendung lüftungstechnischer Anlagen darf die Luftfeuchtigkeit bei 20°C 80 % nicht überschreiten.

– Raumtemperatur

Bei überwiegend nicht sitzender Tätigkeit muss die Raumtemperatur zwischen 17 und 26°C betragen.

– Lärm

Ab 80 dB (A) ist Gehörschutz zur Verfügung zu stellen, ab 85 dB (A) ist Gehörschutz zu tragen.

– Sonstige Einrichtungen

- Notwendige Verkehrswege sind freizuhalten und bei mehr als 1000 m^2 Grundfläche zu kennzeichnen.
- Flucht- und Rettungswege müssen mit genormten Sicherheitsschildern versehen werden.
- Sozialräume sind erforderlich (Wasch-, Umkleideraum, WC).
- Ab 1000 Beschäftigten ist ein Sanitätsraum einzurichten.

Übungsaufgabe 5/58

2. Maschinen, Geräte und Anlagen

Bei sachgerechter Ausstattung von Maschinen, Geräten und Anlagen dürfen sich bei fachgerechter Benutzung keine Gefahren für Gesundheit und Leben ergeben. Zu beachten sind:

- Schutz gegen gefährliche Bewegungen,
- Schutz gegen Lärm,
- Schutz gegen Stäube, Dämpfe und Gase,
- Schutz gegen Berührung Strom führender Teile,
- Schutz gegen Brand und Explosionsgefahr,
- ergonomische Gestaltung der Einrichtungen.

Das **Gerätesicherheitsgesetz** verpflichtet Hersteller und Importeure, nur solche Einrichtungen auf den Markt zu bringen, die dem Arbeitsschutz und den **Unfallverhütungsvorschriften** und den allgemein anerkannten Regeln der Technik entsprechen. Werden Maschinen von einer amtlich anerkannten Prüfstelle auf ihre Sicherheit hin überprüft und zum Verkauf freigegeben, erhalten sie ein **Sicherheitszeichen**.

! Grundlagen von Sicherheitsprüfungen an Maschinen, Geräten und Anlagen sind das Gerätesicherheitsgesetz, die Unfallverhütungsvorschriften sowie spezielle Verordnungen.

3. Sicherheitsmaßnahmen für Industrieroboter

Besondere Sicherheitsmaßnahmen für Industrieroboter sind in VDI 2853 festgelegt. Aus Sicherheitsgründen unterscheidet man bei ihnen die beiden Betriebsarten *Automatik* – dies ist der reguläre Arbeitsablauf – und *Einrichten* – die Robotereinstellungen.

Die Bedienung von Produktionseinrichtungen mit Industrierobotern darf nur durch entsprechend geschultes Personal erfolgen.

Not-Aus-Funktion

Wird diese Funktion ausgelöst, so werden alle Steuerspannungen für die Roboterantriebe abgeschaltet und deren Bremsen aktiviert, sodass keine Bewegungen möglich sind. Diese Funktion darf nur dann rückgesetzt werden, wenn die Ursache bekannt ist und behoben wurde.

Arbeitsstopp

Hierbei werden die Antriebe des Roboters in den sicheren Betriebszustand *„Bereitschaft"* geschaltet. Die Antriebe sind dabei stromlos und die Bremsen der Roboterachsen aktiviert.

Geschwindigkeitsüberwachung

Das integrierte Wegmesssystem für die einzelnen Achsantriebe des Roboters führt einen ständigen Soll-Ist-Wert-Vergleich durch und verhindert somit die Überschreitung der festgelegten Maximalgeschwindigkeit.

Arbeitsbereichüberwachung

Der Arbeitsbereich des Roboters wird durch mechanische Anschläge an den Hauptachsen des Roboters begrenzt. Zusätzlich wird die Annäherung an den maximal möglichen Achswinkel per Software überwacht.

Bedienerschutz

Die Schnittstelle Mensch/Roboter kann sowohl mechanisch oder mittels Lichtschranken abgesichert werden. Die Unterbrechung dieser Schutzeinrichtung löst Arbeitsstopp aus.

Beispiel für Sicherheitskomponenten eines Industrieroboters

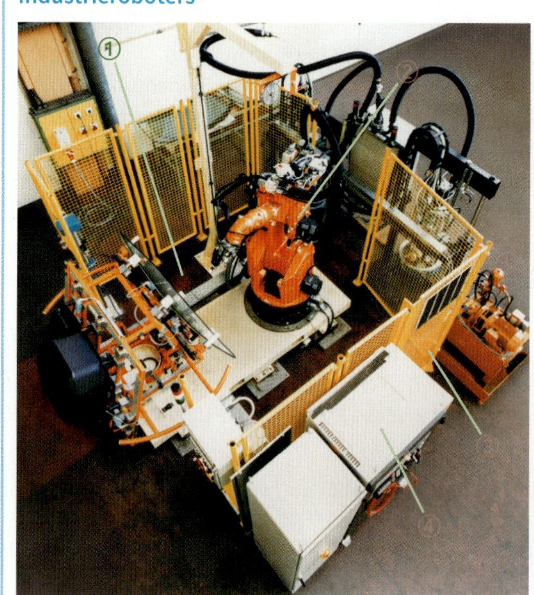

① Sicherheitsraum
② Industrieroboter
③ Sicherheitstür mit elektronischer Verriegelung
④ Steuerschrank mit Not-Aus-Schalter

Sicherheitskomponenten eines Industrieroboters

Begehungsschutz

Roboteranlagen sind durch einen geeigneten Schutzzaun vom Arbeitsfeld der Umgebung zu trennen. Der Zugang ist nur durch elektrisch überwachte Türen möglich. Bei Öffnen der Türen wird Arbeitsstopp ausgelöst.

Automatik-Betrieb

Hierbei müssen alle Sicherheitsfunktionen aktiv sein. Das Roboterprogramm wird automatisch abgearbeitet. Es kann in den Bewegungsablauf nicht mehr eingegriffen werden. Der Aufenthalt im Arbeitsbereich des Roboters ist verboten.

Übungsaufgaben 5/59; 5/60

6 Fertigungssysteme

6.1 Einteilung von Fertigungssystemen

Fertigungssysteme werden hinsichtlich ihrer Flexibilität und Produktivität unterschieden in:
- *Bearbeitungszentren,*
- *flexible Fertigungszellen,*
- *flexible Fertigungssysteme,*
- *Transferstraßen.*

Flexibilität und Produktivität von Fertigungssystemen sind gegenläufige Größen, eine hohe Flexibilität eines Systems geht stets zu Lasten der Produktivität und umgekehrt.

So können in Bearbeitungszentren unterschiedlichste Werkstücke ohne große Systemumstellung schnell, aber nicht vollautomatisch gefertigt werden.

In flexiblen Fertigungssystemen können unterschiedliche Werkstücke schnell und vollautomatisch gefertigt werden. Eine Systemumstellung ohne großen Aufwand ist nur möglich, wenn die Werkstücke zur gleichen Teilefamilie gehören. Produktionsänderungen auf andere Teilefamilien bedürfen einer aufwendigen Systemumstellung.

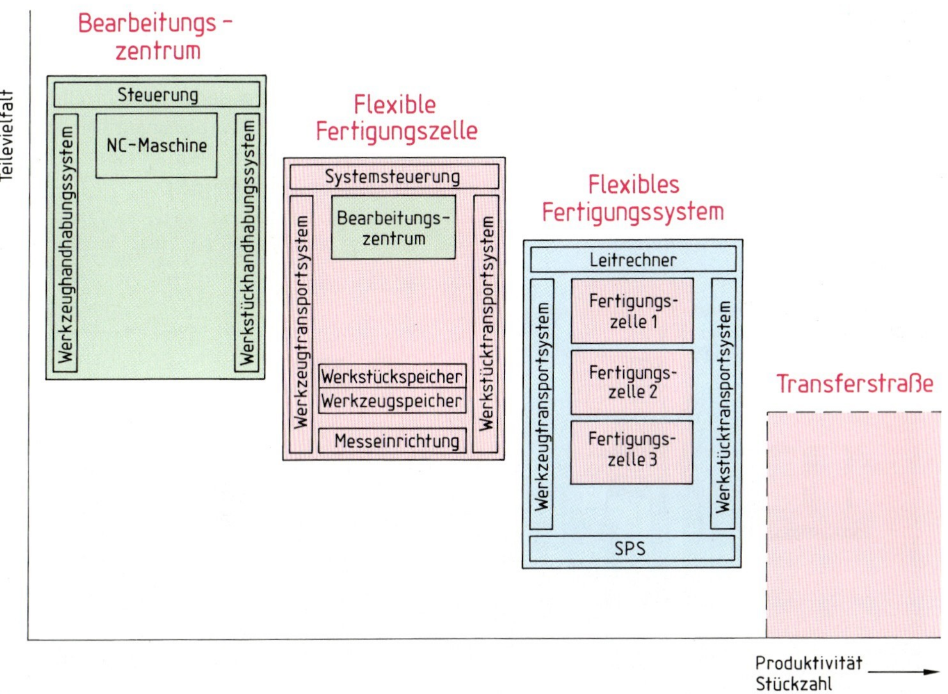

Produktivität und Flexibilität von Fertigungssystemen

Fertigungssysteme werden je nach Flexibilität und Produktivität eingeteilt in:
- Bearbeitungszentren,
- flexible Fertigungszellen,
- flexible Fertigungssysteme,
- Transferstraßen.

Übungsaufgaben 6/1; 6/2

6.1.1 Bearbeitungszentren

Bearbeitungszentren besitzen eine hohe Flexibilität. Mit ihnen ist die Fertigung verschiedenartiger Werkstücke bei *beschränktem Umrüstaufwand* möglich. Man setzt sie bei kleinen bis mittleren Stückzahlen ein.

Die in flexiblen Fertigungssystemen als Modulbausteine eingesetzten Bearbeitungszentren müssen verkettungsfähig sein. Eine Verkettungsfähigkeit ist dann gegeben, wenn ein automatisches Zuführ- und Abführsystem für Werkstücke und Werkzeuge vorhanden ist. Darüber hinaus müssen Bearbeitungszentren mit solchen Steuerungen ausgestattet sein, die einen Informationsaustausch mit einem übergeordneten Rechner ermöglichen.

Beispiele für ein Bearbeitungszentrum

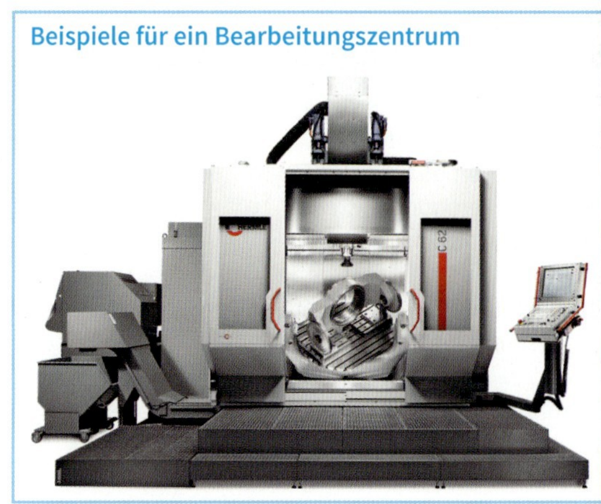

!

Bearbeitungszentren werden bei kleinen bis mittleren Stückzahlen eingesetzt.
Sie bestehen aus:
- NC-Maschine,
- CNC-Steuerung,
- Werkzeug- und ggf. Werkstückwechselsystem,
- Speicherprogrammierbarer Steuerung (SPS).

Für den Einsatz in flexiblen Fertigungssystemen müssen sie verkettungsfähig sein.

6.1.2 Flexible Fertigungszellen

Flexible Fertigungszellen dienen zur automatischen Bearbeitung vieler verschiedenartiger Einzelteile, z. B. verschiedener Werkstücke für Nutzfahrzeuge. Sie unterscheiden sich von den Bearbeitungszellen dadurch, dass auch Werkstückwechsel, -transport und -lagerung automatisch erfolgen. Bei Bedarf kann die flexible Fertigungszelle durch Messmaschinen für Werkstücke bzw. Werkzeuge ergänzt werden.

Beispiel für eine flexible Fertigungszelle

!

Flexible Fertigungszellen werden in der Klein- und Mittelserienfertigung zur automatischen Bearbeitung verschiedenartiger Einzelteile eingesetzt. Sie bestehen aus
- Bearbeitungszentrum,
- Werkzeug- und Werkstücktransportsystem,
- Messeinrichtung,
- Systemsteuerung,
- Werkzeug- und Werkstückspeicher,

Übungsaufgaben 6/3; 6/4; 6/5

6.1.3 Flexible Fertigungssysteme

Flexible Fertigungssysteme dienen der automatischen Komplettbearbeitung von Werkstücken aus gleichen oder unterschiedlichen Teilefamilien. In Verbundsystemen werden Einzelteile gefertigt, zu Baugruppen montiert und auf ihre Funktion geprüft.

Die Forderung des Marktes nach
- zunehmender Typenvielfalt,
- höherer Produktkomplexität und
- geringeren Lieferzeiten

erfordern insbesondere bei sinkenden Produktlebenszeiten in zunehmendem Maße den Einsatz von flexiblen Fertigungssystemen.

Wegen der zunehmenden Bedeutung von flexiblen Fertigungssystemen werden sie im Anschluss an diese Übersicht noch ausführlich behandelt.

!

Flexible Fertigungssysteme werden in der Mittel- und Großserienfertigung zur automatischen Komplettbearbeitung von Einzelteilen oder Baugruppen eingesetzt.
Sie bestehen aus:
- mehreren Fertigungszellen,
- einem Leitrechner,
- einem übergeordneten Werkzeug- und Werkstücktransportsystem.

6.1.4 Transferstraßen

Transferstraßen besitzen eine hohe Produktivität. Sie werden bevorzugt in der Großserienfertigung eingesetzt. Dabei durchläuft ein Werkstück mehrere Fertigungseinrichtungen, meist Sonder- und Spezialmaschinen, mit denen jeweils nur wenige Bearbeitungsschritte ausgeführt werden. Die Bearbeitungsstationen sind hier in der Reihenfolge der Bearbeitung miteinander verkettet. Tansferstraßen besitzen nur eine sehr begrenzte Möglichkeit zum Umrüsten auf andere Werkstücke.

Transferstraße

!

Transferstraßen werden in der Großserienfertigung zur Bearbeitung von Massenteilen eingesetzt. Sie bestehen meist aus verketteten Sonder- und Spezialmaschinen.

6.2 Flexible Fertigungssysteme

6.2.1 Aufbau flexibler Fertigungssysteme

Flexible Fertigungssysteme bestehen aus folgenden miteinander verketteten Teilsystemen:

- Fertigungszellen mit Handhabungs-, Versorgungs- und Entsorgungssystemen,
- Werkzeugtransport- und Werkzeughandhabungssystemen,
- Werkstücktransport- und Werkstückhandhabungssystemen,
- Systemsteuerungen,
- Mess- und Überwachungssystemen.

Beispiel für den Aufbau eines flexiblen Fertigungssystems

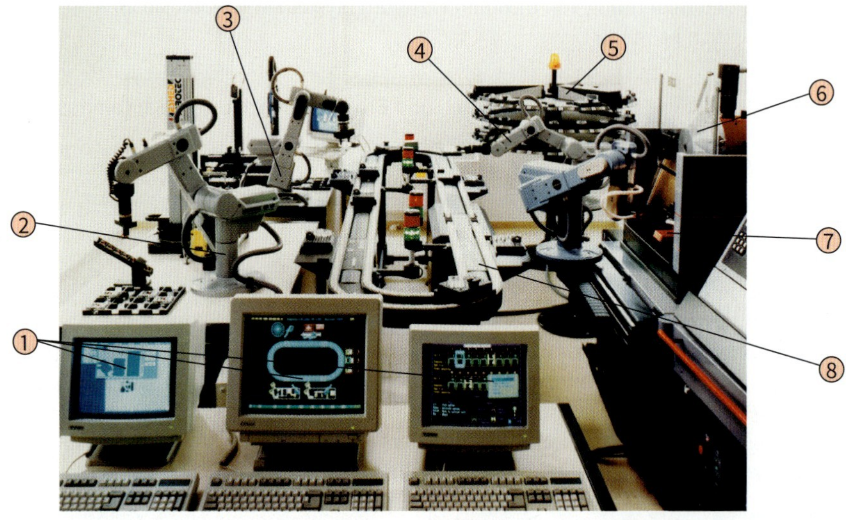

① Systemsteuerungs- und Überwachungssystem (Leitrechner, Stationsrechner, Controller)
② Montagesystem
③ Messsystem
④ Werkstückhandhabungssystem (Roboter)
⑤ Lagersystem (Rundtisch)
⑥ Werkzeughandhabungssystem (Werkzeugrevolver)
⑦ Bearbeitungszentrum
⑧ Werkstücktransportsystem (Förderband)

Die verschiedenen Teilsysteme sind über ein gemeinsames Steuerungs- und Transportsystem so miteinander verkettet, dass:

- eine automatische Fertigung stattfinden kann,
- unterschiedliche Fertigungsaufgaben an Teilefamilien durchgeführt werden können und
- keine Unterbrechung der automatischen Fertigung durch manuelle Eingriffe entsteht.

Flexibilität eines Fertigungssystems bedeutet die Fähigkeit, verschiedene Fertigungsaufgaben ohne große Umstellung der Teilsysteme ausführen zu können.

! Flexible Fertigungssysteme ermöglichen die automatische Fertigung verschiedenartiger Werkstücke ohne große Systemumstellung. Sie bestehen aus folgenden Teilsystemen:

- Fertigungszellen mit Handhabungs-, Ver- und Entsorgungssystemen,
- Werkzeugtransport- und -handhabungssystemen,
- Werkstücktransport- und -handhabungssystemen,
- Systemsteuerung,
- Mess- und Überwachungssystemen.

Übungsaufgaben 6/6 bis 6/10

6.2.2 Handhabungssysteme

Der Stofffluss innerhalb flexibler Fertigungssysteme geschieht durch:
- *Transportieren,* • *Lagern,* • *Handhaben.*

Als **Transportieren** bezeichnet man Ortsveränderungen von Werkstücken bzw. Werkzeugen über größere Entfernungen. Demgegenüber ist das **Handhaben** das gerichtete Bewegen von Werkstücken bzw. Werkzeugen innerhalb eines abgegrenzten Arbeitsraumes.

! Handhaben ist ein gerichtetes Bewegen von Werkstück oder Werkzeug in einem abgegrenzten Arbeitsraum.

6.2.2.1 Werkzeughandhabungssysteme

Die für einen überschaubaren Arbeitszeitraum erforderlichen Werkzeuge eines Bearbeitungszentrums werden in einem Werkzeugmagazin gespeichert. Nach dem Aufbau der Magazine unterscheidet man
- *Kettenmagazine* und
- *Kassettenmagazine.*

Bei Kettenmagazinen werden die Werkzeuge im Magazin zunächst positioniert, um den Zugriff des Greifers zu ermöglichen.
Bei Kassettenmagazinen wird zum Entnehmen eines Werkzeuges ein Zubringergreifer in die vorgesehene Position gebracht. Zur Identifizierung der Werkzeuge ist eine Codierung erforderlich.
Der Werkzeugwechsel vom Magazin zur Spindel und umgekehrt erfolgt mithilfe eines Schwenkgreifers. Die Handhabung der Werkzeuge durch den Schwenkgreifer ist bei beiden Magazinarten verschieden.

Kettenmagazin mit Schwenkgreifer

! Das Werkzeughandhabungssystem eines Bearbeitungszentrums besteht aus Werkzeugmagazin und Greifersystem. Für die Entnahme ist eine Werkzeugcodierung erforderlich.

6.2.2.2 Werkstückhandhabungssysteme

In flexiblen Fertigungssystemen werden Palettiersysteme zur Positionierung und Fixierung von Werkstücken eingesetzt. Ein Palettiersystem besteht aus einer Palettenaufnahme und einer Palette, auf der das Werkstück positioniert und fixiert ist. Die Palette kann automatisch gelagert, transportiert und in einer Werkzeugmaschine als Spannvorrichtung eingesetzt werden. Die Werkstückbearbeitung und -handhabung findet auf der Palette statt.

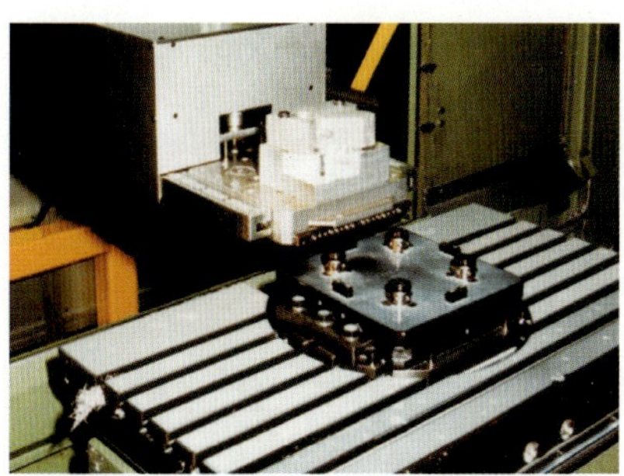
Palettiersystem mit Handhabungseinrichtung

! Die Werkstücke werden zur Bearbeitung auf Universalpaletten gespannt dem Bearbeitungszentrum zugeführt.

6.2.2.3 Programmierung von Handhabungssystemen

Handhabungssysteme unterscheidet man nach der Art der Steuerung und ihrer Programmierung in Manipulatoren, fest programmierte Handhabungsgeräte (Einlegegeräte) und Roboter.

Manipulatoren sind Handhabungsgeräte, bei denen fast alle Funktionen vom Bediener gesteuert werden. Es sind lediglich die Grenzen der Bewegungen und Kräfte fest programmiert. Die Manipulatoren dienen zum Bewegen heißer und schwerer Lasten, z.B. von Schmiedestücken beim Schmieden an Schmiedepressen. Manipulatoren, die ferngesteuert zu Arbeiten mit gefährlichen Materialien (radioaktiven Stoffen, Sprengstoffen, gefährlichen Viren oder Bakterien u.a.) und Arbeiten im Weltraum oder unter Wasser eingesetzt werden, bezeichnet man auch als Teleoperatoren.

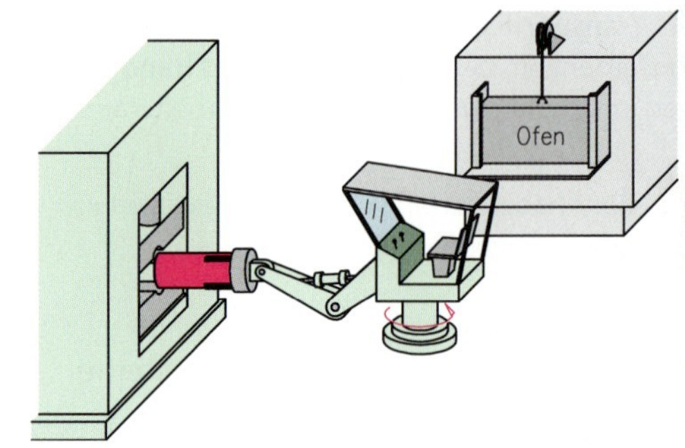

Manipulator im Schmiedebetrieb

> ! Manipulatoren sind Handhabungsgeräte, in denen alle Bewegungsfunktionen vom Bediener gesteuert werden. Lediglich die Grenzen der Bewegungen und Kräfte sowie Warnhinweise sind fest programmiert.

Durch **Einlegegeräte** werden im Takt arbeitende Maschinen mit Bauteilen bestückt. Diese Geräte führen beim Einsatz immer die gleichen einfachen Drehungen und Schwenkungen sowie geradlinige Bewegungen in hoher Zahl aus. Wegen der Einfachheit der Bewegungen kann man in diesen Steuerungen das Ablaufprogramm durch festes Verdrahten oder Verschlauchen festlegen. Die Reihenfolge der Bewegungen wird durch Grenztaster, Sensoren, Anschläge u.ä. ausgelöst.

Eine Änderung des Ablaufes ist nur durch eine Schaltungsänderung zu bewirken. Darum nennt man diese Geräte fest programmiert.

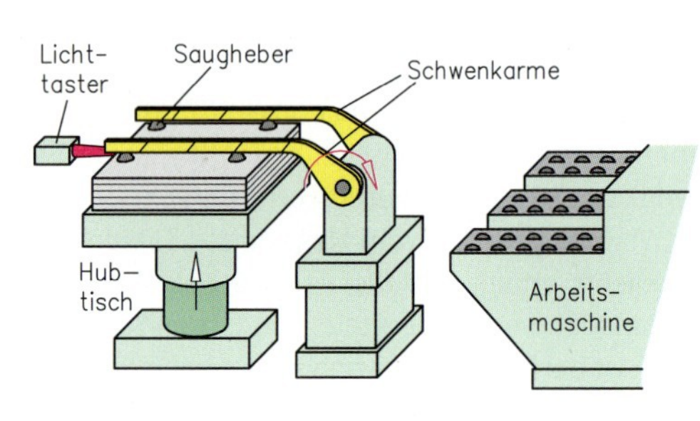

Einlegegerät

> ! Einlegegeräte, in denen das Programm durch Verdrahtung oder Verschlauchung vorgegeben ist, sind fest programmierte Handhabungsgeräte.

Industrieroboter sind Handhabungssysteme, deren einzelne Achsen unabhängig voneinander durch eine frei programmierbare Steuerung bzw. durch einen Rechner gesteuert werden. Wegen der Möglichkeit, das Programm ohne großen Aufwand zu ändern, sind die Industrieroboter universell einsetzbar.

Ein Programm zur Steuerung eines Industrieroboters muss alle Informationen zur Durchführung und Überwachung des Bewegungsablaufes und zur Kommunikation mit anderen Systemen enthalten.

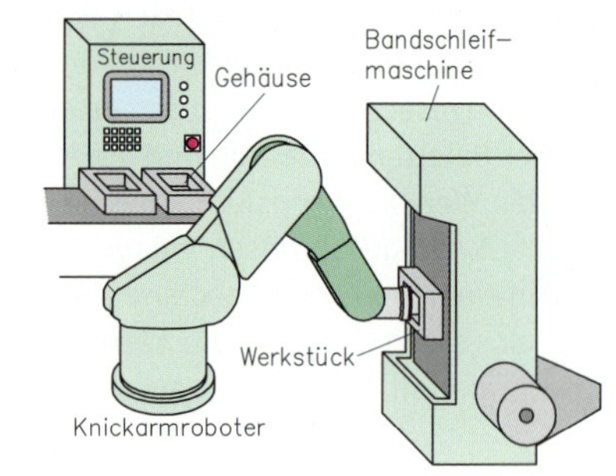

Knickarmroboter beim Schleifen

> Industrieroboter sind frei programmierbare Handhabungssysteme und darum universell einsetzbar.

Übungsaufgaben 6/14; 6/15

6.2.3 Transportsysteme

Der Transport von Werkzeugen und Werkstücken innerhalb flexibler Fertigungssysteme erfolgt je nach Länge und Verlauf der Transportwege mit unterschiedlichen Transportsystemen.
Man verwendet z. B.:

Transportsysteme	Einsatzbereiche
Förderbänder	Für den Transport von Werkstücken mit geringen Gewichten
Schienengebundene Transportfahrzeuge	Für geradlinige Transportwege in kleineren Systemen
Hängeförderer	Für Transporte von Werkstücken in großen Fertigungssystemen
Fahrerlose Transportfahrzeuge	Für nicht lineare Transportwege in größeren Systemen

Beispiele für unterschiedliche Transportsysteme

Förderband

Schienengebundenes Transportfahrzeug

Fahrerloses Transportfahrzeug

Hängeförderer

!

Als Transportsysteme in Fertigungssystemen verwendet man z. B.:
- Förderbänder,
- schienengebundene Transportfahrzeuge,
- fahrerlose Transportfahrzeuge,
- Hängeförderer.

Übungsaufgabe 6/16

6.2.4 Mess- und Überwachungssysteme

Die Prozessüberwachung in flexiblen Fertigungssystemen gliedert sich in die Teilbereiche:

- *Werkstücküberwachung,* z. B. Lagebestimmung, Durchmesserprüfung,
- *Werkzeugüberwachung,* z. B. Standzeitüberwachung, Zerspankraftmessung,
- *Fehlerdiagnose,* z. B. Zustandsmeldungen, Fehlersuhe.

6.2.4.1 Werkstücküberwachung

In flexiblen Fertigungssystemen umfasst die Werkstücküberwachung die Aufgaben

- Werkstückerkennung,
- Lagebestimmungen,
- Überprüfung von Bearbeitungsvorgängen,
- Qualitätsprüfungen.

Die Werkstücküberwachung wird im Arbeitsbereich von Bearbeitungszentren oder auf zwischengeschalteten Überwachungssystemen durchgeführt.

Beispiel für eine Werkstückerkennung

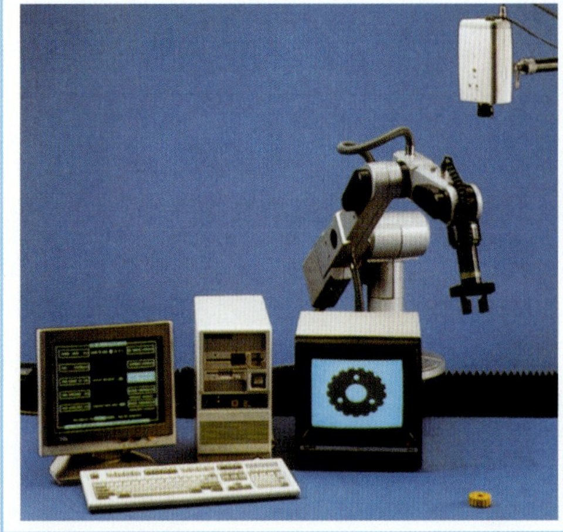

6.2.4.2 Werkzeugüberwachung

Werkzeugüberwachungssysteme innerhalb von flexiblen Fertigungsanlagen dienen den Zielen:

- Erkennen von Werkzeugverschleiß und -bruch,
- Feststellen unerwarteter Werkzeugbrüche.

Durch eine lückenlose Werkzeugüberwachung sollen Schäden an Maschinen und Vorrichtungen vermieden und eine Ausschussproduktion in engen Grenzen gehalten werden.

Eine umfassende Werkzeugüberwachung kann sich auf die Phasen vor, während und nach der Bearbeitung erstrecken.

Am günstigsten erweist sich die Überwachung während der Bearbeitung.

Beispiel für eine Überwachung während der Bearbeitung

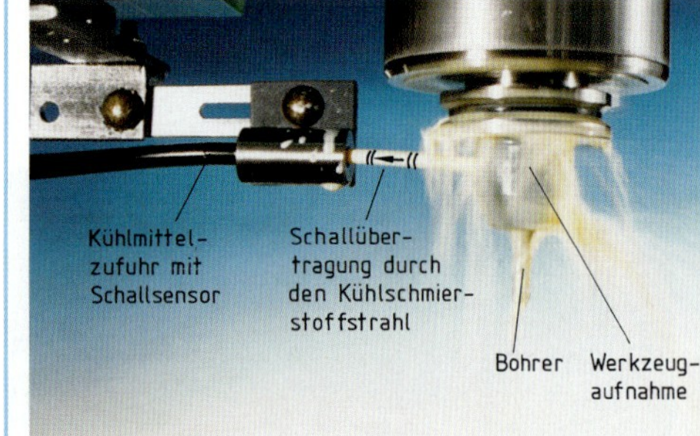

Prozessbegleitende Werkzeugüberwachung mit einer Körperschallmessung am Werkzeug

6.2.4.3 Fehlerdiagnose

Mithilfe der Fehlerdiagnose sollen Störungen im Prozessablauf schnell erkannt und behoben werden können. Eine umfassende Prozessüberwachung in flexiblen Fertigungssystemen erfordert eine ständige Funktionsüberwachung sämtlicher Teilsysteme.

> **!** Ziele der Mess- und Überwachungssysteme sind:
> - eine Qualitätssicherung der Werkstücke und
> - ein möglichst störungsarmer Fertigungsablauf und damit eine hohe Auslastung der Anlage.
> - Man unterscheidet Systeme zur
> - Werkstücküberwachung, • Werkzeugüberwachung, • Fehlerdiagnose.

Übungsaufgabe 6/17

6.3 Industrieroboter

Für eine frei programmierbare Handhabung in flexiblen Fertigungssystemen werden Industrieroboter eingesetzt.

6.3.1 Einrichtungen von Industrierobotern

Industrieroboter bestehen aus folgenden Einrichtungen:

Effektor

Teilfunktionen:
Greifen, Polieren, Schweißen, Farbspritzen u. a.

Basisgerät

Teilfunktion:
Aufnahme der Kräfte und Momente in den Gelenken und Armen des Roboters

Antrieb

Teilfunktion:
Achsbewegungen mit vorgegebener Geschwindigkeit zur Positionierung durchführen

Steuerung

Teilfunktion:
Programmablauf speichern, steuern, überwachen und verknüpfen

Messsystem

Teilfunktion:
Messen der Lage, Geschwindigkeit und Beschleunigung der Achsbewegungen

Sensoren

Teilfunktion:
Signalerfassungen, z. B. Lageerkennung oder Vorhandensein von Objekten

In flexiblen Fertigungssystemen übernehmen Industrieroboter vielfach die Handhabung.
Einrichtungen eines Industrieroboters sind:
• Basisgerät, • Effektor, • Steuerung, • Antrieb, • Sensoren, • Messsystem.

Achsen eines Industrieroboters

Damit der Roboterarm mit dem Greifer oder einem Werkzeug jeden beliebigen Punkt im Raum erreichen kann, muss er mindestens in drei Achsen beweglich sein. Man nennt diese Achsen die **Hauptachsen des Roboters**.

Damit Greifer und Werkzeuge in beliebige räumliche Richtung eingestellt werden können, benötigt ein Roboter weitere drei Achsen im Bereich der Roboterhand. Diese **Handachsen** sind immer drehende (rotatorische) Achsen.

Zur Einstellung des Roboters auf eine beliebige Position und Ausrichtung sind damit 6 Achsen notwendig.

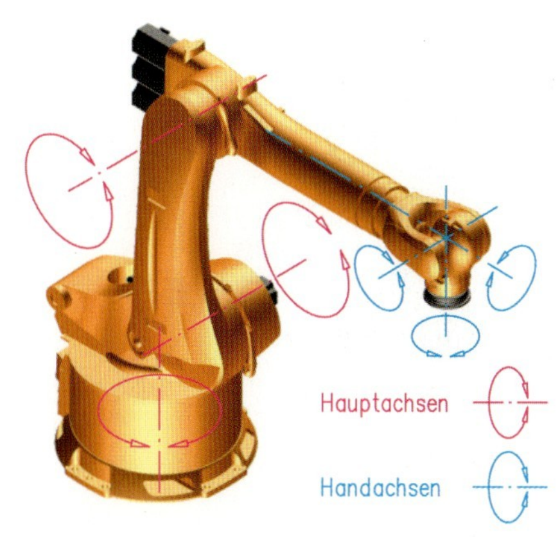

Haupt- und Handachsen eines Industrieroboters

Bei einem Industrieroboter wird zwischen den Hauptachsen zur Positionierung und den Handachsen zur Orientierung von Werkzeugen und Werkstücken unterschieden.

6.3.2 Bauarten von Industrierobotern

Industrieroboter werden nach der Art ihrer Bewegungen unterschieden. Die Bewegungen können Drehbewegungen – *rotatorisch* – sein, man spricht von **R-Achsen**. Sind die Bewegungen geradlinig – *translatorisch* – dann spricht man von **T-Achsen**.

Bauart	Bewegungen und Arbeitsraum	Anwendungsbeispiele
Portalroboter 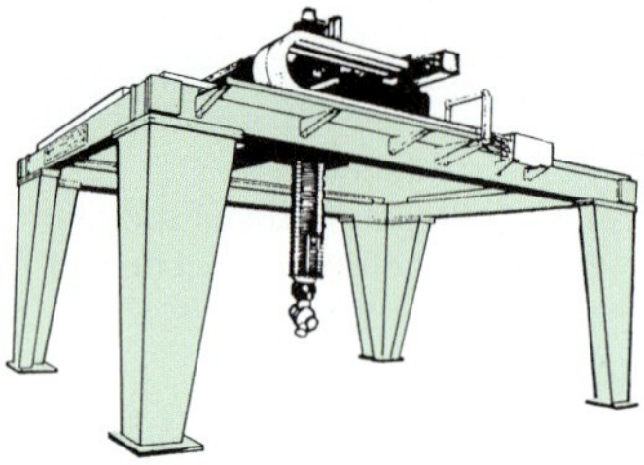	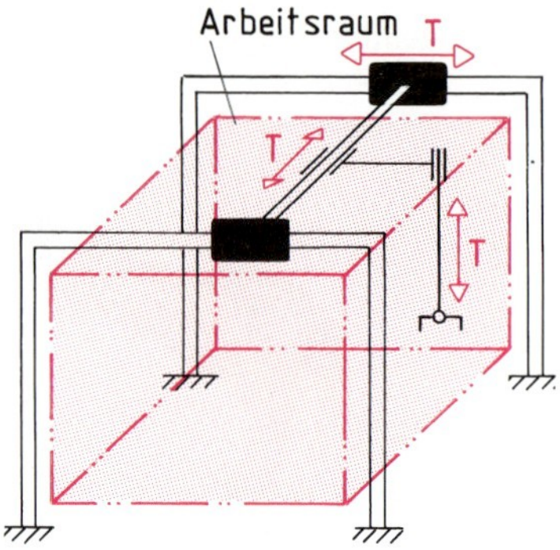 Arbeitsraum T T T TTT-Bewegungsablauf	Be- und Entladen von Paletten, Montagetätigkeiten, Maschinenbeschickung
Schwenkarmroboter 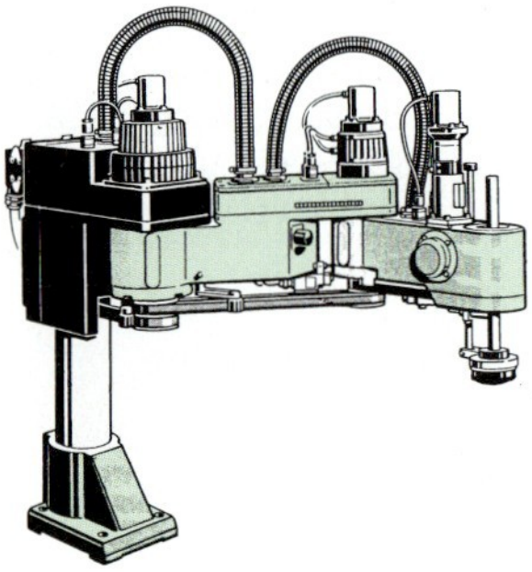	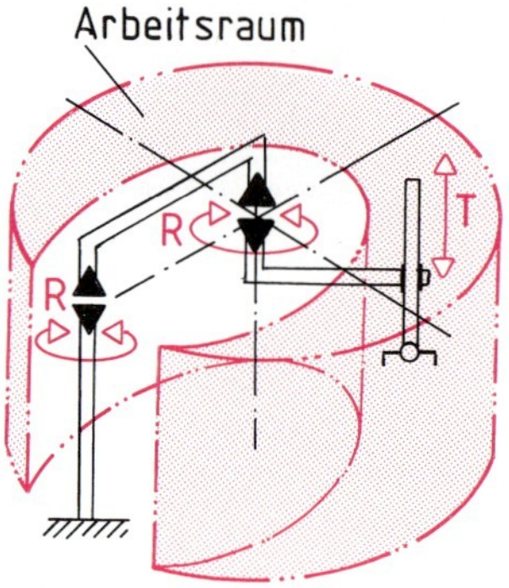 Arbeitsraum R R T TRR-Bewegungsablauf	Montageroboter
Gelenkroboter 	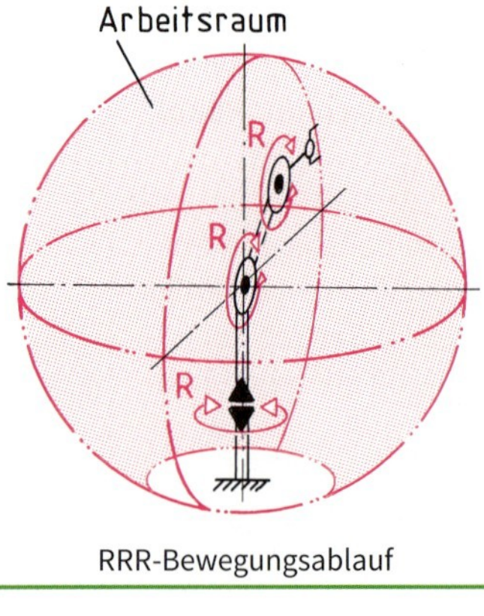 Arbeitsraum R R R RRR-Bewegungsablauf	Maschinenbeschickung in der flexiblen Fertigung

Industrieroboter positionieren und orientieren Werkstücke und Werkzeuge durch rotatorische und translatorische Bewegungen.

Übungsaufgaben 6/20; 6/21; 6/22

6.3.3 Effektoren

Roboter führen mit Effektoren ihre eigentlichen Aufgaben durch. Effektoren können zu diesem Zweck mit eigenen Antrieben ausgestattet sein.
Zum Handhaben von Werkstücken werden unterschiedliche Greifer eingesetzt.

Beispiele für Effektoren zum Greifen

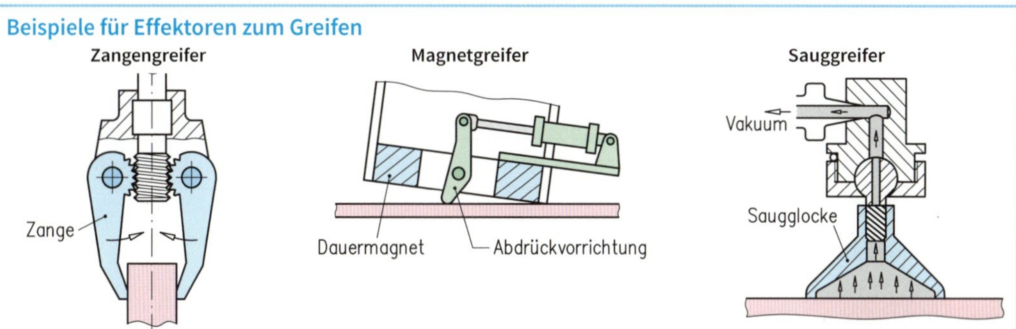

Roboter können auch Werkzeuge handhaben, z. B. Schweißgeräte, Bohrmaschinen, Farbspritz- und Klebepistolen.
Durch den Einsatz von automatischen Effektorwechselsystemen können Roboter in einem Arbeitszyklus unterschiedliche Aufgaben durchführen.
Effektoren müssen lagegerecht eingesetzt werden. Jeder Effektor hat deshalb einen Bezugspunkt für die Programmierung. Er wird mit Tool Center Point (TCP) bezeichnet. Der Tool Center Point ist bei Greifern meist die geometrische Mitte, bei Schweißgeräten der Punkt, in dem der Lichtbogen wirkt.

! Effektoren führen die Handhabungsaufgabe des Roboters durch. Sie werden unter Berücksichtigung des Tool Center Points (TCP) programmiert.

6.3.4 Kriterien für den Einsatz von Industrierobotern[1)]

Kriterien für den Einsatz von Industrierobotern sind:

- Anzahl der Achsen,
- Arbeitsbereich,
- Positioniergenauigkeit,
- Tragfähigkeit,
- Geschwindigkeit des Roboterarmes.

Unter der **Positioniergenauigkeit** eines Industrieroboters versteht man die maximal auftretende *Abweichung*, die beim Anfahren bestimmter Punkte im Raum auftritt. Die Positioniergenauigkeit ist umso größer, je kleiner die Traglast, die Verfahrgeschwindigkeit und die Ausladung des Roboterarmes sind.

Beispiel für Bauarten und Kenngrößen von Industrierobotern

Gelenkroboter

Kenndaten:

max. Winkelgeschwindigkeit einer Achse 200°/s

Traglast bis 3 kg (einschl. Greifer)

Positioniergenauigkeit ± 0,05 mm

Schwenkarmroboter

Kenndaten:

max. Winkelgeschwindigkeit einer Achse 420°/s (Schwenken)

Traglast bis 20 kg

Positioniergenauigkeit ± 0,05 mm

Kriterien für den Einsatz eines Industrieroboters sind:
- Bewegungsmöglichkeit,
- Tragfähigkeit,
- Geschwindigkeit und Positioniergenauigkeit.

1 Sicherheitsmaßnahmen für Industrieroboter siehe Seite 635

6.3.5 Programmierung von Industrierobotern

6.3.5.1 Grundbestandteile von Roboterprogrammen

Die Anweisungen in Steuerungsprogrammen von Industrierobotern gliedern sich in:

- **Ablaufanweisungen**, mit denen der Ablauf des Programmes in Form einfacher Befehle beschrieben wird;
- **Bewegungsanweisungen**, welche die anzufahrenden Positionen und die Art der Bewegung dorthin beschreiben und Anweisungen zu den Bewegungen des Effektors enthalten;
- **Kommunikationsanweisungen**, durch die Hinweise und Aufforderungen an das Fachpersonal ausgelöst werden und die einen Informationsaustausch mit angeschlossenen Geräten einleiten;
- **Kontroll- und Diagnoseanweisungen**, mit denen das Verhalten des Roboters bei Unterbrechungen beschrieben wird.

Übersicht über die Grundbestandteile von Roboterpogrammen

Ablaufanweisungen	Bewegungsanweisungen	Kommunikations-anweisungen	Kontroll- und Diagnoseanweisungen
Start/Stopp	Positionsangaben	Anzeigen	Verhalten bei NOT-AUS
Warten	Wegbedingungen (Gerade, Kreisbogen, Verschleifen, Anfahrbedingungen, Bremsverhalten u. a.)	Warnungen	Verhalten bei Testlauf
Verzweigen zu Unterprogramm		Dateneingabeanforderungen	Verhalten bei Sensormeldungen von Störungen
Schleife bilden (Wiederholung von Programmteilen)	Verfahrgeschwindigkeit	Datenausgabe	
Zählen	Anweisungen an Effektor (Greifer, Schweißgerät, Spritzpistole o.a.)		
logisch Verknüpfen (wenn..., dann...)			

> **!**
> Steuerprogramme von Industrierobotern enthalten
> - Ablaufanweisungen,
> - Bewegungsanweisungen,
> - Kommunikationsanweisungen,
> - Kontroll- und Diagnoseanweisungen.

Eine Vereinfachung der Programmierung geschieht durch die Aufteilung des Steuerprogramms in ein **Ablaufprogramm** und in eine **Positionsliste**.

Im Ablaufprogramm werden Anweisungen für den Programmablauf, Bewegungen, Kommunikation sowie Kontrolle und Diagnose zusammengefasst. Für die anzufahrenden Positionen und evtl. auch für den Bewegungsablauf werden die entsprechenden Daten in der Positionsliste erfasst. Die Positionsliste wird auch Bewegungsprogramm genannt.

Weiterhin werden viele wiederkehrende Abläufe in Unterprogrammen zusammengefasst, die mit anderen Positionslisten in verschiedensten Roboterprogrammen einsetzbar sind.

> **!**
> Durch Aufteilung des Steuerprogramms in ein Ablaufprogramm und ein Bewegungsprogramm (Positionsliste) und die Verwendung von Unterprogrammen kann die Programmierung von Industrierobotern erheblich vereinfacht werden.

6.3.5.2 Programmierungsverfahren

1. Online-Programmierung

Bei der Online-Programmierung wird das Programm des Roboters unmittelbar in Zusammenhang mit der Steuerung des Roboters erstellt. Der Roboter ist in der Zeit der Programmierung nicht einsatzfähig.

– Playback-Programmierung

Die Online-Programmierung für schwer zu beschreibende Bewegungen, wie z. B. das Spritzlackieren von Autos oder das Polieren von gegossenen Türgriffen, geschieht durch Playback-Programmierung.

Zur Programmierung werden zunächst alle Antriebe und Bremsen des Roboters abgeschaltet. Dann führt der Fachmann zur Progammierung den Effektor des Roboters so, wie er selbst von Hand auch arbeiten würde. Die Steuerung des Roboters nimmt dabei in sehr kurzen Zeitabständen alle Bewegungen und Schaltungen auf und speichert sie als Bewegungsprogramm. Dieses Programm kann beliebig oft vom Roboter selbstständig wiederholt werden – es kann playback (*to play back* = wieder abspielen) ablaufen.

Das Bewegungsprogramm muss noch durch Anweisungen zum Ablauf (z. B. Start, Wiederholung, Sonderanweisungen) zum Steuerprogramm des Roboters ergänzt werden.

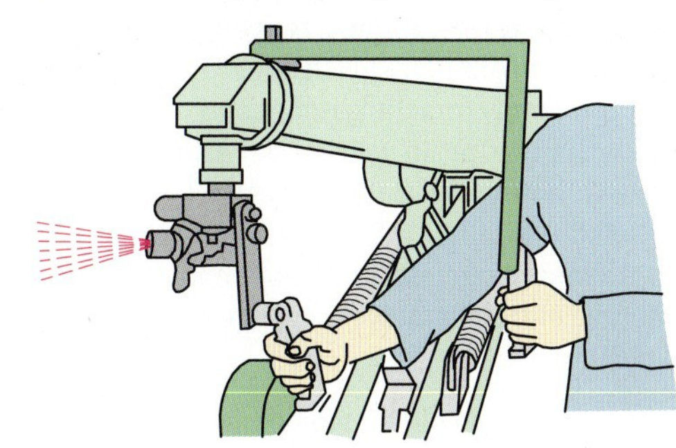

Playback-Programmierung beim Farbspritzen

> ! Bei der Online-Programmierung im Playback-Verfahren führt der Fachmann den Roboter am Effektor. Die Bewegung wird von der Steuerung des Roboters als Bewegungsprogramm gespeichert und auf Abruf hin genau wiederholt.

– Teach-In-Programmierung

Steuerprogramme für Industrieroboter, in denen die Bewegungen einfach zu beschreiben sind (z. B. Transportbewegungen, geradlinige oder kreisförmige Montagebewegungen) werden meist nach dem Teach-In-Verfahren programmiert. Zur Programmerstellung gibt der Fachmann mit einem Programmierhandgerät die Ablaufanweisungen über Tasten ein. Durch Richtungstasten oder über einen Joystick fährt er dann zur Erstellung des Bewegungsprogramms (Positionsliste) den Effektor an wichtige Positionen und speichert diese auf Tastendruck.

Programmierhandgerät

> ! Bei der Teach-In-Programmierung erstellt der Fachmann das Programm, indem er mit dem Programmierhandgerät Anweisungen eingibt und wichtige Positionen anfährt und abspeichert.

– Gemischte Programmierung

Der Roboter ist während der Teach-In-Programmierung ebenso wie bei der Playback-Programmierung produktiv nicht einsetzbar. Darum verlegt man häufig die Programmierung des Ablaufes in die Arbeitsvorbereitung. Dort werden alle Anweisungen bis auf die Positionsangaben als Programm geschrieben. Lediglich die Positionswerte werden online aufgenommen.

Da hier ein Teil der Arbeit offline, also nicht unmittelbar an der Steuerung des Roboters durchgeführt wird, spricht man von einer **gemischten Programmierung**.

2. Offline-Programmierung

Durch Offline-Programmierung wird der gesamte Aufwand zum Programmieren des Industrieroboters in die Arbeitsvorbereitung verlegt. Dadurch steht der Roboter auch während der Programmierung weitgehend zur Produktion zur Verfügung.

Zu einem Offline-Programmiersystem gehören zwei Funktionseinheiten,

- eine Roboterprogrammerzeugung, in der das Programm mit den Anweisungen in einer Programmiersprache geschrieben wird und
- eine Simulation, in welcher der Arbeitsbereich des Roboters exakt abgebildet ist. In der Simulation wird die Brauchbarkeit des Programmes getestet und es können die Zeiten für die einzelnen Bewegungen realistisch bestimmt werden.

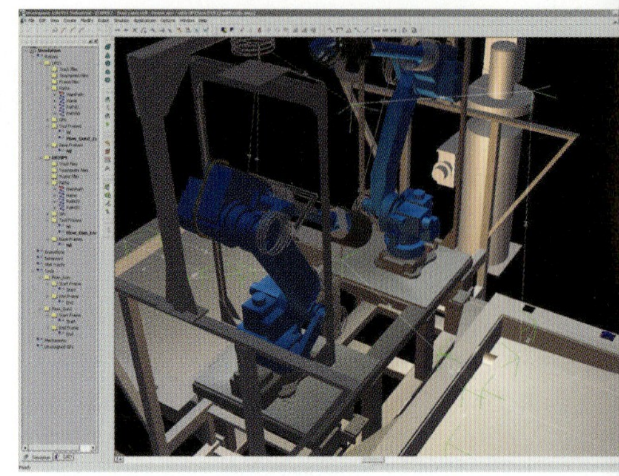

Simulation einer Roboterzelle

Bisher verwenden die verschiedenen Hersteller von Industrierobotern unterschiedliche Programmiersprachen. Dadurch ist der Wechsel eines Programmes von einem Roboter auf den eines anderen Hersteller sehr aufwendig. In der Praxis setzen sich besonders Programmiersprachen durch, in denen in leicht verständlichem Klartext die Anweisungen programmiert werden. So lautet z. B. in der Sprache BAPS (Bewegungs-Ablauf-Programmiersystem) der Befehl zu Position 3 zu fahren: FAHRE NACH POS3.

Offline-Programmierung geschieht in der Arbeitsvorbereitung unter Anwendung einer Programmiersprache und der Kontrolle durch eine Computersimulation der Roboterbewegungen.

6.3.5.3 Steuerung von Industrierobotern

Die mithilfe der unterschiedlichen Programmierverfahren festgelegten Positionen sind auf ein feststehendes Koordinatensystem bezogen. Zur Bewegung der einzelnen Achsen des Roboters müssen diese laufen in die Koordinaten der einzelnen Roboterachsen umgerechnet werden (Koordinatentransformation). Die geschieht je nach Verfahren mit unterschiedlichem Rechenaufwand:

- Der Rechenaufwand ist gering, wenn der Rechner nur für jede Achse die Endstellung errechnen muss und die Form der Bewegung vom Anfangs- zum Endpunkt beliebig ist (Punktsteuerung).
- Der Rechenaufwand ist jedoch sehr hoch, wenn die Bahn einer festgelegten Funktion, z. B. einer Geraden, folgen soll (Bahnsteuerung).

– Punktsteuerung [Point-to-Point (PTP)]

Bei dieser Steuerungsart verfährt der Roboter durch gleichzeitige Bewegung aller Achsen vom Ausgangspunkt zum Endpunkt. Zwischen den Bewegungen der Achsen besteht kein mathematischer Zusammenhang – je nach Länge der Wege erreichen die einzelnen Achsen ihren Zielpunkt zu unterschiedlichen Zeiten. Deshalb fährt der Roboter entlang einer komplizierten und nicht vorherbestimmten Raumkurve. Wegen des geringen Rechenaufwands ist die Verfahrenszeit bei der Punktsteuerung entsprechend kurz.

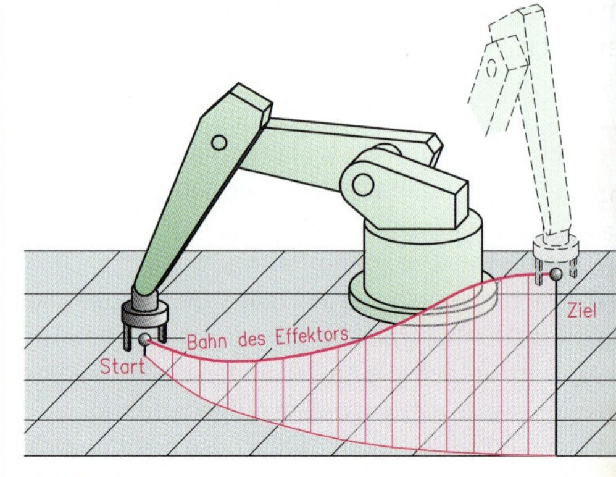

Punktsteuerung

Übungsaufgabe 6/26

:ine Abwandlung der PTP-Steuerung ist die **Synchro-PTP-Steuerung**. Bei ihr werden alle Achsbewegungen er langsamsten Bewegung angeglichen. Dadurch beginnen und enden alle Achsen zur gleichen Zeit mit er Bewegung. Dies führt zu ausgeglichenen Bewegungen und verringert Belastung und Verschleiß.

ie Punktsteuerung (PTP) ist nur anwendbar, wenn keine definierten Bahnen für die Arbeitsaufgabe zu-ückgelegt werden müssen, wie etwa bei der Werkstück- oder Werkzeughandhabung. Bei der Punktsteue-ung kommt es ausschließlich auf die Positioniergenauigkeit am Start- und Zielpunkt an.

> Der Roboter bewegt sich bei der Punktsteuerung (PTP) zwischen Anfangs- und Endpunkt auf einer nicht vorherbestimmten Bahn. Diese Steuerung ermöglicht jedoch eine sehr schnelle Bewegung zwischen zwei Punkten, z. B. zum Werkstücktransport.

– **Bahnsteuerung [Continuos-Path (CP)]**

ie Bahnsteuerung bezieht alle Roboterachsen ufeinander und erzeugt so eine definierte Bewe-ung. Zu diesem Zweck wird die Verbindung zwi-chen Start- und Zielpunkt entlang der vorbe-timmten Bahn, z. B. einer Geraden, vom Rechner n eine sehr hohe Zahl von Zwischenpunkten zer-egt (Interpolation), die nacheinander angefahren verden. Die einzelnen Achsen werden dadurch in inem genau vorbestimmten Zusammenhang ver-ahren.

ie Bahnsteuerung benötigt einen sehr hohen Re-henaufwand. Sie ist aber für alle Roboterbewe-ungen auf definierten Bahnen, z. B. beim Schwei-en, notwendig.

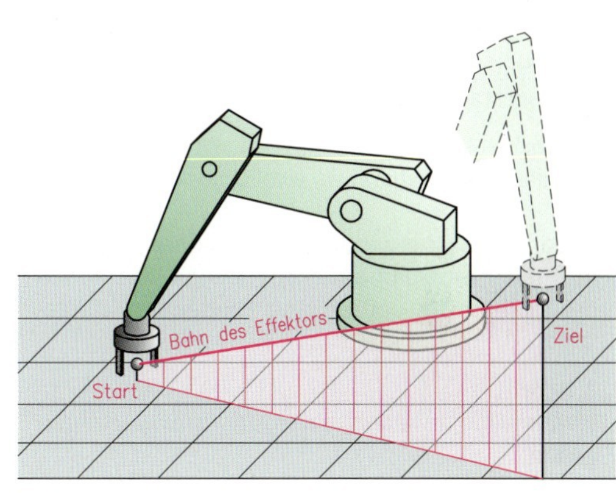

Bahnsteuerung

> Die Bahnsteuerung ist für einen sehr genauen Bewegungsablauf geeignet, der z. B. beim Schweißen erforderlich ist.

– **Bahnüberschleifen**

ie vom Roboter zurückgelegten Bahnen setzen ich je nach gewählter Steuerung aus unterschied-chen Bahnsegmenten zusammen. Diese Bahnseg-nente liegen jeweils zwischen zwei programmier-en Positionen. Sind neben dem Start- und ielpunkt, z. B. wegen den baulichen Gegebenhei-en im Arbeitsraum oder der Lage von Start- und ielpunkt zueinander, weitere Stützpunkte not-vendig, kommt es zu einem „hakelnden“ Bewe-ungsablauf. Da in der Regel ein stetiger Bewe-ungsablauf angestrebt wird, verzichtet man auf as exakte Anfahren der programmierten Stütz-unkte und verrundet stattdessen zwei Bahnseg-nente miteinander. Diese Verrundung wird als berschleifen bezeichnet.

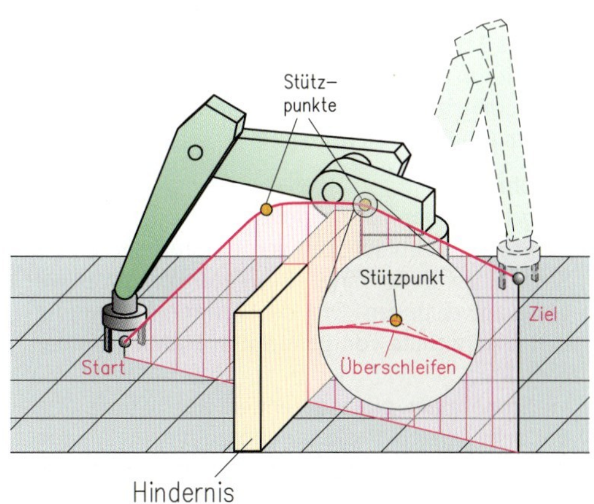

Bahnüberschleifen

> Das Überschleifen von Stützpunkten ermöglicht einen stetigen Bewegungsablauf des Industriero-boters beim Überfahren von Stützpunkten.

6.3.5.4 Planung einer Programmerstellung

Die Programmierung von Industrierobotern setzt eine Reihe von Planungsentscheidungen voraus. Ein möglicher Entscheidungsprozess soll beispielhaft für den Bereich der Werkstückhandhabung und für die Teach-In-Programmierung in Schritten dargestellt werden.

Beispiel für die Planung einer Programmerstellung

Aufgabenbeschreibung:

Von einer Palette aus sollen Teile zu einer Montagestation transportiert werden. Der Startbefehl erfolgt manuell per Tastendruck. Vor dem Transport ist mithilfe eines Sensors zu überprüfen, ob die Montagestation unbelegt ist.

1. Schritt

*Aufgabenbeschreibung in eine Lageskizze über*tragen.

In der Lageskizze werden insbesondere die in der Aufgabenbeschreibung angegebenen Positionen der Teile sowie vorhandene Hindernisse dargestellt.

2. Schritt

Verfahrwege festlegen und Positionsnummern vergeben.

Bei der Festlegung der Verfahrwege sind die gewählte Steuerungsart (z. B. PTP) und die damit verbundenen Bahnabweichungen zu berücksichtigen, um Kollisionen zu vermeiden.

Die Start- und Zielpunkte sind meist mit Positionierelementen ausgestattet, deshalb ist es häufig notwendig, die Positionierelemente senkrecht bzw. waagerecht anzufahren (1 → 11; 4 → 14 usw.); die Zählweise 1 → 11 (Zehnerschritt) ist eine Logik, die das Behalten von Positionen im Bereich der Positionierung erleichtert. Die Wahl der Grundstellung orientiert sich an den konkreten Gegebenheiten im Arbeitsbereich.

3. Schritt

Programmablaufplan erstellen.

Im Programmablaufplan werden Grenzstellen wie Start oder Ende einer Bewegungsfolge, Bewegungsanweisungen wie die Verfahrgeschwindigkeit u. Ä. mithilfe von genormten Sinnbildern dargestellt.

Im Sinne einer platzsparenden Darstellung oder bei sehr langen Programmablaufplänen besteht die Möglichkeit, Verbindungsstellen vorzusehen. Zur Kenntlichmachung solcher Verbindungsstellen wird ein Kreis als Sinnbild verwendet, wobei die Unterbrechungsstellen und die Fortsetzungsstellen jeweils die gleichen Innenbeschriftungen (Nummern) erhalten. Die Verarbeitungsfolge wird durch eine Verbindungslinie gekennzeichnet.

Roboter und Montageplatz

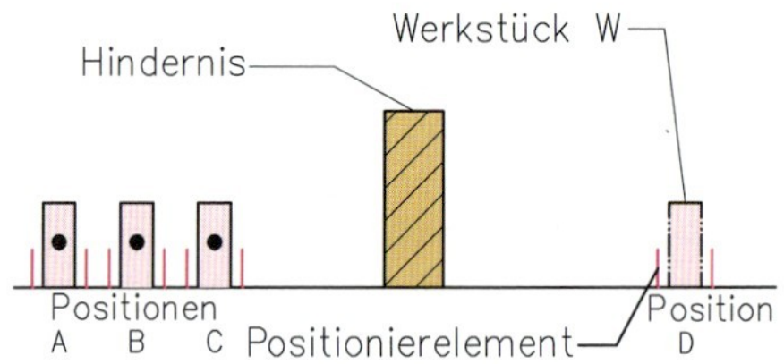

Lageskizze

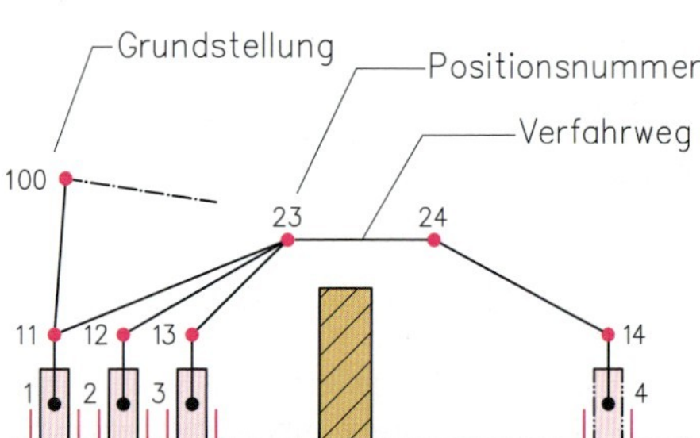

Verfahrwege mit Positionsnummern

Programmablaufplan

4. Schritt

Bei komplexeren Bewegungsabläufen nach Möglichkeiten zur Reduzierung des Programmieraufwands suchen, z. B. durch den Einsatz von Unterprogrammen oder logischen Verknüpfungen.

– Einsatz von Unterprogrammen

Die Unterprogrammtechnik bietet die Möglichkeit, sich wiederholende Bewegungsabläufen (vgl. nebenstehende Darstellung) in einem Unterprogramm zu speichern, das von jeder beliebigen Stelle des Hauptprogramms aus aufgerufen werden kann. Nach Beendigung des Unterprogramms wird das Hauptprogramm automatisch mit dem nächsten Befehl nach dem Unterprogrammaufruf fortgesetzt.

– Einsatz von logischen Verknüpfungen

Durch den Einsatz von logischen Verknüpfungen bei ähnlichen Bewegungsabläufen, z. B. Bewegungsabläufe, die sich nur aufgrund der Positionen und ihrer Positionsnummern unterscheiden (vgl. nebenstehende Lageskizze), lässt sich der Programmieraufwand durch die Einführung von Variablen erheblich verringern.

Die nebenstehende Lageskizze zeigt eine Aufgabenstellung, bei der es drei ähnliche Bewegungsabläufe gibt, die im Programm durch den Einsatz von logischen Verknüpfungen beschrieben werden können. Dabei ergibt sich die folgende Programmstruktur:

Im ersten Programmdurchlauf werden die Variablen A = 1 und B = 11 im Hauptprogramm gesetzt. Das Programm sorgt dann dafür, dass der Roboter die Positionen 1 und 11 anfährt, um das Teil von dieser Position abzuholen. Im weiteren Verlauf des Hauptprogramms wird das Unterprogramm aufgerufen, hier werden die Variablen A und B jeweils um 1 erhöht und die Positionen 23, 24, 14, 4 angefahren. Nach Beendigung des Unterprogramms wird das Hauptprogramm automatisch nach dem Unterprogramm fortgesetzt. Hier wird abgefragt, ob die Variablen A und B die Grenzwerte 3 und 13 erreicht haben oder nicht. Bei Nichterreichung werden die Positionen 2 und 12 angefahren, das Teil von dieser Position abgeholt und das Unterprogramm aufgerufen. Dieser Vorgang wiederholt sich so oft, bis die Variablen ihre Grenzwerte 3 und 13 erreicht haben und eine Sprunganweisung an das Ende des Hauptprogramms erfolgt. Die letzte Sprunganweisung führt den Roboter zurück zur Grundstellung.

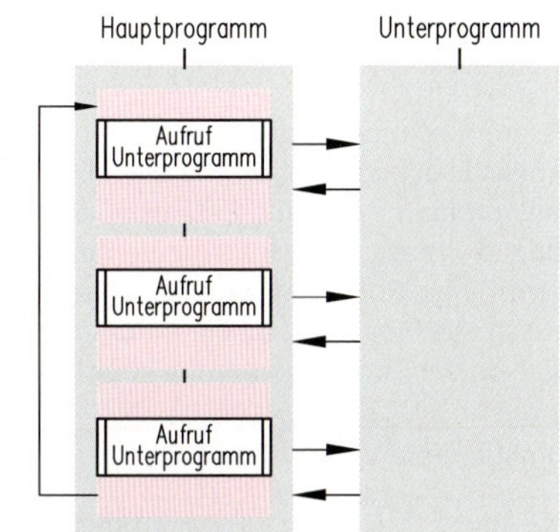

Hauptprogramm mit Unterprogramm

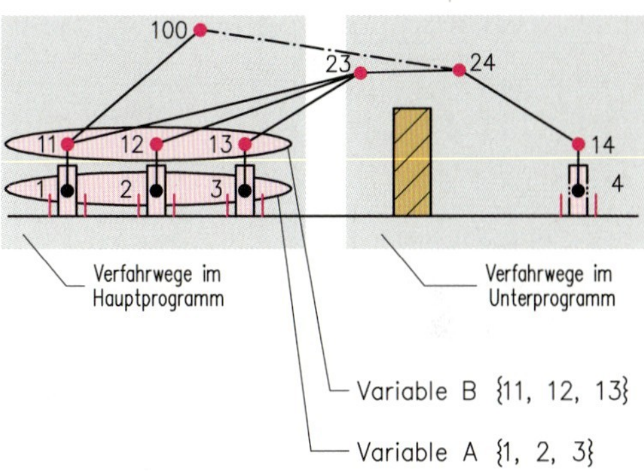

Variablenbildung bei ähnlichen Bewegungsabläufen

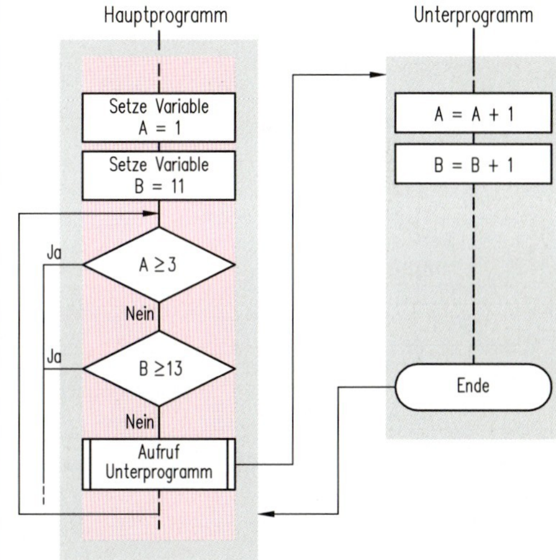

Programmstruktur mit Unterprogramm

5. Schritt

Handprogrammiergeräte einsetzen.

Festgelegte Positionen, z. B. aus 4. Schritt (1,11; 2,12; 3,13; 4,14; 23; 24; 100) werden mithilfe eines Handprogrammiergerätes angefahren und die jeweils erreichten Koordinaten gespeichert. Bei den Positionen 1,11 usw. wird zunächst die Position 1, d. h. das Werkstück wird im Positionierelement positioniert, und anschließend die Position 11 in vertikaler Bewegung angefahren. Das Anfahren der einzelnen Positionen erfolgt immer mit einem im Greifer befindlichen Werkstück.

6. Schritt

Programm erstellen.

Das Programm beinhaltet alle notwendigen Ablauf-, Bewegungs-, Kommunikations-, Kontroll- und Diagnoseanweisungen in der vom Roboterhersteller verwendeten Programmiersprache. Zu diesem Zweck wird der Programmablaufplan in einzelne Befehlszeilen mit den entsprechenden Befehlen übertragen und um weitere Anweisungen wie etwa die Höhe der Verfahrgeschwindigkeit oder Dateneingabe- sowie Datenausgabeaufforderungen ergänzt. Robotersteuerungen weden häufig mit SPS verknüpft, um z. B. bestimmte Eingangssignale automatisch oder von Hand an die Robotersteuerung weitergeben zu können und um bestimmte Ausgangssignale, die von der Robotersteuerung kommen, weiter verarbeiten zu können.

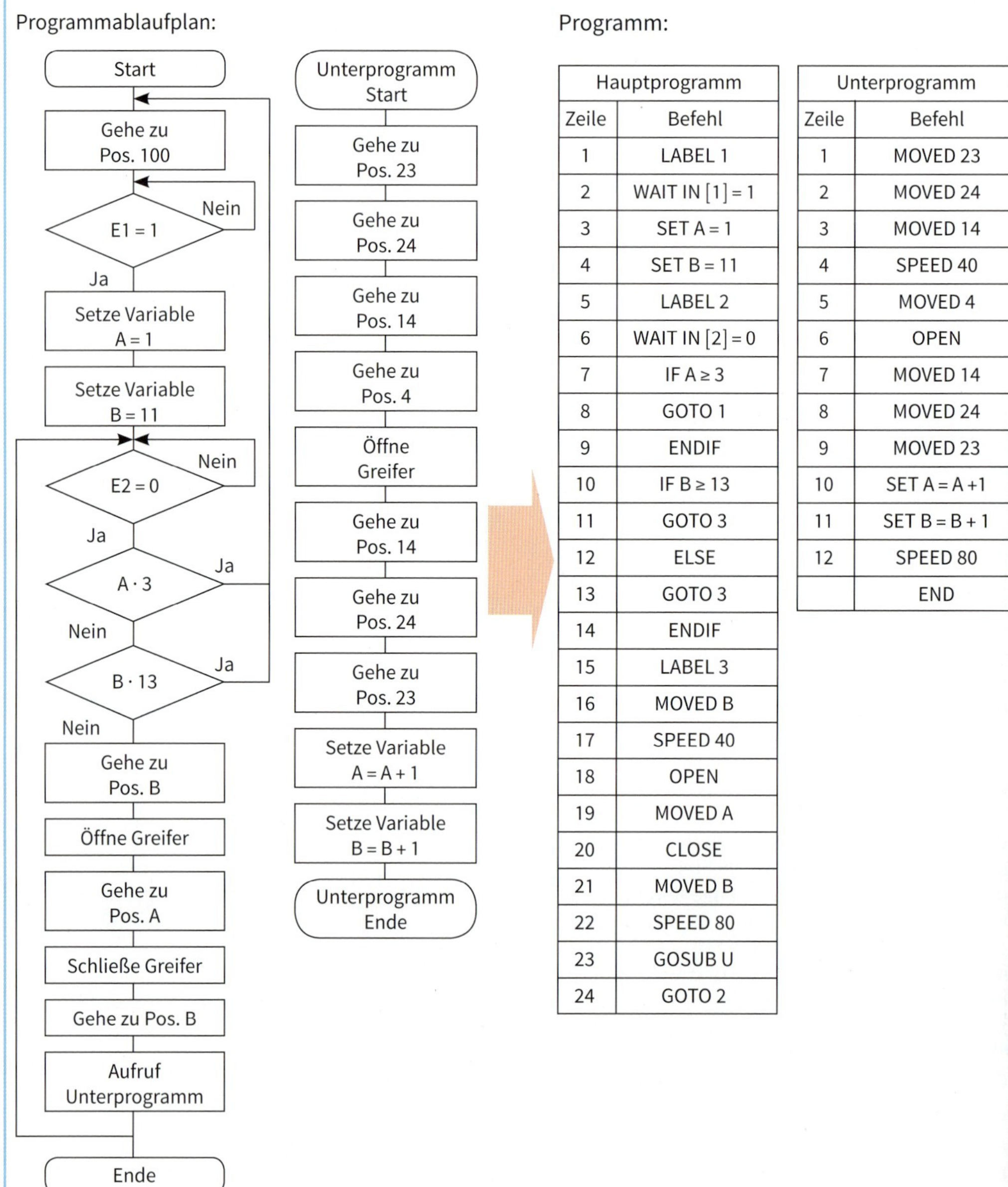

Hauptprogramm	
Zeile	Befehl
1	LABEL 1
2	WAIT IN [1] = 1
3	SET A = 1
4	SET B = 11
5	LABEL 2
6	WAIT IN [2] = 0
7	IF A ≥ 3
8	GOTO 1
9	ENDIF
10	IF B ≥ 13
11	GOTO 3
12	ELSE
13	GOTO 3
14	ENDIF
15	LABEL 3
16	MOVED B
17	SPEED 40
18	OPEN
19	MOVED A
20	CLOSE
21	MOVED B
22	SPEED 80
23	GOSUB U
24	GOTO 2

Unterprogramm	
Zeile	Befehl
1	MOVED 23
2	MOVED 24
3	MOVED 14
4	SPEED 40
5	MOVED 4
6	OPEN
7	MOVED 14
8	MOVED 24
9	MOVED 23
10	SET A = A +1
11	SET B = B + 1
12	SPEED 80
	END

Das Programm besteht aus einzelnen Befehlen, die in diesem Beispiel in der sprachorientierten Programmiersprache VAL (Variable Assembly Language) geschrieben wurden.

6.4 Rechnerintegrierte Produktion

In der rechnergestützten Produktion sind die Konstruktionssysteme, die Produktentwicklung und die Fertigung miteinander verkettet, um die Produktivität und die Qualität zu steigern. Das Konzept fordert von den Mitarbeitern ein hohes Maß an Kommunikations- und Kooperationsfähigkeit sowie Flexibilität.

Die rechnerintegrierte Produktion umfasst folgende Bereiche:

- **CAD** Computer **A**ided **D**esign – *rechnergestütztes Konstruieren,*
- **CAE** Computer **A**ided **E**ngeneering – *rechnergestützte Produktentwicklung,*
- **CAM** Computer **A**ided **M**anufacturing – *rechnergestützte Fertigung,*
- **CAP** Computer **A**ided **P**lanning – *rechnergestützte Arbeitsplanung,*
- **CAQ** Computer **A**ided **Q**uality – *rechnergestützte Qualitätssicherung,*
- **PPS** **P**roduktion **P**lanning **S**ystem – *Produktionsplanung und Produktionssteuerung.*

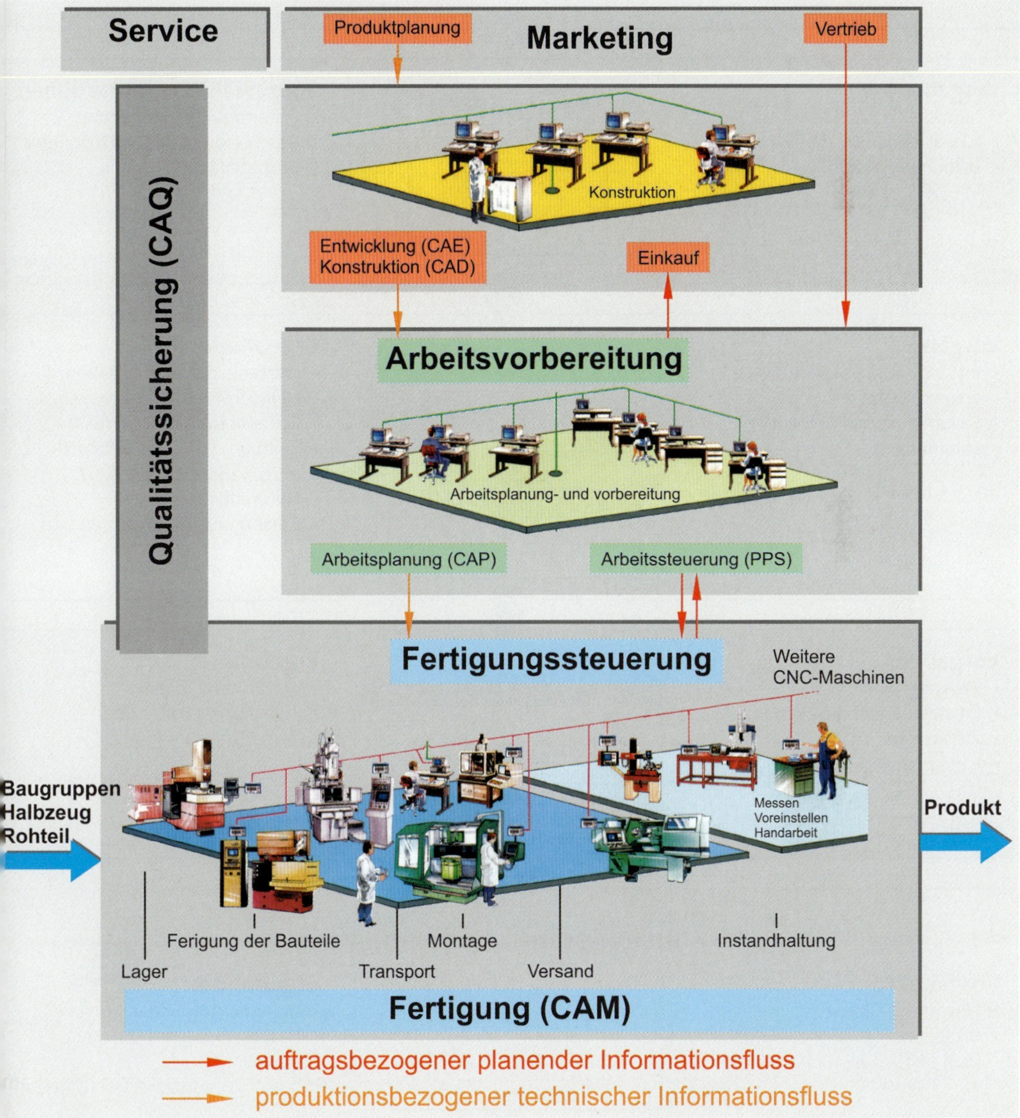

Service
Produktplanung
Marketing
Vertrieb
Qualitätssicherung (CAQ)
Konstruktion
Entwicklung (CAE)
Konstruktion (CAD)
Einkauf
Arbeitsvorbereitung
Arbeitsplanung- und vorbereitung
Arbeitsplanung (CAP)
Arbeitssteuerung (PPS)
Fertigungssteuerung
Weitere CNC-Maschinen
Baugruppen
Halbzeug
Rohteil
Messen
Voreinstellen
Handarbeit
Produkt
Ferigung der Bauteile
Montage
Instandhaltung
Lager
Transport
Versand
Fertigung (CAM)
auftragsbezogener planender Informationsfluss
produktionsbezogener technischer Informationsfluss

Übungsaufgabe 6/28

HANDLUNGSFELD: Wartungsmaßnahmen durchführen

Problemstellung

Wartungsauftrag:

Für eine neue LZ-Drehmaschine ist ein Wartungsplan zu erstellen. Die Maschine ist zu warten.

zu wartendes Objekt:

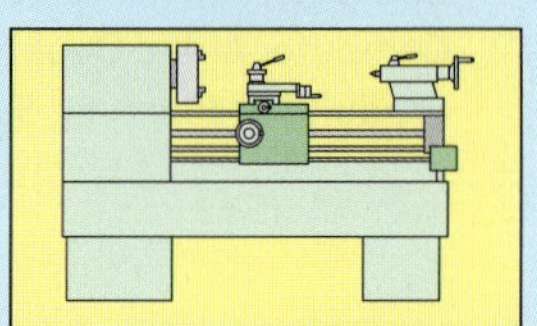

Analysieren

Vorgaben:
- Auftrag
- zu wartendendes Objekt
- Bedienungsanleitung

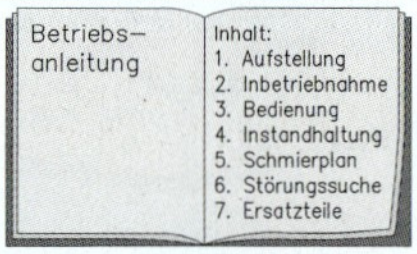

Betriebs-anleitung

Inhalt:
1. Aufstellung
2. Inbetriebnahme
3. Bedienung
4. Instandhaltung
5. Schmierplan
6. Störungssuche
7. Ersatzteile

ausgewählte Informationen:
- Instandhaltungsanleitung
- Beschreibung des Sollzustandes
- Ersatzteilliste

Planen

Vorgaben:
- Instandhaltungsanleitung
- Ersatzteilliste
- Sicherheits- und Umweltbestimmungen

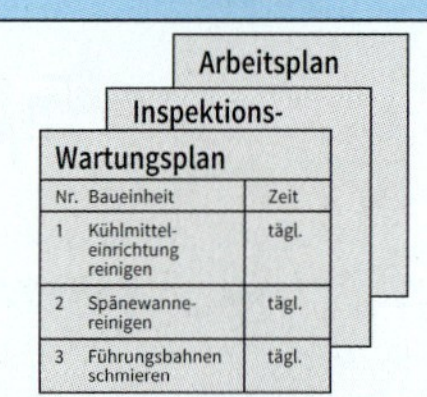

Arbeitsplan

Inspektions-

Wartungsplan

Nr.	Baueinheit	Zeit
1	Kühlmittel-einrichtung reinigen	tägl.
2	Spänewanne-reinigen	tägl.
3	Führungsbahnen schmieren	tägl.

Ergebnisse:
- Wartungsplan mit Angaben zu Inspizieren, Konservieren, Schmieren u. a. (Was?)
- Zeitplan (Wann?)
- Personalplan (Wer?)
- Materialliste
- Entsorgungsmaßnahmen

Warten

Vorgaben:
- Wartungsplan u. a.
- Ersatzteile, Hilfsstoffe u. a.
- Werkzeuge
- Messgeräte

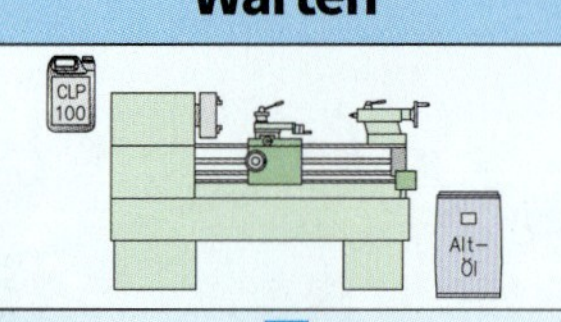

Ergebnisse:
- gewartetes Objekt
- verbrauchte Hilfsstoffe
- verschlissene Bauteile

Kontrollieren/Dokumentieren

Vorgaben:
- gewartetes Objekt
- Prüfdaten (Soll – Ist)

– 4 –

Nr.	Kontrolle	Ergebnis
14	Spiel-Oberschlitten	o.k.
15	Spiel Querschlitten	o.k.
16	Antrieb Keilriemen	o.k.
04.02.04	Meier	

Ergebnisse:
- Dokumentation der Wartung
- Beschreibung des Objektzustands

1 Grundlagen der Instandhaltung

1.1 Aufgaben der Instandhaltung

Instandhaltung hat die Aufgabe, eine störungsfreie und sichere Benutzung von Maschinen, Anlagen und Gebrauchsgegenständen zu gewährleisten. Denn der Ausfall oder die Beeinträchtigung der Funktion von solchen Systemen kann wirtschaftlichen Schaden, Qualitätsminderung von Produkten, Gefährdung von Personen und Umweltschäden verursachen.

Maschinen und Anlagen von hoher Qualität können viele Jahrzehnte lang ihre Aufgaben erfüllen, wenn sie gut instand gehalten werden und man sie dabei stets entsprechend dem Stand der Technik aufrüstet.

Beispiel für den Werterhalt einer Maschine durch gute Instandhaltung

Drehmaschine, Baujahr 1977, zurzeit noch in Betrieb

Drehdurchmesser max. 1,5 m
Drehlänge max. 6 m

Maschine wurde 1996 überholt und mit einer neuen Elektroanlage ausgestattet.

! Instandhaltung dient dazu, technische Systeme in funktionsfähigem Zustand zu halten oder bei Störungen die Funktionsfähigkeit wiederherzustellen.

1.2 Abnutzung und Abnutzungsvorrat

Anlagen, Maschinen, Geräte und Teile, die bestimmungsgemäß gebraucht werden, nutzen sich mit der Zeit ab. Die Abnutzung ist unvermeidbar und wird durch chemische und/oder physikalische Vorgänge verursacht. Weil die Abnutzung jedoch vorhersehbar ist, plant man sie ein, indem man bei der Konstruktion einen **Abnutzungsvorrat** schafft. Dieser Abnutzungsvorrat kann im Betrieb bis zu einer vereinbarten oder festgelegten **Abnutzungsgrenze** aufgebraucht werden.

Beispiel für Abnutzungsvorrat und Abnutzungsgrenze an einer Bremsanlage

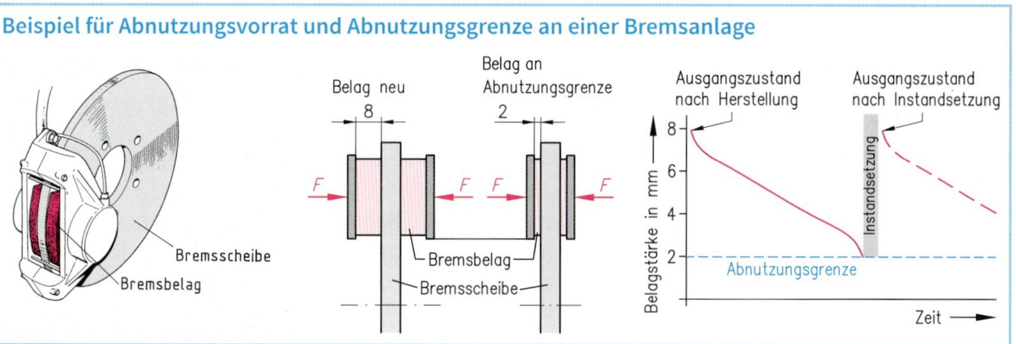

! Durch Maßnahmen der Instandhaltung wird der Abnutzungsvorrat einer Einheit so wiederhergestellt, dass die Einheit ihre Funktion erneut erfüllen kann.

1.3 Ursachen der begrenzten Nutzungsdauer

Unbegrenzte Lebens- und Nutzungsdauer von Maschinen und Anlagen ist infolge von Schwachstellen im Ausgangsprodukt, fehlerhafter Nutzung und schädigender Einflüsse beim Betrieb nicht zu erreichen. Unter dem Gesichtspunkt der stetig steigenden Kosten für Instandhaltung und Anpassung an den technischen Fortschritt ist unbegrenzte Nutzung auch nicht wünschenswert.

1. Qualitätsmängel im Ausgangsprodukt

Anlagen, Maschinen und Geräte können schon vor *ihrer Nutzung* mit Fehlern behaftet sein, die nicht unmittelbar am Produkt erkennbar sind und erst im Laufe der Nutzung zutage treten.

- **Konstruktionsfehler** z. B. können auf falschen Annahmen der im Betrieb auftretenden Höchstlasten beruhen und zu Verformungen oder Maschinenbruch führen. Fehlerhafte Betriebsanweisungen und Programme, die ebenfalls mit der Konstruktion aufgestellt werden, können später bei der Nutzung schwere Schäden verursachen.
- **Werkstofffehler** wie Lunker in Gussteilen oder Spannungen in wärmebehandelten Bauteilen sind verborgene Fehler, die erst bei der Nutzung des Produkts zutage treten.
- **Fertigungs- und Montagefehler**, z. B. Bearbeitungsriefen, die später im Betrieb zu Dauerbrüchen führen können oder zu großes Spiel, durch das Bauteile „ausgeschlagen“ werden, sind ebenfalls verborgene Fehler aus der Herstellung.
- **Fehler in zugekauften Bauteilen und Baugruppen**

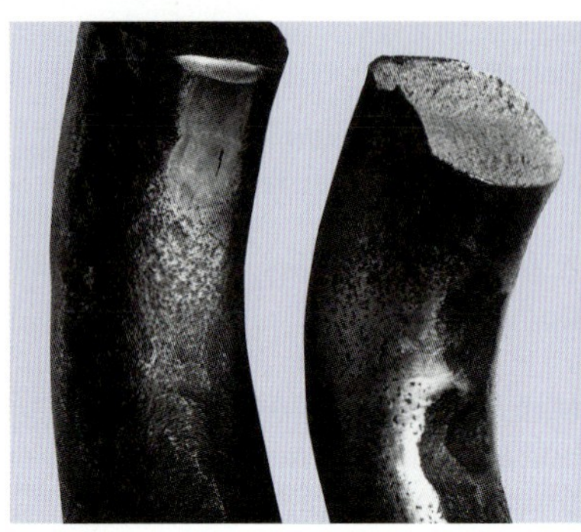

Bruch eines Kettenglieds infolge falscher Wärmebehandlung

> ! Konstruktionsfehler, Werkstofffehler und Fehler durch unsachgemäße Fertigung sind Qualitätsmängel des Ausgangsprodukts. Schäden durch sie sind nicht vorhersehbar und führen meist schon zu Beginn der Nutzung zu Ausfällen.

2. Schäden durch falsche Bedienung und Instandhaltung

Wenn Vorschriften in Bezug auf Bedienung und Instandhaltung nicht genau eingehalten werden, kann dies ebenfalls zu Betriebsstörungen und Schäden führen.

- **Bedienungsfehler** treten meist durch Unachtsamkeit oder Nachlässigkeit auf. In einigen Fällen sind sie auch auf unpräzise Betriebsanweisungen zurückzuführen. Häufige Bedienungsfehler, die zu Schäden an Maschinen und Anlagen führen, sind Überlastungen und Fehlschaltungen.
- **Instandhaltungsfehler** entstehen, wenn z. B. notwendige Instandhaltungsmaßnahmen nicht oder mit falschen Hilfsstoffen oder entgegen sonstigen Vorschriften durchgeführt werden.

> ! Durch Bedienungs- und Instandhaltungspersonal können durch Nichtbeachten der Bedienungs- und Instandhaltungsvorschriften im laufenden Betrieb Störungen verursacht werden. Diese Störungen sind nicht vorhersehbar.

3. Schäden durch Nutzung

Am häufigsten wird der Industriemechaniker mit Schäden durch die Nutzung von Maschinen und Anlagen konfrontiert. Dies sind vorwiegend:

- **Verschleißschäden** an Berührungsflächen sich bewegender Bauteile,
- **Korrosionsschäden** an Kontaktstellen unterschiedlicher Metalle und an Oberflächen von Bauteilen, die korrosiven Medien ausgesetzt sind,
- **Gewaltbrüche**, die durch Überlastung auftreten.
- **Ermüdungsbrüche**, die auf Vibrationen und Fehler in der Herstellung der Bauteile zurückzuführen sind

> ! Schäden durch Verschleiß, Korrosion und Materialermüdung können durch sorgfältige Inspektion und rechtzeitige Instandsetzungsmaßnahmen weitgehend vermieden werden.

Übungsaufgabe 1/2

1.4 Grundmaßnahmen der Instandhaltung

Die Instandhaltung umfasst die Grundmaßnahmen Inspektion, Wartung, Instandsetzung und Verbesserung. Durch gut geplante Arbeiten in diesen Bereichen der Instandhaltung wird sichergestellt, dass geforderte Qualitätsmerkmale in der Produktion über die gesamte Fertigung erhalten bleiben und dass bei Gebrauchsgütern Nutzung und Sicherheit gewährleistet sind.

Bei der **Inspektion** werden alle Maßnahmen ergriffen, die zur Feststellung und Beurteilung des Istzustandes an einem System notwendig sind.
Unter **Wartung** versteht man alle Maßnahmen, die dazu dienen, den Sollzustand an einem System zu bewahren.
Die **Instandsetzung** umfasst alle Maßnahmen, welche dazu dienen, den Sollzustand in einem System wiederherzustellen.
Unter **Verbesserung** versteht man alle technischen und organisatorischen Maßnahmen zur Steigerung der Funktionstüchtigkeit eines Systems ohne die bisherige Funktion zu ändern.

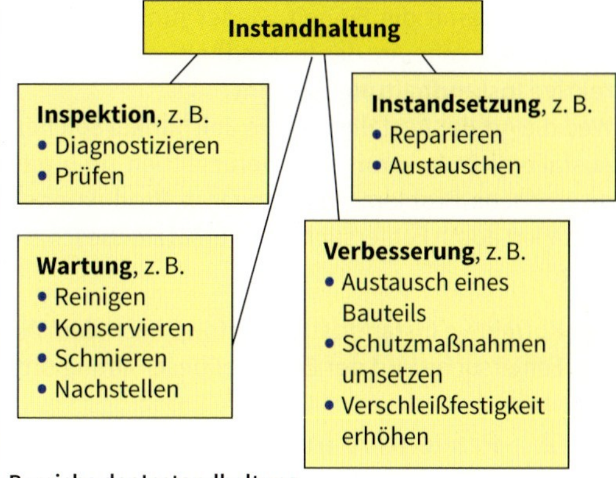

Bereiche der Instandhaltung

Beispiele für Grundmaßnahmen der Instandhaltung an einem Gabelstapler

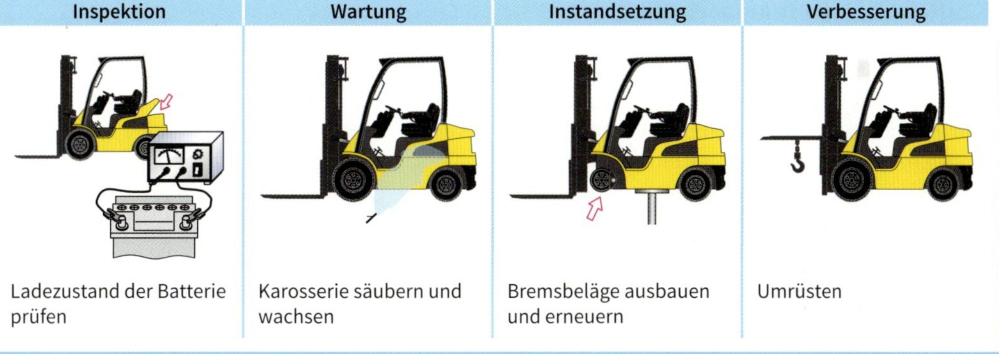

Inspektion	Wartung	Instandsetzung	Verbesserung
Ladezustand der Batterie prüfen	Karosserie säubern und wachsen	Bremsbeläge ausbauen und erneuern	Umrüsten

! Instandhaltung umfasst die Grundmaßnahmen
- Inspektion
- Wartung
- Instandsetzung
- Verbesserung.

1.5 Vorgehen bei Instandhaltungsmaßnahmen

Instandhaltung diente lange Zeit nur dazu, plötzliche Ausfälle durch Verschleiß oder Bruch zu beheben. Man bezeichnet diese Art des Vorgehens, bei der man erst bei Auftreten von Fehlern korrigiert, als **korrektive Instandhaltung**, häufig auch vereinfacht **Crash-Methode**. Heute vermeidet man störungsbedingte Ausfälle durch Instandhaltung, die einem Schaden zuvorkommt – der Fachmann spricht in diesem Fall von **präventiver Instandhaltung**.

Bei der Fertigung auf Großanlagen und bei der Nutzung von gekoppelten Maschinensystemen wird nahezu ausschließlich die präventive Instandhaltung durchgeführt, denn Störungen führen zu erheblichen Produktionsausfällen. Ein „Bandabriss" in der Automobilproduktion kann z. B. je nach Dauer mehrstellige Millionenbeträge kosten.

Übungsaufgabe 1/3

1.5.1 Korrektive Instandhaltung

Kann eine Anlage, eine Maschine oder eine sonstige Einheit ihre Aufgabe nicht mehr erfüllen, so spricht man von einem **Ausfall**. Hat man den oder die Fehler, die zum Ausfall führten, erkannt, so wird man entsprechende Instandhaltungsmaßnahmen einleiten, damit die Einheit wieder funktionsfähig wird. Eine solche Art der Instandhaltung wird **korrektive Instandhaltung** genannt.
Weil die Art der Ausfälle und die Zeitpunkte solcher Ausfälle nicht bekannt sind, verursachen sie organisatorische Probleme mit längeren Produktionsausfällen durch Fehlersuche und Ersatzteilbeschaffung.

Maschinenausfall durch Bruch

> **!** Korrektive Instandhaltung erfolgt nach dem Ausfall einer Einheit. Ausfälle erzwingen wegen der Fehlersuche und der Ersatzteilbeschaffung oft längere Unterbrechungen der Produktion.

1.5.2 Präventive Instandhaltung

Präventive Instandhaltung kann sich an laufenden Informationen über den Zustand des instand zu haltenden Systems (**zustandsorientierte Instandhaltung**) orientieren oder in vorausbestimmten regelmäßigen Abständen (**vorausbestimmte Instandhaltung**) durchgeführt werden.

1. Zustandsorientierte Instandhaltung

Ausfallbedingte Unterbrechungen von Maschinen und Anlagen lassen sich weitgehend vermeiden, wenn man den Zustand verschleißanfälliger Bauelemente kontinuierlich überwacht. Man leitet die Instandhaltungsmaßnahmen ein, bevor die Abnutzungsgrenze eines Bauteils erreicht ist. Über Änderungen im Verhalten des Bauteils, z. B. am Temperaturanstieg eines Wälzlagers oder an Veränderungen der Lagergeräusche, lassen sich drohende Schäden vorherbestimmen. Meist bleibt genügend Zeit zur Ersatzteilbeschaffung und zur Vorbereitung der Instandsetzungsmaßnahmen.

Maschinenausfall vermeidbar

> **!** Zustandsorientierte Instandhaltung ist bis auf den Zeitpunkt nach Art und Umfang planbar.

2. Vorausbestimmte Instandhaltung

An Maschinen und Anlagen mit hoher Produktivität, langen Laufzeiten und geringem zeitlichen Spielraum, z. B. an Druckerpressen in Zeitungsverlagen oder an Produktionsanlagen der Automobilindustrie, wechselt man in bestimmten Zeitintervallen störungsgefährdete Bauelemente aus, ohne dass sich ein Schaden ereignet hat. Diese Art des Vorgehens bezeichnet man als vorausbestimmte Instandhaltung. Dabei erzielt man ein hohes Maß an Zuverlässigkeit, jedoch zu dem Preis von vorschnellem Bauteilaustausch.

Maschinenausfall absehbar

> **!** Bei vorausbestimmter Instandhaltung sind Art, Umfang und Zeitpunkt im Voraus geplant.

2 Systembeurteilung durch Inspektion

Unter Inspektion versteht man alle Maßnahmen zur Feststellung und Beurteilung des Istzustandes einer Einheit einschließlich der Bestimmung der Ursachen der Abnutzung und der notwendigen Folgerungen für eine künftige Nutzung.

2.1 Inspektionsintervalle

Inspektionen sind in gewissen Zeitabständen durchzuführen, man spricht von Inspektionsintervallen. Der Abstand regelmäßiger Inspektionsintervalle richtet sich nach:

- den Umwelteinflüssen am Einsatzort, z. B. Schmutz, Hitze,
- den zu erwartenden Schäden, z. B. Verschleiß, Korrosion, Lockerung von Bauteilen,
- der Maschinen- und Anlagenbelastung, z. B. häufiger Teillastbetrieb, zeitweise Überlastung,
- der Gefahr für Menschen, Umwelt und Anlagen, z. B. Explosion, Absturz

Beispiel für Inspektionsintervalle

- Für kontinuierlich arbeitende Maschinen, Pumpen und Produktionsanlagen wird die Betriebszeit als Basis gewählt, z. B. alle 500 Betriebsstunden.
- Produzieren Maschinen ständig den gleichen Artikel, so wird häufig nach einer bestimmten Produktionszahl eine Inspektion vorgenommen, z. B. nach 10 000 Stück.
- Bei Fahrzeugen wird meist die gefahrene Strecke zugrunde gelegt, z. B. für PKW alle 20 000 km.

2.2 Inspektion durch Sinneswahrnehmung

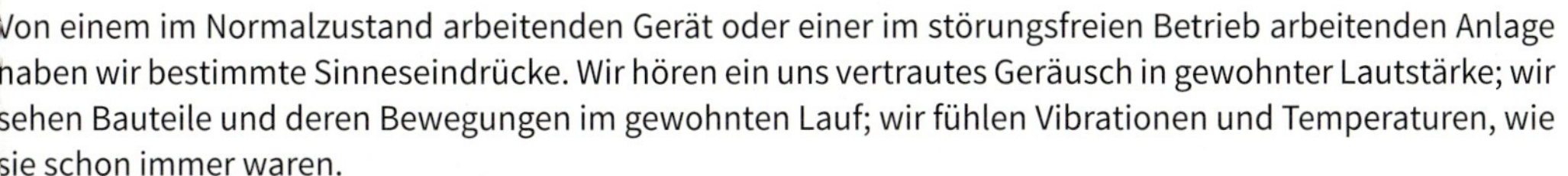

Von einem im Normalzustand arbeitenden Gerät oder einer im störungsfreien Betrieb arbeitenden Anlage haben wir bestimmte Sinneseindrücke. Wir hören ein uns vertrautes Geräusch in gewohnter Lautstärke; wir sehen Bauteile und deren Bewegungen im gewohnten Lauf; wir fühlen Vibrationen und Temperaturen, wie sie schon immer waren.
Abweichungen von diesem uns vertrauten Zuständen nehmen wir unmittelbar wahr. Unsere Sinne machen uns auf Störungen im Betrieb von Geräten und Anlagen aufmerksam.

Sinn	Wahrnehmung	Fehlerkennung
Sehen	Beschädigungen	Risse, Poren
	Verformungen	Verbiegungen, lose Teile, lockerer Riemen
	Bewegungen	ruckartiger Lauf, Verrutschen von Teilen
	Aussehen	farbliche Änderungen, Glanzänderungen, Dampf
Hören	Hohe Töne	Quietschen wegen Reibung
	Unregelmäßige Schwingungen	Unrundlauf
	Frequenzänderungen	Spannungen in Drahtseilen
	Pfeifgeräusche	Leck in Leitungen
Fühlen	Temperaturunterschiede	Heißlaufen von Lagern
	Kraftunterschiede	Lockerung eines Bauteiles
	Oberflächenänderung	Rauheitsänderungen, Klebrigkeit
Riechen	Verbrennungsgeruch	Überhitzung, Verdampfen von Flüssigkeiten
	Geruch nach Chemikalien	Auslaufen von Chemikalien

2.3 Inspektion auf der Grundlage von Messdaten

2.3.1 Diagnose auf Basis der Betriebsdaten

Diagnosekenngrößen geben Auskunft über den Zustand eines Systems. Im Maschinen- und Anlagenbau sind dies in vielen Fällen bereits die Daten, die im Betrieb häufig fortlaufend erfasst werden. An ihren Änderungen und aus ihrem Zusammenhang kann der erfahrene Instandhalter Instandhaltungsbedarf ableiten. So wird er z. B. bei der Feststellung auffallend niedriger Enddrehzahlen, aber normal hoher Antriebsdrehzahlen bei einem Riemengetriebe sofort auf Riemenschlupf schließen und entsprechend reagieren.

Beispiel für die Anzeige von Betriebsdaten in der Prozessvisualisierung einer Pelletier-Anlage

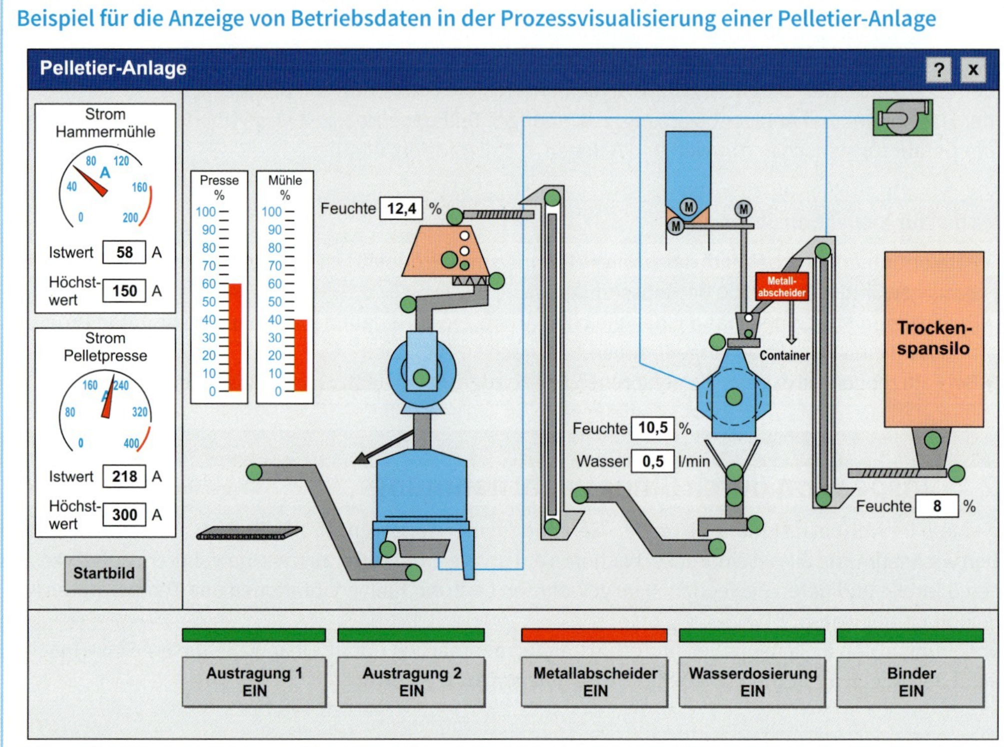

Betriebsdaten, die als Diagnosekenngrößen dienen können

Betriebsdaten, z. B.	Inspiziertes System	Aussage, z. B. über
Drehzahl Drehmoment Leistung Elektrischer Strom	Mechanische und elektrische Antriebssysteme	Überlastung Schlupf Reibung und Schmierung Blockierungen
Druck Volumenstrom Strömungsgeschwindigkeit	Pneumatische und hydraulische Steuerungen und Antriebe	Ventilschäden Lecks Blockierungen Kavitation
Temperatur	Mechanische und elektrische Antriebssysteme	Verschleiß Reibung in Lagern und Führungen Zustand elektrischer Kontakte Isolationsschäden, Wärmelecks, Leitungsschäden

! Aus der Änderung von Betriebsdaten und ihres Zusammenhangs kann der erfahrene Fachmann Schlüsse auf den Zustand des Systems ziehen.

2.3.2 Spezielle Diagnoseverfahren

1. Schwingungsanalyse

Jede Maschine und Anlage, in der Bewegungen stattfinden, vibriert. Diese Vibrationen bestehen aus einer Vielzahl von Schwingungen, die sich überlagern. Damit hat jede Maschine und Anlage ihr eigenes Schwingungsverhalten, das sich beim Eintreten eines Schadens ändert. Durch kontinuierliches oder in zeitlichen Abständen aufgezeichnetes Schwingungsverhalten kann darum der Zustand eines Systems überwacht werden. Die Schwingungsanalyse wird im Maschinenbau eingesetzt zur Untersuchung auf

- Zahnradschäden (Verschleiß, Fressen, u. Ä.),
- Lagerschäden (Käfigbruch, Lagerringverschleiß),
- Ausrichtfehler,
- Unwucht,
- Resonanzschwingungen.

Schwingungsanalyse an einem Getriebe

Beispiel für die Inspektion von Wälzlagern durch Schwingungsanalyse

Verschleiß verursacht in den Abrollzonen der Lagerringe eine Welligkeit, die beim Lauf Stoßimpulse hervorruft. Diese Impulse werden mit einem Mikrofon aufgenommen, in einem Rechner ausgewertet und angezeigt. Die Stärke der Stoßimpulse ermöglicht Rückschlüsse auf den Lagerzustand.

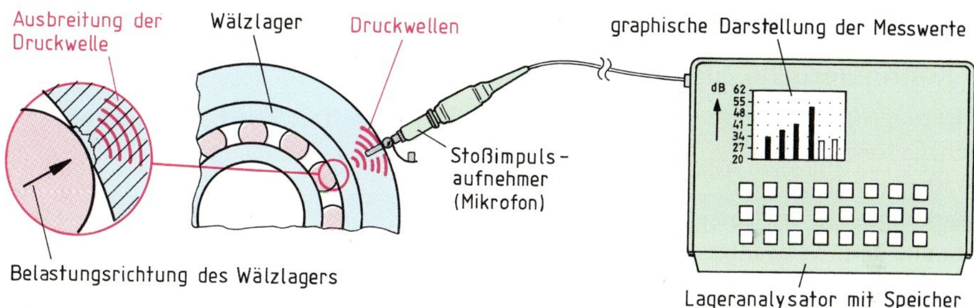

Das jeweils charakteristische Schwingungsverhalten einer unbeschädigten Lagerart ist im Rechner als Sollwert gespeichert. In einem Soll-Istwert-Vergleich kann der Verschleißzustand eines Wälzlagers beurteilt werden. Bei Überschreiten eines festgelegten Grenzwertes wird das Lager vorbeugend ausgewechselt.

! Die Schwingungsanalyse ist besonders geeignet, den Zustand von Zahnradgetrieben und Lagern zu überwachen.

2. Infrarot-Thermographie

Jeder Gegenstand strahlt Wärme ab. Die Wärmestrahlung ist eine elektromagnetische Strahlung wie das sichtbare Licht. Sie liegt jedoch im Infrarotbereich und ist darum für unser Auge unsichtbar.

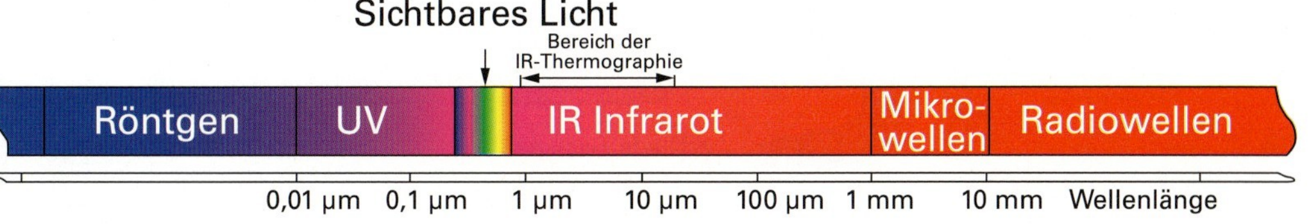

Mit speziellen Infrarotkameras kann die Wärmestrahlung aufgenommen und in sichtbare Farbbilder umgewandelt werden. Die Bilder zeigen in unterschiedlichen Farben die Oberflächentemperaturen an den einzelnen Bereichen des beobachteten Systems an.

Mit dem Sucher der Kamera können defekte Motorlager, blockierte Ventile, Schlupf an Riemen und Laufrädern, schlechte elektrische Kontakte, starke Reibstellen und andere Störungen anhand ihrer höheren Oberflächentemperatur ausfindig gemacht werden.

Durch Speichern der Bilder und den Vergleich mit vorher gemachten Aufnahmen kann der Fortschritt der Störung verdeutlicht werden und der optimale Zeitpunkt für Instandhaltungsmaßnahmen bestimmt werden.

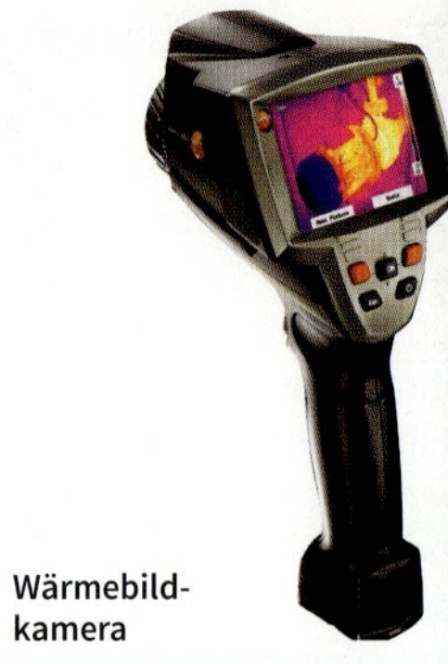

Wärmebild-kamera

Beispiele für Wärmebilder von Baugruppen

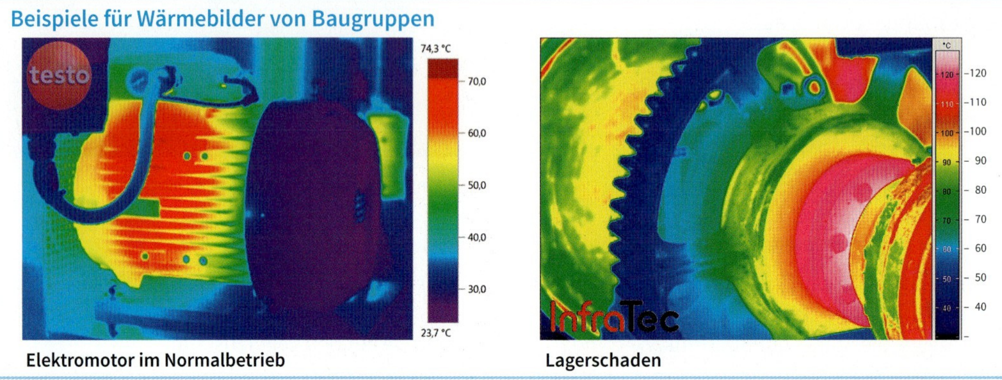

Elektromotor im Normalbetrieb **Lagerschaden**

2.3.3 Kontinuierliche Zustandskontrolle

Messeinrichtungen, die vorwiegend zur Zustandskontrolle eingesetzt werden, nehmen wie andere Messeinrichtungen die Messgröße auf, z. B. die Temperatur oder den Druck, und wandeln sie in ein Signal um, das weiterverarbeitet werden kann.

Im **Verarbeitungsglied** der Messeinrichtung werden die gemessenen Größen mit den vorgegebenen Normalwerten und ihren Schwankungsbreiten verglichen und zu einem Ausgangssignal kombiniert, das über den Zustand des Systems Auskunft gibt. Wichtig ist, dass dieses Verarbeitungsglied auch bei einer internen Störung, also bei einem eigenen Fehler, eine eigene Fehlermeldung liefert.

Das **Ausgabeglied** der Messeinrichtung zeigt meist nur einen Bereich an, in dem sich der Zustand des Systems bewegt. Vielfach wird ein Farbcode verwendet (grün = in Ordnung, gelb = Instandhaltungsmaßnahme vorbereiten, rot = Instandhaltungsmaßnahme unbedingt durchführen). Häufig sind die Ausgabeglieder so gestaltet, dass sie auch bei Stillstand des Systems ihre Anzeige über den Zustand beibehalten, so dass sie jederzeit Auskunft über den Systemzustand geben.

Beispiel für die kontinuierliche Zustandskontrolle einer Filtereinrichtung

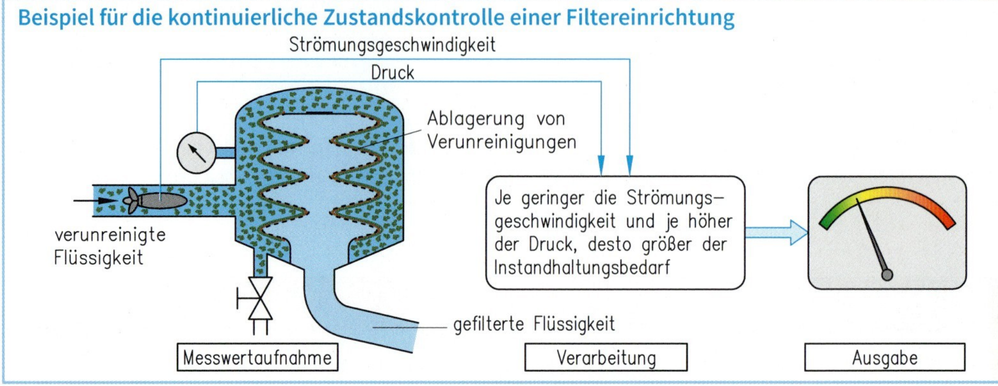

3 Instandhaltung durch Wartung

3.1 Übersicht über Wartungsarbeiten

Durch Wartung sollen Maschinen, Anlagen und Geräte möglichst in ihrem Sollzustand erhalten bleiben. Zumindest aber möchte man den unvermeidlichen Abnutzungsprozess verlangsamen und weiterhin einen sicheren Umgang gewährleisten. Arbeiten im Rahmen von Wartung sind ihrer Art nach Erhaltungsmaßnahmen und lassen sich in mehrere Aufgabenbereiche unterteilen.

Wartungsarbeiten	vorzunehmende Tätigkeiten
Reinigen	Fremdstoffe oder belastete Hilfsstoffe entfernen
Konservieren	Systeme gegen Fremdeinflüsse durch Schutzmaßnahmen haltbar machen
Schmieren	Reibstellen im System Schmierstoffe zuführen, um die Gleitfähigkeit zu erhöhen
Nachstellen	Mithilfe von Korrektureinrichtungen Abweichungen von einem Sollzustand beseitigen
Ergänzen	System wird mit erforderlichen Hilfsstoffen auffüllen

Beispiele für Wartungsarbeiten an einer Fräsmaschine

Reinigen

Säubern der T-Nute mit Pinsel

Putzen des Maschinentischs mit Putzwolle

Säubern offenliegender Gleitflächen mit Pinsel und Putzwolle

Ablaufsiebe für Kühlschmiermittel säubern

Nachstellen

Nachstellen der Leisten in den Gratführungen zur Einstellung des Spiels

Gewindespindelspiel nachstellen

Lagerspiel der Frässpindel nachstellen

Konservieren

Einfetten blanker Führungen mit Gleitbahnöl

Maschinentisch leicht einfetten

Schmieren

Führungen schmieren

Gewindespindeln schmieren

Ergänzen

Füllmenge an Getriebeöl ergänzen

! Wartungsarbeiten dienen der Erhaltung des Sollzustands und somit der Bewahrung der Funktionsfähigkeit und der Werterhaltung von technischen Systemen. Wartung erfolgt durch Reinigen, Konservieren, Schmieren, Ergänzen und Nachstellen.

Übungsaufgaben 3/1; 3/2

3.2 Säubern und Konservieren

1. Säubern

Verschmutzungen an Maschinen und Geräten lassen diese nicht nur unschön aussehen, sondern führen auch zu höherem Verschleiß bewegter Teile, zu erhöhter Reibung und damit zu einer Leistungsminderung. Deshalb müssen je nach Verschmutzungsgrad und Benutzungshäufigkeit Schmutzteilchen, Späne und Abriebteilchen sowie verschmutzte Fette, Öle und Hilfsstoffe in bestimmten Zeitintervallen entfernt werden.

Werkzeugmaschinen sollen täglich vom Maschinenbediener gesäubert werden:

- Der Arbeitsraum der Maschine ist von Spänen mit dem Pinsel oder einem Industriesauger zu reinigen.
- Die Spänewanne ist auszuleeren und die Späne sind vorschriftsmäßig zu entsorgen.
- Führungsbahnen sind mit Putzwolle oder nicht fasernden Lappen von Staub und Kühlschmiermitteln zu reinigen.
- Bewegungsgewinde sind einzuölen.
- Schutzscheiben sind mit einem neutralen Reinigungsmittel ohne festen Druck zu säubern, damit anhaftende Stäube keine Kratzer verursachen.

Säubern einer Antriebseinheit

Druckluft darf zum Säubern von Maschinen nicht eingesetzt werden, weil dadurch Späne und schmirgelnd wirkende Stäube in Führungen und Bewegungsgewinde gelangen können und dort Verschleiß verursachen.

> **!** Säubern von Maschinen und Anlage schützt diese vor Verschleiß und Wertminderung und wertet den Arbeitsplatz auf.

Reinigungsstoffe siehe „Instandhalten“, Kapitel 8.2 Reinigungsmittel

2. Konservieren

Durch Konservieren mit Beschichtungsstoffen schützt man die Oberflächen von Bauteilen vor schädlichen Umwelteinflüssen, die zur Korrosion führen. Als Beschichtungsstoffe verwendet man Öle, Fette, Wachse und Anstriche.

- Blanke Maschinenteile, wie z. B. die Säule oder der Arbeitstisch einer Bohrmaschine sowie Gleitbahnen und Bettführungen von Werkzeugmaschinen, werden zum kurzzeitigen Korrosionsschutz gefettet.
- Mess- und Prüfzeuge sowie Anreißplatten werden zum kurzzeitigen Schutz gereinigt und anschließend geölt oder gefettet.
- Blanke Maschinenteile aus Stahl werden für längere Versandwege mit Wachs oder einem Schutzlack beschichtet. Auch ein Verpacken solcher Teile mit ölhaltigem Papier ist üblich.
- Verzinkte Bauteile, an denen eine Beschädigung der Schutzbeschichtung eingetreten ist, werden mit Zinkspray nachverzinkt, um wieder einen ausreichenden Schutz herzustellen.

Hilfsstoffe mit konservierender Wirkung

> **!** Konservierende Maßnahmen werden durchgeführt, um die Oberflächen von Bauteilen vor schädlichen Umwelteinflüssen (Korrosion) zu schützen.

3.3 Schmieren

1. Aufgaben des Schmierens

Durch Schmieren von Maschinen, Geräten und Anlagen erreicht man Folgendes:

- Energieverluste infolge von Reibungsvorgängen werden vermindert.
- Verschleißvorgänge an Bauteilen, die sich gegeneinaner bewegen, werden verringert.
- Oberflächen können vor schädlichen Umwelteinflüssen geschützt werden.

Besonders wichtig ist die Schmierung von Lagern und Führungen. Die Schmierstoffe verhindern, dass sich die aufeinander gleitenden oder abrollenden Bauteilflächen direkt berühren.
Schmierung verringert die Beanspruchung der Oberflächen und verlängert die Einsatzzeit von Bauteilen, wie z. B. Kugellagern.

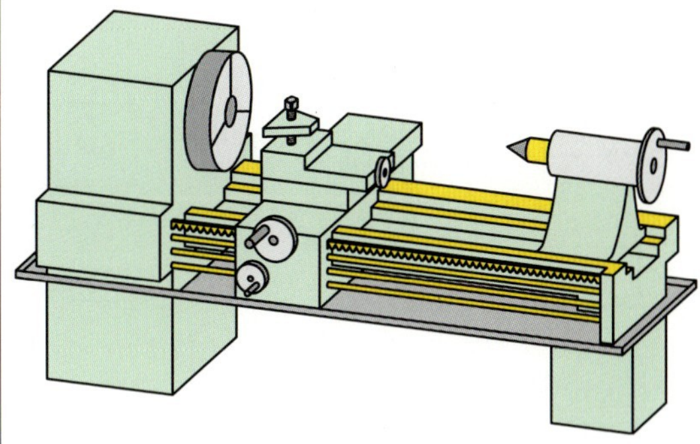

Gleitflächen (gelb markiert) an einem Drehmaschinenbett

> **!** Durch Schmieren vermindert man in technischen Systemen Energieverluste, verringert Verschleißvorgänge und schützt Oberflächen vor Korrosion.

2. Schmieranweisungen

Schmieren erfolgt nach festen Vorgaben des Herstellers einer Maschine, eines Gerätes oder einer Anlage. Die Vorgaben berücksichtigen vor allem die Einsatzbedingungen der Maschinen bzw. Anlagen im Produktionsprozess.

Die Schmieranweisung muss gemäß Normvorgaben Folgendes enthalten:

- eine **Schmierstoffübersicht** mit den empfohlenen Schmierstoffen und ihren genormten Bezeichnungen,
- einen **Schmierstellenplan**, in dem die einzelnen Schmierstellen und die vorgesehenen Schmierintervalle eingetragen sind,
- die Angaben über die jeweiligen Schmierstoffmengen,
- die Art des jeweiligen **Schmierverfahrens**, mit dem der Schmierstoff einzubringen ist.

> **!** In der Betriebsanleitung des Herstellers einer Maschine oder Anlage werden Schmieranweisungen gegeben. Sie geben Auskunft über:
> • Schmierstellen • Schmierstoffe • Schmierungen • Schmierintervalle • Schmierverfahren

3. Schmierplan

Im Betrieb werden die Anweisungen des Herstellers in den Instandhaltungsplan eingebracht. Es wird ein entsprechender Schmierplan aufgestellt, nach welchem der Fachmann die Schmierung vorzunehmen und zu bestätigen hat. Der Schmierplan enthält:

- die Bezeichnung der Schmierstellen in sinnvoller Reihenfolge (**wo?**),
- die eindeutige Bezeichnung der zuzuführenden Schmierstoffe (**was?**),
- die Menge des beim jeweiligen Schmiervorgang einzubringenden Schmierstoffes (**wie viel?**),
- die Beschreibung der notwendigen Arbeitsmittel (**womit?**),
- das Intervall, nach dem jeder der beschriebenen Arbeitsgänge regelmäßig auszuführen ist. Das Intervall kann in Zeitabständen, Stückzahlen o.a. gemessen sein (**wann?**),
- die Arbeitszeitvorgabe (**wie lange?**),
- die Hinweise zur Koordinierung der Arbeiten mit dem Betriebsablauf, z. B. „*in Betrieb*“ oder „*bei Stillstand auszuführen*“ (**wobei?**).

Übungsaufgabe 3/4

Symbole für Schmieranleitungen in Schmierplänen

Symbol	Erklärung
	Ölstand prüfen
	Ölstand überwachen, falls erforderlich auffüllen
	Behälter entleeren
2,5 l	Behälterinhalt austauschen, Angabe der Füllmenge in l

Symbol	Erklärung
	Schmierung allgemein mit Ölkanne oder Spraydose
	Automatische Zentralschmiereinrichtung für Öl
	Fettschmierung mit Fettpresse
	Filter auswechseln, Filtergehäuse reinigen

Symbol	Erklärung
h	Angabe der Schmierintervalle in Betriebsstunden
	Ergänzende Erläuterungen in der Betriebsanleitung nachlesen

Beispiel für einen Schmierplan

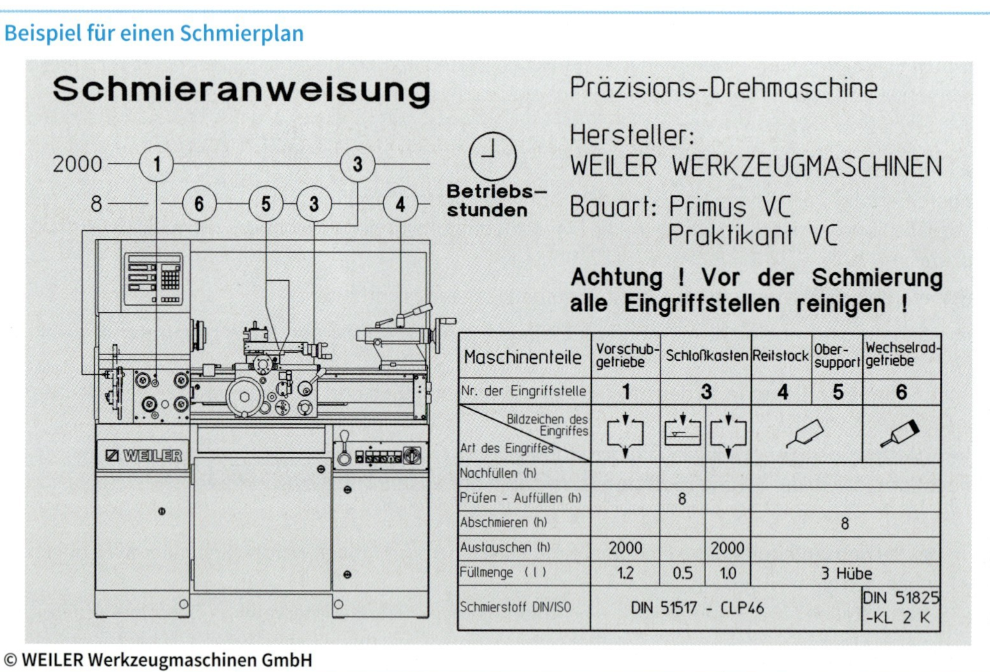

Schmieranweisung

Präzisions-Drehmaschine

Hersteller:
WEILER WERKZEUGMASCHINEN

Bauart: Primus VC
Praktikant VC

Achtung ! Vor der Schmierung alle Eingriffstellen reinigen !

Maschinenteile	Vorschubgetriebe	Schloßkasten		Reitstock	Obersupport	Wechselradgetriebe
Nr. der Eingriffstelle	1	3		4	5	6
Bildzeichen des Eingriffes / Art des Eingriffes						
Nachfüllen (h)						
Prüfen - Auffüllen (h)		8				
Abschmieren (h)					8	
Austauschen (h)	2000		2000			
Füllmenge (l)	1,2	0,5	1,0	3 Hübe		
Schmierstoff DIN/ISO	DIN 51517 - CLP46					DIN 51825 -KL 2 K

© WEILER Werkzeugmaschinen GmbH

Der Schmierplan ist vom Fachmann aus folgenden Gründen genau einzuhalten:

- Viele Schmierstoffe vertragen sich nicht untereinander, deswegen darf man keine eigenmächtigen Änderungen hinsichtlich der *Art des Schmierstoffes* vornehmen.
- Übervolle Fettfüllungen in Lagern führen zu erhöhter Lagerreibung und damit zur Verflüssigung des Fettes und zu Schmierstoffverlust, deswegen muss die *Schmierstoffmenge* eingehalten werden.
- Oft muss das Schmiermittel beim Einbringen durch Kanäle gepresst werden, die verfestigten Schmierstoff und Abriebteilchen enthalten. Das *Arbeitsmittel* zum Einbringen des Schmiermittels ist daher festgelegt, damit der notwendige Einpressdruck aufgebracht werden kann.

> **!** Genaue Angaben über die Schmierung einer Maschine oder Anlage sind dem Schmierplan zu entnehmen.

Schmierstoffe siehe Kapitel 8.

3.4 Wartung durch Ergänzen und Nachstellen

1. Wartung durch Ergänzen

Warten durch Ergänzen bezieht sich vorwiegend auf das Nachfüllen von Hilfsstoffen wie Öle, Fette, Kühlschmiermittel und Kühlwasser.
Dabei ist jedoch zu beachten, dass die so ergänzten Stoffe nicht mehr die Qualität erreichen, die sie zu Beginn ihres Einsatzes hatten. Es tritt also eine stete Verschlechterung ein. Deshalb müssen nach einer festgelegten Zahl von Ergänzungen die Stoffe komplett ausgetauscht werden.
Auch das Aufladen von Akkumulatoren und das Aufpumpen von Luftreifen sind Beispele für Warten durch Ergänzen.

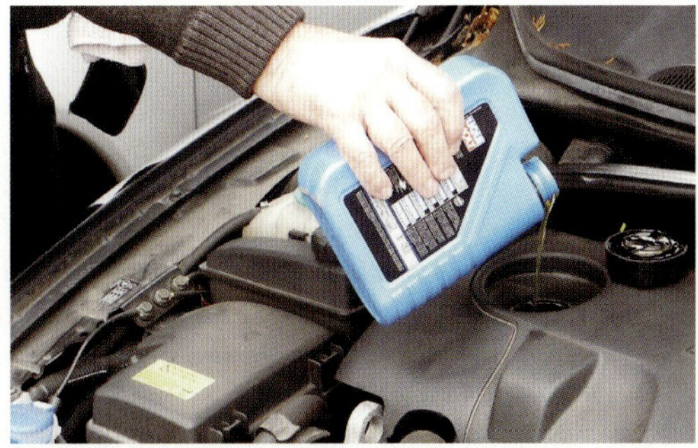
Warten durch Ergänzen von Motoröl

! Warten durch Ergänzen ist vorwiegend das Auffüllen von Hilfsstoffen.

2. Wartung durch Nachstellen

Im Betrieb können sich die Maße und die Lage von Bauteilen verändern. Verursacht werden diese Veränderungen durch die Höhe der Belastung, durch Verschleiß und durch bleibende Dehnungen der Bauteile. So dehnen sich z. B. Riemen und Ketten im Laufe des Betriebes und Führungen bekommen durch Verschleiß Spiel.
Durch Nachstelleinrichtungen, die heute meist schon in den Maschinen eingebaut sind, lassen sich die Veränderungen ausgleichen oder wieder rückgängig machen. So wird der ursprüngliche Sollzustand des Systems wieder erreicht.

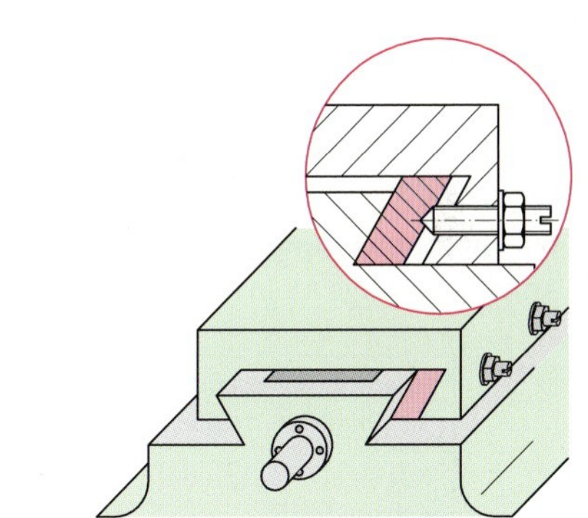
Nachstellbare Führung an einer Maschine

Bei Messgeräten bezeichnet man das Nachstellen wegen festgestellter Maßabweichung des Messgerätes als **Justieren**.
Bei Bügelmessschrauben mit einem bei Null beginnenden Messbereich ist der Wert Null das Normal. Wenn eine Bügelmessschraube nach dem Anziehen mit der Gefühlsratsche z. B. nicht genau den Wert Null anzeigt, so tritt bei jeder Messung ein systematischer Fehler um den abweichenden Betrag auf. An der Bügelmessschraube kann durch Drehen der Skalenhülse der Wert Null wieder eingestellt werden. Damit ist die Messschraube wieder justiert.
Ebenso kann das Gewindespiel bei Messschrauben nachgestellt werden, wenn es durch häufige Beanspruchung zu groß geworden ist.

Beispiel für das Justieren einer Bügelmesschraube

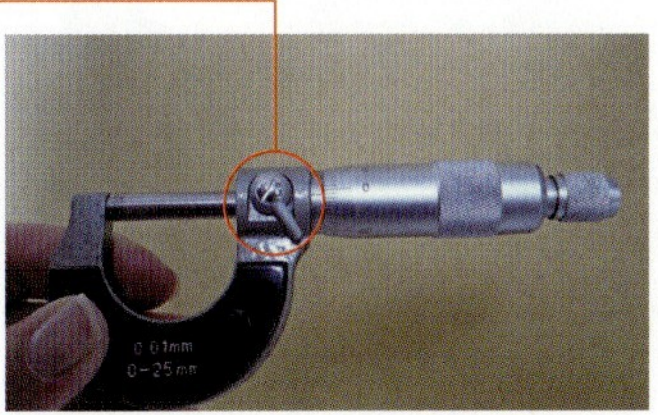
Messschraube mit Anzeigefehler

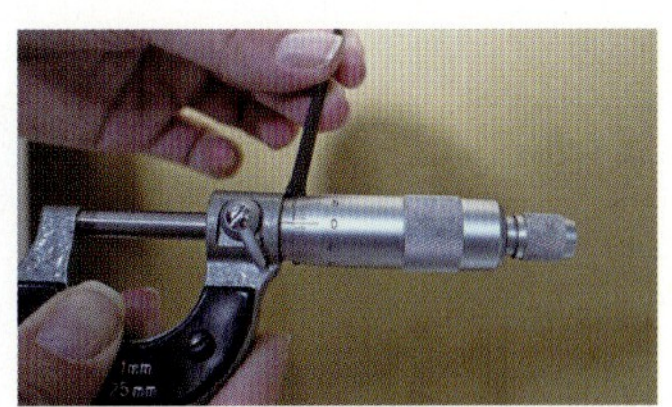
Messschraube justieren

! Durch Nachstellen korrigiert man Abweichungen vom Sollzustand, verbessert die Funktion des Produktionsablaufes, erhöht die Qualität der Produkte und beugt Störungen vor.

Übungsaufgabe 3/9

3.5 Wartungs- und Inspektionspläne

Der Hersteller einer Anlage händigt dem Betreiber stets bei Übergabe eine Anleitung zur Inspektion und Wartung der Anlage aus. Er erstellt diese Pläne, da er den Aufbau seiner Anlagen kennt und um die Notwendigkeit bestimmter Pflegemaßnahmen weiß.

Inspektions- und Wartungspläne – meist in Tabellenform oder übersichtlichen Listen – enthalten für die Baugruppen einer Anlage die erforderlichen Arbeiten mit den zugehörigen zeitlichen Intervallen. Die Ausführung der Arbeiten zu den vorgegebenen Zeitpunkten ist Voraussetzung dafür, dass die Herstellergarantie nicht verloren geht.

Die Auflistung der Inspektions- und Wartungsarbeiten in den Plänen kann nach verschiedenen Gesichtspunkten gegliedert werden. Man ordnet die Wartungsschritte nach:

- den **Wartungsintervallen** – diese werden meist steigend in Betriebsstunden angegeben, zum Beispiel: nach 8, nach 50, nach 200 Betriebsstunden usw.,
- oder den **Baugruppen der Anlage**, zum Beispiel: Gehäuse, Führungsbahnen, Bedienpult, Kühlmitteleinrichtung usw.,
- oder der **Zweckmäßigkeit des Arbeitsablaufes** der Gesamtmaßnahme, zum Beispiel: Stellen Sie den Hauptschalter auf AUS und schalten die Zuleitung zur Maschine spannungsfrei, öffnen Sie die Verschlussklappe zum ..., usw.

Beispiel für den Wartungs- bzw. Inspektionsplan einer Baugruppe

Wartungsanweisung zum Sonderbestücker Blatt 5

Arbeitsunterlage für Instandhaltungspersonal

Pneumatikverschraubungen auf Dichtheit prüfen	wöchentlich	Geräuschprüfung
Kugelgewindespindel Achsen fetten	monatlich	Auftragen eines dünnen Fettfilms auf die Spindel
Zahnriemen auf Risse, Ausfransungen und Zahnausbrüche prüfen	monatlich	Sichtprüfung für den gesamten Riemen durchführen

Beispiel für den Wartungs- bzw. Inspektionsplan einer Fräsmaschine (nur Auszüge!)

Die Nummern geben die laufende Nummer im Wartungsplan an.

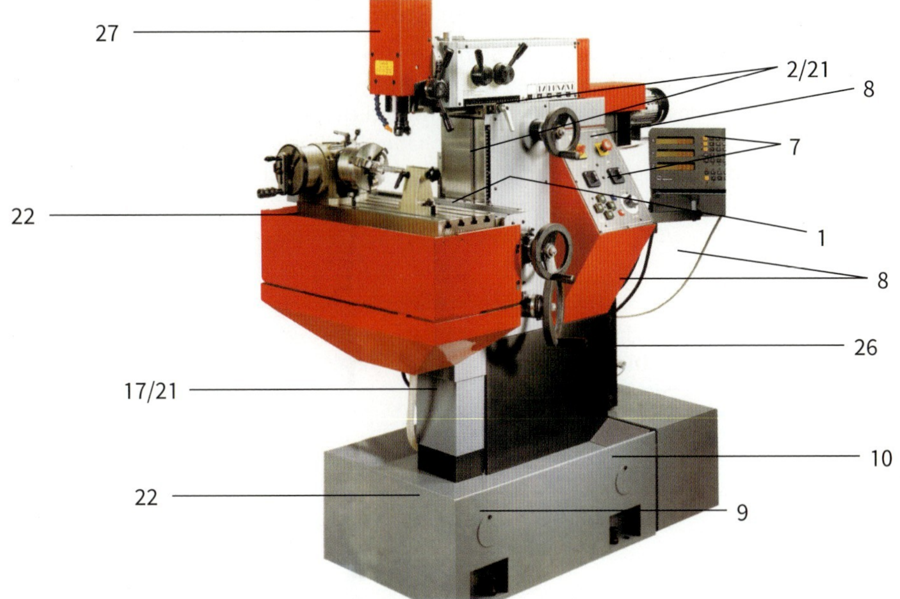

Lfd. Nr.	Wartungs-/Inspektionsmaßnahme	Intervall in Betriebs-Std.	Bemerkungen
1	**Frästisch** reinigen, auf Beschädigungen kontrollieren und leicht fetten	8	Nur Pinsel und Putzlappen verwenden
2	Alle **Schlittenführungen** reinigen	8	Keine Pressluft einsetzen!
7	**Maschinengehäuse, Steuerung** und **Bedienpult** reinigen	40	
8	**Elektrozuleitungen** und **Schalter** auf Beschädigugen sorgfältig kontrollieren	40	Alle Schäden sofort melden!
9	**Füllmenge** der Kühlschmiereinrichtung prüfen und bei Bedarf auffüllen	40	Kühlschmierstoff E 8 %
10	**Füllmenge** der Zentralschmiereinrichtung prüfen und bei Bedarf auffüllen	40	Ölsorte: CL 68
17	**Abstreifer** an **Führungsbahnen** reinigen und bei Bedarf auswechseln	80	
21	**Stellleisten** der **Schlittenführungen** prüfen und eventuell nachstellen	160	
22	**Siebe** und **Filter** der Kühlschmiereinrichtung reinigen	160	
26	Spannung u. Verschleiß des **Keilriemens** vom Hauptantrieb sowie des **Zahnriemens** vom Vorschubantrieb prüfen, evtl. nachstellen	1 000	
27	Lagerspiel der **Frässpindel** prüfen und bei Toleranzüberschreitung nachstellen	5 000	Zul. Rundlaufabweichung Max. $t = 0{,}03$ mm

4 Instandsetzen

4.1 Instandsetzen mechanischer Baugruppen nach einer Störung

4.1.1 Maßnahmen unmittelbar nach einer Störung

Bei Störungen im Betrieb einer Anlage wird das Betriebspersonal erste Maßnahmen einleiten. Soweit dies notwendig ist, werden umgehend die betroffenen Teile der Anlage entsprechend dem Notfallplan stillgesetzt, ein möglicher Gefahrenbereich abgesichert und das verantwortliche Führungspersonal benachrichtigt.
Die für die Reparatur zuständigen Industriemechaniker haben vor Beginn ihrer Tätigkeit die Stillsetzungsmaßnahmen und die Absicherung zu überprüfen und ggf. mit dem Führungspersonal organisatorische Maßnahmen abzusprechen.

4.1.2 Störungsdiagnose

Tritt in einem technischen System ein Fehler auf, so ist dieses System nicht mehr in der Lage, die ursprüngliche Funktion zu erfüllen. Alle Tätigkeiten, die der Fachmann nun zur Fehlerortung und zur Feststellung der Ursachen durchführt, nennt man **Diagnose**.

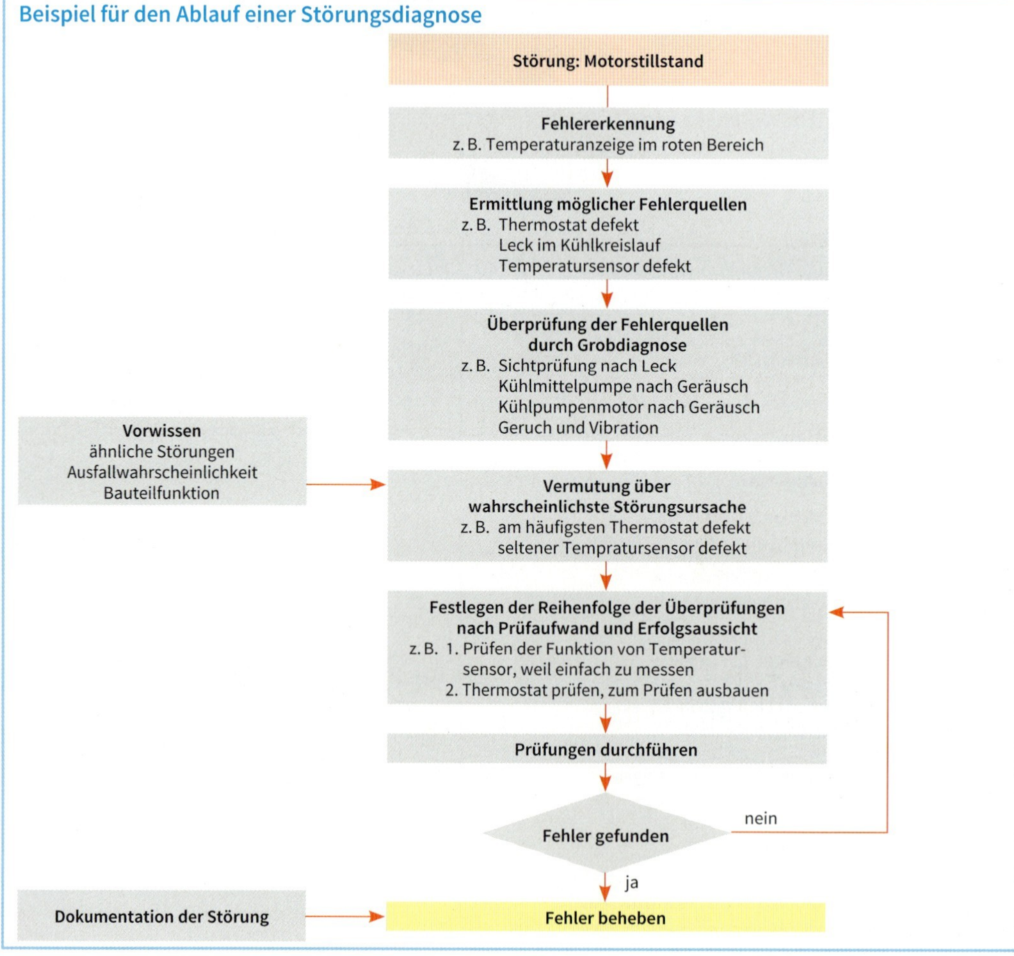

! Störungsdiagnose beginnt mit Ermittlung möglicher Fehlerquellen unter Berücksichtigung des Vorwissens von ähnlichen Störungen. Aus diesem Grunde wird die Fehlersuche durch die Dokumentation von Fehlern und Fehlerursachen vereinfacht.

Übungsaufgaben 4/1; 4/2

4.1.3 Störungsbehebung

1. Ausbau und Reinigung

Nach Ermittlung der Störungsursache müssen bei mechanischen Schäden Bauteile und Baugruppen ausgebaut, gereinigt und geprüft werden. Beim Ausbau ist darauf zu achten, dass

- keine gefährlichen und unerwünschten Bewegungen, z. B. durch Einschalten von Antrieben oder Lösen von Blockierungen, ausgelöst werden können;
- keine weiteren Schäden, z. B. abgerissene Schrauben, Beschädigungen an Verkleidungen und Lagern, entstehen;
- keine Hilfsstoffe und Öle unkontrolliert auslaufen;
- Spezialwerkzeuge, z. B. Abziehvorrichtungen, eingesetzt werden;
- die Ausrichtung ausgewuchteter Bauteile, z. B. von Lüfterrädern, markiert wird, um später den Einbau in gleicher Position zu garantieren.

Um Fehler bei der Demontage zu vermeiden, geben viele Hersteller von Maschinen und Geräten genaue Demontageanweisungen.

Beispiel für eine Demontageanweisung (Auszug)

Zur Demontage der Treibscheibe (12) fertigen Sie bitte eine einfache Abziehvorrichtung an, die sich auf dem Wellenende (6) abstützt (siehe Skizze). Achten Sie darauf, dass die beiden Zugschrauben 8 bis maximal 10 mm tief in die Treibscheibe eingeschraubt werden.

12
6
1

Achtung!

Versuchen Sie auf keinen Fall, die Treibscheibe durch Schrauben abzudrücken. Sie beschädigen dabei das unter der Treibscheibe eingebaute Lager.

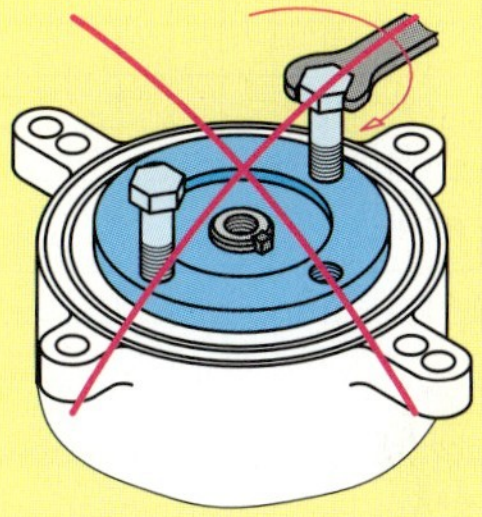

Versuchen Sie nicht die Treibscheibe durch Hebel von der Welle abzudrücken. Sie beschädigen dabei den Gehäusrand.

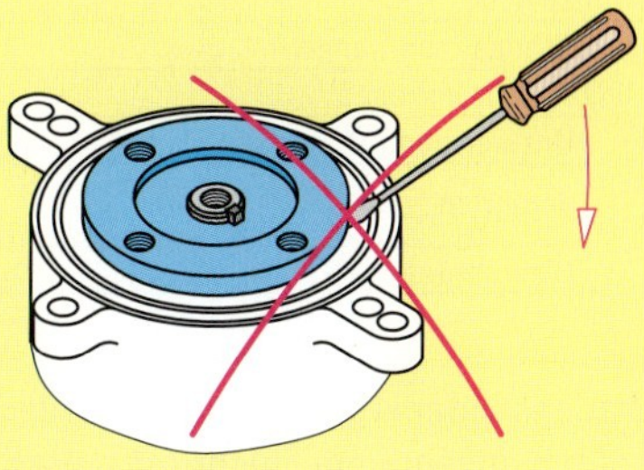

Zur näheren Untersuchung sind die demontierten Bauteile von Fetten, Ölen u. Ä. zu reinigen. Dazu werden Reinigungsmittel (s. Kapitel 8.2 Reinigungsmittel) benutzt.

! Der Ausbau fehlerhafter Baugruppen erfordert besondere Sorgfalt, damit keine zusätzlichen Schäden entstehen oder der spätere Wiedereinbau erschwert wird.

2. Ermittlung der Schadensursache

Nach der Reinigung wird das Bauteil oder die Baugruppe auf den vermuteten Fehler hin untersucht. Dies geschieht je nach Art des Fehlers in den meisten Fällen durch optische Begutachtung oder durch Messungen.

Nach Feststellung der Art des Schadens muss die Schadensursache ermittelt werden, damit ein erneutes Auftreten des Schadens verhindert wird oder entsprechende Schadensersatzansprüche geltend gemacht werden können.

Für viele Schadensbilder sind mögliche Schadensursachen aufgelistet.

Beispiel für eine Auflistung von Schadensursachen zu Schadensbildern an Zahnrädern

Schadensbild / Schadensursach		Zahnflankenschäden																		
		Zahnbrüche		Verschleiß						Ausbrüche			Risse				Deformation			
		Gewaltbruch	Dauerbruch	Normaler Verschleiß	Schleifverschleiß	Verschleiß durch Eingriffsstörungen	Kratzer	Riefen	Fresser	Grübchen	Abblätterungen	Absplitterungen	Schleifrisse	Härterisse	Materialrisse	Dauerbruchanrisse	Eindrückungen	Riffelbildung	Warmfließen	Kaltfließen
Materialfehler	Schlackeneinschlüsse		●								●			●	●					
	Schmiedefalten													●	●					
	Nichtmetallische Einschlüsse														●					
	Ungeeignete Werkstoffpaarung									●	●								●	●
Konstruktionsfehler	Unzureichende Dimensionierung		●						●	●						●				●
	Falsche Zahngeometrie					●			●											
	Eingriffstörungen					●														
	Falsches Zahnspiel								●											
Fertigungsfehler	Schmiedefehler		●																	
	Zu hohe Wärmeentwicklung bei Bearbeitung										●		●							
	Unzweckmäßige Wärmebehandlung										●		●	●						●
	Unzureichende Oberflächengüte			●				●		●										
Montagefehler	Nicht-Fluchten			●					●	●	●					●				
	Unzureichende Isolierung																			
Betriebsbedingungen	Häufige Lastwechsel		●							●										
	Stoß-, Vibrationsbelastung	●	●							●		●						●		●
	Überlastung	●						●	●	●		●				●		●		●
	Unsachgemäßer Einlauf								●	●										
	Zu niedrige / Zu hohe Geschwindigkeiten							●	●	●										●
Schmierungsfehler	Schmierstoffmangel			●														●	●	●
	Falsche Viskosität			●				●	●	●								●		
	Unzureichende Qualität			●				●	●	●								●		
	Verunreinigung fest / flüssig				●		●	●									●			
	Ölzuführung																			

Gleiche Schadensbilder können oft unterschiedliche Ursachen haben, z. B. können Anfressungen der Zahngeometrie durch ungenauere Fluchtung, falsche Viskosität oder andern Ursachen verursacht worden sein. Zur genauen Klärung der Schadensursache müssen darum weitere Untersuchungen des Schadens stattfinden. Eine große Hilfe dabei ist die fortlaufende Dokumentation von Störungen und Störungsursachen. Je häufiger ein ähnlicher Schaden eine bestimmte Ursache hatte, desto wahrscheinlicher ist sein erneutes Auftreten.

Nach jedem Schaden ist die Schadensursache zu ermitteln, damit Maßnahmen zur Verhinderung weiterer gleichartiger Schäden getroffen werden können.

3. Entscheidung über Reparatur, Auswechseln oder Verbesserung

Wenn der Fehler, der zu einer Störung führte, gefunden wurde und die Störung in einem fehlerhaften Bauteil liegt, muss der Industriemechaniker entscheiden, ob eine Reparatur des Bauteils wirtschaftlich vertretbar ist oder ein Ersatzteil beschafft werden muss.

Eine Reparatur ist nur vertretbar, wenn

- für die Ausführung der Reparatur qualifiziertes Personal und geeignete Einrichtungen zur Verfügung stehen.
- die Kosten des Produktionsausfalls, die mit der Zeit für die Reparatur entstehen, unter den Kosten der Reparatur liegen.

Für eine Ersatzteilbeschaffung muss der Industriemechaniker eine genaue Beschreibung des zu beschaffenden Bauteiles oder der Baugruppe geben. Anhand der Informationsunterlagen, die zum instand zu setzenden System gehören, wird er die genaue Bezeichnung des Systems, der Baugruppe und der Artikelnummer heraussuchen und an die für die Beschaffung zuständige Stelle weitergeben.

! Bei der Überlegung Reparatur oder Ersatzteilbeschaffung bestimmen in Produktionsanlagen nicht die Kosten des Bauteils und die Kosten der Arbeitszeit für die Reparatur, sondern die Kosten des Produktionsausfalles die Entscheidung.

4.1.4 Zusammenbau, Einbau und Einstellen

Nach Reparatur oder Austausch beschädigter Bauteile erfolgt deren Einbau in die Maschine oder Anlage. Bei diesen Arbeiten ist nach den Vorschriften des Herstellers vorzugehen, denn nur so können erneute Fehler eingeschränkt werden:

- Bauteile sind ohne Beschädigung einzubauen. Zur Wälzlagermontage müssen z. B. Montagehülsen verwendet werden, damit die Einpresskraft nicht über die Wälzkörper übertragen wird.
- Schmierstoffe und andere Hilfsstoffe sind entsprechend den Herstellervorschriften in richtiger Art und Menge einzubringen.
- Spiel ist an geforderten Stellen einzustellen.
- Schrauben und Muttern sind mit den vorgeschriebenen Anzugsmomenten anzuziehen und nach dem Anziehen zu sichern.
- Riemen und Federn sind entsprechend Vorschriften zu spannen.
- Ausgewuchtete Bauteile müssen in der Position, in der sie ausgebaut wurden, wieder eingesetzt werden. Andernfalls ist ein erneutes Auswuchten notwendig.

Falls derartige Anweisungen fehlen, richtet sich der Instandhalter nach allgemein anerkannten fachlichen Grundregeln.

Beispiel für Grundregeln für die Schmierung von Wälzlagern

Wälzlager werden vorwiegend mit Schmierfett geschmiert, da dieses gut an der Lagerstelle zurückgehalten wird und das Lager gegen Eindringen von Schmutz und Feuchtigkeit abdichtet.

Regel bei Fettschmierung: *Für einen Einsatz im normalen Drehzahlbereich wird etwa die Hälfte des freien Raumes im Wälzlager mit Schmierfett gefüllt. Bei höheren Drehzahlen wird die Menge auf etwa ein Drittel des freien Raumes reduziert, bei sehr geringen Drehzahlen auf ca. 90 % angehoben.*

Beidseitig abgedichtete Lager sind bereits vom Hersteller mit Schmiermittel gefüllt, das für die Lebensdauer des Lagers ausreicht.

Einfetten der Wälzlager von Hand

Ölschmierung wird bei Wälzlagern eingesetzt, wenn Wärme infolge hoher Drehzahlen abgeführt werden muss oder wenn gleichzeitig benachbarte Bauteile, z. B. Zahnräder, gleichzeitig geschmiert werden müssen.

Regel bei Ölschmierung: *Bei Schmieren im Ölbad sollen die untersten Wälzkörper etwa bis zur Mitte in das Ölbad eintauchen. Ein höherer Ölstand kann zur Schaumbildung im Öl führen und damit die Schmierwirkung erheblich herabsetzen.*

4.1.5 Prüfung, Probelauf, Abnahme und Freigabe

Nach dem Einbau neuer oder reparierter Baugruppen sind diese – soweit es möglich ist – zunächst im Stillstand zu prüfen. Bei Getrieben werden bevorzugt das Flankenspiel sowie der Rundlauf geprüft.

Beispiel für die Prüfung von Flankenspiel und Rundlauf an einem Kegelradgetriebe nach Instandsetzung

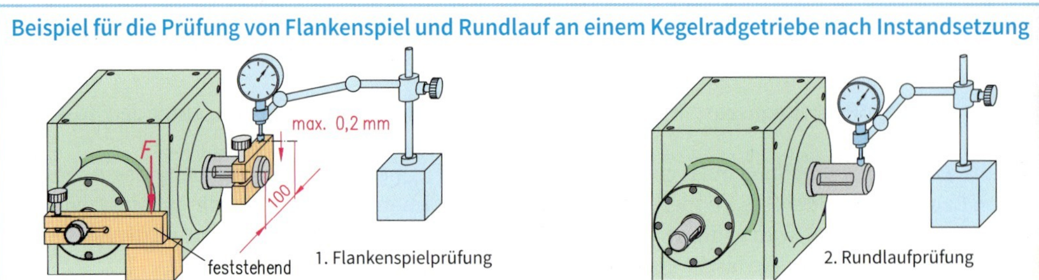

Bewegte oder sich bewegende Baugruppen müssen vor der Übergabe einem Probelauf unterzogen werden, um die einwandfreie Funktion sicherzustellen. Für viele Maschinen und Anlagen existieren Checklisten, nach denen dabei zu verfahren ist.

Gemeinsam ist allen Vorschriften zu einem Probelauf, dass vor Beginn eine Sicherheitsüberprüfung im Ruhezustand der Maschine oder Anlage stattzufinden hat, damit nicht z. B.

- lose Gegenstände im Gefahrenbereich rotierender Anlageteile liegen,
- beim Abbau vergessene Montagehilfsmittel Bewegungen blockieren,
- aus nicht geschlossenen Ablaufventilen Flüssigkeiten austreten,
- Schutzeinrichtungen falsch montiert und funktionsunfähig angeschlossen sind.

Der anschließende Probelauf wird unter Betriebsbedingungen durchgeführt und zeitlich so ausgedehnt, dass z. B. bei einer Fertigung ein kompletter Durchlauf stattfindet.

Nach dem Probelauf nimmt bei erfolgreichem Abschluss die für die Maschine oder Anlage zuständige Führungsperson die Anlage ab, indem sie einen einwandfreien Probelauf bestätigt.

Die Instandsetzungsmaßnahmen und etwa bestehender Verbesserungsbedarf werden protokolliert. Danach kann die Maschine oder Anlage freigegeben werden.

Nach einer Reparatur ist die Funktionsfähigkeit der reparierten Einheit durch Messung und ggf. Probelauf festzustellen.

4.2 Vorausbestimmtes und zustandsorientiertes Instandsetzen

Bei der **vorausbestimmten** Instandsetzung werden Baugruppen und Bauteile nach einer festgelegten Betriebsstundenzahl oder nach einer festgelegten Zahl von Fertigungsabläufen ausgebaut und instand gesetzt.

Im Fall einer **zustandsorientierten** Instandsetzung erfolgt diese, sobald durch Inspektion festgestellt wurde, dass die vorher festgelegte Abnutzungsgrenze erreicht ist.

In beiden Fällen werden Baugruppen und Bauteile ausgebaut, bevor ein Schaden eingetreten ist. Damit entfällt eine Störungssuche. Ersatzteile können vorbestellt und bereitgehalten werden.

Für Bauteile, die einem höheren Verschleiß unterliegen, werden vom Hersteller sogenannte Verschleißteilsätze geliefert.

Beispiel für den Verschleißteilsatz eines Pneumatikzylinders

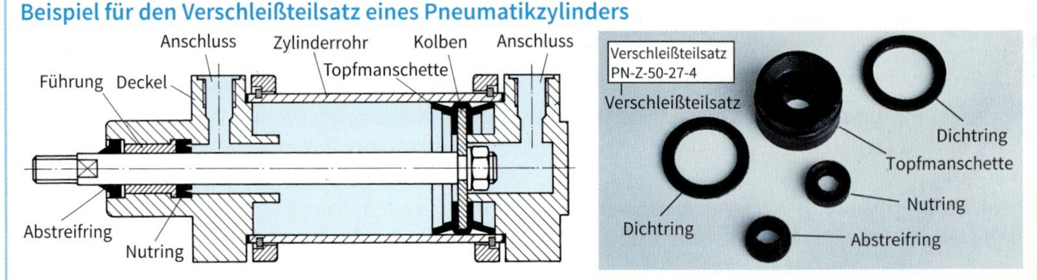

Die geplante Instandsetzung wird entsprechend den in der Instandhaltungsanleitung des Herstellers festgelegten Richtlinien durchgeführt. Diese Hinweise geben Auskunft über

- Sicherheitsmaßnahmen und persönliche Schutzausrüstung des Instandhalters,
- die systematische Abfolge des Ausbaus der Baugruppe oder des Bauteils,
- Anleitungen zum Austausch der Bauteile, welche die Abnutzungsgrenze erreicht haben,
- Anleitungen zur Reparatur abgenutzter Bauteile,
- systematische Abfolge des Zusammenbaus/Einbaus von Bauteilen und Baugruppen,
- Richtlinien zum Einstellen und zum Probelauf,
- Unterlagen zur Dokumentation der Instandsetzungsmaßnahme und das Abnahmeprotokoll.

! Vorausbestimmtes und zustandsorientiertes Instandsetzen verkürzt die Ausfallzeit für Instandhaltungsarbeiten und kann systematisch nach den Richtlinien des Herstellers des instand zu haltenden Systems durchgeführt werden.

4.3 Fernüberwachung und Instandsetzung

Windkraftanlagen, Ölförderpumpen, Wasserversorgungseinrichtungen und andere Großanlagen arbeiten kontinuierlich ohne jede Anwesenheit von Bedienungs- und Wartungspersonal und müssen darum fernüberwacht werden. Zur Fernüberwachung dienen **Condition Monitoring Systems (CMS)**. Sie erfassen den Zustand der Anlagen durch permanente Messung physikalischer Größen wie z. B. Stromaufnahme, Schwingungsfrequenzen, Temperaturen, Geschwindigkeiten und Kräfte. Die aufgenommenen Daten melden Sie an entfernt liegende Überwachungsstellen, die den Anlagenzustand jederzeit beurteilen und Instandhaltungsarbeiten rechtzeitig planen können. Darüber hinaus schalten die Anlagen bei starken Überschreitungen der vorprogrammierten Grenzwerte selbstständig ab.

Fernüberwachung einer Windkraftalage

Durch Condition-Monitoring-Systeme lassen auch Nutzer hochverfügbarer Anlagen diese durch Spezialisten des Herstellers überwachen, denn über Aufbau, Funktion und Betriebsverhalten komplizierter Maschinen und Anlagen weiß niemand besser Bescheid als die Spezialisten des Herstellers.

Im Sinne einer vorausschauenden Instandhaltung ist es optimal, wenn sich eine Maschine oder Anlage beim Service des Herstellers meldet, falls die automatisch über das Internet übermittelten Daten Abweichungen vom Sollzustand aufzeigen, die auf einen baldigen Ausfall hinweisen.

Der Servicetechniker des Herstellers kann dort aufgrund seines Detailwissens, seiner Erfahrung und der zur Verfügung stehenden Unterlagen bei einer entsprechenden Meldung aus den übermittelten Daten Schlüsse auf Fehler und Fehlerursachen ziehen. Er wird dann den Instandhalter vor Ort auf entsprechende Maßnahmen hinweisen, ihn bei der Instandhaltungsmaßnahme beraten oder in Absprache einen eigenen Servicefachmann zur Behebung der Störung schicken.

! Condition-Monitoring-Systeme erfassen Maschinen- und Anlagenzustände permanent durch Messung und Analyse physikalischer Größen und übermitteln sie an entsprechende Überwachungsstellen. Diese entscheiden über die weiteren Maßnahmen.

Übungsaufgabe 4/5

5 Instandhaltung durch Verbesserung

Alle Maßnahmen, welche die Zuverlässigkeit von Maschinen und Anlagen erhöhen, die Funktion eines Systems optimieren oder die Arbeitssicherheit steigern, nennt man in der Instandhaltung Verbesserungen. Wenn man die Funktion der Maschine oder Anlage wesentlich verändert, dann spricht man jedoch nicht mehr von einer Verbesserung, sondern von einer Neukonstruktion.

5.1 Erhöhung der Zuverlässigkeit

Die Zuverlässigkeit von Maschinen und Anlagen kann man dadurch steigern, dass man höherwertige Bauteile und Baugruppen gegen nicht so zuverlässige austauscht oder bessere Hilfsstoffe einsetzt. Zu solchen Maßnahmen gehören z. B.:

- der Austausch von Bauteilen gegen solche aus verschleißfesterem Werkstoff;
- das Aufbringen von Verschleißschichten durch Auftragschweißen;
- der Austausch einfacher Schmierstoffe gegen z. B. Schmierstoffe mit Molybdändisulfid;
- die Überwachung der Standzeiten;
- die Einhaltung von Temperatur- oder Drehzahlengrenzwerten.

Erhöhung der Zuverlässigkeit von Turbinenschaufeln durch Auftragschweißung

> **!** Durch die Verbesserung von Bauteilen und Baugruppen oder durch den Austausch von höherwertigen Hilfsstoffen wird die Zuverlässigkeit technischer Systeme erhöht.

5.2 Verbesserung von Dokumentation und Ersatzteilplanung

Voraussetzungen für eine Optimierung der Instandhaltung ist eine systematische Kontrolle und Dokumentation des Betriebszustandes einer Anlage oder Maschine. Dazu gehören:

- eine systematische Schwachstellenermittlung,
- die Beschreibung von Ausfällen,
- die Feststellung der Fehlerursachen,
- die Dokumentation der Maßnahmen zur Fehlerbeseitigung.

Hat man die Ausfallwahrscheinlichkeit von Bauteilen dokumentiert, so kann man im richtigen Zeitrahmen eingreifen. Zu den Vorbereitungsmaßnahmen einer optimalen Durchführung von Instandhaltungsmaßnahmen gehören auch personelle Vorbereitungen. Fachkundiges Personal muss mit den Termin- und Arbeitsplänen vertraut sein. Die Vorschriften für die Wartungs-, Inspektions- und Instandsetzungsmaßnahmen sollen neben den fachlichen Anweisungen auch die Maßnahmen zu Arbeitssicherheit umfassen.

Die optimale Ersatzteilplanung richtet sich nach der Ausfallwahrscheinlichkeit von Bauteilen. Eine angepasste Lagerhaltung von Ersatzteilen und Hilfsstoffen trägt wesentlich zur Verringerung der Kosten der Instandhaltung bei.

Bei Ersatzteilen sollte man besonderen Augenmerk darauf richten, dass man Originalteile vorhält. Der Einbau von gefälschten Wälzlagern oder Bremsbelägen kann z. B. zu einem vorschnellen und bedrohlichen Ausfall von Systemen führen.

Vernichtung von Produktfälschungen

> **!** Die Instandhaltung lässt sich verbessern, wenn Ausfälle und Fehler sowie die Maßnahmen zu ihrer Beseitigung sorgfältig dokumentiert werden. Auch die Ersatzteilplanung und die Lagerhaltung von Ersatzteilen und Hilfsstoffen haben Einfluss auf den Instandhaltungsaufwand.

Übungsaufgaben 5/1; 5/2

5.3 Verbesserung des Arbeitsplatzes und der Arbeitssicherheit

Eine Verbesserung der Gestaltung des Arbeitsplatzes erhöht nicht nur das Wohlbefinden und die Arbeitssicherheit der dort tätigen Menschen, sondern sie fördert auch Produktivität und Produktqualität.

Wichtige Maßnahmen zur Verbesserung des Arbeitsplatzes und seiner Umgebung sind:

- die ergonomische Gestaltung der Arbeitsplatzes, z. B. Arbeitstischhöhe und Sitzgelegenheit;
- die Verringerung des Kraftaufwandes durch Einrichtungen, wie z. B. Hebehilfen;
- die Verbesserungen des Arbeitsplatzumfeldes, z. B. durch angemessene Beleuchtung, Belüftung oder Lärmschutz.

Die Arbeitssicherheit kann erhöht werden durch:

- das Anbringen von Abdeckungen oder Verkleidungen;
- den Austausch von Einhandschaltungen gegen sichere Zweihandschaltungen;
- das Markieren von Verkehrswegen;
- den Gebrauch von Sicherheitsausrüstungen.

Gut beleuchteter Arbeitsplatz

! Verbesserungen bei der Arbeitssicherheit und bei der Gestaltung des Arbeitsplatzes führen zu besseren Arbeitsbedingung und zur Steigerung von Produktivität und Produktqualität.

5.4 Verbesserung durch Verringerung der Umweltbelastung

Die Umwelt kann durch umweltschädliche Werk- und Hilfsstoffe, die man in der Produktion benötigt, belastet werden. Weiterhin kann es vorkommen, dass sich durch den Produktionsprozess Hilfsstoffe so verändern, dass sie giftig werden oder noch stärker belastend sind als vorher. Reinigungsmittel können nach der Nutzung in Metallbetrieben giftige Schwermetalle enthalten.

Im Bereich der Zerspanungstechnik kann man z. B. durch den Einsatz anderer Werkstoffe oder anderer Produktionsmethoden die Umweltbelastung durch Schadstoffe verringern.

Möglichkeiten zur Verringerung der Umweltbelastung im Zerspanungsprozess bieten:

- die Umstellung von Schwallkühlschmierung auf Minimalmengenschmierung oder Trockenschnitt;
- die Verwendung besserer Wendeschneidplatten;
- die Verbesserung der Aufbereitung von Kühlschmiermitteln.

Die Reduzierung des Energieverbrauches in Anlagen und Maschinen senkt nicht nur die Umweltbelastung, sondern sie erhöht auch das positive Betriebsergebnis.

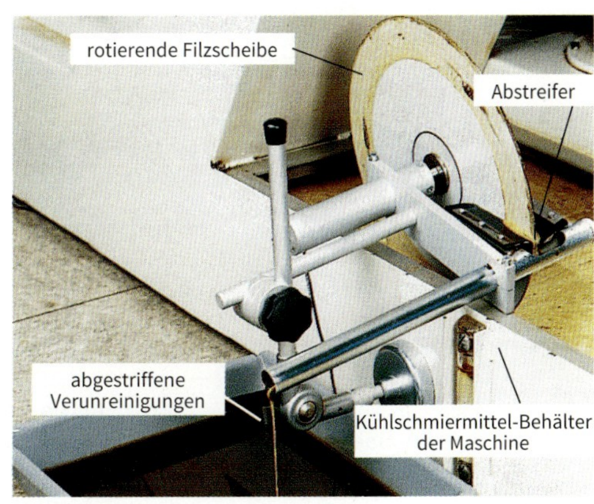

Reinigung von Kühlschmiermittel mit einem Scheibenskimmer

Möglichkeiten für die Verbesserung der Energie-Effizienz sind, z. B.:

- der Einsatz energiesparender Maschinen, z. B. drehzahlgeregelter Pumpen;
- Abschaltung von Anlagen in Pausen;
- Betrieb von Zusatzaggregaten, z. B. Späneförderern, in Intervallen;
- Austausch pneumatisch betriebener Maschinen gegen elektrisch angetriebene;
- die Reduzierung des Betriebsdrucks pneumatische Anlagen auf nur wenig mehr als den Mindestdruck;
- die Nutzung von Abwärme.

! Verbesserungen im Bereich des Energieeinsatzes vermindern die Umweltbelastung erheblich.

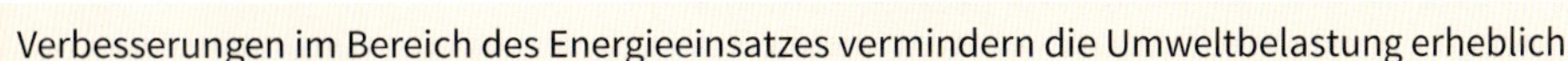

6 Maschinenschaden durch mechanische Beanspruchung

Im Zuge der Nutzung von Maschinen treten an ihnen zwangsläufig Schäden auf. Die häufigsten Schäden sind auf Verschleiß zurückzuführen. Lager und Führungen sind besonders von Verschleiß betroffen. Verschleiß entsteht allmählich, darum sind seine Auswirkungen durch günstigere Werkstoffwahl, gute Schmierung und vorbeugendes Auswechseln betroffener Bauteile vorhersehbar zu begrenzen.
Anders ist es beim Bruch von Maschinenteilen. Gewaltbruch entsteht meist durch Überlastung und gefährdet Menschen, Maschinen und Anlagen. Brüche durch Überlastungen lassen sich durch Überlastsicherungen (z. B. Rutschkupplungen), Sollbruchstellen u. a. vermeiden. Besonders tückisch sind Risse in Bauteilen, die durch Schwingungen beansprucht werden. In diesen Bauteilen schreiten die Risse langsam fort und führen plötzlich und ohne Vorwarnung zum Bruch (Dauerbruch).

6.1 Verschleiß

Gleiten Oberflächen aufeinander, so werden vor allem wegen der Unebenheiten der Oberflächen laufend Teilchen aus ihnen herausgetrennt – man spricht von **Verschleiß**. Er tritt z. B. in Lagern, an Führungen, in Fördereinrichtungen, Getrieben, Düsen u. a. auf. Verschleiß ist eine der Hauptursachen für Bauteilschädigung und den damit verbundenen Ausfall von Maschinen und Geräten. Die Verringerung von Verschleiß ist darum eine wesentliche Möglichkeit, die Lebensdauer von Maschinen und Geräten zu erhöhen und damit Kosten und Rohstoffe einzusparen.
Man nennt die Wissenschaft und Technik, die sich mit Reibung und Verschleiß befasst, **Tribologie**.

6.1.1 Einflussgrößen auf Verschleiß

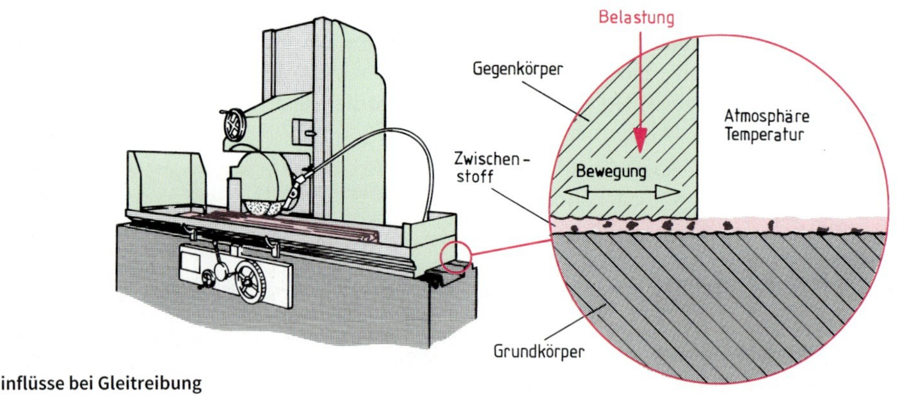

Einflüsse bei Gleitreibung

Die Höhe des Verschleißes wird von vielen Faktoren bestimmt:

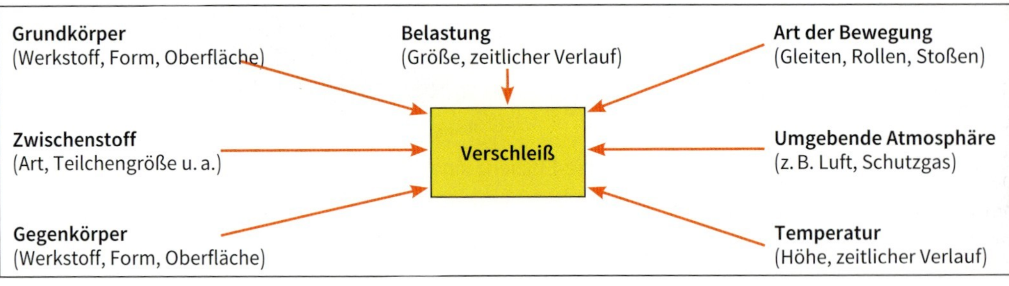

Einflussgrößen auf den Verschleiß

! Verschleiß ist der fortschreitende Materialverlust an der Oberfläche von Maschinenelementen. Verursacht durch den mechanischen Kontakt und die Relativbewegung eines Gegenkörpers.

6.1.2 Verschleißmechanismen

Verschleiß wird hauptsächlich durch vier unterschiedliche Verschleißmechanismen bestimmt: adhäsiver Verschleiß, abrasiver Verschleiß, Oberflächenzerrüttung, Reaktionsschichtverschleiß.

1. Adhäsiver Verschleiß

Liegen sich berührende Bauteile fest aufeinander, so haften die Berührungsflächen infolge Adhäsion aneinander. Beim Gleiten werden dann Teilchen abgeschert. Es entstehen so Löcher und schuppenartige Materialteilchen, die oft an der Gleitfläche des härteren Partners haften bleiben. Diesen Verschleißmechanismus bezeichnet man als **adhäsiven Verschleiß** oder Haftverschleiß. Adhäsiver Verschleiß tritt bei mangelnder Schmierung auf.

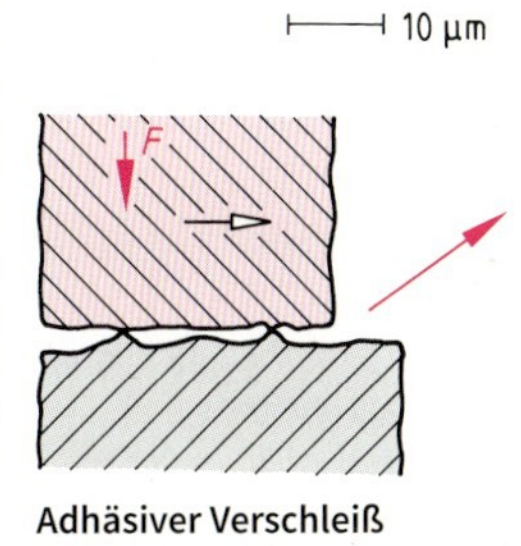

Adhäsiver Verschleiß

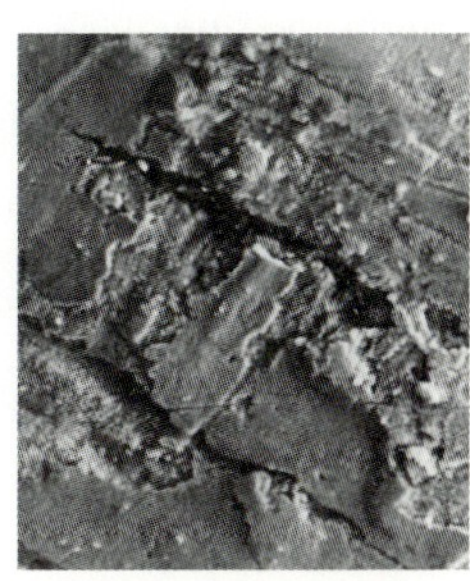

> **!** Adhäsiver Verschleiß entsteht, wenn Bauteile ohne Zwischenstoff gegeneinander bewegt werden. Bei adhäsivem Verschleiß werden Randschichtteilchen abgeschert.

2. Abrasiver Verschleiß

Wenn harte Teilchen oder Spitzen eines der Reibungspartner, z. B. Teilchen von Schleifmitteln, in die Randschicht eindringen, so entstehen Furchen, Kratzer und Mulden. Man bezeichnet diesen Verschleiß als **abrasiven Verschleiß** oder **Furchverschleiß**.

Furchverschleiß tritt durch Fremdkörper wie zum Beispiel Späne, Schleifmittelreste auf.

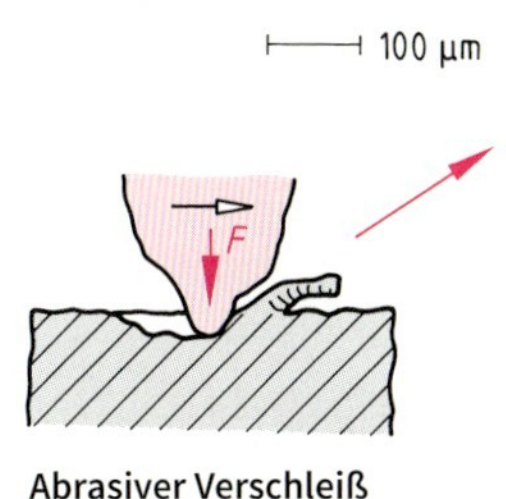

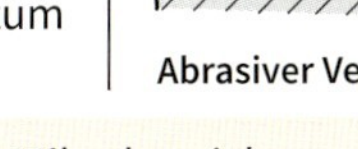
Abrasiver Verschleiß

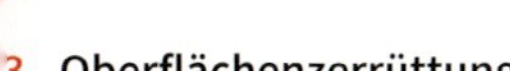

> **!** Abrasiver Verschleiß ist eine Zerspanung im Mikrobereich.

3. Oberflächenzerrüttung

Wenn ein Bauteil ständig durch Stöße auf seine Oberfläche beansprucht wird, tritt eine Zerrüttung der Randschicht auf. So entstehen in der Randschicht Risse und Grübchen. Diesen Verschleiß bezeichnet man als **Oberflächenzerrüttung**. Oberflächenzerrüttung tritt zum Beispiel in Wälzlagern durch das ständige Überrollen auf.

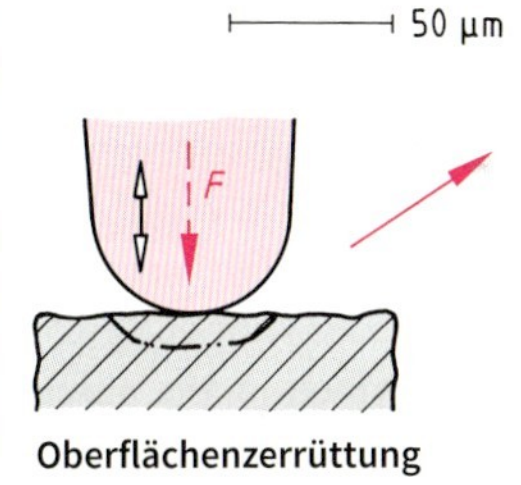

Oberflächenzerrüttung

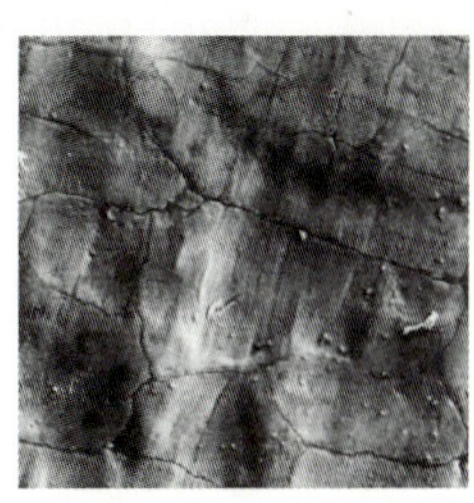

> **!** Oberflächenzerrüttung ist ein Verschleißmechanismus, der durch ständige stoßartige Beanspruchung entsteht.

4. Reaktionsschichtverschleiß

Die Bildung von Zwischenschichten, z. B. Oxidschichten, infolge chemischer Reaktion und ihre Zerstörung durch Bewegung der Bauteile nennt man **Reaktionsschichtverschleiß**. Er tritt fast immer zusammen mit adhäsivem Verschleiß auf. Diesen Verschleißmachanismus, der infolge chemischer Reaktion und mechanischer Zerstörung der Reaktionsschicht entsteht, nennt man **tribochemische Reaktion**.

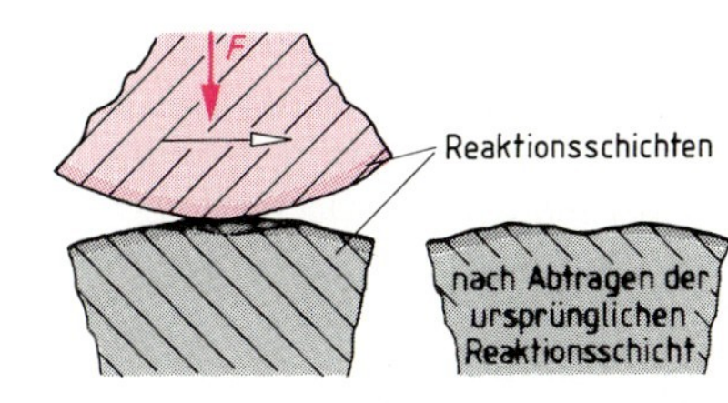

Reaktionsschichtverschleiß

> **!** Reaktionsverschleiß geschieht durch fortlaufende Zerstörung von Grenzschichten, die sich an den Oberflächen der Bauteile durch chemische Reaktion gebildet hat.

6.1.3 Verschleißarten

Je nach Wechselwirkung zwischen der Beanspruchung von Bauteilen und den auftretenden Verschleißmechanismen unterscheidet man verschiedene Verschleißarten.

Übersicht über wichtige Verschleißarten

Verschleiß-system	Beanspruchung	Verschleißart	wirkende Verschleißmechanismen			
			Ad-häsion	Ab-rasion	Ober-flächen zerrüttung	Reaktions-schicht-verschleiß
Festkörper mit Festkörper	Gleiten	**Gleitverschleiß**	x	x		(x)
	Rollen	**Rollverschleiß (Wälzverschleiß)**		x	x	(x)
Festkörper + Festkörper-partikel	Gleiten	**Gleitverschleiß (mit Zwischen-stoff)**		x	(x)	
Festkörper + Partikel + Trägergas oder Träger-flüssigkeit	Anströ-men	**Strahlverschleiß Hydroabrasiver Verschleiß**		x	x	
Festkörper + Flüssigkeit	Strömen	**Kaviationserosion**			x	

6.1.4 Verschleiß bei Gleiten, Rollen und Wälzen

1. Gleitverschleiß

Wenn feste Körper aufeinander gleiten, so entsteht Verschleiß. Bei Trockenlauf trennt kein schützender Schmierfilm Grund- und Gegenkörper, wie zum Beispiel Gleitlager und Welle. Infolge hoher Belastung können an geringen Unebenheiten, die aufeinander liegen, so hohe Drücke entstehen, dass beide Körper im Ruhezustand fest aneinander haften und örtlich sogar *„kaltschweißen"*. Bei Gegeneinanderbewegen der Teile werden dann diese Bindungen getrennt, oder es werden Teilchen aus der Oberfläche des weniger festen Werkstoffes gerissen, die zunächst an der Oberfläche des widerstandsfähigeren Werkstoffes hängen bleiben. Später lösen sie sich meist und bleiben als feinste Teilchen zwischen den Gleitflächen. Dort können sie zu erheblicher Abrasion führen.

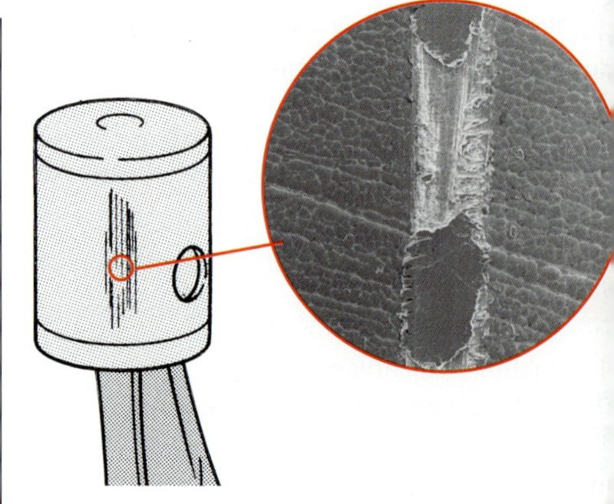

Gleitverschleiß durch Adhäsion und Abrasion an einem vernickelten Pumpenkolben

> ! Gleitverschleiß entsteht durch adhäsiven und abrasiven Verschleiß.

Ohne Oxidhäute neigen alle Metalle zu starker Adhäsion und damit bei Reibung zu starkem **adhäsivem Verschleiß.** Die Oxidschichten auf den Metallen weisen aber, auch dann, wenn sie nur sehr dünn sind, unterschiedliche Adhäsionsneigung auf. Darum unterscheiden sich Metalle erheblich in ihrer Neigung zu **Gleitverschleiß.**

Übungsaufgaben 6/2; 6/3; 6/4

Maßnahmen zur Verschleißverminderung bei Gleitverschleiß liegen in erster Linie in der Wahl der Werkstoffe von Grund- und Gegenkörper.

Lagerwerkstoff	Bemerkung
Weißmetall (Legierung aus Zn, Pb, Bi, Si)	Betriebstemperatur maximal 120 °C, da die Schmelztemperatur 300 °C beträgt; gute Notlaufeigenschaften
Rotguss, Bronze	Betriebstemperatur bis 200 °C, darüber nur dann, wenn die hohe Wärmedehnung des Lagerwerkstoffes maßgeblich berücksichtigt wurde
Kunststoffe	
– Polyamid (PA)	Reibungszahl (μ) etwa 0,2; PA nimmt Wasser auf, es entstehen maßliche Veränderungen
– Polytetrafluorethylen (PTFE)	Reibungszahl (μ) etwa 0,07 bis 0,15; Verwendung auch für Gleitlacke bei Schichtdicken von 5 bis 10 µm

Wesentliche Verschleißminderung kann durch Wahl eines geegneten Schmiermittels erreicht werden.

Gleitgeschwindigkeit in m/s	Schmiermittel
bis 0,7	Festschmierstoffe, z. B. Graphit, Molybdänsulfid, Gleitlack
0,4 bis 2,0	Schmierfette oder Molybdänsulfid
0,5 bis 10,0	Motoren- und Maschinenöle
10 bis 30	Turbinen- oder Spindelöle
über 30	Spindelöle, Wasser oder Luft

↓ abnehmende Zähigkeit des Schmiermittels

! Bei sehr niedrigen Gleitgeschwindigkeiten setzt man Festschmierstoffe ein.
Mit steigender Gleitgeschwindigkeit werden Schmierstoffe mit geringerer Zähigkeit verwendet.

2. Roll- und Wälzverschleiß

Rollen belastete Körper über Flächen, wie zum Beispiel Räder über Schienen, Wälzkörper über Lagerringe, so treten an den Berührungsstellen hohe Flächenpressungen auf. Diese führen zu Spannungen an der belasteten Stelle und schließlich zur Rissbildung dicht unter der Oberfläche. Die Risse breiten sich im Inneren der Randschicht aus und führen schließlich zum Abschälen einzelner Teilchen. So entstandener Verschleiß wird als **Rollverschleiß** bezeichnet. Die Ursache ist die Oberflächenzerrüttung oder Materialermüdung. Die abgeschälten Teilchen bleiben häufig in der Zwischenschicht und verursachen dann abrasiven Verschleiß.

Innenring eines Rillenkugellagers mit fortgeschrittener Schälung

In ähnlicher Weise entsteht auch der **Wälzverschleiß**, zum Beispiel an Zahnflanken. Wegen des Gleitanteils, der hier auftritt, geht der Anriss vorzugsweise von der Oberfläche aus.

! Roll- und Wälzverschleiß beruht im Wesentlichen auf Oberflächenzerrüttung, verbunden mit Abrasion.

Gegen Roll- und Wälzverschleiß hilft Schmierung nur sehr begrenzt.
Als Werkstoffe gegen Roll- und Wälzverschleiß haben sich hochlegierte und vergütete Stähle bewährt, allerdings sollten diese im Gebrauchszustand nicht kaltverformt sein, da dies zu vorzeitiger Ermüdung führt.

Übungsaufgaben 6/5; 6/6

6.1.5 Verschleiß durch strömende Medien

1. Verschleiß durch Feststoffteilchen in strömenden Medien

Feststoffteilchen, z. B. Sandkörner, Späne, die an einem festen Körper entlanggleiten, verursachen Verschleiß.

Wenn das Transportmittel der Teilchen ein Gas ist, spricht man von **Strahlverschleiß**. Beim Teilchentransport durch eine Flüssigkeit spricht man von **hydroabrasivem Verschleiß**.

Durch diese Verschleißarten sind besonders pneumatische und hydraulische Fördereinrichtungen, Sand- und Stahlstrahlanlagen, aber auch Leitungen, in denen mit Spänen oder Werkstoffabrieb verunreinigte Kühl- oder Schmiermittel gefördert werden, gefährdet.

Verschleiß durch Feststoffteilchen

Eine Werkstoffauswahl bei Beanspruchung durch Festkörperteilchen in Gasen und Flüssigkeiten ist schwierig, da alle Werte, die in Versuchen ermittelt wurden, nur für diesen speziellen Fall zutreffen.

> **!** Feststoffteilchen, die von strömenden Medien mitgeführt werden, verursachen Verschleiß. Die Höhe des Verschleißes hängt ab von
> - der Art und Form der Feststoffteilchen,
> - der Art des Transportmittels,
> - den Strömungsverhältnissen,
> - dem Werkstoff des angestrahlten Bauteils.

2. Kavitation

In schnell strömenden Flüssigkeiten und Gasen kann ein Unterdruck entstehen. Da die Siedetemperatur von Flüssigkeiten mit sinkendem Druck geringer wird, können in einer schnell strömenden Flüssigkeit infolge des Unterdrucks Dampfblasen entstehen. Diese Dampfblasen werden wenige Augenblicke später schlagartig wieder flüssig.

Durch die stete Bildung von Dampfblasen und ihre schlagartige Umwandlung wieder zur Flüssigkeit entstehen heftige Schläge auf die Oberfläche der Werkstücke, durch die Werkstoffteilchen aus der Oberfläche herausgerissen werden können. Diese Art der Beanspruchung nennt man **Kavitation**. Der entstandene Schaden wird als **Kavitationserosion** bezeichnet.

Kavitationsschäden an einem Turbinenrad

Kavitationserosion kann an Düsen, in Gleitlagern, an Rührwerken, Propellerschaufeln u. a. auftreten. Kavitation siehe auch *„Steuerungstechnik“*, Kapitel *„Hydraulik“*.

> **!** Schnell strömende Flüssigkeiten verursachen Kavitationserosion, wenn sich infolge niedrigen Druckes Dampfblasen bilden können, die sich schlagartig wieder verflüssigen.

Kavitationserosion an Bauteilen kann vermindert werden durch
- weniger kavitationsempfindlichen Werkstoff:

hochlegierter Stahl	Polyamid	hochfeste Al-Legierung	Gusseisen	Weich-	Acrylglas	Glas
X10CrNi18-8	PA 66	EN AW-AlCu4Mg1	EN-GJL-250	PVC	PMMA	

→ zunehmende Kavitationsempfindlichkeit

- geringe Anteile an niedrig siedenden Bestandteilen in der Flüssigkeit, z. B. in Ölzusätzen;
- Absenken der Strömungsgeschwindigkeit, zum Beispiel durch niedrigere Drehzahlen von Pumpen oder größere Rohrquerschnitte.

Übungsaufgaben 6/7; 6/8; 6/9

6.2 Maschinenbruch

Bruch an Bauteilen kann zwei Ursachen haben: *Überlastung oder schwingende Beanspruchung.* Überlastung kann zu **Gewaltbrüchen**, schwingende Beanspruchung zu **Dauerbrüchen** führen.

6.2.1 Gewaltbruch

Ein Bauteil darf sich beim Betrieb nicht plastisch verformen. Es darf nur im elastischen Bereich beansprucht werden – bei Zugbeanspruchung ist dies unterhalb der Streckgrenze. Steigt die Belastung weiter an, so tritt bei Überschreiten der Festigkeit der Bruch ein. Man nennt einen solchen, durch Überbelastung verursachten Bruch, einen Gewaltbruch.
Ein Gewaltbruch an einem zähen Werkstoff hat eine zerklüftete Bruchfläche, die an den Rändern verformt ist. An spröden Werkstoffen ist die Gewaltbruchfläche samtartig glatt und zeigt keine Verformungen.

Beispiele für Gewaltbrüche

> **!** Gewaltbrüche entstehen durch Überlastung.
> Sie sind an der Bruchfläche und den Bruchkanten zu erkennen.

Häufig treten Gewaltbrüche auf, obwohl rechnerisch die Spannung im Werkstück die Fließgrenze nicht erreicht und der Werkstoff demnach nicht überlastet scheint. Hier ist die ungleichmäßige Spannungsverteilung infolge ungünstiger Konstruktion die Ursache. An jeder Querschnittsveränderung eines belasteten Werkstücks, z. B. an Übergängen von Wellenzapfen, treten höhere Spannungen auf als im übrigen Querschnitt – im Durchschnitt entsprechen die Spannungen jedoch den rechnerischen Werten. Je scharfkantiger und spitzer nun ein solcher Übergang ist, desto höher sind die Spannungsspitzen. Man nennt diese Auswirkung von Querschnittsübergängen **Kerbwirkung**. Wenn die Spannung an der Kerbe die Festigkeit des Werkstoffes übersteigt, setzt an dieser Stelle ein Gewaltbruch ein.

Beispiel für eine Spannungsverteilung an Querschnitten verschieden gekerbter Zugproben

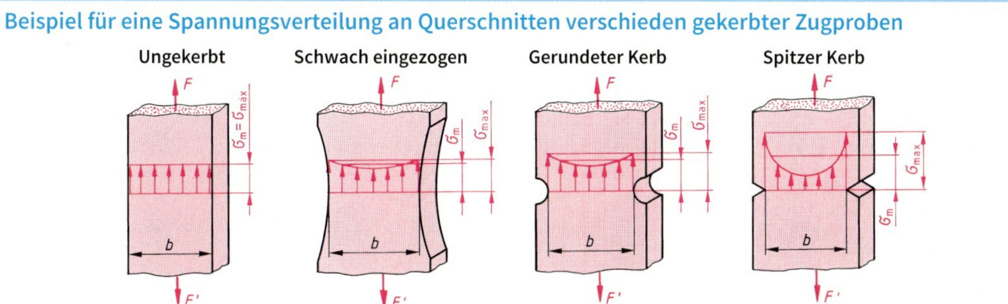

> **!** An Kerben treten erhöhte Spannungen auf. Diese Kerbwirkung erhöht die Bruchgefahr.

Gewaltbrüche können durch Einsatz von Bauteilen mit größeren tragenden Querschnitten oder durch Verwendung von Werkstoffen mit höherer Festigkeit vermieden werden.
Falls Spannungsspitzen durch Kerbwirkung die Ursache einer örtlichen Überlastung sind, kann die Gefahr von Gewaltbrüchen durch veränderte Gestaltung der Bauteile begrenzt werden.

6.2.2 Dauerbruch

Im Maschinen- und Fahrzeugbau werden Bauteile häufig schwellenden und wechselnden Belastungen ausgesetzt. Dabei kann schon bei Belastungen *weit unterhalb* der Streckgrenze ein Bruch auftreten.

1. Entstehung des Dauerbruches

Dieser Bruch beginnt meist an Fehlerstellen der Oberfläche, reißt etwas weiter, verlangsamt sich oder hält gar einige Zeit mit Weiterreißen inne und setzt dann wieder ein. Durch die schwingende Beanspruchung reiben die Bruchflächen gering aneinander und es entsteht, auch durch Oxidation, eine glatte Bruchfläche mit typischen Rastlinien. Man nennt diesen Teil der Bruchfläche die Dauerbruchfläche. Sobald durch diesen Dauerbruch der Querschnitt so geschwächt ist, dass er die Last nicht mehr tragen kann, bricht er. Der gebrochene Restquerschnitt zeigt die typischen Merkmale eines Gewaltbruchs.

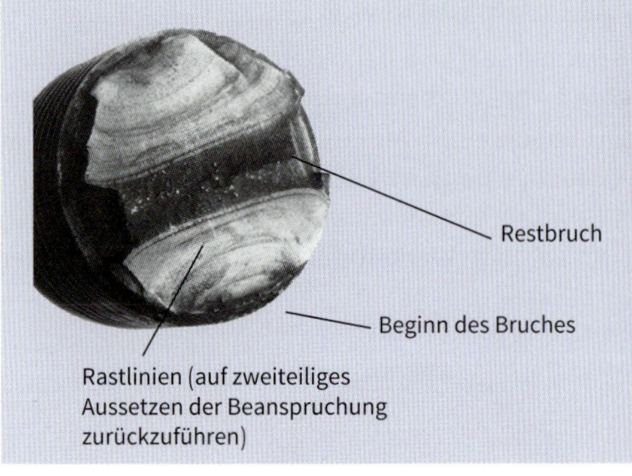

Dauerbruch im Gewinde einer Schraube mit ausgeprägten Rastlinien

> **!** Ein Dauerbruch ist an der Bruchfläche deutlich erkennbar. Die Bruchfläche zeigt
> - die Dauerbruchfläche mit Rastlinien und
> - die Restbruchfläche als Gewaltbruch.

Die Dauerbruchfläche macht wichtige Aussagen über die Entstehung des Dauerbruches und die aufgetretenen Belastungen:

- Die *Art der Belastung* ist an der Lage von Dauer- und Gewaltbruchfläche zueinander erkennbar. So liegt z. B. bei schwellender Biegebeanspruchung die Dauerbruchfläche einseitig, bei wechselnder Biegebeanspruchung oberhalb und unterhalb des Restbruches und bei umlaufender Biegebeanspruchung als Kranz um die Restbruchfläche.
- Der *Beginn des Anrisses*, also die eigentliche Ursache des Dauerbruches, kann durch den Beginn der Rastlinien bestimmt werden.
- Die *Höhe der Gesamtbelastung* ist an der Größe der durch Gewaltbruch entstandenen Restbruchfläche abzuschätzen – je höher die Belastung war, desto größer ist die Gewaltbruchfläche.

Beispiele für Dauerbruchflächen aufgrund unterschiedlicher Biegebeanspruchung

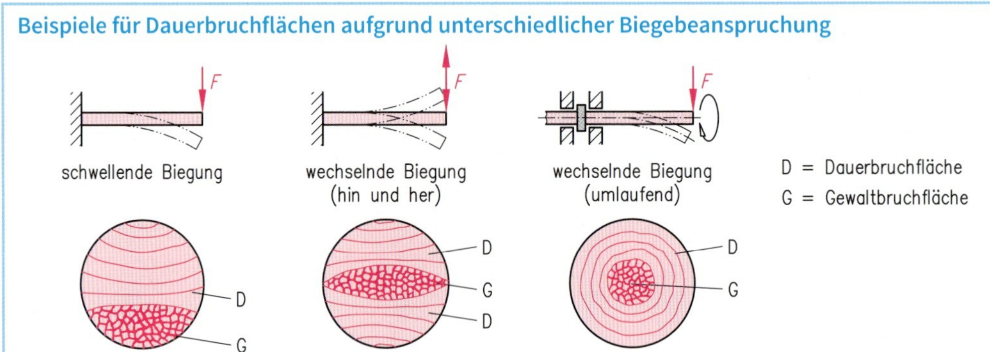

> **!** Die Bruchfläche eines Dauerbruches gibt
> - mit der Lage der Restbruchfläche Auskunft über die Art der Beanspruchung,
> - mit der Größe der Restbruchfläche Auskunft über die Höhe der Belastung,
> - mit der Lage der Rastlinien Auskunft über den Beginn des Anrisses.

Übungsaufgabe 6/12

Ausgangsstellen von Dauerbrüchen sind meist Kerben an der Oberfläche des Werkstücks. Diese Kerben können entsprechend ihrer Ursache in drei Gruppen eingeordnet werden:

- *Konstruktiv bedingte Kerben*, z. B. Gewindegänge, scharfkantige Übergänge an Wellen.
- *Kerben durch Fehler bei der Bearbeitung*, z. B. Riefen durch Anreißen mit scharfen Reißnadeln, Bearbeitungsriefen, Schleifrisse, Härterisse.
- *Kerben durch Werkstofffehler,* z. B. Schlackeneinschlüsse, Korrosionsstellen, Kristallbaufehler.

! Ausgangsstellen für Dauerbrüche sind meist Kerben.

2. Maßnahmen zur Verhinderung von Dauerbrüchen

Zur Einschränkung von Dauerbrüchen kommen alle Maßnahmen infrage, durch die entweder entsprechende Fehlerstellen am Werkstück verhindert werden oder der Werkstoff weniger dauerbruchempfindlich gemacht wird.

– **Konstruktive Maßnahmen**

- Vermeiden von scharfkantigen Übergängen.
- Vermeiden von Bearbeitungsriefen durch Schleifen und Polieren.
- Einbringen von Druckspannungen in die Randschicht, welche die Entstehung von Werkstofftrennungen behindern, z. B. durch Einbringen von Fremdatomen beim Nitrieren.
- Erzeugen von Druckspannungen in der Randschicht durch Kaltumformen, z. B. durch Kugelstrahlen.

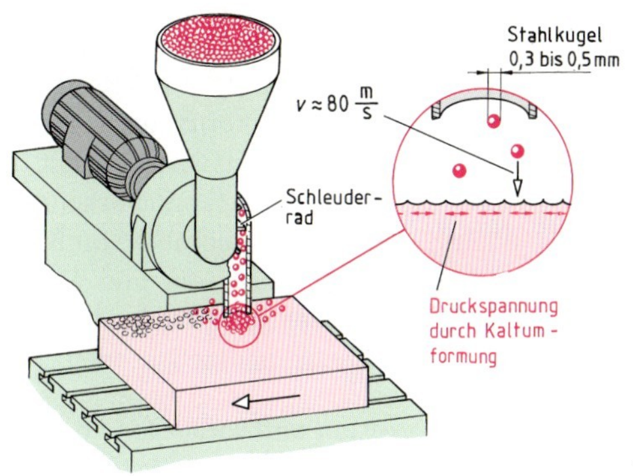

Kugelstrahlen einer Werkstückoberfläche

– **Maßnahmen bei der sachgerechten Inbetriebnahme**

- Durch vorsichtige schwingende Beanspruchung eines Bauteiles unterhalb der normalen Belastung laufen Kristallbaufehler zu Stellen, an denen sie sich gegenseitig blockieren und damit unschädlich machen. Man nennt eine solche vorsichtige Beanspruchung des Bauteiles zur Erzeugung höherer Dauerschwingfestigkeit das **Trainieren** des Werkstoffes. Das Einfahren von Maschinen dient neben dem Einlaufen auch zum Trainieren des Werkstoffes.
- Die schwingende Beanspruchung eines Bauteiles soll beim Betrieb in Grenzen gehalten werden. Darum sollen z. B. umlaufende Maschinenteile gut ausgewuchtet werden, damit zusätzliche Vibrationen vermieden werden.

Jedes schwingungsfähige Bauteil schwingt beim Anstoß in seiner Eigenfrequenz. Am deutlichsten wird diese Erscheinung bei Glocken und Musikinstrumenten. Wird ein Bauteil, z. B. von einem Motor, ständig in dieser Frequenz angeregt, so schaukeln sich die Schwingungen auf und können zur Zerstörung des Bauteils führen. Man nennt die Drehzahl einer Maschine, durch welche diese in ihrer Eigenfrequenz angeregt wird, die **kritische Drehzahl**. Diese kritische Drehzahl muss bei Maschinen schnell durchfahren werden, da sonst die Gefahr von Dauerbrüchen extrem anwächst.

! Dauerbruchgefahr wird verringert durch
- Werkstückgestaltung ohne scharfkantige Übergänge,
- Bearbeitung unter Vermeidung von Riefen und Rissen,
- Erzeugen von Druckspannungen in der Randschicht,
- vorsichtiges Einfahren von Maschinen und Vermeiden von Schwingungen (kritische Drehzahl).

Übungsaufgabe 6/13

7 Maschinenschaden durch Korrosion

7.1 Korrosion

Werkstoffe von Maschinen und Anlagen sind ständig äußeren Einflüssen durch chemisch wirksame Stoffe, z. B. Feuchtigkeit, Luftsauerstoff, Verbrennungsgase, ausgesetzt. Die Zerstörung metallischer Werkstoffe infolge chemischer Reaktionen mit den umgebenden Medien nennt man **Korrosion**.

Korrosion ist die von der Oberfläche ausgehende Zerstörung metallischer Werkstoffe durch chemische oder elektrochemische Reaktionen.

7.1.1 Chemische Korrosion

Trockene Gase, welche sich chemisch sehr leicht mit Metallen verbinden, wie z. B. Sauerstoff und Chlor, greifen die Oberfläche der Metalle an. Dabei bilden sich auf der Oberfläche chemische Verbindungen des Metalles mit dem Gas. Diese Art der Korrosion bezeichnet man als **chemische Korrosion**.

Chemische Korrosion tritt meist als Oxidation auf. Da diese Reaktion bei höherer Temperatur besonders intensiv verläuft, oxidieren Auspuffrohre von Kraftfahrzeugen, Ofenroste, Einsatzkästen und andere Bauelemente aus Eisen oder Stahl, die bei höheren Temperaturen verwendet werden, sehr schnell.

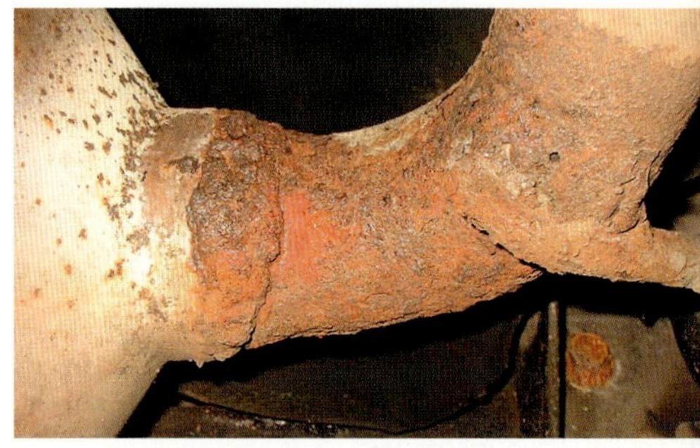

Korrodierte Abgasanlage an einem Kfz

Chemische Korrosion wird vorwiegend durch trockene Gase verursacht.
Die Geschwindigkeit der Korrosion steigt mit zunehmender Temperatur.

7.1.2 Elektrochemische Korrosion

1. Grundlagen

Taucht man zwei verschiedene Metalle in eine elektrisch leitende Flüssigkeit, einen Elektrolyten, und verbindet sie durch einen Leiter, so fließt ein elektrischer Strom. Man bezeichnet eine solche Spannungsquelle, bei der in einem Elektrolyten die beiden Pole aus zwei verschiedenen Metallen bestehen, als **galvanisches Element**.

Beispiel für ein galvanisches Element

Eine Kupfer- und eine Zinkplatte tauchen in eine schwache Schwefelsäurelösung ein. Schaltet man einen Spannungsmesser zwischen die Platten, so kann eine Spannung von etwa 1,1 Volt gemessen werden. Man erkennt ferner, dass das Zink den Minuspol und das Kupfer den Pluspol bildet. Verbindet man die Platten so, dass ein Strom fließen kann, so stellt man fest, dass das Zink aufgelöst wird.

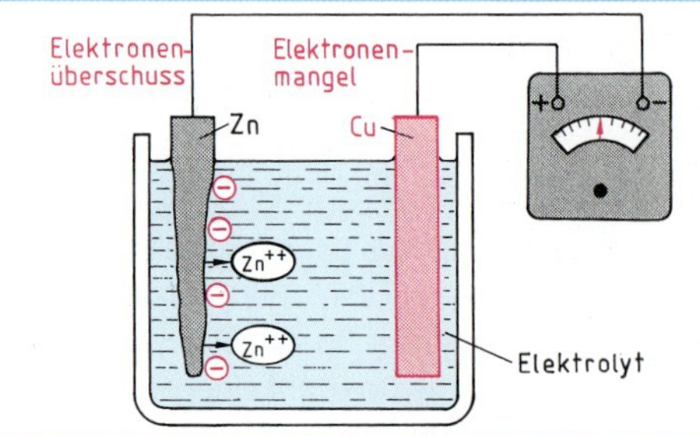

! Ein galvanisches Element wird aus zwei unterschiedlichen Metallen in einem Elektrolyten gebildet.
Das Metall am Minuspol wird stets aufgelöst und verbindet sich mit dem Elektrolyten.

Aus den verschiedenen Metallen lassen sich galvanische Elemente zusammenstellen, die unterschiedliche Spannungen liefern. Um einen Bezug zu erhalten, hat man eine Elektrode aus einem Platinblech, die von Wasserstoff umspült wird, geschaffen. Diese hat man mit den verschiedenen Metallen verbunden und die dabei gemessenen Spannungen aufgelistet. Die sich ergebende Reihe der Metalle nennt man die **elektrochemische Spannungsreihe der Metalle**.

Übungsaufgaben 7/1; 7/2

Je weiter ein Metall in dieser Reihe rechts steht, desto geringer ist sein Bestreben Verbindungen zu bilden – es ist edler.

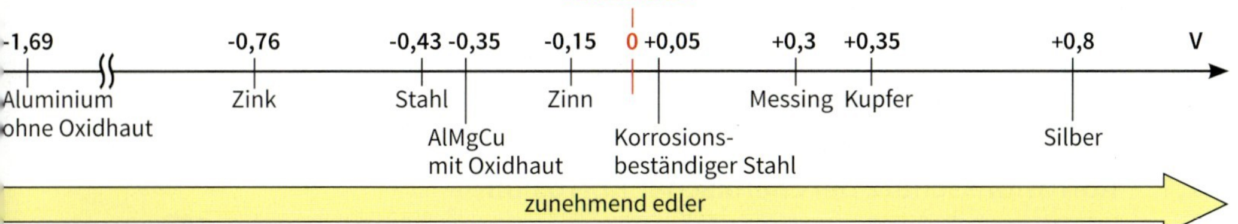

Elektrochemische Spannungsreihe

! In der elektrochemischen Spannungsreihe sind die Metalle nach ihrer Spannung gegenüber einer Wasserstoffelektrode geordnet. Je größer der Spannungswert ist, desto edler ist ein Metall.

Fügt man Metalle, die in der elektrochemischen Spannungsreihe weit auseinander stehen, so ist die Gefahr groß, dass Bauelemente durch Korrosion beschädigt werden. Unter Zutritt einer elektrisch leitenden Flüssigkeit (Säure, Lauge oder Salzlösung) löst sich das unedlere Metall auf und verbindet sich mit dem Elektrolyten. Eine solche Zerstörung von Metallen, bei der sich über einen Elektrolyten ein Stromkreis bildet, ist **elektrochemische Korrosion**.

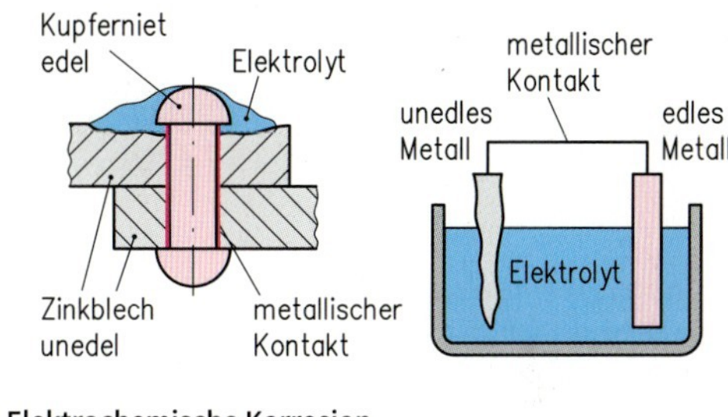

Elektrochemische Korrosion

2. Erscheinungsformen

Tritt die elektrochemische Korrosion dadurch ein, dass in einem Bauelement oder in einer Konstruktion durch Fügen verschiedene Metalle zusammengebracht wurden, so spricht man von **Kontaktkorrosion**.

Beispiel für Kontaktkorrosion an einem Aluminiumniet

Werden Kupferplatten mit Aluminiumnieten gefügt, so werden die Aluminiumniete bei Anwesenheit eines Elektrolyten langsam aufgelöst, weil sie das unedlere Metall darstellen. Die Verbindung ist untauglich.

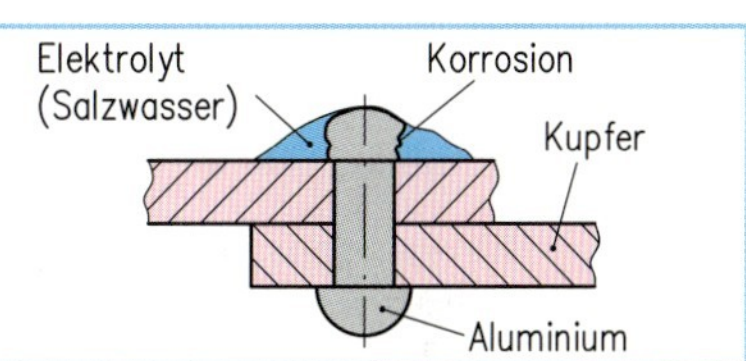

! Kontaktkorrosion ist elektrochemische Korrosion, welche beim Zusammenbau verschiedener Metalle bei Anwesenheit eines Elektrolyten auftritt.

In Legierungen können die Bestandteile im festen Zustand Gemenge bilden. Zwischen den verschiedenartigen Körnern wirkt an den Korngrenzen bei Vorhandensein eines Elektrolyten eine elektrochemische Korrosion. Diese Zersetzung setzt sich entlang der Korngrenze fort, der Zusammenhalt der Körner wird weitgehend aufgehoben. Man spricht von **interkristalliner Korrosion**.

Beispiel für interkristalline Korrosion an Cr-Ni-Stahl

Beim Schweißen an korrosionsbeständigen Cr-Ni-Stählen verarmt der Bereich an der Korngrenze an Chrom, weil sich chromreiche Chromkarbide bilden. Dadurch besteht ein Konzentrationsunterschied zwischen Korngrenze und Kornmitte, und es kommt bei Zutritt eines Elektrolyten zur Korrosion.

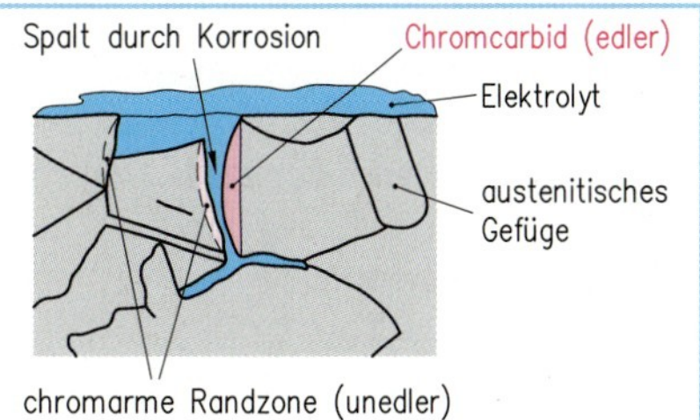

! Interkristalline Korrosion ist elektrochemische Korrosion, welche bei Legierungen mit Konzentrationsunterschieden an Korngrenzen in Anwesenheit eines Elektrolyten auftritt.

7.2 Korrosionsschutz

Die jährlichen Verluste durch Korrosion sind in einer Volkswirtschaft sehr hoch – sie betragen z. B. in der Bundesrepublik Deutschland jährlich einige Milliarden EUR. Darum kommt dem Korrosionsschutz große Bedeutung zu. Es werden beträchtliche Mittel aufgewendet, um die Verluste durch Korrosion in erträglichen Grenzen zu halten.

7.2.1 Korrosionsschutz bei chemischer Korrosion

Die chemische Korrosion, die durch trockene und reaktionsfreudige Gase hervorgerufen wird, kann nur durch

- Einsatz korrosionsbeständigerer Werkstoffe oder
- Beschichten weitgehend unterbunden werden.

Als korrosionsbeständige Stähle werden meist Cr-Ni-Stähle, z. B. X 10 Cr Ni Mo Ti 18-7 eingesetzt.

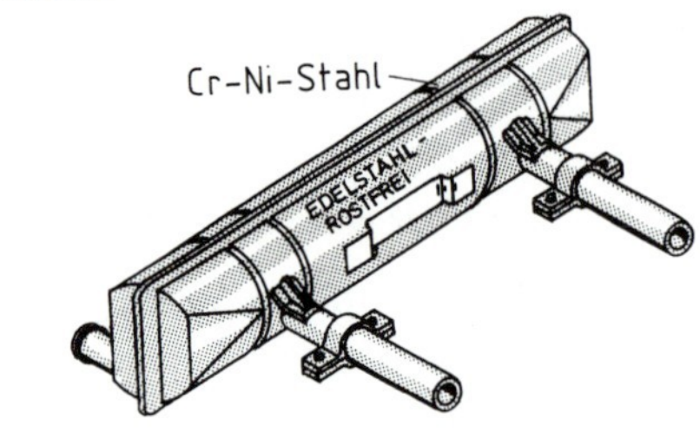

Gegen chemische Korrosion geschützter Auspuff

! Chemische Korrosion kann durch Einsatz korrosionsbeständiger Werkstoffe oder Beschichten verhindert werden.

7.2.2 Korrosionsschutz bei elektrochemischer Korrosion

Elektrochemische Korrosion kann durch unterschiedliche Maßnahmen in erträglichen Grenzen gehalten werden:

- Man soll nach Möglichkeit nur Bauelemente aus gleichen Metallen miteinander verbinden.
- Bei der Werkstoffauswahl sollen Legierungen mit Mischkristallgefüge vorgezogen werden.
- Beim Fügen von Bauelementen aus unterschiedlichen Metallen kann der Stromfluss durch Isolierzwischenlagen verhindert werden.
- Durch Beschichten kann der Zutritt eines Elektrolyten verhindert werden.
- Durch das Anbringen von Zusatzteilen aus sehr unedlen Metallen können Konstruktionen ebenfalls vor elektrochemischer Korrosion geschützt werden. Bei diesem Verfahren wird die Korrosion von unedlen Konstruktionsteilen auf die noch unedleren Zusatzteile verlegt. Man bezeichnet die Zusatzteile darum als **Opferanoden** oder Schutzanoden.

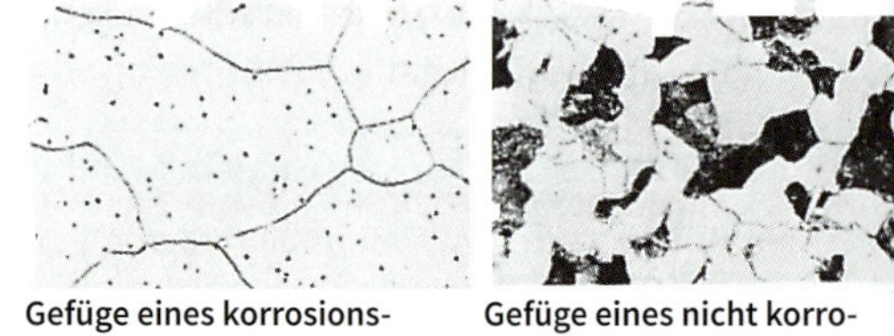

Gefüge eines korrosionsbeständigen Stahles | **Gefüge eines nicht korrosionsbeständigen unlegierten Stahles**

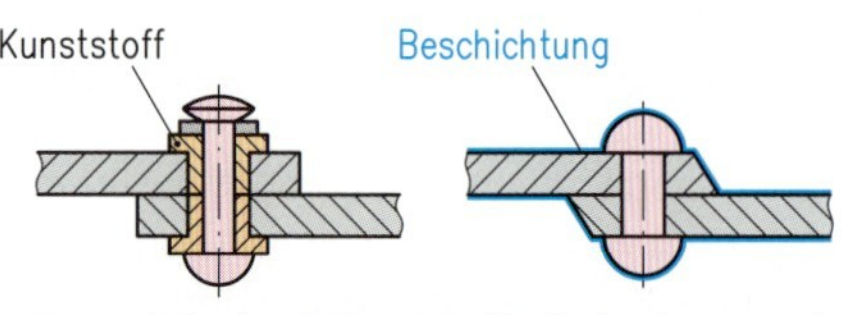

Korrosionsschutz durch Kunststoffzwischenlagen und Anstrich

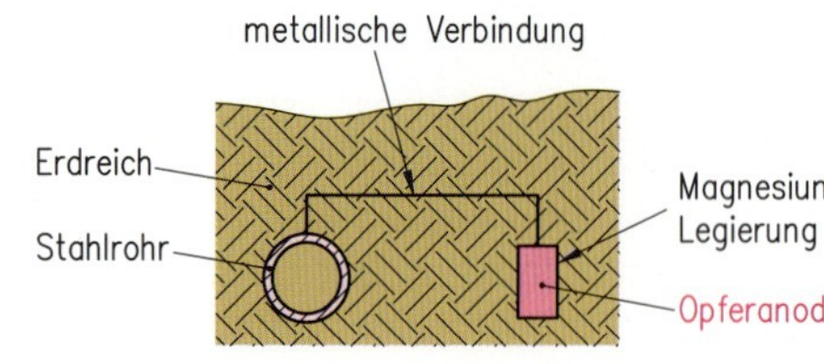

Korrosionsschutz durch Opferanode

Elektrochemische Korrosion kann verhindert werden durch:
• richtige Werkstoffauswahl, • Zwischenlagen aus Isolierstoffen, • Beschichtung, • Opferanoden.

Übungsaufgaben 7/4 bis 7/8

8 Hilfsstoffe für die Instandhaltung

8.1 Schmierstoffe

Schmierstoffe sollen durch Reibung auftretende Energieverluste und Verschleiß an Maschinen und Geräten mindern. Jährlich müssen zurzeit in Deutschland einige Mrd. EUR für zusätzliche Energie- und Materialkosten, die durch Reibung und Verschleiß verursacht werden, aufgewendet werden.

Befindet sich Schmiermittel in genügender Menge zwischen Gleitflächen, so werden diese durch die Schmiermittelschicht voneinander getrennt. Diese Schmiermittelschicht bezeichnet man als Schmierfilm. Der Schmierfilm haftet fest an den Gleitflächen. Werden die Bauelemente gegeneinander bewegt, verschieben sich kleinste Schmiermittelteilchen innerhalb des Schmierfilms. Der Schmierfilm bleibt dabei erhalten, sodass sich die Bauelemente selbst nicht berühren. Reibung und Verschleiß sind sehr gering.

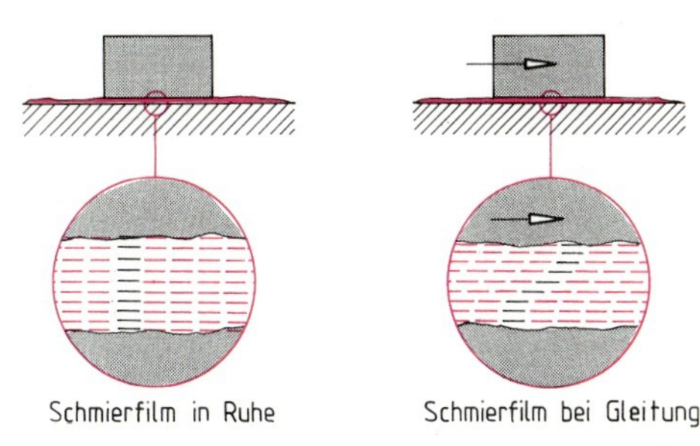

Wirkungsweise der Schmierung

8.1.1 Schmieröle

8.1.1.1 Schmieröleigenschaften

1. Viskosität

Der wichtigste Kennwert eines Schmieröles ist seine Viskosität. Ein Öl mit niedriger Viskosität ist dünnflüssig, ein Öl mit hoher Viskosität ist zähflüssig. Die Viskosität beeinflusst zum Beispiel die Schmierfilmdicke in Lagern, die Leckverluste in Hydraulikanlagen, die Reibungsverluste in Schmierölleitungen.

Beim Messen im Kapillarviskosimeter lässt man eine bestimmte Ölmenge bei Prüftemperatur durch ein langes dünnes Rohr, die Kapillare, laufen. Aus der Auslaufzeit ermittelt man die kinematische Viskosität. Wasser hat bei 20 °C eine kinematische Viskosität von etwa 1 mm²/s.

Industrieöle werden nach ISO in 18 Klassen unterteilt. Die ISO-Klassifikation wird in Viskositätsgraden (VG) angegeben. Sie ist zahlenmäßig an der Viskosität bei 40 °C orientiert.

Beispiel für die Klassifikation eines Öles

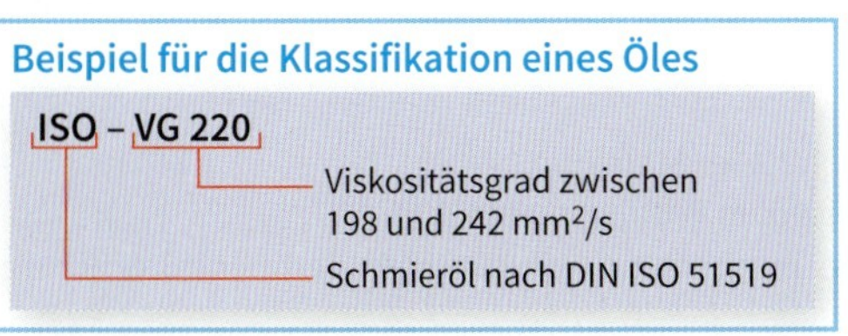

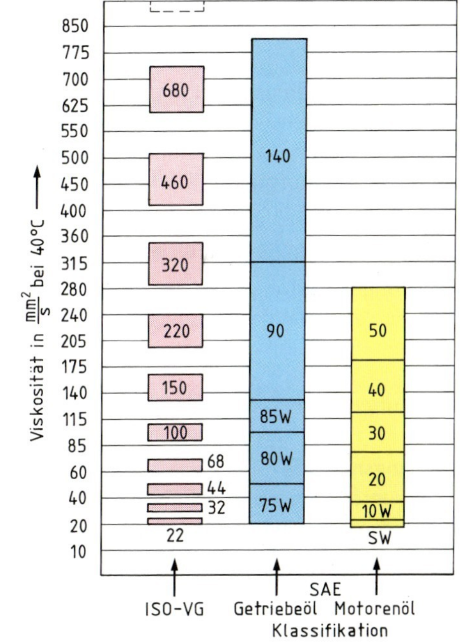

Vergleich wichtiger Ölklassen

Kfz-Öle werden gemäß der amerikanischen Society of Automative Engineers (SAE) gekennzeichnet. Die Kennzeichnung stimmt nicht mit der Einteilung nach DIN ISO überein. Auch die Bezugstemperatur ist unterschiedlich, die SAE-Klassen haben je nach Klasse unterschiedliche Bezugstemperaturen.

Die für eine bestimmte Aufgabe notwendige Viskosität wird zum Teil nach *Erfahrungswerten* gewählt.

! Kfz-Öle werden nach ISO in 18 Klassen gegliedert.
Die Klassifikationsnummer bezieht sich auf die kinematische Viskosität in mm²/s, bei 40 °C.

Übungsaufgaben 8/1 bis 8/6

Die Viskosität ist stark von der Temperatur abhängig. Mit steigender Temperatur sinkt die Viskosität. Da Maschinen häufig bei unterschiedlichen Temperaturen beansprucht werden, ist das Viskositäts-Temperatur-Verhalten von Schmierstoffen von großer Bedeutung. Am günstigsten sind Öle, die bei niedrigen Temperaturen noch so dünnflüssig sind, dass Maschinen leicht anfahren, und bei der Betriebstemperatur noch eine ausreichend hohe Viskosität besitzen, damit der Schmierfilm bei Belastung nicht abreißt. Die Temperaturabhängigkeit der Viskosität lässt sich durch Zusätze verbessern. Die zugesetzten Stoffe enthalten fadenförmige Großmoleküle, die sich mit steigender Temperatur entknäulen und so den Viskositätsabfall verringern.

Die Viskosität eines Öles sinkt mit steigender Temperatur.

2. Flammpunkt, Pourpoint

Der Flammpunkt eines Öles gibt die Temperatur an, bei der über der Ölfläche brennbare Gase entstehen. Die Kenntnis dieses Punktes ist wichtig für die Einordnung eines Öles entsprechend der **Gefahrenklasse**. Bei Flammpunkten über 100 °C sind keine besonderen Vorschriften – außer im Bergbau – zu beachten. Für die Schmiertechnik ist dieser Punkt ohne Bedeutung.

Der Pourpoint (früher Stockpunkt genannt) gibt an, bei welcher Temperatur das Öl eben noch fließt.

Der Pourpoint wird beeinflusst durch
- Zunahme der Viskosität mit sinkender Temperatur,
- Paraffinausscheidung mit sinkender Temperatur.

Pourpointerniedriger wirken nur der Paraffinausscheidung entgegen.

Der Flammpunkt bestimmt die Einordnung eines Öles in eine Gefahrenklasse.
Der Pourpoint gibt an, bei welcher Temperatur ein Öl eben noch fließt.

3. Schaumverhalten und Luftabgabevermögen

Durch bewegte Teile werden Öle stark mit Luft durchmischt und können schäumen. Schäume, die von der Ölpumpe angesaugt werden, können zu schweren Störungen in der Schmierstoffversorgung führen, z. B. Luftblasen in Ölleitungen.

Das Luftabgabevermögen (LAV) eines Öles gibt nach DIN 51381 die Zeit an, in der eine von Luft durchströmte Ölprobe nach dem Abschalten der Luft nur noch 0,2 % Luft enthält.

Durch geringe Zusätze, zum Beispiel an Silikonölen, kann das Schaumverhalten verbessert werden. Bei Hydraulikanlagen hat das Luftabgabeverhalten eines Öles besondere Bedeutung, da mit steigendem Luftanteil die Kompressibilität steigt.

Zur Aufrechterhaltung eines festen Schmierfilmes muss Öl ein hohes Luftabgabevermögen besitzen.

4. Alterungsneigung

Durch Verunreinigungen, zum Beispiel Abrieb, verschlechtern sich die Öleigenschaften. Ein weiteres Absinken der Eigenschaften tritt ein durch Bildung von
- Säuren infolge Oxidation,
- harz- und asphaltartigen Produkten infolge Bildung größerer Moleküle.

Dieses sind Vorgänge, wie sie in kurzer Zeit auch im Speiseöl in Friteusen ablaufen.
Den größten Einfluss auf die Alterung von Ölen hat die Temperatur. Nur 10 Kelvin Temperaturerhöhung verkürzen die Zeit zum Altern auf die Hälfte.
Metalle können die Alterungsreaktionen beschleunigen. Hier fördert Kupfer den Alterungsprozess besonders stark. Aus diesem Grunde sollen Schmierölleitungen möglichst nicht aus Kupfer hergestellt werden.
Durch Zusätze von Alterungsschutzadditiven (Antioxidantien, Oxidationsinhibitoren) wird ein gewisser Alterungsschutz erreicht.

Öle altern besonders bei höheren Temperaturen und bei Anwesenheit von kupferhaltigen Werkstoffen im Ölkreislauf.

Übungsaufgaben 8/7; 8/9; 9/10

8.1.1.2 Erzeugung und Aufbau von Schmierölen

1. Mineralöle

In Erdölraffinerien werden aus dem Erdöl verschiedene Produkte wie Benzin, Heizöl, Schmieröl, Bitumen gewonnen. Dies geschieht, indem das Erdöl zunächst vergast wird. Die verschiedenen Kohlenstoff-Wasserstoff-Verbindungen des Gases verflüssigen sich wieder bei unterschiedlichen Temperaturen. Zu den Produkten, die man dabei gewinnt, gehören neben den verschiedenen Kraftstoffen die Mineralöle. Den Gesamtvorgang bezeichnet man als **Destillation.** In einem anschließenden Reinigungsverfahren entfernt man alle schädlichen Bestandteile aus dem Mineralöl. Diese Verunreinigungen können bei Gebrauch der Mineralöle Harze oder Säuren bilden und vermindern die Einsatzdauer der Schmiermittel.

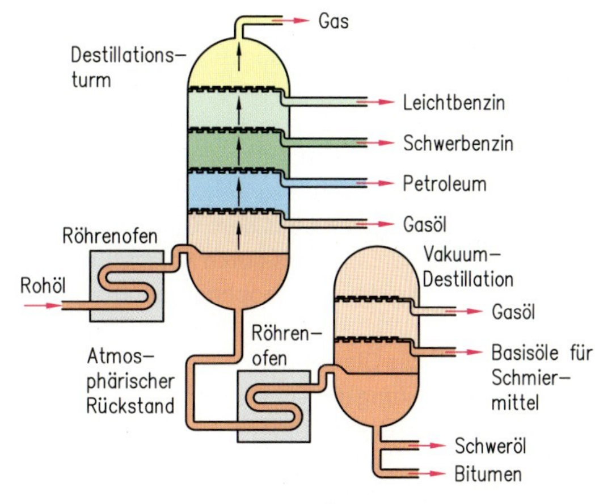

Vom Rohöl zu Kraft- und Schmierstoffen

Hochwertigen Mineralölen setzt man besondere Wirkstoffe zu. So verbessert man z. B. durch Zusätze die Tragfähigkeit des Schmierfilms oder erweitert die Wirksamkeit eines Schmieröls auf einen größeren Temperaturbereich.

! Mineralöle gewinnt man aus Erdöl durch Destillation und anschließende Reinigung.

2. Synthetische Flüssigschmierstoffe

Synthetische Flüssigschmierstoffe werden aus einfachen einheitlichen Kohlenstoff-Wasserstoff-Verbindungen oder Silizium-Verbindungen durch chemische Synthese aufgebaut. Deshalb sind diese Flüssigschmierstoffe in ihrem chemischen Aufbau besonders einheitlich und völlig frei von schädlichen Beimengungen. Synthetische Flüssigschmierstoffe zeichnen sich durch eine nahezu gleich bleibende Viskosität in einem großen Temperaturbereich aus. Darüber hinaus sind sie schwer entflammbar und beständig gegen Säuren und Laugen. Man verwendet sie außer zur Schmierung auch als hochwertige Hydrauliköle.

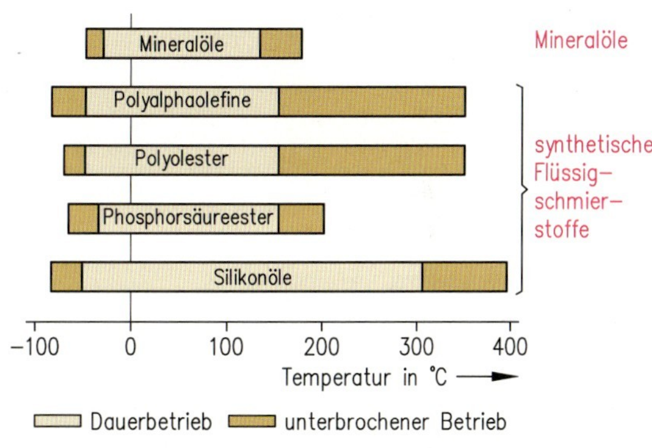

Temperatur-Einsatzgrenzen von Schmierstoffen

Neben den Flüssigschmierstoffen aus reinen Kohlenwasserstoffen werden auch phosphorhaltige Kohlenwasserstoffe und Silikone als synthetische Schmierstoffe verwendet.
Synthetische Flüssigschmierstoffe und Mineralöle dürfen nicht miteinander vermischt werden.

! Synthetische Flüssigschmierstoffe werden aus einfachen Verbindungen synthetisch aufgebaut. Sie sind einheitlich im Aufbau und frei von schädlichen Beimengungen, aber teurer als Mineralöle.

3. Zweitraffinate

Aus gebrauchten Schmierölen werden durch mehrstufige Aufbereitungsprozesse sogenannte Zweitraffinate gewonnen. Diese unterscheiden sich qualitativ kaum von den Mineralölen aus der Erstdestillation.

8.1.1.3 Untersuchung des Ölzustands im Rahmen der Instandhaltung

Im Rahmen einer zustandsorientierten Instandhaltung sollte der Zustand des Schmieröls von Motoren, Kompressoren und Getrieben in kurzen Abständen überprüft werden, damit Ergänzungen und Ölwechsel der Belastung entsprechend angepasst werden können.

1. Probenentnahme

Für Öluntersuchungen ist das Öl unmittelbar aus dem Ölumlauf zu entnehmen oder mit einem Saugheber aus dem Maschinengehäuse zu ziehen.
Wenn fälschlicherweise Öl aus dem Ölablass, dem am tiefsten liegenden Punkt des Ölsumpfs genommen wird, besteht die Gefahr, dass durch Ablagerungen im Öl ein völlig falsches Bild des Ölzustands gewonnen wird. Das Gleiche gilt für die Probenentnahme aus „Toträumen", in denen das Öl nicht bewegt wird.

2. Beurteilung des Öls vor Ort

Eine erste Beurteilung des Öls kann der Instandhalter unmittelbar nach der Probenentnahme durchführen, indem er in einem durchsichtigen Probebehälter das Öl optisch begutachtet, den Geruch des Öls prüft und das Fließverhalten mit dem des frischen Öls vergleicht.

Befund	Verunreinigung	Mögliche Ursachen
Starke Dunkelfärbung	Oxidationsprodukte	Überhitzung, versäumter Ölwechsel
Milchige Trübung	Wasser oder Schaum	„Einrühren" von Wasser, „Einrühren" von Luft
Wasserabscheidung	Wasser	Kondenswasser, Wassereintritt durch Undichtigkeit
Luftbläschen	Luft	Undichte Saugleitung
Schwebeteilchen, abgesetzte Teilchen	Feststoffe	Abrieb, Schmutz, Alterungsprodukte
Geruch nach verbranntem Öl	Alterungsprodukte	Überhitzung

Das Ergebnis der Untersuchung vor Ort wird in Prüfprotokollen festgehalten.

Beispiel für ein Prüfprotokoll einer Öluntersuchung vor Ort durch den Instandhalter

Maschine/Typ: *Getriebe Stangenzug* Baujahr: Inventar-Nr. *364*
Hersteller: *WEMO* Kostenstelle: *SZ*
Maschinen-Nr.: *62-1-42* Filtereinheit: Ausstellgs.-Dat.

Eingesetztes Druckmedium: Viskosität bei 40 °C: *205 mm²/s* Letzter Ölwechsel: *12.08.*

Gebrauchswerte	Befund	Prüfung am					
		02.06.					
Visuelle Beurteilung (im Vergleich zum Frischöl)	Farbe: normal klar normal trübe dunkler dunkel trübe sehr dunkel	*dunkler*					
Geruch (Vergleich z. Frischöl)	normal beißend verbrannt fremd	*normal*					
Feste Fremdstoffe (Größenordnung, Menge, Art)	fein/wenig mittel/viel grob/Vol.-% metallisch Dichtungsm. Staub/Sand	*wenig grob metall.?*					
Wasser	ja/nein	*nein*					
Viskosität (Vergleich z. B. Frischöl)	niedriger gleich höher	*gleich*					
Maßnahmen z. B. nachfüllen, Pumpe überprüfen, Schmutzabstreifer, Drosseln u.v.a.m.	keine wechseln filtern entwässern sonstige	*filtern, auf Fremdstoffe untersuchen*					
Zeitaufwand/Ihr Zeichen		*Wig.*					

8.1.2 Schmierfette

Für viele Anwendungsfälle sind flüssige Schmiermittel wenig geeignet, weil sie von der Schmierstelle wegfließen, z. B. bei frei stehenden Lagern. Hier werden Schmierfette verwendet. Sie haften an der Schmierstelle und gewähren den geschmierten Lagerstellen guten Schutz gegen das Eindringen von Wasser und Verunreinigungen.
Der Verbrauch von Schmierfetten ist in der Bundesrepublik wegen verbesserter Ölschmiereinrichtungen erheblich zurückgegangen. Er beträgt nur etwa 2% des Mineralölverbrauchs.

1. Aufbau von Schmierfetten

Schmierfette bestehen aus einem Eindickmittel, in das Mineralöle und Zusätze (Additive) eingemischt sind. Als Eindickmittel werden Metallsalze von Fettsäuren, Metallseifen genannt, verwendet. Die Metallseifen bilden ein Gerüst, in dem das Öl sehr fein verteilt wird. Man bezeichnet das Fett nach der Art des Eindickmittels.
Mehr als die Hälfte der verwendeten Schmierfette sind mit Lithiumsalzen von Fettsäuren eingedickt – man nennt diese Schmierfette lithiumverseifte Fette. Für Sonderfälle gibt es ein metallfreies Eindickmittel, ein Gel.

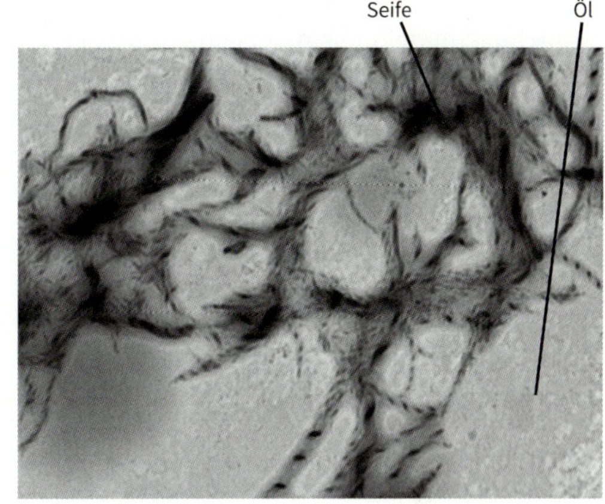

Elektronenmikroskopische Aufnahme eines Schmierfettes

2. Klassifizierung

– **Klassifizierung von Schmierfetten nach dem Eindickmittel**

Eindickmittel	Gebrauchstemperaturbereich in °C	Verhalten gegenüber Wasser
Lithiumseife	– 30 bis + 140	beständig
Calciumseife	– 30 bis + 60	abweisend
Natriumseife	– 30 bis + 100	nicht beständig
Lithiumkomplexseife	– 30 bis + 160	beständig
Gel	– 20 bis + 160	beständig

! Schmierfette bestehen aus Mineralöl und einem Eindickmittel sowie Additiven.
Das Eindickmittel bestimmt stark das Verhalten des Fettes gegenüber Wasser.

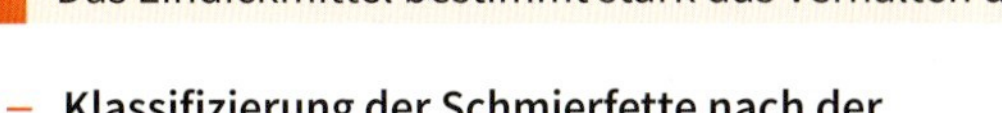

– **Klassifizierung der Schmierfette nach der Konsistenz**

Fette zeigen je nach Gehalt an Eindickmitteln und Temperatur unterschiedlich starken Zusammenhalt beim Verschmieren (Konsistenz), sie reicht von einem Verhalten wie dickes Öl über salbenartig bis zu fast wachsartig.
Am häufigsten werden Schmierfette der Konsistenzklasse 2 verwendet.

Konsistenzklassen	Konsistenz	Verwendung
000 00 0	ähnlich sehr dickem Öl halb fließend sehr weich	Getriebefette
2 3 4	salbenartig beinahe fest fest	Wälzlagerfette Gleitlagerfette Gleitlagerfette
5 6	sehr fest sehr fest	Blockfette

! Schmierfette werden nach ihrer Konsistenz in Klassen von 000 bis 6 eingeteilt. Mit steigender Nummer wächst die Konsistenz.

8.1.3 Festschmierstoffe

Trockene Schmiermittel sind pulverförmige Stoffe, die aus besonders feinen Plättchen bestehen. Zu diesen Schmiermitteln gehört z. B. Graphit. Die Schmierwirkung trockener Schmiermittel entsteht dadurch, dass die sehr feinen Plättchen des Schmierstoffes im Schmierspalt wie Karten eines Kartenspiels aufeinander gleiten. Wichtige Trockenschmiermittel im Maschinenbau sind Graphit und Molybdänsulfid.

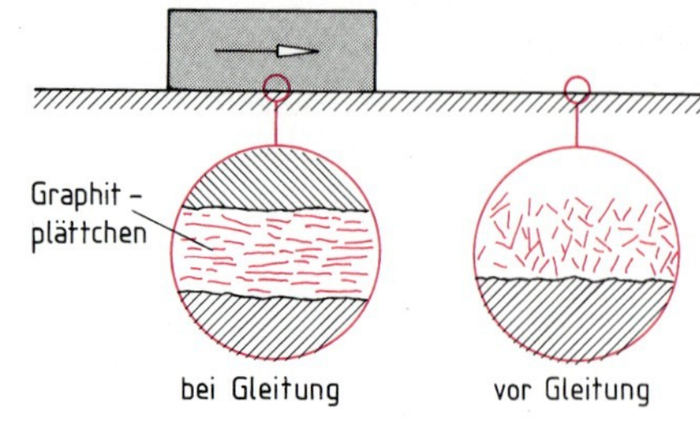

Trockenschmierung mit Graphit

Eigenschaften von Graphit und Molybdänsulfid

Eigenschaften	Graphit	MoS_2
Dichte in g/cm^3	2,4	4,8
Härte nach Mohs	0,5 bis 1,0	1,0 bis 1,5
Reibwert bei trockenem Stahl auf Stahl	0,1 bis 0,2	0,04 bis 0,08
Temperaturgrenzen an Luft in °C	– 180 bis + 450	– 180 bis + 450
Zersetzungsprodukt	CO_2-Gas	MoO_3-Teilchen
Schmierfähigkeit im Vakuum	versagt	gut

Wenn MoS_2 als einziger Schmierstoff dienen soll, wird Paste mit 60 bis 70 % MoS_2 verwendet. Diese Pasten sind zur Schmierung von Wälzlagern nicht geeignet, da nach dem Verdunsten des Öles *Klümpchenbildung* einsetzen kann.

MoS_2-Ölzusätze sind meist Konzentrate, mit denen Öle auf 2 bis 5 % MoS_2-Gehalt eingestellt werden. Probleme entstehen hier eventuell infolge Unverträglichkeit der „Aufschlämmöle“ mit den zu versetzenden Ölen.

Festschmierstoffe werden dann eingesetzt, wenn aufgrund der Bedingungen an der Schmierstelle keine Flüssigkeitsreibung erreicht werden kann.

8.1.4 Kennzeichnung von Schmierstoffen

1. Öle

Das Schmieröl für einen bestimmten Einsatzfall wählt man anhand der Kennzeichnung aus. Die Bestandteile der Schmieröl-Kennzeichnung haben folgende Bedeutung:

- *geometrisches Symbol* für die Art der Erzeugung, z. B. Mineralöl,
- *Kennbuchstaben* für das Einsatzgebiet des Öles, z. B. Hydrauliköl,
- *weitere Kennbuchstaben* für die Zusätze – Additive –, z. B. Alterungsschutz,
- *Kennzahlen* für die Ölklasse durch den Viskositätsgrad, z. B. Viskositätsgrad 100 m^2/s.

Beispiel für die Auswahl eines Schmieröles für eine Anlage mit hydraulischem Antrieb

Bei einem Hydraulikantrieb kommt es häufig vor, dass Bauteile aus dem Stand unter Last angefahren werden, dabei tritt Mischreibung mit der Gefahr eines hohen Verschleißes auf.

Das einzusetzende Schmieröl ist deshalb so auszuwählen, dass es mit verschleißmindernden Additiven versehen ist. Das gewählte Schmieröl hat die Kennzeichnung **HLP 68**.

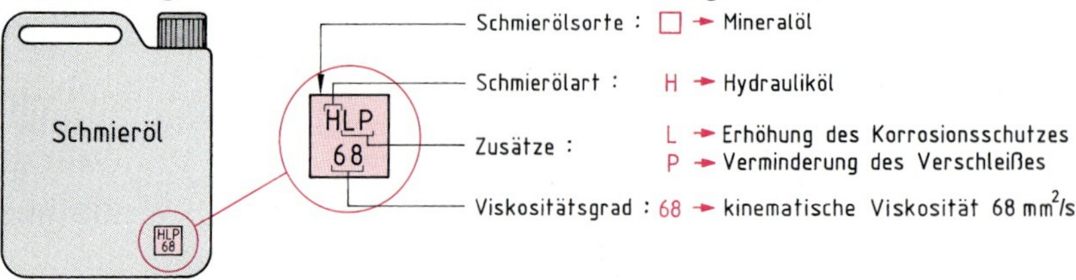

Die Kennzeichnung der Schmieröle gibt Auskunft über:
- Schmierölart,
- Additive im Schmieröl und
- Viskositätsgrad.

2. Fette

Fettschmierung wird bei mittleren und *niedrigen Drehfrequenzen* und *niedrigen Gleitgeschwindigkeiten* eingesetzt. Fettschmierungen erlauben aufgrund des Haftvermögens der Fette einfache, kostengünstige Konstruktionen. Fettschmierung bietet einen Schutz gegen Feuchtigkeit und Verunreinigungen.
Das Schmierfett für einen bestimmten Einsatzfall wählt man anhand der Kennzeichnung aus.
Die Bestandteile der Schmierfett-Kennzeichnung haben folgende Bedeutung:

- *Geometrisches Symbol* für die Schmierfettbasis, z. B. Mineralölbasis.
- *Kennbuchstaben* für das Einsatzgebiet des Fettes, z. B. Gleit- und Wälzlagerfett.
- *Weitere Kennbuchstaben* für die Einsatztemperatur, z. B. –20 °C bis + 80 °C.
- *Kennzahlen* für die Konsistenzklasse, z. B. Klasse 3 für beinahe festes Wälzlagerfett.

Beispiel für die Auswahl eines Schmierfettes für Wälzlager

Im Rahmen einer Wartung sind u. a. auch die Wälzlager eines Elektromotors zu fetten. Die Betriebstemperatur überschreitet + 70 °C nicht. Der Motor ist in einem feuchten, staubigen Raum installiert. Somit ist ein Schmierfett auf Mineralölbasis mit Lithiumseife als Dichtungsmittel anzuwenden. Das gewählte Schmierfett hat die Kennzeichnung **K 3 E**.

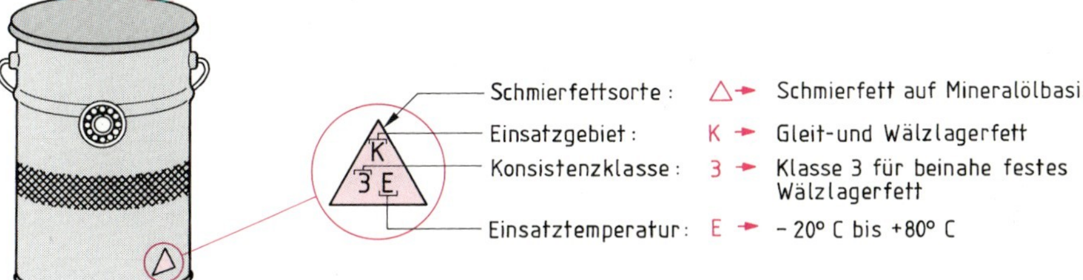

Die Kennzeichnung der Schmierfette gibt Auskunft über:
- Schmierfettart,
- Einsatzgebiet mit Temperaturbereich,
- Konsistenzklasse.

8.1.5 Entsorgung von Schmier- und Kühlschmierstoffen

Schmier- und Kühlschmierstoffe werden nach einer bestimmten Einsatzdauer unbrauchbar. Entweder kommt es zu Verunreinigungen oder zur Oxidation, wobei das Schmiermittel seine Schmierfähigkeit verliert. Der Schmierstoff muss also entsorgt werden. Da Öle und Emulsionen zu den wassergefährdenden Stoffen zählen, dürfen sie nicht in den Boden, in ein Gewässer oder eine übliche Kläranlage eingeleitet werden.
Die Entsorgung regeln Verordnungen, die aufgrund des Bundesabfallgesetzes erlassen wurden. So dürfen z. B. nur Unternehmen mit entsprechenden Genehmigungen die Entsorgung von Sonderabfällen wie Öl und Kühlschmierstoffe vornehmen.
Für Sonderabfälle ist in jedem Fall der Erzeuger der Abfälle entsorgungspflichtig. Die ordnungsgemäße Beseitigung von Sonderabfällen wird von Behörden überwacht. Einige Besonderheiten bei der Entsorgung von Ölen oder Emulsionen sind zu beachten.

Sammeln und Entsorgen von Schmier- und Kühlschmierstoffen

- Öle sind durch Reinigungsprozesse teilweise wieder regenerierbar und können für untergeordnete Zwecke weiter verwendet werden.
- Emulsionen sind nicht unmittelbar weiter zu verwenden, sie müssen in kostspieligen Trennverfahren aufbereitet werden.

Übungsaufgabe 8/24

8.2 Reinigungsmittel

Bei Instandsetzungsarbeiten an Maschinen und Anlagen sind häufig Baugruppen und Bauelemente auszubauen und auf Schäden zu untersuchen. Zur näheren Prüfung sind sie von Ölen, Fetten und evtl. auch Rost zu säubern. Dies geschieht mithilfe von Reinigungsmitteln.

8.2.1 Arten von Reinigungsmitteln

Als Reinigungsmittel werden von Industriemechanikern im Bereich der Instandhaltung Kohlenwasserstoffverbindungen, organische Lösungsmittel und Gemische aus Lösungsmitteln und waschaktiven Stoffen verwendet.

1. Kohlenwasserstoffe

Kohlenwasserstoffe, wie sie z. B. in Benzin vorhanden sind, lösen Öle und Fette sehr gut. Je kleiner die Moleküle der Stoffe jedoch sind, desto stärker neigen sie zum Verdampfen und sind dadurch leicht entflammbar und können eingeatmet werden, was gesundheitsschädlich ist.

Kohlenwasserstoff-Verbindungen mit größeren Molekülen, wie z. B. in Petroleum, verdampfen weniger stark und sind weniger feuergefährlich und gesundheitsschädlich. Sie können aber sehr geringe Rückstände auf dem gereinigten Material hinterlassen, die bei späteren Anstrichen oder Verklebungen eine intensive Haftung verhindern.

Kohlenwasserstoffe

2. Alkohole, Ketone, Ester und Lösungsmittelgemische (Verdünner)

Zur Reinigung von Kleinteilen mit dem Pinsel werden häufig Alkohole (z. B. Spiritus), Ketone (z. B. Aceton) und Ester (Reaktionsprodukte aus einer organischen Säure und einem Alkohol) verwendet. Ebenso werden Gemische, die diese Stoffe neben anderen beinhalten, als Reinigungsmittel eingesetzt.

Die meisten dieser Stoffe sind leicht entflammbar und ihre Dämpfe sind außer den Spiritusdämpfen gesundheitsschädlich.

Kohlenwasserstoff-Verbindungen

! Kohlenwasserstoffe und zur Reinigung einzusetzende Kohlenwasserstoffverbindungen sind zum größten Teil leicht entflammbar und ihre Dämpfe sind gesundheitsschädlich.

3. Kalt- und Heißreiniger

Kalt- und Heißreiniger sind Gemische unterschiedlicher chemischer Verbindungen, die als waschaktiven Bestandteil zusätzlich **Tenside** enthalten. Tenside sind Stoffe, deren Moleküle eine „ölliebende" Seite und eine „wasserliebende" Seite besitzen und sich deshalb an die Schmutz- und Fettteilchen anlagern und sie von den verschmutzten Oberflächen abdrängen. Die Tenside verhindern gleichzeitig das Zusammenklumpen kleiner Öl- und Fettteilchen und das Absinken auf den Gefäßboden. Sie bewirken so, dass Wasser und Öle gemischt bleiben.

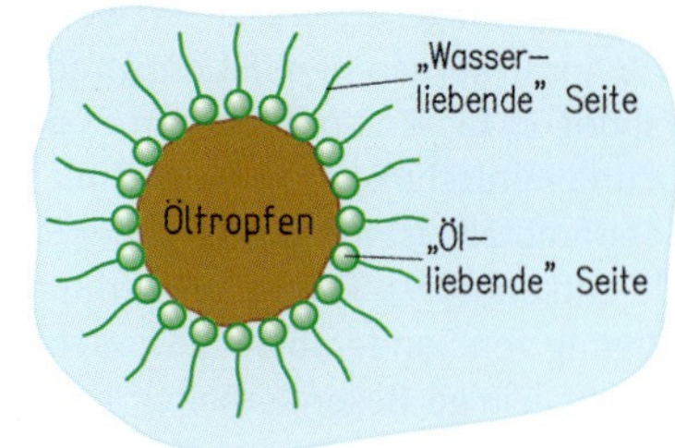

Tenside an einem Öltröpfchen

Tenside bewirken im Reinigungsmittel, dass sich Öle und Fette von Oberflächen lösen und im Wasser gemischt verbleiben.

Übungsaufgabe 8/25

Nach der Einsatztemperatur unterscheidet man Kaltreiniger und Heißreiniger:

- **Kaltreiniger** können bei Raumtemperatur verwendet werden.
- **Heißreiniger** werden bei 60 bis 90 °C eingesetzt. Sie reinigen im Vergleich mit Kaltreinigern meist in erheblich kürzerer Zeit.

Die Reiniger können je nach Inhaltsstoffen basisch, neutral oder sauer reagieren. Als Maß dient der **pH-Wert**.

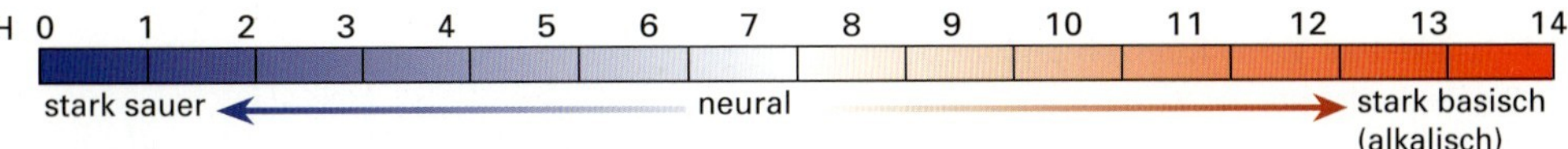

Basische Reiniger enthalten meist auch Natriumverbindungen. Sie sind darum zum Reinigen von Bauteilen aus Aluminium ungeeignet, da die meisten Natriumverbindungen mit Aluminium reagieren.

Saure Reiniger enthalten neben den Tensiden Salze organischer Säuren. Je nach Zusammensetzung können diese Reiniger auch Rost entfernen.

Bei Kalt- und Heißreinigern unterscheidet man basische, neutrale und saure Reiniger.
Ein Maß für diese Eigenschaften ist der pH-Wert.

Fachfirmen liefern entsprechend den Verunreinigungen und dem zu säubernden Werkstoff unterschiedliche Produkte zur optimalen Anwendung.

Beispiel aus dem Produktangebot eines Herstellers von Heiß- und Kaltreinigern (Auszug)

Alkaline Cleaner

Alcaline Cleaner ist ein sehr leistungsfähiges Reinigungs- und Entfettungsmittel zum Säubern metallischer Werkstücke. Oberhalb einer Temperatur von 50°C schäumt *Alcaline Cleaner* nicht auf. Darum eignet er sich sehr gut zur Heißentfettung in Waschanlagen mit Sprühdüsen. Spezielle Dispergierungsmittel in *Akaline Cleaner* bewirken einen schnellen und sicheren Abtrag der Fette und Verunreinigungen von den Oberflächen der Werkstücke.
Zur Säuberung von Bauteilen aus Aluminium und Aluminiumlegierungen ist *Akaline Cleaner* wegen seiner alkalischen Wirkung nicht geeignet.

Acidic Cleaner

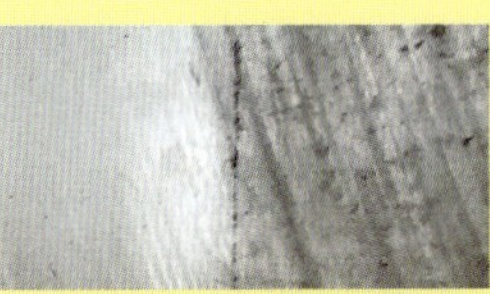

Acidic Cleaner ist ein saures Reinigungsmittel. Es ist besonders geeignet, Oxide und Hydroxide, die bei elektrochemischen Behandlungsverfahren von Werkstücken an der Oberfläche entstehen, aufzulösen.
Zur Entfernung von Oxiden auf den Oberflächen von Werkstücken aus Titan ist *Acidic Cleaner* nicht geeignet.

Copper Cleaner

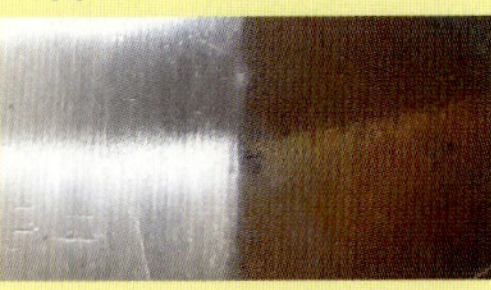

Copper Cleaner ist speziell zur Reinigung von Werkstücken aus Kupfer und Kupferlegierungen entwickelt worden. Da *Copper Cleaner* oberhalb von 50°C nicht aufschäumt, eignet er sich besonders zur Heißreinigung in Sprühwaschanlagen.

Si-Ti Cleaner

Si-Ti Cleaner ist ein saurer Reiniger, der speziell zur Behandlung von Werkstücken mit hohen Silizium- und Titan-Gehalten zusammengestellt wurde. Er entfernt gründlich Korrosionsablagerungen sowie Oxide und Hydroxide, die bei elektrochemischen Behandlungsverfahren der Werkstücke aufgetreten sind.

Übungsaufgabe 8/26

8.2.2 Verstärken der Reinigungswirkung durch Ultraschall

Mithilfe von Ultraschallreinigungsanlagen können Baugruppen aus Metallen und Kunststoffen gründlichst gereinigt werden.

Die zu reinigenden Bauteile werden zusammen mit dem flüssigen Reinigungsmittel in das US-Becken gegeben. Durch den Schwingungsgenerator wird Ultraschall erzeugt, der sich als Longitudinalwelle (Längswelle) in der Reinigungsflüssigkeit ausbreitet.

Durch den wechselnden Schalldruck kommt es in der Flüssigkeit zu Verdichtungen und Verdünnungen. Die Zugkräfte bei der Verdünnung – also in der Sogphase der Schwingung – können Flüssigkeitsteile auseinanderreißen. Es bilden sich dadurch in dieser Phase kleinste Bläschen, in denen Unterdruck herrscht. Die Bläschen sprengen die Verunreinigungen von der Oberfläche ab. In der folgenden Phase, der Druckphase, fallen die Bläschen wieder in sich zusammen, sie implodieren.

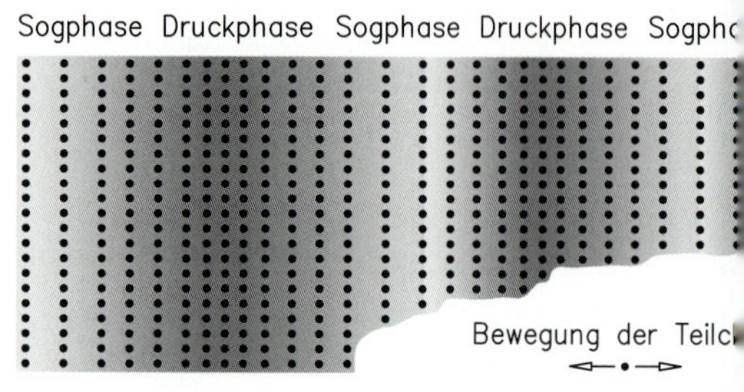

Logitudinalwelle

Beispiel für die Reinigungswirkung mit Ultraschall

Ultraschall-Waschbehälter

Ungereinigtes und gereinigtes Werkstück

8.2.3 Sicherheitshinweise zum Umgang mit Reinigungsmitteln

Beim Reinigen mit chemischen Reinigungsmitteln müssen die Sicherheits- und Gesundheitsschutzhinweise beachtet werden. Diese Hinweise müssen sich auf den Verpackungen oder Behältern befinden. Es ist die Gefahrenklasse deklariert. Gut sichtbare Kennzeichen, die sogenannten Piktogramme, werden durch Sicherheits- bzw. Gefahrenhinweise und ggf. Produktinformationen ergänzt.

Sicherheitskennzeichen

Sicherheitskennzeichen machen auf Gefahren am Arbeitsplatz aufmerksam und geben Hinweise für einen sicheren Umgang mit den Materialien und Stoffen. Durch eine Kombination aus geometrischer Form, Farbe und Bildzeichen unterscheiden man u. a. Verbotszeichen, Warnzeichen, Gebotszeichen und Rettungszeichen.

Beispiele für Sicherheitskennzeichen

Verbotszeichen | Warnzeichen | Gebotszeichen | Rettungszeichen

Übungsaufgaben 8/27; 8/28

Bei Reinigungs- und Konservierungsmitteln beziehen sich die Sicherheits- und Gesundheitsschutzhinweise u. a. auf:

- Ätzende Reinigungsmittel sind haut- und augenschädlich.
- Dämpfe von Reinigungsmitteln sollen nicht eingeatmet werden. Reinigungsarbeiten sind daher in gut durchlüfteten Räumen oder im Freien durchzuführen.
- Hautkontakte mit solchen Mitteln sind zu vermeiden, weil die Haut durch Reinigungsmittel entfettet wird.
- Reinigungsmittel dürfen nicht in die Augen gelangen. Bei Unfällen müssen die Augen sofort mit viel Wasser ausgewaschen werden. Meist muss auch der Augenarzt aufgesucht werden.
- Sprühstäube von Sprays dürfen nicht eingeatmet werden.

Die Kennzeichnung gefährlicher Stoffe erfolgt auf der Grundlage eines international harmonisierten Einstufungs- und Kennzeichnungssystems, dem **GHS** (**G**lobally **H**armonised **S**ystem of Classification and Labelling of Chemicals). Für Europa gilt die darauf aufbauende **CLP**-Verordnung (**C**lassification, **L**abelling and **P**acking). Alle Chemikalien in Form von Reinstoffen und Gemischen unterliegen der Einstufungs- und Kennzeichnungspflicht.
Durch die neue Verordnung haben sich die Gefahrenpiktogramme gegenüber den bisher gebräuchlichen zum Teil geändert (vgl. auch www.umweltbundesamt.de).

Neues Kennzeichen	Bedeutung	Altes Kennzeichen
	Flamme; brandfördernd, organische Peroxide/verschiedene Typen	Brandfördernd
	Akute Toxizität (Giftigkeit) oder hautreizend, augenreizend, Reizung der Atemwege	
	Sensibilisierung der Atemwege oder Sensibilisierung der Haut	

Der Fachmann hat die Pflicht alle Maßnahmen zur Verhütung von Arbeitsunfällen, Berufskrankheiten und arbeitsbedingten Gesundheitsgefahren zu ergreifen. Bei Reinigungs- und Konservierungsarbeiten sind somit die Sicherheits- und Gesundheitsschutzhinweise auf den Verpackungen zu beachten.

Beispiele für die Kennzeichnung eines Stoffes

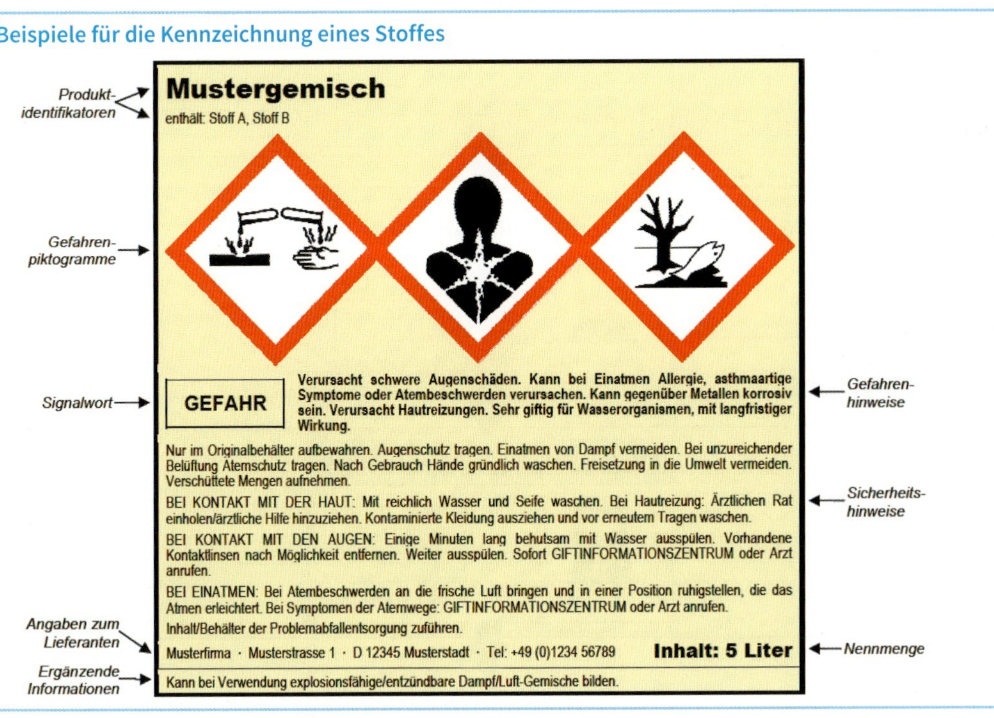

9 Instandhaltung von Anlagen in der Steuerungstechnik

Siehe Steuerungstechnik Kapitel 6 in diesem Buch

Grundlagen der CNC-Technik

HANDLUNGSFELD: Werkstücke mit CNC-Maschinen fertigen

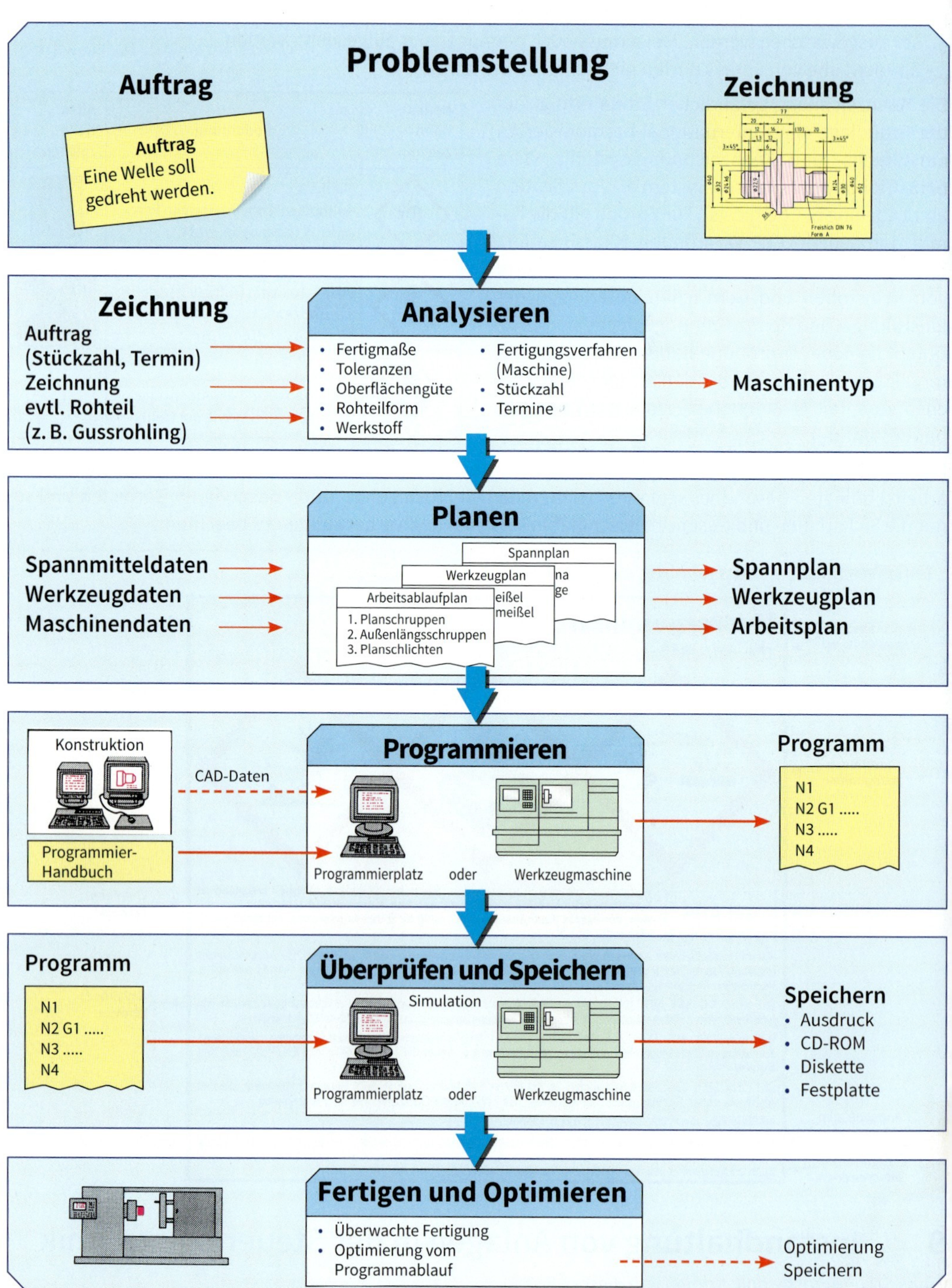

Problemstellung
Auftrag
Auftrag
Eine Welle soll gedreht werden.
Zeichnung
Freistich DIN 76 Form A
Zeichnung
Auftrag
(Stückzahl, Termin)
Zeichnung
evtl. Rohteil
(z. B. Gussrohling)
Analysieren
• Fertigmaße
• Toleranzen
• Oberflächengüte
• Rohteilform
• Werkstoff
• Fertigungsverfahren (Maschine)
• Stückzahl
• Termine
Maschinentyp
Planen
Spannmitteldaten
Werkzeugdaten
Maschinendaten
Spannplan
Werkzeugplan
Arbeitsablaufplan
1. Planschruppen
2. Außenlängsschruppen
3. Planschlichten
Spannplan
Werkzeugplan
Arbeitsplan
Konstruktion
CAD-Daten
Programmier-Handbuch
Programmieren
Programmierplatz
oder
Werkzeugmaschine
Programm
N1
N2 G1 .....
N3 .....
N4
Programm
N1
N2 G1 .....
N3 .....
N4
Überprüfen und Speichern
Simulation
Programmierplatz
oder
Werkzeugmaschine
Speichern
• Ausdruck
• CD-ROM
• Diskette
• Festplatte
Fertigen und Optimieren
• Überwachte Fertigung
• Optimierung vom Programmablauf
Optimierung
Speichern

1 CNC-Werkzeugmaschinen

1.1 Datenfluss in CNC-Maschinen

Bei der Bearbeitung von Werkstücken auf Werkzeugmaschinen müssen der Werkstückrohling und das Werkzeug so geführt werden, dass ein Werkstück in der vorgegebenen Form entsteht.

In der herkömmlichen Fertigung werden vom Maschinenbediener die Wege gesteuert, Bewegungen (z. B. Vorschub, Umdrehungsfrequenz) geschaltet und der Ablauf überwacht. In modernen Werkzeugmaschinen werden all diese Informationen als Programm, bestehend aus Buchstaben und Zahlen, eingegeben.
Ein Computer verarbeitet dieses und gibt entsprechende Stellbefehle an die Steuerung der Maschinenantriebe. Gleichzeitig überwacht der Computer die Ausführung der Befehle. Man bezeichnet darum Maschinen mit solchen Steuerungen als „computerüberwacht und zahlenwertgesteuert“ – engl. **c**omputerized **n**umerical **c**ontrol – als CNC-Maschinen.

5-Achs-CNC-Fräsmaschine

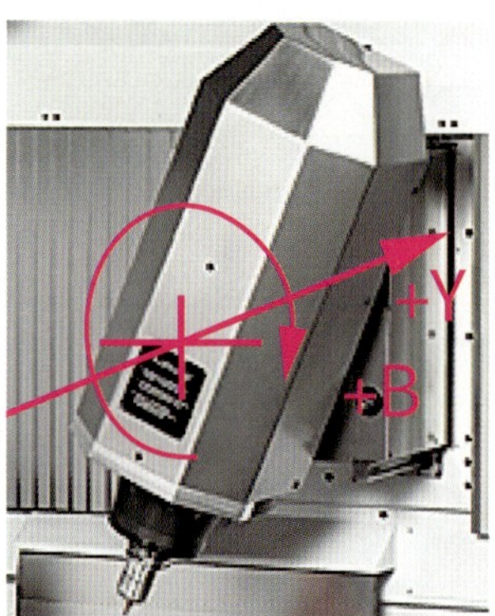

Fräskopf mit Werkzeug

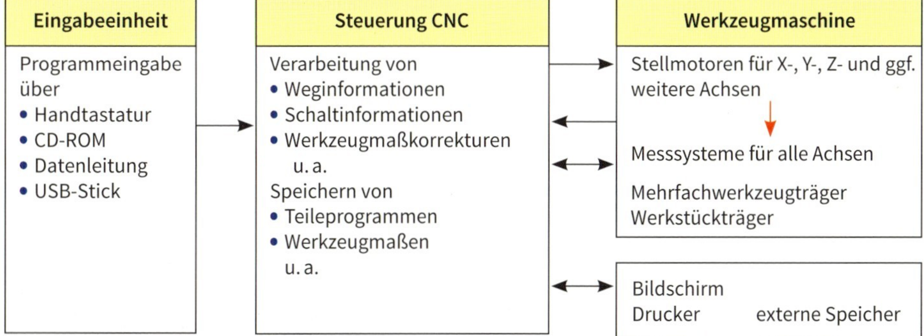

Übersicht über den Informationsfluss an einer CNC-Maschine

> **!** CNC-Maschinen sind Fertigungsmaschinen, die mit einer computergeführten Steuerung ausgestattet sind. Sie führen entsprechend einem aus Zahlen und Buchstaben bestehenden Programm einen selbstständigen Fertigungsablauf durch.

Eine CNC-Maschine besteht aus der eigentlichen Werkzeugmaschine und der Steuerung. Die Steuerung erhält Informationen über Eingabeeinheiten und von dem Messsystem der Maschine. Sie kann Befehle an die Werkzeugmaschine und Informationen an Anzeige- und Dokumentationseinrichtungen weitergeben.

1.2 Lageregelung an CNC-Maschinen

1. Lageregelkreis

Die programmgemäße Bewegung von Werkstück und Werkzeug wird in einem **Lageregelkreis** geregelt. Dabei misst das zu einer Bearbeitungsrichtung gehörende Messsystem in jedem Augenblick den Istwert der Lage des Werkzeugs zum Werkstückträger. Eine elektronische Regeleinrichtung vergleicht ihn mit dem Sollwert und gibt einen entsprechenden Stellbefehl an den Stellmotor. Dies wird so lange fortgeführt, bis der Istwert – innerhalb festgesetzter Grenzen – mit dem Sollwert übereinstimmt.

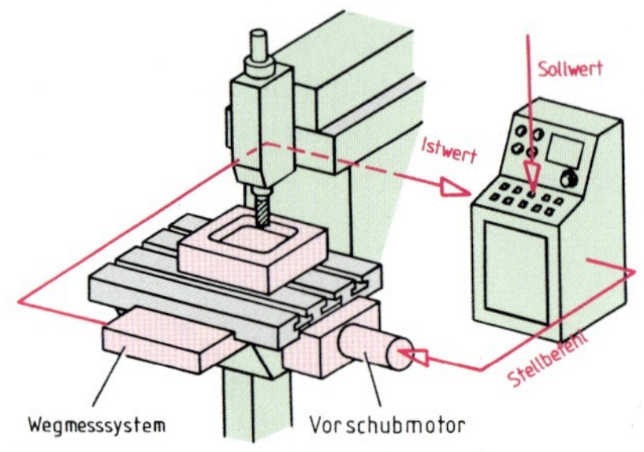

Lageregelung an einer CNC-Maschine

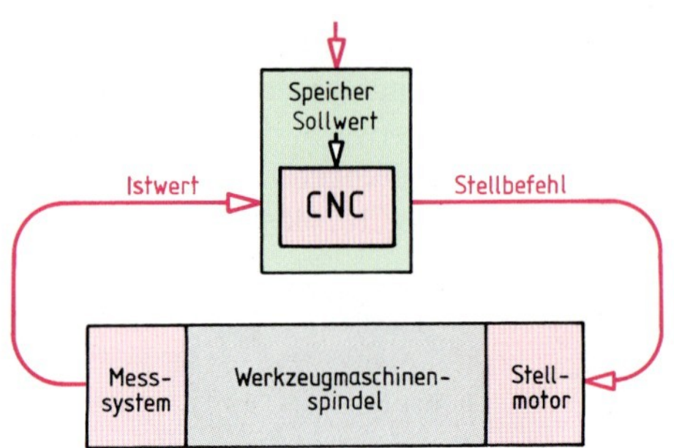

2. Messverfahren zur Lageregelung

Inkrementales Messen geschieht, wenn man einen neuen Standort jeweils vom letzten Standort aus bestimmt, z. B. 30 mm nach rechts, von dort 20 mm zurück nach links, dann von dort 40 mm nach links. Man verwendet an Werkzeug-Maschinen zum inkrementalen Messen in 0,001 mm geteilte Glaslineale, die von einer Lichtquelle beleuchtet werden. Eine Fotozelle zählt die bei einer Bewegung auftretenden Lichtreflexe und meldet ihre Zahl an den Rechner der Maschine. Dieser ermittelt dann aus dieser Zahl die Positionsänderung gegenüber dem letzten Standort.

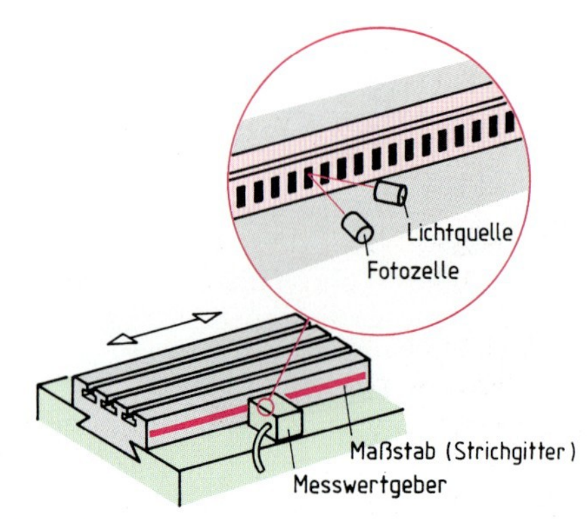

Inkrementales Messen

! Inkrementale Messverfahren erfassen den Messwert in Schritten von einem wählbaren Nullpunkt aus.

Absolutes Messen liegt vor, wenn man alle Standorte von einem festen Nullpunkt aus misst, z. B. nach rechts auf 120 mm vom Nullpunkt, zurück auf 80 mm vom Nullpunkt, wieder nach links auf 200 mm vom Nullpunkt.

Man verwendet zum absoluten Messen in 0,001 mm geteilte Code-Lineale, auf denen jeder Punkt ein ganz bestimmtes Hell-Dunkel-Muster aufweist.

Zur genauen Bestimmung der Maschinentischposition wird dieses Muster von Fotozellen aufgenommen und an den Rechner der Maschine weitergeleitet. Daraus ermittelt der Rechner die genaue Position auf dem Maschinentisch.

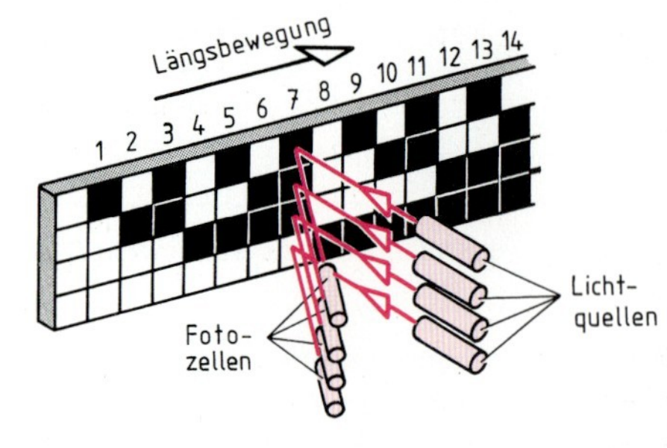

Direktes absolutes Messen mit Code-Lineal

Bei absoluten Messverfahren kann jeder Punkt auf der Messstrecke sofort zahlenmäßig bestimmt werden, weil er ein für die Messstrecke nur einmal auftretendes Signal liefert.

Übungsaufgaben 1/2 bis 1/6

1.3 Bahnsteuerungen an CNC-Maschinen

Mit einer Bahnsteuerung können in einer Ebene oder im Raum beliebige Schrägen oder Kurven gesteuert werden, das Werkzeug ist während der Bewegung im Eingriff. Beliebige Umrisse erreicht man durch das gleichzeitige Zusammenwirken von zwei oder mehreren Vorschubmotoren.

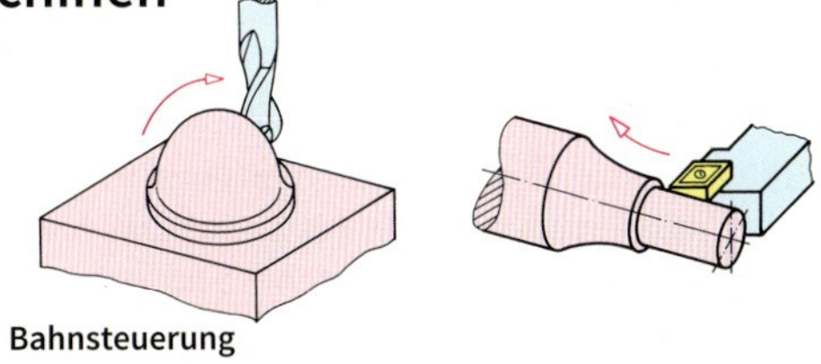

Bahnsteuerung

> **!** Bei Bahnsteuerungen erfolgt die Bearbeitung auf räumlichen Geraden oder Kurven, bei denen mehrere Achsen gleichzeitig mit voneinander unabhängigen Geschwindigkeiten gesteuert werden.

1. 2D-Bahnsteuerung

Die Steuerung einer Senkrechtfräsmaschine, mit der nur in der X-Y-Ebene Geraden, Kreisbögen und beliebige Kurven gefahren werden, nennt man eine 2D-Bahnsteuerung. Dabei müssen Zustellbewegungen in Z-Richtung von Hand vorgenommen werden. Bei einer 2D-Bahnsteuerung werden nur die Bewegungen in X- und Y-Richtung programmiert.
An Fräsmaschinen werden 2D-Bahnsteuerungen nur an Maschinen zur Schriftgravur eingesetzt.
Bei Drehmaschinen können in der X-Z-Ebene Geraden, Kreisbögen und Kurven gefahren werden.

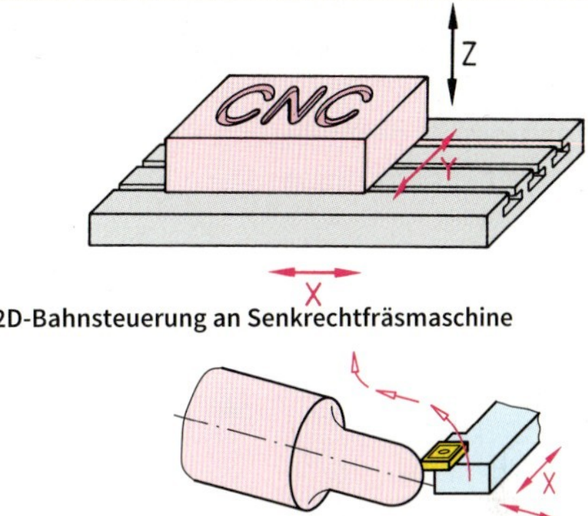

2D-Bahnsteuerung an Senkrechtfräsmaschine

2D-Bahnsteuerung an Drehmaschine

> **!** Bei einer 2D-Bahnsteuerung erfolgt eine Steuerung nur in zwei Achsrichtungen. Alle Drehmaschinen sind mit einer 2D-Bahnsteuerung ausgestattet.

2. 2½D-Bahnsteuerung

Eine Steuerung, die zwar in jeder beliebigen Ebene Geraden, Kreisbögen und Kurven fahren kann, jedoch **gleichzeitig** immer nur in zwei Achsrichtungen, nennt man eine $2\frac{1}{2}$D-Bahnsteuerung. Die beiden steuerbaren Achsrichtungen sind in allen Ebenen möglich. Eine $2\frac{1}{2}$D-Bahnsteuerung kann in einem Satz nur in zwei Achsrichtungen programmiert werden, z. B. in der X-Y-Ebene oder der X-Z-Ebene oder der Y-Z-Ebene.

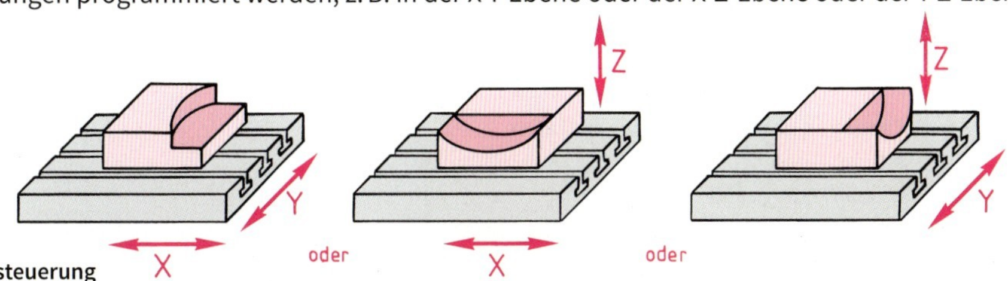

2½D-Bahnsteuerung

> **!** Bei einer $2\frac{1}{2}$D-Bahnsteuerung sind die drei Achsen steuerbar, gleichzeitig können jedoch stets nur zwei Achsen gesteuert werden.

3. 3D-Bahnsteuerung

Die Steuerung einer Werkzeugmaschine, bei der alle drei Achsen gleichzeitig vom Computer aus steuerbar sind, nennt man eine 3D-Bahnsteuerung. Bei einer 3D-Bahnsteuerung können in einem Satz gesteuerte Bewegungen in X-, Y- und Z-Richtung programmiert werden, d. h. es können beliebige räumliche Bewegungen ausgeführt werden.

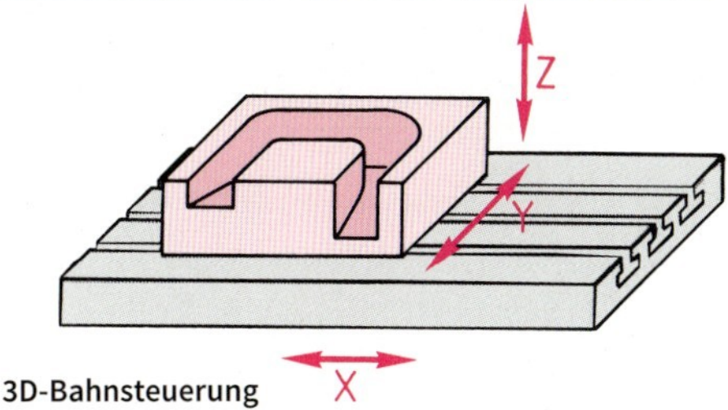

3D-Bahnsteuerung

> **!** Bei einer 3D-Bahnsteuerung können alle drei Achsen gleichzeitig gesteuert werden.

2 Grundlagen zur manuellen Programmierung

2.1 Arbeitsablauf beim manuellen Programmieren

Alle Tätigkeiten, die ein Fachmann an einer herkömmlichen Werkzeugmaschine aufgrund seiner Erfahrung ausführt, müssen bei einer Fertigung auf CNC-Maschinen sorgfältig vorgeplant und als Befehle der Maschine eingegeben werden. Diese Befehle sind in Form von Buchstaben, Zahlen und Zeichen verschlüsselt; man bezeichnet sie als alphanummerische Zeichen. Die Auflistung der Befehle zur Fertigung eines Werkstücks nennt man das **Programm**.

Programme werden meist von Programmierern geschrieben und im Büro erstellt (externe Programmierung). Kleinere Programme und Programmänderungen dagegen werden häufig vom Fachmann an der Werkzeugmaschine geschrieben (Werkstattprogrammierung).

Das Programm ist die Auflistung aller Befehle an die Steuerung einer Werkzeugmaschine zur Fertigung eines Werkstückes.

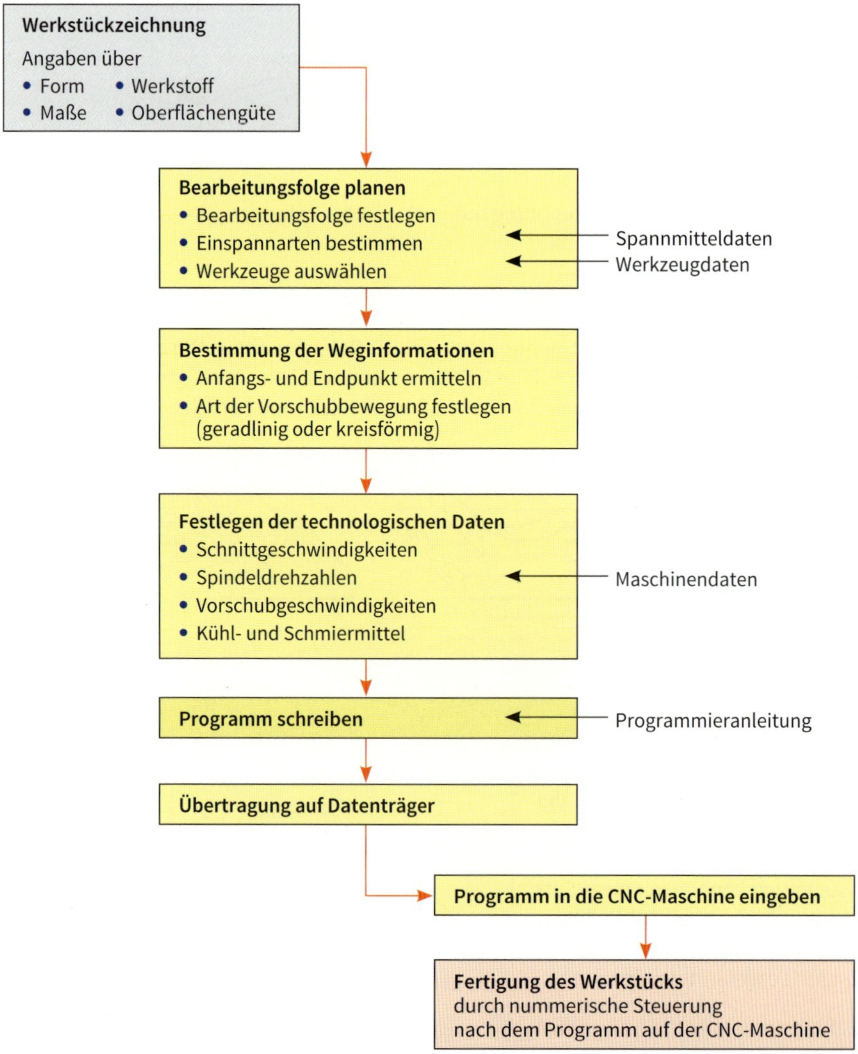

Werkstückzeichnung
Angaben über
- Form
- Werkstoff
- Maße
- Oberflächengüte

↓

Bearbeitungsfolge planen
- Bearbeitungsfolge festlegen
- Einspannarten bestimmen ← Spannmitteldaten
- Werkzeuge auswählen ← Werkzeugdaten

↓

Bestimmung der Weginformationen
- Anfangs- und Endpunkt ermitteln
- Art der Vorschubbewegung festlegen (geradlinig oder kreisförmig)

↓

Festlegen der technologischen Daten
- Schnittgeschwindigkeiten
- Spindeldrehzahlen ← Maschinendaten
- Vorschubgeschwindigkeiten
- Kühl- und Schmiermittel

↓

Programm schreiben ← Programmieranleitung

↓

Übertragung auf Datenträger

↓

Programm in die CNC-Maschine eingeben

↓

Fertigung des Werkstücks
durch nummerische Steuerung
nach dem Programm auf der CNC-Maschine

Übungsaufgabe 2/1

2.2 Koordinatensystem

Jeder Punkt eines Werkstücks, der bei der Bearbeitung auf einer Maschine angefahren wird, muss eindeutig festgelegt sein. Diese Festlegung geschieht im Sprachgebrauch z. B. durch die Angabe von Länge, Breite und Höhe. Für eine Bearbeitung auf CNC-Maschinen ist diese Angabe zu unpräzise, darum stellt man sich jedes Werkstück in einem rechtwinkligen Koordinatensystem vor und gibt die Abstände der Bearbeitungspunkte in X-, Y- und Z-Richtung an. Die Lage dieser Achsen zueinander ist in DIN 66217 festgelegt und wird durch die **„Rechte-Hand-Regel"** anschaulich gemacht.

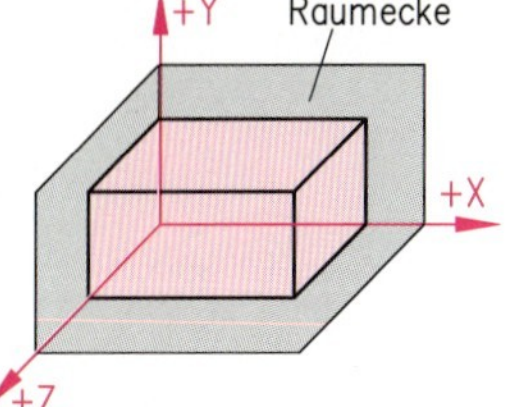

Dreiachsiges Koordinatensystem

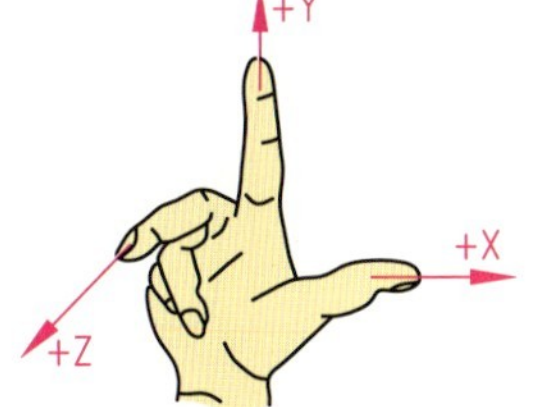

Rechte-Hand-Regel

Daumen in + **X**-Richtung
Zeigefinger in + **Y**-Richtung
Mittelfinger in + **Z**-Richtung

> **!** In einem X-, Y-, Z-Koordinatensystem ist die Lage jedes Punktes im Raum eindeutig bestimmt. Für die Lage der Achsen zueinander gilt die „Rechte-Hand-Regel".

Die richtige Lage des Koordinatensystems am Werkstück richtet sich nach dem Bearbeitungsvorgang und ist für jeden Werkzeugmaschinentyp genormt.

Beispiele für die Achsrichtungen bei Werkzeugmaschinen nach DIN 66217

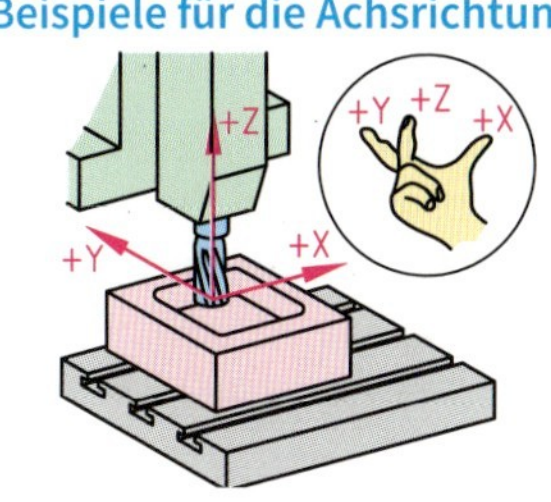

Fräsmaschine

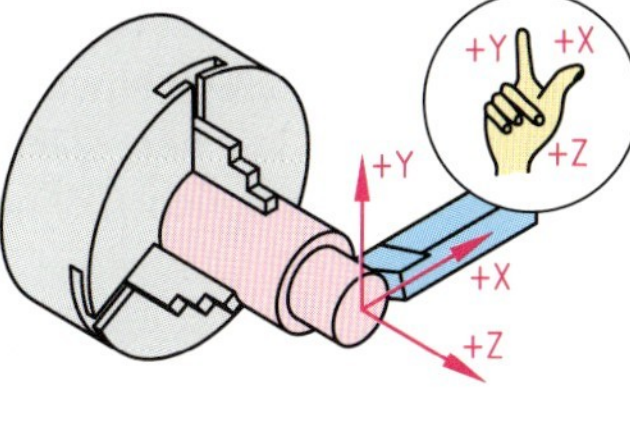

Meißel hinter der Drehmitte

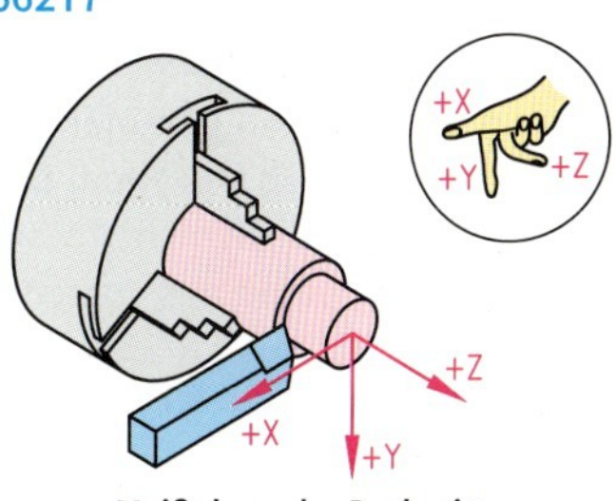

Meißel vor der Drehmitte

Die Festlegung der Achsrichtungen erfolgt immer parallel zu den Führungsbahnen der Maschine; sie ist jedoch stets im Zusammenhang mit dem aufgespannten Werkstück zu sehen.
Die Z-Richtung liegt immer parallel zur Arbeitsspindel. Ihre positive Richtung ist so festgelegt, dass mit zunehmendem Z-Wert der Abstand zwischen Werkzeug und Werkstück größer wird.

> **!** Die Achsrichtungen einer Werkzeugmaschine ergeben sich aus der Lage von Führungsbahnen und Werkzeugbewegung.
> Die Achsrichtungen sind im Handbuch der jeweiligen Werkzeugmaschine angegeben.

Zur Bearbeitung komplizierter Konturen und Hinterschneidungen in hoher Oberflächengüte sowie zur Betätigung angetriebener Werkzeuge reichen Werkzeugbewegungen allein in Richtung der drei Achsen nicht aus. Durch Schwenkbewegungen um die einzelnen Achsen wird erst eine optimale Erreichbarkeit jeder Werkstückposition erreicht.
Die Schwenkbewegungen werden mit **A**, **B** und **C** gekennzeichnet. A ist die Bewegung um die X-Achse, B um die Y-Achse und C um die Z-Achse. Die positive Drehrichtung liegt vor, wenn in Achsrichtung gesehen die Drehung im Uhrzeigersinn erfolgt.

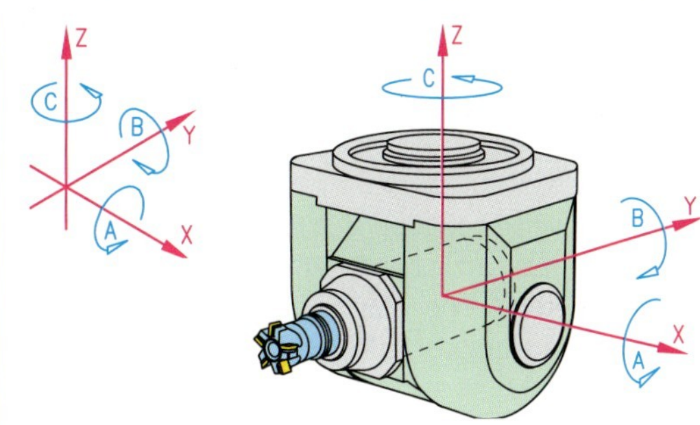

Schwenkachsen A, B und C

2.3 Wahl des Werkstücknullpunktes

Bei der Programmierung werden die Werkstückabmessungen als Koordinaten erfasst, um die erforderlichen Wegbeschreibungen programmieren zu können. Daher bezieht man das Koordinatensystem immer auf das Werkstück. Als Nullpunkt des Systems wählt man einen charakteristischen Punkt des Werkstücks. Diesen frei gewählten Bezugspunkt bezeichnet man als Werkstücknullpunkt. In den Zeichnungen trägt man den Werkstücknullpunkt durch das abgebildete Symbol ein.

Bei *flachen unsymmetrischen Werkstücken* legt man den Werkstücknullpunkt an eine Ecke des Werkstücks.

Bei *flachen symmetrischen Werkstücken* wird der Werkstücknullpunkt in den Mittelpunkt bzw. auf die Symmetrieachse gelegt.

Bei Werkstücken mit dreidimensionaler Ausdehnung muss die Nullpunktfestlegung sich auf alle drei Achsen erstrecken.

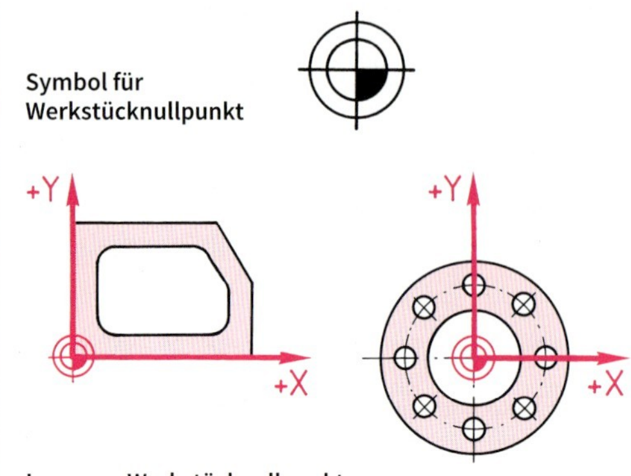

Lage von Werkstücknullpunkten

> **!** Als Ursprung des Koordinatensystems wählt man einen sinnvollen Punkt des Werkstücks als Werkstücknullpunkt. Der Werkstücknullpunkt wird in der Zeichnung durch ein Symbol angegeben.

2.4 Bemaßungsarten für die Programmierung

2.4.1 Absolutbemaßung

In den meisten Fällen gibt man der Steuerung von CNC-Maschinen alle Maße so ein, dass sie sich auf den Werkstücknullpunkt beziehen. Die Maßangaben sind in einem solchen Falle Absolutmaße. Da der Werkstücknullpunkt jedoch nicht immer einem Eckpunkt entspricht, können sich Werkstückbereiche nach allen Seiten vom Nullpunkt aus erstrecken.

Beispiel für eine Konturbeschreibung durch Absolutmaße

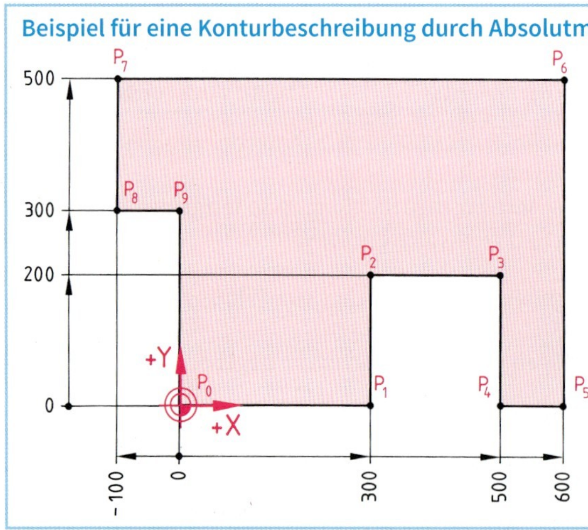

G90

	X	Y
P_0	X 0	Y 0
→ P_1	X + 300	Y 0
→ P_2	X + 300	Y + 200
→ P_3	X + 500	Y + 200
→ P_4	X + 500	Y 0
→ P_5	X + 600	Y 0
→ P_6	X + 600	Y + 500
→ P_7	X – 100	Y + 500
→ P_8	X – 100	Y + 300
→ P_9	X 0	Y + 300
→ P_0	X 0	Y 0

Normalerweise befinden sich CNC-Maschinen nach dem Einschalten in der **Absolutmaßprogrammierung**, sodass kein zusätzlicher Befehl eingegeben werden muss. Wenn jedoch innerhalb eines Programmes von einer anderen Art der Maßangabe, z. B. von der Inkrementalmaßprogrammierung, in die Absolutmaßprogrammierung umgeschaltet werden soll, ist **G90** einzugeben.

> Die Absolutmaßprogrammierung wird der Steuerung durch G90 eingegeben.
> Absolutmaße sind die tatsächlichen Abstände zum Werkstücknullpunkt.

Übungsaufgaben 2/4; 2/5; 2/6

2.4.2 Inkrementalbemaßung

Bei der Inkrementalbemaßung wird jeder Punkt als Bezugspunkt für den nachfolgenden Punkt angesehen. Die Lage des folgenden Punktes wird durch die Abstände in X-, Y- und Z-Richtung mit entsprechendem Vorzeichen angegeben. Das Pluszeichen kann entfallen.
Der Steuerung wird eine Wegprogrammierung mit Inkrementalmaßen durch **G91** eingegeben.

Beispiel für eine Konturbeschreibung durch Inkrementalmaße

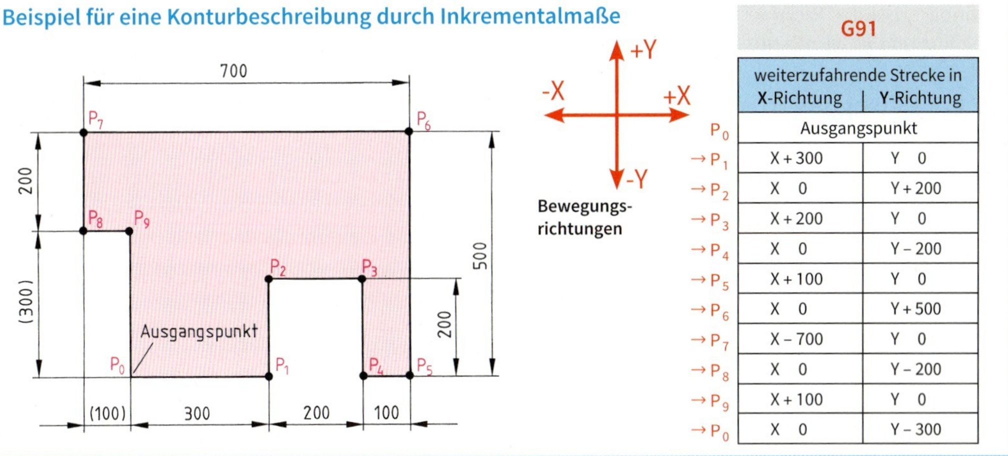

G91

	weiterzufahrende Strecke in X-Richtung	Y-Richtung
P_0	Ausgangspunkt	
$\rightarrow P_1$	X + 300	Y 0
$\rightarrow P_2$	X 0	Y + 200
$\rightarrow P_3$	X + 200	Y 0
$\rightarrow P_4$	X 0	Y – 200
$\rightarrow P_5$	X + 100	Y 0
$\rightarrow P_6$	X 0	Y + 500
$\rightarrow P_7$	X – 700	Y 0
$\rightarrow P_8$	X 0	Y – 200
$\rightarrow P_9$	X + 100	Y 0
$\rightarrow P_0$	X 0	Y – 300

! Der Steuerung wird eine Wegprogrammierung mit Inkrementalmaßen durch G91 eingegeben. Bei Inkrementalmaßprogrammierung gibt man die Entfernungen vom letzten bis zum nächsten Punkt an.

2.4.3 Polarkoordinatenbemaßung

Die Lage eines jeden Punktes in einem festgelegten Koordinatensystem kann durch die Länge des Leitstrahles (auch Zeiger oder Radius genannt) und den Winkel unter dem der Leitstrahl den Punkt trifft, beschrieben werden. Der Winkel wird von der positiven X-Achse aus gegen den Uhrzeigersinn gemessen.

Bei der Programmierung
- wird die Lage des Koordinatenschnittpunktes (Pol) mit den Koordinaten **IA** und **JA** angegeben und
- werden die Länge des Leitstrahles mit **R** und der Winkel mit **A** gekennzeichnet.

Polarkoordinatenbemaßung wird hauptsächlich zur Bemaßung von Bohrbildern und regelmäßigen Vielecken eingesetzt.

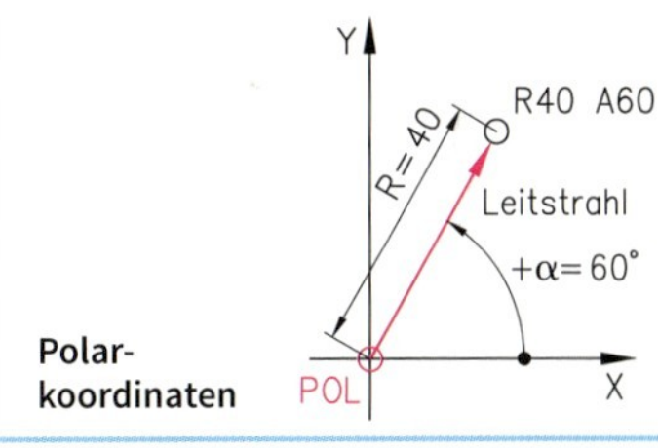

Polarkoordinaten

Beispiel für Bemaßung mit Polarkoordinaten

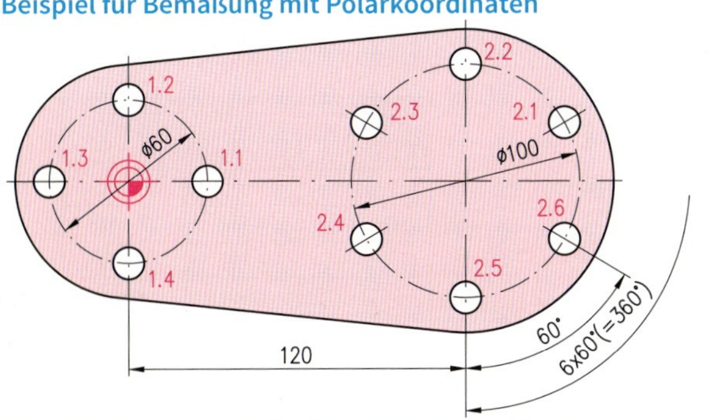

	Pol	Polarkoordinaten
→ 1.1	IA0 JA0	R30 A0
→ 1.2	IA0 JA0	R30 A90
→ 1.3	IA0 JA0	R30 A180
→ 1.4	IA0 JA0	R30 A270
→ 2.1	IA120 JA0	R50 A30
→ 2.2	IA120 JA0	R50 A90
→ 2.3	IA120 JA0	R50 A150
→ 2.4	IA120 JA0	R50 A210
→ 2.5	IA120 JA0	R50 A270
→ 2.6	IA120 JA0	R50 A330

! Polarkoordinaten werden durch den Leitstrahl R und den Polarwinkel A angegeben.
Der Winkel wird positiv gegen den Uhrzeigersinn oder negativ im Uhrzeigersinn angegeben.

Übungsaufgaben 2/7 bis 2/10

2.5 Programmierung von Bahnbewegungen

2.5.1 Bearbeitungsrichtung

Bei der Fertigung können die Anfahr- und Bearbeitungswege vom Werkzeugträger oder vom Werkstückträger ausgeführt werden. Die Bearbeitungsrichtung ändert sich jedoch dadurch nicht. Man hat man deshalb vereinbart, bei der Programmierung so vorzugehen, als stünde das Werkstück fest und es würde nur das Werkzeug bewegt.

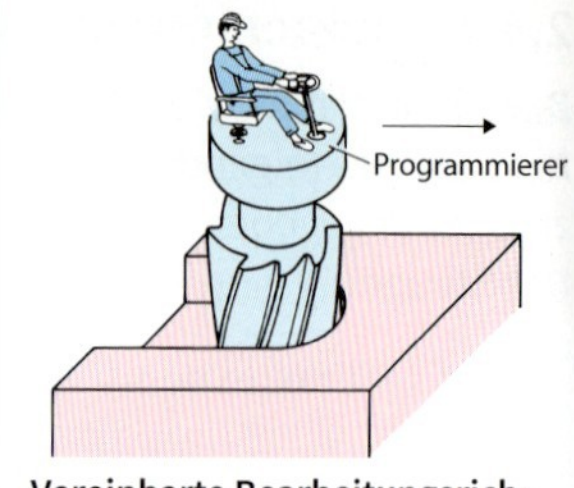

Vereinbarte Bearbeitungsrichtung beim Programmieren

2.5.2 Bewegungen im Eilgang

Wenn ein Werkzeug, das nicht im Eingriff ist, von einem Punkt zu einem anderen verfahren werden soll, erwartet man, dass diese Bewegung möglichst schnell ausgeführt wird. Die Vorschubmotoren werden dann in jeder Achse den Werkzeug- oder Werkstückträger im Eilgang bewegen. Sobald das Werkzeug in die Nähe des anzufahrenden Punktes kommt, wird es abgebremst und am Zielpunkt genau gestoppt. Der Zielpunkt wird auf einer unbestimmten Bahn angefahren. Der Maschinensteuerung gibt man den Befehl, einen Punkt im Eilgang anzusteuern, durch **G00** (vereinfacht G0) und die Koordinaten des Zielpunktes.

Beispiel für die Beschreibung einer Eilgangbewegung bei Absolutmaßprogrammierung

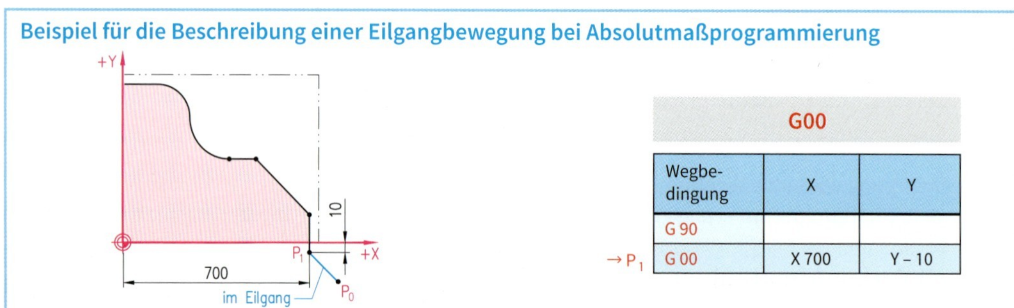

	G00		
	Wegbedingung	X	Y
	G 90		
→ P_1	G 00	X 700	Y – 10

> **!** Das exakte Ansteuern eines Punktes im Eilgang auf nicht vorgegebener Bahn wird durch G00 (auch G0) eingegeben.

2.5.3 Geradlinige Arbeitsbewegungen

Soll die Steuerung von einem bestimmten Anfangspunkt aus eine geradlinige Arbeitsbewegung zu einem Endpunkt hin ausführen, so ist dazu **G01** (vereinfacht G1) erforderlich. Es ist gleichgültig, ob die Bewegungsrichtung achsparallel oder schräg verläuft. Hat man den Befehl zur geradlinigen Bewegung und die Koordinaten des Bewegungsendpunktes eingegeben, dann ermittelt der Rechner die erforderliche Bahn.

Beispiel für die Beschreibung geradliniger Arbeitsbewegungen bei Absolutmaßprogrammierung

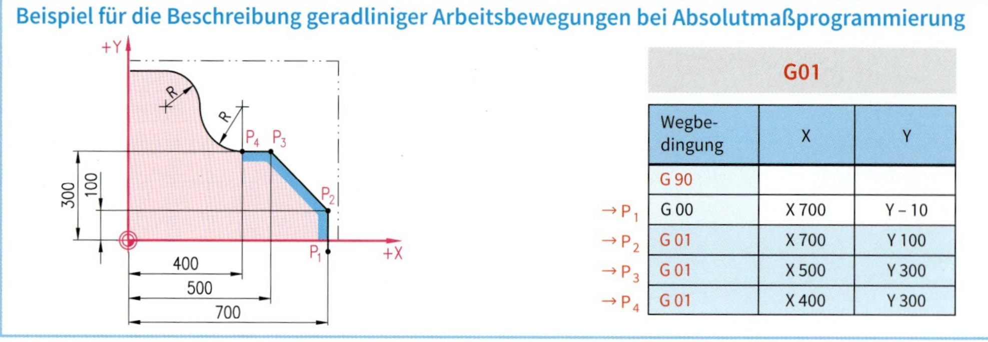

	G01		
	Wegbedingung	X	Y
	G 90		
→ P_1	G 00	X 700	Y – 10
→ P_2	G 01	X 700	Y 100
→ P_3	G 01	X 500	Y 300
→ P_4	G 01	X 400	Y 300

Der Wegbefehl G01 bleibt in der Steuerung so lange wirksam, bis er durch einen anderen Wegbefehl aufgehoben wird.

> **!** Geradlinige Arbeitsbewegungen mit vorgegebenem Vorschub werden auf G01 hin ausgeführt.

Übungsaufgaben 2/11; 2/12

2.5.4 Kreisförmige Arbeitsbewegungen

Zur eindeutigen Durchführung einer kreisförmigen Arbeitsbewegung sind neben den Zielkoordinaten auch Angaben zur Bewegungsrichtung und zur Lage des Kreismittelpunktes erforderlich.

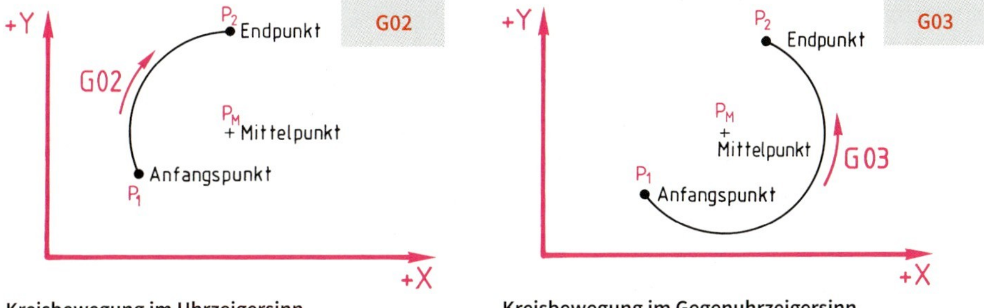

Kreisbewegung im Uhrzeigersinn **Kreisbewegung im Gegenuhrzeigersinn**

> **!** Kreisförmige Arbeitsbewegungen im Uhrzeigersinn werden auf den Befehl G02 (G2) hin ausgeführt, kreisförmige Arbeitsbewegungen im Gegenuhrzeigersinn erfolgen auf den Befehl G03 (G3).

Bei einer Bahnbeschreibung ist der Kreismittelpunkt im Gegensatz zum Anfangs- und Endpunkt ein Punkt, der außerhalb der Bewegungsbahn liegt; er dient der Steuerung lediglich als Information über Lage und Größe des Kreises. Daher gibt man die Koordination des Kreismittelpunkts – meist auch bei Absolutmaßprogrammierung – inkremental als Abstand vom Anfangspunkt in das Programm. Nähere Angaben findet man im Handbuch der entsprechenden Steuerung.

Die Kreismittelpunktkoordinaten bekommen die Adressbuchstaben:

I für den Abstand vom Anfangspunkt auf der **X-Achse**,
J für den Abstand vom Anfangspunkt auf der **Y-Achse**,
K für den Abstand vom Anfangspunkt auf der **Z-Achse**.

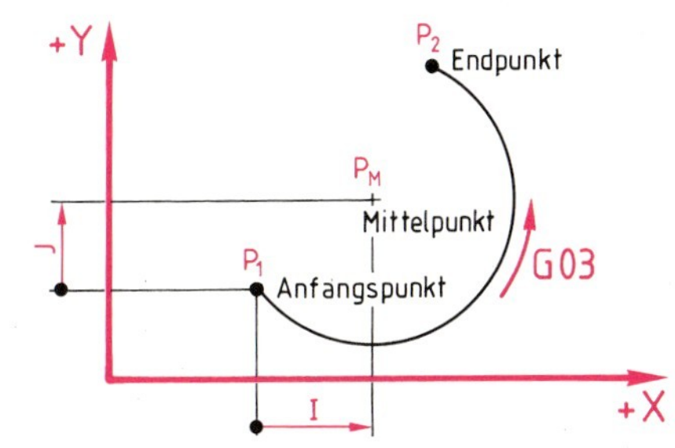

Inkrementale Mittelpunktbemaßung

Beispiel für die Beschreibung einer Kontur mit kreisförmiger Bewegung bei Absolutmaßprogrammierung

	Wegbedingung	X	Y	I	J
	G 90				
→ P_1	G 00	X 700	Y – 10		
→ P_2	G 01	X 700	Y 100		
→ P_3	G 01	X 500	Y 300		
→ P_4	G 01	X 400	Y 300		
→ P_5	G 02	X 250	Y 450	I 0	J 150
→ P_6	G 03	X 130	Y 570	I - 120	J 0
→ P_7	G 01	X 000	Y 570		

> **!** Bei einer kreisförmigen Arbeitsbewegung werden die Koordinaten des Kreismittelpunkts häufig inkremental vom Anfangspunkt des Kreisbogens programmiert.

1. Programmierung von Bahnbewegungen in Inkrementalmaßprogrammierung

Im Normalfall ist mit der Eröffnung der Programmierung die Absolutmaßprogrammierung eingeschaltet. Der Befehl G90 braucht darum zu Beginn der Programmierung nicht eingegeben zu werden.
Bei einer Programmierung mit Inkrementalmaßen muss zunächst die Inkrementalmaßprogrammierung mit G91 eingeschaltet werden. Die Inkrementalmaßprogrammierung bleibt so lange wirksam, bis mit G90 wieder auf die Absolutmaßprogrammierung umgeschaltet wird.

Beispiel für die Beschreibung von Bahnbewegungen mit Inkrementalmaßen

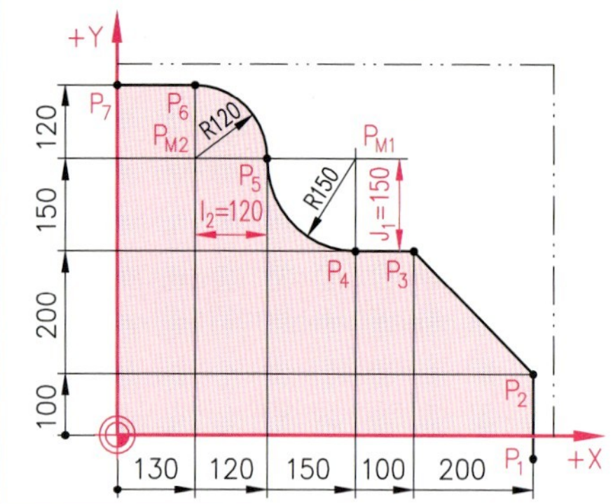

	Wegbedingung		X	Y	I	J
→ P_1	G 90	Absolutprogrammierung ein				
			X 700	Y – 10		
	G 91		Inkrementalprogrammierung ein			
→ P_2		G 01	X 0	Y 110		
→ P_3		G 01	X -200	Y 200		
→ P_4		G 01	X -100	Y 0		
→ P_5		G 02	X -150	Y 150	I 0	J 150
→ P_6		G 03	X -120	Y 120	I -120	J 0
→ P_7		G 01	X -130	Y 0		

! Einschaltzustand ist die Absolutmaßprogrammierung.
Inkrementalprogrammierung wird mit G91 eingeschaltet und wird durch G90 abgeschaltet.

2. Vereinfachte Programmierung von Übergangsradien und Fasen

Viele Programmiersysteme vereinfachen die Programmierung von Übergangsradien und Fasen so, dass die Startpunkte von Radien und Fasen nicht mehr berechnet und programmiert werden müssen. Die Arbeitswege werden dann so beschrieben, als sei das Werkstück scharfkantig. Der Übergangsradius oder die Fase wird z. B. bei PAL mit dem Befehlszusatz RN und der Maßangabe des Radius bzw. der Fase angehängt. Positives RN erzeugt einen Radius, negatives RN eine Fase.

Beispiel für die vereinfachte Beschreibung einer Kontur mit Übergangsradien und Fasen (PAL)

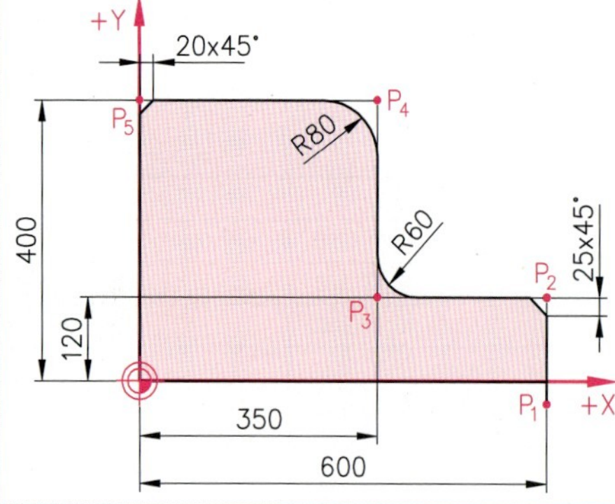

	Wegbedingung	X	Y	RN
	G 90			
→ P_1	G 01	X 600	Y –10	
→ P_2	G 01	X 600	Y 120	RN –25
→ P_3	G 01	X 350	Y 120	RN +60
→ P_4	G 01	X 350	Y 400	RN +80
→ P_5	G 01	X 0	Y 400	RN –20
→ P_6	G 01	X 0	Y 0	

! Übergangsradien und Fasen können vereinfacht programmiert werden, indem das Werkstück scharfkantig beschrieben wird und die Übergänge mit einem entsprechenden Zusatz gekennzeichnet werden.

Nach PAL: RN+ … Übergangsradius; RN– … Fase.

2.6 Programmierung von Schaltinformationen

2.6.1 Programmierung von Technologiedaten

1. Schaltinformationen für die Vorschubbewegung

Die Vorschubbewegung kann nach dem Adressbuchstaben F als Vorschub in mm (je Umdrehung) oder als Vorschubgeschwindigkeit in mm/min eingegeben werden.

Vorschubbewegung	Befehl	Beispiel
in mm/min	G94	G94 F100 bedeutet v_f = 100 mm/min
in mm	G95	G95 F0,25 bedeutet f = 0,25 mm (je Umdrehung)

2. Schaltinformationen für die Schnittbewegung

Die Schnittbewegung kann beim Drehen entweder mit konstanter Schnittgeschwindigkeit oder konstanter Umdrehungsfrequenz mit dem Adressbuchstaben **S** eingegeben werden.
Beim Fräsen wird nur mit konstanter Umdrehungsfrequenz gearbeitet.

Schnittbewegung	Befehl	Beispiel
konstante Schnittgeschwindigkeit	G96	G96 S40 bedeutet v_c = 40 m/min
konstante Umdrehungsfrequenz	G97	G97 S900 bedeutet n = 900 1/min

Beim Drehen ist bei den meisten Maschinen eine konstante Schnittgeschwindigkeit programmierbar. Die Steuerung stellt entsprechend dem programmierten Durchmesser die Umdrehungsfrequenz ein. Damit beim Plandrehen in Nähe der Werkstückmitte nicht extreme Drehzahlen auftreten, kann ein Höchstwert eingegeben werden, z. B. bedeutet bei PAL der Befehl G 92 S2000 höchste Drehzahl 2 000 $^1/_{min}$.

2.6.2 Programmierung von Werkzeugeinsatz und Zusatzfunktionen

1. Schaltinformationen für den Werkzeugeinsatz

Die benötigten Werkzeuge sind in einem Mehrfach-Werkzeugträger oder Magazin abgelegt und durch Nummerierung gekennzeichnet. Durch den Adressbuchstaben **T** werden die Schaltbefehle zum Werkzeugeinsatz erteilt. Das **T-Wort** enthält als Zahlenwert die Nummer des verlangten Werkzeugs.

T03 Einsatzbefehl für Werkzeug Nr. 3

Bei vielen Steuerungen löst allein der Buchstabe **T** einen Werkzeugwechsel aus. Aus Kollisionsgründen muss vor jedem Werkzeugwechsel eine sichere Werkzeugwechselposition angefahren werden.

2. Schaltinformationen für Zusatzfunktionen

Zusatzfunktionen werden durch **M-Wörter** eingegeben.

M 0 Programmierter Halt
M 3 Spindel EIN, Rechtslauf
M 4 Spindel EIN, Linkslauf
M 6 Werkzeugwechsel
M 8 Kühlmittel EIN
M 9 Kühlmittel AUS
M 17 Unterprogrammende
M 30 Programmende mit Rücksprung auf Satz 1

Werkzeugmagazin

Die **Spindeldrehrichtung** wird folgendermaßen beschrieben:

- Bei Drehmaschinen blickt man von der Antriebsseite auf die Werkstückeinspannung.
- Bei Fräsmaschinen blickt man von der Arbeitsspindel auf die Werkstückeinspannung.

Dreht sich die Spindel im Uhrzeigersinn, so ist das ein Rechtslauf, der mit M03 zu programmieren ist. Dreht sich die Spindel im Gegenuhrzeigersinn, so ist das ein Linkslauf mit dem Befehl M04.

2.7 Zusammenstellung von Programmdaten zu Sätzen

In das Programm werden alle Daten eingegeben, welche die Steuerung benötigt, um am Werkstück einen Arbeitsschritt ausführen zu können. Dabei werden zusammengehörige Befehle zu Sätzen zusammengefasst. Die Sätze nummeriert man nach der Abfolge der Arbeitsschritte in Einer- oder Zehnerstufen.

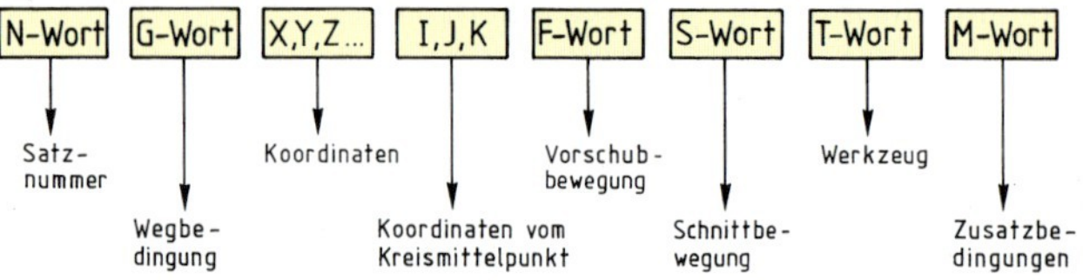

In einem Satz können Befehle und Wegangaben entfallen, die für den jeweiligen Arbeitsablauf nicht notwendig oder bereits wirksam sind. Man nennt solche Programmworte **modal** wirksam oder **selbst haltend**.

Beispiel für die Programmierung eines ebenen Werkstücks (nach PAL)

Aufgabe: Die unten bemaßte Nut soll in einem Schnitt durch Schruppen gefräst werden. Der Werkstückwerkstoff ist aus S 235. Der Fräser ist aus HSS und hat zwei Zähne.

Zeichnung

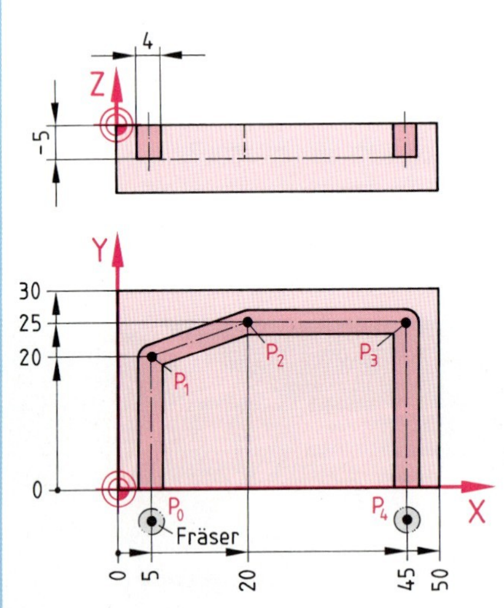

Programm
(mit Eintragung modal wirksamer Programmwerte)

N	G	X	Y	Z	F	S	T	M
N010	G90							
N020	G94				F540			
N030						S2700		M03
N040							T0100	M08
N050	G00	X5	Y-10					
N060	G00	(X5)	(Y-10)	Z2				
N070	G01	(X5)	(Y-10)	Z-5				
N080	(G01)	(X5)	Y20					
N090	(G01)	X20	Y25					
N100	(G01)	X45	(Y25)					
N110	(G01)	(X45)	Y-10					
N120	G00	(X45)	(Y-10)	Z50				M09
N130	G00	X-50	Y-20					M30

Die Werte in Klammern sind modal wirksam.
Sie werden normalerweise wegen Gefahr der Falscheingabe und zur Verbesserung der Übersichtlichkeit fortgelassen.

Erklärung

N010 Absolutmaße gelten bis auf Widerruf für alle Sätze
N020 Vorschub wird in mm/min angegeben, vorgesehen werden 540 mm/min
N030 Spindel soll im Uhrzeigersinn drehen, Umdrehungsfrequenz 2700 1/min
N040 Werkzeug T0100 einwechseln, Kühlschmiermittel einschalten
N050 Im Eilgang auf X5, Y-10 fahren
N060 Im Eilgang auf Z2 fahren
N070 Mit Vorschubgeschwindigkeit (540 mm/min) geradlinig auf Z-5 herunterfahren
N080 Mit Vorschubgeschwindigkeit geradlinig bis Y20 fräsen
N090 Mit Vorschubgeschwindigkeit geradeaus bis X20 Y25 fräsen
N100 Mit Vorschubgeschwindigkeit geradeaus bis X45 (Y25) fräsen
N110 Mit Vorschubgeschwindigkeit geradeaus bis (X45) Y-10 fräsen
N120 Im Eilgang auf Z50 fahren, Kühlschmiermittel ausschalten
N130 Im Eilgang auf X-50, Y-20 fahren, Ende des Programms

Übungsaufgaben 2/18; 2/19

3 Programmieren zur Fertigung von Drehteilen

3.1 Programmieren von Weginformationen beim Drehen

3.1.1 Koordinatensysteme an CNC-Drehmaschinen

Drehmaschinen werden mit Werkzeugträgern gebaut, bei denen das Werkzeug von vorne gesehen vor oder hinter der Drehmitte angeordnet ist. Im Gegensatz zu herkömmlichen Drehmaschinen werden CNC-Maschinen bevorzugt mit Werkzeugträgern ausgerüstet, die sich hinter dem Werkstück befinden. Daher muss je nach Bauform der Maschine zum Programmieren eine andere Lage des Koordinatensystems berücksichtigt werden. In beiden Fällen entspricht die Werkstückachse der Z-Achse.

Die positive X-Achse weist immer vom Drehteil aus in radialer Richtung auf das Werkzeug. Damit ergibt sich für beide Werkzeuganordnungen, dass größere Z-Werte eine größere Werkstücklänge und größere X-Werte einen größeren Werkstückdurchmesser zur Folge haben.

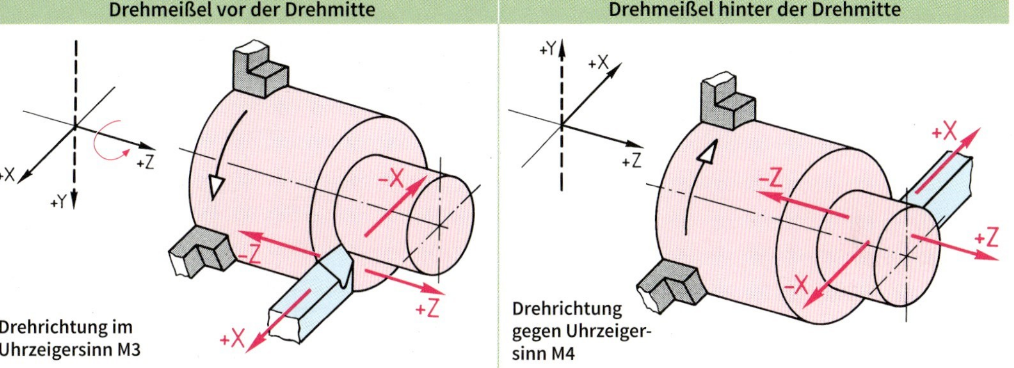

> **!** Die Z-Achse ist immer Drehachse des Werkstücks. Größerer Z-Wert bedeutet größere Werkstücklänge. Die X-Achse verläuft rechtwinklig zur Z-Achse auf das Drehwerkzeug zu. Größerer X-Wert bedeutet größerer Werkstückdurchmesser.

3.1.2 Nullpunkte und Bezugspunkte

1. Maschinennullpunkt, Referenzpunkt und Werkstücknullpunkt

Nullpunkte legen für die Bearbeitung auf CNC-Maschinen das Koordinatensystem fest. Dabei unterscheidet man einen Maschinennullpunkt und einen Werkstücknullpunkt. Bezugspunkte – auch Referenzpunkte genannt – sind genau festgelegte Punkte, welche die Programmierung und das Bedienen der Maschine erleichtern.

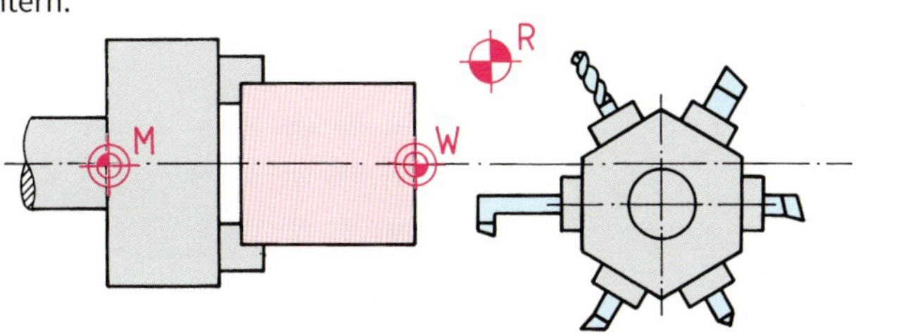

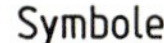

M Maschinennullpunkt

W Werkstücknullpunkt

R Referenzpunkt

Nullpunkte und Bezugspunkte an einer Drehmaschine

Der **Maschinennullpunkt** ist der Ursprung des Maschinenkoordinatensystems. Er liegt bei CNC-Drehmaschinen im Schnittpunkt der Arbeitsspindelachse mit dem Werkstückträger.

Der Referenzpunkt ist ein festgelegter Punkt im Arbeitsbereich inkremental messender CNC-Drehmaschinen, welcher einen genau bestimmten Abstand zum Maschinennullpunkt hat. Der Referenzpunkt wird zum Nullsetzen des Messsystems angefahren, da der Maschinennullpunkt meist nicht angefahren werden kann.

2. Werkstücknullpunkte

Der Werkstücknullpunkt ist vom Programmierer frei wählbar. Meist legt man ihn auf die rechte Planseite des Werkstücks. Weniger üblich ist es, ihn auf die linke Planseite festzulegen.

Beispiele für mögliche Lagen von Werkstücknullpunkten

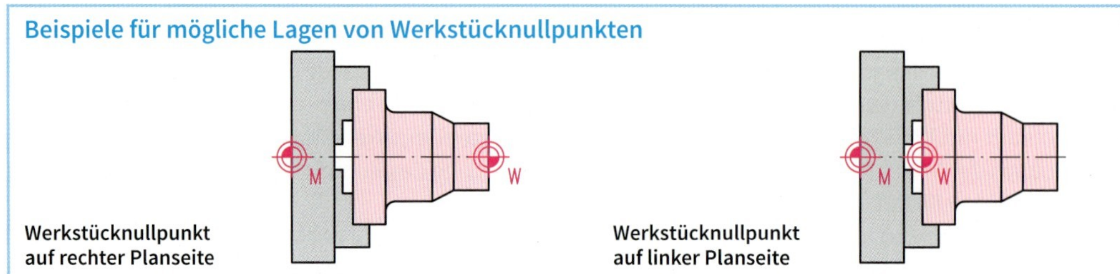

Werkstücknullpunkt auf rechter Planseite

Werkstücknullpunkt auf linker Planseite

Ist zunächst eine Werkstückaußenbearbeitung an der rechten Planseite und danach eine Innenbearbeitung an der linken Planseite erforderlich, muss das Werkstück umgespannt werden. In solchen Fällen legt man zwei Nullpunkte fest.

Beispiel für Umspannvorgang und Werkstücknullpunktlage

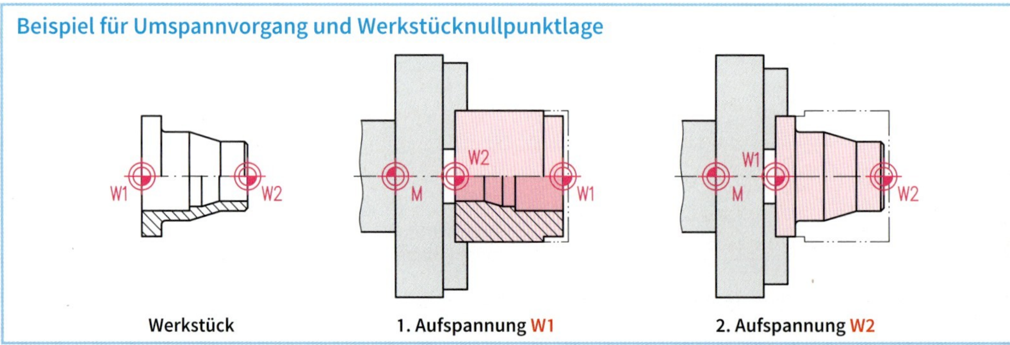

Werkstück | **1. Aufspannung W1** | **2. Aufspannung W2**

> **!** Der Programmierer legt den Werkstücknullpunkt entsprechend der Bearbeitungsaufgabe an der linken oder rechten Planseite fest. Bei Werkstücken, für die ein Umspannvorgang benötigt wird, werden zwei Werkstücknullpunkte angegeben.

3.1.3 Drehteile mit geradliniger Kontur

Geradlinige Drehteilkonturen werden mit dem Wegbefehl G01 programmiert. Der anzufahrende Endpunkt wird in X-Richtung nicht mit dem Radius, sondern mit dem Durchmesser programmiert. Abstände in Z-Richtung werden auf den Werkstücknullpunkt bezogen.

Beispiel für die Konturbeschreibung eines Drehteils

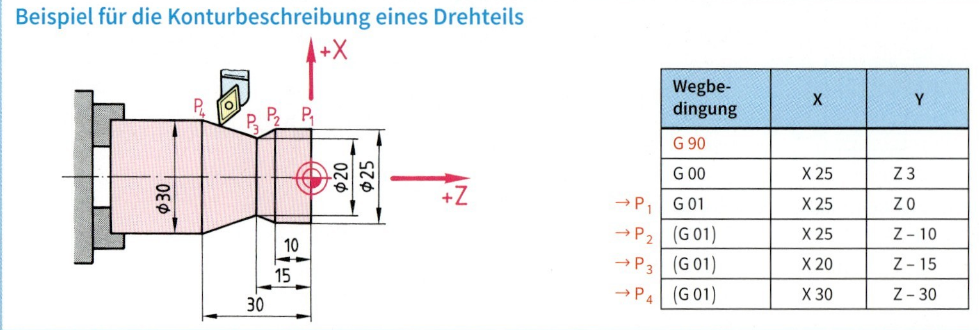

	Wegbedingung	X	Y
	G 90		
	G 00	X 25	Z 3
→ P_1	G 01	X 25	Z 0
→ P_2	(G 01)	X 25	Z – 10
→ P_3	(G 01)	X 20	Z – 15
→ P_4	(G 01)	X 30	Z – 30

> **!** Bei Drehteilen werden in X-Richtung Durchmesser und in Z-Richtung Längen programmiert.

3.1.4 Drehteile mit kreisförmigen Konturanteilen

Zur Festlegung des Richtungssinns von kreisförmigen Bewegungen muss ein Betrachter immer in Richtung der negativen Y-Achse auf die X-Z-Ebene blicken. Soll sich – aus dieser Sicht – der Meißel in Vorschubrichtung im Uhrzeigersinn bewegen, so ist das durch einen G02-Befehl zu programmieren, soll er sich im Gegenuhrzeigersinn bewegen, so ist ein G03-Befehl zu programmieren.

Drehmeißel vor der Drehmitte	Drehmeißel hinter der Drehmitte

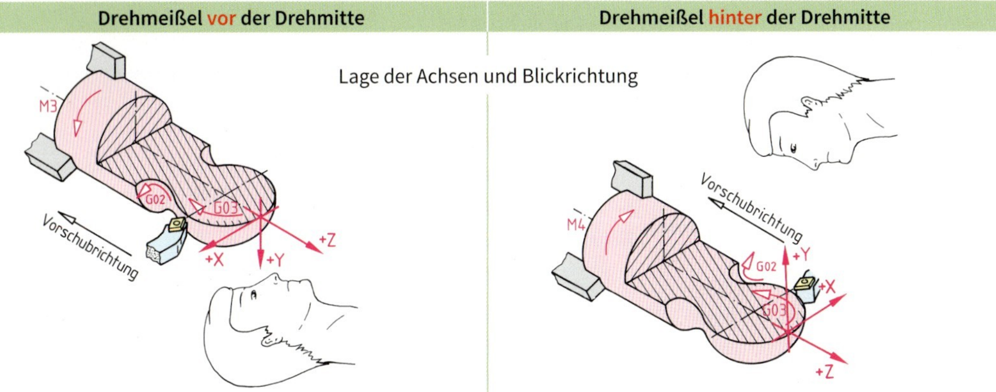

Sowohl für den Werkzeugeinsatz „Drehmeißel vor der Drehmitte" als auch für den Werkzeugeinsatz „Drehmeißel hinter der Drehmitte" sind die Programme gleich.

> ! Zur Beurteilung des Richtungssinns für die Wegbedingungen G02 und G03 blickt man bei einer Stellung des Drehmeißels vor der Drehmitte **von unten** auf das Werkstück,
> bei Stellung des Drehmeißels hinter der Drehmitte **von oben** auf das Werkstück.

Kreisprogrammierung mit Angabe der Mittelpunktkoordinaten

Bei der Programmierung kreisförmiger Bahnbewegungen des Werkzeuges in der X-Z-Ebene werden die Koordinaten des Endpunktes und die Mittelpunktkoordinaten angegeben. Die Mittelpunktkoordinaten werden immer inkremental auf den Anfangspunkt der kreisförmigen Arbeitsbewegung des Werkzeuges bezogen. Der Abstand des Mittelpunktes in X-Richtung hat dabei den Adressbuchstaben **I** und der Abstand in Z-Richtung den Adressbuchstaben **K**.

Beispiele für die Programmierung von Radien mit Mittelpunktkoordinaten

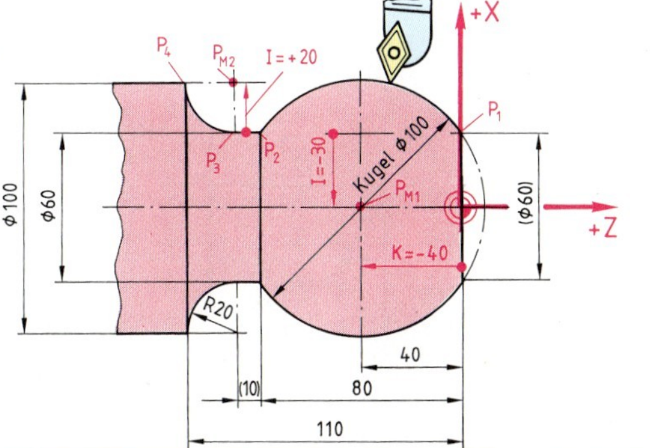

Werkzeug hinter der Drehmitte

	Wegbedingung	X	Z	I	K
	G 90				
	G 00	X 60	Z 3		
→ P_1	G 01	X 60	Z 0		
→ P_2	G 03	X 60	Z – 80	I – 30	K – 40
→ P_3	G 01	X 60	Z – 90		
→ P_4	G 02	X 100	Z 110	I + 20	K 0

> ! Angaben bei kreisförmiger Arbeitsbewegung mit Mittelpunktkoordinaten:
> - Richtungssinn mit G02 im Uhrzeigersinn oder G03 im Gegenuhrzeigersinn
> - Endpunktkoordinaten der Kreisbewegung mit X und Z
> - Mittelpunktkoordinaten der Kreisbewegung mit I und K inkremental
>   I für den Abstand vom Anfangspunkt auf der X-Achse
>   K für den Abstand vom Anfangspunkt auf der Z-Achse

Übungsaufgaben 3/4; 3/5

3.2 Programmierhilfen beim Drehen

3.2.1 Zyklen beim Drehen

Bei der Bearbeitung von Drehteilen sind häufig sich wiederholende, gleichartige Arbeiten in Teilbereichen durchzuführen, die aufwendig zu programmieren sind. Solche Arbeitsabläufe fasst man in Unterprogrammen zusammen, die bereits in der Steuerung der CNC-Drehmaschinen als Zyklen vorhanden sind. Diese Zyklen vereinfachen die Programmierung erheblich.

Beispiele für wichtige Drehzyklen (PAL):

- Gewindezyklus (**G31**)
- Gewindebohrzyklus (**G32**)
- Längsschruppkonturzyklus (**G81**)
- Planschruppkonturzyklus (**G82**)
- Bohrzyklus (**G84**)
- Freistichzyklus (**G85**)
- Stechzyklus radial (**G86**)
- Stechzyklus axial (**G88**)

- Zyklen, die mit einer freistehenden Kontur verknüpft sind, z. B. Bohrzyklen, bestehen nur aus einem Satz. Dieser beginnt mit dem **G-Wort**. Es folgen die notwendigen Angaben zur Bearbeitung.
- Zyklen, die mit unterschiedichen Konturen verknüpft sein können, beginnen mit dem **G-Wort** zum Aufruf des Zyklus. Es folgen auf das G-Wort die notwendigen Angaben zur Technologie der Bearbeitung. In den folgenden Sätzen wird die Kontur beschrieben. Diese Beschreibung kann auch durch den Aufruf eines Unterprogramms, das die Konturbeschreibung enthält, erfolgen. Die Konturbeschreibung endet mit einem Satz, in dem G80 den Zyklus abschließt.

3.2.1.1 Konturschruppzyklen

Man unterscheidet je nach Zustellung beim Drehen einen Längs- und einen Planschruppkonturzyklus. Mit beiden Zyklen wird zunächst der Werkstoff entweder parallel zur Drehachse bzw. senkrecht zur Drehachse mit einer Bearbeitungszugabe abgearbeitet. Anschließend erfolgt eine Schlichtbearbeitung parallel zur Kontur.

Nach Aufruf eines Schruppzyklus mit **G-Wort** sowie Zustellung, Eintauchvorschub und Bearbeitungsart folgt die Fertigkonturbeschreibung mit Angabe der Schneidenradiuskorrektur. Das Zyklusende wird mit G80 in das Programm eingegeben.

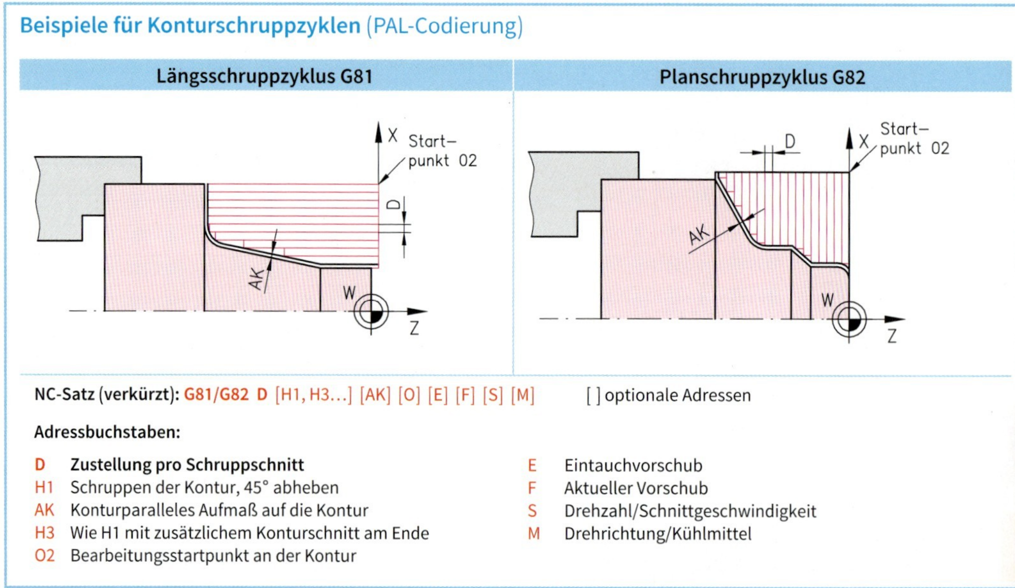

NC-Satz (verkürzt): G81/G82 D [H1, H3...] [AK] [O] [E] [F] [S] [M] [ ] optionale Adressen

Adressbuchstaben:

D	**Zustellung pro Schruppschnitt**
H1	Schruppen der Kontur, 45° abheben
AK	Konturparalleles Aufmaß auf die Kontur
H3	Wie H1 mit zusätzlichem Konturschnitt am Ende
O2	Bearbeitungsstartpunkt an der Kontur
E	Eintauchvorschub
F	Aktueller Vorschub
S	Drehzahl/Schnittgeschwindigkeit
M	Drehrichtung/Kühlmittel

Beispiel für die Programmierung einer Drehbearbeitung mit dem Schruppzyklus G81

Aufgabe: Es soll die Außenkontur mithilfe der automatischen Schnittaufteilung des Konturzyklus G81 und einer maximalen Schnitttiefe von 2 mm gedreht werden.

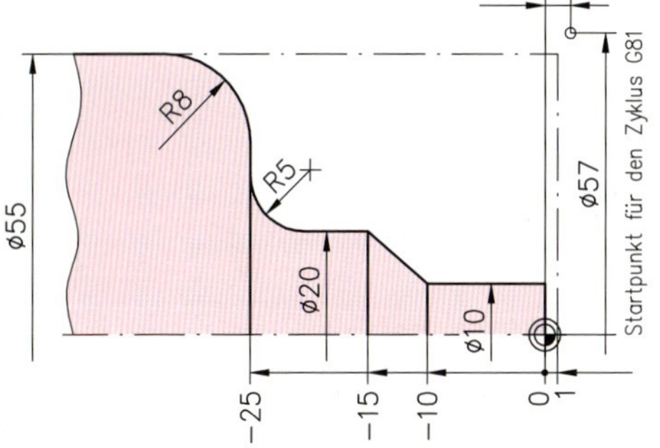

Rohteil: Ø 55 mm x 70 mm

Werkstoff: S275JR

Werkzeug: Schrupp- und Schlicht-Drehmeißel (T3)

Schneidplatte: DCMT11-P20

Schnittwerte: $f = 0{,}1$ mm
$v_c = 300$ m/min

Programm	Bemerkungen
N10 G96 S300	Konstante Schnittgeschwindigkeit $v_c = 300$ m/min
N20 T3 M6	Aufruf von Werkzeug T3
N30 F0.1 M4	Vorschub mit $f = 0{,}1$ mm festlegen, Spindel EIN, Linkslauf
N40 G0 X57 Z0	Anfahren zum Plandrehen
N50 G1 X-0.2	Plandrehen
N60 G0 Z2	Wegfahren von der Kontur
N70 X57	Anfahren des Startpunktes für den Zyklus G81
N80 G81 D2 H3	**Aufruf des Zyklus G81, Schruppbearbeitung mit maximaler Schnitttiefe von 2 mm und anschließendem Konturschnitt**
N90 G1 G42 X10 Z0	Beginn der Beschreibung der Kontur, Werkzeubahnkorrektur, rechts
N100 Z-10	Geradlinige Vorschubbewegung
N110 X20 Z-15	Geradlinige Vorschubbewegung
N120 Z-20	Geradlinige Vorschubbewegung
N130 G2 X30 Z-25 I5 K0	Kreisförmige Bewegung im Uhrzeigersinn, Ende der Beschreibung der Fertigkontur
N140 G1 X39	Geradlinige Vorschubbewegung
N150 G3 X55 Z-33 I0 K8	Kreisförmige Bewegung im Gegenuhrzeigersinn
N160 G40	Schneidenradiuskorrektur aufheben
N170 G80	**Ende des Konturzyklus**
N180 G0 X80 Z50 **N190 M30**	Wegfahren des Werkzeuges im Eilgang, Programmende mit Rücksetzen

! Mit dem Längsschruppzyklus G81 wird eine Kontur parallel zur Drehachse und mit einem Planschruppzyklus G82 senkrecht zur Drehachse geschruppt und dann konturparallel geschlichtet.

3.2.1.2 Freistichzyklen

Damit Werkzeuge bei abgesetzten Wellen und Gewindezapfen freien Auslauf haben, werden an den Übergängen vom kleineren zum größeren Durchmesser Freistiche eingearbeitet. Zur Minderung der Kerbwirkung sind die Übergänge gerundet.
Gewindefreistiche sind in DIN 76 und Freistiche an Wellenzapfen in DIN 509 genormt.

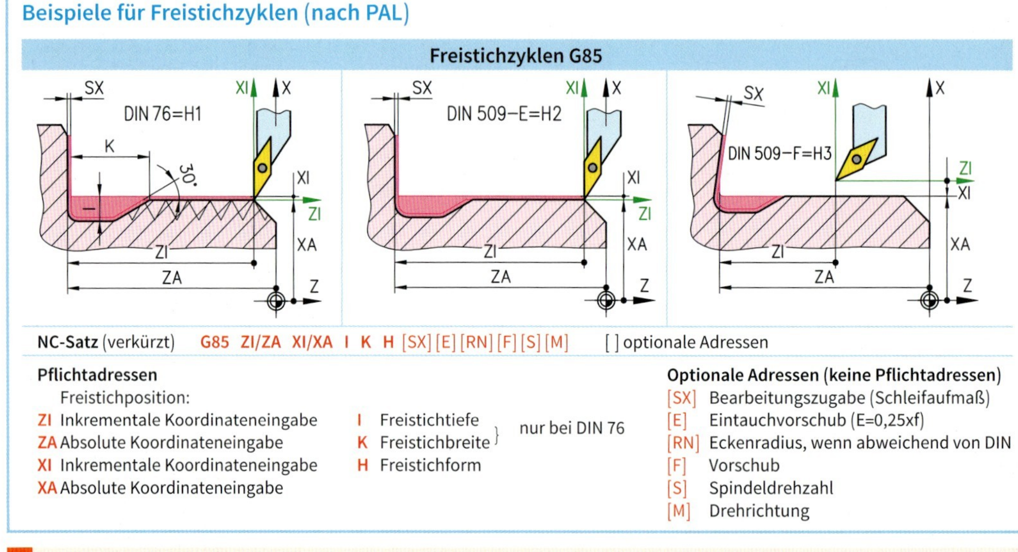

NC-Satz (verkürzt) G85 ZI/ZA XI/XA I K H [SX] [E] [RN] [F] [S] [M] [ ] optionale Adressen

Pflichtadressen
Freistichposition:
- ZI Inkrementale Koordinateneingabe
- ZA Absolute Koordinateneingabe
- XI Inkrementale Koordinateneingabe
- XA Absolute Koordinateneingabe

- I Freistichtiefe } nur bei DIN 76
- K Freistichbreite } nur bei DIN 76
- H Freistichform

Optionale Adressen (keine Pflichtadressen)
- [SX] Bearbeitungszugabe (Schleifaufmaß)
- [E] Eintauchvorschub (E=0,25xf)
- [RN] Eckenradius, wenn abweichend von DIN
- [F] Vorschub
- [S] Spindeldrehzahl
- [M] Drehrichtung

> **!** Freistiche werden mit G85 H... aufgerufen.
> H1 gilt für Gewindefreistiche, H2 und H3 gelten für Freistiche an Wellenzapfen.

3.2.1.3 Gewindezyklus

Der Gewindezyklus wird zum Drehen beliebiger Gewinde mit speziellen Drehmeißeln eingesetzt. Durch das Werkzeug wird festgelegt, ob ein Innen- oder Außengewinde geschnitten wird. Die Drehrichtung der Spindel im Zusammenhang mit der Vorschubrichtung bestimmt, ob Rechts- oder Linksgewinde entstehen.

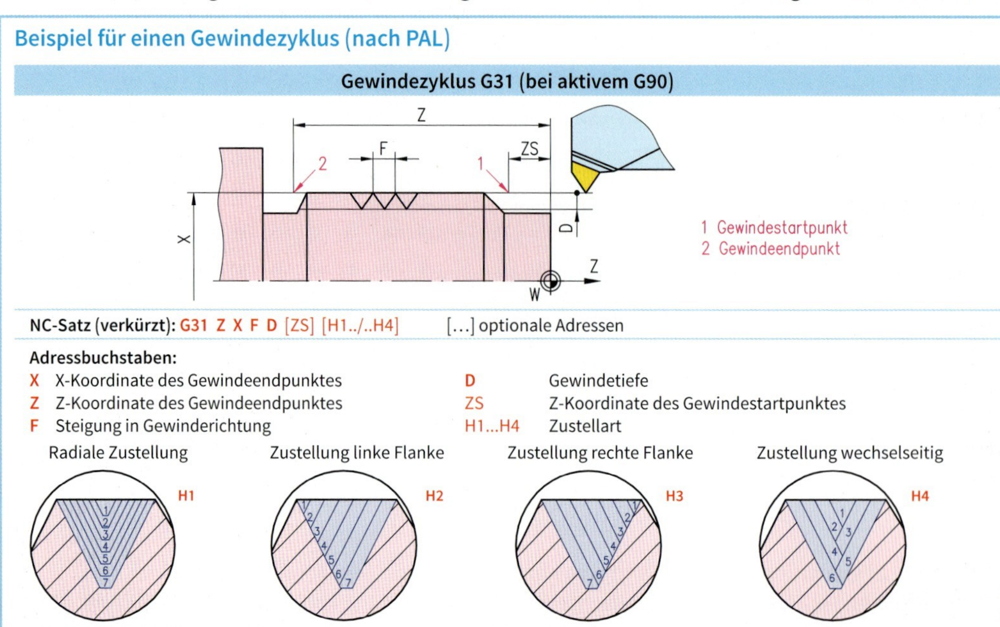

NC-Satz (verkürzt): G31 Z X F D [ZS] [H1../..H4] [...] optionale Adressen

Adressbuchstaben:
- X X-Koordinate des Gewindeendpunktes
- Z Z-Koordinate des Gewindeendpunktes
- F Steigung in Gewinderichtung
- D Gewindetiefe
- ZS Z-Koordinate des Gewindestartpunktes
- H1...H4 Zustellart

Beispiel für die Anwendung von Drehzyklen
(Abbildungen aus Simulation mit MTS Topturn)

Auftrag:

In der ersten Aufspannung soll die rechte Seite einer Welle bearbeitet werden.
Das Rohteil hat einen Durchmesser von 50 mm.
Es ist das Programm zur Bearbeitung der angegebenen Seite zu schreiben.

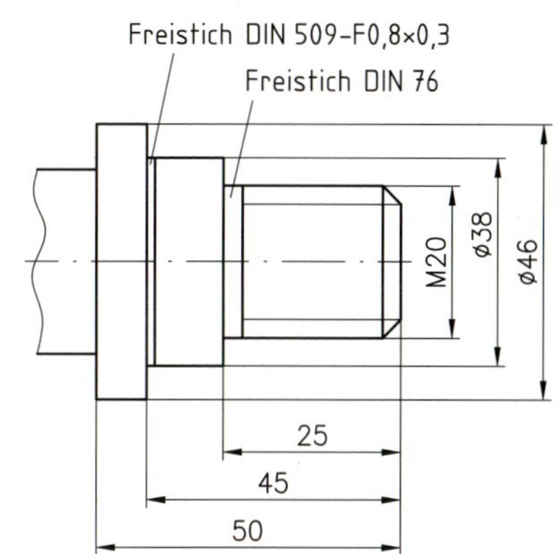

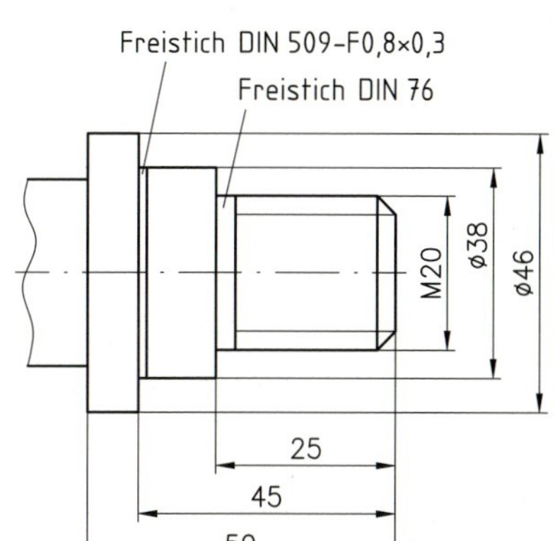

Lösung:

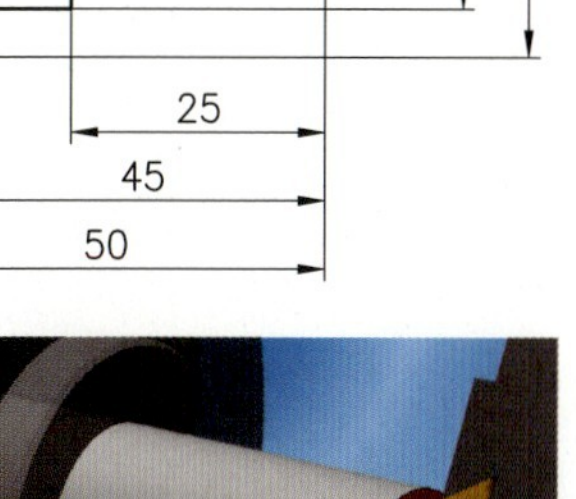

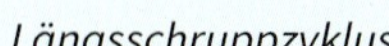

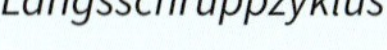

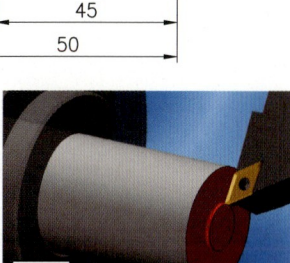

```
N10 G54
N15 T1 M4 G97 S2000 G95 F0.4
N20 G0 X45 Z1
N25 M8
N30 G82 D1.5 H2 AZ0.2                 Planschruppzyklus
  N35 G1 X40 Z0
  N40 G1 X-1
  N45 G1 Z4
  N50 G80
N55 G81 D3 H2 AZ0.2 AX0.5             Längsschruppzyklus
  N60 G0 X12 Z2
  N65 G1 X20 Z-2
  N70 G1 Z-25
  N75 G1 X30
  N80 G1 Z-20
  N85 G1 X38
  N90 G1 Z-50
  N95 G80
N100 M9
N100 G14
N105 T4 M4 S2000 F0.1 M8
N110 G0 X20 Z0
N115 G1 X-1
N120 G0 X12 Z2
N125 G1 X20 Z-2
N130 G85 XA20 ZA-25 I1.8 K6.3 H1      Gewindefreistichzyklus
N135 G1 X30
N140 G85 XA30 ZA-45 H3                Freistichzyklus an
N145 G1 X38                           Wellenzapfen
N150 G1 Z-50 M9
N155 G14
N160 T3 M3 M8 G97 S400
N165 G0 X22 Z2
N170 G31 ZA-21 XA20 F2.5 D1.53 H4     Gewindezyklus
N171 M9
N175 G14
N180 M30
```

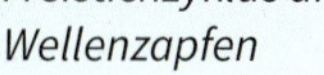

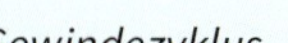

3.2.1.4 Programmabschnittwiederholungen

Mit dem Befehl G23 können ausgewählte Teile eines Programms mehrfach wiederholt werden. Dies spart Programmierarbeit und kann in vielen Fällen die Arbeit mit Unterprogrammen ersetzen.

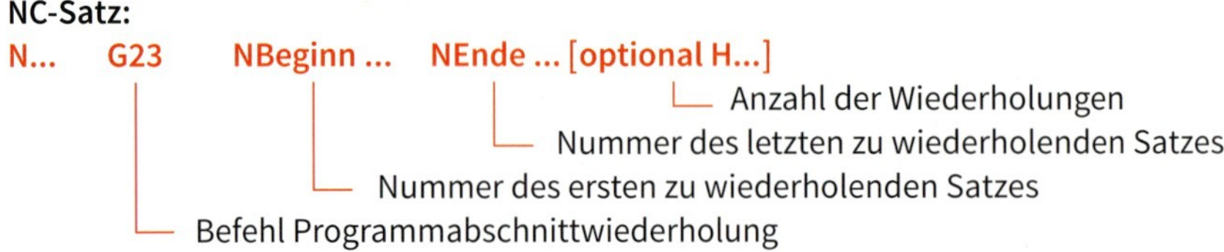

Wiederholungen eines Programmabschnitts werden mit G23 und den Satznummern des Start- und Endsatzes programmiert.

3.2.3 Unterprogramme beim Drehen

3.2.3.1 Unterprogramme mit festen Zahlenwerten

Für gleiche Bearbeitungsabläufe werden Unterprogramme erstellt. Diese Unterprogramme können an jeder beliebigen Stelle von Hauptprogrammen eingesetzt werden. Sie werden meist inkremental programmiert. Ein Unterprogramm beginnt mit L sowie der **Unterprogrammnummer** und endet im letzten Satz mit **M17**. Die Zahl der Wiederholungen an aufeinander folgenden Stellen wird mit H... angegeben.

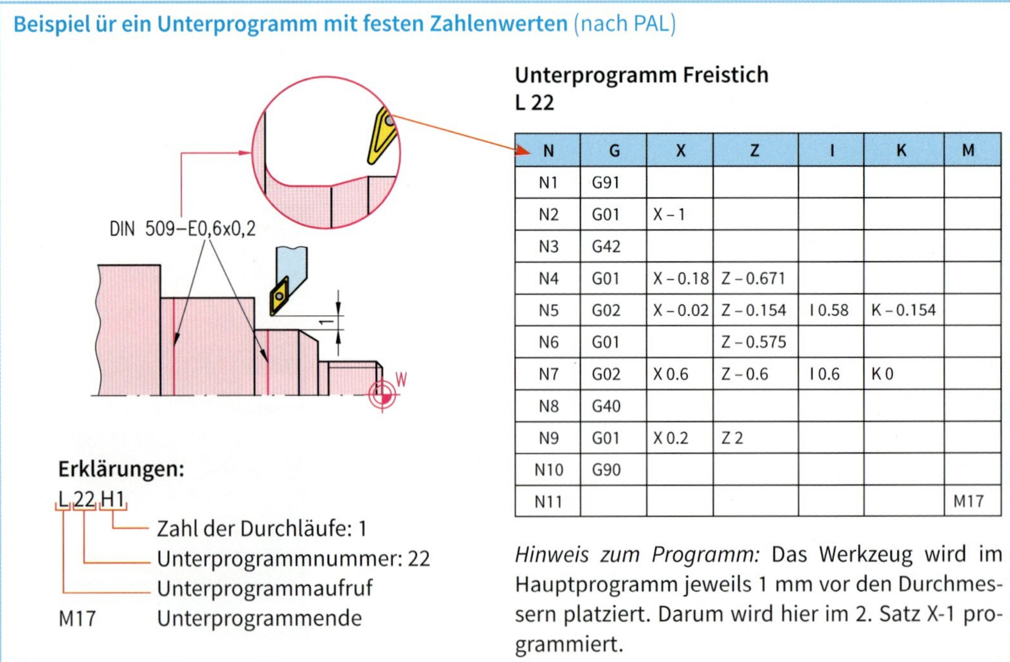

Beispiel ür ein Unterprogramm mit festen Zahlenwerten (nach PAL)

Unterprogramm Freistich
L 22

N	G	X	Z	I	K	M
N1	G91					
N2	G01	X – 1				
N3	G42					
N4	G01	X – 0.18	Z – 0.671			
N5	G02	X – 0.02	Z – 0.154	I 0.58	K – 0.154	
N6	G01		Z – 0.575			
N7	G02	X 0.6	Z – 0.6	I 0.6	K 0	
N8	G40					
N9	G01	X 0.2	Z 2			
N10	G90					
N11						M17

Erklärungen:
L 22 H1
- Zahl der Durchläufe: 1
- Unterprogrammnummer: 22
- Unterprogrammaufruf

M17 Unterprogrammende

Hinweis zum Programm: Das Werkzeug wird im Hauptprogramm jeweils 1 mm vor den Durchmessern platziert. Darum wird hier im 2. Satz X-1 programmiert.

Für gleiche Bearbeitungsabläufe, die an unterschiedlichen Stellen aufgerufen werden, erstellt man Unterprogramme. Diese werden bevorzugt inkremental programmiert. Unterprogramme sind durch den Buchstaben **L** vor der **Unterprogrammnummer** gekennzeichnet. Das Unterprogrammende wird im letzten Satz mit **M17** beendet.

Übungsaufgaben 3/10; 3/11; 3/12

3.2.3.2 Unterprogramme mit Parametertechnik

Für Bearbeitungsvorgänge, bei denen ähnliche Formen mit unterschiedlichen Maßen vorkommen, werden statt der Maße Parameter programmiert. Parameter werden von den Steuerungsherstellern unabhängig von Normen mit unterschiedlichen Buchstaben benannt – zum Beispiel **R**.

Beispiel für ein Unterprogramm mit Parametertechnik (steuerungsabhängiges Beispiel)

Werkstück Nr. 1

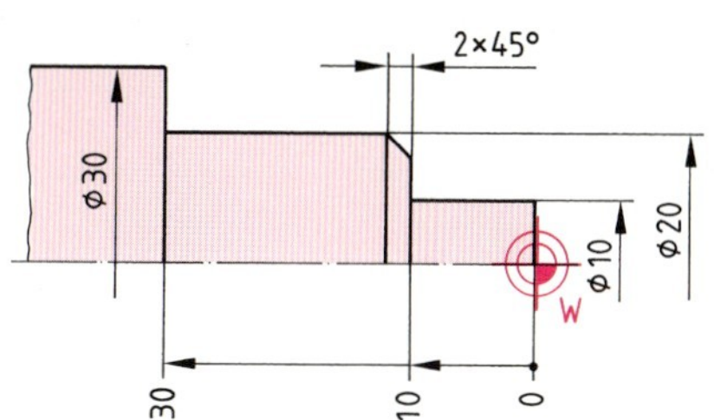

Werkstück Nr. 2

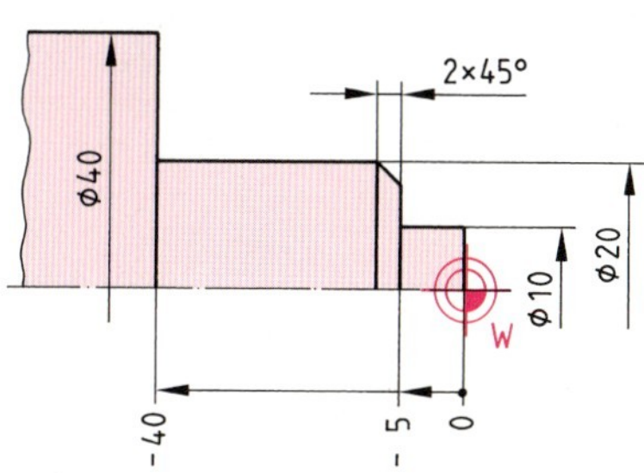

Werkstück Nr. 1 und Nr. 2 unterscheiden sich in der Länge ihrer zylindrischen Ansätze und im Wert des letzten Durchmessers. Es soll trotzdem ein gemeinsames Programm geschrieben werden. Dies geschieht dadurch, dass die unterschiedlichen Werte mit den Parametern R1, R2 und R3 belegt werden. Soll Werkstück Nr. 1 gefertigt werden, müssen vor Programmbeginn die Parameter mit den Werten von Werkstück Nr. 1 belegt werden; entsprechend wird bei Werkstück Nr. 2 vorgegangen:

Parameter von Werkstück Nr. 1
R1 = –10 (Länge des 1. Zylinders)
R2 = –30 (Länge des 2. Zylinders)
R3 = 30 (Ø des 3. Zylinders)

Parameter von Werkstück Nr. 2
R1 = –5 (Länge des 1. Zylinders)
R2 = –40 (Länge des 2. Zylinders)
R3 = 40 (Ø des 3. Zylinders)

N	G	X	Z	I	K
N1		R1=....			
N2		R2=....			
N3		R3=....			
N4					
N5	G90				
N6	G00	X0	Z0		
N7	G42				
N8	G01	X10			
N9	(G01)		Z=R1		
N10	(G01)	X20			
N11	(G01)		Z=R2		
N12	(G01)	X=R3			
N13	G40				

! Bei Teilefamilien benötigt man mit Parametertechnik ein Programm. Unterschiedliche Werte werden unmittelbar vor dem Programm festgelegt.

3.2.3.3 Einsatz von Unterprogrammen

Zur Verringerung des Programmieraufwandes versucht man möglichst Zyklen und Unterprogramme einzusetzen. Die Unterprogramme werden mir **G22** und der Unterprogrammnummer **L...** aufgerufen. Mit **H...** kann die Zahl der Wiederholungen eingegeben werden.

NC-Satz: G22 L... [H...] [ ] optional

Beispiele für den Einsatz von Zyklen und Unterprogrammen in einem Hauptprogramm

Die vorgearbeitete und umgespannte Folienwalze soll vier gleiche Erhebungen erhalten. Ein entsprechendes Programm ist zu schreiben.

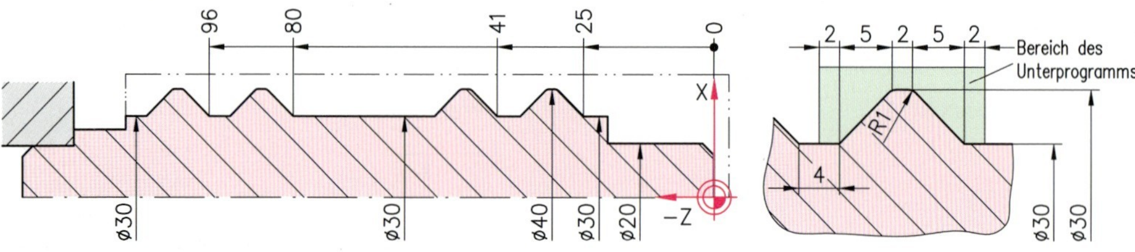

Lösung:

```
N10 G54
N15 T5 S3000 F0.1 M4
N20 G00 X42 Z2
N25 G0 X41 Z0

N30 G81 D3
N35 G0 X12 Z2
N40 G1 X20 Z-2
N45 Z-20
N50 X30
N55 Z-25
N60 X40
N65 Z-120
N70 X42
N75 G80

N80 G14
N85 T9 S3000 F0.1 M4

N90 G0 X42 Z-23
N95 G22 L11 H2
N100 G90

N105 G81 D3
N110 G0 X41 Z-54
N115 G1 X30
N120 Z-80
N125 X41
N130 G80

N135 G0 Z-78
N140 G22 L11 H2
N145 G90

N150 G81 D3
N155 G0 X40 Z-109
N160 G1 X30
N165 Z-117
N170 X41
N175 G80

N180 G0 X45
N185 G14
N190 M30
```

Schnittaufteilung:
Startpunkte von Zyklen und Unterprogrammen

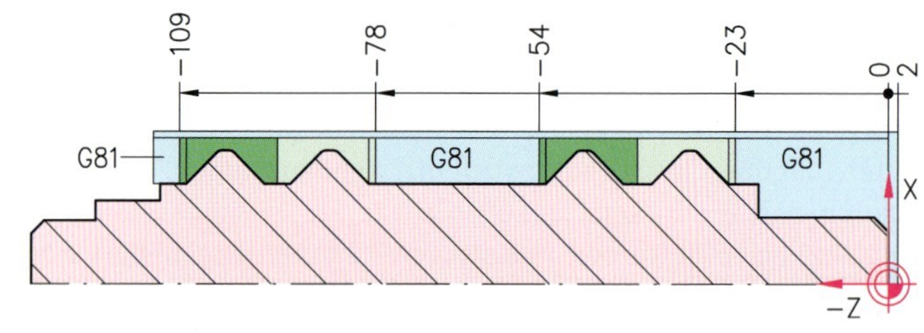

Unterprogramm L11

```
N10 G81 D2
N15 G42
N20 G91
N25 G1 X-6
N30 Z-2
N35 X5 Z-5 RN1
N40 Z-2 RN1
N45 X-5 Z-5
N50 Z-2
N55 X6
N60 G40
N65 G80
N70 Z-16
N75 G90 N80 M17
```

Abbildung aus Simulation mit MTS TopTurn

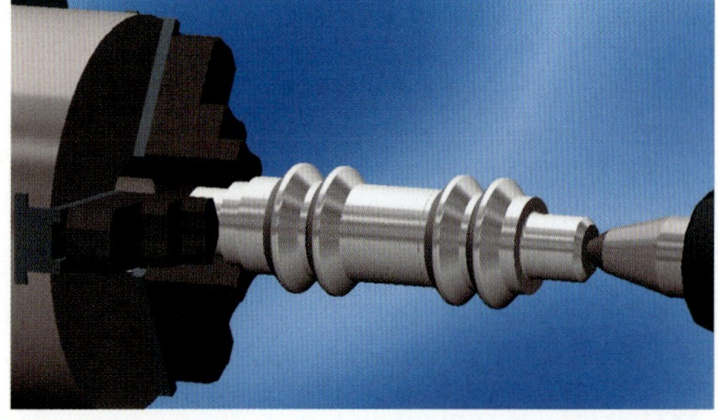

3.3 Werkzeuge und Werkzeugmaße beim Drehen

3.3.1 Aufbau von Drehwerkzeugen

Auf CNC-Drehmaschinen setzt man ausschließlich Drehmeißel mit auswechselbaren Wendeschneidplatten ein. Der Drehmeißel wird in den Werkzeughalter eingesetzt. Werkzeughalter sind meist mit genormten Schäften nach DIN 69880 ausgestattet, mit denen sie in entsprechend gestaltete Mehrfachwerkzeugträger (Werkzeugrevolver) eingesetzt werden.

Beispiel für einen Werkzeughalter mit Schaft und einen Werkzeugrevolver einer CNC-Drehmaschine

3.3.2 Werkzeugmaße

Der Steuerung müssen die Maße der eingesetzten Werkzeuge eingegeben werden. Das zur Programmierung benutzte CAM-System benötigt diese Maße ebenfalls zur sicheren Simulation, damit die Gefahren von zu großer Spanabnahme und Kollisionen sicher erkannt werden können. Bezugspunkt für die Ermittlung der Werkzeugmaße ist der sogenannte **Werkzeugeinstellpunkt**.

Der Werkzeugeinstellpunkt ist ein der Steuerung bekannter Punkt, der bei allen Werkzeugpositionen an der dem Futter zugewandten Seite des Revolvers liegt.

Zur Eingabe in den Werkzeugspeicher der Steuerung benötigt man folgende Daten des Werkzeugs:

- **Werkzeuglänge *L***
  Dies ist der Abstand der Schneidenspitze vom Werkzeugeinstellpunkt in Z-Richtung.
- **Querlage *Q***
  Dies ist der Abstand der Schneidenspitze vom Werkzeugeinstellpunkt in X-Richtung.
- **Schneidenradius *R***
  Dies ist die Rundung der Werkzeugschneide.

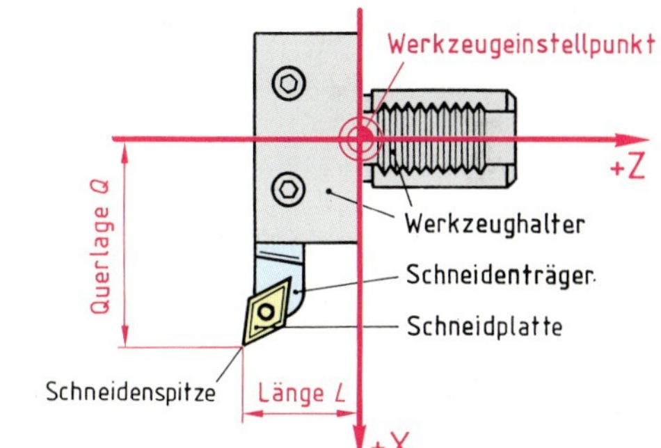

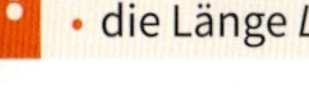

! Für den Einsatz der Werkzeuge werden folgende Daten in den Werkzeugspeicher eingegeben:
- die Länge *L*,
- die Querlage *Q*,
- der Schneidenradius *R*.

– Manuelle Ermittlung von Werkzeugmaßen an der Maschine

Zuerst wird ein beliebiger Durchmesser angedreht und in Z-Richtung freigefahren. Nach dem Messen des Zylinderdurchmessers wird dieser Wert in die Steuerung eingegeben. Sie errechnet sich daraus die Querlage Q. Anschließend wird eine Planfläche angedreht und in X-Richtung freigefahren. Nach dem Ausmessen der Werkstücklänge wird dieser Wert ebenfalls der Steuerung eingegeben. Die Steuerung errechnet daraus die Werkzeuglänge L.

! Aus der Eingabe des angedrehten Werkstückdurchmessers und der Werkstücklänge errechnet sich die Steuerung die Querlage *Q* und die Länge *L*.

Übungsaufgaben 3/13; 3/14

– Optische Ermittlung der Korrekturmaße an Werkstückrevolvern

An Werkzeugrevolvern können die Durchmesser- und Längenunterschiede der einzelnen Werkzeuge im Vergleich mit dem „Nullwerkzeug" optisch ermittelt werden.

Zu diesem Zweck wird eine Lupe, die ein Fadenkreuz enthält, an der Maschine angebracht. Mit dem „Nullwerkzeug" im Schnittpunkt des Fadenkreuzes werden die Durchmesser- und Längenkorrekturwerte für dieses Werkzeug auf Null gesetzt.
Anschließend werden die einzelnen Werkzeuge, die im Werkzeugrevolver eingespannt sind, unter die Lupe gefahren. Dabei werden vom Messsystem die Abweichungen in X- und Z-Richtung vom „Nullwerkzeug" angezeigt. Mittels eines Kreismusters auf der Lupe kann gleichzeitig der Schneidenradius bestimmt werden. Diese Werte werden in den Werkzeugdatenspeicher der Maschine eingegeben.

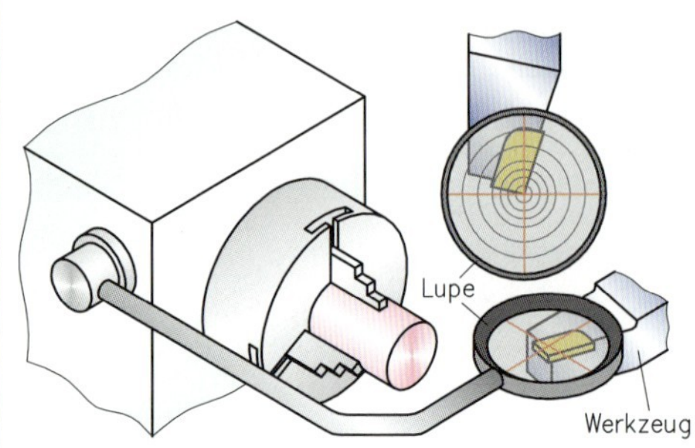

Optische Ermittlung von Korrekturwerten an einem Werkzeugrevolver (Schema)

– Ermittlung der Werkzeugdaten mit Einstell- und Messgeräten

Mithilfe von Einstell- und Messgeräten werden Zerspanungswerkzeuge vor deren Einsatz in der Fertigungsmaschine vermessen, um die Istwerte zu ermitteln wie z. B. Schneidenlänge, Durchmesser, Radius, Schneidenwinkel und zahlreiche weitere Parameter je nach Werkzeugtyp. Zusätzlich können Werkzeuge auf Sollmaß eingestellt werden und auf Schneidenqualität geprüft werden. Mithilfe eines Bildverarbeitungssystems und Software werden die Parameter bedienerunabhängig, berührungslos und μ-genau ermittelt.
Die Istwerte können

- direkt am Gerät abgelesen,
- unmittelbar an die Maschine ausgegeben,
- in Listen ausgedruckt oder
- automatisch auf Datenträgern gespeichert werden.

Werkzeug-Voreinstellgerät

– Verwaltung der Werkzeugdaten

Voraussetzung für eine Verwaltung der Werkzeuge ist eine Nummerierung jedes einzelnen Werkzeugs. Die Nummer kann dem Werkzeug durch Codierringe an der Werkzeugaufnahme, durch Stichcodes oder einen Chip mitgegeben werden. Die zugehörigen Daten können dann in einem zentralen Rechner abgelegt werden, aus dem sie bei Bedarf vom Voreinstellsystem, von der CNC-Maschine und dem CAM-System abgerufen werden können. Dieser Rechner verwaltet auch

- die vorgegebene Nutzungszeit,
- die Vorwarnzeit bei Standzeitende,
- die Nummern der Schwesternwerkzeuge,
- im Einsatz vorgenommene Maßkorrekturen wegen Verschleiß u.A.

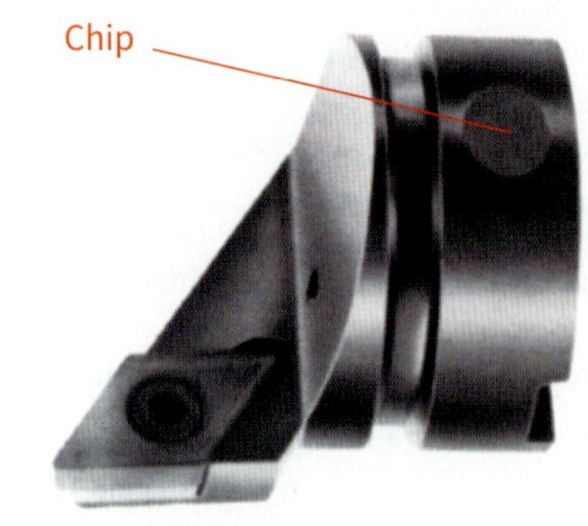

Werkzeug mit Datenträger

Beim Einsatz von Chips, aus denen nicht nur Daten gelesen, sondern auch beschrieben werden können, führt jedes Werkzeug seine Daten und alle Änderungen mit, sodass jederzeit die Daten an Schreib-Lese-Einrichtungen gelesen und aktualisiert werden können.

3.3.2 Schneidenradiuskompensation

Die Schneide eines Drehmeißels endet nie in einer punktförmigen Schneidenspitze, sondern ist stets mit einem kleinen Radius versehen. Dadurch erhöht sich die Standzeit des Werkzeugs und die Oberflächenqualität des Werkstücks wird verbessert. Die Schneidenradien betragen etwa 0,2 bis 2 mm. Beim Drehen zylindrischer Werkstücke verursacht ein Schneidenradius keinen Fehler. Beim Drehen konischer Werkstücke und beim Drehen größerer Radien muss der Schneidenradius berücksichtigt werden. Dabei ist der Weg, den ein Meißel mit *punktförmiger* Schneidenspitze zur Erzeugung der programmierten Kontur zurücklegen würde nicht gleich dem Weg einer gerundeten Schneidenecke. In der Praxis würde das gefertigte Werkstück nicht die vorbestimmte Form haben, sondern mehr oder weniger große Formabweichungen aufweisen.

Beispiele für die Entstehung von Konturfehlern durch einen Schneidenradius

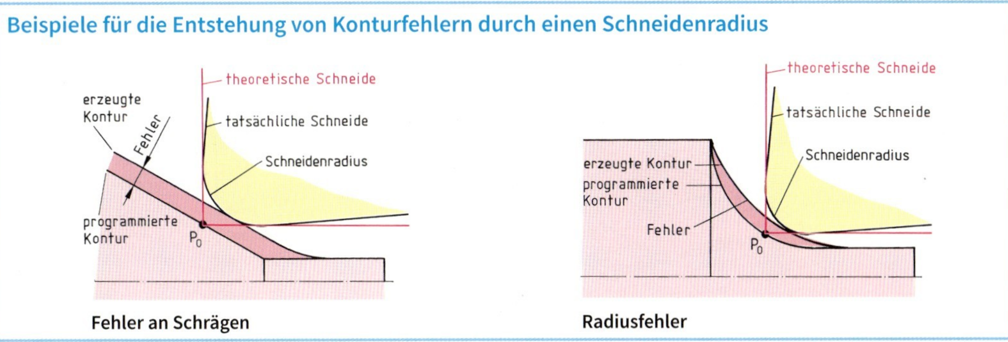

Fehler an Schrägen **Radiusfehler**

> **!** Beim Drehen mit Meißeln mit gerundeter Schneidenecke entstehen an Schrägen und in großen Radien Konturfehler, falls keine Schneidradiuskorrektur vorgenommen wird.

Um eine Schneidenradiuskompensation zutreffend zu berechnen, muss dem Rechner angegeben werden, in welcher Stellung sich die Schneide in Vorschubrichtung zum Werkstück befindet.

Bei dem Befehl **G41** erfolgt die Korrektur für ein Werkzeug, das links von der Kontur arbeitet – *betrachtet in Vorschubrichtung.*

Bei dem Befehl **G42** erfolgt die Korrektur für ein Werkzeug, das rechts von der Kontur arbeitet – *betrachtet in Vorschubrichtung.*

Die Schneidenradiuskompensation bleibt so lange wirksam, bis mit dem Befehl **G40** die vorherige Anweisung zur Werkzeugkorrektur aufgehoben wird.

Beispiele für eine Schneidenradiuskompensation bei Drehteilen

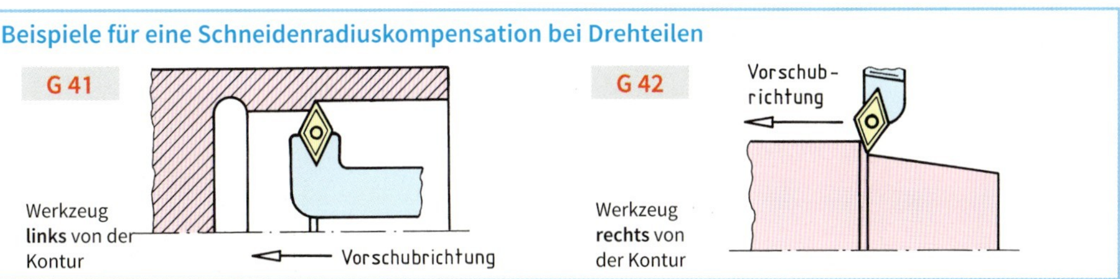

> **!** Schneidenradiuskompensation:
> - G41 Werkzeug in Vorschubrichtung links von der Kontur,
> - G42 Werkzeug in Vorschubrichtung rechts von der Kontur,
> - G40 für das Aufheben der Schneidenradiuskompensation.

Zusätzlich muss die Lage der theoretischen Schneidenspitze P0 zum Schneidenradiusmittelpunkt S durch eine herstellerspezifische Kennzeichnung eingegeben werden.
Mögliche Positionen:

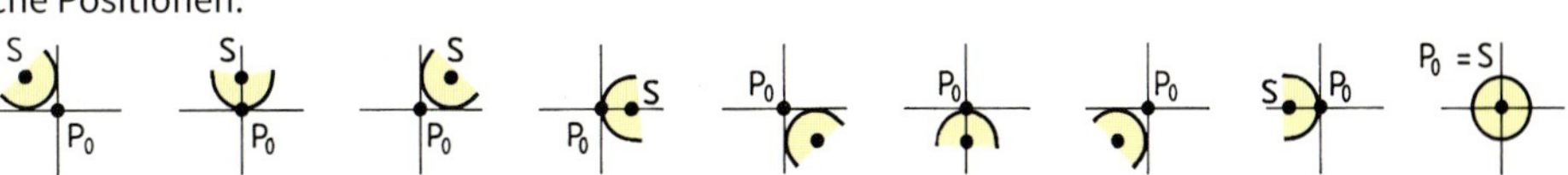

4 Programmieren zur Fertigung von Frästeilen

4.1 Programmieren von Weginformationen beim Fräsen

4.1.1 Achsrichtungen bei Fräsarbeiten

Bei Fräsmaschinen unterscheidet man nach der Lage der Arbeitsspindel Senkrechtfräsmaschinen und Waagerechtfräsmaschinen.

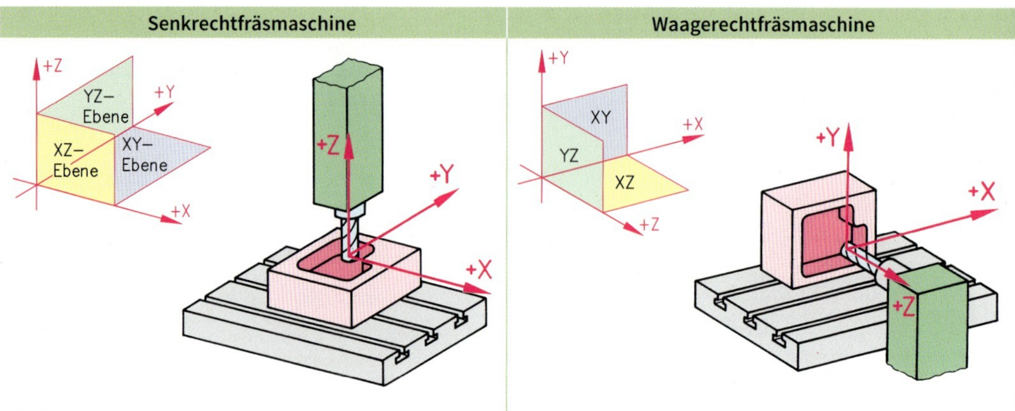

Zur Fertigung komplizierter Werkstücke müssen Fräsmaschinen über zusätzliche Bewegungsrichtungen verfügen.

Zum Programmieren der Schwenkbewegungen um die drei Achsen sind Adressbuchstaben festgelegt, die durch Winkelangaben ergänzt werden.

Dabei bezeichnet der Buchstabe

A eine Schwenkbewegung um die **X-Achse**,
B eine Schwenkbewegung um die **Y-Achse**,
C eine Schwenkbewegung um die **Z-Achse**.

Die Bewegungen sind dann positiv, wenn sie in Richtung der positiven Achse gesehen im *Uhrzeigersinn* erfolgen.

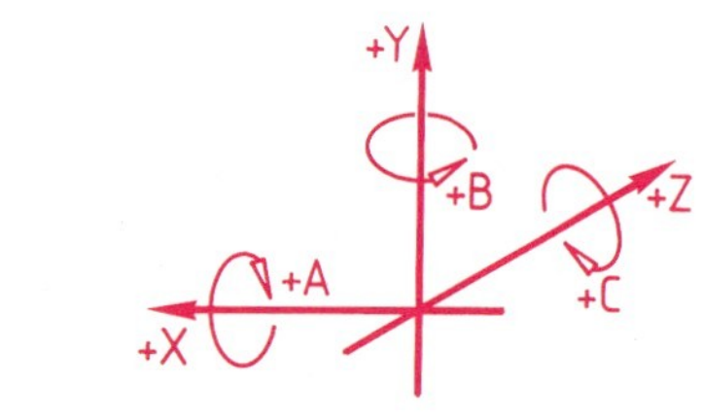

Koordinatenachsen

Beispiele für Achsen an CNC-Fräsmaschinen

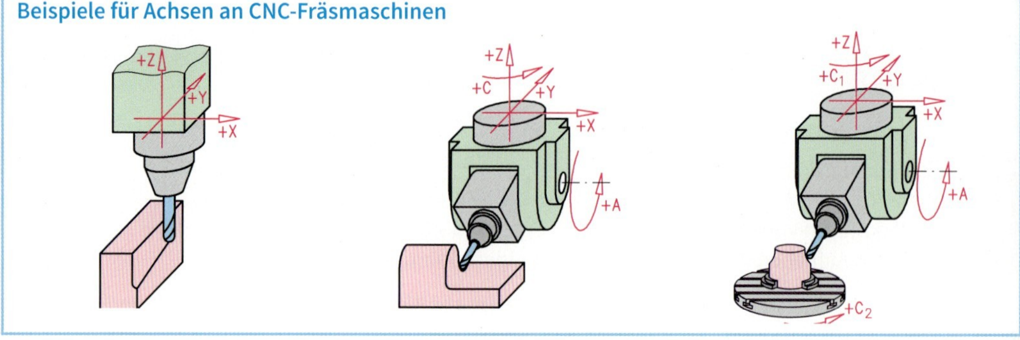

! Programmgesteuerte Schwenkbewegungen um die X-, Y- und Z-Achse werden mit A, B und C bezeichnet. Die Bewegungen sind positiv, wenn sie sich in Richtung der positiven Achse gesehen im Uhrzeigersinn drehen.

4.1.2 Maschinennullpunkt und Referenzpunkt

Der Maschinennullpunkt ist der Ursprung des Maschinen-Koordinatensystems. Er liegt bei CNC-Fräsmaschinen an der Grenze des Arbeitsbereiches. Bei Fräsmaschinen mit inkrementalen Messsystemen muss beim Einschalten der Maschine ein Nullpunkt angefahren, und die Messsysteme müssen dort in allen Achsrichtungen Null gesetzt werden. Einen solchen Punkt bezeichnet man als Referenzpunkt. An Fräsmaschinen sind der Referenzpunkt und der Maschinennullpunkt vielfach identisch. Zum Anfahren des Referenzpunktes sind auf allen Maßstäben der Bewegungsachsen Markierungen (Referenzmarken) vorhanden.
Kann bei einer Fräsmaschine der Maschinennullpunkt nicht angefahren werden, so wird ein Referenzpunkt ersatzweise an anderer Stelle im Arbeitsbereich festgelegt.

Beispiel für die Lage von Maschinennullpunkt und Referenzpunkt an Fräsmaschinen

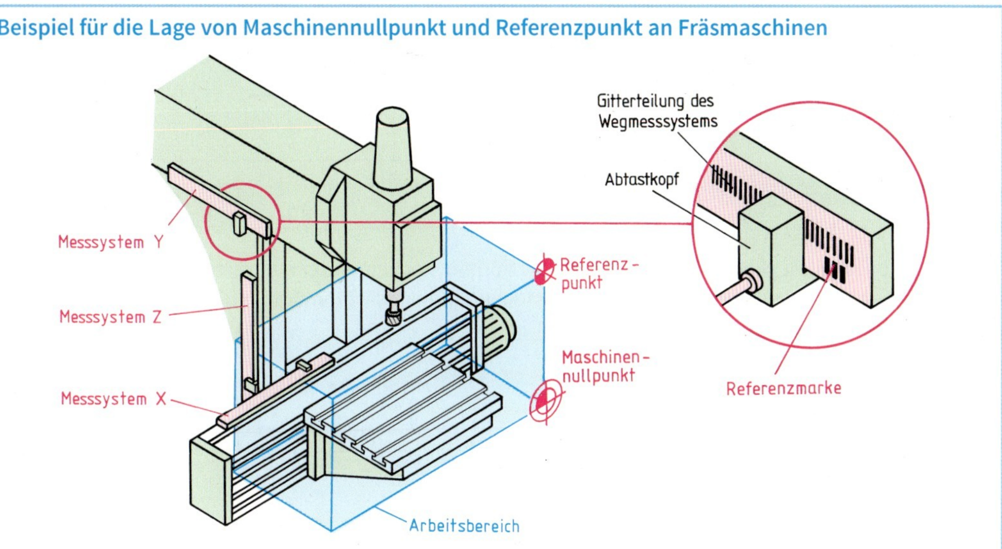

4.1.3 Werkstücknullpunktlagen

1. Wahl des Werkstücknullpunktes

Der Werkstücknullpunkt wird vom Programmierer frei gewählt. Die Festlegung erfolgt jedoch so, dass alle Werkstückmaße leicht auf den Nullpunkt zurückgerechnet werden können. Ferner muss nach dem Aufspannen des Werkstückes eine einfache Lagebestimmung des Nullpunktes möglich sein. Zweckmäßig wählt man bei einfachen Frästeilen den Nullpunkt an einer Werkstückecke.
Bei symmetrischen Werkstücken legt man den Werkstücknullpunkt auf die Symmetrieachse, bei radialen Anordnungen in den Kreismittelpunkt.

Beispiele für Nullpunktlagen an einfachen Frästeilen

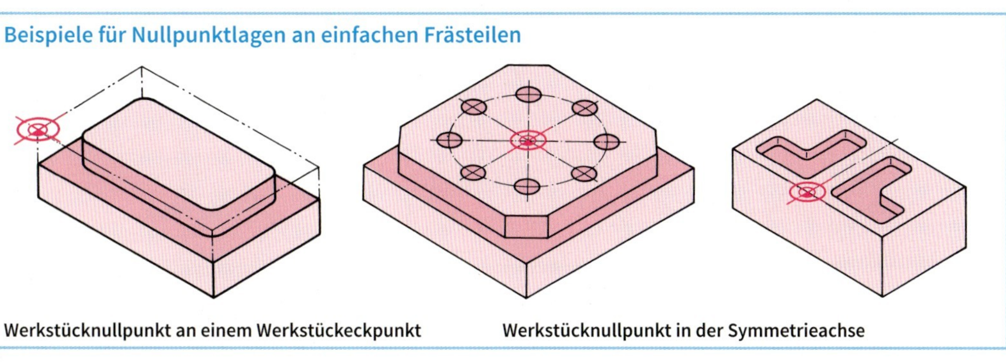

Werkstücknullpunkt an einem Werkstückeckpunkt | **Werkstücknullpunkt in der Symmetrieachse**

! Den Werkstücknullpunkt legt man bei einfachen Werkstücken an einen Werkstückeckpunkt, bei symmetrischen Werkstücken auf die Symmetrieachse.

1. Verschiebung des Werkstücknullpunktes

Für die Bearbeitung auf CNC-Maschinen kann es vorteilhaft sein, den Werkstücknullpunkt innerhalb eines längeren Fertigungsprozesses zu verlegen. Dies geschieht mit dem Befehl **G59**. Der Befehl **G53** hebt die Verschiebung wieder auf.

Beispiel für eine Nullpunktverschiebung mit dem Befehl G59 (nach PAL)

Eine programmierte Grundkontur kann mithilfe einer Nullpunktverschiebung an die gewünschte Stelle übertragen werden. Die Verschiebung wird mit dem Befehl G59 aufgerufen und durch die Angabe der Absolutmaße für die Nullpunktverschiebung programmiert. Weitere Verschiebungen können mit der Absolutbemaßung auf den neuen Nullpunkt bezogen programmiert werden.

N... G59 X120 Y100

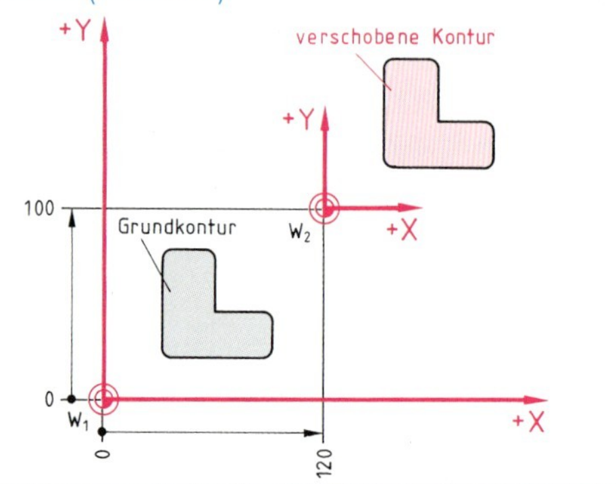

Für die Bearbeitung komplizierter Werkstücke können nacheinander mehrere Werkstücknullpunkte gesetzt werden. Die Verschiebung des Werkstücknullpunktes wird mit dem Befehl G59 programmiert. G53 hebt die Verschiebung wieder auf.

4.1.4 Werkzeugbahnkorrekturen

Die erforderliche Werkzeugbewegung für eine Fräsarbeit entspricht theoretisch der Bahn des Fräsermittelpunktes parallel zur zu fertigenden Werkstückkontur. Je nach Durchmesser des eingesetzten Fräsers muss die Bahn des Werkzeugmittelpunktes entlang der Werkstückkontur nach links oder rechts verlegt werden.

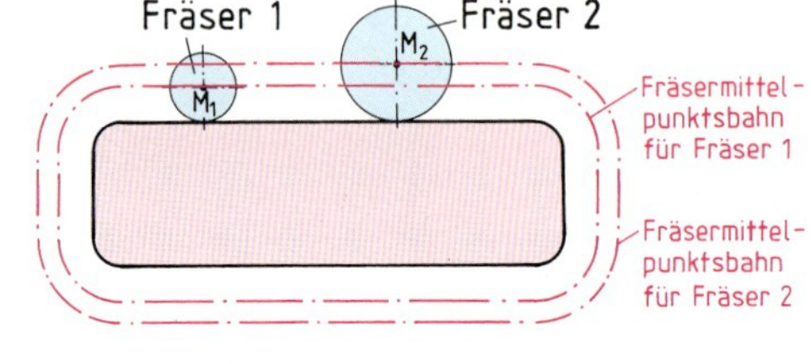

Lage der Fräsermittelpunktsbahn

Soll das Werkzeug in Vorschubrichtung links von der gewünschten Kontur arbeiten, dann ruft man die Korrektur durch den Wegbefehl **G41** auf.

Soll das Werkzeug in Vorschubrichtung rechts von der gewünschten Kontur arbeiten, dann ruft man die Korrektur durch den Wegbefehl **G42** auf.

Der Befehl **G40** hebt die Bahnkorrektur wieder auf.

Beispiele zu Werkzeugbahnkorrekturen mit den Befehlen G41 und G42

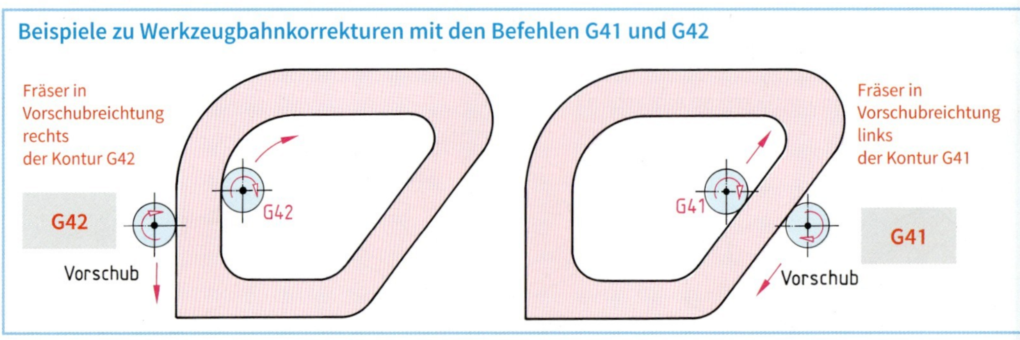

- G41 korrigiert bei der Stellung des Werkzeugs in Vorschubrichtung links von der Kontur.
- G42 korrigiert bei der Stellung des Werkzeugs in Vorschubrichtung rechts von der Kontur.
- G40 hebt Korrekturen wieder auf.

Bei Fräsern mit der Schnittrichtung rechts führt G42 immer zu Gegenlauffräsen und G41 zu Gleichlauffräsen.

Übungsaufgaben 4/4 bis 4/6

4.2 Programmierhilfen beim Fräsen

4.2.1 Zyklen beim Fräsen

Häufig sind bei Arbeiten auf Fräsmaschinen sich wiederholende, gleichartige Bearbeitungen durchzuführen, die in vielen Einzelschritten programmiert werden müssen. Man fasst diese Arbeiten in Zyklen zusammen, die in einem Satz programmiert werden.
Wichtige Zyklen für die Fräsbearbeitung sind:

- *Bohrzyklen:* Durchbohren, Tiefbohren, Gewindebohren, Lochmusterbohren
- *Konturzyklen:* Taschenfräsen, Zapfenfräsen, Fasenfräsen, Eckenrunden
- *An- und Ausfahrzyklen:* Sanftes Anfahren an die Kontur

Beispiele für Vorgänge, die mit Zyklen zu programmieren sind

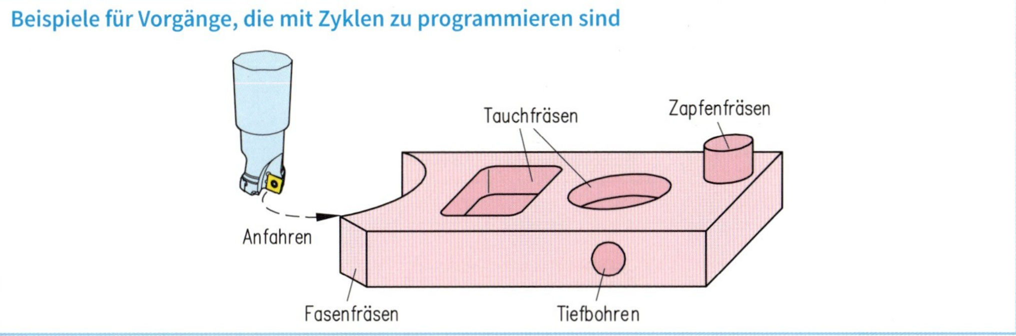

1. Tiefbohrzyklus mit Spänebrechen G82
Zum Bohren tiefer Bohrungen wird der Zyklus G82 verwendet. Die Vorschubbewegung des Bohrers wird nach Erreichen der programmierten Zwischenbohrtiefe angehalten, anschließend wird das Werkzeug um einen bestimmten Betrag angehoben, um die Späne zu brechen.

Beispiel für einen Tiefbohrzyklus

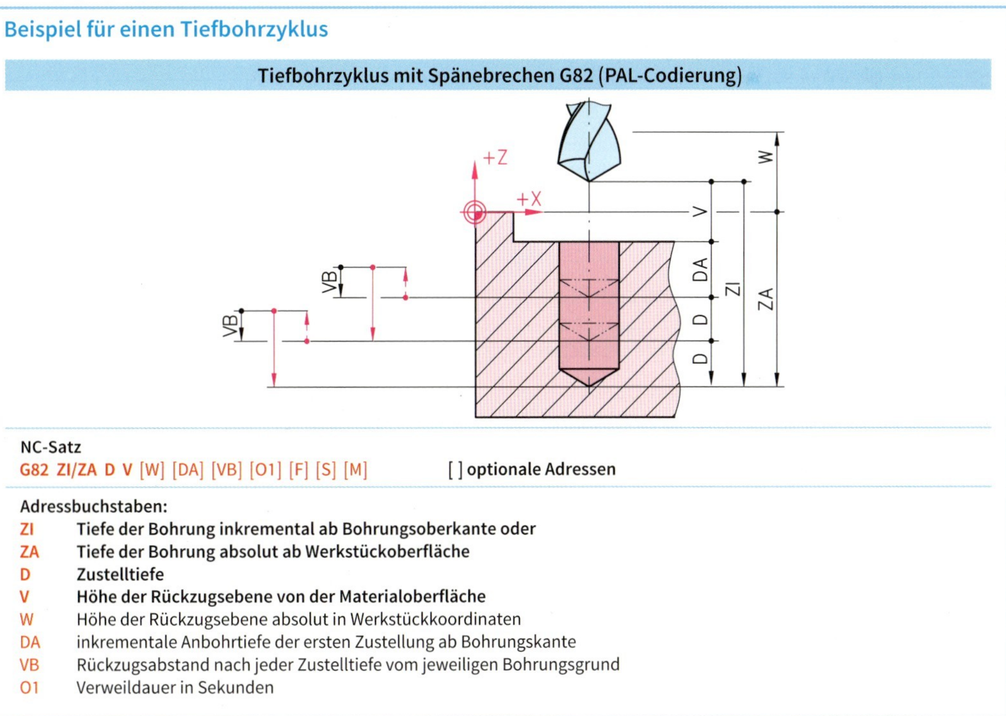

NC-Satz
G82 ZI/ZA D V [W] [DA] [VB] [O1] [F] [S] [M]   [ ] optionale Adressen

Adressbuchstaben:

ZI	**Tiefe der Bohrung inkremental ab Bohrungsoberkante oder**
ZA	**Tiefe der Bohrung absolut ab Werkstückoberfläche**
D	**Zustelltiefe**
V	**Höhe der Rückzugsebene von der Materialoberfläche**
W	Höhe der Rückzugsebene absolut in Werkstückkoordinaten
DA	inkrementale Anbohrtiefe der ersten Zustellung ab Bohrungskante
VB	Rückzugsabstand nach jeder Zustelltiefe vom jeweiligen Bohrungsgrund
O1	Verweildauer in Sekunden

2. Rechtecktaschenfräszyklus G72

Zum Fräsen von Rechtecktaschen wird der Zyklus G72 verwendet. Der Startpunkt für das Werkzeug liegt oberhalb des Taschenmittelpunkts. Die Tasche wird konturparallel vom Mittelpunkt her ausgeräumt.

Als Pflichtparameter sind die Länge, die Breite und die Tiefe der Rechtecktasche einzugeben, außerdem die maximale Zustelltiefe und der Sicherheitsabstand des Fräsers von der Taschenoberkante. Für die Schlichtbearbeitung können Bearbeitungsaufmaße für Taschenwandung und Taschenboden programmiert werden.

Beispiel für einen Rechtecktaschenfräszyklus

Rechtecktaschenfräszyklus G72 (PAL-Codierung)

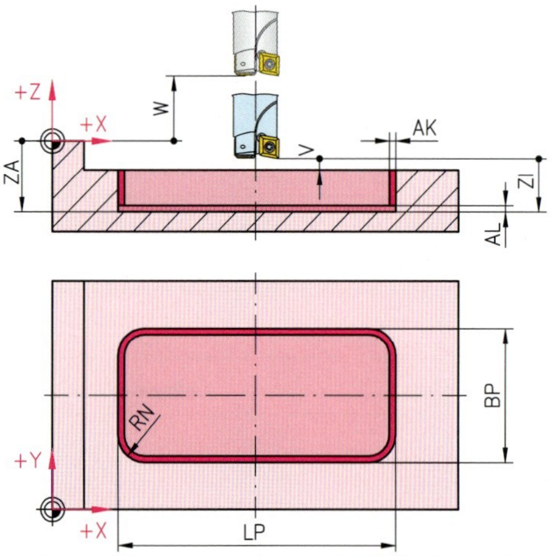

NC-Satz

G72 LP BP ZI/ZA D V [W] [RN] [AK] [AL] [F] [S] [M]   [ ] optionale Adressen

Adressbuchstaben:

LP	**Länge der Rechtecktasche in X-Richtung**
BP	**Breite der Rechtecktasche in Y-Richtung**
ZI	**Tiefe der Rechtecktasche inkremental ab Taschenoberkante oder**
ZA	**Tiefe der Rechtecktasche absolut ab Werkstückoberfläche**
D	**Maximale Zustelltiefe**
V	**Abstand der Sicherheitsebene von der Taschenoberfläche**
W	Höhe der Rückzugsebene absolut in Werkstückkoordinaten
RN	Eckenradius (Voreinstellung RN0, damit ist der erzeugte Eckenradius gleich dem Werkzeugradius)
AK	Aufmaß auf die Berandung
AL	Aufmaß auf den Taschenboden

Mit der G-Funktion G79 wird der Fräser zum Startpunkt des Zyklus zurück geführt.

Beispiel für den Einsatz eines Rechtecktaschenfräszyklus (nach PAL)

Mit einem Schaftfräser von 20 mm Durchmesser ist die dargestellte Rechtecktasche zu fräsen.
Es ist der Programmteil zum Fräsen der Tasche zu schreiben.

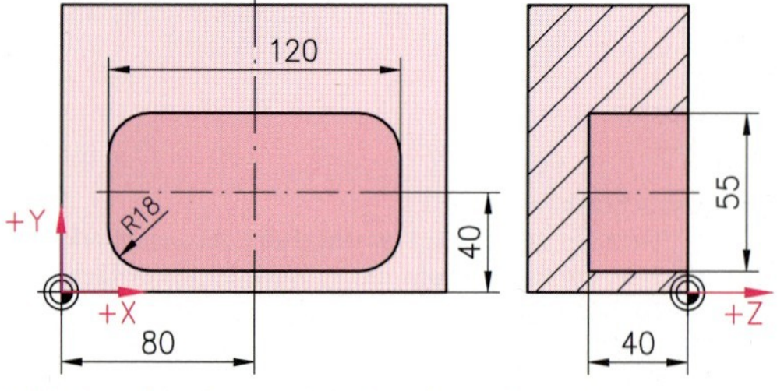

Lösung:

```
N70 G72 LP120 BP56 Zi-40 D4 V3 RN18
N80 G79 XA80 YA40
```

N70 Beschreibung der Tasche, die mit zuvor programmierten Schnittdaten auszuräumen ist.
N80 Auf Setzpunkt fahren, Tasche ausräumen

3. Kreistaschen- und Zapfenfräszyklus G73

Kreistaschen oder Zapfen werden mit dem Fräszyklus G73 in gleicher Weise programmiert. Der Zyklus steuert eine kreisförmige Bewegung des Fräsers, sodass Kreistaschen, Kreistaschen mit Zapfen und frei stehende Zapfen gefräst werden können.

Beispiel für einen Kreistaschen- und Zapfenfräszyklus

Im Zyklus G73 wird mit demselben Fräser zunächst die Schruppbearbeitung und anschließend die Schlichtbearbeitung durchgeführt.
Startpunkt (Setzpunkt) der Bearbeitung ist in jedem Fall der Kreismittelpunkt.

Kreistaschenfräszyklus (PAL)	G73	Zapfenfräszyklus (PAL)

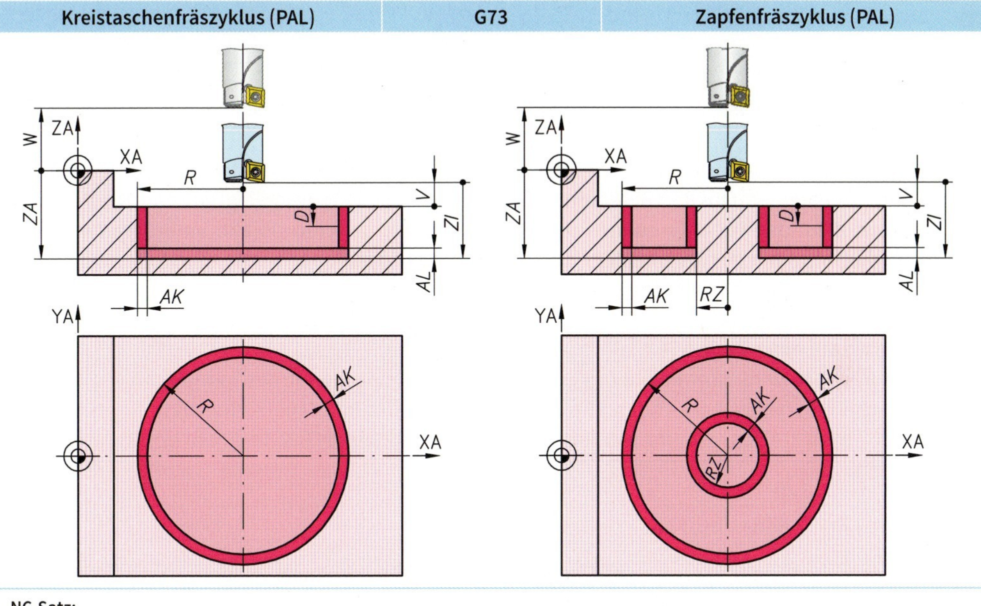

NC-Satz:
G73 ZI/ZA R D V [W] [RZ] [AK] [AL] [F] [S] [M] [ ] **optionale Adressen**

Adressbuchstaben:
- **ZI** **Tiefe der Kreistasche inkremental ab Materialoberfläche**
- **ZA** **Tiefe der Kreistasche absolut ab Werkstückoberfläche**
- **R** **Radius der Kreistasche**
- **RZ** **Radius des gewünschten Zapfens**
- **D** **Maximale Zustelltiefe**
- **V** **Abstand der Sicherheitsebene von der Materialoberfläche**
- W Höhe der Rückzugsebene absolut in Werkstückkoordinaten
- AK Aufmaß auf die Berandung
- AL Aufmaß auf den Taschenboden

Beispiel für den Einsatz eines Zapfenfräszyklus

Ein Hebel wurde so weit vorgearbeitet, dass aus einem Vierkantzapfen von 32 mm ein Zapfen von 20 mm Durchmesser ausgefräst werden kann.
Es ist der Programmteil zum Fräsen des Zapfens zu schreiben.

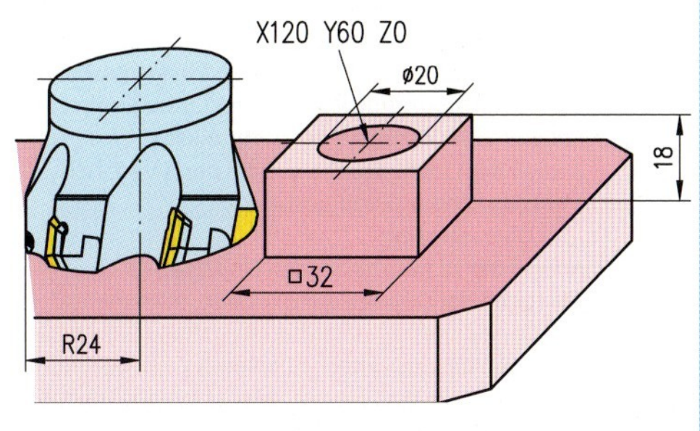

Lösung:

```
N... G73 ZA-18 R64 D5 V2 RZ10
```
Zapfenfräszyklus

```
N... G79 XA120 YA60 Z0
```
Aufruf des Zyklus am Setzpunkt

4.2.2 Zyklenaufrufe auf verschiedenen Startpositionen

Zyklenaufrufe dienen bei mehrfacher Wiederholung eines Zyklus, z. B. einer Abfolge von Bohrungen, zum Positionieren des Werkzeugs an den aufeinander folgenden Startpositionen.

Beispiele für Zyklusaufrufe

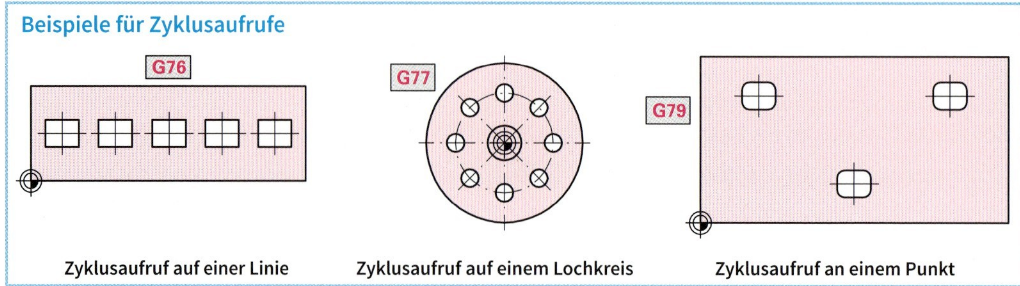

Zyklusaufruf auf einer Linie | **Zyklusaufruf auf einem Lochkreis** | **Zyklusaufruf an einem Punkt**

An den programmierten Aufrufpunkten (Setzpunkten) wird der aktive Bohr- oder Fräszyklus automatisch abgearbeitet. Die Parameter für den Bearbeitungszyklus müssen vorher festgelegt werden. Die Bearbeitung des Zyklus endet auf der Rückzugsebene über dem zuletzt bearbeiteten Objekt. Im Programm nach PAL steht der Zyklusaufruf mit der Angabe der anzufahrenden Startpositionen hinter dem Satz, in dem die Parameter des Zyklus angegeben werden.

1. Zyklusaufruf auf einer Linie G76

Der Zyklusaufruf G76 wird zum Positionieren des Werkzeugs und damit des aktuell aktiven Fräszyklus, z. B. des Taschenfräszyklus, verwendet. Mit diesem Zyklusaufruf kann die zu fräsende Kontur um einen Winkel zur positiven X-Achse gedreht werden oder mehrfach auf einer Linie in einem bestimmten Abstand gefräst werden.

Beispiel für einen Zyklusaufruf auf einer Linie

Zyklusaufruf auf einer Linie G76 (PAL-Codierung)

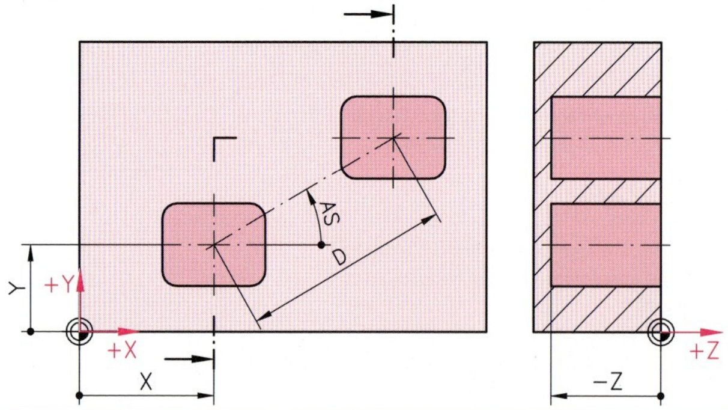

NC-Satz: G76 X Y Z AS O D [W] [V] [H1] [F] [S] [M] **[ ] optionale Adressen**

Adressbuchstaben:

- X **absolute X-Koordinate des ersten Linienpunktes**
- Y **absolute Y-Koordinate des ersten Linienpunktes**
- Z **Absolute Z-Koordinate des Zielpunktes**
- AS **Winkel der Linie bezogen auf die positive X-Achse**
  + entgegen dem Uhrzeigersinn
  - im Uhrzeigersinn
- O **Anzahl der zu bearbeitenden Objekte**
- D **Abstände der Objekte auf der Linie** (inkremental, d. h. ohne Vorzeichen)
- AR Drehwinkel des zu bearbeitenden Objektes bezogen auf die positive X-Achse
- W Höhe der Rückzugsebene absolut in Werkstückkoordinaten
- V Höhe der Sicherheitsebene absolut in Werkstückkoordinaten
- H1 nach der Bearbeitung eines Objekts wird die Sicherheitsebene V angefahren und nach dem letzten die Sicherheitsebene W

2. Zyklusaufruf auf einem Teilkreis

Der Zyklusaufruf G77 wird zum Positionieren des Werkzeuges und damit des aktuellen aktiven Fräszyklus für die zu bearbeitenden Objekte verwendet, die auf einem Teilkreis mit konstantem Mittelpunktswinkel liegen. Die Mittelpunktskoordinaten des Teilkreises werden absolut programmiert. In der folgenden Zeichnung werden Bohrungen mit einem Bohrzyklus angeordnet.

Beispiel für einen Zyklusaufruf auf einem Teilkreis

Zyklusaufruf auf einem Teilkreis G77 (PAL-Codierung)

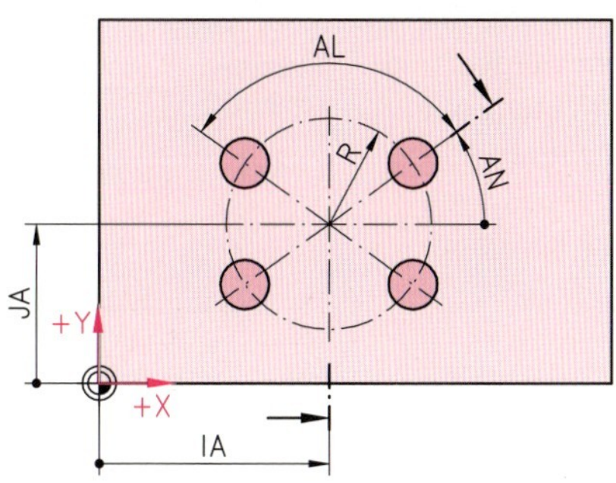

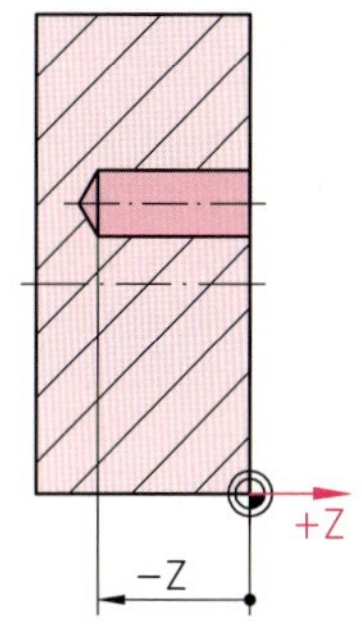

NC-Satz:

G77 IA JA AN AI R O [Z] [W] [V] [H1]   **[ ] optionale Adressen**

dressbuchstaben:

IA	**absolute X-Koordinate des Teilkreismittelpunktes**
JA	**absolute Y-Koordinate des Teilkreismittelpunktes**
AN	**Startwinkel des ersten Objektes**
AI	**konstanter Segmentwinkel**
R	**Radius des Teilkreises**
O	**Anzahl der zu bearbeitender Objekte auf dem Teilkreis**
Z	absolute Z-Koordinate des Teilkreismittelpunktes (Oberkante des zu bearbeitenden Objektes)
W	Höhe der Rückzugsebene absolut in Werkstückkoordinaten
V	Höhe der Sicherheitsebene absolut in Werkstückkoordinaten
H1	nach der Bearbeitung eines Objekts wird die Sicherheitsebene V angefahren. Nach dem letzten gefrästen Objekt erfolgt Rückzug auf die Rückzugebene.

Beispiel für einen Zyklusaufruf auf einem Teilkreis

In 8 mm dicke Scheiben aus S235 sollen durchgehende Gewindebohrungen von 8 mm Durchmesser gebohrt werden. Die Zyklen und die Zyklenaufrufe sollen geschrieben werden.

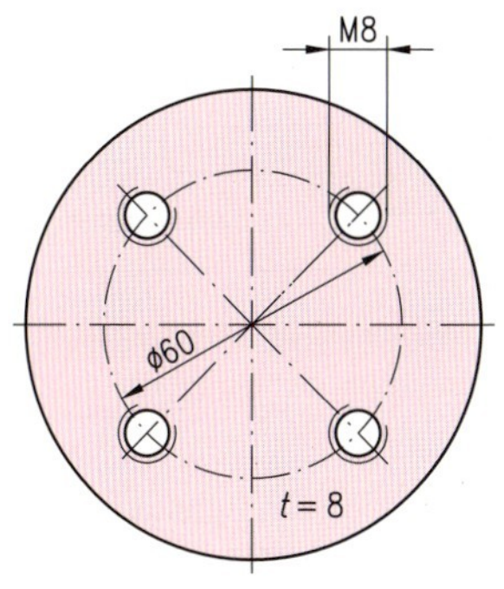

Lösung:

```
N... G81 Z-16 V2                           Bohrzyklus
N... G77 I0 J0 AN45 AI90 R30 O4            Zyklusaufruf
N...
.
.
N... G84 ZA-16 F1,25 M3 V2 S200            Gewindebohrzyklus
N... G77 I0 J0 AN45 AI90 R30 O4            Zyklusaufruf
```

4.2.3 Manipulation von Programmteilen

Der Programmieraufwand kann erheblich vermindert werden, wenn eine Grundkontur mithilfe von Befehlen in ihrer Lage, Form und Größe verändert werden kann. Vorgänge, mit denen solche Veränderungen wie *Verschieben*, *Drehen* und *Spiegeln* o. Ä. bewirkt werden, nennt man **Manipulationen**. Die Verschlüsselung von Manipulationen sind nicht genormt und daher steuerungsabhängig.

Beispiel für eine programmierbare Nullpunktverschiebung und -drehung mit Polarkoordinaten (nach PAL)

Eine in einem Unterprogramm programmierte Kontur kann mit dem Befehl G58 zu einem neuen Nullpunkt im Abstand von RP verschoben und gleichzeitig mit z. B. AP20 um einen Winkel von 20° gedreht werden. Die Winkelangabe wird in Gegenuhrzeigerrichtung mit *positiven* und in Uhrzeigerrichtung mit *negativen* Vorzeichen versehen. Der Winkel 0° liegt auf der positiven waagerechten Achse des ursprünglichen Koordinatensystems.

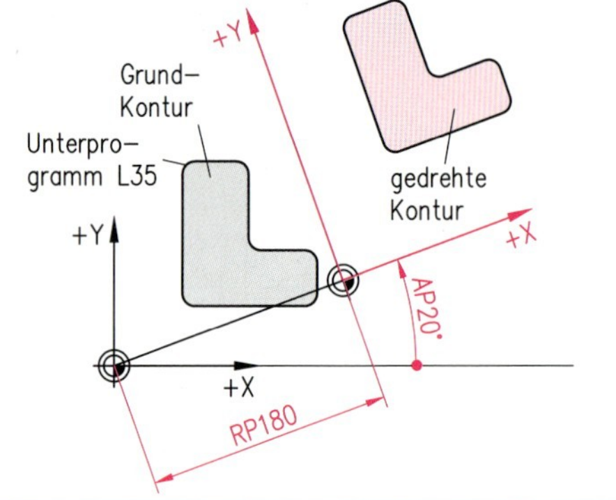

Programmierung:

```
N... G58 L35 RP180 AP20
```

Beispiele für Spiegelungen einer Grundkontur (nach PAL)

Eine in einem Unterprogramm programmierte Kontur kann mit einem festgelegten Befehl, z. B. mit G66 und Angabe der Spiegelachse gespiegelt werden. Die Spiegelung ist um eine Achse oder um zwei Achsen möglich. G66 ohne Achsangabe hebt die Spiegelung auf.

Programmierung:

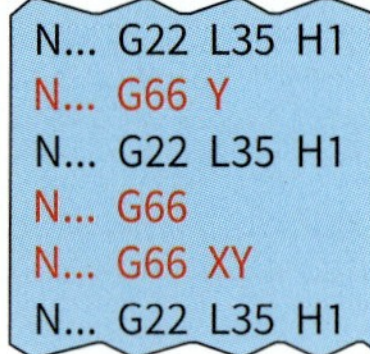

N... G22 L35 H1	Fräsen in I
N... G66 Y	Spiegeln in II
N... G22 L35 H1	Fräsen in II
N... G66	Spiegeln aufheben
N... G66 XY	Spiegeln I auf III
N... G22 L35 H1	Fräsen in III

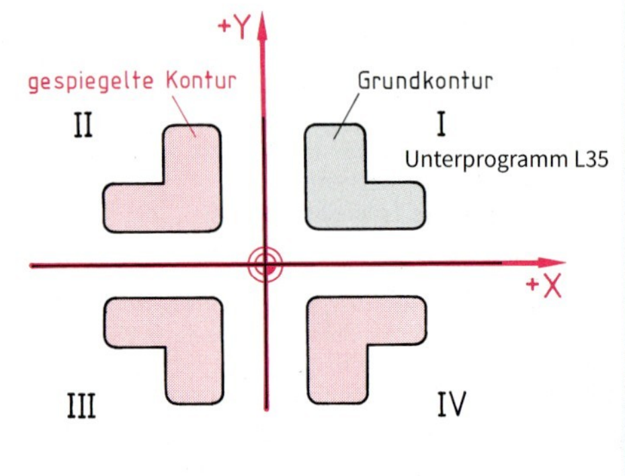

Beispiele für die Vergrößerung einer Grundkontur (nach PAL)

Die Abmessungen einer Kontur, die in einem Unterprogramm programmiert ist, können mit dem Befehl G67 vergrößert oder verkleinert werden. Die Umwandlung der Längen wird mit SK programmiert und die Größenveränderung mit einem Faktor angegeben. So wird eine Längenänderung auf 150 % mit SK1.5 programmiert.

Programmierung:

```
N... G67 Sk1.5
```

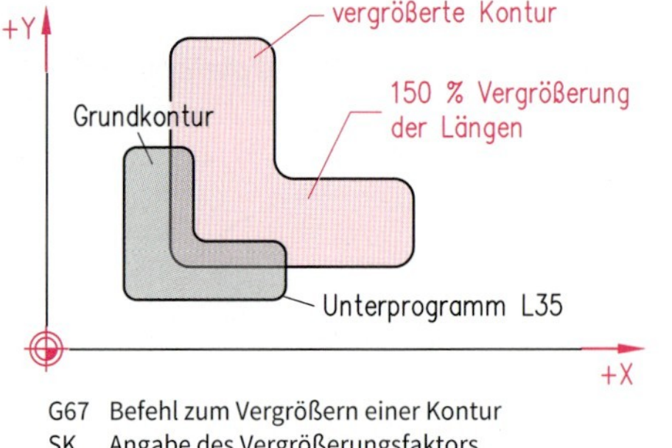

G67 Befehl zum Vergrößern einer Kontur
SK Angabe des Vergrößerungsfaktors

> **!** Eine in einem Unterprogramm programmierte Grundkontur kann mit kurzen Befehlen vielfach manipuliert werden. Häufige Manipulationen sind Verschiebung, Drehung, Spiegelung und Größenveränderung von Grundkonturen.

Übungsaufgaben 4/13; 4/14

4.2.4 Unterprogramme beim Fräsen

1. Unterprogramme mit festen Zahlenwerten

Gleiche Bearbeitungsabläufe, die in der Fertigung an unterschiedlichen Stellen eingesetzt werden, werden als Unterprogramm geschrieben. Diese Unterprogramme können an jeder beliebigen Stelle eines Hauptprogramms aufgerufen werden.

Beispiele für ein Unterprogramm mit festen Zahlenwerten (nach PAL)

+Y, +X, 80, 45, 20, 0, 0, 30, 42, 60, 90, R10, Fräser-eintauchpunkt, 8 tief

Fräserdurchmesser:
d = 20 mm
≙ Eckenradius

L 22		Unterprogramm Ausfräsung			
N1	G90			S220	T1
N2	G00	X42	Y45	Z2	M3
N3	G01			Z–8	F25
N4	G43	X30			F50
N5	G42		Y80		
N6		X60			
N7			Y45		
N8		X90			
N9			Y20		
N10		X30			
N11			Y45		
N12				Z2	
N13	G40				
N14	G00	X0	Y0	Z40	
N15	M17				

Erklärungen:

L 22 H1
- H1: Zahl der Durchläufe: 1
- 22: Unterprogrammnummer: 22
- L: Unterprogramm

M 17 Unterprogrammende

Der Aufruf des Unterprogramms erfolgt mit G22

2. Unterprogramme mit Parametertechnik

Für Bearbeitungsvorgänge, bei denen zwar ähnliche Formen mit unterschiedlichen Maßen vorkommen, werden statt der Maße Parameter programmiert. Parameter werden von den Steuerungsherstellern mit unterschiedlichen Buchstaben benannt, zum Beispiel **R**. Die Arbeitsweise mit Unterprogrammen in Parametertechnik für Fräsarbeiten entspricht der bei Dreharbeiten.

4.2.5 Einbau von Unterprogrammen und Zyklen in Hauptprogramme

In Hauptprogramme versucht man zur Verringerung des Programmieraufwandes möglichst viele Zyklen oder bereits vorhandene Unterprogramme einzubauen. Im Verlauf des Hauptprogramms werden dem Fertigungsablauf entsprechend Unterprogramme mit Unterprogrammnummern, z. B. L350, und Zyklen mit G-Worten, z. B. G81, aus dem Programmspeicher aufgerufen. Es ist möglich, eingearbeitete Unterprogramme und Zyklen mehrfach in einem Hauptprogramm zu verwenden.

Beispiel für einen geschachtelten Aufbau eines Hauptprogramms (PAL-Simulation)

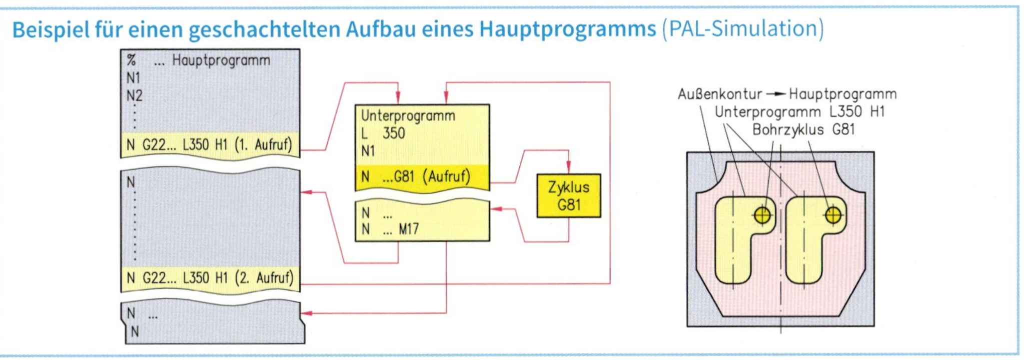

Durch Werkzeugmaßkorrekturen werden Maßabweichungen der Werkzeuge von ihren Nennmaßen bei der Fertigung berücksichtigt.

Übungsaufgabe 4/15

4.3 Programmierung von Werkzeugmaßen und Schnittdaten

4.3.1 Werkzeugmaße

Die Bezugsebene für die Ermittlung der Werkzeuglängen ist die Planflächenebene der Frässpindel. In dieser Ebene legt man den Werkzeugeinstellpunkt auf die Drehachse der Spindel.

Als Abmessungen der Fräswerkzeuge werden Fräserdurchmesser, Fräserlänge und evtl. weitere Maße, z. B. bei Formfräsern, erfasst. Die Werkzeugabmessungen werden unter der Werkzeugadresse im Werkzeugspeicher abgelegt.

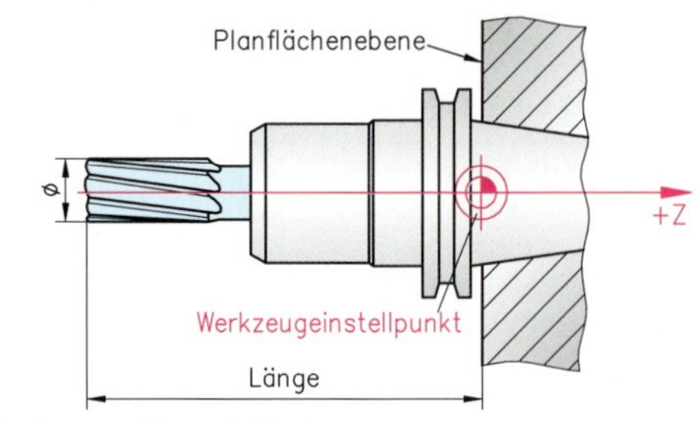

Werkzeugmaße am Fräser

Die Übermittlung der Daten kann auf verschiedene Weise erfolgen:

- Die Daten werden manuell aufgenommen und übertragen.
- Die Daten codiert man auf Etiketten, die dann dem jeweiligen Werkzeugsystem zugeordnet werden.
- Das Messgerät überträgt die Daten online auf die Steuerung der CNC-Maschine.
- An jedem Werkzeugträger ist ein Chip mit den Werkzeugdaten, sodas sie an der CNC-Maschine eingelesen werden können.

! Vor der CNC-Bearbeitung müssen die Werkzeugdaten in den Werkzeugspeicher der Steuerung eingegeben werden. Die wichtigsten Werkzeugmaße von Fräswerkzeugen sind Durchmesser und Länge. Bezugspunkt für die Länge ist der Werkzeugeinstellpunkt.

4.3.2 Programmieren von Schnittdaten

1. Schaltinformationen für die Vorschubbewegung

Die Vorschubbewegung kann nach dem Adressbuchstaben F als Vorschub in mm (je Umdrehung) oder als Vorschubgeschwindigkeit in mm/min eingegeben werden.

Vorschubbewegung	Befehl	Beispiel
in mm/min	G94	G94 F100 bedeutet $v_f = 100$ mm/min
in mm	G95	G95 F0,25 bedeutet $f = 0{,}25$ mm (je Umdrehung)

2. Schaltinformationen für die Schnittbewegung

Die Schnittbewegung kann beim Drehen entweder mit konstanter Schnittgeschwindigkeit oder konstanter Umdrehungsfrequenz mit dem Adressbuchstaben S eingegeben werden.

Schnittbewegung	Befehl	Beispiel
konstante Schnittgeschwindigkeit	G96	G96 S40 bedeutet $v_c = 40$ mm/min
konstante Umdrehungsfrequenz	G97	G97 S900 bedeutet $n = 900$ 1/min

Beim Fräsen wird nur mit konstanter Umdrehungsfrequenz gearbeitet.

N	G	X	Y	Z	I	J	K	F	S	T	M
:	:	:	:	:	:	:	:	:	:	:	:
...	G94	...	...	...				F692	S600		
	G97										

Übungsaufgaben 4/16 bis 4/20

5 Werkstattorientierte Programmierung (WOP)

Unter **w**erkstatt**o**rientierter **P**rogrammierung (WOP) versteht man den Einsatz grafisch unterstützter und dialoggeführter Programmiersysteme, die an der CNC-Maschine oder an einem Computer mit Simulationsgrafik eingesetzt werden.

Die Software der WOP ist so gestaltet, dass
- am Bildschirm das Fertigteil konstruiert wird und nicht wie herkömmlich Werkzeugwege beschrieben werden,
- im Dialog die Art der Konturelemente und die aus der Zeichnung zu entnehmenden Maße jedes einzelnen Konturelements abgefragt werden,
- Übergangspunkte zwischen einzelnen Konturelementen automatisch aus den Konturdaten errechnet werden,
- jedes Konturelement nach seiner Beschreibung am Bildschirm dargestellt wird. Bei mehrdeutigen Lösungen der Kontur wählt der Programmierer die richtige aus.

Beispiel für eine Computersimulation für die WOP-Programmierung (MTS TopTurn)

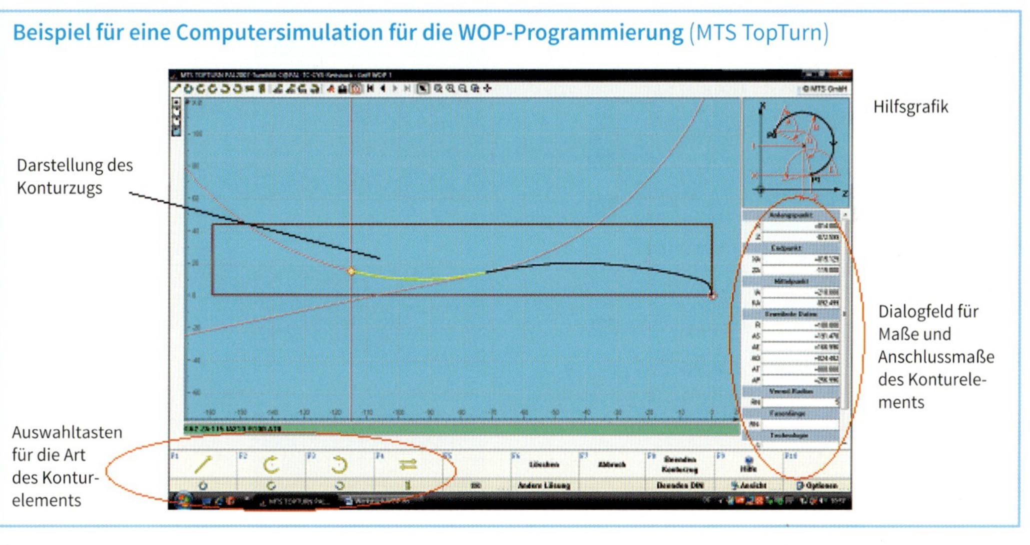

Die Technologiedaten und evtl. notwendige Programmergänzungen können vor oder nach der Erstellung der Kontur eingegeben werden, sodass ein komplettes Bearbeitungsprogramm entsteht.

Beispiel für die Programmierung mithilfe eines WOP-Systems (MTS TopTurn)

Das Programm zum Drehen des dargestellten Griffes ist mithilfe einer WOP-Simulation zu programmieren. Das Abstechen nach dem Drehen der Kontur erfolgt in einem getrennten Arbeitsgang.

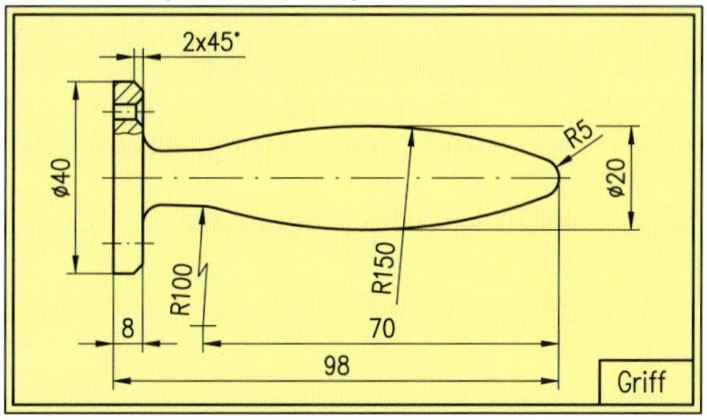

Lösungsschritte:

1. **Programm einrichten**
   Programmname: Griff
2. **Einrichtdaten eingeben**

Rohteil:	Durchmesser 42 mm, mind. 150 mm lang
Werkstoff:	AlMg1
Einspannung:	Kraftspannfutter, außengestufte Backen, Auskraglänge 120 mm
Nullpunktlage:	rechte Außenseite des Rohteils
Werkzeuge:	linker Eckdrehmeißel

3. Eingabe der Technologiedaten und Anfahren an den Beginn des Konturzuges

N10 G54
N15 T1 M3 S2000 F0.2
N20 G0 X51 Z2
N25 G1 Z0
N30 G1 X-1
N35 G0 X45 Z2
N40 G81 D2 H3 V1
N45 G42
N50 G0 X0 Z0

4. Grafische Programmierung des Konturzuges in WOP

Konturzug	Eingabedaten		Bildschirmanzeige	NC-Satz
Kreisbogen gegen Uhrzeigersinn	Mittelpunkt Radius	IA 0 KA-5 R5		N55 G63 KA-5 R5
Kreisbogen gegen Uhrzeigersinn tangential angeschlossen	Mittelpunkt Radius	IA-240 R130		N60 G63 IA-240 R130 AT0
Kreisbogen im Uhrzeigersinn tangential angeschlossen	Mittelpunkt Endpunkt Radius Übergangs-radius	KA-70 ZA-90 R100 RN 5		N65 G62 KA-70 ZA-90 R100 RN5 AT0
Gerade in X-Richtung	Gerade in X zu Übergangsfase	XA40 RN-2		N70 G61 XA40 ZA-90 RN-2
Gerade in Z-Richtung	Gerade in Z zu	ZA-110		N75 G61 XA40 ZA-110
Gerade in X-Richtung	Gerade in X zu	XA46		N80 G61 XA46 ZA-110

Linienfarben: schwarz = eindeutig bestimmter Konturzug
gelb = erst durch Folgeelement bestimmter Konturzug

5. Vervollständigen des Programms

N85 G40
N90 G80
N95 G14
N100 M30

Abbildung aus Simulation mit MTS TopTurn

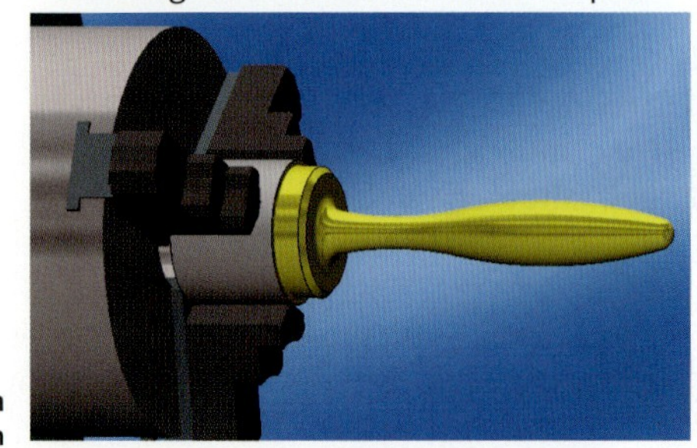

Werkstück in der Simulation vor dem Stechdrehen

6 Bedienfeld von CNC-Maschinen

1. Aufbau des Bedienfeldes

Alle außerhalb der Maschine erstellten Programme werden mit Datenträgern oder Datenleitung in die CNC-Maschine eingegeben. Zudem können fertige Programme manuell über das Bedienfeld eingegeben werden.

Beim Programmieren in der Werkstatt werden Programme am Bedienfeld erstellt.

Die Fertigungssteuerung erfolgt in allen Fällen vom Bedienfeld der Maschine aus. Dazu kann der Bediener verschiedene Betriebsarten aufrufen:

- Simulation der Fertigung auf dem Bildschirm,
- Probefertigung mit verminderter Vorschubgeschwindigkeit bzw. im Einzelsatzbetrieb,
- Fertigung im Automatikbetrieb.

Zudem können zur Optimierung der Bearbeitung über das Bedienfeld Programmteile, Werkzeug- und Schnittdaten verändert werden.

Beispiel für die Gestaltung der Bedientafel und des Bildschirmes einer CNC-Steuerung

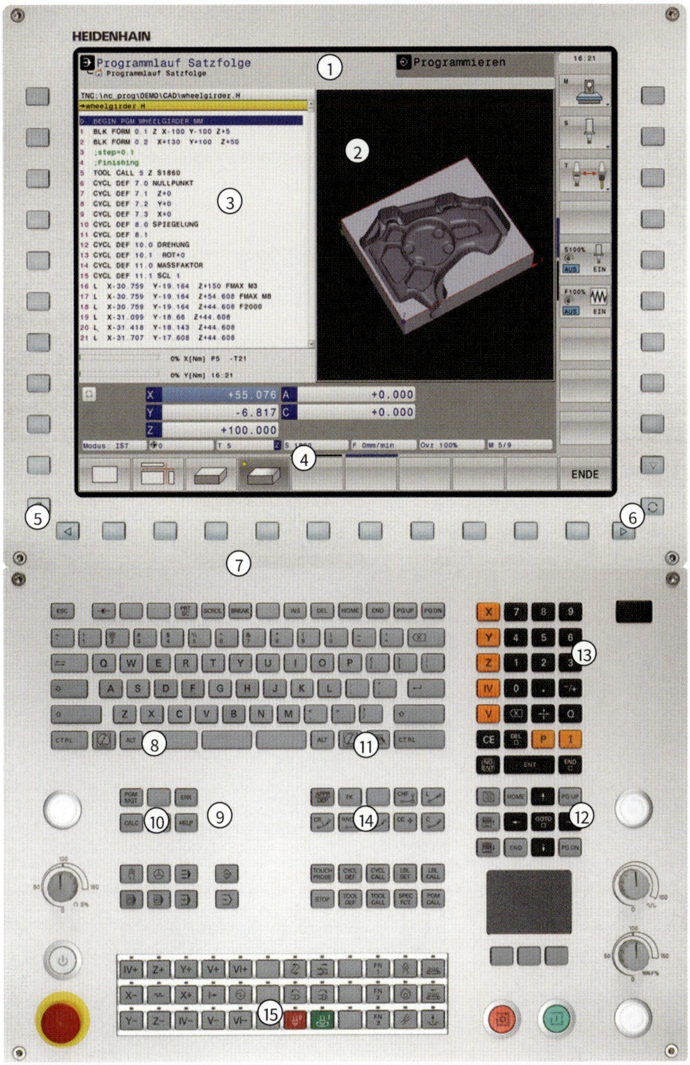

① Kopfzeile, zeigt Betriebsarten, Dialoge und Meldetexte
② Programmiergrafik
③ Programm
④ Fußzeile mit Softkeys und Umschalttasten
⑤ Wahl des Bildschirminhalts, z. B. *Programm und Programmiergrafik zeigen*
⑥ Umschalten des Bildschirms zwischen Programmierbetriebsart und Maschinenbetriebsart
⑦ Tastatur für Texteingabe, z. B. *Dateiname eingeben*
⑧ Dateiverwaltung, z. B. *Programm wählen*
⑨ Programmierbetriebsarten, z. B. *Programm einspeichern, Programm testen*
⑩ Maschinenbetriebsarten, z. B. *Manueller Betrieb*
⑪ Eröffnung der Programmierdialoge, z. B. *Kreisbewegung zu bestimmtem Zielpunkt*
⑫ Pfeiltasten, Zahleneingabe und Achswahl
⑬ ENTER-, Löschtaste
⑭ Zyklen, Unterprogramme
⑮ Maschinenbedienfeld

2. Bildzeichen für CNC-Maschinen

Viele Bildzeichen an numerisch gesteuerten Werkzeugmaschinen werden aus mehreren Grundbildzeichen zusammengesetzt. Der Pfeil nimmt unter den Bildzeichen eine Sonderstellung ein. Er erscheint selten allein und wird benutzt, um einem Bildzeichen eine ergänzende Aussage zu geben.

Grundbildzeichen

		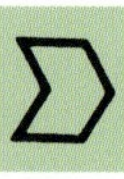	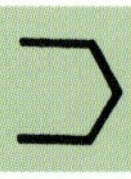	
Richtungspfeil	Funktionspfeil für Maschinenfunktion	Datenträger	Programm ohne Maschinenfunktion	Programm mit Maschinenfunktion

			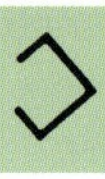	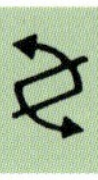
Bezugspunkt	Korrektur oder Verschiebung	Satz	Speicher	Wechsel

Bildzeichen für CNC-Werkzeugmaschinen (Auswahl)

Bildzeichen (Symbol)	Bezeichnung und Anmerkungen
	Programmanfang
	Handeingabe
	Dateneingabe extern
	Satzweises Einlesen ohne Maschinenfunktion, Auslösung durch Handbetätigung
	Programm einlesen mit Maschinenfunktionen
	Hauptsatz-Suche rückwärts
	Satznummern-Suche vorwärts
	Satzunterdrückung
	Rücklauf Datenträger (ohne Einlesen, ohne Maschinenfunktionen)
	Programmende; Datenträgerrücklauf zum Programmanfang (ohne Maschinenfunktionen)

Bildzeichen (Symbol)	Bezeichnung und Anmerkungen
	Dateneingabe in Speicher
	Daten im Speicher verändern
	Speicherinhalt löschen
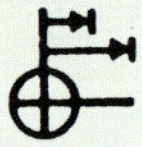	Absolute Maßangaben
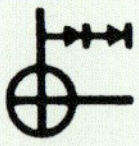	Relative (inkrementale) Maßangaben
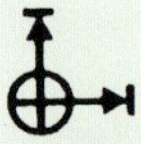	Verschiebung des Nullpunktes
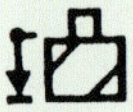	Korrektur der Werkzeuglänge
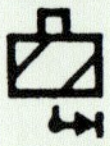	Korrektur des Werkzeugradius
	Werkzeug-Korrektur
	Kompensation des Schneidenradius

7 Werkstückspannsysteme

Ein wirtschaftlicher Einsatz von CNC-Maschinen verlangt weitgehende Verkürzung der Nebenzeiten für den Werkstückwechsel. Dieses Ziel kann durch schnelles Auf- und Abspannen der Werkstücke auf der Werkzeugmaschine oder durch schnelles Einwechseln von Werkstückträgern (Paletten) mit aufgespannten Werkstücken in die Werkzeugmaschinen erreicht werden. In jedem Fall wird mit einem den Werkstücken angepassten Spannsystem gearbeitet.

Beispiele für ein Baukastenspannsystem

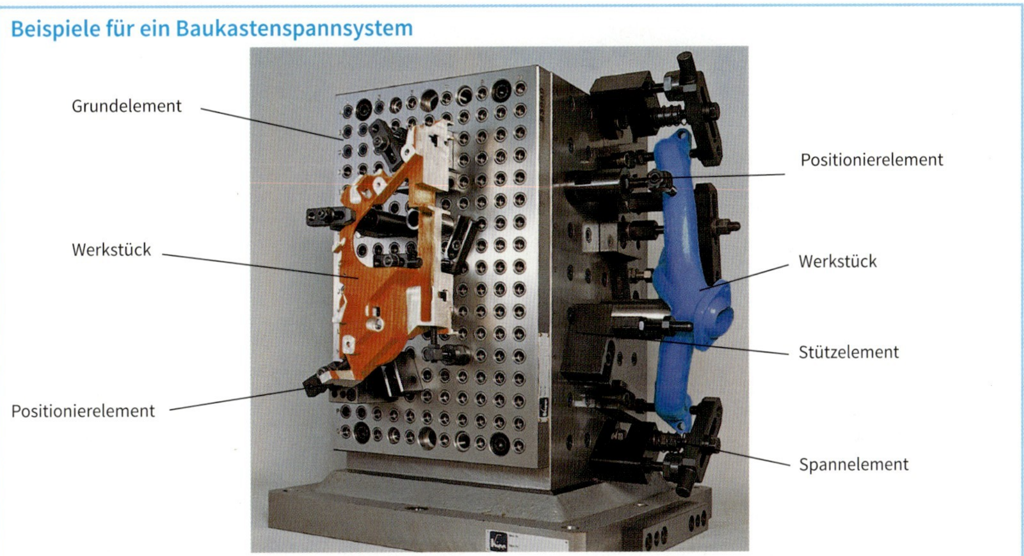

Ein **Werkstückspannsystem** hat die Aufgabe, Werkstücke im Raum zu positionieren und zu spannen. Dabei dürfen die Werkstücke durch einwirkende Kräfte (Eigengewichts-, Spann-, Bearbeitungs- und Rotationskräfte) nicht unzulässig verformt werden.

Spannsysteme unterscheiden sich:

- *im Aufbau* der folgenden Elemente:
  - Grundelemente, z. B. Paletten,
  - Stützelemente, z. B. Auflagenstücke, Auflageböcke,
  - Positionierelemente, z. B. Anschläge, Zentrierbolzen, Zentrierhülsen,
  - Spannelemente, z. B. Spannpratzen,
- *durch die Art der Kraftaufbringung:*
  - mechanisches Spannen mit Gewinden, Exzentern, Hebeln u. a.,
  - pneumatisches oder hydraulisches Spannen durch Spannzylinder,
  - elektromagnetisches und magnetisches Spannen mit Magnetspannplatten,
- *durch die Steuerung der Spannfunktion:*
  - handgesteuert,
  - programmgesteuert.

Anforderungen an Spannsysteme für eine CNC-Fertigung:

- Aufbau aus Standardteilen. Er muss in der Arbeitsvorbereitung nach Form und Maßen planbar sein,
- hohe Wiederholgenauigkeit der Einspannung bei wiederholtem Aufbau der Spannvorrichtung,
- sicheres und schnelles Spannen der Werkstücke in einer festgelegten Lage,
- schnelles Anpassen der Spannsysteme an wechselnde Werkstückformen,
- Steuern der Spannsysteme über Programme.

! Die Fertigung von Werkstücken mit einer hohen Maß- und Formgenauigkeit auf CNC-Maschinen erfordert ein hochwertiges Spannsystem mit exakter Lagefixierung auf dem Werkstückträger.

Übungsaufgabe 7/1

7.1 Paletten als Spannsystemträger

Als Bearbeitungszentren werden vielfach Aufspanntische eingesetzt, welche mit aufgespannten Werkstücken schnell in die Maschine eingewechselt werden. Diese Aufspanntische werden **Paletten** genannt. Palettenwechsler befördern auf einen programmierten Befehl hin die Palette automatisch zur Werkzeugmaschine, fixieren sie dort und transportieren sie nach der Bearbeitung weiter.

Beispiel für den Palettenwechsel an einem Bearbeitungszentrum

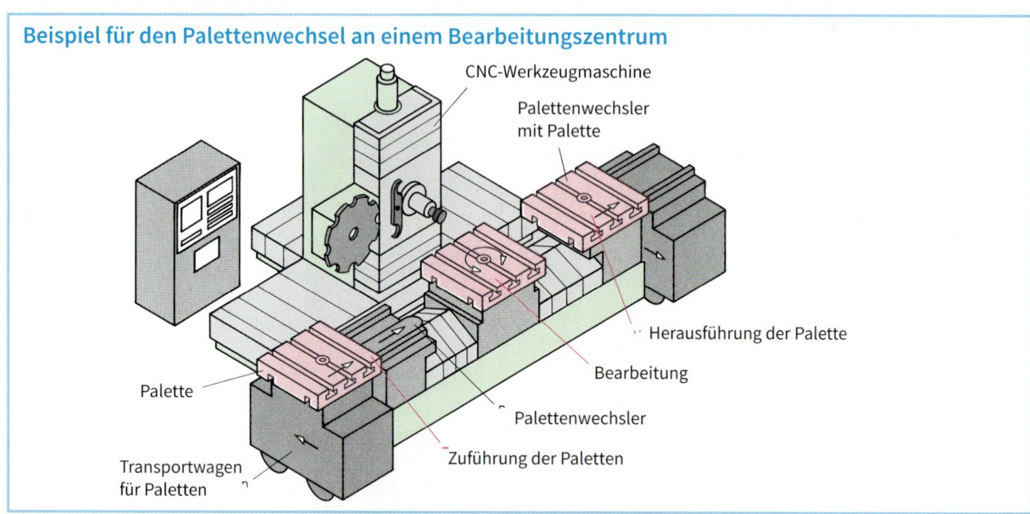

> **!** Paletten mit einem Spannsystem dienen in der Fertigung:
> - zum Spannen und zum Transport der Werkstückrohteile außerhalb der Bearbeitungsstation,
> - als Werkstückträger während des Bearbeitungsablaufs.

7.2 Rasterspannsysteme nach dem Baukastenprinzip

In zunehmendem Maße werden Spannsysteme nach dem Baukastenprinzip verwendet. Der Anwender kombiniert für jedes Werkstück aus der Vielfalt der Elemente die Spannvorrichtung.

Beispiel für die Aufspannung eines Werkstückes mit einem Rasterspannsystem

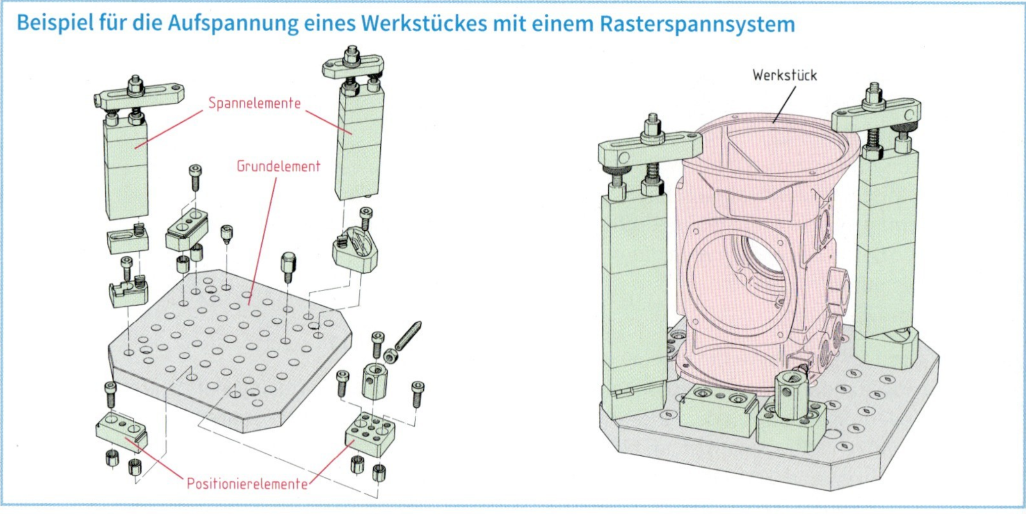

> **!** Aus Rasterspannsystemen können nach dem Baukastenprinzip Spannvorrichtungen geplant und aufgebaut werden. Rastersysteme bestehen aus Grund-, Positionier- und Spannelementen.

Übungsaufgaben 7/2; 7/3

7.3 Planung der Aufspannung

Die Planung der Aufspannung erfolgt in der Arbeitsvorbereitung. Das Ergebnis der Planung wird in einem Einrichtblatt dokumentiert. Das Einrichtblatt enthält:

- die Stückliste der verwendeten Komponenten (Grundelemente, Auflagen, Positionierelemente u. a.),
- die Anordnung der Komponenten auf den Grundelementen und dem Maschinentisch, sowie
- die Auflistung und Kennzeichnung der Koordinaten von Nullpunkten.

Beispiel für ein manuell erstelltes Einrichtblatt

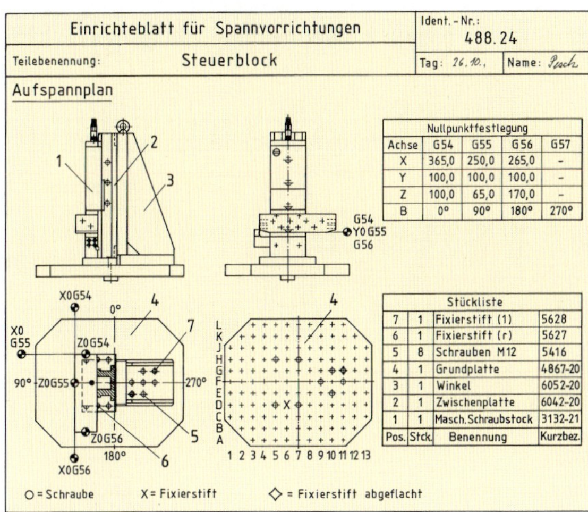

Einrichteblatt für Spannvorrichtungen

Ident.-Nr.: 488.24

Teilebenennung: Steuerblock

Tag: 26.10. Name: Fuch

Aufspannplan

Nullpunktfestlegung				
Achse	G54	G55	G56	G57
X	365,0	250,0	265,0	-
Y	100,0	100,0	100,0	-
Z	100,0	65,0	170,0	-
B	0°	90°	180°	270°

Stückliste			
7	1	Fixierstift (l)	5628
6	1	Fixierstift (r)	5627
5	8	Schrauben M12	5416
4	1	Grundplatte	4867-20
3	1	Winkel	6052-20
2	1	Zwischenplatte	6042-20
1	1	Masch. Schraubstock	3132-21
Pos.	Stck.	Benennung	Kurzbez.

Interaktive modulare Spannsysteme erleichtern die Planungsarbeit, indem sie

- die CAD-Daten des Werkstückes zur Planung am PC einsetzen,
- die Spannvorgänge realistisch simulieren,
- die Einrichtblätter mit Anordnungsplänen, Stücklisten und Koordinaten automatisch erstellen und
- die Kollisionskontrollen in Zusammenhang mit der Simulation der CNC-Bearbeitung durchführen.

Beispiel für die Simulation einer Werkstückeinspannung und Kollisionskontrolle (mit dem Programm TopFix der Firma MTS erstellt)

8 Werkzeugüberwachungssysteme

Bei der Zerspanung bewirken die auftretenden Schnittkräfte an den Bauteilen der Werkzeugmaschine sehr geringe, aber messbare, elastische Verformungen. Diese können durch Sensoren erfasst werden, die an geeigneten Stellen der Maschine angebracht sind. Die derartig gewonnenen Signale werden sorgfältig ausgewertet und zur Überwachung herangezogen.

Für eine optimale Nutzung von CNC-Maschinen ist ein frühzeitiges Erkennen von Störungen im Arbeitsablauf erforderlich. Dadurch können Folgeschäden an Werkzeugmaschinen und Produktionsausfallzeiten vermindert oder verhindert werden. Vollautomatische Überwachungssysteme entlasten außerdem das Bedienungspersonal. Diese Systeme dienen zur Vermeidung von großen Schäden durch Kollisionen und Werkzeugbruch.

Beispiel für die Wirkungsweise eines Werkzeugüberwachungssystems

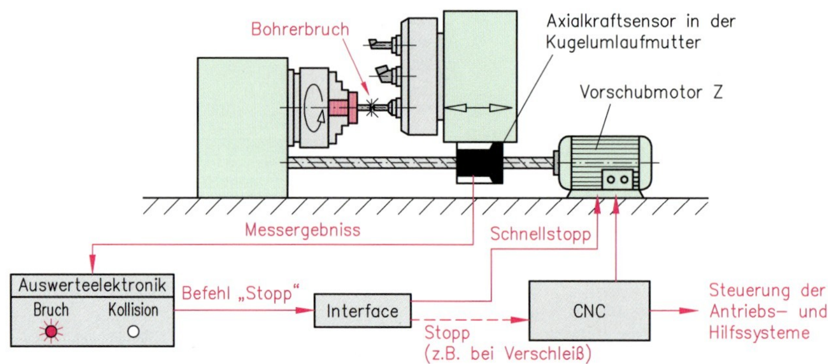

Funktionsablauf

- Ein Messwertaufnehmer (Sensor) nimmt während der Spanabnahme ständig Signale auf.
- Die aufgenommenen Signale werden im Mikrocomputer der Auswertelektronik mit vorher festgelegten Grenzwerten verglichen.
- Bei *geringen* Abweichungen von den Grenzwerten wird von der Auswerteelektronik innerhalb weniger Millisekunden ein Befehl zum Vorschubstopp erteilt.
- Bei *starken* Abweichungen von den Grenzwerten wird von der Auswerteelektronik ein Stoppbefehl über das Interface unter Umgehung der Maschinensteuerung direkt an den Vorschubantrieb weitergeleitet.

Ein Werkzeugschaden ist eindeutig von einer charakteristischen Veränderung der Schnittkraft innerhalb eines kurzen Zeitintervalls begleitet. Die Abweichung vom Verlauf normaler Zerspanungsvorgänge wird registriert und führt zum Abschalten der Maschine.

Im Kraft-Zeit-Diagramm wird der Kraftanstieg bei einer Kollision in Schnittrichtung oder bei Werkzeugbruch erkennbar. Bei Erreichen des vorher festgelegten Grenzwertes wird von dem Werkzeugüberwachungssystem der Vorschubantrieb gestoppt.

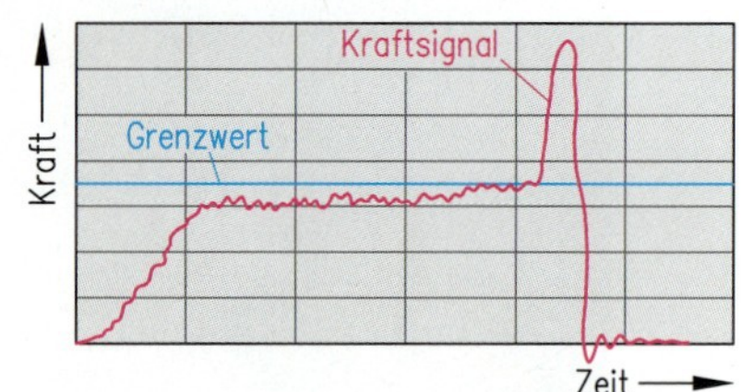

Kraftverlauf bei Kollision und Schneidenbruch

> **!** Mit einem Werkzeugüberwachungssystem werden bei einem Werkzeugausfall größere Schäden an der CNC-Maschine verhindert. Werkzeugüberwachungssysteme nehmen Signale auf und vergleichen diese mit festgelegten Grenzwerten. Beim Überschreiten der Grenzwerte wird der Vorschubantrieb abgeschaltet.

Steuerungstechnik

HANDLUNGSFELD: Entwickeln von Steuerungen

Problemstellung

Auftrag

Auftrag
Lagerbuchsen in Laufrollen einpressen
Schaltung für die Presse entwickeln.

Anlage

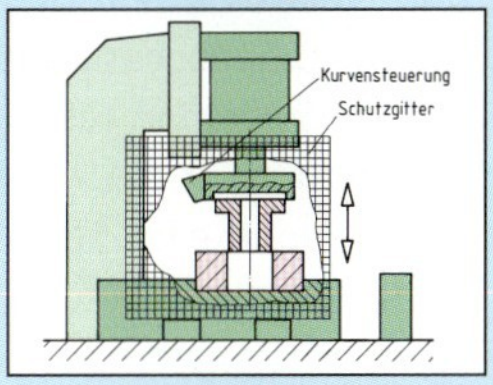

Kurvensteuerung
Schutzgitter

Analysieren

Technische Anforderungen
- Art des Arbeitselements (z. B. Motor, Zylinder ...)
- Größe des zu steuernden Energie- oder Massestroms
- Länge der Zuleitungen
- Schrittfolgen
- Sicherheitsanforderungen
- (z. B. explosionssicher, NOT-AUS ...)

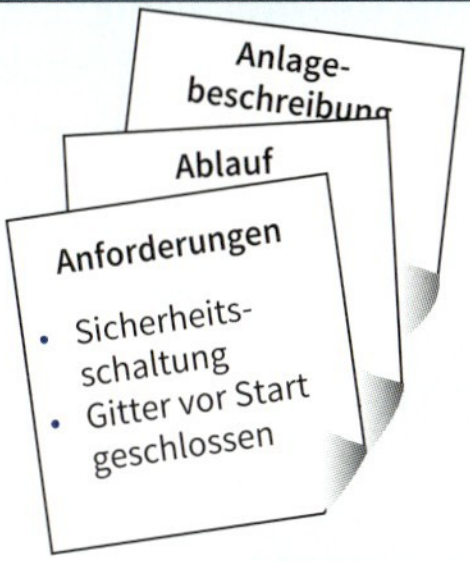

Anlage-beschreibung
Ablauf
Anforderungen
- Sicherheits-schaltung
- Gitter vor Start geschlossen

Ergebnisse
- Anforderungskatalog
- Daten für Planungs-entscheidung
- Ablaufbeschreibung
- Lagepläne

Planen

Entscheidung über:
- Art der Steuerung z. B. pneumatisch, SPS ...)
- Ablauf
- Schaltung
- Einbau
- Bauelemente

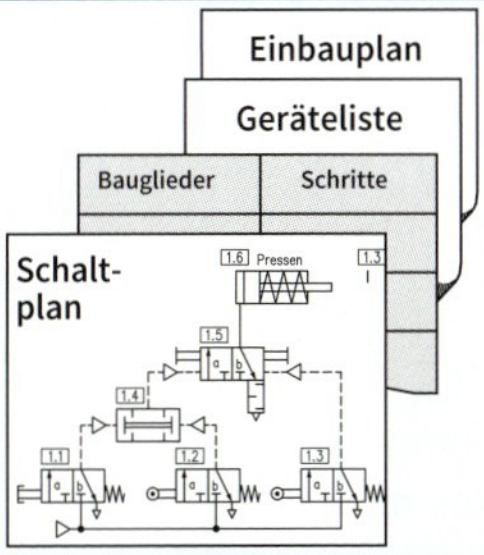

Einbauplan
Geräteliste
Bauglieder | Schritte
Schalt-plan
1.6 Pressen
1.5
1.4
1.1
1.2
1.3

Ergebnisse
1. Technologieschema
2. Funktionsplan
3. Schaltplan
4. Geräteliste
5. Einbaupläne

Realisieren (Aufbauen)

Geräte einbauen

Geräte verdrahten bzw. verrohren bzw. verschlauchen

Kurvensteuerung
Schutzgitter
Hand-taster 1.1
Endschalter 1.3
Endschalter 1.2

Probelauf durchführen

Testergebnisse protokollieren

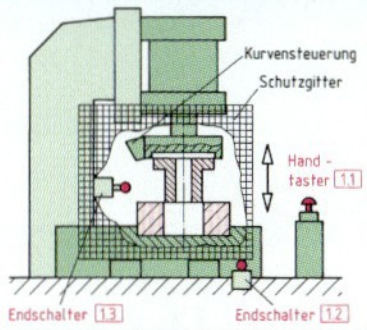

1 Grundlagen für pneumatische und hydraulische Steuerungen

Gesteuerte Maschinen, Anlagen und Vorrichtungen zeichnen sich durch den Einsatz unterschiedlicher Technologien aus. Die Kombination von mechanischen und elektronischen Bauteilen mit pneumatischen oder hydraulischen Systemen schafft die Voraussetzung für die Automatisierung. Durch eine Steuerung werden in einem technischen System Signale, Bewegungen und Kräfte in einer gewünschten zeitlichen Abfolge ausgeführt.

Gesteuerter Anlagenteil mit mechanischen, pneumatischen, elektrischen und elektronischen Bauteilen

Die Technologien, die sich mit der Umformung, Übertragung und Steuerung von Kräften und Bewegungen befassen, nennt man nach den jeweiligen Informations- und Energieträgern:

- Elektrotechnik/Elektronik (Elektronen),
- Pneumatik (Luft),
- Hydraulik (Flüssigkeit).

Die Pneumatik und die Hydraulik werden auch unter dem Begriff „Fluidtechnik" zusammengefasst.

1.1 Physikalische Grundlagen

1.1.1 Druck

Übt man über einen Kolben eine Kraft auf ein Gas oder eine Flüssigkeit aus, entsteht ein Druck. Der Druck p ist das Verhältnis der Kraft F zur Fläche A.
In Anlagen zur Druckerzeugung entsteht nur dann ein Druck, wenn dem geförderten Fluid ein Widerstand entgegengesetzt wird.

$$\text{Druck} = \frac{\text{Kraft}}{\text{Fläche}} \quad \text{bzw.} \quad p = \frac{F}{A}$$

1. Einheit des Druckes

Der Druck ist durch die Beziehung Kraft je Fläche festgelegt. Im internationalen Einheitensystem (SI-Einheiten) ist die Einheit des Druckes deshalb Newton je Quadratmeter. Ein Newton je Quadratmeter ist ein Pascal (Einheitenzeichen: Pa).
Die Einheit Pa ist für Angaben in der Pneumatik und in der Hydraulik zu klein. Bei Drücken in technischen Anlagen müsste man vielstellige Zahlen schreiben. Deshalb wurde die Druckeinheit Bar (Einheitenzeichen: bar) eingeführt.

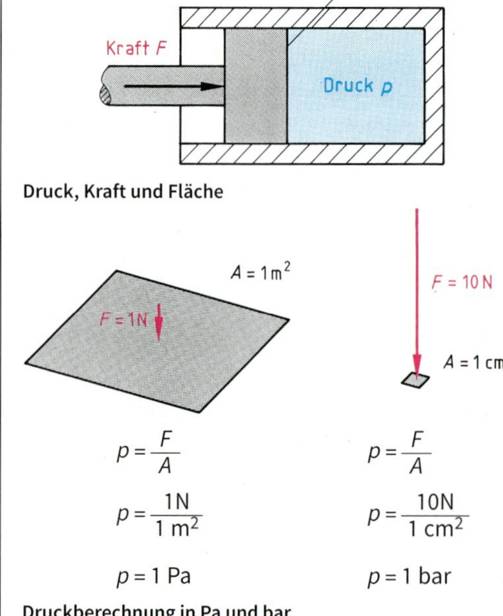

Druck, Kraft und Fläche

$p = \frac{F}{A}$, $p = \frac{1\,\text{N}}{1\,\text{m}^2}$, $p = 1\,\text{Pa}$

$p = \frac{F}{A}$, $p = \frac{10\,\text{N}}{1\,\text{cm}^2}$, $p = 1\,\text{bar}$

Druckberechnung in Pa und bar

Im internationalen Einheitensystem sind als Druckeinheiten das Pascal und das Bar festgelegt.

$$1\,\text{Pa} = 1\,\frac{\text{N}}{\text{m}^2} \qquad 1\,\text{bar} = 100\,000\,\text{Pa} \qquad 1\,\text{bar} = 10\,\frac{\text{N}}{\text{m}^2}$$

Übungsaufgaben 1/1; 1/2; 1/3

2. Atmosphärischer Druck

Die Lufthülle der Erde erzeugt aufgrund ihres Eigengewichtes einen atmosphärischen Druck (Formelzeichen: p_{amb}).

! Als mittlerer atmosphärischer Jahresdruck wurden p_{amb} = 1,013 bar gemessen und festgelegt.

3. Absoluter Druck und Überdruck

In einem geöffneten Zylinder wird vor und hinter dem Kolben der atmosphärische Druck von p_{amb} = 1 bar gemessen. Schließt man den Raum vor dem Kolben ab und erhöht durch eine von außen wirkende Kraft den Druck in diesem Raum auf z. B. 3 bar, dann zeigen beide Messgeräte den Druck gegenüber dem luftleeren Raum an. Deshalb nennt man den angezeigten Druck den absoluten Druck (Formelzeichen: p_{abs}).

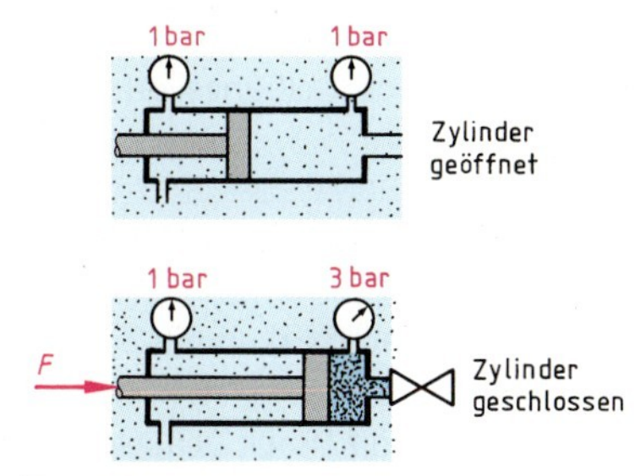

Absoluter Druck p_{abs}

! Der absolute Druck p_{abs} ist der Druck gegenüber dem luftleeren Raum (Vakuum).

Schließt man z. B. einen Zylinder an eine Druckerzeugungsanlage an, so kann der absolute Druck der Druckluft technisch nicht voll genutzt werden. Der atmosphärische Druck (p_{amb}) wirkt am Arbeitskolben gegen den absoluten Druck. Daher ist nur der Druckunterschied wirksam, den man als Überdruck bezeichnet (Formelzeichen: p_e).

Herrscht in einer Anlage der absolute Druck p_{abs} = 3 bar und beträgt der atmosphärische Druck p_{amb} = 1 bar, dann wirkt auf der Arbeitsseite des Kolbens ein Überdruck p_e = 2 bar.

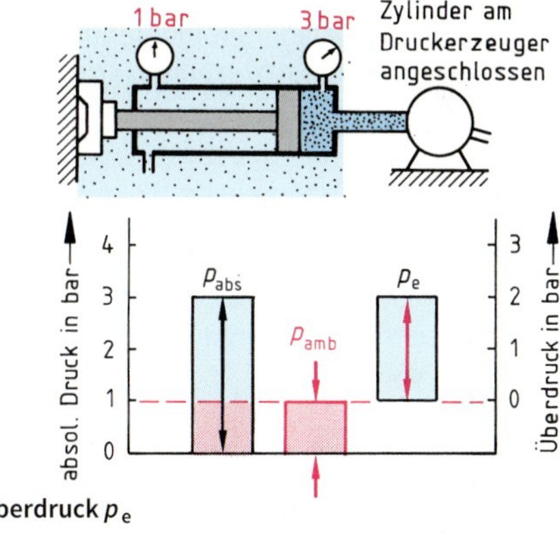

Überdruck p_e

! Der Überdruck p_e ist der Druckunterschied zwischen dem absoluten Druck p_{abs} und dem atmosphärischen Druck p_{amb}. Messgeräte für die Fluidtechnik zeigen den Überdruck an.

$$p_e = p_{abs} - p_{amb}$$

4. Druckausbreitung

Wirkt in einem Gerät auf einen Kolben mit der Fläche A_1 die Kraft F_1, so entsteht in der Flüssigkeit der Überdruck p_e. Dieser Überdruck wirkt über ein Verbindungsrohr auf einen größeren Kolben mit der Fläche A_2. Angeschlossene Messgeräte zeigen überall den gleichen Druck an. Wegen der größeren Fläche am großen Kolben wirkt dort auf ihn eine größere Kraft F_2 als auf den kleineren Kolben.

Es gilt folgende Beziehung bei gleichem Druck:

kleine Fläche – kleine Kraft
große Fläche – große Kraft

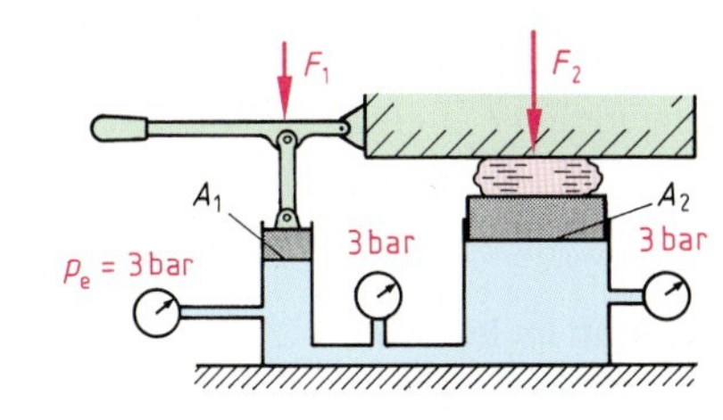

$$p_e = \frac{F_1}{A_1} \qquad p_e = \frac{F_2}{A_2} \qquad \frac{F_1}{A_1} = \frac{F_2}{A_2}$$

Druckausbreitung

! Der Überdruck ist innerhalb eines geschlossenen Systems in allen Richtungen wirksam und überall gleich groß.

Übungsaufgaben 1/4; 1/5; 1/6

1.1.2 Kolbenkraft

Die Druckluft oder das Drucköl erzeugen im Zylinder auf den Kolben eine Kraft. Sie wird auch Kolbenkraft F genannt. Die Kolbenkraft ist abhängig von dem herrschenden Arbeitsdruck p_e und der Größe der beaufschlagten Kolbenfläche A.

Die rechnerisch ermittelte Kolbenkraft kann nicht voll wirksam werden. Vor allem Reibungsverluste vermindern diese Kraft.

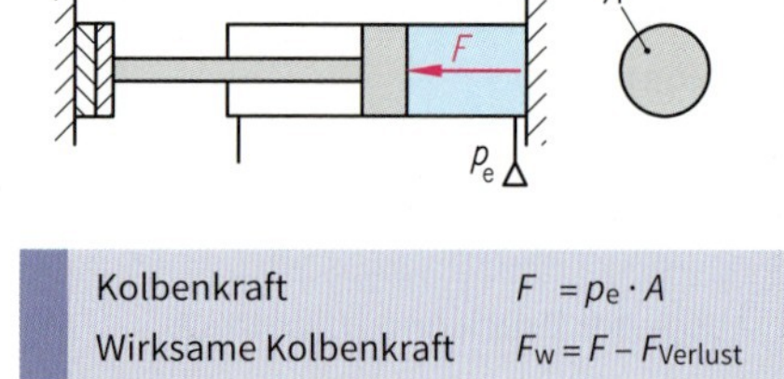

Kolbenkraft	$F = p_e \cdot A$
Wirksame Kolbenkraft	$F_W = F - F_{Verlust}$

Kolbenkraft

 Die wirksame Kolbenkraft F_W ist stets kleiner als die theoretische Kolbenkraft F.

1. Kolbenkraft am einfach wirkenden Zylinder

Bei einfach wirkenden Zylindern wird beim Vorhub die gesamte Kolbenfläche mit Druck beaufschlagt. Der Vorhub erfolgt gegen die Kraft der eingebauten Feder. Die wirksame Kolbenkraft F_W – auch effektive Kolbenkraft genannt – ergibt sich dann aus der Druckkraft, vermindert um die Reibungsverluste F_V und die Federkraft F_F. Für Überschlagsrechnungen können die Verluste durch Reibungs- und Federkraft bei Druckluftzylindern mit etwa 25 % angesetzt werden.

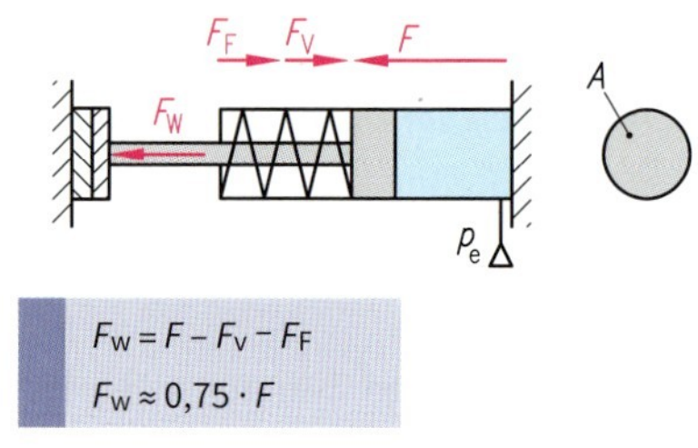

$$F_W = F - F_V - F_F$$
$$F_W \approx 0{,}75 \cdot F$$

Wirksame (effektive) Kolbenkraft

Beispiel für die Berechnung der wirksamen Kolbenkraft

Aufgabe

In einem einfach wirkenden Zylinder mit Federrückstellung herrscht ein Arbeitsdruck von 6 bar. Der Kolbendurchmesser beträgt 80 mm. Wie groß ist die Druckkraft F_W an der Kolbenstange bei Berücksichtigung von 25 % Verlust?

Lösung $F_W \approx 0{,}75 \cdot F$; $F_W \approx 0{,}75 \cdot p_e \cdot \frac{d^2 \cdot \pi}{4}$; $F_W \approx \frac{0{,}75 \cdot 60\ \text{N} \cdot (8\ \text{cm})^2 \cdot 3{,}14}{\text{cm}^2 \cdot 4}$

$F_W \approx$ **2,3 kN** (wirksame Kraft)

 Die Kolbenkraft wird bei einfach wirkenden Zylindern durch die Reibungskraft und die Federkraft vermindert.

2. Kolbenkraft am dopppelt wirkenden Zylinder

– **Kolbenkraft im Vorhub**

Beim Ausfahren der Kolbenstange wird die volle Kolbenfläche von der Druckluft beaufschlagt. Die wirksame Kolbenkraft im Vorhub F_{vor} ergibt sich nach Abzug der Reibungskraft. Für Überschlagsrechnungen können die Reibungsverluste mit etwa 20 % angesetzt werden.

– **Kolbenkraft im Rückhub**

Beim Einfahren der Kolbenstange wird nun eine geringere Fläche mit Druckluft beaufschlagt. Denn diese Kolbenfläche ist um den Querschnitt der Kolbenstange kleiner. Für Berechnungen kann man daher nur die verbleibende Ringfläche berücksichtigen.

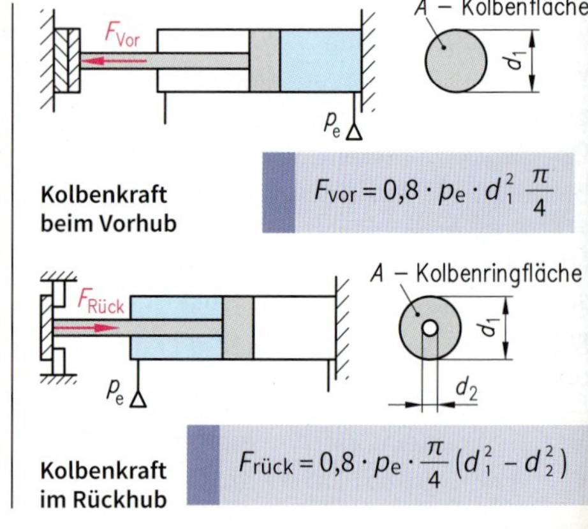

Kolbenkraft beim Vorhub $F_{vor} = 0{,}8 \cdot p_e \cdot d_1^2 \frac{\pi}{4}$

Kolbenkraft im Rückhub $F_{rück} = 0{,}8 \cdot p_e \cdot \frac{\pi}{4} (d_1^2 - d_2^2)$

 Wegen der unterschiedlichen Kolbenflächen ist beim doppelt wirkenden Zylinder die Kolbenkraft im Vorhub größer als im Rückhub.

Übungsaufgaben 1/7 bis 1/13

1.2 Grafische Symbole und Schaltpläne in der Fluidtechnik

Grafische Symbole verdeutlichen die Funktion von Elementen, Bauteilen und Geräten aus der Fluidtechnik. Die Symbole werden in Schaltplänen benutzt und an den Elementen oder Bauteilen angebracht. Schaltpläne dienen durch ihre genormte Darstellung dazu, den Entwurf und die Beschreibung einer Anlage zu erleichtern. Einheitliche Schaltpläne helfen auch, dass man Fehler bei der Planung und der Fertigung sowie beim Einbau und bei der Instandhaltung vermeidet.

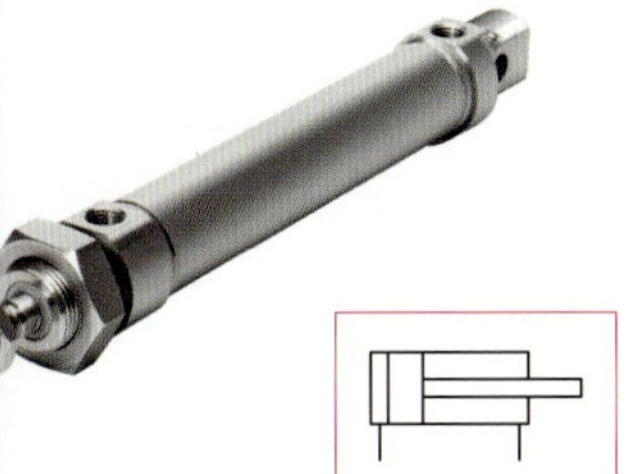

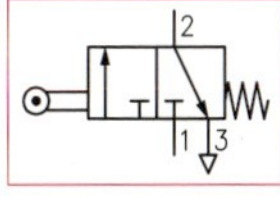

Pneumatische Bauteile mit Symbolen

> **!** Für Elemente, Bauteile und Anlagen in der Fluidtechnik sind die grafischen Symbole und die Schaltpläne seit 1996 international genormt (DIN ISO 1219 Teil 1 und Teil 2).

1.2.1 Zeichnerische Darstellung von Wegeventilen[1]

Zeichnerisch werden die Wegeventile durch Quadrate dargestellt. Pfeile in den Quadraten kennzeichnen die Durchflusswege. Die Sperrung wird durch „T"-Zeichen gekennzeichnet. Bei Wegeventilen wird jede Schaltstellung durch ein eigenes Quadrat dargestellt. Die Schaltstellung kennzeichnet man durch Buchstaben oder Zahlen. Die Anzahl der Quadrate entspricht somit der Anzahl der Schaltstellungen. Die Rohranschlüsse zeichnet man nur an das Quadrat des Symbols, welches die Ausgangsstellung zeigt. Den Anschluss ins Freie symbolisiert man durch ein Dreieck. Rechts und links trägt man an die Quadrate die Symbole für die Betätigung an.

Die einzelnen Schaltstellungen stellt man sich durch Verschieben der Quadrate vor. Im Beispiel ist das Ventil zunächst in der Ausgangsstellung gezeichnet – der Zylinder ist eingefahren. Durch Verschieben der Quadrate kommt man zur zweiten Schaltstellung des Ventils – der Zylinder fährt aus. Die Rohranschlüsse werden dabei nicht verschoben.

Man bezeichnet ein Ventil nach der Anzahl der Anschlüsse und der Zahl der möglichen Schaltstellungen. So hat z. B. ein 4/3-Wegeventil 4 Anschlüsse und 3 Schaltstellungen (1; 0; 2).

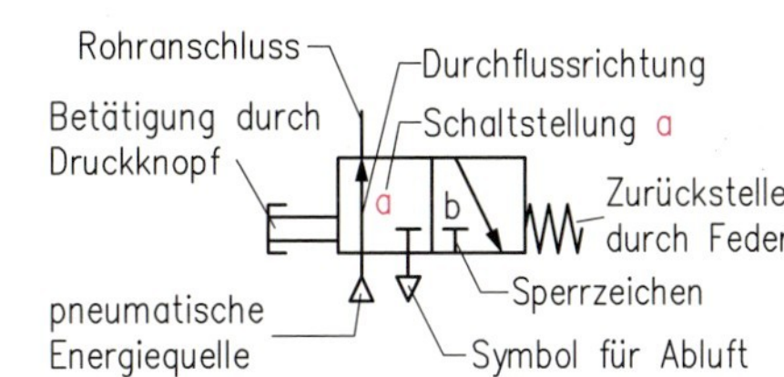

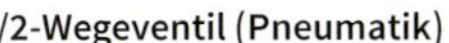
3/2-Wegeventil (Pneumatik)

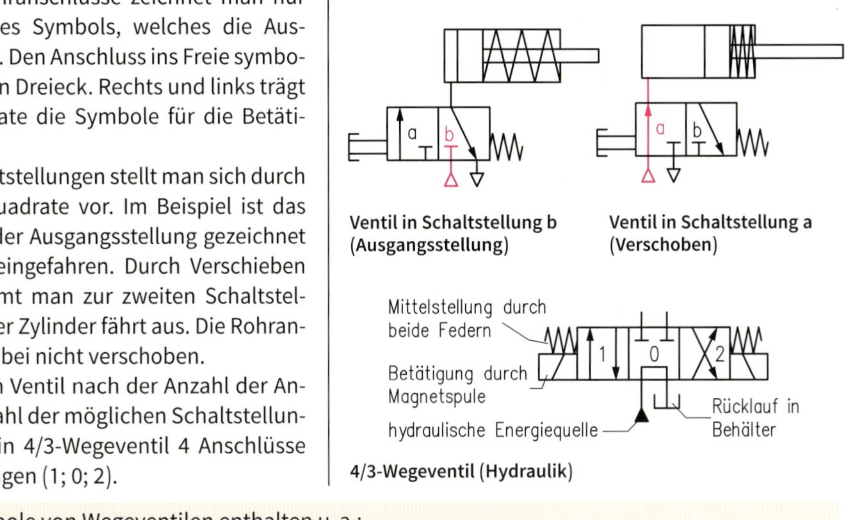

Ventil in Schaltstellung b (Ausgangsstellung)

Ventil in Schaltstellung a (Verschoben)

4/3-Wegeventil (Hydraulik)

> **!** Grafische Symbole von Wegeventilen enthalten u. a.:
> - für jede Schaltstellung ein Quadrat mit zugeordneten Betätigungen,
> - Zeichen für die Anschlüsse an der Ausgangsstellung des Ventils,
> - Kennzeichen für Durchflusswege und Sperrstellung.

1 Aufgabe von Wegeventilen siehe Kap. 2.3

1.2.2 Kennzeichnung der Anschlüsse von Ventilen

1. Ventile in der Pneumatik

Die Anschlüsse an Ventilen in der Pneumatik können durch Buchstaben oder durch Zahlen gekennzeichnet sein. Viele Ventile tragen noch die Kennzeichen durch Buchstaben, die gemäß DIN ISO 5559 in der Pneumatik durch Zahlen ersetzt werden können. Da noch über längere Zeit ältere Ventile im Einsatz sind, müssen beide Bezeichnungsarten bekannt sein.

Beispiele für die Kennzeichnung von Anschlüssen in der Pneumatik

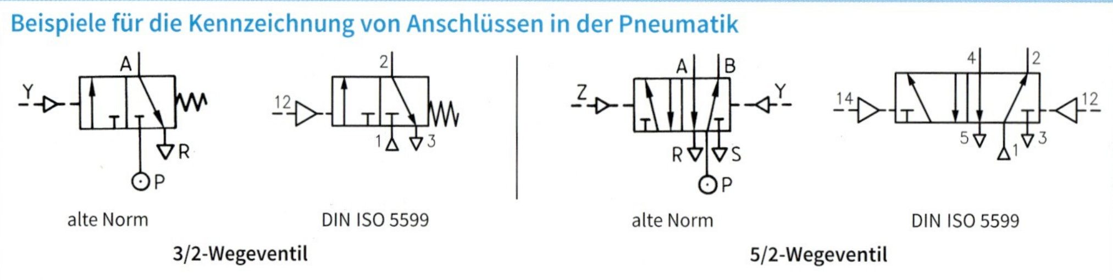

alte Norm — DIN ISO 5599

3/2-Wegeventil

alte Norm — DIN ISO 5599

5/2-Wegeventil

Erklärung der Kennzeichnung nach DIN ISO 5599

Der in Ausgangsstellung mit Druckluft versorgte Arbeitsanschluss bei 4/2- und 5/2-Wegeventilen erhält die Ziffer 2.

Signal an Steueranschluss 12 bedeutet: Druckleitung 1 wird mit Arbeitsleitung 2 verbunden.

Signal an Steueranschluss 14 bedeutet: Druckleitung 1 wird mit Arbeitsleitung 4 verbunden.

2. Ventile in der Hydraulik

In der Hydraulik werden die Anschlüsse an Ventilen für die Druckleitung mit P, für Arbeitsleitungen mit A, B, C, für Rückleitungen mit T und für Steuerleitungen mit X, Y, Z gekennzeichnet. Die Kennzeichnungen sind noch nicht genormt. Verbindlich sind die auf dem jeweiligen Ventil angegebenen Kennzeichen.

1.2.3 Schaltpläne in der Fluidtechnik (ISO 1219-2)

1. Aufbau des Schaltplanes

Die pneumatischen bzw. hydraulischen Symbole werden im Schaltplan in Wirkrichtung von unten nach oben und von links nach rechts in folgender Reihenfolge angeordnet:

- Energiequellen: unten links,
- Steuerungselemente: aufwärts und von links nach rechts,
- Antriebe: oben und von links nach rechts.

> **!** Im Schaltplan müssen die Symbole für die Bauteile in der Ausgangsstellung der Anlage dargestellt werden. Unter Ausgangsstellung versteht man in der Pneumatik den Schaltzustand in der Anlage, der bei Druckbeaufschlagung vor Betätigung des Startsignales vorliegt. In der Hydraulik wird als Ausgangsstellung meist die Stellung vor dem Anstellen der Pumpen für die Druckversorgung vereinbart.

2. Bezeichnungsschlüssel

Die Bezeichnung der Bauteile in der Fluidtechnik erfolgt durch einen Bezeichnungsschlüssel, der auf dem Schaltplan an dem entsprechenden graphischen Symbol angegeben ist. Die Bezeichnung setzt sich aus mehreren Elementen zusammen und ist mit einem Rahmen versehen. Die Bezeichnung muss in allen zugehörigen Dokumentationen verwendet werden.

Beispiel für die Bezeichnung von Bauteilen in der Fluidtechnik

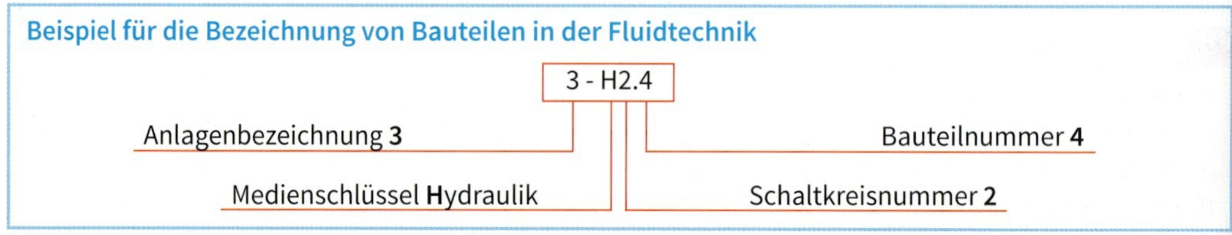

Übungsaufgaben 1/14; 1/15

Anlagenbezeichnung	Medienschlüssel	Schaltkreisnummer	Bauteilnummer
Besteht ein fluidtechnischer Kreislauf aus mehreren Anlagen, so muss die Anlagenbezeichnung angegeben werden. Man ordnet ihr eine Zahl oder einen Buchstaben zu. Ist nur eine Anlage vorhanden, so kann die Anlagenbezeichnung weggelassen werden.	Werden in einer fluidtechnischen Anlage unterschiedliche Medien verwendet, so muss folgender Medienschlüssel aufgenommen werden: **H** Hydraulik; **P** Pneumatik; **G** Gastechnik; **C** Kühlung; **L** Schmierung; **K** Kühlschmiermittel. Wird in der Anlage nur ein Medium eingesetzt, so kann der Medienschlüssel weggelassen werden.	Die Schaltkreisnummer erhalten alle Zubehörteile, die an der Druckluftversorgung oder an dem Aggregat angebracht sind. Man beginnt vorzugsweise mit 0 und weiter mit nachfolgenden Nummern für alle fluidischen Schaltkreise.	Jedes Bauteil in einem Schaltkreis wird mit einer Bauteilnummer versehen, beginnend mit 1 und weiter mit nachfolgenden Nummern.

Zwischen der Schaltkreisnummer und Bauteilnummer steht ein Punkt

Beispiel für den Aufbau eines Schaltplanes

Aufgabe

In einer Bohrvorrichtung sollen Werkstücke pneumatisch gespannt werden. Der Spannvorgang muss durch Knopfdruck von zwei verschiedenen Stellen ausgelöst werden können. Das Lösen soll über einen Fußschalter vorgenommen werden. Aus Sicherheitsgründen muss gewährleistet sein, dass die Spannvorrichtung nur gelöst wird, wenn die Bohrspindel zurückgefahren ist.

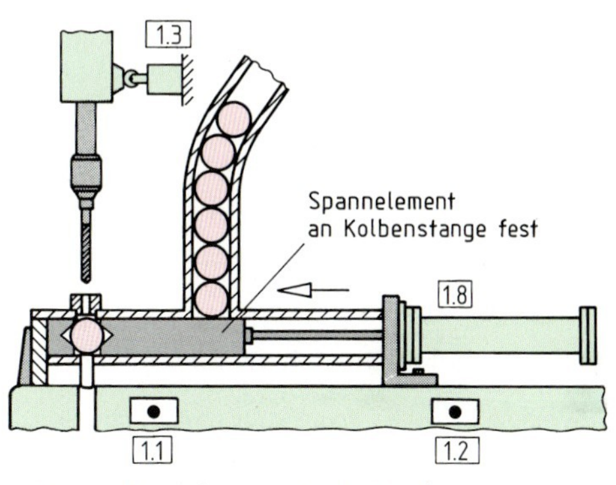

Bohrvorrichtung (gespannter Zustand)

Lösung

Steuerkette und Schaltplan

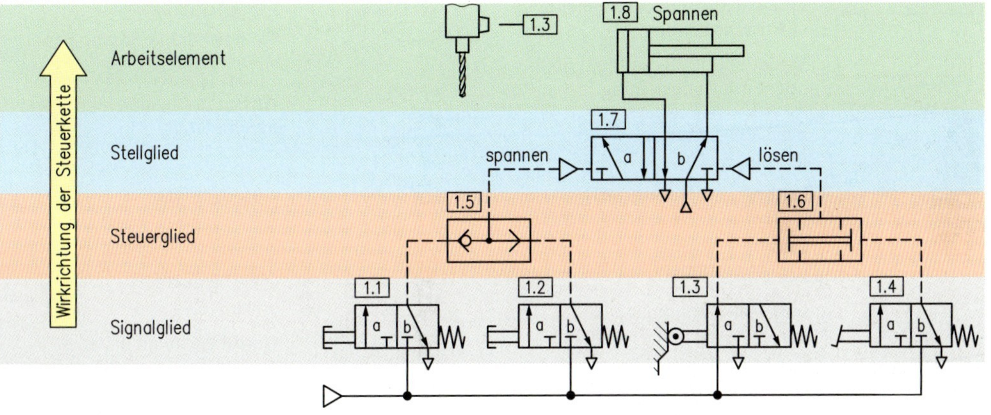

Funktionsbeschreibung

- Der Spannvorgang wird eingeleitet durch Bedienung von Handtaster 1.1 oder Handtaster 1.2.
- Über das Wechselventil 1.5 wird das Signal zum Umsteuern des Wegeventils 1.7 weitergeleitet.
- Die Kolbenstange von Zylinder 1.8 fährt in ihre Spannstellung vor.
- Der Spannvorgang wird gelöst durch Betätigung von Endschalter 1.3 und Fußschalter 1.4.
- Über das Zweidruckventil 1.6 wird das Signal zum Umsteuern des Wegeventils 1.7 weitergeleitet.
- Die Kolbenstange von Zylinder 1.8 fährt in ihre Ausgangslage zurück.

Hinweis

Geräte wie Grenztaster oder Ventile, die durch Antriebe betätigt werden, stellt man an ihrer Betätigungsstelle, z. B. an einem Zylinder, durch einen Markierungsstrich und ihrem Bezeichnungsschlüssel zusätzlich dar. Erfolgt die Betätigung nur in einer Richtung, so wird ein entsprechender Richtungspfeil an den Markierungsstrich gezeichnet.

Übungsaufgabe 1/16

1.2.4 Grafische Symbole in der Fluidtechnik (ISO 1219-1)

1. Symbole aus dem Bereich der Energieumformung (Auswahl)

Symbole	Benennung und Erklärung
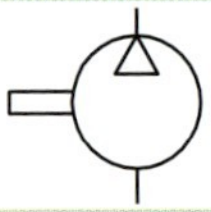	Verdichter (Kompressor)
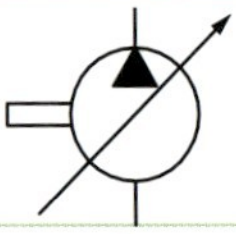	Hydropumpe mit verstellbarem Fördervolumen
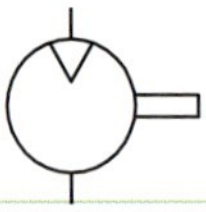	Pneumatikkonstantmotor mit einer Strömungsrichtung
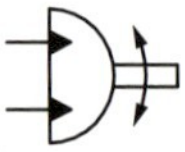	Hydromotor mit begrenztem Schwenkbereich (Drehantrieb)

Symbole	Benennung und Erklärung
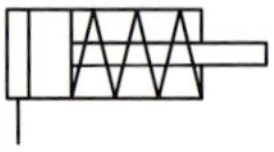	Pneumatikzylinder, einfach wirkender Zylinder Rückbewegung durch Feder
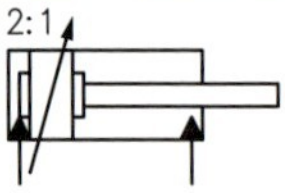 2:1	Hydrozylinder, doppelt wirkender Zylinder, z. B. mit beidseitig verstellbarer Dämpfung, Flächenverhältnis 2:1
	Pneumatikzylinder, doppelt wirkender Zylinder mit zweiseitiger Kolbenstange
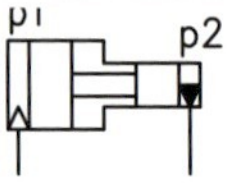 p1 p2	Druckübersetzer, Druckwandler, pneumatischer Druck p1 wird in hydraulischen Druck p2 umgewandelt

* Die Dreiecke brauchen bei eindeutigen Planungsvorgaben nicht dargestellt zu werden.

2. Symbole aus dem Bereich der Energieübertragung (Auswahl)

Symbole	Benennung und Erklärung
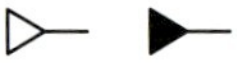	Energiequelle pneumatisch – hydraulisch
	Arbeitsleitung; Rückstromleitung; elektrische Leitung
	Steuerleitung; Leckstrom-, Spül- oder Entlüftungsleitung
	biegsame Leitung
	Leitungsverbindung (fest)
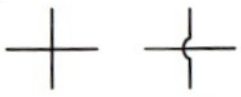	Leitungskreuzung (nicht verbunden)
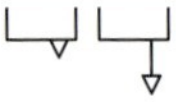	Luftauslassöffnung ohne bzw. mit Anschlussmöglichkeit
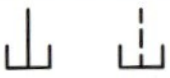	Leitungen in belüfteten Behälter Rücklauf- bzw. Leckstromleitung

Symbole	Benennung und Erklärung
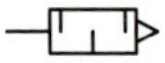	Schalldämpfer
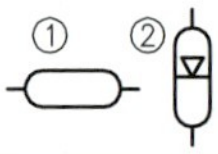 ① ②	① Luftbehälter ② Speicher mit Gasvorspannung
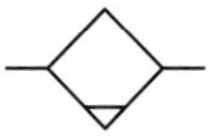	Wasserabscheider, handbetätigt
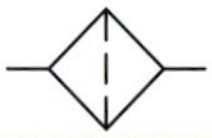	Filter oder Sieb
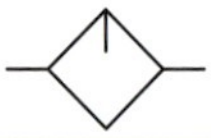	Öler (Befeuchter)
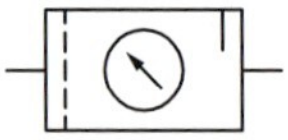	Wartungseinheit (Filter, Abscheider, Druckreduzierventil, Überdruckmessgerät, Öler)

3. Symbole aus dem Bereich der Energiesteuerung (Auswahl)

Symbole	Benennung	Ruhestellung
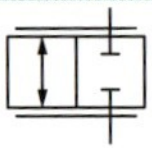	2/2-Wegeventil mit variablem Durchflussweg	geschlossen
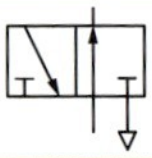	3/2-Wegeventil	geöffnet
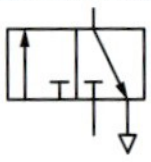	3/2-Wegeventil	geschlossen

Symbole	Benennung	Ruhestellung
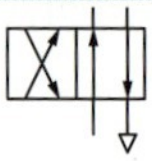	4/2-Wegeventil	1 Leitung belüftet 1 Leitung entlüftet
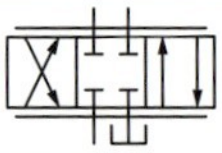	4/3-Wegeventil mit variablem Durchflussweg	Mittelstellung geschlossen
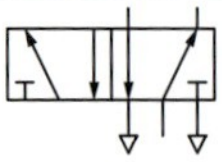	5/2-Wegeventil	1 Leitung belüftet 1 Leitung entlüftet

Übungsaufgaben 1/17; 1/18; 1/19

- **Betätigungen von Ventilen (Auswahl)**

Muskelkraftbetätigung		Mechanische Betätigung	
	– allgemein		– durch Stößel
	– durch Drücker		– durch Feder
	– durch Hebel		– durch Rolle
	– durch Pedal (eine Betätigungsrichtung)		– durch Rolle, nur in einer Richtung arbeitend
	– allgemein, mit Raste		– durch Rolle, pneumatisch vorgesteuert

Im Ausgangszustand betätigte Ventile kennzeichnet man durch das Betätigungsglied mit angesetztem Symbol für die Steuerschiene.

Beispiel für ein Ventil, das im Ausgangszustand betätigt ist

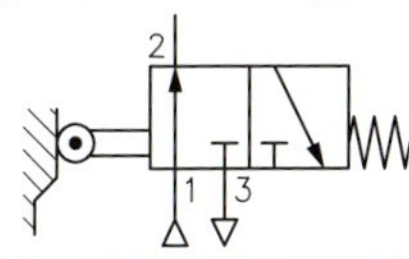

Elektrische Betätigung		Betätigung durch Druckbeaufschlagung oder Druckentlastung	
	– durch Elektromotor in zwei Richtungen		– durch Druckbeaufschlagung
	– durch Elektromagnet mit 1 Wicklung		– 2-stufige Betätigung durch pneumatisch-hydraulische Vorsteuerstufe
	– zwei Betätigungsrichtungen durch 2 Wicklungen im E-Magnet		– durch Druck über Steuerkanäle außerhalb der Einheit

Beispiele für Betätigungen von Wegeventilen

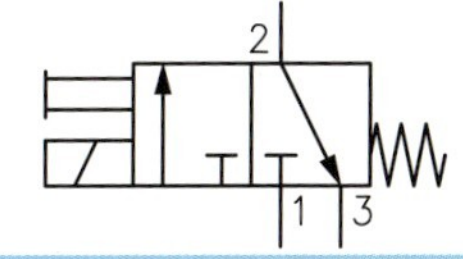

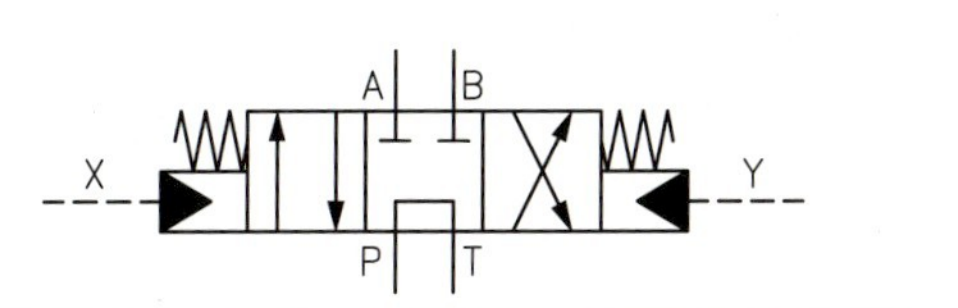

- **Stromventile (Auswahl)**

Stromventile sind Ventile, welche den Durchfluss des Druckmediums bzw. den Volumenstrom beeinflussen. Besonders wichtig ist in dieser Gruppe das Drosselventil.

Drosselventil

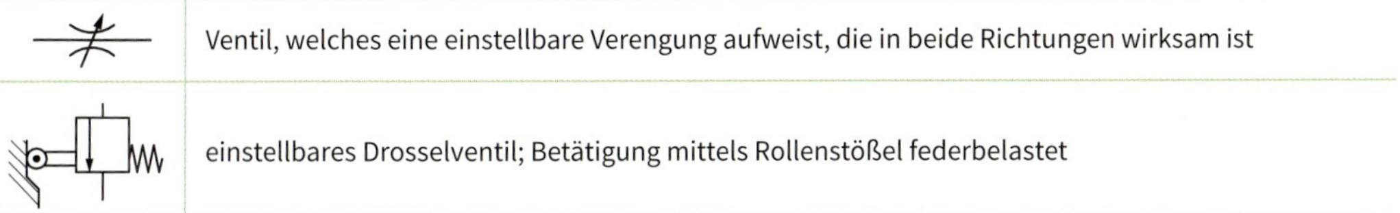

	Ventil, welches eine einstellbare Verengung aufweist, die in beide Richtungen wirksam ist
	einstellbares Drosselventil; Betätigung mittels Rollenstößel federbelastet

– **Rückschlag-, Wechsel-, Schnellentlüftungsventile (Auswahl)**

Diese Ventile werden häufig unter der Bezeichnung Sperrventile zusammengefasst. Ventile dieser Bauart gestatten einen Durchfluss nur in *einer* Richtung.

Rückschlagventile

	- unbelastet;	öffnet, wenn der Einlassdruck höher ist als der Auslassdruck
	- federbelastet;	öffnet, wenn der Einlassdruck höher ist als der Auslassdruck einschließlich der Federanpresskraft
	- mit Drosselung;	Einheit erlaubt freien Durchfluss in einer Richtung und begrenzt den Durchfluss in der anderen

Wechselventil (ODER Funktion)

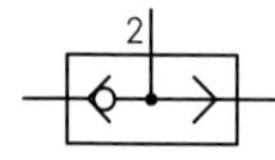	Einlassöffnung mit dem höheren Druck ist automatisch mit der Auslassöffnung 2 verbunden, während die andere Einlassöffnung verschlossen ist

Schnellentlüftungsventil

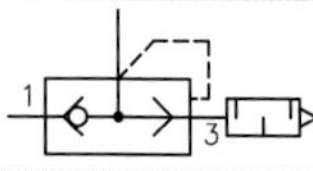	wenn die Einlassöffnung 1 unbeaufschlagt ist, dann ist die Auslassöffnung 3 frei zur Atmosphäre entlüftet

Zweidruckventil (UND Funktion)

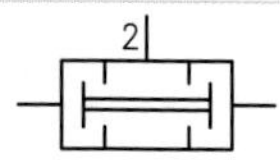	Ventil hat nur dann Durchgang nach 2, wenn beide Seiten beaufschlagt sind

– **Druckventile (Auswahl)**

Druckventile sind Baueinheiten, die eine Steuerung des Druckes gewährleisten.

Druckbegrenzungsventil (Sicherheitsventil)

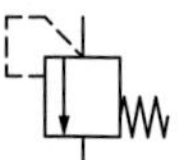	Einlassdruck wird durch Öffnen der Ablassöffnung zur Atmosphäre gegen eine Gegenkraft (z. B. eine Feder) gesteuert

Folgeventil

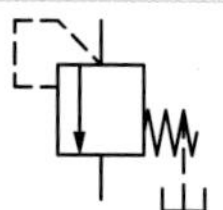	Wenn der Eingangsdruck größer als die Gegenkraft der Feder wird, dann öffnet das Ventil und gibt Durchfluss zum Auslassanschluss frei; dieses Hydraulikventil hat einen externen Leckstromanschluss.

Druckregelventil oder Druckreduzierventil (Druckminderer)

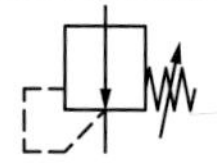	Einheit mit einem veränderlichen Eingangsdruck, die im Wesentlichen konstanten Ausgangsdruck liefert, vorausgesetzt, dass der Eingangsdruck höher als der erforderliche Ausgangsdruck ist

Übungsaufgaben 1/21 bis 1/28

2 Pneumatik

Jede pneumatische Anlage besteht aus drei Teilsystemen:

- System zur *Druckluftbereitstellung*,
- System zur *Steuerung*,
- System zur *Arbeitsverrichtung*.

Beispiele für die Teilsysteme einer Pneumatikanlage (Schema)

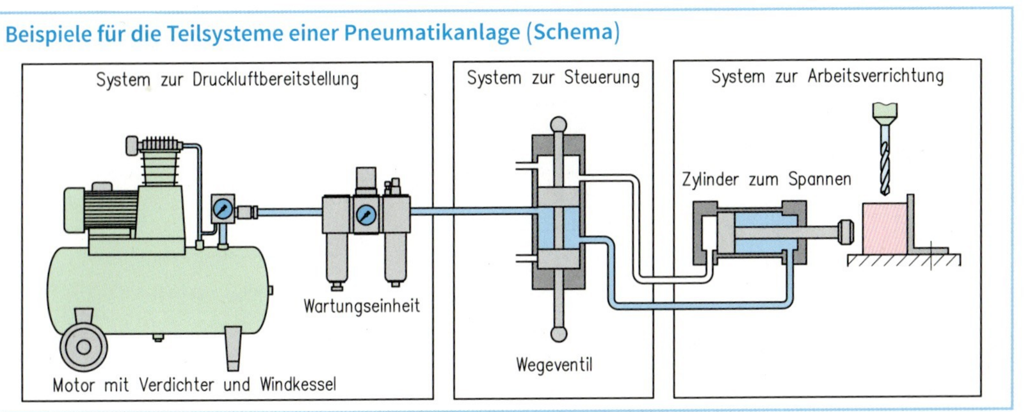

2.1 Einheiten zur Bereitstellung der Druckluft

2.1.1 Verdichter (Kompressoren)

1. Grundlagen

Drückt man Luft zusammen, so spricht man von Verdichten bzw. Komprimieren. Entsprechende Geräte heißen Verdichter oder Kompressoren. Bei Verdichtungsvorgängen wird ein vorhandenes Ansaugvolumen V_1 mit dem Eingangsdruck p_1 zu einem kleineren Volumen V_2 zusammengepresst. In dem kleineren Volumen V_2 herrscht ein erhöhter Druck p_2.

Für Verdichtungsvorgänge gilt bei konstant bleibender Temperatur das Boyle-Mariottesche Gesetz. Bei der Anwendung dieses Gesetzes ist darauf zu achten, dass p_1 und p_2 **absolute Drücke** sind.

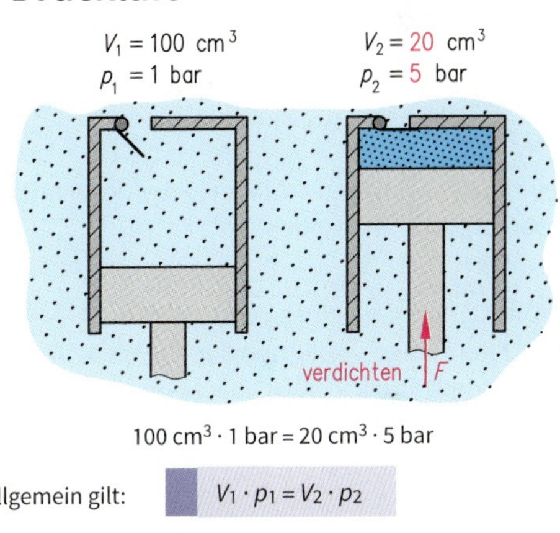

100 cm³ · 1 bar = 20 cm³ · 5 bar

allgemein gilt: $V_1 \cdot p_1 = V_2 \cdot p_2$

Gesetz von Boyle-Mariotte

Alle Druckangaben bei pneumatischen Anlagen beziehen sich jedoch auf den Überdruck p_e gegenüber dem atmosphärischen Druck. Andernfalls werden Druckangaben besonders gekennzeichnet.

Beispiele für eine Druckberechnung

Aufgabe

Ein Verdichter saugt je Hub 200 cm³ Luft an, die einen Druck von 1 bar hat. Er verdichtet auf ein Volumen von 50 cm³.

a) Auf welchen absoluten Druck wird die Luft verdichtet?

b) Welchen Druck zeigt das Messgerät in der Druckleitung an?

Lösung

a) Druck im Verdichter

$$p_2 = \frac{p_A \cdot V_1}{V_2} = \frac{1\text{ bar} \cdot 200\text{ cm}^3}{50\text{ cm}^3}$$

$p_2 =$ **4 bar** (absoluter Druck im Verdichter)

b) $p_e =$ **3 bar** (angezeigter Druck vom Messgerät)

! Druckangaben in der Pneumatik beziehen sich auf Überdruck.
Druckmessgeräte in der Pneumatik sind auf Überdruck eingestellt.

2. Bauformen von Verdichtern

Verdichter unterscheidet man nach der Art der Drucklufterzeugung. Werden in einem Verdichter die Luftteilchen, z. B. durch einen Kolben, verdrängt und wird dabei das Luftvolumen verkleinert, so benutzt man das Verdrängungsprinzip zur Erzeugung der Druckluft. Im Hinblick auf den erreichbaren Druck und die gewünschte Liefermenge haben sich in der Pneumatik Verdichter nach dem Verdrängungsprinzip durchgesetzt.

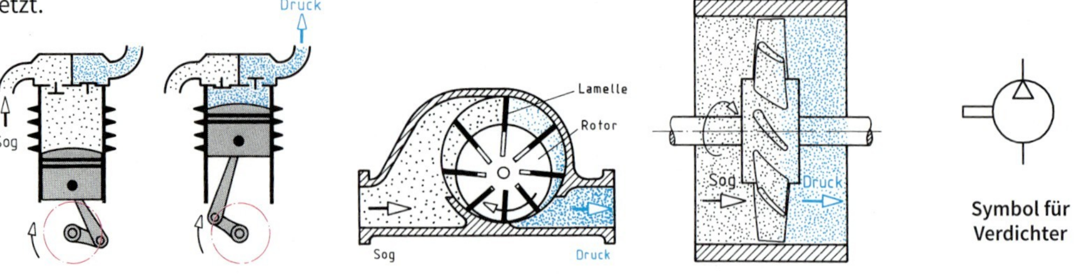

Hubkolbenverdichter **Lamellenverdichter** **Axialverdichter**

> ! Hubkolbenverdichter und Lamellenverdichter arbeiten nach dem Verdrängerprinzip.
> Axialverdichter arbeiten nach dem Strömungsprinzip.

3. Liefermenge und Betriebsdruck

Stationäre Verdichter werden meist durch Elektromotoren angetrieben. Bei fahrbaren Anlagen benutzt man zum Antrieb häufig Verbrennungsmotoren.

Zur Kennzeichnung eines Verdichters dienen der erreichbare Druck und die Liefermenge. Die Liefermenge ist das je Zeiteinheit abgegebene Luftvolumen; sie wird bei kleinen Anlagen in l/min, sonst in m^3/min angegeben.

Pneumatische Anlagen arbeiten in der Regel mit einem Druck von 6 bar; als untere Grenze werden 3 bar und als obere 15 bar angesehen.

> ! Die Kenngrößen eines Verdichters sind:
> - Liefermenge – Volumen der abgegebenen Luft je Zeiteinheit,
> - Betriebsdruck – erreichbarer Überdruck.

2.1.2 Druckluft und Luftfeuchtigkeit

Luft ist in der Lage, Wasser in Form von Wasserdampf aufzunehmen. Die Fähigkeit, Wasser aufzunehmen, nimmt mit steigender Temperatur zu. Wird mit Wasserdampf gesättigte Luft abgekühlt, scheidet sich Wasser in Tröpfchenform aus der Luft aus. Die Wassertröpfchen kondensieren und schlagen sich an den Gefäßwänden nieder.

Die Luft hat für jede Temperatur eine bestimmte Sättigungsmenge. So kann 1 m^3 Luft von 10 °C 9,41 g Wasser aufnehmen. Die gleiche Luftmenge von 1 m^3 nimmt bei 30 °C bis zu 30,38 g Wasser auf.

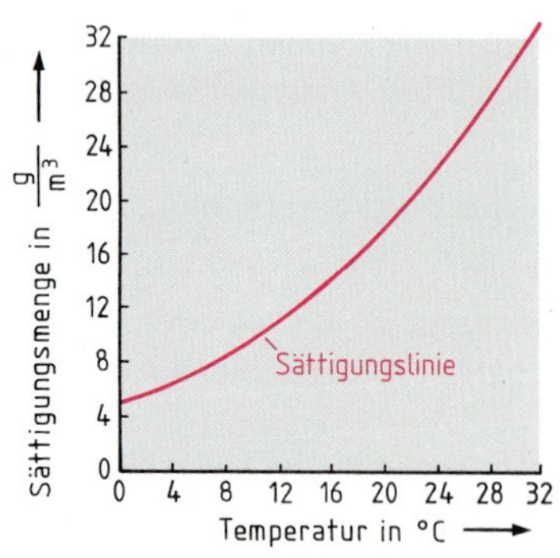

Wasserdampfaufnahme der Luft

> ! Die Wasseraufnahme der Luft ist von der Temperatur abhängig, nicht jedoch vom Druck. Das bedeutet, dass Druckluft nicht mehr Wasser aufnehmen kann als normale Luft.

2.1.3 Druckluftverteilung

1. Windkessel

In Druckluftverteilungsanlagen wird die Luft aus dem Verdichter zunächst in einen Behälter geleitet, den man Windkessel nennt.
In Anlagen für den Betrieb pneumatischer Steuerungen werden nach dem Verdichter ein Nachkühler mit Wasserabscheider und danach ein Windkessel eingebaut. In kleineren Anlagen ist dem Verdichter der Windkessel direkt nachgeschaltet.

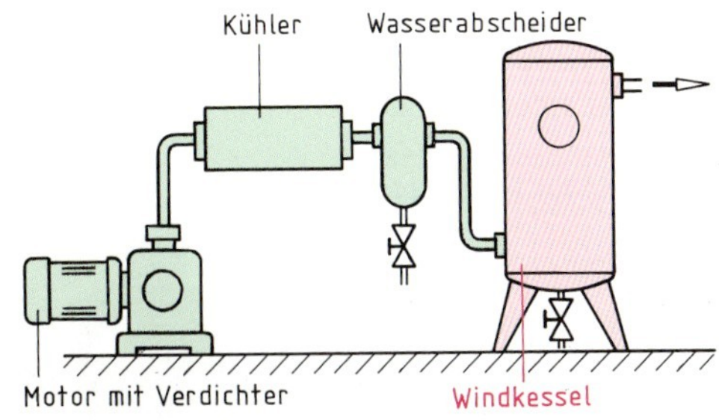

Druckluftanlage (Schema)

Die Aufgaben des Windkessels sind:
- *Ausgleich* der Druckstöße vom Verdichter,
- *Speicherung* von Druckluft für das angeschlossene Netz,
- *Abkühlung* der Druckluft mit Kondensatausscheidung.

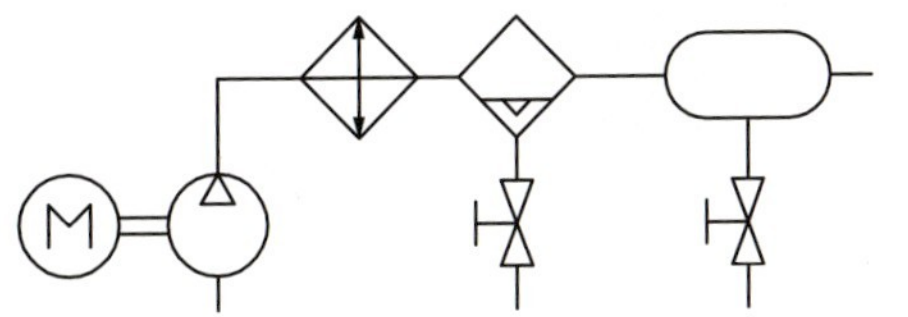

Druckluftanlage (symbolische Darstellung)

2. Speicher

Innerhalb eines Druckluftnetzes werden nach Bedarf Speicher für Druckluft eingebaut.

Die Speicher haben folgende Aufgaben:
- *Ausgleich von Druckschwankungen* in größeren Netzen, dadurch Versorgung der Verbraucher mit gleichem Betriebsdruck.
- *Bereitstellung von Druckluft* in der unmittelbaren Nähe von Verbrauchern mit großem, plötzlichem Luftverbrauch,
- *Ausscheidung von anfallendem Kondensat.*

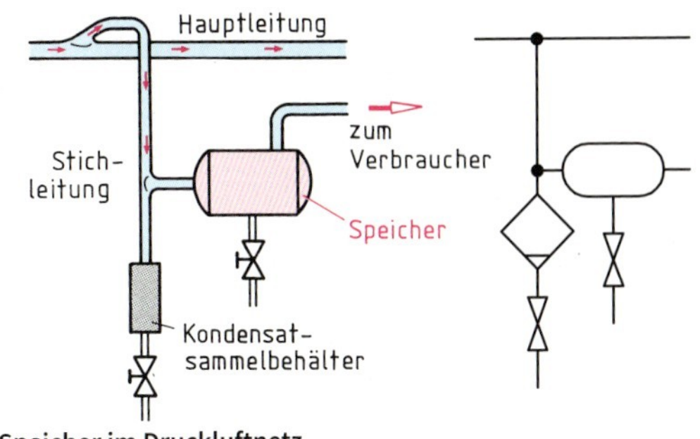

Speicher im Druckluftnetz

2.1.4 Aufbereitung der Druckluft

1. Aufgabe der Wartungseinheit

Die Druckluft aus dem Rohrleitungsnetz darf nicht unmittelbar den Pneumatikelementen zugeführt werden. Sie wird wie folgt aufbereitet:
- *Reinigen* und *Abscheiden* von Kondensat in einem Filter mit Abscheider,
- *Regeln* durch ein Druckreduzierventil mit Überdruckmessgerät,
- *Anreichern mit Ölnebel* in einem Öler (in seltenen Fällen).

Diese drei Aufbereitungsvorgänge werden in einem kombinierten Gerät – der Wartungseinheit – durchgeführt.
Die Wartungseinheit gehört zu jeder vollständigen Pneumatikanlage und wird daher im Schaltplan direkt nach dem Absperrventil eingezeichnet. Das Symbol für die ausführliche Darstellung wird immer mehr durch das Symbol für die vereinfachte Darstellung abgelöst.

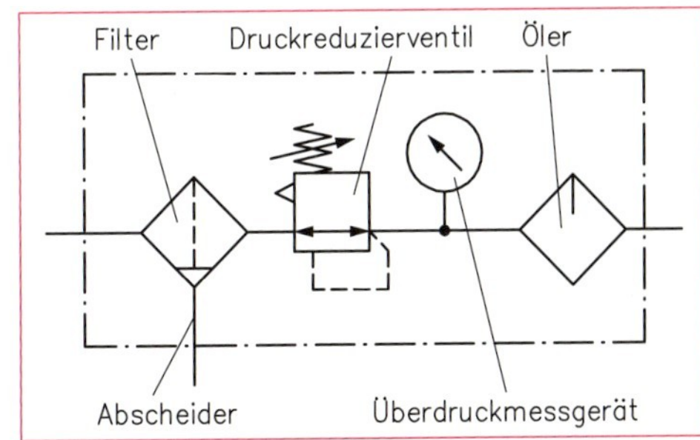

Symbol für Wartungseinheit (ausführlich)

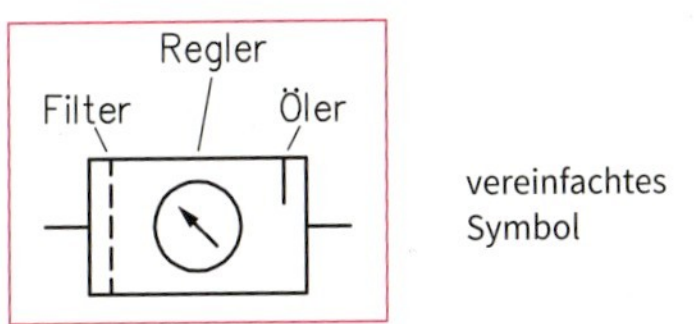

vereinfachtes Symbol

Symbol für Wartungseinheit (vereinfacht)

Die Wartungseinheit besteht aus Filter, Regler (Druckreduzierventil mit Überdruckmessgerät) und Öler.

2.2 Arbeitseinheiten in der Pneumatik

Arbeitseinheiten in der Pneumatik sind vorwiegend Zylinder, die hin- und hergehende Bewegungen ausführen. In besonderen Fällen werden in Werkzeugen und Maschinen auch Pneumatikmotore eingesetzt.

Beispiele für Arbeitseinheiten

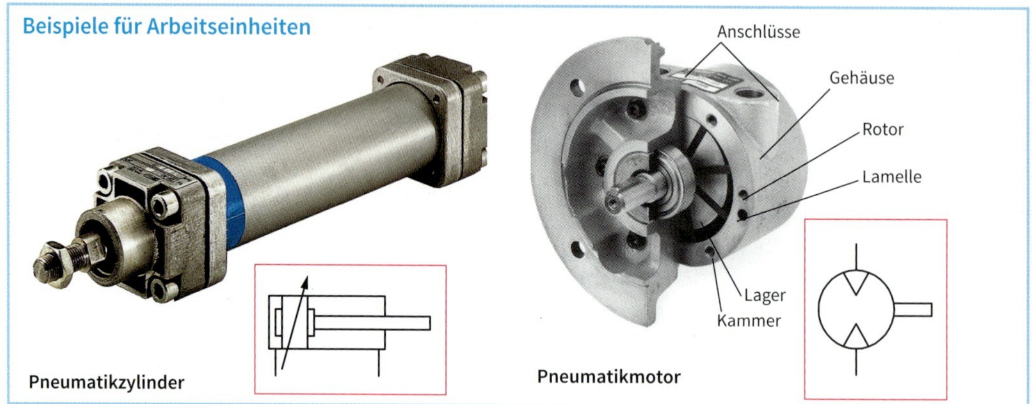

Pneumatikzylinder **Pneumatikmotor**

2.2.1 Aufbau von Pneumatikzylindern

1. Einfach wirkender Zylinder

Wird ein Zylinder nur von einer Seite druckbeaufschlagt, so kann er nur in dieser einen Richtung Kräfte übertragen. Ein solcher Zylinder wird einfach wirkender Zylinder genannt. Bei einfach wirkenden Zylindern erfolgt der Rückhub durch eine eingebaute Feder, Membrane oder durch äußere Krafteinwirkung. Die Baulänge einfach wirkender Zylinder ist wegen der Rückholfeder in seiner Länge begrenzt.

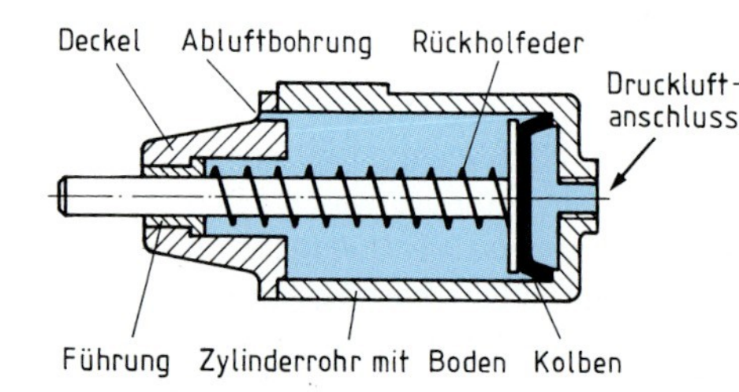

Einfach wirkender Zylinder

> **!** Einfach wirkende Zylinder benötigen nur für eine Bewegungsrichtung Druckluft. Sie können Kräfte nur in einer Richtung übertragen und haben begrenzte Baulängen.

2. Doppelt wirkender Zylinder

Werden in einem Zylinder beide Kolbenseiten wechselweise mit Druckluft beaufschlagt, so ist in jede dieser Richtungen eine Kraftübertragung möglich.

Ein solcher doppelt wirkender Zylinder kann sowohl im Vorhub als auch im Rückhub gesteuert werden. Doppelt wirkende Zylinder können in großen Baulängen ausgeführt werden.

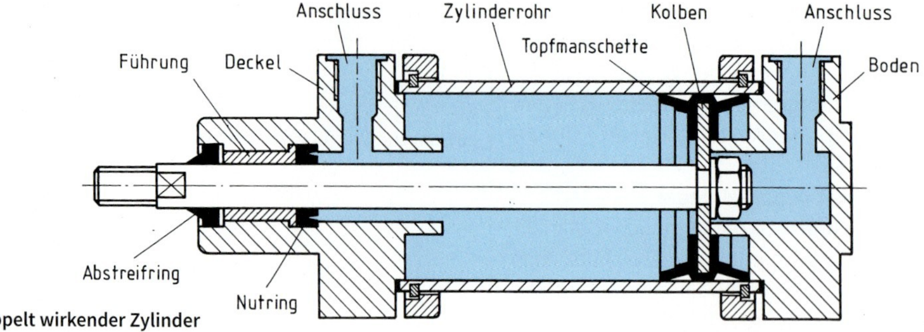

Doppelt wirkender Zylinder

> **!** Doppelt wirkende Zylinder benötigen für zwei Bewegungsrichtungen Druckluft. Sie übertragen Kräfte in beide Richtungen. Ihre Baulänge kann den gestellten Anforderungen weitgehend angepasst werden.

Übungsaufgaben 2/19; 2/20

2.2.2 Dämpfung in Zylindern

Bewegt sich der Kolben in einem Druckluftzylinder mit hoher Geschwindigkeit, so trifft er mit großer Wucht auf den Deckel oder Boden des Zylinders auf. Damit bei größeren Massen keine Beschädigungen auftreten und die Geschwindigkeit des Kolbens allmählich abgebaut wird, haben Zylinder vielfach eine eingebaute Abbremsvorrichtung, die man als Dämpfung bezeichnet. Die Dämpfung kann konstant sein oder verändert werden.

Die einstellbare Dämpfung beruht darauf, dass das schnelle Ausströmen der Luft aus dem Zylinder in dem Augenblick behindert wird, in dem sich der Kolben kurz vor Erreichen einer Endlage befindet. Diese Drosselung der Abluft bewirkt man dadurch, dass der Kolben kurz vor Erreichen der Endlage mit einem Zapfen in eine Bohrung des Deckels bzw. des Bodens eintaucht und den Ausströmquerschnitt verringert. Vor dem Kolben baut sich dann ein Luftpolster auf und bremst den Kolben ab. Über ein verstellbares Drosselventil wird die Luft abgelassen, bis der Kolben die Endlage erreicht.

Soll der Kolben wieder in Gegenrichtung anfahren, so kann die zuströmende Druckluft die gesamte Kolbenfläche sofort beaufschlagen, weil ein Rückschlagventil durch die Druckluft geöffnet wird.

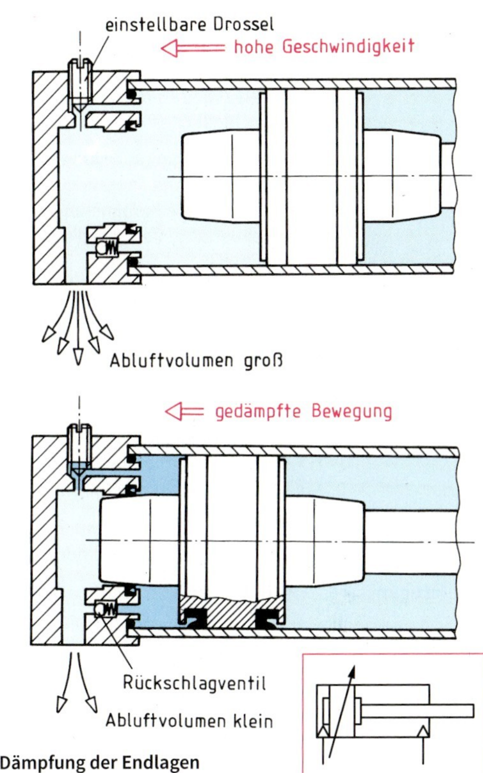

Dämpfung der Endlagen

Die Dämpfung bei Zylindern verhindert hartes Anschlagen des Kolbens in den Endlagen. Durch eine einstellbare Dämpfung wird das Bewegungsverhalten von Zylindern den Anforderungen angepasst.

2.2.3 Befestigungsarten von Zylindern

Die Art der Befestigung eines Zylinders wird dadurch bestimmt, wie der Zylinder an der Maschine oder der Vorrichtung zum Einsatz kommt. Die auftretenden Kräfte und die Belastungsfälle beeinflussen ebenfalls die Auswahl der Befestigung.
Befestigungssysteme nach dem Baukastenprinzip sind vorteilhaft.

Befestigungsarten von Zylindern (Auswahl)

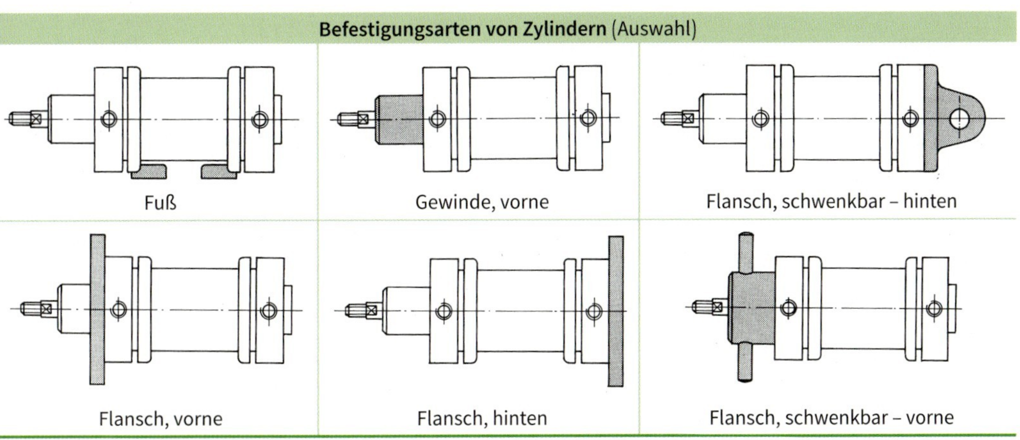

2.2.4 Kriterien für die Auswahl von Pneumatikzylindern

Kriterien	Beschreibung
Kolbenkräfte	Die Kolbenkräfte bestimmen den notwendigen Kolbendurchmesser. Je nach Zylinderart und Zylindergröße ergeben sich für die Schubkräfte und die Rückzugkräfte unterschiedliche Werte. Diese Werte sind in den Datenblättern der Zylinderhersteller verzeichnet.
Kolbenstangen-durchmesser	Der Kolbenstangendurchmesser richtet sich bei genormten Zylindern nach dem Kolbendurchmesser. Lange, schlanke Kolbenstangen können knicken. Sie müssen daher nach einem aufwendigen Rechenverfahren auf Knickung berechnet werden.
Dämpfung, Hubbegrenzung	Die Hubbegrenzung der Kolbenstange kann man außerhalb des Zylinders durch Anschläge oder Endschalter erreichen. Innerhalb des Zylinders kann der Hub durch eine einstellbare Dämpfung begrenzt werden.
Hublänge	Die auszuwählende Hublänge des Zylinders richtet sich im Wesentlichen nach dem Arbeitsweg. Dabei bevorzugt man genormte Hublängen. Die Hublänge entspricht entweder dem Arbeitsweg oder ist etwas größer. Maximale Hublänge: • bei einfach wirkenden Zylindern ca. 100 mm, • bei doppelt wirkenden Zylindern ca. 2 000 mm.
Gewindean-schlüsse	Mit der Auswahl des Zylinders liegt auch das Anschlussgewinde für die Rohrleitungen fest, üblich waren Rohrgewinde, es finden immer mehr metrische Gewinde Verwendung.
Befestigungsart	Die Befestigungsart wird nach den auftretenden maximalen Kräften und den Drehmomenten, die zu der Zylinderachse wirken, ausgewählt.
Einbaumaße	Es gibt viele verschiedenartige Zylindertypen. Je nach Kundenwunsch werden sie gesondert angefertigt. Für Standardaufgaben hat man die Zylinder und ihre Einbaumaße genormt. Beispiele für Normen: DIN 24 335, DIN ISO 6431 Das Europäische Komitee Ölhydraulik und Pneumatik (CETOP) hat ebenfalls Richtlinien herausgegeben. Beispiele: CETOP RP 43 P, CETOP RP 51 P, CETOP RP 53 P
Umwelt-bedingungen	Sind die Zylinder besonderen Umweltbedingungen wie z. B. hohen Temperaturen, chemisch agressiven Medien ausgesetzt, so werden entsprechende Sonderausführungen gefertigt.

2.2.5 Sonderformen von Pneumatikzylindern

Bezeichnung und Einsatz	Aufbau und Symbol	Hinweise
Membranzylinder auch Druckluftdose oder Kraftdose genannt; Einsatz im Vorrichtungs- und Werkzeugbau; zum Prägen, Nieten und Spannen	Membrane F ohne Druckluft mit Druckluft	Die eingebaute Membrane – aus Gummi, Kunststoff oder auch Metall – übernimmt die Aufgabe eines Kolbens und einer Rückstellfeder.
Drehantrieb (Drehzylinder) Einsatz zum Wenden von Werkstücken, Biegen von Rohren, Betätigen von Klappventilen und Sperrschiebern	M	Der doppelt wirkende Zylinder treibt über eine Kolbenstange mit Zahnprofil ein Zahnrad an. Je nach Bauart schwankt der Schwenkbereich zwischen 45° und 720°.

Übungsaufgaben 2/23 bis 2/29

2.3 Einheiten zum Steuern der Druckluft

In einer pneumatischen Anlage benötigt man Bauteile, welche die Druckluft steuern. Solche Bauteile nennt man Ventile. Die Ventile unterteilt man nach ihrer Funktion wie folgt:

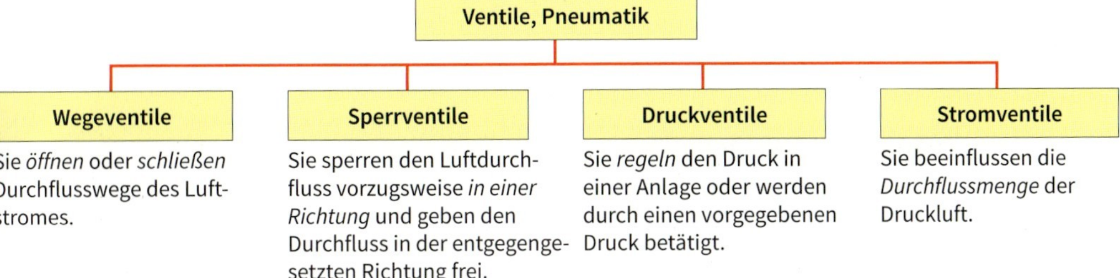

Ventile, Pneumatik
Wegeventile
Sie *öffnen* oder *schließen* Durchflusswege des Luftstromes.
Sperrventile
Sie sperren den Luftdurchfluss vorzugsweise *in einer Richtung* und geben den Durchfluss in der entgegengesetzten Richtung frei.
Druckventile
Sie *regeln* den Druck in einer Anlage oder werden durch einen vorgegebenen Druck betätigt.
Stromventile
Sie beeinflussen die *Durchflussmenge* der Druckluft.

2.3.1 Bauformen pneumatischer Wegeventile

1. Sitzventile

Bei Sitzventilen erfolgt die Abdichtung der Ventilsitze entweder durch Kugeln (Kugelsitzventile) oder durch Teller (Tellersitzventile).

Beispiel für ein Sitzventil

Kugelsitzventil

Im gezeigten 3/2-Wegeventil ist in der Ruhestellung die Arbeitsleitung 2(A) mit der Abluft 3(R) verbunden. Die Druckluft 1(P) ist abgesperrt. Wird der Ventilstößel betätigt, so schließt sich die Abluftleitung, die Kugel hebt ab und die Druckluft kann in die Arbeitsleitung strömen. Kugelsitzventile sind einfach aufgebaut, klein und preiswert; jedoch dichten sie nicht immer zuverlässig ab.

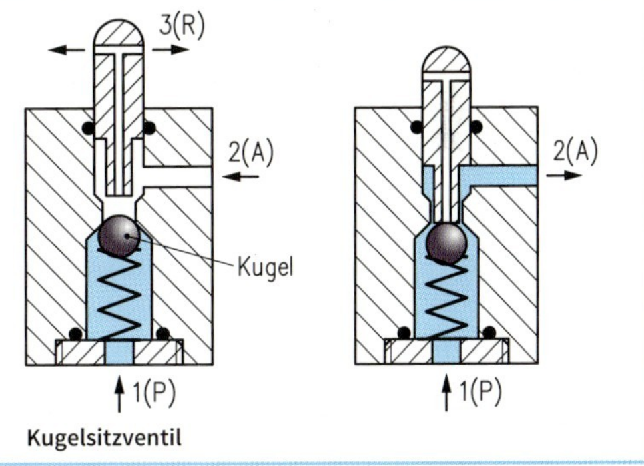

Kugelsitzventil

2. Schieberventile

Bei Schieberventilen benutzt man zur Umsteuerung der Durchgänge für die Luft Kolben, die in Längsrichtung verschoben werden (Längsschieberventile) oder Schlitze in Platten, die durch Drehbewegungen gegenüber den Anschlüssen verstellt werden (Drehschieberventile).

Beispiel für ein Schieberventil

Längsschieberventil

In Längsschieberventilen werden die Anschlüsse zum Arbeitselement durch die Längsbewegung eines Steuerkolbens wechselseitig be- und entlüftet. Im gezeigten Beispiel geschieht die Betätigung durch Druckbeaufschlagung. Wird bei 12(Y) die Steuerluft betätigt und ist die Leitung bei 14(Z) entlüftet, schaltet das Ventil durch. Arbeitsluft strömt von 1(P) nach 2(B) und Rückluft von 4(A) nach 5(R).

Da zum Umschalten ein kurzfristiger, impulsartiger Druck genügt, wird ein solches Ventil auch Impulsventil genannt. In dem Impulsventil bleibt die Schaltstellung so lange erhalten – sie wird gespeichert –, bis ein Gegenimpuls erfolgt.

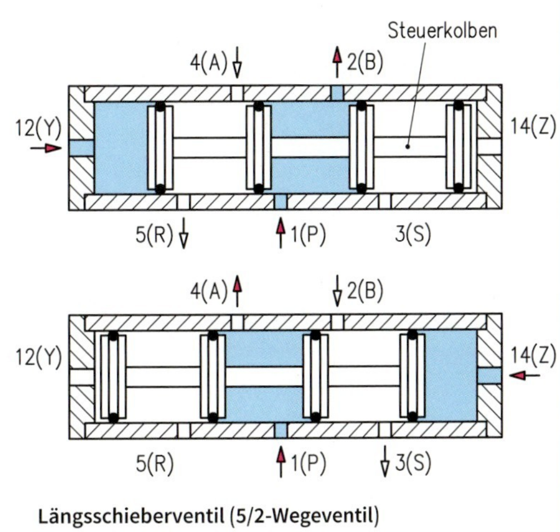

Längsschieberventil (5/2-Wegeventil)

Merkmale für Sitz- und Schieberventile	
Sitzventile	**Schieberventile**
• kleiner Betätigungsweg, kurze Ansprechzeit	• großer Betätigungsweg, längere Ansprechzeit
• unempfindlich gegen Schmutz, wenig Verschleiß	• empfindlich gegen Schmutz, mehr Verschleiß
• erforderliche Betätigungskraft groß	• erforderliche Betätigungskraft gering

2.3.1.1 Vorsteuerung von Ventilen

Ventile mit großen Nennweiten werden wegen der hohen Betätigungskräfte vorgesteuert. Dabei wird das Hauptventil mithilfe eines kleinen Vorsteuerventils betätigt. Das Vorsteuerventil ist mit dem Hauptventil zusammengebaut und wird von ihm mit Druckluft versorgt. Vorgesteuerte Ventile bezeichnet man als **indirekt betätigte Ventile**.

Die Betätigung durch ein Vorsteuerventil wird im Schaltplan vereinfacht dargestellt. Dabei wird das grafische Symbol für das Hauptventil mit einem besonderen Symbol für die indirekte Betätigung versehen.

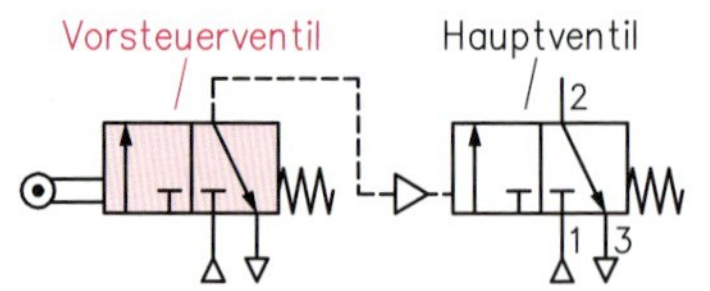

Vorgesteuertes Ventil (ausführliche Darstellung)

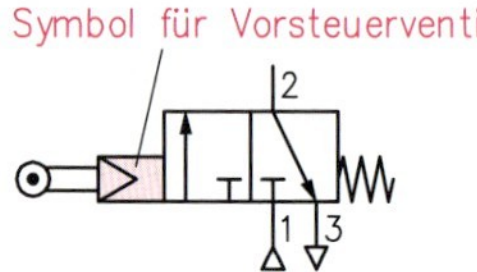

Vorgesteuertes Ventil (vereinfachtes Symbol)

Beispiel für ein vorgesteuertes 3/2-Wegeventil mit Rollenbetätigung

Das Vorsteuerventil ist über eine kleine Bohrung mit dem Druckanschluss verbunden. Drückt man auf den Rollenhebel, so öffnet das Vorsteuerventil. Die anstehende Druckluft strömt zur Membrane und bewegt den Ventilteller des Hauptventils nach unten. Die Umsteuerung des Hauptventiles erfolgt dadurch, dass zunächst die Arbeitsleitung 2 nach der Abluftleitung 3 geschlossen wird. Anschließend wird die Druckleitung 1 mit der Arbeitsleitung **2** verbunden.

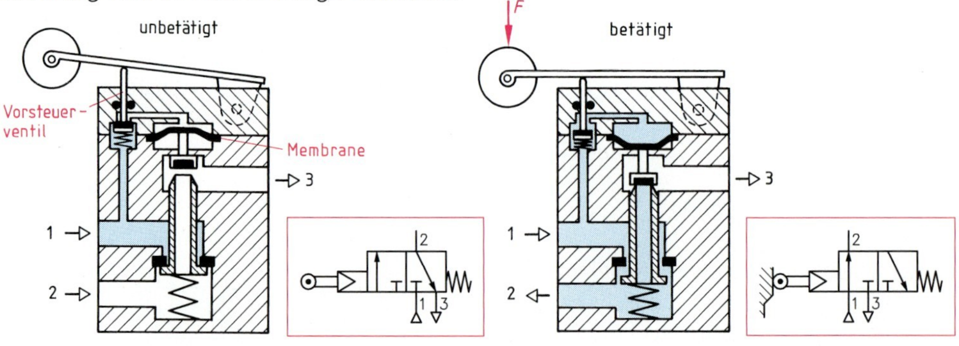

Die Rückstellung des Ventiles beginnt, wenn der Rollenhebel gelöst wird. Dadurch wird im Vorsteuerventil die Druckleitung zur Membrane geschlossen und die Membrane durch die Entlüftung druckentlastet. Die eingebaute Rückstellfeder im Hauptventil drückt den Steuerkolben in seine Ausgangslage. Dabei wird zunächst der Druckanschluss geschlossen und danach die Arbeitsleitung mit der Abluftseite verbunden.

! Zur Verminderung der Betätigungskräfte werden indirekt betätigte Ventile eingesetzt. Durch die indirekte Betätigung werden die Schaltkräfte um 80 bis 90 % verringert. Das Prinzip der Vorsteuerung lässt sich mit verschiedenen Betätigungsarten kombinieren.

Übungsaufgaben 2/33; 2/34

2.3.1.2 Betätigungsarten an pneumatischen Wegeventilen

1. Muskelkraft betätigte Ventile

Muskelkraft betätigte Wegeventile dienen in Steuerungen zur Belüftung von Steuerungsanlagen. Weiterhin setzt man sie im Schaltschrank als Schlossschalter, Wahlschalter oder Schlagtaster für Not-Aus ein. In einfachen Vorrichtungen oder beim nachträglichen Ausrüsten von Maschinen verwendet man fuß- oder handbetätigte Schalter als Signalglieder.

2. Mechanisch betätigte Ventile

Wegeventile mit mechanischer Betätigung dienen in Steuerungsanlagen zur Festlegung von Endlagen und zur Positionskontrolle. Da sie durchweg Signalglieder sind, setzt man hauptsächlich 3/2-Wegeventile ein. Neben Stößelventilen benutzt man auch Rollenhebel- und Kipphebelventile.

Beispiel für Ventile, die mit Muskelkraft oder anders mechanisch betätigt werden

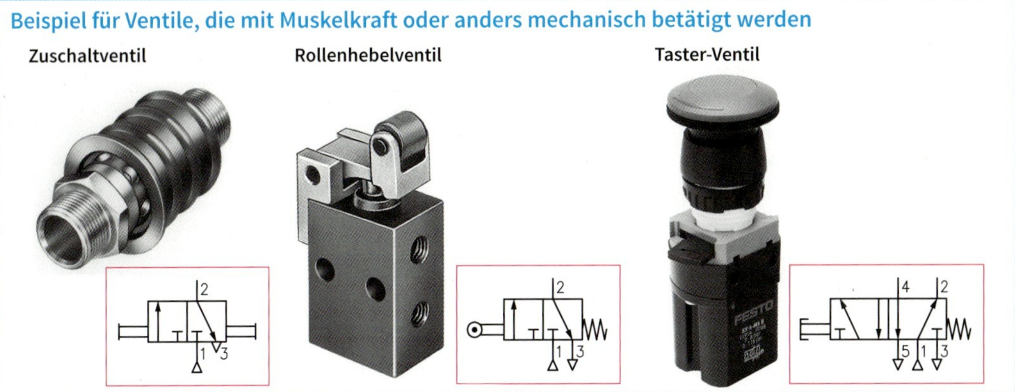

3. Pneumatisch betätigte Ventile und pneumatische Näherungsschalter

Pneumatisch betätigte Wegeventile verwendet man in pneumatischen Anlagen vielfach zur Ansteuerung von Arbeitselementen. Dabei werden 3/2-Wegeventile als Stellglieder für einfach wirkende Zylinder oder Motoren eingesetzt. Will man doppelt wirkende Zylinder oder Motoren ansteuern, so benutzt man 5/2-Wegeventile, die von beiden Seiten mit Druckluft angesteuert werden. Diese Impulsventile können zusätzlich mit Handhilfsbetätigungen ausgerüstet werden. Dadurch lassen sich die Arbeitselemente in die gewünschte Ausgangsstellung bringen.

Beispiel für pneumatisch betätigte Ventile und pneumatische Näherungsschalter

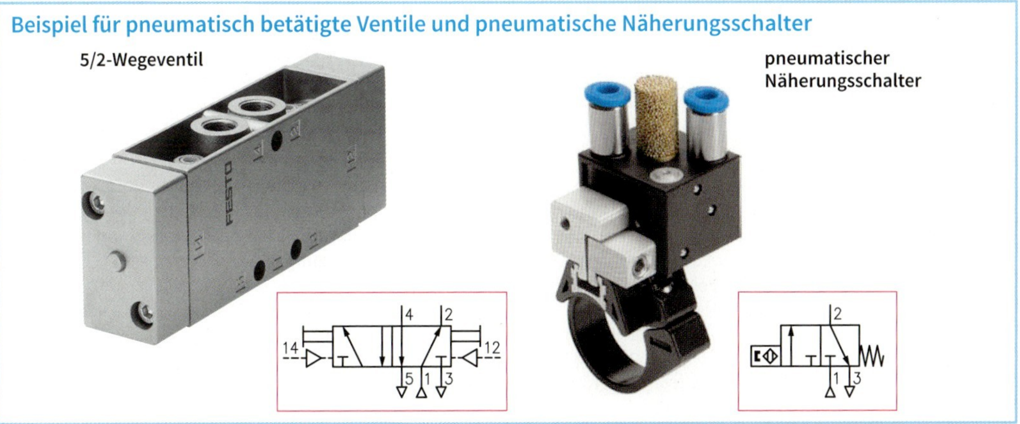

> **!** Mit Muskelkraft betätigte und andere mechanisch betätigte Ventile sind fast ausnahmslos Ventile mit zwei Schaltstellungen, die ihre Ausgangsstellung meist über Federkräfte einnehmen. Federrückgestellte Ventile haben eine eindeutige Ausgangsstellung und eignen sich daher für Schaltungen mit Sicherheitsanforderungen.

2.3.1.3 Kriterien für die Auswahl von pneumatischen Wegeventilen

Wegeventile werden nach unterschiedlichen Gesichtspunkten ausgesucht. Die wichtigsten Merkmale für die Auswahl eines Ventiles sind seine *Funktion* und seine *Betätigungsart*.

Der Einsatz des Ventiles im Steuerungs- oder Leistungsteil einer Anlage bestimmt vor allem die *Baugröße*. Im Steuerungsteil setzt man durchweg wesentlich kleinere Ventile als im Leistungsteil ein. Wichtige Kenndaten für die Größe eines Ventiles sind **Nennweite** und **Normal-Nenndurchfluss**.

1. Nennweite

Die Nennweite ist eine Angabe über den kleinsten Querschnitt eines Ventiles, durch den die Druckluft strömt. Dieser engste Querschnitt wird auf einen Kreisquerschnitt mit gleicher Fläche umgerechnet. Der entsprechende Durchmesser dieses Vergleichsquerschnittes wird als Nennweite **NW** angegeben. Die lichte Weite der Druckluftleitungen muss mindestens so groß wie die Nennweite sein.

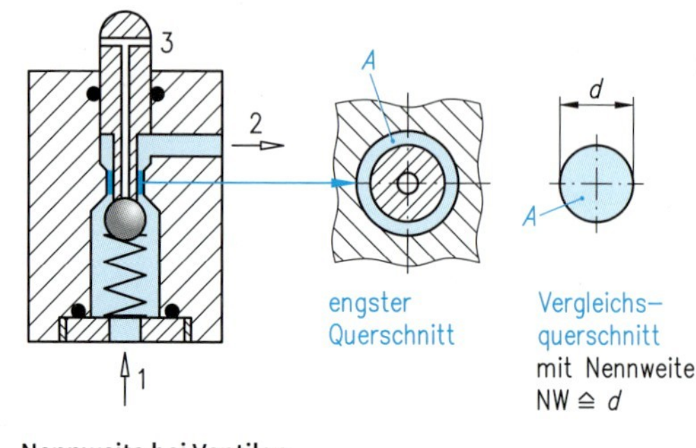

Nennweite bei Ventilen

2. Normal-Nenndurchfluss

Der Normal-Nenndurchfluss bei pneumatischen Bauteilen ist das Luftvolumen, welches in einer Minute durch einen Querschnitt unter Normbedingungen strömt (Luftdruck 1,013 bar und Temperatur 0 °C).

3. Weitere Gesichtspunkte für die Auswahl von Wegeventilen

Kriterien	Beschreibung	Hinweise
Betriebsdruckbereich	Der Betriebsdruckbereich ist der Druckbereich, in dem ein Bauelement mit Sicherheit funktioniert.	**Beispiel für die Abhängigkeit des Steuerdruckes vom Betriebsdruck** Steuerdruck (0–5 bar) über Betriebsdruck (0–10 bar): Einschaltdruck, Ausschaltdruck
Steuerdruckbereich	Für pneumatisch betätigte Ventile muss ein Druckbereich eingehalten werden, in dem diese Ventile zuverlässig angesteuert werden können. Der Steuerdruckbereich ist abhängig vom jeweiligen Betriebsdruckbereich.	
Betätigungskräfte	Die Kraft, mit der ein Ventil umgesteuert wird, bezeichnet man als Betätigungskraft. Sitzventile erfordern hohe Betätigungskräfte, Schieberventile benötigen geringe Betätigungskräfte. Bei indirekt angesteuerten Ventilen vermindert sich die Betätigungskraft weiter.	In den Katalogen für die Wegeventile sind die Betätigungskräfte aufgeführt; durch indirekte Betätigungen vermindern sich die Betätigungskräfte um 80 bis 90 %.
Gewindeanschlüsse	Mit der Auswahl des Ventiles liegt auch das Anschlussgewinde fest. Üblich sind Rohrgewinde und metrische Gewinde.	Nach DIN ISO 228 werden Rohrgewinde für Pneumatikelemente mit G gekennzeichnet.
Temperaturbereich	Die Umgebungstemperatur für den Einsatz von Ventilen bestimmt den Werkstoff der Ventilkörper und der Dichtungselemente.	Preiswerte Ventile werden teilweise ganz aus Kunststoff hergestellt; der Einsatzbereich ist in den Katalogen angegeben.

Übungsaufgaben 2/36; 2/37

2.3.2 Bauformen pneumatischer Sperrventile und Stromventile

Ventile, die den Durchfluss der Druckluft richtungsmäßig beeinflussen, bezeichnet man als **Sperrventile**. Als Sperrventile werden das *Rückschlagventil*, das *Wechselventil* und das *Zweidruckventil* eingesetzt.
Ventile, die den Durchfluss der Druckluft mengenmäßig beeinflussen, nennt man **Stromventile**. Das wichtigste Stromventil ist das Drosselventil.
In Pneumatikanlagen benutzt man häufig Ventilkombinationen aus Sperr- und Stromventilen. Solche **Ventilkombinationen** sind *Drosselrückschlagventile, Verzögerungsventile* und *Schnellentlüftungsventile*.

1. Rückschlagventil

Rückschlagventile sperren den Durchfluss in einer Richtung ab, in der entgegengesetzten Richtung kann die Druckluft mit geringen Druckverlusten frei durchströmen. In einem Rückschlagventil setzt man als Absperrelement entweder eine Kugel, Platte, Membrane oder einen Kegel ein. Die Elemente zum Abdichten können federbelastet oder unbelastet eingebaut werden.

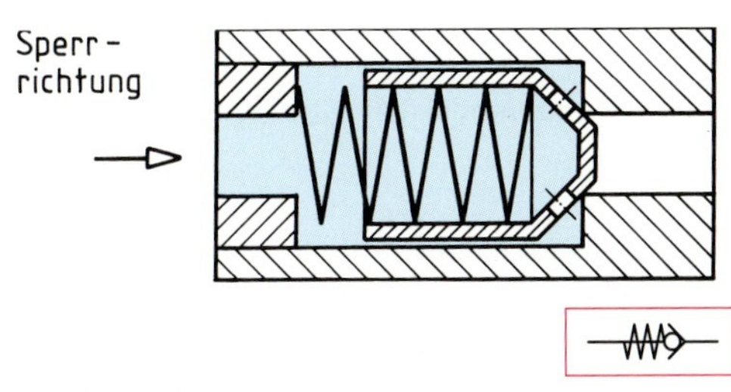

Rückschlagventil

> **!** Mit Rückschlagventilen wird der Durchfluss in einer Richtung vollständig gesperrt. In der entgegengesetzten Richtung strömt die Luft ungedrosselt durch.
> Rückschlagventile werden eingesetzt, wenn verschiedene Elemente gegeneinander abgesichert werden müssen.

2. Wechselventil (ODER-Element)

Ein Wechselventil hat zwei Eingänge. Der Eingang mit dem höheren Druck ist automatisch mit der Auslassöffnung verbunden, während der andere Eingang verschlossen ist. Wird zum Beispiel E1 mit Druckluft beaufschlagt, so dichtet die Kugel E2 ab, und die Luft strömt von E1 zum Ausgang 2.

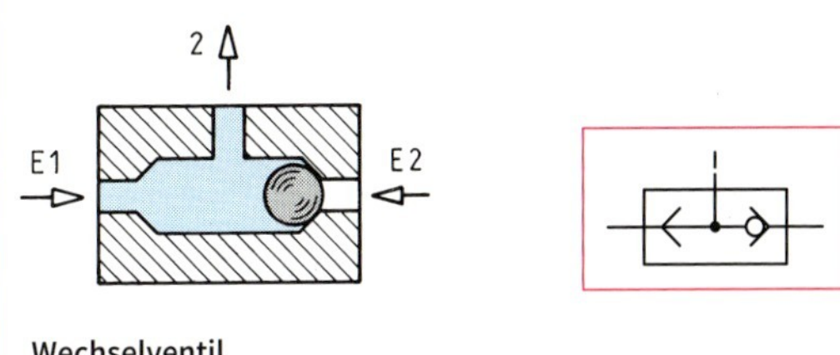

Wechselventil

> In pneumatischen Steuerungen wird das Wechselventil als ODER-Element eingesetzt. Das Steuersignal kann entweder von dem einen oder dem anderen Eingang kommen.

3. Zweidruckventil (UND-Element)

Ein Zweidruckventil hat zwei Eingänge **E1** und **E2**. Das Ausgangssignal bei A ist dann vorhanden, wenn an *beiden* Eingängen der Druck in *gleicher* Höhe ansteht. Wird nur von einer Seite ein Eingangssignal gegeben, so ist dieses Signal nicht wirksam.

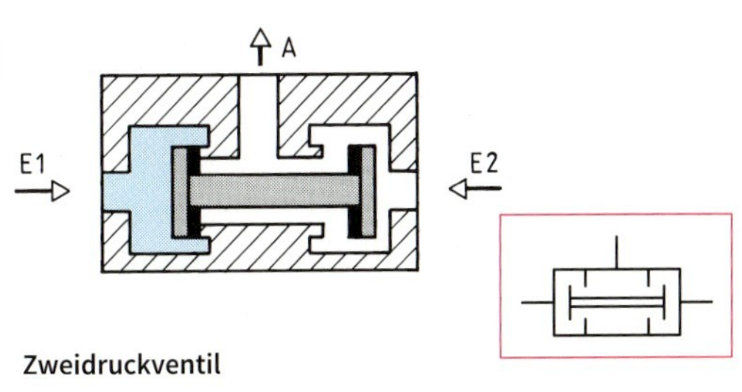

Zweidruckventil

> In pneumatischen Steuerungen wird das Zweidruckventil als UND-Element eingesetzt. Ein Ausgangssignal ist nur dann vorhanden, wenn an beiden Eingängen Druck vorhanden ist.

Übungsaufgaben 2/38; 2/39; 2/40

4. Drosselventil

In einem Drosselventil wird der Volumenstrom verändert. In der Pneumatik benutzt man hauptsächlich Drosselventile, die von Hand verstellt werden. Die Drosselstelle ist als Kegelsitz ausgeführt. Verstellt man die Regulierschraube, so ändert sich der Querschnitt am Kegelsitz und dadurch der Volumenstrom. Die Drosselwirkung erfolgt in beiden Strömungsrichtungen.

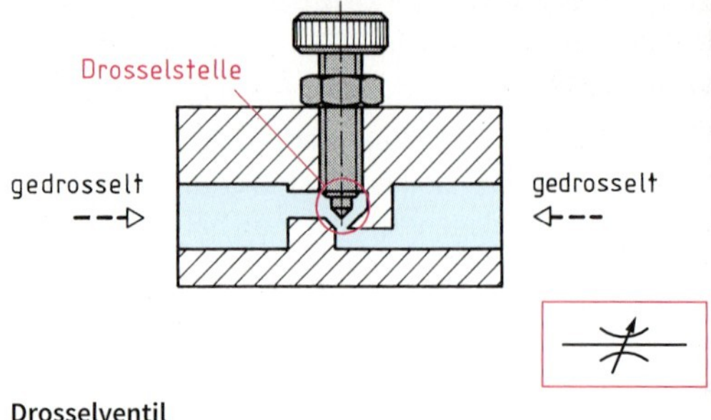

Drosselventil

> ! Ein Drosselventil ist ein Stromventil und beeinflusst den Volumenstrom in beiden Richtungen.

5. Drosselrückschlagventil

In einem Drosselrückschlagventil hat man in *einem* Bauelement ein Drosselventil mit einem Rückschlagventil kombiniert. Die Drosselung wirkt nur in einer Richtung. Es ist eine stufenlose Regelung des Durchflusses in dieser Richtung möglich. In der Gegenrichtung hat die Druckluft freien Durchgang über das geöffnete Rückschlagventil.

Drosselrückschlagventile werden vor allem zur Regulierung der Kolbengeschwindigkeiten eingesetzt.

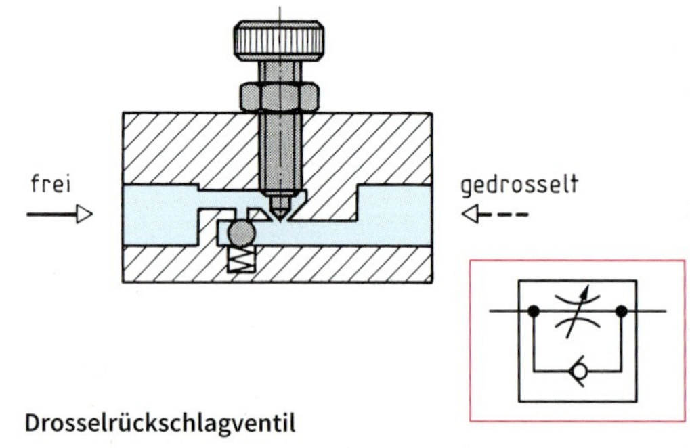

Drosselrückschlagventil

> ! Ein Drosselrückschlagventil begrenzt den Volumenstrom in einer Richtung, während der Durchfluss in der anderen Richtung nicht gedrosselt ist.

6. Verzögerungsventil

Das Verzögerungsventil ist eine *Kombination* von Drosselrückschlagventil, Speicher und 3/2-Wegeventil. Die Druckluft liegt bei 1 an. Wird Steuerluft auf den Eingang 12 gegeben, so durchströmt die Druckluft ein Drosselrückschlagventil. Je nach Einstellung der Drossel füllt sich der nachgeschaltete Speicher mehr oder weniger schnell. Ist der notwendige Steuerdruck aufgebaut, so schaltet der Steuerkolben des 3/2-Wegeventiles den Durchgang von 2 nach 3 ab. Der Ventilteller wird vom Sitz gehoben und die Luft kann von 1 nach 2 strömen.

Die Zeit, in der sich im Speicher des Ventiles der Druck aufbaut, ist die *Zeitverzögerung* des Ventiles. Wird die Steuerleitung 12 entlüftet, so schaltet das 3/2-Wegeventil über die Rückstellfeder wieder in die Ausgangsstellung.

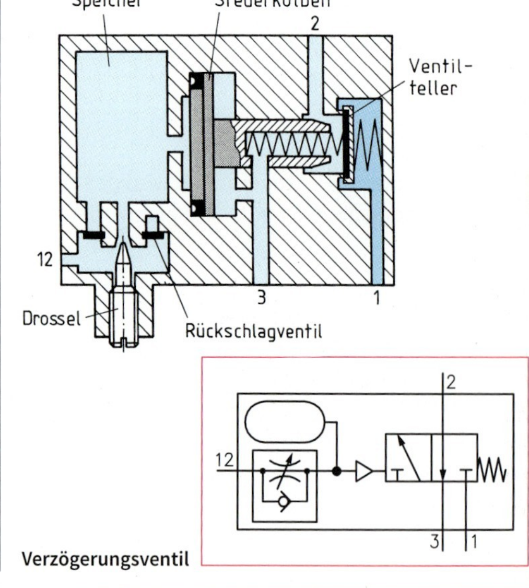

Verzögerungsventil

> ! Verzögerungsventile geben Signale zeitlich verzögert weiter. Die Verzögerungszeit ist stufenlos einstellbar.

Übungsaufgaben 2/41; 2/42; 2/43

7. Schnellentlüftungsventil

In einem Schnellentlüftungsventil strömt zunächst die Druckluft von 1 nach 2 zum Arbeitselement. Dabei verschließt eine Dichtmanschette die Abluftbohrung 3. Beim Entlüften liegt an 1 keine Druckluft mehr an. Die Dichtmanschette wird jetzt gegen die Bohrung 1 gepresst. Die Abluft strömt dann von 2 nach 3.

Die Wirkung der Schnellentlüftung tritt dann auf, wenn die Abluftbohrung die größere Nennweite gegenüber der Druck- bzw. Arbeitsleitung hat.

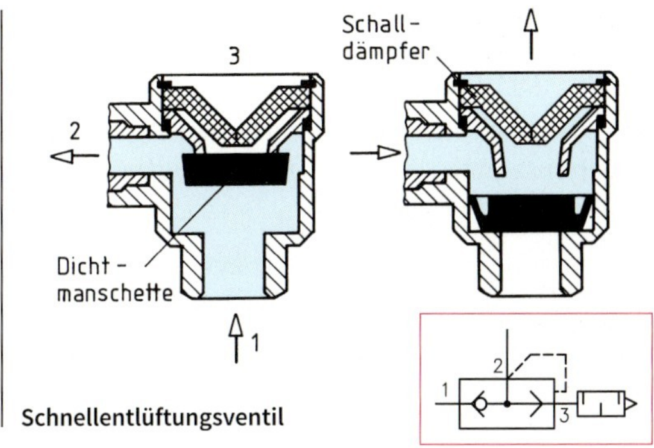

Schnellentlüftungsventil

> **!** Mit Schnellentlüftungsventilen werden erhöhte Kolbengeschwindigkeiten im Rücklauf erreicht.

2.3.3 Bauformen pneumatischer Druckventile

Mit Druckventilen kann man in Pneumatikanlagen den anstehenden Druck oder den Druck der durchströmenden Luft beeinflussen.

1. Druckbegrenzungsventil und Zuschaltventil

Das Druckbegrenzungsventil hat einen Anschluss zur Druckseite 1 und eine Öffnung 3 als Abluftseite. Steigt auf der Druckseite der Druck und damit die Druckkraft so hoch an, dass die Federkraft überwunden wird, so öffnet sich das Ventil. Die Druckluft strömt so lange ins Freie, bis die Federkraft wieder größer als die Druckkraft ist. Druckbegrenzungsventile sind verstellbar. Sie werden vor allem als *Sicherheitsventile* in Druckerzeugeranlagen eingebaut.

Das Zuschaltventil ist ähnlich aufgebaut wie das Druckbegrenzungsventil. Die Öffnung zur Arbeitsleitung 2 ist in diesem Fall jedoch an ein Arbeitselement oder Ventil angeschlossen. Zuschaltventile setzt man in der Pneumatik vor allem dort ein, wo ein bestimmter Mindestdruck für einen Schaltvorgang vorgesehen werden muss.

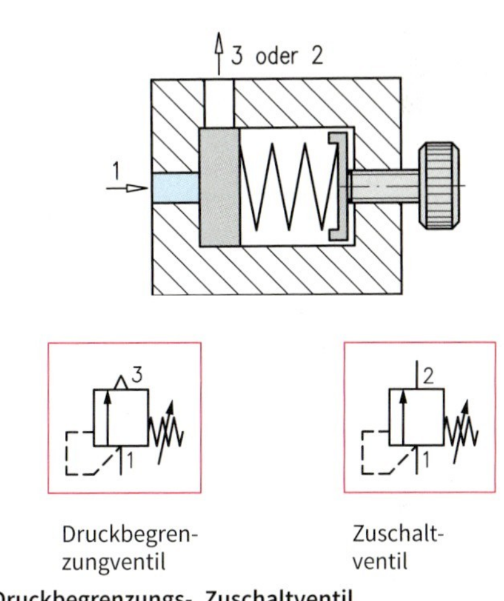

Druckbegrenzungs-, Zuschaltventil

> **!** Das Druckbegrenzungsventil dient in Pneumatikanlagen als Sicherheitsventil.

2. Druckregelventil (Druckluftregler)

Die Aufgabe von Druckregelventilen ist es, den gewünschten Arbeitsdruck 2 nach dem Ventil – den *Sekundärdruck* – konstant zu halten. Der Arbeitsdruck soll unabhängig vom Lieferdruck – dem *Primärdruck* – und unabhängig vom Verbrauch auf der Arbeitsseite sein. Die Regelung erfolgt über eine Membran, die durch eine Feder eingestellt wird. In jeder Wartungseinheit befindet sich ein Druckregelventil.

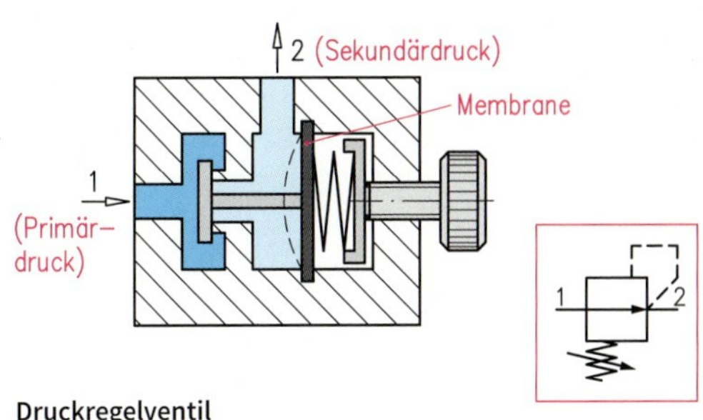

Druckregelventil

> **!** Das Druckregelventil hält den Sekundärdruck unabhängig vom Primärdruck und dem Verbrauch konstant.

Übungsaufgaben 2/44 bis 2/48

2.4 Pneumatische Steuerungen

2.4.1 Grundschaltungen

Jede noch so umfangreiche und aufwendige pneumatische Steuerung setzt sich aus einzelnen Grundschaltungen zusammen, für die es nur wenige Veränderungsmöglichkeiten gibt.

1. Steuerung einfach wirkender Zylinder

Einfach wirkende Zylinder werden unabhängig von der Betätigungsart und dem Umfang der Steuerung durchweg mit einem 3/2-Wegeventil als Stellglied kombiniert.

Zur Ansteuerung eines großvolumigen Zylinders benutzt man ein Stellglied mit großer Nennweite, das möglichst nahe am Zylinder montiert ist. Das Stellglied kann dann von einem Ventil mit kleiner Nennweite von einem entfernteren Betätigungsort bedient werden. Mit dieser Anordnung können Energiekosten verringert werden, da lange und großvolumige Steuerleitungen entfallen.

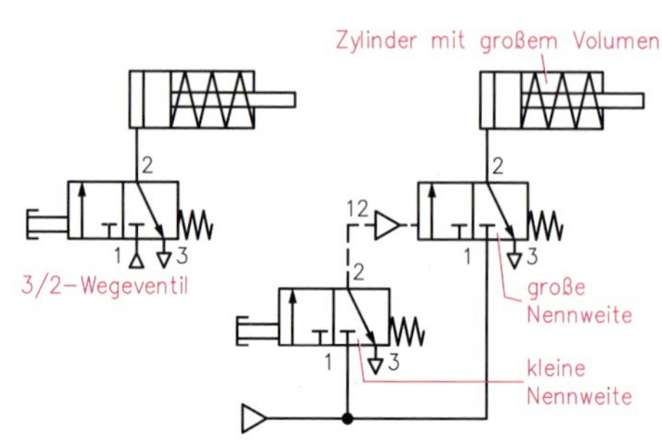

Steuerung einfach wirkender Zylinder

! Ein einfach wirkender Zylinder wird meist über ein 3/2-Wegeventil als Stellglied gesteuert.

2. Steuerung doppelt wirkender Zylinder

Doppelt wirkende Zylinder steuert man in der Pneumatik häufig mit 5/2-Wegeventilen. In umfangreichen Schaltungen werden diese Ventile fast immer impulsbetätigt ausgeführt. Mit 4/3-Wegeventilen können doppelt wirkende Zylinder ebenfalls angesteuert werden. In der Mittelstellung des hier gezeigten Ventiles sind z. B. beide Zylinderanschlüsse entlüftet, der Kolben ist daher frei beweglich (Schwimmstellung). Auch bei einem doppelt wirkenden Zylinder wird das Stellglied möglichst nah an dem Zylinder montiert.

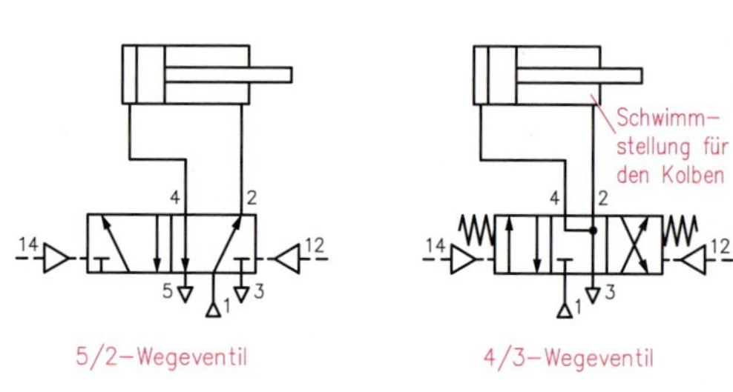

Steuerung doppelt wirkender Zylinder

! Ein doppelt wirkender Zylinder wird meist über ein Wegeventil gesteuert, das mindestens zwei Schaltstellungen hat.

3. Steuerung der Kolbengeschwindigkeit

Sehr oft ist es notwendig, die Kolbengeschwindigkeit zu beeinflussen. Soll die Geschwindigkeit ins Langsame gesteuert werden, so setzt man Drosselrückschlagventile ein. Möglich ist dabei die Drosselung der Zuluft oder der Abluft. Die Drosselung der Abluft ist günstiger, weil der Kolben zwischen zwei Luftpolstern gespannt ist und dadurch eine gleichmäßigere Bewegung erzielt werden kann.

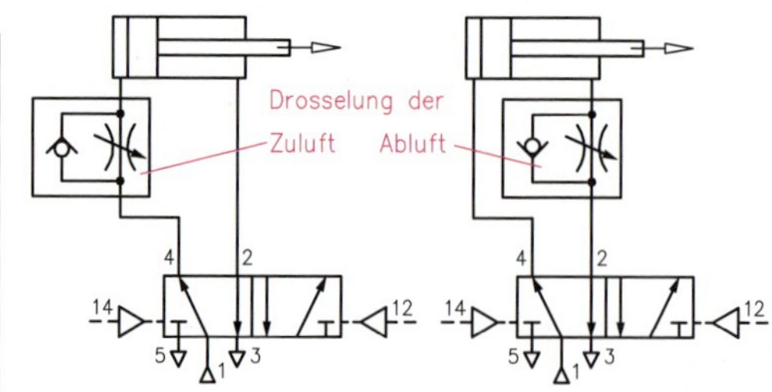

Steuerung der Kolbengeschwindigkeit beim Ausfahren

Die Kolbengeschwindigkeit wird meist am günstigsten durch die Abluftdrosselung gesteuert.

Soll die Kolbengeschwindigkeit in beiden Richtungen ins Langsame beeinflusst werden, so kann die Steuerung mithilfe von zwei Drosselrückschlagventilen verwirklicht werden. Auch hier verwendet man am besten die Abluftdrosselung. Eine Beeinflussung ins Langsame beim Vorlauf und ins Schnelle beim Rücklauf ist ebenfalls möglich. Den Vorlauf steuert man über ein Drosselrückschlagventil in der Abluft, den Rücklauf über ein Schnellentlüftungsventil.
Bei Druckluftmotoren kann man mit Drosselventilen die Drehfrequenz steuern.

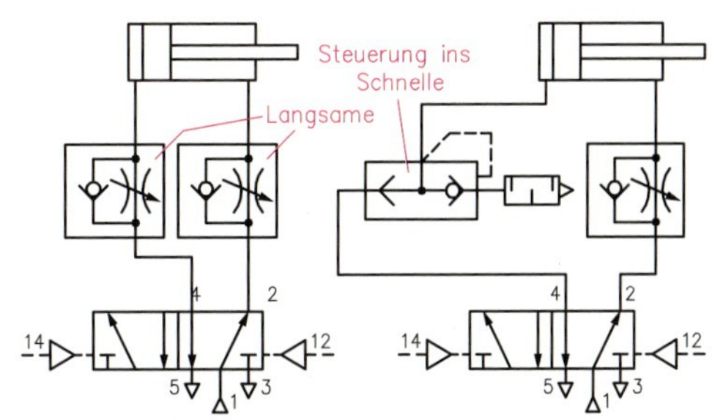

Steuerung der Kolbengeschwindigkeit bei Vor- und Rücklauf

Die Kolbengeschwindigkeit ins Langsame wird mit Drosselrückschlagventilen gesteuert.
Die Kolbengeschwindigkeit ins Schnelle wird mit Schnellentlüftungsventilen gesteuert.
Durch Drosselventile wird bei Druckluftmotoren die Drehfrequenz beeinflusst.

2.4.2 Grundsteuerungen

Der Steuerungsteil einer Anlage muss mit dem Arbeitsteil so verknüpft sein, dass alle Arbeitsschritte in der vorgesehenen Art und Abfolge ausgeführt werden. Der Steuerungsteil und der Arbeitsteil werden daher einander logisch zugeordnet. Entsprechend der logischen Verknüpfung kann man folgende Grundsteuerungen unterscheiden:

- willensabhängige Steuerungen,
- wegabhängige Steuerungen,
- zeitabhängige Steuerungen,
- kombinierte Steuerungen.

1. Willensabhängige Steuerungen

Bei willensabhängigen Steuerungen werden alle Start- und Steuersignale von der Bedienungsperson eingegeben. Dabei wird der Vor- und Rücklauf der Zylinder, bzw. der Rechts- und Linkslauf der Motoren einzeln angesteuert. Soll das Antriebsglied nur so lange angesteuert werden, wie das Signalglied betätigt wird, verwendet man als Stellglieder Ventile mit Federrückstellung; in diesen Ventilen wird das Signal nicht gespeichert.

Soll das Antriebsglied dagegen so lange angesteuert bleiben, bis es durch ein entgegengesetztes Signal wieder die Ausgangsstellung einnimmt, so verwendet man als Stellglieder Ventile ohne Federrückstellung. Üblich sind hierbei entweder handgesteuerte 3-Stellungsventile oder über Impuls angesteuerte 2-Stellungsventile; in diesen Ventilen wird das Signal gespeichert.

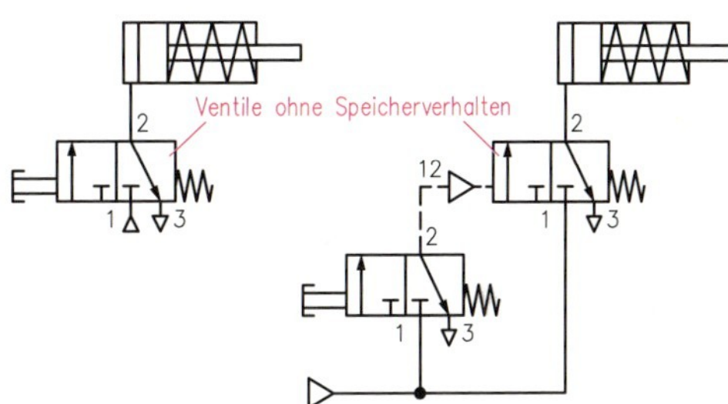

Willensabhängige Steuerungen ohne Speicherverhalten

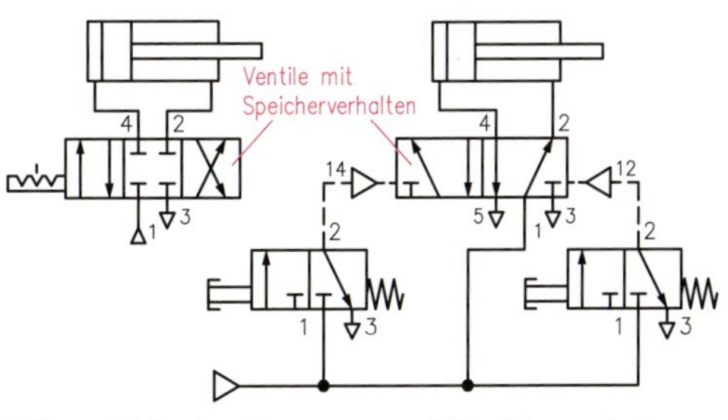

Willensabhängige Steuerungen mit Speicherverhalten

Willensabhängige Steuerungen sind nur für sehr einfache Aufgaben – etwa Spannvorgänge – geeignet. Bei umfangreichen pneumatischen Steuerungen ist die willensabhängige Steuerung jedoch insoweit notwendig, als sie zum ersten Einleiten jeder Maschinensteuerung erforderlich ist oder als Notbetätigung bei automatisierten Steuerungen unbedingt vorhanden sein muss.

Willensabhängige Steuerungen sind vom Menschen als Bedienungsperson abhängig.

Übungsaufgaben 2/51 bis 2/55

2. Wegabhängige Steuerungen

Bei wegabhängigen Steuerungen werden die Signalglieder von dem Antriebsglied betätigt. Signalglieder mit Rollen können beispielsweise von einem Nocken an der Kolbenstange in Abhängigkeit vom zurückgelegten Weg betätigt werden. Verwendet man pneumatische oder elektrische Näherungsschalter als Signalglieder, so lassen sich diese z. B. über einen Dauermagneten im Kolben des jeweiligen Zylinders ansteuern.

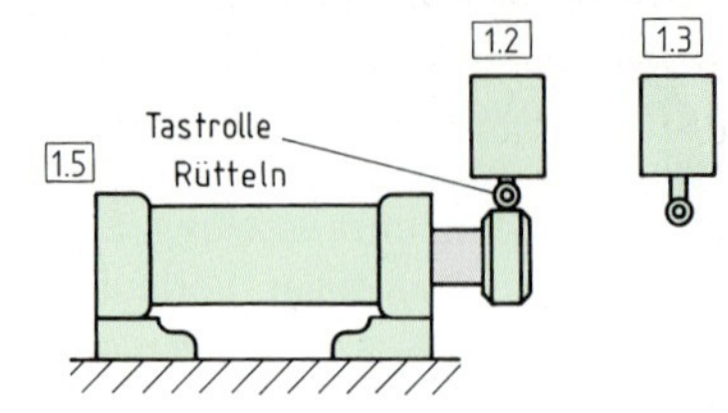

Einbaulage der 3/2-Wegeventile 1.2 und 1.3

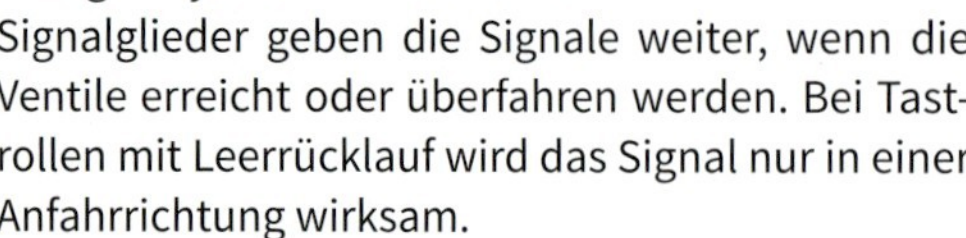

Signalglieder geben die Signale weiter, wenn die Ventile erreicht oder überfahren werden. Bei Tastrollen mit Leerrücklauf wird das Signal nur in einer Anfahrrichtung wirksam.

Im Schaltplan wird die Lage von wegabhängig betätigten Ventilen jeweils durch einen Markierungsstrich beim zugehörigen Arbeitsglied gekennzeichnet. Über diesen Markierungsstrich steht die Kennzeichnung des entsprechenden Signalgliedes in einem kleinen Rechteck.

Die Kennzeichnung des Signalgliedes ordnet man der Kennzeichnung des entsprechenden Arbeitsgliedes zu. Das Signalglied erhält die gleiche Schaltkreisnummer wie das Arbeitsglied. Diese so festgelegten Kennzeichnungen, werden im Pneumatikschaltplan übernommen.

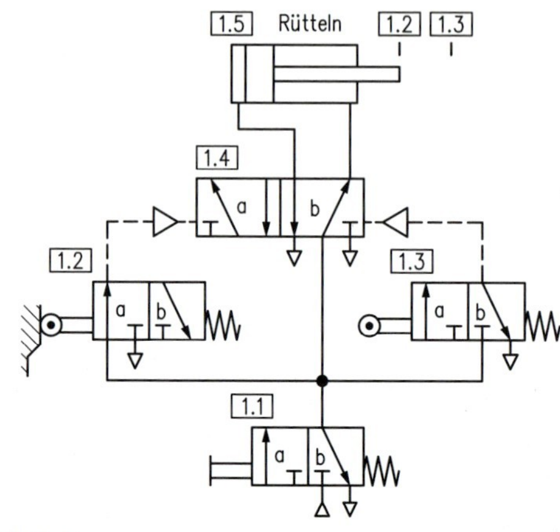

Schaltplan

! Wegabhängige Steuerungen werden durch die Bewegungen des Kolbens (des Antriebsgliedes) gesteuert.

3. Zeitabhängige Steuerungen

In der Pneumatik kann man zeitabhängige Steuerungen mit Verzögerungsventilen verwirklichen. Die Verzögerungszeit zwischen dem Signaleingang und dem Auslösen der Steuerung (Signalausgang) kann über eine Drossel stufenlos eingestellt werden.

Durch den nachgeschalteten Speicher dauert es eine gewisse Zeit, bis sich der notwendige Schaltdruck für das 3/2-Wegeventil aufgebaut hat. Mit Drossel und Speicher lassen sich Verzögerungszeiten von mehreren Minuten erreichen.

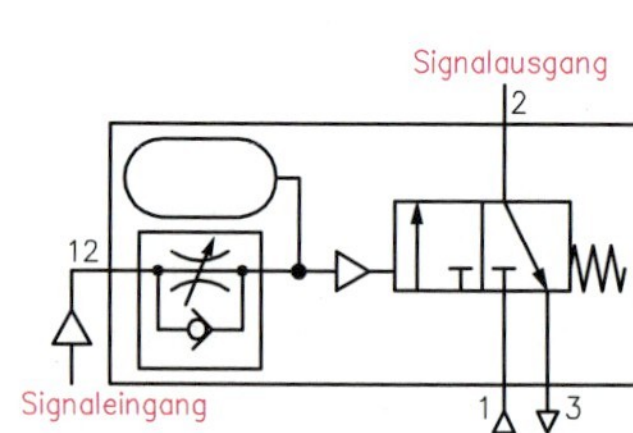

Zeitverzögerte Druckversorgung

– **Zeitverzögerte Druckversorgung**

Nach Betätigung des Zeitgliedes durch das Eingangssignal erfolgt die Druckversorgung am Ausgang (Ausgangssignal) nach einer bestimmten einstellbaren Zeit.

– **Zeitverzögerte Druckabschaltung**

Nach Betätigung des Zeitgliedes durch das Eingangssignal erfolgt die Druckabschaltung am Ausgang (Ausgangssignal) nach einer bestimmten einstellbaren Zeit.

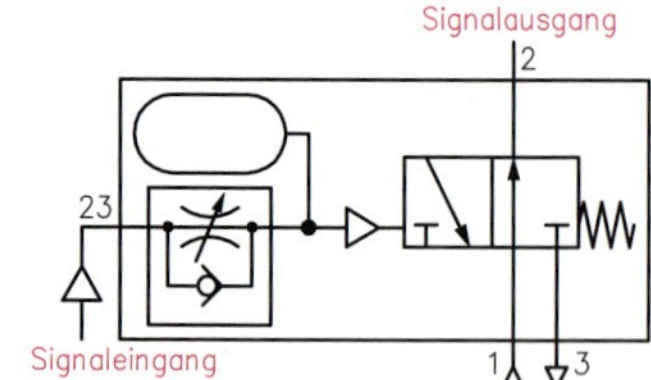

Zeitverzögerte Druckabschaltung

! Für zeitabhängige Steuerungen verwendet man Verzögerungsventile.
Die Verzögerungszeit wird über eine Drossel eingestellt.

2.4.3 Steuerungsplanung[1]

Pneumatische Steuerungen für Maschinen und Anlagen setzen sich meist aus einer Kombination verschiedener Steuerungsarten zusammen. Je nach Aufgabenstellung lassen sich die Abläufe über willens-, weg- oder zeitabhängig beeinflusste Elemente verwirklichen.

In der Planungsphase für die Steuerung untersucht man die Aufgabe genau und erstellt folgende Planungsunterlagen:

- Aufgabenstellung und Technologieschema,
- Funktionsdiagramm,
- Schaltplan.

2.4.3.1 Aufgabenstellung und Technologieschema

Die Beschreibung der Steuerungsaufgabe muss möglichst eindeutig und vollständig sein. In der Aufgabenstellung werden die Teilfunktionen der Steuerung beschrieben. Der Ablauf der Steuerung wird schrittweise erfasst. Das Technologieschema verdeutlicht die Lage der Elemente und Baugruppen zueinander in einer stark vereinfachten Form.

Beispiel für Aufgabenstellung und Technologieschema

In einer Biegevorrichtung werden Werkstücke pneumatisch gespannt und anschließend selbsttätig gebogen. Der Steuerungsablauf erfolgt in folgenden Schritten:

Schritt	Beschreibung des Ablaufes
1	Zylinder 1.1 fährt aus, spannt Biegeteil
2	Zylinder 2.1 fährt aus, biegt Werkstück vor
3	Zylinder 3.1 fährt aus, biegt Werkstück fertig
4	Zylinder 2.1 und 3.1 fahren ein
5	Zylinder 1.1 fährt ein, Werkstück wird gelöst und entnommen

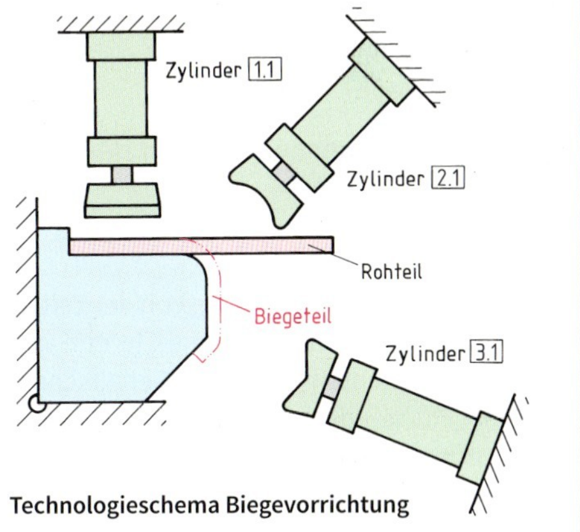

Technologieschema Biegevorrichtung

Anmerkungen:
Beim Start müssen alle Zylinder eingefahren sein, der Ablauf für die Rückstellung der Zylinder kann auch anders erfolgen. Statt der Aussage „die Kolbenstange des Zylinders 1.1 fährt aus“ wird abkürzend gesagt: „Zylinder 1.1 fährt aus“.

In der genauen Beschreibung der Steuerung wird die Gesamtaufgabe in Teilfunktionen zerlegt und in einzelnen Schritten beschrieben. Das Technologieschema verdeutlicht in einfacher Form die Lage der Bauteile zueinander.

2.4.3.2 Funktionsdiagramme

Die zeitlichen und funktionellen Abläufe in Steuerungen verdeutlicht man in Funktionsdiagrammen. Die Grundlage für den Aufbau der Diagramme bildet die Gliederung des zeitlichen Ablaufes der Steuerung in einzelne Schritte. Für die Untersuchung des Bewegungsablaufes der Antriebsglieder kennt man Weg-Zeit-Diagramme bzw. Weg-Schritt-Diagramme. Soll das Zusammenwirken zwischen den Antriebsgliedern und Schaltelementen einer Steuerung dargestellt werden, so zeichnet man Zustands-Schritt-Diagramme.

1 Grafcet-Plan siehe ab Seite 603

1. Weg-Zeit-Diagramm

Im Weg-Zeit-Diagramm wird der Bewegungsablauf von Antriebsgliedern in Abhängigkeit von Weg und Zeit dargestellt. An dem Beispiel einer pneumatischen Bohrvorrichtung wird diese Darstellungsweise gezeigt.

1. Schritt: Zylinder 1.1 fährt aus
– Spannen des Werkstückes

2. Schritt: Zylinder 2.1 fährt schnell aus
– Eilzustellung des Bohrers

3. Schritt: Zylinder 2.1 fährt langsam aus
– Bohrvorschub

4. Schritt: Zylinder 2.1 fährt schnell ein
– Eilrückstellung des Bohrers

5. Schritt: Zylinder 1.1 fährt ein
– Lösen des Werkstückes

Im Diagramm trägt man auf der senkrechten Achse den Weg auf, dabei kann auf eine maßstäbliche Darstellung verzichtet werden. Auf der waagerechten Achse wird die zeitliche Zuordnung der Schritte vorgenommen.

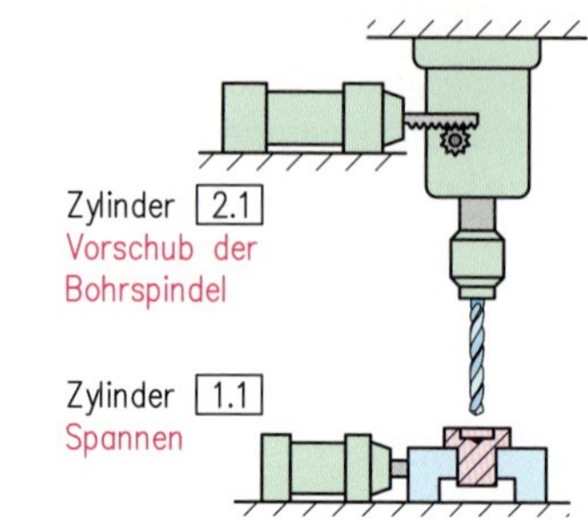

Technologieschema für eine Bohrvorrichtung

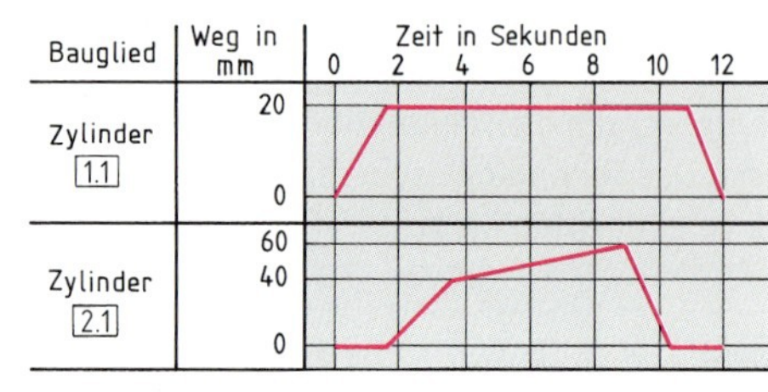

Weg-Zeit-Diagramm

> **!** Weg-Zeit-Diagramme dienen zur Untersuchung der Bewegungsabläufe von Antriebsgliedern.

2. Weg-Schritt-Diagramm

Übersichtlicher und unabhängig von der Zeiteinteilung ist ein Weg-Schritt-Diagramm. In ihm werden auf der waagerechten Achse die Schaltschritte in zeitlicher Reihenfolge eingetragen. Für jeden Schaltschritt wird der gleiche Abstand gewählt. Will man in einem solchen Diagramm Zeiten kennzeichnen, so können diese Angaben zwischen den jeweiligen Schritten zusätzlich eingetragen werden. Auf der senkrechten Achse wird der Weg aufgetragen. Auch hier kann auf maßstäbliche Darstellung verzichtet werden.

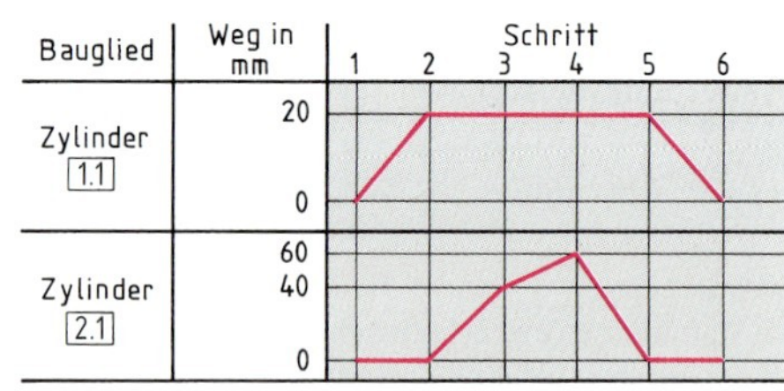

Weg-Schritt-Diagramm

> **!** Bei einfachen Steuerungen bilden Weg-Schritt-Diagramme in Verbindung mit den jeweiligen Schaltplänen die Grundlage für die Wartung und die Instandsetzung pneumatischer Steuerungen.

3. Zustands-Schritt-Diagramm

Das Zusammenwirken zwischen den Antriebsgliedern und den Schaltelementen einer Steuerung kann am zweckmäßigsten im Zustands-Schritt-Diagramm erfasst werden. Auch in diesem Funktionsdiagramm wird die Steuerung in ihren einzelnen aufeinander folgenden Schritten dargestellt. Auf der senkrechten Achse werden statt der Wege die Zustände der Elemente gekennzeichnet. Bei Zylindern kann man die beiden Zustände „eingefahren“ und „ausgefahren“ unterscheiden.
Den Steuer- und Stellgliedern ordnet man den jeweiligen Schaltzustand durch die Buchstaben **a**, **b** und **0** zu. Bei Ventilen mit zwei Schaltstellungen bedeutet **b** Ruhestellung und **a** Schaltstellung. Bei Ventilen mit drei Schaltstellungen bedeutet **0** Ruhestellung; **a** und **b** sind dann Schaltstellungen.

Übungsaufgaben 2/62; 2/63

4. Signallinien

Eine zusätzliche Orientierungshilfe im Zustands-Schritt-Diagramm können **Signallinien** sein. Sie verdeutlichen, welche zeitliche und logische Verbindung zwischen den einzelnen Gliedern einer Steuerung besteht. Die Signallinien gehen von dem Element aus, von dem der Schaltschritt ausgelöst wird. Sie weisen mit ihrem Pfeil auf das Element, welches betätigt wird.

Beispiel für ein Zustands-Schritt-Diagramm mit Signallinien

Aufgabenstellung

Ein Rüttler soll das Sieb in Schwingungen halten, damit das Schüttgut durch das Sieb fällt. Der Rüttelvorgang soll so lange anhalten, wie das Ventil 1.2 betätigt ist.

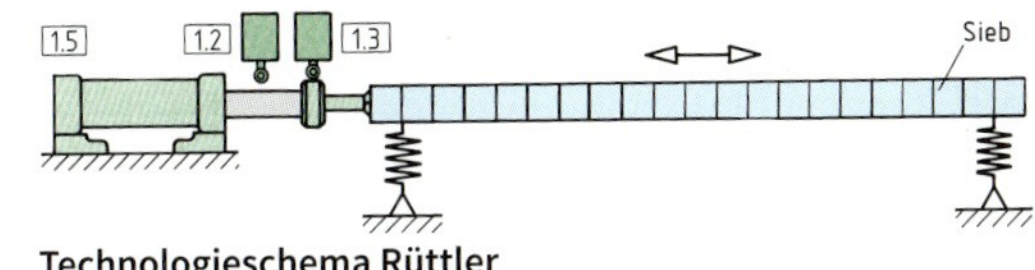

Technologieschema Rüttler

Lösung

Bauelement		Zustand		Schritt
Pos.	Benennung	Aufgabe	Lage	0 1 2 3=1 4=2 … n (beliebige Anzahl)
1.1	Hauptventil	Druckluft auf Anlage	a b	
1.5	Zylinder (Rütteln)	oszillierende Bewegung	ausgefahren eingefahren	
1.4	Impulsventil	Zustellung von Zylinder 1.5	a b	
1.2	3/2-Wegeventil	steuert Vorlauf von 1.5	a b	
1.3	3/2-Wegeventil	steuert Rücklauf von 1.5	a b	

Zustands-Schritt-Diagramm

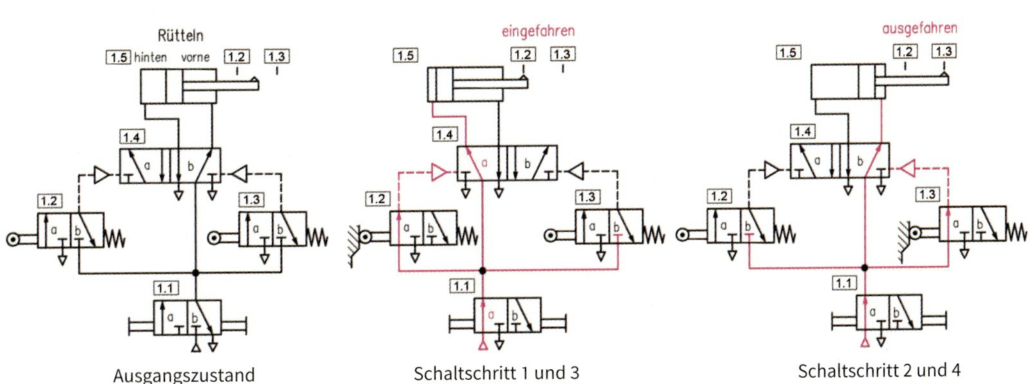

Ausgangszustand

Schaltschritt 1 und 3

Schaltschritt 2 und 4

Schaltzustände

5. Zeichnerische Darstellung von Signalgliedern und Signallinien

Symbole für die Handbetätigung von Signalgliedern		
EIN AUS	Automatik EIN Tippen	Wahlschalter Not-AUS

– Darstellung handbetätigter Signalglieder

Handbetätigungen werden durch einen Kreis gekennzeichnet und durch zusätzliche Symbole im Kreis voneinander unterschieden. Diese handbetätigten Signalglieder werden im Weg-Schritt-Diagramm oberhalb der Weg-Schritt-Linie eingezeichnet. Die Richtung des Signalflusses wird in einer Steuerung durch Pfeile an den Signallinien gekennzeichnet. Handbetätigte Signalglieder werden mit dem Buchstaben S gekennzeichnet.

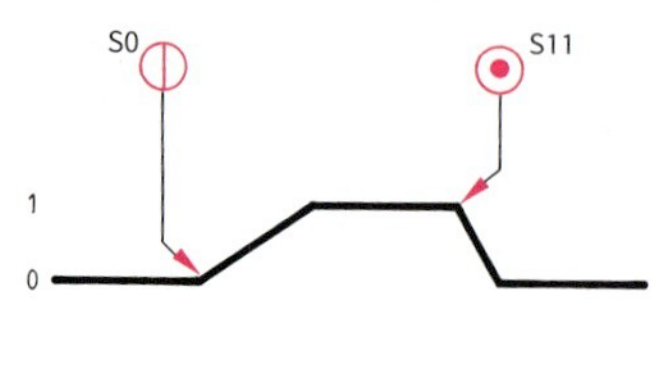

– Darstellung mechanisch betätigter Signalglieder (keine Handbetätigung)

Mechanische Betätigungen werden durch einen Punkt auf der Weg-Schritt-Linie an der Stelle eingezeichnet, an der sie geschaltet werden. Mechanisch betätigte Signalglieder erhalten zusätzlich im Diagramm den Buchstaben B und werden durch angehängte Zahlen voneinander unterschieden, z. B. B1, B2. Signal B1 wird kurzzeitig beim Überfahren des Sensors betätigt; Signal B2 wird in Endlage betätigt und bleibt bestehen, solange der Aktor im Zustand 1 ist.
Eine NICHT-Betätigung eines Signalgliedes (vergleichbar einem Öffner) wird durch einen waagerechten Querstrich über der Kennzeichnung angegeben, z. B. $\overline{\text{B3}}$.

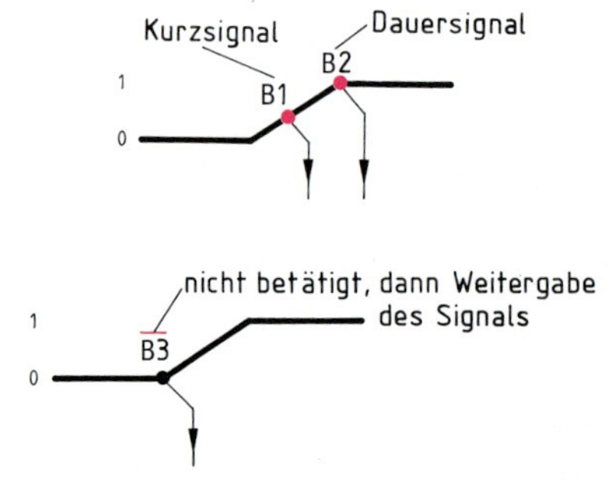

Anmerkung: Für die Kennzeichnung der Sensoren sind statt der Angaben B1, B2 usw. entsprechend der neuen Norm in der Pneumatik auch die Angaben z. B. 1.4, 1.5 usw. möglich.

– Darstellung von Verknüpfungen, Verzweigungen und Verzögerungen

Für **UND-Verknüpfungen** von Signalen werden die Signallinien zusammengeführt und durch einen breiten Querstrich unter 45° an der Verbindungsstelle dargestellt. Für **ODER-Verknüpfungen** führt man die Signallinien zusammen und kennzeichnet die Verbindungsstelle durch einen Punkt.

Wird von einem Sensor ein Signal an mehrere Aktoren geleitet, so tritt eine Verzweigung des Signales ein. **Signalverzweigungen** werden an den Verzweigungsstellen durch einen Punkt gekennzeichnet.

Zeitverzögerte Signale stellt man durch eine Linie dar, die parallel zu den Weg-Schritt-Linien verläuft. In diese Signallinie wird ein Rechteck mit dem Funktionszeichen *t* eingezeichnet. Verzögerungszeiten werden über das Rechteck geschrieben.

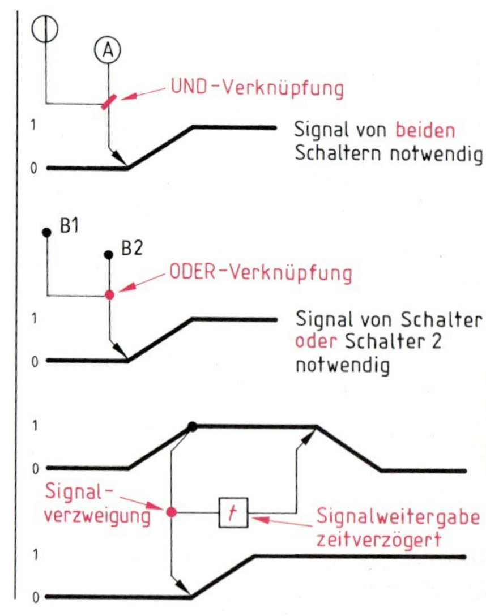

Übungsaufgaben 2/66; 2/67; 2/68

2.4.3.3 Signalverarbeitung in Steuerungen

Steuerungen kann man nach unterschiedlichen Merkmalen einteilen. In DIN 19237 (Steuerungstechnik) sind für die verschiedenen technischen Steuerungssysteme aus den Bereichen der Pneumatik, Hydraulik, Elektronik und Elektromechanik einheitliche Begriffe festgelegt.

Unterteilt man die Steuerungen nach dem Gesichtspunkt der Signalverarbeitung, so erhält man:

- Verknüpfungssteuerungen,
- Ablaufsteuerungen.

1. Verknüpfungssteuerungen

Bei Verknüpfungssteuerungen werden den Eingangssignalen bestimmte Ausgangssignale durch Verknüpfungsglieder zugeordnet. Die dabei vorliegenden binären Signale werden durch logische Glieder wie UND, ODER, NICHT verarbeitet.

Beispiel für eine Verknüpfungssteuerung

Eine Presse soll erst dann arbeiten, wenn das Schutzgitter geschlossen ist und beide Handtaster am Ständer der Maschine betätigt werden (1.1 UND 1.3 UND 1.4). Eine andere Möglichkeit für das Startsignal ist dann gegeben, wenn das Schutzgitter geschlossen ist und ein Handtaster am 2 m entfernten Steuerstand betätigt wird (1.2 UND 1.3).

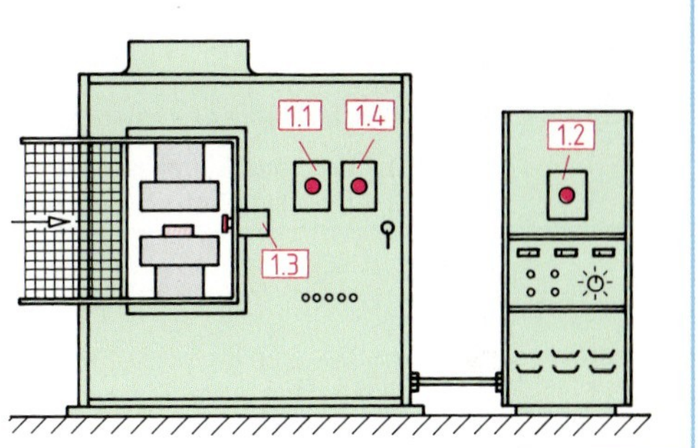

> **!** Eine Verknüpfungssteuerung liegt dann vor, wenn den Signalzuständen der Eingangssignale bestimmte Signalzustände der Ausgangssignale über logische Verknüpfungen zugeordnet sind.

2. Ablaufsteuerung

Ablaufsteuerungen sind Steuerungen mit erzwungenem schrittweisem Ablauf. Der jeweils nächste Schaltschritt erfolgt erst, wenn von dem vorhergehenden Schritt ein Weiterschaltsignal vorliegt.

Beispiel für eine Ablaufsteuerung

In einer Bohrvorrichtung sollen Werkstücke pneumatisch gespannt und danach selbsttätig gebohrt werden.
Der Bohrvorgang darf erst dann erfolgen, wenn der Spannzylinder 1.1 das Werkstück gespannt hat. Nach dem Bohrvorgang wird erst die Bohrspindel selbsttätig zurückgeführt und dann wird das Werkstück ausgespannt.

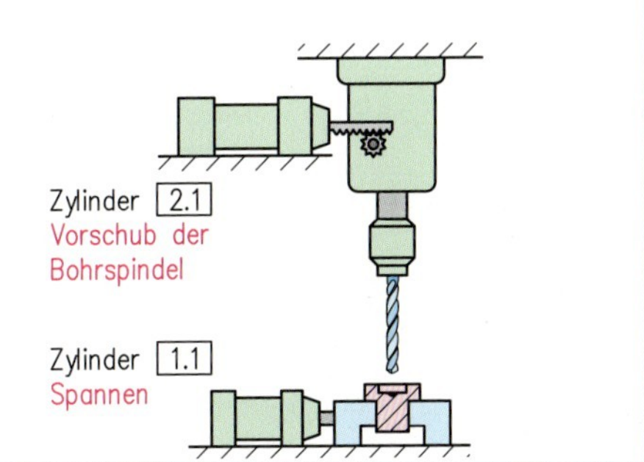

> **!** In einer Ablaufsteuerung folgen die Steuerschritte mit zwangsläufigem schrittweisem Ablauf. Das Weiterschalten von einem Schritt auf den programmgemäßen nächsten Schritt erfolgt durch festgelegte Bedingungen.

In den meisten Steuerungen findet man sowohl Verknüpfungssteuerungen als auch Ablaufsteuerungen. Startbedingungen, Betriebsartenwahl, Gefahrenabschaltungen erfolgen über Verknüpfungssteuerungen. Die Schrittfolge in einer Anlage oder Maschine wird als Ablaufsteuerung gestaltet.

Übungsaufgabe 2/69

2.4.4 Pneumatische Verknüpfungssteuerungen

2.4.4.1 UND-Verknüpfung

Bei einer UND-Verknüpfung werden mehrere eingegebene Signale mit einem besonderen Bauteil – dem **UND-Glied** – zu einem Ausgangssignal verknüpft. Am UND-Glied liegt nur dann ein Ausgangssignal vor, wenn die Signalglieder gleichzeitig betätigt werden. Eine UND-Verknüpfung kann man auch durch das Hintereinanderschalten von Signalgliedern erreichen.

Beispiel für eine Steuerung mit UND-Verknüpfung

Aufgabenstellung

Mit der dargestellten Vorrichtung werden Lagerbuchsen in Laufrollen eingepresst. Die Laufrollen und die Lagerbuchsen werden von Hand in die Pressvorrichtung gelegt. Der Pressvorgang soll in folgenden Schritten ablaufen:

Schritt	Beschreibung des Ablaufes
1	Zylinder 1.7 fährt aus, Einpressen der Buchse
2	Zylinder 1.7 fährt ein, Pressvorgang beendet

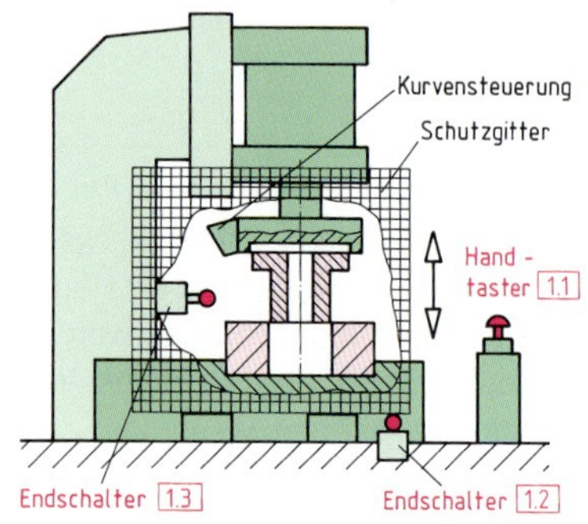

Technologieschema Presse

Anmerkungen:
- Der Presszylinder soll nur dann ausfahren, wenn das Schutzgitter über den Endschalter 1.2 geschlossen ist und der Handtaster 1.1 betätigt wurde.
- Nach dem Einpressen der Lagerbuchse wird durch Betätigung des HAndtasters 1.3 das Rückfahren des Zylinders 1.7 eingeleitet.

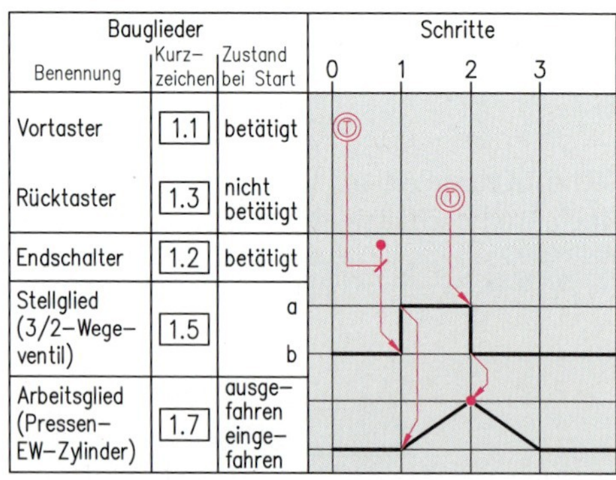

Bauglieder			Schritte
Benennung	Kurzzeichen	Zustand bei Start	0 1 2 3
Vortaster	1.1	betätigt	
Rücktaster	1.3	nicht betätigt	
Endschalter	1.2	betätigt	
Stellglied (3/2-Wegeventil)	1.5	a b	
Arbeitsglied (Pressen-EW-Zylinder)	1.7	ausgefahren eingefahren	

Funktionsdiagramm

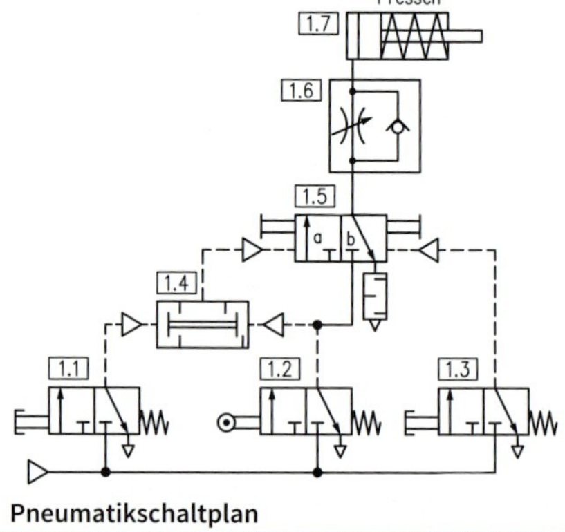

Pneumatikschaltplan

Bei einer Steuerung mit UND-Verknüpfung fährt der Zylinder nur dann aus, wenn zwei Signalglieder gleichzeitig betätigt werden. Im Funktionsdiagramm wird die UND-Verknüpfung durch einen Schrägstrich in den Signallinien gekennzeichnet.

2.4.4.2 ODER-Verknüpfung; NICHT-Verknüpfung

Bei einer ODER-Verknüpfung wird ein besonderes Bauteil – das **ODER-Glied** – von zwei Stellen aus angesteuert. Das Ausgangssignal ist vorhanden, wenn mindestens ein Signaleingang belegt ist.

Als **NICHT-Glieder** werden Wegeventile eingesetzt. Bei einer NICHT-Verknüpfung liegt dann ein Ausgangssignal vor, wenn kein Eingangssignal vorhanden ist. Ist jedoch ein Eingangssignal vorhanden, so liegt kein Ausgangssignal vor. Die Nicht-Verknüpfung ist vergleichbar mit der Aufgabe eines Schalters, der bei Betätigung öffnet.

Übungsaufgabe 2/70

Beispiel für eine Steuerung mit UND-, ODER- und NICHT-Verknüpfung

Aufgabenstellung

Mit der dargestellten Klebepresse werden zwei Bauteile aufeinander gepresst. Die Bauteile werden von Hand in die Presse gelegt und justiert. Der Pressvorgang soll in folgenden Schritten ablaufen:

Schritt	Beschreibung des Ablaufes
1	Zylinder 1.8 fährt aus, Pressen der Bauteile
2	Preßvorgang dauert an, bis Gitter geöffnet wird
3	Zylinder 1.8 fährt ein, Pressvorgang beendet

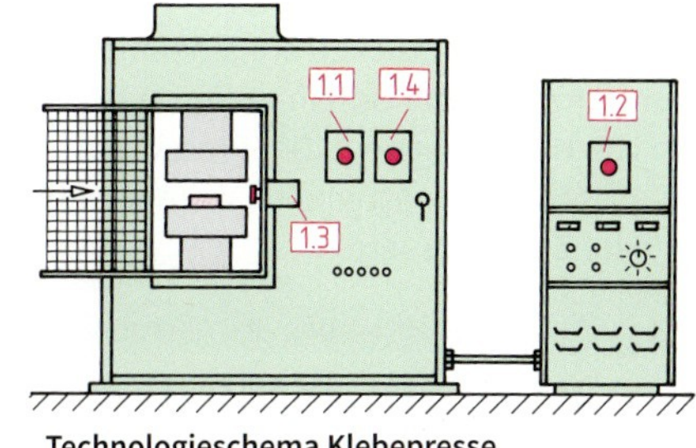

Technologieschema Klebepresse

Anmerkungen:

- Der Pressvorgang soll nur dann möglich sein, wenn das Schutzgitter geschlossen ist.
- Der Pressvorgang wird entweder über die Handtaster 1.1 und 1.4 an der Maschine eingeleitet oder über den etwas entfernt liegenden Taster 1.2 an der Steuersäule.
- Der Presszylinder fährt immer dann ein, wenn das Schutzgitter geöffnet wird.

Bauglieder: Benennung	Kurzzeichen	Zustand	Schritte 0	1	2	3
Handtaster	1.1	betätigt				
Handtaster	1.4	betätigt				
Handtaster	1.2	betätigt				
Endschalter (Gitter)	1.3	betätigt		1.3	1.3	
Stellglied (5/2-Wegeventil)	1.6	a b				
Arbeitsglied (Pressen-DW-Zylinder)	1.8	ausgefahren eingefahren				

Funktionsdiagramm

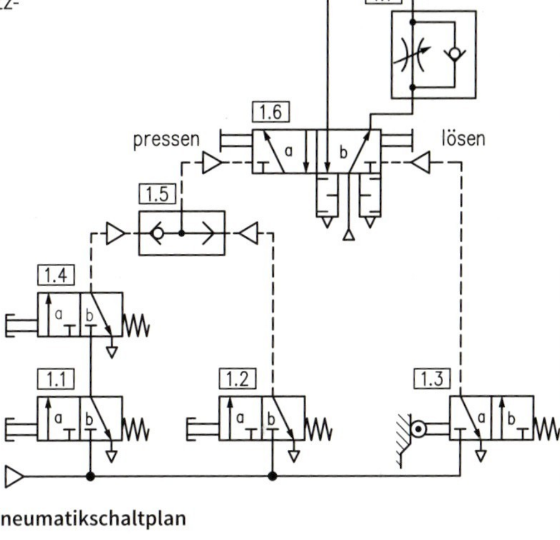

Pneumatikschaltplan

> **!** Bei einer ODER-Verknüpfung fährt der Zylinder aus, wenn das eine oder andere Signalglied betätigt wird. Im Funktionsdiagramm wird die ODER-Verknüpfung durch einen Punkt in den Signallinien gekennzeichnet.

2.4.4.3 Steuerung mit Zeitglied

In Steuerungen mit Zeitgliedern werden die eingegebenen Signale zeitlich verzögert weitergeleitet. Die Verzögerungszeit ist stufenlos einstellbar. Je nach dem Aufbau eines Verzögerungsventiles unterscheidet man Ventile, die den Druck zeitverzögert zuschalten oder den Druck zeitverzögert abschalten.

Beispiel für eine Steuerung mit Zeitglied

Aufgabenstellung

In einer Klebepresse drücken drei Pneumatikzylinder Kunststoffplatten aufeinander. Die Platten werden von Hand eingelegt. Der Pressvorgang soll mit einem Handtaster eingeleitet werden und eine einstellbare Zeit andauern.

Schritt	Beschreibung des Ablaufes
1	Zylinder 1.6 fährt aus, Anpressen der Platten
2	Zylinder 2.2 und 2.3 fahren aus, pressen
3	Pressvorgang dauert eine einstellbare Zeit an
4	Alle drei Zylinder fahren ein

Anmerkungen:

- Die Anlage wird über ein Schutzgitter abgesichert; der Start ist nur möglich, wenn das Schutzgitter geschlossen ist (Endschalter 1.3).
- Der mittlere Presszylinder 1.6 soll dann ausfahren, wenn der Starttaster 1.1 betätigt wurde.
- Erst wenn Zylinder 1.6 seine Endlage erreicht hat, sollen die beiden anderen Zylinder ausfahren.
- Alle drei Zylinder bleiben eine einstellbare Zeit ausgefahren und pressen die Platten. Danach sollen die Zylinder einfahren.

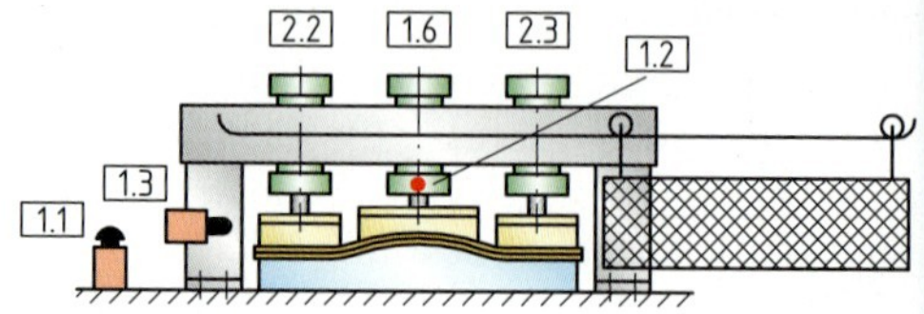

Technologieschema Kunststoffpresse

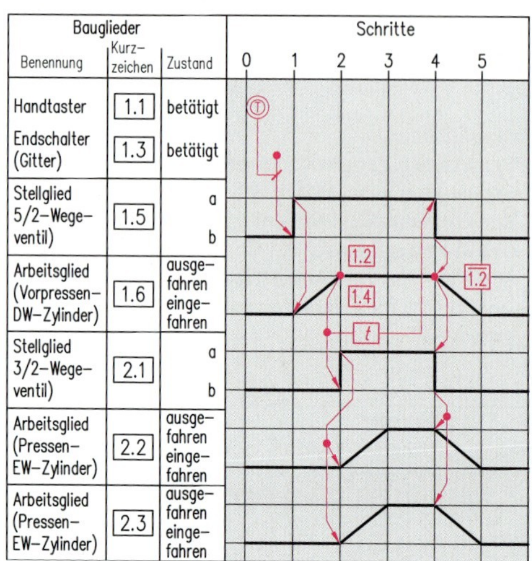

Funktionsdiagramm

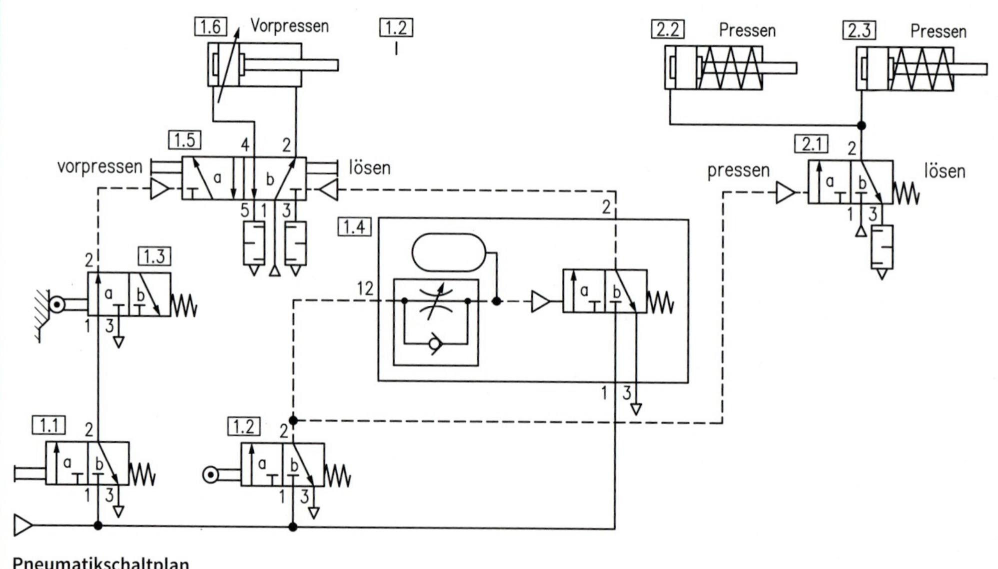

Pneumatikschaltplan

! Als Zeitglieder verwendet man Verzögerungsventile. Durch das Verzögerungsventil wird ein Signal zeitverzögert wirksam. Im Funktionsdiagramm wird das Zeitglied durch ein Rechteck mit „*t*“ oder Zeitangabe gekennzeichnet.

Übungsaufgabe 2/72

2.4.4.4 Steuerung mit Zweihand-Betätigung

Beispiel für eine Steuerung mit verschiedenen Steuergliedern (Zweihand-Betätigung)

Aufgabenstellung

In einer Vorrichtung sollen Lagerbuchsen in Laufrollen eingepresst werden. Die Laufrollen werden von Hand eingelegt und gespannt. Der Arbeitshub der Pressmaschine darf aus Sicherheitsgründen nur durch die gleichzeitige Betätigung von zwei Handtastern eingeleitet werden. Nach dem Pressvorgang soll der Pressenstößel selbsttätig in die Ausgangslage zurückfahren. Die Geschwindigkeit für den Arbeitshub soll einstellbar sein.

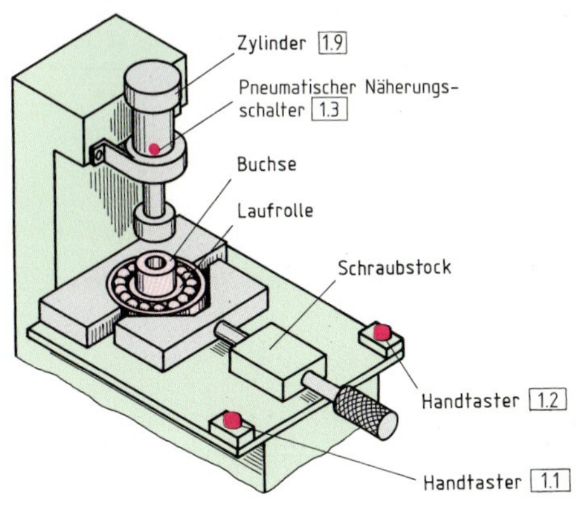

Technologieschema Presse

Baugliederː Benennung	Kurzzeichen	Zustand	Schritte 0	1	2	3
Handtaster	1.1	betätigt				
Endschalter	1.2	betätigt				
Zeitglied zur „Torsteuerung"	1.6	Signale gleichzeitig				
Stellglied 5/2-Wegeventil)	1.7	a b				
Arbeitsglied (Pressen-DW-Zylinder)	1.9	ausgefahren eingefahren			1.3	

Funktionsdiagramm

Anmerkungen:

- Die Vorrichtung wird über eine Zweihand-Schaltung abgesichert. Nur durch das fast gleichzeitige Drücken der Handtaster 1.1 und 1.2 beginnt der Pressvorgang.
- Werden beide Handtaster nicht innerhalb einer kurzen Zeit gedrückt, so schaltet das Zeitglied 1.6 die Steuerleitung zum Stellglied 1.7 ab.
- Eine Manipulation der Handtaster ist durch die Schaltung unterbunden.
- Der Zylinder fährt ein, sobald der pneumatische Näherungsschalter 1.3 betätigt wurde.

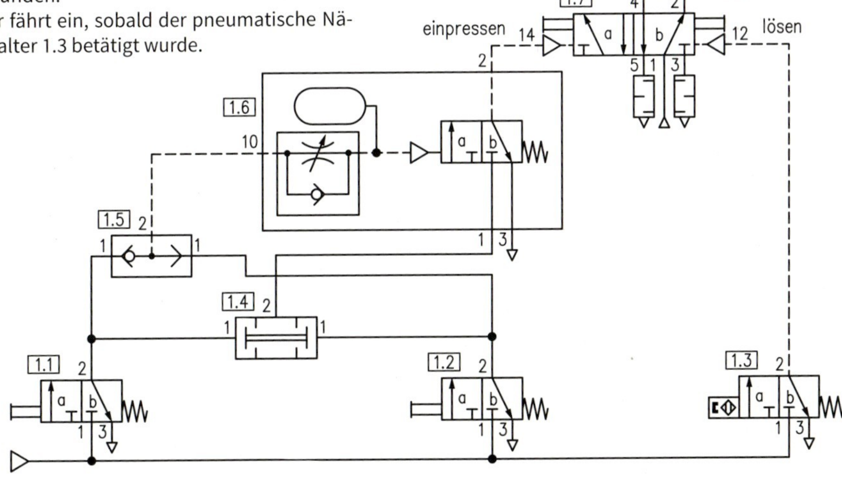

Pneumatikschaltplan

Eine Zweihand-Sicherheitsschaltung kann man durch die Kombination von UND-, ODER- und Verzögerungsventilen erreichen.

Übungsaufgabe 2/73

2.4.5 Pneumatische Ablaufsteuerungen

2.4.5.1 Signalüberschneidung

Ablaufsteuerungen sind Steuerungen mit erzwungenem schrittweisem Ablauf. Der jeweils nächste Schaltschritt erfolgt erst, wenn von dem vorhergehenden Schritt ein Weiterschaltsignal vorliegt. Damit man zu jedem Zeitpunkt der Steuerung den Ist-Zustand der Arbeitsglieder kennt, werden die Endlagen der Zylinder über Sensoren abgefragt.

1. Dauersignal

Wird ein Endschalter oder anderer Sensor dauernd betätigt, so gibt er an das Stellglied ein Dauersignal weiter. In Steuerungen mit mehreren Steuerketten führen Dauersignale zu widersprüchlichen Signalfolgen.

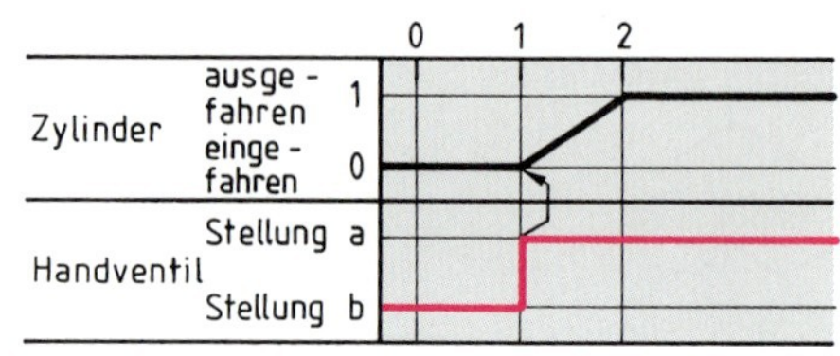

Dauersignal auf Betriebssystem

> In pneumatischen Ablaufsteuerungen dürfen Signale am Stellglied nur von einer Seite anstehen. Deshalb müssen Dauersignale rechtzeitig abgeschaltet werden.

2. Signalüberschneidung

Wird ein Stellglied gleichzeitig von beiden Seiten betätigt, so kann es nicht geschaltet werden, weil sich die Signale überschneiden. Signalüberschneidungen werden durch nicht abgeschaltete Dauersignale verursacht.

Signalüberschneidungen erkennt man im Funktionsdiagramm daran, dass Signalglieder, die die Stellung eines Stellgliedes verändern sollen, gleichen Signalzustand haben.

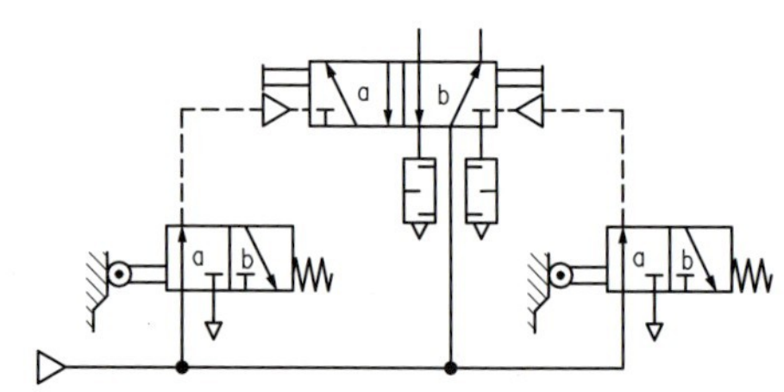

Signalüberschneidung

Beispiel für Signalüberschneidung

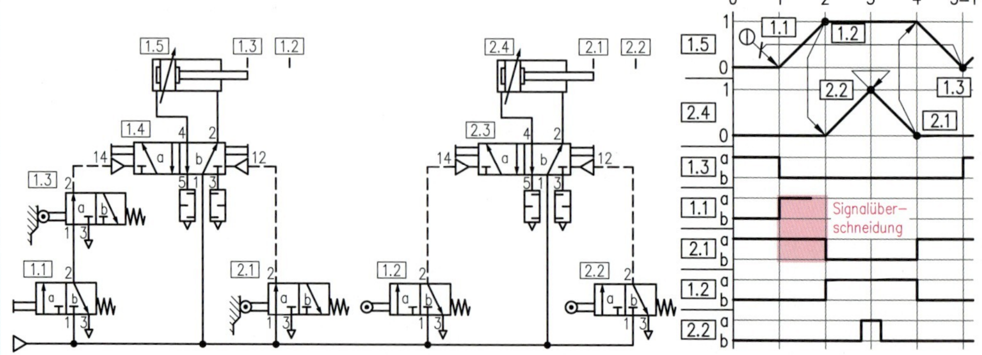

Zylinder 1.5 kann nicht ausfahren, denn das Stellglied 1.4 ist nach Betätigung von Ventil 1.1 auf beiden Seiten mit Druck beaufschlagt.

Ventil 1.1 und Ventil 2.1 haben zur gleichen Zeit gleichen Zustand.

Außer der beschriebenen Signalüberschneidung liegt in diesem Schaltplan noch eine Signalüberschneidung zwischen den Ventilen 1.2 und 2.2 vor.

> Nicht abgeschaltete Dauersignale an beiden Eingängen eines Stellgliedes führen zu Signalüberschneidungen.

Übungsaufgaben 2/74; 2/75; 2/76

2.4.5.2 Signalabschaltung

Signalüberschneidungen werden dadurch vermieden, dass die entsprechenden Signale rechtzeitig abgeschaltet werden. Signalabschaltungen können auf unterschiedliche Weise erfolgen:

- durch Ventile mit Leerrücklaufrolle,
- über Verzögerungsventile,
- durch Umschaltventile.

Da Schaltungen mit Leerrücklaufrollen zu Unfällen führen können, sind sie möglichst zu vermeiden.

1. Signalabschaltung über Verzögerungsventile

Bei der Signalabschaltung durch Verzögerungsventile wird die Luftzufuhr nach einer einstellbaren Zeit *automatisch* abgeschaltet.

Die Signalabschaltung mit Verzögerungsventilen erlaubt auch bei kurzen und schnellen Bewegungen einen genauen Ablauf der Steuerung. Die Verzögerungsventile sind jedoch teurer als andere Ventile.

Beispiel für eine Signalabschaltung über Verzögerungsventile

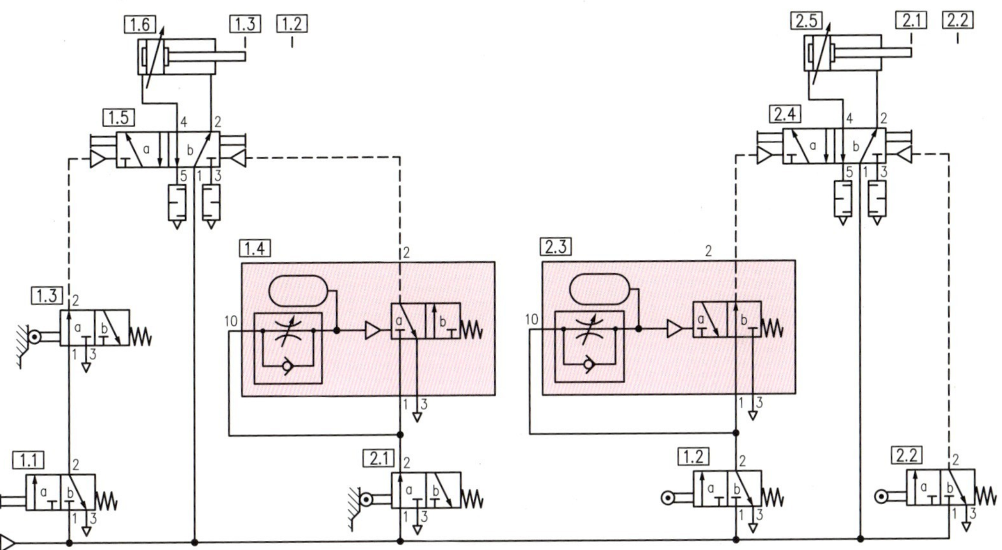

Funktionsbeschreibung

Zwischen dem Signalglied 2.1 und dem Stellglied 1.5 befindet sich in dieser Steuerung das Verzögerungsventil 1.4. In der Ausgangsstellung ist Ventil 2.1 betätigt, der anstehende Druck schaltet jedoch das Verzögerungsventil auf Entlüftung. Wird die Anlage gestartet, so kann das Signal von 1.1 über Ventil 1.3 auf das Stellglied 1.5 wirksam werden, weil dessen andere Seite entlüftet ist (Schritt 1).

In entsprechender Weise wird das Signal von Ventil 1.2 abgeschaltet.

Die Signalabschaltung mit Zeitgliedern erlaubt einen genauen Ablauf der Steuerung auch bei schnellen Bewegungen. Nachteilig ist der zusätzliche Einsatz verhältnismäßig teurer Pneumatikelemente.

2. Signalabschaltung durch Umschaltventile

Eine weitere Möglichkeit für die Abschaltung von Dauersignalen besteht darin, ein zusätzliches Umschaltventil einzubauen. Dieses Umschaltventil 0.2 ist vor die Signalglieder geschaltet, bei denen Dauersignale abgeschaltet werden müssen. Die Signalglieder sind dadurch im betätigten Zustand einmal an die Druckluft und einmal an die Abluft angeschlossen.

Im Schaltplan werden nach dem Umschaltventil **Verteilerstränge** gezeichnet, die dann jeweils mit den Signalgliedern verbunden werden, die vom Umschaltventil bedient werden müssen.

Beispiel für Signalabschaltung durch Umschaltventil

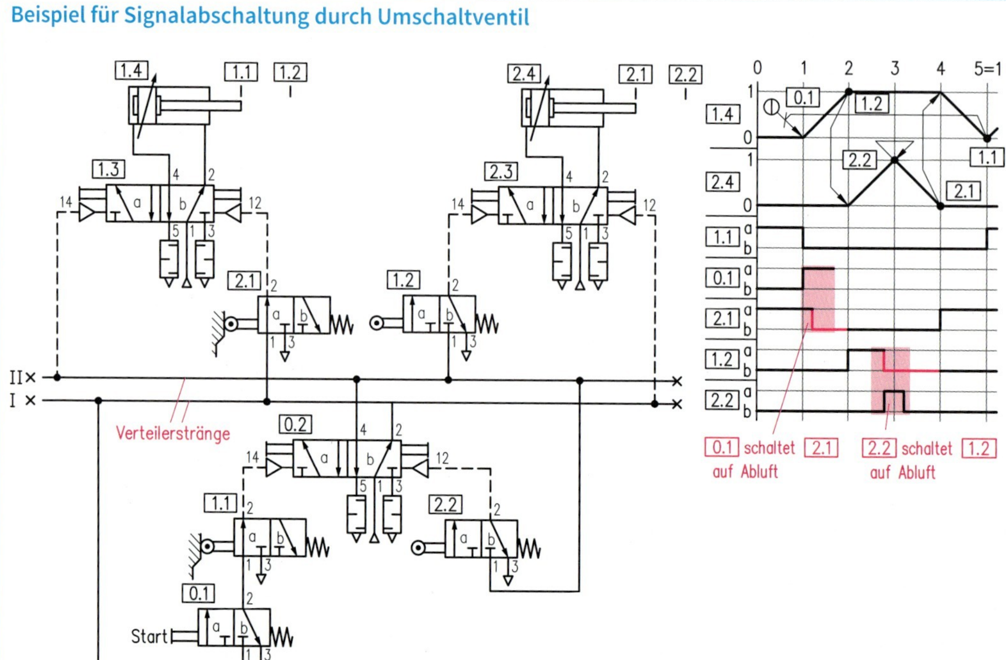

Funktionsbeschreibung

Startet man die Anlage über den Taster 0.1, so wird das zusätzliche Umschaltventil 0.2 über den betätigten Grenztaster 1.1 umgeschaltet. Leitung II führt jetzt Druckluft und Leitung I ist mit der Abluftseite verbunden. Dadurch kann Stellglied 1.3 umgeschaltet werden, weil Signalglied 2.1 mit der Leitung I, die auf Abluft steht, verbunden ist.

Der Zylinder 1.4 betätigt das Signalglied 1.2. Das Stellglied 2.3 wird umgeschaltet, weil Leitung II auf Druck geschaltet ist und Leitung I mit der Abluft verbunden ist.

Zylinder 2.4 fährt auf den Grenztaster 2.2 und leitet damit den Rückhub ein. Signalglied 2.2 schaltet das Umschaltventil 0.2 um. Die Umschaltung ist möglich, weil Ventil 1.1 nicht betätigt ist und auf Entlüftung steht. Durch diese Umschaltung von Ventil 0.2 wird die Leitung I nun Druckluftleitung und die Leitung II Abluftleitung.

Zylinder 2.4 fährt ein und betätigt Ventil 2.1. Dieses Signalglied kann nun Stellglied 1.3 deswegen umschalten, weil Leitung I Druckluft führt und die Steuerseite „14“ von Stellglied 1.3 über Leitung II entlüftet ist. Zylinder 1.4 fährt in Ausgangsstellung zurück.

! Signalabschaltungen mit zusätzlichen Umschaltventilen eignen sich besonders für umfangreiche Steuerungen und erlauben eine systematische Entwicklung von Schaltplänen mit mehreren Arbeitsgliedern.

Übungsaufgaben 2/80; 2/81; 2/82

3 Elektropneumatik

In der Elektropneumatik steuern elektrische Signale den Energiefluss in pneumatischen Systemen. Im Steuerteil wird elektrische Energie benutzt. Im Leistungsteil setzt man Druckluft als Energieträger ein. Durch geeignete Bauteile werden die beiden Energiekreise verknüpft.

3.1 Bauteile in elektropneumatischen Anlagen

3.1.1 Magnetventile

1. Wirkungsweise

Die elektromagnetische Betätigung eines Ventils über ein elektrisches Signal stellt die Verknüpfung zwischen dem Stromkreis und dem Druckluftkreis dar. Magnetventile nennt man auch **EP-Wandler**.
Schaltet man den Strom ein, wird die Magnetspule erregt und der Anker in die Spule hineingezogen. Dadurch öffnet sich das Ventil und Druckluft kann von 1 (P) nach 2 (A) strömen.
Schaltet man den Strom ab, ist die magnetische Wirkung erloschen und die Federkraft schließt das Ventil. Die Abluft kann dann von 2 (A) über 3 (R) ausströmen.
Elektromagnetische Ventile können direkt angesteuert oder als vorgesteuerte Ventile betätigt werden.

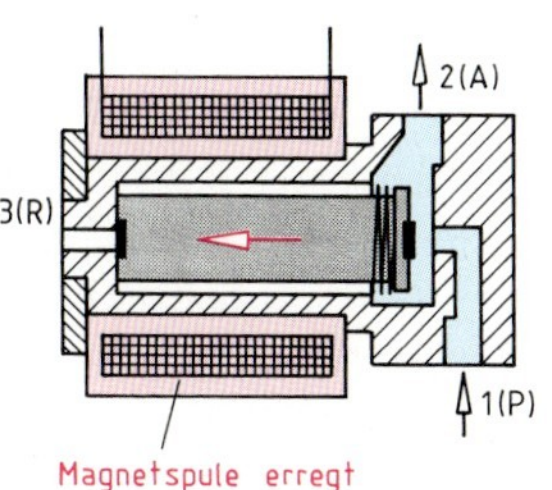

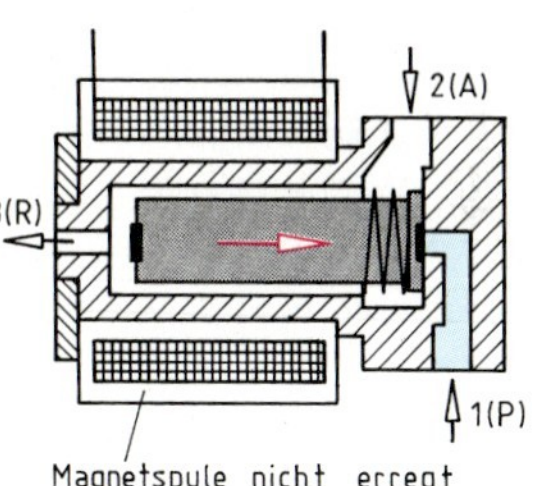

Elektropneumatisches Magnetventil

2. Symbole für Ventile

Das elektromagnetische Betätigungselement wird im Pneumatikschaltplan und im Stromlaufplan mit einem ähnlichen Symbol dargestellt. In beiden Plänen erhält es die gleiche Ordnungsnummer (z. B. –M1; früher 2M1).
Das Symbol für das Ventil selbst wird in beiden Plänen unterschiedlich dargestellt. Für den Elektroschaltplan gelten DIN EN 60617 und EN 81346-2 als Grundlage, für den Pneumatikschaltplan ist für Symbole die ISO 1219-1 und für die Bezeichnungen die ISO 1219-2 anzuwenden.[1]

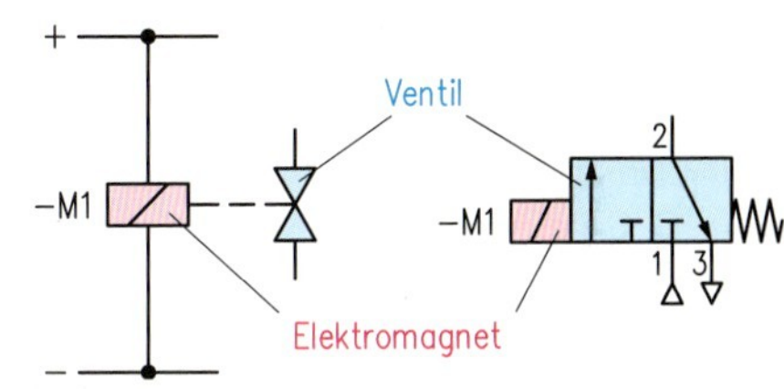

Symbole für Schaltpläne der Elektropneumatik

3. Vorsteuerung und Handhilfsbetätigung von Magnetventilen

Wird an die Magnetspule eines Magnetventils ein elektrisches Signal angelegt, so entsteht ein Magnetfeld. In diesem Feld wird auf einen Stößel eine Magnetkraft ausgeübt. Die Magnetkraft öffnet das Ventil gegen eine Federkraft und gibt den Durchfluss für die Druckluft frei. Aus der erforderlichen Magnetkraft ergibt sich die Leistung der Magnetspule.

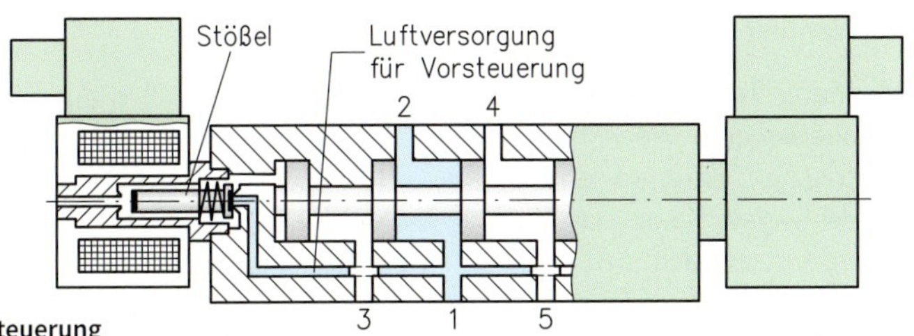

Magnetventil mit Vorsteuerung

1 Ergänzend dazu siehe Kap. 3.4 ab **Seite 597**

Das Bestreben nach niedrigen Leistungsdaten für Magnetspulen hat zum Vorsteuerprinzip bei diesen Ventilen geführt. So haben auch Ventile mit großen Nennweiten eine geringe Leistungsaufnahme. Es können beispielsweise Ventile mit 14 mm Nennweite und einem Normal-Nenndurchfluss von 4000 l/min mit Leistungen von unter 5 W geschaltet werden.

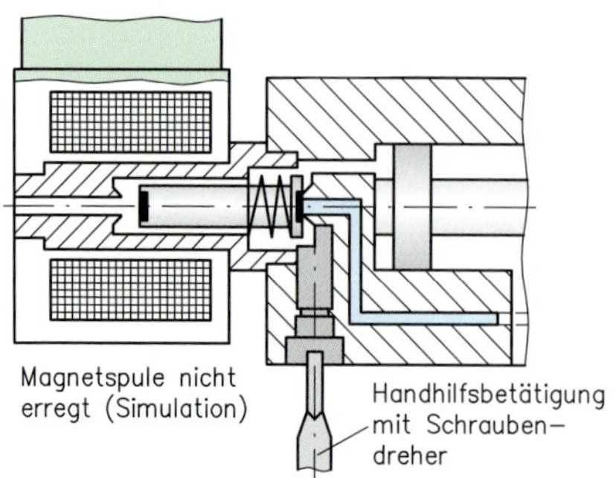

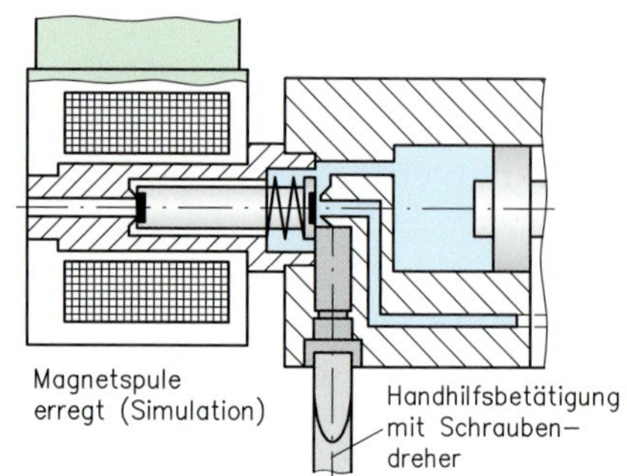

Magnetventil mit Handhilfsbetätigung

Auch bei Magnetventilen sind Handhilfsbetätigungen üblich. Die Handhilfsbetätigung dient zur Funktionskontrolle des Ventiles und zum Einrichten der Anlage.

> **!** Die elektromagnetische Betätigung im Magnetventil stellt das Verbindungsglied zwischen dem Stromkreis und dem Druckluftkreis dar.
> In dieser Schnittstelle findet die Signalumwandlung von der Elektrik zur Pneumatik statt, deswegen nennt man Magnetventile auch **EP-Wandler**.

3.1.2 Druckschalter

Müssen in elektropneumatischen Steuerungen pneumatische Signale in elektrische Signale umgewandelt werden, so benutzt man **pneumatische Druckschalter**, die auf einen elektrischen Mikroschalter wirken.

Steigt der Druck in der Steuerleitung des Druckschalters, so wird über eine Membrane ein kleiner Stößel gegen eine Federkraft betätigt. Bei genügend großem Betätigungsdruck schaltet dieser Stößel über einen Hebel den angebauten elektrischen Schalter.

Sinkt der Steuerdruck unter den eingestellten Wert, so drückt die Feder den Stößel mit dem Hebel zurück und das elektrische Signal wird umgeschaltet. In dieser *Schnittstelle* findet die Signalumwandlung von der Pneumatik zur Elektrik statt. Aus diesem Grunde nennt man pneumatisch-elektrische Druckschalter auch **PE-Wandler**.

Je nach Kontaktanordnung ist der elektrische Schalter ein Öffner, Schließer oder Wechsler. Für die Auswahl der elektrischen Kenngrößen von Druckschaltern sind die Hinweise, die bei den Magnetventilen gemacht werden, zu beachten.

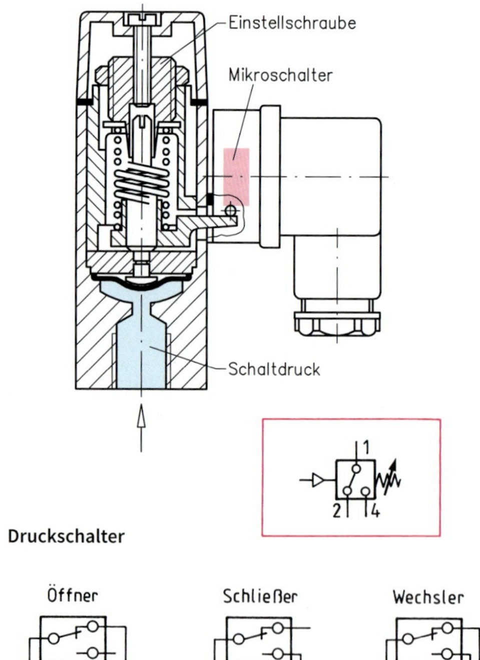

Druckschalter

Mögliche Kontaktanordnungen eines Druckschalters

> **!** Der Druckschalter stellt ein Verbindungsglied zwischen dem Druckluftkreis und dem Stromkreis dar. Pneumatisch-elektrische Druckschalter sind PE-Wandler.

Übungsaufgaben 3/3 bis 3/6

3.1.3 Schutzbeschaltung

Beim Abschalten einer Magnetspule bricht das bestehende Magnetfeld schlagartig zusammen. Ein sich änderndes Magnetfeld erzeugt durch Induktion eine Spannung. Diese Induktionsspannung ist wegen des kurzen Abschaltaugenblickes besonders hoch. Es entstehen somit Gefahren für den Bediener, und der Verschleiß der Kontakte wird erheblich erhöht.

Beispiel für Schutzbeschaltung eines Magnetventiles

Die einfachste Schutzmaßnahme ist die Parallelschaltung eines Kondensators, auch **C-Glied** genannt, zum Schalter. Um zu vermeiden, dass sich die Kondensatorladung beim erneuten Einschalten voll über die Kontakte entlädt, ist ein Widerstand, auch **R-Glied** genannt, erforderlich. Dieser Widerstand wird in Reihe geschaltet und hält den Entladestrom klein. Die Kombination von Kondensator und Widerstand wird auch als **RC-Glied** bezeichnet.

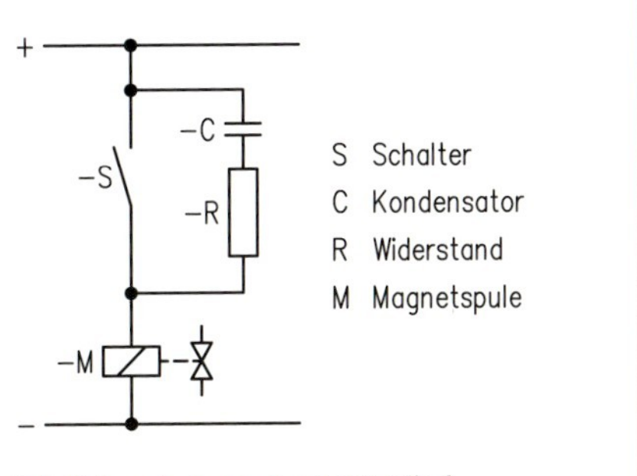

Schutzbeschaltung durch RC-Glied

3.1.4 Schutzarten

Magnetspulen sind elektrische Betriebsmittel, die wie alle elektrischen Betriebsmittel in Schutzarten eingeteilt werden. Dadurch werden dem Anwender die Einsatzmöglichkeiten und Einsatzgrenzen aufgezeigt. Die Norm DIN VDE 0470 umfasst unter anderem den Schutz für:

- **Personen,**
- **Betriebsmittel.**

Die Schutzarten werden durch ein Kurzzeichen angegeben, das sich aus den zwei stets gleich bleibenden Kennbuchstaben IP und zwei Kennziffern für den Schutzgrad zusammensetzt. Die **Kennbuchstaben IP** kommen von **I**nternational **P**rotection und weisen so auf übernationale Vereinbarungen im Bereich der Schutzarten hin.

Die *erste Kennziffer* zwischen **0** und **6** kennzeichnet die Schutzgrade gegen Berühren und gegen Eindringen von Fremdkörpern. Damit wird der Schutz von Personen gegen Berühren von Teilen, die unter Spannung stehen, oder von Teilen, die sich bewegen, beschrieben. Zusätzlich beschreibt man den Schutz des Betriebsmittels gegen das Eindringen von festen Fremdkörpern.

Die *zweite Kennziffer* zwischen **0** und **8** bezeichnet die Schutzgrade gegen das Eindringen von Wasser in das Betriebsmittel.

Schutzart IP ... nach DIN VDE 0470

erste Ziffer: Schutz gegen das Eindringen von festen Körpern		**zweite Ziffer:** Schutz gegen das Eindringen von Wasser	
0	nicht vorhanden	0	nicht vorhanden
1	größer 30 mm Durchmesser	1	Tropfwasser senkrecht
2	größer 12 mm Durchmesser	2	Tropfwasser 15° schräg
3	größer 2,5 mm Durchmesser	3	Sprühwasser 60° schräg
4	größer 1 mm Durchmesser	4	Spritzwasser von überall
5	gegen Staubablagerungen	5	Strahlwasser von überall
6	absolut staubdicht	6	starkes Strahlwasser
	–	7	kurzzeitiges Druckwasser
	–	8	dauerndes Druckwasser

Beispiel für Schutzart an Magnetventilen

IP 65 in nassen Räumen verwendbar, geschützt gegen Strahlwasser aus allen Richtungen, absolut staubdicht (**übliche Schutzart für Magnetventile**)

3.1.5 Auswahlkriterien für Magnetventile

Bei dem Einsatz von Magnetventilen muss man pneumatische und elektrische Gesichtspunkte beachten. Der Leistungsteil der Anlage bestimmt die Auswahlkriterien für die Wegeventile in Bezug auf Bauart und Nennweite. Die Auswahlkriterien für die elektrischen Elemente werden wesentlich vom Einsatzbereich her festgelegt. Neben den Schutzarten sind noch weitere Gesichtspunkte zu beachten.

Kriterien	Beschreibung	Hinweise
Einschaltdauer	Die Zeit, die ein Gerät eingeschaltet ist, bezeichnet man als Einschaltdauer. Die heute übliche Einschaltdauer beträgt 100 % und wird mit **ED 100 %** angegeben. Dies bedeutet, das Gerät darf dauernd eingeschaltet sein.	Umgebungstemperatur für Magnetventile nach Europa-Norm bei ED 100 % beträgt max. 50 °C
Stromart	Magnetventile gibt es sowohl für Gleichstrom als auch für Wechselstrom.	Anlagen über 24 V dürfen nur von autorisiertem Fachpersonal montiert werden VDO 0113
Spannung	Übliche Spannungen sind 24 V Gleich- oder Wechselspannung bzw. 230 V Wechselspannung.	
Frequenz	Die übliche Frequenz beträgt 50 Hz, in Sonderfällen auch 60 Hz.	
Explosionsgefahr	Für besonders explosionsgefährdete Räume gibt man nach VDE den Schutz durch die Buchstaben Eex, Kurzzeichen der verwendeten Zündschutzart, Betriebsmittelgruppe und Temperaturklasse an.	DIN VDE 0165

3.1.6 Grenztaster

Mit Grenztastern werden Hubkolben, Werkzeugschlitten und andere Maschinenteile beim Erreichen von Endlagen ein- bzw. ausgeschaltet. Dabei ist das genaue Einhalten der Position auch nach mehrmaligem Schalten sehr wichtig. In der Elektropneumatik stehen neben Grenzschaltern auch berührungslose Grenztaster zur Verfügung, die nach verschiedenen physikalischen Prinzipien arbeiten. In der Übersicht sind die im Handel erhältlichen Grenztaster aufgeführt.

Name des Grenztasters und Art des Kontaktes	Erklärung der Funktion	Schaltzeichen
Magnet-Grenztaster mit Reedkontakt magnetisch geschaltet	Ein Permanentmagnet fährt mit der Hubbewegung über die Kontakte und öffnet bzw. schließt so den Stromkreis berührungslos über das Magnetfeld. Vorteilhaft ist, dass der Schaltmagnet in den Zylinder selbst eingebaut werden kann.	+ –
Fotoelektronische Grenztaster geschaltet über Lichtschranke	Bei fotoelektronischen Grenztastern ist der Stromkreis über eine Lichtschranke zwischen Sender und Empfänger geschlossen. Fährt der Hubkolben in seine Endlage, wird die Lichtschranke durchfahren und der Stromkreis ist unterbrochen.	+ –
Näherungsschalter als Grenztaster induktiv geschaltet	Beim induktiven Näherungsschalter wird durch den Metallstößel des Hubkolbens ein elektromagnetisches Wechselstromfeld gestört und so der Schaltvorgang ausgelöst.	+ –
kapazitiv geschaltet	Beim kapazitiven Näherungsschalter wird durch die Hubbewegung die elektrische Kapazität von Kondensatoren gestört und dadurch ein Schaltvorgang ausgelöst. Kapazitive Näherungsschalter können durch jeden beliebigen Werkstoff geschaltet werden.	+ –

Übungsaufgaben 3/10; 3/11; 3/12

3.1.7 Schütz und Relais

Schütze und Relais sind Tastschalter, die durch Fernbetätigung elektromagnetisch schalten.
Wird z. B. eine Schützspule erregt, d. h. eingeschaltet, so wird der Anker mit den Kontakten in die Spule gezogen und die Kontakte werden geschaltet. Schütze und Relais schalten in der Regel mehrere Kontakte gleichzeitig. Der Unterschied zwischen Schütz und Relais liegt in der Schaltleistung.

- Schütze haben eine Schaltleistung von 1 bis 500 kW.
- Relais liegen mit der Schaltleistung wesentlich darunter – wenige mW bis 1 kW.

Zeitrelais schalten zeitverzögert. Ein einschaltverzögertes Zeitrelais schaltet verzögert ein, während ein ausschaltverzögertes Zeitrelais verzögert ausschaltet.

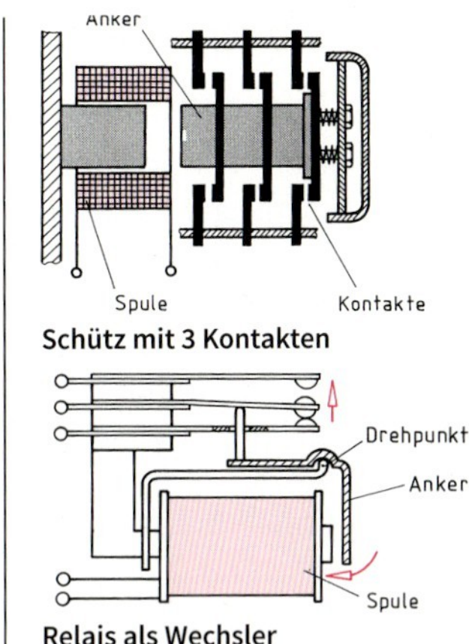

Schütz mit 3 Kontakten

Relais als Wechsler

> **!** Schütz und Relais sind Schaltglieder, in denen durch die Magnetkräfte des Steuerstromes Kontakte im Laststromkreis betätigt werden.

3.1.8 Anschlusskennzeichen an Relais

Anschlüsse an Relais und Schütze werden durch zweistellige Zahlen- bzw. Buchstabenkombinationen gekennzeichnet. Die Plusseite der Spule wird mit A1 und die Minusseite mit A2 gekennzeichnet. Für die Kontakte gilt Folgendes: Die erste Ziffer kennzeichnet die Kontaktbahn, die zweite Ziffer kennzeichnet die Schalterart. Dabei steht 1–2 für Öffnerkontakte und 3–4 für Schließerkontakte.

Beispiel für Anschlusskennzeichen am Relais

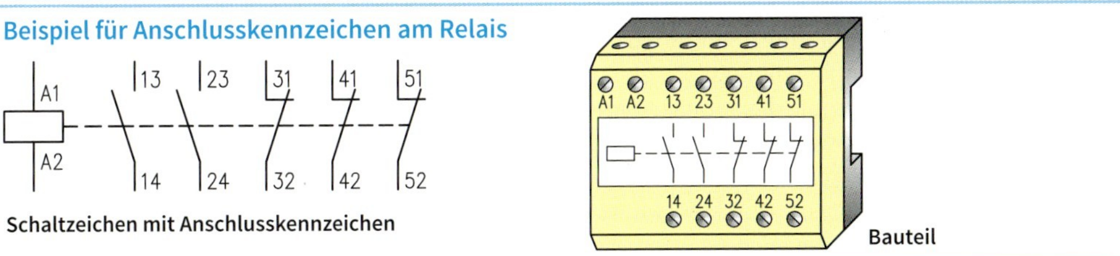

Schaltzeichen mit Anschlusskennzeichen

Bauteil

3.1.9 Schaltzeichen für elektrische Bauteile

Schaltzeichen für wichtige elektrische Bauteile in elektropneumatischen Anlagen (Beispiele)

elektrisches Bauteil (Funktion)	Erklärung	Schaltzeichen nach DIN EN 60617
Grenztaster (Wechsler)	Die Betätigung erfolgt über Kolbenhub mechanisch durch eine Rolle.	
Zeitrelais (Schließer)	Nach Betätigung erfolgt der Schaltvorgang mit einstellbarer Verzögerung – hier Einschaltverzögerung.	
Zeitrelais (Öffner)	Nach Betätigung erfolgt der Schaltvorgang mit verstellbarer Verzögerung – hier Ausschaltverzögerung.	
Schütz bzw. Relais (2 Schließer, 1 Öffner)	Die Betätigung mehrerer Schalter erfolgt elektromagnetisch, Fernbedienung und unterschiedliche Kombination von Schaltern sind möglich.	
Elektromagnet (Einschaltverzögerung)	Nach Betätigung erfolgt der Schaltvorgang erst nach einer bestimmten einstellbaren Zeit. Über einen Widerstand und einen Kondensator wird die Schaltspannung zeitverzögert erreicht.	
Elektromagnet (Ausschaltverzögerung)	Wird das Eingangssignal gelöscht, d. h. ausgeschaltet, bleibt für eine einstellbare Zeit der Elektromagnet angezogen bzw. eingeschaltet.	

3.2 Elektropneumatische Steuerungen

3.2.1 Pneumatikschaltplan und Stromlaufplan

In der Industrie hat sich zunehmend eine Verknüpfung von Pneumatik und Elektrik durchgesetzt. Dabei übernimmt die Elektrik die Signalgebung und Signalweiterleitung – **Signalfluss** –, während die Pneumatik die Druckluft als Energie für Maschinen und Vorrichtungen bereitstellt – **Energiefluss** –. In der zeichnerischen Darstellung elektropneumatischer Anlagen werden der Signalfluss durch Stromlaufpläne und der Energiefluss durch Pneumatikschaltpläne getrennt dargestellt.

Der Stromfluss wird im **Stromlaufplan** von oben (+) nach unten (–) angenommen. Die Bauteile sind durch genormte Schaltzeichen dargestellt und in der Reihenfolge des Stromdurchganges angeordnet. Die tatsächliche Lage der Bauteile in der Anlage oder in der Maschine ist aus dem Stromlaufplan nicht ersichtlich.

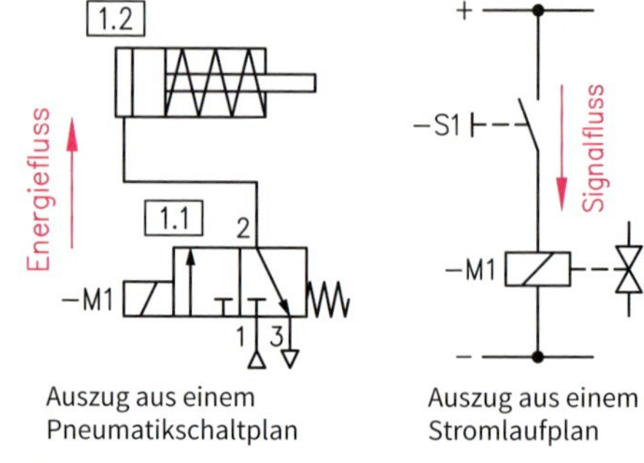

Auszug aus einem Pneumatikschaltplan

Auszug aus einem Stromlaufplan

Schaltpläne in der Elektropneumatik

! In der Elektropneumatik werden pneumatisch angetriebene Systeme durch elektrische Signale gesteuert. Als Schaltpläne dienen der Pneumatikschaltplan und der Stromlaufplan.

1. Kennzeichnung der Betriebsmittel[1]

Weil in der Elektropneumatik verschiedene Technologien ineinander greifen, hat man aus jedem Teilgebiet die entsprechenden Normen zu beachten. Die Kennzeichnung der Betriebsmittel muss im Pneumatikschaltplan und im Stromlaufplan einheitlich sein.

Im Pneumatikschaltplan werden die Arbeitselemente mit den zugehörigen Stellgliedern dargestellt. Die lagemäßige Zuordnung der Sensoren zu den Arbeitselementen wird hier ebenfalls erfasst. Durch entsprechende Betätigungssymbole kennzeichnet man die elektromagnetische Betätigung der Stellglieder. Den Kennbuchstaben elektrischer Betriebsmittel wird ein **Minuszeichen** vorangestellt.

Kennbuchstabe	Art des Betriebsmittels (Beispiele)	
B	Sensoren allgemein, Positionsschalter, Näherungsschalter usw.	
F	Sicherungen, Schutzeinrichtungen, Druckwächter	
P	Signalhorn, Lichthupe, Klingel, LED	
K	Relais	
Q	Schütz (für Last)	
M	Antriebe (Stellantrieb, Betätigungsspule, Elektromotor, Linearmotor)	
R	Widerstand	
S	Signalgeber manuell, Tastschalter, Wahlschalter usw.	
x.y x.y + x.y –	Zylinder ausfahrende Zylinder einfahrende Zylinder	**Hinweis:** x und y stehen für die Nummern aus dem Pneumatikplan

2. Schaltgliedertabelle

Weil in umfangreichen Steuerungen ein Schütz mehrere Schließer und Öffner in verschiedenen Strompfaden betätigt, erleichtert eine **Schaltgliedertabelle** die Übersicht.

Die Schaltgliedertabelle zeichnet man jeweils unterhalb des Strompfades, in dem das entsprechende Schütz eingezeichnet ist. Vereinbarungsgemäß stehen unter dem Schaltzeichen für Öffner die Pfadnummern, in denen sich Kontakte für Öffner befinden. Unter dem Schaltzeichen für Schließer stehen die Pfadnummern, in denen sich Kontakte für Schließer befinden.

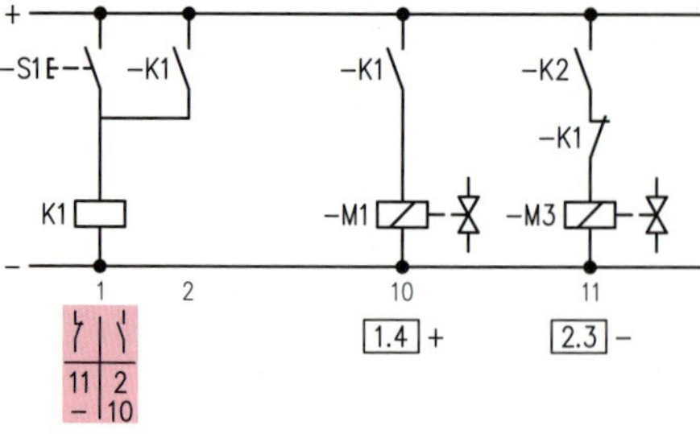

Schaltplanauszug mit Schaltgliedertabelle

Die Schaltgliedertabelle gibt darüber Aufschluss, in welchen Strompfaden sich Schließer bzw. Öffner des über der Tabelle gezeichneten Schützes befinden.

1 Ergänzend dazu siehe Kap. 3.4 ab Seite 597

Übungsaufgaben 3/15; 3/16

3.2.2 Reihen- und Parallelschaltung

Für die Ansteuerung von Ventilen können unterschiedliche Bedingungen gefordert sein. Einmal kann es nötig sein, ein Ventil von verschiedenen Stellen aus zu schalten; es kann aber auch erforderlich sein, dass erst mehrere Schalter bedient werden müssen, um ein Ventil zu betätigen. Im Hinblick auf die Ansteuerung unterscheidet man zwei Arten von Schaltungen.

Die **Reihenschaltung** ist eine **UND**-Schaltung. Ein Spannzylinder soll beispielsweise erst spannen, wenn das Werkstück eingelegt worden ist und die Schutzvorrichtung geschlossen wurde. Erst wenn **beide Bedingungen** erfüllt sind, darf das Magnetventil für den Spannzylinder betätigt werden. Schalter S1 und Schalter S2 sind also in Reihe geschaltet. In umfangreichen Schaltplänen wird die Darstellung durch Logikzeichen bevorzugt.

Die **Parallelschaltung** ist eine **ODER**-Schaltung. Mit einer solchen Schaltung kann man z. B. ein Ventil von verschiedenen Stellen aus schalten. **Entweder** wird der Stromkreis für die Ventilbetätigung über den Schalter S1 **oder** den Schalter S2 geschlossen. Die Schalter sind also parallel angeordnet.

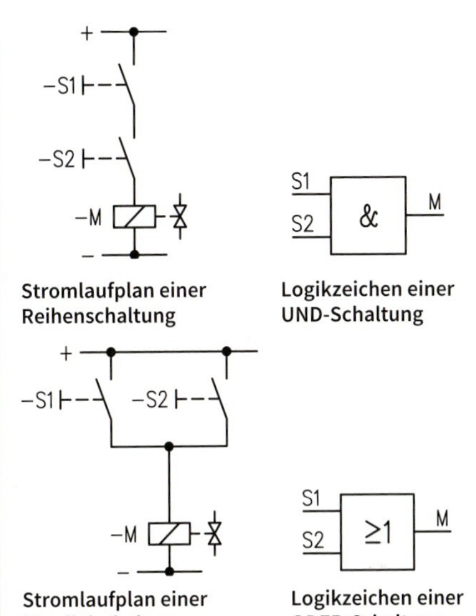

Stromlaufplan einer Reihenschaltung

Logikzeichen einer UND-Schaltung

Stromlaufplan einer Parallelschaltung

Logikzeichen einer ODER-Schaltung

Elektropneumatische Ventile können angesteuert werden durch:
- Reihenschaltung (UND-Schaltung),
- Parallelschaltung (ODER-Schaltung).

3.2.3 Ansteuerung von Wegeventilen

1. Ventil mit Speicherverhalten durch Permanentmagnete

Ist z. B. ein 5/2-Wegeventil von beiden Seiten ansteuerbar, so bleibt die geschaltete Stellung erhalten, bis das Gegensignal erfolgt, denn in den Endlagen des Ventils sind Permanentmagnete eingebaut, die die jeweilige Lage der Ventilstellung sichern. Wird das Ventil beispielsweise zum Ansteuern eines Spannzylinders eingesetzt, so bleibt das Werkstück nach dem Spannvorgang so lange gespannt, bis der elektrische Taster zum Lösen betätigt wird. Vorgesteuerte 5/2-Wegeventile lassen sich mit geringer elektrischer Energie schalten.

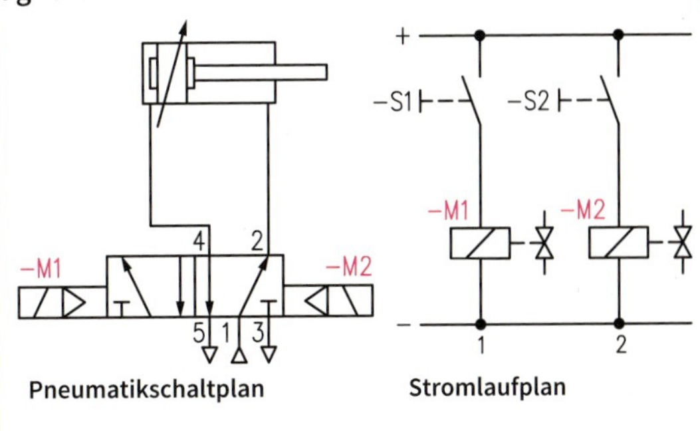

Pneumatikschaltplan

Stromlaufplan

Impulssignale bewirken in elektropneumatischen Wegeventilen mit Speicherverhalten eine andauernde Umschaltung des Ventiles.

2. Ventil mit Speicherverhalten durch Selbsthaltung im Relais

Schütze und Relais sind fernbetätigte elektromagnetische Schalter, die als Schließer, Öffner oder Wechsler entsprechend der Gesamtaufgabe ausgebildet sind.

Die Ansteuerung eines Wegeventiles mithilfe eines Relais erlaubt eine Daueransteuerung des Ventiles, obwohl das Signalglied nur angetippt zu werden braucht (Taster).

Ein solches Speicherverhalten in der Steuerung kann man durch eine besondere elektrische Schaltung erreichen.
Von dem Relais wird eine Kontaktbahn genutzt, damit das Relais eingeschaltet bleibt. Man spricht von Selbsthaltung. Erst wenn über einen zusätzlichen Schalter der Steuerkreis unterbrochen wird, kann die Selbsthaltung des Relais aufgehoben werden.

Beispiel für ein schützgesteuertes Ventil mit Selbsthaltung im Stromkreis

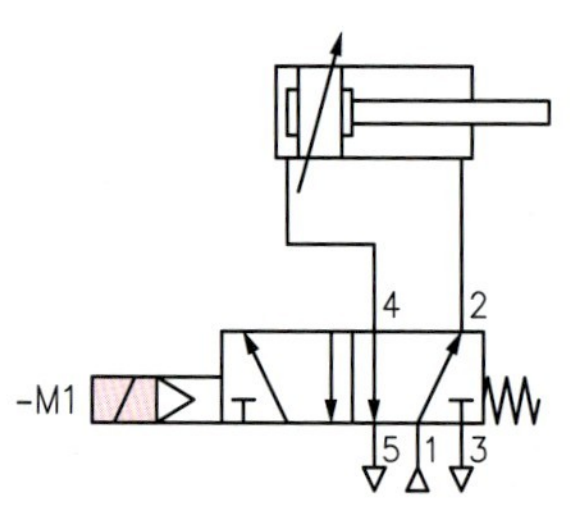

Pneumatikschaltplan

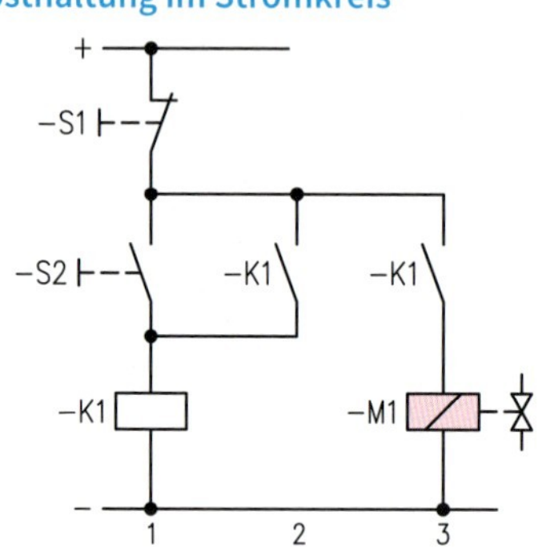

Stromlaufplan

Funktionsbeschreibung

Durch die Betätigung des Schließers S2 wird das Schütz an den Stromkreis geschlossen und schaltet seinerseits elektromagnetisch gleichzeitig zwei Schließer des Schützes K1 in den Strompfaden 2 und 3. Wird S2 durch Loslassen des Tasters wieder geöffnet, so bleibt das Schütz jedoch über K1 im Strompfad 2 an den Stromkreis angeschlossen. Das Schütz K1 fällt also nicht ab, sondern hält sich selbst (**Selbsthaltung eines Schützes**).
Der geschlossene Kontakt K1 im Strompfad 3 bewirkt die elektromagnetische Betätigung des 5/2-Wegeventiles. Das Ventil schaltet durch und die Kolbenstange fährt aus. Die Selbsthaltung des Schützes hat zur Folge, dass die Kolbenstange ausgefahren bleibt. Wird der Taster S1 betätigt, so ist der gesamte Stromkreis unterbrochen. Das Schütz fällt ab und seine Kontakte K1 öffnen sich. Dadurch wird die Magnetspule M1 stromlos und das Ventil stellt sich durch die Feder in die Ausgangsstellung zurück. Der Weg von 1 nach 2 im Ventil öffnet sich und die Kolbenstange fährt ein.

Impulssignale lassen sich mithilfe von Schützschaltungen in Dauersignale umwandeln. Wegeventile werden dadurch so lange angesteuert, bis die Spannung abgeschaltet wird.

3.2.4 Wegabhängige Steuerungen

In wegabhängigen Steuerungen werden die Bauelemente in Abhängigkeit vom zurückgelegten Kolbenweg geschaltet. Mit Grenztastern und Schützsteuerungen lassen sich solche Schaltungen elektropneumatisch einfach verwirklichen. Grenztaster können Sensoren oder Endschalter sein.

Beispiel für eine wegabhängige Steuerung

Aufgabenstellung

Ein doppelt wirkender Zylinder soll aus einem Magazin Bauteile zur weiteren Bearbeitung bereitstellen. Ist das Bauteil verschoben, so soll die ausgefahrene Kolbenstange einen Grenztaster betätigen, der das Einfahren bewirkt.

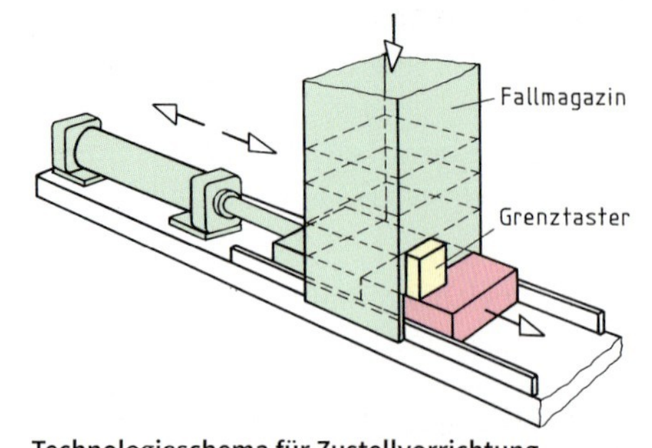

Technologieschema für Zustellvorrichtung

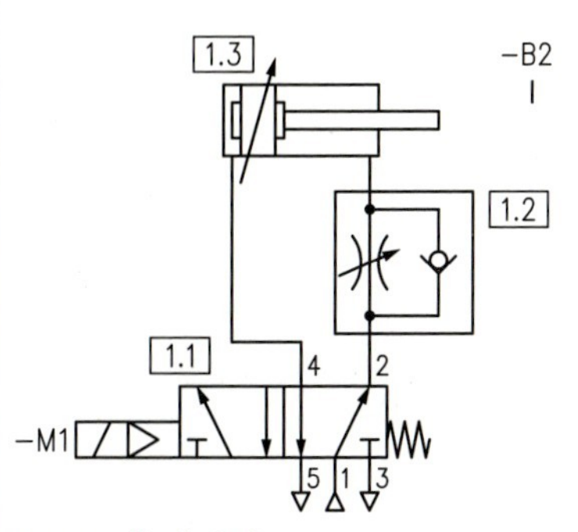

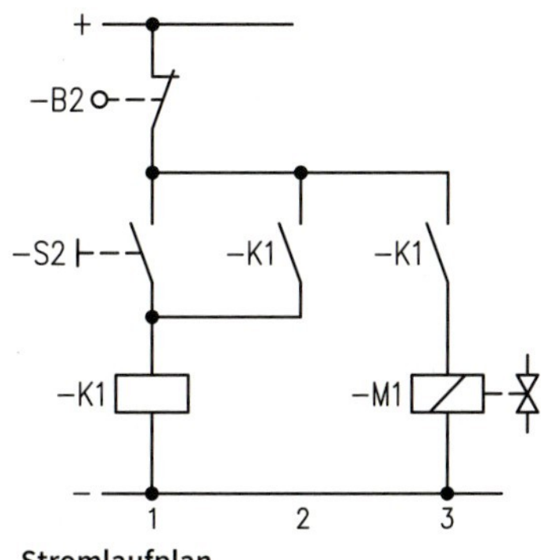

Pneumatikschaltplan **Stromlaufplan**

Funktionsbeschreibung

Einschalttaster S2 gibt Strom auf Schütz K1; daraus folgt Selbsthaltung von K1 und Spannung auf Magnetspule M1. Die Kolbenstange fährt aus und betätigt in der Endlage Taster B2. Schütz K1 und dadurch Spule M1 werden spannungsfrei, das Ventil schaltet in die Ausgangsstellung, die Kolbenstange fährt ein.

! Wegabhängige Steuerungen verwirklicht man in der Elektropneumatik vor allem über Grenztaster (Sensoren, Endschalter) mit Schützsteuerungen.

3.2.5 Weg- und zeitabhängige Steuerungen

Zeitabhängige Steuerungen können in der Elektropneumatik mithilfe von Zeitrelais verwirklicht werden. Im Zeitrelais wird über einen verstellbaren Widerstand ein Kondensator aufgeladen. Erst wenn der Kondensator aufgeladen ist, erfolgt der Schaltkontakt.
In einer Klebevorrichtung soll beispielsweise der Spannvorgang für eine bestimmte Zeit aufrechterhalten werden.

Beispiel für eine weg- und zeitabhängige Steuerung

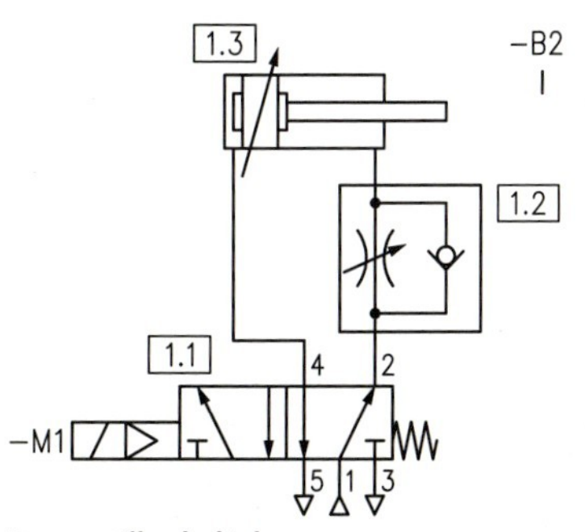

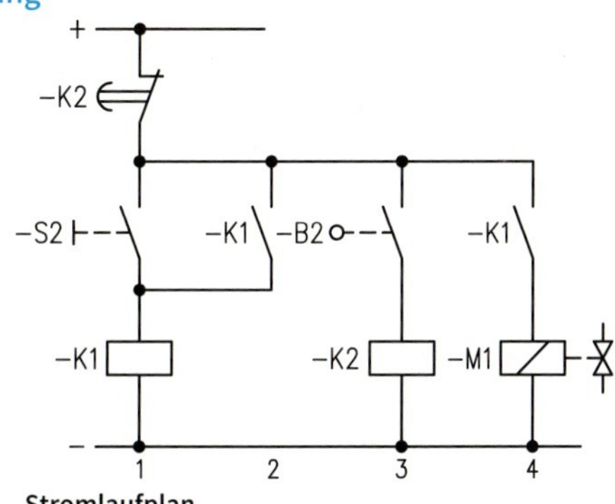

Pneumatikschaltplan **Stromlaufplan**

Funktionsbeschreibung

Nach Betätigung von Taster S2 schaltet das Schütz die Kontakte K1 in den Strompfaden 2 und 4 und schließt den Stromkreis. Das Schütz K1 hält sich selbst. Das Ventil wird betätigt, und die Kolbenstange des Zylinders fährt aus. In der Endlage der Kolbenstange betätigt diese den Grenztaster B2, wodurch für das Schütz K2 der Stromkreis geschlossen wird. Dieses Schütz schaltet jedoch einschaltverzögert. Der Spannvorgang bleibt aufrechterhalten. Nach der eingestellten Zeitspanne öffnet Schütz K2 den Kontakt K2 im Strompfad 1. Alle Schütze in der Anlage werden stromlos, und die Magnetspule M1 ist spannungsfrei. Die Feder schaltet das Ventil zurück, die Kolbenstange fährt ein.

Zeitabhängige Steuerungen verwirklicht man in der Elektropneumatik vor allem über Zeitrelais, die Signale einschalt- oder ausschaltverzögert weitergeben.

3.2.6 Verknüpfungs- und Ablaufsteuerungen in der Elektropneumatik

Die Vorzüge von elektropneumatischen Steuerungen werden besonders deutlich, wenn mehrere Arbeitsglieder in einer Anlage vorhanden sind und voneinander abhängig gesteuert werden müssen.

Ein fehlerfreier Ablauf einer umfangreichen Steuerung ist nur dann gewährleistet, wenn die Ausführung eines jeden Schrittes geprüft wird, bevor der nächste Schritt eingeleitet wird.
Diese Prüfung erfolgt durch Sensoren, welche die Ausführung rückmelden. Diese Rückmeldung wird als Bedingung für den nächsten Schritt gesetzt. Rückmeldungen sind in der Elektropneumatik den Gegebenheiten leicht anzupassen, da sehr unterschiedliche Sensoren zur Verfügung stehen, deren Signale über Schützsteuerungen leicht verarbeitet werden können.

Beispiel für eine Verknüpfungs- und Ablaufsteuerung

Aufgabenstellung

In einer pneumatischen Schellen-Biegevorrichtung wird das Rohteil durch einen Zylinder gespannt. Ein zweiter Zylinder biegt die Schelle. Das Rohteil wird von Hand eingelegt.

Schritt	Beschreibung des Ablaufes
1	Zylinder 1.4 fährt aus, Spannen des Rohteiles
2	Zylinder 2.4 fährt aus, Biegen der Schelle
3	Zylinder 2.4 fährt ein, Rücksetzen des Biegewerkzeuges
4	Zylinder 1.4 fährt ein, Lösen des Werkstückes

Anmerkungen:
- Der Start der Steuerung darf nur möglich sein, wenn das Schutzgitter geschlossen ist (Endschalter B6) und beide Zylinder eingefahren sind (Sensoren B1 und B3).
- Der Biegevorgang darf nur möglich sein, wenn ein Rohteil in der Vorrichtung liegt (Endschalter B5) und das Rohteil gespannt ist (Sensor B2).
- Jeder folgende Steuerschritt kann nur durchgeführt werden, wenn vom vorhergehenden Schritt eine Rückmeldung erfolgt ist.

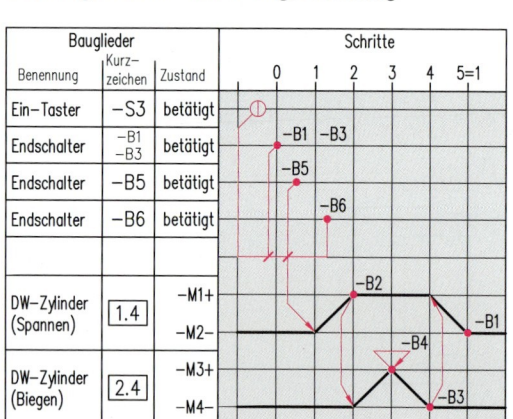

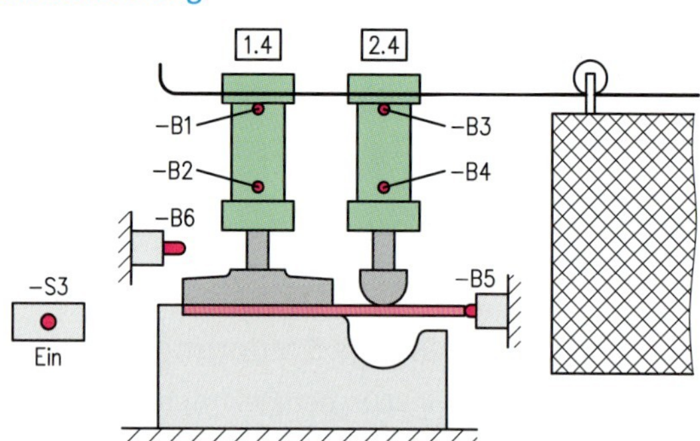

Technologieschema Schellen-Biegevorrichtung

Bauglieder: Benennung	Kurzzeichen	Zustand	Schritte 0 1 2 3 4 5=1
Ein-Taster	–S3	betätigt	
Endschalter	–B1 –B3	betätigt	–B1 –B3
Endschalter	–B5	betätigt	–B5
Endschalter	–B6	betätigt	–B6
DW-Zylinder (Spannen)	1.4	–M1+ / –M2–	–B2, –B1
DW-Zylinder (Biegen)	2.4	–M3+ / –M4–	–B4, –B3

Funktionsdiagramm

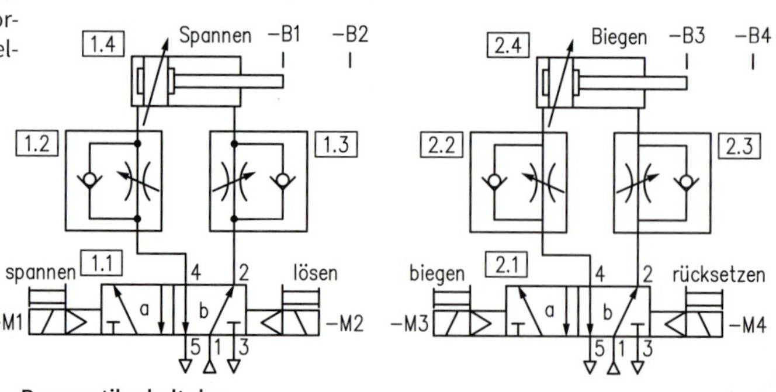

Pneumatikschaltplan

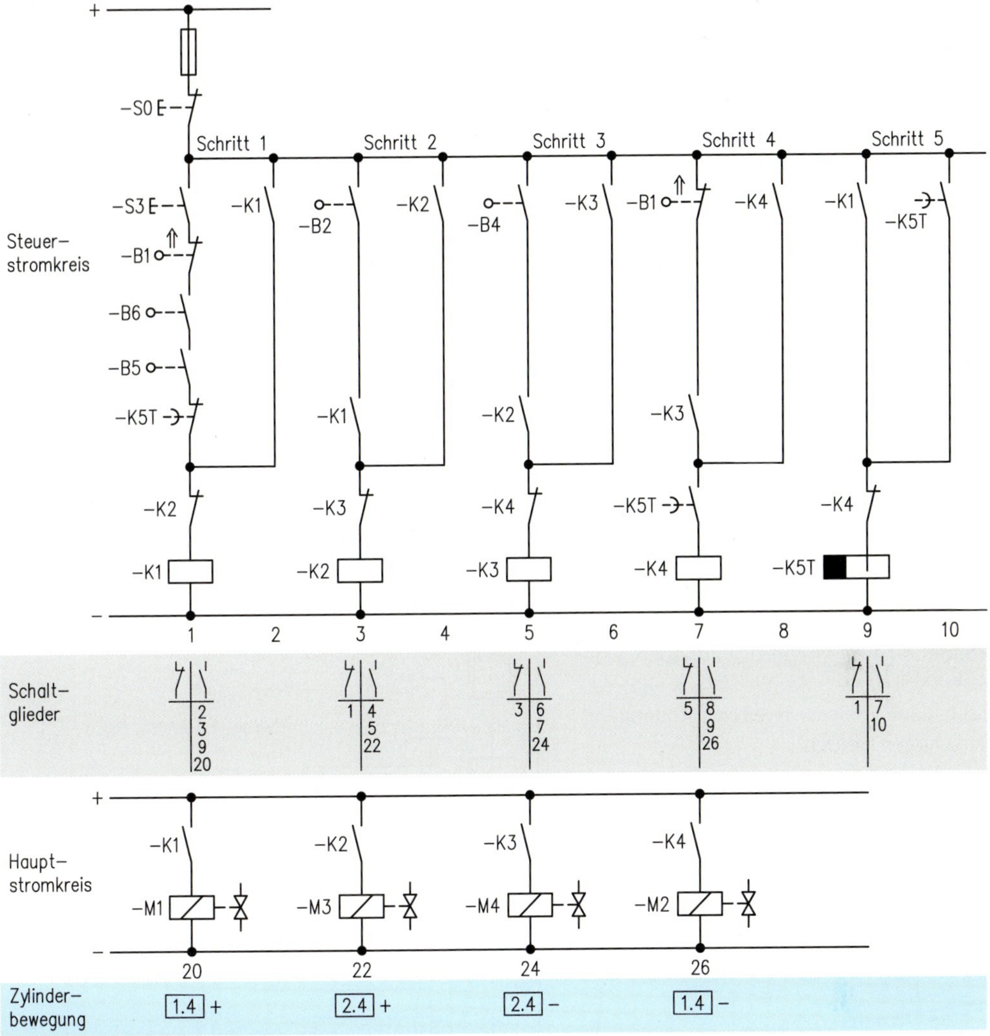

Stromlaufplan

Funktionsbeschreibung

- Die Anlage wird gestartet, wenn der Handtaster S3 betätigt wird, das Schutzgitter geschlossen ist (Endschalter B6) und das Rohteil in der Vorrichtung liegt (Endschalter B5).
- Schütz K1 zieht Kontakte in den Strompfaden 2, 3, 9 und 20 (Schließer).
- Im Strompfad 9 erhält nun Schütz K5T Spannung und zieht Kontakte in den Strompfaden 7 und 10 (Schließer) sowie im Strompfad 1 (Öffner).
- Das ausschaltverzögerte Schütz K5T verriegelt die Anlage gegen eine Fehlbetätigung, weil im Strompfad 1 K5T öffnet und somit kein neuer Start beginnen kann.
- Die Schrittfolge der Ablaufsteuerung ist durch Schließer und Öffner so geschaltet, dass nur ein einzelner Schritt ausgeführt werden kann.
- Die Weiterschaltung erfolgt durch die Sensoren an den Zylindern: Nur wenn der jeweilige Sensor betätigt ist, kann der nächste Steuerschritt erfolgen.

> **!** Rückmeldungen von Zylinderpositionen über Sensoren gewährleisten einen schrittweisen und fehlerfreien Ablauf von Steuerungen.
> Durch ein ausschaltverzögertes Schütz wird eine Anlage gegen Fehlstart abgesichert.

3.3 Installieren und Inbetriebnehmen elektropneumatischer Steuerungen

Die Installation und die Inbetriebnahme von Steuerungen führt der Fachmann nach vorliegenden Schaltplänen und anderen Dokumenten durch. Aus den Unterlagen, z. B. dem Technologieschema und dem Funktionsplan (GRAFCET)[1], kann er den Funktionsablauf der Steuerung erkennen. Im Pneumatikschaltplan und im Stromlaufplan ist die technischen Ausführung der Steuerung festgelegt.

3.3.1 Installieren einer elektropneumatischen Steuerung

Die Installation der Anlage nimmt der Fachmann nach systematischen Gesichtspunkten vor. Der übersichtliche Aufbau der Anlage erleichtert eine spätere Fehlersuche in der Steuerung. Weiterhin kann das System besser ergänzt oder optimiert werden.
Je nach Vorgaben kann es notwendig sein, die Unterlagen um Details zu ergänzen, die für die Montage der Bauteile und für die Verschlauchung bzw. Verdrahtung notwendig sind. Zu diesen Ergänzungen gehören insbesondere die Übertragung der Anschlusskennzeichnungen der pneumatischen und der elektrischen Bauteile sowie die Verdrahtung nach einer Klemmenbelegungsliste.

Beispiel für die Vorbereitung der Installation einer elektropneumatischen Steuerung (Technologieschema und Funktionsplan zum Auftrag Hebebühne)

Über einen Rollengang erreichen schwere Werkstücke die Hebebühne. Diese Hebebühne soll auf Tastendruck anheben, weiterhin soll danach das Werkstück automatisch auf einen zweiten Rollengang verschoben werden.

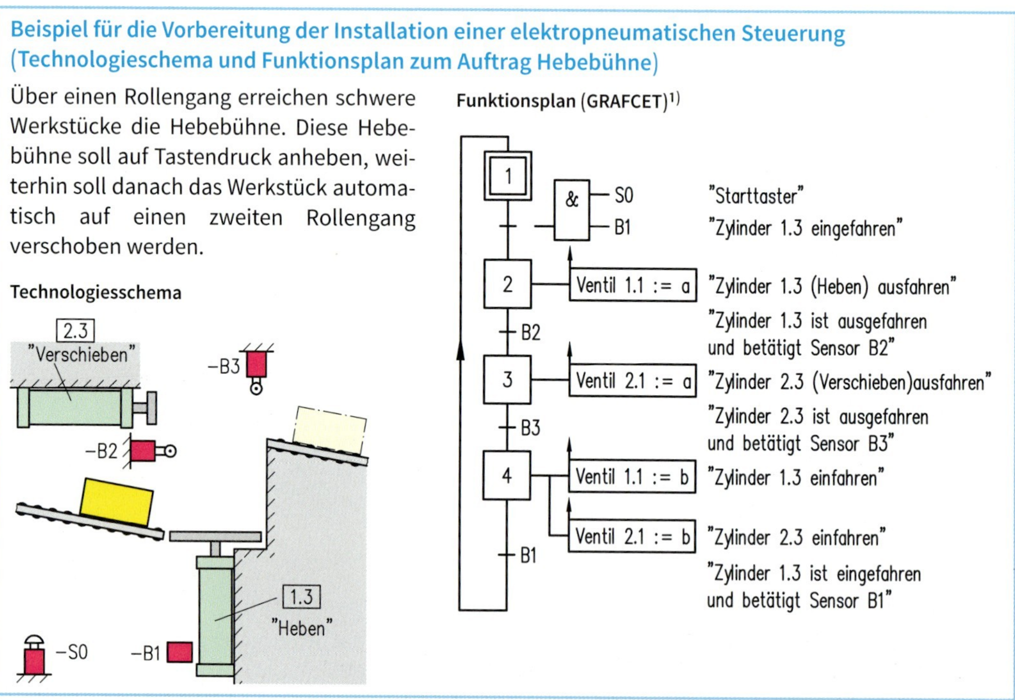

1. Auftrag analysieren

Der Fachmann informiert sich über die technische Ausführung der Steuerung, indem er den Pneumatikschaltplan und den Stromlaufplan zusammenhängend untersucht.

- Im Pneumatikschaltplan liest er ab, welche Arbeitsglieder vorhanden sind und wie ihre Ausgangsstellung ist.
- Die Lage vorgesehener Signalglieder, die direkt durch die Arbeitsglieder betätigt werden, erkennt er im Pneumatikschaltplan an den Zuordnungsstrichen über den jeweiligen Arbeitsgliedern.
- Die Bezeichnungen der Signalglieder und der Spulen aus dem Pneumatikschaltplan findet er im Stromlaufplan wieder, indem er Strompfad für Strompfad absucht.
- Den Beginn des Ablaufs der Steuerung stellt er sich vor, indem er gedanklich zunächst im Pneumatikschaltplan das Hauptventil öffnet und dann im Stromlaufplan den Starttaster drückt.

1 Funktionsplan (GRAFCET) siehe Seite 603

- Den Ablauf der Steuerung vollzieht er nach, indem er schrittweise die Kontaktänderungen in den Strompfaden beobachtet, bis ein Magnetventil anspricht und dadurch im Pneumatikplan ein Stellglied umgeschaltet wird.
- Den weiteren Ablauf der Steuerung erschließt er dadurch, dass er die geänderte Stellung von Arbeitsgliedern daraufhin untersucht, welche neue Signaleingabe jeweils erfolgt und welche Kontaktänderungen dadurch in den Strompfaden entstehen.

Beispiel für das Analysieren einer Steuerung (Pneumatikschaltplan und Stromlaufplan zum Auftrag Hebebühne)

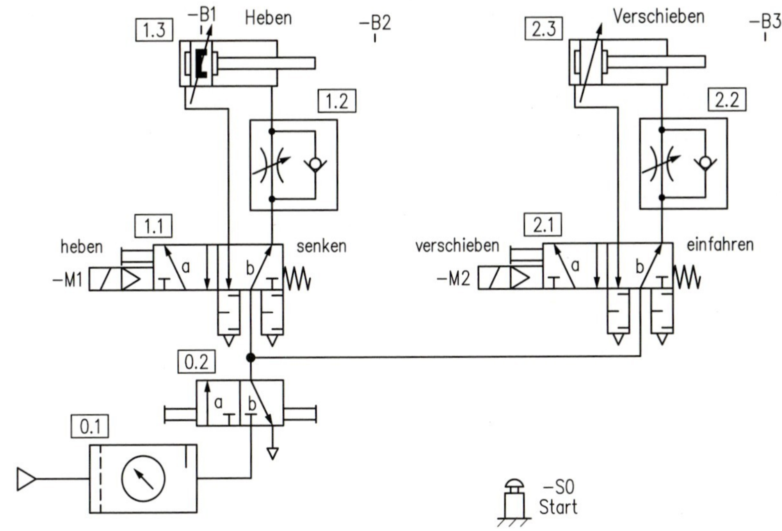

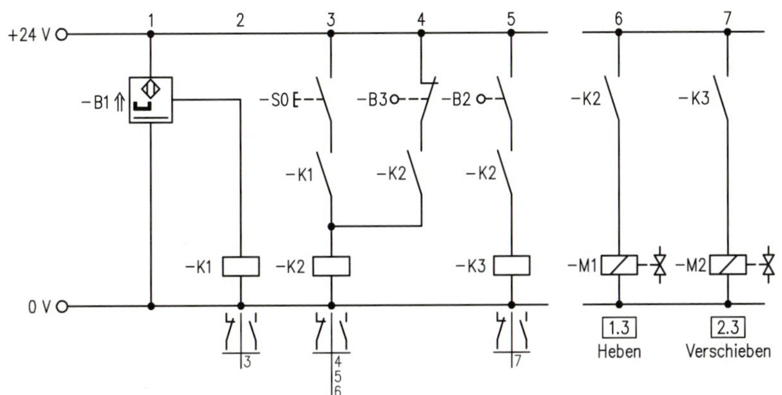

Startschritt 1: Die Stromversorgung und die Druckluft werden angestellt. Das Ventil 0.2 wird in Stellung a umgeschaltet. Beide Zylinder bekommen Druck auf der Kolbenstangenseite und sind eingefahren. Der Sensor B1 ist betätigt, dadurch hat Schütz K1 Spannung und schließt den Kontakt in Strompfad 3.

Schritt 2: Der Übergang zu Schritt 2 erfolgt durch die Betätigung von Starttaster S0 und durch den schon aktivierten Sensor B1. Der Strompfad 3 ist geschlossen und über das Schütz K2 im Strompfad 6 wird die Spule M1 mit Spannung versorgt. Der Zylinder 1.3 fährt aus.

Schritt 3: Der Übergang zu Schritt 3 erfolgt durch die Betätigung des Sensors B2. Der Strompfad 5 ist nun geschlossen und über das Schütz K3 im Strompfad 7 wird die Spule M2 mit Spannung versorgt. Der Zylinder 2.3 fährt aus.

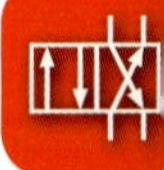

Schritt 4: Der Übergang zu Schritt 4 erfolgt durch die Betätigung des Sensors B3. Der Strompfad 4 wird geöffnet und alle Kontakte des Schützes K2 in den Strompfaden 4, 5 und 6 werden geöffnet. Dadurch fällt die Spannung an den Spulen M1 und M2 ab. Die Ventile 1.1 und 2.1 schalten wegen der Federbetätigung jeweils in Stellung b und die Zylinder fahren ein.

Der Sensor B1 ist wieder betätigt, dadurch hat Schütz K1 Spannung und schließt den Kontakt in Strompfad 3. Ein neuer Zyklus kann durch die Betätigung des Starttasters beginnen.

2. Installation der Steuerung planen

Der Fachmann plant anhand der Unterlagen die Installation der Steuerung, indem er:

- den Pneumatikschaltplan um die Anschlussbezeichnungen ergänzt,
- den Stromlaufplan um die Anschlussbezeichnungen ergänzt,
- die Vergabe der Klemmennummern vornimmt.

– 1. Schritt: Pneumatikschaltplan um Anschlussbezeichnungen ergänzen

Der Fachmann trägt in den Pneumatikschaltplan die Anschlusskennzeichnungen der Ventile ein, die er entsprechend dem Schaltplan verschlauchen muss.

Anschlusskennzeichen nach DIN

Anschlüsse an Ventilen werden durch Zahlenkombinationen gekennzeichnet:

1	Druckanschluss
2 oder 4	Arbeitsanschluss
3 oder 5	Abluftanschluss
12	Steueranschluss, verbindet bei Betätigung Anschluss 1 mit Anschluss 2
14	Steueranschluss, verbindet mit Betätigung Anschluss 1 mit Anschluss 4

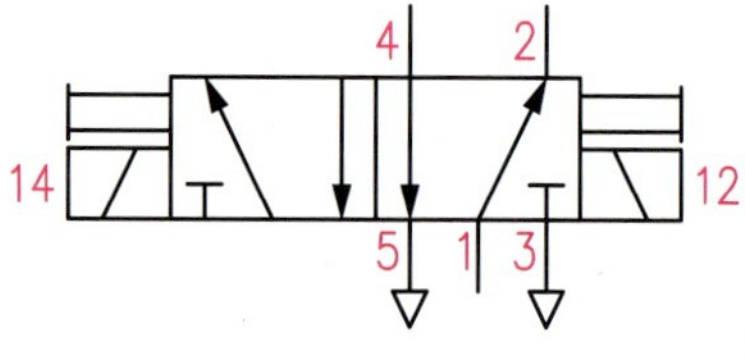

Beispiel für die Eintragung von pneumatischen Anschlussbezeichnungen (Anschlussbezeichnungen im Pneumatikschaltplan zum Auftrag Hebebühne)

Der Fachmann liest am Ventil 1.1, das er entsprechend der Stückliste einzubauen hat, die Anschlusskennzeichnungen ab.

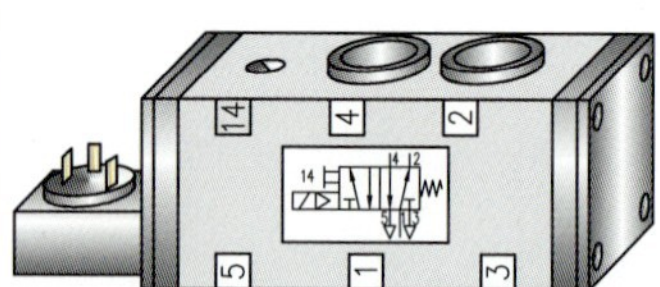

Er sieht im Schaltplan, dass er den Arbeitsanschluss des Ventils 1.1 mit dem Zylinder 1.3 so verbinden muss, dass der Zylinder im Ausgangszustand auf der Kolbenstangenseite mit Druck beaufschlagt und darum eingefahren ist. Entsprechend trägt er am Ventilsymbol an den Anschluss zur Kolbenstangenseite die Kennzeichnung 2 in den Schaltplan ein.

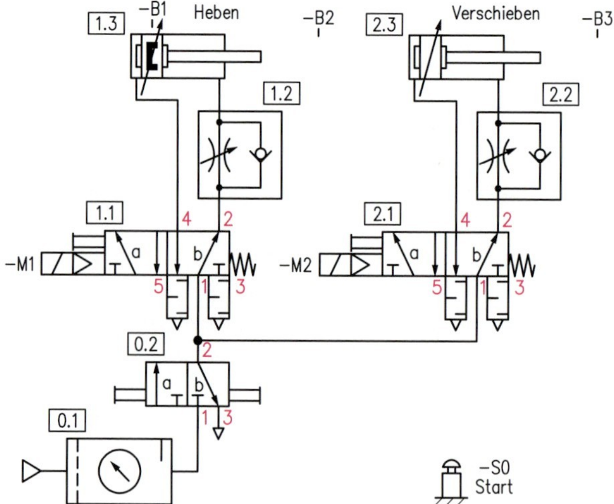

Anschluss 4 wird mit der anderen Zylinderseite verbunden. Die Versorgungsleitung wird auf 1 gelegt und die Abluft entsprechend auf 3 und 5.
Entsprechend verfährt er mit den übrigen Ventilen

– **2. Schritt: Stromlaufplan um Anschlussbezeichnungen ergänzen**

Der Fachmann ergänzt den Stromlaufplan um die Kennzeichen der Anschlüsse, die er bei der Verdrahtung der Relais bzw. Schütze verwenden wird.

Im Stromlaufplan kennzeichnet der Fachmann zunächst alle Schützspulen jeweils mit den Bezeichnungen A1 (Plus-Seite) und A2 (Minus-Seite). Danach erhalten die Hilfsschaltglieder in den Strompfaden die Positionsnummern mit den Ziffern für Schließer oder Öffnerkontakte.

Die Anschlusskennzeichnungen für Sensoren und Schalter werden gemäß den Schaltbildern, welche die einzelnen Bauteile tragen, ebenfalls in den Stromlaufplan übernommen.

Anschlusskennzeichen an Relais

Anschlüsse an Relais in Steuerungen werden durch zweistellige Zahlenkombinationen gekennzeichnet:

1. Stelle: Nummer der Kontaktbahn
2. Stelle: Kennzeichnung der Schalterart

A1 Plusseite der Relaisspule
A2 Minusseite der Relaisspule

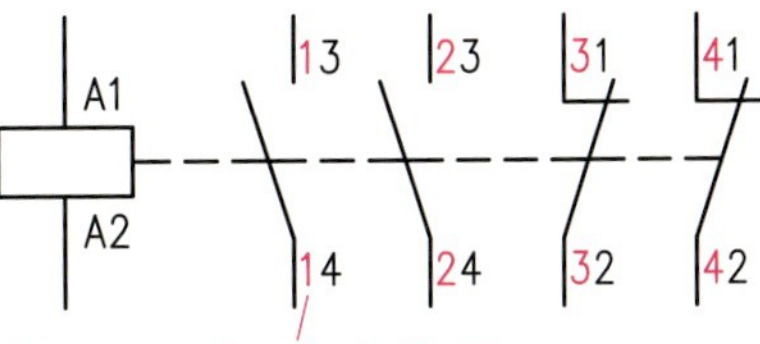

Relais mit zwei Schließern und zwei Öffnern

Beispiel für die Eintragung von elektrischen Anschlussbezeichnungen (Anschlussbezeichnungen im Stromlaufplan zum Auftrag Hebebühne)

Der Fachmann liest am Relais K1, das er entsprechend der Stückliste einzubauen hat, die Anschlussbezeichnungen ab und entscheidet, welche Relaiskontakte er belegen wird. Er entscheidet z. B. im Strompfad 3 des Stromlaufplans die Relaiskontakte 13/14 zu belegen. Entsprechend kennzeichnet er im Strompfad 3 die Kontakte.

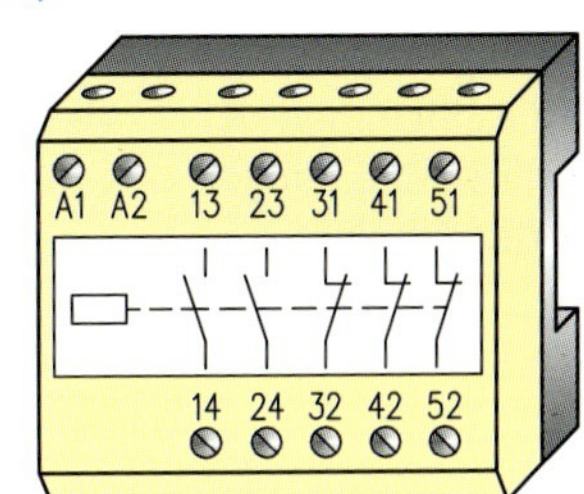

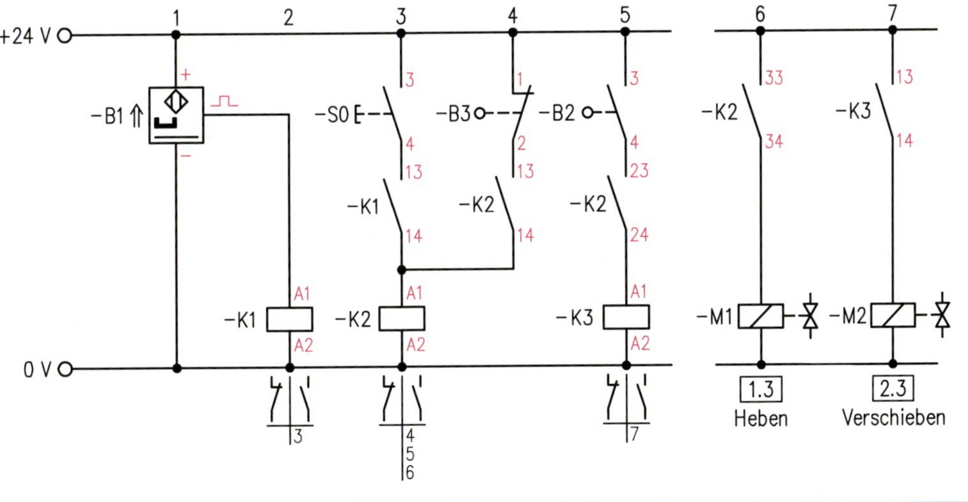

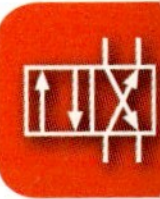

– **3. Schritt: Klemmennummern im Stromlaufplan eintragen**

Die Verdrahtung einer elektropneumatischen Steuerung mithilfe einer Klemmenleiste führt zu niedrigen Verdrahtungskosten, erlaubt eine einfache Fehlersuche und eine schnelle Reparatur.

Klemmleisten und Klemmenbezeichnungen

Die Klemmleiste ist im Schaltschrank untergebracht. Die Leitungen von den Sensoren, den Magnetspulen und der Stromversorgung werden von außen an die Klemmleiste geführt. Die Leitungen von Bauteilen für die Signalverarbeitung, die meist im Schaltschrank untergebracht sind werden von innen an die Klemmenleiste geführt. Jede Klemme der Klemmleiste hat zwei untereinander verbundene Aufnahmen für Leitungen.

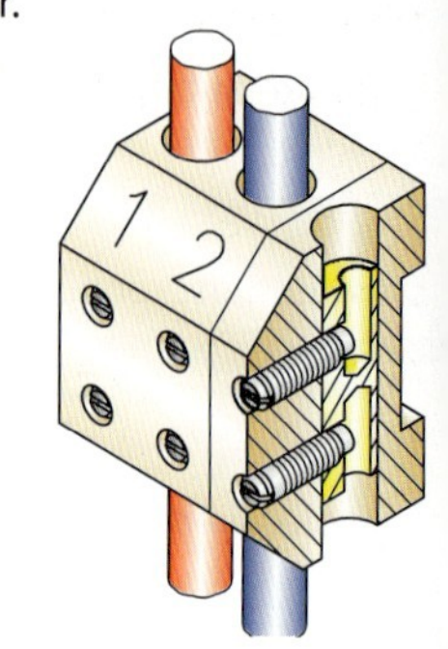

Kennzeichnungen im Stromlaufplan

–X	Kennzeichen für Klemmleiste	○	Symbol für Klemmstelle
1–; 2– …	Nummer der Klemmleiste	1; 2 …	Nummer der Klemme

Abfolge der Vergabe der Klemmen in der Reihenfolge der Strompfade

- Klemmenbelegung für die Spannungsversorgung,
- Klemmenbelegung für den Masseanschluss,
- Bauelemente außerhalb des Schaltschrankes in den Strompfaden von oben nach unten,
- Bei elektronischen Bauelemente in folgender Reihenfolge:
  - Versorgungsspannung,
  - Signalanschluss,
  - Masseanschluss.

Beispiel für die Eintragung von Klemmenbelegungen (Klemmennummern im Stromlaufplan zum Auftrag Hebebühne)

Der Fachmann vergibt die Klemmen X1–1 bis X1–6 für die Spannungsversorgung.
Auf die Klemmen X1–7 bis X1–12 kommen Masseanschlüsse, die übrigen vergibt er entsprechend der vereinbarten Abfolge.

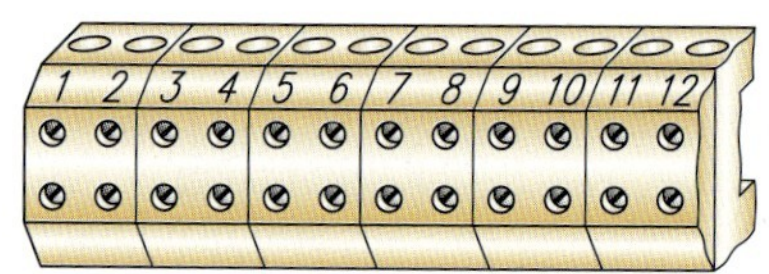

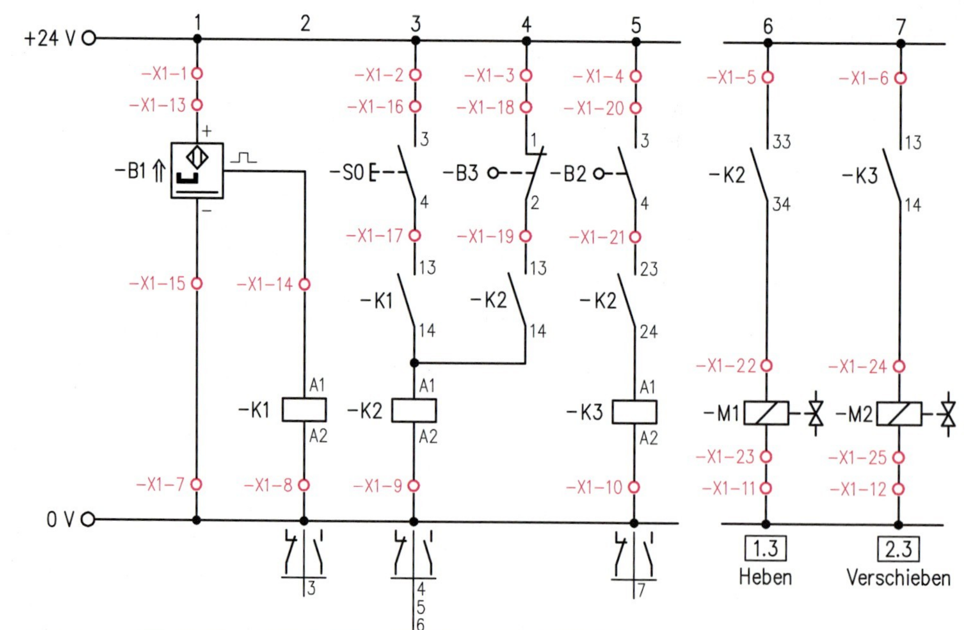

Klemmenbelegungsliste

Mithilfe einer Klemmenbelegungsliste wird die Installation einer zu verdrahtenden Steuerung vorbereitet. Die Liste ist entsprechend der Klemmenleiste gestaltet und als Vordruck bereitzulegen.

Jede Klemme wird durch ein Rechteck mit einer Klemmennummer und einem Anschluss für eine mögliche Verbindungsbrücke dargestellt.

Auf der linken Seite der Liste werden jeweils die Bauteilbezeichnungen und die zugehörigen Anschlussbezeichnungen der Bauelemente außerhalb des Schaltschrankes erfasst.

Auf der rechen Seite der Liste werden jeweils die Bauteilbezeichnungen und die zugehörigen Anschlussbezeichnungen der Bauelemente innerhalb des Schaltschrankes erfasst.

Beispiel für den Aufbau einer Klemmenbelegungsliste (Klemmenbelegungsliste zum Auftrag Hebebühne)

Die Klemmenbelegungsliste wird nach folgendem Schema vom Fachmann ausgefüllt:

- Auf der linken Seite der Liste werden Bauteilbezeichnungen und die Anschlussbezeichnungen der Bauelemente eingetragen, die außerhalb des Schaltschrankes eingebaut sind. Hier z. B. die Bauteilbezeichnung für den Starttaster S0 mit den Anschlussbezeichnungen 3 und 4, die an die Klemme 16 bzw. 17 geführt werden.
- Auf der rechten Seite der Liste werden Bauteilbezeichnungen und die Anschlussbezeichnungen der Bauelemente eingetragen, die innerhalb des Schaltschrankes eingebaut sind. Hier z. B. das Schütz K1 mit dem Anschluss A1 an der Klemme 14.
- Verbindungen für die erforderlichen Brücken werden eingezeichnet. Hier z. B. die Brücken zwischen den Klemmen X1–1 bis X1–6 mit der Versorgungsspannung und X1–7 bis X1–12 mit der Versorgungsmasse.
- Eintragen der Verbindungen von Klemme zu Klemme, die nicht als Brücke realisiert werden können (im Beispiel nicht vorhanden).

Ziel		Verbindungsbrücke	Klemmen-Nr. -X1-	Ziel	
	Anschluss-Bezeichnung			Bauteil-Bezeichnung	Anschluss-Bezeichnung
	+24V		1	-X1	13
			2	-X1	16
			3	-X1	18
			4	-X1	20
			5	-K2	33
			6	-K3	13
	0V		7	-X1	15
			8	-K1	A2
			9	-K2	A2
			10	-K3	A2
			11	-X1	23
			12	-X1	25
	+		13	-X1	1
	⎍		14	-K1	A1
	-		15	-X1	7
	3		16	-X1	2
	4		17	-K1	13
	1		18	-X1	3
	2		19	-K2	13
	3		20	-X1	4
	4		21	-K2	23
			22	-K2	34
			23	-X1	11
			24	-K3	14
			25	-X1	12

3. Installation der Steuerung ausführen

Der Fachmann führt die Installation durch, indem er

- die pneumatischen Bauteile fest montiert, sie gemäß den Planungsunterlagen kennzeichnet und anschließend die Verschlauchung vornimmt;
- die Sensoren, Schalter, Relais, Hilfsschütze und Spulen montiert und kennzeichnet, die Kabel auf die richtige Länge kürzt und Aderendhülsen aufklemmt;
- die Verdrahtung mit der Klemmenleiste durchführt.

Hinweise

Der Industriemechaniker ist nur befugt, in Niedervoltbereich Montagearbeiten durchzuführen. Den Anschluss der Netzspannung und den NOT-AUS Bereich muss der autorisierte Fachmann ausführen.

Beispiel für die Verdrahtung über Klemmleisten von Strompfad 1 und 2 (Verdrahtung zum Auftrag Hebebühne)

Am Beispiel von Strompfad 1 und Strompfad 2 wird die Verdrahtung über die Klemmenleiste erläutert:

- Laut **Strompfad 1** soll die Spannung von 24V an den positiven Eingang des Sensors B1 gelegt werden.
- Die Stromversorgung, die an der Klemme X1–1 anliegt, wird im Schaltschrank an die Klemme X1–13 gelegt, indem beide Klemmen mit einem Draht verbunden werden.
- An diese Klemme X1–13 wird von der Maschinenseite her die Leitung für die Versorgungsspannung des Sensors B1 geführt.
- Die Leitung für den Masseanschluss dieses Sensors wird an die Klemme X1–15 geführt. Die Klemme X1–15 wird im Schaltschrank mit der Klemme X1–7 verdrahtet. Dadurch ist der Strompfad 1 realisiert.
- Laut **Strompfad 2** wird der Signalanschluss des Sensors B1 von der Maschinenseite her auf die Klemme X1–14 gelegt. An diese Klemme 14 wird von der Schaltschrankseite her der Anschluss A1 von der Schützspule K1 geklemmt.
- Der Anschluss A2 von diesem Schütz K1 wird mit der Klemme X1–8 verdrahtet. Dadurch ist der Strompfad 2 realisiert.

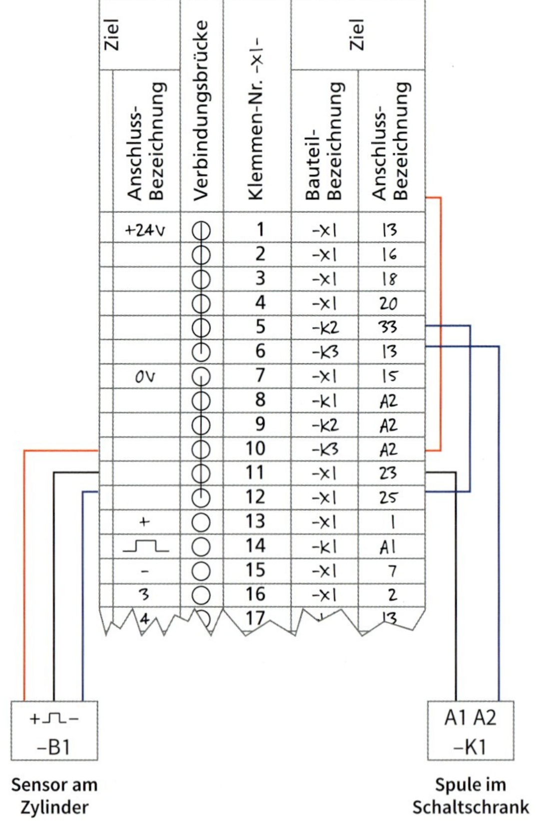

Ziel: Anschluss-Bezeichnung	Verbindungsbrücke	Klemmen-Nr. -X1-	Ziel: Bauteil-Bezeichnung	Ziel: Anschluss-Bezeichnung
+24V		1	-X1	13
		2	-X1	16
		3	-X1	18
		4	-X1	20
		5	-K2	33
		6	-K3	13
0V		7	-X1	15
		8	-K1	A2
		9	-K2	A2
		10	-K3	A2
		11	-X1	23
		12	-X1	25
+		13	-X1	1
⎍		14	-K1	A1
-		15	-X1	7
3		16	-X1	2
4		17		13

3.3.2 Inbetriebnehmen einer elektropneumatischen Steuerung mit Dokumentation

1. Inbetriebnahme und Dokumentation

Die Inbetriebnahme einer Steuerung nimmt der Fachmann in Schritten vor. Als Hilfe dient dabei eine Liste, die auch als Inbetriebnahmeprotokoll ausgeführt sein kann. Er führt die Inbetriebnahme durch, indem er in folgenden Schritten vorgeht:

- die Energieversorgung vorbereitet,
- den pneumatischen Anlagenteil überprüft und einstellt,
- die elektrischen Anlagenteile überprüft und einstellt,
- die Steuerung in Betrieb nimmt, Funktionstests unter Belastung mit zunehmender Geschwindigkeit ausführt; bei größeren Anlagen nimmt er zunächst Teilsysteme in Betrieb.

Beispiel für die Dokumentation der Inbetriebnahme einer Steuerung (Inbetriebnahmeprotokoll zum Auftrag Hebebühne)

Inbetriebnahmeprotokoll: Hubvorrichtung		Vorrichtung Nr. …	Datum:
Nr.	**Inbetriebnahme-Schritt**		**erledigt**
	Vorbereitung der Energieversorgung		
1	Netzspannung kontrollieren		
2	Druckbereitstellung kontrollieren		
3	Ventil 0.2 und Taster SO in Ausgangsstellung setzen		
4	NOT-AUS-Schalter einrasten		
	Inbetriebnahme pneumatischer Steuerketten (ohne elektrische Versorgung)		
5	Zylinder in Ausgangsstellung bringen – beide müssen eingefahren sein		
6	Druckluft zuschalten und mit Druckregelventil den Betriebsdruck einstellen		
7	Hauptventil 0.2 auf Durchgangsstellung umschalten		
8	Anlage nach Leckagen prüfen und diese gegebenenfalls sofort beseitigen		
9	Zylinder jeweils über die Handhilfsbetätigung ausfahren lassen, dabei kontrollieren, ob die Sensoren B2 und B3 betätigt werden		
10	Vorschubgeschwindigkeiten der Zylinder über die Drosselventile einstellen		
11	Druckversorgung abschalten		
	Inbetriebnahme elektrischer Betriebsmittel (ohne Druckversorgung)		
12	NOT-AUS-Schalter entriegeln		
13	Spannungsversorgung zuschalten		
14	Funktion der Sensoren B1, B2 und B3 überprüfen (Zylinder von Hand verschieben)		
15	Funktion der Spulen –M1 und –M2 prüfen (Taster S0 drücken; Sensor B2 von Hand schließen)		
16	Elektrische Versorgung abschalten		
	Inbetriebnahme der gesamten Steuerung		
17	Druckluftversorgung und Netzspannung einschalten		
18	Drosselventile 1.2 und 2.2 wieder fast schließen		
19	Hauptventil 0V auf Durchgangsstellung umschalten		
20	Starttaster S0 drücken, Funktion der Anlage bei gedrosselten Vorschubgeschwindigkeiten und ohne Werkstücke testen		
21	Vorschubgeschwindigkeiten der Zylinder über die Drosseln erhöhen		
22	Werkstück auflegen; Steuerung unter Last laufen lassen und die Geschwindigkeit über die Drosseln optimieren		

2. Übergabeprotokoll erstellen

Nachdem der Fachmann die Funktion der Anlage überprüft hat und keine Mängel aufgetreten sind bzw. behoben wurden, übergibt er die Anlage dem Kunden bzw. der Fertigungsabteilung.
Die Übergabe führt der Fachmann durch, indem er die Anlage dem Auftraggeber vorführt und folgende Dokumente und Informationen weiterleitet:

- Bedienungsanleitung,
- Schaltpläne mit Konstruktionsunterlagen,
- Wartungsanweisungen,
- Bauteilliste,
- Ersatzteilliste.

Die ordnungsgemäße Installation, Inbetriebnahme und Übergabe wird er sich in einem Übergabeprotokoll bestätigen lassen.

Beispiel für die Dokumentation der Übergabe einer Steuerung (Übergabeprotokoll zum Auftrag Hebebühne)

Übergabeprotokoll	
Anlage: Hubvorrichtung Die Funktion der Anlage wurde heute unter Teilnahme verantwortlicher Mitarbeiter des Auftragsgebers nachgewiesen.	
Konstruktionsunterlagen: Folgende Konstruktionsunterlagen wurden übergeben: Pneumatikschaltplan, Stromlaufplan, Klemmenbelegungsliste.	
Wartungsanweisungen: Zur Wartung der Anlage wird auch auf die Datenblätter der Bauteilhersteller verwiesen. Zu achten ist insbesondere auf die regelmäßige Kontrolle der pneumatischen Wartungseinheit.	
Bauteilliste und Ersatzteilliste: --- ---	
Beauftragter des Auftraggebers: Datum: Name: Unterschrift:	**Beauftragter des Auftragnehmers:** Datum: Name: Unterschrift:

3.4 Kennzeichnung von Bauelementen nach ISO 1219 und EN 81346-2

3.4.1 Grundlegende Vereinbarungen

In der Steuerungstechnik müssen bei größeren Anlagen die Fachleute des Maschinenbaus aus den Bereichen Pneumatik und Hydraulik mit den Fachleuten der Elektrotechnik zusammenarbeiten. Voraussetzung für eine funktionierende Teamarbeit ist, dass die zur Verfügung stehenden technischen Unterlagen nach gleichen Kriterien aufgebaut und gekennzeichnet sind. Historisch gesehen hatte man im Maschinenbau und in der Elektrotechnik für steuerungstechnische Probleme eigenständige Normen entwickelt. Diese Normen hat man im Rahmen der Internationalisierung aufeinander abgestimmt. Gültig sind z. Z. folgende Normen:

1. Darstellung reiner fluidischer Steuerungen
Die **Normen ISO 1219-1 und ISO 1219-2** regeln die Angaben zur Darstellung und zum Bezeichnungsschlüssel für die grafischen Symbole und Schaltpläne in der Fluidtechnik. **In diesem Buch sind diese Normen eingeführt und für alle vorgestellten pneumatischen Steuerungen angewendet worden.**

2. Darstellung elektropneumatischer Steuerungen in Mischform
Die **Norm EN 81346-2** regelt die Kennzeichnung von Bauelementen mit Kennbuchstaben. Die vorgesehenen Kennzeichnungen werden in allen technischen Fachgebieten angewendet. In diesem Buch wird im Kap. Elektropneumatik die Einführung dieser Norm behandelt. **Die Kennzeichnung der Bauteile ist in allen vorgestellten elektropneumatischen Steuerungen in folgender gültigen Form ausgeführt:**

- pneumatische Bauteile nach **ISO 1219-2**,
- elektrische Bauteile nach **EN 81346-2** mit einem Kennbuchstaben (Hauptklasse).

Im Kap. 3.3 *„Installieren und Inbetriebnehmen elektropneumatischer Steuerungen“* sind in dem Beispiel alle Dokumente wie die Planungsunterlage GRAFCET, das Technologieschema, der Pneumatikschaltplan, der Stromlaufplan und die Klemmenbelegungsliste nach den oben genannten Vorgaben gekennzeichnet.

3. Darstellung elektropneumatischer Steuerungen nur nach Norm EN 81346-2
Die Kennzeichnung der Bauteile in einer Steuerung und den zughörigen Unterlagen kann durch einen Buchstaben (Hauptklasse) oder durch zwei Buchstaben (Hauptklasse mit Unterklasse) vorgenommen werden.

Kennbuchstabe Hauptklasse	Beispiel	Kennbuchstabe Unterklasse	Beispiel
A	Komplexe Einheiten	AZ	Wartungseinheit
B	Endschalter, elektronischer Näherungsschalter, Druckschalter	BF	Durchflusssensor
		BG	Näherungsschalter, Endschalter
		BP	Druckschalter, Drucksensor
G	Pumpe, Kompressor, Lüfter	GP	Pumpe
		GQ	Lüfter, Kompressor
K	Relais	KF	Hilfsschütz, Regler, SPS, Relais
		KH	Fluidregler, Vorsteuerventil
M	Betätigungsspule, Elektromotor, Fluidzylinder	MA	Elektromotor
		MB	Betätigungsspule, Elektromagnet
		MM	Fluidmotor, Fluidzylinder
P	Meldeeinrichtung, Manometer	PF	Meldelampe, LED
		PG	Anzeigeinstrument
Q	Schütz für Last, Wegeventil	QA	Leistungsschütz
		QB	Trennschalter (Hauptschalter)
		QM	Wegeventil (Hydraulik/Pneumatik)
R	Rückschlagventil	RM	Rückschlagventil
		RN	Drossel (hydraulisch/pneumatisch)
		RZ	Drosselrückschlagventil
S	Handbetätigte Taster	SF	Schalter, Taster (je elektrisch)
		SJ	Handbetätigte Ventile
X	Stecker, Klemme, Klemmenleiste, Schlauchverbinder	XD	El. Verbind. (< 1 KV AC / 1,5 KV DC)
		XF	Verbindungen in Datennetzen
		XM	Schlauchverbinder, Schlauchkupplungen

Den Kennbuchstaben wird in den Schaltplänen ein Minuszeichen vorangesetzt. Dadurch wird verdeutlicht, dass die Buchstaben ein reales Objekt kennzeichnen. Bauelemente mit gleicher Kennzeichnung werden fortlaufend nummeriert (z. B. mit –BG1, –BG2 usw.). Sensoren und Ventilspulen müssen sowohl im Pneumatikschaltplan als auch im Stromlaufplan dargestellt werden. Um die Eindeutigkeit und eine leichte Lesbarkeit sicherzustellen, sind die Symbole in beiden Plänen auf die gleiche Weise bezeichnet und nummeriert. Die in den Planungsunterlagen festgelegten Kennzeichnungen werden – soweit möglich – an die Bauteile angebracht.

4. **Darstellung von speicherprogrammierbaren Steuerungen nach Norm EN 81346-2**
Speicherprogrammierbare Steuerungen (SPS) sind in der Regel recht umfangreich. Die Kennzeichnung der Bauteile in SPS-Steuerungen durch zwei Buchstaben (Hauptklasse mit Unterklasse) ist daher zweckmäßig und ist im nachfolgenden Kapitel **„Speicherprogrammierbare Steuerungen (SPS)“** vorgenommen worden.

3.4.2 Darstellung der EN 81346-2 an einem Beispiel

Das bisher behandelte ausführliche Beispiel für eine Steuerung – „Hebebühne“ ab Seite 588 in diesem Buch – wird im Folgenden der Darstellung mit den Kennzeichnungen nach der Norm **EN 81346-2** durch zwei Buchstaben gegenübergestellt. Die Beschreibung der Steuerung sehen Sie bitte ab Seite 588.

Kennzeichnung der Bauteile Im Technologieschema und im Funktionsplan gemäß ISO 1219-2 und EN 81346-2 (Hauptklasse)

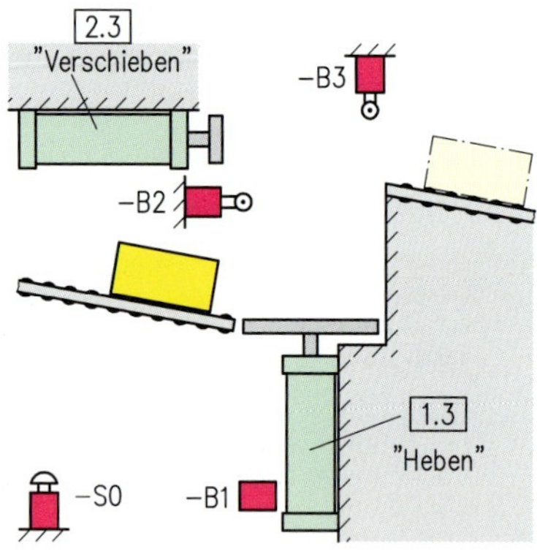

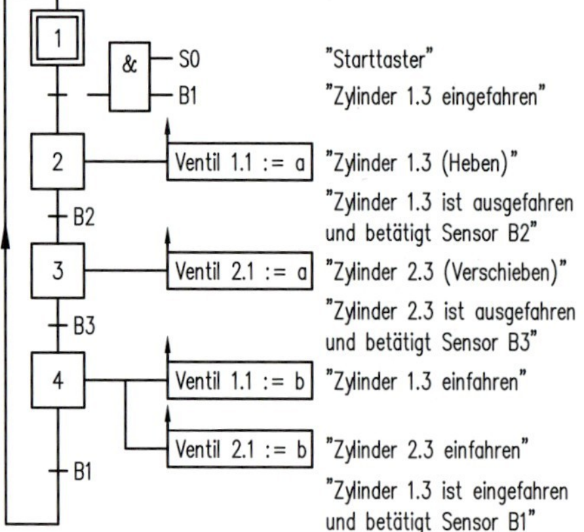

Kennzeichnung der Bauteile Im Technologieschema und im Funktionsplan gemäß EN 81346-2 (Haupt- und Unterklasse)

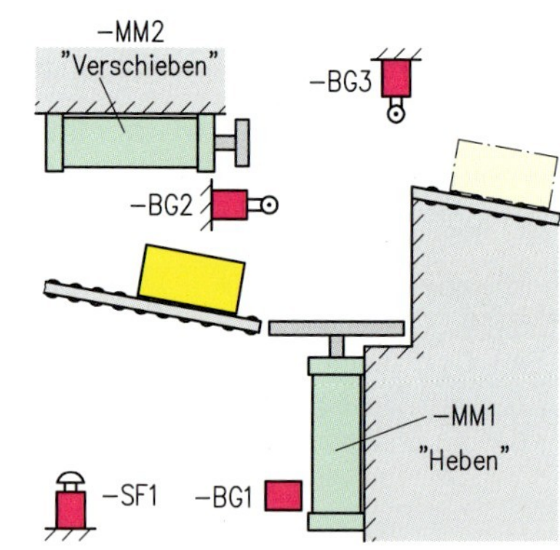

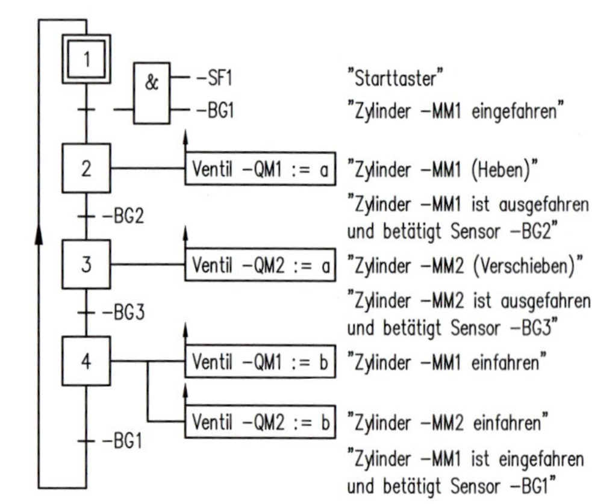

Kennzeichnung der Bauteile im Pneumatikschaltplan gemäß ISO 1219-2 und EN 81346-2 (Hauptklasse)

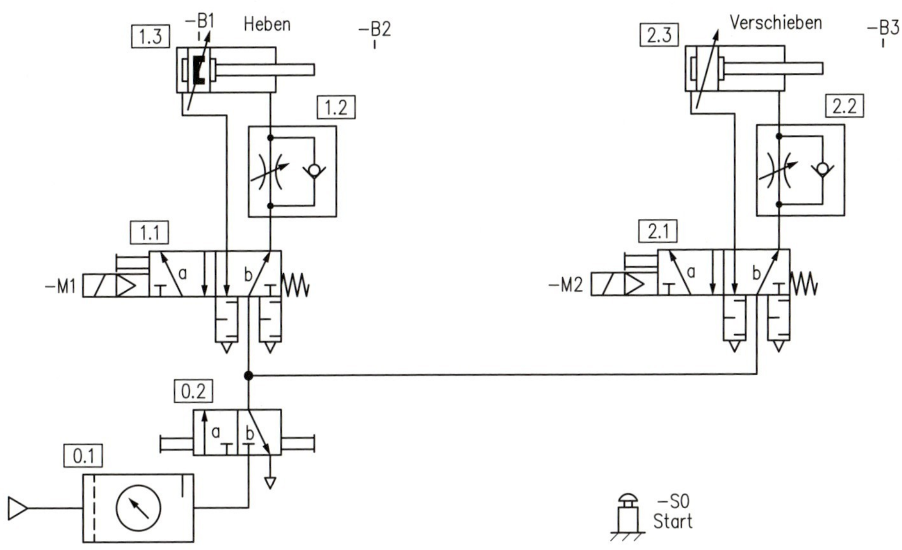

Kennzeichnung der Bauteile im Pneumatikschaltplan gemäß EN 81346-2 (Hauptklasse und Unterklasse)

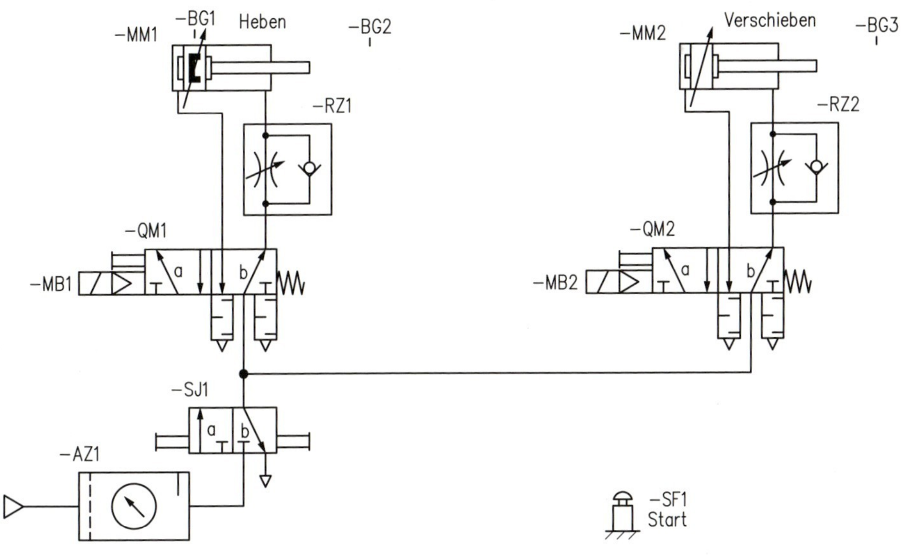

Kennzeichnung der Bauteile im Stromlaufplan gemäß ISO 1219-2 und EN 81346-2 (Hauptklasse)

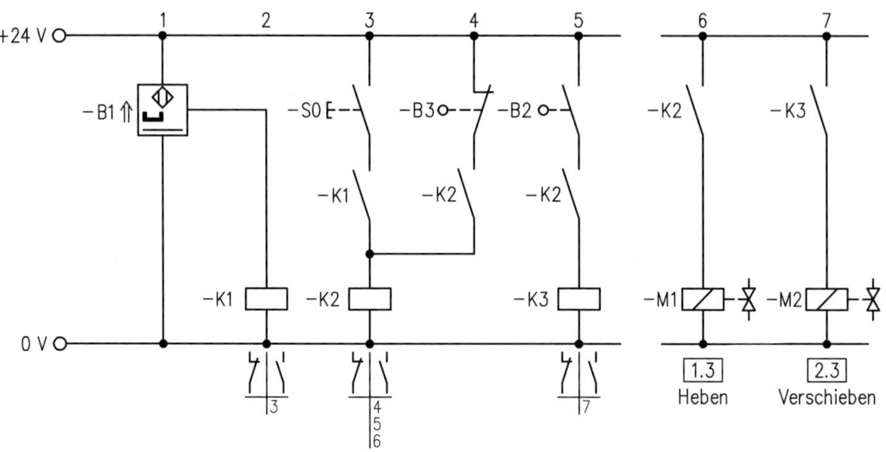

Kennzeichnung der Bauteile im Stromlaufplan gemäß EN 81346-2 (Hauptklasse und Unterklasse)

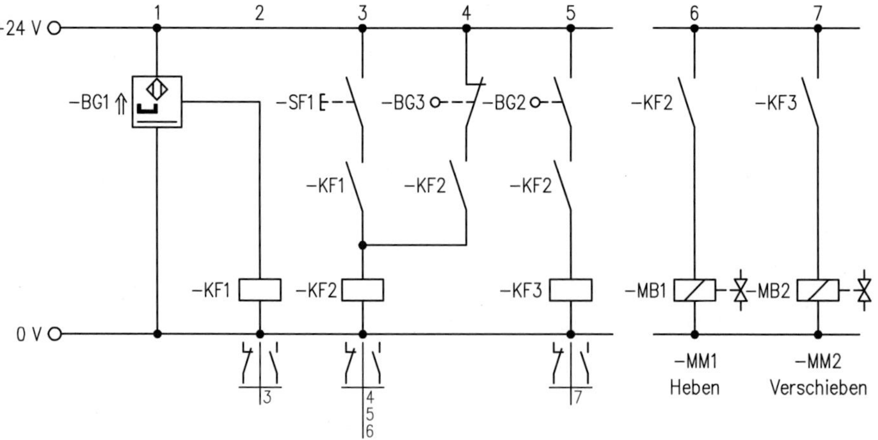

Anmerkung: Die Kennzeichnung der Bauteile mit zwei Buchstaben ist vor allem für umfangreiche Steuerungen zweckmäßig. Der Fachmann kann aus dem jeweiligen Kennzeichen auf die Funktion des gekennzeichneten Bauteiles schließen. Weiterhin werden gleichartige Bauteile auch gleichartig gekennzeichnet.

4 Speicherprogrammierbare Steuerungen (SPS)

4.1 Steuerungstechnische Grundlagen

4.1.1 Merkmale von VPS und SPS

Steuerungen unterteilt man in verbindungsprogrammierte Steuerungen und in speicherprogrammierte Steuerungen. Da man die meisten Steuerungen so auslegt, dass sie veränderbar sind, ist die Unterteilung in verbindungsprogrammierbare Steuerungen (VPS) und speicherprogrammierbare Steuerungen (SPS) üblich.

1. Merkmale von verbindungsprogrammierbaren Steuerungen (VPS)

In verbindungsprogrammierbaren Steuerungen verwirklicht man das Steuerprogramm durch *feste Verbindungen*. Die Sensoren (z. B. Endschalter) werden über Stell- und Steuerglieder mit den Aktoren (z. B. Zylinder) durch Druckleitungen oder durch elektrische Leitungen verbunden. Jede Änderung des Steuerungsablaufes oder jede Erweiterung der Steuerungsaufgabe bedeutet oft eine *aufwendige Veränderung* von Bauteilen und deren Verschlauchung bzw. Verdrahtung.

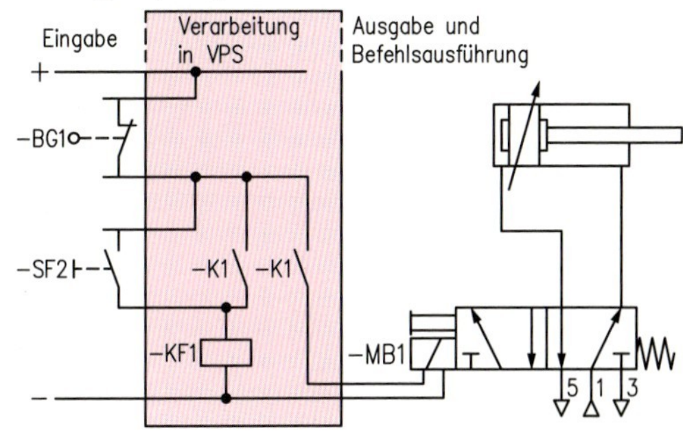

Steuerung – verbindungsprogrammiert

> **!** In verbindungsprogrammierbaren Steuerungen werden Programme durch die Art der Bauteile und durch deren Verbindung vorgegeben. Programmänderungen sind aufwendig und kostenintensiv.

2. Merkmale von speicherprogrammierbaren Steuerungen (SPS)

In speicherprogrammierbaren Steuerungen werden die Signale von den Sensoren an einen Mikroprozessor gegeben. Dieser verarbeitet die Eingangssignale in einem Programm zu den vorgesehenen Ausgangssignalen. Mit den Ausgangssignalen werden die Aktoren gesteuert.

Für die Funktion der SPS ist vereinbart, dass die Eingänge bzw. Ausgänge jeweils das *Signal 1* führen, wenn *Spannung vorhanden* ist, und das *Signal 0* führen, wenn keine Spannung vorhanden ist.

Jede Änderung des Steuerungsablaufes bedeutet in der SPS lediglich eine Programmänderung, die *einfacher* und *wirtschaftlicher* zu verwirklichen ist als eine Änderung der Verdrahtung.

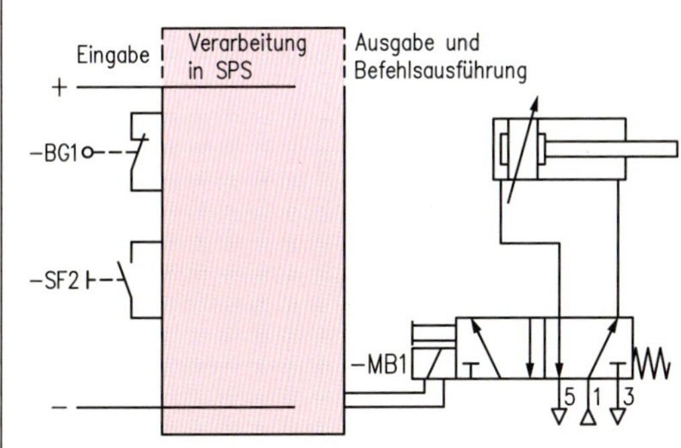

Steuerung – speicherprogrammiert

Programmänderungen können über die Änderung des Computerprogrammes oder durch den Austausch eines elektronischen Speicherbausteines erfolgen. Man unterscheidet daher *frei programmierbare* und *austauschprogrammierbare* Steuerungen.

> In speicherprogrammierbaren Steuerungen werden die Programme in Programmspeichern abgelegt. Man unterscheidet frei programmierbare und austauschprogrammierbare Steuerungen. Programmänderungen sind einfach durchzuführen.

4.1.2 Logikpläne von Steuerungen

Von der Funktion her ist es unwichtig, mit welcher Energieart eine Steuerung betrieben wird. Die Entscheidung darüber wird unter wirtschaftlichen und wartungstechnischen Aspekten gefällt. Unabhängig von dieser Entscheidung kann man Steuerungen auf ihre wesentlichen Zusammenhänge zwischen Eingangs- und Ausgangsgrößen – auf ihre Logik – untersuchen. Das Verständnis der Steuerungslogik ist notwendig für die Entwicklung und das Analysieren von Programmen für Steuerungen.

Zusammenfassung logischer Grundfunktionen

Funktion	Logiksymbol	Funktionstabelle	Beispiele für die Verwirklichung pneumatisch	elektrisch
Identität	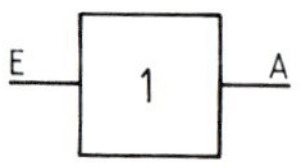 E – 1 – A	E A 0 0 1 1	E, A	E, A
NICHT	E – 1 –o A E o– 1 – A	E A 0 1 1 0	E, A	E, A
UND	E1, E2 – & – A	E1 E2 A 0 0 0 0 1 0 1 0 0 1 1 1	E1, E2, A	E1, E2, A
ODER	E1, E2 – ≥1 – A	E1 E2 A 0 0 0 0 1 1 1 0 1 1 1 1	E1, E2, A	E1, E2, A
Speicher mit vorrangigem Rücksetzen	E1 – S, E2 – R, Q – A S – Setzen R – Rücksetzen Q – Quittieren	E1 E2 A 0 0 * 0 1 0 1 0 1 1 1 0 * bisheriger Zustand bleibt erhalten	E1 (S), E2 (R), A	E1 (S), E2 (R), A

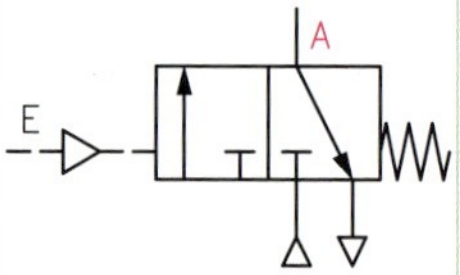

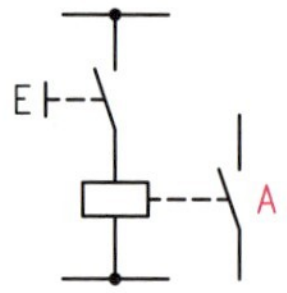

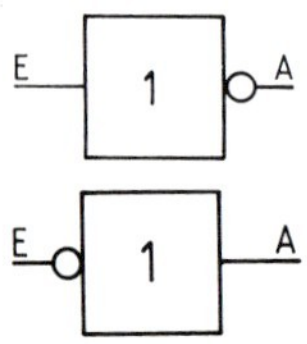

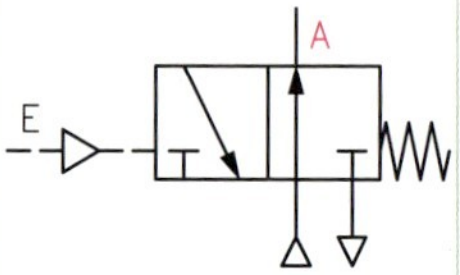

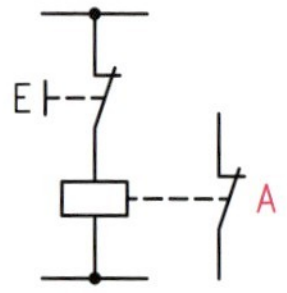

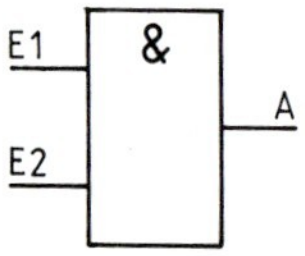

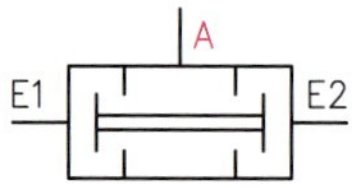

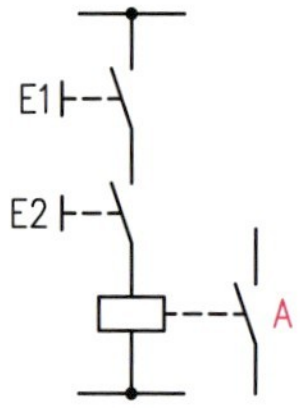

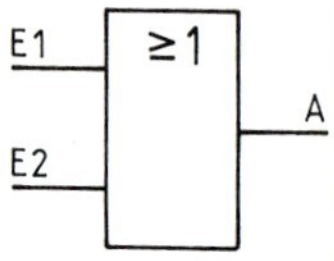

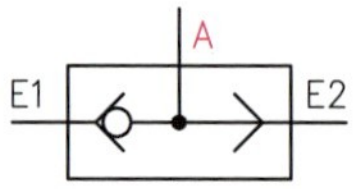

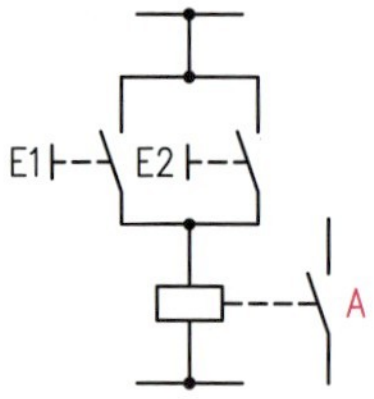

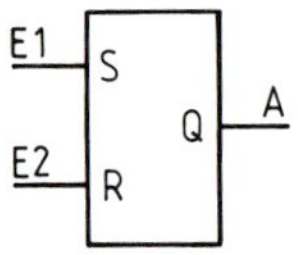

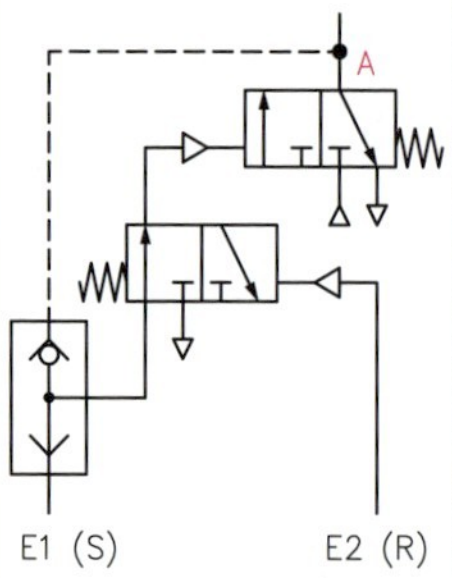

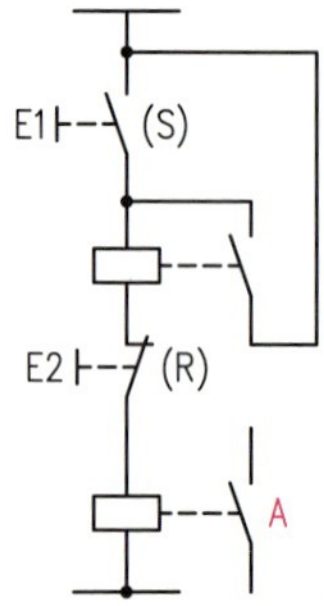

4.2 GRAFCET (Funktionsplan)

Ausgangspunkte für die Planung einer gesteuerten Maschine oder Anlage sind die Aufgabenstellung, das Technologieschema und manchmal zusätzlich das Funktionsdiagramm. Um den geforderten Steuerungsprozess für die eigentliche Steuerung, z. B. für die SPS aufzubereiten, veranschaulicht man den Prozess zusätzlich in einem Funktionsplan.

Der Funktionsplan nach DIN EN 60 848 wird GRAFCET[1] genannt. In ihm wird der Steuerungsprozess mit Schritten und Weiterschaltbedingungen grafisch dargestellt.

4.2.1 Aufbau eines GRAFCET-Plans

In der Darstellung GRAFCET unterscheidet man zwischen der Struktur und dem Wirkungsteil des Funktionsplanes.

Mithilfe der **Struktur** werden mögliche Abläufe zwischen den Situationen einer Steuerung beschrieben. Die Struktur enthält die Bestandteile **Schritt**, **Übergang** (Transition) und **Wirkverbindung**.
Im **Wirkungsteil** des Planes werden die Beziehungen zwischen den Eingangs- und Ausgangsgrößen und der Struktur offen gelegt. Der Wirkungsteil enthält die Bestandteile **Übergangsbedingung** (Transitionsbedingung) und **Aktion**.

Beispiel eines Funktionsplanes nach GRAFCET (Steuerung einer Biegepresse)

Ablauf
- Nach dem Start soll ein Pressenkolben schnell abwärst fahren.
- Beim Erreichen des Werkstückes soll der Pressenkolben das Teil langsam biegen und gleichzeitig soll eine Warnlampe blinken.
- Nach dem Pressvorgang soll der Kolben schnell aufwärst fahren.
- Der Start soll nur möglich sein, wenn ein Schutzgitter geschlossen ist.

Plan

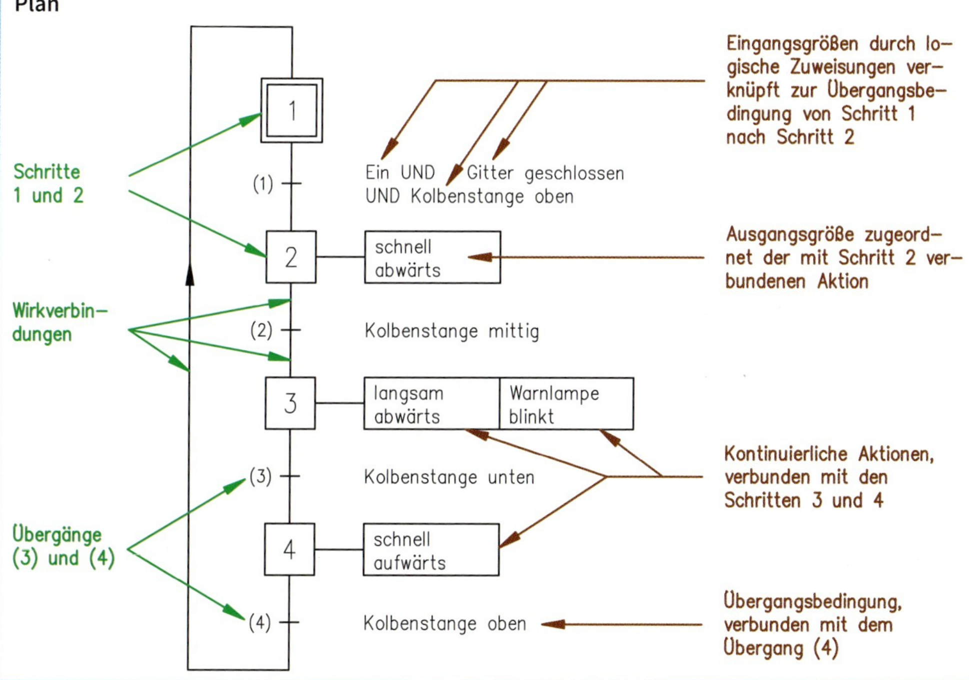

1 GRAFCET von fr. GRAphe Fonctionnel de Commande Etape Transition

4.2.2 Struktur eines GRAFCET-Plans

Für die Bildung der Struktur eines GRAFCET-Plans müssen in allen Arten von Abläufen zwingend folgende zwei Vereinbarungen eingehalten werden:

1. Zwei Schritte dürfen niemals durch eine Wirkverbindung direkt verbunden sein.
2. Die abwechselnde Reihenfolge Schritt – Übergang bzw. Übergang – Schritt muss eingehalten werden.

1. Schritt

Ein Schritt wird vorzugsweise als Quadrat gezeichnet. Zur Identifizierung muss er bezeichnet werden. Kommentare zum Schritt können in Anführungszeichen daneben stehen.

Ein Schritt ist entweder aktiv oder inaktiv. Die Gruppe von aktiven Schritten des Planes zu jedem bestimmten Moment stellt die Situation des Plans zu dem entsprechenden Zeitpunkt dar.

2. Übergang (Transition)

Der Übergang wird durch eine deutliche Linie im rechten Winkel zur Verbindung zwischen zwei Schritten dargestellt. Der Übergang kann einen Namen erhalten, dieser steht in Klammern und wird möglichst links angeordnet. Der Name des Übergangs darf nicht mit der zugehörigen Übergangsbedingung verwechselt werden.

3. Wirkverbindung

Der Ablaufpfad zwischen den Schritten wird durch Wirkverbindungen gebildet, welche Schritte mit Übergängen und Übergänge mit Schritten verbinden. Im Normalfall verläuft die Richtung des Ablaufes von oben nach unten; Pfeile müssen gesetzt werden, wenn diese Vereinbarung nicht eingehalten werden kann.

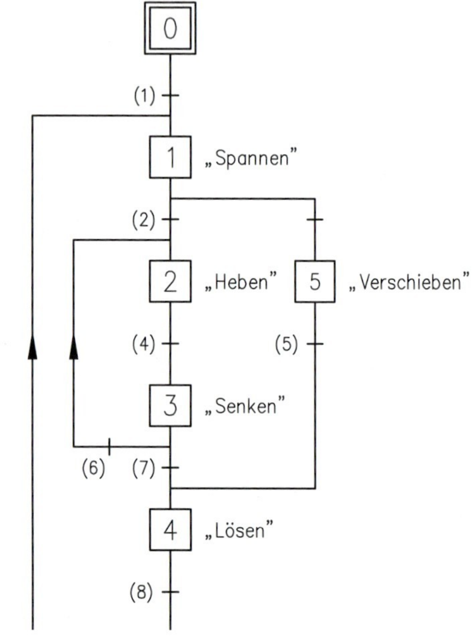

Ablaufstruktur mit Ablaufauswahl, Rückführung und Kommentaren

4. Ablaufstrukturen

Neben eine Ablaufkette als einer unmittelbaren Folge von Einzelschritten gibt es auch die Wahlmöglichkeit zwischen mehreren Abläufen. Ein besonderer Fall einer Ablaufauswahl ist der Rückführsprung. Er erlaubt, eine Kette wiederholt zu durchlaufen, bis eine aufgestellte Bedingung erfüllt ist.

Beispiele für Strukturelemente

Anfangsschritt	Schritt im aktiven Zustand	Schrittvariable	Verbindungskennzeichen	Synchronisierung
9	4	X19 *Schrittvariable von Schritt 19*	12 *Schritt 21 Seite 3*	3 13 16 (7) 18
Dieses Symbol bedeutet, dass dieser Schritt Teil der Anfangssituation ist.	Mehrere Schritte, die zum gleichen Zeitpunkt aktiv sind, können mit einem Punkt markiert werden.	Der Zustand eines Schrittes kann durch die boolesche Variable X[1] mit der Schrittbezeichnung dargestellt werden.	Wird eine Wirkverbindung unterbrochen, weil sich z. B. der Plan über mehrere Seiten erstreckt, wird das Kennzeichen des Zielschrittes und die Seite angegeben.	Wenn mehrere Schritte mit demselben Übergang verbunden sind, so führt man die Wirkverbindungen auf zwei parallele horizontale Linien. So wird z. B. der Übergang (7) erst freigegeben, wenn alle vorhergehenden Schritte aktiv sind.

1 Boolesche Variablen sind Aussagen von der Art wie „wahr“ oder „falsch“

4.2.3 Wirkungsteil eines GRAFCET-Plans

1. **Übergangsbedingung** (Transitionsbedingung)

Mit jedem Übergang ist ein logischer Ausdruck verknüpft, der Übergangsbedingung genannt wird.
Die Übergangsbedingung wird aus Eingangsgrößen und/oder internen Größen gebildet. Die Beschreibung der Übergangsbedingung wird rechts an den Übergang gestellt und kann in Textform, mithilfe grafischer Symbole oder mit einem booleschen Ausdruck erfolgen.
Bei der **booleschen Schreibweise** muss man beachten, dass der Punkt, oft auch als Sternchen (Asteriskus) geschrieben, die UND-Verknüpfung darstellt. Das Plus-Zeichen steht für die ODER-Verknüpfung. Durch einen Strich über dem Variablennamen stellt man eine Negation dar.

Beispiele für die Darstellung von Übergangsbedingungen

Muss z. B. beim Übergang (7) von Schritt 9 nach Schritt 10 das Schutzgitter geschlossen (-BG1) und der Spannzylinder ausgefahren sein (-MM2), so kann man die Übergangsbedingung wie folgt darstellen:

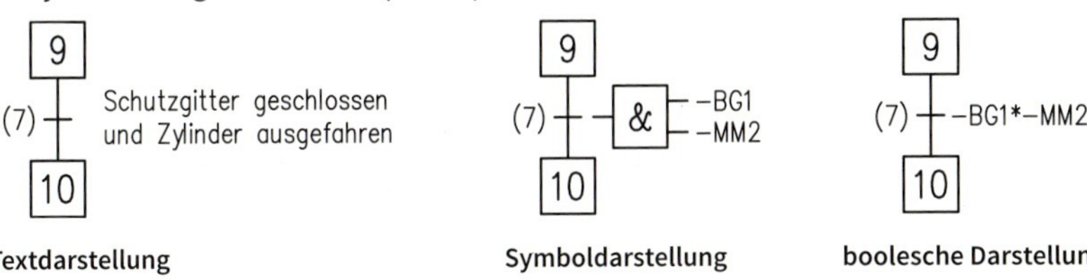

Textdarstellung | Symboldarstellung | boolesche Darstellung

– **Zeitabhängige Übergangsbedingung**

Zeitliche Ereignisse werden durch ihren realen Wert in der ausgewählten Zeiteinheit angegeben. Soll z. B. nach Ablauf einer festgelegten Zeit in den nächsten Schritt geschaltet werden, so wird als Weiterschaltbedingung die Zeit und der boolesche Zustand des aktiven Schrittes (TRUE), getrennt durch einen Schrägstrich, angegeben.

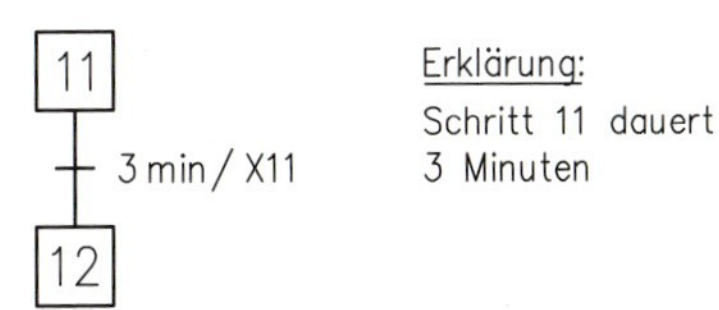

Zeitabhängige Übergangsbedingung

– **Wertabhängige Übergangsbedingung**

Übergangsbedingungen können auch durch Variablen gebildet werden, deren „richtige Aussage" als Weiterschaltbedingung gilt. So kann z. B. der Wert eines Zählers oder die Höhe eines Druckes als Weiterschaltbedingung verlangt werden.

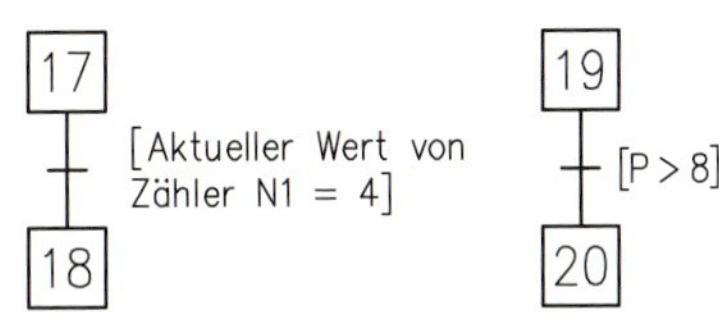

Wertabhängige Übergangsbedingung

2. **Aktion**

Jedem Schritt ordnet man eine oder mehrere Aktionen zu. Die jeweilige Aktion zeigt an, was mit der Ausgangsgröße geschehen soll. Die Aktion wird ausgeführt, wenn der Schritt aktiv ist.
Dargestellt wird die Aktion mit einem Rechteck, das mit einem Schritt verknüpft ist. Mit einem Schritt können mehrere Aktionen verknüpft sein. Dargestellt werden mehrere Aktionen durch entsprechend viele Rechtecke, die unterschiedlich angeordnet sein können. Die Anordnung der Aktionsfelder stellt jedoch keine zeitliche Rangfolge dar. Jede Aktion muss im Rechteck eine Kennzeichnung in Befehlsform oder hinweisender Form haben, welche sich auf die jeweilige Aktion bezieht.

Beispiele für die Darstellung eines Schrittes mit mehreren Aktionen

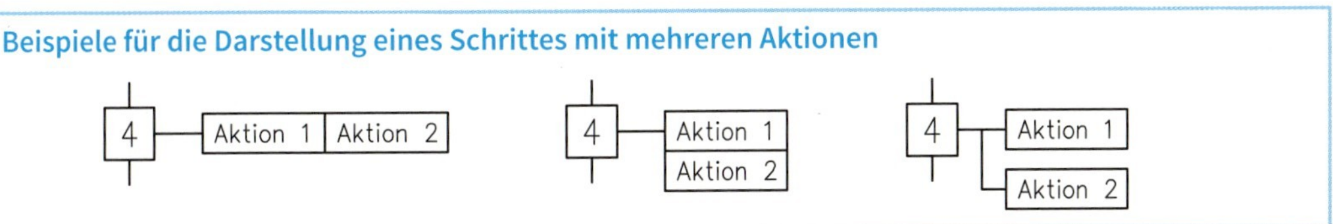

Die in einer Aktion angegebenen Ausgangsgrößen sind je nach Bildung ihres Wertes entweder kontinuierlich wirkend oder gespeichert wirkend.

– **Kontinuierliche Aktion**

Eine kontinuierlich wirkende Aktion wird so lange ausgeführt, wie die Aktion andauert. Die Aktion wird dann zurückgenommen, wenn der Zeitraum endet.

Die Kennzeichnung im Aktionsfeld kann in Textform als Hinweis oder als Befehl eingetragen sein.
Statt eines Textes kann aber auch der Name der Variablen aufgeführt werden.

Beispiele für kontinuierlich wirkende Aktionen

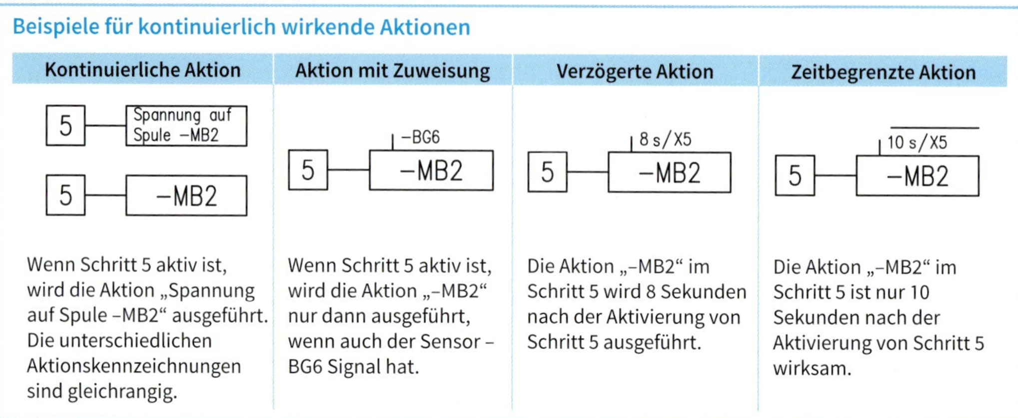

Kontinuierliche Aktion	Aktion mit Zuweisung	Verzögerte Aktion	Zeitbegrenzte Aktion
Wenn Schritt 5 aktiv ist, wird die Aktion „Spannung auf Spule -MB2“ ausgeführt. Die unterschiedlichen Aktionskennzeichnungen sind gleichrangig.	Wenn Schritt 5 aktiv ist, wird die Aktion „-MB2“ nur dann ausgeführt, wenn auch der Sensor -BG6 Signal hat.	Die Aktion „-MB2“ im Schritt 5 wird 8 Sekunden nach der Aktivierung von Schritt 5 ausgeführt.	Die Aktion „-MB2“ im Schritt 5 ist nur 10 Sekunden nach der Aktivierung von Schritt 5 wirksam.

– **Speichernde Aktion**

Eine speichernde Aktion wird zu einem bestimmten Zeitpunkt einmal ausgeführt. Dazu ist die genaue Angabe eines Zeitpunktes notwendig. Zur Rücknahme der gespeicherten Aktion ist ein weiterer Befehl erforderlich.

Zuweisung bei Aktivierung

Soll die Zuweisung des Wertes bei Aktivierung des Schrittes erfolgen, wird die Aktion durch einen Pfeil nach oben gekennzeichnet. Zu diesem Zeitpunkt, in dem der zugehörige Schritt aktiv ist, wird der Variablen der Wert zugewiesen, der in der Aktion angegeben ist. Der Wert bleibt so lange gespeichert, bis er durch eine andere Aktion überschrieben wird.

Beispiele für speichernd wirkende Aktionen bei Aktivierung des Schrittes

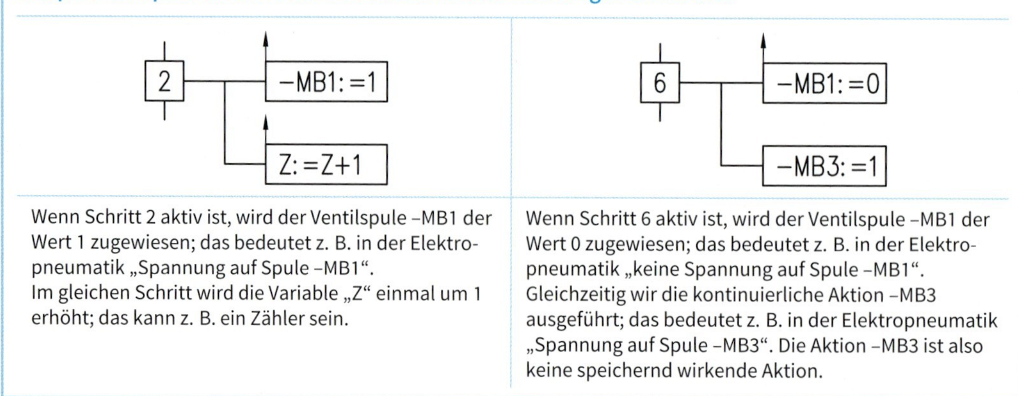

Wenn Schritt 2 aktiv ist, wird der Ventilspule -MB1 der Wert 1 zugewiesen; das bedeutet z. B. in der Elektropneumatik „Spannung auf Spule -MB1“. Im gleichen Schritt wird die Variable „Z“ einmal um 1 erhöht; das kann z. B. ein Zähler sein.	Wenn Schritt 6 aktiv ist, wird der Ventilspule -MB1 der Wert 0 zugewiesen; das bedeutet z. B. in der Elektropneumatik „keine Spannung auf Spule -MB1“. Gleichzeitig wir die kontinuierliche Aktion -MB3 ausgeführt; das bedeutet z. B. in der Elektropneumatik „Spannung auf Spule -MB3“. Die Aktion -MB3 ist also keine speichernd wirkende Aktion.

Übungsaufgaben 4/9; 4/10; 4/11

Zuweisung bei Deaktivierung

Soll die Zuweisung des Wertes bei Deaktivierung des Schrittes erfolgen, wird die Aktion durch einen Pfeil nach unten gekennzeichnet. Erst zu diesem Zeitpunkt der Deaktivierung des zugehörigen Schrittes wird der Variablen der Wert zugewiesen, der in der Aktion angegeben ist. Der Wert bleibt so lange gespeichert, bis er durch eine andere Aktion überschrieben wird.
Eine speichernde Aktion bei Deaktivierung des Schrittes ist nur mit einer SPS oder einem PC zu realisieren.

Beispiele für speichernd wirkende Aktionen bei Deaktivierung des Schrittes

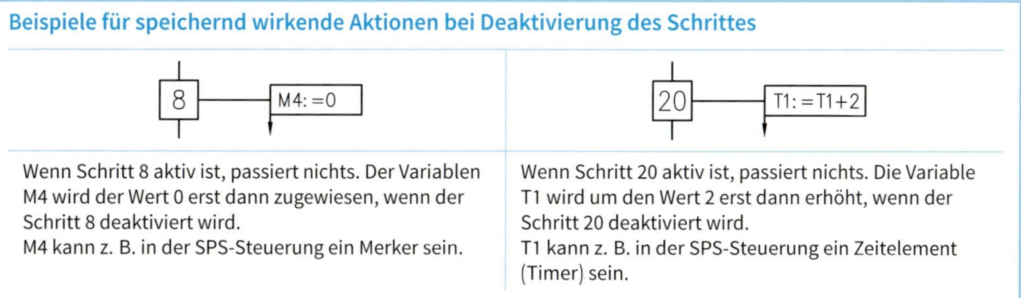

Wenn Schritt 8 aktiv ist, passiert nichts. Der Variablen M4 wird der Wert 0 erst dann zugewiesen, wenn der Schritt 8 deaktiviert wird. M4 kann z. B. in der SPS-Steuerung ein Merker sein.	Wenn Schritt 20 aktiv ist, passiert nichts. Die Variable T1 wird um den Wert 2 erst dann erhöht, wenn der Schritt 20 deaktiviert wird. T1 kann z. B. in der SPS-Steuerung ein Zeitelement (Timer) sein.

4.2.4 GRAFCET-Plan für eine Ablaufsteuerung

1. Aufgabenstellung

In einer elektro-pneumatischen Schellenbiegvorrichtung wird das Rohteil durch einen Zylinder gespannt. Ein zweiter Zylinder biegt die Schelle. Das Rohteil wird von Hand eingelegt.

Schritt	Beschreibung des Ablaufes
1	Anlage in Grundstellung
2	Zylinder -MM1 fährt aus, Spannen des Rohteiles
3	Zylinder -MM2 fährt aus, Biegen der Schelle
4	Zylinder -MM2 fährt ein, Rücksetzen des Biegewerkzeuges
5	Zylinder -MM1 fährt ein, Lösen des Werkstückes

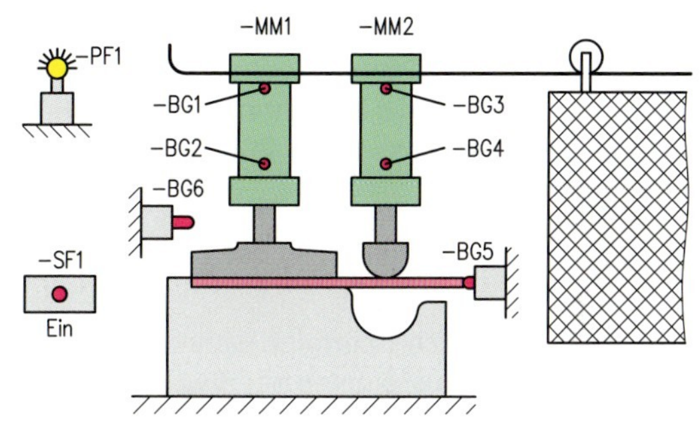

Technologieschema Schellen-Biegevorrichtung

Anmerkungen:
- Leuchtet die Lampe -PF1, so ist die Anlage in Grundstellung.
- Der Start der Steuerung darf nur möglich sein, wenn das Schutzgitter geschlossen ist (Endschalter -BG6) und beide Zylinder eingefahren sind (Sensoren -BG1 und -BG3).
- Der Biegevorgang darf nur möglich sein, wenn ein Rohteil in der Vorrichtung liegt (Endschalter -BG5) und das Rohteil gespannt ist (Sensor -BG2).

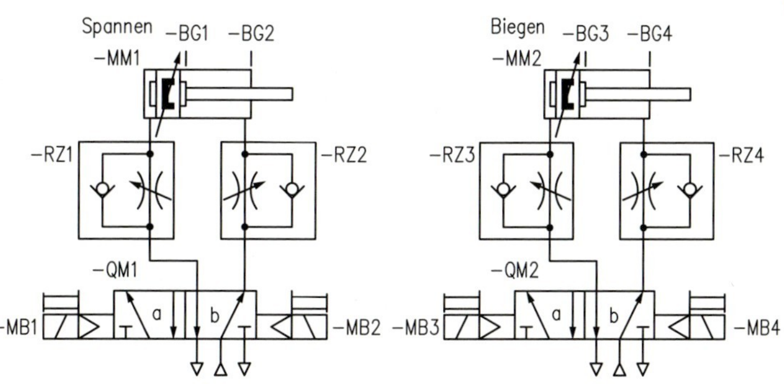

Pneumatikschaltplan

2. Planung mit GRAFCET

Die Steuerung lässt sich mit verschiedenen elektropneumatischen Elementen ausführen. Für die Detailplanung ist es daher sinnvoll, vorher festzulegen, ob monostabile oder bistabile 5/2-Wege-Magnetventile verwendet werden.

Im Beispiel werden als Stellglieder bistabile Ventile eingesetzt. Ein bistabiles Ventil hat keine eindeutige Ausgangsstellung, diese Eigenschaft muss man daher in der Steuerungsplanung berücksichtigen.

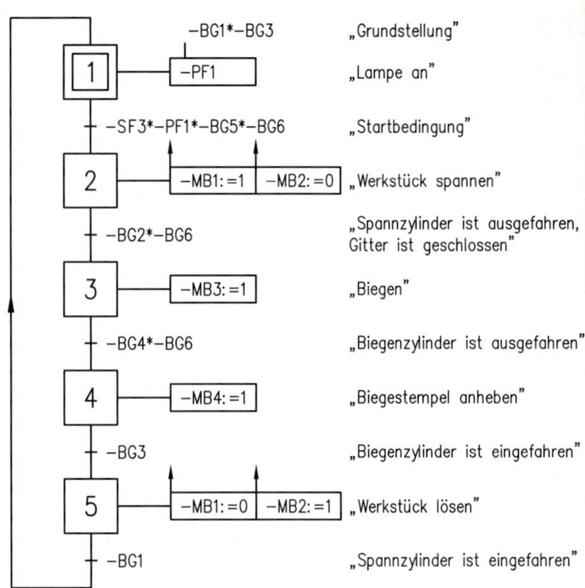

3. Beschreibung des Ablaufs

– **Im Startschritt**

werden die erforderlichen Grundstellungen der beiden Zylinder über eine Lampe (**P1**) angezeigt. Die Zylinder können beim erstmaligen Inbetriebnehmen der Anlage über die Handhilfsbetätigung in die erforderliche Ausgangsstellung gebracht werden.

– **Der Übergang zum 2. Schritt erfolgt, wenn:**
- der Starttaster (**–SF3**) gedrückt ist
- **UND** die Lampe (**–PF1**) anzeigt, dass die Zylinder eingefahren sind
- **UND** ein Werkstück in der Vorrichtung liegt (**–BG5**)
- **UND** das Gitter geschlossen ist (**–BG6**).

Im 2. Schritt erhält die Spule -MB1 Spannung und die Spule -MB2 wird spannungsfrei. Dadurch kann das Ventil -QM1 umschalten und die Kolbenstange von -MM1 spannt das Werkstück. Die Aktionen sind speichernd vorgesehen, da das Ventil erst im 5. Schritt umgestellt wird.

– **Der Übergang zum 3. Schritt erfolgt, wenn:**
- der Spannzylinder ausgefahren ist (**–BG2**)
- **UND** das Gitter geschlossen ist (**–BG6**).

Im 3. Schritt erhält die Spule -MB3 Spannung. Dadurch kann das Ventil -QM2 in Stellung „a" umschalten, die Kolbenstange von -MM2 fährt aus und somit wird das Werkstück gebogen.

– **Der Übergang zum 4. Schritt erfolgt, wenn:**
- der Biegezylinder ausgefahren ist (**–BG4**)
- **UND** das Gitter geschlossen ist (**–BG6**).

Im 4. Schritt erhält die Spule -MB4 Spannung. Das Ventil -QM2 kann in Stellung „b" umschalten, die Kolbenstange von -MM2 fährt ein.

– **Der Übergang zum 5. Schritt erfolgt, wenn:**
- der Biegezylinder eingefahren ist (**–BG3**).

Im 5. Schritt erhält die Spule -MB2 Spannung und die Spule -MB1 wird spannungsfrei. Dadurch kann das Ventil -QM1 umschalten und die Kolbenstange von -MM1 fährt ein und löst somit das Werkstück.

– **Rückführung zum Startschritt**

Die Übergangsbedingung von Schritt 5 nach Schritt 1 ist erfüllt, wenn der Spannzylinder eingefahren ist und dies durch den Sensor (**–BG1**) betätigt wird. Durch die Linie mit dem nach oben gerichteten Pfeil wir die Rückführung zum Startschritt verdeutlicht.

4.3 Gerätetechnischer Aufbau der SPS

In der SPS unterscheidet man auch die Bereiche Hardware und Software. Zur Hardware gehören:

- **Programmiergeräte**, mit denen man die Steuerprogramme erstellt,
- **Automatisierungsgeräte**, die für die Verarbeitung der Steuersignale notwendig sind.

Zusätzlich gibt es Speicherbausteine, sogenannte **Speichermodule**, in denen die Steuerprogramme gespeichert sind. Zum Betrieb werden diese Speichermodule in das Automatisierungsgerät gesteckt.

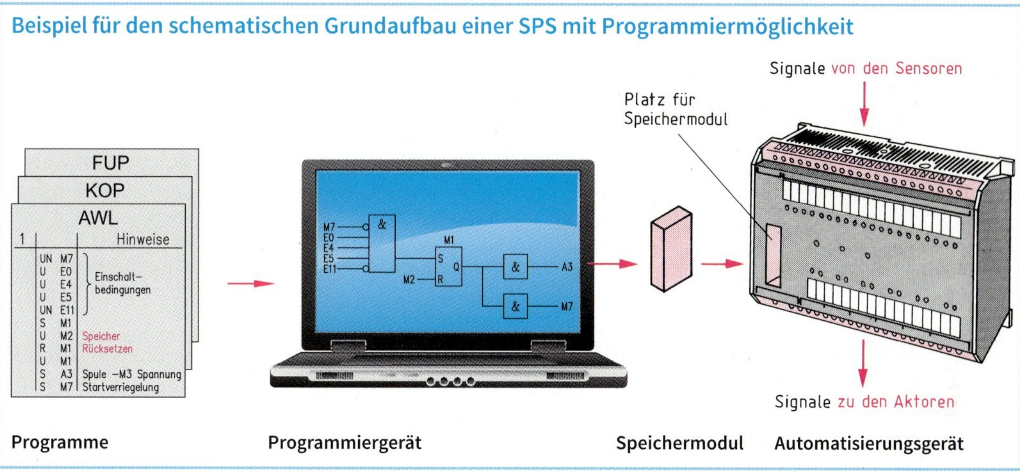

4.3.1 Programmiergeräte

Programme für Steuerungen werden mit Programmiergeräten in Speicher eingegeben. Die Eingabe von Programmen ist möglich im:

- *Online-Betrieb,*
- *Offline-Betrieb.*

Beim **Online-Betrieb** erfolgt die Programmeingabe vom Programmiergerät über ein Kabel in den Speicher des Automatisierungsgerätes.

Der Online-Betrieb ist notwendig, wenn in Anlagen z. B. Testläufe, Fehlersuche oder Programmänderungen durchgeführt werden.

Beim **Offline-Betrieb** besteht bei der Programmeingabe keine unmittelbare Verbindung mit dem Automatisierungsgerät, denn das Programm wird bei dieser Betriebsart außerhalb des Automatisierungsgerätes in einen Speicherbaustein eingeschrieben. Den programmierten Speicherbaustein nimmt man aus dem Programmiergerät und steckt ihn in das Automatisierungsgerät.

Neben der Programmerstellung und -eingabe dienen Programmiergeräte dazu, Programme zu testen, abzuändern, zu erweitern und zu archivieren.

Online-Programmierung

4.3.2 Programmspeicher

Mit Programmiergeräten werden Programme geschrieben. Die fertigen Programme überträgt man in Programmspeicher.

Als Programmspeicher setzt man ein:
- frei programmierbare Speicher im Automatisierungsgerät – *RAM*,
- austauschprogrammierbare Speicher in Speichermodulen – *EPROM* oder *EEPROM*:

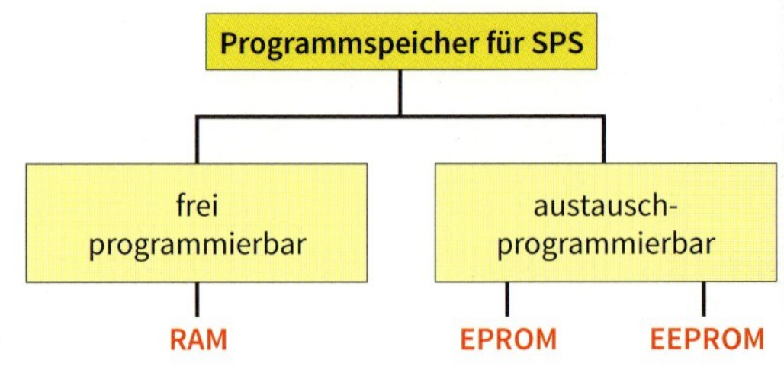

RAM-Speicher sind frei programmierbare Speicher. In ihnen lassen sich Programme leicht verändern und dem Steuerungsprozess optimal anpassen. Damit die RAM-Speicher ihre Daten bei Stromausfall oder beim Abschalten nicht verlieren, sind die Automatisierungsgeräte mit Batterien ausgerüstet.
Ausgetestete Steuerungsprogramme, die im Wechsel mit anderen Programmen wiederholt benutzt werden sollen, überschreibt man in Festwertspeicher. Diese Speichermodule werden mithilfe des Programmiergerätes geladen und dann in das Automatisierungsgerät gesteckt.

Bei diesen nicht frei programmierbaren Speichern unterscheidet man EPROM-Speicher und EEPROM-Speicher.

EPROM-Speicher sind nur dadurch neu programmierbar, dass man das bestehende Programm in besonderen Geräten mit UV-Licht löscht. Die Programme in EPROM-Speichern sind somit besonders geschützt. Ein unabsichtliches Löschen oder Verändern des Programmes ist daher nicht möglich.

EEPROM-Speicher sind ebenfalls veränderbare Programmspeicher. Sie lassen sich elektrisch löschen und sind anschließend wieder verwendbar.

4.3.3 Automatisierungsgerät

Das zentrale Gerät für die Signalverarbeitung in der SPS ist das **Automatisierungsgerät**, das auch Steuergerät oder Zentralgerät genannt wird.

Auf die Eingänge des Automatisierungsgerätes werden die elektrischen Leitungen von den Sensoren gelegt. Die Ausgänge des Gerätes verbindet man über elektrische Leitungen mit den Aktoren. In der Pneumatik bzw. Hydraulik benutzt man als Aktoren meist Magnetventile. Die Ventile schalten die Druckenergie auf die Arbeitselemente.

Die Stromversorgung (meist 24 V Gleichstrom) für die Sensoren und die Magnetventile wird ebenfalls von dem Automatisierungsgerät übernommen. Dadurch vereinfachen sich der Montage- und Geräteaufwand erheblich.

Der Stromkreis der Sensoren und der Aktoren ist von dem Stromkreis der Verarbeitungseinheit getrennt, weil diese Baueinheiten mit unterschiedlichen Spannungen und Strömen arbeiten. Die Trennung der Stromkreise erreicht man durch besondere elektronische Bauelemente.

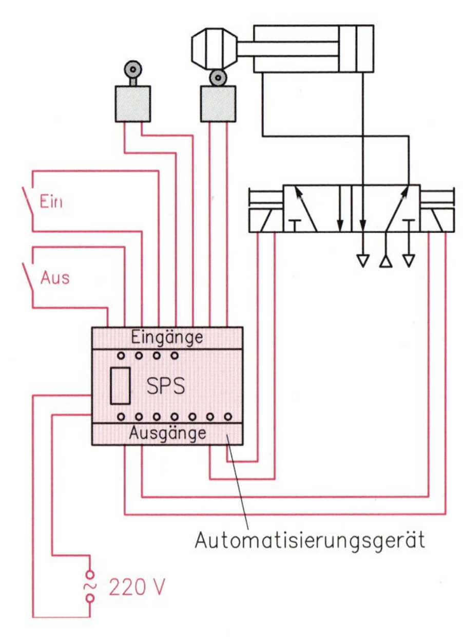

Automatisierungsgerät in einer Anlage

4.4 Arbeitsweise der SPS

1. Datenverarbeitung im Automatisierungsgerät

Das Automatisierungsgerät der SPS besteht aus
- den **Eingängen**, die mit den Sensoren verbunden sind,
- dem **Mikroprozessor**, der die Verarbeitung durchführt,
- den **Speichereinheiten** zum Speichern des Betriebssystems und des eingegebenen Steuerprogramms sowie dem Prozessabbildspeicher zum Zwischenspeichern von Daten.
- den **Ausgängen**, die mit den Aktoren in Verbindung stehen.

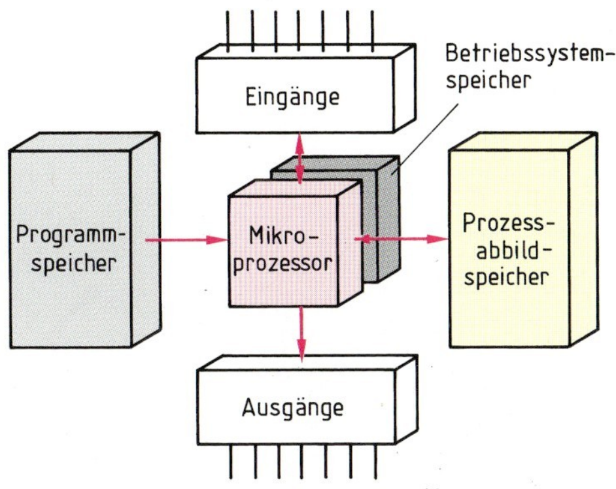

Innerer Aufbau eines Automatisierungsgerätes (SPS)

2. Arbeitsschritte in einem Zyklus

Der Mikroprozessor in der SPS wird durch das Programm des Betriebssystemes so gesteuert, dass er ständig eine Schleife von drei Schritten durchläuft.

Diese Schritte sind:
- das *Abfragen* der Eingänge,
- das *Verarbeiten* der Daten nach den Anweisungen des Steuerprogrammes,
- das *Belegen* der Ausgänge.

Dieser Ablauf wird immer wieder in der gleichen Reihenfolge vorgenommen. Die Zeit, in der diese Schleife durchlaufen wird, nennt man die **Zykluszeit**. Sie beträgt nur wenige Millisekunden.

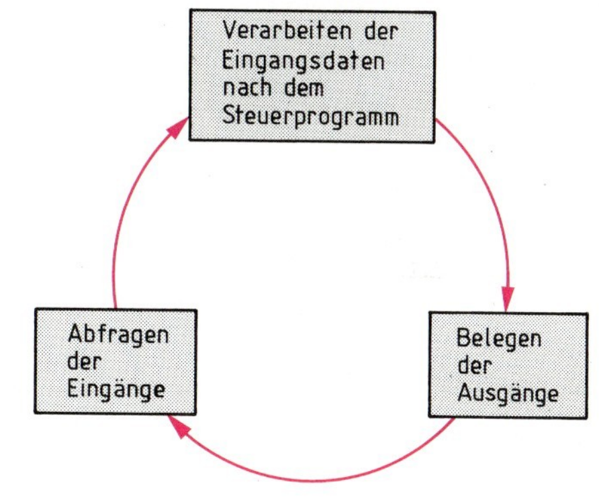

Zyklische Arbeitsweise in der SPS

3. Ablauf eines Zyklus

– 1. Schritt: Abfragen der Eingänge

Das Betriebssystem veranlasst den Mikroprozessor, die Signalzustände der Eingänge abzufragen. Sie werden als Abbild der Eingänge in den Prozessabbildspeicher übernommen.

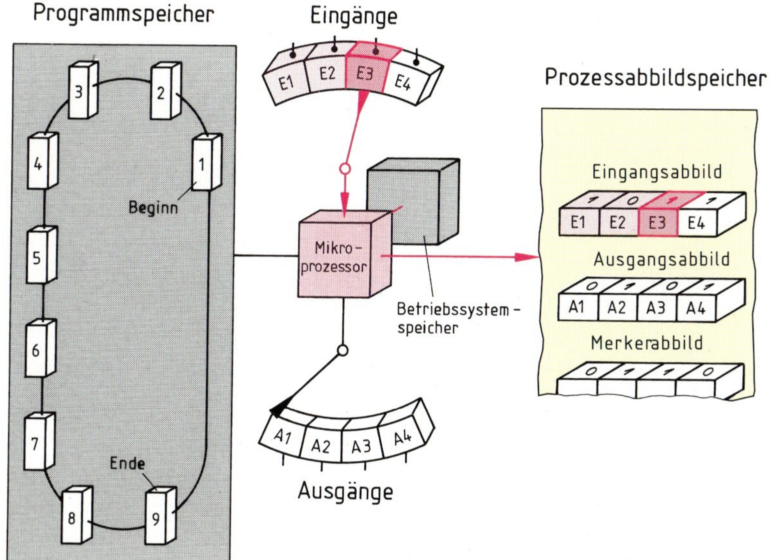

– **2. Schritt: Verarbeiten der Daten nach den Anweisungen des Steuerprogrammes**
Das eingegebene Steuerprogramm wird gestartet. Das Programm wird Anweisung für Anweisung abgearbeitet. Die dabei anfallenden Ergebnisse zur Beschaltung der Ausgänge und die Zwischenergebnisse werden in den Prozessabbildspeicher übernommen. Am Ende des Programmzyklus liegt im Prozessabbildspeicher ein vollständiges Abbild der Ausgänge vor.

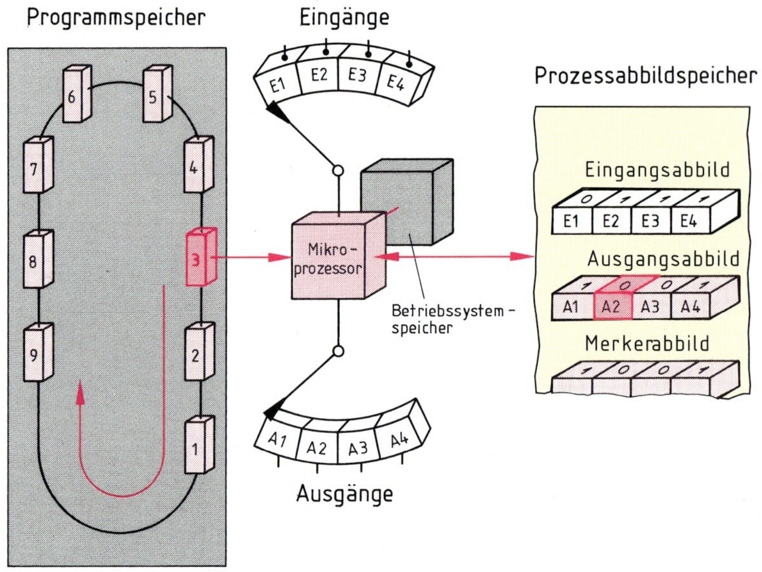

– **3. Schritt: Belegen der Ausgänge**
Entsprechend dem im Prozessabbildspeicher vorliegenden Abbild werden die Ausgänge mit den vorgesehenen Signalen belegt. Die Signale an den Ausgängen bleiben so lange gespeichert, bis sie in einem nächsten Zyklus entweder gelöscht oder neu gesetzt werden.

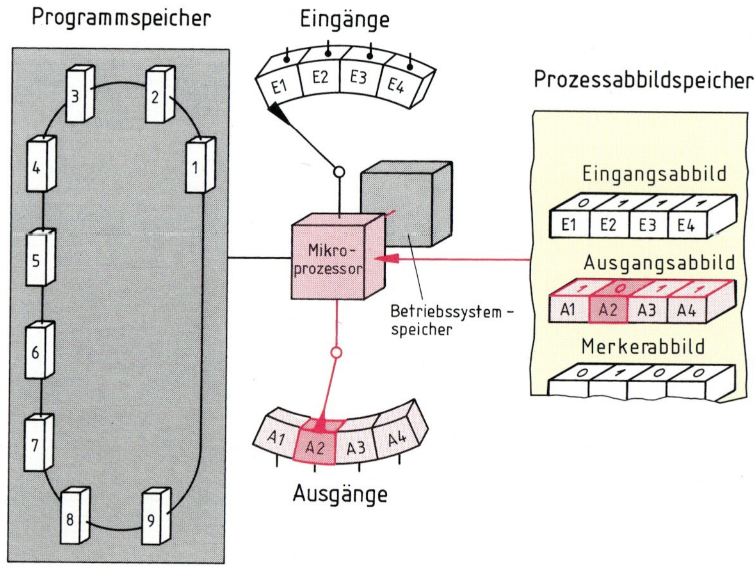

! In der SPS werden die Programme zyklisch abgearbeitet. Dabei fragt der Mikroprozessor die Signalzustände der Eingänge ab und verknüpft sie entsprechend der Logik des Programmes. Die Signale werden erst dann an die Ausgänge gesetzt, wenn ein ganzer Zyklus abgearbeitet ist.

4.5 Programmieren von speicherprogrammierbaren Steuerungen

4.5.1 Anweisungsliste (AWL)

Die Anweisungsliste ist eine Programmiersprache, die in ihrer Art der Arbeitsweise des Mikroprozessors stark angepasst ist. Steueranweisung für Steueranweisung wird nacheinander abgearbeitet.

Hat man in der Elektro-Pneumatik eine UND-Verknüpfung zu verwirklichen, so steht das Ausgangssignal A1 nur an, wenn die Eingangssignale E1 und E2 vorhanden sind. Diesen logischen Zusammenhang kann man auch durch einen Text beschreiben. In der Anweisungsliste wird diese Textbeschreibung verkürzt erfasst. Für UND schreibt man z. B. U und für das Ergebnis einer logischen Zuordnung das Gleichheitszeichen.

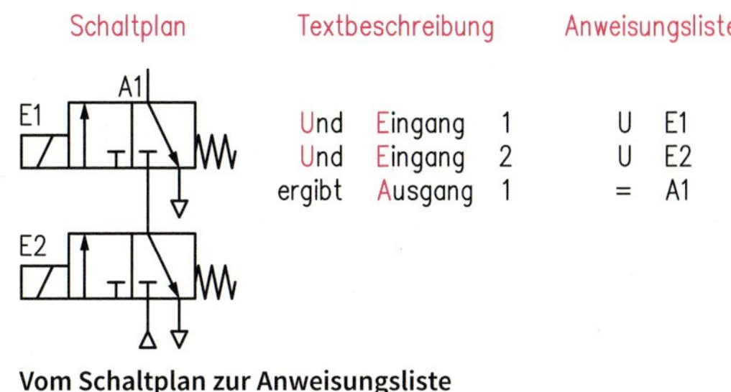

Vom Schaltplan zur Anweisungsliste

1. Vereinbarung für Steueranweisungen

Das Programm einer speicherprogrammierbaren Steuerung besteht aus einer Folge von Steueranweisungen. Eine Steueranweisung gliedert sich in einen *Operationsteil* und einen *Operandenteil.*

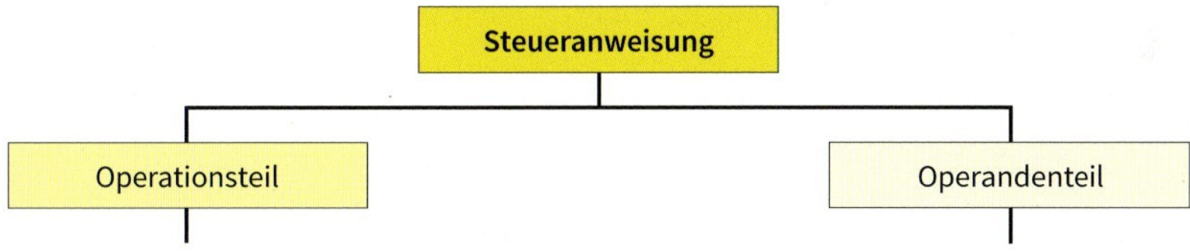

Im **Operationsteil** der Steueranweisung wird festgelegt, *was zu tun ist*. Es wird also in diesem Teil der Steueranweisung die Signalverarbeitung oder die Programmorganisation vereinbart.
Der Operationsteil enthält z. B. die Anweisung, dass eine **UND**-Verknüpfung vorzunehmen ist.

Vereinbarungen im Operationsteil			
UND	**U**	Zuweisung	=
ODER	**O**	Klammer auf	(
NICHT	**N**	Klammer zu	)
Laden	**L**	Nulloperation	**NOP**
Setzen	**S**	Rücksetzen	**R**

Zu den Operationen, die in der Steuerungstechnik meist verwendet werden, gehören die **UND-**, die **ODER-** sowie die **NICHT**-Verknüpfung. Mit diesen Grundverknüpfungen, Zuweisungen und Klammern lassen sich auch aufwendige Steuerungen verwirklichen.
Die Art der Operationen wird durch entsprechende Zeichen in der Anweisungsliste angegeben.

Der **Operandenteil** enthält Angaben darüber, *womit etwas zu tun ist*, im Operandenteil der Anweisung stehen die Daten, die für die Ausführung der Operation notwendig sind.
Der Operandenteil enthält z. B. die Anweisung, dass die UND-Verknüpfung mit dem Eingang E1 durchgeführt werden soll.

Vereinbarungen im Operandenteil			
Eingang	**E**	Konstante	**K**
Ausgang	**A**	Zeitglied	**T**
Merker	**M**[1]	Programmbaustein	**P**
Zähler	**Z**	Funktionsbaustein	**F**

[1] Das Zeichen M für Merker nicht verwechseln mit Zeichen für Spule z. B. –M1.

Im Operandenteil der Steueranweisung stehen Angaben darüber, welche Eingänge (z. B. Signale von den Sensoren) mit welchen Ausgängen (z. B. Signale an die Stellglieder) verknüpft werden. Dazu benötigt man in der Anweisungsliste u. a. Zeichen für *Eingänge, Ausgänge und Zwischenspeicher*, sogenannte **Merker**.

Beispiel für eine Steueranweisung

Operationsteil — Operandenteil

U	E	1
Symbol für **UND-Verknüpfung**	Kennzeichen* für **Eingang**	Nr. des Einganges* **Parameter**

* Die Art der Kennzeichnung im Operandenteil ist von Hersteller zu Hersteller verschieden, möglich sind auch E0.1 oder I1 bzw. A0.1 oder Q1.

! Eine Steueranweisung besteht aus dem Operationsteil und dem Operandenteil. Der Operationsteil enthält Angaben darüber, was zu tun ist. Der Operandenteil gibt Auskunft, womit etwas zu tun ist.

2. Satzaufbau in Steueranweisungen

Für eine logische Verknüpfung in einem Programm ist eine Folge von Steueranweisungen notwendig, die eine Einheit bilden. Eine solche Folge wird als Satz bezeichnet.
Ein Satz besteht mindestens aus einem Satzanfang, einem Operanden und einer Zuweisung.

```
U  E1 ┐           U  M1 ┐
U  E2 ├ Satz 1    O  E3 ├ Satz 2
=  M1 ┘           =  A1 ┘
```

Sätze in Steueranweisungen

Beispiel für einen Satz in der Anweisungsliste

Aufgabe

Ein doppelt wirkender Zylinder soll über ein 4/2-Wegeventil so angesteuert werden, dass die Kolbenstange nur dann ausfährt, wenn beide Schalter gleichzeitig betätigt sind.

Lösung

Sind beide Schalter –SF1 und –SF2 betätigt, so liegt an beiden Eingängen des Automatisierungsgerätes Spannung an. Die Signale E0 und E1 sind also vorhanden. Durch die UND-Verknüpfung in der SPS wird dem Ausgang A1 ein Signal zugeordnet, d. h., an dem Ausgang liegt Spannung an. Die Magnetspule zieht an und der Zylinder fährt aus.

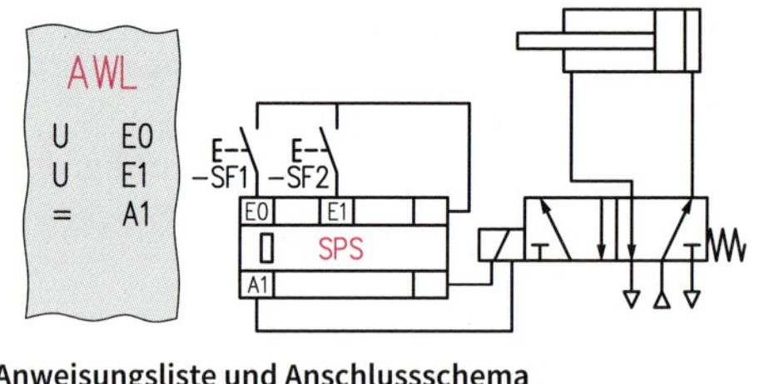

Anweisungsliste und Anschlussschema

3. Adressen in Steueranweisungen

Die Steueranweisungen werden in dem Programmspeicher unter Adressennummern abgelegt. Oft werden daher in den Programmen die Adressen mit angegeben.

Beispiel für einen Satz in der Anweisungsliste mit Adressen

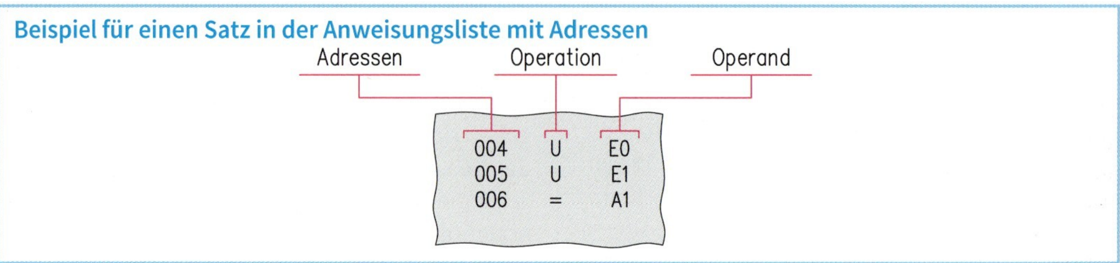

(Bei der weiteren Behandlung von SPS-Programmen wird aus Gründen der Übersichtlichkeit auf die Eintragung von Adressen verzichtet.)

4.5.2 Kontaktplan (KOP) und Funktionsplan (FUP)

Neben der Anweisungsliste benutzt man auch die Programmiersprachen *Kontaktplan* und *Funktionsplan*. In beiden Programmiersprachen werden grafische Zeichen für die Darstellung des Programmes benutzt.

1. Kontaktplan (KOP)

Die Programmiersprache *Kontaktplan* wurde *aus dem Stromlaufplan* entwickelt. Wird der Stromlaufplan in die Waagerechte gedreht und dann gespiegelt, so erhält man die Form des Kontaktplans. Weil der Kontaktplan mit der Tastatur eines Computers geschrieben wird, hat er besondere Symbole für Schalter und Schütz (bzw. Relais).

Beispiel für die Entwicklung des Kontaktplans einer Selbsthaltung aus dem Stromlaufplan

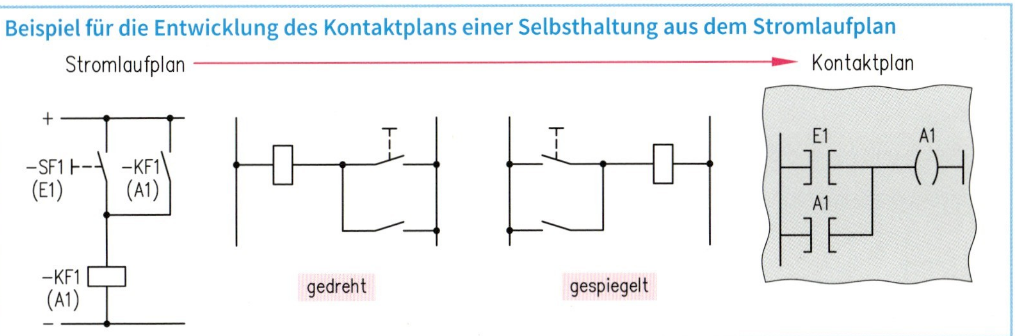

> **!** Der Kontaktplan ist eine grafische Programmiersprache, die aus dem Stromlaufplan entwickelt wurde. Der Kontaktplan wird im Programmiergerät durch Übersetzerprogramme in die Anweisungsliste umgeschrieben.

2. Funktionsplan (FUP)

In der Programmiersprache „Funktionsplan“ wird die Aufgabenstellung angelehnt an den GRAFCET-Plan in ein Steuerungsprogramm umgeschrieben.

Die Programmiersprache „Funktionsplan“ wird mithilfe der üblichen Logiksymbole erstellt, die u. a. auch im GRAFCET-Plan verwendet werden.

Die Bezeichnungen für die Operanden werden im Hinblick auf die eingesetzte Steuerungseinheit in der konkreten Anlage ausgewählt. Je nach Hersteller und Stand der Anlage können z. B. Eingänge mit „E1 ... E33 oder E1.0 ... E3.3 oder I1... I33“ zur Verfügung stehen. Für die Belegung und Bezeichnung der Ausgänge gilt Entsprechendes; man findet z. B. „A1 ...A22 oder A1.0 ...A2.2 oder Q1...Q22“.
Die Programmierung erfolgt auch im Funktionsplan satzweise. Das auf dem Bildschirm erstellte Programm kann intern im Programmiergerät in die Anweisungsliste übersetzt werden.

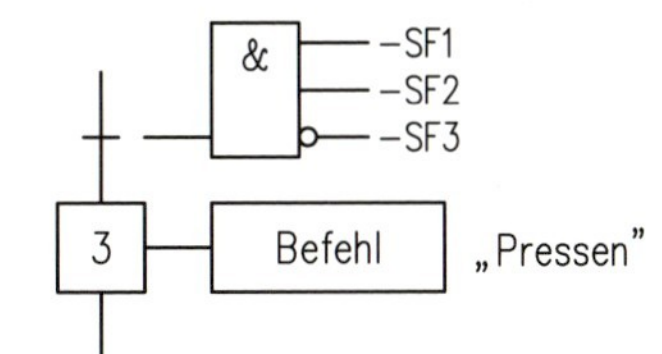

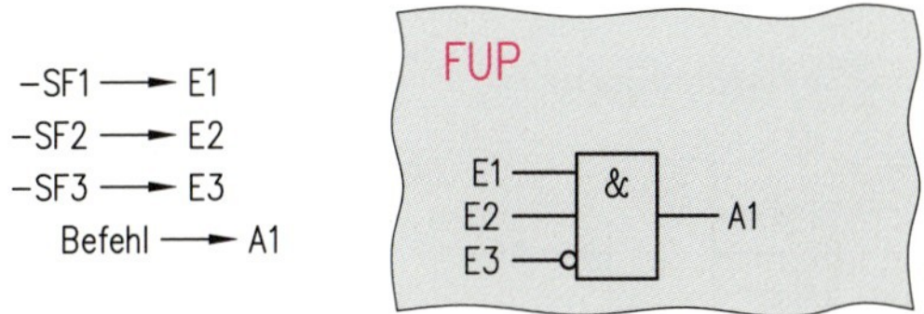

Funktionsplan als Planungsunterlage und als Programmiersprache

> **!** Programmieren mit dem Funktionsplan erfordert umfangreiche grafische Bildschirmunterstützung. Der Funktionsplan wird im Programmiergerät durch Übersetzerprogramm in die Anweisungsliste umgeschrieben.

4.5.3 Grundverknüpfungen in der SPS

Die Darstellung der logischen Verknüpfungen und die grundsätzlichen Regeln für die verschiedenen Programmiersprachen in der SPS werden an Beispielen verdeutlicht.

Beispiel für die Programmierung von UND-Verknüpfungen

Aufgabe

Der Biegevorgang in einer Presse soll erst dann beginnen, wenn das Schutzgitter geschlossen ist und mit jeder Hand gleichzeitig ein Taster betätigt wird.
Die Programmierung soll nur für den Biegevorgang erfolgen.

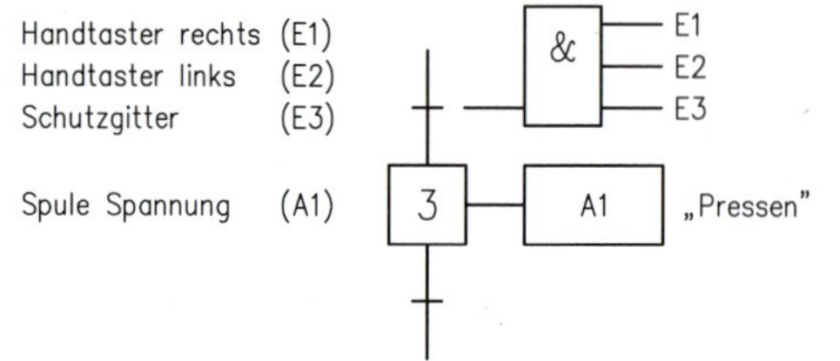

Lösung

In der Lösung werden die drei möglichen Programmiersprachen gegenübergestellt.

Funktionsplan	Kontaktplan	Anweisungsliste

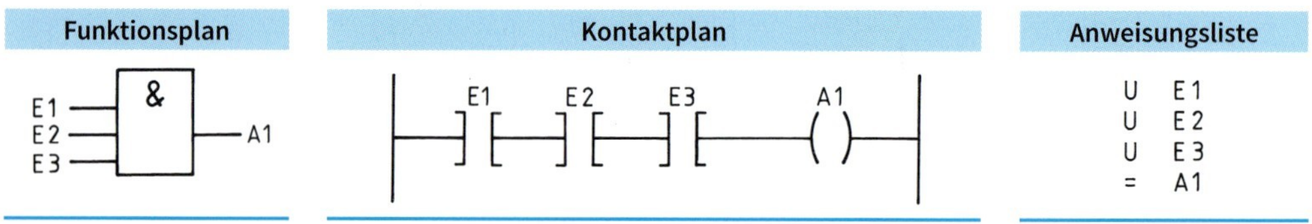

Anmerkung: Ist Signal A1 vorhanden, so erhält die Magnetspule des Stellgliedes für den Zylinder Spannung und schaltet das Stellglied um; der Zylinder fährt aus.

Beispiel für die Programmierung von ODER-Verknüpfungen

Aufgabe

In einem Werkstoffprüflabor muss aus sicherheitstechnischen Gründen das Ventil für die Brenngaszufuhr mehrfach abschaltbar sein. Verlöscht z. B. die Flamme am Brenner, so wird über einen Thermofühler die Gaszufuhr abgeschaltet. Außerdem muss das Gas über einen Ausschalter am Arbeitsplatz und einen Zentralschalter abgestellt werden können.

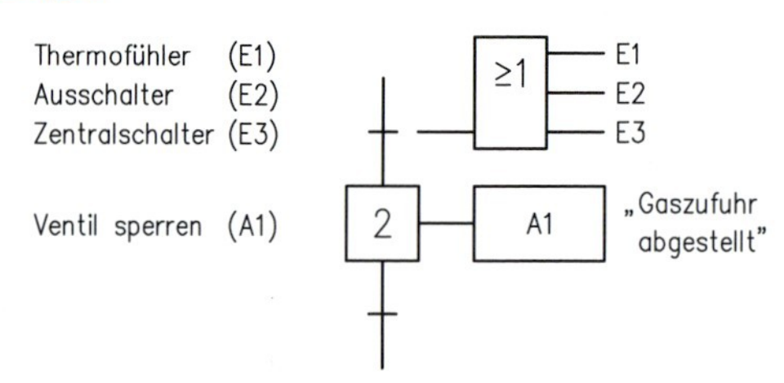

Lösung

In der Lösung werden die drei möglichen Programmiersprachen gegenübergestellt.

Funktionsplan	Kontaktplan	Anweisungsliste

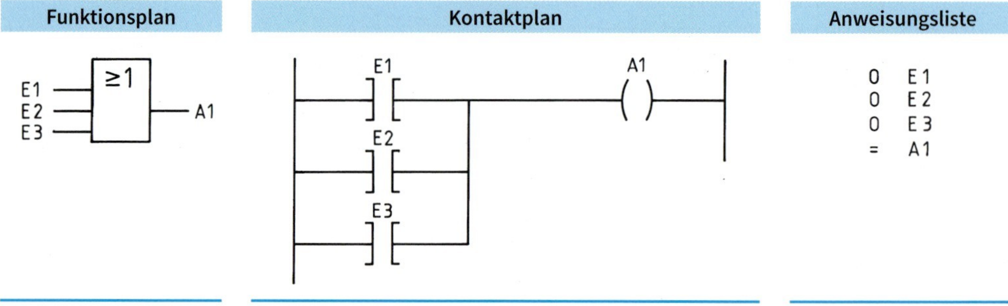

Anmerkung: Ist Signal A1 vorhanden, so tritt das Abschaltventil in Funktion und sperrt die Gaszufuhr ab.

Übungsaufgaben 4/29; 4/30; 4/31

Beispiel für die Programmierung einer NICHT-Verknüpfung

Aufgabe

In einer Bohrvorrichtung soll ein Spannzylinder das Werkstück so lange eingespannt halten, bis die Bohrspindel vollständig zurückgefahren ist. Die Endlage der Bohrspindel muss also mit einem Endtaster versehen sein. Solange der Endtaster nicht betätigt wird, ist der Spannzylinder druckbeaufschlagt.

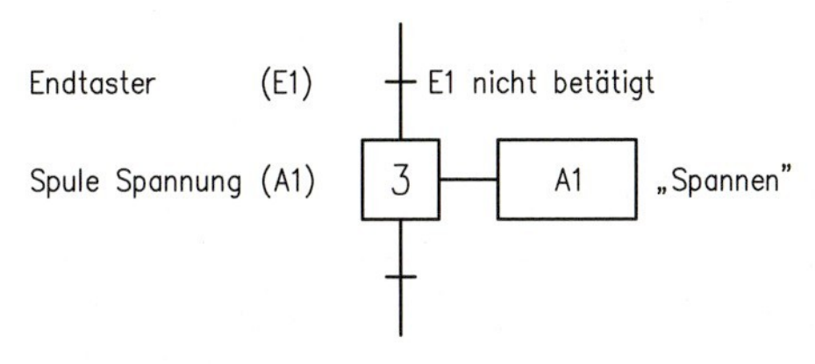

Lösung

In der Lösung werden die drei möglichen Programmiersprachen gegenübergestellt.

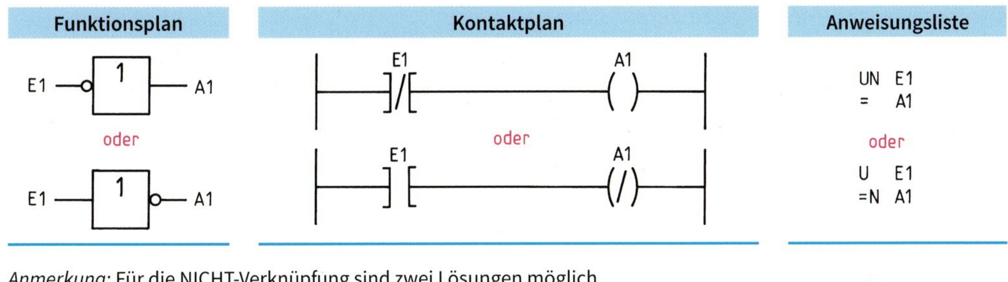

Anmerkung: Für die NICHT-Verknüpfung sind zwei Lösungen möglich.

4.5.4 Kombinierte Verknüpfungen in der SPS

1. Merker

Einfache und übersichtliche Programme erhält man, wenn bei der Programmierung nach einzelnen Schritten Zwischenergebnisse gebildet werden. Diese Zwischenergebnisse werden jeweils Merkern zugeordnet, die in nachfolgenden Schritten weiterverknüpft werden können. Beim Programmieren behandelt man Merker wie Aushänge. Die Signalzustände von Merkern treten jedoch nur im Automatisierungsgerät selbst auf, sie sind in internen Speichern abgelegt. Der Merker wird mit dem Buchstaben M gekennzeichnet.
Statt Merkern können in der Anweisungsliste auch Klammern gesetzt werden. Geklammerte Verknüpfungen sind jedoch unübersichtlicher als Merker.

Beispiel für eine kombinierte Verknüpfung mit Merkern in Funktionsplan und Anweisungsliste

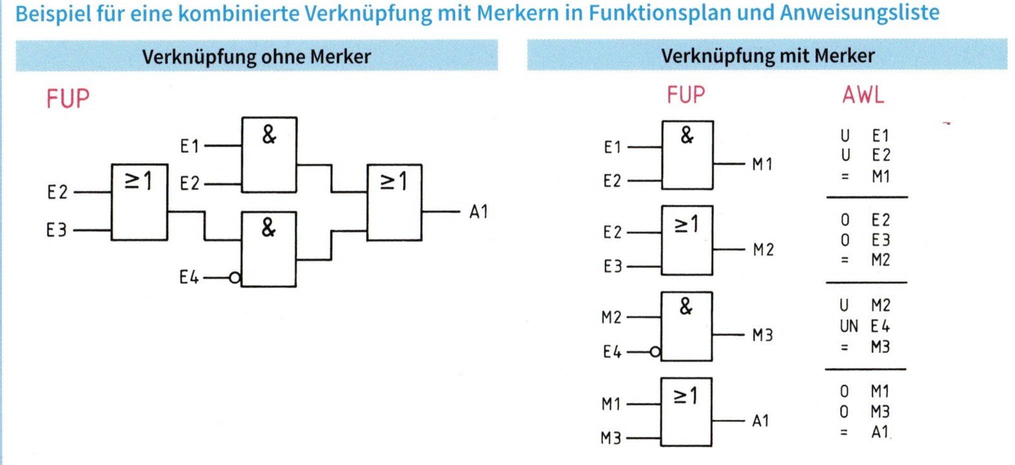

Merker fassen Zwischenergebnisse zusammen. Merker sind Operanden, die in allen Programmiersprachen der SPS verwendet werden können.

2. Zuordnungsliste

Ein Programm für eine vorhandene SPS kann nur dann erstellt werden, wenn die gerätebedingten Kennzeichen für Eingänge, Ausgänge und sonstige Operanden benutzt werden.

In einer Zuordnungsliste erfasst man die Eingangs- bzw. Ausgangsvariablen der Bauteile in der Steuerung. Man ordnet den Betriebsmittelkennzeichen die Operanden der jeweils benutzten SPS zu. Den möglichen Befehlsvorrat und die erlaubten Parameter entnimmt man den Bedienungsanleitungen für die Programmier- und Automatisierungsgeräte der einzelnen Firmen. Weiterhin werden in dieser Liste die logischen Signalzustände den Bauteilen zugeordnet.

Beispiel für die Programmierung einer kombinierten Verknüpfung mit Zuordnungsliste

Aufgabe

Der Biegevorgang in einer Presse soll erst dann beginnen, wenn folgende Bedingungen erfüllt sind:

- Zwei Handtaster –SF1 und –SF2 müssen gleichzeitig gedrückt sein.
- Statt der Handtaster kann auch ein entfernt liegender Fußtaster –SF3 betätigt werden.
- Das Schutzgitter, kontrolliert durch den Schalter –BG4, muss geschlossen sein.
- Eine Lichtschranke –BG5 darf nicht unterbrochen sein.

Betriebsmittel		Operand mit Signalzuordnung und Funktion
Handtaster	–SF1	E1 = 1 Taster gedrückt
Handtaster	–SF2	E2 = 1 Taster gedrückt
Fußtaster	–SF3	E3 = 1 Taster gedrückt
Schutzgitter	–BG4	E4 = 1 Gitter geschlossen
Lichtschranke	–BG5	E5 = 0 Licht nicht unterbrochen
		E5 = 1 Licht unterbrochen
Magnetspule	–MB1	A1 = 1 Spule Spannung

Zuordnungsliste

Lösung

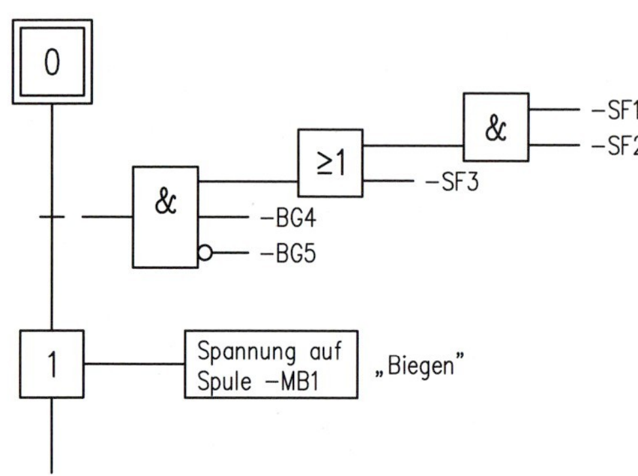

GRAFCET-Plan (Ausschnitt)

Pneumatikschaltplan

FUP	FUP mit Merkern	AWL mit Klammern	AWL mit Klammern
E1, E2 → & ; ≥1 mit E3 ; & mit E4, E5 (negiert) → A1	E1, E2 → & → M1; M1, E3 → ≥1 → M2; M2, E4, E5 (negiert) → & → A1	U(U E1 U E2) O E3 U(U E4 UN E5) = A1	U E1 U E2 = M1 O M1 O E3 = M2 U M2 U E4 UN E5 = A1

Programme für die SPS

Übungsaufgaben 4/35; 4/36; 4/37

4.5.5 Ablaufsteuerungen in der SPS

Sichere Ablaufsteuerungen sind Steuerungen mit erzwungenem schrittweisem Ablauf. In solchen Steuerungen erfolgt der jeweils nächste Schaltschritt erst, wenn von dem vorhergehenden Schritt ein Weiterschaltsignal vorliegt. Die Probleme der Abschaltung von Dauersignalen und der Signalüberschneidung werden in der SPS durch interne Speicher gelöst.

1. Speicherfunktion im Programmablauf der SPS

Speicher in der SPS werden mit besonderen Befehlen gesetzt und zurückgesetzt. Das Eingangssignal wird dabei als **Setzsignal** auf den Speicherbaustein gegeben. Dieses Signal bleibt am Ausgang des Speicherbausteines so lange wirksam, bis ein entsprechendes **Rücksetzsignal** als Gegensignal erfolgt.

Wird in einer Steuerung beispielsweise durch das kurzzeitige Betätigen eines Tasters das Eingangssignal E1 im Speicherbaustein M1 wirksam, so wird S gesetzt (wenn E2 nicht betätigt ist). Am Ausgang liegt dadurch ein Dauersignal A1 gespeichert vor. Der Ausgang A1 behält so lange den Signalwert 1, bis das Gegensignal von E2 als Rücksetzsignal erfolgt. Durch dieses Rücksetzsignal R bekommt der Ausgang A1 des Speicherbausteines M1 den Signalwert 0.

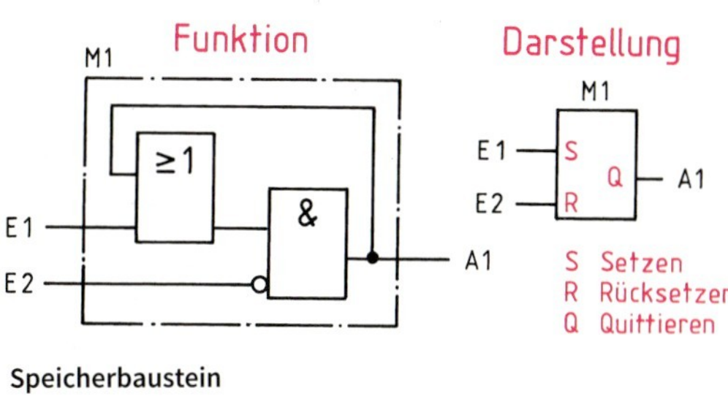

Speicherbaustein

Beispiel die Programmierung von Speicherfunktionen mit dominanten Signalen

Der Ausgang A1 eines Speichers M1 soll das Signal 1 führen, wenn gleichzeitig die Eingangssignale E1 *und* E2 vorliegen. Der Ausgang soll das Signal 0 führen, wenn entweder das Eingangssignal E3 *oder* E4 vorhanden ist.

Berücksichtigt man die zyklische Abarbeitung des Programmes in der SPS, so wird bei Signal 1 auf allen Eingängen der Ausgang der Speicherfunktion zunächst gesetzt und sofort wieder im nächsten Satz zurückgesetzt. Dadurch führt der Ausgang das Signal 0. Im geschilderten Beispiel ist das Rücksetzsignal das ausschlaggebende, das **dominante Signal**.

Will man erreichen, dass das Setzsignal dominant ist, so muss man in der *AWL* die Sätze vertauschen. Auch im *FUP* wird eine Änderung in der Darstellung des Speicherbausteines vorgenommen. Der dominante Eingang steht unten im Speichersymbol.

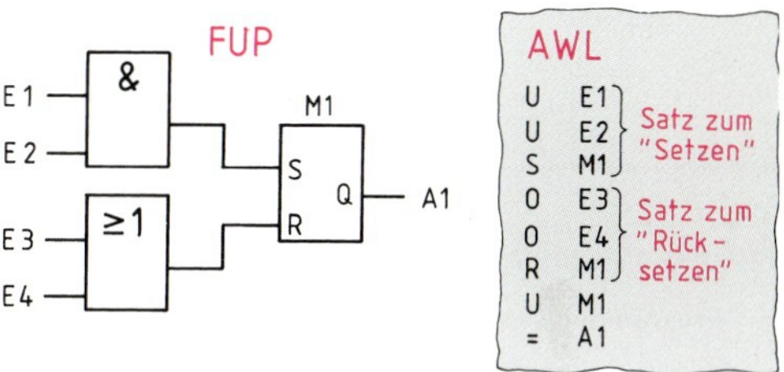

Speicherprogrammierung mit dominantem Rücksetzsignal

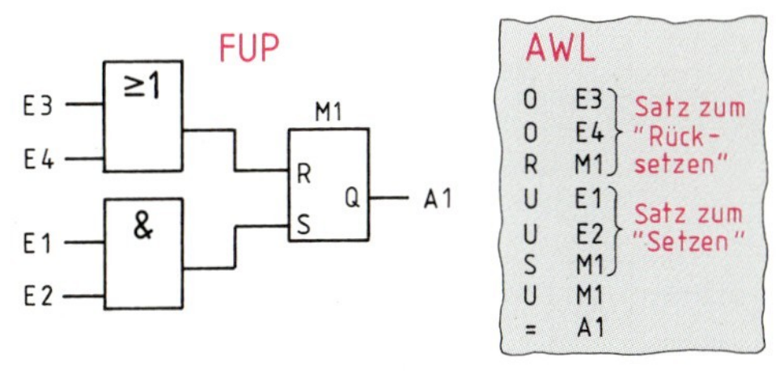

Speicherprogrammierung mit dominantem Setzsignal

! Für sichere Ablaufsteuerungen in der SPS benutzt man interne Speicher. Der Ausgang an einem Speicher wird durch ein Setzsignal eingeschaltet und durch ein Rücksetzsignal abgeschaltet. Liegen am Speichereingang beide Signale gleichzeitig an, so hat der im Speicher unten stehende Eingang Vorrang, das spätere Signal ist dominant.

2. Programmierung von Ablaufsteuerungen in der SPS

In der SPS verwirklicht man Ablaufsteuerungen dadurch, dass man jeweils den zu betätigenden Schritt durch den vorhergehenden aktiven Schritt vorbereitet – *Setzen eines zugeordneten Merkers* – und anschließend durch den nachfolgenden Schritt wieder abschaltet – *Rücksetzen des zugeordneten Merkers*.
Mithilfe der Darstellung der Steuerung durch den GRAFCET-Plan kann ein entsprechendes Programm für die SPS verhältnismäßig leicht geschrieben werden.

Beispiel für die Analyse einer Ablaufsteuerung mithilfe des GRAFCET-Plans (Auszug)

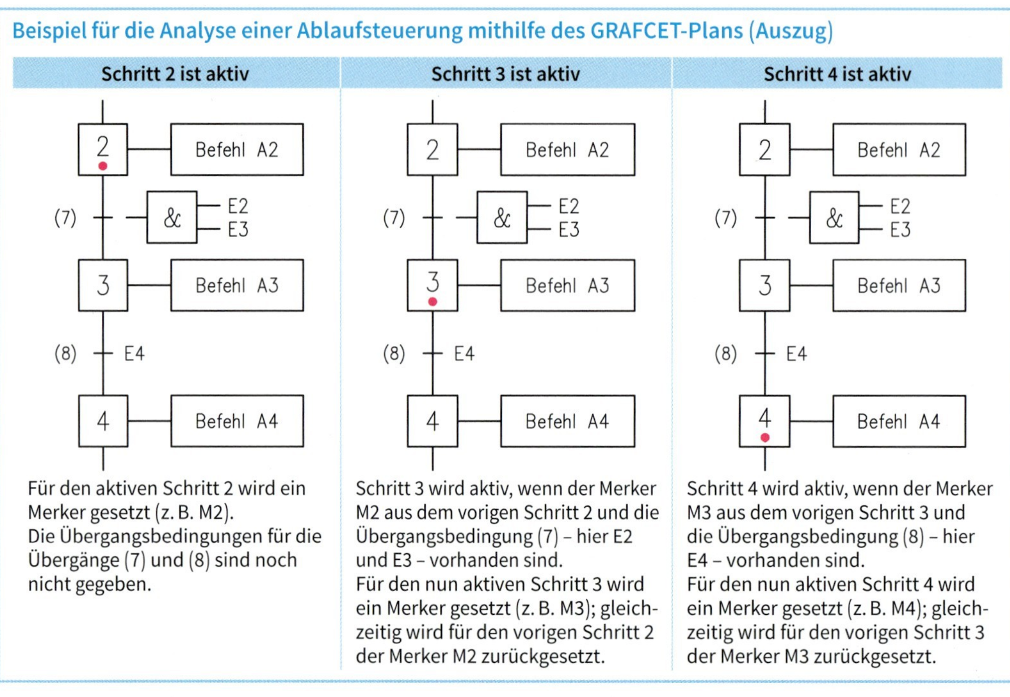

Schritt 2 ist aktiv	Schritt 3 ist aktiv	Schritt 4 ist aktiv
Für den aktiven Schritt 2 wird ein Merker gesetzt (z. B. M2). Die Übergangsbedingungen für die Übergänge (7) und (8) sind noch nicht gegeben.	Schritt 3 wird aktiv, wenn der Merker M2 aus dem vorigen Schritt 2 und die Übergangsbedingung (7) – hier E2 und E3 – vorhanden sind. Für den nun aktiven Schritt 3 wird ein Merker gesetzt (z. B. M3); gleichzeitig wird für den vorigen Schritt 2 der Merker M2 zurückgesetzt.	Schritt 4 wird aktiv, wenn der Merker M3 aus dem vorigen Schritt 3 und die Übergangsbedingung (8) – hier E4 – vorhanden sind. Für den nun aktiven Schritt 4 wird ein Merker gesetzt (z. B. M4); gleichzeitig wird für den vorigen Schritt 3 der Merker M3 zurückgesetzt.

Beispiel für die Programmierung einer Ablaufsteuerung in Anlehnung an den GRAFCET-Plan

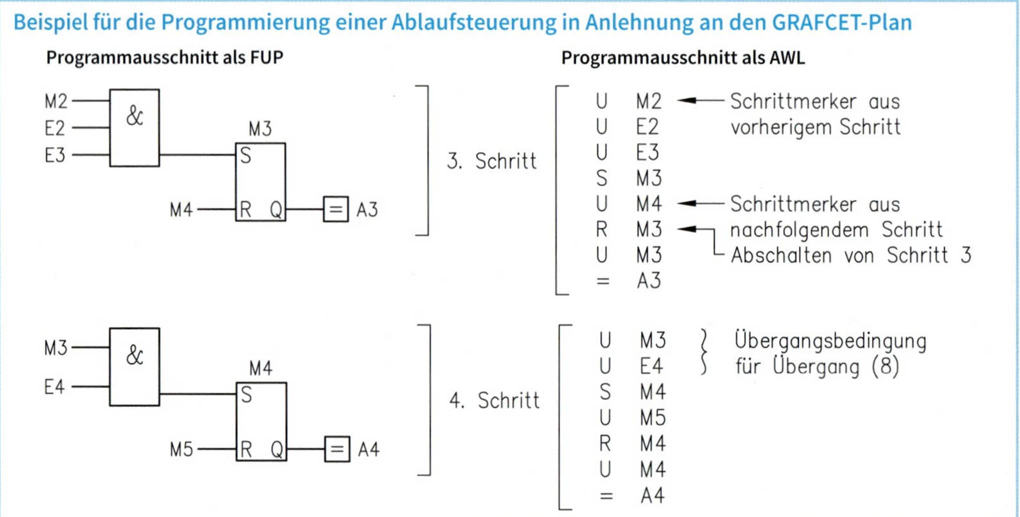

> **!** Eine sichere Ablaufsteuerung wird in der Programmgestaltung dadurch erreicht, dass der jeweilige Steuerschritt den nächsten Steuerschritt vorbereitet – Setzen – und den vorhergehenden Schritt abschaltet – Rücksetzen.

4.6 Beispiel für die Steuerung einer Bohrvorrichtung

Aufgabenstellung

Der Bohrvorrichtung wird das Werkstück von Hand zugeführt. Drückt man den Ein-Taster -SF0, dann spannt Zylinder -MM2 das Werkstück pneumatisch. Anschließend treibt Zylinder -MM3 den Bohrvorschub an.
Nach dem Bohrvorgang fährt zunächst Zylinder -MM3 ein. Erst wenn Zylinder -MM3 ganz eingefahren ist, löst Zylinder -MM2 automatisch die Spannbacken. Das Werkstück wird von Hand aus der Vorrichtung genommen.

Hinweis

Auf die automatische Werkstückzufuhr (Steuerkreis 1) wird hier verzichtet, damit das Programm in der SPS überschaubar bleibt. In der abschließenden Übungsaufgabe 4/44 wird die Werkstückzufuhr thematisiert.

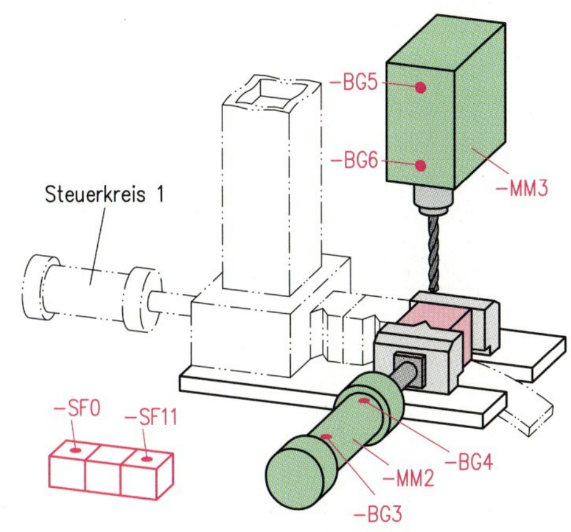

Technologieschema Bohrvorrichtung

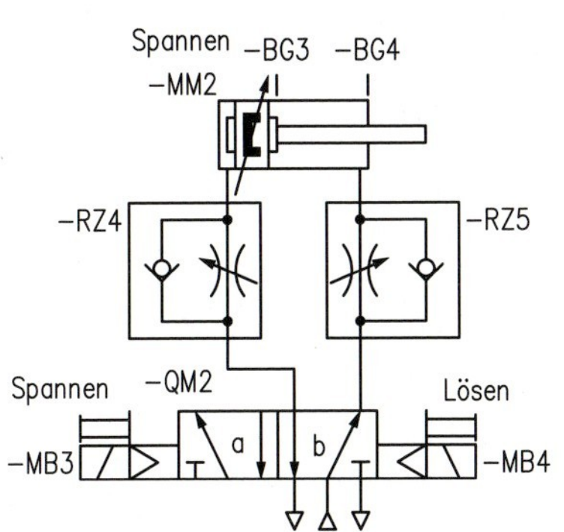

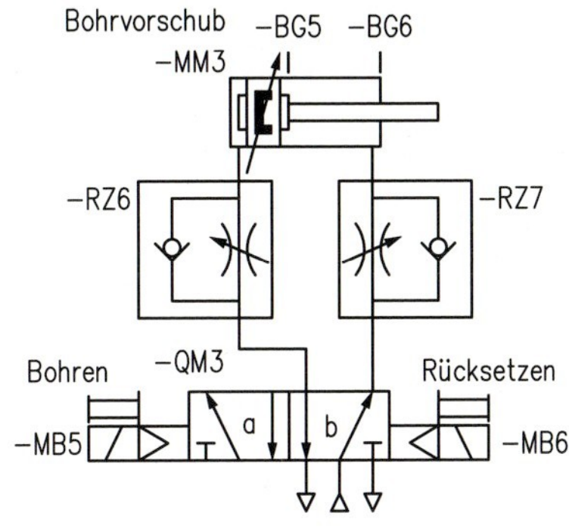

Pneumatikschaltplan

Bauglieder			Schritte
Benennung	Kurz-zeichen	Zustand	0 1 2 3 4 5
Ein-Taster	-SF0	betätigt	
Endschalter	-BG3-BG5	betätigt	
Halt-Taster	-SF11	nicht betätigt	
Doppeltwirkender Zylinder (Spannen)	-MM2	-MM2 + -MM2 −	
Doppeltwirkender Zylinder (Bohrvorschub)	-MM3	-MM3 + -MM3 −	
5/2-Wege-Ventil (Stellglied)	-QM2	(-MB3) a (-MB4) b	
5/2-Wege-Ventil (Stellglied)	-QM3	(-MB5) a (-MB6) b	

Diagrammbeschriftungen: -SF0, -BG3*-BG5, -SF11, -BG4, -BG3, -BG6, -BG5

Funktionsdiagramm

GRAFCET-Plan für die Steuerung „Bohrvorrichtung"

Hinweise zum Plan

Zur Unterscheidung zwischen Spulen und Merkern werden im Text und im GRAFCET-Plan Spulen als elektrische Bauteile je mit einem Minuszeichen gekennzeichnet, die Merker dagegen nur mit dem Buchstaben M.

Die Startverriegelung über Merker M7 verhindert, dass ein neuer Start vor dem Zyklusende beginnen kann.

Muss in einer Steuerung eine Aktion gespeichert bleiben, so erhält sie ein Setzsignal. Im GRAFCET-Plan bekommt diese Aktion dann einen Pfeil nach oben. Hier wird z. B. im Schritt 1 die Spule -MB3 zur Betätigung des Spannvorganges speichernd gesetzt, weil dieser Spannvorgang über mehrere Schritte aktiv sein muss. Im Schritt 1 wird außerdem das Signal für die Startverriegelung gespeichert (dem Merker M7 wird das Signal 1 zugeordnet).

Jede gespeicherte Aktion muss wieder zurückgesetzt werden. Die Aktion bekommt im GRAFCET-Plan ebenfalls einen Pfeil. Hier wird z. B. im Schritt 4 die Spule -MB3 spannungsfrei und im Schritt 5 die Startverriegelung aufgehoben (dem Merker M7 wird das Signal 0 zugeordnet).

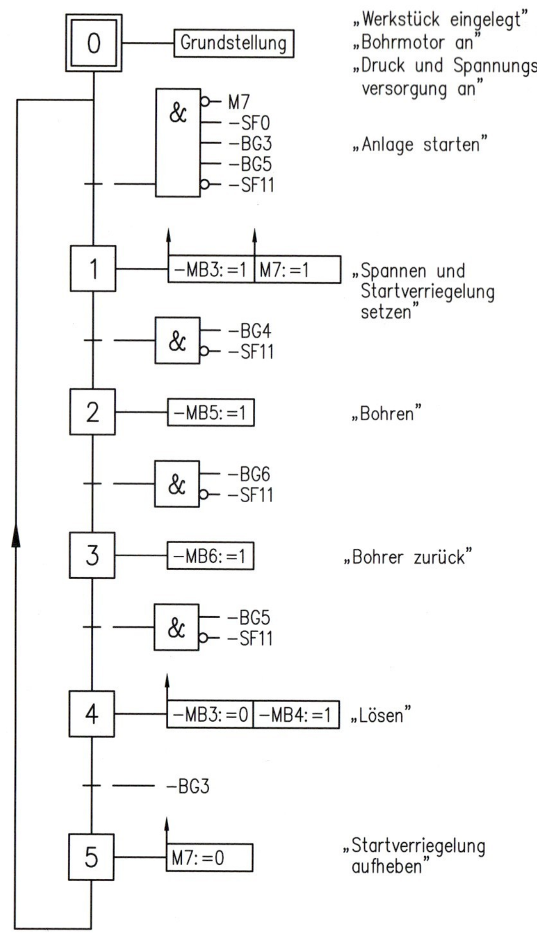

Zuordnungsliste für die Steuerung „Bohrvorrichtung"

Das SPS-Programm muss im Hinblick auf die eingesetzte Steuerungseinheit in einer Anlage abgestimmt werden. Insbesondere ist festzulegen, wie die Eingänge beschaltet werden (Öffner oder Schließer) und an welche Eingänge bzw. Ausgänge welche Signale gelegt werden. Je nach Hersteller und Stand der Anlage können z. B. Eingänge mit „E1 ... E33 oder E1.0 ... E3.3 oder I1... I33" zur Verfügung stehen. Für die Belegung und Bezeichnung der Ausgänge gilt Entsprechendes; man findet z. B. „A1 ...A22 oder A1.0 ...A2.2 oder Q1... Q22".

Betriebsmittel		Operand mit Signalzuordnung und Funktion	
Ein-Taster (Schließer)	-SF0	E0 = 1	Ein-Taster gedrückt
Endschalter (Schließer)	-BG3	E4 = 1	Spannzylinder -MM2 ist eingefahren
Endschalter (Schließer)	-BG4	E7 = 1	Spannzylinder -MM2 ist ausgefahren
Endschalter (Schließer)	-BG5	E5 = 1	Zylinder für Bohrvorschub -MM3 ist eingefahren
Endschalter (Schließer)	-BG6	E8 = 1	Zylinder für Bohrvorschub -MM3 ist ausgefahren
Halt-Taster (Schließer)	-SF11	E11 = 1	Anlage bleibt im nächsten Schritt stehen
Magnetspule	-MB3	A3 = 1	Spannung auf Spule -MB3; Ventil -QM2 in Stellung a: -MM2+
Magnetspule	-MB4	A4 = 1	Spannung auf Spule -MB4; Ventil -QM2 in Stellung b: -MM2-
Magnetspule	-MB5	A5 = 1	Spannung auf Spule -MB5; Ventil -QM3 in Stellung a: -MM3+
Magnetspule	-MB6	A6 = 1	Spannung auf Spule -MB6; Ventil -QM3 in Stellung b: -MM4-

Programm für die SPS in FUP

Werkstück spannen (Zylinder -MM2+)

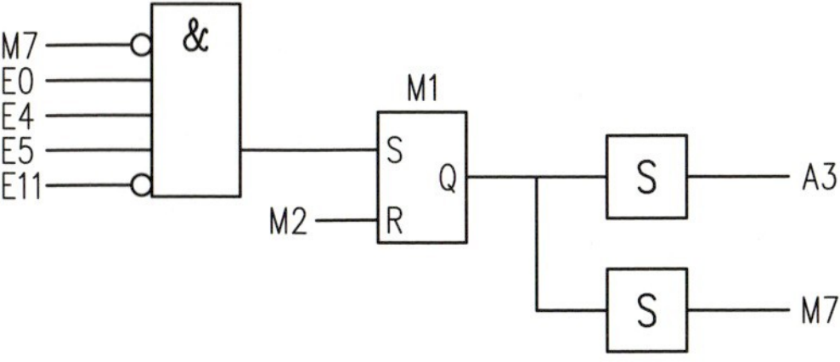

Werkstück bohren (Zylinder -MM3+)

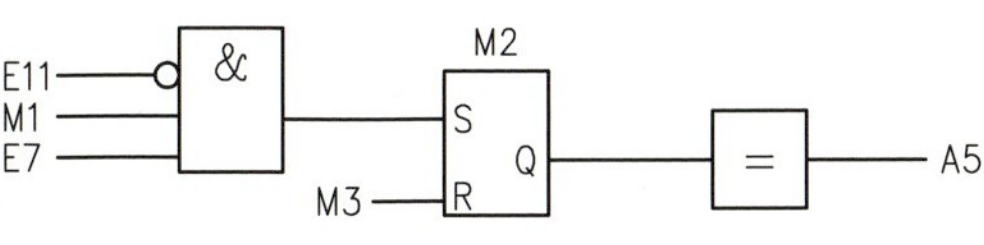

Bohrer zurücksetzen (Zylinder -MM3-)

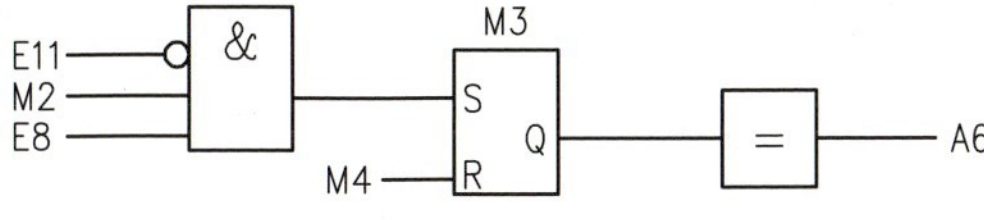

Werkstück lösen (Zylinder -MM2-)

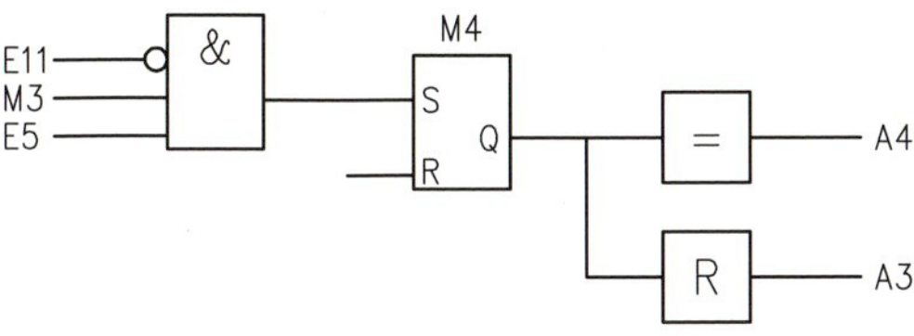

Anlage in Ausgangszustand

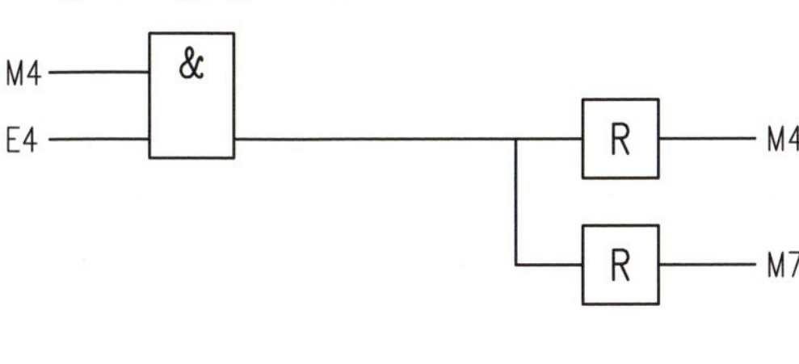

Programm für die SPS in AWL

Netzwerk 1		Hinweise
UN	M7	Einschalt-bedingungen
U	E0	
U	E4	
U	E5	
UN	E11	
S	M1	
U	M2	Speicher
R	M1	Rücksetzen
U	M1	
S	A3	Spule -MB3 Spannung
S	M7	Startverriegelung

Netzwerk 2		Hinweise
UN	E11	Weiterschalt-bedingungen
U	M1	
U	E7	
S	M2	
U	M3	Speicher
R	M2	Rücksetzen
U	M2	
=	A5	Spule -MB5 Spannung

Netzwerk 3		Hinweise
UN	E11	Weiterschalt-bedingungen
U	M2	
U	E8	
S	M3	
U	M4	Speicher
R	M3	Rücksetzen
U	M3	
S	A6	Spule -MB6 Spannung

Netzwerk 4		Hinweise
UN	E11	Weiterschalt-bedingungen
U	M3	
U	E5	
S	M4	
U	M4	
=	A4	Spule -MB4 Spannung
R	A3	Spule -MB3 Spannungsfrei

Netzwerk 5		Hinweise
U	M4	Weiterschalt-bedingungen
U	E4	
R	M4	Speicher, Rücksetzen
R	M7	Startverriegelung wird aufgehoben

Anmerkungen: Der Merker M7 verhindert, dass ein neuer Start vor dem Zyklusende beginnen kann. Für jeden „Schritt" programmiert man ein entsprechendes Netzwerk.

5 Hydraulik

5.1 Leistungsumwandlung und Leistungsübertragung in der Hydraulik

Die Hydraulik ist sowohl ein Teilgebiet der Antriebs- als auch der Steuerungstechnik. In der Antriebstechnik werden Kräfte und Wege in gewünschter Weise an den dafür vorgesehenen Funktionseinheiten einer Maschine wirksam.
Hydraulische Maschinenantriebe sind in erster Linie Funktionseinheiten für die Leistungsumwandlung und Leistungsübertragung.

Beispiel für Leistungsumwandlung und Leistungsübertragung in einem hydraulisch betriebenen System

Die Leistungsumwandlung und Übertragung bei hydraulischen Antrieben erfolgt in verschiedenen Teilsystemen.

- Von außen wird der Maschine Leistung zugeführt. Diese Leistung wird z. B. über die Koppelung von Verbrennungsmotor und Hydraulikpumpe in hydraulische Leistung umgewandelt.
- Über Leitungen und Ventile überträgt man diese hydraulische Leistung an die Hydraulikmotoren (Zylinder und Rotationsmotoren).
- In den Zylindern und Rotationsmotoren wird die hydraulische Leistung in die gewünschte mechanische Leistung der Maschine umgewandelt.

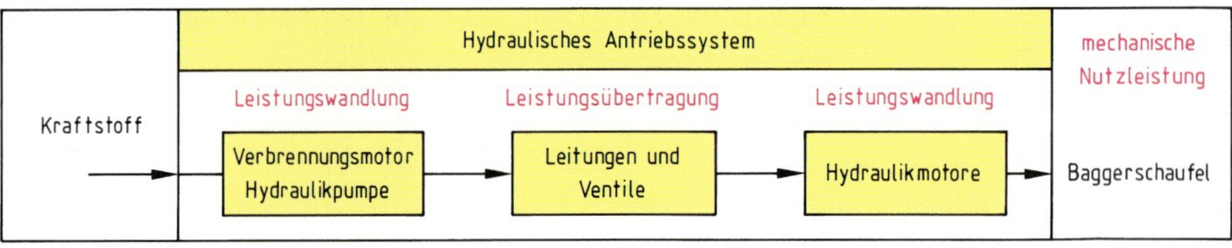

Hydraulisches Antriebssystem in einem Bagger

Fluidtechnische Systeme eignen sich besonders dafür, elektrische Signale aufzunehmen und so zu verarbeiten, dass die mechanische Leistung der Maschine in gewünschter Weise erreicht wird. Diese Signalverarbeitung wird mithilfe der Steuerungstechnik durchgeführt.

Übungsaufgaben 5/1; 5/2; 5/3

5.2 Physikalische Grundlagen

5.2.1 Druck

Wird der geförderten Flüssigkeit in einer Hydraulikanlage kein Widerstand entgegengebracht, so arbeitet die Pumpe fast drucklos. In der Anlage entsteht nur dann ein Druck, wenn der geförderten Flüssigkeit ein Widerstand entgegengesetzt wird. Der Druck steigt so lange an, bis der Widerstand überwunden ist.
Druck p ist das Verhältnis der Kraft F zur Kolbenfläche A.

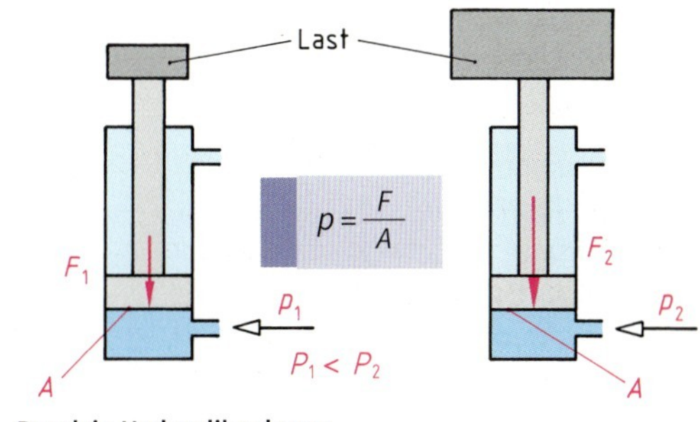

Druck in Hydraulikanlagen

In einer Hydraulikanlage entsteht ein Flüssigkeitsdruck dadurch, dass der geförderten Flüssigkeit ein Widerstand entgegengesetzt wird.

5.2.2 Volumenstrom

In einer Hydraulikanlage fördert die Pumpe die Flüssigkeit aus einem Vorratsbehälter in die Druckleitung der Anlage. Das durchfließende Volumen V errechnet man aus dem gefüllten Querschnitt A der Druckleitung und dem Weg s, den die Flüssigkeit in der Leitung zurücklegt.[1]
Das Volumen, das in einer bestimmten Zeit t durch einen Querschnitt A fließt, bezeichnet man als den Volumenstrom q_V. Der Volumenstrom wird meist in Liter pro Minute angegeben.

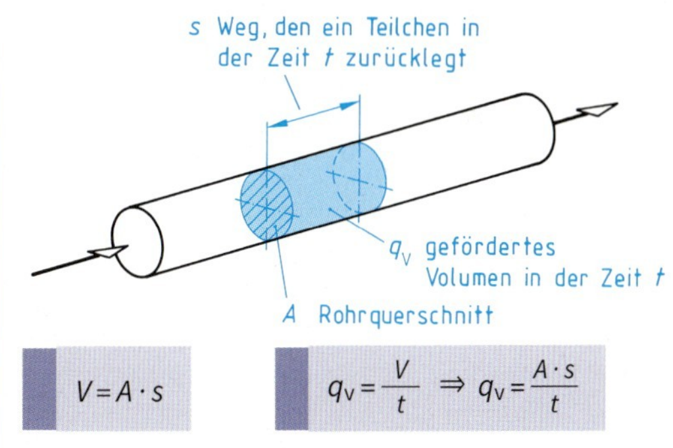

Volumenstrom in Hydraulikanlagen

Der Volumenstrom ist das Volumen der Druckflüssigkeit, das je Zeiteinheit durch einen Leitungsquerschnitt fließt.

5.2.3 Hydraulische Leistung

Bei der mechanischen Leistung P wird eine Last F in einer bestimmten Zeit t um eine Strecke s angehoben.
Diese mechanische Leistung wird in einem Hydrauliksystem von der Hydraulikpumpe aufgebracht. Die Leistung im Hydraulikkreislauf wird von dem vorhandenen Druck p und dem Volumenstrom q_V bestimmt.

$$P = \frac{F \cdot s}{t}$$

mit $p = \frac{F}{A}$ und $q_V = \frac{A \cdot s}{t}$

folgt

$$P = p \cdot q_V$$

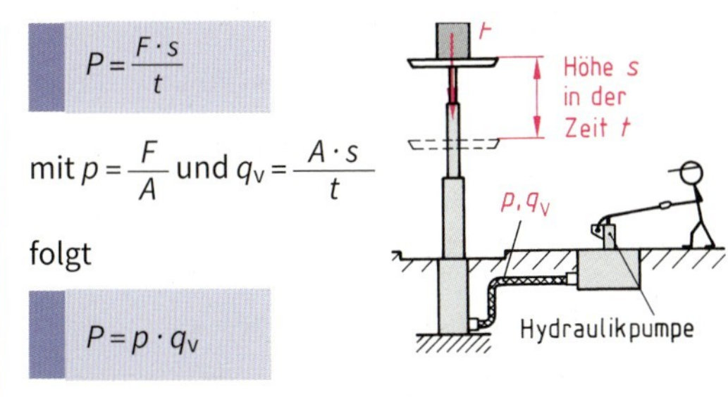

Leistung in Anlagen

Die hydraulische Leistung berechnet sich aus dem Produkt von Druck und Volumenstrom. Dieser Zusammenhang lässt sich aus der allgemeinen Gleichung für die Leistung herleiten.

1 In der Fluidtechnik wird die Querschnittsfläche häufig statt mit S mit A gekennzeichnet.

Beispiel für die Berechnung der hydraulischen Leistung (ohne Verluste)

Aufgabe

Ein Hydraulikkolben mit einem Durchmesser von 40 mm soll eine Last von 3000 N über eine Strecke von 1,2 m in 5 Sekunden bewegen. (Für die Berechnung werden keine Reibungsverluste und Beschleunigungsanteile berücksichtigt.)

Es sind zu berechnen:
a) die Kolbenfläche,
b) der Druck,
c) der Volumenstrom,
d) die hydraulische Leistung.

Lösung

a) Kolbenfläche	b) Druck	c) Volumenstrom	d) Leistung
$A = \frac{d^2 \cdot \pi}{4}$	$p = \frac{F}{A}$	$q_V = \frac{A \cdot s}{t}$	$P = p \cdot q_V$
$A = \frac{(0{,}04\ \text{m})^2 \cdot \pi}{4}$	$p = \frac{3000\ \text{N}}{1{,}26 \cdot 10^{-3}\text{m}^2}$	$q_V = \frac{1{,}260 \cdot 10^{-3}\text{m}^2 \cdot 1{,}2\ \text{m}}{5\ \text{s}}$	$P = 23{,}9 \cdot 10^5 \frac{\text{N}}{\text{m}^2} \cdot 0{,}302 \cdot 10^{-3} \frac{\text{m}^3}{\text{s}}$
$A = 1{,}26 \cdot 10^{-3}\text{m}^2$	$p = 23{,}9 \cdot 10^5 \frac{\text{N}}{\text{m}^2}$	$q_V = 0{,}302 \cdot 10^{-3} \frac{\text{m}^3}{\text{s}}$	$P = 720 \frac{\text{Nm}}{\text{s}}$
$\mathbf{A = 12{,}6\ cm^2}$	$\mathbf{p = 23{,}9\ bar}$	$\mathbf{q_V = 18{,}1 \frac{l}{min}}$	$\mathbf{P = 0{,}72\ kW}$

5.2.4 Durchflussgesetz

Die Flüssigkeit in einer Hydraulikanlage durchströmt Rohre und Ventile mit unterschiedlichen Querschnitten. In gleichen Zeitabständen müssen gleiche Volumenströme durch diese unterschiedlichen Querschnitte der Anlage fließen. Daher muss der Volumenstrom vor der Engstelle, in der Engstelle und danach gleich groß sein. Der Volumenstrom passt sich durch unterschiedliche Strömungsgeschwindigkeiten den Querschnitten an. Je kleiner der Querschnitt ist, desto größer ist die Strömungsgeschwindigkeit.

Der Zusammenhang zwischen dem Volumenstrom in unterschiedlichen Querschnitten und den daraus folgenden unterschiedlichen Strömungsgeschwindigkeiten wird durch die *Kontinuitätsgleichung* ausgedrückt.

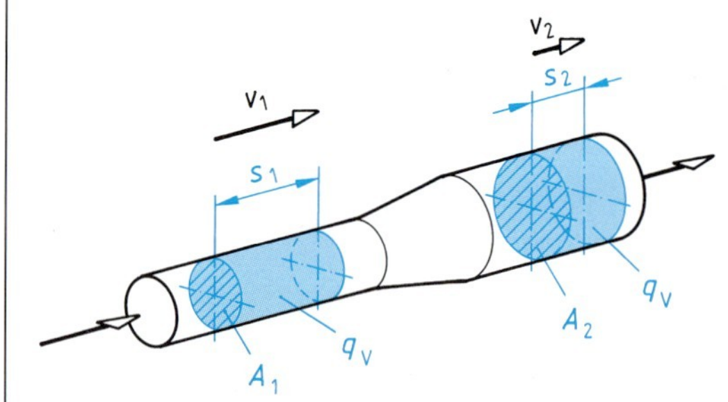

Volumenstrom an verschiedenen Rohrquerschnitten

$$q_V = \frac{A \cdot s}{t};\ \text{da}\ v = \frac{s}{t} \Rightarrow q_V = A \cdot v$$

Volumenstrom

Kontinuitätsgleichung $A_1 \cdot v_1 = A_2 \cdot v_2$

! In hydraulischen Leitungen und Ventilen ist der Volumenstrom unabhängig vom Querschnitt an allen Stellen gleich groß. Die Strömungsgeschwindigkeit ist in kleineren Querschnitten höher als in größeren Querschnitten.

Übungsaufgaben 5/7; 5/8

5.2.5 Strömung von Flüssigkeiten

Hydraulische Leistung lässt sich in einem Hydrauliksystem nicht verlustfrei übertragen. In den Bauteilen der Anlage und in den Leitungen entstehen bei der Leistungsübertragung Reibungsverluste. Die Reibungsverluste treten sowohl in der Flüssigkeit selbst, als auch an den Berührungsflächen zwischen der Flüssigkeit und den Bauteilen auf. Reibungsverluste führen zu Druckverlusten und zur Temperaturerhöhung in der Anlage.

Die Reibungsverluste werden besonders von dem Strömungsverhalten der Flüssigkeit beeinflusst. Bei einer geringen Strömungsgeschwindigkeit liegt ein glatter Strömungsverlauf vor. Diese Art der Strömung bezeichnet man als **laminare Strömung**. Bei laminarer Strömung sind die Reibungsverluste gering.

Überschreitet die Geschwindigkeit einen bestimmten Wert, so verwirbelt die Strömung. Diese Art der Strömung bezeichnet man als **turbulente Strömung**. Turbulente Strömung ist unerwünscht, da die Reibungsverluste besonders hoch sind.

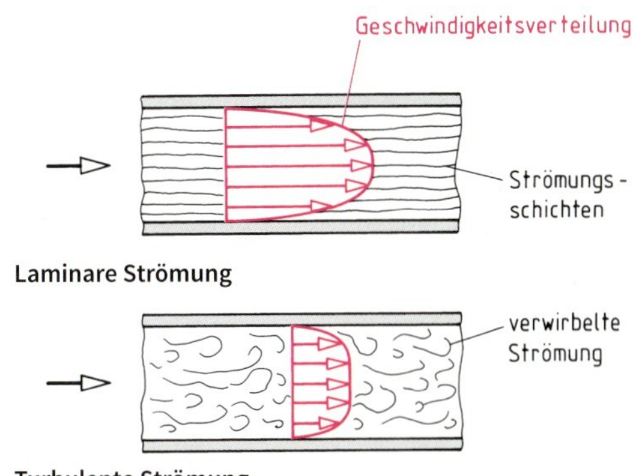

Laminare Strömung

Turbulente Strömung

Bei der Übertragung der hydraulischen Leistung treten durch das Strömungsverhalten der Flüssigkeit Reibungsverluste auf. Bei laminarer Strömung sind die Reibungsverluste geringer als bei turbulenter Strömung.

5.2.6 Kavitation

Ein besonderes Problem in Hydraulikanlagen stellt die Luft dar, die von der Flüssigkeit mitgeführt wird. Diese Luft kann die Ursache für Leistungsverluste, Bauteilschäden und Ungenauigkeiten bei präzisen Steuerungsbewegungen sein.

Hydrauliköl kann z. B. bis zu 10 % Luft im gelösten Zustand enthalten. Dieser Luftanteil befindet sich nicht in Form von Gasblasen in der Flüssigkeit, sondern ist in der Flüssigkeit gelöst. In schnell strömenden Flüssigkeiten einer Hydraulikanlage kann bei plötzlichen Querschnittsverengungen Unterdruck entstehen. Unterdruck entsteht z. B. auch, wenn die Saugleitung für die Pumpe einen zu kleinen Querschnitt hat. Sinkt der Unterdruck durch die Sogwirkung unter den Dampfdruck, so bilden sich Dampfblasen, die beim Wiederansteigen des Druckes schlagartig kondensieren.

Die Hohlraumbildung im Bereich von Oberflächen durch Hohlsog wird Kavitation genannt. Durch andauernde Kavitation und das schlagartige Kondensieren der Dampfblasen entstehen heftige Schläge in Leitungen und Bauteilen. Durch Kavitation, die mit starker Geräuschentwicklung verbunden sein kann, werden Werkstoffteilchen aus der Oberfläche herausgerissen.

Schadens-
stellen

Kavitationsschäden

Kavitation entsteht, wenn in der Flüssigkeit durch Sogwirkung ein Unterdruck entsteht, der unterhalb des Dampfdruckes liegt. An Kavitationsstellen, insbesondere in Pumpen und Ventilsitzen, können starke Schädigungen auftreten.

Übungsaufgaben 5/9; 5/10

5.2.7 Viskosität

Die Viskosität bzw. Zähigkeit ist eine Kenngröße von Flüssigkeiten. Sie ist für die Leistungsübertragung in der Hydraulik von Bedeutung, weil die Viskosität Auskunft über die innere Reibung der Flüssigkeit gibt.

Die Viskositäten unterschiedlicher Flüssigkeiten kann man veranschaulichen, indem man in Gefäße verschiedene Flüssigkeiten füllt. In jedes Gefäß gibt man eine Kugel mit gleichem Volumen und gleicher Masse und lässt diese absinken. Aus den Fallzeiten, die sich dabei für die einzelnen Kugeln ergeben, schließt man auf die Viskosität der verschiedenen Flüssigkeiten. Je langsamer die Kugel absinkt, desto zäher ist die Flüssigkeit, d.h. die Viskosität ist hoch. Die Viskosität ist vom Druck und von der Temperatur der Flüssigkeit abhängig. Bei zunehmenden Druck steigt die Viskosität nur geringfügig an. Bei steigender Temperatur nimmt die Viskosität jedoch stark ab. Erwärmte Hydrauliköle sind wesentlich dünnflüssiger als kalte Hydrauliköle.

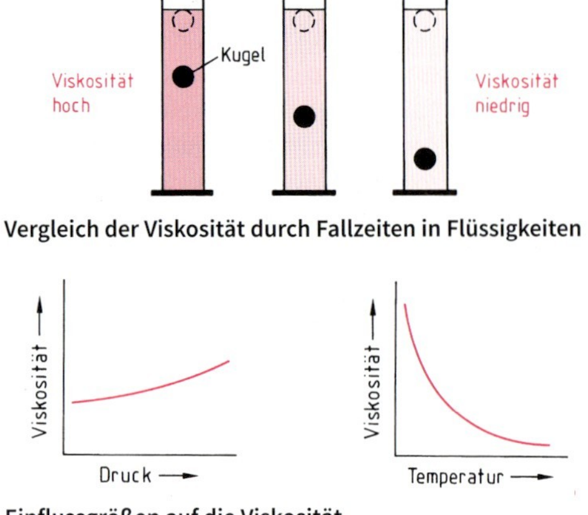

Vergleich der Viskosität durch Fallzeiten in Flüssigkeiten

Viskosität → / Druck →   Viskosität → / Temperatur →

Einflussgrößen auf die Viskosität

5.2.8 Wirkungsgrad

Die Leistungsübertragung in hydraulischen Systemen erfolgt nicht verlustfrei. Die Verluste werden durch den Wirkungsgrad erfasst. Der Gesamtwirkungsgrad berechnet sich aus dem volumetrischen Wirkungsgrad und dem mechanisch-hydraulischen Wirkungsgrad. Hydraulische Anlagen können einen Gesamtwirkungsgrad von etwa 0,5 bis 0,9 haben.

Alle Verluste, die das Volumen der Flüssigkeit vermindern, erfasst man durch den **volumetrischen Wirkungsgrad**.

Der Volumenstrom in einer ölhydraulischen Anlage verringert sich z. B. durch die Kompression des Öles und vor allem durch Leckölverluste. Man unterscheidet äußere (externe) und innere (interne) Leckölverluste.

Externes Lecköl kann u. a. aus der beschädigten Kolbenstangendichtung eines Hydraulikzylinders austreten.

Internes Lecköl strömt beispielsweise von der Druckseite eines Zylinders zu der Seite, die mit dem Rücköl verbunden ist. Der volumetrische Wirkungsgrad und damit auch der Gesamtwirkungsgrad verringert sich bei steigendem Druck.

Verluste, die sich aus der Reibung zwischen gleitenden Maschinenteilen oder aus den Strömungswiderständen ergeben, erfasst man durch den **hydraulisch-mechanischen Wirkungsgrad**.

Der Gesamtwirkungsgrad (η_{ges}) ergibt sich aus dem Produkt des volumetrischen Wirkungsgrades (η_{vol}) und des hydraulisch-mechanischen Wirkungsgrades (η_{hm}).

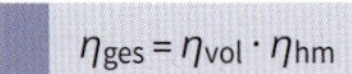

$$\eta_{ges} = \eta_{vol} \cdot \eta_{hm}$$

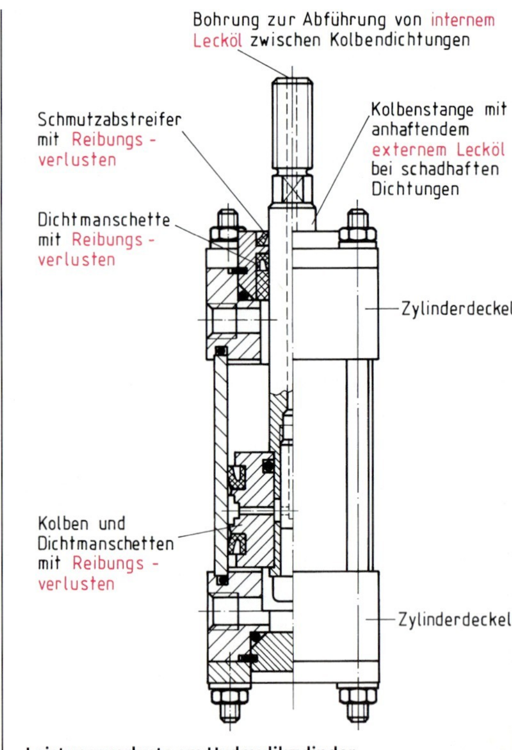

Leistungsverluste am Hydraulikzylinder

Übungsaufgaben 5/11; 5/12; 5/13

5.3 Messtechnische Grundlagen

Der Industriemechaniker hat im Bereich der hydraulischen Antriebs- und Steuerungstechnik in der Praxis vor allem die Aufgaben, Hydrauliksysteme zu warten und Fehler in defekten Anlagen zu suchen. Sind fehlerhafte Bauteile ermittelt worden, so muss er sie auswechseln und die Anlagen wieder in Betrieb setzen.

Hydraulische Anlagen sind in sich geschlossene Systeme, die unter Druck stehen. Deshalb können Funktionsstörungen und vor allem ihre Ursachen oft nur durch Messungen festgestellt werden.

Durch die Messung des Druckes und des Volumenstromes lassen sich die Funktionen der meisten hydraulischen Bauteile ermitteln und Störungen erkennen. Die Messungen müssen an den richtigen Stellen in der Anlage erfolgen und erfordern entsprechende Messanschlüsse. Diese Messstellenanschlüsse und die Messgeräte werden im Schaltplan mit entsprechenden Symbolen eingezeichnet.

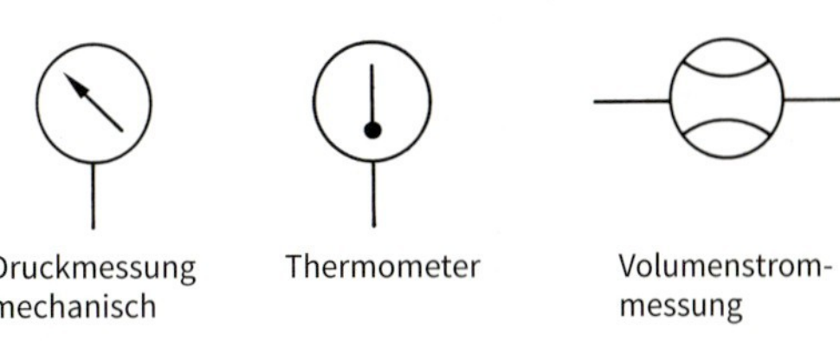

Schaltzeichen für hydraulische Messgeräte nach DIN ISO 1219

5.3.1 Genauigkeitsklassen von Messgeräten

Messgeräte sind aufgrund ihrer Konstruktion mit Fehlern behaftet. Diese Gerätefehler werden durch Genauigkeitsklassen erfasst und auf dem Gerät vermerkt. Die Genauigkeitsklasse gibt die größte zulässige prozentuale Abweichung vom Endwert des Messbereiches an.

Beispiel für Messwertabweichungen

Hat ein Druckmessgerät die Genauigkeitsklasse 1,6 und den Messbereich von 0 bis 200 bar, so kann die Abweichung vom jeweils angezeigten Messwert ± 3,2 bar betragen. Diese Abweichung gilt für alle angezeigten Messwerte.
Steht die Anzeige beispielsweise auf 16 bar, so liegt der tatsächliche Druck zwischen 12,8 bar und 19,2 bar. Bei einem Anzeigewert von 160 bar betragen die Abweichungen auch nur ± 3,2 bar. Der tatsächliche Druck liegt dann zwischen 156,8 bar und 163,2 bar.

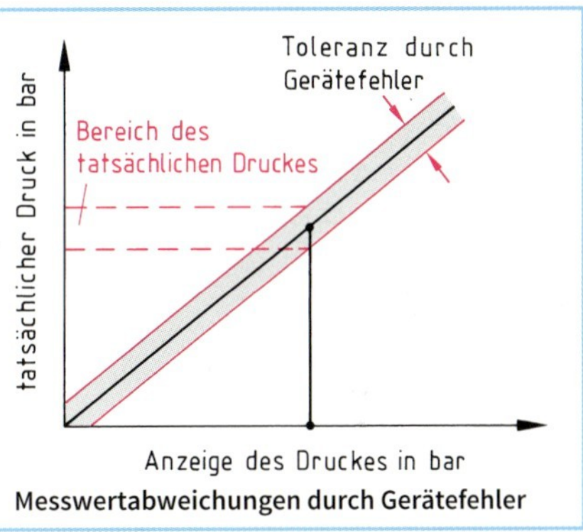

Messwertabweichungen durch Gerätefehler

! Die Genauigkeitsklassen sind auf den Endwert des Messbereiches bezogene Angaben.

Die auf den Endwert bezogenen Angaben der Genauigkeitsklasse haben zur Folge, dass die prozentualen Ungenauigkeiten bei kleinen Messwerten höher sind als bei größeren Messwerten.
Bezieht man nämlich die Abweichungen auf den jeweiligen Anzeigewert, so beträgt die prozentuale Abweichung für obiges Beispiel bei 16 bar ± 20 % und bei 160 bar ± 2 %. Man sollte daher die Messgeräte so auswählen, dass der zu erwartende Messwert nicht im unteren Drittel des Messbereiches liegt.

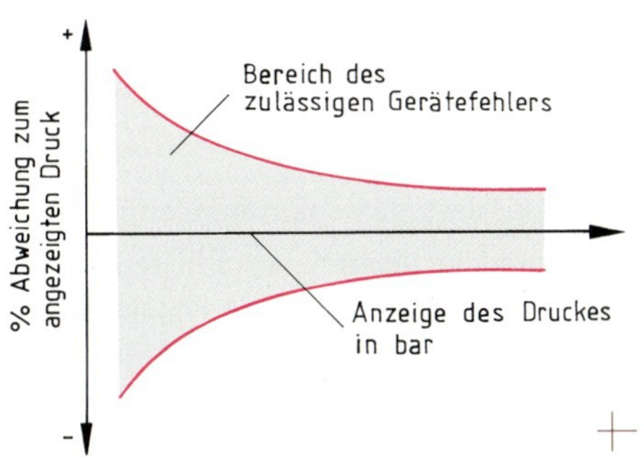

Prozentuale Messwertabweichungen zum Anzeigewert

! Messgeräte sind so auszuwählen, dass der zu erwartende Messwert möglichst weit im oberen Teil des Messbereiches liegt.

Übungsaufgaben 5/14 bis 5/17

5.3.2 Messen des Druckes

Der Druck in Hydraulikanlagen wird mit unterschiedlichen Druckmesseinrichtungen gemessen. Je nach Einsatzbereich und erforderlicher Messgenauigkeit benutzt man Rohrfederdruckmessgeräte, Quarzdruckaufnehmer oder Druckaufnehmer mit Dehnungsmessstreifen (DMS-Druckmessgerät).

Beispiel für ein Druckmessgerät (Rohrfederdruckmessgerät)

Im Messgerät befindet sich eine gebogene Rohrfeder mit einem ovalen Querschnitt. Das Rohr ist an einer Seite geschlossen und wird von der anderen Seite mit der zu messenden Druckflüssigkeit beaufschlagt. Bei Veränderung des Druckes erfolgt eine Veränderung des Rohrquerschnittes. Dadurch ergibt sich eine Streckung des Rohres. Diese Streckung wird durch ein Zahnradsystem übertragen und mit einem Zeiger als Druckänderung angezeigt.

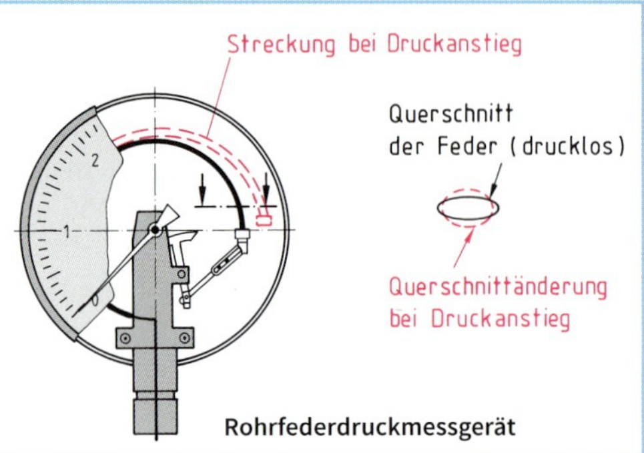

Rohrfederdruckmessgerät

Hydraulikanlagen haben als Grundausstattung Druckmessgeräte fest eingebaut, damit man den Betriebsablauf ständig überwachen kann. Zwingend notwendig ist beispielsweise ein Druckmessgerät zum Einstellen des Druckbegrenzungventiles. Weiterhin sind Druckmessgeräte notwendig, wenn durch Druckminderventile Sekundärdrücke eingestellt werden müssen. Außerdem werden Anschlüsse für Druckmessgeräte an besonderen Stellen vorgesehen. Mithilfe dieser Messstellen wird die Inbetriebnahme der Anlage vereinfacht, die Kontrolle wichtiger Bauteilfunktionen durchgeführt (z. B. eingebaute Druckmessgeräte) und die Diagnose von Fehlern vorgenommen. Die Anschlüsse sind als Bauteile so konstruiert, dass Druckmessgeräte auch angeschlossen werden können, wenn die Hydraulikanlage unter Druck steht. Weiterhin kann man über die Anschlüsse die Anlage entlüften. Zunehmend ersetzt man den Festeinbau von Druckmessgeräten durch Messanschlüsse.

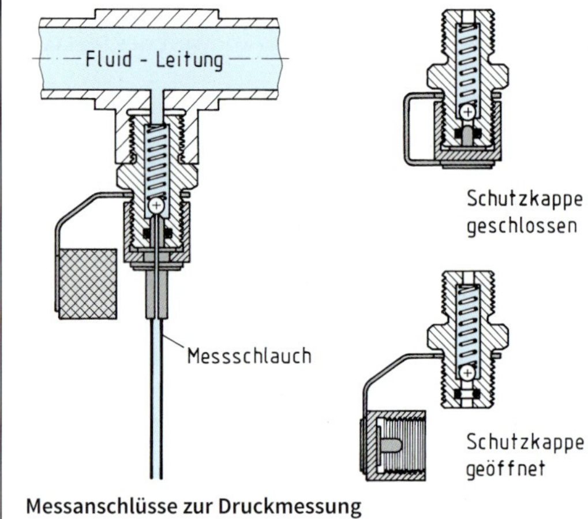

Messanschlüsse zur Druckmessung

5.3.3 Messen des Volumenstromes

Der Volumenstrom wird mit unterschiedlichen Messgeräten ermittelt. Je nach dem Einsatzbereich und der geforderten Genauigkeit benutzt man Messwertaufnehmer mit Messblenden, Messturbinen oder Messmotoren. Allen Verfahren ist gemeinsam, dass der gesamte Volumenstrom durch den Messwertaufnehmer geleitet wird.

Beispiel für die Volumenstrommessung mit einem Zahnraddurchflussmesser

Der Zahnraddurchflussmesser arbeitet nach dem Verdrängerprinzip. Die strömende Flüssigkeit treibt ein Zahnradpaar an. In den Zahnlücken wird die Flüssigkeit außen herumgeführt. Das Fördervolumen je Umdrehung ist bekannt und die Drehfrequenz der Zahnräder wird von außen gemessen. Das Messsignal wird über eine Messwertverarbeitung auf ein Anzeigegerät übertragen, das den Volumenstrom in Liter/Minute angibt.

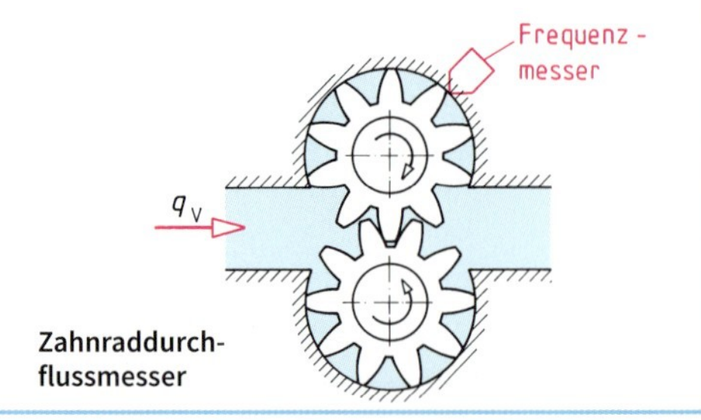

Zahnraddurchflussmesser

Die Messwertgeber für die Volumenstrommessung können an vorbereiteten Stellen in der Hydraulikanlage angeschlossen werden. In der Regel ist eine Anschlussstelle im Zulauf des Hydraulikkreislaufes vorgesehen. Eine zusätzliche Messanschlussstelle im Ablauf erlaubt umfangreichere Vergleichsmessungen.

5.3.4 Anordnung von Messstellen

Messstellen in Anlagen sind so anzuordnen, dass
- sie räumlich gut zugänglich sind und
- möglichst viele Elemente mit einer Messung auf ihre Funktion überprüft werden können.

Beispiel für die Anordnung von Messstellen

Im Schaltplan der dargestellten Pressenschaltung mit einem Zylinder sind die fest eingebauten Messgeräte von den Messstellen zu unterscheiden, die zu Prüf- und Entlüftungszwecken angebracht sind. Darüber hinaus ist im Druckflüssigkeitsbehälter ein Thermometer für die Messung der Öltemperatur eingebaut.

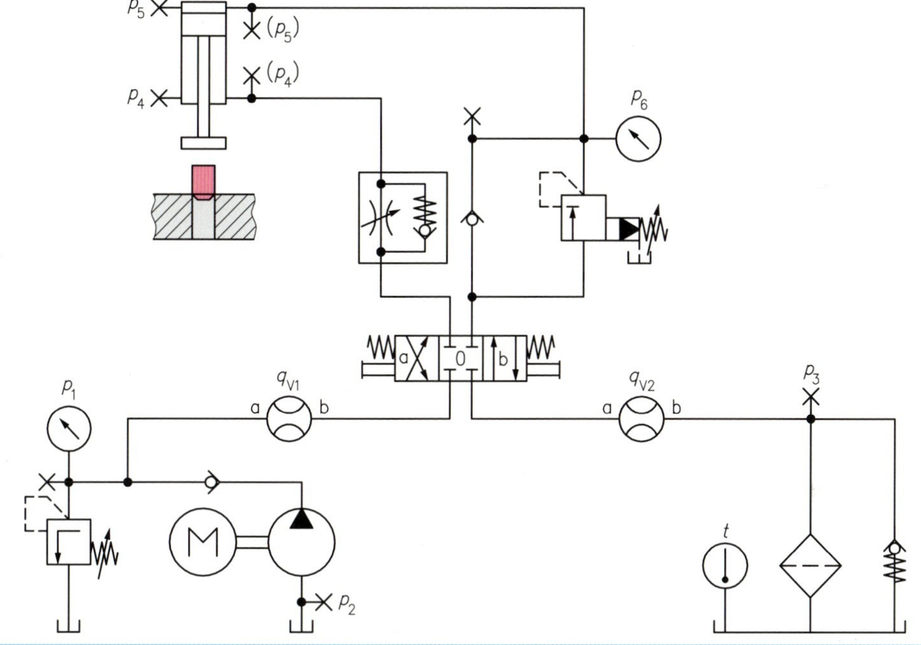

Messstelle	Erklärung
p_1	Fest installiertes Druckmessgerät für die Einstellung des Maximaldruckes mit zusätzlichem Anschluss für ein Prüfmanometer
p_2	Prüfanschluss für die Unterdruckmessung an der Pumpensaugleitung
p_3	Prüfanschluss am Rücklauffilter
p_4	Prüf- und Entlüftungsanschluss für die Kolbenstangenseite des Zylinders
p_5	Prüf- und Entlüftungsanschluss für die Kolbenflächenseite des Zylinders
p_6	Fest installiertes Druckmessgerät für die Anzeige des Sekundärdruckes am Druckminderventil mit zusätzlichem Anschluss für ein Prüfmanometer
q_{V1}	Volumenstrom-Messgerät im Zulauf des Hydraulikkreislaufes
q_{V2}	Volumenstrom-Messgerät im Ablauf des Hydraulikkreislaufes
t	Fest installiertes Temperaturmessgerät zur Messung der Öltemperatur

Übungsaufgabe 5/20

5.3.5 Volumenstrom-Druck-Diagramm (qv-p-Diagramm)

Mithilfe der Messung des Volumenstromes und des Druckes kann man über eine Messreihe verschiedene Zusammenhänge erkennen, wenn man die Werte in einem Koordinatensystem darstellt. Üblicherweise trägt man die Werte für den Volumenstrom auf der waagerechten Achse ein, die Werte für den Druck werden auf der senkrechten Achse aufgetragen.

Beispiel für ein Volumenstrom-Druck-Diagramm aus Messwerten für eine Zahnradpumpe

Nr. der Messung	Druck in bar	Volumenstrom in l/min
1	15	2,93
2	25	2,89
3	50	2,77
4	75	2,63
5	100	2,49
6	125	2,34
7	150	2,22

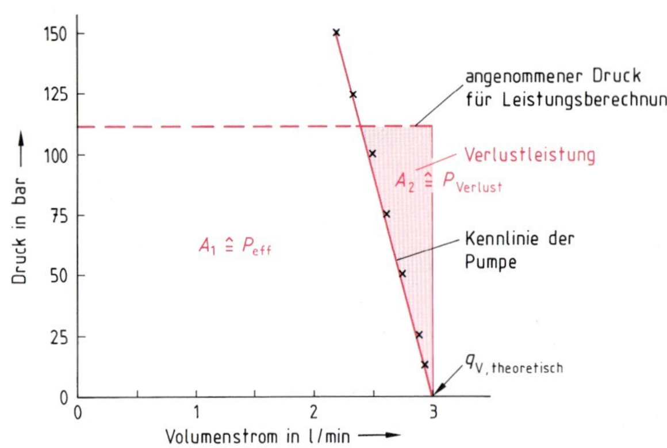

q_V-p-Diagramm

Auswertung des Diagrammes

- Ist der Druck in der Anlage sehr klein, so fördert die Pumpe den größten Volumenstrom, weil nur sehr geringe Leck-Ölverluste auftreten.
- Verlängert man die entstehende Kennlinie auf den Druck Null hin, so erhält man den theoretischen Volumenstrom $q_{v,\,theoretisch}$. Dieser errechnet sich auch aus dem Produkt von Fördervolumen je Umdrehung und Anzahl der Umdrehungen je Zeiteinheit.
- Erhöht sich der Druck in der Anlage, so verringert sich der Volumenstrom, weil in der Pumpe Leckölverluste auftreten.
- Je schräger die Kennlinie verläuft, desto unwirtschaftlicher arbeitet die Pumpe.
- Die Pumpenleistung und die Leistungsverluste lassen sich in dem Diagramm aus dem Vergleich entsprechender Flächen ableiten. Die Gesamtfläche bei einem bestimmten Druck entspricht der theoretischen Leistung der Pumpe bei diesem Druck, da $P = q_V \cdot p$.
- Die Trapezfläche A_1 stellt dann ein Maß für Nutzleistung dar; die Dreiecksfläche A_2 veranschaulicht die Größe der Verlustleistung. (Auswertungsbeispiel für einen Druck von 110 bar)

Einheitenumrechnung für Leistungen $\dfrac{1\ \text{l}}{1\ \text{min}} \cdot 1\ \text{bar} = \dfrac{10^{-3}\text{m}^3 \cdot 10^5\ \text{N}}{60\ \text{s} \cdot \text{m}^2} = 1{,}667\ \dfrac{\text{Nm}}{\text{s}} = 1{,}667\ \text{W}$

Theoretische Leistung $P_{th} = q_V \cdot p;$ $P_{th} = \mathbf{3}\ \dfrac{\text{l}}{\text{min}} \cdot 110\ \text{bar}$ $P_{th} = \mathbf{330}\ \dfrac{\text{l} \cdot \text{bar}}{\text{min}} = \mathbf{550\ W}$

Nutzleistung $P_{eff} = \dfrac{\mathbf{3}\ \dfrac{\text{l}}{\text{min}} + 2{,}45\ \dfrac{\text{l}}{\text{min}}}{2} = 110\ \text{bar}$ $P_{eff} = \mathbf{300}\ \dfrac{\text{l} \cdot \text{bar}}{\text{min}} = \mathbf{500\ W}$

Verlustleistung $P_{Verlust} = \dfrac{\mathbf{0{,}55}\ \dfrac{\text{l}}{\text{min}}}{2} = 110\ \text{bar}$ $P_{Verlust} = \mathbf{30}\ \dfrac{\text{l} \cdot \text{bar}}{\text{min}} = \mathbf{50\ W}$

Wirkungsgrad $\eta = \dfrac{P_{eff}}{P_{th}}$ $\eta = \dfrac{500\ \text{W}}{550\ \text{W}}$ $\eta = \mathbf{0{,}91}$

Übungsaufgaben 5/21; 5/22

5.4 Aufbau und Wirkungsweise einer Hydraulikanlage

5.4.1 Aufbau einer Hydraulikanlage

An einem einfachen Hydraulikantrieb sollen grundlegende Bauelemente einer hydraulischen Anlage dargestellt werden. Der Hydraulikantrieb ist als schematischer Halbschnitt und als Schaltplan nach DIN ISO 1219 gezeichnet.

Beispiel für Hydraulikantrieb

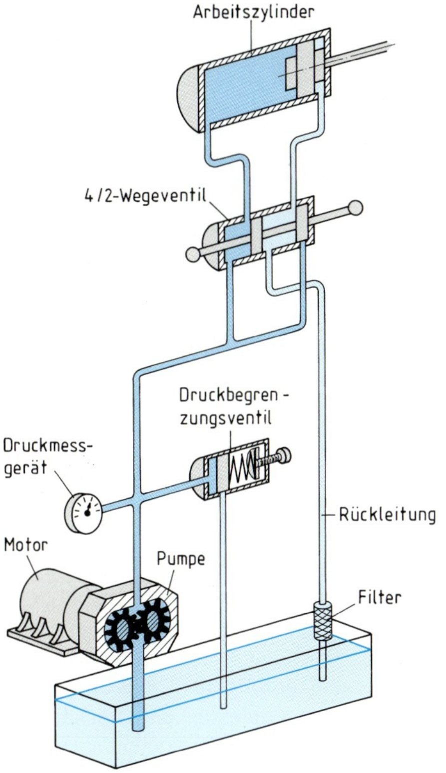

Arbeitszylinder
4/2-Wegeventil
Druckbegrenzungsventil
Druckmessgerät
Motor
Pumpe
Rückleitung
Filter

Schema für Hydraulikantrieb

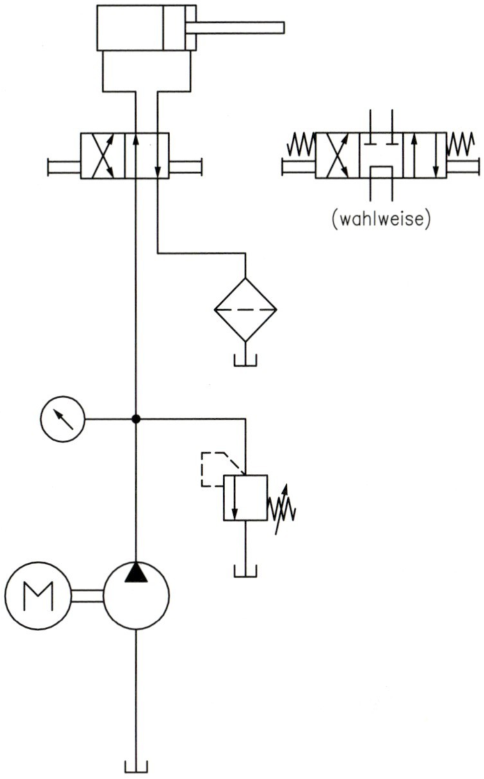

(wahlweise)

Schaltplan für Hydraulikantrieb

Funktionsbeschreibung

Die Hydraulikpumpe wird von einem Elektromotor angetrieben. Sie saugt aus einem Behälter die Betriebsflüssigkeit an und fördert sie durch Leitungen über ein 4/2-Wegeventil zum Hydraulik-Linearmotor (Zylinder). In der dargestellten Schaltstellung ist die Kolbenstange des Zylinders ausgefahren. Man sagt auch: „der Zylinder hat die Bewegungsrichtung Ausfahren".
Nach dem Umschalten des Wegeventiles fährt die Kolbenstange des Zylinders ein. Man sagt: „Der Zylinder hat die Bewegungsrichtung Einfahren".
Wenn der Zylinder ohne Last fährt, baut sich erst in den jeweiligen Endlagen der Kolbenstange ein Druck auf. Dieser Druck nimmt dann den Maximaldruck an, den man am Druckbegrenzungsventil eingestellt hat. Die Pumpe fördert den gesamten Volumenstrom gegen den Maximaldruck über das Druckbegrenzungsventil in den Behälter.
Die zugeführte Leistung setzt sich dabei in Wärme um. Um solche Verluste zu vermeiden, wird oft ein 4/3-Wegeventil gewählt, das bei Mittelstellung einen freien Umlauf des Volumenstromes ermöglicht. Ein Filter im Rücklauf hält die Verschmutzung der Hydraulikflüssigkeit weitgehend zurück.

Übungsaufgaben 5/23; 5/24

5.4.2 Vergleich zwischen Pneumatik- und Hydraulikanlagen

Hydraulische Anlagen sind ähnlich wie pneumatische Anlagen aufgebaut. Man muss jedoch beachten, dass bei der Hydraulik nur mit geschlossenen Kreisläufen gearbeitet werden kann, weil die Flüssigkeit wieder in den Vorratsbehälter zurückgeführt werden muss.
Ein weiterer Unterschied liegt darin, dass in der Hydraulik wesentlich höhere Drücke und damit auch höhere Leistungen genutzt werden als in der Pneumatik.
Die Bildzeichen in der Hydraulik entsprechen weitgehend denen in der Pneumatik. In beiden Fluid-Technologien gilt die Norm ISO 1219. Das Zeichen für die Art des Druckmittels wird anders dargestellt. Die Druckluft wird durch ein offenes Dreieck (△) symbolisiert; für Flüssigkeiten gilt ein ausgefüllte Dreieck (▲). Die Pläne für hydraulische Anlagen enthalten außerdem Bildzeichen für Bauteile, die in pneumatischen Anlagen nicht vorkommen. Solche Bauteile sind z. B. Behälter, Rückleitungen und Leckleitungen.

Beispiel für die Ähnlichkeit von pneumatischen und hydraulischen Schaltplänen

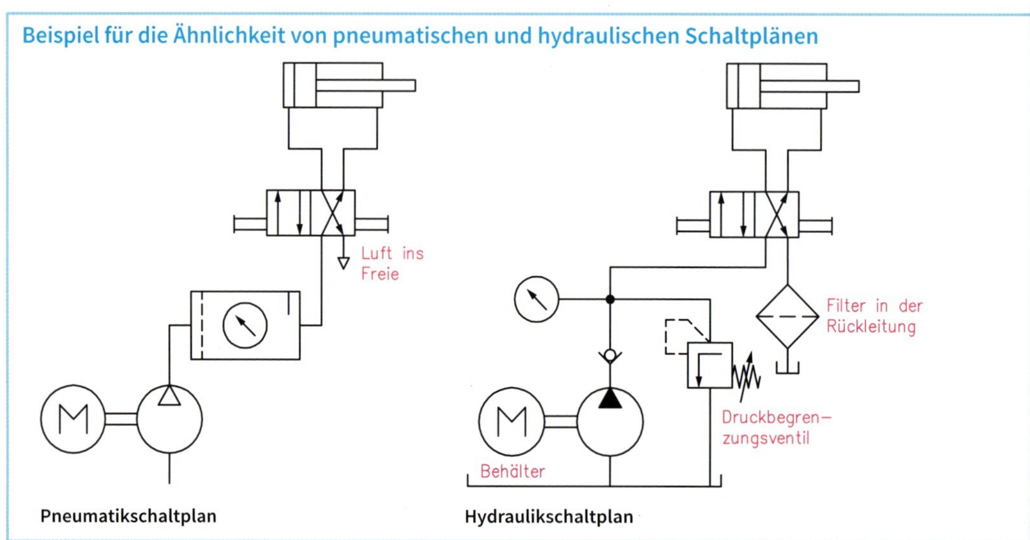

Ein besonders wichtiges Bauteil in Hydraulikanlagen ist das Druckbegrenzungsventil, das als Sicherheitsventil unbedingt notwendig ist. Ohne Druckbegrenzungsventil würden unzulässig hohe Drücke auftreten, die zu Schäden in der Anlage führen würden. Das Druckbegrenzungsventil wird unmittelbar nach der Pumpe eingebaut.

> **!** Die Pläne für Hydraulik- und Pneumatikanlagen werden nach ISO 1219 gezeichnet.
> Hydraulikanlagen sind geschlossene Kreisläufe, während Pneumatikanlagen offene Systeme darstellen.
> Die Hydraulik wird wegen ihrer hohen Leistungsdichte vor allem in der Antriebstechnik eingesetzt.

5.4.3 Hydraulikanlage als technisches System

Alle Hydraulikanlagen sind von ihrer Funktion her so aufgebaut, dass die jeweiligen Teilaufgaben durch entsprechende Teilsysteme erfüllt werden. Das technische System *Hydraulikanlage* kann in folgende Teilsysteme untergliedert werden:

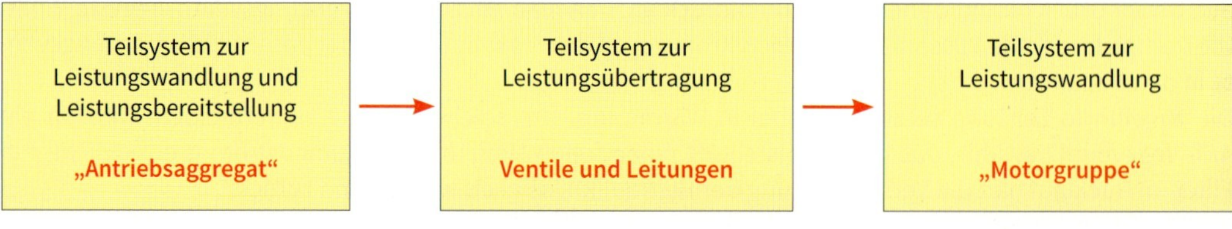

Übungsaufgaben 5/25; 5/26

5.5 Teilsystem zur Leistungswandlung und Leistungsbereitstellung (Antriebsaggregat)

5.5.1 Hydropumpen

In Hydropumpen wird die von außen zugeführte Leistung eines Elektro- oder Verbrennungsmotors in hydraulische Leistung umgewandelt und für die Anlage bereitgestellt. Hydropumpen fördern einen Volumenstrom. Der Druck in der Anlage entsteht, wenn dem Volumenstrom ein Widerstand entgegengesetzt wird. Hydropumpen unterteilt man nach ihrem Aufbau in Zahnradpumpen, Flügelzellenpumpen und Kolbenpumpen. Weiterhin unterscheidet man sie nach der Arbeitsweise in Konstantpumpen und Verstellpumpen.

1. Konstantpumpen

In Konstantpumpen ist das Fördervolumen je Umdrehung, das sogenannte **spezifische Fördervolumen**, konstant. Laufen sie mit konstanter Drehzahl, so ist auch der Volumenstrom konstant. Wird in Arbeitspausen keine Druckflüssigkeit benötigt, so kann über das 4/3-Wegeventil mit freiem Umlauf die Flüssigkeit fast drucklos in den Tank zurückgepumpt werden.

2. Verstellpumpen

An Verstellpumpen kann das Fördervolumen je Umdrehung verändert werden. Somit lässt sich der Volumenstrom in der Anlage beeinflussen. Über einen angeschlossenen Regler lassen sich Verstellpumpen so einrichten, dass die Geschwindigkeit des Arbeitshubes an Zylindern bzw. die Drehzahl an Rotationsmotoren den gewünschten Wert annimmt. Ebenso ist es möglich, die Pumpe so zu beeinflussen, dass der Druck konstant bleibt, ohne dass Druckflüssigkeit verlustreich über das Druckbegrenzungsventil in den Tank zurückgepumpt wird.

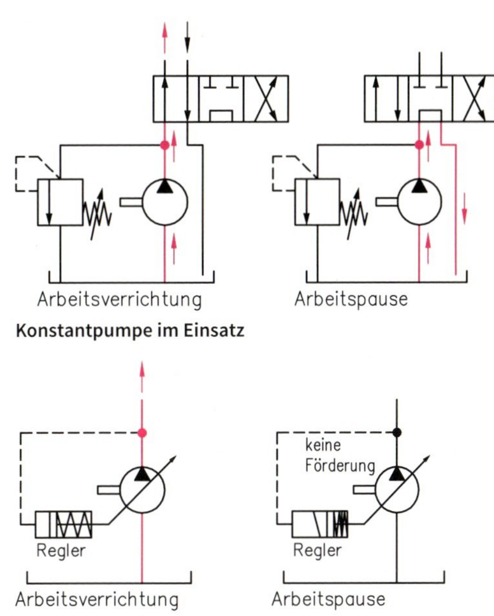

Konstantpumpe im Einsatz

Verstellpumpe als Regelpumpe

> **!** In Konstantpumpen ist das spezifische Fördervolumen konstant. In Verstellpumpen kann das spezifische Fördervolumen verändert werden. Geregelte Verstellpumpen liefern gegebenenfalls nur so viel Druckflüssigkeit wie nötig ist, oder sie halten den Druck ohne Förderung konstant.

5.5.1.1 Zahnradpumpen

Auf der Saugseite der Zahnradpumpe wird die Flüssigkeit aus dem Vorratsbehälter angesaugt und in den Zahnlücken auf der Außenseite der Zahnräder zur Druckseite transportiert. Durch die sich kämmenden Zahnräder wird die Flüssigkeit aus den Zahnlücken verdrängt und in die Druckleitung gefördert.
Beim Ansaugen der Flüssigkeit nutzt man den atmosphärischen Druck aus (maximal 1 bar). Dreht nun die Pumpe schneller als Flüssigkeit nachfließen kann, so werden die Zahnlücken nicht mehr vollständig gefüllt. Es treten Kavitationsschäden auf und zerstören die Pumpe.

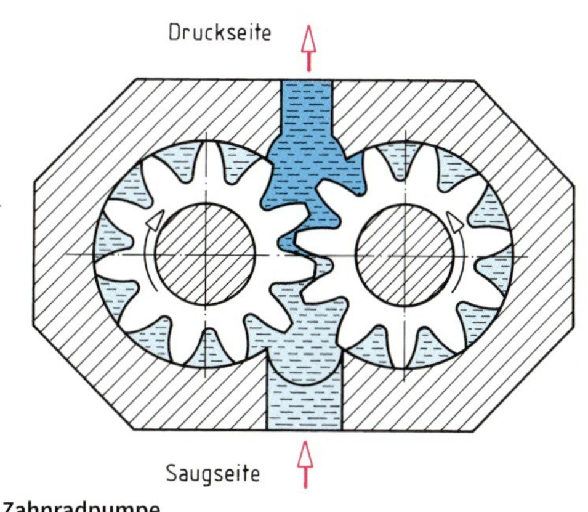

Zahnradpumpe

> **!** Zahnradpumpen fördern den Volumenstrom über Zahnlücken von der Saugseite zur Druckseite. In falsch installierten Pumpen, z. B. bei zu kleinen Saugquerschnitten, treten Kavitationsschäden auf.

Übungsaufgaben 5/27; 5/28

Die Zahnradpumpe liefert einen nahezu konstanten Volumenstrom, der sich aus dem Verdrängungsvolumen je Umdrehung und der Antriebsfreqeunz errechnet. Zahnradpumpen sind aufgrund ihrer Konstruktion Konstantpumpen.
Da die beweglichen Teile der Pumpe Spiel aufweisen, ist der tatsächlich geförderte Volumenstrom geringer als der theoretisch mögliche Volumenstrom. Es treten Leckverluste auf, weil Flüssigkeit von der Hochdruckseite zur Niederdruckseite fließt. Bei höherem Druck nimmt der Volumenstrom etwas ab, die Leckverluste werden größer, weil mehr Flüssigkeit zwischen den beweglichen Teilen der Pumpe zurückgequetscht wird.

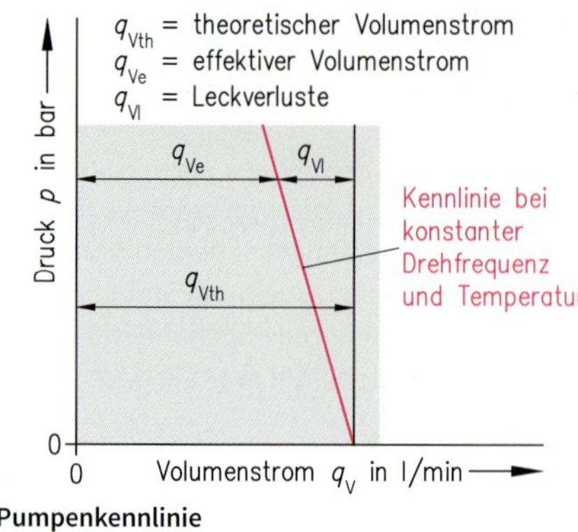

Pumpenkennlinie

Die Abhängigkeit des Volumenstromes vom Druck ist eine kennzeichnende Eigenschaft jeder Hydropumpe. Sie wird als **Pumpenkennlinie** dargestellt. Verschleiß von Pumpenbauteilen kann durch den Vergleich der Volumenströme ermittelt werden.

Die Pumpenkennlinie zeigt die Abhängigkeit des Volumenstroms vom Druck. Verschleiß in der Pumpe kann durch entsprechende Messungen festgestellt werden.

5.5.1.2 Flügelzellenpumpen

Flügelzellenpumpen enthalten einen Rotor, auf dessen Umfang Schlitze eingearbeitet sind. In diese Schlitze sind lose einzelne Flügel eingesetzt. Im Betrieb werden die Flügel aufgrund der Fliehkraft gegen den feststehenden Außenring gepresst. In den so entstehenden Kammern zwischen den Flügeln wird die Flüssigkeit von der Saugseite zur Druckseite transportiert. Durch die exzentrische Anordnung von Rotor und Außenring werden die Kammern beim Durchlaufen der Druckseite kleiner, und so wird die Druckflüssigkeit in die Druckleitung gefördert. Bei verstellbaren Flügelzellenpumpen verändert man die Exzentrizität zwischen Rotor und Außenring.

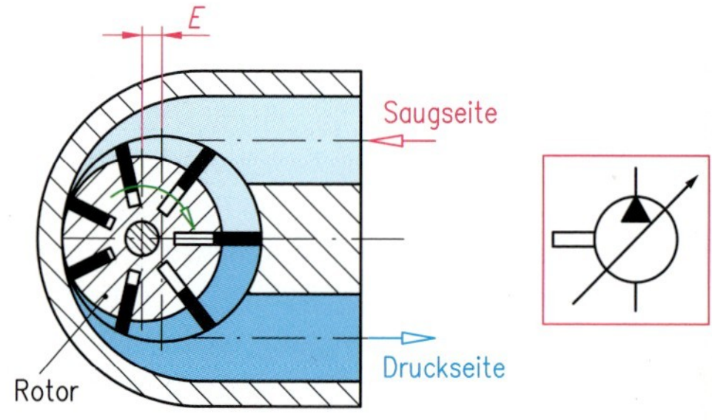

größte Exzentrizität = maximalem Volumenstrom

Flügelzellenpumpe

5.5.1.3 Kolbenpumpen

Zur Erzeugung von hohen Drücken in hydraulischen Systemen setzt man vielfach Kolbenpumpen ein. Man unterscheidet Radialkolbenpumpen und Axialkolbenpumpen.

Beispiel für eine Radialkolpenpumpe

Die schematisch dargestellte Radialkolbenpumpe besteht im Wesentlichen aus einem feststehenden Pumpengehäuse, radial angeordneten Kolben, einer Exzenterwelle sowie Ein- und Auslassventilen. Die Exzenterwelle dreht sich und ermöglicht bzw. erzwingt die Radialbewegungen der Kolben.

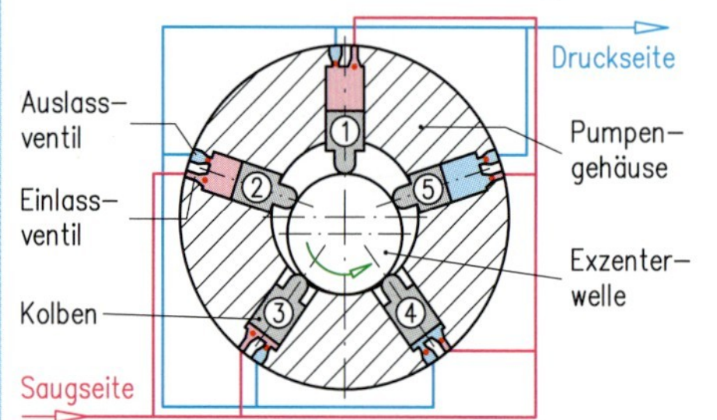

Das Schema der Radialkolbenpumpe verdeutlicht folgende Zusammenhänge:

Kolben 1 hat die größte Ölmenge angesaugt.
Kolben 2 hat bereits Öl angesaugt.
Kolben 3 beginnt Öl anzusaugen.
Kolben 4 hat bereits Öl in die Druckleitung gepresst.
Kolben 5 beginnt Öl in die Druckleitung zu pressen.

Übungsaufgaben 5/29 bis 5/33

Beispiel für eine verstellbare Axialkolbenpumpe

Eine Axialkolbenpumpe besteht im Wesentlichem aus der Antriebswelle, den Kolben, der Trommel, der Steuerscheibe und der Schrägachse. Die Antriebswelle dreht sich und nimmt die Kolben über Kugelgelenke mit. Die Trommel ist um die feststehende Schrägachse gelagert und dreht sich ebenfalls mit den Kolben. Da die Schrägachse zur Welle um den Schwenkwinkel α geneigt ist, führen die Kolben während einer Umdrehung eine hin- und hergehende Hubbewegung durch.
Auf der Saugseite gleitet der Kolben zurück und saugt Öl über den Steuerschlitz der feststehenden Steuerscheibe an.
Auf der Druckseite gleitet der Kolben vor und drückt das Öl über den anderen Steuerschlitz in die Druckleitung.
Durch Verändern des Schwenkwinkels kann über die Hublänge der Kolben der Volumenstrom verändert werden.

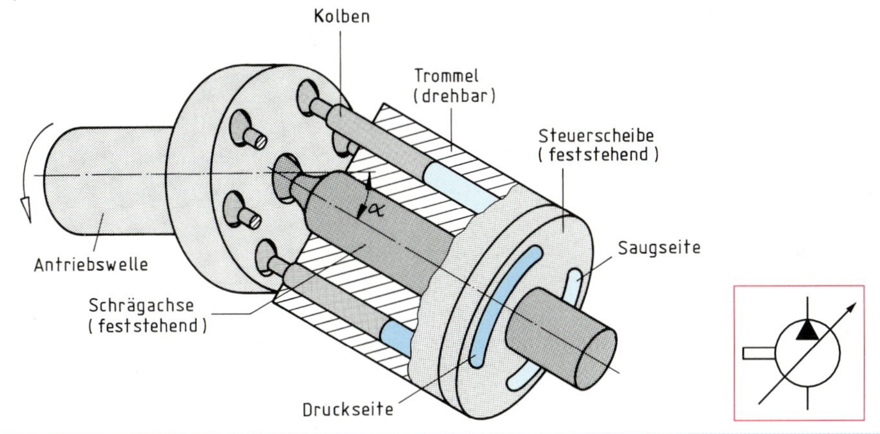

Axialkolbenpumpen fördern die Druckflüssigkeit durch die Hubbewegung der Kolben. Mit Axialkolbenpumpen kann man sehr hohe Drücke erzeugen.

5.5.2 Druckbegrenzungsventil

Das Druckbegrenzungsventil hat die Aufgabe, den Maximaldruck in einer Anlage auf einen bestimmten Wert zu begrenzen, um Bauteile und Leitungen vor Überlastung und Beschädigung zu schützen. Deshalb muss das Druckbegrenzungsventil in der Nähe der Pumpe und parallel zu ihr eingebaut werden. Druckbegrenzungsventile können direkt gesteuert oder vorgesteuert sein.

Beim direkt gesteuerten Druckbegrenzungsventil wirkt der Druck p aus der Anlage auf die Fläche A des Ventilkörpers. Die entstehende Druckkraft $F = p \cdot A$ wirkt der Federkraft entgegen, die mit einer Stellschraube verändert werden kann. Steigt der Druck in der Anlage so hoch an, dass die Druckkraft größer als die Federkraft ist, so öffnet das Ventil. Dieser Offenhaltedruck ist vom durchfließenden Volumenstrom abhängig.

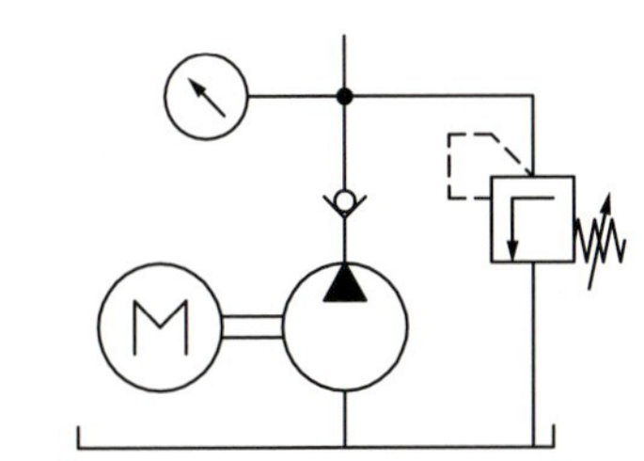

Druckbegrenzungsventil – Einbau

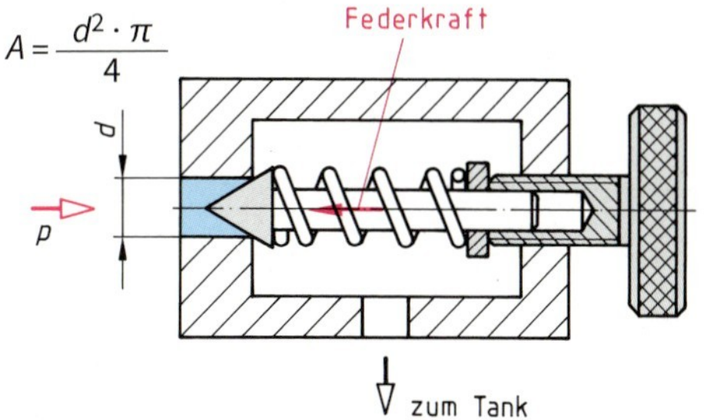

Druckbegrenzungsventil – Aufbau

Die Kennlinie eines direkt gesteuerten Druckbegrenzungsventils zeigt die Abhängigkeit zwischen dem Druck, der das Ventil öffnet (Offenhaltedruck) und dem durchfließenden Volumenstrom.

Im Idealfall sollte der Offenhaltedruck unabhängig vom durchfließenden Volumenstrom sein. Tatsächlich steigt jedoch der Offenhaltedruck an, wenn der Volumenstrom größer wird.

Erklären kann man sich diesen Zusammenhang wie folgt:

Ein größerer Volumenstrom öffnet das Druckbegrenzungsventil weiter. Dadurch wird die Feder im Ventil mehr zusammengedrückt und die Federkraft erhöht sich. Durch die Erhöhung der Federkraft baut sich ein höherer Druck auf.

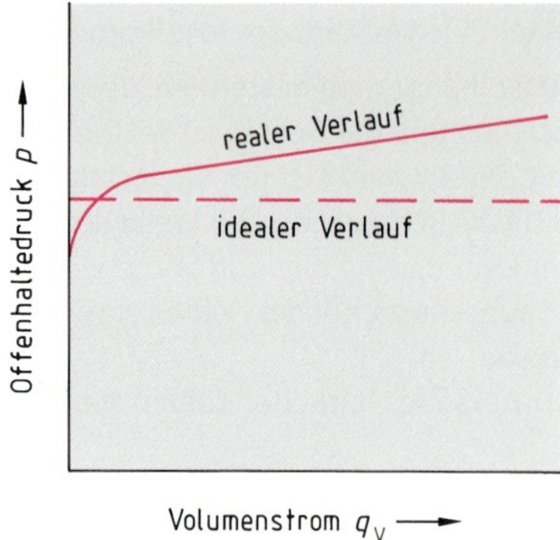

Druckbegrenzungsventil – Kennlinie

Es ist also notwendig, das Druckbegrenzungsventil bei maximalem Volumenstrom einzustellen. Wird der Maximaldruck bei kleinem Volumenstrom, z. B. im unteren Bereich einer Verstellpumpen eingestellt, so erfüllt das Druckbegrenzungsventil seine Aufgabe nicht mehr in der gewünschten Weise. In der Anlage entstehen dann bei größeren Volumenströmen unzulässig große Drücke.

Der Maximaldruck am Druckbegrenzungsventil muss stets bei maximalem Volumenstrom eingestellt werden.

5.5.3 Druckflüssigkeitsbehälter

Jede Hydraulikanlage hat einen eigenen Druckflüssigkeitsbehälter. Die Flüssigkeit wird im Kreislauf durch die Anlage in den Tank zurückgeführt; auch die Leckflüssigkeit leitet man in den Tank.

Aufgaben des Druckflüssigkeitsbehälters

Aufgabe	Hinweise zur Konstruktion
Bevorratung der Druckflüssigkeit	Der Vorratsbehälter muss genügend groß sein. Bei stationären Anlagen ist der Behälter drei- bis fünfmal so groß wie das maximal in einer Minute zuströmende Volumen. Behälter in mobilen Anlagen sind kleiner, wenn eine Betriebstemperatur bis etwa 70 °C zugelassen wird.
Abführen der Verlustwärme	Die Wärme, die durch Leistungsverluste während des Betriebes einer Anlage auftritt, muss über genügend große Behälterwände abgeführt werden. Gegebenenfalls baut man zusätzliche Kühler ein.
Entfernen von Verunreinigungen und Kondenswasser	Verunreinigungen und Kondenswasser setzen sich an der tiefsten Stelle des schrägen Behälterbodens ab und werden von Zeit zu Zeit abgelassen
Abscheiden von Luft	Von der Druckflüssigkeit mitgeführte Luft soll möglichst nicht in den Saugbereich der Pumpe gelangen. Deshalb ist der Behälter durch ein „Beruhigungsblech" in eine Rücklaufkammer und eine Ansaugkammer getrennt. Rücklauf und Saugleitung sind weit voneinander entfernt angebracht.
Druckausgleich	Der atmosphärische Luftdruck kann ungehindert auf die Flüssigkeit wirken, weil ein Luftausgleichsfilter zur Umgebungsluft hin geöffnet ist.

Im Antriebsaggregat bilden der Druckflüssigkeitsbehälter, die Pumpe und der Motor eine Einheit. Die Pumpe wird möglichst tief eingebaut, damit die Flüssigkeit nicht zusätzlich nach oben angesaugt werden muss. Man montiert die Pumpe möglichst seitlich in den Behälter oder setzt sie direkt in den Behälter unter dem Flüssigkeitsspiegel. Mit einer Flüssigkeitsanzeige lässt sich der Flüssigkeitsstand überwachen.

Übungsaufgaben 5/35; 5/36

Beispiel für einen Druckflüssigkeitsbehälter

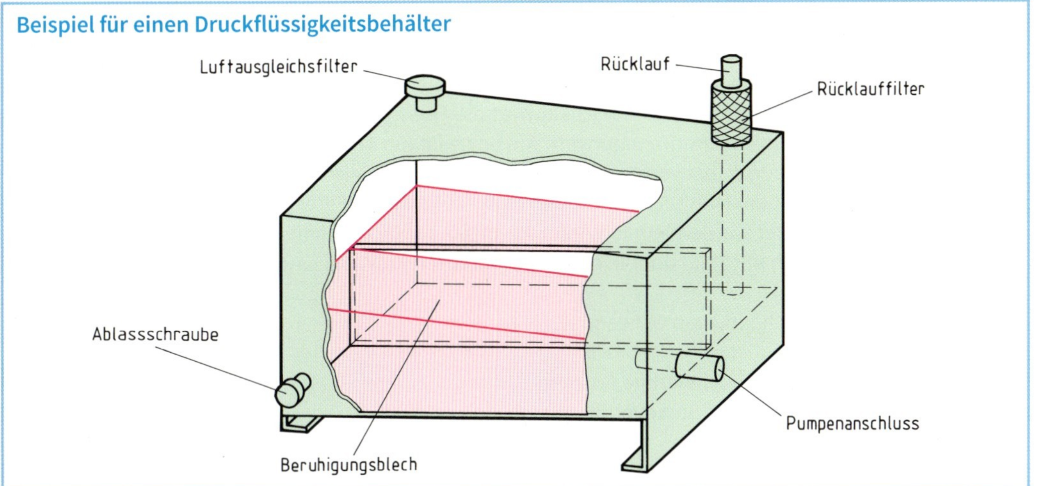

Der Druckflüssigkeitsbehälter in einer Hydraulikanlage hat folgende Aufgaben:
- Vorratshaltung der Flüssigkeit,
- Temperierung der Flüssigkeit,
- Abscheiden von Verunreinigungen aus der Flüssigkeit.

5.5.4 Druckflüssigkeiten

Die Druckflüssigkeit hat die Aufgabe, Kräfte und Bewegungen und somit Leistung zu übertragen. Darüber hinaus soll die Flüssigkeit für die Schmierung und Korrosionsschutz sorgen. Durch die Reibung in den Bauteilen der Anlage entsteht Wärme, die von der Flüssigkeit abgeführt werden muss.

Die Druckflüssigkeit muss daher entsprechende Eigenschaften haben:
- möglichst geringe Änderung der Viskosität über einen größeren Temperaturbereich;
- gute Schmierwirkung und damit Schutz vor Reibung und Verschleiß;
- guter Korrosionsschutz gegenüber Bauelementen aus unterschiedlichen Metallen;
- Verträglichkeit gegenüber Dichtungen und anderen Kunststoffelementen;
- alterungsbeständig, d. h. geringe Neigung zur Verharzung bzw. Säurebildung;
- gutes Luftabscheidevermögen und geringe Neigung zur Schaumbildung.

Für Hydraulikflüssigkeiten setzt man vor allem Druckflüssigkeiten auf Mineralölbasis und schwer entflammbare Druckflüssigkeiten ein.

Mineralöle sind die am meisten verwendeten Druckflüssigkeiten. Sie werden mit entsprechenden Wirkstoffen vermischt, damit die gewünschten Eigenschaften erreicht werden.

Schwer entflammbare Druckflüssigkeiten weisen eine erheblich höhere Zündtemperatur als Mineralöle auf. Sie haben jedoch im Vergleich zu den Mineralölen geringere Schmierfähigkeit, schlechteres Korrosionsverhalten und niedrigere Viskosität.

Auswahl von Druckflüssigkeiten

Art	Einsatz
	Mineralöle
HL	Industriehydraulik; Druckbereich bis 250 bar
HLP	Industriehydraulik; Druckbereich über 250 bar
	schwer entflammbare Flüssigkeiten
HFC	in feuergefährdeten Anlagen; mäßige Drücke (Lösung mit 35 bis 55 % Wasser)
HFD	in feuergefährdeten Anlagen; hohe Drücke (synthetische wasserfreie Flüssigkeit)

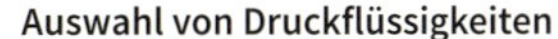

5.5.5 Filter

Schmutzteilchen verursachen Störungen in der Hydraulikanlage. Staub, Späne oder Schweißrückstände, die bei der Montage der Anlage nicht entfernt worden sind, gelangen in die Hydraulikflüssigkeit. Durch den Verschleiß bewegter Teile bzw. durch Rostpartikel wird die Flüssigkeit ebenfalls verschmutzt. Auch durch den Fertigungsprozess dringen Verunreinigungen, wie Schleifstaub oder Gusssand, in die Hydraulikflüssigkeit ein. Die Schmutzteilchen selbst verursachen auch wieder Verschleiß oder sie verstopfen Ventilbohrungen bzw. verklemmen Kolben. Man setzt deshalb in Hydraulikanlagen Filter ein, um möglichst alle Fremdstoffe zurückzuhalten. Filter werden je nach Anforderungen an die Druckflüssigkeit in die Saugleitung, in die Hochdruckseite, in den Rücklauf oder in einem gesonderten Kreislauf eingebaut.

Rücklauffilter werden am häufigsten verwendet.

Hochdruckfilter baut man in hochwertige Anlagen zum Schutz für Proportional- bzw. Servoventile ein.

Saugfilter sind grobmaschig und dienen dazu, beim Pumpeneinlauf größere Verunreinigungen zurückzuhalten, sie ersetzen aber keinesfalls den Rücklauffilter.

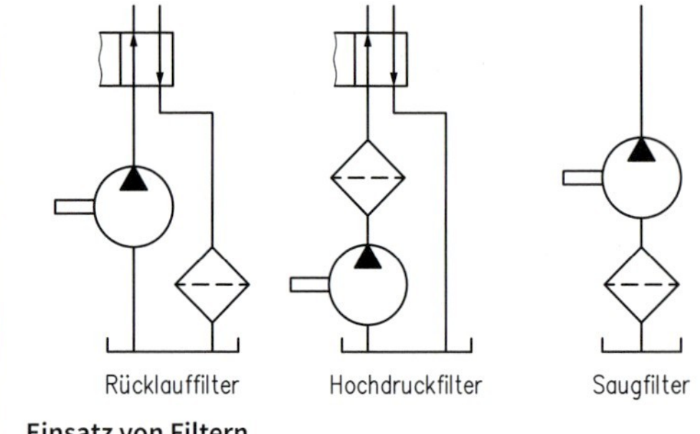

Einsatz von Filtern

> **!** Filter sind für die Funktion einer Hydraulikanlage notwendig, sie verringern die Störanfälligkeit und verlängern die Lebensdauer der Bauteile in der Anlage.

Die Feinheit des Filters (Porenweite) wird in Mikrometer angegeben. In der Mobil- und Industriehydraulik verwendet man z. B. Filter mit einer Porenweite zwischen 10 µm und 60 µm. In der Servohydraulik dagegen beträgt die Porenweite etwa 5 µm.
Je nach der Filterwirkung unterscheidet man Oberflächenfilter und Tiefenfilter.

Oberflächenfilter halten die Schmutzteilchen nur an der Oberfläche des Filters zurück. Sie haben kleine Baugrößen, können leicht gereinigt werden, verschmutzen jedoch verhältnismäßig schnell.

Tiefenfilter filtern über den gesamten Querschnitt, sie können mehr Schmutz aufnehmen, lassen sich jedoch schlechter reinigen.

Filter bewirken in der Hydraulikanlage einen Druckabfall. Der Druckabfall ist vom Verschmutzungsgrad des Filters abhängig und wird messtechnisch zur Filterüberwachung genutzt.
Damit bei zugesetztem Filter die Anlage nicht überlastet wird, baut man eine Umgehungsleitung ein. Diese Leitung öffnet sich bei zugesetztem Filter über ein federbelastetes Rückschlagventil (Bypassventil).

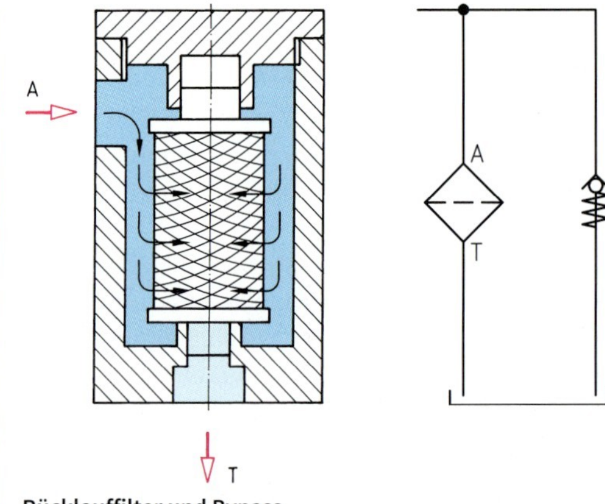

Rücklauffilter und Bypass

Filter verschmutzt
Filterfunktion normal
Druck p
Volumenstrom q_V

Filter – Kennlinie

> Der Verschmutzungsgrad eines Filters wird in der Betriebspraxis meist durch eine am Filter angebrachte Druckmesseinrichtung angezeigt.

Übungsaufgaben 5/40; 5/41

5.5.6 Hydrospeicher

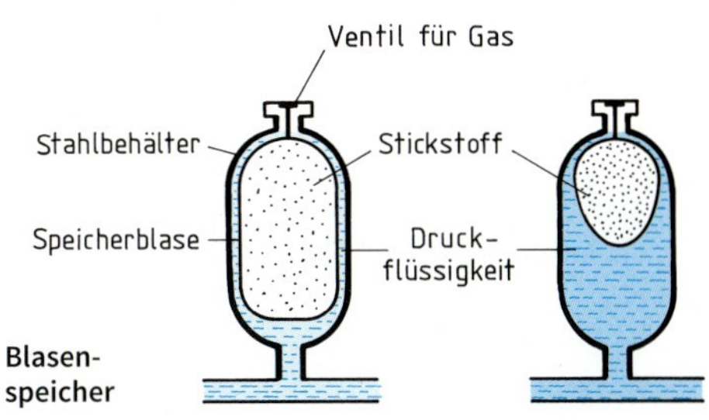

Blasenspeicher

In Hydraulikanlagen kann Druckflüssigkeit in begrenztem Maße in Behältern unter Druck gespeichert werden. Diese Behälter bezeichnet man als Hydrospeicher. Am häufigsten wird der gasbelastete Blasenspeicher eingesetzt. Ein **Blasenspeicher** besteht aus einem hochfesten Stahlbehälter, in den eine elastische Kunststoff- oder Gummiblase eingebaut ist. Diese Blase kann über ein Ventil mit Druckgas – meist Stickstoff – gefüllt werden. Leitet man von unten Druckflüssigkeit in den Behälter, so wird je nach Flüssigkeitsvolumen die Gasblase mehr oder weniger zusammengedrückt. Die gespeicherte Druckflüssigkeit kann bei Bedarf an die Anlage abgegeben werden.
Neben dem Blasenspeicher setzt man noch den Membranspeicher und den Kolbenspeicher ein.

! In Hydrospeichern wird hydraulische Energie gespeichert. Sie stellen als „Pumpen auf Zeit" zusätzliche Leistung bereit. Speicher dienen zur Energieeinsparung, zum Leckverlustausgleich und zur Stoßdämpfung.

Sicherheitsmaßnahmen
Da gasbelastete Hydrospeicher mit hohem Gasdruck beaufschlagt sind, ist bei ihnen erhöhte Sorgfalt geboten:

- *Füllung mit Sauerstoff* ist wegen der Explosionsgefahr (Öl und Sauerstoff) *verboten*.
- An *Speicherflaschen* dürfen *keine Nacharbeiten* vorgenommen werden; weder Schweißen, Löten noch mechanische Nacharbeitung sind zulässig.
- Ein Speicher kann eine Hydraulikanlage lange unter Druck halten. *Vor Eingriff* in die Anlage muss sie *druckfrei* gemacht werden, um zu verhindern, dass bei abgeschalteter Pumpe noch Bewegungen ausgeführt werden.

5.6 Teilsystem zur Leistungsübertragung

5.6.1 Leitungen und Verbindungen

Durch Rohrleitungen, Schläuche und Verbindungen werden die hydraulischen Bauelemente zu einem geschlossenen System gefügt. Als Rohrleitungen verwendet man fast ausschließlich nahtlose Präzisionsrohre aus Stahl bzw. aus nicht rostendem Stahl. Die Leitungen sind nach Möglichkeit gerade, bzw. in großen Radien zu verlegen. Dadurch werden die Strömungsverluste gering gehalten. Der Rohrquerschnitt ist so groß zu wählen, dass die maximalen Strömungsgeschwindigkeiten die Richtwerte nicht überschreiten.

Richtwerte für Strömungsgeschwindigkeiten:

- Saugleitungen : 0,5 bis 1,5 m/s
- Druckleitungen : 1,5 bis 7 m/s
- Rücklaufleitungen : 2 bis 4 m/s

Als Verbindung hat sich die **Schneidringverschraubung** bewährt. Bei der **Schneidringverschraubung** wird eine Überwurfmutter angezogen. Dadurch wird der Schneidring durch den Innenkegel verjüngt und der Ring schneidet sich in das Rohr ein. Am Rohr entsteht ein sichtbarer Bund. Die Verschraubung bleibt auch nach mehrmaligem Lösen und Fügen dicht.

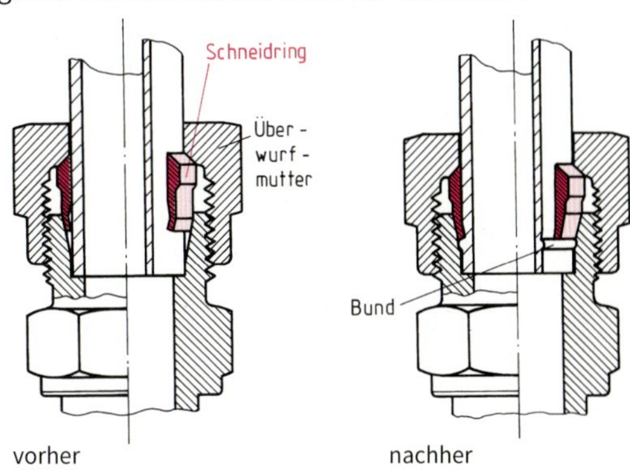

Schneidringverschraubung

Rohrleitungen verbinden die fest stehenden Bauteile in einer Hydraulikanlage. Schneidringverschraubungen benutzt man häufig als Verbindungselement zwischen den Geräten und Rohren.

Über **Schläuche** wird die Druckflüssigkeit beweglichen Arbeitsgliedern zugeführt. Schläuche verwendet man auch, wenn hydraulische Antriebssysteme wiederholt gewechselt werden müssen.

Schläuche werden außerdem dann eingesetzt, wenn in einer Anlage störender Körperschall auftritt und seine Weiterleitung vermieden werden soll.

Schlauchleitungen bestehen aus ölfesten Kunststoffen, die mit Textil- und Metallgeflechten verstärkt sind. Ihr Einsatz ist zeitlich begrenzt, da sie altern. Scharfe Biegungen, Impulsbelastungen und Torsionsbeanspruchungen verringern ebenfalls die Lebensdauer. Besonders sorgfältig muss der Einbau der Schläuche geplant und durchgeführt werden. Grundsätzlich ist darauf zu achten, dass die Schläuche genügend Bewegungsfreiheit haben.

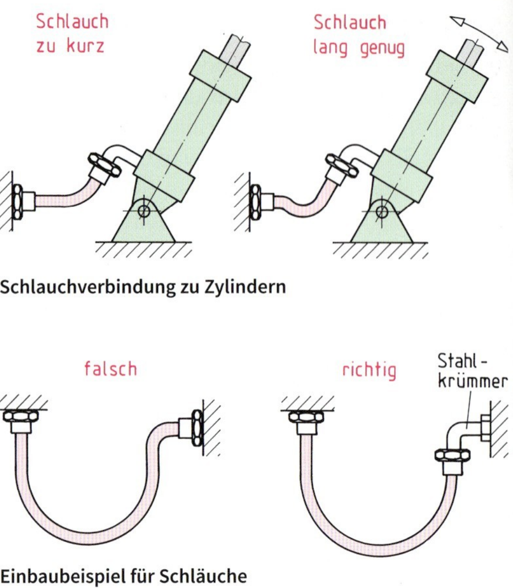

Schlauchverbindung zu Zylindern

Einbaubeispiel für Schläuche

Schnelltrennkupplungen erlauben in drucklosem Zustand einen einfachen Wechsel von Einzelgeräten bzw. ganzen Baugruppen, wenn man sie mit Schlauchleitungen kombiniert. In Schnelltrennkupplungen tritt jedoch während des Betriebes ein zusätzlicher Druckabfall auf; weiterhin haben sie den Nachteil, dass sie beim Entkuppeln Restöl verlieren.

! Schlauchleitungen verbinden bewegliche Bauteile in einer Hydraulikanlage. Werden Antriebssysteme häufig gewechselt, so schließt man die Schläuche mit Schnelltrennkupplungen an die Geräte an.

Besondere **Anschlussplatten** verwendet man, um Montage- und Wartungsarbeiten zu verringern. Die Rohrleitungen werden an die Anschlussplatten fest montiert. Auf der Gegenseite dieser Platten werden die Ventile aufgeschraubt. Als Abdichtungselemente zwischen Anschlussplatte und Ventilkörper benutzt man O-Ringe.

Die Bohrungen und ihre Lage in den Platten bezeichnet man als Lochbilder. Die Lochbilder sind genormt.

Dadurch können auch Ventile unterschiedlicher Hersteller ohne zusätzlichen Aufwand eingesetzt werden.

Die Anschlussplatten (Lochplatten) kennzeichnet man z. B. mit NG 8, NG 10, NG 25. Die Zahlen entsprechen in etwa dem Durchmesser der Anschlussbohrungen in Millimeter.

Anschlussplatte

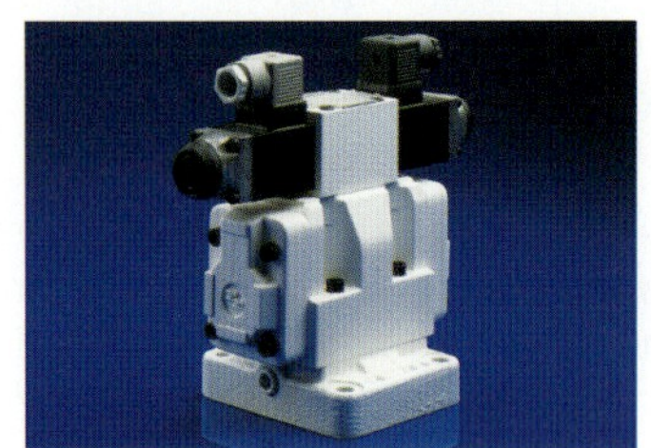

Auf Anschlussplatte montiertes Ventil

Eine weitere Methode, den Montageaufwand für häufig vorkommende Teilfunktionen in einer Hydraulikanlage herabzusetzen, ist die Verwendung von **Steuerblöcken**. In Steuerblöcken sind die erforderlichen Bohrungen für die Funktionen eingearbeitet. Die Hydraulikgeräte werden ähnlich wie bei den Anschlussplatten aufgeschraubt oder in Form einer „Patronenkonstruktion" in die Bohrungen eingeschraubt. Diese platzsparende Konstruktion vermindert die Zahl der Verschraubungen und ist wartungsfreundlich.

Übungsaufgaben 5/47; 5/48

5.6.2 Wegeventile

Wegeventile sind für die Hydraulik in Bezug auf Bauformen und Funktionen in großer Vielfalt entwickelt worden. Vorwiegend werden Kolbenschieberventile – meist 4/3-Wegeventile – eingesetzt.

Als Beispiel wird der Aufbau und die Funktion eines vorgesteuerten 4/3-Wegeventiles beschrieben.

Die Längsbohrung für den Kolben im Hauptventil hat fünf Ringkanäle. Diese sind mit den Anschlüssen P, A, B und T verbunden. Dem Anschluss T ist über eine Zusatzbohrung ein zweiter Ringkanal zugeordnet, damit das Rücköl in beiden Arbeitsstellungen zum Tank geführt werden kann. Das Vorsteuerventil wird über das Hauptventil mit Druckflüssigkeit versorgt. Die Arbeitsleitungen des Vorsteuerventils führen auf die Steuerseiten des Hauptkolbens. Eingebaute Druckfedern halten die Kolben in beiden Ventilen in Nullstellung (Mittellage).

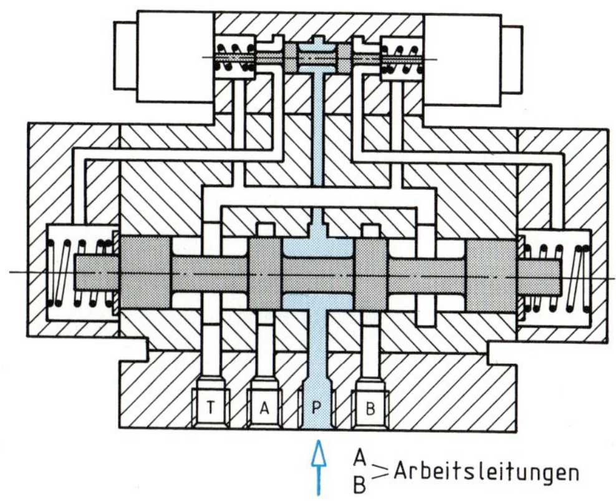

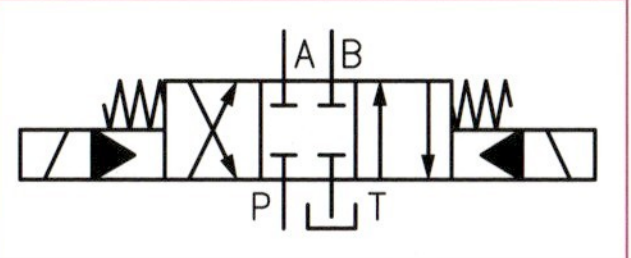

4/3-Wegeventil – Nullstellung

Wird das Vorsteuerventil beispielsweise auf der rechten Seite elektromagnetisch betätigt, so verschiebt sich der Vorsteuerkolben nach rechts und verbindet die rechte Arbeitsleitung des Vorsteuerventils mit dem Druckanschluss. Somit wirkt auf die rechte Seite des Hauptventils die Druckflüssigkeit. Der Hauptkolben wird nach links umgeschaltet und versorgt die Arbeitsleitung A mit Arbeitsdruck. Die Rückleitung B öffnet sich gleichzeitig zum Tank hin.

Soll dagegen die Leitung B mit Arbeitsdruck versorgt werden, so muss der Elektromagnet auf der linken Seite des Vorsteuerventils betätigt werden.

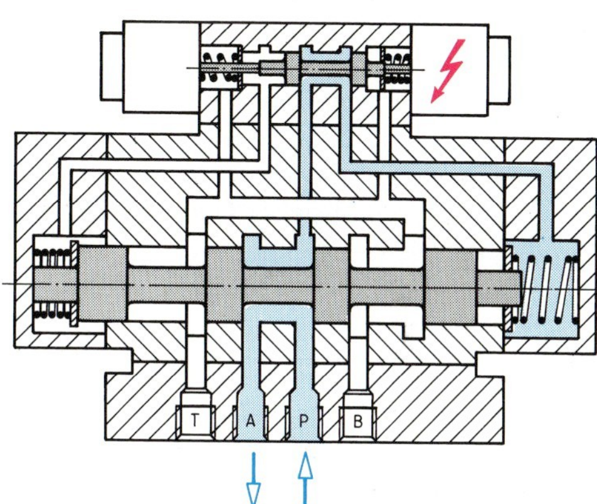

4/3-Wegeventil – Arbeitsstellung

Die Kennlinie im q_V-p-Diagramm zeigt, dass bei höheren Volumenströmen größere Druckverluste auftreten. Außerdem ist festzustellen, dass Druckverluste sowohl beim Zulauf (P nach A) als auch beim Rücklauf (B nach T) auftreten, die sich addieren.

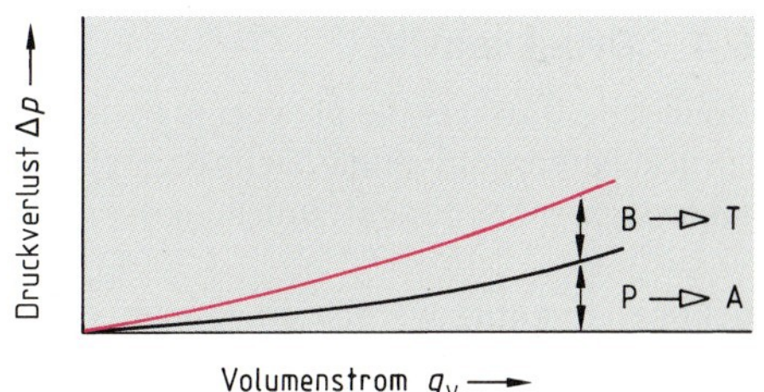

q_V-p-Diagramm

Wegeventile haben in erster Linie die Aufgabe, die Richtung des Volumenstromes zu steuern. Je nach Ventilausführung haben Wegeventile auch die Aufgabe, den Volumenstrom abzusperren.

5.6.3 Sperrventile

Sperrventile haben die Aufgabe, den Volumenstrom in einer Richtung zu sperren und in der anderen Richtung freien Durchfluss zu gestatten. In der Hydraulik werden vor allem das Rückschlagventil und das entsperrbare Rückschlagventil eingesetzt.

1. Rückschlagventil
Das Rückschlagventil ist ein Sitzventil, dessen Abschlusselement als Kegel oder Kugel ausgeführt sein kann. Normalerweise wird das Abschlusselement durch eine schwache Feder in den Ventilsitz gedrückt. Die Feder hat den Vorteil, dass das Ventil in beliebiger Einbaulage montiert werden kann und dass es in seiner Ruhestellung geschlossen ist. Der Öffnungsdruck eines Rückschlagventils hängt von der gewählten Feder ab und ist gegenüber den übrigen Widerständen in einem Hydrauliksystem meist vernachlässigbar klein.

2. Entsperrbares Rückschlagventil
Wird in einem Rückschlagventil Durchfluss unter bestimmten Bedingungen auch in Sperrstellung gefordert, so steuert man das Rückschlagventil entsprechend an. Die Ansteuerung erfolgt hydraulisch über einen zusätzlichen Kolben, der bei Druckbeaufschlagung den Ventilsitz entgegen der Schließkraft aus seiner Schließstellung hoch hebt. Eingesetzt wird das entsperrbare Rückschlagventil in Verbindung mit einem Wegeventil in Kolbenschieberausführung, wenn eine schwere Last gegen unerwünschtes Absinken über längere Zeit sicher gehalten werden muss.

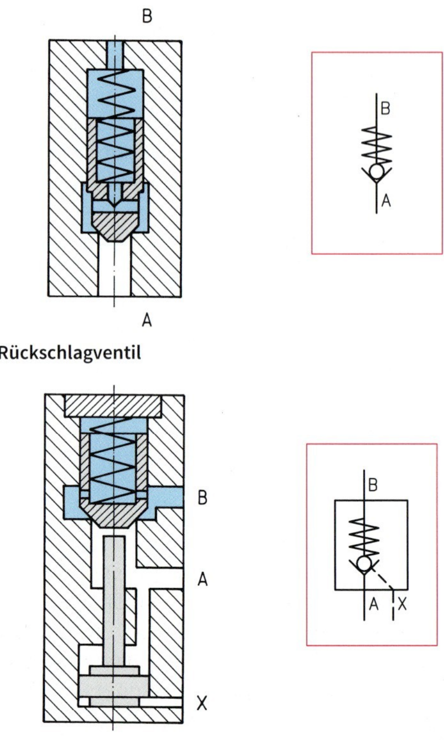

Rückschlagventil

Entsperrbares Rückschlagventil

> **!** Rückschlagventile sind Sperrventile, die ohne Signal von außen eine Durchflussrichtung leckölfrei sperren und in Gegenrichtung freien Durchfluss geben.
> In entsperrbaren Rückschlagventilen kann die Sperrstellung über eine hydraulische Ansteuerung aufgehoben werden.

5.6.4 Druckventile

Hydraulische Druckventile benutzt man entweder als Druckbegrenzungsventile (siehe Kapitel *„Druckbegrenzungsventil“*) oder als Druckminderventile.

Druckminderventile werden eingesetzt, wenn in einem Teil der Hydraulikanlage ein geringerer, aber konstanter Druck herrschen soll als in der Gesamtanlage. Die Wirkung des Druckminderventils beruht auf dem Vergleich der einstellbaren Federkraft zur Druckkraft aus dem gewünschten Druck p_2.

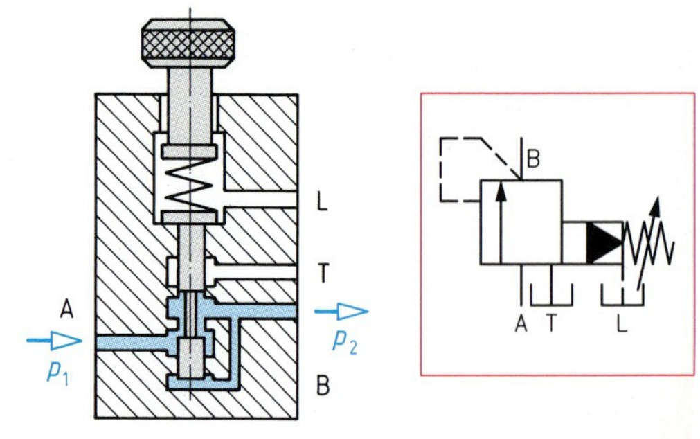

Druckminderventil

5.6.5 Stromventile

Will man den durchfließenden Volumenstrom in einer Hydraulikanlage beeinflussen, so können Stromventile eingesetzt werden. Durch die richtige Anordnung der Stromventile lässt sich die Geschwindigkeit von Zylindern bzw. die Drehfrequenz von Hydromotoren verändern.

1. Drosselventil

In einem verstellbaren Drosselventil wird z. B. ein kegeliger Bolzen in den Strömungsquerschnitt geschraubt. Fördert die Pumpe einen Volumenstrom durch das Drosselventil, so steigt der Druck vor der Drosselstelle (dem Widerstand) an. Der gesamte Volumenstrom fließt jedoch durch das Drosselventil. Erst wenn der Widerstand am Drosselventil so groß wird, dass der Druck vor der Drosselstelle den Öffnungsdruck des parallel geschalteten Druckbegrenzungsventils erreicht, teilt sich der Volumenstrom auf. Ein Teil des Volumenstroms fließt durch die Drosselstelle, während der Reststrom über das Druckbegrenzungsventil abfließt. Die Wirkung des Drosselventils setzt also erst dann ein, wenn das Druckbegrenzungsventil öffnet und eine *Stromaufteilung* möglich ist.

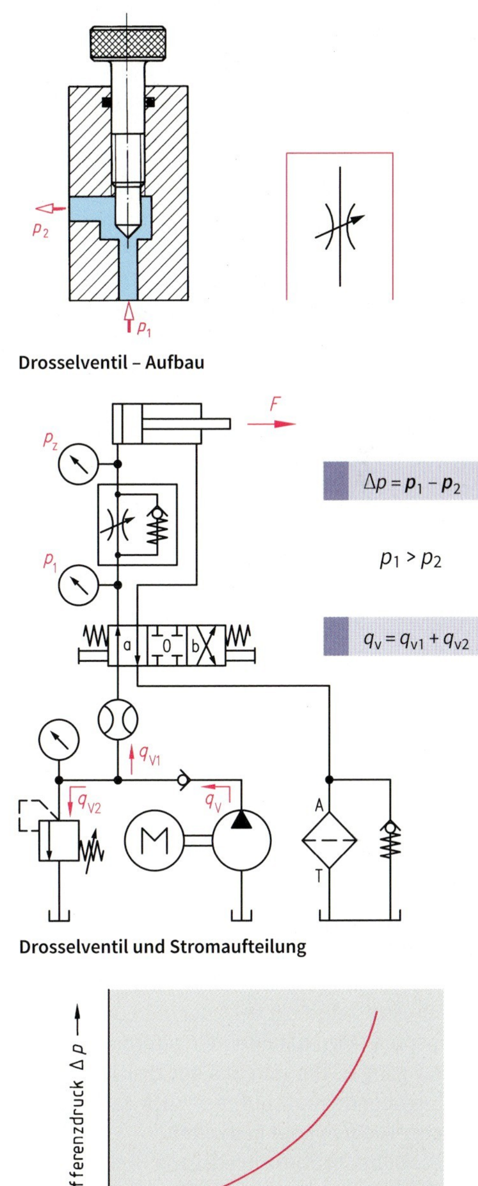

Der Volumenstrom, der durch eine Drosselstelle fließen kann, ist abhängig von dem Druck vor der Drossel (p1) und dem Druck nach der Drossel (p_2). Man bezeichnet den Unterschied zwischen diesen Drücken als Druckdifferenz ($\Delta p = p_1 - p_2$).
Je kleiner die Druckdifferenz ist, desto geringer ist der Volumenstrom, der durch die Drossel fließt, wenn eine Stromaufteilung vorliegt.
Verändern sich die Betriebsbedingungen in einer Anlage, wie z. B. durch Lasterhöhung, so nimmt der Druck nach der Drosselstelle zu. Die Druckdifferenz in der Drossel wird geringer und es verringert sich der Volumenstrom, der durch die Drossel fließt.

Wegen der Stromaufteilung fließt jetzt ein größerer Anteil des Volumenstroms über das Druckbegrenzungsventil ab.
Lastschwankungen verursachen daher auch Geschwindigkeitsschwankungen der Arbeitsglieder.
Drosselventile werden deswegen nur dann eingesetzt, wenn kein genauer Volumenstrom notwendig ist, wie z. B. bei Hebebühnen und Spannvorrichtungen.

Drosselventil – Kennlinie

! Das Drosselventil ist ein hydraulischer Widerstand, vor dem sich ein Druck aufbaut. Die Stromaufteilung und damit die Wirkung des Drosselventiles tritt erst dann auf, wenn sich das parallel geschaltete Druckbegrenzungsventil öffnet.

Übungsaufgaben 5/56; 5/57; 5/58

2. Stromregelventile

Benötigt man an einem Arbeitsglied eine konstante Geschwindigkeit, z. B. bei einer Vorschubbewegung, die unabhängig von der auftretenden Last sein muss, so setzt man Stromregelventile ein. Man unterscheidet Zweiwege-Stromregelventile und Dreiwege-Stromregelventile.

– Zweiwege-Stromregelventil

Durch das Zweiwege-Stromregelventil fließt unabhängig von Druckschwankungen in der Anlage ein weitgehend konstanter Volumenstrom. Eine Stromaufteilung ist notwendig und erfolgt meist über das Druckbegrenzungsventil.

Über eine verstellbare Drossel wird der Querschnitt und somit die Größe des durchfließenden Volumenstromes eingestellt. Vor der Drossel herrscht der höhere Druck p_2, dahinter der kleinere Druck p_3. Nur die Druckdifferenz Δp zwischen p_2 und p_3 ist für die Größe des durchfließenden Volumenstromes maßgebend. Durch die vorgeschaltete Druckwaage wird die Druckdifferenz auch bei Druckänderung konstant gehalten. Wird z. B. an der Arbeitsseite der Druck p_3 verringert, so verringert sich gleichzeitig der Druck auf der linken Kolbenfläche der Waage. Der Kolben wandert etwas nach links; dadurch ändert sich der Einströmquerschnitt und somit auch der Druck p_2 vor der Drossel. Hierdurch wird die ursprüngliche Druckdifferenz zwischen p_2 und p_3 beibehalten.

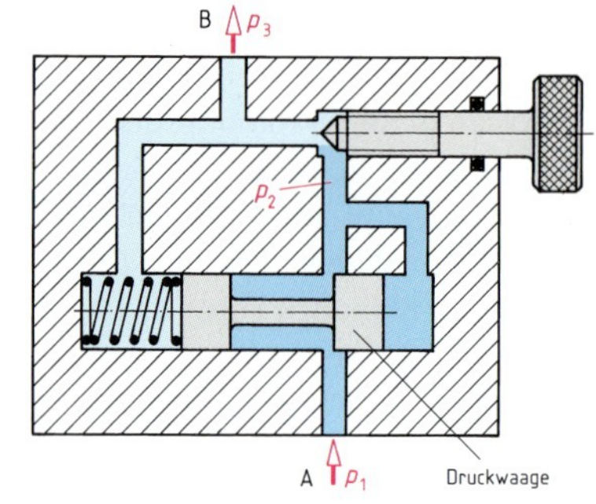

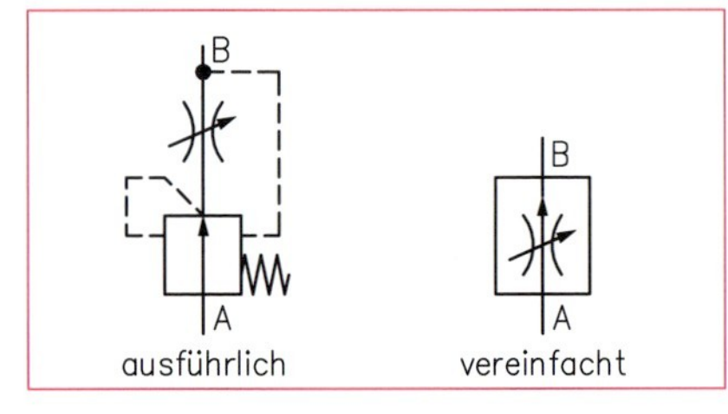

Zweiwege-Stromregelventil

– Dreiwege-Stromregelventil

Durch das Dreiwege-Stromregelventil fließt unabhängig von Druckschwankungen in der Anlage immer der eingestellte Volumenstrom. Die Stromaufteilung erfolgt meist über die Druckwaage im Ventil selbst. Dabei wird der überschüssige Volumenstrom gegen den Druck, der momentan am Anschluss B herrscht, zum Tank abgeführt.

Die fest einstellbare Drosselstelle und die Druckwaage sind im Dreiwege-Stromregelventil parallel geschaltet. Die Druckwaage ist im so genannten Bypass angeordnet. Die Abzweigung des Bypasses zum Tank liegt vor der festen Drosselstelle.

Vor der Drosselstelle liegt bei A der nur etwas höhere Pumpendruck p_1, dahinter der geforderte Druck p_2 am Ausgang B. Die sich aus der Druckdifferenz $p_1 - p_2$ ergebende Kraft auf die Druckwaage steht im Gleichgewicht mit der Federkraft.

Sinkt der Volumenstrom am Ausgang B, so wird die Druckdifferenz geringer und die Durchflussöffnung durch den Bypass wird ebenfalls verkleinert. Bei kleinerem Volumenstrom zum Tank hin steigt aber der Volumenstrom am Ausgang B wieder an.

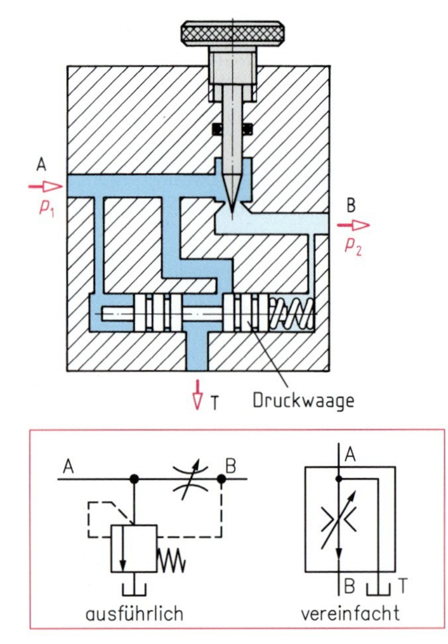

Dreiwege-Stromregelventil

Stromregelventile setzt man ein, damit Zylinder und Rotationsmotore auch bei Druckschwankungen mit konstanter Geschwindigkeit bzw. Umdrehungsfrequenz arbeiten.

Übungsaufgaben 5/59; 5/60; 5/61

5.7 Teilsystem zur Leistungswandlung (Motorgruppe)

Die hydraulische Leistung wird mit Arbeitselementen in mechanische Leistung umgewandelt. Je nach Art der Umwandlung unterscheidet man:

- Hydraulikzylinder (Linearmotore),
- Hydraulikmotore (Rotationsmotore).

5.7.1 Hydraulikzylinder (Linearmotor)

Hydraulikzylinder, die auch Linearmotore genannt werden, dienen dazu, in Achsrichtung wirkende Kräfte auszuüben. Der Vorteil der Hydraulikzylinder besteht darin, dass sie für sehr große Kräfte verwendet werden können, ohne dass man mechanische Übersetzungssysteme benötigt.

1. Aufbau

Ein Hydraulikzylinder besteht grundsätzlich aus einem Zylinderrohr, einem Kolben mit Kolbenstange, den Zylinderdeckeln und den Dichtungen und Schmutzabstreifern. Entlüftungs- und Prüfanschlüsse sollten möglichst nah am Zylinder angebracht sein. Die Maße der Zylinder, die Anschlüsse und die verwendeten Druckbereiche sind genormt.

Beispiel für Maße am Zylinder

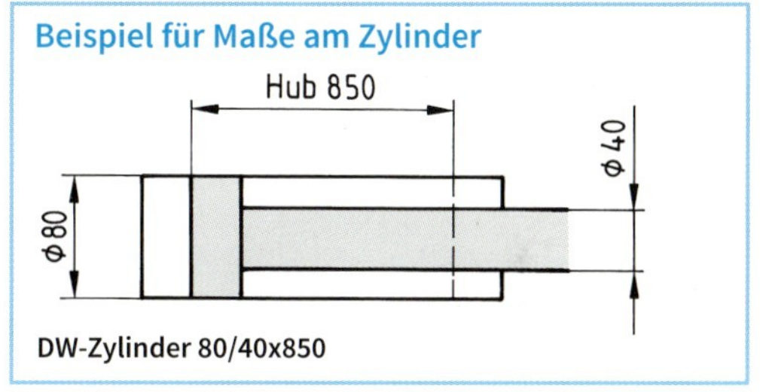

DW-Zylinder 80/40x850

Beispiel für den Aufbau eines doppelt wirkenden Hydraulikzylinders

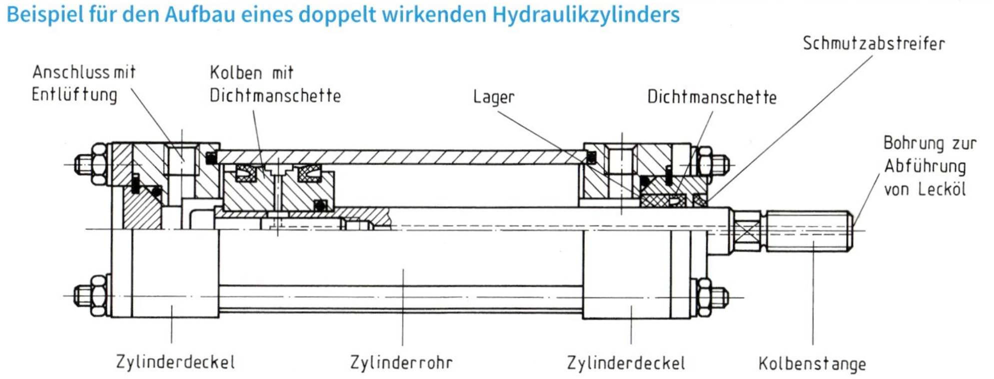

Hinweise:
Bei dem dargestellten Hochdruckzylinder ist der Raum zwischen den Dichtungen am Kolben mit einer Leckölleitung verbunden, die durch die Kolbenstange führt. Je nach Einbaulage sieht man für den Zylinder an der höchstgelegenen Stelle Entlüftungsanschlüsse vor.

2. Wirkungsgrad bei Hydraulikzylindern

In Hydraulikzylindern mit elastischen Dichtungen sind die Leckverluste vernachlässigbar klein. Bei einwandfreien Dichtungen beträgt der volumetrische Wirkungsgrad nahezu 100 %. Durch die gute Dichtwirkung ergeben sich an den Zylindern jedoch erhöhte Reibungskräfte, die den hydraulisch mechanischen Wirkungsgrad vermindern. Lufteinschlüsse sind schädlich, weil es durch die zusammengepressten Luftbläschen zu Zerstörungen an den Dichtungen kommt. Deshalb müssen die Zylinder sorgfältig entlüftet werden.

Übungsaufgaben 5/62 bis 5/65

5.7.2 Hydraulikmotoren (Rotationsmotoren)

Hydraulikmotore als Rotationsmotore dienen dazu, die hydraulische Leistung in Drehmomente und Drehbewegungen umzuwandeln. Hydraulische Rotationsmotore lassen meist in beide Richtungen eine stufenlose Änderung der Drehfrequenz zu. Gegenüber den Elektromotoren haben sie folgende Vorteile: sehr kleine Baugröße, Überlastschutz und große Drehmomentenübertragung auch bei kleinen Drehfrequenzen. Die hydraulischen Rotationsmotoren unterscheidet man nach ihrem Aufbau in Axialkolbenmotore, Radialkolbenmotore, Rollflügelmotore und Zahnradmotore.

Beispiel für einen Axialkolbenmotor

Der Axialkolbenmotor arbeitet nach dem Schrägscheibenprinzip. Er besteht aus einem feststehenden Gehäuseteil und einem drehbaren Zylindergehäuse. Das feststehende Gehäuseteil trägt Schrägscheibe, Steuerscheibe und Lager. Das drehbare Gehäuse ist mit der Welle fest verbunden.

In der Druckzone werden die Kolben mit Druckflüssigkeit beaufschlagt und gegen die Schrägscheibe gepresst. An der Schrägscheibe wird die Anpresskraft in zwei Richtungen zerlegt: in eine senkrecht zur Fläche der Schrägscheibe und eine zweite senkrecht zur Kolbenlängsachse. Die Kraft senkrecht zum Kolben übt ein Drehmoment auf das Zylindergehäuse aus. Dieses Drehmoment wird von dort auf die Welle übertragen.

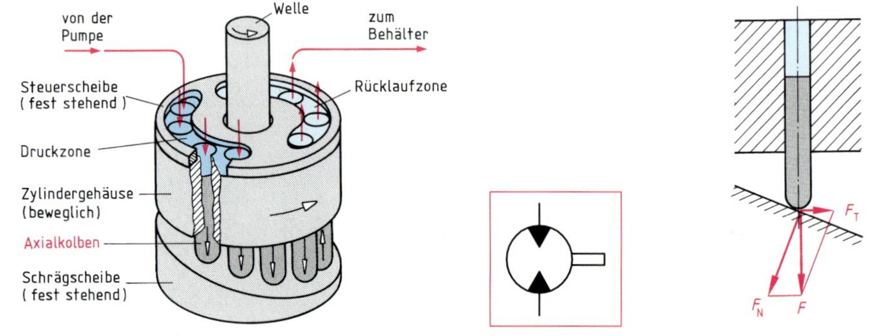

Axialkolbenmotor ohne Mantelgehäuse

Kräftezerlegung am Kolben

Beispiel für einen Radialkolbenmotor

Beim dargestellten Radialkolbenmotor stehen der Außenring und die Zuleitung der Druckflüssigkeit fest. Durch die eintretende Druckflüssigkeit werden die beaufschlagten Kolben verschoben. Die auf sie wirkende Kraft wird an den kurvenförmigen Wänden des Außenringes so zerlegt, dass eine Kraft senkrecht zur Kolbenlängsachse wirkt. Diese Kraft erzeugt ein Drehmoment am Zylindergehäuse und wird von dort auf die Welle übertragen.

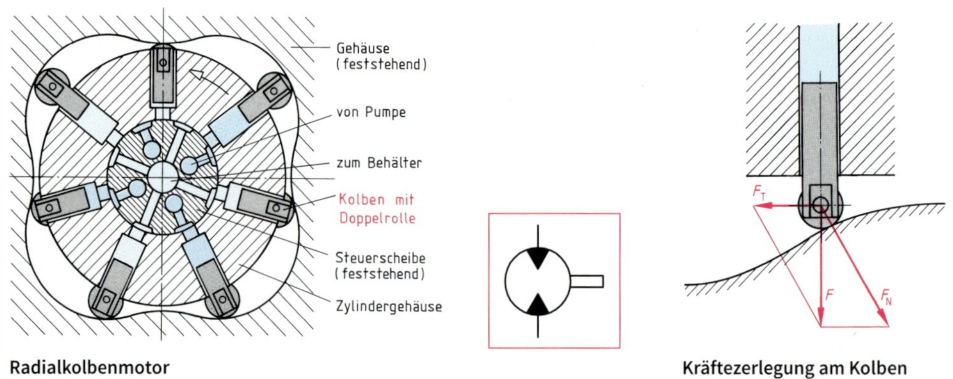

Radialkolbenmotor

Kräftezerlegung am Kolben

! Hydraulikmotoren als Rotationsmotoren sind besonders vorteilhaft zur Übertragung großer Drehmomente auch bei kleinen Drehfrequenzen.

Übungsaufgaben 5/66; 5/67

5.8 Grundsteuerungen in der Hydraulik

In den Schaltplan für Hydraulikanlagen wird meist das Teilsystem der Leistungswandlung und Leistungsbereitstellung mit eingezeichnet. Zu diesem Teilsystem gehören u. a. Pumpe mit Motor (Elektromotor oder Verbrennungsmotor), Druckbegrenzungsventil, Filter mit Bypass, Druckmessgerät, Temperaturmessgerät und Prüfanschlüsse für Druck- und Volumenstrommessungen.
Da dieser Teil der Anlage in allen hydraulischen Steuerungen durchweg gleich ist, wird er in den folgenden Steuerungsbeispielen nicht mehr gezeichnet.

Beispiel für Schaltplanausschnitt (Leistungswandlung und Leistungsbereitstellung)

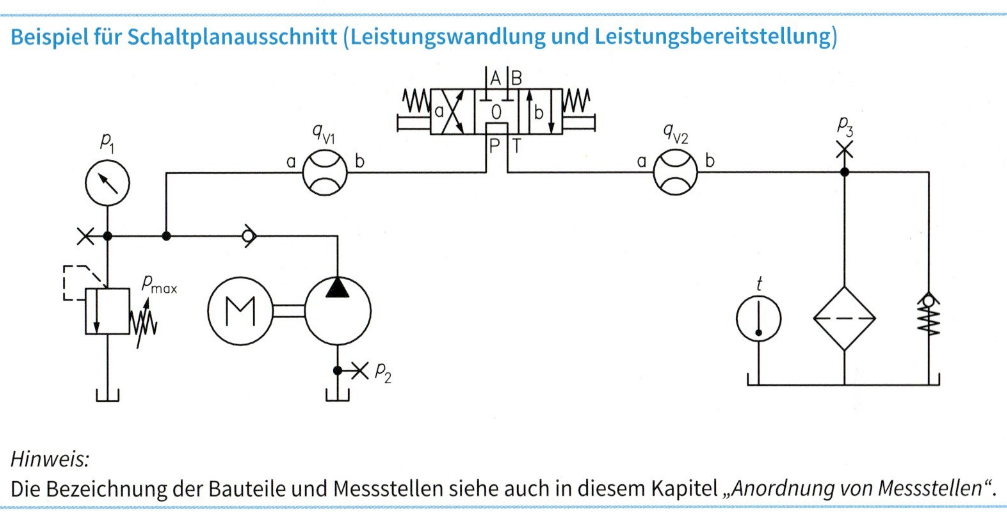

Hinweis:
Die Bezeichnung der Bauteile und Messstellen siehe auch in diesem Kapitel *„Anordnung von Messstellen“*.

! Steuerungen in der Hydraulik haben meist ein eigenes Antriebsaggregat. Jede Anlage in der Hydraulik muss über ein Druckbegrenzungsventil abgesichert sein.

5.8.1 Richtungssteuerung durch Wegeventile

1. Steuerung mit 4/2-Wegeventil

Ein doppelt wirkender Zylinder kann mit einem 4/2-Wegeventil angesteuert werden. Die Druckflüssigkeit wird dabei wahlweise auf die eine oder andere Seite des Kolbens gegeben und bewirkt ein Aus- bzw. Einfahren des Kolbens. In beliebigen Zwischenstellungen kann der Kolben nicht gehalten werden, da stets auf einer Seite der Volumenstrom wirkt. Nach dem Aufbau des am Druckbegrenzungsventil eingestellten Druckes öffnet dies, und die Flüssigkeit fließt in den Tank. Der Maximaldruck wird erreicht, wenn die Kolbenstange in die Endlage fährt oder wenn die Last zu groß ist.
Rotationsmotoren lassen sich ebenfalls mit 4/2-Wegeventilen steuern. Beim Umschalten ist nur eine unmittelbar gegenläufige Drehung möglich.

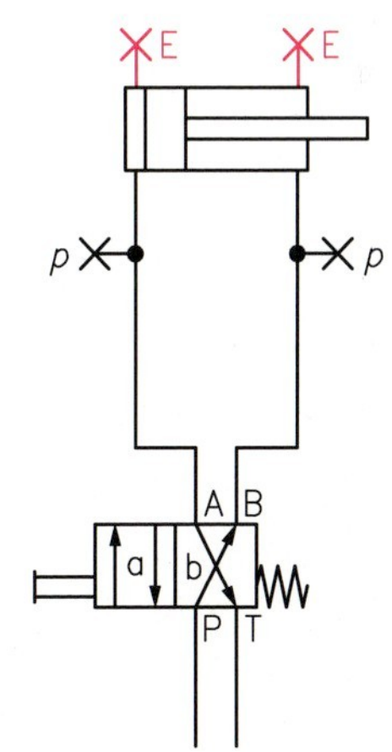

X Entlüftungsstelle (E)
X Messanschluss, Druck (p)
Richtungssteuerung durch ein 4/2-Wegeventil

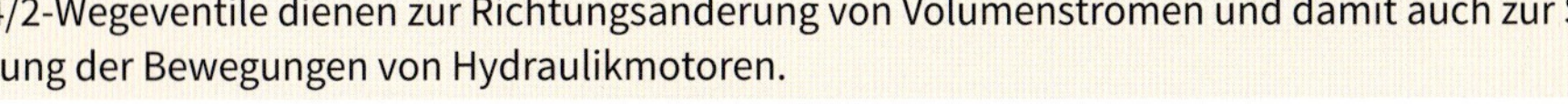
! 4/2-Wegeventile dienen zur Richtungsänderung von Volumenströmen und damit auch zur Steuerung der Bewegungen von Hydraulikmotoren.

2. Steuerung mit 4/3-Wegeventil

4/3-Wegeventile dienen zur Sperrung oder zur Richtungsänderung von Volumenströmen. Doppelt wirkende Zylinder oder Rotationsmotoren können somit auch über 4/3-Wegeventile angesteuert werden. Das 4/3-Wegeventil hat eine Mittelstellung (0), die unterschiedliche Funktionen haben kann.

Bei der *Umlauf-Mittelstellung* wird die Hydraulikflüssigkeit mit freiem Umlauf in den Tank zurück gepumpt. Der Hydraulikzylinder bleibt bei der Mittelstellung des 4/3-Wegeventiles in der Position stehen, die er beim Umschalten hat. Wirkt jedoch auf den Zylinder eine äußere Last, so verändert die Kolbenstange durch Lecköl am Kolbenschieber des Wegeventils langsam ihre Stellung.

Das genaue Festhalten des Zylinders unter Belastung in jeder Position wird beispielsweise durch den Einsatz eines Rückschlagventils erreicht. Damit die Kolbenstange einfahren kann, wird das Rückschlagventil entsperrt.

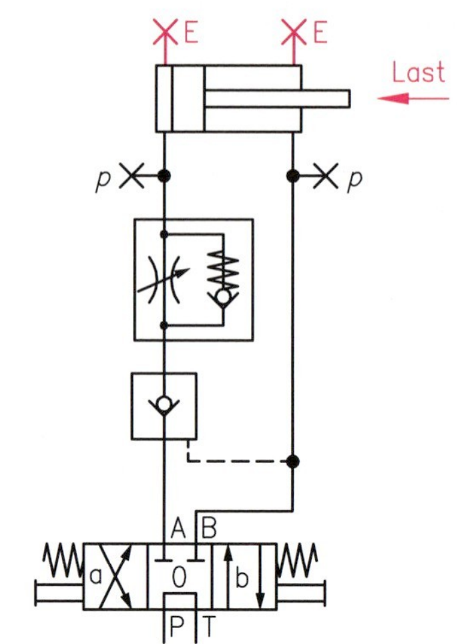

Richtungssteuerung durch ein 4/3-Wegeventil

Durch die unterschiedliche Gestaltung der Mittelstellung bei 4/3-Wegeventilen können unterschiedliche Funktionen im Hydraulikkreislauf verwirklicht werden.

Beispiele für Gestaltung von Mittelstellungen in 4/3-Wegeventilen

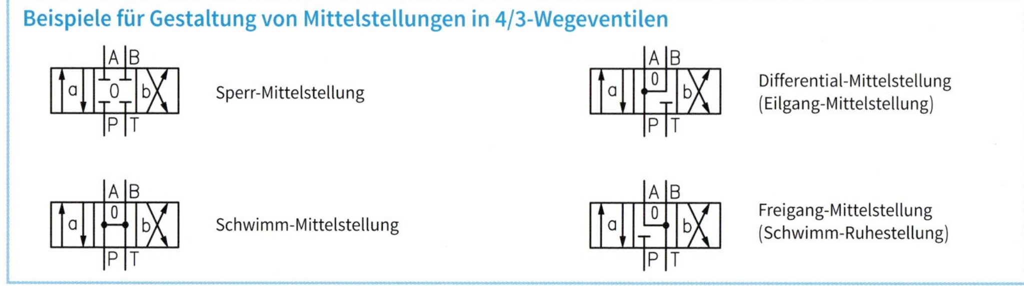

5.8.2 Geschwindigkeitssteuerung

1. Geschwindigkeitssteuerung im Zulauf

Die Geschwindigkeitssteuerung im Zulauf ist nur dann möglich, wenn eine Stromaufteilung erfolgt. Erst wenn der Druck in der Anlage den Öffnungsdruck am Druckbegrenzungsventil erreicht, tritt diese Stromaufteilung ein. Bleibt der Druck in der Anlage niedriger als der Druck, der am Druckbegrenzungsventil eingestellt wurde, so wird die Ausfahrgeschwindigkeit des Zylinders nur vom Pumpenförderstrom bestimmt. Sobald das Druckbegrenzungsventil öffnet, wird bei weiterem Anstieg der Last die Abhängigkeit der Steuerung von der Last sichtbar.

Für die praktische Anwendung bedeutet diese Art der Geschwindigkeitssteuerung über Drosselventile eine Abnahme der Geschwindigkeit bei Lastzunahme bzw. eine Zunahme der Ausfahrgeschwindigkeit bei Lastabnahme.

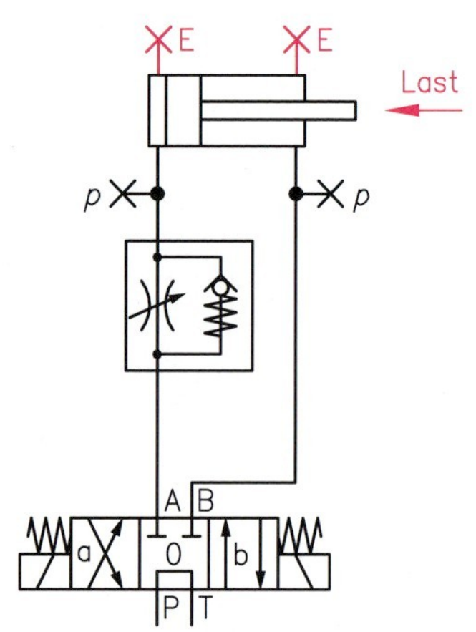

Geschwindigkeitssteuerung im Zulauf

Übungsaufgaben 5/70; 5/71

2. Geschwindigkeitssteuerung im Ablauf

Die Geschwindigkeitssteuerung im Ablauf ist ebenfalls nur möglich, wenn eine Stromaufteilung erfolgt. Der Druck im Kolbenringraum kann jedoch durch die Druck-Übersetzung unzulässig hoch ansteigen. Die Druck-Übersetzung entsteht wegen der unterschiedlichen Flächen auf der Kolbenseite und der Kolbenringseite. Deshalb muss bei der Einstellung des Druckbegrenzungsventiles dieser Zusammenhang berücksichtigt werden.

Die Geschwindigkeitssteuerung im Ablauf mit Drosselventilen ist ebenfalls lastabhängig. Die Geschwindigkeit nimmt bei Lastzunahme ab, bei Lastabnahme erhöht sich die Geschwindigkeit. Im Gegensatz zur Geschwindigkeitssteuerung im Zulauf erlaubt der Einbau der Drossel im Ablauf auch eine kontrollierte Bewegung, wenn Lastrichtung und Bewegungsrichtung übereinstimmen.

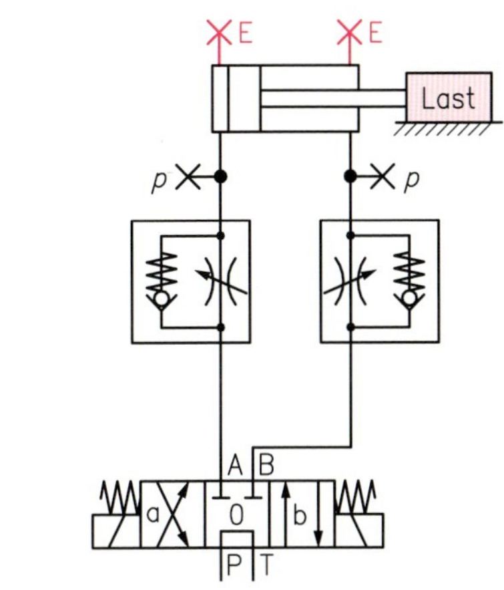

Geschwindigkeitssteuerung im Ablauf

5.8.3 Eilgang-Vorschub-Steuerung

Eine typische Anwendung der Hydraulik in der Fertigungstechnik ist die Eilgang-Vorschub-Steuerung von Werkzeugschlitten. Dabei führt die Hydraulik folgende Bewegungen aus:

- Das Werkzeug wird im Eilgang an das Werkstück herangefahren.
- Der Spanungsvorgang wird mit einem einstellbaren Vorschub durchgeführt.
- Nach dem Spanen wird das Werkzeug mit dem Werkzeugschlitten im Eilrücklauf in die Ausgangsstellung zurückgefahren.

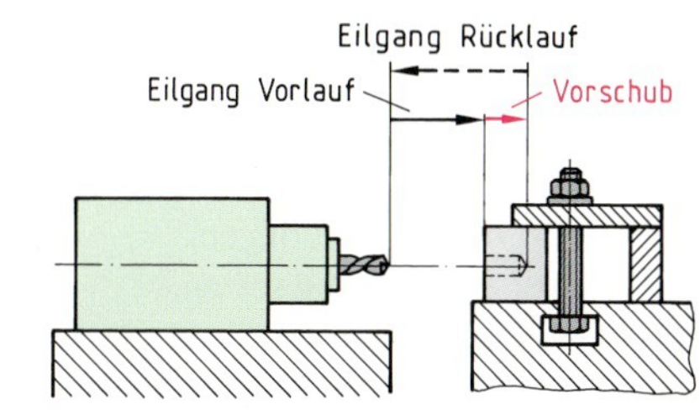

Bewegungen eines Werkzeugschlittens

Aufbau der vereinfachten Steuerung

Vom Antriebsaggregat wird die Anlage mit Druckflüssigkeit versorgt. In der Ausgangsstellung ist der Zylinder eingefahren. Die Anlage ist über das Druckbegrenzungsventil abgesichert. Schaltet man das 4/3-Wegeventil in Schaltstellung a, so fährt der Kolben des Zylinders im Eilgang aus, da das Rücköl über das geöffnete 2/2-Wegeventil ungedrosselt zum Tank abfließen kann. Sobald die Kolbenstange den induktiven Sensor erreicht, wird über ein elektrisches Signal das 2/2-Wegeventil in die Stellung b geschaltet. Das Rücköl kann deshalb nur über das Zweiwege-Stromregelventil in den Tank zurückfließen. Diese ablaufseitige Regelung des Volumenstromes ermöglicht eine einstellbare langsame Vorschubbewegung. Die notwendige Stromaufteilung erfolgt über das Dreiwege-Stromregelventil im Zulauf. Ist der Spanungsvorgang beendet, wird das 4/3-Wegeventil in die Schaltstellung b umgeschaltet; die Kolbenstange fährt schnell ein.

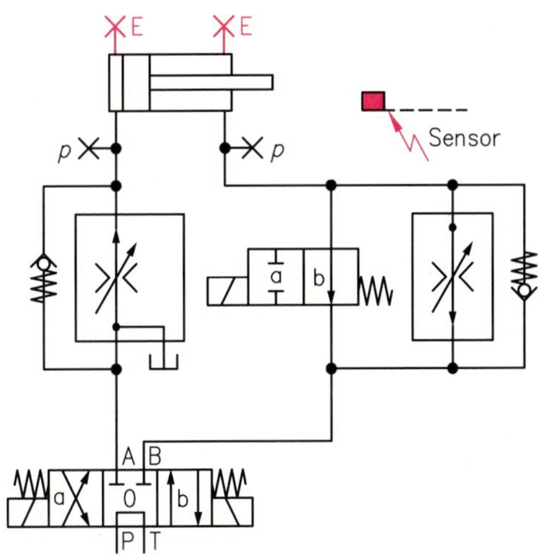

Eilgang-Vorschub-Steuerung

6 Inbetriebnahme, Wartung und Fehlersuche bei Steuerungen

6.1 Inbetriebnahme von Steuerungen

6.1.1 Elektropneumatische Anlagen in Betrieb nehmen

Bei der Inbetriebnahme einer neuen, reparierten oder geänderten Anlage ist nicht auszuschließen, dass ein Arbeitsglied eine unvorhergesehene Bewegung ausführt. Dies kann zu Verletzungen führen oder die Zerstörung von Bauteilen und Werkzeugen zur Folge haben. Es ist daher wichtig, bei der Inbetriebnahme von Steuerungen besondere Sicherheitsmaßnahmen einzuhalten und in einer bestimmten Reihenfolge vorzugehen.

1. Sicherheitsmaßnahmen (Personenschutz) bei Inbetriebnahme

- Im Hubbereich von Zylinderbewegungen die Betätigungen von Sensoren nur mit Hilfsmitteln vornehmen.
- Druckleitungen nur lösen, wenn die Anlage drucklos ist.
- Leitungsenden beim Lösen festhalten – Restdruck.
- Änderungen im elektrischen Teil der Anlage nur im Niederspannungsbereich und nur im spannungslosen Zustand durchführen.
- Für sonstige Aufgaben im elektrischen Anlagenteil autorisiertes Fachpersonal anfordern.

2. Reihenfolge der Schritte zur Inbetriebnahme

1. Schritt: Anlage in Grundeinstellung bringen

- Anlage drucklos und spannungslos schalten.
- Aktoren in Grundstellung bringen.
- Ventile in Ausgangsstellung setzen.
- Drosselventile schließen.
- Sicherheitsventile auf niedrigst zulässigen Betriebsdruck einstellen.

2. Schritt: Anlage anfahren

- Spannung anlegen und Arbeitsdruck langsam erhöhen.
- Leckstellen und Undichtigkeiten in der Anlage beheben.
- Ventile mit Speicherverhalten – eventuell über Handhilfsbetätigungen – einstellen.
- Funktion der Anlage in Schritten prüfen und dabei Drosselventile nacheinander langsam öffnen.
- Probelauf ohne Werkzeug und Werkstück durchführen.

3. Schritt: Anlage hochfahren

- Probelauf mit Werkzeug und Werkstück vornehmen.
- Druckeinstellungen und Geschwindigkeiten optimieren.
- Testlauf mit allen geforderten Daten durchführen.

! Bei der Inbetriebnahme von Steuerungen treten erhöhte Gefährdungen auf. Die einschlägigen Vorschriften für den Personenschutz und die Schrittfolge der Inbetriebnahme sind einzuhalten.

6.1.2 Inbetriebnahme von Steuerungen mit Industrierobotern

Besondere Sicherheitsmaßnahmen für Industrieroboter sind in VDI 2853 festgelegt. Aus Sicherheitsgründen unterscheidet man bei Industrierobotoren die beiden Betriebsarten *Automatik* – dies ist der reguläre Arbeitsablauf – und *Einrichten* der Robotereinstellungen.

Die Bedienung von Produktionseinrichtungen mit Industrierobotern darf nur durch entsprechend geschultes Personal erfolgen.

Beispiele für Sicherheitskomponenten beim Einsatz eines Industrieroboters

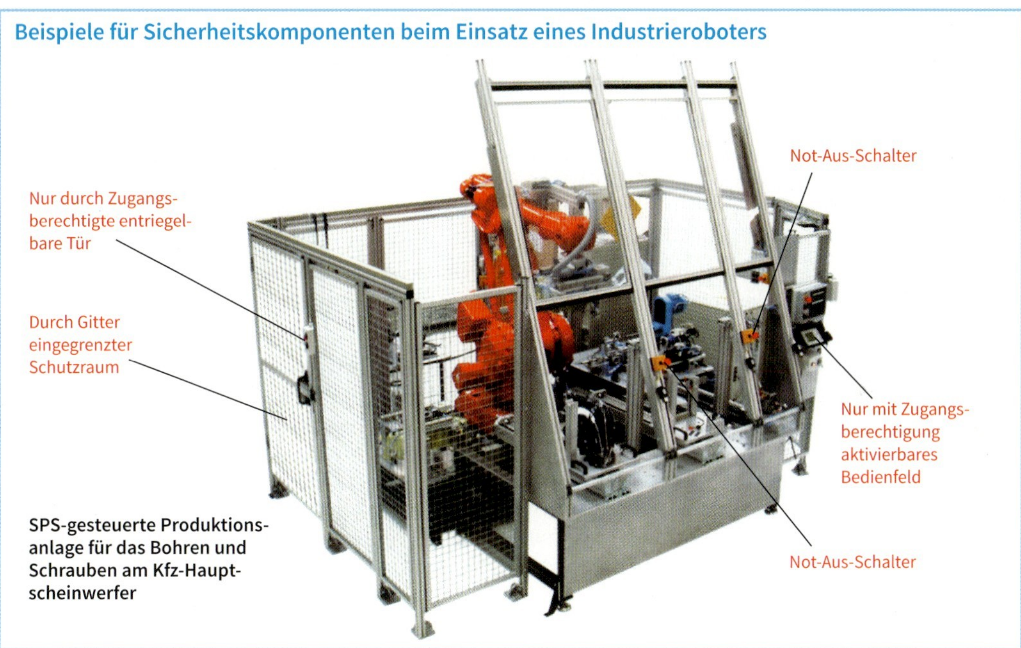

Not-Aus-Funktion
Wird diese Funktion ausgelöst, so werden alle Steuerspannungen für die Roboterantriebe abgeschaltet und deren Bremsen aktiviert, sodass keine Bewegungen möglich sind. Diese Funktion darf nur dann rückgesetzt werden, wenn die Ursache der Störung bekannt ist und behoben wurde.

Arbeitsstopp
Hierbei werden die Antriebe des Roboters in den sicheren Betriebszustand „Bereitschaft“ geschaltet. Die Antriebe sind dabei stromlos und die Bremsen der Roboterachsen aktiviert.

Geschwindigkeitsüberwachung
Das integrierte Wegmesssystem für die einzelnen Achsantriebe des Roboters führt einen ständigen Soll-Istwert-Vergleich durch und verhindert somit die Überschreitung der festgelegten Maximalgeschwindigkeit.

Arbeitsbereichüberwachung
Der Arbeitsbereich des Roboters wird durch mechanische Anschläge an den Hauptachsen des Roboters begrenzt. Zusätzlich wird die Annäherung an den maximal möglichen Achswinkel per Software überwacht.

Bedienerschutz
Die Schnittstelle Mensch/Roboter kann sowohl mechanisch oder mittels Lichtschranken abgesichert werden. Die Unterbrechung dieser Schutzeinrichtung löst Arbeitsstopp aus.

Begehungsschutz
Roboteranlagen sind durch einen geeigneten Schutzzaun vom Arbeitsfeld der Umgebung zu trennen. Der Zugang ist nur durch elektrisch überwachte Türen möglich. Bei Öffnen der Türen wird Arbeitsstopp ausgelöst.

Automatikbetrieb
Hierbei müssen alle Sicherheitsfunktionen aktiv sein. Das Roboterprogramm wird automatisch abgearbeitet. Es kann in den Bewegungsablauf nicht mehr eingegriffen werden. Der Aufenthalt im Arbeitsbereich des Roboters ist verboten.

Übungsaufgabe 6/3

6.1.3 Hydraulische Anlagen in Betrieb nehmen

Bei der Inbetriebnahme von hydraulischen Anlagen sind grundsätzlich die entsprechenden Sicherheitsmaßnahmen wie bei anderen steuerungstechnischen Anlagen einzuhalten. Besonderheiten sind

- für das Druckmedium,
- für die Einstellung des Druckbegrenzungsventils und
- bei dem Einsatz von Hydrospeichern

zu beachten.

- **Verunreinigungen im Hydrauliksystem**
  Schmutz und Luft in der Druckflüssigkeit sind die Hauptursache für den Ausfall von Hydrauliksystemen. Bei der Inbetriebnahme muss daher der Schmutz ausgefiltert, gegebenenfalls das Öl ausgetauscht und die Anlage entlüftet werden.
- **Einstellung des Druckbegrenzungsventils**
  Das Druckbegrenzungsventil ist als Sicherheitsventil unmittelbar nach der Pumpe eingebaut und ist notwendig, damit in der Anlage keine unzulässig hohen Drücke auftreten. Damit der maximal zulässige Druck in der Hydraulikanlage nicht überschritten wird, muss das Druckbegrenzungsventil bei maximalem Volumenstrom in der Anlage eingestellt werden. Würde z. B. der Druck bei einer Verstellpumpe im unteren Förderbereich eingestellt, so erfüllte das Druckbegrenzungsventil seine Aufgabe nicht mehr in der gewünschten Weise. In der Anlage entstünden bei größeren Volumenströmen unzulässig hohe Drücke.
- **Sicherheitsmaßnahmen bei Hydrospeichern**
  Da gasbelastete Hydrospeicher mit hohem Gasdruck beaufschlagt werden, ist bei ihnen erhöhte Sorgfalt geboten. Ein Speicher kann eine Hydraulikanlage lange unter Druck halten. Vor dem Eingriff in eine Anlage muss sie druckfrei gemacht werden, um zu verhindern, dass bei abgeschalteter Pumpe noch Bewegungen ausgeführt werden.

! Bei der Inbetriebnahme von Hydraulikanlagen müssen Verunreinigungen aus dem Druckmedium entfernt werden, darf man das Druckbegrenzungsventil nur bei vollem Volumenstrom einstellen und muss man besondere Sicherheitsmaßnahmen bei Hydrospeichern einhalten.

6.2 Wartung von Steuerungen

Steuerungsanlagen müssen in vorgeschriebenen Zeitintervallen systematisch gewartet werden, damit lange Betriebszeiten gewährleistet sind und die Anlage wirtschaftlich arbeitet. Die systematische Wartung und Kontrolle einer Steuerung wird erleichtert, indem man die Anlage so unterteilt, dass einzelne Teilbereiche unter besonderen Wartungsgesichtspunkten betrachtet werden können. Bei der Wartung kann man die Teilbereiche Druckversorgung, Leitungssystem und Bauelemente unterscheiden.

6.2.1 Wartung im Bereich der pneumatischen Druckversorgung

Für Druckluft gilt, dass sie möglichst wasser-, staub- und schmutzfrei ist. Die Wartungseinheiten sind regelmäßig zu kontrollieren. Angesammeltes Kondensat muss abgelassen werden.
Die Filter in der Wartungseinheit halten Staubteilchen und Kondensat zurück. Deshalb müssen sie in bestimmten Zeitabständen gesäubert oder ausgewechselt werden.
Bei stark beanspruchten Anlagen kann die Druckluft nach Bedienungsvorschrift mit Öl angereichert werden. Branchenspezifische Vorschriften sind dabei zu beachten (z. B. die Hygienevorschriften in der Lebensmittelindustrie). Wegen der Umweltbelastung durch Ölnebel in der Abluft ist bei neueren Pneumatikbauteilen eine Anreicherung der Luft mit Öl nicht mehr vorgesehen.

Wartungseinheit

6.2.2 Wartung pneumatischer Leitungssysteme

Vorbeugende Maßnahmen verhindern Störungen in der Versorgung der Anlagen mit Druckluft. Hierzu gehört vor allem die richtige Verlegung des Rohrleitungsnetzes. Insbesondere ist darauf zu achten, dass Abzweigungen von der Hauptleitung zur Luftentnahme *nach oben* erfolgen und dass die Abzweigungen für die Kondensatenleerung nach unten angebracht werden.
Bei der Montage von Leitungen oder Anschlüssen ist unbedingt darauf zu achten, dass in den Rohren oder Schläuchen keine Schmutzteilchen oder Späne zurückbleiben.

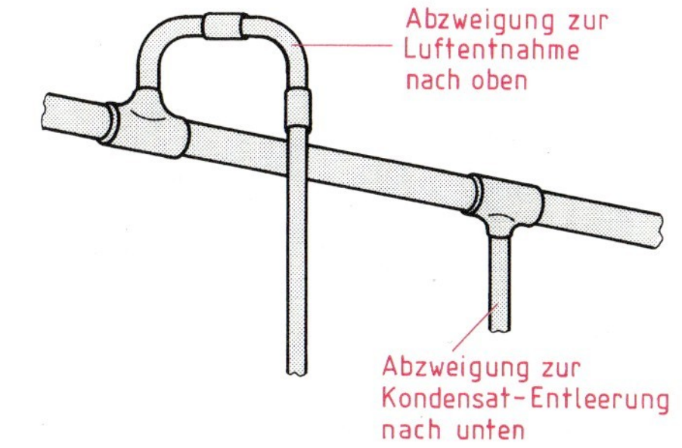

Montage von Druckluftleitungen

Während des Betriebes müssen die Druckluftleitungen und die Anschlüsse regelmäßig auf Dichtigkeit überprüft werden. Schadhafte Leitungen und undichte Anschlüsse in einer Anlage können Verluste von mehreren tausend Euro verursachen.

Beispiel für Betriebskosten durch Leckverluste

Leckgröße in mm	Luftverbrauch bei 6 bar in l/s	Verlustleistung in kW	Kosten bei 8000 Betriebsstunden in EUR
$d = 1$ •	1,3	0,32	250,00
$d = 5$ ●	30,9	8,3	6 900,00

6.2.3 Wartung hydraulischer Anlagen

Hydraulische Anlagen müssen mit sauberem Öl gefahren werden. Durch vorbeugende Instandhaltung kann die Zahl hydraulikbedingter Ausfälle in einer Anlage erheblich gesenkt werden. Die Lebensdauer der Hydraulikkomponenten und die Betriebssicherheit werden durch die Qualität des Druckmediums entscheidend beeinflusst.

Filterwechsel nach der Einlaufphase sind für einen einwandfreien Betrieb notwendig. Je nach Belastung ist auch das Öl in der Einlaufphase auszutauschen.

Filterelemente in einer Hydraulikanlage sammeln den Schmutz aus dem Druckmedium. Mit zunehmender Verschmutzung des Filters steigt die Druckdifferenz im Filter. Wartungsanzeigen optischer oder elektrischer Art, die diese Druckdifferenz auswerten, weisen auf den Verschmutzungsgrad des Filterelementes hin.

Eine langfristige Sicherheit für den Betrieb von hochwertigen Hydraulikanlagen, wie sie z. B. in Werkzeugmaschinen zu finden sind, erreicht man durch regelmäßige Aufzeichnungen über den Zeitpunkt des Wechsels der Filterelemente und durch Ölanalysen.

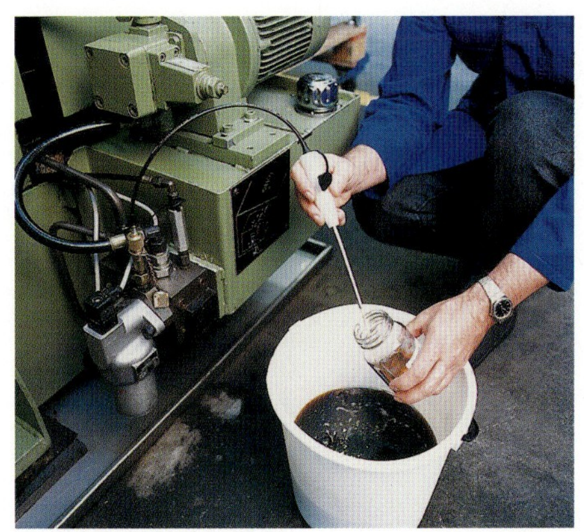

Ölprobenentnahme

6.2.4 Wartung von Bauelementen in Steuerungen

Die Wartung von fluidischen Bauelementen erfolgt zunächst dadurch, dass Verschleißteile beobachtet und im Bedarfsfall ausgewechselt werden.

Verschleißerscheinungen von Dichtungen an Zylindern lassen sich durch den Abrieb an den Kolbenstangen beobachten. Bei Zylindern sind zusätzliche Abdeckungen einzubauen, wenn sehr hoher Schmutz- bzw. Staubanfall vorliegt.

Insbesondere in der Einlaufphase einer Anlage können Schmutzpartikel und Späne die Funktionen beeinträchtigen. Hydraulikanlagen müssen entlüftet werden.

Verschleiß in Ventilen ist nicht vorbeugend zu erkennen. Verschleißerscheinungen in Ventilen werden erst deutlich, wenn Störungen im Steuerungsablauf auftreten.

Die Befestigungen der Bauteile müssen regelmäßig überprüft werden, weil sich durch Erschütterungen die Bauteile lockern und lösen können.

Ein wirkungsvolles Mittel zur vorbeugenden Schadensbekämpfung ist die systematische Erfassung von aufgetretenen Fehlern und Störungen in einer Anlage. Dazu benutzt man ein Protokollbuch mit entsprechenden Schadenslisten.

Beispiel für Verschleißteile an einem Pneumatikzylinder

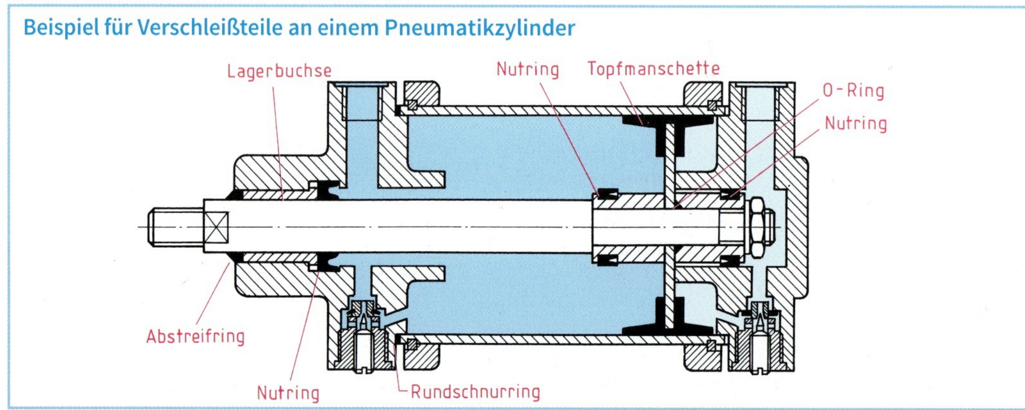

- Die dauerhaft sichere Funktion von Steuerungsanlagen erreicht man durch vorbeugende Wartungen des Druckmediums, indem es sorgfältig gefiltert wird.
- In Pneumatikanlagen muss das Kondensat regelmäßig entfernt werden.
- Bauteile in Steuerungen sind regelmäßig auf Verschleiß und auf festen Sitz zu überprüfen.

Für die verschiedenen Wartungsarbeiten sind bei Steuerungen unterschiedlich große Wartungsintervalle vorgeschrieben. Diese Zeitabstände richten sich nach der Betriebszeit der Anlage und den Einsatzbedingungen.

Beispiel für wichtige regelmäßige Wartungsarbeiten an pneumatischen Anlagen

Wartungsintervall	Maßnahmen
Täglich	Kondensat ablassen (bei nicht automatischen Geräten). Öler in der Wartungseinheit kontrollieren.
Wöchentlich	Funktion der Signalglieder überprüfen. Druckmesser nachprüfen. Ölmenge im Öler prüfen.
Vierteljährlich	Leitungen und Anschlüsse auf Dichtigkeit prüfen. Filterpatronen reinigen. Funktionsprüfungen am automatischen Kondensatablass. Befestigungen der Bauteile überprüfen.
Halbjährlich	Kolbenstangenführungen auf Verschleiß untersuchen. Abstreifringe und Dichtungen gegebenenfalls erneuern.

Übungsaufgaben 6/10; 6/11

Nur besonders geschultes Fachpersonal darf die Inbetriebnahme von hydropneumatischen Speichern durchführen. Ebenso dürfen Wartungsarbeiten an solchen Speichern nur von diesem Personenkreis vorgenommen werden. Folgende Wartungsarbeiten sind für hydropneumatische Speicher vorgesehen:

- Gasfülldruck prüfen,
- Sicherheitseinrichtungen, Armaturen prüfen,
- Leitungsanschlüsse prüfen,
- Speicherbefestigung prüfen.

Beispiel für Wartungsarbeiten an einem hydropneumatischen Speicher (Auszug aus einem Firmenmerkblatt)

Prüfintervalle

Nach der Inbetriebnahme des Speichers ist der Fülldruck in der ersten Woche mindestens einmal zu prüfen. Wird kein Gasverlust festgestellt, ist eine zweite Prüfung nach drei Monaten durchzuführen. Ist erneut keine Druckänderung eingetreten, kann auf jährliche Prüfungen übergegangen werden.

Messen auf der Flüssigkeitsseite

Nachdem das Manometer (3) an den Speicher angeschlossen ist, muss wie folgt vorgegangen werden:

- *Druckflüssigkeit in den Speicher füllen,*
- *Absperreinrichtung (5) schließen,*
- *durch Öffnen des Entlastungsventils (2) Druckflüssigkeit langsam abfließen lassen (Temperaturausgleich),*
- *während des Entleerungsvorganges Manometer (3) beobachten. Sobald der Fülldruck im Speicher erreicht ist, fällt der Zeiger schlagartig auf Null ab.*

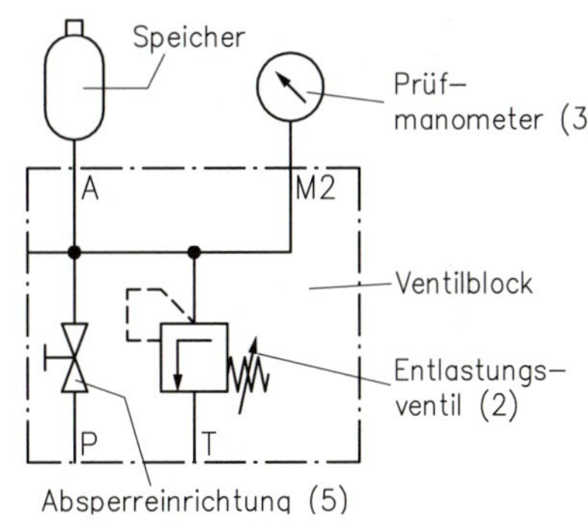

Werden Abweichungen von diesem Verhalten gemessen, ist zunächst zu prüfen, ob die Rohrleitungen und Armaturen dicht sind, oder ob die Abweichungen auf unterschiedliche Umgebungs- oder Gastemperaturen zurückzuführen sind. Erst wenn hier kein Fehler festgestellt werden kann, ist eine Überprüfung des Speichers erforderlich.

6.3 Fehlersuche in Steuerungen

In Steuerungen können unterschiedliche Fehler auftreten. Diese Fehler haben sehr unterschiedliche Ursachen. Es ist daher nicht möglich, für jeden Fall konkrete Hinweise zu geben. Die Fehlersuche wird jedoch durch sorgfältige Planung und Dokumentation der Anlage sowie durch die zweckmäßige Auswahl und Montage der Bauelemente erleichtert.

Grundvoraussetzung für die Fehlersuche und die daraus folgende Instandsetzung in komplexen Steuerungen ist das Verständnis für das vorgegebene technische System. Der Fachmann muss den Soll-Zustand eines Systems kennen. Bei Störungsmeldungen wird der Ist-Zustand in dem System festgestellt und mit dem Soll-Zustand verglichen.

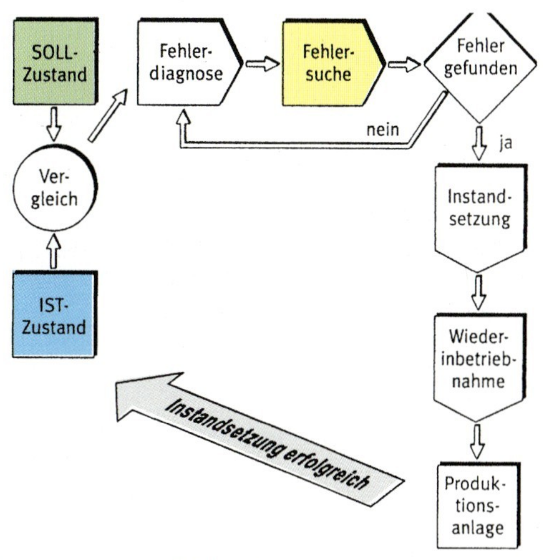

Instandsetzung nach Fehlerdiagnose

6.3.1 Maßnahmen zur Vereinfachung der Fehlersuche

- Übersichtliche Planungsunterlagen
  - Schaltpläne, Funktionspläne und Funktionsdiagramme müssen nach einheitlichen Gesichtspunkten aufgebaut sein.
  - Bauteile, Rohrleitungen und Anschlüsse sollen sowohl in den Konstruktionsunterlagen als auch in der Anlage eindeutig und gleich gekennzeichnet sein.

- Zweckmäßige Auswahl der Bauteile
  - Bei elektrischen Bauteilen solche bevorzugen, die ihre Signalzustände durch Leuchtdioden anzeigen (LED-Anzeige).
  - Pneumatische bzw. hydraulische Ventile mit Druckanzeigen auswählen, sodass die jeweilige Schaltstellung von außen ersichtlich ist.
  - Bei größeren Anlagen Anzeigegeräte zur zentralen Überwachung von Prozessdaten und Prozesszuständen auf Schalttafeln vorsehen.

- Übersichtliche Anordnung der Bauelemente
  - Geräte mit gleichen Funktionen sind möglichst nach dem gleichen Aufbauschema anzuordnen.
  - Leitungen mit der gleichen Funktion kennzeichnet man durch gleiche Farbgebung.
  - Bauteile und ihre Anschlüsse werden möglichst so montiert, dass eine Demontage mit normalen Werkzeugen ohne großen Aufwand erfolgen kann.

6.3.2 Fehlersuche mithilfe von Fehlerursachen-Tabellen

Mithilfe von Fehlerursachen-Tabellen können mögliche Fehler in einer Anlage eingegrenzt werden. Man vergleicht die beschriebene Art der Störung mit den Beobachtungen im Ist-Zustand. Die Hinweise zur Fehlerbehebung führen zu entsprechenden Instandsetzungsarbeiten.

Beispiele für eine Fehlerursachen-Tabelle bei einer elektropneumatischen Anlage

Art der Störung	Fehlerursache	Fehlerfolge	Hinweise zur Behebung
Luftversorgung ist nicht ausreichend	Anlage ist zu klein ausgelegt, Querschnittsverringerung durch Schmutz, Luftverlust durch Undichtigkeiten in der Anlage	In der Taktfolge der Zylinder treten Störungen auf. Kräfte an den Arbeitselementen reichen zeitweise nicht aus	Ist die Anlage erweitert worden? Leckstellen aufsuchen, Filter überprüfen, korrodierte Leitungen austauschen
Hoher Kondensatanfall oder feuchte Druckluft	Trockner arbeitet nicht, Kondensat ist nicht entfernt worden, automatischer Kondensatablass ist defekt, Anschlussleitungen sind falsch verlegt	Schaltfunktionen sind beeinträchtigt, Ventilteile sitzen fest, Korrosionsschäden treten auf, Schmierstoffe in der Anlage emulgieren und verharzen	Tägliche Kontrolle der Wartungseinheiten, Filter austauschen
Zylinder führt vorgesehene Bewegungen nicht aus	Rückschlagventil ist undicht, Ringdüse am Stromregelventil ist verklebt, Stellglieder steuern nicht um, Rückstellfeder im Zylinder gebrochen	Kolbengeschwindigkeit lässt sich nicht mehr regeln, Kolben fährt nicht mehr ein oder aus, Kolben fährt ruckartig	Verschleißteile oder Federn in den Bauteilen auswechseln, elektrischen Anlagenteil auf Spannung überprüfen
Ventile führen vorgesehene Funktionen nicht aus	Ventil ist verschmutzt, Feder im Ventil ist gebrochen, Dichtsitze in den Ventilen sind beschädigt, Dichtringe sind gequollen, Entlüftungsbohrungen sind verstopft, Magnetspule ist durchgebrannt	Taktfolge in der Anlage ist gestört, Kolben fahren nicht mehr ein oder aus, elektrischer Anlagenteil ist ohne Spannung, an Ventilen treten Leckverluste auf	Verschleißteile oder Federn in den Bauteilen auswechseln, elektrischen Anlagenteil auf Spannung überprüfen, Ventile komplett austauschen

Übungsaufgaben 6/14 bis 6/18

6.3.3 Fehlersuche mithilfe von Ablaufplänen

Mithilfe von Ablaufplänen können ebenfalls mögliche Fehler in einer Anlage eingegrenzt werden. Diese Art der Fehlersuche ist vorteilhaft bei größeren Anlagen und bei Anlagen mit geschlossenen Kreisläufen, wie sie vor allem in der Hydraulik vorliegen.

Man vergleicht auch hier den Ist-Zustand mit dem Soll-Zustand. Falls erforderlich, versucht man über geeignete Messverfahren den Fehler einzugrenzen. Ist der Fehler lokalisiert und die Fehlerursache erkannt, so führen die Hinweise zur Fehlerbehebung aus der Betriebsanleitung zu entsprechenden Instandsetzungsarbeiten.

Beispiele für einen Ablaufplan zur Fehlersuche bei einer hydraulischen Anlage

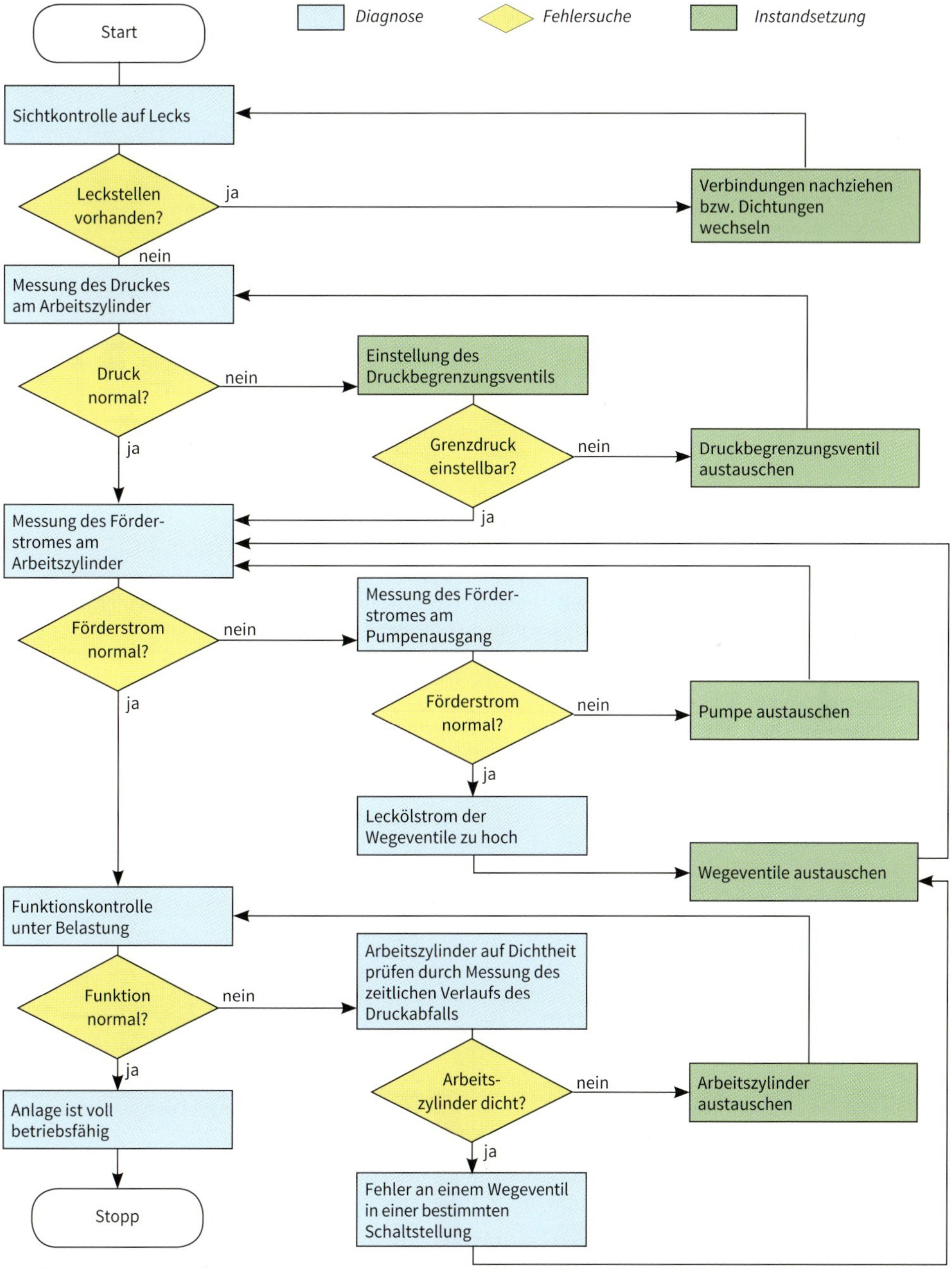

Diagnose *Fehlersuche* *Instandsetzung*

Start
Sichtkontrolle auf Lecks
Leckstellen vorhanden?
ja
Verbindungen nachziehen bzw. Dichtungen wechseln
nein
Messung des Druckes am Arbeitszylinder
Druck normal?
nein
Einstellung des Druckbegrenzungsventils
Grenzdruck einstellbar?
nein
Druckbegrenzungsventil austauschen
ja
ja
Messung des Förderstromes am Arbeitszylinder
Förderstrom normal?
nein
Messung des Förderstromes am Pumpenausgang
Förderstrom normal?
nein
Pumpe austauschen
ja
Leckölstrom der Wegeventile zu hoch
Wegeventile austauschen
ja
Funktionskontrolle unter Belastung
Funktion normal?
nein
Arbeitszylinder auf Dichtheit prüfen durch Messung des zeitlichen Verlaufs des Druckabfalls
Arbeitszylinder dicht?
nein
Arbeitszylinder austauschen
ja
Fehler an einem Wegeventil in einer bestimmten Schaltstellung
ja
Anlage ist voll betriebsfähig
Stopp

7 Regelungstechnik

7.1 Unterscheidung: Steuern – Regeln

Mit der Automatisierung haben Steuerung und Regelung im Rahmen technischer Verfahren ständig an Bedeutung gewonnen. Der Einsatz der Mikroelektronik ermöglichte in diesem Bereich eine erhebliche Ausweitung.

Sowohl beim Steuern als auch beim Regeln geht es darum, einen Vorgang, z. B. einen Glühprozess, in bestimmter Weise ablaufen zu lassen. Der wesentliche Unterschied zwischen beiden Möglichkeiten, den Prozess zu beeinflussen, liegt in der Art des Signalflusses in der Anlage.

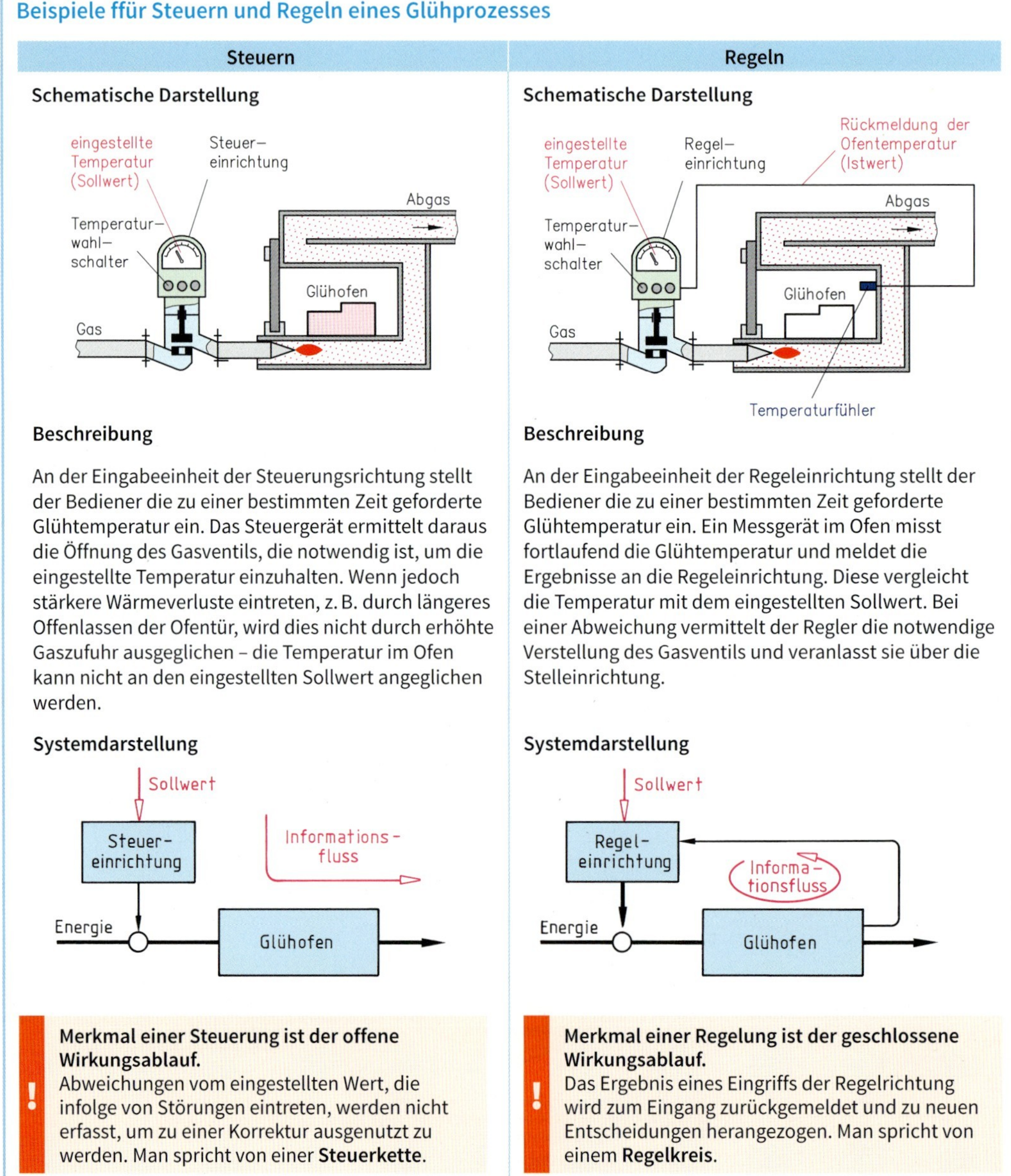

Beispiele ffür Steuern und Regeln eines Glühprozesses

Steuern	Regeln
Schematische Darstellung	**Schematische Darstellung**
Beschreibung	**Beschreibung**
An der Eingabeeinheit der Steuerungsrichtung stellt der Bediener die zu einer bestimmten Zeit geforderte Glühtemperatur ein. Das Steuergerät ermittelt daraus die Öffnung des Gasventils, die notwendig ist, um die eingestellte Temperatur einzuhalten. Wenn jedoch stärkere Wärmeverluste eintreten, z. B. durch längeres Offenlassen der Ofentür, wird dies nicht durch erhöhte Gaszufuhr ausgeglichen – die Temperatur im Ofen kann nicht an den eingestellten Sollwert angeglichen werden.	An der Eingabeeinheit der Regeleinrichtung stellt der Bediener die zu einer bestimmten Zeit geforderte Glühtemperatur ein. Ein Messgerät im Ofen misst fortlaufend die Glühtemperatur und meldet die Ergebnisse an die Regeleinrichtung. Diese vergleicht die Temperatur mit dem eingestellten Sollwert. Bei einer Abweichung vermittelt der Regler die notwendige Verstellung des Gasventils und veranlasst sie über die Stelleinrichtung.
Systemdarstellung	**Systemdarstellung**
! Merkmal einer Steuerung ist der offene Wirkungsablauf. Abweichungen vom eingestellten Wert, die infolge von Störungen eintreten, werden nicht erfasst, um zu einer Korrektur ausgenutzt zu werden. Man spricht von einer **Steuerkette**.	**! Merkmal einer Regelung ist der geschlossene Wirkungsablauf.** Das Ergebnis eines Eingriffs der Regelrichtung wird zum Eingang zurückgemeldet und zu neuen Entscheidungen herangezogen. Man spricht von einem **Regelkreis**.

7.2 Funktionseinheiten und Größen im Regelkreis

Wichtige Funktionseinheiten und Größen eines Regelkreises sind:

- **Regelstrecke**
  Teil der Anlage, in dem eine Größe aufgabengemäß gegen die Einwirkung von Störgrößen konstant gehalten werden soll. Regelstrecken sind z. B. die Kammer in einem Glühofen oder der Schlitten einer Werkzeugmaschine.

- **Regelgröße**
  Größe, die fortlaufend zu regeln ist, z. B. die Temperatur in der Kammer des Glühofens oder die Position des Maschinentisches. Der Istwert der Regelgröße wird laufend vom Fühler der Messeinrichtung erfasst und an den Regler weitergeleitet. Fühler sind z. B. Thermoelemente und Codelineale.

- **Führungsgröße**
  Bestimmt, vereinfacht gesagt, den Sollwert der Regelgröße. Durch die Führungsgröße werden z. B. die Solltemperatur oder die Position des Maschinentisches von außen in die Regeleinrichtung eingegeben.

- **Regler**
  Teil der Anlage, in dem Soll- und Istwert ständig miteinander verglichen werden. Bei einer Abweichung des Istwertes vom Sollwert gibt der Regler einen Stellbefehl an das Stellglied.

- **Stellglied**
  Funktionselement, das am Eingang der Regelstrecke eingreift, um den Istwert der Regelgröße dem Sollwert anzugleichen. Ein Stellglied ist z. B. das Ventil für den Gasdurchfluss oder der Stellmotor am Maschinentisch.

- **Stellgröße**
  Größe, welche durch das Stellglied beeinflusst wird, um den Istwert an den Sollwert anzugleichen. Die Stellgröße ist z. B. der Gasstrom oder die Spindelbewegung.

Beispiel für die Funktionseinheiten und Größen in einem Regelkreis

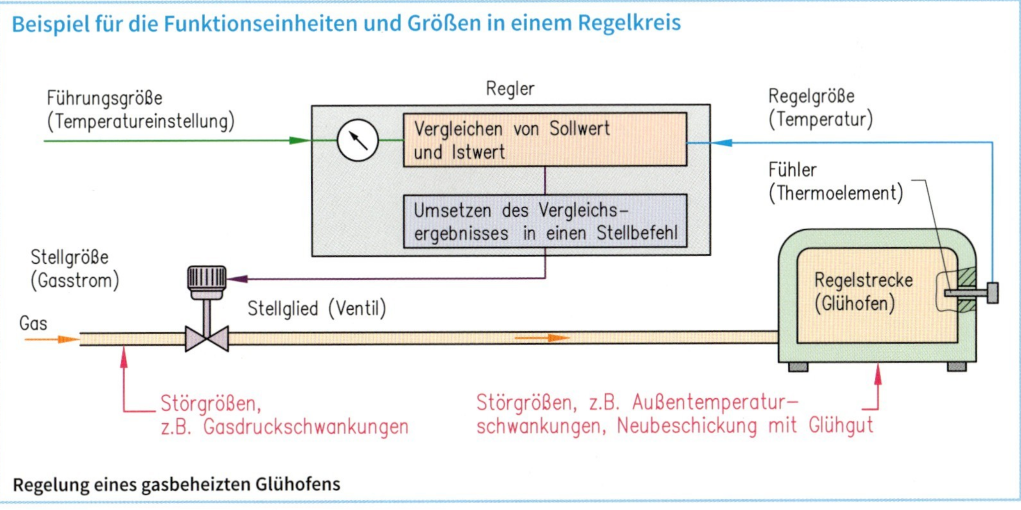

Regelung eines gasbeheizten Glühofens

Funktionseinheiten eines Regelkreises sind Regelstrecke, Fühler, Regler und Stellglied.
Im Regelkreis werden folgende Größen gemessen und verarbeitet: Regelgröße, Stellgröße und Führungsgröße.

7.3 Arten von Reglern

7.3.1 Unstetige Regler

Die meisten Temperaturregelungen in Erwärmungsanlagen schalten bei einer gewissen Temperatur ein und erwärmen so lange, bis der Sollwert erreicht ist, dann schalten sie wieder ab. Man nennt den Regler, der ein solches Verhalten bewirkt, einen Zweipunktregler, denn er schaltet nur zwischen zwei Werten der Stellgröße, z. B. zwischen Ein und Aus. Das Verhalten des Reglers ist unstetig, da er nur zeitweise und nicht dauernd eingreift.

Beispiel für eine Zweipunktregelung

Das dargestellte Heizelement zum Verschweißen thermoplastischer Kunststoffe wird durch einen Bimetallkontakt geregelt. Das Bimetall übernimmt in dieser Regelung die Funktion des Messsystems des Reglers und des Stellgliedes. Die Temperatur stellt die Regelgröße dar, die elektrische Energie ist die Stellgröße.

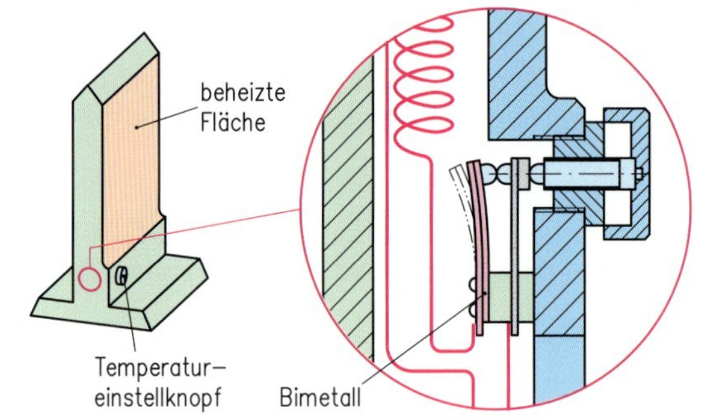

Funktionsbeschreibung

Am Temperatureinstellknopf erfolgt die Temperaturwahl durch Spannen des Bimetalls. Durch das Einschalten des elektrischen Stromes wird das Gerät über die Heizwendel erwärmt. Beim Überschreiten der Solltemperatur um einen geringen Betrag biegt sich der Bimetallstreifen so weit, dass das Heizwendel abschaltet. Obwohl der Strom abgeschaltet wird, heizt die Glühspirale noch nach, sodass die Temperatur noch geringfügig steigt, bevor die Temperatur schließlich entsprechend dem Abkühlungsverlauf sinkt. Sobald die vorgewählte Einschalttemperatur erreicht wird, schaltet der Regler den Strom erneut ein. Da es aber noch eine gewisse Zeit dauert, bis die Heizwendel erwärmt sind, kühlt das Gerät noch etwas ab, bevor es wieder erwärmt wird.

Regelgröße ≙ Temperatur des Heizelements
Stellgröße ≙ Einschaltzeiten der Heizwendel (Energiezufuhr)

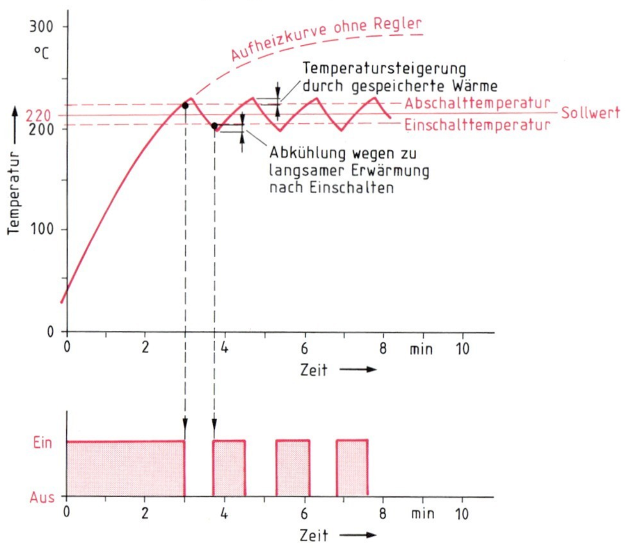

> **!** Zweipunktregler regeln durch Schalten zweier Zustände (z. B. Ein – Aus).
> Zweipunktregler können die Regelgröße nur innerhalb eines Bereiches einregeln.

Übungsaufgaben 7/4; 7/5

7.3.2 Stetige Regler

Bei stetigen Reglern wird bei Sollwertabweichungen die Stellgröße durch den Regler fortlaufend beeinflusst. Die Art und Weise, in der diese Beeinflussung geschieht, kann unterschiedlich sein.
Besonders einfach sind die Verhältnisse, wenn bei einem stetigen Regler zwischen Regelgrößenänderung und Stellgrößenänderung ein proportionaler Zusammenhang besteht. Man nennt einen solchen Regler P-Regler (Proportional-Regler).

Beispiel für eine Regeleinrichtung mit einem P-Regler

In einem Flüssigkeitsbehälter soll die Höhe des Flüssigkeitsspiegels konstant gehalten werden. Als Regler dient ein Hebel, der auf der einen Seite einen Schwimmer trägt, mit dem die Regelgröße erfasst wird und der auf der anderen Hebelseite eine entsprechende Änderung des Schieberhubes und damit der Stellgröße bewirkt.

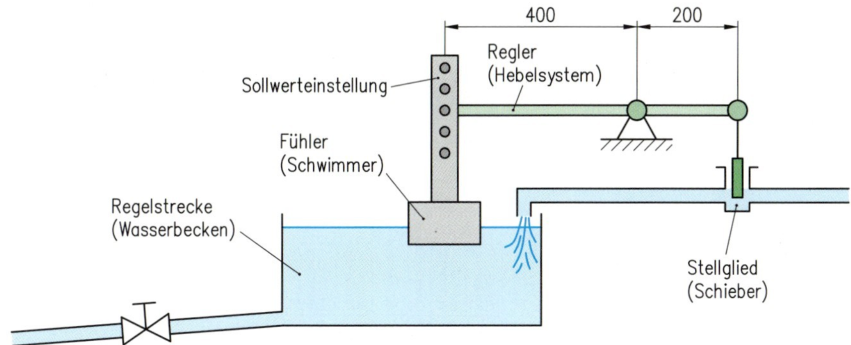

Flüssigkeitsstandregelung mit einem P-Regler

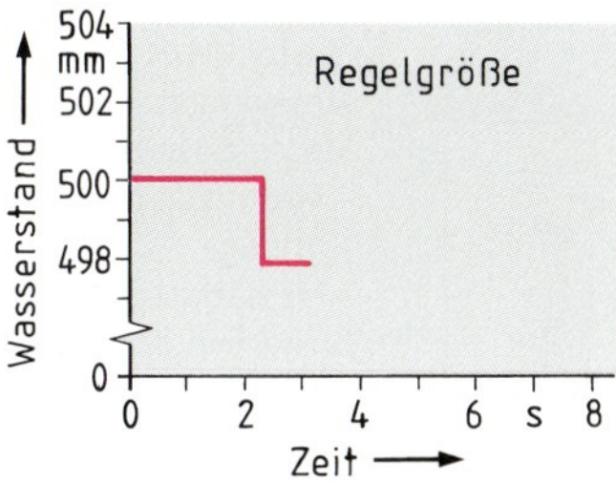

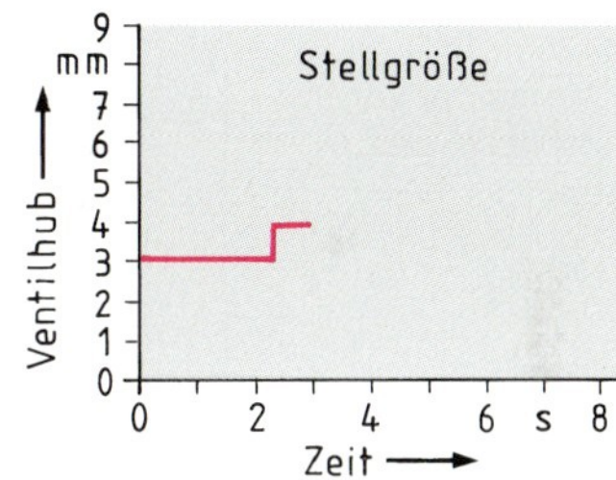

Verlauf von Regel- und Stellgröße im ersten Moment einer Störung

Jede Änderung der Regelgröße, der Höhe des Flüssigkeitsstandes, entspricht einer bestimmten Änderung des Schieberhubes, Beispiele:

- 2 mm Sinken des Flüssigkeitsspiegels ergibt 1 mm größere Ventilöffnung,
- 4 mm Sinken des Flüssigkeitsspiegels ergibt 2 mm größere Ventilöffnung,
- 3 mm Steigen des Flüssigkeitsspiegels bewirkt 1,5 mm kleinere Ventilöffnung gegenüber der Ausgangsstellung.

Die Änderungen von Höhe des Flüssigkeitsspiegels und der Ventilöffnung sind zueinander proportional. Ändert man das Hebelverhältnis, so ändert sich die Proportionalität.

P-Regler greifen schnell ein, die Regelabweichungen werden aber nicht zu Null ausgeregelt, es bleibt eine Abweichung vom Sollwert bestehen.

Beim P-Regler entspricht jeder Regelabweichung eine proportionale Änderung der Stellgröße.
P-Regler führen zu einer bleibenden Regelabweichung.

HANDLUNGSFELD: Messungen in elektrisch gesteuerten Anlagen durchführen

Problemstellung

Eine SPS gesteuerte Anlage funktioniert nicht bestimmungsgemäß. Es findet kein Teilestopp an der Übergabestelle für ein Fertigungszentrum statt. Fehlerart und -quelle sind festzustellen.

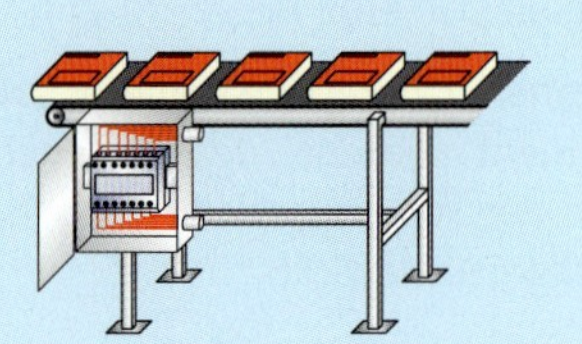

Vorgaben:
- allgemeine Fehlerbeschreibung
- definierte Aufgabenstellung
- keine weiteren Informationen oder Dokumente

Analysieren

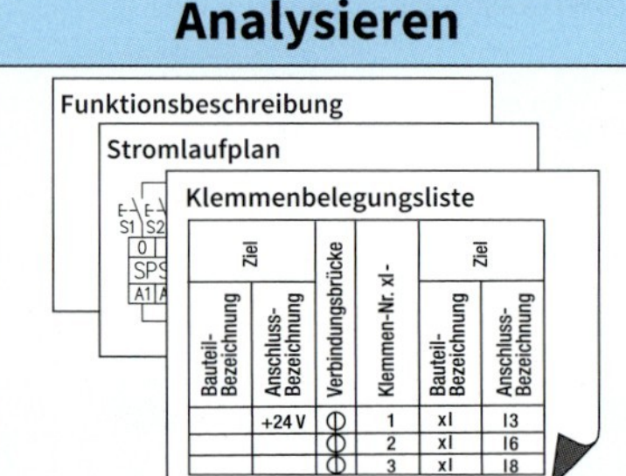

Ergebnisse:
- Unterlagen zur Anlage:
  - Funktionsbeschreibung
  - Stromlaufplan
  - Klemmenbelegungsliste
- Messgerät (Art und Messbereich)
- Steuerungsart
- Fehlerlisten, Anlagenzustand, Ausfallzeiten

Eingang:
- ausgewertete Informationen
- Art und Messbereich des Messgerätes

Planen

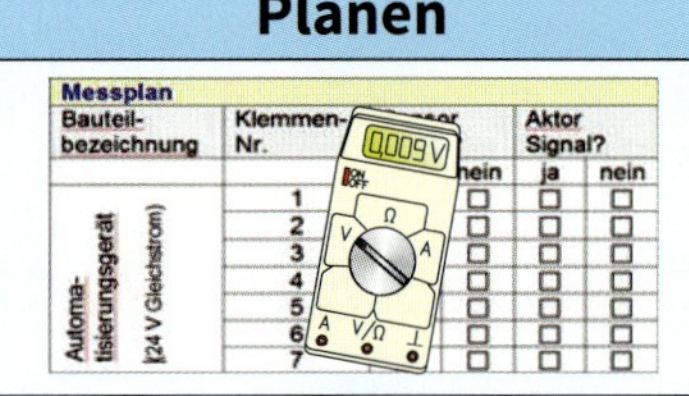

Ergebnisse:
- Messgerät
  Messplan mit
  - Messstelle und
  - Abfolge
  - Messstrategie
- Sicherheit (Mensch, Anlage)

Eingang:
- Sicherheit für Personen und System herstellen
- Messgerät einstellen (Stromart, Messbereich)
- Messstellen kontaktieren
- Schwellenwerte messen

Ausführen

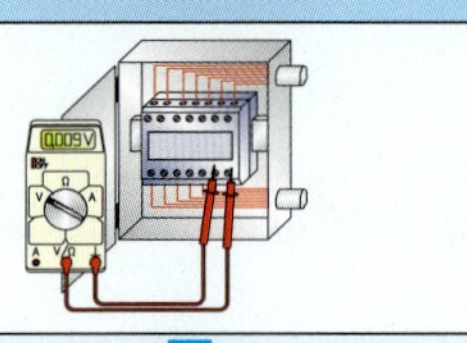

Ergebnisse:
- Messwerte
- Messprotokoll
- Auffälligkeiten (erkennbar) in der Messumgebung

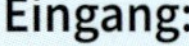

Eingang:
- Messprotokoll
  Auffälligkeiten

Auswerten

Fehlerliste

Störung	mögliche Ursache	Maßnahme zur Beseitigung
kein Teilestop an Übergabestelle (keine Spannung an Klemme 2)	Signalleitung unterbrochen	Signalleitung austauschen

Ergebnisse:
- Fehlerstatistik
- aktualisierte Fehlerliste (Fehlererkennung)

1 Wirkungen und Einsätze elektrischer Energie

1. Wärmewirkung

Elektrische Energie kann in Wärmeenergie umgewandelt werden. Dies geschieht z. B. im Elektroofen, beim Lichtbogenschweißen und beim Schmelzen einer Schmelzsicherung.

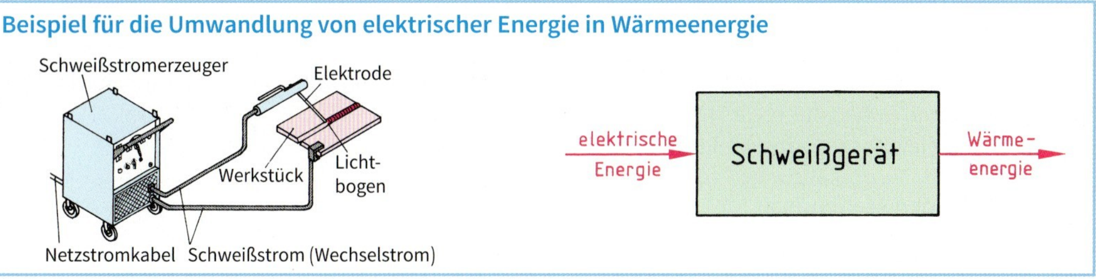

2. Magnetische Wirkung

Elektrische Energie wird in Elektromagneten in Energie eines magnetischen Feldes umgewandelt. Dies geschieht z. B. in Hubmagneten und Elektromotoren.

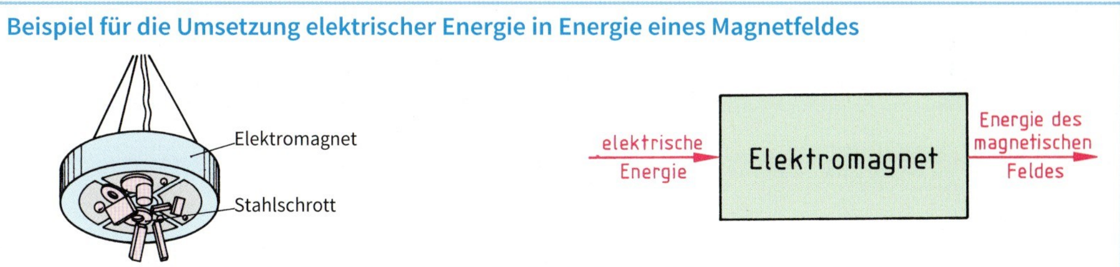

Die magnetische Wirkung des elektrischen Stromes wird in Elektromotoren ausgenutzt.

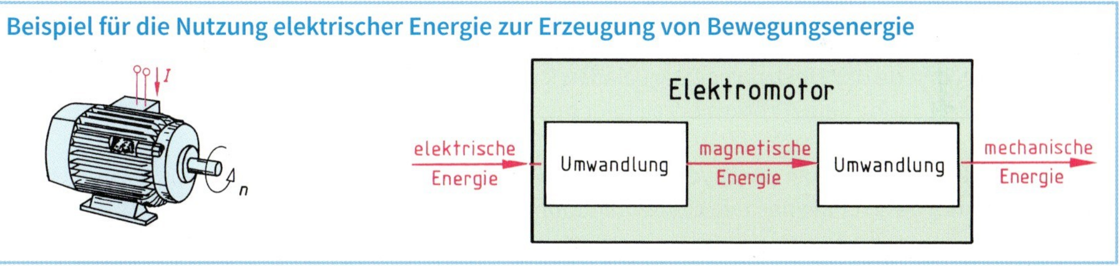

3. Chemische Wirkung

Zur Auslösung und Fortführung vieler chemischer Reaktionen benötigt man Energie. Sie wird oft in Form elektrischer Energie zugeführt, z. B. in galvanischen Anlagen und zum Laden von Akkus.

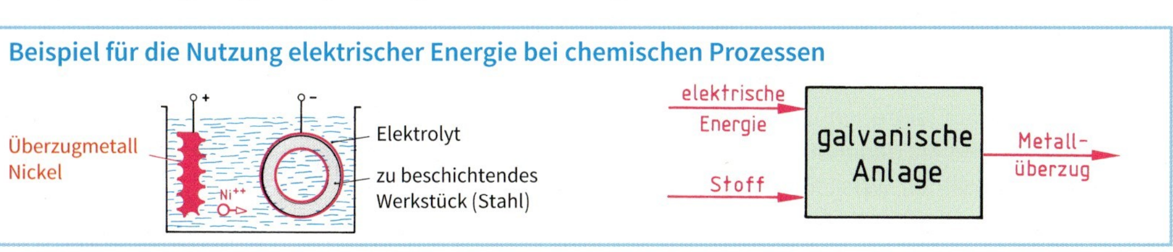

In der Metalltechnik werden folgende Wirkungen des elektrischen Stromes genutzt:
- Wärmewirkung,
- magnetische Wirkung,
- chemische Wirkung.

Übungsaufgaben 1/1; 1/2; 1/3

2 Physikalische Grundlagen

2.1 Elektrische Ladung

1. Atomaufbau

Die Atome aller Elemente haben einen Kern und eine Hülle. Der Atomkern enthält als wichtigste Bausteine die **Protonen** und die **Neutronen**. Protonen und Neutronen haben etwa die gleiche Masse.

Die Hülle wird von elektrisch negativ geladenen Teilchen, den **Elektronen**, gebildet. Diese Elektronen bewegen sich mit sehr hoher Geschwindigkeit um den Kern, sodass sich die Vorstellung einer Elektronenhülle ergibt. Elektronen haben nur etwa 1/2 000 der Masse eines Protons.

Protonen sind elektrisch positiv, Elektronen sind negativ geladen. Neutronen sind neutral.

Beispiele für den Atomaufbau

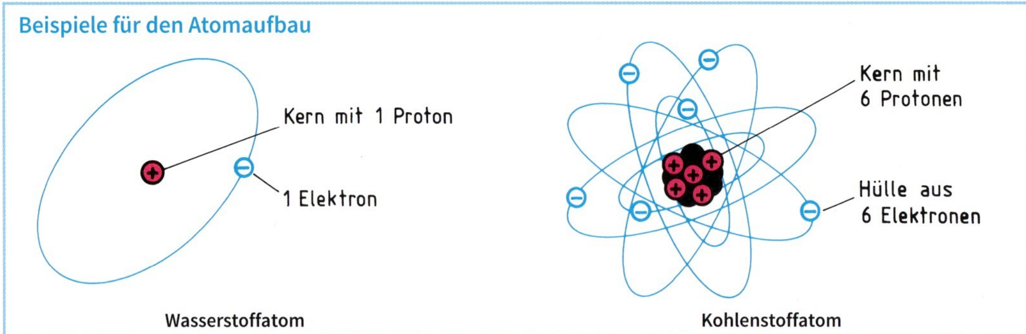

Wasserstoffatom

Kohlenstoffatom

Teilchenart	Symbol	Ladung	Masse	Massenverhältnis
Proton	p^+	positiv	$1{,}7 \cdot 10^{-24}$ g	1
Neutron	n	neutral	$1{,}7 \cdot 10^{-24}$ g	1
Elektron	e^-	negativ	$9{,}1 \cdot 10^{-28}$ g	$\approx \frac{1}{2000}$

2. Elementarladung

Die Ladung eines Elektrons ist die kleinste Ladungseinheit. Deshalb bezeichnet man diese Ladung als Elementarladung, und da das Elektron negativ geladen ist, als *negative Elementarladung*.

Die gleich große Ladung eines Protons bezeichnet man als *positive Elementarladung*.

Jedes Elektron besitzt eine negative Elementarladung.
Jedes Proton besitzt eine positive Elementarladung.

3. Kräfte zwischen Ladungen

Unterschiedliche elektrische Ladungen können durch Einsatz von Energie getrennt werden.

Beispiel für Ladungstrennung

Beim Reiben eines Kunststoffstabes mit einem Wolltuch gehen Elektronen des Wolltuches auf den Kunststoffstab über, und es entsteht dort ein Elektronenüberschuss. Der Kunststoffstab erhält dadurch eine negative Ladung. Das Wolltuch weist hingegen Elektronenmangel auf und ist dadurch positiv geladen.

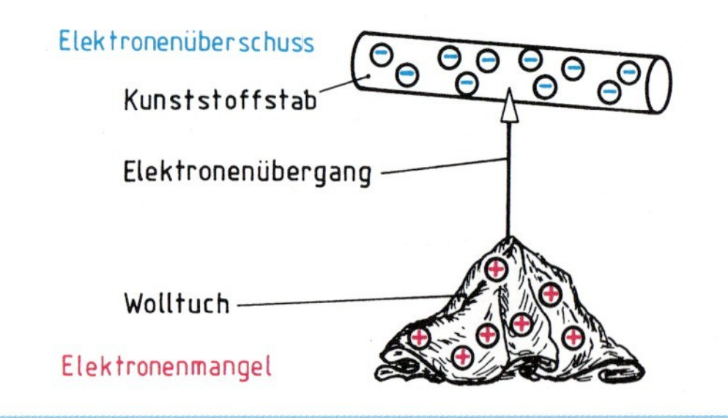

Zur Trennung elektrischer Ladungen ist Energie erforderlich

Übungsaufgaben 2/1 bis 2/5

Hat man unterschiedliche Ladungen voneinander getrennt, so bestehen zwischen Teilen mit unterschiedlicher elektrischer Ladung *anziehende* Kräfte und zwischen Teilen mit gleicher elektrischer Ladung *abstoßende* Kräfte.

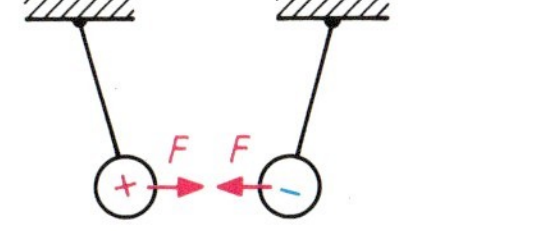

Anziehung ungleicher Ladungen

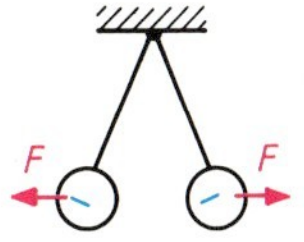

Abstoßung gleicher Ladungen

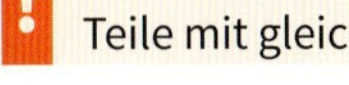

> Teile mit unterschiedlicher elektrischer Ladung ziehen sich gegenseitig an.
> Teile mit gleicher elektrischer Ladung stoßen sich gegenseitig ab.

2.2 Strom

In elektrischen Leitungen können Elektronen weiter bewegt werden. Diesen Fluss von Elektronen bezeichnet man als den elektrischen Strom. Wenn durch den Leiterquerschnitt in einer Sekunde $6{,}25 \cdot 10^{18}$ Elektronen strömen, so fließt ein Strom von **1 Ampere**.

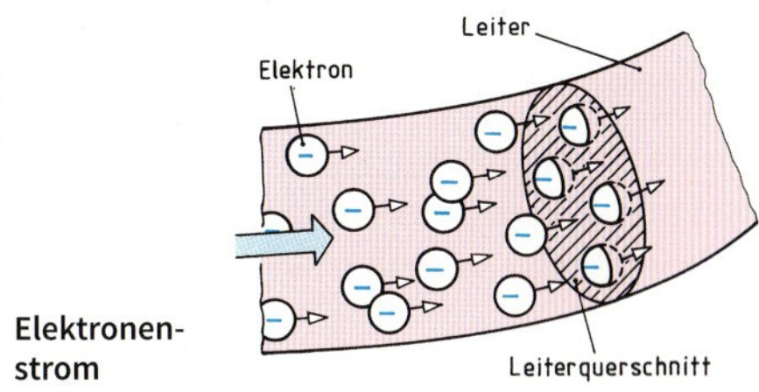

Elektronenstrom

> Der elektrische Strom ist der Fluss von Elektronen.
> 1 Ampere entspricht einem Fluss von $6{,}25 \cdot 10^{18}$ Elektronen je Sekunde.

Bewegt sich der Elektronenstrom stets in die gleiche Richtung, so spricht man von **Gleichstrom**. Stellt man in einem Diagramm den Strom in Abhängigkeit von der Zeit dar, so zeigt das Diagramm eine parallele Linie zur Zeitachse. Batterien und Akkumulatoren liefern Gleichstrom.

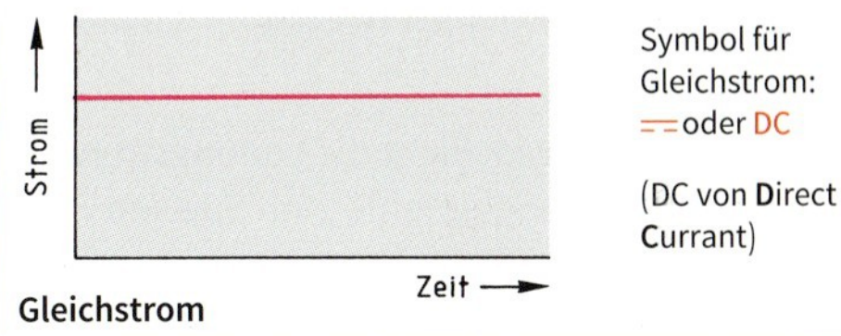

Gleichstrom

Symbol für Gleichstrom: ⎓ oder DC

(DC von **D**irect **C**urrant)

> Ein Strom, der stets in gleiche Richtung fließt, ist ein Gleichstrom.

Ändert der Elektronenstrom in regelmäßigen Zeitabständen (periodisch) seine Größe und seine Richtung, so nennt man diesen Strom **Wechselstrom**. Stellt man in einem Diagramm den Strom in Abhängigkeit von der Zeit dar, so zeigt das Diagramm eine Wellenlinie (Sinuskurve) um die Nulllinie. Die Elektroversorgungsunternehmen liefern einen Wechselstrom, der 100-mal in der Sekunde seine Richtung ändert.

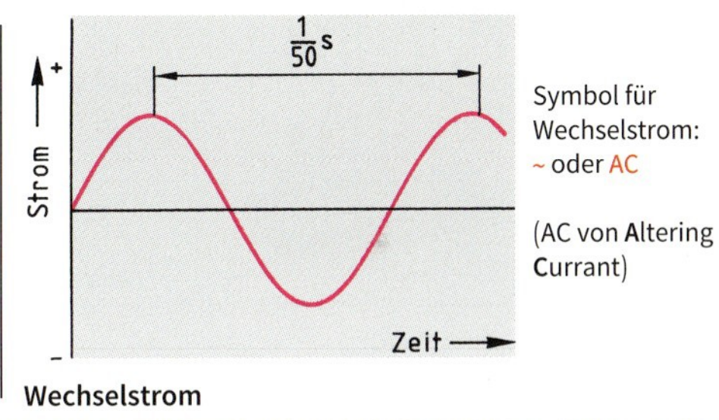

Wechselstrom

Symbol für Wechselstrom: ~ oder AC

(AC von **A**ltering **C**urrant)

> Ein Strom, der periodisch seine Richtung und Größe ändert, ist ein Wechselstrom.

2.3 Spannung

1. Prinzip der Spannungserzeugung

Durch die Trennung elektrischer Ladungen erhält man Bereiche mit Elektronenüberschuss und solche mit Elektronenmangel.

Der Bereich mit *Elektronenüberschuss* ist der **Minuspol**, der Bereich mit dem *Elektronenmangel* der **Pluspol**.

Wegen der Anziehungskräfte zwischen den unterschiedlichen Ladungen besteht das Bestreben, einen Ausgleich zwischen den beiden Polen herzustellen. Dieses Ausgleichsbestreben nennt man die elektrische **Spannung**.

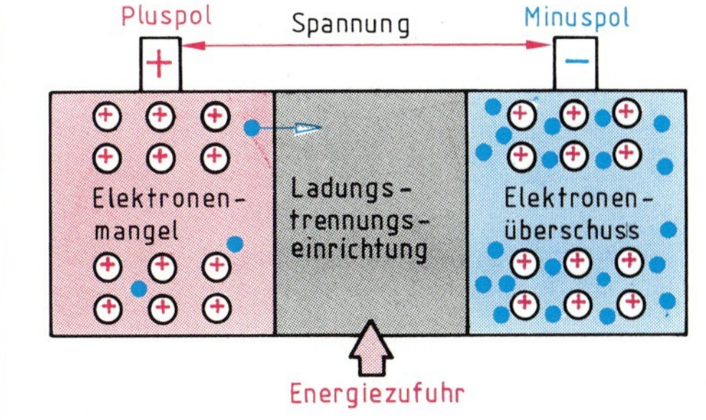

Prinzip einer Spannungsquelle

> Spannung besteht zwischen getrennten elektrischen Ladungen.

Übungsaufgaben 2/6; 2/7

Zur Spannungserzeugung muss Arbeit aufgewendet werden. Verrichtet man bei der Ladungstrennung an $6{,}25 \cdot 10^{18}$ Elektronen (1 Coulomb) eine Arbeit von 1 Nm, so hat man eine Spannung von **1 Volt** erzeugt.

1 Nm Arbeit an 1 Coulomb verrichtet, ergibt die Spannung 1 Volt (1 V = 1 Nm/c).

2. Spannungsquellen

– Generator

In Generatoren wird Spannung durch Aufwenden mechanischer Energie erzeugt.
Diese Art der Spannungserzeugung wird von den Elektroversorgungsunternehmen betrieben. Generatoren im kleineren Maßstab sind der Dynamo am Fahrrad und die „Lichtmaschine" im Kraftfahrzeug.

– Batterie und Akkumulator

In Batterien und Akkumulatoren wird Spannung durch chemische Prozesse erzeugt.
Man verwendet diese Spannungsquellen zur Versorgung nicht ortsgebundener Maschinen und Geräte.

– Solarzellen

In Solarzellen erfolgt die Ladungstrennung durch Lichteinwirkung.
Die Anwendung von Solarzellen in der Bundesrepublik Deutschland ist ein wesentlicher Bestandteil der Erzeugung alternativer Energien und dient auch zur Spannungserzeugung nicht ortsgebundener Elektrogeräte mit geringem Energieumsatz, z. B. Taschenrechnern und Parkscheinautomaten.

– Thermoelemente

In Thermoelementen geschieht die Ladungstrennung unmittelbar durch Wärmeenergie.
Man verwendet Thermoelemente zum Speisen von Zündsicherungen in Erwärmungsanlagen und zur Temperaturmessung.

Beispiele für Spannungsquellen

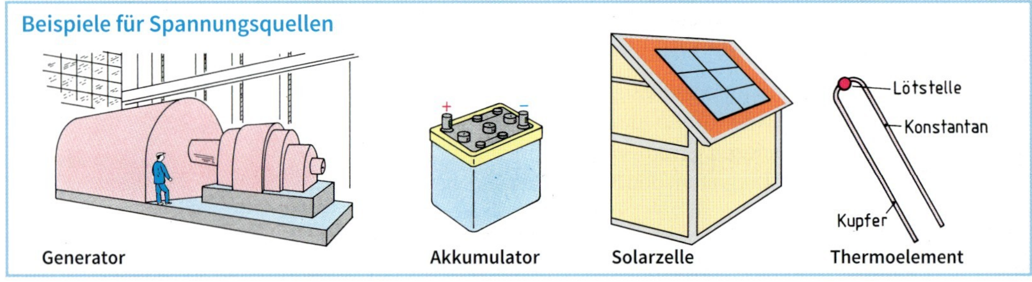

Generator **Akkumulator** **Solarzelle** **Thermoelement**

Spannungserzeugung geschieht in:
- Generatoren,
- Batterien und Akkumulatoren,
- Solarzellen,
- Thermoelementen.

2.4 Stromkreis

Verbindet man die Pole einer Spannungsquelle über eine elektrisch leitende Verbindung mit einem Verbraucher, so fließen Elektronen vom Minuspol (–) der Spannungsquelle über Leiter und Verbraucher zum Pluspol (+).
Die in sich geschlossene Anordnung von Spannungsquelle, Leiter und Verbraucher bezeichnet man als *elektrischen Stromkreis*.
Aus historischen Gründen hat man als Stromrichtung eine Bewegung vom Pluspol zum Minuspol festgelegt. Diese Festlegung wird als **technische Stromrichtung** bezeichnet.

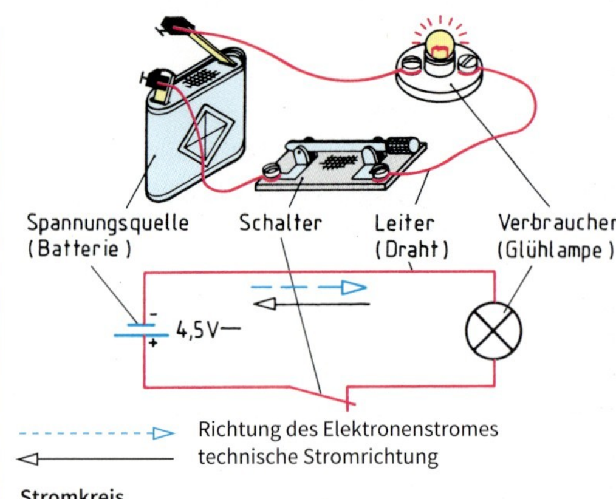

Stromkreis

Der geschlossene Stromkreis besteht aus Spannungsquelle, Leiter und Verbraucher.
Technische Stromrichtung: vom Pluspol zum Minuspol.

Übungsaufgaben 2/8 bis 2/13

2.5 Messung von Stromstärke und Spannung

1. Strommessung

Strommessung ist Durchflussmessung, deshalb müssen **Strommessgeräte** direkt in den Stromkreis eingesetzt werden. Sie stehen in einer Reihe mit dem Verbraucher – sie sind *in Reihe geschaltet*. Strommessgeräte zeigen die Stromstärke in Ampere an, man nennt sie auch Amperemeter.
Strommessgeräte dürfen nur zusammen mit einem Verbraucher zum Einsatz kommen, da sonst ein extrem hoher Strom fließt, den man in der Technik als **Kurzschlussstrom** bezeichnet.

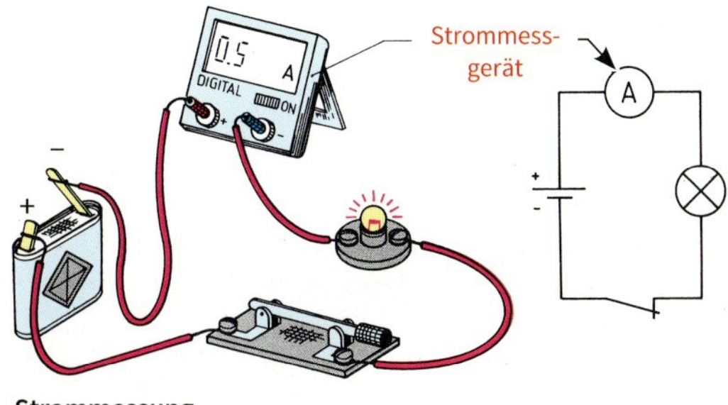

Strommessung

! Der Strommesser wird immer mit dem Verbraucher in Reihe geschaltet.

2. Spannungsmessung

Spannungsmessung ist die Messung eines Unterschiedes. Spannungen müssen immer zwischen zwei Punkten eines Stromkreises gemessen werden, z. B. zwischen den beiden Polen einer Spannungsquelle oder zwischen dem Eingangs- und Ausgangspunkt eines Verbrauchers.
Das **Spannungsmessgerät** wird *parallel zum Verbraucher* angeschlossen. Spannungsmesser zeigen die Spannung in Volt an, man bezeichnet sie auch als Voltmeter.

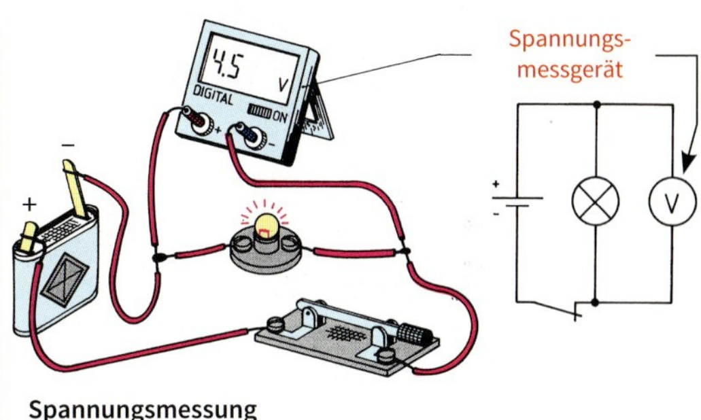

Spannungsmessung

! Der Spannungsmesser wird immer mit dem Verbraucher parallel geschaltet.

2.6 Leiter und Nichtleiter

1. Metallische Leiter

Metalle sind gute elektrische Leiter. Die Ursache dafür sind frei bewegliche Elektronen im Metall. Sobald mit einem metallischen Leiter ein Stromkreis geschlossen wird, setzen sich diese in Richtung Pluspol in Bewegung.
Elektronen treten am Minuspol der Spannungsquelle in den Leiter ein, und am Pluspol treten dafür andere heraus. Obwohl sich die Elektronen nur mit sehr geringer Geschwindigkeit (ca. 0,3 m/h) im Leiter in Stromrichtung bewegen, pflanzt sich der „Stoß", der durch das Eintreten von Elektronen in den Leiter entsteht, mit hoher Geschwindigkeit fort.

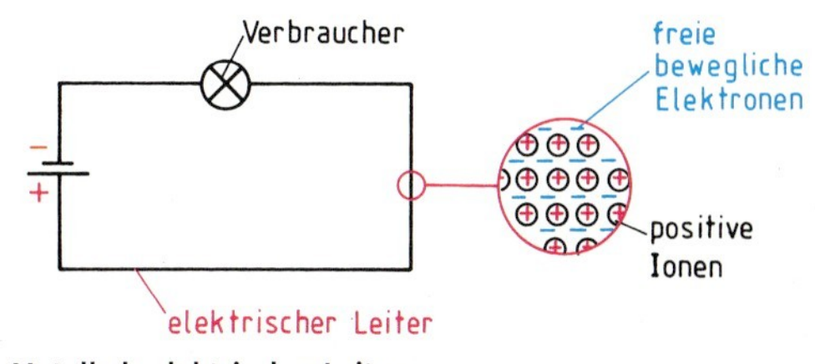

Metall als elektrischer Leiter

! Quasifreie Elektronen sind die Ursache für die gute elektrische Leitfähigkeit eines Metalls.

2. Nichtleiter

Stoffe ohne bewegliche Ladungsträger leiten den elektrischen Strom nicht. Solche Stoffe sind z. B. Gummi, Kunststoffe, Glas, trockene Luft und chemisch reines Wasser. Man verwendet diese Stoffe zur Isolierung von elektrischen Leitern und Geräten. Deshalb bezeichnet man sie als **Isolierstoffe** oder **Nichtleiter**.

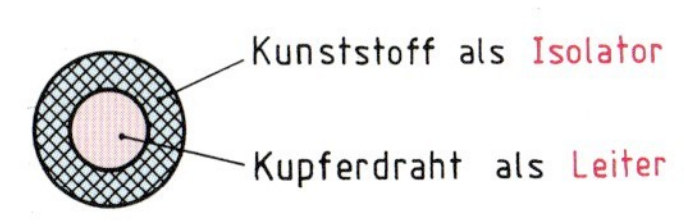

Querschnitt einer isolierten Kupferleitung

! Stoffe, in denen Ladungen nicht bewegt werden können, werden als Nichtleiter oder Isolierstoffe bezeichnet.

Übungsaufgaben 2/14 bis 2/21

2.7 Elektrischer Widerstand

Im Stromkreis wird der Fluss der Elektronen gehemmt. Diese Erscheinung bezeichnet man als **elektrischen Widerstand**. Er wird in **Ohm** (Ω) angegeben.
Der elektrische Widerstand eines Leiters ist abhängig von:

- Leiterlänge, • Leiterquerschnitt, • Leiterwerkstoff, • Temperatur des Leiters.

In den meisten Fällen ist der Einfluss der Temperatur auf den Leiter unbedeutend. Daher wird bei Berechnungen die Temperatur mit 20 °C als konstant angesetzt.

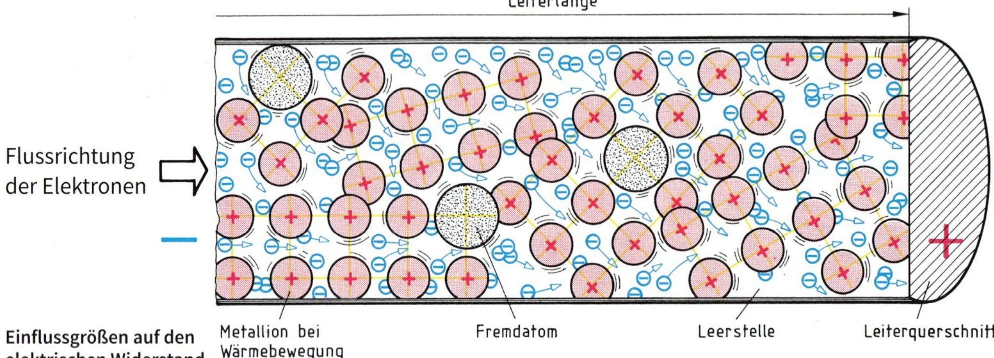

Einflussgrößen auf den elektrischen Widerstand

Die verschiedenen Einflussgrößen auf den elektrischen Widerstand haben folgende Auswirkungen:

- Mit *steigender Leiterlänge* wächst der Widerstand, weil die Elektronenbewegung auf dem längeren Weg stärker behindert wird.
- Mit *kleinerem Leiterquerschnitt* wird der Widerstand größer, weil die Durchtrittsfläche kleiner wird.
- Mit *sinkender Zahl* freier Elektronen und *stärkerer Behinderung durch Fremdatome* im Kristallgitter steigt der elektrische Widerstand. Diese Werkstoffabhängigkeit des Widerstandes drückt man durch den **spezifischen Widerstand** (Formelzeichen: ϱ) aus.

Der Zusammenhang zwischen den Einflussgrößen und dem elektrischen Widerstand R bei 20 °C wird in folgender Gleichung angegeben:

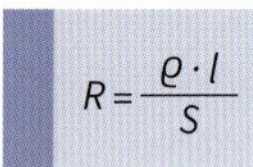

$$R = \frac{\varrho \cdot l}{S}$$

R Widerstand in Ω
l Leiterlänge in m
S Leiterquerschnitt in mm²
ϱ spezifischer Widerstand in $\frac{\Omega\,\text{mm}^2}{\text{m}}$ bei 20 °C

Werkstoff	Spezifischer Widerstand in $\frac{\Omega\,\text{mm}^2}{\text{m}}$ bei 20 °C
Silber	0,0149
Kupfer	0,0178
Aluminium	0,0241
Eisen	0,1400

> **!** Der Widerstand eines Leiters hängt bei konstanter Temperatur ab von:
> - Länge,
> - Querschnitt,
> - Werkstoff.
>
> $$R = \frac{\varrho \cdot l}{S}$$

Weicht die Temperatur eines Widerstandes von 20 °C ab, so muss der Widerstandswert neu errechnet werden. Diese Neuberechnung erfolgt über den *Temperaturbeiwert α*.

$$R = R_K \cdot (1 + \alpha \cdot \Delta\vartheta)$$

R_K Widerstand bei 20 °C
α Temperaturbeiwert
$\Delta\vartheta$ Temperaturänderung gegenüber 20 °C

Werkstoff	Temperaturbeiwert α in $\frac{1}{K}$
Kupfer	0,0039
Aluminium	0,0038
Eisen	0,0045

> **!** Der Widerstand von elektrischen Leitern ist temperaturabhängig. Bei metallischen Leitern steigt der Widerstand mit steigender Temperatur.

Übungsaufgaben 2/22 bis 2/27

2.8 Ohmsches Gesetz

Den gesetzmäßigen Zusammenhang der elektrischen Größen **Spannung**, **Stromstärke** und **Widerstand** in einem elektrischen Stromkreis erforschte Georg Simon Ohm.

Er stellte folgende Abhängigkeiten fest:
1. Steigert man die Spannung bei gleich bleibendem Widerstand, so steigt die Stromstärke im gleichen Verhältnis wie die Spannung.
2. Erhöht man den Widerstand bei gleich bleibender Spannung, so nimmt die Stromstärke im gleichen Verhältnis ab, wie der Widerstand zunimmt.

Aus diesen beiden Abhängigkeiten ergibt sich das **Ohmsche Gesetz**:

Spannung = Stromstärke · Widerstand

$$U = I \cdot R$$

Beispiel für einen Versuch zum Nachweis des Ohmschen Gesetzes

Man führt eine Versuchsreihe mit 0,98 m Konstantandraht mit einem Querschnitt von 1 mm² durch, indem man verschiedene Spannungen anlegt und dabei die verschiedenen Stromstärken misst.

Versuchsaufbau:

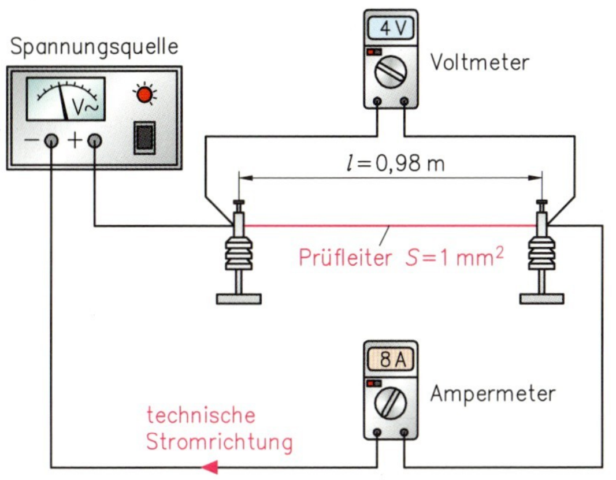

Messergebnis:

Spannung U in Volt	Stromstärke I in Ampere
1	2
2	4
3	6
4	8

Versuchsauswertung:

Aus den Messwerten und dem Verlauf des Graphen im Spannungs-Stromstärken-Schaubild ergibt sich, dass Spannung und Stromstärke stets in gleichem Verhältnis stehen. Das Verhältnis aus Spannung und Strom ist der Widerstand.

Der Versuch zeigt, dass z. B. eine Spannung von 1 V in einem Konstantandraht von 0,98 m Länge und 1 mm² Querschnitt einen Strom von 2 A fließen lässt. Der Widerstand des Drahtes ist demnach:

$$R = \frac{U}{I} = \frac{1\,\text{V}}{2\,\text{A}} = 0{,}5\,\Omega$$

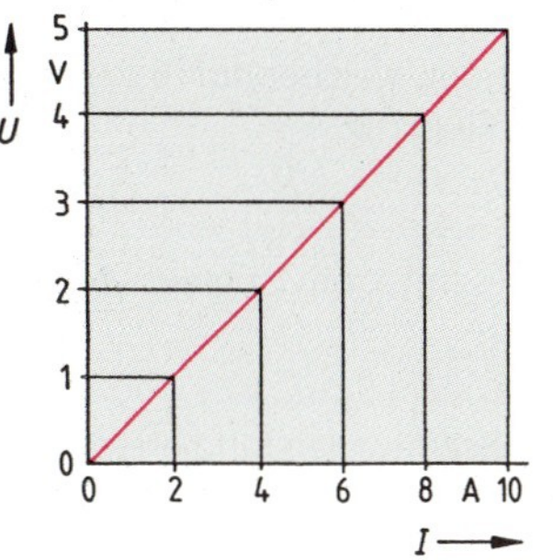

Das Spannungs-Stromstärken-Schaubild verdeutlicht die Abhängigkeit zwischen Spannung und Stromstärke in einem Stromkreis.

Übungsaufgaben 2/28 bis 2/33

3 Grundschaltungen

3.1 Reihenschaltung

In einer Reihenschaltung liegen alle Verbraucher hintereinander im Stromkreis und werden vom gleichen Strom durchflossen. Die Reihenschaltung findet z. B. bei Lichterketten für Weihnachtsbäume Verwendung. Zudem stellt jede Zuleitung zu einem Verbraucher einen Widerstand dar, der mit dem Verbraucher in Reihe geschaltet ist.

Für die Reihenschaltung gilt:

1. Der Strom ist an allen Stellen gleich.
   $I_{ges} = I_1 = I_2 = I_3 = ...$
2. Der Gesamtwiderstand ist gleich der Summe der Einzelwiderstände.
   $R_{ges} = R_1 + R_2 + R_3 + ...$
3. Der Spannungsbetrag, der notwendig ist, um den Strom durch den einzelnen Widerstand zu treiben – Spannungsabfall am Widerstand – ist nach dem Ohmschen Gesetz:
   $U_1 = I \cdot R_1 \quad U_2 = I \cdot R_2 \quad U_3 = I \cdot R_3 ...$
   Die Gesamtspannung ist gleich der Summe der Teilspannungen.
   $U_{ges} = U_1 + U_2 + U_3 + ...$

Reihenschaltung von Glühlampen

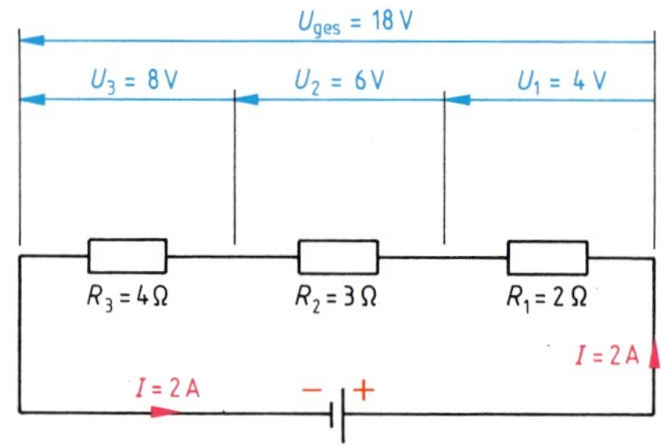

Reihenschaltung mit Widerständen

! Reihenschaltung: $I_{ges} = I_1 = I_2 = I_3 = ...$ $R_{ges} = R_1 + R_2 + R_3 + ...$ $U_{ges} = U_1 + U_2 + U_3 + ...$

3.2 Parallelschaltung

In einer Parallelschaltung liegen die Verbraucher parallel zueinander. An allen Verbrauchern liegt die gleiche Spannung an.
Die Geräte am Stromnetz sind parallel geschaltet.

Für die Parallelschaltung gilt:

1. Die Spannung ist an allen Verbrauchern gleich.
   $U_{ges} = U_1 = U_2 = U_3 = ...$
2. Der Strom, welcher durch den einzelnen Widerstand fließt, ist
   $I_1 = \frac{U}{R_1} \qquad I_2 = \frac{U}{R_2} \qquad I_3 = \frac{U}{R_3}$
   Der Gesamtstrom ist gleich der Summe der Teilströme.
   $I_{ges} = I_1 + I_2 + I_3 + ...$
3. Den Gesamtwiderstand errechnet man aus
   $\frac{U}{R_{ges}} = \frac{U}{R_1} + \frac{U}{R_2} + \frac{U}{R_3} + ... \quad | :U$
   $\frac{1}{R_{ges}} = \frac{1}{R_1} + \frac{1}{R_2} + \frac{1}{R_3} + ...$

Parallelschaltung von Glühlampen

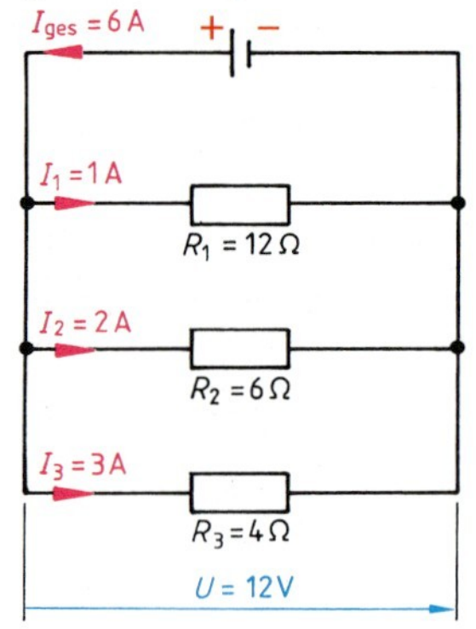

Parallelschaltung von Widerständen

! Parallelschaltung: $U_{ges} = U_1 = U_2 = U_3 = ...$ $I_{ges} = I_1 + I_2 + I_3 + ...$ $\frac{1}{R_{ges}} = \frac{1}{R_1} + \frac{1}{R_2} + \frac{1}{R_3} + ...$

Übungsaufgaben 3/1 bis 3/6

4 Schaltzeichen für elektrische Bauelemente und Schaltpläne

4.1 Bauteile in der Elektrotechnik

Sehr viele elektrische Schaltungen bestehen im Prinzip aus folgenden Bauelementen:

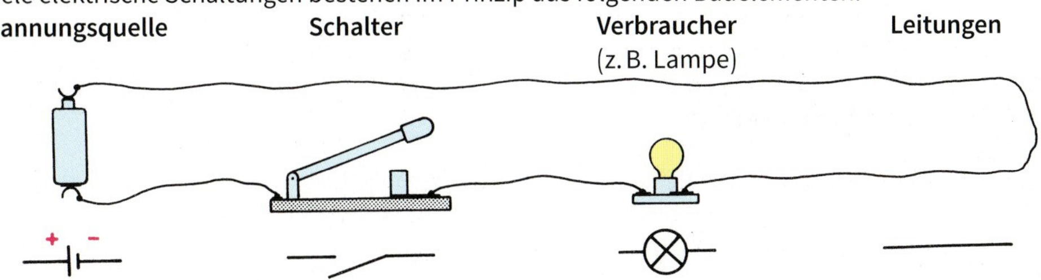

Diese Bauteile werden **Betriebsmittel** genannt. Betriebsmittel werden durch Symbole dargestellt. Die Symbole heißen **Schaltzeichen**. Schaltzeichen enthalten die allgemeinste Information über Art und Funktion des Betriebsmittels. Alle Schaltzeichen sind genormt.

Beispiele für Betriebsmittel und Schaltzeichen

Betriebsmittel	Beispiele für Bauformen	Schaltzeichen
chemische Spannungsquellen		
Schalter		
Lampen		
Leitungen		

Kennzeichnung von Betriebsmitteln in der Elektrotechnik nach EN 81346-2 siehe in diesem Buch auch ab Seite 597.

Schaltzeichen enthalten die allgemeinste Information über Art und Funktion des elektrischen Bauelementes.

4.2 Elektrische Schaltpläne

Schaltzeichen werden zu Schaltplänen zusammengefasst. Verschiedene Schaltpläne (z. B. Stromlaufplan oder Installationsplan) sollen verschiedene Sachverhalte einer Schaltung deutlich machen. Damit keine Missverständnisse entstehen, ist auch die Ausführung (die Darstellungsweise) der Schaltpläne genormt. Schaltpläne enthalten Informationen über

- die Anordnung der Betriebsmittel in einer Schaltung,
- die elektrischen Verbindungen in einer Schaltung,
- die Wirkungsweise einer Schaltung.

In Stromlaufplänen kommt es ausschließlich auf die Wirkungsweise einer Schaltung an. Deshalb müssen in Stromlaufplänen die einzelnen Stromwege übersichtlich dargestellt werden.

Beispiele für Stromlaufpläne

1. Zusammenhängende Darstellung

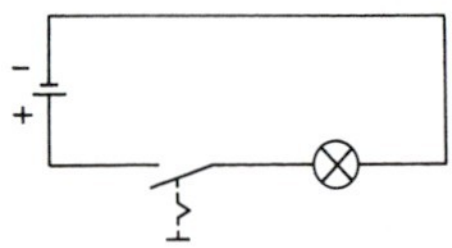

Bei der zusammenhängenden Darstellung werden alle Schaltzeichen der elektrischen Betriebsmittel **zusammenhängend** – als Einheit – gezeichnet.

2. Aufgelöste Darstellung

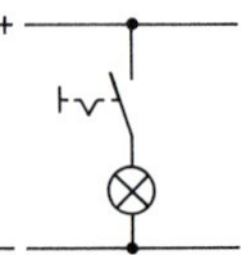

Bei der aufgelösten Darstellung werden die Schaltzeichen so angeordnet, dass geradlinige Stromwege entstehen.

In allen Stromlaufplänen werden die Verbindungslinien waagerecht oder senkrecht gezeichnet, ganz gleich, wie die Leitungen in der ausgeführten Schaltung tatsächlich liegen.

! In Schaltplänen werden Schaltzeichen mit elektrischen Leitern verbunden dargestellt, sie zeigen die Arbeitsweise der elektrischen Schaltung.

4.3 Auswahl genormter Schaltzeichen

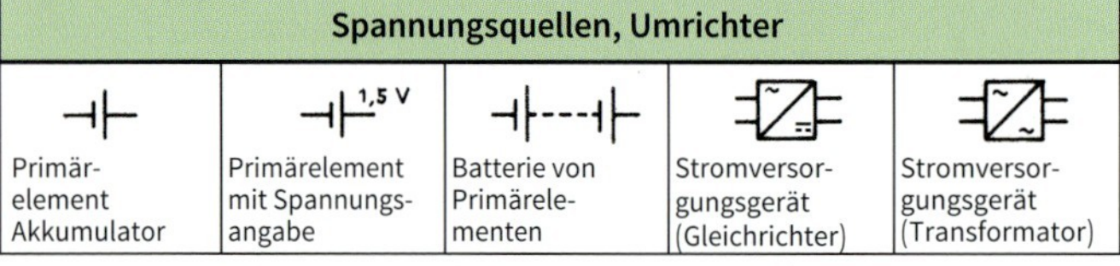

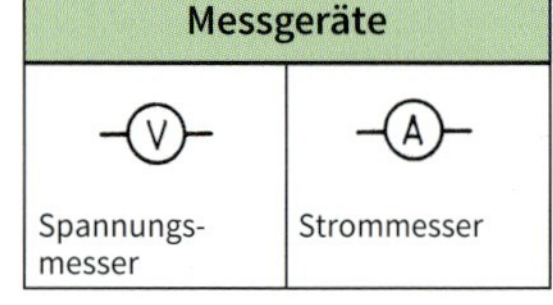

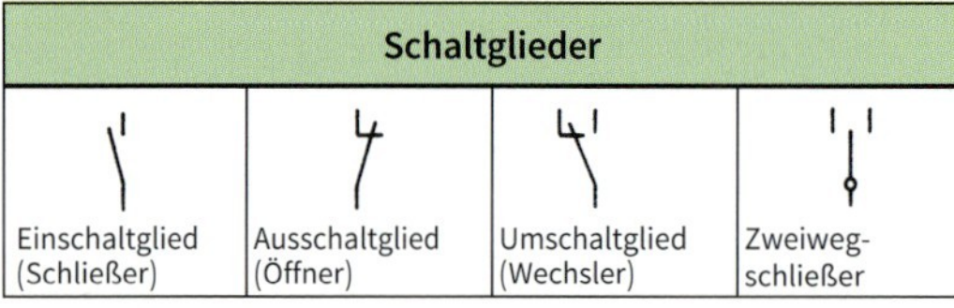

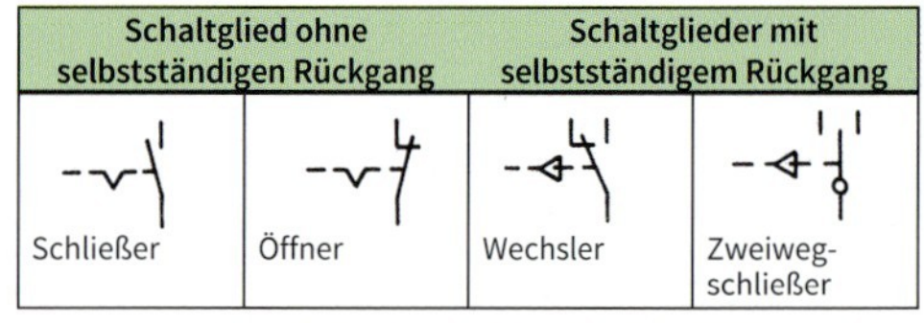

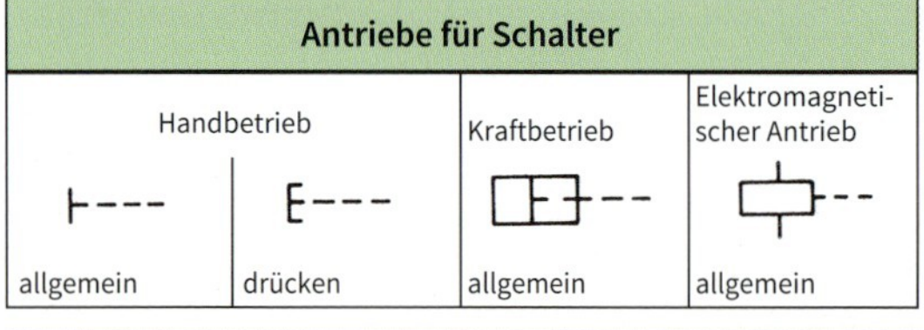

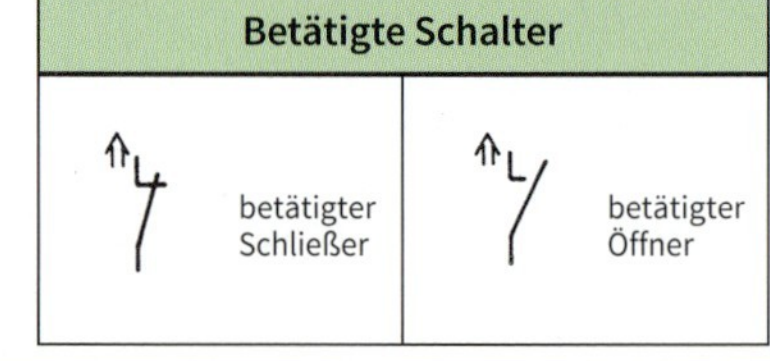

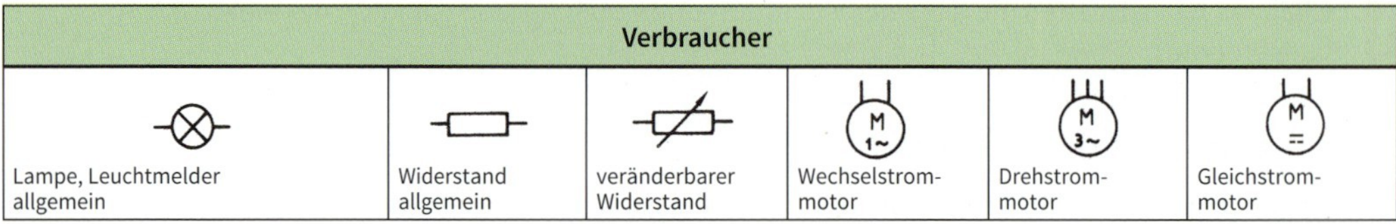

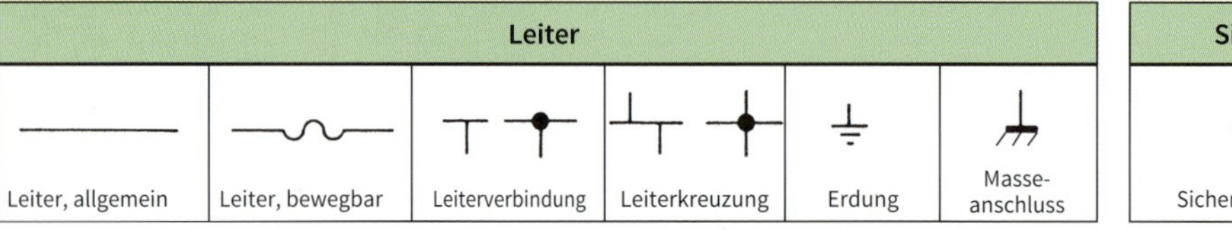

Sicherung

Sicherung allgemein

Übungsaufgaben 4/1 bis 4/4

5 Maßnahmen zur Unfallverhütung

Die Gefahren des elektrischen Stromes können mit den menschlichen Sinnen nicht wahrgenommen werden, sodass viele der Unfälle aus Unkenntnis, Unachtsamkeit oder auch aus Leichtsinn geschehen.

1. Kontrolle und Instandsetzung elektrischer Bauelemente
Alle elektrischen Leitungen und Bauelemente an Anlagen und Maschinen sind ständig auf Beschädigung zu überprüfen. Beschädigungen an Schaltern, Steckern, Steckdosen, Zuleitungen, Verlängerungen und Kabeltrommeln bilden eine Gefahr. Die Anlagen mit beschädigten elektrischen Bauteilen sind durch Betätigung des Hauptschalters spannungsfrei zu schalten. Die beschädigten Bauteile müssen durch einen Fachmann ausgetauscht werden.

2. Gefährliche Wirkungen des elektrischen Stromes
Der menschliche Körper leitet den elektrischen Strom. Daher kann bei einer Berührung eines stromdurchflossenen Leiters durch den Menschen Strom fließen. Die Größe der Stromstärke ist abhängig von der anliegenden Spannung und dem Gesamtwiderstand des Menschen. Der Gesamtwiderstand setzt sich dabei zusammen aus

- dem Übergangswiderstand zwischen Leiter und Mensch,
- dem Körperinnenwiderstand,
- dem Übergangswiderstand zwischen Mensch und dem zweiten Leiter bzw. zwischen Mensch und Erde.

Der Körperinnenwiderstand ist gegenüber dem Hautwiderstand vernachlässigbar klein. Feuchte Hände oder Feuchtigkeit zwischen Füßen und Boden verringern den Übergangswiderstand erheblich. Nach dem Ohmschen Gesetz steigt die Stromstärke mit abnehmendem Gesamtwiderstand. Daher besteht eine besondere Gefährdung in Feuchträumen und auf feuchtem Untergrund im Freien, wo der Übergangswiderstand sehr gering sein kann.

Nach internationalen Sicherheitsvorschriften dürfen Menschen kurzzeitig einer Stromstärke von 30 mA und einer geringeren Spannung als 50 V ausgesetzt sein.
Beim Überschreiten dieser Grenzwerte können folgende **gefährliche Wirkungen** auftreten:

– **Fehlsteuerungen von Körperfunktionen**
Viele Körperfunktionen werden elektrisch über Nervenbahnen gesteuert. So kann unter dem Einfluss eines durch den Körper fließenden Stroms eine Fehlsteuerung eintreten. Diese kann zur Muskelverkrampfung, zu Herzkammerflimmern oder zum Herzstillstand führen.

– **Schäden durch übermäßige Erwärmung**
Bei großen Stromstärken führt die Wärmewirkung des elektrischen Stroms an den Ein- und Austrittsstellen zu Verbrennungen. Es kann zur Verkohlung von Körperteilen kommen, wenn an den Übergangsstellen ein Lichtbogen entsteht.

– **Zersetzen der Körperflüssigkeit**
Bei längerer Einwirkung des elektrischen Stroms zersetzt sich die Körperflüssigkeit (Blut u. a.) elektrolytisch. Dies kann zu Vergiftungserscheinungen führen. Da diese Folgeerscheinungen erst nach einigen Tagen auftreten, sollte ein Arzt bei Unfällen mit Elektrizität aufgesucht werden, damit dieser vorbeugend das Unfallopfer behandeln kann.

ERSTE HILFE bei Unfällen mit Elektrizität

Eine gute und schnelle Hilfe bei Unfällen mit Elektrizität kann lebensrettend sein.
Anleitungen zur ersten Hilfe bei Unfällen müssen in allen elektrischen Betriebsräumen aushängen.

Erste Maßnahmen sind:
- Stromkreis unterbrechen oder Verunglückten von Kontaktstelle entfernen, ohne ihn direkt zu berühren.
- Bewusstlosen in Seitenlage bringen und Atemwege frei machen.
- Wiederbelebung mit Atemspende und Herzmassage.
- Sofortige Benachrichtigung eines Arztes zur weiteren Versorgung veranlassen.

Übungsaufgaben 5/1 bis 5/4

3. Allgemeine Schutzmaßnahmen

- Alle spannungsführenden Teile müssen mit Isolierungen oder Abdeckungen versehen sein.
- Alle Anlagen und Geräte mit einer Spannung über 50 V Wechselspannung bzw. 120 V Gleichspannung müssen mit Maßnahmen zum Schutz für den Bediener versehen sein, wenn ein Defekt an den Isolierungen auftreten sollte – **VDE-Bestimmungen**. Das *VDE-Zeichen* garantiert die Einhaltung der geltenden Schutzvorschriften für die Bauart dieses Gerätes.
- Arbeiten an unter Spannung stehenden Anlagen sind strengstens verboten.
- Arbeiten an elektrischen Anlagen sind nur von Fachkräften auszuführen.

VDE-Zeichen

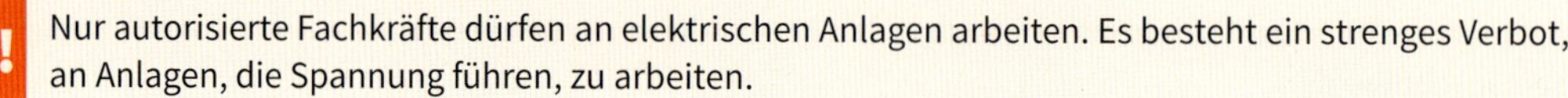

! Nur autorisierte Fachkräfte dürfen an elektrischen Anlagen arbeiten. Es besteht ein strenges Verbot, an Anlagen, die Spannung führen, zu arbeiten.

5.1 Leitungs- und Geräteschutzeinrichtungen

1. Leitungsquerschnitte nach DIN VDE 0100

Elektrogeräte und elektrische Leitungen können bei Überlastung durch eine zu hohe Stromstärke beschädigt oder zerstört werden, da sich die Strom führenden Teile erwärmen.

In den DIN VDE-Bestimmungen ist z. B. festgelegt, dass sich Leitungen mit PVC-Isolierungen bei gängiger Verlegeart wie in Installationsrohren oder Kanälen bis maximal 70 °C erwärmen dürfen. Die Erwärmung eines Leiters wächst mit steigender Stromstärke und sinkendem Leiterquerschnitt. Aus diesem Grund ist für jeden Leiterquerschnitt die maximal zulässige Stromstärke in den DIN VDE-Bestimmungen festgelegt.

Mindestquerschnitt für Cu-Leitungen mit 2 belasteten Adern in mm^2	Nennstrom der Sicherungen in A
1,5	13
2,5	16
4	25

Auszug aus DIN VDE 0100 für Mehraderleitungen verlegt in Installationsrohren

! Leistungsquerschnitte werden entsprechend der maximalen Stromstärke ausgewählt.

2. Schmelzsicherungen

Schmelzsicherungen werden als schwächstes Glied am Anfang eines Stromkreises eingebaut. Die auswechselbare Sicherungspatrone ist mit einem dünnen Schmelzdraht im Sandbett versehen. Der Gesamtstrom fließt durch diesen Schmelzdraht, so dass dieser bei einer Überschreitung der zulässigen Stromstärke schmilzt. Damit wird der Stromfluss unterbrochen.

Schmelzsicherungen werden entsprechend dem vorhandenen Leiterquerschnitt eingebaut. Um eine Verwendung zu starker Sicherungen zu erschweren, hat der Fußkontakt der Sicherungspatrone einen festgelegten Durchmesser, der in einen Passring des Sicherungssockels passen muss.

Ein farbiges Signalplättchen, welches von einer Feder herausgedrückt wird, zeigt an, ob der Schmelzdraht durchgebrannt ist. *Schmelzsicherungen dürfen nicht geflickt werden.*

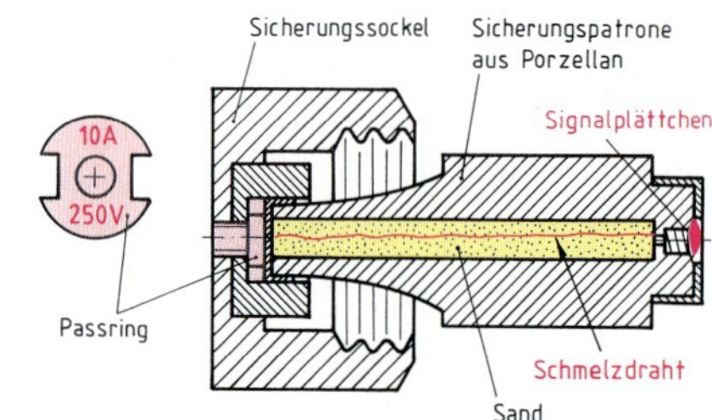

Sicherungspatrone im Sicherungssockel

Nennstrom ≙ Höchststrom	Kennfarbe für Sicherung u. Passring
8 Ampere	grün
10 A	rot
16 A	grau
20 A	blau
25 A	gelb

Schmelzsicherungen und ihre Kennfarben

! Schmelzsicherungen müssen auf den verwendeten Leiterquerschnitt abgestimmt sein. Sie dürfen nicht überbrückt oder geflickt werden.

Übungsaufgaben 5/5 bis 5/8

5.2 Schutzmaßnahmen gegen gefährliche Körperströme

Die Schutzmaßnahmen, die den menschlichen Körper gegen gefährliche Ströme schützen sollen, lassen sich in zwei Gruppen unterteilen:

Arten von Schutzmaßnahmen

Netzunabhängige Schutzmaßnahmen

Der Schutz ergibt sich durch die Bauweise der Geräte (Verbraucher), z. B.
- Schutzisolierung,
- Schutzkleinspannung.

Netzabhängige Schutzmaßnahmen

Der Schutz ergibt sich durch einen Schutzleiter im Stromversorgungsnetz, z. B.
- Schutzerdung,
- Fehlerstromschutzschalter.

1. Schutzisolierung

Ortsveränderliche Betriebsmittel – z. B. eine Handbohrmaschine – sind mit einer Schutzisolierung versehen.
Eine Auskleidung des Maschinengehäuses mit einer Isolierschicht bzw. ein Gehäuse aus Kunststoff verhindert, dass im Falle eines Fehlers Gehäuseteile unter Spannung geraten.
Das Gerät muss bei dieser Isolierung mit einem Profilstecker ohne Schutzkontakt ausgestattet werden. Die Anschlussleitung ist mit dem Stecker fest verbunden. Schutzisolierung wird angewendet bei Elektrowerkzeugen (z. B. Handbohrmaschine), Haushaltsgeräten, Leuchten und Kleingeräten (z. B. Elektrorasierern).

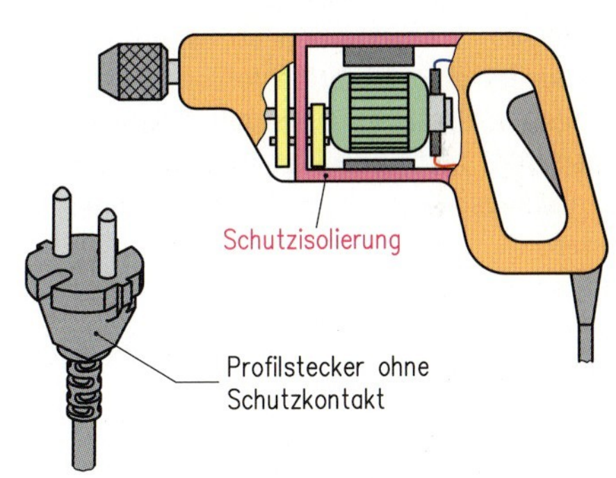

Handbohrmaschine mit Schutzisolierung

> **!** Schutzisolierung verhindert Fehlerspannung an Betriebsmitteln.
> Betriebsmittel mit Schutzisolierung haben Profilstecker ohne Schutzkontakt.

2. Schutzkleinspannung

Als Schutzkleinspannung bezeichnet man Wechselspannungen bis 50 V. Einem Verbraucher wird ein Transformator vorgeschaltet oder dieser ist ein fest installierter Bestandteil des Gerätes.
Der Trafo formt die Netzspannung in die Kleinspannung um. Die Sekundärseite, an die der Verbraucher angeschlossen ist, hat keine leitende Verbindung zum Netz. Dies und die niedrige Spannung sind eine wirksame Schutzmaßnahme. Geräte mit Schutzkleinspannung dürfen auf der Sekundärseite keine Anschlussklemme für einen Schutzleiter besitzen.

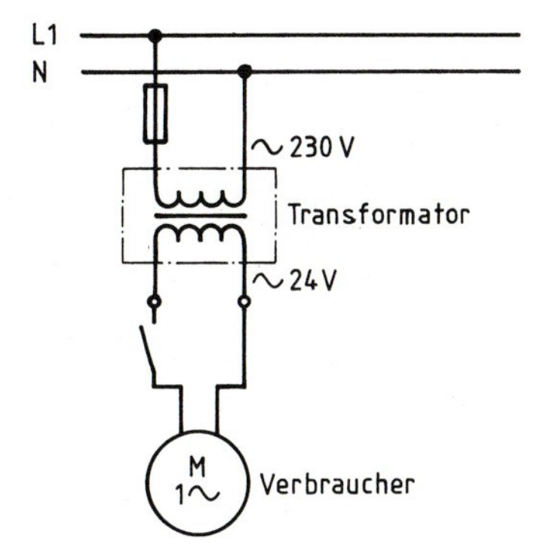

Schutzkleinspannung

> **!** Eine Schutzkleinspannung bis 50-V-Wechselspannung erzeugt man durch einen dem Verbraucher vorgeschalteten Transformator.
> Die Kleinspannungsseite hat keine leitende Verbindung zum Stromnetz.

Übungsaufgaben 5/9 bis 5/12

3. Schutzerdung

Von einer Schutzerdung spricht man, wenn die nicht Strom führenden Teile von Betriebsmitteln (Verbraucher) über einen Schutzleiter mit einem **Erder** verbunden sind.
Erder sind großflächige leitende Metallteile, die in Oberflächennähe, in Fundamenten oder als Tiefenerder elektrische Ströme in das Erdreich ableiten. Erder dürfen nur einen begrenzten Übergangswiderstand zum Erdreich haben. Dadurch entstehen zwischen einer Person, die das wegen des Fehlers spannungsführende Bauteil berührt, und der Erde nur geringe Spannungsdifferenzen. Diese sind ungefährlich.

Benennung des Schutzleiters: **PE** (**p**rotection **e**arth [engl.] = Schutzerde)
Kennfarbe: grün/gelb

Symbol: ⏚ Erdung

> **!** Schutzerdung verhindert hohe Berührungsspannung.

4. Fehlerstromschutzschalter

Fehlerstromschutzschalter schützen den Menschen vor Schäden durch den elektrischen Strom. Sie schalten das angeschlossene Betriebsmittel innerhalb von 0,2 Sekunden ab, wenn ein Fehlerstrom wegen eines Isolationsfehlers fließt.
Solange die Ursache für die Abschaltung des Betriebsmittels *nicht* beseitigt ist, kann der Fehlerstromschutzschalter *nicht* wieder eingeschaltet werden.
Fehlerstromschutzschalter werden meist kurz als FI-Schutzschalter bezeichnet.

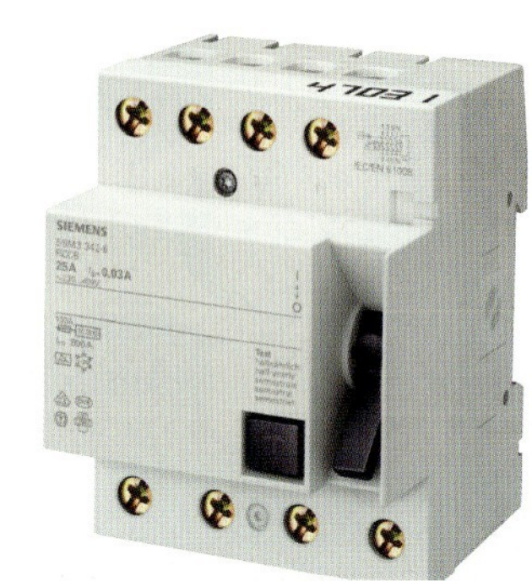

Fehlerstromschutzschalter

> **!** Fehlerstromschutzschalter dienen dem Personenschutz. Nach Abschalten durch einen Fehlerstromschutzschalter ist das Wiedereinschalten des Betriebsmittels nur nach Beseitigung der Störungsursache möglich.

5.3 Kennzeichnung elektrischer Geräte

Die technischen Daten eines elektrischen Gerätes kann man dem Leistungsschild auf dem Gerät entnehmen. Die richtige Deutung der Kennzeichnung kann lebenswichtig sein, besonders, wenn das Gerät bei der Benutzung feucht werden kann. Manche Geräte sind auch nur für Kurzzeitbetrieb geeignet.

Schutzsymbole

Symbole	Bedeutung
VDE-Zeichen	VDE-geprüft auf Sicherheit
⧈	schutzisoliert
Funkentstörzeichen	funkentstört
Ex	explosionsgeschützte Ausführung
Tropfen im Quadrat	regengeschützt

Symbole	Bedeutung
zwei Dreiecke mit Tropfen	strahlwassergeschützt
Dreieck mit Tropfen	spritzwassergeschützt
zwei Tropfen	wasserdicht
zwei Tropfen ...bar	druckwasserdicht
Gitter	staubgeschützt
Gitter mit Rahmen	staubdicht

Übungsaufgaben 5/13 bis 5/18

6 Elektrische Antriebstechnik

In elektrischen Antriebssystemen, den Elektromotoren, wird elektrische Energie in mechanische Energie umgewandelt. Der Industriemechaniker hat Elektromotoren zu montieren – das Anschließen übernimmt der Elektroniker.

Meist unterscheidet man die Elektromotoren nach der Art des Antriebstromes in **Gleichstrom-**, **Wechselstrom-** und **Drehstrommotoren**.

Nach der Art der Bewegung kann man **Rotationsmotoren**, die Drehbewegungen ausführen und **Linearmotoren**, die geradlinige Bewegungen bewirken, unterscheiden.

Falls die Bewegung nicht stetig, sondern in Schritten erfolgen kann, spricht man von **Schrittmotoren**. Es gibt Rotations- und Linear-Schrittmotoren

Schienenfahrzeug mit Antrieb durch Linearmotor

Trotz unterschiedlicher Spannungen zum Antrieb und unterschiedlicher Bewegungen haben alle Elektromotoren ein gemeinsames Prinzip:

- Jeder Motor besteht aus mindestens zwei Bauelementen: einem fest stehenden und einem beweglichen Element.
- In beiden Bauelementen werden getrennt Magnetfelder erzeugt, die aber stets so gerichtet sind, dass der bewegliche Teil bei Stromfluss in Bewegung gesetzt wird.

Die Umsetzung dieses Prinzips geschieht bei den Motoren jedoch in unterschiedlicher Weise.

6.1 Prinzip des Elektromotors

Auf einen stromdurchflossenen Leiter wirken in einem Magnetfeld Kräfte ein. Bei freier Lagerung des Leiters können diese Kräfte eine Bewegung des Leiters verursachen. In Elektromotoren wird diese Bewegung ausgenutzt, um elektrische Energie in Bewegungsenergie umzuwandeln.

Hängt man in das Magnetfeld eines hufeisenförmigen Dauermagneten eine Leiterschaukel, so erfährt diese eine Ablenkung, sobald sie von einem Gleichstrom durchflossen wird. Ursache dieser Bewegung ist die Wechselwirkung zwischen dem Magnetfeld des Dauermagneten – dem äußeren Feld – und dem Magnetfeld um den stromdurchflossenen Leiter – dem inneren Magnetfeld.

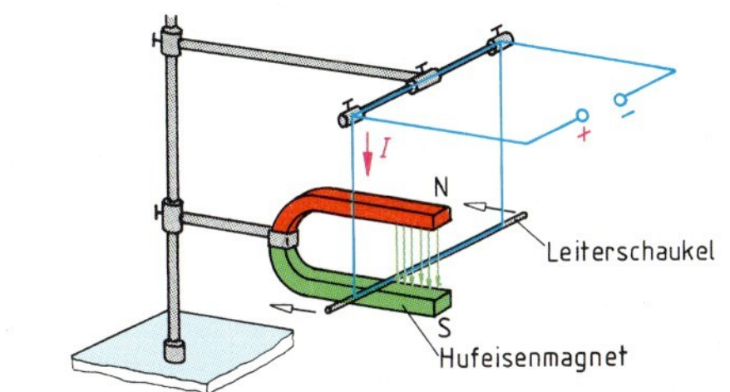

Bewegung durch Magnetkräfte

Betrachtet man den Feldlinienverlauf der beiden überlagerten Magnetfelder, dann stellt man fest, dass bei der angenommenen Stromrichtung im Bereich rechts vom Leiter die Feldlinien gleich gerichtet sind; hier verstärken sich die Magnetfelder. Links vom Leiter sind die Feldlinien entgegengesetzt gerichtet; äußeres und inneres Magnetfeld schwächen sich in ihrer Wirkung gegenseitig. Dies erklärt, warum die Leiterschaukel zur Seite der Magnetabschwächung ausweicht.

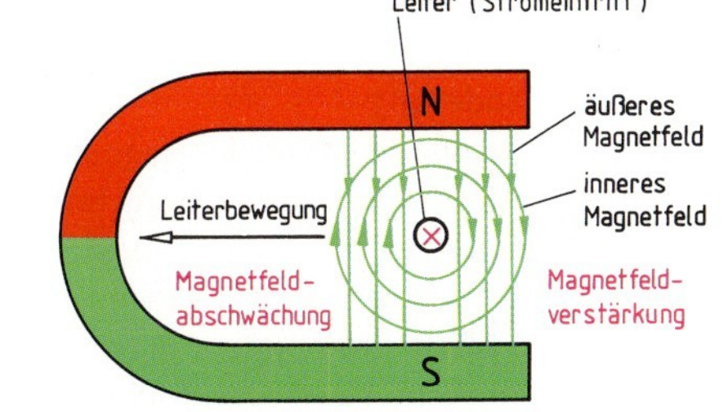

Leiterbewegung durch Magnetfeldüberlagerung

> **!** Ein stromdurchflossener Leiter erfährt in einem äußeren Magnetfeld eine Kraftwirkung, die senkrecht zu den Kraftlinien des äußeren Feldes gerichtet ist.

Übungsaufgabe 6/1

Setzt man in das Feld eines Dauermagneten statt einer Leiterschaukel eine leicht drehbare, stromdurchflossene Spule ein, so bilden sich an dieser Spule Nord- und Südpol aus. Die Spule stellt sich daraufhin mit einer Drehbewegung so ein, dass ihre Pole den Polen des äußeren Feldes entgegengerichtet sind.

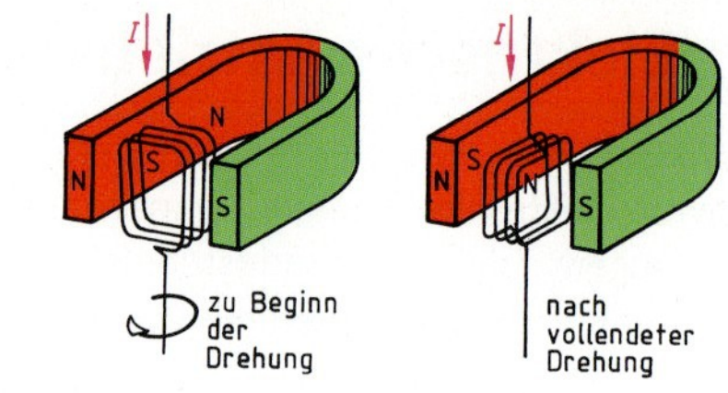

Halbdrehung einer Spule im Magnetfeld

Um eine dauernde Drehbewegung zu erhalten, kehrt man durch einen selbsttätigen Polwender, den **Kommutator**, die Stromrichtung – und damit die Polung der Magnetspule – um.

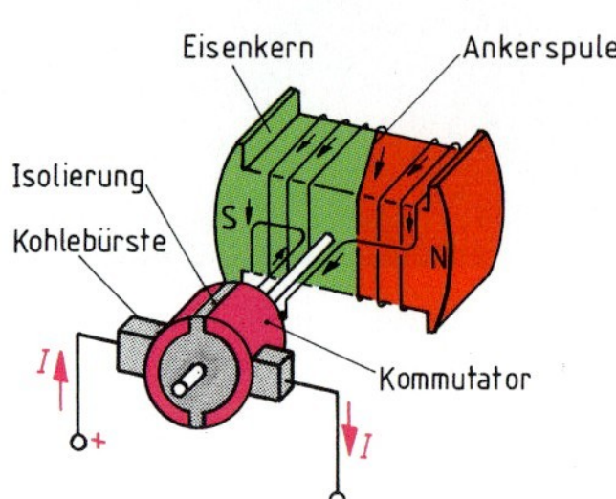

Stromzufuhr über Kommutator

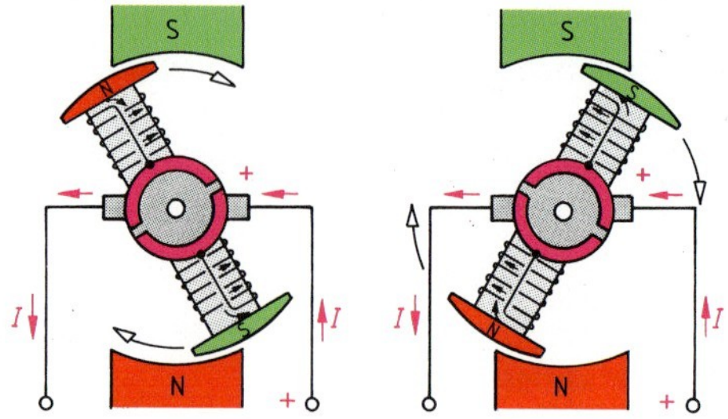

Umpolung durch Kommutator

> **!** Die Drehbewegung des Ankers ergibt sich durch die Anziehung bzw. Abstoßung der Pole. Durch die Umpolung des inneren Magnetfeldes wird die Drehbewegung aufrecht erhalten.

6.2 Aufbau und Wirkungsweise von Gleichstrommotoren

Gleichstrommotoren bestehen aus einem Anker, der drehbar zwischen den Polen eines Ständers gelagert ist.

Dem Anker wird über Kohlebürsten und einen Stromwender (Kommutator) Strom zugeführt. Der Ständer wird durch eine stromdurchflossene Spule (Feldwicklung) magnetisiert. Der Stromwender bewirkt, dass der Stromfluss im Anker stets so gerichtet ist, dass im Anker ein Magnetfeld entsteht, welches ihn im Ständerfeld in eine Drehbewegung versetzt.

Je nach Schaltung der Ankerwicklung und der Ständerwicklung können die Eigenschaften des Motors beeinflusst werden.

Feldwicklung

Ankerwicklung

Stromzuführung zum Anker

Stromzuführung zur Feldwicklung (zur Erzeugung des äußeren Magnetfeldes)

Schematischer Aufbau eines Gleichstrommotors

1. Drehrichtungsänderung

Die Drehrichtung des Ankers ist von der Magnetisierungsrichtung *und* damit der Stromrichtung im Anker *und* in der Feldwicklung abhängig. Es bestehen demnach zwei verschiedene Möglichkeiten, die Drehrichtung eines Gleichstrommotors zu ändern:

- Umkehr der Stromrichtung im Anker oder
- Umkehr der Stromrichtung in der Feldwicklung.

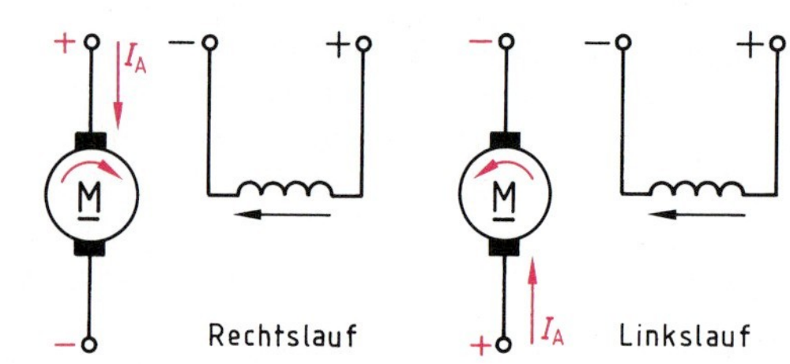

Schaltung der Drehrichtungsänderung

> **!** Drehrichtungsänderung von Gleichstrommotoren geschieht durch Änderung der Richtung des Ankerstromes oder Änderung der Stromrichtung in der Feldwicklung.

2. Änderung der Umdrehungsfrequenz

Änderungen der Umdrehungsfrequenz von Gleichstrommotoren geschehen durch Änderungen der Ankerspannung oder Änderung der Erregerspannung. Geräte, welche nahezu verlustlos und extrem schnell die Höhe der Gleichspannung und die Stärke des Gleichstromes ändern können, nennt man **Stromrichter**.

3. Grundschaltungen, Eigenschaften und Verwendung

Je nach Schaltung von Anker- und Feldwicklung ergeben sich unterschiedliche Eigenschaften und damit Verwendungen von Gleichstrommotoren.

Fremd erregter Motor	Nebenschlussmotor	Kennlinie
Die Feldwicklung wird durch einen *eigenen Stromkreis* gespeist.	Die Feldwicklung wird *parallel* zum Anker geschaltet.	Drehmoment / Umdrehungsfrequenz
Verwendung Maschinen mit gleich bleibenden oder genau einstellbaren Umdrehungsfrequenzen, z. B. CNC-Maschinen, Personenaufzüge		

Reihenschlussmotor	Kennlinie
Die Feldwicklung wird mit dem Anker *in Reihe* geschaltet.	Drehmoment / Umdrehungsfrequenz
Verwendung Maschinen mit schwerem Anlauf, z. B. Hebezeuge, Fahrzeuge, Kreiselpumpen	

6.3 Wechselstrom- und Drehstrommotoren

1. Wechselstrom

Kenngrößen für einen Wechselstrom sind in der Technik die Frequenz sowie die Effektivwerte von Spannung und Stromstärke:

– **Frequenz *f***

Sie gibt die Zahl der Perioden je Sekunde an. Die Einheit der Frequenz ist ein Hertz.
1 Hz = 1 Periode je Sekunde

– **Effektivwert der Spannung U_{eff}**

Dies ist der Wert der Spannung, den eine Gleichspannung haben müsste, um die gleiche Wirkung wie eine Wechselspannung zu erzeugen.

– **Effektivwert des Stromes I_{eff}**

Dies ist der Wert des Stromes, den ein Gleichstrom haben müsste, um die gleiche Wirkung wie ein Wechselstrom zu erzeugen.

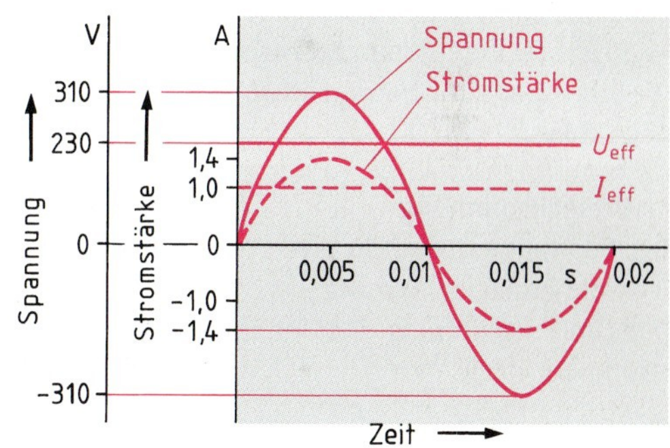

Kenngrößen eines Wechselstromes (230 V, 50 Hz)

! In der Technik werden stets die Effektivwerte von Strom und Spannung angegeben.

2. Drehstrom

Bringt man in einem Wechselstromerzeuger – einem Wechselstromgenerator – mehrere Spulen versetzt zueinander an, so wird in jeder Spule eine Wechselspannung erzeugt.
Die Wechselspannungen sind in ihrem Verlauf gegeneinander verschoben. Die Verschiebung ist bei gleichmäßiger Verteilung der Spulen auf dem Umfang 120°. Man nennt die Verschiebungen der einzelnen Wechselspannungen gegeneinander die **Phasenverschiebung**.

Beispiel für die Erzeugung von Drehstrom (Schema)

! Bei der Dreiphasenwechselspannung besteht zwischen den Phasen eine Verschiebung von 120°.

Die sechs Leitungen von den drei Spulen können so zusammengeschaltet werden, dass drei Leitungen genügen, die drei Wechselströme fortzuleiten und eine vierte Leitung zur gemeinsamen Rückleitung dient. Dies ist das *Vierleitersystem des* **Drehstromnetzes**.

Bei entsprechendem Zusammenschalten kann mit diesem Dreiphasenwechselstrom in einem Motor ein umlaufendes Magnetfeld erzeugt werden.

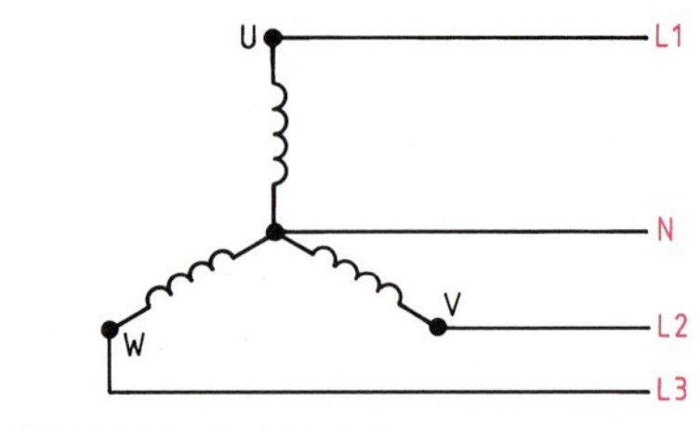

Vierleitersystem bei Drehstrom

! Durch eine Dreiphasenwechselspannung wird im Stromkreis ein Drehstrom erzeugt.

Im Vierleitersystem des Drehstromnetzes kann man unterschiedliche Spannungen abgreifen:

3. **Sternspannung**

Die Spannung zwischen einer Leitung, *Außenleiter* genannt, und der gemeinsamen Rückleitung, dem *Neutralleiter*, nennt man **Sternspannung**.

Die Sternspannung beträgt im üblichen Drehstromnetz 230 V.

4. **Dreieckspannung**

Die Spannung zwischen *zwei Außenleitern* nennt man die **Dreieckspannung**.

Die Dreieckspannung beträgt im üblichen Drehstromnetz 400 V.

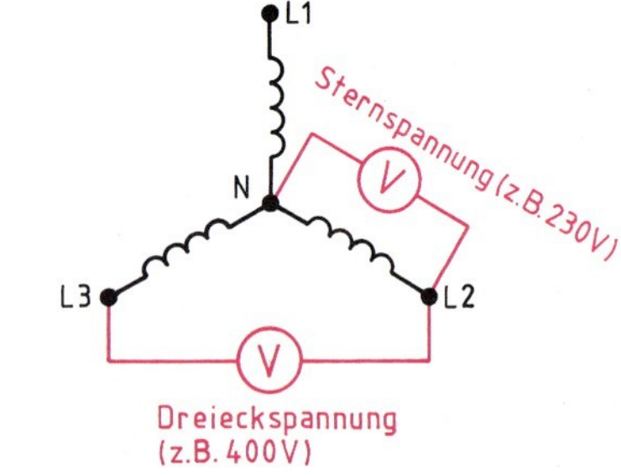

Stern- und Dreieckspannung

Steckdosen für Drehstrom enthalten neben den vier Leitern auch noch den Anschluss für den Schutzleiter. Der zugehörige Stecker weist entsprechend fünf Stifte auf. Durch eine Nut in der Steckdose und eine entsprechende Ausbauchung am Stecker ist das Stecksystem gegen falsches Strecken abgesichert. Die Leiter sind in der Steckdose so geschaltet, dass ein angeschlossener Motor stets **rechtsherum** läuft.

! Im üblichen Vierleiter-Drehstromnetz können je nach Anschlussart 400 V oder 230 V entnommen werden.

6.3.1 Drehstrommotoren

6.3.1.1 Synchronmotoren

Motoren für Drehstrom bestehen aus einem Ständer, dessen Wicklungen so angebracht und geschaltet sind, dass bei eingeschaltetem Strom ein umlaufendes Magnetfeld entsteht. Dieses umlaufende Magnetfeld nennt man **Drehfeld**.

Bringt man einen zentrisch gelagerten Magneten in dieses Drehfeld, so rotiert er in gleicher Weise wie das Feld – er dreht sich synchron (griechisch: zeitgleich).
Man bezeichnet Motoren, die mit gleicher Umdrehungsfrequenz wie das Feld umlaufen, als **Synchronmotoren**.

Beispiel für die Entstehung der Drehbewegung in einem Synchronmotor (Schema)

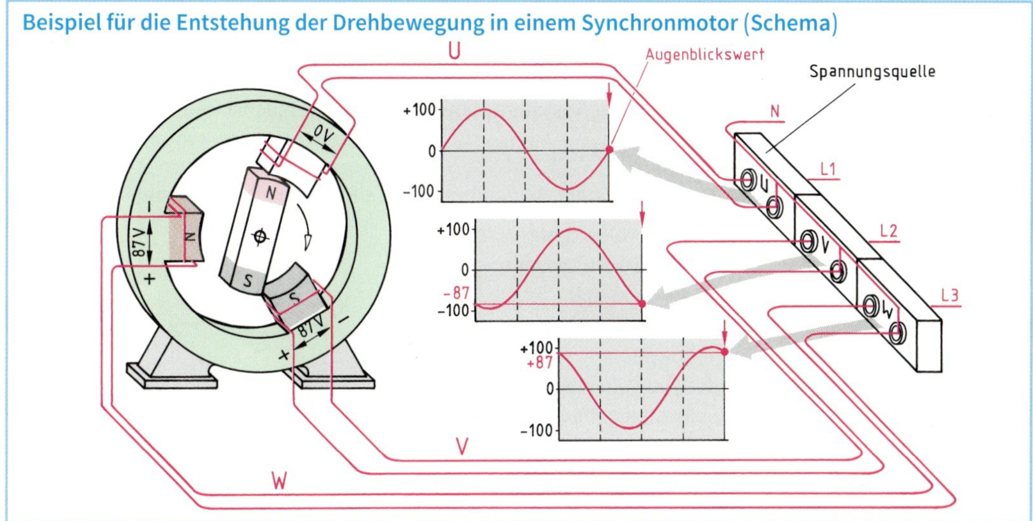

> **!** Synchronmotoren haben konstante Umdrehungsfrequenz. Ihr Anker dreht sich synchron mit dem Magnetfeld des Ständers.

Synchronmotoren können nicht von alleine anlaufen, weil die sich drehenden Teile des Motors zu träge sind, um dem schnell umlaufenden Drehfeld zu folgen. Sie werden daher mit Hilfswicklungen ausgerüstet, die das Anlaufen ermöglichen und nach Erreichen des Gleichlaufs abgeschaltet werden.

> **!** Synchronmotoren benötigen Anlaufhilfen – sie laufen nicht von selbst an.

Wird der Synchronmotor belastet, so bleibt der Anker ein wenig hinter dem Feld zurück, läuft aber synchron mit. Man nennt den Winkel, um den der Anker zurückbleibt, den **Lastwinkel**. Er wächst mit steigender Belastung.
Erst bei einem Drehmoment, das etwa doppelt so hoch wie das vom Hersteller angegebene Nennmoment des Synchronmotors ist, gerät der Motor „aus dem Tritt“ und läuft nicht mehr synchron. Auch bei Entlastung gelingt es ihm dann nicht mehr, auf die Synchrondrehfrequenz hochzulaufen.

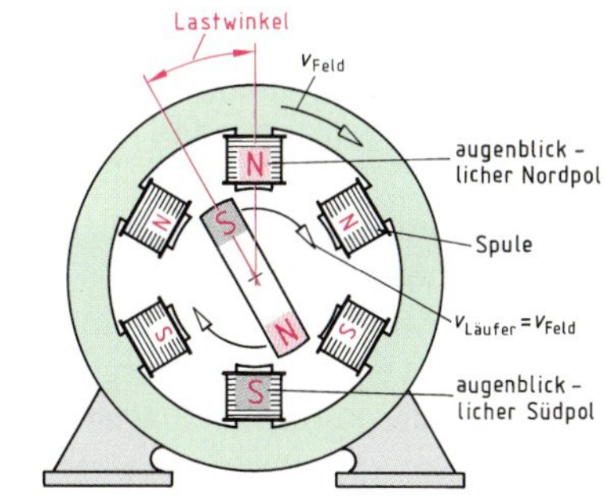

Lastwinkel bei einem 6-poligen Synchronmotor

> **!** Synchronmotoren geraten bei etwa doppelter Nennlast aus dem Synchronlauf.

Synchronmotoren werden häufig im Werkzeugmaschinenbau als Vorschubmotoren verwendet. Sie sind dazu besonders geeignet wegen
- reaktionsschneller Änderung der Umdrehungsfrequenz bei Frequenzänderung des Drehstromes,
- nahezu konstantem Drehmoment bei unterschiedlichen Umdrehungsfrequenzen,
- weitgehender Wartungsfreiheit durch einfachen Aufbau.

Übungsaufgabe 6/3

6.3.1.2 Asynchronmotoren

1. Physikalische Grundlagen des Asynchronantriebs

Asynchronmotoren bestehen aus einem Ständer mit Wicklungen, in denen durch den Drehstrom ein umlaufendes Drehfeld erzeugt wird.

Die Magnetwirkung im Läufer (= Anker) entsteht durch Ströme, die vom äußeren Drehfeld im Läufer induziert werden. Ein induzierter Strom erzeugt stets ein Magnetfeld, das seiner Ursache – in diesem Fall dem Magnetfeld des Ankers – entgegengerichtet ist. Darum besteht zwischen den Magnetfeldern in Ständer und Läufer *stets* Abstoßung.

Die Erzeugung der Bewegung aufgrund dieser Abstoßungskräfte lässt sich versuchsmäßig sehr einfach darstellen und erklären.

Beispiel für einen Versuch zur Erzeugung einer Bewegung durch einen induzierten Strom

Eine Spule ist mit einem dicken Eisenkern versehen. Ein Kupferring liegt lose um den Eisenkern. Dieser Ring stellt eine kurzgeschlossene Windung dar.
Legt man an die Spule eine Wechselspannung, so wird in dem Kupferring durch Induktion ein Strom erzeugt. Dieser verursacht um den Ring ein Magnetfeld, das dem Magnetfeld der Spule entgegengerichtet ist. Als Folge der sich abstoßenden Magnetfelder wird der Kupferring beim Einschalten des Stromes vom Eisenkern weggeschleudert.

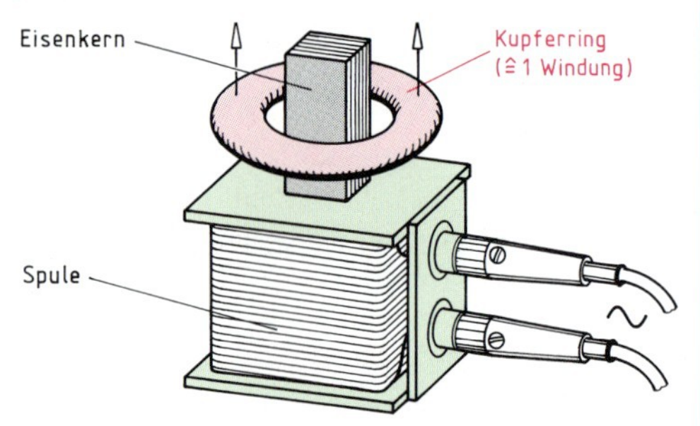

! Ein induzierter Strom erzeugt stets ein Magnetfeld, welches dem verursachenden Magnetfeld entgegengerichtet ist.

In Asynchronmotoren verwendet man dieses Prinzip sich abstoßender Magnetfelder zum Erzeugen der Drehbewegung des Läufers, indem man den Läufer aus mehreren kurzgeschlossenen Windungen zusammensetzt.

Da die Erzeugung eines Induktionsstromes nur dann erfolgt, wenn Feldlinien geschnitten werden, kann der Läufer nicht synchron mit dem Drehfeld mitlaufen. Er bleibt in seiner Umdrehungsfrequenz immer hinter der Umdrehungsfrequenz des Feldes zurück. Man nennt das Zurückbleiben des Läufers gegenüber dem Drehfeld den **Schlupf**.

Der Schlupf steigt mit • wachsender Belastung, • geringerer Nenndrehzahl, • geringerer Nennleistung.

! Der Läufer von Asynchronmotoren bleibt mit seiner Umdrehungsfrequenz hinter der Umdrehungsfrequenz des Feldes zurück. Die Differenz nennt man Schlupf.

2. Asynchronmotoren mit Käfigläufern

– Aufbau des Motors

Der einfachste Drehstrom-Asynchronmotor enthält einen **Läufer** aus einem Blechpaket, in dessen Längsnuten oder Bohrungen Leiterstäbe eingelegt sind, die an den Stirnseiten mit Ringen kurzgeschlossen sind. Da die Leiterstäbe mit den Kurzschlussringen einem Käfig ähneln, spricht man von **Käfigläufern**.

Beispiele für den Aufbau eines Käfigläufers

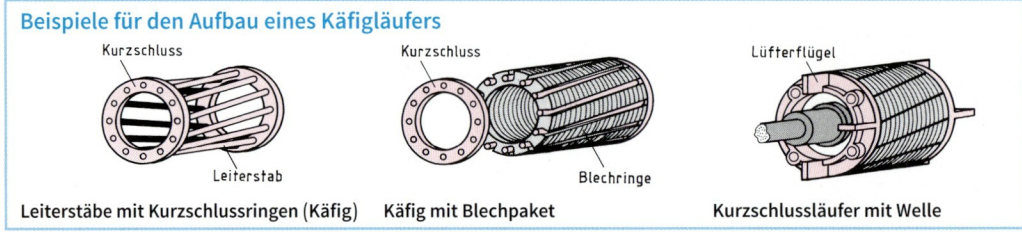

Kurzschluss, Leiterstab

Leiterstäbe mit Kurzschlussringen (Käfig)

Kurzschluss, Blechringe

Käfig mit Blechpaket

Lüfterflügel

Kurzschlussläufer mit Welle

! Einfache Asynchronmotoren haben einen Käfigläufer aus Leiterstäben und Kurzschlussringen.

Übungsaufgabe 6/4

– Kennlinien von Käfigläufermotoren

Käfigläufermotoren mit einfachen Rundstäben haben nur ein geringes Anzugsmoment. Durch besondere Querschnittsformen der Leiterstäbe und die Gestaltung der Nuten kann das Anzugsmoment der Käfigläufermotoren gesteigert werden. Die Kennlinien von Käfigläufermotoren sind meist sattelförmig.

Beispiele für Leiterstäbe und Nuten in Kurzschlussläufern und ihre Auswirkung auf die Kennlinie

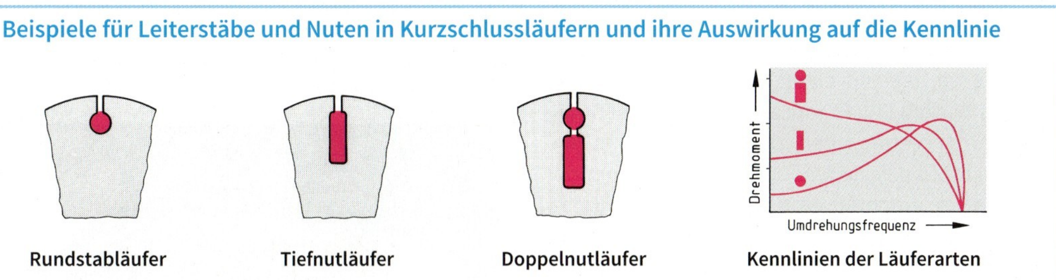

Rundstabläufer | Tiefnutläufer | Doppelnutläufer | Kennlinien der Läuferarten

> **!** Käfigläufermotoren haben eine sattelförmige Kennlinie, die je nach Bauart der Leiterstäbe und der Nuten unterschiedlich stark ausgeprägt ist.

– Anlassen von Käfigläufermotoren

Käfigläufermotoren nehmen im Augenblick des Einschaltens sehr hohe Stromstärken auf. Diese betragen bis zum Achtfachen des Nennstromes. Dieser hohe Einschaltstrom belastet das Netz außerordentlich. Darum dürfen nur Motoren bis etwa 3 kW Leistung direkt eingeschaltet werden.

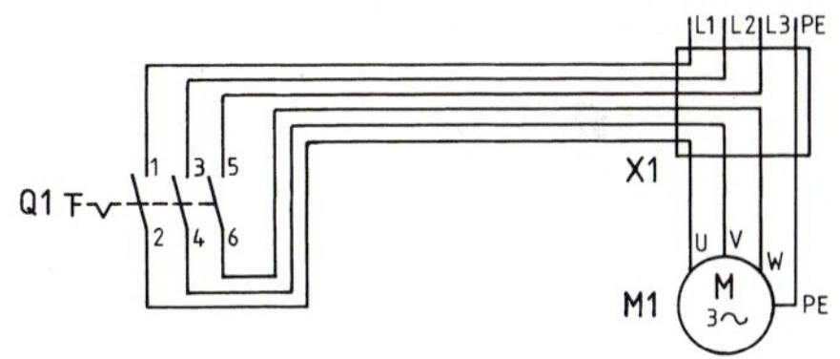

Schaltung zum direkten Einschalten eines Asynchronmotors

Für größere Motoren wird der Motor *zunächst in Sternschaltung* ans Netz gelegt. Die Ständerwicklungen liegen damit zum Anlaufen an der niedrigeren Sternspannung, und es fließt demnach ein kleinerer Strom – aber auch das Anzugsmoment ist geringer.
Nach Hochlaufen auf etwa die Nennumdrehungsfrequenz wird auf die *Dreieckschaltung* weitergeschaltet.

Beispiele für Ströme und Spannungen im Augenblick des Anlaufs

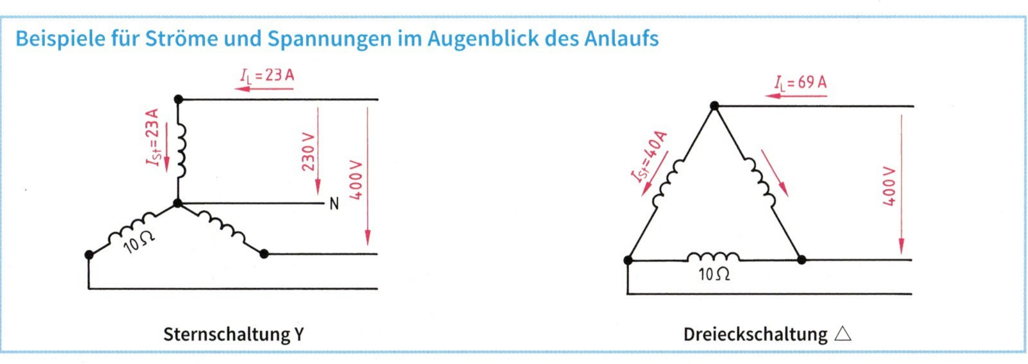

Sternschaltung Y | Dreieckschaltung △

Das Umschalten von Stern auf Dreieck geschieht von Hand über Stern-Dreieck-Schalter oder selbsttätig über eine zeitabhängige Steuerung.

> **!** Asynchronmotoren mit Käfigläufern mit mehr als 3 kW Leistung werden zur Vermeidung hoher Einschaltströme in der Stern-Dreieck-Schaltung angelassen.
> Von Stern auf Dreieck darf erst nach Erreichen der Nennumdrehungsfrequenz weitergeschaltet werden.

6.3.1.3 Drehrichtungsumkehr bei Drehstrommotoren

Die Drehrichtung von Drehstrommotoren kann durch Vertauschen von zwei Außenleitern umgekehrt werden. Für Motoren, die mit beiden Drehrichtungen im Betrieb eingesetzt werden, erfolgt der Anschluss des Motors über Wendeschalter.

An Motoren, die mit einer bestimmten Drehrichtung im Betrieb laufen müssen, kann die Drehrichtung durch Vertauschen der Leitungen im Anschlusskasten geschehen. Diese Arbeit darf nur der Elektroniker durchführen. Damit auch der Nichtelektroniker einfach und gefahrlos in Steckverbindungen eine Vertauschung von zwei Außenleitern vornehmen kann, gibt es Phasenwendestecker, in denen diese Vertauschung durch Drehen eines eingebauten Schalters ohne Öffnung des Steckers möglich ist.

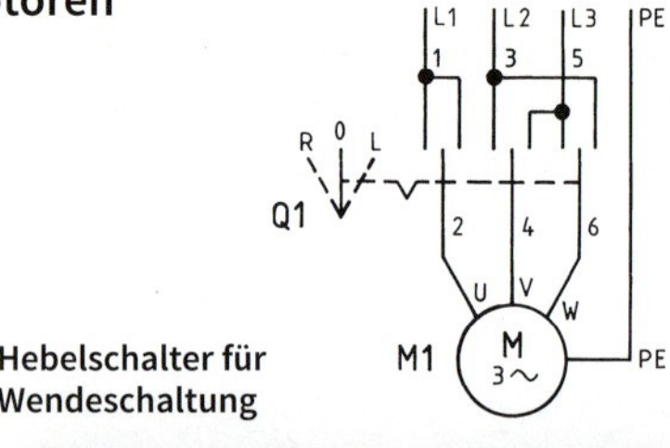

Hebelschalter für Wendeschaltung

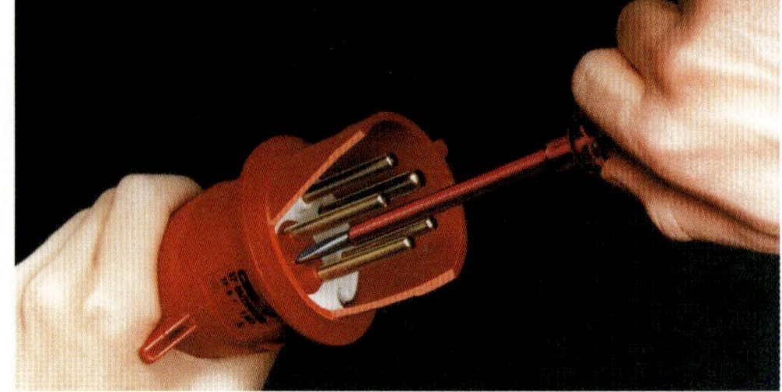
Phasenwendestecker (teilweise aufgeschnitten)

Wichtig

Steckdosen für Drehstrom sollen so angeschlossen sein, dass ein Motor immer rechtsherum läuft. Ältere Steckdosen und fehlerhaft angeschlossene Steckdosen können einen Motor unversehens in die nicht gewünschte Drehrichtung laufen lassen. Dies kann Gefahr für Personen und Anlage bedeuten – darum soll der Industriemechaniker vor Inbetriebnahme von Maschinen zuvor die Drehrichtung der Felder durch den Elektroniker prüfen lassen.

Drehrichtungsumkehr geschieht durch Vertauschen von Außenleitern. Vor Inbetriebnahme von Maschinen, die über Steckverbindungen angeschlossen werden, ist die Drehrichtung zu prüfen.

6.3.2 Wechselstrommotoren

1. Universalmotoren

In Handbohrmaschinen, Trennschleifmaschinen und anderen Werkzeugmaschinen mit Leistungen bis etwa 1000 W setzt man Universalmotoren ein (siehe Gleichstrommotoren). Diese Motoren können mit Gleichstrom und mit Wechselstrom betrieben werden, weil der Drehsinn dieses Motors durch Umpolen der Anschlussklemmen nicht geändert wird.
Universalmotoren benötigen beim Betrieb mit Wechselstrom eine höhere Spannung als bei Gleichstrom.

2. Drehstrommotoren als Wechselstrommotoren

Für den Betrieb eines Drehstrommotors mit Wechselstrom wird durch Zuschalten eines Kondensators die fehlende Phasenverschiebung und damit die Erzeugung des Drehfeldes bewirkt. Diese Motoren erreichen beim Antrieb mit Wechselstrom nur etwa 70 % bis 80 % der Leistung, die sie bei Betrieb mit Drehstrom haben würden. Das Drehmoment beträgt im Anlauf sogar nur 30 % des Momentes bei Betrieb mit Drehstrom.

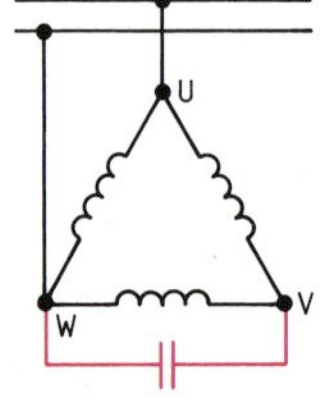

Drehstrommotor in Dreieckschaltung am Einphasennetz

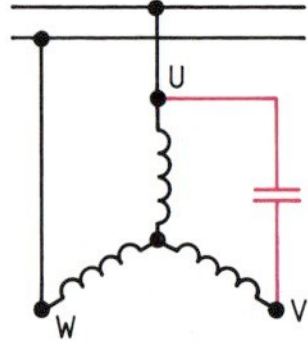

Drehstrommotor in Sternschaltung am Einphasennetz

Durch Zuschalten eines Kondensators können Drehstrommotoren mit Wechselstrom betrieben werden. Leistung und Drehmoment im Anlauf sind beim Wechselstrombetrieb geringer als beim Betrieb mit Drehstrom.

Übungsaufgaben 6/5; 6/6

3. Schrittmotoren

Motoren, die ihre Drehbewegung nicht kontinuierlich, sondern in *Winkelschritten* durchführen, bezeichnet man als Schrittmotoren. Jeder Schritt wird durch einen Stromimpuls ausgelöst.

Die Größe der Winkelschritte ist abhängig von der Bauart des jeweiligen Motors und beträgt meist zwischen 48 und 200 Schritten.

Eine hohe Impulsfolge hat eine nahezu kontinuierliche Drehung des Ankers zur Folge. Die Umdrehungsfrequenz ist auf etwa 1000 1/min begrenzt, da sonst Schritte verloren gehen können. Die Drehrichtung kann durch Umpolen geändert werden.

Beispiel für Aufbau und Wirkungsweise eines Schrittmotors (Schema)

Der Motor besteht aus einem Stator mit mehreren Polpaaren, die elektromagnetisch erregt werden können.

Die Polpaare des Rotors sind Dauermagnete.

Ändert die Steuereinrichtung den Strom so, dass gegenüber der Ausgangsstellung die Nachbarspule erregt wird, dreht sich der Motor um einen Schritt weiter.

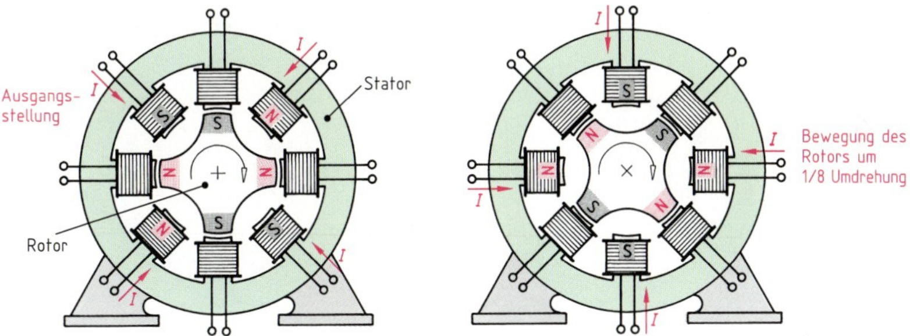

Schrittmotoren werden in der Regelungstechnik, im Büromaschinenbau, als Vorschubeinheiten kleiner Werkzeugmaschinen und als Stellmotoren für Ventile eingesetzt.

! Schrittmotoren führen impulsgesteuerte feste Winkelschritte aus. Die Größe der Winkelschritte ist bauartabhängig.

6.3.3 Linearmotoren

Vorschubantriebe an Werkzeugmaschinen und Transporteinrichtungen führen meist lineare (geradlinige) Bewegungen aus. In herkömmlicher Weise erzeugt man diese Bewegung durch Rotationsmotoren und anschließende Spindel- oder Zahnradgetriebe.

Linearmotoren setzen die eingegebene Energie direkt ohne Umweg über ein Getriebe in eine lineare Bewegung um. Dadurch verkleinern sich gegenüber Motoren mit Getrieben die zu beschleunigenden Massen. Gleichzeitig steigt die Positioniergenauigkeit, da Reibung, Getriebespiel und elastische Verformungen der Getriebeteile entfallen. Nachteilig ist bei Linearmotoren der geringe Wirkungsgrad, mit dem die Umwandlung von elektrischer Energie in Bewegungsenergie erfolgt. Die damit verbundene Verlustleistung führt zu erheblicher Wärmeentwicklung, die innerhalb der Maschine auftritt und entsprechenden Kühlungsaufwand erfordert.

Linearmotoren basieren auf dem gleichen Funktionsprinzip wie Drehstrommotoren. Im Werkzeugmaschinenbau wird vorwiegend der Synchron-Linearmotor verwendet. Am einfachsten ist sein Aufbau durch Ausschneiden und Abwickeln eines herkömmlichen Synchronmotors zu erklären. Der abgewickelte Stator stellt das Primärteil des Linearmotors dar, der abgewickelte Läufer verkörpert das Sekundärteil. Ein Drehstrom erzeugt im Stator ein Wanderfeld, sodass sich Primär- und Sekundärteil gegeneinander bewegen.

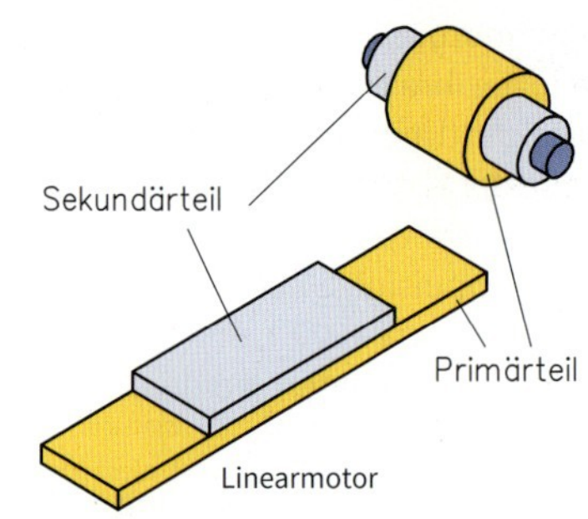

Linearmotor als Abwicklung eines Rotationsmotors

Man kann entweder das Primärteil verlängern und das Sekundärteil darübergleiten lassen oder umgekehrt. Da im Werkzeugmaschinenbau nur kurze Vorschubstrecken zurückzulegen sind, kombiniert man ein kurzes Primärteil, das dem Stator einer Synchronmaschine entsprechen würde, mit einem langen Sekundärteil. Dem Primärteil führt man über Schleppkabel elektrische Energie zu.

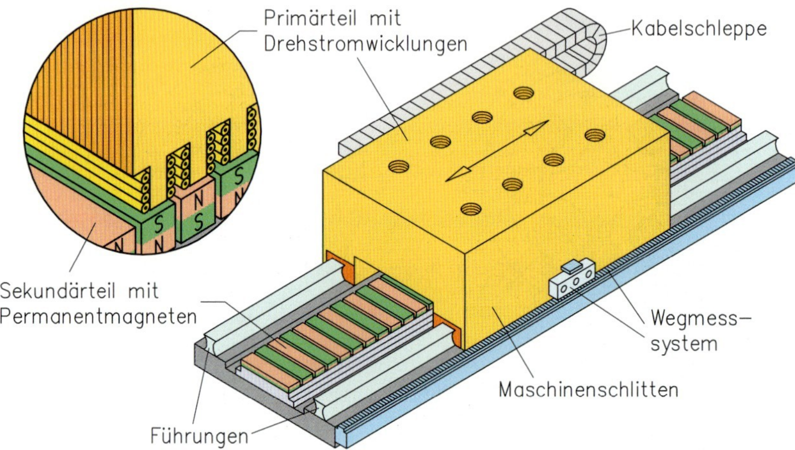

Synchron-Linearmotor (Schema)

> ! Linearmotoren formen elektrische Energie unmittelbar in eine geradlinige Bewegung um. Aufbau und Wirkungsweise von Linearmotoren können aus aufgeschnittenen und abgewickelten Drehstrommotoren erklärt werden.

6.4 Kenngrößen von Elektromotoren

Maschinen und Geräte werden durch typische Daten beschrieben. Für einen Elektromotor sind dies:

- die *Leistung* in kW oder W,
- die *Stromart*, z. B. Gleichstrom, Wechselstrom,
- die *Spannung* in V, meist 42, 230 oder 400 V,
- die *Nennumdrehungsfrequenz* in 1/min,
- der *elektrische Wirkungsgrad*.

Diese Angaben sind mit anderen Daten zusammen auf dem Typenschild aufgedruckt.

MÜLLER & SOHN
Mot. 1GG5 254-0WE 40-6HU5 NoN699175, 1989 IM B3 IP23
I. Cl. : Hauptpol Mainpole F | Wendepol Interpole F | Kompensation Compensation – | Läufer Rotor F
V: 43 400 / 400 | A: 415 / 415 | 1/min: 50 1040 / 1040 2600 / 2700 | kW: 7,0 146 / 146
Fremd - Err. Separate excit 310...94V 8,6...2,6A | Gew. / Wit. 1,02 | FG VDE 0875
Fremdkühlung/Separate cooling 0,6m³/s VDE 0530 T.1/11.7
B6C, 3 AC 50Hz 400V
MADE IN GERMANY

Typenschild eines Elektromotors

Diese Daten allein genügen noch nicht zur eindeutigen Kennzeichnung des Betriebsverhaltens. Besonders wichtig ist der Zusammenhang zwischen dem Drehmoment und der Umdrehungsfrequenz, der von der Art des Motors abhängig ist. Dieser Zusammenhang ist ein besonderes Kennzeichen eines Elektromotors. Man nennt es die **Drehmoment-Umdrehungsfrequenz-Kennlinie**.

LERNSITUATION 1

Fertigen eines Keils

Situation:

Für eine Bohrvorrichtung ist ein Keil aus C45 mit 5° Steigung anzufertigen. Als Rohteil soll gezogenes Flachmaterial verwendet werden.

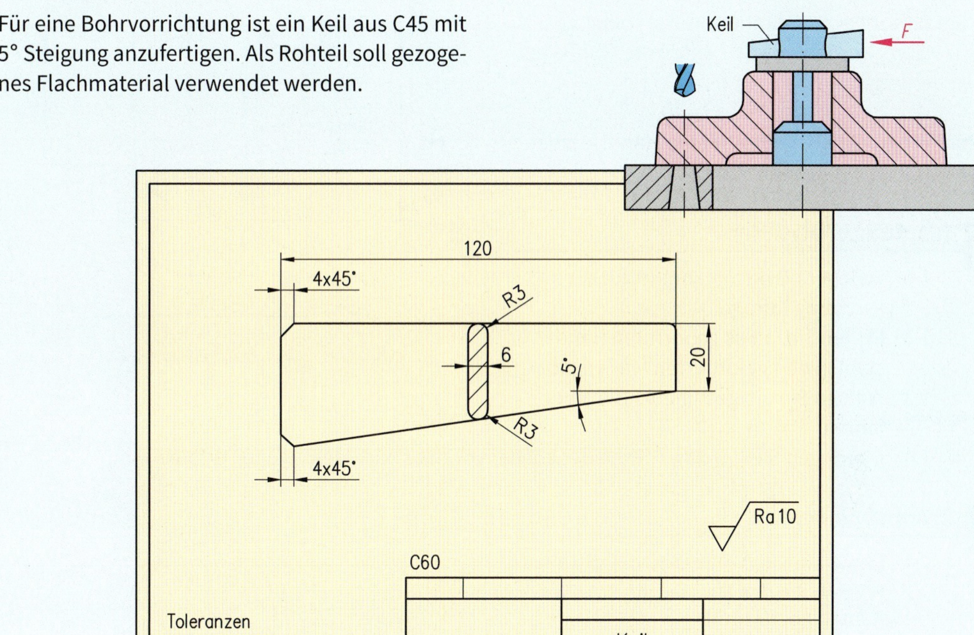

1. Auftrag analysieren

1.1 Welche Funktion hat der Keil in der Vorrichtung?
1.2 Wie wird der Keil im Einsatz beansprucht?
1.3 Welche Probleme können bei längerem Einsatz auftreten und wie kann ihnen vorgebeugt werden?

2. Fertigung planen

2.1 Ermitteln Sie die Rohteilmaße des zu verwendenden Flachmaterials.
2.2 Geben Sie die Reihenfolge der Fertigungsschritte und die jeweils zu verwendenden Werkzeuge und Hilfsmittel an. Fertigen Sie dazu eine Tabelle an.
2.3 Welchen Zeitraum setzen Sie etwa für die Herstellung des Keils an?

3. Fertigen

3.1 Zeichnen Sie das Rohteil im Maßstab 1:1 und tragen Sie die Werkstückkontur ein.
3.2 Wie kontrollieren Sie bei der Bearbeitung den Radius R3?

4. Kontrollieren und bewerten

Welche Maße sind besonders zu kontrollieren? Begründen Sie Ihre Entscheidung.

LERNSITUATION 2

Biegen einer Rohrschelle

Situation:

Zum Befestigen von Stahlrohren an einer gestuften Kante werden speziell geformte Rohrschellen benötigt.

Zur Fertigung liegt lediglich eine Handskizze mit den wichtigsten Maßen vor.

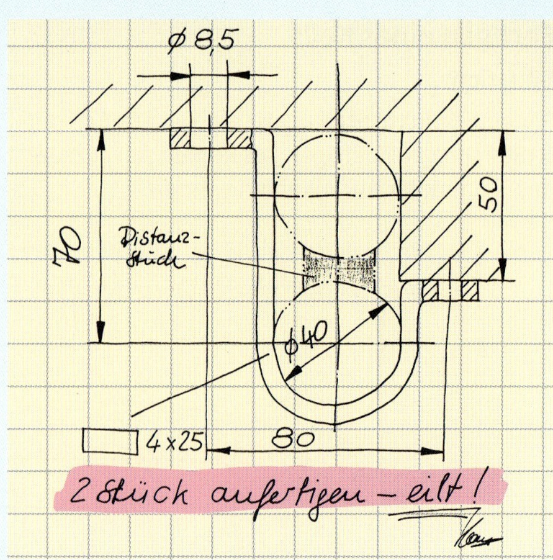

1. Auftrag analysieren

1.1 Welcher Werkstoff kommt für die Fertigung infrage?

1.2 Prüfen Sie, ob es genormten Bandstahl in den geforderten Maßen gibt.

1.3 Wählen Sie ein geeignetes Biegeverfahren.

1.4 Überlegen Sie, ob das Bohren der Löcher vor oder nach dem Biegen erfolgen soll.

2. Anriss planen

2.1 Ermitteln Sie die Mindestbiegeradien.

2.2 Wählen Sie das Maß für die Schellenenden neben den Bohrungen.

2.3 Skizzieren Sie die nebenstehende Zeichnung ab. Tragen Sie die fehlenden Maße ein.

2.4 Ermitteln Sie die Maße l_1 bis l_7, und die Gesamtlänge l_{ges} des Zuschnitts.

2.5 Zeichnen Sie das Rohteil und bemaßen Sie jeweils die Längen der einzelnen Teilstücke.

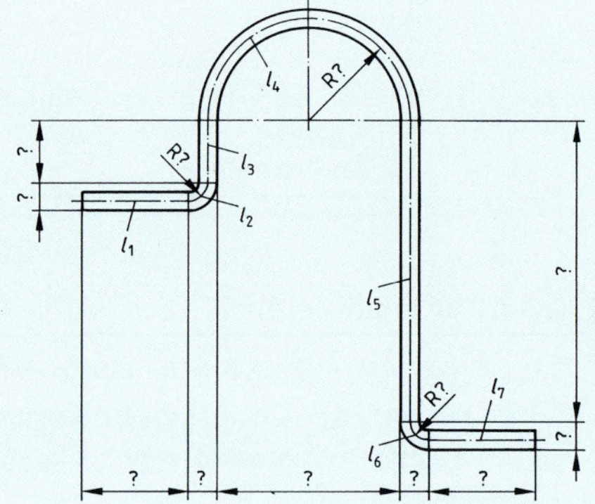

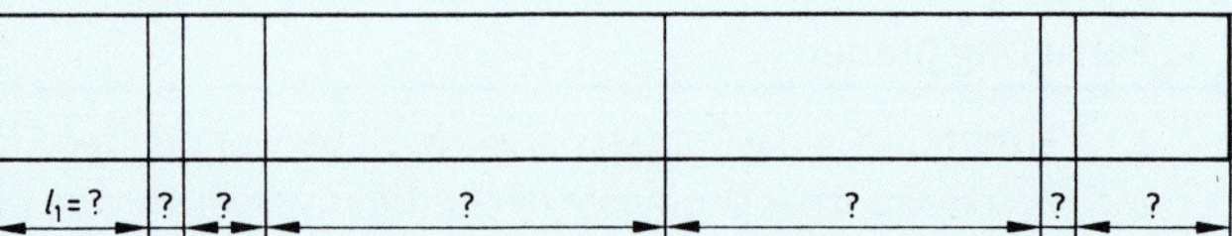

3. Biegen planen

Überlegen Sie, in welcher Reihenfolge die einzelnen Biegevorgänge vorzunehmen sind, damit keine Behinderungen beim Spannen und Biegen auftreten.

4. Fertige Rohrschelle kontrollieren

4.1 Welche Maße sind für die Nutzung der Rohrschelle besonders wichtig?

4.2 Wie können diese Maße geprüft werden?

Lernsituation 3

Fertigen eines Ablaufblechs

Situation:

An einer Presse soll ein Ablaufblech zum Ableiten der Stanzabfälle in einen Behälter angebracht werden. Das Ablaufblech ist zu fertigen.

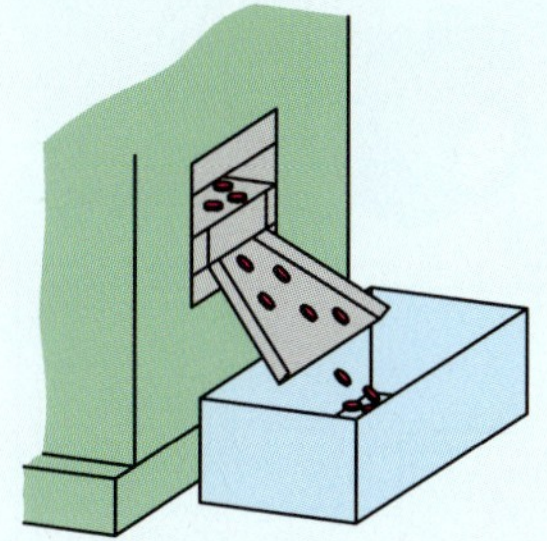

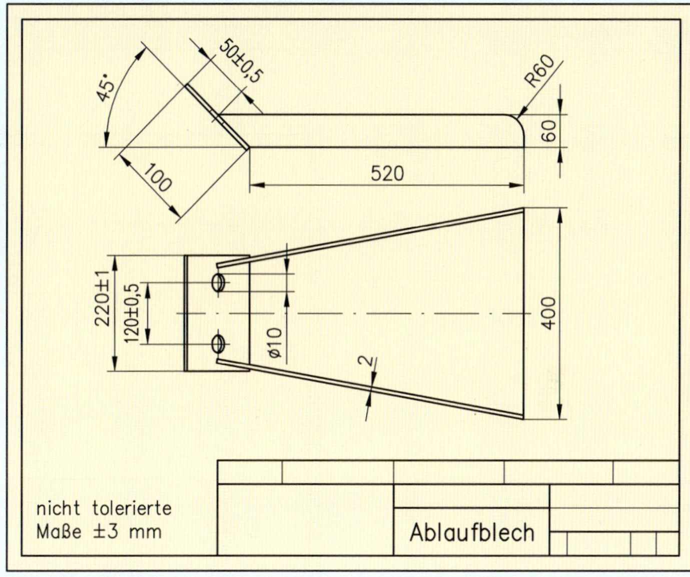

1. Auftrag analysieren

Prüfen Sie, ob die Angaben der Zeichnung für die Fertigung ausreichen. Treffen Sie ggf. Entscheidungen.

2. Fertigung planen

2.1 Wählen Sie ein geeignetes Biegeverfahren aus.
2.2 Wählen Sie ein Fügeverfahren zum Verbinden von Kanten aus.
2.3 Skizzieren Sie schematisch den Blechzuschnitt.
2.4 Legen Sie die Reihenfolge der einzelnen Biegungen fest. Kennzeichnen Sie an Ihrer Skizze die Reihenfolge durch das Eintragen von Ziffern.

3. Fertigen

3.1 Zeichnen Sie im Maßstab 1 : 5 die Abwicklung des Zuschnitts. Bemaßen Sie die Abwicklung.
3.2 Schreiben Sie einen Fachbericht über die Fertigung.

4. Kontrollieren und bewerten

Kopieren Sie Ihre maßstäbliche Abwicklung des Zuschnitts auf Karton und prüfen Sie Ihr Ergebnis. Nehmen Sie ggf. Verbesserungen an Ihrer Abwicklung vor.

L

Lernsituation 4

Fertigen einer Kreuzscheiben-Kupplung

Situation:

Durch Kreuzscheibenkupplungen kann man Wellen, die in der Höhe gering versetzt sind, miteinander verbinden.

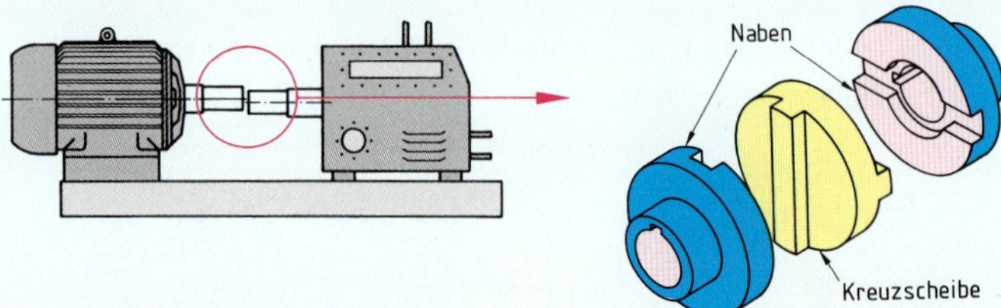

Für eine Kreuzscheibenkupplung sollen aus E 295 die Naben hergestellt werden.

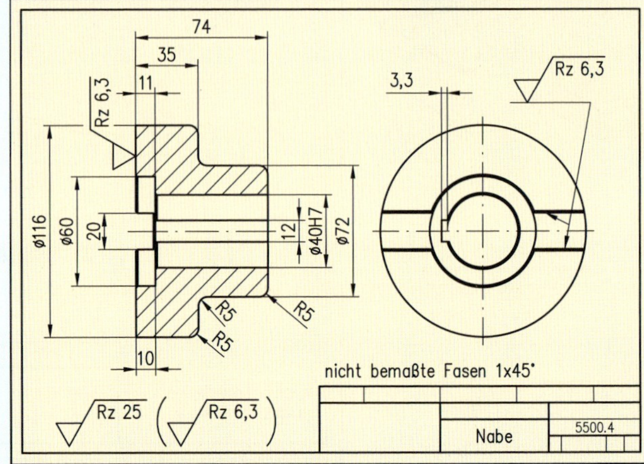

1. Auftrag analysieren

1.1 Welcher Werkstoff ist vorgeschrieben? Erläutern Sie die Normbezeichnung.
1.2 Welche Oberflächenbeschaffenheiten müssen erreicht werden?
1.3 Legen Sie die Abfolge der Fertigungsverfahren zur Herstellung einer Nabe fest.

2. Rohteilfertigung planen

2.1 Wählen Sie aus Maßtabellen den Durchmesser für ein geeignetes Rundmaterial aus.
2.2 Wählen Sie ein geeignetes Verfahren zum Abtrennen des Rohlings aus.
2.3 Geben Sie die Länge des abzutrennenden Rohlings unter Berücksichtigung der Genauigkeit des Trennverfahrens an.
2.4 Es besteht die Gefahr, dass die Stirnflächen nicht rechtwinklig sind. Dadurch kann der Rohling trotz genügender Länge das Werkstück nicht mehr enthalten. Wählen Sie entsprechende Prüfverfahren und Prüfmittel zur Prüfung des Rohteils aus.

3. Vorbereitende Arbeiten planen

Überprüfen Sie, ob vor der maschinellen Bearbeitung Anreißarbeiten vorzunehmen sind.

4. Fertigungsschritte für jede erforderliche Werkzeugmaschine planen

4.1 **Arbeiten auf der Drehmaschine**
Es steht eine Leit- und Zugspindeldrehmaschine mit dem Werkzeug vor der Drehmitte zur Verfügung.

a) Planen Sie
- die Abfolge der Dreharbeiten,
- die erforderlichen Maßkontrollen,
- das Umspannen.

Legen Sie die Abfolge der einzelnen Arbeiten auf der Drehmaschine fest. Beschreiben Sie den jeweiligen Arbeitsschritt möglichst genau, z. B. in der Form „Plandrehen der Stirnfläche". Damit einheitliche Begriffe verwendet werden, benutzen Sie die nachfolgenden Beschreibungsbeispiele.

Beispiele für die Beschreibung der Arbeitsschritte

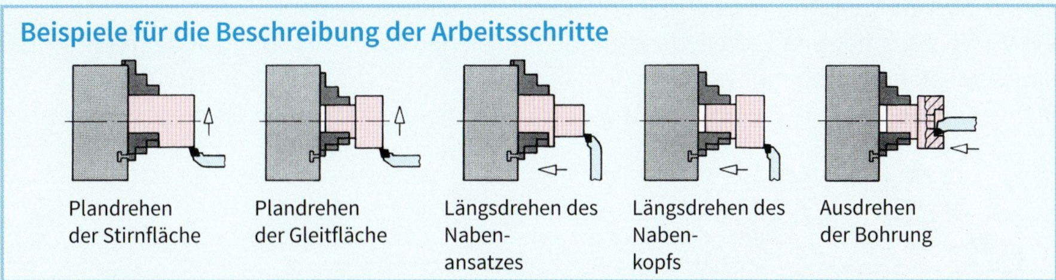

Plandrehen der Stirnfläche | Plandrehen der Gleitfläche | Längsdrehen des Nabenansatzes | Längsdrehen des Nabenkopfs | Ausdrehen der Bohrung

Legen Sie für die Dreharbeit eine Tabelle nach folgendem Muster an:

Fertigungsschritt	Werkzeug	Schnittgeschwindigkeit v_c m/min	Umdrehungsfrequenz n 1/min	Vorschub f mm	Schnitttiefe a_p mm
Plandrehen der Stirnfläche					
Schruppen Schlichten	abgesetzter rechter Stirndrehmeißel, HSS	? ?	? ?	? ?	? ?

b) Welche Sicherheitsvorschriften sind beim Drehen besonders zu beachten?

4.2 **Arbeiten auf der Fräsmaschine**

Zum Fräsen der Nut für die Kreuzscheibe steht eine Senkrechtfräsmaschine zur Verfügung.

a) Geben Sie ein geeignetes Spannmittel an.

b) Beschreiben Sie die Fertigung der Nut.

c) Geben Sie für das Fräsen der Nut die wichtigen Größen tabellarisch an:

Fertigungsschritt	Werkzeug	Schnittgeschwindigkeit v_c m/min	Umdrehungsfrequenz n 1/min	Vorschub f mm	Schnitttiefe a_p mm
Schruppen	Schaftfräser, HSS $d = ?$	?	?	?	?
Schruppen	Schaftfräser, HSS $d = ?$	?	?	?	?

d) Welche Sicherheitsvorschriften sind beim Fräsen besonders zu beachten?

e) Geben Sie an, wie die mittige Lage der Nut geprüft werden kann.

5. Herstellen der Nut für die Verbindung von Welle und Nabe

Nennen Sie geeignete Verfahren zur Herstellung der Nut.

6. Fertiges Werkstück kontrollieren

a) Welche Maße sind für den späteren Einbau besonders wichtig und müssen überprüft werden?

b) Geben Sie jeweils geeignete Prüfmittel an.

L

Lernsituation 5

Montieren einer Vorrichtung

Situation:

In der dargestellten Vorrichtung werden auf einem Schleifmaschinentisch Getriebegehäuse gespannt. Der Grundkörper der Vorrichtung (in der Skizze gelb dargestellt) besteht aus Gusseisen. In den Grundkörper sind die weiteren Spann- und Positionierelemente eingebaut.

Die Vorrichtung hat den Vorteil, dass mit dem Anziehen der Schrauben auf der rechten Seite das Gehäuse vollständig gespannt wird.

Planen Sie die Montage der im Schnitt gezeigten Elemente und stellen Sie diese in einer Übersicht dar.

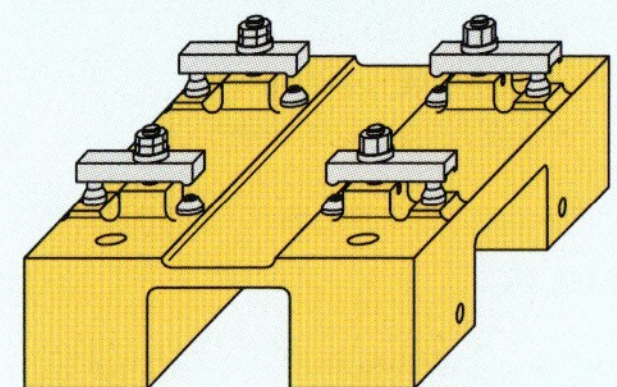

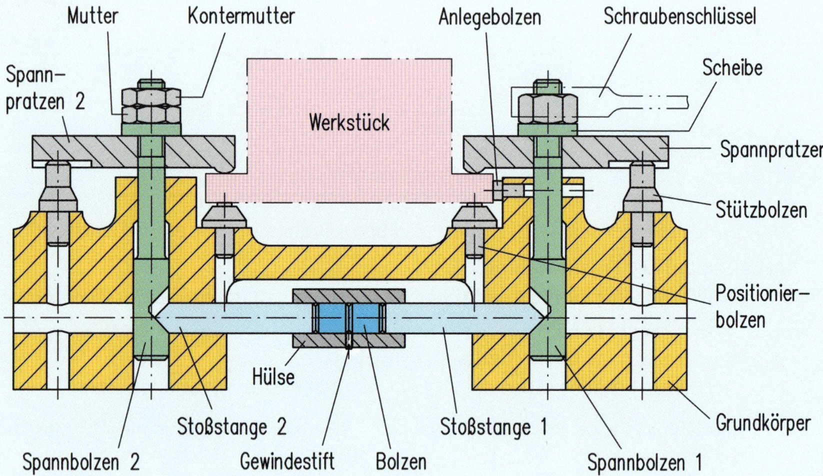

1. Auftrag analysieren

Beschreiben Sie den Spannvorgang präzise. Beginnen Sie mit der Beschreibung an dem Punkt, an dem mithilfe des Schraubenschlüssels die Mutter auf dem Spannbolzen 1 angezogen wird.

2. Montage planen

Erstellen Sie einen Montageplan in Form eines Strukturnetzes.

Zur besseren Veranschaulichung können Sie die Bezeichnung jedes einzelnen Bauelements auf jeweils eine Karte schreiben und dann die Karten in der richtigen Reihenfolge ordnen. Aus der so gewonnenen Übersicht lässt sich das Strukturnetz leicht ableiten.

Lernsituation 6

Warten einer Fräsmaschine

Situation:

Eine Fräsmaschine ist im Zweischichtbetrieb täglich etwa acht bis zehn Stunden im Einsatz. Von Seiten des Maschinenherstellers ist in den Betriebsanweisungen der folgende Wartungsplan vorgegeben. Stellen Sie für die dargestellte Fräsmaschine einen Zeitplan für die Wartung im kommenden Jahr auf.

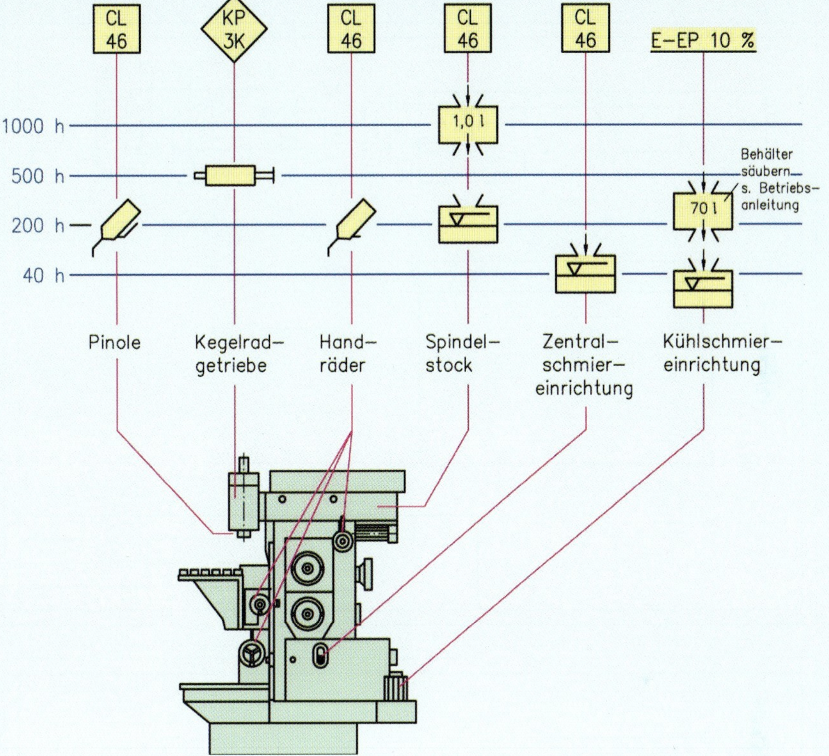

1. Auftrag analysieren

1.1 Erläutern Sie die Symbole des Wartungsplans. Zeichnen Sie dazu die Symbole ab und schreiben Sie die Bedeutung des jeweiligen Symbols unter Berücksichtigung der Stundenangabe auf. (Mehrfach vorkommende Symbole erläutern Sie nur an der Stelle ihres erstmaligen Auftretens.)

1.2 Aus dem Plan ist ersichtlich, dass der Kühlschmiermittelbehälter in regelmäßigen Abständen zu reinigen ist. Dabei ist auch das Kühlschmiermittel zu erneuern. Wie ist mit dem alten Kühlschmiermittel umzugehen?

2. Wartung planen

2.1 Schreiben Sie auf, in welchen Kalenderwochen bestimmte Maßnahmen durchzuführen sind. Für Arbeiten, die in sehr kurzen Zeitabständen anfallen, legen Sie auch den Wochentag fest.

2.2 Überlegen Sie sich Maßnahmen, mit denen die Einhaltung der Wartungsplans überprüft werden kann. Machen Sie Vorschläge.

LERNSITUATION 7

Planen der Fertigung einer Backenführung

Situation:

Die Rohteile von Backenführungen für Maschinenschraubstöcke sind aus Gusseisen mit Kugelgrafit (EN-GJS-500-7) gefertigt worden. Die Endbearbeitung der Backenführung für fünf Stück ist zu planen. Sie haben die Aufgabe, die Fertigung zu planen und in einem Arbeitsplan festzuhalten.

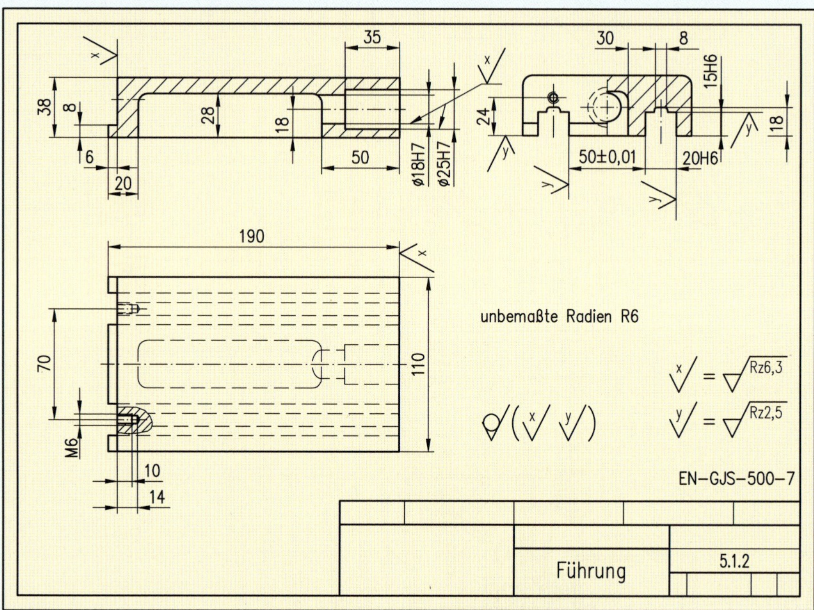

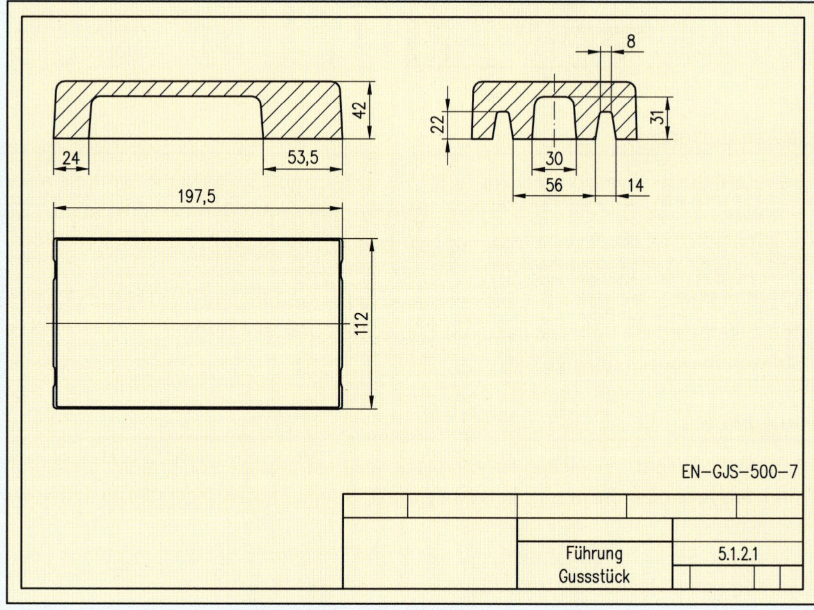

1. Auftrag analysieren

1.1 Untersuchen Sie die Zeichnung des Rohteils auf Bearbeitungszugaben. Skizzieren oder kopieren Sie die Rohteilzeichnung und kennzeichnen Sie farbig die Bearbeitungsbereiche.
1.2 Überlegen Sie, ob nach der Bearbeitung verbleibende Formschrägen Einfluss auf die Funktion der Backe haben können.

2. Fertigungsverfahren vorplanen

2.1 Skizzieren oder kopieren Sie die Fertigteilzeichnung und ordnen Sie den Bearbeitungsstellen mögliche Fertigungsverfahren zu.
2.2 Geben Sie die Maschinen und Werkzeuge an, mit denen die Fertigung möglich ist.

3. Fertigung festlegen

3.1 Bestimmen Sie die Reihenfolge der Bearbeitung.
3.2 Wählen Sie Werkzeuge und Spannmittel aus.
3.3 Bestimmen Sie die Schnitt- und Einstelldaten.
3.4 Legen Sie Zwischenkontrollen während der Bearbeitung fest.
3.5 Erstellen Sie den Arbeitsplan.

4. Arbeitsplan kontrollieren

4.1 Vergleichen Sie Ihren Arbeitsplan mit dem Arbeitsplan von Mitschülern.
4.2 Überprüfen Sie, ob der gewählte Arbeitsplan auch bei einer Fertigung von 200 Stück angemessen wäre.

Lernsituation 8

Planen der Fertigung einer Klauenkupplung

Situation:

Zur Verbindung einer Maschine mit einem Antriebsmotor ist eine aus zwei Teilen bestehende Klauenkupplung zu fertigen. Die Kupplungsteile werden aus blank gezogenem Rundmaterial hergestellt. Erstellen Sie den Arbeitsplan.

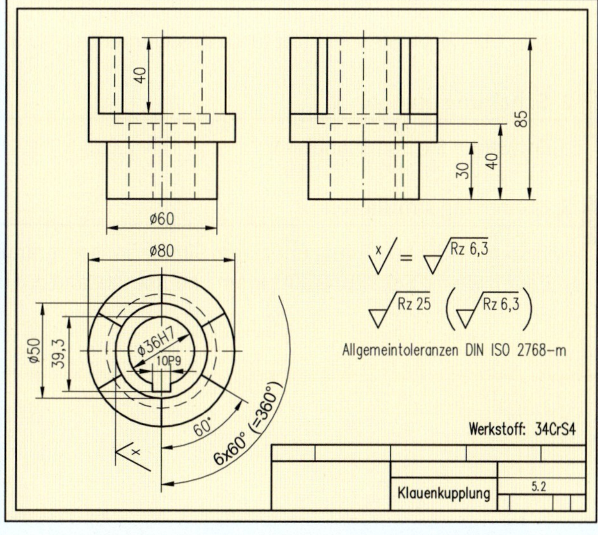

LERNSITUATION 9

Entwickeln einer Steuerung für eine Spannvorrichtung

Situation:

In der dargestellten pneumatischen Spannvorrichtung werden Leisten paarweise gespannt. Entwickeln Sie eine geeignete Schaltung zur Steuerung des Spannzylinders.

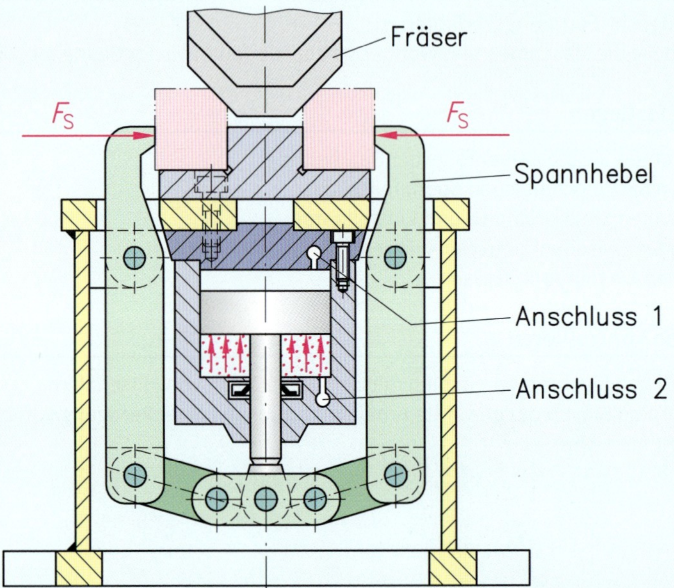

1. Auftrag analysieren

1.1 Beschreiben Sie die Arbeitsweise der Vorrichtung.
1.2 Welche Sicherheitsmaßnahmen sind beim Betrieb der Vorrichtung zu beachten?
1.3 Überlegen Sie sich Platz für Bedienelemente.

2. Schaltung planen

Entwerfen Sie den Schaltplan.

3. Steuerung simulieren

Testen Sie die Steuerung mit einem Simulationsprogramm.
Bauen Sie die Schaltung auf einem Pneumatikstand auf und überprüfen Sie die Funktion.

LERNSITUATION 10

Entwickeln einer Steuerung für eine Abfüllanlage

Situation:

An einer Dosieranlage soll der Sperrschieber am Auslauf des Vorratsbehälters auf Knopfdruck hin so betätigt werden, dass der Behälter geöffnet wird und Material in das Gefäß auf der Waage fällt. Sobald das gewünschte Gewicht erreicht ist, soll der Schieber den Behälter selbsttätig schließen.
Entwickeln Sie eine geeignete Schaltung zur Steuerung des Sperrschiebers.

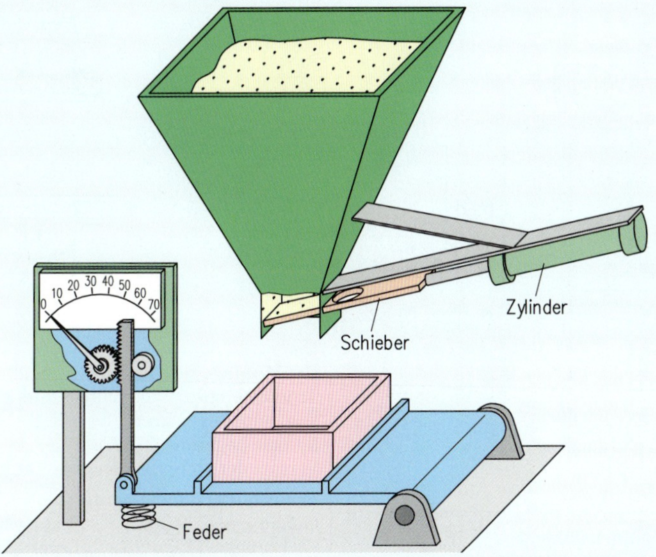

1. Auftrag analysieren

1.1 Beschreiben Sie die Arbeitsweise der Vorrichtung.
1.2 Welche Fehlbedienungen der Anlage müssen durch geeignete Schaltungsmaßnahmen ausgeschlossen werden?

2. Montage planen

2.1 Legen Sie im Technologieschema die Stellen fest, an denen Sensoren anzubringen sind.
2.2 Stellen Sie einen Logikplan für das Öffnen und Schließen des Sperrschiebers auf.
2.3 Entwerfen Sie die Schaltung. Testen Sie die Schaltung mit einem Simulationsprogramm.

3. Steuerung ausführen und überprüfen

Bauen Sie die Schaltung auf einem Pneumatikstand auf und überprüfen Sie die Funktion.

L

***Hinweis zu Lernfeld 6:** Weitere Lernsituationen siehe **Projektaufgaben 3/23 und 3/24** im Kap. „Steuerungs- und Regelungstechnik".*

LERNSITUATION 11

Montieren einer Antriebstrommel

Situation:

In Ihrer Firma soll die abgebildete Antriebstrommel für ein Förderband montiert werden. Das Auflegen des Förderbandes und der Anschluss des Elektromotors erfolgt zu einem späteren Zeitpunkt. Die Stützen für die Lager sind bereits aufgestellt und im Hallenboden einbetoniert.
Die Montage soll von Ihnen selbstständig geplant und durchgeführt werden.

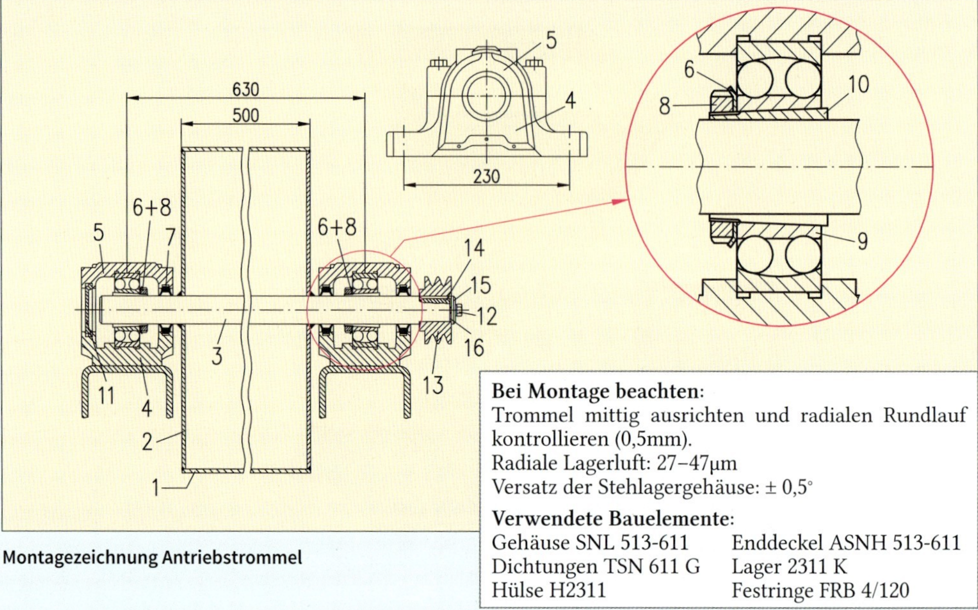

Montagezeichnung Antriebstrommel

Bei Montage beachten:
Trommel mittig ausrichten und radialen Rundlauf kontrollieren (0,5mm).
Radiale Lagerluft: 27–47µm
Versatz der Stehlagergehäuse: ± 0,5°

Verwendete Bauelemente:

Gehäuse SNL 513-611	Enddeckel ASNH 513-611
Dichtungen TSN 611 G	Lager 2311 K
Hülse H2311	Festringe FRB 4/120

1. Montage analysieren

1.2 Ordnen Sie in Tabellenform den Positionsnummern die Bauteilbezeichnungen zu.
1.2 Bestimmen Sie die Hauptfunktionen der Bauelemente.

2. Montage planen

Erstellen Sie einen tabellarischen Montageplan.
Berücksichtigen Sie darin auch das notwendige Ausrichten von Bauteilen und geben Sie die Anzugsmomente an.

3. Montage durchführen

Beschreiben Sie die Einstellung und Kontrolle der radialen Lagerluft der Lager.

4. Montage bewerten

Erstellen Sie einen Prüfplan mit allen für die Funktion wichtigen Prüfmaßen.
(Lösung mit Internetunterstützung einer Suchmaschine:
SKF „SNL macht Gehäuselagerungen noch wirtschaftlicher“)

LERNSITUATION 12

Fertigen eines Kupplungsflansches auf einer CNC-Drehmaschine

Situation:

Für eine Sonderausführung einer Maschine haben Sie einen Kupplungsflansch anzufertigen. Für die Dreharbeit steht eine CNC-Drehmaschine mit Programmierung nach DIN zur Verfügung.

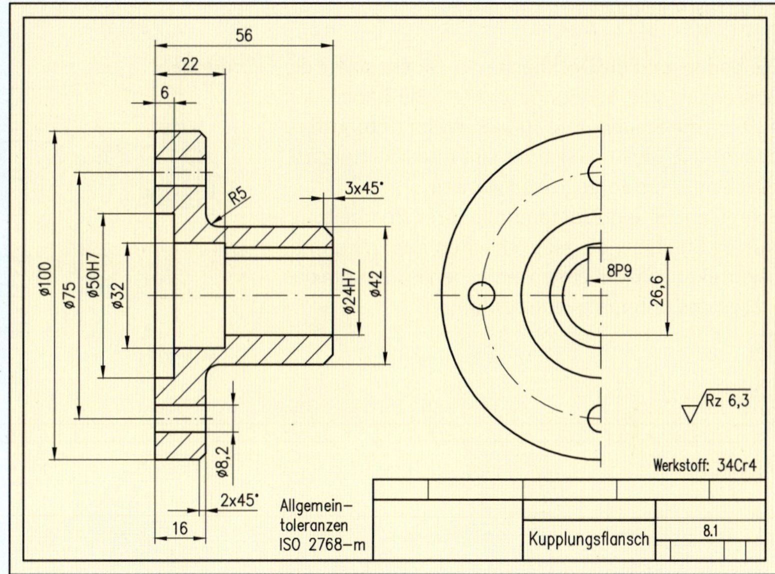

1. Auftrag analysieren

1.1 Nennen Sie die einzelnen Fertigungsverfahren, die zur Herstellung des Kupplungsflanschs notwendig sind.

1.2 Bestimmen Sie die Rohteilabmessungen. Es steht Stangenmaterial zur Verfügung.

2. Programmierung der Drehbearbeitung planen

2.1 Skizzieren Sie das Werkstück und tragen Sie den (die) Werkstücknullpunkt(e) ein.

2.2 Bestimmen Sie die Arbeitsabfolge beim Drehen. Skizzieren Sie dazu das Werkstück in den verschiedenen Einspannungen und geben Sie die Schnittfolgen an. Begründen Sie kurz die Abfolge.

2.3 Geben Sie die genauen Bezeichnungen der einzelnen einzusetzenden Drehmeißel sowie des ausgewählten Schneidstoffs an.

2.4 Ermitteln Sie die Schnittdaten.

2.5 Stellen Sie einen Arbeitsplan auf.

3. Programm erstellen

Schreiben Sie das Programm für die Drehbearbeitung in der ersten Aufspannung.

4. Maschine einrichten

Nach dem Umspannen müssen Sie den Nullpunkt in Z-Richtung wieder neu bestimmen. Wie gehen Sie vor?

Lernsituation 13

Programmieren einer Steuerkurve

Situation:

Der dargestellte Kurvenblock wird in eine Verpackungsmaschine eingebaut. Auf ihm läuft ein Hebel mit einer Tastrolle um.

Die Boden- und die Deckfläche des Blocks sowie die Bohrungen sind bereits bearbeitet. Sie haben den Auftrag, die Steuerkurve außen und im Untergriff zu bearbeiten. Die Kurve ist mit einer Bearbeitungszugabe von 3 mm vorgegossen worden.
Schreiben Sie ein Programm zu ihrer Bearbeitung. Nutzen Sie dabei die Möglichkeiten der Fräserradiuskorrektur, um mit einem einfachen Programm das Fräsen des Untergriffs durchzuführen.

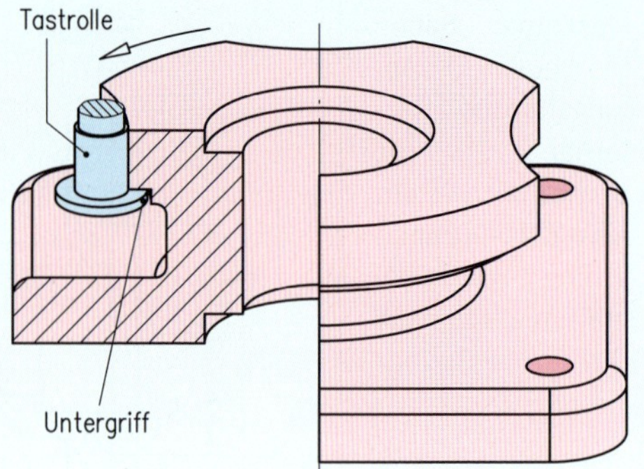

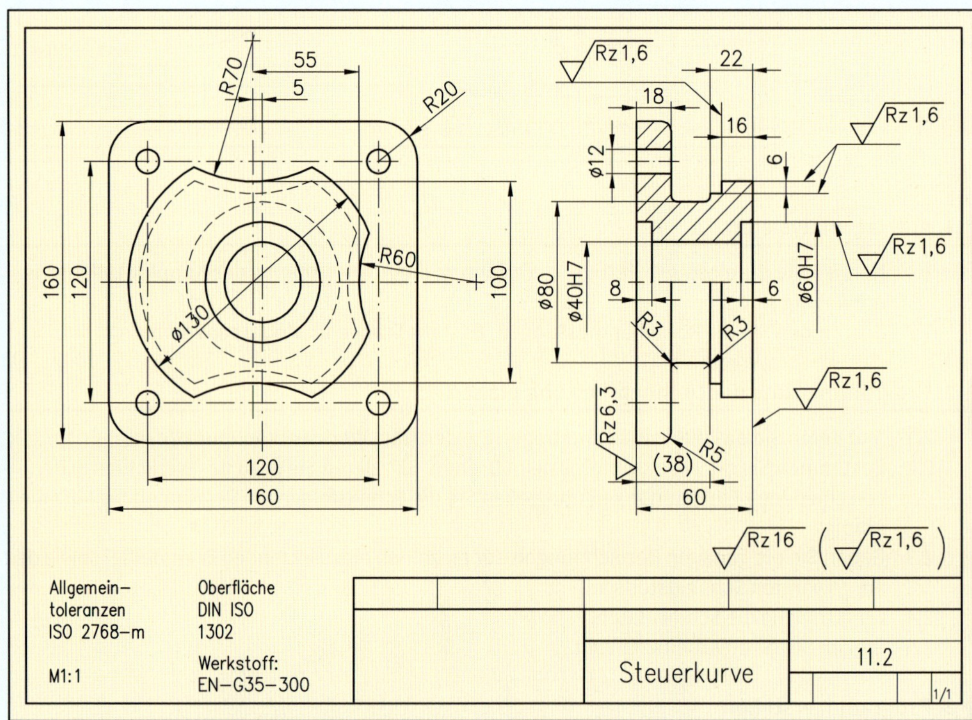

LERNSITUATION 14

Planung der Behebung eines Lagerschadens

Situation:

Die Lagerung eines Frischluftgebläses ist schadhaft. Sie erhalten als Auszubildender den Auftrag, die Planung für die Behebung eines Lagerschadens durchzuführen.
Folgende technische Daten können Sie vor Ort ermitteln:

- Drehfrequenz des Frischluftgebläses 3 000 min^{-1},
- auf beiden Seiten des Frischluftgebläses ist ein Stehlager angeordnet,
- die Kurzbezeichnung des eingesetzten Pendelkugellagers ist 2311 K.TV.C3 (winkeleinstellbare Lager müssen exakt fluchten),
- Fettschmierung,
- Welle h9,
- bei gut ausgewuchtetem Gebläserad haben die Lagerinnenringe Umfangslast.

Das schadhafte Lager ist auf der Ventilatorradseite. Wegen hoher Laufgeräusche wurde das Lager bereits ausgebaut. Es zeigt am Außenring Schälung.

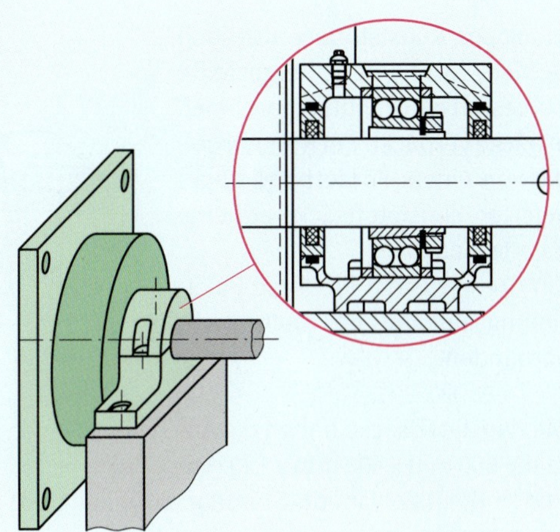

Lagerung auf der Ventilatorradseite

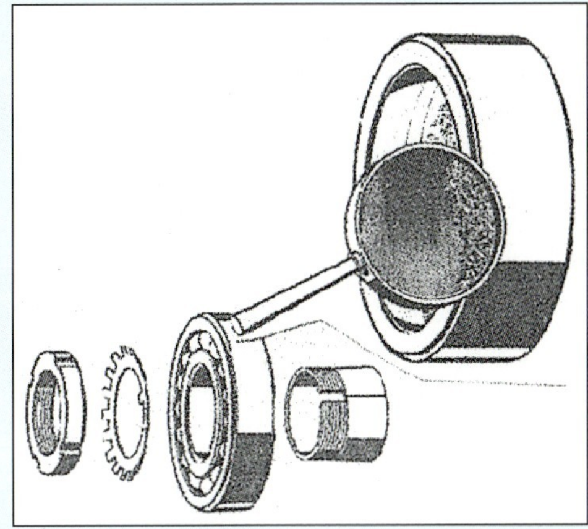

Lagerung nach dem Ausbau mit schadhaftem Außenring (Schälung)

1. Auftrag analysieren

Bestimmen Sie anhand der oben dargestellten Ausgangssituation die Ursache(n) des aufgetreten Lagerschadens.

2. Arbeitsschritte zur Schadensbehebung planen

2.1 Erläutern Sie den Einbau eines neuen Lagers.

2.2 Wie muss vorgegangen werden, damit ein derartiger Lagerschaden nicht wiederholt auftritt?

Die Schadensbehebung durchführen, kontrollieren, bewerten und dokumentieren ist nicht Gegenstand des Auftrags!

L

Lernsituation 15

Umrüsten eines Roboters

Situation:

In einem kunststofferzeugenden Betrieb wird der hergestellte Kunststoff als Granulat maschinell in Säcke verpackt. Ein Roboter soll die von einem Förderband angelieferten Kunststoffsäcke auf eine Palette stapeln.
Ein Greifersystem für diese Palettierungsaufgabe ist noch nicht vorhanden.

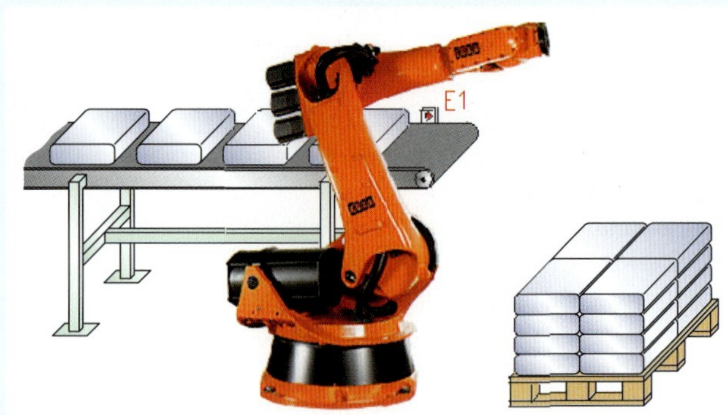

Die Kunststoffsäcke haben die Abmaße 600 mm x 400 mm x 120 mm und sind mit Polyamid6-Granulat (80 % Füllgrad) gefüllt.

1. Auftrag analysieren

1.1 Sichten Sie die Produktbeschreibung des Roboters und stellen Sie die Randbedingungen für die Umrüstung des Roboters fest.

2. Umrüsten des Industrieroboters planen

2.1 Legen Sie die Anforderungen fest, die das Greifersystem des Roboters erfüllen muss.
2.2 Sammeln Sie in der Gruppe Ideen für die Gestaltung des Greifers.
2.3 Präsentieren Sie Ihre Lösungsvorschläge.
2.4 Entscheiden Sie sich im Gremium für eine Lösung, die sie weiter ausarbeiten wollen.
2.5 Dimensionieren und berechnen Sie den Greifer.
2.6 Stellen Sie die Bauteile des Greifersystems zusammen.
2.7 Dokumentieren Sie die Umrüstung des Roboters.

3. Umrüsten des Industrieroboters durchführen

Erstellen Sie eine Montageanweisung für den Anbau des Greifersystems an den Roboter.

4. Industrieroboter in Betrieb nehmen

Erstellen Sie eine Checkliste für die Inbetriebnahme des mit dem Greifersystems umgerüsteten Roboters.

LERNSITUATION 16

Feststellen der Maschinenfähigkeit für einen Drehautomaten

Situation:

Der dargestellte Verschluss- und Abzweigstopfen soll in einer Großserie auf einem Drehautomaten gefertigt werden.

Es soll untersucht werden, ob dieser Drehautomat die nötige Maschinenfähigkeit besitzt, um den Auftrag auszuführen. Im Rahmen von 10 Stichproben wurden 50 Messungen des Passmaßes 52 h6 durchgeführt.

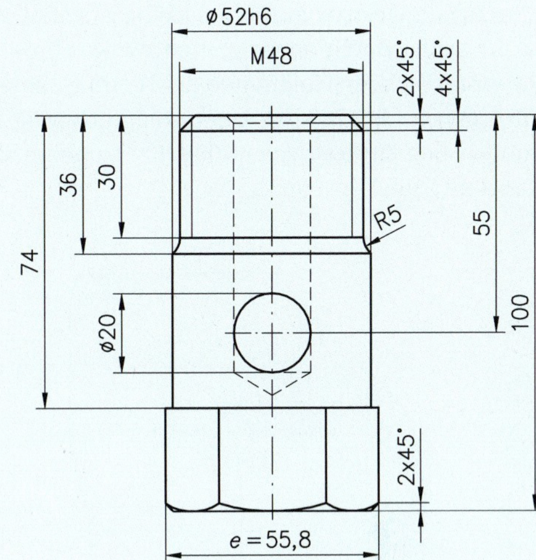

1. Auftrag analysieren

Bestimmen Sie Höchst- und Mindestmaß des Prüfmerkmals.

2. Fähigkeitsuntersuchung planen

Entwickeln Sie eine EXCEL-Tabelle zur Übernahme der Daten und zur Berechnung der Kenngrößen der Maschinenfähigkeitsuntersuchung.

3. Daten der Maschinenfähigkeitsuntersuchung auswerten

	Stichproben									
	1	2	3	4	5	6	7	8	9	10
Messwerte										
x_1 51,9...	85	93	89	89	92	91	91	96	96	92
x_2 51,9...	91	91	89	94	89	93	92	91	89	95
x_3 51,9...	94	94	92	90	94	89	88	93	92	93
x_4 51,9...	91	89	88	91	87	91	97	89	95	94
x_5 51,9...	88	91	91	92	93	91	88	93	93	92

Prüfen Sie die Daten auf Normalverteilung.
Berechnen Sie alle notwendigen Kennwerte zur Feststellung der Maschinenfähigkeit.

4. Ergebnis der Maschinenfähigkeitsuntersuchung bewerten

Interpretieren Sie den ermittelten Wert der Maschinenfähigkeit.

L

LERNSITUATION 17

Prüfen einer Zugstange

Situation:

Eine Zugstange in einer Nietmaschine ist gerissen. Es soll geklärt werden, ob der Schaden durch Überlastung oder durch ungeeigneten Werkstoff der Zugstange entstanden ist. Im letzteren Fall ist eine Reklamation beim Lieferanten der Nietmaschine möglich.
Ein Ingenieur hat in einer Überschlagrechnung ermittelt, dass die Zugstange unter normalen Bedingungen eine Zugkraft von 40 000 N aufzunehmen hat. Der Werkstoff der Zugstange ist wahrscheinlich Baustahl E360.

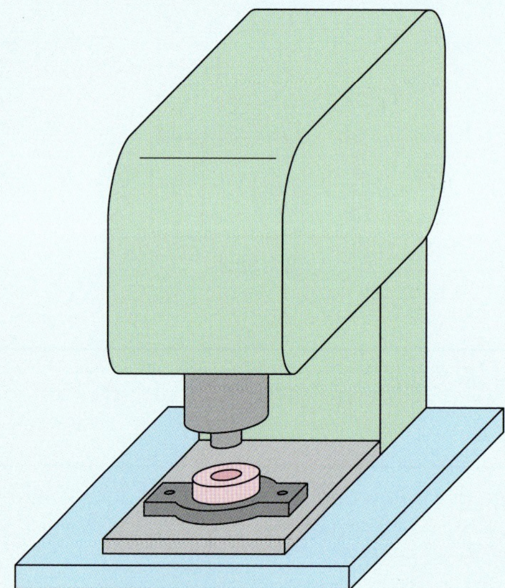

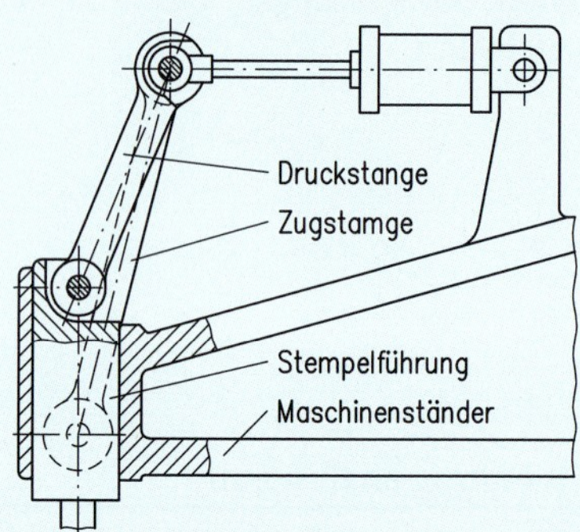

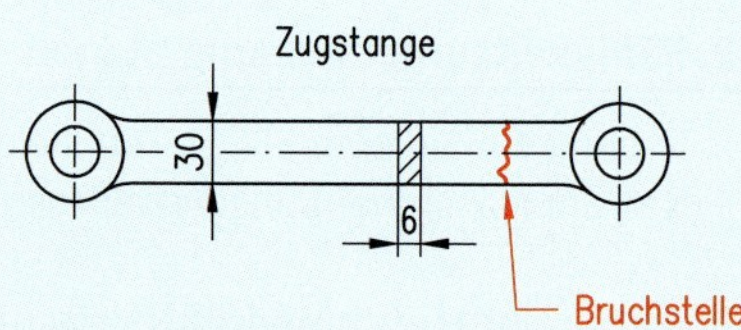

1. Ausgangssituation analysieren

Der Zugversuch kann eine Aussage über die Eignung des Werkstoffs zur Aufnahme der Last geben. Bestimmen Sie den Kennwert des Zugversuchs, der eine Aussage über die Verwendung eines einwandfreien Werkstoffs ermöglicht.
Wie groß müsste der Kennwert etwa sein?

2. Werkstoffprüfung planen

2.1 Bestimmen Sie Form und Größe der Zugprobe. Fertigen Sie ggf. eine bemaßte Skizze an.

2.2 Stellen Sie die Vorschriften zusammen, die bei der Prüfung einzuhalten sind.

3. Werkstoffprüfung durchführen

Bei der Prüfung an einem Probestab (kurzer Proportionalstab) mit 4 mm Durchmesser wurde das folgende Diagramm aufgenommen.

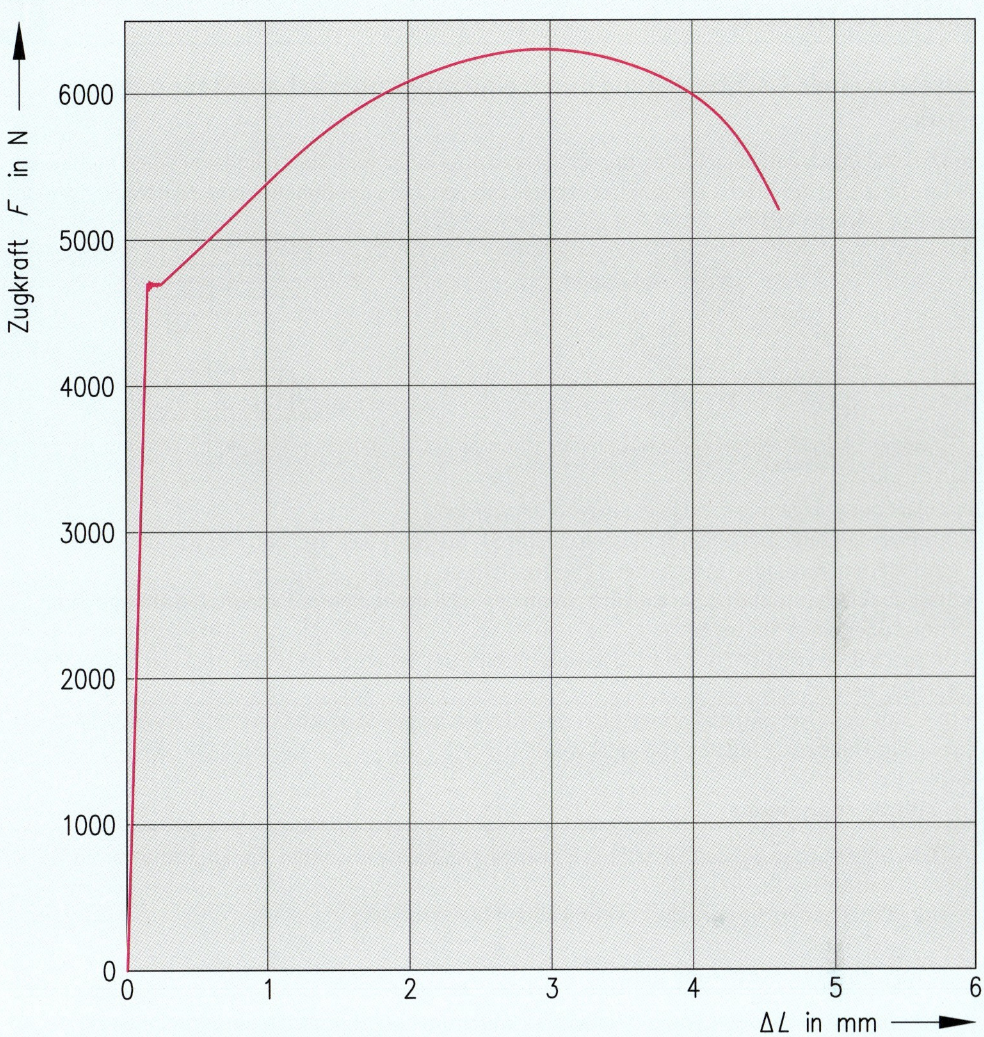

4. Prüfergebnis auswerten

4.1 Berechnen Sie die Kennwerte der Probe.

4.2 Vergleichen Sie die aufgenommenen mit den erforderlichen Kennwerten und schließen Sie aus dem Vergleich auf die Fehlerursache.

4.3 Machen Sie einen begründeten Vorschlag, wie auf den Schaden reagiert werden soll.

Lernsituation 18

Umsetzen einer Tischbewegung durch eine programmierbare Steuerung

Situation:

Der Werkstücktisch einer Flachschleifmaschine wird über einen Hydraulikzylinder hin- und herbewegt. Die Umsteuerung des Tischs erfolgt über verstellbare Sensoren am Gehäuse und dem Nocken am beweglichen Werkstücktisch.

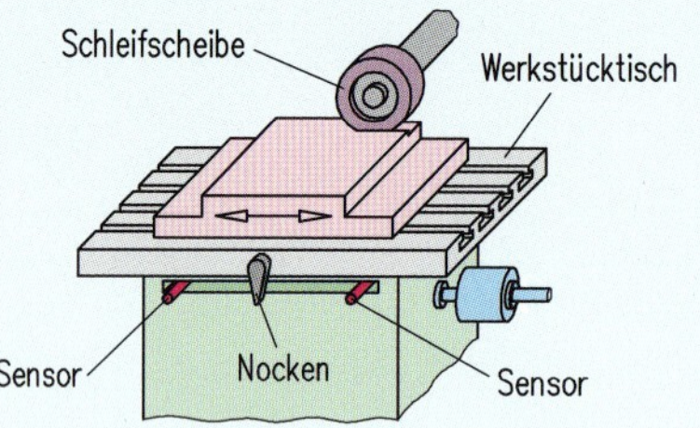

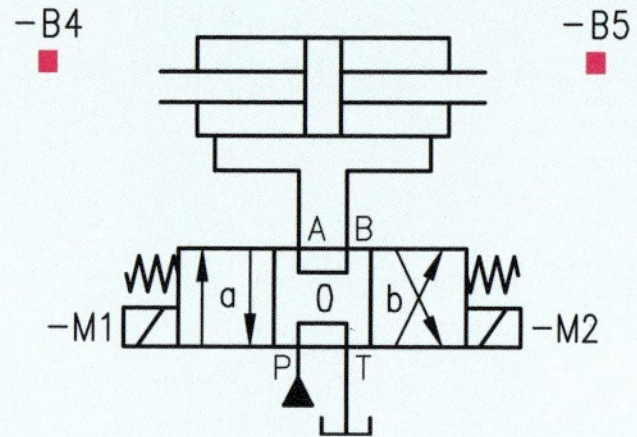

Der Ablauf der Anlage muss wie folgt eingehalten werden:

- Stromversorgung über einen Schlüsselschalter S1. Der Start des Tischantriebs ist über einen gesonderten, rastenden Einschalter S3 vorzusehen.
- Start des Tischantriebs ist nur möglich, wenn der Schleifscheibenmotor läuft. Die Abfrage dazu erfolgt über einen Sensor B2.
- Umgeschaltet wird der Tischantrieb jeweils mithilfe der Sensoren B4 und B5, die von dem Nocken betätigt werden.
- Das Ende des Tischantriebs erfolgt über das Rücksetzen des Startschalters S3, dabei soll die jeweilige Hubbewegung noch beendet werden.

1. Auftrag analysieren

1.1 Untersuchen Sie den Signalfluss (Technologieschema erweitern, Funktionsdiagramm aufstellen).

1.2 Beschreiben Sie den schrittweisen Ablauf der Steuerung.

2. Programm der Steuerung planen

2.1 Erweitern Sie den Hydraulikschaltplan und ordnen Sie ihm die Steuerungseinheit zu.

2.2 Legen Sie die Hardware für die Steuerungseinheit fest und beschalten Sie diese Einheit.

2.3 Stellen Sie eine Zuordnungsliste für die Steuerung auf.

2.4 Entwickeln Sie den Funktionsplan.

3. Steuerungsprogramm schreiben

3.1 Schreiben Sie das Programm für die Steuerung.

3.2 Führen Sie Simulationstests durch.

4. Inbetriebnahme der Steuerung durchführen und dokumentieren

4.1 Übertragen Sie das Programm in das Steuerungsgerät und verdrahten Sie Sensoren und Aktoren.

4.2 Führen Sie die Inbetriebnahme der Steuerung in Schritten durch.

4.3 Dokumentieren Sie Ihr Programm.

Hinweis: Zur Bearbeitung der obigen Aufgaben kann ein im Lehrmittelhandel angebotenes System eingesetzt werden. Die Inbetriebnahme kann im Laborbetrieb auch mit pneumatischen Elementen erprobt werden.

LERNSITUATION 19

Planen einer Fräsvorrichtung

Situation:

Gegossene Krümmer sollen auf einer mechanisch gesteuerten Fräsmaschine mit einem Messerkopf an den Flanschflächen plan gefräst werden. Auf den Flächen ist eine Bearbeitungszugabe von 3 mm.
Der Auftrag umfasst zunächst 200 Stück. In jeweils halbjährlichem Abstand werden Folgeaufträge in gleicher Größenordnung anfallen.
Zum Positionieren und Spannen der Krümmer ist eine Vorrichtung zu entwerfen.

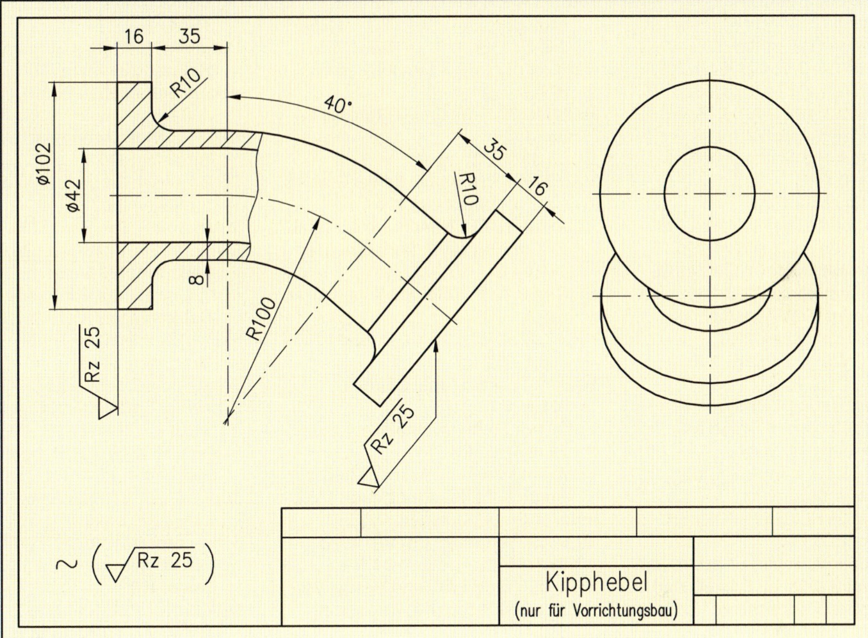

1. Vorgaben analysieren

1.1 Welche Art der Vorrichtung werden Sie wählen: eine Baukastenvorrichtung oder eine Sonderanfertigung? Begründen Sie Ihre Antwort.

1.2 Beschreiben Sie den möglichen Arbeitsablauf zur Fertigung.

2. Vorrichtung planen

2.1 Stellen Sie einen Katalog der Eigenschaften zusammen, welche die Vorrichtung erfüllen soll.

2.2 Sammeln Sie in der Gruppe Vorschläge zur Gestaltung der Vorrichtung. Fertigen Sie einfache Skizzen an, aus denen die Positionierung, das Spannen und evtl. das Stützen der Gussrohlinge deutlich wird.

2.3 Bewerten Sie die einzelnen Vorschläge nach einem Punktesystem und ermitteln Sie so die geeignete Lösung.

2.4 Optimieren Sie die ausgewählte Lösung.

2.5 Erstellen Sie eine Handskizze der Vorrichtung.

Bildquellenverzeichnis

Den nachfolgend aufgeführten Firmen danken wir für die Überlassung von Informationsmaterial, Fotos, Vorlagen und fachlicher Beratung:

3DWare TGS Trading GmbH, Wolfhausen (CH): 164.2
3M Deutschland GmbH, Neuss: 221.3
ap-systems GmbH, Reutlingen: 165.2
Atlas Maschinen GmbH , Delmenhorst: 624.1
August Berghaus GmbH & Co. KG, Remscheid: 133.2
Bauer Gear Motor, Esslingen: 252.1
BESSEY TOOL GMBH&CO.KG, Bietigheim-Bissingen: 77.3 – 6
Bildungsverlag EINS GmbH, Köln: 97.1, 137.1, 236.2 – 3, 264.2, 264.4, 265.1, 265.3, 266.1, 271.1, 280.3, 432.1, 450.1, 458.2, 461.1, 461.3 – 5, 467.1, 491.2 – 5, 609.1, 655.2
Bindulin-Werk H.L. Schönleber GmbH, Fürth: 490.1 – 6
BMW AG, München: 282.2
Böllhoff Gruppe, Bielefeld: 191.5 - 10
Bott GmbH & Co. KG, Gaildorf: 425.1
BRÜDER MANNESMANN WERKZEUGE GmbH, Remscheid: 236.1
Carl Zeiss Industrielle Messtechnik GmbH, Oberkochen: 52.6
CeramTec GmbH, Plochingen: 289.1, 290.1
DaVinci Engineering, Leipzig: 164.2
DESCH Antriebstechnik GmbH & Co. KG, Arnsberg: 341.3 – 4
DMG MORI Global Marketing GmbH, München: 166.2 - 8
DR. JOHANNES HEIDENHAIN GmbH, Traunreut: 533.1
Drechselbedarf K. Schulte, Geeste: 28.2
E. Zoller GmbH & Co. KG Einstell- und Messgeräte, Pleidelsheim: 122.5
EDUARD WILLE GmbH & Co. KG, Wuppertal: 391.2
EMCO Maier Ges.m.b.H., A - Hallein-Taxach: 133.2 – 3, 463.1
Ernst Reime Vertriebs GmbH, Präzisions-Gewindetechnik, Feucht b. Nürnberg: 91.1
Festo AG & Co. KG, Esslingen: 540.1, 543.1, 543.3, 543.5, 552.1 – 2, 557.2 – 5, 654.1
FLECKENSTEIN Werkzeugmaschinen GmbH, Wiesen: 449.1
Flükiger & Co AG, Oberburg (CH): 427.1
Forbo Siegling GmbH, Hannover: 364.1
Fraunhofer-Institut für Werkstoff- und Strahltechnik IWS, Dresden: 470.1
GEBR. DAPPRICH GmbH, Wuppertal (D): 97.2
Geibel & Hotz Maschinen und Werkzeuge GmbH, Homberg (Ohm): 141.1
Getriebebau NORD GmbH & Co. KG DRIVESYSTEMS, Bargteheide: 372.6,
Gießerei Heunisch GmbH, Bad Windsheim: 279.3
GILDEMEISTER Aktiengesellschaft, Bielefeld: 505.1
GKN Service International GmbH, Rösrath: 354.4
GKN Sinter Metals Components GmbH, Radevormwald: 286.1 - 2
Glenn McKechnie: 145.1, 238.1
Gotthilf Walter GmbH, Ötisheim: 126.6
Gühring oHG, Albstadt: 85.3
H. Sartorius Nachf. GmbH & Co. KG , Ratingen: 471.2
HAHN & KOLB Werkzeuge GmbH, Stuttgart: 18.1, 20.4, 25.1 – 3, 25.5 – 6, 28.3 – 4, 118.1, 118.3, 118.5
Harmonic Drive AG, Limburg/Lahn: 371.1
Härtetechnik Link GmbH, Rutesheim: 269.1 - 2
haspa GmbH, Ittlingen: 354.5 – 6
HAZET-WERK Hermann Zerver GmbH & Co. KG, Remscheid: 391.1
HEINRICH HACHENBACH Werkzeugfabrik GmbH&Co. KG, Ehringshausen: 116.4 – 6
HEINRICH KIPP WERK KG, Sulz/Neckar: 535.1
HELLA KGaA Hueck & Co., Lippstadt: 462.1, 653.1
Hewlett-Packard GmbH, Böblingen: 338.3
Hoffmann GmbH Qualitätswerkzeuge, München: 28.6 - 7
Hofmann Mess- und Auswuchttechnik GmbH & Co. KG, Pfungstadt: 138.2
InfraTec GmbH, Dresden: 456.3
Ingersoll Werkzeuge GmbH, Haiger: 98.1, 117.1
KARL DEUTSCH Prüf- und Messgerätebau GmbH & Co KG, Wuppertal: 313.1
Kemmler Präzisionswerkzeuge GmbH, Mössingen: 120.2, 120.4
Kemper GmbH, Vreden: 221.1
Kern GmbH Technische Kunststoffteile, Großmaischeid: 293.2
KEYENCE Deutschland GmbH, Neu-Isenburg: 164.1
Kjellberg Finsterwalde Dienstleistungsgesellschaft mbH, Finsterwalde: 151.2 – 4
KNUTH Werkzeugmaschinen GmbH, Wasbek: 48.5 – 8, 85.9
Kordt GmbH & Co. KG, Eschweiler: 28.8
KSI-Metall, Solingen: 338.2
KUKA Roboter GmbH, Augsburg: 437.1
KUNZMANN Maschinenbau GmbH, Remchingen: 495.1 – 2
L. KELLENBERGER & Co. AG, St.Gallen (CH): 141.2 -3
LORCH Schweisstechnik GmbH, Auerwald: 201.1 – 3
Mahr GmbH, Göttingen: 17.1, 21.3, 31.2 – 3, 49.3, 52.7
Maschinenfabrik Berthold Hermle AG, Gosheim: 430.1 - 2
Messer Cutting Systems GmbH, Groß-Umstadt: 204.3 – 4, 225.2
MTS Mathematisch Technische Sorftware-Entwicklung GmbH, Berlin: 513.2 - 6, 516.4, 531.1, 532.13, 537.2
Olsberg Hermann Everken GmbH, Olsberg: 280.6
OPS-INGERSOLL Funkenerosion GmbH, Burbach: 154.3, 155.1, 156.1, 157.1, 157.4 – 6
Optimum Maschinen Germany GmbH, Hallstadt/Bamberg: 100.1, 121.1 – 2
pekrun Getriebebau GmbH, Iserloh: 366.1
PRÜFTECHNIK Dieter Busch AG, Ismaning: 400.4
Robert Bosch GmbH, Leinfelden-Echterdingen: 77.7
Röhm GmbH, Sontheim: 109.1 – 2
ROTHENBERGER Werkzeuge GmbH, Kelkheim: 173.5 – 6
RUKO GmbH Präzisionswerkzeuge, Holzgerlingen: 85.1 – 2, 85.4
Sauter Feinmechanik GmbH, Metzingen: 517.2
Schaeffler AG, Schweinfurt: 470.2
Schaeffler GmbH, Herzogenaurach: 345.2 – 3, 345.12 – 13, 401.3
SCHNEEBERGER GmbH, Höfen/Enz: 350.2 - 4
SCHÜTZ + LICHT Prüftechnik GmbH, Langenfeld: 310.4 – 5
Schweißtechnische Lehr- und Versuchsanstalt Halle GmbH, Halle/Saale: 403.1
SEW-EURODRIVE GmbH & Co. KG, Urheber Lüt, Bruchsal: 369.4
Siemens AG, Regensburg: 678.1
Sonderschrauben Güldner GmbH & Co. KG, Niederstetten: 389.2
Stefan Diller Photographie, Würzburg: 487.1
Stork Technical Services GmbH, Essen: 455.1
Testo AG, Lenzkirch: 456.1 – 2
TRILUX GmbH & Co. KG, Arnsberg: 471.1
ULTRA PRÄZISION MESSZEUGE GMBH, Glattbach: 18.2, 25.4
ViscoTec Pumpen- u. Dosiertechnik GmbH, Töging a. Inn: 192.1 - 2
WALTER AG, Tübingen: 115.5
Wikipedia creative commons: (Zaydo) 480.1, (Philmo1) 679.1
WINDKRAFT SIMONSFELD AG, Ernstbrunn (A): 469.1
WIWOX GmbH Surface Systems, Erkrath-Unterfeldhaus: 492.2
www.Zweirad-Restaurierung.de S. Nellen, Egstedt am Steiger: 492.3
Zerzog GmbH & Co. KG, Ottobrunn bei München: 489.2

Technische Zeichnungen: Bildungsverlag EINS GmbH, Köln MD-Grafikdesign, Bergheim, Titelfoto: Roman Bold & Black, Köln

Sachwortverzeichnis

L

M